저자

앤드루 로버츠

Andrew Roberts

영국의 역사학자이자 저널리스트. 케임브리지 대학교 근대사학과를 수석 졸업했다. 졸업 후 로버트 플레밍 상업은행에 근무하다 1991년 네빌 체임벌린에 대한 첫 역사서를 출간하면서 이름을 알렸다. 이후 《성스러운 여우The Holy Fox》,《탁월한 처칠주의자들Eminent Churchillian》, 《솔즈베리: 빅토리아 시대의 티탄Salisbury: Victorian Titan》, 《나폴레옹과 웰링턴Napoleon and Wellington》, 《히틀러와 처칠: 리더십의 비밀Hitler and Churchill: Secrets of Leadership》 등의 작품을 잇달아 출간하면서 철저한 조사를 통한 새로운 사실의 발굴, 품격 있는 뛰어난 문체와 한쪽으로 치우치지 않는 균형잡힌 서술로 이야기체 역사 서술의 거장으로 자리잡았다.

현재 런던 킹스칼리지에서 전쟁연구학과 방문교수이자 스탠퍼드 대학교 후버연구소 로저앤마사머츠 방문연구원, 나폴레옹연구소의 특별회원으로 활동하고 있다. 울프슨 역사상과 영국 육군 군사도서상을 비롯해 많은 상을 수상했다. 《나폴레옹》은 〈로스앤젤레스 타임스〉 전기 부문 도서상과 나폴레옹재단 대상을 받았으며, 〈이코노미스트〉에서 선정한 올해의 책에 뽑혔다.

■ 열정과 결의가 넘치는 보나파르트 장군, 이탈리아 원정군 최고사령관, 27세

■ (위) 19세기 중반 아작시오 중심부에 위치한 견고한 카사 보나파르트. 1769년 나폴레옹이 태피스트리 융단 위에서 태어났을 때에 비해 한 층을 증축했다.

■ (오른쪽) 브리엔 군사학교에서 동급생이 그린 캐리커처. 16세의 나폴레옹이 코르시카 독립주의자 파스콸레 파올리를 옹호하기 위해 결의에 차서 행군할 때 한 선생이 그의 가발을 잡아당기며 막고 있다. 그림 아래에 다음 글이 적혀 있다. “적들로부터 P를 돕기 위해 부오나파르테가 달리고 날아간다.”

■ (위) 1796년 5월 10일 프랑스 군대가 장악한 길고 좁은 로디의 다리. 이 전투에서 나폴레옹은 처음 중요한 승리를 거뒀고 자신의 군사 능력을 더욱 확신하게 되었다. 화가 루이 프랑수아 르죈은 나폴레옹 전쟁의 많은 전투에 참전했다.

■ (왼쪽) 1796년 11월 15일 아르콜레 전투 중 나폴레옹이 다리에서 깃발을 들고 있는 모습을 그린 앙투안 장 그로의 전형적인 선전용 초상화. 나폴레옹은 잠시 깃발을 들고 있다가 곧 도랑으로 던져버린다.

■ (위) 1798년 7월 21일 피라미드 전투에서 맘루크 군대가 잘 훈련받은 프랑스군의 방진을 향해 돌격하고 있다. "병사들이여! 저 피라미드의 꼭대기부터 지난 40세기가 제군을 응시하고 있다." 다음 날 나폴레옹은 카이로를 점령했다.

■ (아래) 1799년 3월 야파 해안의 병원에서 나폴레옹이 진정한 용기를 발휘해 페스트에 걸린 프랑스군을 돌봐주고 있다.

■ 나폴레옹은 1799년 11월 9~10일 혼란스러운 브뤼메르 쿠데타로 권력을 장악했다. 그는 생클루궁의 오랑주리궁에서 오백인회에게 봉변을 당했으나 총검으로 그 자리를 평정한 근위보병이 그를 구조했다.

■ (아래 왼쪽) 브뤼메르 쿠데타에서 핵심 역할을 담당한 나폴레옹의 동생 뤼시앵. 나폴레옹이 그의 결혼에 반대하면서 둘 사이가 소원해졌으나 결국 뤼시앵은 나폴레옹을 위해 워털루 전투에 참전한다.

■ (아래 오른쪽) 나폴레옹은 지적이지만 유약했던 형 조제프와 평생 친한 관계를 유지한 편이었다. 형을 초대 나폴리 왕 그리고 에스파냐 왕으로 즉위시켰으나 정치적으로 이득이라기보다 부담이었다.

가족

■ (위 왼쪽) 나폴레옹의 기민한 어머니 마담 메르. 나폴레옹 덕분에 막대한 수입을 누리면서도 왜 근검절약하느냐는 질문에 그녀는 이렇게 대답했다. "내가 낳은 왕들이 쫄쫄 굶게 되어 내가 보살펴줘야 할 수도 있잖아."

■ (위 오른쪽) 나폴레옹의 동생 엘리자. 나폴레옹이 루카와 피옴비노 공주로 임명, 토스카나 대공이 된다.

■ (아래 왼쪽) 나폴레옹의 동생 루이. 나폴레옹이 홀란트 왕 자리에 앉혔다가 프랑스제국보다 네덜란드의 이득을 우선시한다는 이유로 퇴위시켰다.

■ (아래 오른쪽) 나폴레옹과 조제핀의 강요로 조제핀의 딸 오르탕스는 루이와 결혼했다. 그들의 결혼 생활은 불행했지만 미래의 황제 나폴레옹 3세를 낳았다.

가족

■ (위 왼쪽) 나폴레옹의 매력적인 여동생 폴린은 그의 형제자매 중 그와 가장 가까웠으며 여동생 카롤린과 달리 그에게 진정한 사랑과 충성을 보여주었다.

■ (위 오른쪽) 카롤린은 나폴리 왕비가 되지만 자신과 남편 조아킴 뮈라 원수의 왕위를 지키기 위해 나폴레옹을 배신한다.

■ (왼쪽) 나폴레옹의 충동적인 막내 동생 제롬은 그의 허락 없이 미국의 상속녀와 결혼했으나 강제로 이혼하고 뷔르템베르크 공주 카타리나(의자에 앉아 있는 여성)와 결혼한다. 그는 잠시 베스트팔렌 왕이 된다.

가족

■ (위 왼쪽) 1796년 3월 나폴레옹은 조제핀 드 보아르네와 결혼하고 48시간 만에 전선으로 떠난다. 부부 모두 부정을 저지르고 결국 이혼하지만 그는 조제핀을 자신의 행운의 별이라고 여겼다. 결혼식 날 그는 조제핀에게 '운명에게'라고 새겨진 황금 에나멜 메달을 주었다.

■ (위 오른쪽) 나폴레옹은 천성이 착한 조제핀의 아들 외젠 드 보아르네를 무척 좋아해서 이탈리아 총독으로 임명하고 여러 전쟁에서 지휘를 맡긴다.

■ (아래) 조제핀의 화장 도구 상자. 중앙에 나폴레옹의 초상화가 있다.

■ 앙투안 장 그로의 그림. 제1집정 나폴레옹이 1801년과 1802년에 서명한 평화 조약들을 가리키고 있다. 리옹의 고급 의류 산업을 격려할 목적으로 화려한 레드 벨벳 상의를 걸친 모습으로 그려졌다.

■ (위) 나폴레옹이 죽어가는 예수님을 사탄에게서 구하는 모습을 묘사한 선전용 캐리커처. 1802년 나폴레옹이 프랑스의 가톨릭 종교를 복원하기 위해 교황 피우스 7세와 맺은 정교협약은 그의 개혁 중에서도 가장 호응이 좋은 편이었다.

■ (아래 왼쪽) 1797년 나폴레옹은 프랑스 학사원 회원으로 선출된 이후 학사원 제복을 자주 걸쳤다. 그는 자신이 군인인 동시에 지성인이라는 점에 자부심을 보였다.

■ (아래 오른쪽) 나폴레옹이 전쟁으로 자리를 비울 때면 장 자크 레지 드 캉바세레스가 그의 대리로 프랑스 통치자 역할을 훌륭히 수행했다. 프랑스혁명 이래 법률가, 국왕 시해자, 정치인이던 그는 나폴레옹 법전의 대부분을 만들었다. 나폴레옹은 그가 동성애자라는 점에 개의치 않았다.

친구들

- (위 왼쪽) 나폴레옹의 가장 친한 친구 루이 드제 장군. 1800년 6월 마렝고 전투에서 이마에 총상을 입지 않았다면 제국의 원수가 되었을 인물이다.
- (위 오른쪽) 장 란 원수는 나폴레옹에게 언제나 솔직하게 말할 수 있는 몇 안 되는 이였으나 1809년 아스페른-에슬링 전투에서 다리를 잃고 며칠 후 고통 속에 사망한다.
- (아래 왼쪽) 장 바티스트 베시에르 원수는 나폴레옹이 비밀을 털어놓는 친구였으나 1813년 5월 적군의 위치를 정탐하던 중 가슴에 포탄을 맞고 사망한다.
- (아래 오른쪽) 1813년 5월 말 제로 뒤로크 장군이 라이헨바흐 전투에서 포탄을 맞고 내장 파열로 사망했다. 그는 나폴레옹의 궁정 원수로 나폴레옹이 가족 말고 유일하게 '너'라고 친근하게 부르던 사이였다.

■ (위) 소小 윌리엄 피트가 조지 3세의 등에 업힌 채 언덕 뒤에 숨어 강력한 프랑스 침입 함대를 정찰하는 모습을 그린 프랑스 캐리커처. 프랑스 함대는 1803년부터 영국을 위협해 왔으나 1805년 10월 트라팔가르 해전에서 허레이쇼 넬슨 제독에게 대부분 침몰되었다.

■ (삽입) 1804년 영국 침략 성공을 기념하기 위해 오만하게 고안한 메달. '런던에서 각인함'이라고 새겨져 있다.

■ (아래) 1804년 7월 프랑스혁명 기념일에 나폴레옹은 최초로 레지옹 도뇌르 훈장을 수여했다. 구체제 훈장이나 다른 유럽 국가 서훈과 달리 이 훈장은 프랑스 사회의 모든 계층에 개방했다.

■ (위) 1804년 12월 2일 노트르담 성당에서 거행한 대관식에서 나폴레옹은 황제의 관을 직접 자신의 머리에 씌웠고 계획대로 피우스 7세는 그저 관망했다. 스스로 성공의 자리에 오른 나폴레옹의 최고 순간이었다.

■ (아래) 1805년 12월 2일 장 라프 장군이 최대 승전지 아우스터리츠 전투에서 적군의 군기를 빼앗아 나폴레옹에게 가져오고 있다.

군 원수들

■ (위 왼쪽) 주도면밀한 알렉상드르 베르티에. 나폴레옹의 마지막 전투를 빼고 모든 원정 전쟁에서 참모총장이었으며 그의 성공에 없어서는 안 될 인물이었다.

■ (위 오른쪽) '승리의 여신의 총아'라고 불리던 앙드레 마세나는 토르스 베드라스 방어선에서 위협적인 방어선에 막혀 리스본 외곽에서 저지당한다. 나폴레옹은 반도 전쟁 내내 그를 고집스레 지원해 주었는데 1808년 9월 사냥 중에 사고로 그의 눈을 쏘고 만다.

■ (아래 왼쪽) '용맹한 원수들 중에서도 최고로 용맹한' 미셸 네는 1812년 러시아에서 가장 마지막에 빠져나온 프랑스인이었다. 3년 후 그는 루이 18세에게 나폴레옹을 '철창'에 가둬 파리까지 압송하겠다고 약속한다.

■ (아래 오른쪽) 니콜라 술트는 반도 전쟁에서 완벽하게 유능했지만 웰링턴 공에게는 대적 상대가 되지 못했고 워털루 전투에서 참모총장을 맡은 것은 부적절했음이 드러났다.

군 원수들

■ (위 왼쪽) '철의 원수' 루이 니콜라 다부는 전투에서 패전한 적이 한 번도 없으며 1806년 아우어슈테트에서 아군의 세 배에 달하는 적군을 물리쳤다. 그는 독립 지휘권이 있는 원수 중 최고였으나 나폴레옹과 관계가 친밀하지 않았다.

■ (위 오른쪽) 니콜라 우디노는 양조업자의 아들로 나폴레옹의 수석 지휘관 중 누구보다 많이 부상당했다. 1793년 처음 부상당하고 1814년 3월 아르시에서 마지막으로 부상당할 때까지 총 22회 부상당했는데 마지막으로 맞은 포탄은 그의 레지옹 도뇌르 훈장을 비껴갔다.

■ (아래 왼쪽) 피에르 오주로는 키가 크고 거들먹거리는 용병 출신으로 시계상과 댄스 교사로도 일했으며 결투에서 2명을, 싸움 중에 기병대 장교 한 명을 죽이기도 했다. 아일라우에서 눈보라 속에 보병대 공격을 지휘했다.

■ (아래 오른쪽) 조아킴 뮈라는 당대 최고의 기병대 장교로 이국적인 의상 때문에 전투지에서 눈에 띄었다. 나폴레옹의 누이 카롤린과 결혼하고 나폴리 왕이 되었으나 원수 중에서 가장 먼저 나폴레옹을 배신했다.

프로이센

■ (위) 1806년 예나 전투는 프로이센 군대의 참패였다. 우측 끝 쪽에서 프랑스 대포가 예나 시내 위의 란트그라펜베르크 고원에 있는 프로이센군 진지에 발포하고 있다.

■ (아래 왼쪽) '전진하는 원수' 게프하르트 레베레히트 폰 블뤼허는 나폴레옹에게 종종 패배를 당했으나 워털루 전투에서 결정적인 역할을 한다.

■ (아래 오른쪽) 프로이센의 프리드리히 빌헬름 3세. 틸지트에서 나폴레옹이 업신여기고 열외로 취급했으나 조국을 개혁과 갱생의 길로 인도했다.

■ 황제의 위용: 자크 루이 다비드가 그린 대관식 복장의 나폴레옹.

■ (위) 1807년 2월 아일라우에서 뮈라의 지휘 아래 1만 명이 넘는 기병이 대규모 공격을 펼치고 있다. 나폴레옹 전쟁 중 최대 규모였다.

■ (아래) 1807년 6월 프리틀란트 전투. 나폴레옹의 가장 탁월한 전투 중 하나이며 이로써 러시아는 평화 협정을 요청한다.

■ (위) 1807년 7월 나폴레옹은 틸지트 인근 네만강 중간의 특별히 설계한 뗏목 위 가설 건물에서 러시아 황제 알렉산드르 1세를 환대하는 것으로 프랑스-러시아-프로이센 평화 조약을 시작했다. 알렉산드르의 첫 발언은 이러했다. "영국에 맞서 당신의 보조자가 되겠소."

■ (왼쪽) 러시아 황제 알렉산드르와 나폴레옹은 틸지트에서 친구가 되었으나 1810년 말 러시아 황제는 틸지트에서 자신이 체결한 조약에 불만을 품는다. 곧 그는 나폴레옹의 몰락을 계획한다.

연인들

■ (위 왼쪽) 데지레 클라리는 나폴레옹의 첫사랑이었으나 그녀는 그의 구애를 거절했다. 후에 그녀는 베르나도트 원수와 결혼해 스웨덴 왕비가 된다.

■ (위 오른쪽) 조제핀이 경기병 이폴리트 샤를과 외도하는 것을 안 나폴레옹은 카이로에서 한 기병대 중위의 스무 살 난 아내 폴린 푸레를 정부情婦로 삼았다.

■ (아래 왼쪽) 1800년 밀라노에서 나폴레옹은 스물일곱 살의 오페라 가수 주세피나 그라시니와 오랜 기간 불륜을 맺는다.

■ (아래 오른쪽) 예명이 '마드무아젤 조르주'였던 마르게리트 바이머는 1802년 나폴레옹의 정부가 되는데 당시 그녀의 나이는 열다섯 살이었다.

연인들

- (위 왼쪽) 일흔두 살의 폴란드 대영주와 결혼한 폴란드 공작부인 마리아 콜론나 발레프스카는 스무 살이던 1807년 1월 1일 나폴레옹과 만났다. 그녀는 그의 정부 22명 중 가장 총애를 받았으며 1814년에는 엘바, 이듬해에는 퐁텐블로를 찾아갔다.

- (가운데) 나폴레옹의 사생아 알렉상드르 발레프스키는 나폴레옹 3세 재위 당시 외무장관과 의회 대표가 된다.

- (위 오른쪽) 1806년 나폴레옹은 열일곱 살인 '검은 눈의 갈색머리 미인' 엘레오노르 드뉘엘 드 라플레뉴를 정부로 맞이하고 사생아 레옹 공작을 얻었는데, 그는 황제와 많이 닮아 후에 길거리에서 사람들이 그를 빤히 쳐다볼 정도였다고 한다.

- (아래 왼쪽) 여배우 안 이폴리트 부테 살브타의 예명은 '마드무아젤 마르스'였다. 1815년 나폴레옹에게 제비꽃으로 인사를 했다. 제비꽃은 그가 봄에 파리로 돌아온다는 상징이었다.

- (아래 오른쪽) 알빈 드 몽톨롱은 세인트헬레나섬에서 나폴레옹의 마지막 정부였다. 나폴레옹과의 사이에서 조제핀 나폴레옹이라는 이름의 딸을 낳은 것으로 추정하고 있다.

엠파이어 스타일

■ (위 왼쪽) 세브르가 제작한 길쭉한 도자기 화병은 나폴레옹 모친의 소유였으며 1800년 생베르나르 고개를 넘는 나폴레옹을 묘사한 다비드의 유명한 초상화를 담고 있다.

■ (위 오른쪽) 1805년 입법부의 황제 옥좌

■ (아래 오른쪽) 네프nefs라고 불린 배 모양의 황금 향신료 통은 통치자의 존재를 의미한다. 1804년 나폴레옹의 대관식을 기념하며 앙리 오귀스트가 만든 이 통의 뚜껑에는 나폴레옹의 개인 상징인 꿀벌이 새겨져 있다. 그 외에 명성, 정의, 신중, 센강, 마른강, 이집트(야자수), 프랑스(수탉), 승리(월계수 잎), 샤를마뉴의 왕관, 파리의 12구를 나타내는 상징이 새겨져 있다.

■ (위) 1803~1810년 건축한 방돔 기둥 정상에 나폴레옹 동상을 세웠으며 기둥 받침에는 '나폴레옹 대제'를 찬양하는 글이 있다. 1870년 파리코뮌 지지자 소요 당시 동상을 끌어내렸다.

■ (아래) 팔레 브롱니아르는 나폴레옹의 고전 건축 애호 성향을 보여주며 약 200년간 파리증권거래소로 사용했다.

■ (위 왼쪽) 클로드 프랑수아 메느발은 1803년부터 1813년까지 나폴레옹의 헌신적인 비서였다.

■ (위 오른쪽) 메느발의 뒤를 이은 아가통 팽 남작 역시 그의 주인을 찬양했다. 메느발과 팽 둘 다 황제가 일하는 모습을 가까운 거리에서 묘사했다.

■ (아래) 프랑스-에스파냐의 반도 전쟁을 묘사한 프란시스코 고야의 〈전쟁의 재난〉. 이 전쟁 중에 게릴라 전법을 처음 도입했고 양국에서 무시무시한 잔혹 행위를 자행했다.

■ 1809년 7월 바그람 전투 당시 첫날 밤에 야영 중인 나폴레옹. 모닥불 뒤 탁자에서 베르티에 원수가 일에 열중하고 있고 앞쪽에는 나폴레옹의 경호원 맘루크 루스탕이 누워 있다.

오스트리아인

■ (위) 1805년 아우스터리츠 전투 이후 오스트리아의 프란츠 황제(왼쪽)와 리히텐슈타인의 요한 공(가운데), 나폴레옹의 면담. 5년 후 프란츠는 나폴레옹의 장인이 된다.

■ (아래 왼쪽) 클레멘스 폰 메테르니히 공은 프랑스 주재 오스트리아 대사이자 외무장관으로 결국 수상 자리에 올라 나폴레옹에 맞섬으로써 오스트리아의 결정타를 완벽하게 조정한 노련한 외교관이었다.

■ (아래 오른쪽) 카를 폰 슈바르첸베르크 공은 대규모 군대를 주도면밀하게 지휘함으로써 1813년 나폴레옹의 패배를 이끄는 데 큰 공을 세웠다.

■ (위) 마리 루이즈 황후. 나폴레옹의 두 번째 부인이 된 해에 프랑수아 제라르가 그린 그림. 황후는 열여덟 살이고 나폴레옹은 마흔 살이었으나 결혼생활을 매우 순조롭게 시작했다.

■ (아래 왼쪽) 나폴레옹은 마리 루이즈와의 사이에서 얻은 아들 로마왕(후에 라이히슈타트 공작)을 무척 사랑했다. 그는 스물한 살에 결핵으로 사망했다.

■ (아래 오른쪽) 오스트리아의 늠름한 외눈박이 장군 아담 폰 나이페르크는 1813년 나폴레옹과의 전투에서 패배했으나 이듬해 황제가 처음 퇴위한 후 마리 루이즈의 연인이 된다.

- (오른쪽) 1812년 샤를 베르네의 그림처럼 그랑다르메의 군복은 멋있었다. 베르네는 프랑스 국기와 군기 도안에도 도움을 주었다. 이 군복은 나폴레옹이 러시아를 침공했을 당시의 군복이었다.

- (아래) 1812년 9월 프랑스군이 모스크바를 함락하자마자 러시아인이 방화를 시작했고 도시의 3분의 2 이상이 불에 탔다.

■ (위) 모스크바 퇴각 도중 나폴레옹(왼쪽 가운데)이 몸을 녹이고 있다. 이 그림의 작가 파베르 뒤 포에 따르면 "네만강을 건넌 그 뛰어난 군대가 이제는 거의 알아보지 못할 정도가 되었다."

■ (아래) 1812년 11월 말 강 위에 가교 두 개를 설치하고 얼어붙은 베레지나강을 건너는 모습. 나폴레옹 군대로서는 기적 같은 구원이었다.

변절자들

- (위 왼쪽) 샤를 모리스 드 탈레랑. 네 차례나 프랑스 외무장관을 역임하고 나폴레옹 시절에 공이 되었으나 1807년 반역을 도모했다. 2년 후 황제는 그를 '비단 양말을 신은 똥'이라고 불렀다

- (위 오른쪽) 경찰장관 조제프 푸셰. 자코뱅당부터 부르봉 왕가에 이르기까지 모든 체제에서 봉사했으며 단 한 번도 패자의 편에 서지 않았다.

- (아래 왼쪽) 장 바티스트 베르나도트 원수. 나폴레옹 덕분에 스웨덴 왕이 되지만 1812년 그랑다르메가 치명타를 입자 그에게 등을 돌린다.

- (아래 오른쪽) 오귀스트 드 마르몽. 나폴레옹의 가장 오랜 친구로 나폴레옹이 원수로 임명하지만 1814년 3월 동맹군에게 파리를 넘겨줌으로써 그를 배신한다.

■ (위) 1814년 4월 나폴레옹이 엘바섬으로 유배가기 전 퐁텐블로궁에서 선임근위대에게 작별인사를 고하던 때는 그의 일대기 중 가장 감정이 북받치던 순간이었다.

■ (아래) 6월 18일 워털루 전투에서 피신하는 나폴레옹. 영국 캐리커처 작가 조지 크룩섕크의 그림.

세인트헬레나

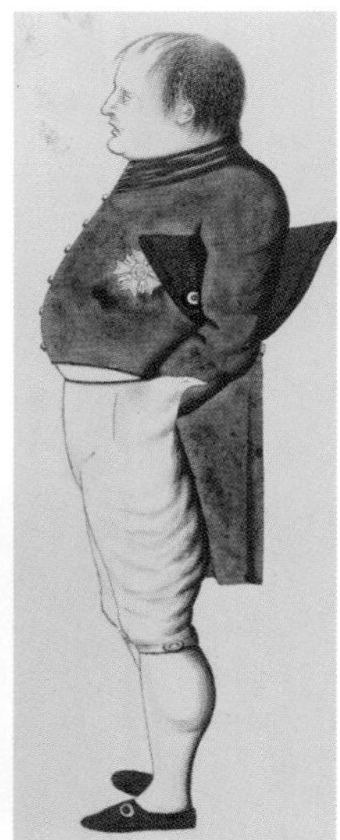

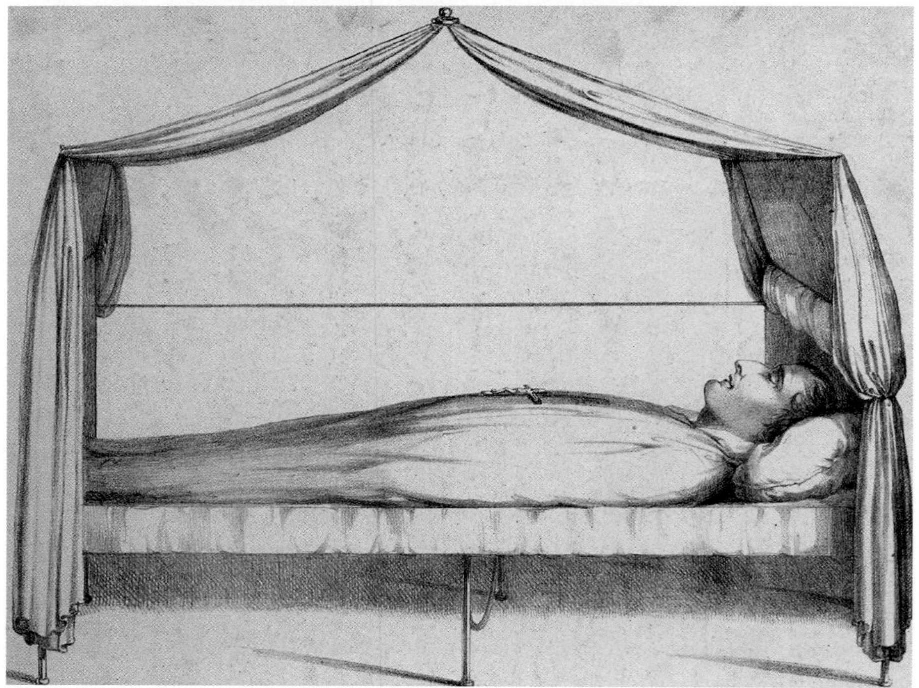

■ (위 왼쪽) 세인트헬레나의 롱우드 하우스. 여기서 나폴레옹(현관 앞)은 5년 반을 지내다 죽음을 맞이했다.

■ (위 오른쪽) 세인트헬레나섬에서 대머리가 되어간 비만한 모습의 나폴레옹.

■ (아래) 롱우드 응접실의 철제 막사 침상 에 안치한 나폴레옹 유해. 한 영국 해군 대위의 스케치

나폴레옹

지식향연 '뿌리가 튼튼한 우리말 번역'은
신세계그룹과 김영사가 함께 만든 인문 출판 브랜드입니다.

나폴레옹

발행 | **지식향연**
기획 | **신세계그룹**

NAPOLEON THE GREAT

나폴레옹

앤드루 로버츠 지음/한은경 · 조행복 옮김

발간사

신세계는 인문학의 가치를 믿습니다.

밤하늘의 별이 더는 길을 일러 주지 않는 시대입니다. 이제는 삶의 의미와 인간성에 관한 믿음을 회복하는 데 인문학이 새로운 길잡이 역할을 하고 있습니다. 내 본질을 들여다보고 삶을 바꾸게 하는 힘, 이제까지 인류가 살아온 모든 시간과 얻어 낸 모든 통찰의 다른 이름이 바로 인문학이기 때문입니다.

신세계 '지식향연'은 인문학 중흥으로 행복한 대한민국 만들기를 희망합니다. 인간과 문화 지식 그리고 지혜를 나누고 향유하는 '지식향연'은 인문학 예비 리더 양성, 인문학 지식 나눔을 목표로 2014년부터 수준 높은 인문학 강연과 공연을 제공해 왔습니다. 이제 인문학 콘텐츠 발굴과 전파를 위해 '뿌리가 튼튼한 우리말 번역'을 세상에 내놓습니다.

뿌리가 튼튼한 나무는 바람에 흔들리지 않습니다. 우리 시대 최고의 인문학 서적을 번역하는 '뿌리가 튼튼한 우리말 번역'이 어떠한 시련과 도전에도 흔들리지 않는 나무를 키울, 작지만 소중한 씨앗이 되길 바랍니다.

신세계그룹

《나폴레옹》을 내며

나폴레옹은 한 단어, 한 문장으로 정의하기 어려운 사람이다. 평가도 다면적이다. 위대한 정복자라 불리기도 하지만 전쟁광이라고 보는 시각도 있다. 혁명의 아들이란 평가와 혁명의 파괴자란 비난이 공존한다. 근대 프랑스와 유럽의 건설자란 칭송과 유럽의 구질서를 파괴하는 과정에서 무수히 많은 사람을 죽음으로 내몬 원흉이란 악평이 팽팽히 대립한다. 그럼에도 모두가 인정하는 것은 그가 18세기 초 프랑스는 물론이고 유럽을 넘어 세계 역사 위에 우뚝 선 인물이었다는 것이다. 나폴레옹이 없는 세상은 상상하기 어렵다. 나폴레옹은 말 그대로 한 시대에 자신의 이름을 부여했다.

그 시대는 어떤 시대인가? 영국의 산업혁명, 미국의 독립혁명, 프랑스 대혁명이란 거대한 사건들이 꼬리에 꼬리를 물고 일어나던 시대였다. 급격한 변화와 난폭한 진보가 지배하던 시대였다. 기존의 체제가 무너지고 과거의 상식이 파괴되는 혼돈의 시대였다. 생산의 방식이 바뀌고 인식의 지평이 확장되던 시대였다. 나폴레옹은 그런 불확실하고 불안정한 시대의 주인공이었다. 지식향연이 2021년의 테마로 '나폴레옹'을 정한 것은 우리가 살아가는 지금이 19세기 초와 비슷한 혁명의 시대

이기 때문이다. 기후변화, 4차 산업혁명, 민주주의의 위기, 미국과 중국의 갈등, 선진국과 후진국 간의 이해관계의 충돌, 지나친 부의 편중으로 인한 공동체 내 갈등의 심화, 모든 사회적 가치관의 혼돈… 더욱이 이 모든 변화는 코로나 사태로 인해 더욱 빠르게 악화되고 있다. 그리고 이 변화는 19세기의 혁명들과 달리 인류 전체의 미래를 위협할 수도 있는 방향으로 진행 중이다. 우리는 어떻게 이 격변의 시대에 대처할 것인가? 200년 전 혁명의 시대를 이끌어 간 나폴레옹이란 거인의 삶에서 우리는 해답의 단초를 얻을 수 있을 것이다.

그런 맥락에서 앤드루 로버츠의 《나폴레옹》보다 적합한 책은 없다. 책은 나폴레옹의 모든 면 — 위대함에서 치명적인 약점과 사생활에 이르기까지 — 을 그가 살아간 시대와 더불어 서술하고 있다. 진심으로 나폴레옹을 높이 평가하는 저자는 오해받는 위인을 변호하기 위해 본인이 할 수 있는 모든 것을 했다. 나폴레옹의 격전지들을 직접 방문했고, 받을 수 있는 모든 기관과 전문가, 관련자들의 도움을 받았다. 가장 중요한 것은 3만 3천여 통에 달하는 나폴레옹의 편지를 최초로 활용했다는 점이다. 워낙 오랜 시간과 방대한 자료를 바탕으로 쓰였기 때문에 나폴레옹에 대한 저자의 견해를 같은 방식으로 반박하는 것은 쉽지 않아 보인다. 책의 분량은 독자를 압도하지만 저자의 필력은 이를 상쇄하기에 충분하다. 과감하게 이 책에 도전해보기를 권한다. 혁명의 시대를 헤쳐 나가는 길잡이가 되어 줄 것이다.

지식향연 기획위원 송동훈

차례

제3부 몰락

《나폴레옹》에 쏟아진 찬사

— 〈뉴욕 타임스 북 리뷰〉 주목할 만한 책
— 〈이코노미스트〉 올해의 책
— 나폴레옹재단 대상 수상작
— 앤서니 비버와 사이먼 시배그 몬티피오리, 벤 매킨타이어, 필립 지글러, 니컬러스 셰익스피어 등이 선택한 올해의 책
— '아마존', 생전에 읽어야 할 1백 권의 전기와 회고록

— "역사 속 인물 중 나폴레옹만큼 많은 글의 주인공인 사람은 없을 것이다. 그리고 앤드루 로버츠보다 더 강한 열정으로 그 일을 수행한 사람도 없을 것이다. 이 훌륭한 새 전기에는 해당 인물의 찬미가 녹아들어 있어서 더욱더 생생하다. … 로버츠는 엄청난 양의 자료를 종합해 명료하고 우아한 산문으로 표현할 줄 아는 흔치 않은 재능을 갖춘 작가다. 그 결과 군사와 정치 분야의 천재에 관한 감동적인 이야기에다 영어로 쓰인 것 중 단연 최고인 나폴레옹 전기가 탄생했다." _**〈워싱턴 포스트〉**

— "서사적 규모의 방대한 새로운 전기 … 로버츠는 부단히 또렷한 질문을 던져 다양한 사람과 문제를 평가하고 일을 해결한 조직과 군사 분야의 선풍적인 인물, 나폴레옹의 에너지와 인품을 있는 그대로 훌륭하게 전달한다. … 로버츠는 정교하게 구성한 각 장에서 아우스터리츠와 예나, 마렝고의 큰 전투를 박력 있게 조명한다. 이로써 환상적인 군사 작전을 정치적으로 유력한 순간으로 바꿔 놓는다." _**〈뉴욕 타임스 북 리뷰〉**

— "나폴레옹의 일생을 길게 다룬 책이 정말로 더 필요한가? 앤드루 로버츠의 감동적인 책은 세 가지 점에서 단연 그렇다고 대답한다. 가장 중요한 첫 번째는 이 책이 3만 3천여 통에 달하는 나폴레옹의 보물 같은 편지를 제대로 활용한 최초의 평전이라는 사실이다. 그 편지들은 2004년에야 파리에서 조금씩 출간되었다. 두 번째, 앞서 나폴레옹과 웰링턴에 관한 책을 쓴 로버츠는 그 프랑스 황제의 많은 전투를 거장답게 분석했다. 세 번째, 훌륭하게 서술한 그의 글에는 읽는 즐

거움이 있다." _〈이코노미스트〉

____ "앤드루 로버츠는 예의 그 예민하고 날카로운 역사적 시각으로 또다시 기대를 저버리지 않았다. 이 책은 지난 40년 동안 영어로 쓰인 나폴레옹 전기 중 단연 최고다. 역사 애호가의 서재에 반드시 꽂혀 있어야 할 역작이다!" _**제이 위닉, 베스트셀러 《1865년 4월》 저자**

____ "이 책은 한마디로 눈부신 대작이다. 로버츠는 훌륭한 서술에다 엄밀한 역사 연구의 뒷받침을 받아 독자 앞에 나폴레옹을 생생하게 전달한다. 쪽마다 포도탄과 포탄이 날아와 터진다." _**〈시애틀 타임스〉**

____ "새로 편집한 3만 통이 넘는 나폴레옹의 편지를 토대로 서술한 복잡하고 광범위한 이야기 … 로버츠는 개인의 사생활과 군사 사건을 성공적으로 연결했다." _**〈뉴요커〉**

____ "앤드루 로버츠의 뛰어난 나폴레옹 전기는 대단히 재미있는 책이다. 독창적인 학술 연구이자 종종 오해를 받는 비범한 인물의 세밀한 초상이며 장군의 지도력과 정치, 예절, 문화, 정치수완에 관해 중요하게 얘기할 것이 많은 흥미로운 모험담이다. 나는 책을 집어든 후로 내려놓을 수 없었다. 976쪽이나 읽고도 끝이라는 것이 너무 아쉬웠다." _**브렛 스티븐스, 2013년 퓰리처 평론상 수상자**

____ "로버츠는 《나폴레옹》에서 이미 충분히 잘 다뤄진 이 주제를 신선한 자극으로 다시 다뤄 거의 불가능한 일을 해냈다. 독자가 완전히 새로운 책을 만났다고 생각하게 만든다." _**필립 지글러, 〈스펙테이터〉(런던), 올해의 책**

____ "세상을 만든 인물을 다룬 새로 나온 전기의 결정판." _**〈더 캔자스 시티 스타〉, 2014년 최고의 책**

____ "방대하고 풍부하며 깊고 재치가 넘치는 데다 친절하며 대놓고 당당하게 찬미하는 976쪽짜리 전기. 여러 관점에서 똑같이 읽는 즐거움이 있다. 책이 묘사하는 나폴레옹은 돌풍 같은 인물이다. 정력적이고 자신감 넘치는 지휘관일 뿐 아니라 몹시 바쁜 통치자이자 늘 편지를 쓰는 사람이며 부지런한 사랑꾼이기도 하다. … 로버츠의 새 책을 파고들면 코르시카 태생의 이 유별나게 총명한 인물이 왜 그토록 오랫동안 세상을 현혹했는지 이해할 수 있다. 실로 느낄 수 있다. … 로버츠의 책은 또 하나의 훌륭한 나폴레옹 전기지만 거기에 머물지 않는다. 이 책은 통치술 관련 글이자 역사 자체에 관한 명상록이다." _**댄 존스, 〈텔레그래프〉(영국)**

____ "나폴레옹과 역사 속의 그 시기 그리고 역사 자체에 늘 관심이 있는 사람에게 이 책은 푹 빠져 즐길 수 있는 멋진 책인 동시에 내려놓고 싶지 않을 책이다." _**〈댈러스 모닝 뉴스〉**

____ "앤드루 로버츠는 전투가 벌어지는 곳과 침대 위에서 나폴레옹이 보여 준 교묘한 책략을 마치 한 편의 멋진 연극을 보듯 세밀하게 재구성했다." _**〈위클리 스탠더드〉**

"나폴레옹은 권좌에 있던 15년 동안 프랑스와 유럽 대부분을 개조했고 역사상 가장 위대한 군사지휘관 중 한 사람임을 증명했다. 로버츠는 요즈음에야 볼 수 있게 된 나폴레옹의 3만 3천여 통 편지를 토대로 이 전설적인 인물의 인간적인 초상을 완벽하게 창조해 냈다." _**〈월스트리트 저널〉**

"로버츠의 나폴레옹 옹호는 충격 효과를 내 충실한 조사를 바탕으로 쓴 이 매력적인 전기를 날카롭고 도발적이게 만든다. … 《나폴레옹》은 최고의 연구가 낳은 결과물이다. … 앤드루 로버츠의 최종 판단에 반드시 동의할 필요는 없다. 그를 따라 재치와 비범한 연구, 역사적인 탐정 활동의 매력적인 여정에 동참하기만 해도 책을 읽는 즐거움을 누릴 수 있다." _**빅터 데이비스 핸슨, 〈타임스 리터러리 서플리먼트〉(런던)**

"재미있고 나아가 중독성이 있다. … 로버츠는 생기 넘치고 유려하게 거침없이 써내려갔다. … 그는 독자를 강력하게 끌어당겨 나폴레옹의 운명에 거의 의문을 제기할 수 없게 만든다." _**〈선데이 타임스〉(런던)**

"앤드루 로버츠의 새 책은 그가 지금까지 쓴 것 중에서 가장 훌륭하다. 《나폴레옹》은 조사와 구성이 뛰어난 기념비적 저작으로 저자는 스스로 설정한 고급 문체 기준을 고수하며 필시 역사상 가장 큰 인물일 사람을 다루면서 철저함과 균형의 새로운 정점에 도달한다. … 나폴레옹 생애에서 의미 있고 흥미로운 측면은 모조리 다루고 있다. 그는 장군, 행정관이자 개혁가, 입법자, 학자이자 지식인, 과학을 장려한 사람, 여성에게 열렬히 구애한 사람이자 연인이던 사람, 엄청난 매력의 소유자로 죽은 지 2백 년이 지난 후에도 힘을 잃지 않은 인물이다." _**콘래드 블랙, 〈뉴 크라이티어리언〉**

"놀랍도록 잘 읽히고 설명도 호화롭다. … 로버츠는 지치지도 않고 기억할 만한 사건들을 추적했고 전투 현장과 궁전, 망명지를 찾아다녔다. 이 모든 것은 서로 잘 엮여 통달한 역사 이야기꾼이 침착하게 전하는 이야기로 재탄생했다. 그는 이야기를 훌륭하게 묘사하고 있다. … 애정과 공감을 곁들여 빠른 속도로 전개하는 포괄적인 이야기를 원한다면 많은 독자가 《나폴레옹》을 찾을 것이다. 새로운 세대에게 왜 그가 중요한지, 왜 그가 앞으로도 계속 중요한 인물로 남을 것인지 정확히 밝혀주는 책이다." _**마크 마조워, 〈가디언〉**

"《나폴레옹》은 이 놀라운 인물의 전기 중 가장 균형이 잡혀 있고 미묘한 차이를 잘 포착했다. 그래서 꼭 간직해야 할 책이다. 976쪽에 달하는 분량은 결코 길지 않다." _**〈커먼터리〉**

"로버츠는 보나파르트를 훌륭하게 되살린다. 엄청난 솜씨와 에너지, 책략을 지닌 군사 지도자이자 행정관인 이 사람은 '사실상 무일푼의 정치적 망명객으로 프랑스에 들어간 뒤 고작 6년 만에' 군사 쿠데타로 그 나라를 장악했다. 그와 그의 시대에 관한 초상으로 압권인 책이다." _**〈뉴 스테이츠먼〉**

"앤드루 로버츠의 인상적인 책 《나폴레옹》은 자살 충동을 느끼던 무명의 우울한 군인에서 프랑스대혁명을 끝낸 뒤 프랑스에 새로운 헌법을 가져다주고 황제가 된 자에게 바치는 찬가다. 그가 묘사한 나폴레옹은 변화무쌍하고 동정을 불러일으키며 자기 사람들을 배려하는 인물이다. … 아주 잘 읽힌다." _**니컬러스 셰익스피어, 〈데일리 텔레그래프〉(영국), 2014년 최고의 전기**

____ "앤드루 로버츠의 재미있고 도발적인 책 《나폴레옹》은 멋진 서술과 대범한 판단으로 우리를 실망시키지 않는다." **_앤서니 비버, 〈메일 온 선데이〉(영국), 올해의 책**

____ "앤드루 로버츠만큼 이야기체 역사를 잘 쓰는 사람은 없다. 《나폴레옹》에서 그는 이상적인 주제를 찾았다." **_마이클 고브, 〈메일 온 선데이〉(영국), 올해의 책**

____ "저자의 철저함과 정확성, 세세한 부분까지 주목하는 태도 덕분에 군계일학인 이 프랑스 장군의 강력한 전기가 나왔다. 로버츠는 군사 분야의 전문지식과 현존하는 나폴레옹의 편지(전부 3만 3천여 통에 달한다), 프랑스 전장을 모조리 망라한 현장 답사를 바탕으로 글을 썼다. … 이 두꺼운 저작은 차후 나폴레옹의 생애를 설명하는 기준이 될 가능성이 크다. 온갖 유형의 독자가 이 책의 매력에 빠질 것이다." **_〈라이브러리 저널〉(별점 서평)**

____ "살아 있을 때부터 지금까지 나폴레옹을 둘러싼 많은 신화를 일소하는 최종 설명이다." **_〈퍼블리셔스 위클리〉**

____ "진실로 나폴레옹의 승리 같은 책이다. 문체는 우아하고 규모는 서사적이라 기병대의 돌격 기세로 내달려 읽기를 멈출 수 없으며 전장에 있는데도 마치 침대에 누워 있는 것처럼 편안하다. 여기에 마침내 완벽한 전기가 있다." **_사이먼 시배그 몬티피오리, 〈이브닝 스탠더드〉, 올해의 책**

____ "정말 굉장하다. … 로버츠의 훌륭한 책은 모든 증거를 취합해 그 사람을 훌륭하게 묘사한다. 이 책은 당연하게도 두껍지만 빠르게 전개하고 있으며 학술적 연구에 압도당하지 않는다. 솔직히 학술적 연구가 너무 많다. … 그는 유럽을 뒤져 황제의 기념물을 찾아보자고 제안하는데 이 멋진 전기는 그 출발점으로 나쁘지 않다." **_버나드 콘월, 〈메일 온 선데이〉(영국)**

____ 앤드루 로버츠는 인기 작가로 그의 대표 저작에는 《전쟁의 폭풍The Storm of War》, 《승자와 지휘관Masters and Commanders》, 《히틀러와 처칠Hitler and Churchill》, 《나폴레옹과 웰링턴Napoleon and Wellington》, 《워털루Waterloo》가 있다. 나폴레옹연구소와 영국문학회RSL 특별회원인 로버츠는 울프슨 역사상과 영국 육군 군사도서상을 비롯해 많은 상을 수상했다. 로버츠는 킹스 칼리지 방문교수로 이 책을 기반으로 제작한 것을 포함해 다수의 대중적 TV 다큐멘터리를 쓰고 발표했다. 《나폴레옹》은 〈로스앤젤레스 타임스〉 전기 부문 도서상과 나폴레옹재단 대상을 받았으며 〈이코노미스트〉 올해의 책에 선정되었다. 와인스타인 컴퍼니가 이 책을 TV 연속물로 제작하기로 했다.

일러두기

1. 이 책은 Andrew Roberts, *Napoleon The Great*(Allen Lane, 2014)를 완역한 것이다. 단, 서문은 저자가 나폴레옹에 대한 평가를 상세하게 덧붙인 미국판 서문(Viking, 2015)을 번역했다.
2. 본문에 나오는 ( )는 원서에 따른 것으로, 옮긴이 주는 ( ) 안에 별도로 표기했다.
3. 원서에서 영어권의 거리, 높이, 넓이, 무게 등을 나타내는 단위(인치, 피트, 야드, 마일 등)는 독자의 이해를 돕기 위해, 미터, 그램 등으로 환산해 표기했다.
4. 신문·잡지 등 연속간행물과 연극, 논문, 단편은 〈 〉, 단행본 등 저서는 《 》로 표기했다.

감사의 말

나는 나폴레옹이 세인트헬레나섬과 엘바섬에서 보낸 시간을 합친 것보다 더 오랜 기간 연구하며 이 책을 썼기에 무한한 아량과 친절을 보이고 시간을 들여 도움을 준 많은 사람에게 감사를 드려야 한다. 당황스러울 만큼 많다. 니콜라 사르코지 전 대통령은 오늘날 프랑스에서 나폴레옹을 어떻게 생각하는지 그 통찰력을 보여주었다. 데이비드 캐머런과 로드니 멜빌은 체커스에서 나폴레옹의 서한을 연구하게 해 주었다. 아카데미 프랑세즈Académie française와 프랑스 학사원Institut de France의 자비에 다르코스는 나를 파리로 초청했다. 머빈 킹은 나폴레옹 전쟁 때 프랑스와 영국이 채권으로 자금을 조달한 것과 관련해 자신의 생각을 얘기해 주었다. 카롤 오푸아는 러시아에서 나폴레옹 군대를 괴롭힌 발진티푸스를 퍼뜨린 것과 동일한 '이'를 보여 주었다. 작고한 오토 폰 합스부르크 대공은 마리 루이즈와 나폴레옹과의 '신분 강등déclassé' 결혼에 관한 생각을 들려 주었다. 메리 베리 부인은 빈 회의 때 사용한 의자들을 보여주었다. 제인 라이츠먼은 소장하고 있는 나폴레옹 시대 제본을 보여 주었다. 로버트 피리의 격려에 감사드린다. 작고한 알렉상드라 다크르 부인은 황후 외제니와 관련된 기억을 말해 주었다. 아우스터리츠의 두샨 프리보르트는 자신이 소장하고 있는 나폴레옹 시대 머스킷총을 발사해 볼 기회를 주었다. 에

번 래티머는 나폴레옹의 것이라는 '아킬레스건'을 보여 주었다. 샤를 앙리와 장 파스칼 트라니에에게 감사드린다. 제네바 호수에서 극진하게 대접해 준 제리 미시어와 제인 델 미시어에게 감사드린다. 니컬러스 스티드는 나폴레옹이 몰타에 있을 때의 행적을 이야기해 주었다. 카나번 백작 부부는 나폴레옹이 퐁텐블로에서 쓰던 의자와 튈르리궁에서 사용한 책상을 보여 주었다. 로빈 벌리의 대단한 후의에 사의를 표한다. 로즈베리 백작부인은 황제의 이동 서고를 보여 주었다. 빈 회의에 관한 생각을 말해 준 헨리 키신저 박사에게 감사드린다. 2007년 리버풀 대학교의 훌륭한 '절정기의 나폴레옹Napoleon at the Zenith' 회의에 초대해 준 찰스 에스데일 교수에게 고마움을 전한다. 데버라 에들먼과 루리크 잉그람에게 감사한다. 나는 세인트헬레나섬으로 가던 중(영국 우편선으로 2주가 걸렸다) 케이프타운에서 사촌 필립 엥엘렌과 샌드라 엥엘렌의 거처에서 묵었다. 재워줘서 고맙다. 텔아비브에서 환대해 준 잭 거틀러에게 감사한다. 캐롤린 달메니는 나폴레옹의 머리카락을 빌려 주었다. 나는 그것을 책상 위에 두고 영감을 얻었다. BNP 파리바의 보두앵 프로는 나폴레옹과 조제핀이 결혼한 방을 보게 해 주었다. 나폴레옹의 옥좌가 있는 방의 도난경보기가 세 번이나 울리게 한 것에 퐁텐블로궁의 제롬 트레카와 직원들에게 용서를 구한다.

전장을 찾지 않는 군사사가는 범죄 현장을 찾지 않는 형사와 비슷하다. 이 책을 위해 연구하면서 나는 나폴레옹의 전장 60곳 중 53곳을 찾아갔다. 대개는 저명한 군사사가 존 리와 동행했다. 존과 함께 몬테노테, 몬도비, 로디, 만토바, 아르콜레, 카스틸리오네, 리볼리, 로베레토, 데고, 마렝고, 울름, 아우스터리츠, 예나, 아일라우, 프리틀란트, 아벤스베르크, 란트슈트, 에크뮐, 레겐스부르크, 아스페른-에슬링, 바그람, 말로야로슬라베츠, 뤼첸, 바우첸, 드레스덴, 라이프치히, 라이헨바흐, 브리엔, 라로티에르, 샹포베르, 몽미라유, 샤토티에리, 보샹, 몽테로, 크라온, 랑, 랭스, 아르시쉬르오브, 생디지에의 땅을 둘러본 것은 이 책을 쓰면서 맛본 큰 즐거움이었다. 우리가 주고받은 무수한 이메일에서 존이 보여 준 조언과 통찰력은 비할 데 없는 것이었다. 그가 적은 나폴레옹 원정 전투 내용은 더할 나위 없이 귀중했고 그의 우정은 내게 큰 기쁨이다. 존과 그의 아내 실리아에게 어떻게 감사를 드려야 할지 모르겠다. 존과 내가 그렇게 자주 전장을 찾았는데도 실리아는 이를 다 참아 주었다.

연구 중에 나는 15개 나라에서 기록보관소 69곳과 도서관, 박물관, 연구소를 방문했는데 언제나 큰 도움과 친절한 대접을 받았다. 특히 이들에게 감사드린다.

프랑스: 국립 기록보관소의 사샤 토팔로비치와 플로랑스 타르노; 톨비아크 프랑스 국립 도서관과 리슐리외 도서관의 Y. 방라타와 로랑스 르브라; 라쿠르뇌브에 있는 외교 기록보관소의 안 조르종 리스켄; 국방부 기록보관소의 크롤드 모누와 티시오 베르나르; 티에르 도서관의 실비 비에와 다니엘 샤르티에; 카르나 발레 박물관의 제라르 레리스; 파리 주재 영국 대사 피터 웨스트 매콧과 그의 집사 벤 뉴윅은 지금 파리의 영국 대사관인 폴린 보르게세의 집을 둘러보게 해주었다; 파리 주재 독일 대사 주잔 바줌 라이너는 자신의 거처, 즉 조제핀이 아들 외젠에게 준 깨끗한 선물인 보아르네 저택을 보여 주었다; 생조제프 데카름 교회의 레오노르 로세랑; 생클루궁이던 곳의 관리인 아비드 드망조; 군사학교의 오로르 라코스트 드 라발; 파리 주재 미국 대사관 일등서기관 크리스토퍼 파머와 오텔 탈레랑(미국 대사관 건물) 마셜 센터 소장 로빈 스미스 여사; 브리엔르샤토에 있는 나폴레옹 박물관의 안젤리크 뒤크; 레쟁발리드와 육군 박물관의 파니 드 쥐브쿠르; 나폴레옹재단을 방문했을 때 환대해 준 티에리 랑츠 박사와 피터 힉스 교수; 말메종성의 알랭 푸즈투; 팔레 루아얄(이전의 호민원)에 있는 국무원의 자비에 카용; 란 원수의 메종라피트성의 마리안 랑베르 여사; 브누아 다본빌 부부; 쥐라산맥에 있는 주성Fort de Joux의 캉탱 에모니에; 코르시카까지 동행한 아들 헨리와 딸 카시아에게도 감사한다; 파리 레지옹 도뇌르 회관과 박물관의 직원들; 파리 경찰국 박물관; 생드니에 있는 레지옹 도뇌르 교육관; 팡테옹, 페슈 박물관, 코르시카 아작시오에 있는 국립 보나파르트 저택 박물관.

러시아: 보로디노 전장을 둘러보게 해 준 보로디노 국립 박물관의 알렉산드르 수

하노프와 엘비라 출라노바; 말로야로슬라베츠 전장에 데려가준 스리 훼일스 투어Three Whales Tour의 올레그 알렉산드로프; 러시아의 포령 칼리닌그라드에 있는 아일라우와 프리틀란트 전장에 데려가준 시티 이벤츠City Events의 마치에 모랍스키; 말로야로슬라베츠 군사사 박물관의 콘스탄틴 나자로프; 아일라우 전장에 있는 바그라티온 역사 박물관의 알렉산드르 판첸코; 모스크바에 있는 러시아 국립 군사사 기록보관소의 발레리 샤바노프와 블라디미르 우키에비치 카츠, 모스크바에 있는 보로디노 파노라마 박물관의 마리나 즈보에프스카야.

벨라루스: 베레지나강의 전장을 보여 준 이고르 그루초 교수와 보리소프 종합 박물관의 라코비치 나탈랴 스테파노브나.

이스라엘: 카쿤과 야파, 타보르산 전장을 안내해 준 에아도 헤흐트 박사와 아크레(아코)의 포위 장소를 보여 준 알론 케블라노프 박사; 텔아비브 대학교의 아자르 가트 교수와 텔도르 고고학 박물관의 리아트 마르골리트.

세인트헬레나섬: 그곳에서 무척 즐거운 시간을 보낸 것은 엄청나게 부지런한 프랑스 명예 영사이자 롱우드의 관리인인 미셸 당쿠안 마르티노 덕분이다; 마운트 플레즌트, 다이애나 피크, 프로스퍼러스 베이, 브라이어스 정자, 샌디 베이, 제임스타운을 안내해 준 애런 레그와 세인트헬레나의 전임 수석 간사 앤드루 웰스.

벨기에: 워털루를 안내해 준 이언 플레처와 존 휴스윌슨 대령; 리니의 전장에 데려가준 리니 전투 박물관 관장 브누아 이스타스, 라에생트의 소유주인 프랑수아 코르네 델지위스 백작과 수잔 코르네 델지위스 백작부인.

영국: 옥스퍼드 로즈 하우스 도서관의 루시 매캔; 옥스퍼드 보들리언 도서관 특별소장본 독서실의 레이 매키어넌; 옥스퍼드 애슈몰리언 박물관 헤버던 동전 전시실의 닉 메이휴; 케임브리지 처칠 기록보관소의 앨런 팩우드; 앱슬리 하우스의 조세핀 옥슬리; 영국 박물관의 폴 로버츠; 국립 군사 박물관의 캐티 카날레스 외 핌 도드; 첼시 국립 병원의 힐러리 버튼과 존 로체스터; 런던 커뮤니케이션 대학의 리처

드 대니얼스; 영국 군사사위원회의 리처드 테넌트 그리고 포츠머스 국립 해군 박물관과 영국 도서관, 런던 도서관 직원들.

이탈리아: 리볼리 박물관의 라리오 체르비니; 엘바섬까지 동행한 내 딸 카시아; 엘바섬 마르치아나에 있는 몬테 성모마리아 성당의 넬로 안셀미; 밀라노 세르벨로니궁에 있는 세르벨로니재단의 엘리사베타 랄라타; 만토바 두칼레궁의 리카르도 비안첼리 그리고 로마 나폴레옹 박물관과 스피네타 마렝고의 마렝고 박물관, 몬차의 왕궁, 엘바의 빌라 디 산마르티노 직원들.

체코공화국: 평화 이정표 기념 박물관Cairn of Peace Memorial Museum의 시모나 리포브스카와 아우스터리츠 슬라프코프성의 슬루코바.

오스트리아: 아스페른-에슬링 박물관의 헬무트 틸러; 바그람 박물관의 루페르트 데르비크 그리고 빈의 쇤브룬궁과 군사사 박물관 직원들.

포르투갈: 토르스 베드라스 방어선의 요새 40, 41, 42, 95를 둘러보게 해 준 마크 크라손과 루이스 살다냐 로페스.

독일: 잉골슈타트의 바이에른 육군 박물관과 예나 코스페다의 1806년 박물관, 라이프치히 전장 마르크클레베르크의 토르하우스 박물관 직원들.

미국: 뉴욕 공공도서관 앨런관의 제이 바크스데일과 포르츠하이머관의 엘리자베스 델린저; 피어폰트 모건 도서관의 데클런 킬리; 예일 바이네케 도서관의 캐스린 제임스와 스털링 기념 도서관의 스티브 로스; 코넬 대학교 칼 A. 크로치 도서관 필사본실의 일레인 엥스트와 로런트 페리; 코넬에서 객원교수로 지낼 때 넉넉하게 자금을 지원해 준 메릴 가족; 따뜻하게 환대해 준 코넬의 배리 교수와 마시아 스트로스 박사 그리고 나폴레옹의 러시아 침공 이유를 그 나름대로 제시한 그곳 학생들; 나폴레옹과 프랑스혁명 연구소 소장 레이프 블로파브 교수 덕분에 플로리다 주립대학교에 머문 시간이 즐거웠다; 뉴욕 역사학회 도서관의 에릭 로빈슨; 플로리다 주립대학교 특별소장본 로버트 매닝 스트로지어 도서관의 케이티 매코믹; 예일 대

학교 영국미술센터의 엘리자베스 페어먼; 오클라호마 털사의 질크리스 박물관 관장 로버트 피커링 박사와 해병대 전투연구소 도상작전과 과장인 윌리엄 J. 레이드먼 박사.

스웨덴: 스톡홀름 왕궁의 베르나도트가 사용한 방을 보여 준 아비바 코헨실베르.

스위스: 제네바 호숫가 르코페성의 파올라 자놀리.

캐나다: 몬트리올 미술관의 나폴레옹관을 안내해 준 브루스 맥니번.

조시 서튼과 찰리 미첼, 케이티 러셀에게 그리고 역사 연구에 지칠 줄 모르고 매진하는 질 보클레어에게 감사한다. 독일어를 번역해 준 줄리에 디 필리포와 폴란드어를 번역해 준 베타 비둘린스카, 에스파냐어를 번역해 준 티머시 채프먼, 히브리어를 번역해 준 에다도 헤흐트, 러시아어를 번역해 준 갈리나 바브코바, 프랑스어를 번역해 준 아날리즈 엘리지 · 엘레나 포슈 · 막신 아르필드 네랑 · 질 보클레어 · 카롤 오푸아에게 감사드린다. 특히 막신이 파리의 다섯 개 연구소를 빠르게 오갈 수 있도록 샛길을 알려 줘 큰 도움을 받았다.

이 책을 쓰는 동안 나는 영국방송공사에서 나폴레옹에 관한 다큐멘터리를 찍고 있었다. 그 전체 과정을 지적 자극을 받으며 즐겁게 지내도록 해 준 데이비드 노트먼와트, 사이먼 샵스, 데이비드 배리, 아나 댄고어, 패트릭 듀발, 토니 버크에게 감사를 드린다.

나폴레옹의 죽음이 큰 논란거리가 된 이래(내 생각에도 그렇다) 나는 많은 전문가에게 황제의 죽음과 관련해 의학적 조언을 들었다. 팀 배리 박사, 코넬의 아이라 제이콥슨 교수, 알베르트 크나프 박사, 로버트 크라스너 박사, 아채너 배츠 박사, 제임스 르파뉴 박사, 파멜라 야블론 박사, 기 오키프 박사, 마이클 크럼플린 박사에게 사의를 표한다. 또한 세인트헬레나에서 나폴레옹의 치아에 문제가 있었음을 진단해 준 프랭크 레즈네크 박사에게도 감사드린다.

초고를 읽고 소중한 조언을 해 주어 수정하게 해 준 엘레나 포슈와 수디르 하자 레싱, 존 리, 스티븐 파커, 위르겐 자흐트, 질 보클레어에게 고마움을 전한다.

원고를 정리해 준 피터 제임스와 샬롯 라이딩스, 내 대리인 카펠 앤 랜드의 조지나 카펠, 펭귄 출판사의 스튜어트 프로핏과 조이 드 메닐은 늘 효율성·전문성·매력을 완벽하게 보여 주었다. 스튜어트와 조이가 많은 공을 들인 덕분에 이 책은 엄청나게 나아졌다. 고마운 마음을 이루 말로 다 할 수 없다. 펭귄 출판사의 리처드 두구드와 이모젠 스콧, 리사 사이먼스에게도 감사를 전한다. 세실리아 매케이는 뛰어난 재주로 화보를 풍부하게 찾아 주었다.

내 멋진 아내 수전 길크리스트는 나와 함께 기요틴의 칼날을 조사했고 조제핀이 감금되어 있던 교회 지하실에서 학살당한 성직자들의 두개골 숫자를 헤아렸다. 또 나와 함께 나폴레옹 길을 답사했으며 카이로의 알 아자르 모스크에도 함께 갔다. 우리가 알 아자르 모스크를 찾은 것은 건축학과 문화 측면의 그 내재적 중요성 때문만은 아니었다. 그곳은 1798년 반란의 시작과 끝이었다. 아내의 끝없는 사랑과 지지가 없었다면 나는 이 책을 쓰지 못했을 것이다. 그녀는 내게 조제핀과 마리 루이즈, 마리아 발레프스카가 다 합쳐진 사람이다.

이 책을 내 형제자매 애슐리 거든과 매슈 로버츠, 엘리엇 로버츠에게 바친다. 그들은 아는 체하는 형이자 오빠를 아주 오랫동안 무척 자비롭게 참아 주었다.

앤드루 로버츠

파리 오주로가 2번지

www.andrew-roberts.net

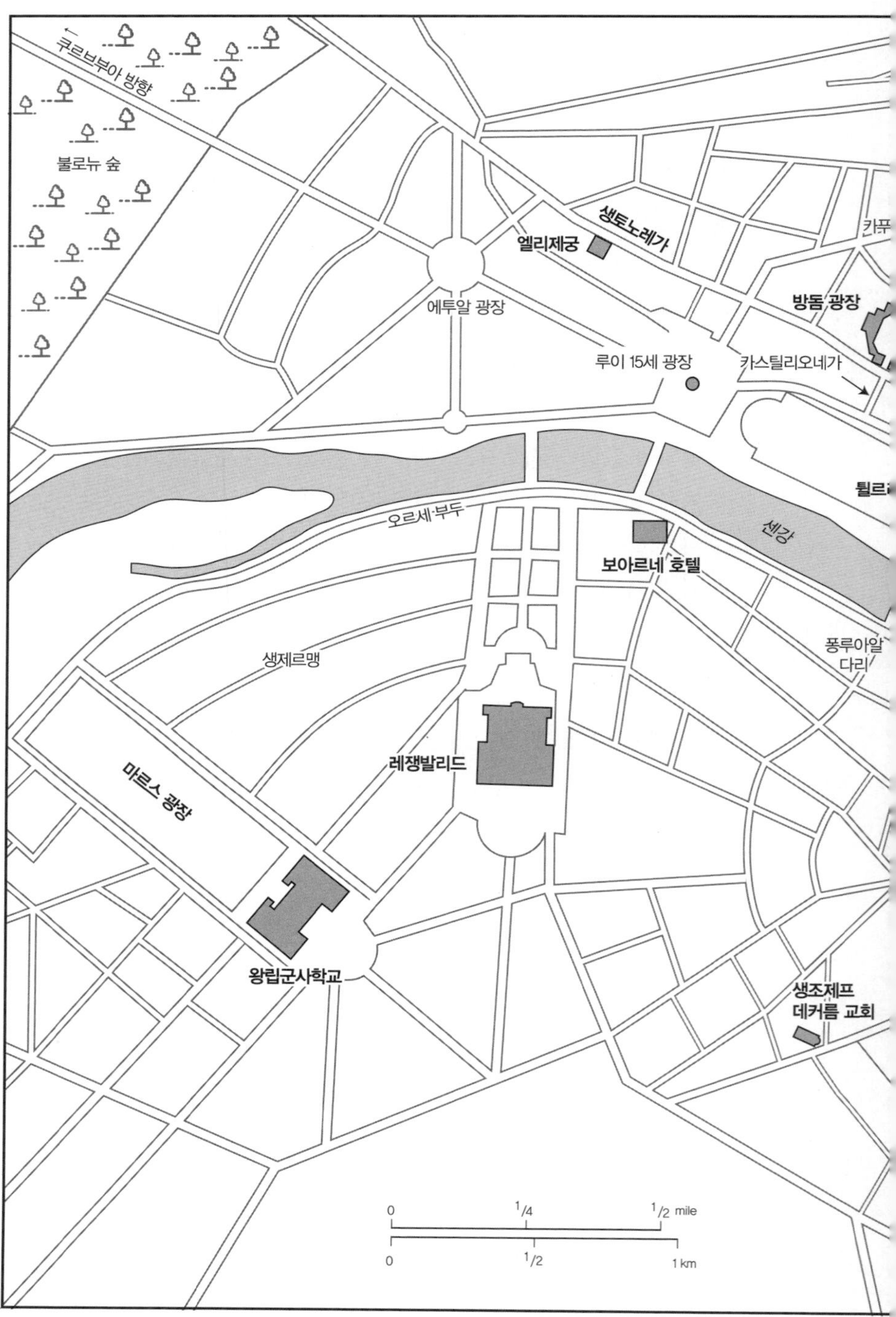
쿠르브부아 방향
불로뉴 숲
엘리제궁
생토노레가
에투알 광장
방돔 광장
루이 15세 광장
카스틸리오네가
오르세 부두
센강
보아르네 호텔
폼루아얄 다리
생제르맹
레쟁발리드
마르스 광장
왕립군사학교
생조제프 데카름 교회
0
1/4
1/2 mile
0
1/2
1 km

나폴레옹 시대의 파리

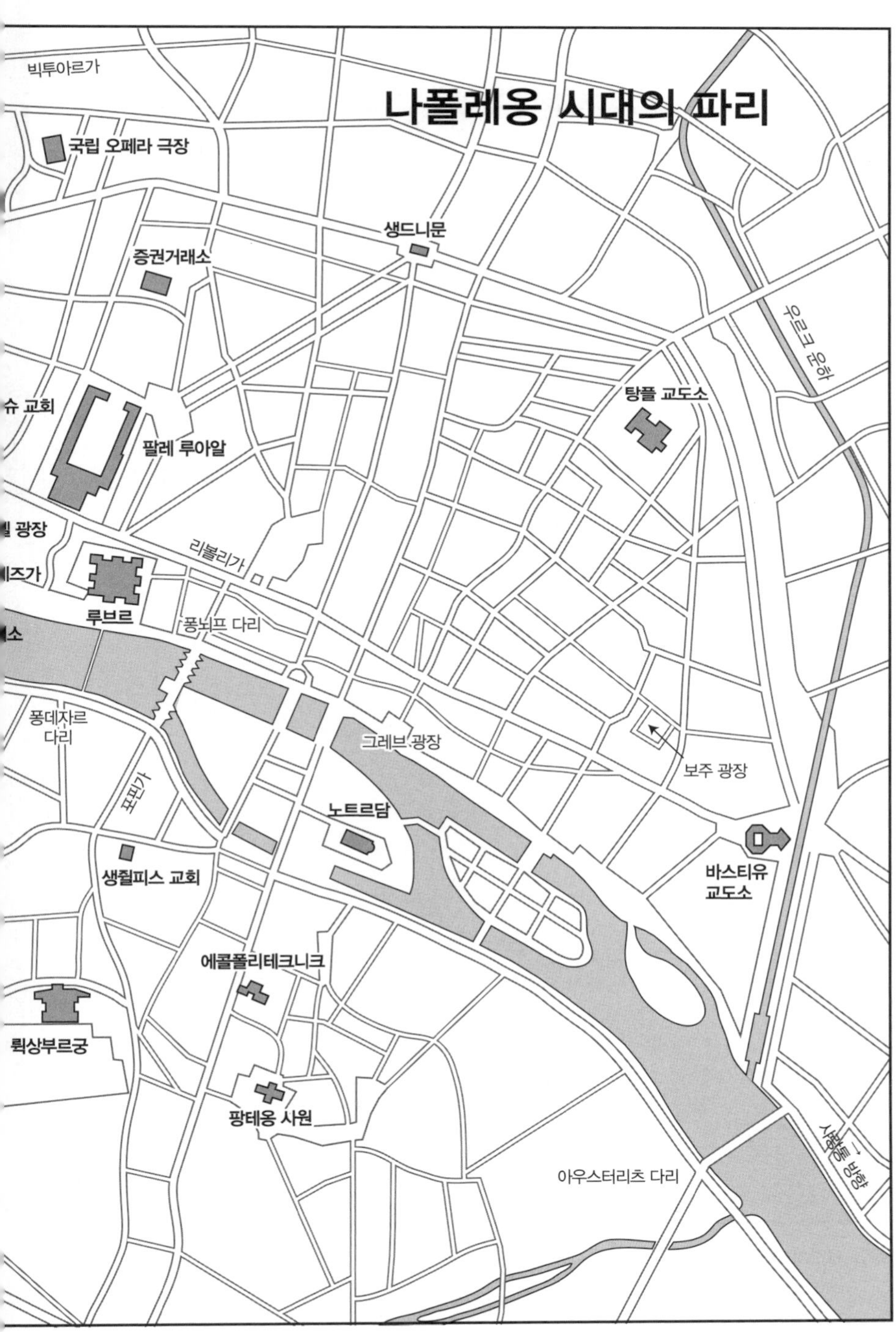
나폴레옹 시대의 파리
빅투아르가
국립 오페라 극장
생드니문
증권거래소
우르크 운하
탕플 교도소
슈 교회
팔레 루아알
광장
리볼리가
즈가
루브르
퐁뇌프 다리
소
퐁데자르
다리
그레브 광장
보주 광장
포팽가
노트르담
생쥘피스 교회
바스티유
교도소
에콜폴리테크니크
뤽상부르궁
팡테옹 사원
아우스터리츠 다리
방향

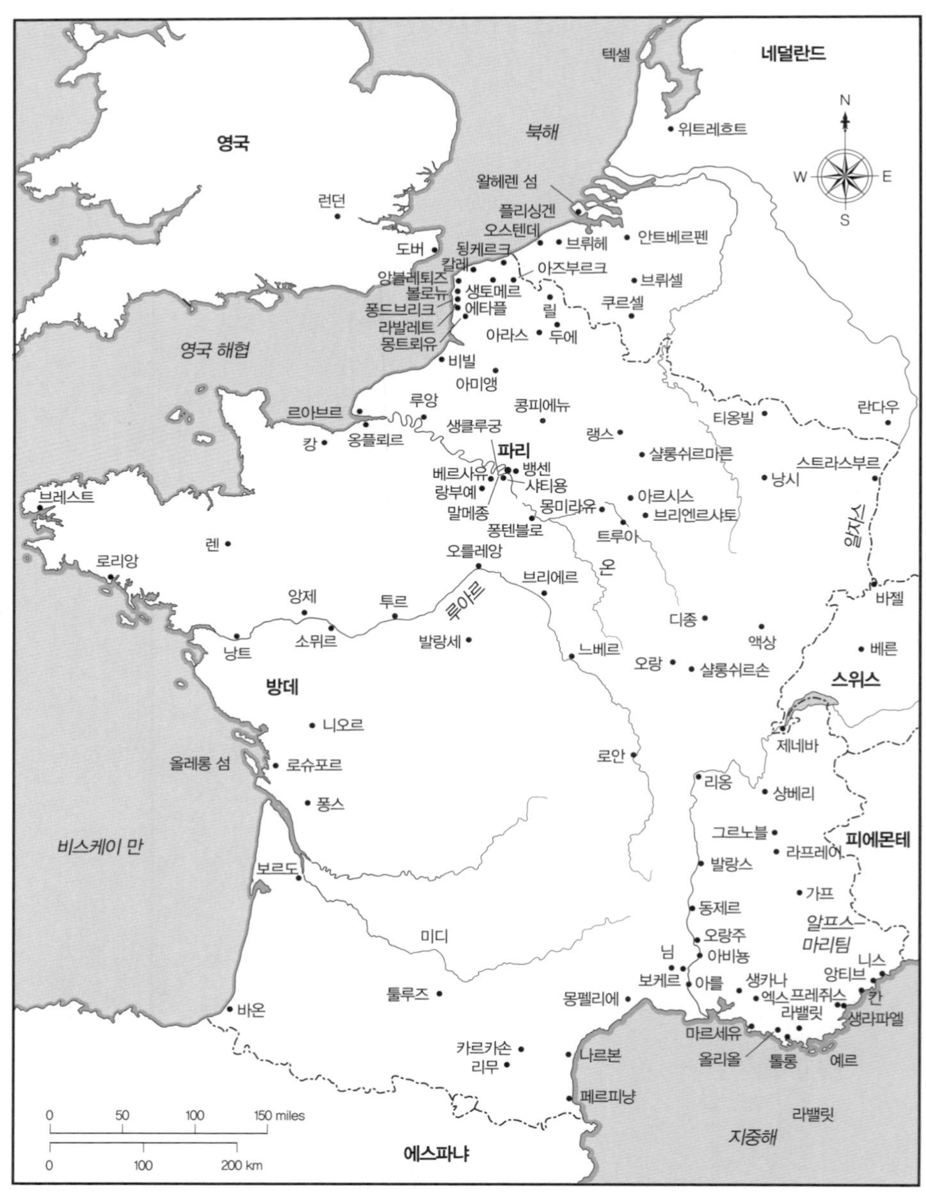

혁명 시대와 나폴레옹 시대의 프랑스

나폴레옹과 조제핀의 직계 가족

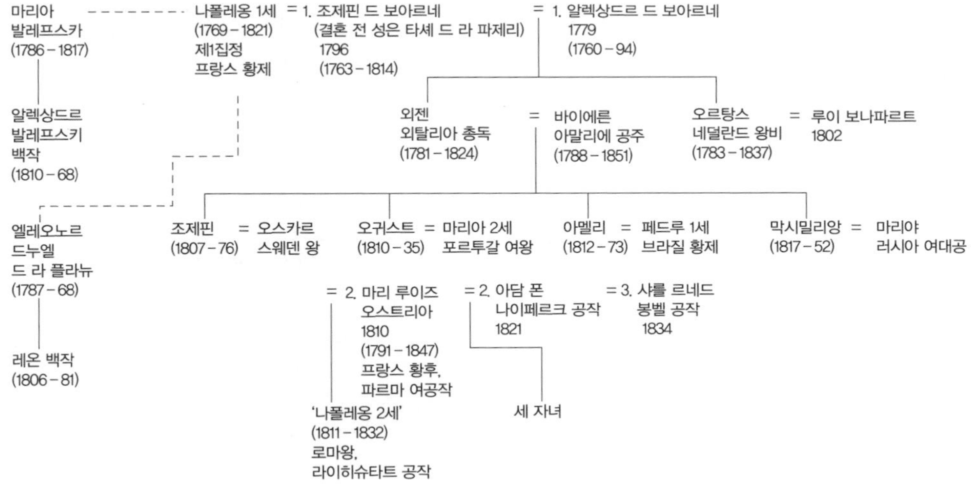

보나파르트 가문

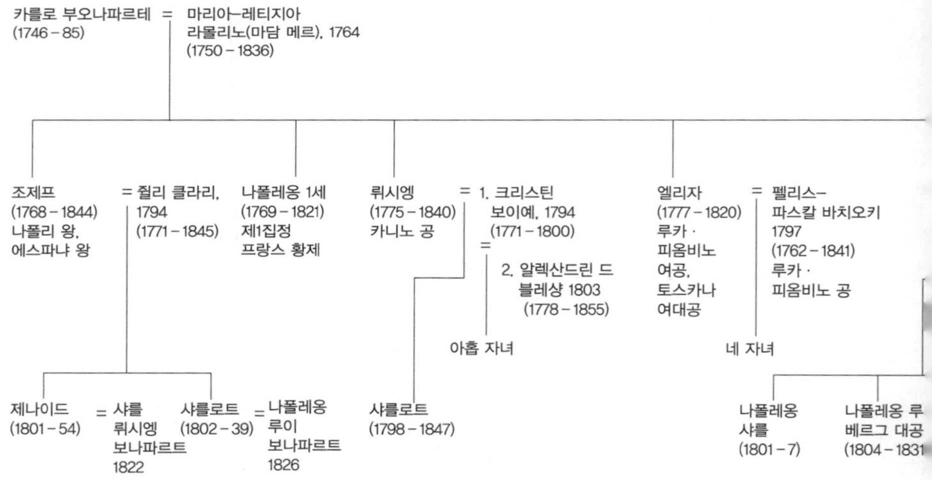

카를로 부오나파르테 (1746–85)
= 마리아–레티지아 라몰리노(마담 메르), 1764 (1750–1836)
조제프 (1768–1844) 나폴리 왕, 에스파냐 왕
= 쥘리 클라리, 1794 (1771–1845)
나폴레옹 1세 (1769–1821) 제1집정 프랑스 황제
뤼시엥 (1775–1840) 카니노 공
= 1. 크리스틴 보이예, 1794 (1771–1800)
= 2. 알렉산드린 드 블레샹 1803 (1778–1855)
아홉 자녀
엘리자 (1777–1820) 루카 · 피옴비노 여공, 토스카나 여대공
= 펠리스–파스칼 바치오키 1797 (1762–1841) 루카 · 피옴비노 공
네 자녀
제나이드 (1801–54)
= 샤를 뤼시엥 보나파르트 1822
샤를로트 (1802–39)
= 나폴레옹 루이 보나파르트 1826
샤를로트 (1798–1847)
나폴레옹 샤를 (1801–7)
나폴레옹 루 베르그 대공 (1804–1831

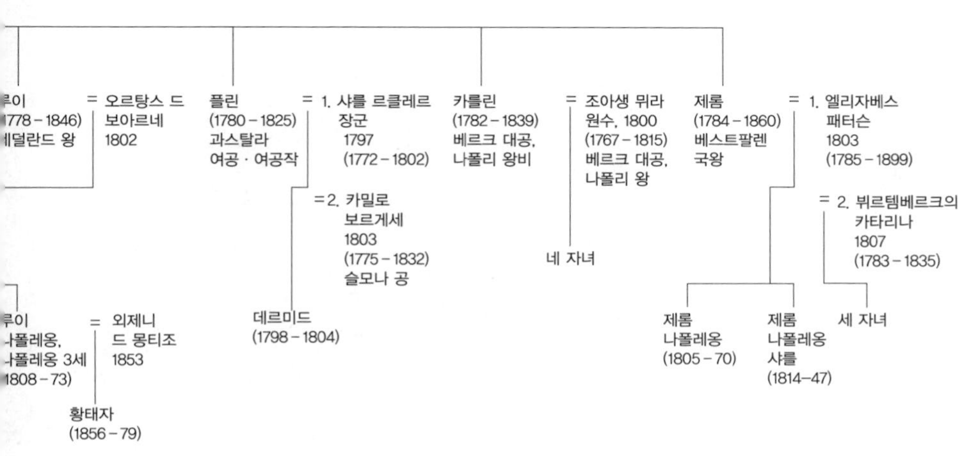

루이
(1778 – 1846)
네덜란드 왕
= 오르탕스 드 보아르네
1802
플린
(1780 – 1825)
과스탈라 여공 · 여공작
= 1. 샤를 르클레르 장군
1797
(1772 – 1802)
= 2. 카밀로 보르게세
1803
(1775 – 1832)
슬모나 공
카를린
(1782 – 1839)
베르크 대공, 나폴리 왕비
= 조아생 뮈라 원수, 1800
(1767 – 1815)
베르크 대공, 나폴리 왕
제롬
(1784 – 1860)
베스트팔렌 국왕
= 1. 엘리자베스 패터슨
1803
(1785 – 1899)
= 2. 뷔르템베르크의 카타리나
1807
(1783 – 1835)
네 자녀
루이 나폴레옹, 나폴레옹 3세
(1808 – 73)
= 외제니 드 몽티조
1853
황태자
(1856 – 79)
데르미드
(1798 – 1804)
제롬 나폴레옹
(1805 – 70)
제롬 나폴레옹 샤를
(1814–47)
세 자녀

서문

나폴레옹 보나파르트는 근대 프랑스의 창립자이자 역사에 이름을 남긴 위대한 정복자다. 그는 빈털터리 정치난민 신세로 망명한 지 6년 만에 군사 쿠데타를 일으켜 권력을 잡았다. 초대 제1집정으로 등극하고 황제 자리에까지 오른 나폴레옹은 유럽 제패를 앞두고 특히 그를 무너뜨리려고 계획한 동맹군의 공격에 무너지고 말았다. 최종 단계에 실패한 나폴레옹은 수치스러운 수감생활을 하다 삶을 마감하지만, 짧고 강렬했던 일생 동안 예순 번의 전투를 치르며 겨우 일곱 번밖에 패하지 않았다. 이는 어느 시대, 어떤 장군도 이루지 못한 업적이다. 무엇보다 유명하고 탁월한 업적은 그가 마련한 제도 근간으로 그 덕분에 프랑스는 혁명기의 혼란을 정리하고 평등 원칙을 공고히 하는 법안을 세울 수 있었다. 오늘날 유럽 법률의 기반이 된 나폴레옹 법전은 남극을 제외한 전 세계 6대륙 40개 국가의 법에 영향을 미쳤다. 나폴레옹이 만든 다리, 저수지, 운하, 하수도 등은 프랑스 전역에서 지금도 사용하고 있다. 프랑스 외무부는 나폴레옹이 센강을 따라 지은 부두 위에 자리 잡고 있으며, 그가 2백 년 전 설립한 프랑스 감사원은 여전히 회계감사 활동을 하고 있다. 봉건적 특권을 대체하기 위해 나폴레옹이 도입한 레지옹 도뇌르 훈장은 여전히 최고의 명예로 여겨지고 있다. 현재 프랑스 최고 수준의 중등학교는 대부분 나폴레옹이 세운 것이며 그가 설립한 프랑스 국무원은 매주 수요일마다 법률을 심사한다. 역사상 최고 수준의 군사 영웅은 차치하더라도 나폴레옹은 근대 거인으로 칭송받을 만한 업적을 이뤄냈다.

나폴레옹이 부하들의 사기를 진작하기 위해 사용한 리더십 기술은 지금도 많은 사람이 따라 하고 있지만, 그의 열렬한 추종자였던 윈스턴 처칠을 제외하면 나폴레옹만큼 뛰어난 리더십을 발휘한 사람은 아직 없다. 나폴레옹의 특별한 리더십 기술은 알렉산드로스 대왕이나 율리우스 카이사르 등 자신이 존경한 고대 위인을 따라잡고자 노력하면서 배운 것과 시대 조건에 부응하기 위해 스스로 터득하고 개발한 것으로 이뤄져 있다. 나폴레옹은 자신의 특별하고 대단한 능력으로 평범한 사람들에게 역사를 바꿀 수 있다는 믿음을 심어주었다. 그 결과 모스크바에서 후퇴하고 라이프치히 전투에서 패배해 파리를 함락당한 후에도 나폴레옹 군대는 굴하지 않고 기꺼이 그를 따랐다. 이 책을 집필하면서 나는 나폴레옹의 의외의 면모도 발견했는데 그것은 바로 뛰어난 유머 감각이다. 그간 많은 역사학자가 분명 그가 유머로 의도한 말을 진지하게 받아들이는 경향을 보였다. 사실 나폴레옹은 아무리 심각한 상황에서도 가족과 측근에게 농담을 던지곤 했다. 이 책에서도 수십 개 예시를 찾아볼 수 있다.

나폴레옹과 조제핀의 관계는 수많은 연극과 소설, 영화에서 로미오와 줄리엣의 이야기처럼 다뤘지만 현실은 전혀 달랐다. 나폴레옹은 조제핀에게 완전히 푹 빠졌으나 조제핀은 처음에 그를 사랑하지 않았고 결혼 초기에는 바람을 피우기도 했다. 이집트 사막의 전쟁터 한복판에서 아내의 외도 사실을 2년 후에야 알게 된 나폴레옹은 몹시 절망했다. 그는 아내의 외도 소문에 따른 자신의 오명을 막으려고 카이로에서 정부情婦를 동반하기도 했다. 당시 프랑스 장군에게는 본인의 간통보다 아내의 외도가 훨씬 더 치명적이었다. 프랑스로 돌아간 뒤 나폴레옹은 조제핀을 용서하고 10년 이상 화목하고 만족스러운 부부생활을 유지했지만 끊임없이 다른 정부를 취했다. 조제핀은 아내로서 자기 역할을 충실히 수행했고 결국에는 그를 사랑했다. 나폴레옹이 정치적, 전략적 이유로 이혼을 결심하자 조제핀은 무척 낙담하면서도 우호적인 관계를 유지했다. 나폴레옹의 두 번째 부인 마리 루이즈도 외도를 했는데 그녀의 상대인 오스트리아 장군은 전장에서 나폴레옹에게 패배했으나 분명 잠자리에서는 사정이 달랐음을 터였다.

나폴레옹은 대다수 정치인과 뛰어난 지도자 이상으로 자신의 삶을 상당히 체계적으로 나눴다. 그는 자기 마음의 한 부분을 나머지와 온전하게 분리했고 이를 찬장의 여러 서랍을 열고 닫는 것에 비유했다. 전투를 앞둔 전날 밤 사령관에게 내리는 명령과 여러 장군이 보낸 보고서를 들고 부관들이 분주하게 오가는 상황에서 나폴레옹은 레지옹 도뇌르 훈장을 받은 이들의 유가족을 위한 여학교 설립을 명령했고, 모스크바를 점령한 직후에는 파리 국립극장 규칙을 정하기도 했다. 그는 쉬지 않고 끊임없이 열정을 발휘해 제국의 세세하고 작은 부분마저 허투루 넘기지 않았다. 한 지방 관리는 오페라 극장에 젊은 정부를 데리고 가는 것을 자제하라는 명을 받았으며 또 어떤 무명 사제는 그의 생일에 수준 낮은 설교를 했다고 질책을 받았다. 어느 상등병은 술을 과하게 마신다는 지적을 들었고, 한 연대는 군기에 금실로 '무적Les Incomparables'이라는 자수를 넣어도 좋다는 허락을 받았다. 역사상 가장 부지런한 지배자였던 나폴레옹은 세부사항에 강박적으로 집착하면서도 유럽의 물질과 법, 정치, 역사 지평을 근본적으로 개혁했다.

1821년 나폴레옹이 사망한 날부터 오늘날까지의 날짜 수보다 제목에 '나폴레옹'이 들어가는 책의 권수가 더 많을 것이다.《나폴레옹의 치질》이나《나폴레옹의 단추》 같은 책도 있지만 그의 출생부터 죽음까지 삶을 총체적으로 다룬 전기 역시 수천 권에 달한다. 1857년 이후에 나온 나폴레옹의 모든 전기는 나폴레옹 3세가 자신의 숙부를 기리기 위해 발표한 서신들에 기초한다. 그러나 정치적 이유로 이들 서신의 많은 부분에 삭제 혹은 왜곡이 발생했고 결국 나폴레옹이 쓰지도 않은 편지를 수록하거나 곤란하고 남부끄러운 내용은 제외하는 일이 벌어졌다. 그 결과 나폴레옹이 실제로 쓴 편지의 3분의 2만 수록했다.

21세기의 가장 위대한 출판 시도 중 하나는 파리의 나폴레옹재단이 2004년부터 나폴레옹이 직접 서명한 3만 3천 통 이상의 편지를 전부 출판하고 있다는 점이다. 이 방대한 프로젝트는 나폴레옹이라는 특별한 영웅을 완전히 새롭게 평가하며 정점을 찍을 것이다. 지금까지 그는 말을 탄 계몽자의 모습으로 각인되어 왔다. 이제는 나폴레옹의 편지에서 그의 인간적인 매력과 유머 감각, 솔직한 자아 성찰을 살펴볼 수 있다. 그는 때로 광폭할 정도로 화를 내며 이성을 잃기도 했지만 여기에는 대체로 마땅한 이유가 있었다. 또한 그는 많은 사람의 주장과 달리 전체주의 독재자가 아니었다. 그는 역사상 가장 효율적인 감시 시스템을 만들긴 했으나 자기 백성의 삶을 일일이 다스리고 싶어 하지는 않았다. 자신이 정복한 땅을 반드시 프랑스인이 관리해야 한다고 생각하지도 않았다. 그는 외국 땅을 통제하려면 그곳의 민심을 다스려야 한다고 생각했기에 지역 주민에게 공감하고 귀를 기울이는 모습을 보여 주려 애썼다. 각 지역의 종교를 존중하고 따르는 척한 것도 목적을 달성하기 위한 수단이었다(그의 전략은 이탈리아와 이집트, 독일에서 각기 다른 양상을 보였다). 이와 다른 전략을 취한 아이티의 경우 추후 자신의 정책이 잔혹하고 효율이 떨어졌다는 사실을 인정하고, 아주 먼 지역의 백성을 오랫동안 다스릴 수는 없다는 점을 깨달았다. 그는 무엇보다 유럽의 근대화를 염원했다.

1804년 왕정주의자의 암살 시도가 무위로 끝났을 때 나폴레옹은 이렇게 말했다.

"그들은 나를 공격해 혁명을 무너뜨리려 한다. 내가 곧 혁명이니 내가 그들을 막을 것이다."

그의 특징 중 하나인 자기중심적 사고를 차치하면 분명 옳은 말이었다. 그는 프랑스혁명의 훌륭한 정신을 온몸으로 실천했고 그 정신은 여전히 유럽인의 삶에 녹아들어 있다. 나폴레옹이 권력을 잡기 5년 전 프랑스의 공포 정치는 이미 끝났지만 자코뱅파 세력은 여전히 강력했고 언제든 돌아올 수 있었다. 왕정복고로 프랑스혁명의 성과를 수포로 돌려버릴 가능성도 존재했다. 하지만 나폴레옹의 15년 치세 덕분에 프랑스는 프랑스혁명의 가장 훌륭한 정신을 보존하고 문제점을 고쳐갔으며, 부르봉 왕가가 돌아오더라도 앙시앵 레짐(구체제)으로 돌아갈 리 없다는 것을 보장할 수 있었다.

능력주의와 법 앞에서의 평등, 재산권, 종교적 관용, 현대 보통 교육, 건전 재정 등 현대사회를 뒷받침하는 많은 개념은 모두 나폴레옹이 추구하고 강화해 성문화한 것으로 세계 곳곳으로 퍼져갔다. 더구나 그는 논리적이고 효율적인 지방 행정 체제를 구축해 시골 지역의 강도 행위를 근절하는 한편, 과학과 예술 발전을 촉진하고 봉건제를 폐지했으며 로마제국 몰락 이후 최고의 법을 제정했다. 동시에 그는 일주일을 10일로 구성한 불합리한 혁명기 달력과 초월적 존재를 숭배하는 종교, 연줄 정치 등의 부패를 없애는 것은 물론 공화국의 쇠락을 반영하던 과잉 물가 상승을 잡아냈다. 나폴레옹은 국무원 초기 회의에서 이렇게 선언했다.

"혁명의 낭만은 끝났다. 지금은 혁명의 역사를 새롭게 시작할 때다."

그의 개혁이 효력을 발휘하려면 유럽 군주들이 필사적으로 막으려 했던 단 한 가지가 필요했다. 바로 시간이었다. 나폴레옹의 말에 따르면 "화학자들은 특정 가루를 이용해 대리석을 만들 수 있다. 하지만 그것이 단단하게 굳으려면 반드시 일정 시간이 필요하다." 혁명의 많은 원칙이 러시아(1861년까지 농노제 실시), 오스트리아, 프로이센의 절대군주제와 초기 산업화 단계의 영국을 위협한 까닭에 이들은 23년간 일곱 개 동맹으로 혁명을 이룬 프랑스를 제압하려 했다. 오랜 시도 끝에 동맹은 나폴레옹을 몰락시키는 데 성공했으나 나폴레옹이 성문화한 혁명 원칙은 이미 깊이 뿌리를 내렸고 부르봉 왕가가 이를 뒤집기에는 역부족이었다. 나폴레옹을 반대한 유럽의 많은 군주 역시 그를 무찌르려면 결국 나폴레옹의 개혁을 받아들여야 했다.

헨리 키신저는 저서 《회복된 세계》에서 다음과 같이 주장했다.

"국제질서를 세우는 데는 두 가지 방법이 있다. 결의나 절제력 혹은 정복이나 정통성이다."

나폴레옹에게는 그중 하나의 방법만 열려 있었다. 프랑스보다 140년 먼저 혁명이 일어난 영국은 다양한 법적 혜택을 누리고 있었고 프랑스도 혁명으로 이를 따라잡았다. 나폴레옹은 영국의 소小 윌리엄 피트와 맞섰는데 피트는 (혁명 또는 나폴레옹 때문에) 프랑스 권력이 몰락하는 것을 보고 이를 해상무역에서 성공을 거둔 영국이 국제적으로 강력한 힘을 쥘 기회로 여겼다. 1803년 나폴레옹이 영국을 침공하겠다고 위협한 이래 영국 정부는 나폴레옹을 전복하려는 시도를 멈추지 않았다. 당시 광대한 대영제국을 건설하던 영국이 프랑스의 제국주의를 매도한 것은 순전히 위선에 불과했다. 나폴레옹은 자신이 '제국을 건설한 종족'에 속한다고 자랑했으나 사실 그는 다른 종류의 제국을 그리고 있었다. 바로 카이사르, 알렉산드로스, 프리드리히 대왕의 제국이었다.

나폴레옹은 간혹 본질적으로 전쟁광이었다는 비난을 받지만 실은 그가 침공한 경우보다 다른 나라가 먼저 쳐들어온 경우가 훨씬 더 많았다. 프랑스와 영국은 1688년 영국 명예혁명부터 1815년 워털루 전투까지의 시기 중 절반 이상이 교전 상태였고 혁명 전쟁이 발발할 무렵 나폴레옹은 소위에 불과했다. 나폴레옹은 '대륙봉쇄' 정책 범위를 확장하려는 의도로 반도 전쟁과 1812년 러시아와의 전쟁을 일으켰다. 그러나 이는 영국의 해상 장악에 맞서 영국이 화평을 요청하도록 강요하려 한 잘못된 보호주의 정책이었다. 결국 나폴레옹이 몰락한 근본 원인은 콜베르의 보호주의에 있으며 흔히들 비난하는 폭력성이나 자기중심적 태도 때문은 아니었다.

러시아를 침략하겠다는 결정은 본질상 나폴레옹의 최악의 착오는 아니었다. 1799년 이래 프랑스가 러시아를 세 차례나 굴복시켰기에 나폴레옹은 한 번 더 승리할 수 있으리라고 믿을 법했다. 나폴레옹은 아일라우의 눈보라를 뚫고 나아갔고 과다라마산맥을 누볐으며 아우스터리츠(오늘날의 슬라프코프)와 프리랑을 잇는 기나긴 병참선의 끄트머리에서도 싸웠다. 1812년 나폴레옹 군대가 워낙 대규모라 러시아는 맞서 싸우기보다 전략적으로 후퇴를 거듭했고, 결국 이 작전이 주효해 나폴레옹을 모스크바 반경 120킬로미터 이내까지 유인한 덕분에 러시아는 승리를 거뒀다. 나폴레옹은 자신의 주력군 중 무려 10만 명 이상이 전염병인 발진티푸스에 걸려 사망한 탓에 군이 궤멸하는 것을 속수무책으로 바라볼 수밖에 없었다. 발진티푸스의 원인과 치료법은 그로부터 1세기가 지난 후에야 발견되었다. 그렇지만 나폴레옹이 말로야로슬라베츠에서 후퇴하는 두 가지 길 중 어느 하나라도 선택했다면 그랑다르메(대육군Grande Armée)를 이끌고 돌아와 왕좌를 지킬 수 있었을 것이다. 적군을 얕본 그는 무찌를 수 있다고 여긴 나머지 병력을 무리하게 빨리 움직였다. 나폴레옹은 러시아군이 근본적으로 바뀌었으며 당대 러시아 황제 알렉산드르 1세가 그를 무찌르기 위해서라면 무엇이든 할 수 있는 상대임을 깨닫지 못했다.

그래도 전투지에서 나폴레옹의 전반적인 판단력은 누구보다 뛰어났다. 그의 전장 60곳 중 53곳을 직접 방문해 본 나는 지형을 보는 그의 천부적인 감각과 적절한 시기를 선택하는 명민한 직감에 경탄하지 않을 수 없었다. 무릇 장군은 전투 결과로 평가받는 법인데 나폴레옹은 60회에 달하는 전투와 포위 작전에서 아크레와 아스페른-에슬링, 라이프치히, 라로티에르, 라온, 아르시, 워털루에서만 패배했다. 당대의 가장 위대한 통치자가 누구냐는 질문에 웰링턴 공작은 이렇게 대답했다.

"이 시대, 지난 과거, 모든 시대를 통틀어 단연코 나폴레옹이다."

나폴레옹을 따르는 사람들은 자신이 지금 하는 일이 멋지고 흥미진진하며 의미 있는 모험이라 생각했고, 지금 이뤄내는 모든 성과가 후대에 길이길이 영광스러운 이야기로 남을 것이라고 믿었다. 나폴레옹은 평범한 사람들이 삶은 물론 필요하다면 전투지에서의 죽음마저 역사적으로 중대한 가치가 있다고 믿게 했다. 평범한 사람도 역사를 만들어갈 수 있다는 의미다. 나폴레옹이 부하들을 제대로 챙기지 않고 부하의 목숨에 무관심했다는 말은 사실이 아니다. 나폴레옹은 큰 전투 때마다 소중한 친구를 잃었으며 친구와 병사의 죽음 때문에 얼마나 크게 상심했는지는 그가 조제핀과 마리 루이즈에게 보낸 편지에 생생하게 드러나 있다. 나폴레옹은 좌절하지 않고 승리라는 목표를 위해 꿋꿋이 버텼으며 율리시스 그랜트 장군(남북 전쟁에서 활약한 미국 제18대 대통령 — 역자)이나 조지 패튼 장군(제2차 세계대전에서 활약한 미국 장군 — 역자)과 마찬가지로 포기하지 않았기에 장군으로서 위대한 업적을 이뤄냈다.

나폴레옹은 군대를 이끄는 지휘자로서 자신의 능력을 의심한 적이 없었다. 세인트헬레나에서 나폴레옹이 상수시궁을 방문했을 때 프리드리히 대왕의 검을 갖고 오지 않은 이유가 무엇이냐는 질문에 한 대답을 보라.

"내게도 검이 있으니까."

나폴레옹재단이 그의 서신을 출판하기 이전에 행한 역사학자들의 나폴레옹 연구는 전체 퍼즐조각의 3분의 2만으로 문제를 풀어내려 한 것이나 마찬가지다. 새롭게 모습을 드러낸 나폴레옹의 편지를 읽다 보면 변화무쌍한 멀티태스커이자 괴테가 감명할 정도로 신중한 사상가 그리고 재기발랄한 문장가였던 그의 인간적인 모습을 생생하게 느낄 수 있다. 엘리자베스 1세 이후 유럽에서 군림한 군주 중 가장 흥미로운 인물인 나폴레옹의 특별한 리더십의 비밀이 바로 그의 편지에 담겨 있다. 그는 편지의 절반 이상에서 군사 문제를 다루며 자신의 우상이던 알렉산드로스 대왕이나 율리우스 카이사르와 견줄 만한 군인의 마음가짐을 그대로 드러내고 있다. 조지 워싱턴이나 드와이트 아이젠하워 등 위대한 군인 출신 정치가와 거의 똑같은 문제에 직면한 나폴레옹은 가장 긴박했던 위기 상황에서 복잡하게 꼬인 정치와 군사 문제를 해결해야만 했다. 이는 나폴레옹의 친필 편지에서 잘 확인할 수 있다.

나폴레옹의 편지를 전부 출판하는 가운데 어느 시기에 편지가 없는지 살펴보는 것도 무척 흥미로운 일이다. 이집트 출정 중에 아내 조제핀이 기병 대위 이폴리트 샤를과 불륜관계라는 소식을 들은 나폴레옹은 거의 2년간 그녀에게 단 한 통의 편지도 보내지 않았다. 나폴레옹은 아내의 외도 이후 정부들에게도 거의 편지를 보내지 않았는데, 최근 발견한 나폴레옹의 비밀 장부에 따르면 그들은 사랑이 담긴 편지 대신 프랑스 재무부로부터 두둑한 현금을 챙겼다(나폴레옹은 유배 중 자신에게 정부가 '예닐곱 명' 있었다고 인정했으나 적어도 21명 이상 정부를 두었다는 증거가 나왔다).

나폴레옹이 평생 자기 삶을 두고 부정확한 사실만 말해온 탓에 그의 전기를 쓰는 건 무척 힘든 일이다. 젊은 시절 나폴레옹은 소설가가 되려고 한 적도 있는데 그가 청소년기에 쓴 글은 모두 상당히 자전적이었다. 대서양 한가운데의 세인트헬레나 섬에 갇혀 있는 동안에는 자신의 전설적인 업적과 유산을 아름답게 꾸며내기 위해 어찌나 명민한 감각을 발휘했던지 성과는 걷잡을 수 없이 과장한 반면 실패와 실수, 때때로 보여 준 잔혹한 모습은 최소화하거나 아예 무시했다. 그는 곁에서 보필하던 앙리 베르트랑 장군에게 이렇게 말했다.

"무릇 역사가란 웅변가와 마찬가지로 사람들을 설득해 납득시켜야 하는 법이다."

1816년 6월 세인트헬레나에서 나폴레옹은 개인비서 에마뉘엘 드 라스 카즈 등에게 자신의 말을 받아 적게 했는데 이 작업이 하루에 12시간이나 이어진 적도 있다. 나폴레옹이 세상을 떠난 지 2년 후 이때의 기록을 바탕으로 네 권짜리《세인트헬레나 회고록Le Mémorial de Sainte-Hélène》이 출간되었다. 이 책은 19세기에 세계적인 베스트셀러가 되었고《톰 아저씨의 오두막집》 같은 고전보다 더 많이 팔렸다.

"이 얼마나 소설 같은 삶이란 말인가!"

이것은 나폴레옹이 세인트헬레나에서 지내며 했던 말인데, 그가 자기 삶을 정리해서 말한 것 중에는 있는 그대로의 사실도 많지만 소설처럼 꾸며낸 부분도 있었다. 그는 사적인 자리에서는 가끔 자신을 아주 박하게 평가하고 자신이 저지른 실수 때문에 곤란한 지경에 놓인 적도 많다는 사실을 친구와 부하에게 인정했으나 회고록을 쓸 때만큼은 이를 드러내지 않았다. 대부분의 정치인처럼 나폴레옹도 성과를 과장하고 패배를 숨겼다. 그는 전무후무한 범유럽주의자인 양 행세했으며 라스

카즈는 1808년 5월 마드리드 폭동(나폴레옹의 마드리드 점령에 대항하고자 시민들이 일으킨 폭동 — 역자)을 잔혹하게 진압한 것을 두고 나폴레옹 자신에게 아무런 책임이 없음을 증명하기 위해 위조문서까지 끼워 넣었다. 즉, 나폴레옹은 자신이 이뤄낸 신화를 전혀 객관적으로 다루지 않았다. 보나파르트 정권을 지지한 작가 스탕달과 발자크, 빅토르 위고, 알렉상드르 뒤마의 활약으로 나폴레옹의 업적은 왜곡과 과장이 점차 심해졌다. 당연히 이에 따른 반발도 뒤따랐다.

역사가는 대부분 나폴레옹의 측근들이 쓴 기록을 거의 있는 그대로 받아들였는데, 그중 대다수는 지나치게 왜곡해 부가적인 근거가 없으면 거의 쓸모없을 지경이다. 피고용인이라는 위치, 수당을 받는 입장, 부르봉 왕가의 지시 아래 이뤄진 출판 등을 이유로 기록은 대체로 객관성을 갖추지 못했다. 1804~1813년 클레르 드 레뮈자가 나폴레옹의 신하인 자신의 남편에게 쓴 편지를 보면 나폴레옹을 향한 이 부부의 애정을 넘치게 묘사하고 있다. 하지만 1818년 레뮈자는 회고록에서 나폴레옹을 "관용이라고는 조금도 발휘할 줄 모르고", "악마 같이 웃는" 끔찍한 존재로 그렸다. 남편이 부르봉 왕가 밑에서 주지사 직을 맡게끔 태세를 전환한 것이다. 그녀는 1815년 당시 썼던 기록을 불태웠고 대신 르네 샤토브리앙이 그녀의 '회고록 중의 회고록'이라 부른 것을 되살리려 했다. 나폴레옹의 시종이던 루이 콩스탕은 자신의 회고록을 단 한 자도 직접 쓰지 않고 최소 5명에게 대필을 맡겼는데, 그중에는 환상문학가 샤를 막심 드 빌마레스트(나폴레옹의 비서 루이 드 부리엔의 전기 대필작가다. 부리엔은 횡령죄로 나폴레옹에게 두 번이나 해고당했지만 그의 회고록은 역사학자들에게 대체로 객관적이라는 평가를 받는다)도 있었다. 학창 시절 나폴레옹이 브리엔에서 벌였다는 유명한 눈싸움은 병들고 궁핍했던 부리엔이 대필작가들에게 간략하게 적어 보낸 메모 어디에도 나오지 않으며, 이는 익명의 영어 소책자 번역본에서 따온 것으로 보인다. 1830년 나폴레옹의 형제 조제프와 루이를 포함한 그의 지인들이 총 8백 쪽에 달하는 두 권의 책을 출간했는데, 이들은 법의학적 근거를 들어 부리엔의 주장 중 다수에 반박했다.

세인트헬레나에서 나폴레옹과 함께 지낸 몽톨롱 백작은 20년 후 당시에 쓴 기록이 전혀 없는 상태에서 회고록을 썼다. 백작의 회고록은 소설가 알렉상드르 뒤마가 대필했고 나폴레옹이 가장 좋아한 배우 탈마의 회고록도 대필 경험이 있는 작가가 썼다. 나폴레옹이 파리에서 추방한 로르 다브랑테스 역시 1830년대에 회고록을 썼는데 그녀는 아편 중독 상태에서도 수십 년 전 나폴레옹과 나눈 기나긴 사적인 대화를 하나도 빼놓지 않고 전부 기억한다고 주장했다. 그녀의 회고록 18권 중 일부는 소설가 발자크가 대필했으며 여기에는 채권자들을 피하려는 의도도 있었다. 나폴레옹 밑에서 일한 경찰장관 조제프 푸셰의 《회고록》은 사실 삼류작가 알퐁스 드 보상이 대필한 것으로 이를 증명하는 영수증이 아직까지 남아 있다. 나폴레옹의 고문 앙투안 불레 드 라 뫼르트도 자신의 회고록 중 단 한 자도 직접 쓰지 않았다. 나폴레옹이 가장 사랑했던 정부 조르주 부인도 자신의 회고록을 대필작가에게 맡겼다가 내용이 너무 지루하다고 여겨 나폴레옹이 자신의 코르셋 안으로 지폐 다발을 쑤셔 넣는 이야기 등을 추가해 선정적으로 만들었다.

저작권법이 존재하지 않던 시절에는 당대의 실존 인물, 예컨대 조제프 보나파르트나 마르샬 마르몽, 나폴레옹 치세의 외무장관 아르망 드 콜랭쿠르 등이 회고록을 직접 썼다고 주장하며 출판할 수 있었고 글을 도용당한 작가들은 법적으로 출판을 막을 방법이 없었다. 샬롯 드 소르라는 사기꾼은 1826년 콜랭쿠르를 잠시 만난 경험에 기반해 1837년 콜랭쿠르의 이름으로 회고록을 날조해 출판했다. 1934년 콜랭쿠르의 진짜 회고록을 발견해 출판한 것과 비교해 보면 소르가 날조한 회고록은 이것과 아무런 유사성도 없다. 탈레랑은 1820년대에 자신의 회고록 중 나폴레옹 관련 부분을 직접 저술했으나 이조차 1860년대에 나폴레옹의 반대파였던 아돌프 드 바쿠르가 손을 대 완전히 바꿔버렸다. 메테르니히 공도 자신의 개인적인 영위를 위해 회고록을 대필하게 했으며 폴 바라스는 악의와 자기연민, 복수심으로 똘똘 뭉친 기록을 남겼다. 나폴레옹이 브뤼메르 쿠데타를 일으켰을 때 쫓겨난 루이 고이에는 시종일관 나폴레옹을 비난하는 두 권짜리 회고록 서문에서 이렇게 밝혔다.

"나는 공정하게 글을 쓸 것이며 나폴레옹을 단죄하고 정의를 실현하리라."

라자르 카르노 장관과 그루시 원수의 회고록 역시 본인이 직접 기술한 것이 아니며 그들이 남긴 문서에 기반해 대거 수정이 이뤄졌다. 미오 드 멜리토의 회고록 또한 50년 후 그의 사위가 작성한 것이다.

그렇지만 나폴레옹과 가까웠던 사람들이 당시 기록을 참고해 공정하고 정확하게 작성한 회고록도 다수 존재한다. 밀린 집세를 내거나 새로운 정부에서 일자리를 얻기 위해 나폴레옹과의 관계를 꾸며내고 과장하지 않은 회고록도 많다는 얘기다. 나는 이러한 기록에 집중하려 애썼다. 1812년부터 1814년까지 일어난 사건을 콜랭쿠르가 기록한 장부와 세인트헬레나에서 앙리 베르트랑이 나폴레옹과 함께 지내며 쓴 일기 그리고 장 자크 캉바세레스의 회고록은 각각 1930년대·1950년대·1970년대에 세상에 등장해 개혁 정부가 정치적 목적으로 왜곡하는 사태를 피할 수 있었다. 잘 알려지지 않았던 루이 드 보세 로크포르 남작은 나폴레옹의 궁정 담당관으로 비서 부리엔보다 나폴레옹과 가깝게 지내는 사이였다. 그는 부르봉 왕가 치하에서 대담하게도 나폴레옹에게 우호적인 회고록을 출판했다. 부리엔 이후 나폴레옹의 개인비서로 일한 클로드 프랑수아 드 메느발과 아가통 팽 남작 역시 나폴레옹을 긍정적으로 묘사했다. 물론 이들 기록은 다른 기록과 서로 비교해 볼 필요가 있지만 적어도 나폴레옹의 적대자나 대필작가들이 나폴레옹 사망 직후 그려낸 '암흑 전설'보다는 정직한 편이다. 이러한 기록에서 드러난 나폴레옹의 모습은 우리가 흔히 떠올리는 이미지와 공통점이 거의 없다. 그 차이를 이해하기 위해 당시의 역사적 상황을 다시 한번 살펴보자.

나폴레옹 사후 119년인 1940년 6월 23일 일요일의 이른 아침 나폴레옹의 명성에 크나큰 오점이 생겼다. 파리를 점령한 지 일주일 만에 히틀러가 레쟁발리드의 나폴레옹 묘소를 방문한 것이다. 히틀러는 1시간 동안 머물며 분홍색 암석으로 만든 석관을 바라보는 모습을 기념사진으로 남겼다. 나중에 히틀러는 나폴레옹 아들의 유해를 오스트리아 빈에서 파리로 이장해 주었다. 이 과정에서 사람들은 나폴레옹과 히틀러를 관련지어 생각하게 되었다. 두 사람 모두 외국 출신으로 독재자 위치에 올라 유럽을 정복하려 했다는 점, 전쟁터에서 승승장구하다가 러시아 침공에 실패해 몰락했다는 점, 아무리 채워도 채워지지 않는 자만심을 지녔다는 점 그리고 그들에게 대항하는 세계적인 동맹군이 결성되었다는 점이 나폴레옹과 히틀러 사이의 공통점으로 꼽히고 있다.

1944년 11월 윈스턴 처칠은 하원의사당에서 이렇게 말했다.

"나는 나폴레옹과 히틀러를 비교하는 것을 매우 싫어한다. 추잡하고 더러운 단체를 이끈 학살자를 위대한 황제이자 전사와 어떤 식으로든 나란히 두는 것은 크나큰 모욕이다."

그러나 1940년 여름 처칠은 수차례의 연설 중에 나폴레옹의 유령을 다시 떠올리게 했고, 그해 10월 "피트와 그 후계자들이 맞서 싸웠듯 이제는 우리가 워털루를 쟁취할 때까지 싸울 결심을 해야 할 때"라는 그의 호소는 영국인의 머릿속에 단단히 뿌리를 내렸다. 전쟁 중에 적의 수장을 욕하며 악의적으로 묘사하는 것은 흔한 일이고 이때 대체로 상대방의 성격을 매도한다. 물론 적장이 패배한 지 2백 년 넘게 지났는데도 그럴 필요는 없다. 처칠은 나폴레옹을 '율리우스 카이사르 이후 가장 위대한 활동가'라고 칭한 적도 있는데, 만약 나폴레옹이 이 찬사를 들었다면 분명 고개를 끄덕였을 것이다.

제2차 세계대전 이후 두 세대에 걸쳐 역사가들은 나폴레옹을 나치의 총통과 같은 선상에 놓고 왜곡된 시선으로 바라보았다. 그들은 그가 마치 히틀러의 선배라도 되는 것처럼 묘사했다. 비밀경찰을 두고 언론을 검열하는 한편 주변 국가를 침공해 유럽을 지배하려는 욕망을 드러낸 나폴레옹이 후일 나치라는 공포스러운 존재를 탄생시킨 원흉이라는 말이다. 전쟁의 영향을 받은 영국 역사가들의 세계관은 전 세계가 나폴레옹을 받아들이는 방식에 지대한 영향을 끼쳤고 프랑스와 미국 역사가들도 종종 영국 역사가들의 세계관을 그대로 따랐다. 클로드 리브는《나폴레옹의 범죄》에서 나폴레옹을 히틀러처럼 대량학살을 일삼은 독재자로 묘사했으며, 미국 역사가 폴 슈뢰더는 두 사람의 독재자가 권력을 추구한 방식을 비교하며 나폴레옹을 깎아내렸다.

"히틀러는 믿을 수 없을 정도로 경악스러운 자신의 이상을 이루기 위해 행동했다. 반면 나폴레옹은 별로 특별한 목적도 없었다."

1970년대 내가 영국에서 학교에 다닐 때 수업시간에 교사들이 나폴레옹에 관해 부정적인 시각을 가르쳤으나 나는 전혀 받아들이지 않았다. 만일 나폴레옹이 그토록 사악하고 악독한 인간이라면 그의 놀라운 유머 감각과 재치는 대체 어디에서 나오는 거란 말인가? 그가 코르시카 방식대로 피의 복수만 추구하는 잔악한 인간이라면 자신을 몇 번이나 배신한 사람을 살려준 까닭은 무엇인가? 그가 정말로 상습적인 전쟁광이었다면 그가 먼저 시작한 전쟁 숫자보다 적들이 선전포고해서 시작한 전쟁 숫자가 두 배나 많은 이유는 무엇인가? 그가 정말로 유럽대륙 제패, 심지어 세계 정복을 꿈꾸었다면 틸지트 조약 때 러시아 황제 알렉산드르 1세와 유럽을 분할해서 나눠 갖기로 한 이유는 무엇인가? 그가 그토록 짐승 같은 인물이었다면 나폴레옹이 세상을 떠나고 한참 뒤에도 가까운 이들이 계속해서 애정 어린 회고록을 남긴 까닭은 무엇인가? 나폴레옹이 히틀러 탄생의 원흉이라면 당시 누구보다 자유민주적이던 수많은 영국 지식인이 파리와 엘바, 세인트헬레나를 방문해 나폴레옹을 만난 이유는 무엇인가?

열 살 때 부모님께 코렐리 바네트의 나폴레옹 전기《보나파르트》를 받은 이후 나는 나폴레옹과 관련해 끊임없이 여러 궁금증을 품고 있었다. 그리고 나폴레옹이 엘바와 세인트헬레나에서 지낸 세월보다 더 오랜 시간 동안 그를 연구하고 이 책을 쓰면서 어릴 때부터 품어온 질문의 답을 찾아갈 수 있었다. 나는 어릴 때 읽은《보나파르트》를 지금도 서재에 소중히 보관하고 있다. 나폴레옹과 관련된 다양한 물건, 예컨대 나일강 전투에서 남편을 잃은 부인에게 위로의 표식으로 직접 잘라 보낸 머리칼, 집정관으로 일할 당시 주조한 다양한 훈장도 그가 세상을 떠난 롱우드 하우스의 벽지 일부와 함께 내 서재 한편을 차지하고 있다. 1807년 나폴레옹은 이런 글을 썼다.

"근거 없는 주장을 하는 역사가가 갈수록 늘고 있다. 똑같은 주제를 다룬 책이라도 작성한 시대에 따라 전혀 다르게 차이를 보이는 경우가 많다. … 누군가가 제대로 된 지식을 얻으려고 하는 순간 그는 아주 복잡한 미궁 같은 역사가들의 도서관으로 내동댕이쳐지고 만다."

1천5백 명 이상이 나폴레옹 관련 기록을 남겼는데 그 기록으로 이뤄진 미궁은 너무 복잡해서 진실에 접근하기가 매우 까다롭다. 나폴레옹을 제대로 인용한 사람도 많지만 잘못 인용한 사람도 많으며, 누군가는 그를 떠받들고 누군가는 그를 강력히 비판한다. 또한 마키아벨리의《군주론》처럼 그의 어록을 여기저기 아무렇게나 붙이곤 한다. 나폴레옹의 군사 좌우명 일흔여덟 가지는 사실 그가 직접 편찬한 게 아니며 완전히 별개의 맥락에서, 즉 그의 서신과 세인트헬레나에서 했던 말 중에서 누군가가 적당히 뽑아낸 것에 불과하다.

근대 역사기록학자들 사이의 가장 맹렬한 논쟁 중 하나는 나폴레옹이 남긴 유산과 관련된 것으로, 이는 1945년 네덜란드의 역사가 피터르 게일이 명저《나폴레옹: 찬성과 반대Napoleon: For and Against》를 출판하기도 전에 벌어지기 시작했다. 제2차 세계대전 당시 부헨발트의 나치 강제 수용소에 감금되기도 했던 게일은 나폴레옹과 아돌프 히틀러 사이의 관계를 설명하는 강의에서 "평행이론은 무척 흥미롭고 즐거운 주제"라고 언급하며 두 독재자 사이에 '아주 명백한 관계'가 있다고 믿었다. 내 의견은 전혀 다르다.

지금까지 너무 많은 나폴레옹 전기작가가 그를 묘사하면서 자만심과 오만함에 취해 응당 받아야 할 천벌을 받았다는 수상쩍은 비유적 표현을 썼고 후일 '나폴레옹 콤플렉스'라는 잘못된 명칭을 붙이기도 했다. 이는 고대 그리스 희곡에서 유래한 전형적인 인물상과 동일한데, 그 이유는 모든 독재자와 폭군은 언젠가 벌을 받는다고 말하면 사람들의 마음이 편해지기 때문이다. 세대가 바뀔 때마다 나폴레옹의 전기를 새로 써야 한다고 생각한 게일은 이렇게 말했다.

"역사란 끝없는 논쟁의 연속이다."

나폴레옹에 관한 한 내 견해는 다른 역사가들과 완전히 다르다. 나폴레옹을 몰락으로 이끈 것은 그의 마음속 깊이 내재한 성격적 결함이 아니라 예기치 못한 일련의 사건과 몇 가지 중대한 실수가 결합한 결과다. 이제 사실에 가깝고 인간적이면서 매력적인 나폴레옹의 일생을 살펴보자.

출세

제1부

코르시카

1

비극의 주인공이 우리를 즐겁게 하려면 완벽히 유죄여도,
완벽히 무죄여도 안 된다. … 모든 약점과 모순은
인간의 마음에 불행하게 자리 잡고 매우 비극적인 색채를 드러낸다.

나폴레옹이 프랑수아 쥐스 마리 레이누아르의 연극 〈성당기사단〉에 관해

–

역사를 읽다 보면 곧 내가 역사에서 가장 유명하고
위대한 사람과 나란히 놓일 수 있겠다는 생각이 드오.

나폴레옹이 콜랭쿠르 공작에게

나폴레옹은 1769년 8월 15일 화요일 지중해 중부 코르시카섬의 큰 마을 아작시오에서 정오 직전에 태어났다. 그는 성인이 될 때까지 나폴레오네 디 부오나파르테라는 서명을 사용했는데 후일 자신의 어머니 레티치아가 경험한 일을 이렇게 말한 바 있다.

"어머니는 교회에서 집으로 돌아오는 길에 진통을 느꼈고 간신히 집에 돌아와 침대 위가 아니라 태피스트리 융단 위에서 나를 낳으셨다."[1]

그의 부모는 아들에게 특이하면서도 잘 알려진 이름을 지어주었는데, 그것은 마키아벨리의 《피렌체 역사》에 나오는 이름이자 조금 더 가까이는 종조부의 이름이기도 했다.

부오나파르테 집안은 본디 피렌체와 리보르노 인근 지역에서 대대로 지주로 살아오다 1261년 처음 성씨를 획득했다. 프란체스코 부오나파르테는 조상 대대로 살아오던 이탈리아 땅을 떠나 1529년 코르시카로 이주했다. 이후 250년 넘게 그 후손들은 대체로 신사다운 소명 의식 아래 법조인과 학자, 성직자로 살아갔다.[2] 나폴레옹이 태어날 즈음 그의 집안은 상층 부르주아와 지위가 낮은 귀족을 아우르는 정도의 사회적 지위를 누리고 있었다.

나폴레옹이 프랑스에서 권력을 장악한 뒤 사람들이 그의 가문은 13세기 트라브존 황제의 후손일 것이라고 하자 나폴레옹은 자기 왕조는 자신의 군사 쿠데타에서 시작되었을 뿐이라고 일축했다. 그는 오스트리아 외교관 메테르니히 공에게 이렇게 말했다.

"족보를 따지는 사람들은 내 뿌리를 대홍수까지 거슬러 올라가려고 하오. 아마 어떤 사람들은 내가 평민 출신이나 다름없다고 주장할 것이오. 어느 쪽도 진실이 아니오. 보나파르트 가문은 코르시카에서 그럭저럭 잘나가는 집안이긴 하나 섬 밖으로 나간 적이 거의 없어서 밖에서 보면 아무런 명성도 없소. 그렇지만 이를 빌미로 우리를 깎아내리려 하는 멍청이들보다는 훨씬 낫소."[3)]

나폴레옹은 자신의 이탈리아 조상을 자주 언급하진 않았으나 자신이 고대 로마제국 후예라는 점을 드물게 밝히곤 했다.

"내 일족은 제국을 세우고 다스려왔다."[4)]

부유한 집안이라 할 수는 없었지만 아작시오의 부주교인 나폴레옹의 종조부 루치아노는 상당한 토지를 보유해 포도주와 빵, 올리브오일을 자급자족하는 것을 자랑으로 삼았다. 1682년부터 그의 집안이 살았던 아작시오의 생샤를가에 위치한 넓은 3층짜리 카사 보나파르트의 지하실에는 밀가루를 갈 때 사용한 맷돌이 보존되어 있다. 나폴레옹의 부모는 전원 별장을 비롯해 적어도 세 마을의 부동산과 양떼와 포도밭을 소유하고 보모, 하녀, 요리사를 고용했다. 훗날 나폴레옹의 형 조제프는 다음과 같이 기록했다.

"코르시카에 대단한 부는 없다. 비교적 부유한 사람들도 겨우 2만 리브르 정도의 재산을 소유했을 뿐이다. 그러나 모든 것은 상대적이니 우리 집안은 아작시오에서 가장 눈에 띄는 편이기는 했다."

젊은 나폴레옹도 이에 동의했다.

"코르시카에서 사치란 해로운 것이다."[5)]

나폴레옹이 태어나기 4년 전인 1765년, 스코틀랜드 출신의 변호사이자 문인인 제임스 보즈웰은 이 섬을 방문하고 깊은 감명을 받았다.

"아작시오는 코르시카에서 가장 아름다운 마을이다. 근사한 도로와 아름다운 정원이 많고 제노바 총독을 위한 궁도 있다. 이 마을 사람들은 섬을 통틀어 가장 신사적이며 프랑스와 많이 교류하고 있다."

3년 뒤 이 사람들, 즉 대부분 소작농인 14만 명 인구는 거의 2천8백만 명에 달하던 프랑스 인구와 기대 이상으로 훨씬 더 깊게 교류했다.

이탈리아의 도시국가 제노바는 코르시카를 2백 년 이상 명목상 지배했으나 코르시카 해안도시에만 관여했을 뿐 맹렬하게 독립을 주장한 산악지대까지 손을 뻗지는 않았다. 1755년 코르시카의 카리스마 넘치는 독립운동 지도자 파스콸레 파올리는 독립 공화국을 선포했으며 1763년 페디코스테 전투에서 승리해 독립을 쟁취했다. 코르시카 사람들에게 일바부(아빠)라는 애칭으로 불린 파올리는 신속하게 섬의 재정과 법, 교육 시스템을 개혁했고 도로를 새로 닦는 한편 언론을 장려했다. 또한 섬에서 서로 경쟁해 온 힘 있는 가문들 사이를 중재했다. 어린 나폴레옹은 파올리가 법을 세우고 개혁을 추진하며 순수하게 자애로운 독재자로 군림하는 상황을 존경의 눈으로 지켜보며 자랐다.

코르시카와 싸워서 다시 통제력을 장악할 여력이 없었던 제노바는 결국 1768년 1월 코르시카섬을 프랑스 루이 15세에게 4천만 프랑에 팔아넘겼다. 프랑스 외무장관 슈아죌 공작은 코르시카인 마테오 부타푸오코에게 섬 통치권을 맡겼다. 당연히 파올리는 저항했고 프랑스는 보 백작의 엄격한 지휘 아래 3만 명의 병력을 파견했다. 프랑스군은 반란을 진압하는 데 성공했으며 코르시카인 부타푸오코 대신 프랑스인 마르뵈프 백작이 섬을 다스리게 되었다.

나폴레옹의 아버지 카를로 보나파르트와 젊고 아름다운 어머니 레티치아는 파올리를 지지했고 파올리를 따라 산악지대에 머물던 중 나폴레옹을 임신했다. 카를로는 파올리의 비서이자 부관으로 일했지만 1769년 5월 8일 폰테누오보 전투에서 보 백작이 코르시카 병력을 쳐부수자 자신의 상관을 저버렸다. 카를로와 당시 만삭이던 레티치아는 파올리를 포함한 강경파 340명과 함께 망명하는 것을 거부했다.[6] 대신 마르뵈프가 코르시카의 상류층과 만난 자리에서 카를로는 루이 15세에게 충성을 맹세했다. 그 결과 그는 아작시오 법원의 배석판사이자 도내 삼림관리 학교의 관리감독을 맡아 섬에서 지배적인 위치를 차지했다. 폰테누오보 전투가 끝나고 2개월 뒤 카를로는 보 백작과 함께 저녁식사를 하는 사이가 되었고, 여전히 프랑스 통치에 항거한 과거의 동료들은 그를 맹렬히 비난했다. 이후 20여 년 동안 프랑스에 맞서는 게릴라전이 산발적으로 계속 벌어지면서 수백 명이 목숨을 잃었으나 1770년대 중반 이후로는 그리 큰 전투가 벌어지지 않았다.[7] 조제프 보나파르트는 아버지에 관해 이렇게 적었다.

"그는 훌륭한 프랑스인이 되었다. 프랑스와 연합했을 때 코르시카가 얻을 수 있는 막대한 이익을 깨달았던 것이다."[8]

1777년 카를로는 파리에서 코르시카의 귀족 대표로 임명되었고 베르사유궁에서 루이 16세를 두 번이나 알현했다.

흔히들 나폴레옹이 청소년기 내내 격렬하게 코르시카 독립을 주장하고 아버지가 다른 군주를 섬긴다는 이유로 그를 경멸했을 것이라고 오해한다. 그러나 나폴레옹의 동창이자 개인비서였으며 횡령 때문에 두 번이나 해고당한 부리엔의 맹렬한 비난을 제외하면 이와 관련된 증거가 별로 없다. 1789년 나폴레옹이 파올리에게 보낸 편지에서 지지하는 편을 바꾼 코르시카인을 극심하게 비난했다고는 하나 이때 고인이 된 아버지의 이름만큼은 언급하지 않았다. 더욱이 그는 아들의 이름을 샤를이라고 지었는데 만약 그가 부친을 매국노로 여겼다면 그런 이름을 지어주지 않았을 것이다. 보나파르트가 사람들은 자기주장이 강하고 분투하는 성격이었으며 가족 간의 유대감이 깊었다. 나폴레옹이 '작은 시골 귀족'이라 부르기도 했던 이들은 역사의 흐름을 거스르려는 시도가 미련한 짓임을 이해하고 있었다.

프랑스가 코르시카를 다스리는 데는 생각보다 많은 인력이 필요했다. 마르뵈프는 섬의 지도층에게 프랑스 통치가 안겨줄 이득을 알려주려 했고 그중 카를로는 가장 큰 혜택을 누리는 편이었다. 나폴레옹은 파올리를 최초의 정치인 모델로 삼았지만 반대로 부친 카를로는 프랑스인이 아니면서도 프랑스에 기꺼이 협조한 인물로 나폴레옹제국의 유연한 통치에 꼭 필요한 인물의 전형이라 할 수 있다.

카를로는 큰 키에 잘생기고 인기가 많았으며 승마에 뛰어났다. 프랑스어도 곧잘 하고 로크, 몽테스키외, 흄, 루소, 홉스 등의 계몽주의 사고에도 익숙했으며 사적으로 나눠서 볼 목적으로 볼테르처럼 조직적인 종교에 회의적인 내용의 에세이를 쓴 적도 있다.[9] 후일 나폴레옹은 아버지를 두고 '낭비벽이 있는 사람'이라 했는데 실제로 그는 여기저기서 조금씩 벌어들이는 수익을 합친 것 이상으로 지출하는 편이었고 결국 가족에게 빚을 떠넘겼다.[10] 그는 다정한 아버지였으나 너무 유약하고 돈을 벌 능력이 없었으며 경솔한 면도 있었다. 나폴레옹은 아버지를 거의 닮지 않았고 그가 아버지에게 물려받은 것이라고는 빚과 청회색 눈 그리고 젊은 나이에 요절하게 만든 질환뿐이었다. 한편 나폴레옹은 어머니에 관해 이렇게 말했다.

"내 모든 행운과 그동안 내가 이룬 모든 것은 전부 어머니 덕분이다."[11]

세례명이 마리아 레티치아 라몰리노인 나폴레옹의 어머니는 매력적이고 의지가 강하며 좋은 가문 출신이지만 교육은 전혀 받지 않았다. 그녀의 아버지는 아작시오 총독이었으며 후에 코르시카의 도로와 교각 감독관이 되었다. 그녀는 부모님의 결정에 따라 1764년 6월 2일 열여덟 살의 나이에 카를로 보나파르트와 결혼했다(프랑스혁명 도중 아작시오의 문헌보관소가 화재로 불타 없어진 관계로 그녀의 나이는 정확하지 않다). 카를로가 교회를 거부하는 계몽주의 정신을 추구한 사람이라 결혼식은 대성당이 아닌 다른 곳에서 이뤄졌다. 훗날 루치아노 부주교는 대성당에서 혼인성배가 열렸다며 교회의 기록을 변경했는데 이는 보나파르트가가 공식 기록을 기꺼이 조작했음을 보여 주는 초기 증거다.12) 레티치아의 결혼 지참금은 무려 17만 5천 프랑에 달했고 여기에는 (벽돌을 굽는) 가마, 인접한 저택, 포도밭과 대지 9천8백 평이 포함되어 있었다. 당시 인기가 많았던 카를로가 다른 여자에게 사랑을 느꼈을 거라는 짐작이 가지만 지참금이 연정쯤은 가뿐히 뛰어넘을 수준이었을 것이다.13)

레티치아는 1765년부터 1786년까지 아이를 13명 낳았고 그중 8명이 살아남았는데 당시에는 이러한 사례가 빈번했다. 그 8명의 아이 중에서 황제 한 명, 왕 3명, 왕비 한 명, 대공부인 2명을 배출했다. 나폴레옹은 버릇없다는 이유(할머니를 흉내 내는 장난을 친 적도 있다)로 어머니에게 매를 맞고 마음이 상한 적도 있었지만 당시 체벌은 일반적인 관습이었고 그는 어머니에 관한 한 항상 애정과 존경을 담아 이야기했다. 나폴레옹은 말년에 구르고 장군에게 이렇게 말한 적이 있다.

"내 어머니는 무척 훌륭한 분으로 능력과 용기를 모두 갖춘 여성이었다. 어머니는 흔들리지 않는 애정을 보여 주었다. 여자의 몸에 남자의 머리가 달린 분이었다."

나폴레옹으로서는 엄청난 존경을 담은 찬사였다.

"어머니는 집의 가장이었다. 뇌가 여럿인 분 같았다!"14)

권력을 장악한 후 그는 어머니를 극진히 모셨다. 그는 어머니에게 센강의 샤토 드 퐁을 사드리고 매년 백만 프랑의 돈을 드렸으나 어머니는 그 돈을 거의 사용하지 않고 쌓아 두었다. 너무 인색하다는 소문으로 놀림을 받을 지경에 이르자 그녀가 말했다.

"혹시 모르지. 어느 날 내가 낳은 왕들이 쫄쫄 굶게 되어 내가 보살펴줘야 할 수도 있잖아."15)

나폴레옹이 태어나기 전 그 위로 아이 둘이 거의 태어나자마자 죽었고 바로 아래 여동생인 마리아 안나도 다섯 살에 세상을 떠났다. 그의 형 주세페(나중에 프랑스식 발음에 따라 조제프로 바꿈)는 1768년 1월에 태어났다. 나폴레옹이 태어난 후인 1775년 3월 루치아노(뤼시앵)가, 1777년 1월에는 여동생 마리아 안나(엘리자)가 태어났다. 1778년 9월에는 특별히 프랑스 왕의 이름을 딴 루이, 1780년 10월에는 마리아 파올라(폴린), 1782년 3월에는 마리아 안눈치아타(카롤린) 그리고 1784년 11월에는 지롤라모(제롬)가 태어났다. 남편 카를로가 서른여덟 살의 나이로 죽은 뒤 서른셋이던 레티치아는 더 이상 아이를 낳지 않았지만, 나폴레옹은 아버지가 좀 더 오래 살았다면 어머니가 아이를 20명은 낳았을 것이라고 추측했다.[16)]

나폴레옹의 편지에는 가족을 향한 깊고 꾸준한 관심과 걱정이 역력히 드러나 있다. 코르시카에 있는 어머니의 재산, 형제들의 교육, 누이들의 결혼 문제에 신경 썼던 그는 끊임없이 보나파르트 일가를 지키고 번영을 이루고자 했다. 그는 형 조제프에게 이런 편지를 쓰기도 했다.

"형은 이 세상에서 내가 유일하게 진심으로 사랑하고 아끼는 사람이야."[17)]

그가 끊임없이 가족을 지키고 도와주려 한 태도는 후일 그의 발목을 잡는다.

나폴레옹의 출신 배경이 이탈리아에서 유래한 코르시카라는 사실은 반대파가 그를 욕하고 깎아내리는 빌미가 되었다. 가장 초창기에 나폴레옹의 전기를 쓴 사람 중 하나인 영국인 윌리엄 버든은 그의 이탈리아 조상을 이렇게 보았다.

"그는 열린 마음으로 활기를 띠는 프랑스인보다 배반을 잘하는 음흉한 이탈리아인과 닮은 면이 많아 성격이 그토록 어둡고 흉포했을 것이다."[18)]

1800년 11월 영국 언론인 윌리엄 코벳 역시 나폴레옹을 '하찮은 코르시카섬 출신의 건방지고 버릇없는 놈!'이라고 묘사했다. 프랑스 상원이 나폴레옹에게 황제가 되어달라고 요청했을 때 장 드니 랑쥐네 백작은 "뭐라고! 이 나라를, 너무 천박해서 로마인이 노예로 삼았던 족속 출신의 남자에게 넘기겠단 말인가?"라고 외치며 이의를 제기했다.[19)] 사람들은 나폴레옹이 코르시카 출신이라 피의 복수를 할 것이라고 예상했지만 실제로 그랬다는 증거는 전혀 없다. 오히려 그는 외무장관 탈레랑과 경찰장관 조제프 푸셰 등 자신을 배신한 이들에게도 매우 관대한 편이었다.

나폴레옹은 어릴 때부터 기침으로 많이 고생했는데 직접 진단받은 적은 없지만 폐결핵을 앓은 것으로 보인다. 부검 결과 그의 왼쪽 폐에 결핵에 걸렸다가 천천히 나은 흔적이 남아 있었다.[20] 그래서인지 나폴레옹은 허약하고 내향적이었다는 인상이 널리 퍼져 있지만 이는 가족이 그를 말썽쟁이라는 의미의 별명으로 불렀다는 사실과 맞지 않는 일이다. 믿을 만한 자료가 별로 없다는 점을 감안해도 나폴레옹은 어렸을 때 분명 조숙하고 엄청난 책벌레였으며 아주 어린 시절부터 역사책과 위인전을 즐겨 읽은 듯하다. 레티치아는 어느 장관에게 자기 아들에 관해 다음과 같이 말했다.

"또래와 어울려 놀기는커녕 피해 다니는 편이었소. 집 3층에 있는 자기 방에 틀어박혀 거의 나오지 않았고 가족과 함께 밥을 먹는 일도 드물었다오. 자기 방에서 끊임없이 책을 읽었는데 특히 역사책을 많이 봤소."[21]

나폴레옹은 아홉 살 때 처음 장 자크 루소가 쓴 사랑과 구원을 다룬 소설《신 엘로이즈》8백 쪽짜리를 읽었다며 "그 책이 나를 완전히 바꿔 놓았다"라고 말했다.[22]

훗날 그의 형 조제프는 이렇게 회고했다.

"동생이 어릴 때 읽은 책들이 청소년기의 성격에 큰 영향을 미쳤다는 것은 의심의 여지가 없다."[23]

조제프에 따르면 나폴레옹은 초등학교 시절 학교 선생님들이 로마 깃발이나 카르타고 깃발 아래 앉으라고 하자, 패배자 카르타고와 절대 함께하지 않겠다며 형과 자리를 바꾸겠다고 고집을 부렸다고 한다[24](나폴레옹이 조제프보다 18개월 늦게 태어나긴 했어도 형보다 훨씬 더 고집이 셌다). 나중에 나폴레옹은 자신의 하급사관들에게 이런 충고를 했다.

"알렉산드로스 대왕과 한니발, 율리우스 카이사르, 구스타부스 아돌푸스, 오이겐 공, 프리드리히 대왕의 전투를 읽고 또 읽어라. 뛰어난 지도자가 되는 유일한 방법이다."[25]

그는 고대 역사를 공부하면서 방대한 전쟁 전술과 정치 전략 지식을 얻었고 이를 평생 인용했다. 고대 역사에서 깊은 감명을 받은 나머지 그는 자신의 초상화를 그리게 할 때마다 한 손을 조끼 안에 넣은 자세를 취했는데, 이는 토가를 입은 고대 로마인을 의미하는 포즈였다.

나폴레옹의 모국어인 코르시카어는 제노바어와 별반 차이가 없는 방언이었다. 그는 학교에서 이탈리아어로 읽고 쓰기를 배웠으며 거의 열 살이 되어서야 프랑스어를 배웠다. 그러다 보니 프랑스어로 말할 때 '외'나 '위' 대신 '우'로 발음하는 등 코르시카 억양이 짙게 남아 학교에서든 군대에서든 늘 놀림을 받았다. 높은 지위에 오른 지도자 중 나폴레옹처럼 사투리 억양이 강하게 남아 있는 경우가 드물었기에 나폴레옹의 수많은 궁전을 꾸미고 개조한 건축가 피에르 퐁텐은 "그의 지위를 생각하면 매우 특이한 인물"이라고 여겼다.[26] 나폴레옹은 프랑스어 문법과 철자법이 완벽하지 않았으나 철자법을 아직 표준화하지 않은 시대라 그리 큰 흠이 되지는 않았으며 사람들과 소통하는 데 전혀 어려움이 없었다. 그가 평생 직접 쓴 글의 필체를 보면 아주 강하고 대담하게 휘갈긴 편이다.

흔히 나폴레옹이 어린 시절에 매우 불안하고 혼란스러운 소용돌이를 겪었을 것으로 생각하지만 사실 그가 아작시오에서 아홉 살까지 성장한 기간은 아주 평온했고 가족, 친구, 몇 명의 입주 고용인과 함께 행복한 시기를 보냈다. 후일 그는 까막눈의 유모였던 카밀라 일라리도 후하게 대해 주었다.[27] 그의 삶에 폭풍이 일기 시작한 것은 프랑스 장교이자 신사가 될 목적으로 프랑스(코르시카인은 '대륙'이라 불렀다)에 파견되었을 때였다.

1770년 마르뵈프는 코르시카섬의 상류층을 적극 포섭하기 위한 정책의 일환으로 코르시카에서 2백 년 이상 귀족 지위를 유지한 가문의 사람이면 누구나 프랑스 귀족 지위를 누릴 수 있다는 포고령을 내렸다. 토스카나 대공에게 귀족으로 공식 인정받은 카를로의 아버지 조제프는 후에 피사 대주교로부터 '피렌체 귀족'으로 인정받았다.[28] 봉건제도가 없던 코르시카에서 이 작위는 큰 의미가 없었으나 카를로는 보나파르트 일가를 도내 78개 귀족 가문 중 하나로 인정해 달라고 요청했다. 1771년 9월 13일 코르시카 최고회의는 이 일가의 피렌체 뿌리를 인정하고 정식으로 귀족 가문에 편입하게 했다.[29]

이제 카를로는 합법적으로 '드 보나파르트'라고 서명했고 코르시카 의회에도 자리를 얻었다. 또한 그는 아들들을 위해 왕실 장학금을 신청했는데 이는 자신의 수입만으로는 아들들을 제대로 교육하기 어려웠기 때문이다. 프랑스에는 최대 6백 명까지 귀족 자제의 교육을 지원하는 정책이 있었고 이 혜택을 받으려면 귀족 집안 출신으로 교육받을 충분한 돈이 없으며 프랑스어를 읽고 쓸 줄 안다는 사실을 입증해야 했다. 아홉 살 난 나폴레옹은 이 세 가지 요건 중 앞의 두 가지를 이미 충족하고 있었다. 그리고 1779년 1월 부르고뉴의 오툉에서 프랑스어를 집중 학습해 모든 조건을 충족했다.

마르뵈프 백작이 프랑스 관료의 도움을 받아 카를로의 요청을 신속히 처리해 주는 바람에 백작은 나중에 레티치아의 연인이자 나폴레옹의 친부라는 소문에 휩싸였다. 이 불명예스러운 소문은 특히 부르봉 왕가와 영국 작가들이 열심히 퍼뜨렸다. 나폴레옹이 일생 동안 스스로를 찬미한 것만큼 그의 적들도 온갖 기발한 작전을 동원해 그의 신화를 깎아내리려 했다. 1797년 스물여덟 살의 젊은 군사 영웅을 다룬 첫 번째 전기가 나오기 시작할 무렵, 슈발리에 드 부르구앵은 익명의 영국인이 쓴 책을《보나파르트 초기 시절의 몇 가지 일》이라는 책으로 번역해서 출판했다. 이 책에 따르면 레티치아가 마르뵈프의 '주의를 끌었다'고 하는데, 오툉에서 나폴레옹과 함께 지냈고 다른 보나파르트 가족은 전혀 몰랐던 앤드루 더글러스 경은 간략한 서문에서 이 말이 정확하다고 증언했다.[30]

나폴레옹은 이런 헛소리에 그다지 신경 쓰지 않았으나 한번은 저명한 수학자이자 화학자인 가스파르 몽주에게 자신의 어머니가 파올리의 근거지인 코르테에서 마르뵈프의 군대와 맞서 싸울 때 자신을 임신했다고 말한 적이 있다. 황제가 된 후 그는 마르뵈프의 아들을 관대하게 대했다. 또한 전투 중 일단의 병사가 마르뵈프의 딸인 브뤼니 부인에게 강도짓을 하자 "그녀를 극진하게 대해 주고 자신의 경호병들을 내주어 그녀가 행복하고 만족스럽게 돌아가도록" 했는데, 브뤼니 부인의 아버지가 자신의 어머니를 유혹하고 아버지를 모욕했다면 절대로 이렇게 대처하지 않았을 것이다.[31] 파올리가 그의 생부라는 소문 역시 이와 비슷하게 퍼졌다가 가라앉았다.

나폴레옹은 프랑스에서 교육을 받으며 프랑스인이 되어갔다. 아직 나이가 어렸고 프랑스에서 상당한 시간을 보냈다는 점, 당대 유럽을 휩쓴 프랑스의 위세 등을 고려하면 이는 당연한 일이었다. 그는 1778년 12월 31일 장학금(부목사의 봉급에 버금가는 액수)을 받았고 바로 그다음 날부터 오툉의 주교가 운영하는 신학 대학에 다니기 시작했다. 그로부터 거의 8년 동안 그는 코르시카에 가지 않았다. 그의 이름은 학적부에 네아폴레온 드 보나파르트로 기록되었다. 당시 교장이던 샤르동 주교는 이렇게 회상했다.

"생각이 많고 우울한 성격이었다. 함께 어울리는 친구 없이 늘 혼자 다녔으며 … 능력도 있고 빨리 배웠다. … 내가 그를 훈계할 때면 그는 차갑고 오만한 목소리로 '선생님, 저도 압니다'라고 대답했다."[32]

총명하고 의지가 굳으며 학구열이 뛰어난 소년이던 나폴레옹은 샤르동의 학교에 다니기 시작한 지 겨우 3개월 만에 프랑스어로 말하고 읽고 짧은 글을 쓸 정도로 발전했다.

오툉에서 필수 프랑스어 공부를 마치고 열 번째 생일을 맞이하기 4개월 전인 1779년 4월 나폴레옹은 샹파뉴 지역인 트루아 인근의 브리엔르샤토 왕립군사학교로부터 입학 허가를 받았다. 그의 아버지는 바로 다음 날 떠났고 학교에 휴일이 없어서 부자는 3년간 만나지 못했다. 나폴레옹은 프란치스코 탁발수도회의 교육을 받았는데 학생 110명 중 50명이 그와 같은 왕립 장학생이었다. 브리엔이 군사 교육기관이긴 했어도 수도사들이 운영했던 터라 전쟁 관련 수업은 외부 강사가 맡았다. 교육은 스파르타식이었고 매질은 없었으나 학생들은 짚 매트리스와 이불 하나만 받고 강인하게 자라났다. 1782년 6월 부모가 방문했을 때 그의 어머니 레티치아는 변한 아들의 모습에 걱정을 표했다.

1776년 루이 16세가 건립한 12개 왕립군사학교 중 브리엔이 사회적으로 가장 탁월한 것은 아니었지만 나폴레옹은 대단히 좋은 교육을 받았다. 하루 8시간 수업에는 수학, 라틴어, 역사, 프랑스어, 독일어, 지리학, 물리학, 축성술, 무기제조술, 펜싱, 춤, 음악이 들어 있었다(마지막 세 개 수업은 브리엔이 귀족 계급을 위한 예비학교 역할도 맡았음을 의미한다).[33] 이 학교는 육체적으로 고되고 정신적으로 요구하는 것도 많았으나 나폴레옹 외에 루이 니콜라 다부, 에티엔 낭수티, 앙투안 드 펠리포, 장 조제프 도트풀 등 우수한 장군을 대거 육성했다. 후에 네덜란드를 정복하고 왕정주의를 꾀한 샤를 피슈그뤼가 학교 강사진 중 한 명이었다.

나폴레옹은 특히 수학에 뛰어났고 후일 이렇게 말했다.

"뛰어난 장군이 되려면 반드시 수학을 할 줄 알아야 한다. 수학으로 천 가지 상황을 생각하는 힘을 기를 수 있다."[34]

탁월한 기억력의 덕을 많이 본 그는 이런 자랑을 한 적도 있다.

"기억력이야말로 아주 뛰어난 내 재능이다. 어릴 때 로그 값을 서른에서 마흔 자리까지 외웠다."[35]

그는 규정한 나이인 열두 살보다 더 일찍 수학 수업을 들어도 좋다는 허가를 받았고 곧 기하학과 대수학, 삼각법에 숙달했다. 가장 취약했던 과목은 독일어로 평생 완전히 익히지 못했다. 또 하나 취약한 과목은 라틴어였는데 그토록 고대 역사 공부를 즐긴 사람치고는 기이한 일이었다(운 좋게도 1780년까지는 라틴어 시험을 피할 수 있었고 그 무렵

이 되자 성직자가 아니라 육군이나 해군 쪽 진로를 택할 것이 분명해졌다). 그는 지리학에도 뛰어났다. 학창 시절 그는 연습장 마지막 쪽에 영국제국이 차지한 영토의 기나긴 목록 뒤에 이런 메모를 해 놓았다.

'세인트헬레나: 작은 섬.'[36]

브리엔의 학교 설립 취지문에 따르면 '학생들은 역사를 기반으로 도덕과 선이 무엇인지 배울 수 있다.' 위인 중심 역사관을 수용한 수도사들은 고대와 근대 영웅을 보여 주며 소년들이 본받도록 했다.[37] 나폴레옹은 학교 도서관에서 빌린 전기와 역사책을 읽었고 플루타르코스의 이야기에 등장하는 영웅적, 애국적, 공화주의적 가치에 몰두했다. 또한 카이사르·키케로·볼테르·디드로·아베 레이날은 물론 에라스무스, 에우트로피오, 리비우스, 파이드루스, 살루스티우스, 베르길리우스를 접했다. 그리고 기원전 1세기 테미스토클레스, 리산드로스, 알키비아데스, 한니발을 다룬 코르넬리우스 네포스의《위대한 지도자들의 생애Vies des grands capitaines》도 읽었다. 학창 시절 그의 별명 중 하나가 '스파르타인'이었는데 이는 금욕주의적이라서가 아니라 스파르타라는 도시국가를 워낙 좋아했기 때문이다. 그는 베르길리우스의 전체 문단을 프랑스어로 암송했고 수업시간에는 폼페이에 대항한 자신의 영웅 카이사르 편을 들었다.[38] 성인이 된 후에도 나폴레옹은 라신의 〈알렉산드로스 대왕〉, 〈앙드로마크〉, 〈미트리다트〉와 코르네유의 〈킨나〉, 〈오라스〉, 〈아틸라〉 등 고대 영웅을 다룬 연극을 즐겨 보았다.

어느 동창의 회고에 따르면 나폴레옹은 늘 학교 도서관에 틀어박혀 ("특히 즐거워하며") 폴리비오스와 플루타르코스, 아리아노스의 책을 읽었고 ("딱히 좋아하지는 않았지만") 퀸투스 쿠르티우스 루푸스의 책도 봤다고 한다.[39] 폴리비오스의《역사》는 로마제국 성장을 연대기로 기록하고 한니발의 패배와 카르타고의 약탈을 생생하게 묘사했다. 플루타르코스의《영웅전》은 나폴레옹이 가장 존경하는 위대한 두 영웅 알렉산드로스와 율리우스 카이사르의 삶을 다룬다. 아리아노스의《알렉산드로스 출정기》

는 알렉산드로스 대왕의 군사 활동을 보여 주는 가장 좋은 사료고, 퀸투스 쿠르티우스 루푸스의 책 중에서는 알렉산드로스의 전기만 남아 있다. 이렇게 독서를 하며 나폴레옹은 한 가지 강력한 주제를 마음에 품었다. 또래 학생들이 밖에서 뛰어노는 동안 그는 고대 세계의 야심만만한 영웅들 이야기를 닥치는 대로 읽었다. 그가 알렉산드로스나 율리우스 카이사르 같은 인물이 되겠다는 꿈을 꾸는 것은 지극히 자연스러운 일이었다. 그는 학교에 다니면서 자신이 과거의 영웅들과 나란히 설 가능성을 키워 갔다.

나폴레옹은 샤를마뉴 대제와 루이 14세 치하의 프랑스가 얼마나 찬란하고 위대했는지 찬양하는 수업을 들었다. 그와 동시에 그는 프랑스가 최근 7년 전쟁 중 퀘벡, 플라시, 민덴, 키브롱만 전투에서 패배했고 '영국이 굉장한 속도로 인도를 정복했다'는 것도 배웠다.[40] 이러한 교육의 목표는 프랑스의 위대함을 충실히 믿고 따르며 영국을 굴복시키겠다는 다짐으로 가득 찬 장교들을 길러 내는 데 있었다. 나폴레옹이 브리엔 학교를 다니는 동안 프랑스와 영국은 거의 항상 아메리카대륙에서 전쟁 중이었다. 나폴레옹이 영국 정부에 보인 극렬한 반발심은 맹목적인 증오 혹은 코르시카 출신으로서 타고난 복수심이라 여겨진 적이 많았다. 하지만 그가 태어날 즈음 프랑스는 1763년 파리 조약으로 인도, 북아메리카라는 방대한 대륙의 영토와(그리고 그 시장과) 교류가 끊겼다. 여기에다 그가 10대 소년일 때 영국이 호주를 부지런히 식민지화했다는 사실을 고려하면 영국에 반발하는 성향은 어디까지나 이성적인 반응이다. 그는 말년에 영국에서 살라는 제의를 두 번이나 받았고 말버러 공작과 올리버 크롬웰을 존경하기도 했으나 그에게 영국은 절대 화해할 수 없는 적이었다. 브리엔 시절 살아 있는 사람 중 그가 존경한 인물이라고는 해외로 망명한 파올리가 유일했다. 선대 사람 중 그가 존경했던 인물 중 하나인 스웨덴의 칼 12세는 1700년부터 1706년까지 자신과 맞선 4개국 동맹군을 물리치고 러시아 영토 깊숙이 진격했다가 패배하는 바람에 추방당한 이였다.

나폴레옹은 문학에도 심취했다(그는 1814년 브리엔 전투 중 카자크 기병의 공격을 받았는데, 후일 그 장소가 학창 시절 제1차 십자군을 다룬 타소의 서사시《예루살렘 해방》을 읽곤 했던 나무 그루터기 옆이었다고 회상했다).[41) 그는 코르시카를 긍정적으로 기술한 루소를 숭배한 나머지 열일곱 살 때 루소의 《사회계약론》을 찬양하는 찬가를 썼고, 국가에는 시민들의 생사를 비롯해 쓸데없는 사치를 금할 권리, 극장과 오페라를 검열할 의무가 있다는 루소의 주장을 받아들이고 실천했다.[42) 18세기 최대 베스트셀러로 꼽힌 루소의《신 엘로이즈》는 개인은 누구나 사회의 규범보다 자신의 진실한 감정을 따라야 한다는 내용으로 10대라면 누구나 공감할 이야기였다. 특히 그 책은 유독 맹렬히 야망을 키워가던 소년 나폴레옹에게 큰 영향을 주었다. 파올리를 지지한 루소는 1765년 그를 향한 애정을 담아 코르시카의 자유헌법 초안을 작성했고 후일 충분한 보답을 받았다.

나폴레옹은 무엇보다 코르네유, 라신, 볼테르 작품을 즐겨 읽었다. 시인 중에서는 오시안을 가장 좋아했는데, 아마 고대 게일어로 쓴 오시안의 '정복' 관련 음유시를 읽으며 안개 낀 황무지를 누비는 영웅들과 폭풍우 치는 바다 위의 장대한 전투 이야기에 빠져들었을 것이다. 그는 오시안의 서사시《핑갈》을 전장에까지 들고 다녔고 오시안과 관련된 그림을 여러 점 그리게 했다. 또한 장 프랑수아 르 쉬에르가 작곡한 것으로 12개 하프로 연주하는 오페라 〈오시안〉에 깊이 감동한 나머지, 1804년 초연 당시 작곡가에게 레지옹 도뇌르 슈발리에 훈장을 수여했다. 이 무렵 나폴레옹은 켈트족과 고대 게일족이 밀접한 관계가 있다는 당시의 시각에 따라 켈트 아카데미를 설립해 게일족 역사와 고고학을 연구하게 했다. 이 단체는 1813년 프랑스 고미술협회로 바뀌어 현재 루브르에 자리를 잡고 있다. 나폴레옹은 자신이 그토록 좋아한 서사시의 저자가 실은 다른 사람이고, 그가 서사시를 발견했다고 문학적으로 사기를 친 제임스 맥퍼슨이라는 사실이 밝혀진 후에도 특별히 실망하지는 않은 것 같다.[43)

1781년 여러 군사학교의 하위 감독관이던 드 케랄리오는 나폴레옹을 우수하게 평가했고, 2년 후 파리의 권위 있는 왕립군사학교에 그를 추천했다.

"건강 상태가 탁월하고 표정이 유순하며 온화하고 솔직하고 사려 깊다. 모든 활동이 만족스러우며 수학 능력이 매우 특출하다. … 뛰어난 해군이 될 것이다."[44)]

그런데 지나치게 우수한 그의 지적 능력은 동급생과 잘 지내는 데 그리 도움을 주지 않았고, 동급생들은 그에게 코르시카식 발음인 '나폴레오네'와 운을 맞춘 '라파이오네(코 위의 지푸라기)'라는 별명을 붙였다.[45)] 그는 다양한 이유로 놀림을 받았다. 프랑스어를 세련되게 말하지 못했고 아버지가 귀족이긴 해도 출신이 확실하지 않으며 정복당한 국가 출신인 데다 가느다란 골격에 비해 머리가 크고 학생들 중 가장 가난했기 때문이다. 1811년 그는 한 신하에게 이렇게 말했다.

"나는 반에서 가장 가난했다. 다른 학생들에게는 용돈이 있었지만 내게는 한 푼도 없었다. 나는 자존심이 강했고 돈이 없는 티를 내지 않으려 했다. … 어떻게 해야 다른 학생들처럼 웃고 떠들며 놀 수 있는지 몰랐다."[46)]

후일 학창 시절을 떠올릴 때 그는 좋아한 선생님들은 기억해도 또래 친구는 거의 기억하지 못했다.

어린 학생들은 대개 남과의 사소한 차이를 금방 찾아내고 따라 하며 놀리는 경향이 있다. 나폴레옹의 동급생들 역시 출신지에 따른 과도할 정도의 자존심이 그의 약점이라는 사실을 금세 알아차렸다(샤르동 주교도 이를 언급했다). 나폴레옹은 외국인이자 겉도는 존재였고 자신의 동포들을 억압하는 지배계층 자제들 사이에 끼어 있었다. 기가 센 그 소년은 주변의 놀림과 괴롭힘에 큰 영향을 받았고 결국 확고한 코르시카 애국주의자가 되어 늘 조국에 관해 목소리를 냈다. 부리엔에 따르면 "신중한 성격을 타고난 그는 어린 시절 조국과 가족의 불운을 보고 느낀 감정 때문에 점점 고독을 추구했으며 전반적으로 무뚝뚝해졌다."[47)]

브리엔에서 나폴레옹을 가르친 적 있는 수도사 퀴밍 드 크레밀랑은 '그의 학우 중 하나인 C.H. 씨'라는 필명으로 처음 나폴레옹 책을 썼다. 1797년 영어로 출판한

이 책에서 묘사한 내향적이고 사회성이 떨어지는 한 소년의 모습을 보고 어떤 평론가는 "직설적인 태도에 대담하고 진취적이며 심지어 맹렬하다"고 평했는데 이 네 가지 특성은 나폴레옹의 생애 내내 고스란히 드러난다.[48]

나폴레옹의 학창 시절 이야기 중 가장 유명한 것으로 학교 전체가 연루된 눈싸움 전투는 날조했을 가능성이 크다. 1783년의 몹시 추운 어느 겨울날 대규모 모의전투를 조직한 나폴레옹은 직접 고안한 얼음 요새 안에서 하루는 공격을 명하고 다음 날은 방어를 꾀했다고 한다.[49] 이 이야기는 그가 또래와 거의 어울리지 않았다는 점과 맞지 않고 부리엔이 대필작가들에게 건네준 기록 자료에도 없는 것으로 보아 대필작가들이 꾸며낸 일화인 듯하다. 대필작가들이 작성한 회고록에는 이렇게 적혀 있다.

"이 모의전투는 15일에 걸쳐 이뤄졌으며 눈덩이에 자갈과 작은 돌멩이를 섞어 던지는 바람에 많은 학생이 전투 불능 상태가 된 후에야 그만두었다."[50]

학생들이 2주 넘도록 게임을 하면서 부상당하고 있는데 설마 학교 측에서 가만 내버려두었겠는가?

1784년 6월 15일 나폴레옹은 지금까지 남아 있는 그의 편지 3만 3천 통 중 첫 번째 편지를 썼다. 수신인은 외할머니가 재혼한 상대의 아들, 즉 피가 섞이지 않은 외삼촌이었다. 이 편지에서 나폴레옹은 그의 형 조제프가 군인이 되면 안 된다고 주장했다. 그는 "인간의 모든 운명을 관장하는 위대하신 분께서 저와 달리 형에게는 군 업무에 관해 뚜렷한 열정을 주지 않으셨습니다"라면서 "형에게는 위험한 행동을 마주할 용기가 없고 몸이 허약하며 … 군사 업무를 수비대가 주둔하는 정도로만 생각하고 있습니다"라고 덧붙였다.[51] 또한 형이 성직을 택하면 오툉의 주교인 마르뵈프의 친척이 풍족한 생활을 보장해 줄 거라면서 "형은 후일 분명 주교 자리에 오를 겁니다. 우리 가족에게 정말 큰 도움을 주지 않겠습니까!"라는 의견도 밝혔다. 조제프가 보병대에 들어갈 가능성을 놓고는 이런 말도 했다.

"보병대에서 가장 불쌍한 장교가 누구겠습니까? 그의 시간 중 4분의 3은 아무짝에도 쓸모없이 낭비될 겁니다."

3쪽에 달하는 이 편지는 현재 뉴욕의 피어폰트 모건 도서관이 소장하고 있는데 거의 모든 줄에서 철자법 오류가 보인다. 예컨대 'Saint-Cyr' 대신 'Saint Cire'로, 'arrivé'를 'arivé'로, 'écrit'를 'écrie'로 잘못 표기했으며 문법 오류도 빈번하다. 그러나 필체가 깔끔하고 명료하며 편지 끝에는 '당신의 변변찮고 순종적인 하인 나폴리오네 디 보나파르트'라는 겸손한 서명도 있다. 추신으로 '다 보신 후에는 편지를 폐기해 주세요'라고 덧붙였는데, 이는 그가 일찍이 역사적 기록을 관리하는 일의 중요성을 깨달았음을 알 수 있다.

1784년 11월 15일 나폴레옹은 브리엔에서 마지막 시험을 치렀다. 그는 시험을 가볍게 통과하고 그다음 달 말 파리 센강의 왼쪽 둑에 위치한 왕립군사학교에 입학했다. 이곳은 사회적 명망이 브리엔보다 훨씬 더 높은 학교였다. 일주일에 세 번 이불과 수건을 교체해 주고 식사도 양호했으며 학생 수 대비 하인과 교사, 직원(가발 제조업자까지 포함함) 수가 두 배 이상 많았다. 이곳에서는 새벽 6시 미사부터 시작해 하루 세 번 예배가 있었다. 특이하게도 전쟁과 전략의 역사 수업은 없었으나 소총 사격, 군사 훈련, 승마 등의 교육 과정은 브리엔과 겹치는 부분이 많았다. 여기는 유럽 최고의 승마학교이기도 했다(에펠탑부터 마르스 광장 맞은편 끝까지 12헥타르가 넘는 이곳 17개의 뜰 주변에는 지금도 당시 건물이 많이 남아 있다). 이 학교에 다닌 12개월 동안 주로 마르스 광장과 학교에 머문 나폴레옹은 파리를 둘러볼 겨를이 없었지만 책과 동료 장교들 덕분에 파리라는 도시와 기념비, 방어물, 자원, 훌륭한 건축물을 잘 알고 있었다.[52)]

나폴레옹은 학문 측면에서 꾸준히 우수한 성과를 냈다. 브리엔에 다닐 때부터 그는 이미 해군에 들어가지 않기로 결정한 상태였다. 어머니가 아들이 물에 빠져 죽거나 불길에 휩싸여 죽을까 봐 심히 우려했고 아들이 그물침대에서 자며 생활하는 것을 원치 않았다는 이유도 있었지만, 그보다 결정적인 것은 뛰어난 수학 실력 덕분에 사회적으로 명망 높은 포병대에 들어갈 자격을 얻었기 때문이다. 1784년 프랑스 전역의 군사학교를 졸업한 202명 후보생 중 136명이 최종 시험을 통과하고 겨우 14명만 포병대에 들어갈 수 있었으니 나폴레옹은 선택받은 엘리트 집단에 들어간 셈이었다.[53] 그는 코르시카 출신으로는 최초로 파리 왕립군사학교에 입학했다. 그의 동료 후보생이 그에게 애정 어린 풍자화를 그려주었는데, 이는 젊은 영웅 나폴레옹이 파올리를 굳건히 지키고 서 있을 때 어떤 연로한 교사가 그의 가발을 잡아당기는 모습이 담긴 그림이었다.[54] 나폴레옹은 루이 몽주(수학자이자 화학자인 가스파르의 형제), 라플라스 후작(후일 나폴레옹의 내무장관), 루이 도메롱(전투 직전 '연설harangue'의 중요성을 가르쳤음)이라는 3명의 특별한 선생에게 교육을 받았다(장광설을 뜻하는 영어 단어 'harangue'과 달리 프랑스어 'harangue'는 셰익스피어가 헨리 5세에게, 투키디데스가 페리클레스에게 부여한 대사처럼 사기를 북돋우는 연설을 의미한다. 나폴레옹도 전장에서 하는 연설에는 매우 능숙했지만 대중이 모인 집회에서는 그렇지 못할 때도 있었다). 그는 이 학교에서 7년 전쟁 이후 장 바티스트 드 그리보발이 도입한 프랑스의 새로운 포병 연습에 관심을 기울였다(역사에서 흔히 그렇듯 패배란 개혁의 어머니다). 또한 그는 자크 드 기베르 장군의 혁명적인《전술학 개론》(1770)도 공부했다.

"상설 군대는 국민에게 부담을 주며 전쟁에서 위대하고 결정적인 결과를 내기에도 충분치 않다. 또한 무장 훈련을 하지 않으면 군중은 나약해진다. … 유럽의 패권은 늠름하게 태세를 정비하고 국군이 있는 나라가 차지할 것이다."[55]

기베르는 전쟁에서 속도와 허를 찌르는 행동, 기동성을 강조하는 한편 견고한 도시에 자리 잡은 대규모 물류 창고를 버리고 자급자족에 힘써야 한다고 역설했다. 그의 또 다른 원칙으로는 군의 사기가 높으면 문제를 대부분 해결할 수 있다는 것이 있다.

나폴레옹은 브리엔에서 5년, 군사학교에서 1년을 보내면서 군사 기풍에 완전히 물들었다. 이때 배운 군사 정신은 평생 그의 신념과 세상을 바라보는 시각에 깊은 영향을 주었다. 혁명 원칙인 법 앞에서의 평등, 합리적인 정부, 능력주의, 효율주의, 적극적인 국가주의는 이 군사 정신과 잘 어우러졌으나 공평한 소득 분배·인권·언론의 자유·의회 정치 등은 별로 그렇지 않았으므로 나폴레옹은 후자에 거의 관심을 기울이지 않았다. 그는 교육 과정을 거치면서 사회에서의 지위와 법과 질서를 존중하게 되었고 훌륭한 실력과 용기를 갖추면 반드시 보답을 받는다고 확신했으며 점차 정치인, 법조인, 언론인, 영국을 미워하는 감정을 품었다.

부리엔의 뒤를 이어 1802년 나폴레옹의 개인비서가 된 클로드 프랑수아 드 메느발이 남긴 기록에 따르면 나폴레옹은 "자부심과 권위, 호전적 본능, 천재적인 기량, 질서와 규율, 사랑"을 갖고 학교를 졸업했다고 한다.[56] 이러한 요소는 모두 장교가 갖춰야 할 덕목이었고 그는 완전한 사회적 보수파가 되었다. 군 장교 나폴레옹은 널리 인정받는 중앙집권 체제로 명령을 위계적으로 내려야 하며 높은 사기와 의욕을 유지하는 것이 중요하다고 생각했다. 무엇보다 관리와 교육 체제를 위해 질서를 갖추는 것을 중요시했다. 그는 조금이라도 반항적인 폭도와 비슷한 낌새를 보이는 것을 본능적으로 꺼렸다. 그의 이런 성향은 프랑스혁명 과정은 물론 평생토록 변하지 않았다.

1785년 2월 24일 나폴레옹의 아버지 카를로 보나파르트가 요양 중이던 남프랑스의 몽펠리에에서 사망했다. 사인은 위암 혹은 천공성 궤양으로 보이며 그의 나이 서른여덟이었다. 겨우 열다섯 살이던 나폴레옹은 아버지가 돌아가시기 전 6년간 짧게 두 번 만난 것이 전부였다. 그의 형 조제프는 다음과 같은 기록을 남겼다.

"아버지는 고통스럽게 서서히 죽어가면서 장기가 많이 상하고 기운이 쇠했다. 돌아가시기 며칠 전에는 완전히 발작적인 섬망 상태였다."[57]

나폴레옹이 평생 의사를 신뢰하지 않은 것은 이때의 영향일지도 모르는데, 의사들이 그의 아버지에게 해 준 조언이라고는 배를 먹으라는 것뿐이었다. 아버지의 이른 죽음은 나폴레옹의 추진력과 끝없는 열정에 영향을 주었을 것이다. 그는 자신 역시 오래 살지 못할 거라고 생각했고 실제로 그랬다. 한 달 뒤 그는 종조부 루치아노에게 보내는 편지에서 아버지를 이렇게 묘사했다.

"깨어 있고 열성적이며 사심 없는 시민이었습니다. 신은 어째서 아버지를 데려가신 걸까요? 그것도 고향에서 수백 킬로미터나 떨어진 이국에서, 그분의 존재에 무관심한 곳에서, 스스로 소중히 여기던 것에서 머나먼 타지에서요."[58]

이 편지에 드러나는 나폴레옹의 대단한 효심도 그렇지만 그가 아직도 프랑스를 '이국'으로 여긴다는 점이 무척 흥미롭다. 아버지를 애틋하게 애도하는 표현에 이어 그는 대모와 사촌들, 심지어 집안의 가정부였던 미나나 사베리아에게까지 안부를 전한 뒤 추신을 덧붙였다.

"3월 27일 오후 7시 프랑스 왕비는 왕자 노르망디 공을 출산하셨습니다."[59]

당시에는 종이가 무척 비쌌기에 사람들이 종이를 낭비하지 않으려 하긴 했지만, 이처럼 중요한 편지에 별로 관련이 없어 보이는 문장을 끼워 넣은 것은 이상한 일이었다.

장남은 조제프였으나 나폴레옹은 곧 집안의 명실상부한 가장이 되었다. 루이의 회상에 따르면 "그는 집안에서 가장 우위에 섰다. 권력과 명예가 그를 높은 자리에 올려준 것이 아니라 소년 시절부터 타고난 것이었다."[60] 나폴레옹은 일찌감치 최종 시험을 치렀고 58명의 후보생 중 42등을 했다. 보통 2, 3년이 걸리는 시험을 1년 만에 해냈다는 점을 감안하면 그리 나쁜 성적은 아니었다. 그는 이제 군인으로서 경력을 쌓고 아버지가 남긴 심각한 경제 문제에 전념할 수 있었다. 나폴레옹은 후일 이렇게 인정했다.

"그 덕분에 내 정신 상태가 바뀌었고 나이보다 일찍 조숙해졌다."[61]

카를로는 아작시오의 배석판사로서 연간 2만 2천5백 프랑을 받았다. 재산 문제로 지역 주민들을 고소하고(아내의 조부까지 고소한 적도 있다) 지방 관청에서 소소한 일을 맡는 것도 수입이 쏠쏠했지만 가장 큰 돈벌이 계획은 뽕나무 묘목을 키우는 것이었다. 이는 둘째 아들에게 많은 근심과 걱정을 안겨 주었다. 보즈웰은 《코르시카 이야기》에 다음과 같이 적었다.

"이곳에서는 뽕나무가 잘 자라고 이탈리아나 남부 프랑스처럼 병충해와 뇌우가 있는 것도 아니라서 코르시카가 평화로울 때면 비단이 넘쳐난다."[62]

1782년 카를로 보나파르트는 선조 제로니모 보나파르트에게 주어진 땅에 뽕나무 묘목을 키울 권리를 받아 냈다. 10년 무이자 상환 조건으로 왕실에서 받아 온 13만 7천5백 프랑에다 상당한 개인 자본을 투자한 덕분에 카를로는 방대한 뽕나무 과수원을 경작하게 되었다. 3년 후 코르시카 의회는 카를로가 계약에 명시한 유지 관리 의무를 충실히 이행하지 않았다며 계약을 철회했으나 그는 완강히 거부했다. 그가 세상을 떠나고 15개월 후인 1786년 5월 7일, 계약이 공식 종료되자 보나파르트 일가는 보조금을 물어낼 의무에다 뽕나무 과수원을 책임지고 정기적으로 관리할 의무까지 떠맡았다.

나폴레옹은 막 들어가려던 부대에 장기 휴가를 내고 뽕나무 묘목 문제로 파산 위기에 처한 어머니를 돕기 위해 고향으로 돌아왔다. 관료주의는 몇 년째 썩어가고 있었고 지나치게 들들 볶인 보나파르트 일가는 프랑스혁명이 처음 벌어질 때도 파리의 정치 변화로 과연 집안의 부채를 경감할 수 있을지, 농작 보조금으로 묘목 문제를 해결할 수 있을지부터 생각했다.[63] 소위 '묘목 사건'이 벌어지는 동안 나폴레옹은 그 어느 때보다 집요했고 파산 위기에 처한 가족을 위해 강력하게 파고들었다. 그는 코르시카와 파리에 있는 사람들에게 어머니의 이름으로 편지를 보내며 최대한 로비 활동을 벌였다. 또한 소위의 연봉 1천1백 프랑 중 가능한 한 많은 돈을 가족에게 충실히 보냈다. 프랑스 감사원장에게 보낸 수많은 편지에서 '보나파르트의 미망인'이라고 지칭한 그의 어머니는 집안의 은제품을 팔아서라도 프랑스 관리에게 빌린 6백 프랑을 갚아야 하는 상황이었다.[64] 루치아노 부주교가 보나파르트 집안의 재산을 압류하려는 것을 현장에서 막아주었지만, 이후로도 가족은 계속해서 경제적 어려움에 시달렸고 이는 1791년 부주교가 죽고 보나파르트 가문이 그의 토지를 상속받은 후에야 해소되었다.

1785년 9월 1일 나폴레옹은 론강 왼편에 있는 도시 발랑스에 주둔한 라페르 부대 1대대 5여단 포병으로 배치를 받았다. 이곳은 가장 오래된 포병부대 5곳 중 하나로 매우 영예로운 자리였다.[65] 당시 열여섯 살이던 그는 최연소 장교에다 프랑스군 전체에서 유일한 코르시카 출신 포병 장교였다. 그는 발랑스에서 늘 무일푼이라 지내던 방에 침대와 책상, 팔걸이의자밖에 없었다고 한다. 독서 열정은 여전해서 돈을 아껴 책을 사려고 끼니를 거를 때도 있었다. 그는 어느 정도 주변 사람들의 호의에 기대 버텨내야 했다. 발랑스의 한 카페 여주인에게 자주 커피를 얻어 마신 나폴레옹은 후일 제1통령 자리에 오른 뒤 내무장관을 시켜 여주인의 근황을 확인한 뒤 이렇게 지시했다.

"부인이 베푼 커피 값을 충분히 치르지 못했다. 50루이(1천 프랑)를 전하라."[66]

그는 식당에서도 돈을 내는 경우가 드물었다. 당시 그를 알던 한 지인은 말했다.

"그는 선술집이나 다방에서 다른 사람과 함께 식사하며 얻어먹을 때가 많았다. 그와 함께 식사한 사람들이 입을 모아 말하길 그는 가장 어리고 가난했으면서도 주변 사람들에게 복종하거나 순종하지는 않았다고 한다. 그렇다고 인색하게 굴지도 않았지만 일생 중 비용 지출에 극도로 신경 써야 하는 시기를 보내고 있었다."[67]

나폴레옹에게는 잠시라도 묘목 문제를 잊고 살 여유가 없었다.

1786년부터 1791년까지 나폴레옹은 아라비아, 베네치아, 인도제국, 영국, 튀르크, 스위스 등 여러 국가의 역사를 비롯해 파리 소르본 대학의 역사에 길고 자세한 주석을 남겼다. 또한 그는 볼테르의《수상록》과 마키아벨리의《피렌체 역사》, 미라보의《봉인 편지》, 샤를 롤랭의《고대사》에 주석을 달았다. 근대 지리학과 자크 뒤

로르의 반귀족주의 저서《귀족 계급의 비판적 역사》, 샤를 뒤클로의 선정적인《루이 14세와 15세 치세의 비밀스러운 회고록》등도 섭렵했다.[68] 그뿐 아니라 코르네유와 라신, 볼테르의 운문을 암송하기도 했는데 아마도 카롤린 드 콜롱비에라는 예쁜 소녀에게 잘 보이기 위해서였을 것이다. 그 소녀와는 무척 순수한 관계였고 나폴레옹의 말에 따르면 소녀와 함께 새벽에 목초지를 거닐면서 "믿기 어렵겠지만 내내 체리만 먹었다!"[69]고 한다. 나폴레옹은 발랑스에서 꾸준히 춤 레슨을 받았는데 이는 사회적으로 호감을 주는 장교가 되려면 사교댄스가 중요하다는 것을 알고 있었기 때문으로 보인다.* 과거 그의 춤 선생이던 도텔은 1808년 12월 궁핍한 지경에 이르러 다음과 같은 편지를 보냈다.

"폐하께서 상류 사회로 첫걸음을 떼실 수 있도록 도와드렸던 이가 지금 폐하의 자비를 구합니다."

나폴레옹은 그에게 바로 일자리를 찾아 주었다.[70]

지금까지 남아 있는 나폴레옹의 글 중 가장 오래된 것은 1786년 4월 26일 발랑스에서 작성한 것으로 코르시카가 프랑스에 저항할 권리를 다룬 글이었다. 그때 나폴레옹은 이미 학교를 졸업했으므로 누군가에게 보여 주기 위해서라기보다 자신을 위해 작성한 글이었는데, 당시 프랑스군 장교 중 소일거리로 글을 쓰는 사람은 드물었다. 그 글은 파올리 탄생 61주년을 기념하면서 법이란 국민과 군주로부터 비롯되며 특히 국민의 주권을 위해 법을 만든다고 하는 내용이었다. 그는 글을 이렇게 마무리했다.

"코르시카 사람들은 정의로운 법을 따르며 과거에 제노바가 씌운 굴레에서 벗어난 바 있다. 프랑스의 굴레도 마찬가지일 것이다. 아멘."[71]

* 나폴레옹의 춤 실력에 관해서는 의견이 분분하다. 1807년 그는 바르샤바에서 열린 무도회에서 안나 포토츠카 공작부인에게 자신이 춘 춤이 어땠는지 의견을 물었다. 그녀는 예의를 갖춰 대답했다. "폐하, 위대하신 분으로서 완벽한 춤이었습니다."(ed. Stryjenski, *Memoires* p.125)

프랑스군 장교가 이런 글을 쓰다니 기이하기도 하고 어찌 보면 반역적이기도 하지만 나폴레옹은 학창 시절부터 줄곧 파올리를 우상으로 삼았다. 또 아홉 살부터 열일곱 살까지 프랑스에서 홀로 외롭게 지내며 코르시카의 이상적인 모습을 그리워했다.

나폴레옹은 스물여섯 살까지 거의 작가나 다름없을 정도로 60편 가량의 수필, 중편소설, 철학과 역사를 다룬 글, 논문, 소책자 등을 썼고 항의문을 기고하기도 했다.[72] 나폴레옹이 쓴 글을 모아 살펴보면 그가 지적, 정치적으로 어떻게 성장해 갔는지 알 수 있다. 나폴레옹은 1780년대만 해도 열성적인 코르시카 독립주의자였으나 점차 자신을 파올리 반대주의자라고 공언하는 프랑스군 장교로 변모해 갔다. 그러다 1793년에는 자코뱅의 프랑스가 코르시카의 봉기를 진압하기를 소망한다. 훗날 나폴레옹은 파올리를 이렇게 평했다.

"언제나 코르시카를 위해 살았고 영국도 프랑스도 배반한 적 없는 훌륭한 인물이다. 우리 가문과 우애 깊은 친구로 내게 영국군에 들어가라고 설득했으며 당시 나를 위해 장교 자리를 마련해 줄 힘도 있었다. … 하지만 나는 프랑스에 남기를 원했다. 프랑스어에 익숙하고 그 종교를 따랐으며 프랑스의 관습을 이해하고 좋아했기 때문이다. 또 혁명이 일어나는 시대가 진취적인 젊음을 발휘하기에 적합해서다."[73]

사실 여부는 확실하지 않지만 나폴레옹은 파올리가 자신에게 이런 '뛰어난 찬사'를 보냈다고 말했다.

"이 젊은이는 플루타르크의 위인과 나란히 서게 될 것이다."[74]

1786년 5월 초 열여섯 살의 나폴레옹은 〈자살에 관하여〉라는 2쪽짜리 수필을 썼는데, 이는 고뇌에 찬 낭만적인 독립주의자가 고전적 웅변을 토하는 글이었다.

"군중 속에서 나는 항상 고독하다. 나는 내 방으로 돌아와 공상에 잠긴다. 그리고 우울함 속으로 깊이 빠져든다. … 오늘 내 생각은 어디로 향하고 있는가? 바로 죽음이다. 어차피 언젠가 죽어야 한다면 스스로 죽음을 택해도 되지 않겠는가?"[75]

그의 고민은 계속 이어진다.

"인간은 본성을 벗어나 얼마나 많이 헤매고 있는가!"

그는 낭만파의 은유를 사용해 소리 높여 주장했고 햄릿 같은 오만함과 자기연민을 동시에 드러내며 루소주의에 따라 제멋대로 코르시카 독립에 관한 철학을 늘어놓았다.

"내 고향 동포들은 사슬에 묶이고 공포에 질려 억압하는 자의 손등에 입을 맞춘다! 독재자, 사치, 사악한 창녀를 적대시하는 영웅의 가치를 따르던 용감한 코르시카인은 이제 없다. 저 프랑스인은 우리가 소중히 여기던 모든 것을 강탈한 것으로 만족하지 않고 우리의 마음마저 더럽히기 시작했다. 진정한 애국자는 조국이 사라졌을 때 마땅히 따라 죽어야 한다. … 나는 아무것도 즐기지 못하고 모든 것은 내게 고통만 안겨 주기에 삶은 내게 크나큰 부담이다."[76)]

고뇌하며 낭만적인 과장법에 빠져드는 대부분의 10대 소년과 마찬가지로 나폴레옹도 자살을 택하지는 않았다. 다만 이 글은 그의 내면 의식이 어떻게 자라고 있는지 보여 준다. 그의 글은 대체로 고전적 관습에 따라 과장스럽고 허황한 표현과 수사적 의문문으로 가득 찼고 그렇게 연마한 문학적 개성은 후일 나폴레옹의 선언서와 연설의 토대가 되었다.

나폴레옹은 열일곱 살 무렵 종교 관점을 통합해 정리하기 시작했고 평생 이를 견지했다. 그는 수도승이 가르치는 학교를 다녔으나 진정으로 기독교를 믿은 적이 없었고 예수의 신성을 확신하지 못했다. 특정 종류의 신적인 힘은 믿었지만 이는 최초의 창조를 넘어선 세계와 그다지 관계가 없었다. 나중에 그가 전투를 앞두고 성호를 긋는 모습이 몇 번 목격된 적이 있는데[77)] 아마도 종교가 사회적으로 얼마나 유용한지 알았기 때문일 것이다. 그러나 개인 신앙을 논하자면 그는 본질적으로 계몽주의-회의론자였다. 1780년 9월 당시 열한 살이던 나폴레옹은 공개 구두시험에서 그리스도의 네 가지 기적을 자세히 설명해야 했고 신약 성경과 관련해 질문을 받았다. 훗날 그는 이 시험을 두고 이렇게 말했다.

"인품이 훌륭한 고대인은 평생 기독교를 들어본 적도 없는데 그들이 기독교를 따르지 않아 영원히 지옥의 불 속에서 벌을 받을 것이라는 말을 들으니 화가 났다."[78)]

어떤 성직자는 그에게 아버지의 죽음을 견디도록 종교적 도움을 주겠다고 제안했지만 열다섯 살의 나폴레옹은 완강히 거절했다. 공개적으로 발표하지 않은 그의 글 중에는 루소를 비판한 제네바 출신의 개신교 목사를 공격하는 내용도 있다. 사람들에게는 "강자에 맞서는 약자를 돕고 모든 사람이 달콤한 평온과 행복을 추구하도록 하는" 정부를 세워 완벽한 현생을 살고자 하는 욕구가 있는데, 기독교가 제시하는 사후세계 약속은 이를 방해해 폭정이 벌어지도록 방조한다는 것이 나폴레옹의 주장이었다.[79)] 오직 사회계약론, 즉 국민과 국가 권력 사이의 합의만이 행복을 보장할 수 있다고도 했다. 이 1만 5천 단어 분량의 논문과 함께 나폴레옹은 〈산토끼와 사냥개, 사냥꾼〉이라는 재밌는 우화도 썼다. 이것은 라퐁텐의 방식을 모방한 운문 형태로 포인터 품종의 사냥개 카이사르가 산토끼를 잡기 직전 사냥꾼의 총에 맞는다는 내용이다. 그는 마지막 2행을 이렇게 마무리했다.

> 하늘은 스스로 돕는 자를 도우며,
> 이는 나 스스로도 인정하는 바이다.[80)]

지금까지 남아 있는 나폴레옹의 또 다른 산문은 분량이 겨우 1쪽에 불과하다. 이 글의 제목은 '팔레 루아얄에서의 만남'으로 나폴레옹이 1787년 11월 22일 목요일에의 묘목 문제를 해결하기 위해 방문한 셰르부르 호텔에서 작성했다. 이 호텔의 현재 주소는 파리의 생오노레가 인근 보비에르가다. 나폴레옹의 사적인 이 글에는 퇴폐적인 것으로 악명 높은 파리 중심부의 도박장, 식당, 보석가게 근처에서 창부와 만난 일화가 담겨 있다.

나는 이탈리아 오페라를 막 보고 나와 팔레 루아얄의 골목을 적당한 속도로 걷고 있었다. 내 마음은 늘 그렇듯 열정적인 감정으로 들끓었고 추위를 신경 쓰지 않고 있다가 날씨가 얼마나 혹독한지 깨달은 순간부터 갑자기 으슬으슬 떨리기에 근처 미술관으로 피신했다. 철문을 들어서는 순간 한 여성의 모습이 눈에 들어왔다. 밤이라는 시간대와 그녀의 행색, 젊은 나이 등으로 보아 그녀가 무얼 하는 사람인지 쉽게 짐작할 수 있었다. 나는 그녀를 바라보았고 그녀는 멈춰 섰다. 그 부류의 여자들 같은 뻔뻔하고 버릇없는 태도라고는 일절 보이지 않았고 그녀의 매력적인 용모와 어울리는 예의를 갖추고 있었다. 그 모습에 나는 반해버렸다. 그녀의 수줍은 모습을 보니 용기가 솟아 그녀에게 말을 걸었다. 내가 그녀에게 말을 건 것이다. 바로 내가, 그녀가 처한 끔찍한 상황을 누구보다 잘 알고 있는 내가, 평소 같으면 그런 모습을 보기만 해도 더럽다고 느끼는 바로 나 자신이 말이다. 하지만 그녀의 창백하고 허약한 모습과 부드러운 목소리 때문에 잠시도 가만히 있을 수가 없었다.[81]

나폴레옹은 그녀와 함께 팔레 루아얄의 정원을 걸으며 대화를 나눴다. 나폴레옹이 "당신의 건강을 위한 보다 적절한 직업"이 있는지 묻자, 그녀는 "없습니다. 저는 이렇게 살아가야 합니다"라고 대답했다.

"나는 그녀에게 빠져들었다. 어쨌거나 그녀는 내게 대답했고 이건 그동안 경험해 본 적 없는 성공이었다."

그는 그녀에게 계속 질문을 던졌다. 그녀의 출신지를 물으니 "낭트입니다"라는 답변이 돌아왔다. 언제 순결을 잃었느냐고 묻자 "어느 장교를 만나 더럽혀졌습니다"라고 했고 괴로우냐고 묻자 "몹시 그렇습니다" 하고 답했다. 그 뒤로 어떻게 파리에 오게 되었는지 등 한참 질문 세례를 퍼붓다 마지막으로 그녀의 방에 같이 가서 "함께 서로의 몸을 데우고 그대가 원하는 것을 얻을지" 물었다.[82] 나폴레옹은 글을 이렇게 마무리했다.

"나는 여기에서 이것저것 과하게 따지려는 의도는 없었다. 나는 이미 그녀를 원하는 방향으로 유도해 내가 준비한 논리에 맞닥뜨렸을 때 감히 도망치지 못하도록 할 계획이었다. 그녀가 정직함 따위는 갖추지 않았다는 사실을 증명하고 싶었고, 그녀가 정직한 척 가장하도록 내버려두고 싶지도 않았다."[83]

나폴레옹이 처음부터 그런 만남을 찾아다닌 것은 아니었지만 그가 이 일을 글로 남길 만하다고 생각한 것으로 보아 아마 이때가 그의 첫 경험이었을 것이다. 속사포처럼 질문을 퍼붓는 대화 방식은 나폴레옹 그 자체였다.

며칠 뒤 여전히 파리에 머문 나폴레옹은 코르시카의 역사를 쓰기 시작했지만 겨우 몇 줄을 쓴 뒤 내팽개쳤다. 대신 그는 '영광을 위하는 마음과 나라를 위하는 마음의 유사점'이라는 제목으로 수사적이고 웅변적인 글을 쓰기 시작했는데, 이는 이름 모를 한 젊은 여성을 향해 쓰는 편지 형식으로 나라보다 영광을 추구하는 마음을 강하게 표현했다. 나폴레옹은 콩데 장군과 튀렌 장군을 언급하며 영광을 위하는 마음은 프랑스 전쟁사에도 등장하지만 그보다 스파르타, 마케도니아의 필리포스 왕, 알렉산드로스 대왕, 샤를마뉴 대제, 레오니다스 왕 그리고 '최초의 치안판사, 위대한 파올리'에게서 더 많은 예시를 찾아볼 수 있다고 주장했다.[84]

1786년 9월 약 8년 만에 코르시카로 돌아온 나폴레옹은 가장 어린 동생 셋을 처음 만났다. 이때를 포함해 나폴레옹은 1786년부터 1793년까지 총 다섯 차례 코르시카를 방문했고 때로 수개월 동안 머물기도 했다. 이는 대체로 아버지의 토지 문제와 관련해 다양한 일을 해결하기 위해서였다. 1787년 4월 21일 나폴레옹은 전쟁장관에게 "건강 회복을 위한"[85] 5개월 반의 유급 휴가를 요청하는 편지를 썼다. 전혀 아프지 않았음에도 서류상 필요한 진단서를 동봉한 것으로 보아 그의 연기력이 뛰어나거나 유순한 의사를 만난 것으로 보인다. 결국 그는 거의 1년간 복귀하지 않은 셈이었다. 연대를 이토록 장기간 떠날 수 있었던 것은 그 무렵 군대 상황이 평화로웠기 때문이다. 보병대 장교의 3분의 2, 기병대 장교의 4분의 3이 겨울 동안 연대를 떠나 있었다.[86] 당시 조제프는 어머니를 돕기 위해 장교나 성직자가 되는 것을 포기했으며 1788년 피사 대학교에서 법학 학위를 취득했다. 어린 동생들은 모두 학생이었고 그중 똑똑하고 야망을 품은 뤼시앵이 특히 두각을 드러냈다.

1788년 5월 말 나폴레옹은 프랑스 동부 디종 인근의 옥손 포병 학교에 배치 명령을 받았다. 발랑스 연대에 주둔할 당시와 마찬가지로 나폴레옹은 이곳에 머물면서도 하루에 한 끼, 오후 3시에만 식사하면서 장교 월급을 아껴 고향의 어머니에게 보내고 나머지는 책을 구매하는 데 사용했다. 옷도 8일에 한 번 갈아입었다. 그는 여전히 철저한 독학 읽기를 계속했는데 옥손에서 작성한 두꺼운 공책에는 역사·지리학·종교는 물론 아테네와 스파르타, 페르시아, 이집트, 카르타고 등 고대 주요 국가 풍습을 빼곡히 적어두었다. 또한 최신 포병 기술 발전과 연대 규율도 다뤘고 플라톤의 《국가론》과 아킬레우스, (당연하게도) 알렉산드로스 대왕, 율리우스 카이사르에 관해서도 기록을 남겼다.

포병 학교를 관장한 장 피에르 뒤테유 장군은 최신 포병 기술의 선구자였다. 나폴레옹은 일주일에 최대 9시간의 군사 이론 수업을, 매주 화요일마다 고급 수학 수업을 들었다. 포병은 갈수록 더 중요하게 받아들여지는 추세였고 금속공학 발달로 대포 무게가 절반으로 줄면서 유용성이 더욱 높아졌다. 전쟁터에서 커다란 총포를 기동력 있게 들고 다니면서도 화력이나 정밀성을 잃지 않는 것은 곧 승리를 의미했다. 나폴레옹이 가장 좋아한 것은 상대적으로 휴대하기 수월한 12파운드 포였고 여기에 '귀여운 소녀들'이라는 별명까지 붙여주었다.[87] 그는 이렇게 말한 바 있다.

"나는 모든 장교가 포병대에서 직무를 맡아봐야 한다고 믿는다. 무기가 곧 훌륭한 장군을 만든다."[88]

이는 단순히 자만에 가득 찬 말이 아니었다. 당시 프랑스의 포병대 지휘관으로는 당대 최고의 장군 장 바티스트 에블레와 알렉상드르 앙투안 세나르몽, 앙투안 드루오, 장 드 라리부아지에르, 오귀스트 드 마르몽, 샤를 에티엔 루티 등이 있었다.

나폴레옹은 이런 자랑도 했다.

"내가 해낼 수 없는 군사 직책은 없다. 아무도 화약을 만들지 못해도 나는 만들 수 있다. 대포를 올려놓는 받침틀을 만들 수도 있다. 아예 대포 자체를 만들 수도 있다. 상세한 전략을 가르쳐야 한다면 그 역시 할 수 있다."[89)]

이 모든 것은 옥손의 학교 덕분이었다. 그해 8월 나폴레옹은 무거운 대포에 기존의 박격포가 아닌 폭발성 포탄을 사용하는 것이 가능한지 실험하기 위해 2백 명을 감독하는 임무를 맡았다. 그의 보고서는 명료한 표현으로 찬사를 받았다. 그때 나폴레옹이 남긴 군사 기록은 간결하고 유익하며 공세의 중요성을 잘 나타내고 있다.

포탄 성능 실험에 성공하고 나서 며칠 후 나폴레옹은 군사 규칙을 도입함으로써 전제정치보다 더 나은 방식의 정부를 만들 수 있다는 주장을 담은 〈왕권에 관한 논문〉 첫 문단을 작성했고 그것을 다음과 같이 명료하게 끝맺었다.

"왕좌에 머무를 자격이 있는 왕이란 극히 드물다."[90)]

그의 관점은 권위주의적이면서도 체제를 전복하려는 자세를 취하고 있었다. 만일 그가 썼던 글을 있는 그대로 발표했다면 큰 곤욕을 치렀을 것이다. 비록 프랑스의 정치 상황이 매우 불안정해 바로 몇 달 뒤 바스티유 함락이라는 사건이 발생하긴 했어도 말이다. 운 좋게도 그가 출판사에 막 해당 '논문'을 보내려던 차에 루이 16세의 재무장관이자 그가 자신의 논문을 헌정하려 한 에티엔 샤를 드 로메니 드 브리엔의 해고 소식이 전해졌다. 그는 곧바로 해당 논문 발표를 철회했다.

나폴레옹은 글쓰기에 큰 관심을 쏟았고 장교들의 문제점을 해결하기 위한 규칙 초안까지 작성했는데, 4천5백 단어에 육박하는 이 글은 다음과 같이 문학적 과장을 늘어놓는다.

"자신의 직위나 직책에 영향을 줄 수 있는 모든 것에 주의를 기울이는 사람은 밤이 전혀 암울하지 않을 것이다. 독수리처럼 꿰뚫어보는 시선이나 백 개의 머리가 있는 아르고스라 해도 권한에 따른 그의 의무와 직무를 충족하지 못하리라."[91)]

1789년 1월 그는 낭만적인 통속극을 한 편 썼는데 '에섹스 백작: 영국 이야기'라는 제목의 이 글에서는 그의 문학적 열정이 그리 드러나지 않는다. 개중에는 이렇게 시작하는 문단도 있다.

"백작부인의 손가락이 벌어진 상처 속으로 파고들었다. 그녀의 손가락은 피로 흠뻑 물들었다. 그녀는 울부짖으며 얼굴을 가렸다가 다시 위를 올려다보았으나 아무것도 보이지 않았다. 공포에 질려 벌벌 떨던 부인은 불길한 예감에 휩싸인 채 마차에 올라탔고 마침내 탑에 도착했다."[92)]

이 글에는 암살, 사랑, 살인, 불길한 징후 그리고 제임스 2세가 쫓겨나는 내용이 나온다. 나폴레옹은 이러한 통속극 스타일을 유지하면서 1789년 3월에도 '예언자의 가면'이라는 제목의 2쪽짜리 단편을 썼다. 이 글에 등장하는 잘생기고 카리스마 넘치는 아랍 군인이자 예언자인 하켐은 병으로 흉한 몰골로 변해 은색 가면을 쓰고 다닌다. 지역 군주 마하디와 사이가 틀어진 하켐은 적을 공격하기 위한 것처럼 꾸며 제자에게 석회를 가득 채운 구덩이를 파게 한 다음, 자신의 추종자들을 독살하고 그 시체를 구덩이에 던져 넣은 뒤 스스로 불 속에 몸을 던진다.[93)] 이는 매우 충격적이고 폭력적인 이야기로 10대 후반 특유의 불안과 고뇌로 가득 차 있다.

그다음 달 나폴레옹은 손강을 따라 약 30킬로미터 아래 위치한 쇠르로 파견되어 곡물상인 2명을 살해한 폭동을 제압하는 작전의 부사령관을 맡는다.

"정직한 이들은 집으로 돌아가십시오. 나는 폭도들을 향해서만 발포할 것입니다."

당시 열아홉 살이던 나폴레옹은 군중 앞에서 이렇게 소리쳤다고 한다. 그가 자신의 직책을 효과적으로 잘 수행해 뒤테유 장군에게 좋은 인상을 주긴 했지만 그때까지 쌓여온 정치 상황이 워낙 심각해 폭도들은 공공건물을 공격하고 옥손에 위치한 세무서를 불태웠다. 바로 그 지역에서 그는 앞으로 발생할 엄청난 정치적 사건, 즉 프랑스와 유럽 역사를 뒤흔들고 자기 인생까지 뒤바꿀 사태의 첫 번째 조짐을 인지

한다.

1789년 7월 14일 파리 군중이 바스티유 교도소로 몰려들면서 프랑스혁명이 시작되었는데, 그 이전에 이미 수년에 걸쳐 재정 위기가 닥치고 나폴레옹이 상대한 것 같은 자그마한 반란들이 일어나던 중이었다. 불안정한 상황을 보여 주는 첫 번째 조짐은 1783년으로 거슬러 올라간다. 이때는 프랑스가 영국에 항거하는 식민지 주민을 지원한 미국 독립 전쟁의 마지막 해였다. 쇠르와 마찬가지로 다른 지역에서도 낮은 임금과 식량 부족에 따른 저항이 있었지만 1789년 4월 폭력적인 진압으로 25명이 사망했다. 훗날 나폴레옹 밑에서 일하던 장관의 글에는 이런 내용이 있다.

"나폴레옹이 종종 말하길, 국가도 개인처럼 질병을 앓을 때가 있으며 역사는 인체 질환을 묘사하는 것처럼 국가의 질병에 관심을 기울인다. 프랑스 국민은 간절한 소망에 상처를 입었다. 귀족과 성직자는 긍지와 특권을 내세우며 그들을 억압했다. 국민은 이 억압 속에서 오랜 시간 고통을 받아왔지만 마침내 굴레를 벗어던지고 혁명을 시작했다."[94)]

1615년 이후 처음으로 1789년 5월 5일 프랑스 삼부회를 개회했을 때 왕은 자기 권한을 최소한이라도 삼부회 대표들과 나누도록 강요받을 것으로 보였다. 하지만 이후 상황은 예측할 수 없는 방향으로 빠르게 흘러갔다. 6월 20일 스스로를 국민의회라고 부른 삼부회 의원들은 새로운 헌법을 마련할 때까지 해산하지 않을 것을 맹세한다. 사흘 뒤 근위병 두 개 중대가 대중의 불안감을 잠재우기는커녕 오히려 폭동을 일으킨다. 루이 16세가 해외 용병을 모집해 반란으로 치달은 당시 사태를 진압하려 한다는 소식이 퍼졌고, 급진적인 기자 카미유 데물랭은 바스티유 교도소로 집결할 것을 촉구했다. 그 과정에서 파리 총독과 파리 시장, 국무장관이 사망했다. 8월 26일 국민의회는 인권 선언을 채택했고 10월 6일에는 군중이 베르사유궁으로 몰려들었다.

나폴레옹은 후일 정치적 예리함을 갖췄으나 혁명 초기 단계에는 상황을 완전히 잘못 파악했다. 7월 22일, 그러니까 바스티유 함락으로부터 일주일이 지난 시점에 그가 형 조제프에게 보낸 편지 내용은 이러했다.

"지난번에 말한 대로 곧 진정될 거야. 한 달만 지나면 아무 문제도 없을 거야. 나한테 3백 리브르(7천5백 프랑)를 보내 주면 파리로 가서 우리 일을 잘 마무리할게."[95)]

이때만 해도 나폴레옹은 종교 개혁 이후 최대 규모로 유럽 전역을 발칵 뒤집어놓은 사건보다 예의 그 묘목 문제에 더 주의를 기울이고 있었다. 그는 계속해서 코르시카 역사를 집필했고 용기를 내 여전히 런던에 망명 중인 자신의 영웅 파올리에게 편지를 보냈다. 그는 과장스런 문체로 이렇게 적었다.

"저는 나라가 몰락해 가는 시기에 태어났습니다. 프랑스인 3만 명이 우리의 해안선을 더럽혔고 자유의 왕좌를 피의 바다에 빠뜨렸습니다. 제 눈으로 직접 보았는데 무척 끔찍한 광경이었습니다. 저는 태어나자마자 죽어 가는 이들의 비명, 억압받는 이들의 신음, 절망의 눈물에 둘러싸여 자랐습니다."[96)]

장교로 임명받으며 프랑스 왕을 섬기겠다고 맹세한 사람치고는 특이한 감상이 아닐 수 없다. 혁명이 발발하고 파올리가 1790년 7월 코르시카로 돌아오면서 나폴레옹의 모순적이고 분열된 충성심은 더 이상 존속할 수 없었다. 선택해야만 하는 시기가 다가온 것이다.

혁명

2

어느 시대에 태어났어도 그는 훌륭한 업적을 이뤄냈을 것이다.
어쨌거나 그는 성장에 특히 적합한 최적의 시기에 경력을 쌓기 시작했다.

메테르니히가 나폴레옹에 관해

–

스물둘일 때 허용받는 많은 것이
서른을 넘기면 해서는 안 되는 일이 되오.

나폴레옹이 뷔르템베르크의 선제후 프리드리히에게

"북소리와 무기와 피로 가득한 곳에서 이 편지를 쓰고 있어."

바스티유 함락 후 8일이 지난 시점에 나폴레옹이 옥손에서 조제프에게 보낸 편지다.[1] 그는 뒤테유 장군이 자신에게 상황 해결을 위한 의견을 물었다고 자랑스럽게 적어놓았다. 33명을 체포한 나폴레옹은 거의 1시간에 걸쳐 폭도들에게 멈출 것을 촉구했다.

나폴레옹은 폭도는 싫어했지만 엄밀히 따지면 그 자신이 귀족 출신이면서도 혁명을 반겼다. 최소한 혁명 초기 단계는 그가 좋아하는 루소나 볼테르의 계몽이 추구하는 이상과 잘 맞았다. 그는 성직자가 권력을 차지하는 것에 반대하는 움직임을 환영했고 딱히 존경하지도 않는 왕실의 권한이 약해지는 것에 개의치 않았다. 더구나 당시 상황은 코르시카 독립에 유리할 듯했고 돈도 연줄도 없는 젊고 야심찬 외톨이 장교에게 승진 기회도 안겨줄 수 있을 터였다. 그는 혁명이 주장하는 새로운 사회질서가 이 같은 불이익을 무너뜨리고 계몽사상가들이 유일한 권력의 기틀이라고 주장하는 논리와 합리를 기반으로 새롭게 세워질 것이라고 믿었다.

보나파르트 가문은 코르시카에서 혁명을 지지하는 몇 안 되는 귀족 계급 중 하나였는데, 나폴레옹이 후일 말한 바에 따르면 '유일한' 지지 세력은 아니었다.[2] 다만 확실한 사실은 군사학교 동기들 중 나폴레옹만 루이 16세의 전복을 지지한 유일한 포병대 졸업생이고, 그가 속한 군단에서도 나폴레옹과 의견이 같은 사람은 소수인 데다 대부분 1789년 프랑스를 떠났다는 점이다. 비록 나폴레옹은 군인의 임무를 성실하게 수행하고 발랑스와 옥손의 식량 문제 폭동을 진압하긴 했지만(나폴레옹이 속한 연대 병사 중 몇몇은 반란을 일으키고 폭도에 합세했다) 그는 '헌법을 위한 동지들의 모임' 지부를 초기부터 지지했다. 아작시오에 있는 열네 살의 동생 뤼시앵은 급진 정치를 더욱 진지하고 꾸준하게 추구했으며 가장 극단적인 자코뱅당에 가입했다.[3)] *

1789년 8월 8일 파리는 소란스럽고 프랑스의 여러 군단은 흐트러져 있는 와중에 나폴레옹은 또다시 병가를 내고 코르시카로 돌아가 18개월간 머물면서 코르시카섬의 정치에 온 열정을 쏟았다. 이번에도 그가 실제로 몸이 좋지 않았다는 정황은 전혀 없다. 보즈웰의 《코르시카 이야기》를 보면 당시 코르시카의 도시, 아홉 개 행정구역, 수많은 교회 교구('교회에서는 물론 민사적 이유로도 많이 쓰인' 교구 모임)가 정치적으로 얼마나 분열되어 있었는지 알 수 있다. 수도 코르테에 기반을 둔 총독의 권한은 제한되어 있었다. 도시, 마을, 가문은 오랜 세월에 걸쳐 서로 대립했고 이들은 가톨릭 교회와 해외로 망명한 파올리에게 강한 애착을 보였다. 나폴레옹은 그 거대한 혼란 속에 열정적으로 뛰어들었고 이후 4년간 프랑스군 장교로서의 역할보다 코르시카 정치 문제에 더 깊이 관여했다.

나폴레옹은 아작시오에 도착하자마자 조제프와 뤼시앵의 도움을 받아 코르시카 사람들에게 혁명의 명분을 설득하면서 새로운 삼색기를 휘날리고 모자에 삼색기 표지를 달도록 촉구하며 혁명을 지지하는 '애국자' 모임을 결성하게 했다. 또한 코르시카 자원병으로 연대를 만들었는데 이는 언젠가 총독에게 대항할 것을 목표로 한 국가방위군이었다. 총독이 애국자 모임을 막고 자원병을 금지하자 나폴레옹은

* 파리에서는 자코뱅당과 상대적으로 다소 온건한 지롱드당이 서로 이념적으로 대립했다.

파리의 국민의회에 항의하는 탄원서 맨 위에 이름을 적어 보냈다.[4] 10월 그는 코르시카를 지배하는 프랑스를 비난하는 소책자를 쓰면서 코르시카섬 지방정부가 충분히 혁명적이지 않다고 지적했다.[5] 나폴레옹이 아작시오에서 혁명 정당을 이끄는 동안 국민의회의 코르시카 대표 의원인 앙투안 크리스토프 살리체티는 코르시카의 또 다른 큰 도시 바스티아를 급진적 방향으로 이끌었다.

1790년 1월 국민의회는 살리체티가 촉구한 대로 코르시카를 프랑스의 한 주로 편입하는 법령을 통과시켰고 나폴레옹도 이를 지지했다. 런던에 체류하던 파올리는 이를 두고 파리의 의도를 관철하기 위한 방편이라고 비난했다. 이제 살리체티와 나폴레옹이 파리를 코르시카와 혁명을 함께하는 동지로 생각하는 상황이라 만일 파올리가 섬으로 돌아온다면 큰 분열이 일어날 터였다. 온갖 정치 공작을 벌이는 와중에도(예컨대 조제프는 3월 아작시오의 시장으로 선출되었다) 나폴레옹은 밤을 새워가며 코르시카 역사를 집필하고 카이사르의 《갈리아 전쟁》을 다시 읽으며 통째로 외웠다. 병가 기간이 끝나가자 그는 기간 연장을 요청했다. 연대에는 장교가 거의 남아 있지 않았지만 부대장은 부하의 요청을 거절하지 못했다.

나폴레옹은 15개월에 걸쳐 코르시카 역사를 집필했으나 출판할 만한 곳을 찾지 못했다. 그의 작업 중 지금까지 남아 있는 부분을 보면 코르시카 사람들은 고대 로마 사람들과 기질이 같지만 '설명할 수 없는 숙명'에 말려들어 그동안 지배를 받았다고 한다. 이맘때 그는 대단히 폭력적이고 앙심으로 가득 찬 단편 〈새로운 코르시카〉도 썼는데, 초반부는 모험 이야기로 시작했으나 뒤로 갈수록 정치적 설교로 변해 결국 대량 살인의 피바다로 끝난다. 작중에서는 한 영국인이 어떤 노인을 만나고 그 노인은 1768년 프랑스가 코르시카를 침략했을 때 벌인 잔혹 행위를 말한다.

"위기에 처한 아버지를 돕기 위해 나섰지만 아버지는 이미 피를 흘리며 죽어가고 있었소. 아버지는 간신히 힘을 모아 마지막 말을 남기셨소. '아들아, 내 원수를 갚아다오. 복수가 가장 우선이다. 실패하면 나처럼 목숨을 버려야 한다. 무슨 일이 있어도 프랑스에 굴복하면 안 된다.'"

노인은 자신의 어머니가 강간당한 뒤 "온몸이 상처투성이가 되어 차마 눈뜨고 바라볼 수 없는 자세로 돌아가신" 모습을 발견한 것도 이야기한다.

"내 아내와 세 남동생은 같은 곳에서 목을 매달고 죽은 채 발견되었소. 일곱 아들 역시 같은 운명을 맞았는데 심지어 그중 셋은 다섯 살도 채 안 되었지. 우리 오두막집은 불타 없어졌고 집에서 키우던 염소들의 피와 가족의 피가 섞여 흘렀다오."[6)]

노인의 이야기는 이어진다.

"그때부터 단 한 명의 프랑스인도 살려두지 않겠다고 새롭게 맹세했소."[7)]

이처럼 충격적인 이야기를 쓸 당시 나폴레옹은 스무 살의 군 장교였고 프랑스를 혐오하며 복수를 상상하고 있었다. 작중에서 노인이 행한 강력한 복수 내용 역시 엄청난데 그는 프랑스 배 위에 올라탄 모든 사람, 심지어 배에서 일하던 소년까지 남김없이 살해했다.

"우리는 그들의 시신을 제단으로 끌고 와 전부 불태웠다. 그 냄새가 신을 기쁘게 해드렸으리라."[8)]

프랑스혁명이 일어났을 때 나폴레옹은 분명 폭력의 유혹에 넘어갈 수밖에 없었을 것이다.

1790년 6월 24일 나폴레옹은 그동안 집필해 온 코르시카 역사 이야기를 유명한 계몽사상가 아베 레이날에게 보냈다. 레이날의 저서《두 인도에서의 유럽 체제 그리고 상업에 관한 철학과 정치학적 역사》는 1770년 익명으로 출판한 후 프랑스에서 금서로 지정되었지만 큰 유명세를 탔으며, 방대한 분량에도 불구하고 영향력 있는 논쟁을 불러일으켰다. 레이날은 몇 년간 추방당했다가 1787년 다시 돌아올 것을 요청받았다. 나폴레옹은 동봉한 편지에 이런 내용을 적었다(그는 편지에 연도를 '자유 제1년'이라고 표기했다).

"국가들은 집안싸움을 하며 서로를 학살하고 세계 지배자의 이름으로 서로의 목을 베고 있습니다. 비열하고 탐욕스러운 성직자는 사람들을 신기한 것으로 현혹하며 두려움을 갖게 해 거짓을 꾸며냅니다."[9)]

그는 여전히 과장되고 통속극 같은 어투를 사용했다.

"저는 조국을 사랑하는 마음으로 기꺼이 몸 바쳐 일했음에도 불구하고 무시당하고 불행했으며 노예로 남았습니다."

그는 보즈웰과 루소가 코르시카의 영광을 칭송하며 쓴 글을 따라 하면서 이렇게 덧붙였다.

"로마제국의 자유정신을 아직까지 이어받아 지키는 조국, 카토의 뒤를 잇는 조국, 세상 어디에 내놔도 부끄럽지 않은 조국은 제 기쁨입니다."[10)]

티격태격 다투는 코르시카 사람들이 마르쿠스 포르키우스 카토의 진정한 후계자이자 로마제국 자유정신의 수호자라는 발상을 보면, 나폴레옹이 고대 세계 역사에서 통찰력을 얻기보다 고대 세계 그 자체를 낭만적으로 바라보며 집착했다는 사실을 알 수 있다. 그는 자신의 원고를 브리엔의 은사 뒤퓌 신부에게도 발송했다가 원고를 통째로 다시 쓰라는 조언을 들었지만 다른 작가들과 마찬가지로 이를 무시했다.

1790년 7월 12일 국민의회는 성직자 공민 헌장을 통과시켰는데 이는 정부가 교회를 통제하고 수도원 체제를 폐지한다는 내용이었다. 성직자에게 국가를 향한 충성심을 헌법상으로 선서하라는 요구 때문에 제1신분(중세 유럽의 세 가지 신분 중 성직자 — 역자)은 법적 과정(즉, 선서식 과정)에서 서로 분열했고, 다음해 3월 교황 피우스(비오) 6세는 이를 맹렬히 비난했다. 기독교에 보인 전반적인 적대심, 특히 로마가톨릭교회를 향한 적대심은 혁명에 더욱 불을 지폈다. 1793년 11월 노트르담 대성당은 이성을 숭배하는 새로운 종교 전당으로 탈바꿈했고, 6개월 뒤 자코뱅당을 이끈 막시밀리앙 로베스피에르는 최고 존재를 숭배하는 범신론적 종교 법령을 통과시켰다. 이에 따라 수만 명의 귀족이 재산을 빼앗긴 채 해외 망명자 신세로 전락했으며 수천 명의 성직자도 마찬가지였다.

나폴레옹은 성직자 공민 헌장을 지지하는 소책자를 발간했는데 그 내용이 상당히 과격했던 터라 조제프와 함께 아작시오에서 열린 종교 모임 근처를 지나가다가 폭행을 당할 뻔했으나 가까스로 무사했다(그들을 구해 준 사람은 트렌테 코스타라는 도적이었고, 나폴레옹은 후일 제1집정이 된 뒤 그에게 적절히 보상했다).[11] 1790년 7월 망명한 지 22년 만에 예순다섯의 나이로 파올리가 코르시카로 귀환했다. 나폴레옹과 조제프는 아작시오의 환영위원회 일원으로 그를 맞이했다. 즉시 만장일치로 코르시카의 대리인으로 임명된 파올리는 코르시카 의회와 최근 구성한 국가방위군 대장에 선출되었다.

파올리는 보나파르트가의 아들들을 과거 조력자의 자녀로 여겼다. 나폴레옹은 그의 인정을 받기 위해 뻔한 열성을 보였으나 충성하기 위해 특별한 노력을 기울인 정도까지는 아니었다. 파올리가 첫 번째로 취한 행동은 수도를 코르테에서 바스티아로 옮긴 것인데 이는 아작시오 주민, 즉 보나파르트 가문의 신경을 건드렸다. 지역에 전해 내려 오는 말에 따르면 파올리는 나폴레옹과 함께 폰테누오보의 전장을 돌아보다가 나폴레옹이 자신의 군대 배치를 비판하자 격노했다고 한다(조제프의 기록에는 나폴레옹이 형제에게만 그 비판을 언급한 것으로 나온다).[12] 계몽주의 시대 말기 파올리는 유럽 본토의 진보 사회에서 존경받는 인물이었고 보나파르트 가문은 파올리를 잘 모시려고 무척 애를 썼다.

11월 15일 조제프는 아작시오의 의원으로 선출돼 코르시카 의회의 일원이 되었고 훗날 집정부라 불리는 도시 행정부의 수장 자리에까지 올랐다. 반면 나폴레옹은 의원 선출과 국가 보안대의 상급직 선출에서 전부 실패했다. 나폴레옹은 섬 정부의 일원이던 샤를 앙드레 포초 디 보르고에게 다음과 같은 편지를 보냈다.

"이 도시에는 악한 시민이 가득합니다. 당신은 그들이 얼마나 제정신이 아니고 비열한지 모를 겁니다."

그는 도시의 의회에서 물러나야 하는 세 사람을 나열했다.

"이 방식은 폭력적이고 불법일 수 있지만 꼭 필요한 과정입니다."

그는 몽테스키외를 인용하며 편지를 마친다.

"법이란 특정 신의 조각상과 같아서 때로 가려져야 합니다."[13]

하지만 나폴레옹은 여기서조차 원하는 걸 이루지 못했다.

그다음 달 프랑스에서 이제 최고결정권을 얻은 국민의회는 미라보 백작의 발의에 따라, 코르시카는 프랑스에 소속돼 법적 지배를 받으나 코르시카의 자주 권리를 인정한다는 결정을 내렸다. 온 섬이 다 함께 이 소식을 축하했고 모든 교회에서 찬미의 노래 〈테데움〉을 불렀다. 나폴레옹은 가문의 저택에 '우리나라 만세, 파올리 만세, 미라보 만세'라고 적힌 커다란 현수막을 내걸었다.[14] 또한 레이날에게 특유의 과장이 섞인 말투로(물론 이처럼 특별한 상황이라면 충분히 이해할 만하지만) 자랑스럽게 "더 이상 바다도 우리를 갈라놓을 수 없습니다"라고 알렸다.[15] 안됐지만 새롭게 바뀐 정치 체제 속에 파올리가 나폴레옹에게 줄 자리는 없었다. 파올리 지지자들은 프랑스 정부와 사이가 틀어져 갔으나 보나파르트 가문은 계속 국민의회에 충성을 다했고 1792년 9월 이후 국민공회가 국민의회의 뒤를 잇자 마찬가지로 국민공회에 충실했다. 보나파르트 가문은 서서히 파올리가 이끄는 무리와 거리를 두기 시작했는데 서로 가까워졌다 멀어지기를 반복하다가 1793년 봄 완전히 갈라섰다.

1791년 1월 6일 나폴레옹은 자코뱅당과 상대적으로 온건한 지롱드당이 파리에서 만든 정치 모임을 모방해 아작시오에서 결성한 '애국세계'라는 혁명 모임 발대식에 참석했다. 1월 말 나폴레옹은 〈부타푸오코 씨에게 보내는 편지〉라는 정치성 짙은 짧은 글을 한 편 썼는데, 그 내용은 23년 전 코르시카섬을 다스리도록 임명받은 사람이 실은 반역자이자 '불합리한 봉건 체제' 수호자라고 비난하는 것이었다. 이 글은 파올리가 부타푸오코의 속임수에 당했고 '열광적인 지지자에게 둘러싸여' 잘못된 판단을 내렸다면서 고국으로 귀환한 망명자들이 코르시카에 영국식 헌법을 도입하려는 시도를 비난한다. 이는 나폴레옹이 프랑스혁명 방식을 선호했음을 보여준다. 당시 부타푸오코와 잘 협력하고 있던 파올리는 나폴레옹의 글에 공격성을 드러내며 나폴레옹이 그동안 집필해 온 코르시카 역사에 축사를 써달라는 부탁을 거절했다. 파올리는 역사에는 "성숙함과 균형 잡힌 시선"이 필요하므로 "젊은이가 역사를 써서는 안 된다"고 말했다.[16] 더구나 원고를 돌려달라는 나폴레옹의 요청에도 원고를 찾을 시간이 없어서 돌려줄 수 없다며 거절했다. 이처럼 유명 작가가 되겠다는 나폴레옹의 꿈은 또다시 엄청난 좌절을 겪었다. 심지어 그가 청춘을 바쳐 우상화한 바로 그 인물이 꿈을 꺾어버린 것이었다. 이후의 소문에 따르면(아마 정치 목적으로 만들어낸 소문이겠지만 사실일 수도 있다) 조제프가 그동안 아작시오의 공금을 조금씩 빼돌린 탓에 파올리가 싸늘하게 반응했다고 한다.[17]

나폴레옹이 공식 허가받은 휴가 기간은 1790년 10월 15일까지였으나 실제로 그가 코르시카를 떠나 연대로 돌아간 것은 1791년 2월 1일이었다. 그때 그는 옥손에서 학교를 다니는 동생의 학비를 대 주기 위해 열두 살짜리 동생 루이를 함께 데려왔다. 그는 질병을 증명하는 서류는 물론 기상 악화를 증명하는 서류까지 제출했고 늘 인내심을 보여 준 부대장은 어쩔 수 없이 지난 석 달 치 급료까지 지불했다. 그래도 루이는 나폴레옹의 침대 옆 옷장 속에서 자야 했고 방 안에 다른 가구라고는 작은 탁자와 의자 두 개뿐이었다. 훗날 나폴레옹은 힘겨웠던 그 시기를 이렇게 회상했다.

"내가 어떻게 버텼는지 아나? 카페에도 가지 않고 사교 모임에도 나가지 않았지. 마른 빵을 먹고 내 옷을 직접 솔질해서 하루라도 더 입으려고 했어. 마치 작은 방에 갇힌 곰처럼 살았지. 친구라고는 오로지 책뿐이었어. … 이게 내 젊음의 기쁨이자 방탕이었다네."[18]

다소 과장도 있겠지만 대부분 사실이었다. 그는 무엇보다 책과 훌륭한 교육을 중시했다.

1791년 2월부터 8월까지 나폴레옹은 리옹 아카데미의 논문 공모에 참가할 준비를 했다. 주제는 '행복해지는 법을 배울 때 가장 중요한 진실과 감정은 무엇일까?'였고 아카데미와 아베 레이날이 최우수작에 내건 상금은 1천2백 프랑이었다. 이는 나폴레옹의 연봉보다 많은 금액이었다. 6개월 동안 논문을 집필한 나폴레옹은 야망을 품는 것이 얼마나 헛된 일인지 규탄하고 심지어 알렉산드로스 대왕마저 자만했다고 비판했다.

"알렉산드로스 대왕은 테베에서 페르시아로 그리고 인도로 진군하면서 도대체 무얼 하고 있었는가? 그는 늘 제대로 쉬지 못하고 마음의 여유를 잃었으며 스스로를 신이라고 생각했다. 크롬웰의 말로는 어떠했던가? 그는 한때 영국을 통치했지만 결국 복수의 세 자매가 휘두르는 칼날에 고통받지 않았던가?"[19]

나폴레옹은 자전적으로 자신의 경험을 덧붙였다.

"고향을 떠난 지 4년 만에 돌아왔다고 해보자. 안락한 어린 시절을 보낸 장소를 둘러보면 … 고향을 향한 활활 타오르는 사랑을 느낄 것이다."[20]

훗날 나폴레옹은 심사에 오르기 전 논문 접수를 철회했다고 주장했지만 이는 사실이 아니다. 학회 심사위원들은 과도하게 부풀린 문체에 낮은 점수를 주었다. 한 심사위원은 이런 평을 남기기도 했다.

"전혀 흥미롭지 않고 너무 어수선하며 내용이 서로 어우러지지 않는다. 독자의 관심을 끌기에 턱없이 부족한 횡설수설이나 다름없다."[21]

세월이 흐른 뒤 탈레랑이 학회 기록보관소에서 찾아낸 원본을 나폴레옹에게 전달하자 그는 이렇게 말했다.

"과연 혹평을 받을 만한 글이긴 하다. 내가 얼마나 멍청한 소리를 늘어놓았는지! 이걸 계속 보존한다면 몹시 거슬리겠다!"[22]

그는 "남들이 보고 자신을 우습게 알까 봐"[23] 두려운 마음에 원본을 "불 속에 집어던지고 부젓가락으로 마구 헤집었다." 비록 상을 타는 데는 완전히 실패했지만 프랑스어 논문 공모전에 도전했다는 점에서 그가 얼마나 자신감이 넘쳤는지 알 수 있다.

이처럼 공식적으로 세상에 내놓은 글은 스물두 살 청년이 한 다작 활동의 일부에 불과하다. 그는 〈사랑에 관한 대화〉에서 자신을 'B'라는 인물로, 실제 친구이자 방위군 동료인 알렉상드르 드 마지를 실명으로 등장시켰다. 그가 마지와 어느 정도로 친했는지는 확실하지 않은데, 이 이유는 침착하고 능수능란한 'B'에 비해 마지가 너무 거만하고 참을성 없는 모습으로 그려졌기 때문이다. 이 글에서 나폴레옹은 사랑이란 사회와 개인의 행복 양쪽 모두에 크나큰 악령과 같으며 모든 사람을 행복하게 만들려면 섭리에 따라 사랑을 세상에서 뿌리 뽑아야 한다고 주장한다.《자연 상태 고찰》이라는 또 다른 작품에서는 사회가 발생하기 이전에 인류가 먼저 존재했다고 주장하는데 이는 루소의 발상과 대체로 유사하다.

1791년 6월 중위로 승진한 나폴레옹은 발랑스의 포병 4연대로 전근했다. 라페르 연대에 소속 중이던 69개월 중 35개월 이상을 휴가로 보낸 그는 새로 부임한 연대에서도 마찬가지로 행동할 작정이었다. 그는 도착하자마자 삼촌 조제프 페시에게 이런 연락을 보냈다.

"제가 파리로 갈 수 있도록 3백 프랑을 보내 주십시오. 저라면 분명 파리에서 중요한 역할을 맡고 방해물도 극복할 겁니다. 모든 정황이 제 성공을 가리키고 있습니다. 겨우 1백 크라운 때문에 제 성공을 가로막으시겠습니까?"[24]

그가 매우 다급하면서도 야심만만했다는 것은 의심의 여지가 없다. 그러나 페시가 부탁을 들어주지 않았는지 아니면 그새 코르시카 국가방위군에서 4개 대대를 결성했다는 소식을 접한 것인지 모르겠지만, 어쨌든 나폴레옹은 파리가 아닌 코르시카로 돌아가기로 결정하고 휴가를 신청했다. 이때 새로운 상사 콩파뇽 대령은 부임한 지 고작 2개월밖에 안 된 장교의 휴가 신청을 당연히 받아주지 않았다.

1791년 6월 말 프랑스 왕가의 국왕 일행은 국외로 탈출하려고 마차로 도주하던 중 바렌에서 붙잡혔다. 국왕 일행은 결국 튈르리궁에 감금된 것이나 다름없는 처지에 놓였다. 7월 10일 오스트리아 황제 레오폴트 2세는 모든 유럽 왕가에 자신의 누이와 처남, 즉 마리 앙투아네트와 루이 16세를 도와줄 것을 요청하는 편지를 보냈다. 당시 '헌법을 위한 동지들의 모임' 발랑스 지부의 총무를 맡고 있던 나폴레옹은 바스티유 함락 2주년을 축하하는 연회에서 왕을 재판정에 올릴 것을 촉구하며 "오손의 애국자들을 위해" 축배를 들었다.

"이 나라는 열정으로 활활 타오르고 있네."

나폴레옹은 친구에게 보낸 편지에서 연대 장교 중 혁명을 지지하는 자는 절반에 불과하지만 좀 더 낮은 계급 사람들은 모두 혁명을 지지한다고 적었다.[25] 해당 편지 추신에는 다음과 같이 적혀 있다.

"남쪽의 피가 론강처럼 세차게 내 핏줄을 따라 흐르고 있네. 그러니 내 글씨를 알아보기 어렵더라도 이해해 주게나."

나폴레옹은 지휘관의 휴가 불허에 반발하며 8월 30일 뒤테유 장군에게 청원을 넣었다. 나중에 뒤테유 장군은 딸에게 이런 말을 한다.

"그는 정말 능력이 대단한 사내야. 분명 이름을 날리게 될 게다."[26]

나폴레옹은 1792년 1월 10일로 예정된 연대 행진까지 복귀하지 않으면 탈영병으로 간주한다는 조건 아래 4개월의 휴가를 받고 코르시카로 향했다.

나폴레옹은 코르시카가 혼란에 빠진 광경을 목도했다. 혁명이 시작된 이래 130건의 살인 사건이 벌어졌고 조세 수입은 전혀 없었다. 6년 전 아버지가 사망한 이후 그의 시간과 노력을 갉아먹던 집안의 재산 걱정은 1791년 10월 15일 사망한 부주교이자 종조부인 루치아노 보나파르트의 유산을 물려받으면서 그럭저럭 해결했다. 이때 받은 유산은 1792년 2월 22일 나폴레옹이 코르시카 국가방위군 제2대대 중령의 지위로 입후보한 부관 선출 선거에서 매우 유용하게 쓰였다. 대규모 뇌물과 연루된 이 선거에서 선거 참관인 3명 중 한 명은 심지어 투표 당일 납치돼 카사 보나파르트에 억류당했고 나폴레옹이 선거에서 무사히 이긴 뒤에야 풀려났다. 나폴레옹의 가장 큰 적이던 코르시카의 영향력 있는 정치인 샤를 앙드레 포초 디 보르고의 형제 마테오는 성 프란체스코 성당 밖 연단에서 연설하려 했으나 나폴레옹을 지지하는 무장 집단의 방해로 무산되었다. 코르시카의 정치는 언제나 험악했지만 이 정도로 과도한 정치 공작은 관행을 심각하게 어긴 것이었다. 마테오 포초 디 보르고를 지지한 파올리는 소위 '부패와 음모'를 수사할 것을 공식 요구했다. 하지만 파리 국민공회의 도내 대표인 살리체티가 파올리를 반대하면서 선거 결과는 그대로 유지되었다. 그러는 동안 나폴레옹의 연대 복귀 날짜가 지나가버렸다. 이것은 전쟁부 관련 문서에서 간단히 기록한 것을 찾아볼 수 있다.

'그는 보직을 포기했으며 1792년 2월 6일 교체되었다.'[27]

1792년 1월부터 3월까지 파리에서 심각한 식량 폭동이 여러 번 일어나면서 정치 위기가 고조되었다. 2월 초 오스트리아와 프로이센은 프랑스의 혁명정부를 무너뜨리고 왕정을 복고하겠다는 공공연한 의도를 내비치며 동맹을 발표했다. 영국은 동맹에 참여하지 않았지만 분명 혁명에 적대적이었다. 전운이 감도는 가운데 코르시카의 혁명에 극단적 변화가 일어났다. 2월 28일 살리체티는 중앙정부의 돈줄인 아작시오, 바스티아, 보니파시오, 코르테의 오래된 수녀원과 수도원을 진압하라는 명령을 내렸다. 파올리를 위시해 대다수 코르시카인은 반발했다. 부활절 일요일 수도원을 지키기 위한 가톨릭 시민과 나폴레옹의 국가방위군은 아작시오에서 전투를 벌였다. 이때 나폴레옹의 부관 중 한 명이 그의 바로 옆에서 사살되었다. 시민과 국가방위군은 나흘 밤낮으로 혼란스러운 전투와 교착 상태를 반복했다. 나폴레옹은 메이야르 대령이 지휘하는 프랑스 정규군으로부터 도시의 견고한 요새 같은 성채를 탈취하려 했으나 실패했다. 메이야르 대령은 전쟁부에 나폴레옹을 반역자로 칭하며 강력하게 비난하는 보고를 올렸다. 아작시오로 통하는 길에는 빈 자루를 들고 약탈품을 챙기려고 눈을 부라리는 소작농이 바글바글했다.

메이야르 편에 선 파올리는 나폴레옹에게 아작시오를 떠나 코르테로 와서 보고를 올리라는 명을 내렸고 나폴레옹은 이에 따랐다. 다행히 메이야르의 골치 아픈 보고서는 전쟁부에 쌓여가는 산더미 같은 서류 속에 묻혀버렸다. 4월 20일 프랑스는 오스트리아와 프로이센에 먼저 전쟁을 선포했고 8일 후 오스트리아령 네덜란드(현재의 벨기에)를 침공했다. 코블렌츠에 본부를 둔 오스트리아와 프로이센 군이 북서쪽에서부터 프랑스를 공격하리라 예측하고 미리 선수를 친 것이었다. 아작시오의 난국 이후 나폴레옹은 더 이상 코르시카에 머물 수 없었지만 그렇다고 탈영병 신세로 발랑스에 돌아갈 수도 없었다. 결국 그는 파리로 향했다.

나폴레옹이 파리의 방돔 광장에 위치한 전쟁부에 도착했을 때 그곳은 무척 혼란스러웠다. 혁명정부는 1792년 5월부터 10월까지 전쟁장관을 여섯 차례나 교체했다. 아무도 메이야르가 올린 보고서를 읽지 않았고 아작시오처럼 후미진 지방에서 일어난 일에는 누구도 관심을 기울이지 않았다. 나폴레옹이 코르시카 국가방위군 선거를 치르느라 1월 중 휴가 종료와 복귀 일자를 지키지 못했다는 사실 역시 아무도 신경 쓰지 않는 듯했다. 1792년 7월 나폴레옹은 대위로 승진하고 일 년 치 연봉을 전부 받았으나 새로운 직책에 임명되지는 않았다. 그는 자신이 국가방위군에서 중령이었다는 이유로 정규군에서 중령으로 승진시켜 달라고 요구했으나 전쟁부는 '무응답'이라고만 기록했다.[28]

파리에서 그리 큰 감명을 받지 못한 나폴레옹은 조제프에게 이런 편지를 보냈다.

"혁명을 이끄는 이들은 불쌍한 무리야. 모두가 각자 사리사욕을 추구하고, 온갖 종류의 범죄를 저질러 자신의 목적을 채우려 들고, 그 어느 때보다 비열하게 음모를 꾸며. 이 모든 것이 혁명의 큰 뜻을 무너뜨리고 있어. 공적인 일을 맡은 불운은 사람들의 동정을 사지."[29]

정치의 더러운 면을 초월한 정직한 군인이라는 역할은 아작시오 혁명의 음모자라는 현실과 어울리지 않았으나 그는 분명 전략적으로 그 역할을 잘 해냈다. 나폴레옹은 완전히 혁명에 물들었는데 이는 왕정을 무너뜨리고 코르시카 수도원의 국유화를 도왔다는 사실이 입증한다. 그는 정치적으로도 완전히 방향을 바꿔 더 승산이 있어 보이는 자코뱅의 극단주의를 지향했다. 혁명이 절정으로 치달을 때 나폴레옹은 파리에서 벌어지고 있던 억압적 행동에 직접 연루되지 않았지만 그렇다고 이에 반대했다는 증거도 없다.

1792년 6월 20일 군중은 튈르리궁을 습격해 루이 16세와 마리 앙투아네트를 붙잡았고, 왕은 궁정 발코니에서 강제로 자유의 빨간 모자를 써야 했다. 그날 나폴레옹과 부리엔은 생오노레가의 어느 식당에서 만나 중무장한 군중이 궁으로 행진하는 장면을 목격했다. 부리엔에 따르면 나폴레옹이 "저 폭도를 따라가자"라고 말했다고 한다. 그들은 강가 테라스에 자리를 잡고(아마도 잘 위장한 상태로) '경악과 분개'를 느끼며 역사적인 장면을 지켜보았다.[30] 이틀 뒤 나폴레옹은 조제프에게 보낸 편지에서 그날의 사건을 다음과 같이 묘사했다.

> 7천~8천 명의 군중이 창과 도끼, 검, 총, 꼬챙이, 날카로운 막대로 무장하고 왕에게로 갔어. 튈르리궁 정원은 폐쇄되었고 국가경호대 1만 5천 명이 그곳을 지키고 있었어. 문을 부수고 궁정으로 들어간 군중은 왕의 침실에 대포를 겨눠 문짝 네 개를 부수고 왕에게 코케이드(계급 등을 나타내기 위해 모자에 다는 표지 – 역자) 두 개를 보여 주었는데, 하나는 (부르봉 왕가의 색인) 흰색이고 또 하나는 삼색기였어. 그들은 왕에게 이곳을 통치할지 아니면 코블렌츠로 갈지 선택하라고 강요했어. 왕은 스스로 군중 앞에 모습을 드러냈는데 왕은 물론 왕비와 왕자까지 모두 빨간 모자를 쓰고 있었어. 그들은 왕에게 음료수를 건넸고 궁전에 4시간 동안 머물렀어. … 이 모든 것은 헌법에 위배되며 위험한 선례가 될 거야. 이토록 혼란스러운 상황에 처한 이 제국에 앞으로 어떤 일이 일어날

지 예측할 수가 없어.[31)]

후에 부리엔은 나폴레옹이 이렇게 말했다고 전한다.

"이 얼마나 대단한 광기인가! 어떻게 폭도가 진입하도록 내버려둘 수 있단 말인가? 어째서 대포로 사오백 명을 날려버리지 않는단 말인가? 그러면 나머지는 금방 흩어질 터인데."

이때 나폴레옹은 왕가가 겪는 굴욕을 보고 군주제를 더욱 낮게 평가했다. 그는 국왕의 실각을 지지했으나 왜 루이 16세가 순순히 굴욕을 당했는지는 이해할 수 없었다. 당시 왕과 왕비에게 허락된 그토록 위험한 자유는 겨우 두 달도 지나지 않아 끝나고 말았다.

열흘 후 오스트리아와 프로이센이 프랑스를 침공했다. 사람들은 당연하게도 루이 16세와 오스트리아 출신 왕비가 공공연하게 왕정복고를 내세우는 외적의 침입에 협력할 것이라고 생각했다. 8월 10일 폭도들이 다시 몰려와 왕과 왕비를 체포하면서 경비를 서던 스위스 근위대를 학살했는데, 이에 나폴레옹은 무기력한 부르봉 왕가를 또다시 경멸했다. 마일가의 호텔에 머물고 있던 나폴레옹은 이 역사적인 장면을 직접 보기 위해 카루젤 광장에 위치한 친구의 집으로 향했다. 잘 차려입은 젊은 장교가 지나가는 모습을 본 사람들은 나폴레옹에게 '조국 만세!'를 외치라고 요구했다. 수십 년 후 나폴레옹은 당시를 회상했다.

"당연히 나는 당장 그렇게 외쳤다!"[32)]

나폴레옹이 방문한 친구의 집에는 귀족들이 프랑스를 떠나기 전에 어쩔 수 없이 헐값에 팔아넘긴 물건이 가득했다. 스위스 근위대는 폭도를 향해 발포하는 것을 삼가다 결국 목숨을 잃었고 이 장면을 내려다보던 나폴레옹은 이탈리아어로 "이런 바보들!"이라고 외쳤다.[33)] 7년 후 거처를 튈르리궁으로 옮겼을 때 나폴레옹은 건물 외벽에 남아 있던 그날의 총알 자국을 지우게 했다.

나폴레옹이 9월 초까지 파리에 머무는 동안 폭도들은 도시의 교도소에서 115명의 성직자를 포함해 1천2백 명 이상을 잔혹하게 살해했다. 9월 3일 브라운슈바이크 공작이 이끄는 프로이센군이 베르됭을 함락하자 그로부터 나흘간 적과 내통했다고 의심을 받는 자들을 마구 처형하는 사태가 벌어졌다. 훗날 나폴레옹은 당시의 학살을 옹호하는 발언을 한다.

"침략군은 9월의 학살 사태를 보고 충격을 받았을 것이다. 전 국민이 침략에 맞서 들고 일어났기 때문이다."[34]

나폴레옹에 따르면 당시 학살을 저지른 자들은 "대부분 병사였고 … 적군은 단 한 명도 남기지 않겠다고 굳게 다짐한 이들이었다." 또한 그는 자코뱅파 혁명가를 이렇게 평한다.

"사람들이 뭐라고 말하든 그들은 비열하지 않다. 그들은 누구도 해내지 못한 업적을 세상에 남겼다."[35]

나폴레옹은 후일 프랑스를 통치할 때도 "영혼을 갖춘 모든 이는 하나로 뭉쳐야 한다"라고 말하며 자신이 자코뱅 단원이었다는 사실을 숨기지 않았다. 그는 로베스피에르의 친척 중 두 여성에게 각각 7천2백 프랑과 1천8백 프랑의 연금을 주기도 했다.[36] 나폴레옹 역시 부친과 마찬가지로 정세를 직접 평가한 뒤 승산이 있어 보이는 쪽에 가담했다.

1792년 9월 21일 프랑스는 공화국을 공식 선포했고 의회는 루이 16세가 적군과 공조하고 프랑스 국민을 해하려는 범죄를 저질렀으므로 재판을 받아야 한다고 공표했다. 바로 전날, 프랑수아 켈레르만 장군과 샤를 뒤무리에 장군이 샹파뉴-아르덴 지역의 발미 전투에서 브라운슈바이크의 프로이센 군대를 격퇴함으로써 혁명은 위기를 극복했다. 이는 프랑스의 시민군이 혁명을 반대하는 강대국들의 정규군을 이길 수 있음을 증명한 것이었다.

10월 중순 나폴레옹은 아작시오로 돌아가 자코뱅파의 대의를 선전했고 프랑스 정규군의 포병 4연대 대위라는 신분 대신 코르시카 국가방위군의 중령으로 돌아갔다. 나폴레옹이 떠나 있는 동안 코르시카는 프랑스에 훨씬 더 적대적으로 변했는데 그 결정적 계기는 9월 학살과 공화국 선포에 있었다. 그렇지만 나폴레옹은 "코르시카가 택할 수 있는 최선은 프랑스의 지방으로 편입되는 것"이라고 설득했다.[37] 그는 코르시카 독립주의자에서 프랑스 혁명가로 탈바꿈했다. 요즘 역사가와 전기작가가 제시하듯 괴상한 정신적·성적 원인 때문은 당연히 아니고, 드디어 학교에서 따돌림을 당한 경험을 극복했다거나 아버지와 어떤 관련이 있어서도 아니다. 그저 프랑스와 코르시카 정세가 격변하는 가운데 나폴레옹의 위치가 크게 달라졌을 뿐이다. 공화국에 반대한 파올리는 보나파르트보다 더 힘이 있고 정치적으로도 강력한 부타푸오코 그리고 포초 디 보르고 일가와 동맹을 맺었다. 여기에다 보나파르트 일가가 찬성하는 대부분의 혁명 의제, 즉 수도원 억압 등에 반대했다. 파올리는 뤼시앵을 참모로 삼지 않겠다고 했으며 나폴레옹이 국가방위군 자리로 복귀하는 것도 막으려 했다. 이처럼 코르시카 독립주의의 상징인 파올리가 보나파르트 일가를 철저히 배척하는 바람에 나폴레옹이 코르시카 애국자로 남아 있기란 불가능했다.

복잡하게 얽힌 코르시카의 씨족 정치가 격변하는 가운데 보나파르트 가문은 파올리 찬성파보다 열세였다. 나폴레옹은 과거에 열성적인 코르시카 독립주의자였을 때조차 프랑스의 사상에 심취해 있었는데 이는 독서와 교육, 파리에서 보낸 시간, 프랑스 문화에 보인 몰입 등을 보면 알 수 있다. 오스트리아와 프로이센은 대대적으로 프랑스를 침범해 혁명을 위협했다. 나폴레옹은 코르시카에서 벌어지는 일들은 혁명이 제시하는 보편 사상에 비해 너무 사소하고 지엽적이란 것을 절실히 느꼈다. 몇 개월이 지나자 나폴레옹은 자신을 점점 더 프랑스인으로 여겼고 코르시카와 거리를 두었다. 몇 년 뒤 어떤 시장이 그를 추켜세우려는 의도로 "폐하께서는 프랑스인이 아닌데도 그토록 프랑스를 사랑하고 많은 일을 해오셨으니 정말 놀랍습니다"라고 말했을 때, 나폴레옹은 이런 반응을 보인다.

"한 방 얻어맞은 기분이었다! 나는 그에게서 등을 돌려버렸다."[38)]

1793년 1월 21일 루이 16세가 참수당하고 파리에 공안위원회가 들어선 이후 보나파르트 가문과 파올리 찬성파 사이의 간극은 더 이상 좁힐 수 없을 지경이었다. 국왕 사망 소식을 접한 나폴레옹은 남몰래 중얼거렸다고 한다.

"오, 불쌍한 이들! 가엾고 불쌍한 이들! 그들은 무정부 상태에 빠질 것이다."[39)]

나폴레옹은 국왕 처형(마리 앙투아네트는 10월에 처형당한다)을 작전 실패라고 여기며 훗날 다음과 같은 의견을 밝힌다.

"프랑스가 좀 더 온건한 자세를 취해 루이 16세를 죽이지 않았다면 전 유럽이 혁명화했을 것이다. 전쟁이 영국을 살렸다."[40)]

그러나 당시 이미 나폴레옹은 사태를 공식 지지했으며 편지를 쓸 때도 공화국 호칭인 '시민'을 사용했다.[41)] 2월 1일 에스파냐와 포르투갈, 이탈리아의 피에몬테왕국이 프랑스에 전쟁을 선포했고 그 직후 프랑스도 영국과 네덜란드에 전쟁을 선포했다. 유럽 군주들은 발미의 평결을 무시하고 공화국의 국왕 시해 죄를 묻기 위해 몰려오고 있었다. 1793년 3월 공회는 공안위원회를 설립했는데 이는 4개월 후 실질적인 프랑스 행정부가 되었다. 주요 구성원은 자코뱅파를 이끄는 로베스피에르와 루이 생쥐스트였다. 8월 23일 프랑스공화국은 혁명과 조국을 지키기 위해 대대적인 징병을 선포한 뒤 신체 건강한 18~25세 남성을 징집했다. 그 결과 프랑스군은 64만 5천 명에서 150만 명으로 두 배 이상 늘어났고 전국이 군의 승리를 빌며 하나로 뭉쳤다.

어쨌든 전쟁은 터질 운명이었지만 그래도 혁명정부가 먼저 영국에 전쟁을 선포한 것은 커다란 실수였다. (1783년 겨우 스물넷의 나이로 영국 정권을 잡은) 소 윌리엄 피트의 토리

정부는 국왕을 시해한 프랑스를 본능적으로 거부했다.* 섬이라는 지리적 특성을 지닌 영국은 혁명정부가 이끄는 프랑스부터 나폴레옹이 다스리는 프랑스까지 시종일관 프랑스를 적대했다. 그로부터 23년간 영국이 누린 평화는 겨우 14개월뿐이었다. 피트는 정치철학자 에드먼드 버크에게 이렇게 말한 바 있다(에드먼드 버크는 1790년 저서《프랑스 혁명에 관한 성찰》에서 공포 시대와 독재자 부상을 이미 예견한 인물이다).

"우리는 심판의 날이 다가올 때까지 계속 강행해야 한다."[42)]

영국은 해상의 힘을 이용해 세계 대양에서 프랑스 무역을 휩쓸어버리고 프랑스의 식민지를 무효화하거나 차지함으로써 세계 최대 상업국가라는 지위를 공고히 다질 기회를 노리고 있었다. 이로써 10년 전 아메리카에서 겪은 굴욕에서 벗어날 수 있을 것이었다. 혁명정부의 프랑스와 나폴레옹의 프랑스에 굴복하지 않고 꿋꿋이 맞서는 자세는 피트와 추종자들에게 도덕적, 사상적으로 꼭 필요했다. 여기에는 영국이 프랑스를 제치고 세계 패권을 장악할 기회를 얻으리라는 완벽한 지정학적 의미도 담겨 있었다. 이에 따라 런던의 피트 정부는 프랑스에 대항하는(수를 헤아리자면 최소 일곱은 되는) 일련의 군 연합체에 방대하고 직접적인 정부 간 현금 보조금 형태로 자금을 대 주었다. 나폴레옹은 이를 '피트의 금'이라 불렀다.[43)]

루이 16세가 처형당한 지 한 달이 지났을 무렵 나폴레옹은 생애 최초로 중요한 지휘권을 얻었다. 파올리의 조카 피에르 디 체사리 로카가 이끄는 사르데냐의 작은 섬 3곳을 피에몬테-사르데냐왕국으로부터 '해방'하기 위한 원정군 포병대를 지휘하게 된 것이다. 나폴레옹은 피에르를 '종이호랑이'라며 무시하고 있었다.[44)] 2월 18일 나폴레옹은 코르시카 국가방위군 군원들과 함께 대포 22문을 장착한 소형 호

* 그의 아버지 대大 윌리엄 피트(1708~1778)는 영국과 프랑스 사이에 벌어진 7년 전쟁을 승리로 이끈 수상이다.

위함 라포베트에 승선한다. 이는 로랑 드 트뤼게 제독이 통솔하는 작은 함대의 일부로 보니파치오에서 출항해 온 함선이었다. 그들은 23일 해질녘에 산스테파노섬을 점령했는데 이곳은 목표 대상인 다른 두 섬 라마델라나와 카프레라로부터 겨우 730미터 떨어진 곳에 있었다. 나폴레옹은 다른 섬들을 향해 대포를 배치한 뒤 다음 날 실제로 발포했다. 그러나 로카군의 대부분을 차지한 프로방스 소작농 출신의 징병자들은 라포베트에 서서 해변에 모여 있는 호전적이고 무기도 제대로 갖춘 사르데냐인들이 전혀 해방을 원하는 것처럼 보이지 않는다는 사실을 깨달았다. 병사들은 폭동을 일으켰고 결국 전체 원정대는 로카에 가로막혀 무위로 끝나고 말았다. 격노한 나폴레옹은 대포를 막고 박격포를 바다에 던져버려야 했다.

나폴레옹이 최초로 지휘한 군사 작전은 결국 굴욕적인 결말을 맞았다. 하지만 파리 공회가 원정대의 요구대로 1만 명의 군사를 보냈다면 성공했을 텐데 파올리는 1천8백 명밖에 보내지 않았다. 나폴레옹은 파올리에게 항의했다.

"(우리 병사들은) 군사 작전에 필요한 모든 것을 완전히 박탈당했습니다. 그들은 천막, 군복, 망토, 대포, 포병의 종렬도 없이 행군했습니다."

또한 그는 "성공하리라는 희망"만이 그들을 지탱해 주었다고 덧붙였다.45) 제2의 카이사르가 되기 위한 여정에서 이는 불길한 시작이었지만 그 경험으로 나폴레옹은 군의 사기와 실행 계획, 리더십의 중요성을 어떤 학문적 강의에서보다 확실하게 배울 수 있었다.

이어진 넉 달 동안 파올리 정부는 점점 영국(1794년 7월 23일 파올리의 허용 아래 코르시카를 점령하려 했다)과 가까워진 반면 프랑스와는 멀어졌고 나폴레옹은 양쪽에 충성을 바치며 최대한 오래 가운데서 버티려고 하였다. 입씨름 끝에 파올리가 뤼시앵을 '뱀'이라 부르기까지 했어도 나폴레옹은 기존 태도를 고수했다. 국왕 처형을 계기로 프랑스 서부 방데의 골수 가톨릭 지역 반란군(올빼미파로 불림)이 부르봉 왕가를 지지하고 혁명의 무신론에 반발하는 반란이 일어났다. 혁명정부의 위원들은 프랑스 땅을 종횡

무진 누비며 사상적 순수성을 유지하려 들었다(정부 위원은 이동 가능한 단두대도 들고 다녔다고 한다*). 파올리가 아작시오 성채의 요새를 강화하면서 나폴레옹은 점점 선택의 폭이 좁아졌다. 그는 4월 18일 파올리를 옹호하는 《공회에 고함》이라는 소책자를 썼으나 동시에 '아작시오시에 올리는 청원서'에서는 아작시오가 공화국에 충성을 맹세해야 한다는 주장을 했다. 살리체티가 파올리를 반역죄로 체포할 것을 명령하자 마침내 선택의 순간이 다가왔다. 코르시카는 그들의 '아버지' 파올리를 위해 봉기했고 살리체티의 형상을 만들어 불태웠으며 공화주의자들이 심은 '자유의 나무들'을 베어버렸다. 프랑스 군사방위군이 이끄는 바티스타와 산피오렌초, 칼비만 끝까지 공화국을 주장했다.

1793년 4월 공회에서 로베스피에르의 자코뱅당이 정치 패권을 장악하자 발미와 지롱드에서 공동으로 승리를 쟁취했던 뒤무리에 장군은 오스트리아-프로이센 동맹군으로 전향했다. 뒤무리에의 배반과 다른 사건들이 겹치면서 로베스피에르는 지롱드 당원을 대대적으로 체포하라는 명령을 내렸는데 10월 31일에는 36분 만에 지롱드 당원 22명의 머리가 잘려 나갔다. 공포 정치가 시작된 것이다.

5월 3일 나폴레옹은 바티스타에서 조제프와 합류하려 했으나 파올리를 지지하던 산악파(프랑스혁명기의 국민공회 좌파 — 역자)에게 붙잡히고 말았다. 얼마 지나지 않아 보나파르트 가문이 소유한 땅인 보코냐노 출신 사람들이 왔을 때 풀려난 나폴레옹은 계속 목적지로 향할 수 있었다. 5월 23일 파올리를 지지하던 폭도들이 아작시오의 카사 보나파르트에 들이닥쳐 집 안을 샅샅이 뒤엎었다. 그러나 일부 기록과 달리 방화는 저지르지 않았다(4년 뒤 집을 재단장하면서 인부들에게 지불한 비용이 겨우 131프랑이었던 것으로 보아 심

* 1792년 4월 도적을 처형한 것을 시작으로 민사와 정치 범죄에서 급속도로 광범위하게 단두대 처형이 행해졌다.

하게 뒤엎지도 않은 것으로 보인다).[46] 파올리가 장악한 코르시카 의회는 (섬에 거주하던 친척 30명을 제외하고) 보나파르트 일가를 공식적으로 몰아내려 했다. 레티치아와 관련된 악성 루머가 되살아났고 보나파르트 일가는 "진흙탕 같은 폭정 중에 태어나 악명 높고 음탕한 독재자, 죽은 마르뵈프의 영원한 악행의 관심과 후원 덕에 자라났다"라는 악담을 들어야 했다.[47]

5월 31일 파리의 자코뱅 정부를 대표하는 코르시카의 위원 살리체티는 나폴레옹과 함께 아작시오를 탈환하려 시도했으나 실패한다. 다음 날 나폴레옹은 '코르시카 주의 정치적이고 군사적인 위치 회고록'을 작성하면서 마침내 파올리가 "증오심과 복수심을 품고 있다"라고 비난했다.[48] 이는 그가 고향으로부터 등을 돌린다는 작별의 글이었다. 1793년 6월 11일 보나파르트 가문은 칼비를 떠나 프로젤리트호에 올랐고 이틀 뒤 툴롱에 도착했다. 코르시카에서 약 275년간 거주한 가문의 역사가 바뀌게 된 것이다.[49] 코르시카에서 자코뱅파가 몰락하자 살리체티 역시 프로방스로 망명해야 했고 6월 말 파올리는 영국 왕 조지 3세를 코르시카의 왕으로 인정했다.*

나폴레옹은 자신이 태어난 고향과의 관계를 완전히 끊지는 않았으나 평생 고향 땅을 다시 밟은 것은 1799년 이집트에서 돌아오는 길에 며칠 들른 게 전부였다. 1796년 10월 그는 코르시카섬 재탈환을 명령하면서 이미 추방한 최고위층의 파올리 추종자들을 제외하고 대체로 사면을 허용했다.[50] 결국 추방자 신세로 1807년 런던에서 생을 마감한 파올리를 두고 나폴레옹은 "대단히 존경한다"라고 말하기는 했다. 그러나 1793년 6월 13일 프로방스에 상륙할 당시 나폴레옹은 프랑스에서 미래를 설계해야 한다고 다짐한 상태였다.[51]

* 1760년부터 1820년까지, 즉 혁명 전쟁과 나폴레옹 전쟁 시대 내내 영국 왕 조지 3세는 주기적으로 광기에 사로잡혔다가 빠져나오곤 했다. 1811년 섭정을 시작한 그의 아들은 후일 조지 4세가 되었으며 나라를 효과적으로 다스렸다.

정치난민 신세에 놓여 툴롱에 도착한 보나파르트 일가가 가진 돈이라고는 모친 레티치아가 평생 모은 저축과 나폴레옹이 포병 1연대 대위로서 받는 얼마 안 되는 봉급이 전부였는데 식구는 9명이나 되었다. 달리 표현하자면 나폴레옹이 가족을 부양할 수단이라고는 교육과 야망 말고는 아무것도 없었다. 그는 툴롱 교외의 라발레트에 가족이 정착하도록 한 뒤 니스의 연대에 들어갔는데 이번에도 살리체티가 직접 서명해 준 증명서를 챙겨갔기에 그간의 부재를 설명할 수 있었다. 콩파뇽 대령은 국왕 처형과 귀족의 대규모 이탈로 장교가 많이 부족한 상황에 처해 있었다. 그의 부대에 소속된 장교 80명 중 겨우 14명만 공화국을 위해 복무하는 상황은 분명 나폴레옹에게 행운이었다.

나폴레옹은 옥손 시절 사령관이던 뒤테유 장군의 동생인 장 뒤테유 장군에게 이탈리아 원정군(프랑스 혁명군 중 이탈리아를 맡은 군대)에 화약을 수송하기 위한 부대를 구성하라는 임무를 받았다. 7월 중순 나폴레옹은 화가 출신 군인인 장 프랑수아 카르토 장군 휘하의 남부군으로 전근을 갔다. 당시 남부군은 아비뇽에서 중요한 탄약 보급창을 차지하고 있는 반자코뱅 반란군(페데레)을 포위할 계획을 세우고 있었다. 7월 25일 아비뇽이 함락될 때 나폴레옹은 그 자리에 있지 않았으나 그곳에서의 성공을 배경으로 중요한 글을 남겼는데, 바로《보케르의 저녁식사》라는 정치색 짙은 소책자다. 1792년 1월 이후 나폴레옹이 작성한 모든 글은 군사적 혹은 정치적 색채를 띤다. 화려한 산문체와 미사여구를 동원하는 나폴레옹의 글 솜씨는 청소년기 환상이 담긴 글에서는 그저 허무맹랑할 뿐이었다. 그러나 훗날 나폴레옹이 대단한 사건의 주역을 맡게 되자 글에서 진정한 장엄함이 드러났다. 1792년 이후 나폴레옹은 더 이상 문학작품에 주를 달지 않았고 대신 아작시오에서의 부활절 주일 사건을 기술하는 글, 사르데냐 원정대를 지휘한 자신의 행동을 변호하는 글 그리고 영국으로부터 코르시카를 탈환하는 작전 등의 글을 쓰기 시작했다.

1793년 7월 말 나폴레옹이 쓴《보케르의 저녁식사》는 아비뇽과 아를 사이에 위치한 마을 보케르에 있는 한 여관에서의 저녁식사를 묘사한 가상 이야기다. 작중에서 카르토 장군 휘하 소속 장교와 마르세유 상인 2명, 몽펠리에와 인근 님 출신의 시민 2명이 토론을 벌인다. 이때 프랑스는 현재 심각한 위험에 처해 있으므로 파리의 자코뱅 정부를 도와야 하며, 그렇지 않으면 유럽의 폭군들과 복수심 가득한 프랑스 귀족들이 승기를 쥘 것이라는 주장이 펼쳐진다.

나폴레옹을 닮은 주인공은 자신의 지휘관을 매우 낙관적으로 평가하며("오늘 병사 6천 명이 있는데 나흘 안에 1만 명이 될 것이오.") 모든 전투를 통틀어 카르토 장군은 겨우 사망자 5명과 부상자 4명만 발생했을 뿐이라고 주장한다. 또한 마르세유에 기반한 반대 세력 페데레에 끔찍한 예언을 덧붙이는데 다음과 같은 말은 파올리를 직접 겨냥한 비난으로 보인다.

"그는 공화국의 통일을 지원했다는 이유로 가장 부유한 가문들의 재산을 약탈하고 몰수했으며 우리 군대에 속한 모든 사람은 조국의 적이라고 선포했소."**52)**

이 소책자로 나폴레옹은 자신이 진정한 자코뱅파라는 것을 증명하고 페데레를 풍자적으로 비꼬았다.

"유명한 귀족들 모두 당신의 성공을 열망하고 있소."

저녁식사 자리에서 다른 등장인물은 겨우 여섯 번만 발언하는데, 이는 대부분 병사의 자코뱅식 답변을 소개하기 위한 장치에 불과했다. 결과적으로 모든 사람은 병사의 웅변에 설득되어 새벽 2시까지 "모든 걱정과 불안을 없애 주는" 샴페인을 마셨다. 나폴레옹이 이제 프로방스의 정부 위원이 된 살리체티와 로베스피에르의 동생 오귀스탱에게 원고를 보여 주자, 그들은 공금을 투입해 출판하도록 도와주었다. 나폴레옹이 자코뱅파 내에서 정치적으로 신뢰할 만한 군인으로 입지를 단단히 다진 것이다.

8월 24일 카르토는 대규모 처형을 벌이며 마르세유를 재탈환했다. 나흘 후 알렉산더 후드 제독은 7월에 봉기한 페데레의 요청으로 영국군과 에스파냐군, 나폴리

군 도합 1만 5천 명을 이끌고 프랑스 해군의 지중해 주요 거점인 툴롱 항구에 들어섰다. 당시 프랑스는 어려운 상황에 처해 있었다. 리옹은 왕정주의자들을 위해 봉기하고 방데에서는 소요가 일어났다. 또 에스파냐군과 피에몬테군이 남부 프랑스에서 작전을 개시하고 프로이센과 오스트리아 군대는 프랑스의 동쪽 국경선에 배치된 상황이었다. 따라서 툴롱을 재탈환하는 것은 전략상 대단히 중요한 의미를 지녔다. 9월 7일 나폴레옹은 포병 2연대 대대장(소령)으로 임명되었고 바로 다음 주에 장 바티스트 케르보니 대령(코르시카 출신으로 추정)의 명령에 따라 툴롱 북서쪽 지역으로 올리울에 있는 카르토의 본부에 도착했다.[53]

카르토의 정치 위원 중에는 마침 살리체티가 있었다. 카르토는 포병에 관해 아는 바가 별로 없었는데 군대의 우측 포병사령관 도마르르탱 대령은 부상당하고 부사령관 페리에 대위마저 부재한 상황이라 빈자리를 채울 만한 인물을 찾고 있었다. 살리체티와 그의 동료 토마 드 가스파랭은 나폴레옹이 겨우 스물넷이지만 적임자라며 카르토를 설득했다. 나폴레옹은 자신이 군사학교에서 받은 교육 덕분에 요직을 맡을 수 있으리라고 여겼다. 훗날 그의 회상에 따르면 "(포병대에) 과학적인 사람이 부족하고 병장과 상등병만 이끌고 있었다. 나는 그 군대의 상황을 파악하고 있었다."[54] 군대 사령관의 압도적 다수를 차지하던 귀족들이 대거 이탈하거나 단두대에서 처형당한 나머지 인력이 격감한 상태에서 어린 나이는 그다지 큰 문제가 아니었다. 물론 나폴레옹의 협력자인 살리체티가 카르토의 결정에 힘을 실어준 것도 도움을 주었다.

카르토(살리체티와 가스파랭은 카르토가 '무능하다'고 파리에 은밀히 보고한 바 있다)는 툴롱과 올리울 사이의 언덕에 병사 8천 명을 배치했는데 시내의 라발레트 방면에는 장 라포이프 장군 휘하에 병사 3천 명이 있었다. 하지만 카르토에게는 아무런 공격 계획이 없었다. 10월 9일 무렵 살리체티와 가스파랭은 나폴레옹에게 툴롱 외부의 모든 포병을 관할할 지휘권을 확보해 주었다. 덕분에 나폴레옹은 포병이 주도할 것이 분명한 작전에서 핵심 역할을 맡게 되었다.* 곧이어 살리체티와 가스파랭은 "보나파르트가 포병 내에서 유일하게 자신의 임무를 이해하고 있는 지휘관이며 너무 과다한 업무를 맡고 있다"라고 파리에 보고했다.55) 그 보고 중 두 번째 내용은 틀린 것이었으니 나폴레옹에게 과다한 업무란 없었다. 석 달 동안 이뤄진 포위 작전 후반부에 나폴레옹은 두 부관 오귀스트 드 마르몽과 앙도슈 쥐노의 보좌를 받았다. 처음에 나폴레옹은 좋은 가문 출신인 마르몽을 좋아했다. 그러나 코트도르의 대대 병참장교였던 쥐노가 나폴레옹의 편지를 받아쓰던 중 주변에 포탄이 떨어져 먼지와 자갈을 뒤집어쓰자, 태연하게도 이제는 잉크 자국을 지울 모래가 필요 없겠다고 말한 뒤부터 쥐노를 총애했다.56)

오늘날 툴롱 위쪽의 나폴레옹 포대가 머물던 현장을 방문해 보면 그가 맡은 임무가 무엇이었는지 분명히 알 수 있다. 그곳에는 외항과 내항이 있는데 서쪽에 두 항이 내려다보이는 레에트라는 높은 곳이 있다. 나폴레옹은 전쟁장관 장 바티스트 부쇼트에게 "항구를 장악하려면 레에트를 점령해야 합니다"라고 보고했다.57) 내항의 영국 해군 선박에 뜨거운 포탄을 퍼붓기 위해서는 레에트곶이 내려다보이는 멀그레이브 요새를 점령해야만 했다. 멀그레이브 요새는 당시 영국 해군 지휘관인 멀그레이브 제1백작이 지은 것으로 무척 견고해 '작은 지브롤터'라는 별명이 붙어 있었다.** 모두들 요새가 중요하다는 사실을 확실히 인지했으나 요새를 함락할 계획을 세운 이는 나폴레옹이었다. 성공만 한다면 전략적 상황이 즉각 유리해질 것이었다. 영국 해군이 항구에서 쫓겨날 경우 페데레만으로는 2만 8천 명의 시민을 지킬 수 없었기 때문이다.

* 나폴레옹은 임종 순간에 가스파랭의 도움을 기억했다. 그는 가스파랭의 자손에게 10만 프랑을 물려준다는 유언을 남겼다. "내 친구 뒤고미에가 도착하기 전까지 가스파랭은 군대를 이끌던 무식한 장군 참모의 박해로부터 나를 보호해 주었다."(ed. Jonge, *Napoleon's Last Will and Testament* p.78)

** 멀그레이브는 1805년부터 1806년까지 피트의 외무장관으로 일한다.

나폴레옹은 멀그레이브 요새 함락 작전에 직접 참여했다. 그는 인근 도시들을 회유해 저장품과 도구, 탄약은 물론 대포 14문과 박격포 4문까지 모았다. 또한 장교들을 리옹과 브리앙송, 그르노블 전장에 파견해 이탈리아 원정군 측에 앙티브와 모나코 방어 작전에 사용하지 않는 대포를 보내 달라고 요청했다. 올리울 무기고에는 80명에게 대포와 포탄을 만들도록 지시하고 니스와 발랑스, 몽펠리에에는 군마를 요구했으며 병사들에게는 쉬지 않고 활동하는 감각을 심어 주었다. 나폴레옹은 끊임없이 청원하고 항의하고 분노하면서(화약이 부족하다, 탄약통의 크기가 맞지 않는다, 훈련받은 포병 군마가 다른 목적을 요구받는다 등) 수많은 청원 편지를 부쇼트, 심지어 때로는 공안위원회에 직접 보내기까지 했다. 이는 카르토와 자신의 직속상관들을 무시하고 건너뛰는 처사였다.

나폴레옹은 현재 배치의 '혼란과 낭비, 명백한 모순'을 친구이자 주지휘관(병참 장교)인 쇼베에게 전하면서 "군대의 공급은 완전히 운에 달려 있다"라고 한탄했다.[58] 살리체티와 가스파랭에게 보낸 편지에서는 대체로 다음과 같은 태도를 보인다.

"사람은 24시간, 불가피하면 36시간까지도 먹지 않고 버틸 수 있지만 탄약 없이는 30분도 버틸 수 없습니다."[59]

나폴레옹의 편지를 읽다 보면 지치지 않는 체력과 다양한 활동은 물론 휴대용 식량 가격부터 적절한 방책 건설에 이르기까지 모든 것에 상세히 집중하는 모습을 볼 수 있다. 전반적으로 나폴레옹이 하고자 하는 말에는 일관성이 있었다. 군대에 겨우 5백 킬로그램 조금 넘는 탄약밖에 없으며 탄약을 추가로 구하지 못하면 중요한 작전을 도저히 실행할 수 없다는 내용이었다. 10월 22일 그는 공안위원회에 "자신이 맡은 부대가 거의 관심을 받지 못함에 따라 겪어야 하는 극심한 고통"을 토로하는 편지를 썼다.

"그동안 저는 무지와 무지가 초래하는 근원적 격노에 맞서 싸워왔습니다."[60]

나폴레옹은 위협과 엄포, 요구, 정치적 배후 공작으로 즉각 강력한 포열을 확보했다. 그는 산탄과 박격포를 제조하는 주조 공장, 소총을 수리하는 작업소의 인력을 징발했고 마르세유에 수천의 모래 포대를 공급할 수 있는 권한도 얻었다. 여기에는 매우 큰 의미가 있을 뿐 아니라 로베스피에르의 공포 정치하에서 자코뱅파 군대 장교가 해낼 수 있는 암묵적 위협이기도 했다. 포위 작전이 끝에 다다를 무렵 나폴레옹은 11개 포열의 지휘권을 획득했는데 이는 거의 1백 문의 대포와 박격포를 아우르는 위치였다.

나폴레옹은 자신에게 거의 아무것도 지원해 주지 않은 카르토를 경멸했고 11월 11일 살리체티와 가스파랭은 그 자리에 카르토 대신 프랑수아 도페이 장군을 앉혔다. 도페이는 휘하 포병 지휘관에게 깊은 감명을 받아 파리에 이런 보고를 올렸다.

"그는 늘 자리에 있습니다. 휴식이 필요할 때면 그는 바닥에 누워 망토를 덮습니다. 그는 절대 포열을 떠나지 않았습니다." 61)

그러나 나폴레옹은 도페이를 좋아하지 않았다. 11월 15일 멀그레이브 요새 공격 중에 도페이가 퇴각 신호를 지나치게 빨리 내렸을 때 보루로 돌아온 나폴레옹은 욕설을 퍼부었다.

"우리의 툴롱 공격은 실패했어! 바로 (19세기 욕설이 삭제됨)이 후퇴했기 때문이지!" 62)

나폴레옹은 툴롱의 포열과 보루에서 상당히 용감한 모습을 보여 주었는데, 바로 옆에서 죽은 한 포병의 시체에서 피에 물든 꽂을대를 집어든 뒤 직접 대포를 장전하고 발사하는 것을 돕기도 했다. 나폴레옹은 이때 옴이 옮았다고 믿으며 이렇게 말했다.

"그 끔찍한 병으로 바로 며칠 후부터 고질적인 가려움이 시작되었다." 63)

피부질환은 이탈리아와 이집트에서 군사 작전을 치르는 중에도 여전했고 1802년 주치의 장 니콜라 코르비자르가 유황 용액을 발라 줬을 때 비로소 나았다.

"가슴에 난 물집 세 개를 … 효과적으로 없애 버렸다. 그 이전에 나는 언제나 여위고 안색이 나빴지만 이후로는 건강을 유지했다." 64)

일부 역사가는 피 묻은 꽃을대를 잠시 만진 것이 진짜 원인은 아닐 것이라고 주장한다. 아마도 나폴레옹은 죽은 사람의 장갑을 꼈을 텐데 이는 피부병 전염 확률이 훨씬 높다.65) *

나폴레옹은 멀그레이브를 방어하는 외딴 요새를 공격하던 중 한 영국 포병이 왼쪽 넓적다리를 '창으로 찌르는' 바람에 부상을 당했다. 그가 총안을 통해서 포열로 들어가려 애쓰는 순간 다행히 후방에서 증원군이 도착했다. 몇 년 후 나폴레옹은 의사에게 "왼쪽 무릎 위의 아주 깊이 파인 상처(흉터)"를 자랑하며 "반드시 절단해야 하는지 외과의들이 고민했다"라고 말했다.66) 세인트헬레나의 유배 생활 중 율리우스 카이사르의 전쟁을 다룬 책에서는 근대 지휘관과 달리 전투 중에 잘 보호받은 고대 지휘관을 서로 비교하며 그는 이런 결론을 내렸다.

"오늘날 최고사령관은 매일 직접 총구와 맞서야 하며 종종 산탄의 사정거리 안에 들어간다. 모든 전쟁에서 장군들이 탄환 범위를 피하다가는 시야가 너무 좁아진다. 전세를 살피며 명령을 내리려면 대포에 노출될 수밖에 없다." 67)

나폴레옹을 비방하는 이들은 주로 그가 용감하지 않았다고 말한다. 예컨대 1815년 영국 작가 헬렌 윌리엄스는 "보나파르트의 말년에 비겁함은 습관이 되었다"라고 말했다.68) 이는 터무니없는 주장이다. 겁쟁이라면 예순 번이나 전투에 나설 수도 없거니와 나폴레옹은 전투 중 적군에 가까이 다가가 정찰하다가 몇 번이나 생사의 갈림길을 오갔다. 레겐스부르크 전투 당시 나폴레옹 주변에서 죽은 사람들의 수와 그를 쏜 탄환의 수를 보면 얼마나 대단한 신체적 용맹을 지녔는지 알 수 있다. 병사들은

* 옴은 진드기가 원인인 피부질환으로 전염성이 무척 높으며 나폴레옹만 걸린 건 아니다. 옴은 당대에 모든 군대에서 빈번하게 발생했고 프랑스군 내에서는 옴을 '긁기' 또는 반어적 표현인 '매력덩어리'라는 별명으로 불렀다. 한 퇴역군인은 "모두가 긁고 있었다"라고 말하기도 했고 군대에 옴 환자가 40만 명 이상이라는 보고가 공중보건위원회에 올라오기도 했다. 나폴레옹은 후일 군사 작전 중 이에 대처하기 위한 특별 병원을 세웠다(Desclaux, 'A Propos de la "Gale"' p.868, Brice, *The Riddle* p.139, Friedman, *Emperor's Itch* p.32).

나폴레옹 본인의 용감함은 물론 병사의 사기까지 극대화하는 그의 능력을 높이 평가했다. 멀그레이브 요새에서 대포의 포열을 설치하던 포수들이 죽거나 부상당하면 나폴레옹은 '두려움을 모르는 사람들'이라는 칭송을 보냈다. 그 결과 계속해서 자원자를 받을 수 있었다. 어느 누구도 나폴레옹보다 더 일반 병사의 심리를 잘 이해하지 못했다.

11월 17일 도페이의 뒤를 이어 노련한 장군 자크 뒤고미에가 부임하고 곧이어 병력을 증강하면서 포위 병력이 최대 3만 7천에 이르렀다. 나폴레옹은 뒤고미에와 사이가 좋았다. 11월 중순까지 멀그레이브 요새를 포열로 둘러싼 나폴레옹은 23일 영국 사령관 찰스 오하라 장군을 포획했다. 오하라 장군은 출격으로 반격하고 프랑스 총포에 스파이크를 박아 막아 버리려고 시도한 자였다. 나폴레옹은 "뒤고미에 장군은 진정한 공화국의 용기로 싸웠습니다"라고 이 작전을 보고했다.

"우리는 포열을 재탈환했습니다. … 국민공회의 총을 막고 있던 스파이크를 빼내고도 그들의 후퇴에 혼란을 가중할 만한 시간은 충분했습니다."[69]

당시 격발 장치에 금속 스파이크가 박힌 총을 수리할 능력을 갖춘 이가 드물었는데도 빠르게 해결한 것을 보면 나폴레옹이 병사들을 어느 수준까지 훈련시켰는지 알 수 있다.

1793년 12월 17일 화요일 새벽 1시 정각 뒤고미에는 나폴레옹의 툴롱 공격 계획을 실행에 옮겼다. 클로드 빅토르 페랭(후일 빅토르 총사령관) 휘하 행렬은 멀그레이브 요새의 방어 최전선을 넘어갔지만 두 번째 전선 앞에서는 흔들렸다. 오전 3시경 뒤고미에는 다음 공격을 위해 병력 2천 명을 폭우와 강풍, 천둥번개 속으로 내보냈다. 나폴레옹은 타고 있던 말이 총에 맞는 위기를 맞으면서도 장 바티스트 뮈롱 대위와 함께 군대를 지휘했으며 힘겨운 육탄전 끝에 요새를 함락했다. 그 후 나폴레옹은 아래쪽에 위치한 항구 건너 영국 해군 선박에 달아오른 대포를 퍼붓기 시작했다. 이때 에스파냐 화약선 두 채가 폭발하던 장면은 평생 잊지 못할 기억으로 남았다. 수십 년 후 그는 이렇게 회상했다.

"무기고에서 불길과 연기 회오리가 화산이 폭발하듯 휘몰아쳤고 선박 13척이 활활 타오르는 모습은 마치 불꽃놀이 같았다. 불길 때문에 선박의 형체와 돛대 윤곽선이 뚜렷하게 드러났는데 몇 시간이고 타올라 어디서도 볼 수 없을 엄청난 장관을 자아냈다."

이는 과장스런 표현이며 실제로는 함대 전체가 아니라 선박 2척에만 불이 붙었다. 그럼에도 불구하고 극적인 효과가 나타났다. 뒤고미에는 나폴레옹을 '이토록 귀한 장교'라고 극찬하는 보고서를 보냈다.[70]

다음 날 아침 동맹군이 툴롱을 떠나면서 대혼란이 빚어졌는데 특히 라포이프 장군이 파롱 언덕을 장악하고 동쪽 방면에서도 도시를 폭격하자 상황은 더욱 심각해졌다. 곧이어 살리체티와 가스파랭이 약 4백 명의 페데레 용의자를 처형하라고 명령했으나 나폴레옹은 여기서 아무 역할도 맡지 않았다.[71] 툴롱에서 거둔 승리 덕분에 나폴레옹은 대단하고도 합당한 혜택을 받았다. 12월 22일 준장으로 승진하고 론강에서 바르강까지의 해안 방어선을 전담하게 된 것이다. 살리체티는 고위 정치인 폴 바라스와 루이 스타니슬라스 프레롱이 나폴레옹을 주목하게 했다. 가장 중요한 것은 툴롱에서의 경험으로 나폴레옹이 "스스로 자신감을 갖게 되었다"는 점이다.[72] 그는 자신에게 믿고 지휘권을 맡길 능력이 있다는 것을 증명해 보였다.

어떤 군의 역사를 살펴봐도 1790년대 프랑스처럼 장군의 직위 교체가 많았던 적은 없었다. 이는 곧 능력 있는 젊은이가 전례 없는 속도로 직위 상승을 이룰 수 있었다는 의미다. 정상적인 임명과 은퇴는 물론 공포 정치, 이민, 전쟁, 정치 숙청, 패배 이후의 치욕, 정치적 의혹, 희생양 사냥 등의 영향으로 1789년 상등병이던 라자르 오슈는 1793년 장군이 되었고 1792년 중위였던 미셸 네는 1796년 장군의 자리에 올랐다. 결국 나폴레옹의 직위 상승은 당시 정치나 군사 상황을 고려할 때 전혀 특별한 게 아니었지만[73] 그래도 놀라운 발전이었다. 그는 소위 5년 6개월, 중위 1년, 대위 16개월, 소령 3개월을 지냈고 대령은 건너뛰었다. 군 복무 기간 99개월 중 (무허가 휴가를 포함해) 58개월이 부재중이었고 실제로 임무를 수행한 기간이 4년도 채 되지 않는 나폴레옹은 1793년 12월 22일 스물네 살의 나이로 장군이 되었다.

갈망

3

폭도들은 싸움에서 이기는 순간 더 이상 폭도가 아니다.
그들은 이제 '국가'라고 불린다.
하지만 패배하면 처형당하고 우민, 반역자, 도둑 등으로 불린다.

세인트헬레나에서 나폴레옹이 주치의 배리 오미라에게

–

나는 전쟁에서 승리를 쟁취했을 뿐이나 조제핀은
그 친절함으로 모든 마음을 쟁취하지.

나폴레옹이 시종 루이 드 보세 로크포르 남작에게

1794년 2월 7일 나폴레옹은 이탈리아 원정군의 포병 지휘관으로 임명된다. 이탈리아 북서부의 피에몬테왕국(사르데냐 포함)은 오스트리아 동맹국이었다. 나폴레옹은 피에몬테왕국과 맞서 싸우며 5주간 피에르 뒹베리옹 장군과 함께했다. 나폴레옹은 그리 눈에 띄지는 않아도 중요한 역할을 맡았다. 그는 세 번의 작은 승리를 거두면서 아름답지만 위험이 도사리고 있는 산악과 리구리아 알프스의 지형을 익혔다. 당시 함께 싸운 앙드레 마세나 장군은 불같은 성격으로 그해 5월 전투에서 피에몬테를 벤티밀리아에서 몰아냈다. 그 뒤 콜디텐다 방면에서 오스트리아와 피에몬테를 공격하며 '승리의 여신의 총아'라는 별명을 얻기도 했다.

전투를 오래 끌지 않았기에 나폴레옹은 초여름이 되기 전 니스와 앙티브로 귀환했다. 이곳에서 나폴레옹은 열여섯 살의 외제니 데지레 클라리에게 구애를 했다. 세상을 뜬 그녀의 아버지는 직물과 비누로 거부가 된 인물로 왕정주의자였다. 1794년 8월 1일 데지레의 언니 줄리가 나폴레옹의 형 조제프와 결혼하면서 40만 프랑의 지참금을 가져온 덕택에 보나파르트 가문은 모든 재산 문제를 일시에 해결했다. 나폴레옹과 데지레의 관계는 대개 서신으로 이뤄졌고 이듬해 4월 둘은 약혼을 했다. 1년 전 열아홉 살의 뤼시앵 보나파르트는 매력적이지만 문맹인 스물두 살의 여관

집 딸 크리스틴 부아예와 결혼했다. 그는 혼인 증명서에 혁명에 어울리는 이름(브루투스)을 적었는데 보나파르트 일가 중 그런 식으로 이름을 바꾼 이는 그가 유일했다.

1794년 4월 나폴레옹은 공안위원회에 피에몬테를 거쳐 이탈리아를 공격하겠다는 계획을 제출했다. 오귀스탱 로베스피에르는 이탈리아 원정군에 애착이 있었기에 해당 계획서를 파리로 전달했다. 나폴레옹은 점점 더 알아보기 힘들게 글씨를 휘갈겨 썼지만 다행히 쥐노가 해당 계획서를 손 글씨로 또박또박 잘 적어서 다음과 같이 전략을 제출했다.

"이곳저곳이 아닌 한곳에 공격을 집중해야 한다." "(오스트리아를) 전멸시켜야 한다. 그러면 에스파냐와 이탈리아는 따라서 자멸할 것이다." "냉정한 사람이면 마드리드를 탈환하겠다는 발상은 하지 않을 것이다. 방어선은 에스파냐 쪽으로 둬야 하고 공격은 피에몬테 국경에서 이뤄져야 한다."

또한 그는 중앙 집중 권력을 향한 열망도 표현했다.

"알프스 원정군과 이탈리아 원정군을 통합해 한 사람이 이끌어야 한다." 1)

당시 대대장을 맡았던 가엾은 베를리에 소령은 나폴레옹의 끊임없는 등쌀에 시달려야 했다. 나폴레옹은 세부사항에 하나하나 집중하면서도 모든 일을 빠르고 효율적으로 진행하도록 성급하게 몰아붙였다. 당시 작성한 편지를 일부 발췌하면 다음과 같다.

"(대포의) 열여섯 부위를 적재하는 방식이 매우 불만스럽다." "자네는 24시간 내에 아래 질문들에 답하라." "명령을 이토록 느릿느릿 수행하다니 놀라울 지경이다. 나는 매번 똑같은 걸 세 번씩 반복해서 말하고 있다."

나폴레옹의 명령은 아무리 사소해 보이는 것도 반드시 지켜야 했다. 베를리에는 이런 명령을 받은 적도 있었다.

"앙티브에서 와인을 구한답시고 이탈한 포열 담당자 카를리 상병을 투옥하라." 2)

나폴레옹은 피에몬테에서 작전을 수행하는 동안 준장 승진을 공식 승인하는 문서를 받았는데 이 문서에는 '귀족인지 아닌지'에 답할 의무를 명시하고 있었다. 공포 정치가 여전히 기승을 부리는 시기인 만큼 상황 파악이 빠른 나폴레옹은 (엄밀히 말하면 거짓말로) 귀족이 아니라고 답했다.[3] 로베스피에르의 공안위원회가 3월 5일 급진주의였던 에베르 분파를, 4월 5일 조르주 당통과 카미유 데물랭을 단두대에 보낸 것을 보면 혁명의 손길은 추종자들마저 가차 없이 잡아먹고 있었다.

"빵집 앞 포석에 여자와 아이들 수천 명이 앉아 있고, 파리 인구의 절반 이상이 감자로 연명하고 있다. 지폐는 휴지조각이나 다름없다."[4]

음식도 평화도 가져다 주지 못한 자코뱅파에 반발하는 기운이 파리에서 무르익고 있었다. 1794년 동맹군이 에스파냐와 벨기에, 라인강을 따라 후퇴할 무렵 지롱드파 무리는 자코뱅파를 전복하고 공포 시대를 끝내자는 결의를 다지고 있었다.

7월 중순 나폴레옹은 엿새 동안 오귀스탱 로베스피에르를 대신해 비밀 임무를 맡았다. 제노바 요새에 관해 보고하고 프랑스 대리대사 장 틸리와 함께 제노바 총독과 5시간에 걸쳐 회동해 프랑스-제노바가 서로 돈독한 관계를 맺자고 설득하는 임무였다. 이로 인해 나폴레옹은 최악의 시기에 로베스피에르의 정치적 파벌에 가까워졌다. 그런데 7월 27일(혁명 달력에 따르면 테르미도르 9일) 바라스와 프레롱이 주도한 '테르미도르 반동'으로 막시밀리앙 로베스피에르가 축출되었다. 다음 날 로베스피에르 형제 둘을 비롯해 60명의 '공포 정치인'이 단두대에서 처형당했다. 만약 그때 나폴레옹이 파리에 있었다면 그 역시 함께 묶여 단두대로 보내졌을 것이다. 8월 5일 조제프의 결혼식에 참석한 나폴레옹은 인근에 있는 지크의 막사에 돌아와서야 로베스피에르의 파멸 소식을 알았다. 그는 틸리에게 이런 편지를 썼다.

"로베스피에르 형제 중 동생의 운명을 듣고 마음이 아팠다. 나는 그를 좋아하고 정직하다고 믿었다. 그러나 만일 그가 내 동생이었고 독재를 하려 들었다면 내 스스로 그를 칼로 찔러 버렸을 것이다."[5]

나폴레옹은 오귀스탱 로베스피에르의 후원을 받았다는 이유로 자연스레 의혹을 샀다. 8월 9일 장교 한 명과 병사 10명이 니스의 숙소에서 나폴레옹을 체포해 니스 요새로 데려갔고, 하루가 지난 뒤에는 앙티브의 카레 요새에 열흘간 투옥했다(두 군데 모두 그가 이전에 공식 사찰한 적 있는 장소다). 자신의 안위부터 챙겨야 했던 살리체티는 나폴레옹을 도우려는 조치는 전혀 취하지 않았고 오히려 나폴레옹이 반역했다는 근거를 찾기 위해 서류를 뒤졌다.6) 나폴레옹은 같은 코르시카 출신이자 지난 5년간 정치적 동료였던 살리체티에게 분노했다.

"그자는 위대한 높은 자리에 서서 나를 내려다볼 생각도 하지 않았다." 7)

1794년에는 결백하다고 해서 단두대를 피해갈 수는 없었으며 공화국을 위해 싸웠음을 입증하는 용감한 행동도 아무 소용이 없었다. 나폴레옹은 큰 위험에 처했다. 체포된 공식 이유는 일부 마르세유 사람들이 그가 포열을 도시 쪽으로 배치한 것은 침입군이 아니라 마르세유를 공격하려는 의도였다고 판단했기 때문이다. 그해 1월 나폴레옹은 전쟁장관 부쇼트에게 다음과 같은 편지를 썼다.

"마르세유 항구를 방어하는 포열을 정말로 한심하게 배치해 놓았습니다. 배치에 관해 아무것도 모르고 있었습니다." 8)

물론 그가 체포된 진짜 이유는 정치적인 것이었다. 그는 오귀스탱 로베스피에르의 도움으로 큰 수혜를 받았고 자코뱅파를 위한 소책자《보케르의 저녁식사》를 썼으며 이를 로베스피에르 덕분에 출판했다. 그는 충실한 부관에게 편지를 보냈다.

"친애하는 쥐노, 사람들이 내게 부당하게 굴 수 있겠지. 그러나 결백하기만 하다면 충분할 거네. 내 양심이 곧 나 자신을 조사하는 법정이니까." 9)(충성스럽지만 충동적이던 쥐노는 스칼렛 핌퍼넬과 같은 방식의 계획을 떠올리며 나폴레옹을 탈옥시키려 했다. 교도소에 갇혀 있던 나폴레옹은 현명하고도 확고하게 반대했다. "아무것도 하지 말게. 자네는 나를 위태롭게 할 뿐이니." 10))

다행히 테르미도르파는 자코뱅파처럼 적을 무자비하게 추적하지 않았고 9월 대학살처럼 재판도 거치지 않은 채 교도소에서 사람들을 마구 죽이는 일도 하지 않았다. 8월 20일 나폴레옹은 증거 불충분으로 풀려났다. 수감 생활이 육체적으로 고통스럽지 않았기에 후일 권력을 잡은 나폴레옹은 당시의 교도관을 궁내 부관으로 임명했다. 석방된 나폴레옹은 이전처럼 코르시카를 향한 원정대를 계획하면서 가엾은 베를리에 소령을 괴롭혔다. 그리고 외제니라고 부르던 데지레 클라리에게 다시 구애했다. 다음은 9월 10일 나폴레옹이 남긴 구애 표현이다.

"그대의 매혹적인 자태와 성품에 나는 완전히 사로잡혔습니다."[11)]

그는 연인의 지적 매력을 키워 주기 위해 그녀가 읽었으면 하는 책들을 선정해 보내 주었고, 음악에 관한 그의 견해와 함께 그것을 같이하겠다고 약속했다. 또한 연인에게 기억력을 기르고 "이성적인 마음을 갖추라"고 조언하기도 했다.

나폴레옹은 대체로 여성을 열등한 존재로 보았으며 여성이 남성의 적절한 동반자가 되기 위해 무엇을 배워야 하는지 그 생각이 명확했다. 그는 데지레에게 독서 효과가 '그녀의 영혼에' 어떻게 나타났는지 묻고 그녀가 음악을 지성적으로 사고하도록 만들고 싶어 했다. 그것이 "인생에 가장 행복한 영향을 주기 때문이었다."(후일 헥토르 베를리오즈는 나폴레옹이 조반니 파이시엘로의 음악을 제대로 감상한다고 말한 바 있다. 보나파르트가는 파리와 로마에서 파이시엘로를 고용해 1797년부터 1814년까지 거의 끊임없이 작곡을 의뢰했다.) 나폴레옹이 데지레에게 보낸 편지는 딱히 아름답지도 낭만적이지도 않았다. 그러나 그는 연인에게 지대한 관심을 보였고 격식을 거부하는 새로운 공화국의 추세와 맞지 않게 그녀를 계속 '그대'라고 불렀다. 어쨌든 그녀로서는 그의 관심을 집중적으로 받는 것이 즐거운 일이었다.[12)]

나폴레옹은 연인의 장난스러운 타박을 즐겼던 것으로 보인다. 1795년 2월에 쓴 편지에서 그는 이렇게 이르고 있다.

"마드무아젤, 그대의 편지가 내게 불러일으킨 감정을 그대가 바라볼 수 있다면 그대의 비난이 얼마나 부당한지 깨닫게 될 것이오. … 내가 그대와 함께하고 싶지 않은 즐거움이란 존재하지 않으며 모든 꿈의 절반은 그대로 가득 차 있소. 그러니

'가장 현명한 여자는 가장 냉정한 남자를 사랑한다'는 생각은 부당하고 잘못된 것이며 글에서 그런 표현을 써서는 안 되오. 그대는 마음으로는 이를 거부하면서도 손으로는 그렇게 썼소."[13]

그는 그녀에게 편지를 쓰는 것이 가장 큰 기쁨이자 영혼의 '가장 절박한 필요'라고 덧붙였다. 또한 그는 연인이 파리의 최신 음악을 받아 볼 수 있도록 대신 클라비코드 잡지를 구독하게 해 주었고, 연인의 교사가 솔페지오 레슨에 충분히 주의를 기울이지 않는다고 걱정했다. 그는 노래 기술과 관련해 긴 글을 써서 보냈는데 이로써 그에게 성악 지식이 있었음을(혹은 적어도 견해가 있었음을) 알 수 있다. 1795년 4월 11일경 그는 마침내 친숙한 '너'라는 표현을 사용하기 시작했고 자신을 '평생 네 것'이라고 적었다.[14] 나폴레옹이 사랑에 빠진 것이다.

1795년 3월 3일 나폴레옹은 마르세유에서 선박 15척과 대포 1,174문, 병력 1만 6천9백 명을 이끌고 파올리와 영국 손아귀에 있던 코르시카를 탈환하기 위해 출항했다. 하지만 그의 원정대는 선박 15척에 총도 많이 보유하지 않았고 병력도 절반에 불과한 영국 소함대에 무너졌고 함선 2척도 나포되었다. 나폴레옹은 패전에 따른 책임을 지지 않았다. 그런데 전형적인 풋내기 뱃사람이던 그는 규모는 비슷할지 몰라도 훨씬 더 효율적으로 배치한 영국 해군에 맞서 바다로 나가려 한 이 시도에서 제대로 교훈을 얻지도 못했다. 1793년부터 1797년까지 프랑스는 선박 125척을 잃은 반면 영국의 손해는 38척에 불과했다. 피해 선박 중 최고등급 선박(전함)은 프랑스가 35척이었고 영국은 11척이었다. 그마저 영국이 잃은 선박은 대부분 화재나 사고, 폭풍우가 원인이었지 프랑스의 공격 때문이 아니었다.[15] 위대한 작전에서 해상 쪽은 언제나 나폴레옹의 약점이었다. 그의 승리를 전부 길게 나열해도 해상에서의 승리는 단 한 번도 없다.

원정대가 끝장나자 나폴레옹은 엄밀히 말해 실직자 신세였고 장군 중에서 서열이 고작 139위였다. 이탈리아 원정군의 새로운 지휘관 바르텔르미 셰레르 장군은 나폴레옹이 포병 분야에서 인정받는 전문가이긴 해도 '너무 승진에만 관심이 있다'고 여겨 기용하고 싶어 하지 않았다.[16] 그 판단은 분명 사실이었다. 나폴레옹은 자신의 영웅 카이사르나 알렉산드로스 대왕과 마찬가지로 군사와 정치 영역은 다르지 않다고 보았다. 코르시카 원정에서 돌아온 지 겨우 여드레 만에 나폴레옹은 브레스트에서 오슈 장군이 이끄는 서부 전선 군대의 포병을 지휘하라는 명을 받는다. 당시 이 군대는 방데에서 반란을 일으킨 왕정주의자를 진압하고 있었다.

현 정부는 주로 공포 정치에서 살아남은 지롱드 당원으로 이뤄졌고 프랑스 서부에서 잔혹하고 비열한 전쟁을 벌이고 있었는데, 이곳에서 죽은 프랑스인이 파리의 공포 정치 중에 죽은 숫자보다 많았다. 나폴레옹은 자신이 성공해도 아무런 영광도 얻지 못하리라는 사실을 알았다. 오슈는 그보다 겨우 한 살 많을 뿐이어서 그가 승진할 가능성도 거의 없었다. 영국이나 피에몬테와는 맞서 싸운 경험이 있지만 프랑스인과 싸우는 것은 달갑지 않았다. 결국 그는 더 나은 자리를 얻기 위해 5월 8일 파리로 떠났다. 그는 열여덟 살의 동생 루이를 데려가 샬롱쉬르마른의 포병학교에 입학시키려 했고 이때 마르몽과 쥐노 부관도 동행했다(뮈롱은 이제 그의 3인자였다).[17]

5월 25일 파리의 리베르테 오텔에 자리를 잡은 나폴레옹은 전쟁장관 대행 오브리 대위를 방문했다. 오브리는 나폴레옹을 강등시켜 방데 보병 부대를 지휘하라고 했다. 나폴레옹의 동생 루이가 기록하길, "그는 이를 모욕으로 받아들였다. 그는 제의를 거절하고 무직 상태로 파리에 머물렀으며 직위 없는 장군으로서 봉급을 받았다."[18] 또다시 질병을 핑계로 절반의 봉급으로 근근이 버티면서 샬롱의 루이에게 돈을 보내 준 그는 방데로 떠나거나 질병 증거를 내놓거나 아니면 완전히 은퇴하라는 전쟁장관의 요구를 계속 무시했다. 그렇게 몇 개월 동안 불편한 시간을 보내면서 그는 자기 운명을 냉철하게 받아들였고 8월이 되자 조제프에게 이렇게 말했다.

"난 삶에 거의 미련이 없어. … 매일 밤 전장에서 잠드는 것만 같아. 모든 것을 끝

내버리는 죽음이 도처에 있을 때 불안해하는 것은 어리석은 일이라고 확신해."

그리고 자학적인 농담이 이어지는데 후대 역사가들이 그의 농담을 너무 진지하게 받아들인 나머지 희극적인 매력이 모두 사라지고 말았다.

"언제나 내 운명과 숙명에 나 자신을 맡길 것이며 친구여, 이 상황이 지속된다면 나는 마차가 다가올 때 길에서 비키지 않음으로써 끝을 맺겠어."[19)]

사실 나폴레옹은 파리의 매력을 맘껏 즐길 작정이었다. 그는 조제프에게 이런 말을 했다.

"공포 정치의 기억은 그저 악몽에 불과해. 그동안 겪은 것을 만회하겠다고 다들 단단히 결심한 것 같아. 불확실한 미래 때문에 아무리 작은 것이라도 현재의 즐거움을 놓치지 않겠다고 벼르고 있지."[20)]

그는 처음 사교계에 나서기 시작했지만 여성과 함께하는 것을 불편해했다. 아마 그의 외모도 한몫했을 터였다. 그해 봄 그를 몇 번 만난 한 여성이 나폴레옹을 이렇게 평했다.

"여태껏 만나본 사람 중 가장 마르고 괴상한 사람 … 너무 말라 동정이 간다."[21)]

다른 이는 그에게 '장화 신은 고양이'라는 별명을 붙였다.[22)] 당시 나폴레옹과 아는 사이였던 사회적 명사 로르 다브랑테스는 (나중에 그를 흉보기 위해 쓴 회고록만큼 심하지는 않지만) 다음과 같이 말했다.

"낡은 둥근 모자를 이마까지 끌어내려 쓰고 회색 군복 외투의 옷깃 위로 분칠을 제대로 하지 않은 머리를 늘어뜨렸다. 장갑은 쓸데없는 사치라며 끼지 않고 제대로 검게 물들이지도 않고 잘 만든 것도 아닌 부츠를 신고 있었다. 깡마른 체구에 얼굴에는 병색이 감돌았다."[23)]

당연히 나폴레옹은 최신 유행의 파리 사교계에 불편함을 느꼈고 그쪽 사람들을 경멸하는 편이었다. 그는 쥐노(후에 로르 다브랑테스와 결혼한다)에게 멋쟁이들이 옷을 입는 방식과 혀 짧은 소리를 내는 것을 욕했고, 황제가 된 후에는 최신 유행을 따르는 파리 근교 사교계의 여주인들이 그에게 반대하는 여론을 부추긴다고 믿었다. 그는 사교계에서 보내는 여가 대신 지적인 여가를 즐겼다. 공개 강의를 듣고 관측소를 방문했으며 극장과 오페라를 찾았다. 후일 그는 비서 중 한 명에게 이렇게 말했다.

"비극은 영혼을 자극하고 심장을 들어 올리며 영웅을 만들 수 있고 또 만들어야 한다." 24)

1795년 5월 나폴레옹은 파리로 오면서 데지레에게 편지를 보냈다.

"이토록 오랫동안 멀리 떨어져 있어야 한다니 너무 괴롭소." 25)

그는 봉급을 넉넉히 저축해 부르고뉴의 라니 지역에 있는 작은 성을 살 계획까지 고려하고 있었다. 그가 열거한 성을 구매했을 때의 잠재적 이점 중에는 다양한 곡물을 수확할 수 있다는 것과 카사 보나파르트보다 네 배 이상 큰 식당 등이 있다. 또한 그는 자신이 건전한 공화주의자임을 드러내는 발언도 덧붙였다.

"귀족적인 분위기를 풍기는 탑을 서너 개 허물면 성은 대가족을 위한 커다란 주택처럼 보일 것이다." 26)

그는 조제프에게 가정을 꾸리고 싶은 소망을 털어놓았다.

6월 2일 나폴레옹은 데지레의 질투심을 불러일으키겠다는 의도가 뻔히 들여다보이는 편지를 썼다.

"샤티옹에 있는 마르몽의 집에서 쾌활한 성격의 수많은 미녀를 보았소. 하지만 아주 잠시라도 내 사랑하는 외제니에 필적할 만한 여성은 만나보지 못했다오."

이틀 뒤 그는 다시 편지를 썼다.

"사랑하는 그대, 이제 편지가 오지 않는군요. 어떻게 열하루 동안이나 편지를 보내지 않을 수가 있소?" 27)

아마도 클라리 부인이 보나파르트 가문과의 인연은 언니 하나로 충분하다고 생각해 딸에게 더 이상 깊은 관계를 맺지 말라고 설득했을 것이다. 일주일 뒤 나폴레옹은 그녀를 '마드무아젤'이라고만 불렀고 6월 14일경 상황을 완전히 파악했다.

"친구로서의 정은 사라지지 않겠지만 애정 어린 찬탄은 더 이상 없을 것이오."[28]

그가 조제프에게 쓴 편지를 보면 여전히 데지레를 사랑하고 있음을 알 수 있다. 그는 8월에 다시 한번 그녀를 '그대'라고 부르며 이런 편지를 보냈다.

"그대의 본능에 따라, 그대 가까이에 있는 이를 사랑하기 바라오. … 아시겠지만 내 운명은 전투의 위험 속에, 영광 속에 혹은 죽음 속에 있습니다."[29]

지나친 멜로드라마를 펼치는 와중에도 그의 말은 언제나 진실이라는 장점을 지니고 있었다.

6월 24일 제노바의 올리브오일 시장에 진입하겠다는 조제프의 계획과 관련해 일상적인 편지를 쓰다말고 나폴레옹이 울음을 터뜨린 이유는 형제간의 우애만큼이나 대단했던 데지레로 인한 자기 연민 때문은 아니었을까? 그는 조제프에게 초상화를 달라고 요청했다.

"인생이란 사라져 버리는 허망한 꿈과 같아. 우리는 그동안 아주 많은 시간을 함께해서 마음이 잘 통해. 내 마음이 형을 얼마나 따르고 있는지는 형이 가장 잘 알고 있을 거야."[30]

7월 12일경 그는 데지레와의 인연이 끝났음을 받아들이려 노력했고 조제프에게 여성에게 관심을 둔 남성의 나약함에 분노를 터뜨렸다. 남자는 "여자에 미치고, 오로지 여자만 생각하고, 여자로 인해 그리고 여자를 위해서만 살아가는 존재야. 여자는 파리에서 반년만 머물면 자신에게 무엇을 받을 자격이 있는지, 자기 제국의 범위가 어디까지인지 깨달을 텐데."[31]

데지레에게 거부당한 것 때문에 나폴레옹은 여성은 물론 심지어 사랑 자체에 뿌리 깊은 냉소주의를 품었다. 세인트헬레나에서 그는 사랑이란 "게으른 남성의 주된 일이자 전사의 집중을 방해하는 것이고 군주의 장애물"이라면서 수행원 중 하나에게 이렇게 언급했다.

"사랑 같은 것은 존재하지 않는다. 그것은 사회가 만들어 낸 인공 감정이다."[32)]

데지레와의 연애가 끝나고 3개월도 채 지나지 않아 그는 새로운 사랑을 찾을 준비가 되었다. 그러나 데지레가 장 바티스트 베르나도트 장군과 결혼해서 스웨덴 왕비가 된 이후에도 그는 마음 한편에 그녀를 향한 자리를 남겨 둔 것 같다.

1795년 6월 말 영국이 방데의 봉기를 지원하려고 생나제르 인근의 키브롱만에 상륙한 뒤 나폴레옹은 조제프에게 다음 편지를 보냈다.

"우리 보병대가 월등하다는 확신이 넘쳐 영국의 위협에도 웃을 수 있었지."[33)]

초창기 그가 툴롱 이후 영국에 지나치게 자신만만한 모습을 보인 사례다(10월경 영국군이 완패했기 때문에 이 시점에는 그럴 만했다). 그 후 나폴레옹은 툴롱을 제외하고 영국과 두 번 더 싸우는데 바로 아크레와 워털루 전투다.

8월 초 그는 여전히 이탈리아 원정군의 포열로 돌아가기 위해 로비를 벌이는 한편 튀르크에서 술탄의 포병대를 근대화하자는 제의를 깊이 고려하고 있었다. 뤼시앵의 회고록에 따르면 그는 경력이 끊임없이 요동치던 그 시기에 심지어 동인도회사 군대에 들어가는 것까지 생각하고 있었다. 군사적 이유보다 재정적 이유가 더 컸기에 그는 이렇게 말하기도 했다.

"몇 년 안에 부자가 되어 세 여동생을 위한 상당한 지참금을 갖고 돌아오겠다."[34)]

이제 마담 메르Madame Mère라고 불리는 그의 어머니는 이를 심각하게 받아들였고 아들이 '분한 마음에 정부에 대항하려' 할 수도 있겠다는 생각에 꾸짖었다. 러시아군이 그에게 튀르크와 싸우는 것을 도와달라고 요청하는 일도 있었다.

1795년 8월 중반 전쟁부에서 나폴레옹에게 의료위원회에 출두해 실제로 질병 상태라는 것을 입증하라고 요구하면서 상황이 심각해지기 시작했다. 그는 바라스와 프레롱 등 여러 정치 인맥에 부탁했고 그중 한 명이 전쟁부 소속 지형역사관리부(이하 지형부)에 배치해 주었다. 비록 명칭은 이렇지만 사실 이 부서는 프랑스의 군사 전략을 조직하는 인력을 관리하고 있었다. 8월 17일 나폴레옹은 니스에 있는 이탈리아 원정군 지휘관 시몽 쉬시 드 클리송에게 거절의 편지를 보냈다.

"저는 방데 군대의 장군직에 임명되었으나 받아들이지 않겠습니다."

반면 사흘 뒤 조제프에게는 자랑하는 편지를 보냈다.

"지금 군의 방향을 위한 공안위원회 지형부에 임명받았어."[35)]

지형부는 위대한 군사 행정가 라자르 카르노의 후배이자 '승리를 조직하는 자'라고 불리던 앙리 클라르크의 지휘 아래 있었다.

지형부는 전쟁부 내부의 매우 효율적인 소규모 조직으로 보통 '당시 가장 정교한 계획 부서'로 묘사한다.[36)] 카르노가 구성한 지형부는 위원회에 직접 보고하는 체계를 갖췄고 최고사령관에게 직접 정보를 얻었다. 또 지형부는 병력 이동을 계획하고 구체적인 운영 지시를 준비하며 실행 계획을 세웠다. 클라르크 휘하의 고위 장교였던 장 제라르 라퀴에, 세자르 가브리엘 베르티에, 피에르 빅토르 우동 장군 등 재능 있고 충성스러운 전략가가 지형부의 구성원이었다. 나폴레옹이 전략에서 공급과 지원, 실행 계획에 필요한 모든 사항을 배우는 데 이보다 더 적절한 곳은 없었을 것이다('전략'이라는 용어는 19세기 초반에야 비로소 군사 용어로 사용했으므로 나폴레옹이 직접 사용한 적은 없다).[37)] 1795년 8월 중반부터 10월 초반까지 나폴레옹은 이 짧은 기간 동안 집중적으로 전략 전투의 실현 가능성을 배웠는데, 이는 그가 툴롱에서 훌륭하게 수행한 전술 싸움과는 달랐다. 나폴레옹이 군사적으로 성공한 근원은 분명 그의 천재성과 대단히 힘들고 고된 업무를 견디는 능력에 있지만, 당시 프랑스에는 이례적일 만큼 우수한 재능을 갖춘 군사 사상가와 관료가 포진해 있었다. 덕분에 나폴레옹은 가르침을 얻고 계획을 실행에 옮기는 데 필요한 구체적인 업무를 해낼 수 있었다. 여기에다 지형부는 어느 장군이 쓸모가 있고 어느 장군이 쓰고 버릴 만한 패인지 판단할 수 있는 최적의 장소였다.

그러나 전체적인 통합 전략을 결정하는 사람은 지형부가 아닌 공안위원회 정치인이었다. 그들의 결정은 파벌 간의 싸움에 휘말리기 십상이었다. 예컨대 1795년 오스트리아를 공격하기 위해 라인강을 건널 것인지와 건넌다면 언제 어디서 건널지를 두고 논쟁이 벌어졌다. 지형부는 단순히 각 선택지에 조언만 할 수 있을 뿐이었다. 튀르크를 위해(사실은 튀르크에 맞서) 싸운다는 모든 계획은 8월 위원회에서 기각했다. 나폴레옹은 전쟁이 끝날 때까지 프랑스에 남아 있어야 했다. 그는 여전히 전쟁부 내의 여러 부서에서 현역인지 은퇴한 것인지의 문제를 겪고 있었고, 심지어 9월 15일에는 복무 장군 명단에서 제외되기까지 했다. 그는 친구인 배우 프랑수아 조제프 탈마에게 쓴 편지에서 이렇게 말했다.

"공화국을 위해 사자처럼 싸워왔는데 내게 돌아온 보답은 굶어 죽게 내버려 두는 것이었다." **38)**(그는 곧 복직되었다.)

지형부의 근무 시간은 다소 특이해 오후 1시부터 5시까지, 오후 11시부터 오전 3시까지였고 덕분에 나폴레옹은 소설을 집필할 시간적 여유를 충분히 얻었다. 나폴레옹은 작가로서 마지막 작품으로 데지레를 향한 짝사랑을 다룬 《클리송과 외제니Clisson et Eugénie》라는 중편 연애소설을 썼다. 짧고 간결하며 영웅적 전통을 따른 이 소설은 의식적이든 무의식적이든 괴테의 유명한 소설인 1774년 작 《젊은 베르테르의 슬픔》의 영향을 받은 것으로 보인다. 나폴레옹은 열여덟 살에 처음 이 소설을 읽은 듯하며 이집트 원정 기간 중 최소 여섯 번 이상 다시 읽었다. 청년의 질풍노도를 다룬 유럽 소설 중 가장 중요한 작품이자 당대 최고 베스트셀러였던 《젊은 베르테르의 슬픔》은 낭만주의 문학 운동과 나폴레옹의 글쓰기에 지대한 영향을 끼쳤다. 《클리송과 외제니》에 등장하는 주인공의 이름은 나폴레옹의 친구 쉬시 드 클리송을 본뜬 것이지만 사실 주인공은 나폴레옹 자신이었다. 나이까지도 스물여섯으로 완전히 똑같았다. 소설 도입부는 다음과 같다.

"클리송은 태어나면서부터 전쟁에 깊이 매료되었다." "또래가 여전히 난롯가의 이야기에 빠져 있을 무렵에도 그는 열렬히 전쟁을 꿈꾸었다."

클리송은 프랑스혁명 중 국가방위군에 들어갔고 "곧 사람들이 그에게 건 높은 기대를 뛰어넘었다. 승리는 늘 그와 함께했다."39)

클리송은 동년배들과 달리 추파를 던지거나 도박, 수다 등으로 시간을 경솔하게 보내지 않았다.

"강렬한 상상력과 맹렬한 심장, 단호한 지성, 냉철한 두뇌를 가진 이는 바람둥이 요부의 꾸며낸 말과 유혹의 장난과 탁상공론과 거칠고 영리한 모독의 방해를 받을 수밖에 없었다."40)

이처럼 모범적인 청년은 루소처럼 숲속의 자연과 교감할 때만 평안을 찾았다. 그는 숲속에서 "혼자만의 편안함을 느끼고 인간의 악의를 경멸했으며 어리석음과 잔악함을 비난했다." 어느 온천에서 클리송과 열여섯 살의 외제니가 처음 만났을 때 "그녀는 아름답고 가지런하며 진주처럼 새하얀 이를 보였다." 곧이어,

> 둘의 눈이 마주쳤다. 둘의 가슴이 녹아내렸고 며칠 지나지 않아 그들은 서로를 사랑하고 있음을 깨달았다. 그의 사랑은 지금까지 한 남자의 마음을 움직였던 그 무엇보다 더 열정적이고 순수했다. … 둘은 영혼이 하나가 된 기분을 느꼈다. 그들은 모든 장애물을 뛰어넘어 영원히 함께했다. 황홀한 두 연인의 마음속에서 사랑 중 가장 고결하고 가장 다정한 마음과 매우 아름다운 관능이 넘쳐흘렀다.41)

클리송과 외제니는 결혼해서 아이들을 낳고 행복하게 살았으며 관대한 박애정신으로 가난한 이들에게 베풀어 존경을 받았다. 그러나 이토록 목가적인 동화는 지나치게 훌륭한 나머지 오래가지 못했다. 어느 날 클리송은 24시간 내에 파리로 떠나야 한다는 연락을 받았다. "그는 뛰어난 재능을 지닌 이에게 걸맞은 중요한 임무를 맡아야 했다." 그는 군대를 지휘하라는 명령을 받았고 "모든 일에서 성공을 거뒀다. 그는 국민과 군대의 모든 희망을 채우고도 남았으며 사실 군대의 성공은 오로지 그

덕분이었다." 그런데 클리송은 작은 접전에서 심하게 부상을 당하고 부하 장교 베르빌을 외제니에게 보내 "자신이 충분히 회복할 때까지 그녀 곁을 지키도록 한다." 독자에게 제대로 이유도 설명하지 않은 채 외제니는 돌연 베르빌과 밤을 보내며, 클리송은 회복 중에 이 사실을 알아채고 당연하게도 복수하려 한다. "하지만 어떻게 군대와 임무를 저버릴 수 있겠는가? 조국이 지금 여기서 그를 필요로 하는데!" 전투 중 영광스러운 죽음만이 해결책이었기에 "북을 두드리는 소리가 측면 공격을 알리고 죽음이 사람들 사이를 거닐 때" 클리송은 외제니에게 적절하게 감정적인 편지를 써서 부관에게 건네고는 "충실하게 스스로 선두에 나선 뒤 승리를 결정하는 곳에서 수천의 타격을 받고 숨을 거둔다."[42] 끝.

우리는《클리송과 외제니》를 오늘날의 싸구려 연애소설이 아닌 18세기 문학의 시각으로 바라봐야 한다. 17쪽의 이 짧은 이야기는 "자신의 훌륭한 실용주의를 눈부시게 발산할 한 인물의 마음속에서 막 싹트기 시작한 낭만주의의 마지막 발현"으로 묘사된 바 있다. 나폴레옹은 분명 자신의 환상을 충족하기 위해 소설을 썼다. 외제니는 천박하게 불륜을 저지르는 인물로 그려진 반면 주인공은 끝까지 충실한 영웅으로 남아 그녀의 부정을 용서한다.[43] 사실《클리송과 외제니》는 나폴레옹이 몇 번이고 고쳐 쓴 글이라 그가 치기 어린 분노를 터뜨리려고 이 이야기를 단숨에 썼으니 멜로드라마와 지나친 감상주의, 상투적인 클리셰가 엿보여도 용인할 만하다고 해줄 수도 없다.

1795년 하반기에 프랑스 지도자들은 자코뱅파의 공포 정치를 떨쳐내려면 새로운 헌법이 필요하다고 생각했다. 9월 1일 나폴레옹은 조제프에게 보낸 편지에서 이렇게 말했다.

"왕정주의자들은 술렁대고 있고 우리는 일이 어떻게 마무리될지 지켜봐야 해."[44]

알렉시스 드 토크빌은 국가가 개혁을 시도할 때 가장 위험하다고 생각했는데,

1795년 가을의 프랑스가 실제로 그러했다. 8월 23일 바스티유 교도소 함락 이후 국민공회가 세 번째 헌법(3년 차 헌법)을 인가하면서 양원제 의회와 총재정부라 불리는 5인 행정부가 들어섰고, 10월 말부터 효력을 발할 예정이었다. 또한 오백인회와 원로원으로 구성된 의회가 국민공회를 대신하는 한편 공포 대상이던 공안위원회는 총재정부로 대체했다. 이때의 개혁은 혁명 반대 세력과 공화국 반대 세력이 모두 들고일어나는 계기가 되었다. 9월 20일 오스트리아가 라인강으로 돌아와 대대적인 반격을 개시할 즈음 프랑스 경제는 여전히 위기에 처해 있었고 부정부패가 만연했다. 공화국의 적들은 한데 뭉쳐 10월 첫 주에 새로운 정부를 전복하고자 대량의 무기와 탄약을 파리로 밀반입해 왔다.

공포 정치는 이미 막을 내렸고 새로운 총재정부가 들어서면 공안위원회는 폐지할 예정이었다. 그러나 공안위원회에 이를 갈던 반대자들은 그 뒤를 이은 새로운 체제에 눈을 돌렸다. 1790년 파리를 48지구로 나눈 '구'는 지역 의회와 지역 국가방위군 단위를 통제했는데 바로 여기서 반란 사태가 집중적으로 벌어졌다. 일곱 개 구만 실제 봉기로 이어졌으나 다른 구의 국가방위군도 이에 합류했다.

구의 구성원 전부 혹은 대부분이 왕정주의자였던 것은 아니다. 베테랑 군인 마티외 뒤마 장군이 회고록에 기록하길, "파리 시민들 사이에 가장 널리 퍼져 있는 소망은 1791년 헌법으로 돌아가는 것"이었다. 부르봉 왕가를 재현할 경우 따라올 내전을 바라는 이는 거의 없었다.[45] 구에는 중류 계급의 국가방위군과 왕정주의자, 일부 온건파와 자유주의자, 일반적인 파리 시민이 속했는데 이들은 부패한 정부와 국내외에서 실패를 야기하는 정부에 반대했다. 그런데 반란자들의 정치적 구성이 매우 이질적이라 통제와 조정은 불가능했고 반란 실행 일자를 연기하다가 결국 정부에 발각되고 만다.

국민공회 측에서는 자크 프랑수아 므누 장군이 반란을 진압해 주길 바랐으나 그는 국내군 사령관으로서 피를 흘리는 것을 방지하기 위해 구와 협상에 들어갔다.

그러자 국민공회 지도자들이 이를 반역의 조짐이라 오해해 그를 체포했다(후일 그는 무죄를 선고받는다). 조만간 대대적인 공격이 있을 것이라 예상한 테르미도르파는 즉각 그들의 지도자 중 하나인 국회의장 폴 바라스에게 국내군 지휘권을 맡겼다. 정작 그는 1783년 이후 전혀 군 경험이 없는 인물이었고 그의 지시는 혁명을 구하자는 것이었다.

10월 4일 일요일 오후 나폴레옹은 페도 극장에서 소랭의 연극 〈비벌리〉를 관람하던 중 다음 날 구가 봉기한다는 소식을 들었다.[46] 다음 날 아침 일찍(공화력 방데미에르 13일) 바라스는 그를 국내군 부사령관으로 임명하고 필요한 모든 수단을 동원해 반란을 진압하라는 명령을 내렸다. 지금까지 나폴레옹은 중요한 결정권을 쥔 이들에게 깊은 인상을 남겨 왔다. 그간 나폴레옹을 인정한 인물로는 케랄리오, 뒤테유 형제, 살리체티, 도페이, 뒤고미에, 오귀스탱 로베스피에르가 있었고 이제는 바라스 차례였다. 바라스는 툴롱의 승리 이후 살리체티에게 나폴레옹 이야기를 전해 들은 바 있었다. 지형부에서 복무한 경험 덕분에 나폴레옹은 카르노와 장 랑베르 탈리앵 등 정부 인사들에게도 이름을 알릴 수 있었다[47](후일 그가 즐겁게 회상하길, 정치가 중 방데미에르에서 피를 쏟는 일에 가장 거리낌이 없던 인물은 성직자이자 정치이론가인 아베 에마뉘엘 시에예스였다고 한다). 놀랍게도 파리에는 해당 임무를 맡을 만한 다른 고위 장교가 거의 없었다. 적어도 거리에서 민간인을 향해 발포할 용의가 있는 이는 없었다. 1792년 두 번의 튈르리 공격을 목격한 나폴레옹의 반응을 보면 그는 분명 그럴 수 있는 인물이었다.

이는 나폴레옹이 처음 최전선, 최상위 국가 정치에 직접 나선 일이었고 곧 열정적으로 빠져들었다. 그는 21기병대의 조아킴 뮈라 대위에게 1백 명의 기병과 함께 약 3킬로미터 떨어진 사블롱 군 야영지로 달려가 대포를 확보해서 파리 도심으로 가져오라고 명령하며 방해하는 자는 누구든 베어 버리라고 했다. 당시 사블롱의 대포는 겨우 50명의 병력이 지키고 있었고 구는 귀중한 기회를 놓친 셈이었다.

휘하 장교와 병사의 충성심을 굳게 믿은 나폴레옹은 오전 6시부터 9시까지 생니케즈가 입구에 대포 2문, 도피네 안쪽 생로크 교회를 마주보는 위치에 대포 1문, 방돔 광장 근처의 생오노레가에 대포 2문 그리고 볼테르 부두의 루아얄 다리를 마주보는 위치에 대포 2문을 배치했다. 그는 대포 뒤에 보병대를 포진시키고 자신의 예비대를 카루젤 광장에 보내 국민공회와 정부의 본부 거점인 튈르리궁을 방어하게 했다. 그의 기병대는 혁명 광장(오늘날의 콩코르드 광장)에 배치했다.[48] 3시간 동안 휘하 총포들을 돌아가며 방문한 그는 후일 이렇게 적었다.

"선량하고 강직한 사람들은 온화하게 설득하고 폭도는 공포로 몰아내야 한다."[49]

나폴레옹은 포도탄(산탄의 별칭)을 사용할 준비를 해둔 상태였다. 포도탄은 하나의 철제통 안에 담긴 수백 개의 머스킷탄으로 대포를 발사하는 순간 통이 열리며 탄환이 사방으로 흩어졌다. 이때 납공은 하나만 쏠 때보다 더 먼 거리를 더 빠른 속도로 날아갔다. 머스킷탄을 하나만 쏠 때는 초속 약 536미터로 날아간다. 포도탄의 최대 범위는 대략 548미터였고 최적은 228미터 정도였다. 파리는 민간인에게 포도탄을 쏠 것이라는 소식을 전혀 알지 못했는데 이는 나폴레옹이 얼마나 무자비한지 보여주는 증거다. 멍청이가 될 생각이 없었던 나폴레옹은 기꺼이 무자비해졌다. 훗날 그는 조제프에게 말했다.

"폭도를 친절하게 대하면 그들은 우리가 자신을 해칠 수 없으리라고 생각하게 마련이야. 몇 명의 목을 매달면 지쳐 나가떨어지면서 고분고분하고 얌전해지지."[50]

나폴레옹의 병력은 부대 4천5백 명과 '애국자' 1천5백 명으로 구성되었다. 여기서 후자는 경찰관, 레쟁발리드 출신의 참전용사 등이었다. 나폴레옹에 맞선 상대는 구 출신의 오합지졸 병력 3만 명이었다. 명목상 당시앙 장군이 이들의 지휘관이었으나 정작 그는 협상을 진행하느라 시간을 허비하고 있었다. 오후 4시가 되어서야 반란 행렬이 골목에서 빠져나와 튈르리궁 북쪽으로 향하기 시작했다. 나폴레옹은 즉각 발포하지는 않았지만 4시 15분에서 45분 사이 구에서 처음 머스킷탄을 발포하는 소리를 듣자마자 상당히 파괴적으로 대포를 쏘기 시작했다. 또한 나폴레옹은 구 사람들이 센강의 다리를 건너려고 하자 포도탄을 쏘았고 심각한 사상자가 발생하면서 사람들은 재빨리 도피했다. 파리의 대부분 지역에서 공격은 오후 6시에 끝났지만 반란 사태의 실질적 본부인 생오노레가의 생로크 교회에서는 공격이 이어졌다. 부상자는 이곳으로 옮겨졌으며 저격수들은 지붕 위와 바리케이드 뒤에서 계속 총을 쏘았다. 전투는 오랜 시간 계속되었고 나폴레옹은 대포를 교회의 약 55미터 범위까지 가져왔다. 그들은 항복하는 수밖에 없었다.[51] 그날 반란자 약 3백 명이 피살된 반면 나폴레옹 군사 중 사망자는 대여섯 명에 불과했다. 당시 기준으로는 관대하게도 국민공회는 그 일로 오직 2명의 구 지도자만 처형했다.* 이른바 '포도탄 냄새'는 파리 민중이 향후 30년간 프랑스 정치에서 더 이상 아무 역할도 하지 못하게 되었음을 의미한다.

1811년 장 사라쟁 장군은 런던에서 《부오나파르테 장군의 고백》이라는 책을 출판했다. 당시 결석 재판에서 반역죄로 사형을 선고받아 더는 잃을 게 없었던 사라쟁 장군은 이런 주장을 펼쳤다.

"(방데미에르 13일) 보나파르트는 병사들의 눈먼 분노를 제지하기는커녕 비인간적인 모습만 보여 주었다. 그는 겁에 질려 무기를 내던지고 자비를 구하는 불쌍한 사람들을 자신의 칼로 베어 버렸다."[52]

또한 사라쟁은 나폴레옹의 부관이던 몽부아쟁이 상관의 잔인함을 비난하며 사직했다고 적었다. 이 모든 것은 사실이 아니지만 방데미에르 이후 나폴레옹을 둘러싼 '검은 전설'의 일부로 남았다.

방데미에르 13일 밤에 내린 폭우로 거리를 물들인 핏물은 빠르게 씻겨 나갔으나

* 이와 대조하자면 1780년 런던의 고든 폭동 중에는 285명이 피살되고 2백 명이 부상당했으며 후일 20명을 처형했다.

기억은 지워지지 않았다. 심지어 에드먼드 버크가 창간한 과격한 반자코뱅파의 《연감》마저 이렇게 지적했다.

"보나파르트는 여기서 처음 전쟁 무대에 섰으며 그는 용기와 행동력으로 자신의 힘에 관해 확신의 기반을 닦은 덕분에 곧 승진과 영광을 거머쥐었다." 53)

정치적으로 사태가 긴박해지자 전쟁부는 더 이상 고위 직급자 명단이나 의료위원회, 탈영 등을 들먹이기가 힘들어졌다. 방데미에르가 끝나기 전 나폴레옹은 바라스 덕분에 소장으로 진급했으며 곧이어 공화국을 구하고 내전을 막은 공로를 인정받아 국내군 총사령관이 되었다. 과거 나폴레옹이 방데 군대의 장군직을 거절한 이유 중에는 프랑스인을 죽이고 싶지 않다는 것도 있었다. 그런데 이제 최고 자리에 올라선 배경이 바로 프랑스인을 죽였기 때문이라니 모순이 느껴진다. 당시 그는 마음속으로 정당한 병력과 폭도를 구분 짓고 있었다.

이후 한동안 나폴레옹은 '방데미에르 장군'이라는 별칭을 얻었으나 감히 직접 그렇게 부르는 이는 없었다. 그는 자신의 동포를 대거 죽인 것에 불편함을 느끼기는커녕 제1집정으로 취임하면서 이날을 기념일로 삼았다. 한 여성이 어떻게 그토록 무자비하게 폭도들에게 발포할 수 있었느냐고 묻자 나폴레옹은 이렇게 답했다.

"군인이란 명령에 복종하는 기계일 뿐입니다." 54)

그는 바로 자신이 명령을 내리는 사람이었다는 점은 언급하지 않았다.

'포도탄 냄새'로 인해 보나파르트 가문은 하룻밤 사이 놀랄 정도로 도약했다. 나폴레옹은 이제 연봉 4만 8천 프랑을 받았고 조제프는 외교부 일을 맡았다. 루이는 샬롱 포병학교에서 승승장구하다가 후일 급성장하는 나폴레옹의 부관단에 소속되었으며 보나파르트 형제 중 막내인 열한 살의 제롬은 더 좋은 학교에 들어갔다. 나폴레옹은 조제프에게 "가족에게는 아무런 부족함이 없을 거야"라고 말했고 이는 향후 20년간 이뤄졌다. 로르 다브랑테스는 방데미에르 이후 다음과 같은 변화를 목격했다고 주장한다.

> 진흙투성이 부츠는 완전히 사라졌다. 보나파르트는 고급 마차만 타고 다녔고 카뷔신가의 매우 훌륭한 집에서 살았다. … 수척할 정도로 말랐던 얼굴에는 살이 오르고 병색이 완연해 보이던 누런 안색은 이제 깨끗해져 비교적 활기가 엿보였다. 뼈만 앙상하고 날카로웠던 얼굴에 둥글둥글하게 살이 올랐다. 그의 미소는 언제나 쾌활했다.[55]

더 이상 누구도 그를 '장화 신은 고양이'라고 부를 수 없었다.

방데미에르의 직접적인 여파로 나폴레옹은 반대파의 유명인 모임을 해체하는 것을 감독하고 비밀 왕정주의자들을 전쟁부에서 추방했다. 또한 공연을 감시하면서 파리의 극장 4곳, 즉 오페라, 오페라 코미크, 페도, 라레퓌블리크의 청중 행태를 거의 매일 정부에 보고했다. 보고서는 대부분 이렇게 쓰였다.

"(극장 중) 2곳에서는 애국적인 분위기가 잘 느껴졌고 또 다른 극장은 평온했다. 페도 극장에서 국가 〈라 마르세예즈〉가 흘러나올 때 뒤에서 두 번째 가사에서 휘파람을 분 한 남성(방데 가담자로 추정)을 체포했다."[56]

그는 모든 민간 무기 압수를 감독하는 임무도 관장했는데 전해오는 말에 따르면 이 과정 중에 한 여성을 만났다고 한다. 소문으로는 알았지만 직접 만난 적은 없던 그 여성은 바로 마리 조제프 로즈 타셰 드 라 파제리 자작부인, 그러니까 보아르네 자작의 미망인이자 나폴레옹이 '조제핀'이라고 부르게 되는 바로 그 여성이다.

조제핀의 조부는 가스파르 타셰라는 귀족으로 1726년 마르티니크에서 사탕수수 농장을 경영하고자 프랑스를 떠났다. 재산을 늘리려던 그의 계획은 불운과 게으른 성정 탓에 실패했다. 라 파제리는 그녀의 가족이 생도미니크(오늘날 아이티)에 소유했던 사유지 이름이다. 조제핀의 아버지 조제프는 루이 16세의 궁정에서 시동으로 일하다가 부친의 땅으로 돌아갔다. 조제핀은 1763년 6월 23일 마르티니크에서 태어났지만 그녀 자신은 1767년에 태어났다고 주장했다.[57] 그녀는 열일곱 살인 1780년 파리에 도착했으며 교육을 거의 받지 못한 상태라서 그녀의 첫 번째 남편, 즉 그녀가 열다섯 살에 약혼한 사촌 알렉상드르 드 보아르네 자작은 그녀의 무식함에 경멸을 있는 그대로 드러냈다. 조제핀은 치아가 검은색으로 변해 있었는데 아마도 어릴 때 마르티니크의 사탕수수를 씹었기 때문으로 보인다. 그녀는 치아를 보이지 않고 미소 짓는 방법을 체득했다.[58] 후일 마담 메르의 시녀가 된 로르 다브랑테스는 이렇게 기록했다.

"그녀에게 치아만 제대로 있었다면 궁정 귀부인들을 모두 압도했을 것이다."[59]

보아르네는 학대를 일삼는 남편이었고 조제핀이 남편의 폭력을 피해 도망친 수녀원에서 세 살짜리 아들 외젠을 유괴한 적도 있었다. 그렇지만 조제핀은 1794년 남편이 체포되자 용감하게도 단두대에서 그를 구해 내려 했다. 1794년 4월 22일부터 7월 22일까지, 즉 남편이 처형당하고 얼마 후까지 조제핀은 왕정주의자라는 의심을 받으며 보지라르 거리의 생조제프 데카름 교회 지하실에 투옥되었다.* 그녀와 함께 갇혀 있던 사람 중 그레이스 엘리엇이라는 한 영국 여성의 회고에 따르면 "벽과 나무의자마저 성직자들의 피와 뇌로 더럽혀져 있었다."[60] 조제핀은 굉장히 비인도적인 상황을 견뎌 내야 했다. 오직 세 개의 깊은 구멍으로만 바람이 통했고 화장실도 없었다. 그녀와 함께 갇혀 있는 여자들 모두 매일매일 단두대의 공포에 떨었다. 그들은 각자에게 하루에 한 병씩 주어지는 물로 모든 일을 해결해야 했다. 임신하면 출산할 때까지 처형하지 않았기 때문에 밤이면 교도관과 성교하는 소리가 복도로 새어 나왔다.[61] 생조제프의 지하실은 한여름에도 추웠고 수감자들의 건강은 급속도로 나빠졌다. 조제핀도 너무 아파서 처형할 수 없다는 이유로 간신히 살아남았다. 그녀의 남편은 로베스피에르가 몰락하기 겨우 4일 전 처형당했다. 만일

* 오늘날에도 토요일 오후 3시에 시간을 맞춰서 가면 이곳을 방문할 수 있다. 1792년 9월 학살 때 115명의 성직자가 이곳에서 살해당했고 그중 35명의 해골과 뼈를 전시해 놓았다.

로베스피에르가 조금만 더 오래 버텼다면 조제핀은 남편의 뒤를 따라갔을 것이다. 테르미도르 쿠데타 덕분에 조제핀이 교도소에서 풀려나는 동시에 나폴레옹은 교도소에 갇혔다는 사실은 역설적인 대칭을 보여 준다.

공포 정치라는 이름에 걸맞게 악취와 어두움, 추위, 수모, 언제 무참하게 죽을지 모른다는 공포가 몇 주간 이어졌다. 조제핀은 몇 달간 혹은 몇 년 동안 오늘날 외상 후 스트레스 장애라 일컫는 질환에 시달린 것으로 보인다. 훗날 그녀는 문란한 삶을 살았고 지저분한 사업에 뛰어들었으며 사치(조제핀의 드레스 청구서는 마리 앙투아네트보다 길었다)를 즐겼다. 또 사랑보다 안정적인 삶과 경제적 안락함을 좇아 결혼했다. 설령 그럴지라도 그녀가 평생 겪은 일을 보면 이를 나쁘게만 바라볼 수는 없다.[62] 많은 사람이 조제핀을 매혹적이고 얄팍하며 사치스럽게 낭비하는 여자라고 생각하지만 그녀는 음악과 장식미술에 관한 안목이 높았고 분명 문화적으로는 얄팍하지 않았다. 여기에다 (비록 사비가 아닌 공금을 사용했으나) 자비를 베풀기도 했다. 당대의 가장 뛰어난 외교관 중 하나인 클레멘스 폰 메테르니히는 그녀에게 '특별한 사회적 요령'이 있었다고 평했다.[63] 그녀는 (언제나 똑같은 곡만 연주했다고는 해도) 하프 연주에 능했고 침대에서는 '지그재그'라고 알려진 무언가를 했다.[64] 그림은 그리지 못했으나 태피스트리는 조금 할 줄 알았고 종종 백개먼 게임(두 사람이 하는 주사위 놀이 — 역자)을 즐겼으며 무엇보다 하루 종일 손님을 불러들여 점심시간 동안 수많은 여성 친구와 수다를 즐겼다.

1795년 후반 거부할 수 없는 요염한 매력을 지닌(그리고 누구도 따라 할 수 없는 입을 꼭 다물고 미소를 짓는) 2, 30대 중반의 이 팜 파탈은 자신을 보호하고 부양해 줄 만한 사람을 필요로 했다. 조제핀은 교도소를 나오자마자 라자르 오슈 장군과 불륜 관계를 맺는다. 장군은 아내를 저버리지 않았으나 그녀는 나폴레옹과 마지못해 결혼하는 날까지도 오슈와 결혼하고 싶은 마음을 품고 있었다.[65] 폴 바라스와도 사귀었으나 1795년 여름 즈음 관계가 끝났다. 바라스는 회고록에서 "그녀 때문에 질리고 지쳐서 힘들었다"[66]라고 회상하며 그녀를 '꼬드겨 대는 창녀'라는 심한 말로 부르기도 했다.

역사를 통틀어 유혈 시대가 오래 이어지면 성적으로 문란한 시대가 뒤따라오게 마련이다. 제1차 세계대전 이후 찾아온 '광란의 20년대'와 고대 로마에서 내전 이후 나타난 문란한 로마 사회가 바로 그런 예다. 공포 정치 이후 힘 있는 애인을 갖고야 말겠다는 조제핀의 다짐은 그녀의 삶 전반이 그렇듯 당시 널리 유행하던 풍조를 따른 것이었다(그래도 그녀는 하도 많은 장관과 잠자리를 함께해서 '정부政府 소유물'이라는 별명이 붙은 친구 테레자 탈리앵보다 나았다고 할 수 있다). 어쨌든 조제핀은 첫 번째 남편과 오슈, 바라스 외에도 다른 이들을 위해 '지그재그'라는 것을 해 주었다. 사랑을 위한 그녀의 단련은 숫총각이나 다름없던 두 번째 남편에 비하면 훨씬 더 진취적이었다.

조제핀은 방데미에르 이후의 무기 몰수를 기회로 열네 살 된 아들 외젠 드 보아르네를 나폴레옹이 있는 본부로 보내 가족이 유품으로 아버지의 검을 간직하며 추억해도 될지 묻게 했다. 나폴레옹은 이를 분명한 사교 기회로 받아들였고 몇 주 안에 그녀를 순수하고 깊이 사랑하게 된다. 나폴레옹의 사랑의 열병은 5개월 후 결혼할 때까지 점점 심해졌다. 두 사람 모두 외부인, 이주자, 섬 출신이고 정치적인 이유로 수감된 적 있다는 공통점이 있었다. 처음에 그녀는 그의 약간 누런 얼굴빛과 뻗친 머리, 부스스한 외모, 옴이 오른 듯한 피부를 좋아할 수 없었고 분명 그를 전혀 사랑하지 않았던 것 같지만 자신 역시 외모가 시들기 시작했으며 막대한 빚까지 있었다(그녀는 현명하게도 결혼반지를 끼기 전까지는 나폴레옹에게 빚이 어느 정도 있는지 밝히지 않았다).

조제핀은 언제나 화장과 옷에 온갖 정성을 쏟았다. 집과 궁전 침실마다 거울을 두었고 (재치 있다고 할 정도로 지성을 갖추지는 못했으나) 매력적이고 상냥했다. 그녀는 성공한 남자가 어떤 관심을 받고 싶어 하는지 완벽하게 꿰고 있었다. 조제핀의 지능을 묻는 질문에 탈레랑은 다음과 같이 답했다.

"지능 없이 그토록 훌륭하게 일을 해낼 수는 없다."

나폴레옹은 그녀의 정치적인 연줄, 혁명을 받아들인 자작부인이라는 사회적 지위, 자신에게 부족한 수완과 사교성을 보완해 주는 점을 귀중히 여겼다. 그는 응접실에서 담소를 나누는 데 서툴렀다. 뛰어난 달변가 메테르니히는 이렇게 기억했다.

"그가 입을 열면 여성을 위한 우아한 말은 절대 나오지 않았다. 비록 그런 말을 하려는 의도가 그의 얼굴 표정과 목소리에 종종 드러났지만 말이다."[67)]

그는 귀부인과 대화할 때 드레스와 자녀 수, 자녀를 직접 돌보는지 등을 '상류 사회에서 잘 쓰지 않는 말로 질문'하곤 했다. 사교 활동에 서툰 나폴레옹과 달리 조제핀은 파리 사회와 매우 깊이 연결되어 있었고 탈리앵, 레카미에, 드 스탈 부인 등이 운영하는 영향력 있는 정치 살롱에 출입할 자격도 갖추고 있었다.

혁명 결과로 출생, 사망, 혼인 신고를 할 때 성직자를 거쳐야 한다는 의무가 없어졌기에 나폴레옹과 조제핀은 1796년 3월 9일 수요일 오후 10시 당탱 거리에서 민간 결혼식을 올렸다. 졸음을 참던 파리 2구 시장이 결혼식을 주관했는데 신부는 하얀 모슬린 웨딩드레스에 공화국의 삼색이 들어간 띠를 둘렀고[68)] 신랑은 2시간 지각했다. 바라스, 나폴레옹의 부관 장 르마루아(엄밀히 말하면 하급부관), 탈리앵 부부, 조제핀의 아들 외젠과 일곱 살 된 딸 오르탕스 등이 증인이었다. 두 사람의 나이 차이는 여섯 살이었으나 이를 최소화하기 위해 나폴레옹은 혼인 신고를 할 때 1768년에 태어났다고 적었고 조제핀은 늘 그렇듯 네 살 어리다고 기록했다. 그 결과 두 사람 모두 스물여덟 살로 표기했다.[69)](훗날《황실연감》에 조제핀은 1768년 6월 24일 생으로 기록한다.[70)] 나폴레옹은 부인이 언제나 나이를 거짓으로 말하는 것을 재밌게 생각해 이런 농담도 했다. "그녀의 계산대로라면 외젠은 태어나자마자 열두 살이지!"[71)]) 나폴레옹은 결혼 선물로 '운명에게'라는 말이 새겨진 황금 에나멜 메달을 주었다.[72)]

나폴레옹이 자신의 결혼식에 2시간이나 지각하고 신혼여행도 48시간을 못 채운 데는 이유가 있다. 3월 2일 바라스와 새로운 프랑스 정부, 즉 총재정부의 다른 구성원 4명이 감히 상상도 못할 엄청난 결혼 선물을 선사했기 때문이었다. 바로 이탈리아 원정군 총지휘관이라는 선물이었다. 바라스는 동료들(자코뱅당 출신의 장 프랑수아 뢰벨과 루이 드 라 레벨리에르 레포, 온건파 라자르 카르노, 에티엔 프랑수아 르 트루뇌)을 설득해 리구리아 알프스에서의 다음 작전을 나폴레옹에게 맡기자고 했다. 바라스는 나폴레옹이 '산악지대'인 코르시카 출신이라 "태어나면서부터 산을 타는 데 익숙하다"라고 주장했다.[73] 아작시오는 해발 고도가 매우 낮은 지역이니 이는 근거가 빈약하다. 그러나 나폴레옹이 무기력한 이탈리아 원정군을 깨울 수 있다는 바라스의 주장은 사실에 가까웠다.

임명받은 시기부터 3월 11일 니스의 본부로 출발하기까지 아흐레 동안 나폴레옹은 전쟁부에서 제공할 수 있는 모든 이탈리아 관련 서적과 지도, 지도책을 요구했다. 나폴레옹은 이탈리아 전장에서 싸웠던 지휘관들의 전기를 읽고 자신이 무엇을 모르는지 과감히 인정했다. 후일 한 동료 장교는 당시를 이렇게 회상했다.

> 내가 뇌브 데 카퓌신 거리의 작전 참모실에 있을 때 보나파르트 장군이 들어왔다. 싸구려 깃털을 꽂은 작은 모자와 아무렇게나 재단한 코트 그리고 솔직히 말해 누구에게도 도움을 주지 못할 것 같던 검이 아직도 생생하다. 그는 방 한가운데의 커다란 탁자에 모자를 내던지고는 나이가 지긋한 크리그 장군에게 다가갔다. 장군은 식견이 높은 데다 병사를 위한 쓸 만한 설명서를 저술하기도 했다. 나폴레옹은 장군을 탁자 옆자리에 앉히고는 손에 펜을 쥐고 복무와 규율에 관해 수많은 질문을 던지기 시작했다. 개중에는 가장 기본적인 사항도 전혀 모르는 듯한 질문도 있어서 내 동료들이 웃기도 했다. 나는 그가 던지는 질문의 수와 순서, 속도에 놀랐다. 그만큼 그가 답변을 알아듣는 모습은 대단했고 답변으로 결론을 도출한 뒤 다른 질문들로 그것을 분석하는 모습도 감탄스러웠다. 무엇보다 가장 나이 어린 사람도 당연히 완벽하게 알고 있으리라 여기는 다양한 사항을 총사령관이 전혀 파악하지 못하고 있다는 점을 부하들에게 개의치 않고 보여 준 점이 가장 놀라웠다. 덕분에 내가 평가한 그의 점수는 엄청나게 올라갔다.[74]

1796년 3월 11일 나폴레옹은 부관 쥐노, 이탈리아 원정군의 새로운 지휘관이 된 친구 쇼베와 함께 4륜 역마차를 타고 파리를 떠났다. 3월 14일 샹소에서 남쪽으로 향하는 길에 조제핀에게 보낸 편지에서 나폴레옹은 자신의 성에서 'u'를 생략했다. 1794년 〈모니퇴르 위니베르셀Moniteur Universel〉이라는 국가 신문에 처음 그의 이름이 실렸을 때는 '부오노-파르트'라고 중간에 하이픈을 넣어 표기했다.* 이제 그는 의식적으로 프랑스인이 되기 위해 이탈리아인 또는 코르시카인이라는 정체성을 가리려 했다.[75] 과거와의 또 다른 연결점이 끊어진 것이다.

보름 후 나폴레옹은 니스에 도착했다. 누군가가 스물여섯 살은 군을 지휘하기에 너무 젊다고 트집을 잡자 나폴레옹은 이렇게 대답한다.

"돌아갈 무렵에는 좀 더 나이가 들었을 것이오."[76]

• 몇십 년 후 영국과 부르봉가 선전가들은 나폴레옹이 외국인임을 재차 강조하기 위해 'u'를 삽입했다. 예컨대 1814년 François-René de Chateaubriand은 《Of Buonaparte and the Bourbons and the Necessity of Rallying Round our Legitimate Princes for the Happiness of France and that of Europe》라는 소책자에 이렇게 적었다: "루이 16세의 왕관을 이어받을 정도로 대담한 프랑스인은 도저히 찾아볼 수 없었다. 그래서 외국인이 나섰고 받아들여졌다."(Chateaubriand, *Of Buonaparte* p.5) 1917년 영국 왕실이 왕가 이름을 작센코부르크고타에서 윈저로 바꾼 이후에도 일부 영국 역사가는 나폴레옹이 성에서 'u'를 지웠다는 이유로 조롱하곤 했다.

이탈리아

4

1796년 5월 15일 보나파르트 장군은 젊은 군대를 이끌고
로디의 다리를 건너 밀라노에 입성함으로써 카이사르와
알렉산드로스 대왕의 계승자가 드디어 나타났음을 세상에 알렸다.

스탕달, 《파르마의 수도원》

–

장군이 갖춰야 할 가장 중요한 능력은 병사의 마음을 읽고 신뢰를
얻는 것이다. 프랑스 군인의 경우 양쪽 모두 쉽지 않은 일이다.
병사는 움직이도록 만들어진 기계가 아니며 리더십을
필요로 하는 합리적인 존재다.

나폴레옹이 샵탈에게

1796년 3월 26일 나폴레옹이 니스의 이탈리아 원정군 본부에 도착했을 무렵 모든 사단장이 그를 무시했을 거라는 설이 있다. 그가 아직 무명인 데다 "길거리 폭동에서 명성을 쌓았고 결혼으로 지휘권을 얻었다"며 비웃음을 샀기 때문이라는 것이다.[1] 사실 나폴레옹은 바로 2년 전 이탈리아 원정군의 포병사령관으로 복무했으며 툴롱에서 거둔 성공으로 이름을 알린 상태였다. 지형부에서 근무할 때는 다음 작전에서 승리하기 위해 무엇을 해야 하는지와 관련해 보고서를 최소 3편 이상 작성했다. 그보다 경험 많은 장군들을 앞질러 임명된 사실에는 분명 반발이 있었겠지만 나폴레옹의 지휘를 받게 될 장교들은 그가 어떤 인물인지 확실히 알고 있었다.

나폴레옹은 휘하에 사단장 5명을 거느렸다. 최고령인 장 세뤼리에는 프랑스 군대에서 34년을 복무했다. 그는 7년 전쟁에도 참전했고 퇴역을 고려하던 중 혁명이 일어났다. 이후 꾸준히 전투성과를 올린 결과 1794년 12월 사단장이 되었다. 서른여덟 살인 피에르 오주로는 키가 크고 거들먹거리기 좋아하며 다소 야비한 성격이었다. 그는 전직 용병이자 시계 장수, 댄스 교사였으며 '민중의 아이'와 '자랑스러운 산적'이라는 별명이 있었다. 그는 결투를 벌이다 2명을 죽였고 전투 중에 기병대 장교를 죽인 적도 있는데, 그리스 출신의 용감한 부인이 중재한 덕분에 간신히 리스

본 종교재판의 고문을 피할 수 있었다. 마찬가지로 서른여덟 살인 앙드레 마세나는 열세 살 때 사환으로 바다에 나갔다가 1775년 입대해 원사가 되었으며 혁명 직전 제대했다. 그는 앙티브에서 밀수업자와 과일 상인으로 일하던 중 1791년 국가방위군에 들어갔고 빠른 속도로 승진했다. 툴롱 포위 작전에 참가한 덕분에 이탈리아 원정군 사단장으로 진급하고 1795년 원정군에서 뛰어난 실력을 발휘했다. 서른두 살의 아메데 라아르프는 짙은 콧수염이 인상적인 스위스인이었다. 마지막으로 장바티스트 메이니에는 독일 원정군에서 전투에 참여했으나 4월 중순 나폴레옹은 총재정부에 이렇게 보고한 바 있다.

“(메이니에는) 무능하여 이토록 역동적인 전쟁에서 대대를 이끌기에 적합하지 않습니다.”[2)]

5명 모두 경험이 많은 베테랑인 반면 나폴레옹은 그동안 보병대를 지휘해 본 적이 별로 없었다. 그로서는 휘하 장군들의 사기를 북돋우기는커녕 좋은 인상을 남기기도 버거웠다. 훗날 마세나는 다음과 같이 회고했다.

> 처음에 그들은 그를 존경하지 않았다. 작은 덩치와 연약한 얼굴이 마음에 들지 않았던 것이다. 그가 직접 들고 와서 모두에게 보여 준 부인의 초상화와 아주 젊은 그의 나이 때문에 모두들 이번 인선은 누군가가 개입한 것으로 생각했다. 그런데 잠시 후 장군 모자를 쓴 그는 갑자기 사람이 달라졌다. 그는 우리에게 각 사단의 위치와 장비, 각 군단의 사기와 현 인원수를 묻고 우리가 따라야 할 지시를 내렸다. 다음 날에는 모든 군단을 점검하고 모레 전투를 벌이기 위해 적을 향해 진군하겠다고 공표했다.[3)]

마세나의 기억 중 마지막 부분은 정확하지 않은데 사실은 한 달 동안 전투가 없었기 때문이다. 그러나 이 회고록은 나폴레옹 특유의 활기와 자신감, 정보 집착 등을 잘 묘사하고 있으며 부인을 향한 사랑마저 엿보게 한다.

첫 회동에서 나폴레옹은 휘하 사령관들에게 사보나-카르카레 도로가 세 개의 계곡으로 어떻게 이어지는지 보여 주었는데, 어느 계곡으로 가든 결국 롬바르디아의 비옥한 평원으로 통했다. 피에몬테는 프랑스혁명에 반대하면서 1793년부터 프랑스와 전쟁을 벌여 왔다. 나폴레옹은 오스트리아군을 동쪽으로 밀어붙이고 체바 요새를 탈환한다면 피에몬테의 수도를 위협함으로써 피에몬테 사람들을 전쟁에서 몰아낼 수 있으리라고 기대했다. 이는 곧 4만 명의 프랑스 병력을 6만 명의 오스트리아-피에몬테 병력과 맞붙인다는 의미였다. 나폴레옹은 휘하 사령관들에게 신속하게 움직이고 속임수로 주도권을 유지하겠다고 장담했다. 그가 계획을 세울 때 사용한 기초는 피에르 드 부르세의 《산악전의 원리》(1775)와 지난 1745년 피에몬테와 맞설 때 세운 군사 작전(체바 장악을 목표로 한 작전인데 루이 15세의 명으로 중단했다)이었다. 부르세는 저서에서 명확한 계획을 세우고 한곳에 집중해 적이 균형을 잃게 만들어야 한다고 강조했다. 나폴레옹의 이탈리아 원정은 교과서를 그대로 따랐으며 그 자체로 충분히 새로운 교과서가 되었다.

총재정부는 모든 자원을 독일 서부와 남부에 집중했고 이탈리아는 어디까지나 부차적인 존재였다. 당시 공화국의 주된 두 병력은 장 모로 장군 휘하의 라인강-모젤강 원정군과 장 바티스트 주르당 장군 휘하의 상브르강-뫼즈강 원정군이었다. 6월에 공격을 시작한 두 병력은 초반에는 승기를 잡은 것으로 보였다. 그러나 오스트리아 황제 프란츠의 남동생 카를 폰 합스부르크 대공은 강력한 무력을 갖췄고 전투에 용맹스럽게 임했다. 그 결과 주르당 장군은 1796년 8월에는 암베르크, 9월에는 뷔르츠부르크에서 대패했다. 이후 대공은 기수를 모로 장군 쪽으로 돌려 10월 에멘딩겐에서 승리를 거뒀다. 결국 프랑스의 두 병력은 라인강을 건너 후퇴해야만 했다. 이탈리아 원정군은 부차적인 존재라 나폴레옹에게 주어진 원정 예산은 고작 4만 프랑에 불과했다. 이는 그의 연봉보다 적은 금액이다.[4] 출처가 불분명한 어느 이야

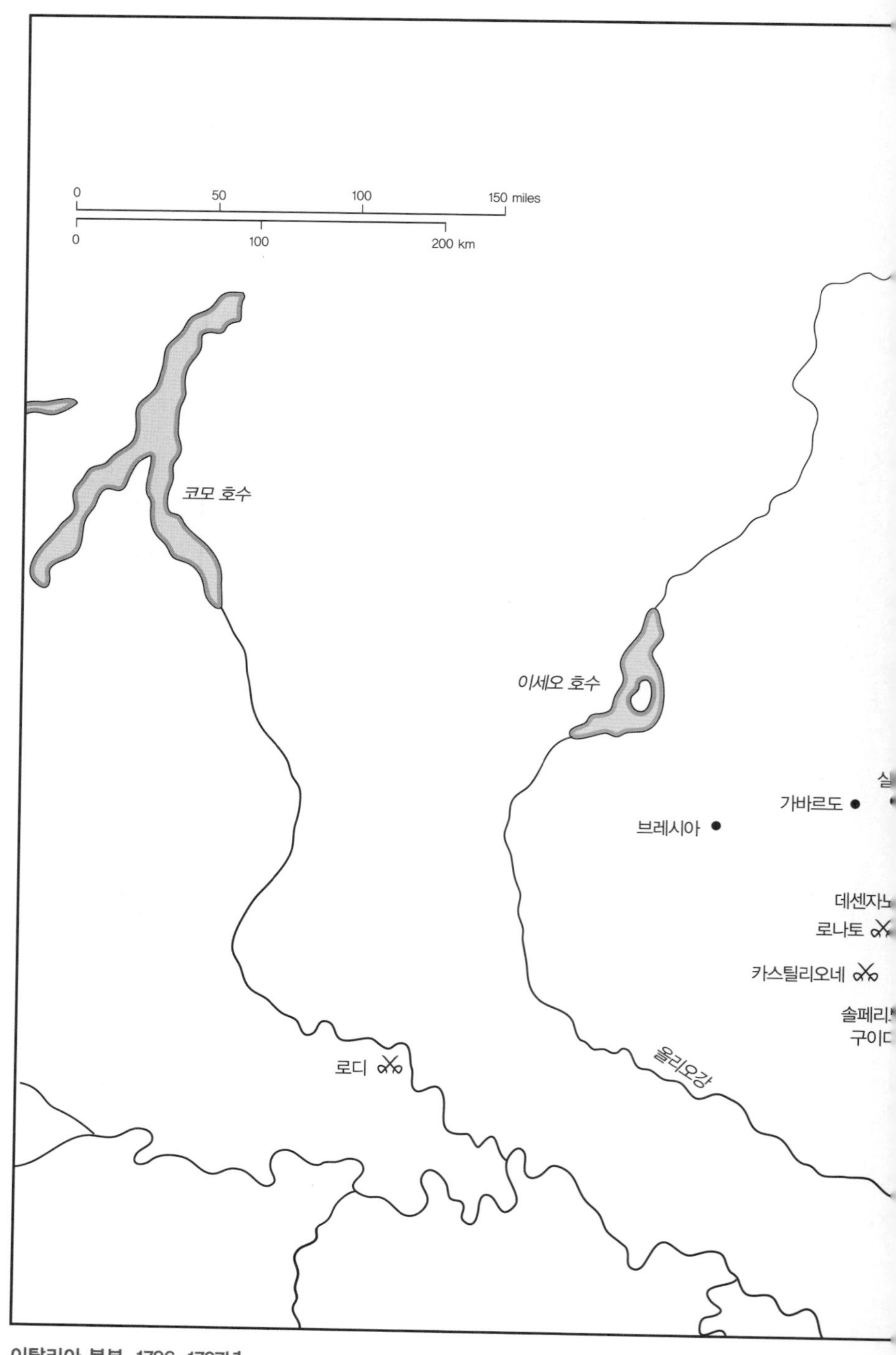

이탈리아 북부, 1796–1797년

N
W
E
S
발라가리나 계곡
첼브라
트렌토
프리몰라노
모리의 참호로
둘러싸인 진영
칼리아노
로베레토
마르코의 종대
바사노
노베
라코로나
감베론
폰타니바
리볼리
비첸차
바솔렌고
빌라노바
에라
베로나
칼디에로
텔누오보
르게토
아르콜
론코
알바레도
알포네강
로베르벨라
아디제강
만토바
라파보리타
포강

기에 따르면 나폴레옹은 부관들과 함께 파리에서 니스로 오기 위해 은자루가 달린 검을 팔고 쥐노에게 그 수익금을 도박에 걸도록 시켰다고 한다.[5)]

그러니 나폴레옹이 막 니스에 도착했을 때 병력은 어떻게든 움직일 수 있는 상황이 아니었다. 날씨는 얼어붙을 듯 추웠으나 군사들은 외투조차 제대로 갖추지 못했다. 석 달 동안 고기를 구경하지 못했고 빵조차 불규칙하게 조달이 이뤄졌다. 수레를 끄는 말들이 영양실조로 모두 죽는 바람에 노새들이 대포를 끌었다. 대대 전체가 아예 신발이 없거나 나막신을 신었으며 죽은 이에게서 벗겨 낸 제복을 임시변통으로 입었다. 군에서 제공한 탄약 주머니를 차지 않았다면 도저히 병사라고 알아볼 수 없을 만한 이들도 있었고 많은 병사의 머스킷총에서 총검이 빠져 있었다. 몇 달 동안 봉급을 지급받지 못한 그들은 반란을 수군거리고 있었다.[6)] 열병도 횡행해 20일 동안 제21여단에서만 6백 명 이상이 사망했다.[•] 피렌체에 거주하던 영국인 작가 마리아나 스타크는 나폴레옹이 도착하기 이전 프랑스 군대의 '비참한 상태'를 정확히 묘사했다.

"필수품이 전면 부족했고 기근에 으레 뒤따르는 지독한 열병이 돌았다. … 병 때문에 낙담하고 쇠약해졌으며 군마와 대포, 전쟁에 필요한 모든 힘이 부족했다."[7)]

나폴레옹은 이토록 '비참한 상태'에 대응하기 위해 메이니에를 강등한 뒤 그 밑의 병참 장교 쇼베에게 병참부를 완전히 새로 조직하라고 명했다. 3월 28일 총재정부에 전한 대로 "중간에서 많은 걸 가로채고 신용을 누리던 납품업자들을 위협하라"[8)]는 지시도 내렸다. 또한 주 제노바 공사였던 시티장 페푸에게는 현지 유대인 자본가들에게 '소음 없이' 3백만 프랑을 대출하라고 명하였으며 론 계곡의 겨울 목초지에 머물던 기병대를 불러들였다. 니스에 도착한 지 이틀도 채 되지 않아 나폴

• 여단은 보병 연대의 선봉이다. 프랑스 혁명 전쟁 동안 여단은 전원을 모두 채운 적이 거의 없고 대체로 3개 대대에 평균 2천4백 명이 있었다.

레옹은 폭동을 일으킨 제209여단의 제3대대를 해체한 뒤 장교와 부사관들을 군에서 내쫓았고, 남은 인원은 다섯으로 나눠 다른 대대로 편입시켰다. 그는 모든 사람을 동일한 규칙으로 대해야 한다고 생각하며 이렇게 말했다.

"그 누구에게든 하나라도 편의를 봐주면 아무도 진군하라는 명령에 따르지 않을 것이다."[9)]

4월 8일 그는 병사들이 혁명에 반하는 노래를 불러서 처벌할 수밖에 없었고 장교 2명이 '국왕 만세'를 외친 탓에 군법회의에 회부했다고 총재정부에 보고했다.[10)]

사단장들은 즉각 나폴레옹이 힘든 일을 얼마나 잘 해치우는지 알아챘다. 한번 어떤 일을 맡겠다고 말한 사람은 도저히 미룰 수 없었으며 니스에서 4년째 조용히 지내던 참모들은 나폴레옹의 휘몰아치는 영향력에 갑작스레 휩쓸렸다. 니스에 도착한 직후부터 1796년 말까지 9개월 동안 나폴레옹은 8백 번 이상 편지와 파견을 보냈다. 심지어 그는 열병식에서 북 치는 소년을 어디에 배치할지, 〈라 마르세예즈〉를 연주하는 데 필요한 조건은 무엇인지까지 전부 다뤘다. 장군 중 오주로가 가장 먼저 그를 따르기 시작했고 마세나가 두 번째였다. 훗날 오주로는 마세나에게 이렇게 말했다.[11)]

"저 골치 아픈 장군이 정말로 두려워졌네!"

나폴레옹은 '정치적인' 군인이라는 자신의 명성을 최대한 이용하기로 마음먹었다. 3월 29일 내린 시달에서 그는 병사들에게 다음과 같이 전한다.

"국가를 향한 자신감이 충만하고 애국자에게 보이는 존경으로 자부심이 넘치는 이탈리아 원정대 모두 마땅한 운명을 쟁취하기로 다짐한 동지를 찾게 될 것이다."[12)] *

총재정부의 신뢰를 얻은 장군은 결국 자신의 병사들에게 식량을 가져다주었다.

* 시달은 대체로 행정적인 내용의 정보를 전달하며 주로 막사의 오후 1시 점호나 행군 중 일시 휴식 때 큰 소리로 낭독한다. 이는 연설처럼 읽으며 사기를 높이기 위한 포고와 차이가 있다.

그는 무기를 들고 있는 이들이 굶주릴 때 일어나는 혼란을 두려워하며 이렇게 생각했다.

'빵이 없으면 병사는 심히 난폭해지고 차마 인간이라 말하기 어려워진다.'[13)]•

그는 파리에 시종일관 동일한 요구를 함으로써 4월 1일 신발 5천 켤레를 전달받았다. 나폴레옹이 평생 보낸 편지를 살펴보면 병사들에게 신발을 제공하는 일을 놀라울 정도로 자주 다루고 있다. 항간에 떠도는 말처럼 나폴레옹이 실제로 "군대는 뱃심으로 행군한다"라고 말한 적은 없으나, 군대가 두 발로 행군한다는 점에 그는 언제나 크게 신경 쓰고 있었다.[14)]

3월 29일 위와 동일한 시달에 참모총장 임명도 함께 발표했다. 공학기사 출신으로 미국 독립 전쟁에서 싸운 마흔세 살의 알렉상드르 베르티에가 새로운 참모총장이 되었고, 그는 1814년까지 이 자리를 유지했다. 그는 1792년 아르곤 작전에서, 이후 3년간은 방데에서 활약했으며 그의 형제가 나폴레옹과 함께 지형부에서 근무한 적도 있다.

나폴레옹은 근대 관점의 참모총장을 최초로 임명한 사령관으로 이는 무척 적절한 처사였다. 나폴레옹에 버금갈 정도로 기억력이 뛰어난 베르티에는 지치지 않고 12시간 동안 상사의 말을 받아쓸 수도 있었다. 1809년에는 하룻밤 새 무려 열일곱 번이나 베르티에를 호출한 적도 있었다.[15)] 국립 기록보관소, 파리 국립 도서관, 뱅센의 육군부 기록보관소에는 깔끔한 비서의 글씨와 베르티에가 동료들에게 전달한 짧고 간략한 문장의 명령이 가득 정렬되어 있다. 정중하지만 단호하게 나폴레옹의

• 프랑스군은 영국군에 비해 체벌이 심한 편은 아니었으나 반면 사형은 오히려 쉽게 선고했다. 군수품 관리부서의 서기 12명은 황실근위대의 배급 식량을 빼돌려 팔아넘겼다가 발각되었는데 몇 시간 만에 총살형에 처해졌다(Blaze, 《나폴레옹 군대의 생활》, p.190). 에스파냐에서 한 남자는 (이질을 옮기는 것으로 알려진) 포도 한 송이를 먹었다고 총살당했으며 상관에게 조금이라도 폭력을 내비쳤다가는 바로 사형이었다. 심지어 한 볼티제르(중무장하지 않은 보병)는 에스파냐의 군사 작전 중에 여성용 검은 앞치마로 크라바트(남성용 스카프 — 역자)를 만들었다는 이유로 총살당했다.

의도를 전해 주는 명령문은 거의 모두 "황제가 요구하노니, 이 명령을 받드는 장군은…" 16)이라는 문구로 시작하고 있다. 베르티에는 다양한 능력을 갖췄지만 그중에서도 특히 협상 재능이 뛰어났다. 심지어 아내인 바바리아 공작부인 마리아를 설득해 자신의 정부였던 마담 비스콘티와 함께 성에서 지내도록 한 적도 있다(반대쪽도 마찬가지로 설득했다). 그는 확고한 논리적 근거가 없으면 나폴레옹의 의견에 직접 반대하는 경우가 거의 없었으며, 총사령관이 원하는 바를 신속하게 수행해 낼 팀을 조직했다. 또한 지나치게 개략적인 명령을 모든 여단을 위해 정확히 문서화하는 능력은 가히 천재적이라 할 만했다. 이 참모는 거의 언제나 가장 효율적으로 맡은 역할을 해냈다. 속사포로 쏟아져 나오는 나폴레옹의 명령을 따르려면 서기와 잡역병, 부관, 서무장교, 부관으로 구성한 숙련된 팀과 고도로 발달한 문서 체계가 필요했다. 더구나 나폴레옹은 밤을 새워 일하는 경우가 잦았다. 나폴레옹은 가끔 여단 병력 수의 오류를 한두 차례 찾아내 베르티에에게 교정하라고 명하며 이렇게 덧붙였다.

"이 배치 보고서들은 소설처럼 재미있었다네." 17)

1796년 4월 2일 나폴레옹은 군대 본부를 제노바만 알벵가로 옮겼다. 바로 그날 쇼베가 제노바에서 열병으로 사망했다. 나폴레옹은 그의 죽음을 놓고 말했다.

"군에 막대한 손실이다. 그는 활동적이고 진취적이었다. 군은 그를 추모하며 눈물을 흘린다." 18)

나폴레옹과 함께 군사 작전에 참가했다가 사망한 친구와 부관은 이후로도 수없이 많지만 그중 쇼베가 첫 번째였다. 나폴레옹은 깊은 비탄에 빠졌다.

1714년부터 북부 이탈리아를 점령한 오스트리아는 프랑스와 맞붙기 위해 피에몬테를 향해 서쪽으로 대군을 보내고 있었고, 피에몬테는 코르시카에서 온 영국 해군의 지원도 받고 있었다. 따라서 나폴레옹은 필요한 모든 물품을 리구리아 고산지대를 넘어 들여와야 했다. 그는 4월 5일 알벵가에 도착한 뒤 마세나와 라아르프에게 카르카레, 알타레, 몬테노테 사이에 있는 적을 막기 위한 계획을 알려 주었다. 오스트리아 사령관 요한 볼리외는 일흔한 살의 노장으로 경험이 많고 재능도 있었지만 그동안 프랑스군에 참패를 당해왔다. 과거의 군사 작전을 면밀히 연구한 나폴레옹은 볼리외의 신중한 성격을 이용하기로 했다. 피에몬테와 오스트리아 사이의 동맹은 약했고 볼리외는 이를 너무 믿지 말라는 경고를 받았다(제1차 세계대전 중 포슈 원수는 이런 농담을 했다. "동맹국의 실상이 뭔지 이제야 알겠네. 나폴레옹도 생각보다 별거 아니었구먼!"). 합스부르크제국은 계속 영토를 넓히며 성장해 온 터라 무척 다원적이었고 오스트리아군은 부대 내에서도 종종 언어가 통하지 않아 장교단이 프랑스어를 공용어로 채택한 상태였다. 볼리외가 맞닥뜨린 또 다른 문제는 복잡하고 관료주의적인 빈의 자문회의를 따라야 한다는 점이었다. 자문회의는 대체로 너무 늦게 명령을 내려 적절한 시기를 놓쳐버리곤 했다. 반면 나폴레옹은 오늘날 군사학에 '중앙 배치 전략'으로 알려진 대담한 대규모 군사 기동 훈련을 계획하고 있었다. 이는 양쪽에서 다가오는 적군 사이에 버티고 서 있다가 둘이 합쳐지기 전에 하나를 먼저 치고 잇달아 나머지를 치는 전략이었다. 평생 이 전략을 고수한 나폴레옹은 이런 전쟁 좌우명을 남긴다.

"병참이 없는 군대가 병참이 열려 있는 중앙 병력에 맞서 개별 행동을 하는 것은 모든 원칙에 어긋난다."[19]

그는 알벵가에서 조제핀에게 편지를 보냈다.

"난 여기서 너무 바쁘오. 볼리외가 바로 코앞에서 병력을 움직이고 있소. 조금 피곤하오. 말을 타지 않는 날이 하루도 없다오."[20] •

그는 군사 작전 내내 조제핀에게 열렬하게 휘갈겨 쓴 편지 수백 장을 보냈다. 대규모 전투가 벌어지는 당일에 보낸 편지도 있다. 그는 자기 마음을 낭만적으로 쏟아내다가("당신을 사랑하지 않고는 단 하루도 보낼 수 없소.") 자기중심적인 생각에 빠지거나("차 한 잔

• 비록 말을 타다 탈진한 적도 많지만 나폴레옹의 승마 기술은 뛰어났다. 그는 '완벽한 승마 기술'을 갖췄으며 때로 묘기를 보여 주기도 했다(Balcombe, *To Befriend* pp.41-2).

을 마실 때조차 영광과 야심 때문에 내 삶의 영혼인 당신과 헤어져 살아야 하는 것을 저주하고 있소.") 조제핀이 거의 답장을 하지 않는 것에 넋두리를 늘어놓기도 했다. 그녀는 답장을 보낼 때 '당신vous'이라는 호칭을 사용했지만 나폴레옹은 이를 무척 싫어했다. 나폴레옹이 보낸 편지는 그녀가 이탈리아로 자신을 만나러 오면 곧바로 사랑을 나누고 싶다는 마음을 드러내는 수줍은 성적 암시로 가득했다. "키스를 당신 가슴에, 다음엔 좀 더 밑으로, 그리고 더 더 밑으로"라고 쓰기도 했다.[21] 나폴레옹이 편지에 쓴 '작은 케펭 남작부인a petite baronne de Kepen'(종종 '케펭')이라는 표현이 조제핀의 신체 일부를 부르는 별명인지는 논란이 있다. 안타깝게도 작은 케펭 남작부인의 어원에 관한 역사적 기록은 소실되었다. 어쩌면 이 표현은 그저 조제핀이 무릎에 앉혀 기르는 수많은 애완견 중 하나의 이름이고, '작은 케펭 남작부인에게 공손한 찬사를 보내며' 등의 표현은 성적 의미를 전혀 함축하고 있지 않을지도 모른다.[22] 이보다 창의성이 떨어지는 '작은 검은 숲'에는 별로 의심의 여지가 없다.

"그곳에 가는 순간까지 천 번의 키스를 보내며 조바심을 내면서 기다린다오."[23]

그의 서명은 그리 낭만적이지 않았다. 명령을 내릴 때와 똑같이 연애편지 끝에도 '보나파르트' 혹은 'BP'가 적혀 있었다.[24] "아듀, 여성, 고통, 행복, 희망, 내 삶의 영혼, 내 사랑, 내 두려움이여, 내게서 애정을 이끌어내고 천둥처럼 성급하고 격렬한 본능과 감정을 불러일으키는 이여"라는 문장은 나폴레옹의 전형적인 문장이다.

4월 6일 나폴레옹은 알벵가에서 총재정부에 다음과 같이 보고했다.

"극도의 궁핍으로 군대는 크나큰 곤란에 빠져 있습니다. 험난하고 지대한 장애물이 가득하지만 극복 가능할 것입니다. 괴로움이 명령 불복종을 야기하고 있습니다. 규율이 없다면 승리도 불가능합니다. 며칠 안에 이 모든 것을 해결하기를 바랍니다."[25]

이탈리아 원정군 병력은 4만 9천3백 명인 반면 오스트리아와 피에몬테 군은 거의 8만 명에 달했다. 다행히 베르티에가 당장의 보급 문제는 해결했다. 나폴레옹은 4월 15일에 공격을 개시하기로 했으나 그보다 닷새 앞서 공격을 시작한 오스트리아-피에몬테 병력이 나폴레옹이 내려가려고 계획한 바로 그 경로로 올라오고 있었다. 예기치 않은 적의 움직임에 나폴레옹은 48시간 내에 국면을 전환했다. 병력을 거의 잃지 않고 사보나에서 후퇴한 이후에는 반격을 준비할 수 있었다. 4월 11일 저녁 오스트리아군이 전선을 지나치게 확장했음을 발견한 나폴레옹은 사보나에서 북서쪽으로 약 19킬로미터 떨어진 에로강 계곡의 산촌 몬테노테를 공격해 적군의 발을 그 자리에 묶어 두었다. 이어 폭우가 내리는 새벽 1시 마세나에게 오른쪽 측면으로 공격해 들어가도록 지시해 적군을 포위했다. 전투를 벌이기에는 매우 힘든 상황이었다. 몬테노테 수페리오레에서 내려오는 능선에는 고도 3천2백 킬로미터에서 4천8백 킬로미터에 이르는 봉우리들이 이어져 있으며 (오늘날에도 변함없는) 짙은 삼림이 급격한 경사를 타고 사방으로 우거졌다. 오스트리아군은 보루를 대거 세웠지만 기동력을 갖춘 프랑스 보병대 병력이 그곳을 점령했다.

전투가 끝나고 많은 병력이 포로로 잡히면서 오스트리아군은 총 2천5백 명을 잃었다. 반면 나폴레옹은 8백 명을 잃었다. 그리 대단한 교전은 아니었으나 몬테노테는 나폴레옹이 총사령관으로서 처음 승리를 거둔 곳이었고 병사들은 물론 그 자신의 사기도 고취할 수 있었다. 이후의 싸움도 몇몇은 같은 조건 아래 이뤄졌다. 연로해서 힘을 잃어 가는 적장, 여러 국가와 언어로 구성된 이질적인 적군이 하나로 뭉친 프랑스군에 맞서는 상황, 나폴레옹이 꼭 붙잡고 놓치지 않은 취약한 지점 같은 조건 말이다. 프랑스군은 적군보다 훨씬 더 기동성이 좋았고 나폴레옹은 병력을 집중해 수적 열세를 뒤집으며 결정타를 날리곤 했다.

승리한 뒤 빠르게 후속조치를 취하는 것 역시 나폴레옹의 또 다른 특징이다. 몬테노테 전투 이후 나폴레옹은 보르미다강의 작은 마을 밀레시모에서 또다시 교전을 벌여 퇴각하던 오스트리아군과 피에몬테군을 분열시켰다. 오스트리아는 동쪽으로 후퇴해 밀라노를 지키려 했고 피에몬테는 서쪽으로 후퇴해 수도인 토리노를 지키고자 했다. 나폴레옹은 적들의 전략적 요충지가 각자 다르다는 사실을 이용했다. 양쪽으로 갈라진 적은 강가의 계곡을 벗어나기 위해 요새화한 마을 데고로 물러나야 했다. 바로 이곳에서 나폴레옹은 4월 14일 사흘 만에 세 번째 승리를 거뒀다. 오스트리아-피에몬테 병력 손실은 5천7백 명에 달한 반면 프랑스는 1천5백 명뿐이었다. 그 대부분은 나폴레옹이 방어가 훌륭한 코세리아성을 점령하려고 조바심을 내다가 잃은 병력이었다.

일주일 후 엘레로강 유역의 몬도비 전투에서 나폴레옹은 격렬하게 피에몬테 전선의 발목을 묶었고 이들을 양쪽으로 포위하려 했다. 이 고난도의 야심만만한 기동 작전으로 나폴레옹은 결국 적의 사기를 훌륭하게 꺾으면서 승리를 거머쥐었다. 다음날 피에몬테는 화평을 청했다. 나폴레옹으로서도 토리노를 포위할 중무기가 없었던 상황이라 다행이었다. 나폴레옹이 그토록 유동적인 작전을 펼친 이유 중 하나는 그 외에 다른 수단이 없었기 때문이다. 그는 카르노에게 이렇게 불평한 바 있다.

"포병도 기술도 누구에게든 뒤지지 않습니다만, 장군의 명령에도 불구하고 제가 요청한 장교는 전혀 지원받지 못했습니다."[26)]

나폴레옹이 포위를 지속하기란(혹은 버텨내기란) 불가능한 상황이었다.

4월 26일 나폴레옹은 케라스코에서 병사들의 마음을 들끓게 하는 선포를 했다.

"오늘 제군의 병력은 네덜란드와 라인강 군대에 필적한다. 제군은 아무것도 주어지지 않은 상태에서 모든 것을 이뤘다. 제군은 총을 들지 않고 전투에서 승리했으며 다리가 놓아지지 않았는데도 강을 건넜다. 신발도 없이 강행군을 해냈고 브랜디는 물론 가끔은 빵조차 없는 상태로 야영을 했다. … 오늘 제군은 충분히 보상받을 것이다."[27)] "제군에게 이탈리아 정복을 약속하는데 한 가지 조건이 있다. 제군이 구제하는 국민을 존중하겠다고 맹세하라. 끔찍한 약탈은 적에게 흥분한 악당이나 마구 해대는 것이니 자제하라."[28)]

승리를 거둔 굶주린 군대는 약탈을 저지르는 법이다. 나폴레옹은 진정 병사들의 지휘를 걱정하고 파괴적인 행위를 억누르려 했다. 나흘 전 그는 시달을 내려 "전투 이후에야 부대에 합류해 난폭한 행동으로 군과 프랑스의 명예를 더럽힌 사악한 이들의 끔찍한 약탈 행위"를 비난했다. 장군에게는 이를 허용한 장교를 총살할 권한이 있었지만 실제로 행해진 적은 없었다. 선포 이틀 후 나폴레옹은 은밀히 총재정부에 글을 보냈다.

"저는 좋지 않은 선례를 만들고자 합니다. 제가 할 수 있는 것은 둘 중 하나로 질서를 회복하거나 아니면 산적 떼를 지휘하는 것을 관두는 것뿐입니다."[29]

그는 이 군사 작전 내내 과장스런 사임 의사를 밝히면서 총재정부를 협박했고 이는 그 첫 번째 사례다.

나폴레옹은 언제나 '자급자족'과 '끔찍한 약탈'을 구분했는데 전자는 보급량이 부족해 그의 군대가 해내야 하는 것이었다.[30] 다소 궤변이지만 나폴레옹은 상황에 따라 유연한 태도를 보였다. 그 후에도 나폴레옹은 오스트리아군과 영국군, 러시아군이 약탈을 저지른다고 비난하곤 했다. 사실 그의 군대는 많은 경우 훨씬 더 심한 약탈을 저질렀다.* 당시 한 장교는 이렇게 회상했다.

"우리는 병사들이 찾아낸 것으로 버텼다. 병사는 절대 아무것도 훔치지 않고 그저 찾아낼 뿐이다."

* 웰링턴의 영국군 역시 이 문제에 결백하다고 할 수 없다. 반도 전쟁 지원병의 회고록은 거의 존재하지 않지만 왕립 독일군단의 프리드리히 린다우의 회고록을 보면 지역 주민을 강탈하고 농작물과 가축을 내놓기를 거부한 소작농에게 폭력을 휘둘렀음을 분명히 알 수 있다(eds. Bogle and Uffindell, *Waterloo Hero passim*, *Mars & Clio*, No.26 pp.89-90). 나폴레옹은 교회에서 신성한 꽃병을 훔친 상등병 하나와 병사 2명을 총살한 바 있다. 나폴레옹 자신도 북부 이탈리아의 교회와 궁전에서 르네상스 예술과 귀중품을 없애버렸지만 그의 머릿속에서는 감히 비교 대상이 되지 않았다. 프랑스 장군들은 정복한 지역을 약탈해 부를 누렸고 마세나 등 몇몇은 터무니없을 정도로 선을 넘어 탐욕을 부렸다. 후일 나폴레옹은 마세나에게 수백만 프랑을 반환하라고 했다. 당시에는 지휘관이 자신에게 당당히 보상하는 것이 관례였다. 웰링턴은 인도에서 작전을 마치고 돌아와 빚을 다 갚고 백만 프랑 이상에 준하는 4만 2천 파운드의 재산을 모았는데 이는 모두 완벽하게 합법적이었다(Weller, *Wellington in India* pp.257-9).

후일 나폴레옹 휘하의 가장 능숙한 지휘관 중 하나였던 막시밀리앙 포이 장군은 만일 나폴레옹 병력이 "군 행정부가 휴대용 식량으로 빵과 고기를 배급해 줄 때까지 기다렸다가는 굶어 죽었을 것이다"라고 언급하기도 했다.[31]

나폴레옹은 '자급자족' 덕분에 기동 작전에서 속도를 냈으며 이는 그의 전략에서 핵심 요소였다. 그가 말하길 "병력이란 역학에서의 힘과 같아서 질량 곱하기 속도로 산출된다."(가속도 법칙에 따르면 역학에서 힘은 질량 곱하기 가속도지만 원문은 속도로 표기했다 — 역자)[32] 그는 더 빠른 속도를 얻을 수 있다면 무슨 수단이든 적극 활용했다. 통상 여단이 하루에 움직일 수 있는 거리인 약 24킬로미터의 대략 두 배에 달하는 강행군도 이뤄졌다. 장교 중 하나는 이런 회상을 남겼다.

"나폴레옹보다 더 행군을 잘 이끌 수 있는 사람은 없다. 행군은 대체로 매우 힘들고 병사들 중 절반이 뒤처진 적도 있었다. 그러나 사기를 잃은 병사는 없었고 모두 늦게라도 뒤따라왔다."[33]

날씨가 따뜻하면 프랑스군은 밤에도 텐트에서 자지 않았는데, 어느 퇴역군인에 따르면 군대가 "최대한 빠른 속도로 행군하느라 필수품을 모두 들고 다닐 수 없었기" 때문이었다.[34] 행군에서 반드시 속도에 맞춰 들고 다니는 것은 탄약을 옮기는 수레뿐이었다. 18세기 초보다 포장도로가 늘어난 18세기 말에는 군이 더 빠른 속도로 움직였다. 특히 프랑스 기술자 피에르 트레사게가 제안서에 건의한 대로 1775년 도로를 과학적으로 건설한 것이 큰 역할을 했다. 가벼워진 야전용 포, 도로 증가, 수송 열차 소형화, 비전투 종군자 감소 덕분에 나폴레옹 군대는 더 빨리 이동할 수 있었고 그가 계산한 바로는 율리우스 카이사르 군대보다 두 배 가량 빨랐다.

피에몬테와의 휴전 협정은 케라스코에서 즉각 추진했다. 회견 자리에서 전권대사가 나폴레옹에게 요새를 조금만 남기라는 조건을 제시하자 그가 비웃었다.

"공화국은 내게 군대 지휘권을 맡겼소. 내겐 적의 충고에 귀 기울일 필요 없이 우

리 군대에 무엇이 필요한지 스스로 판단할 권한이 있소." 35)

2명의 협상자 중 하나인 사부아 출신의 코스타 드 보르가르 후작은 이렇게 회고한다.

"(그는) 언제나 냉철하고 품위 있었으며 꼭 필요한 말만 했다." 36)

4월 28일 새벽 1시 그는 시계를 꺼내 보고 말했다.

"여러분 나는 2시부터 총공격을 하라 명령해 두었소. 코니(요새)가 오늘 안으로 내 손에 들어온다는 확신을 내게 주지 않으면 총공격은 예정대로 진행될 것이오."

이는 전형적인 나폴레옹 방식의 허세였지만 피에몬테 측에서는 위험을 감수할 수 없었고 즉시 휴전에 조인했다. 토르토나와 알레산드리아, 코니, 체바, 발랑스로 통하는 길부터 코니와 스투라강 그리고 타나로강과 포강 사이의 영토까지 모두 프랑스 손에 넘어갔다. 나폴레옹은 영리한 계책으로 발렌차의 포강에 놓인 다리를 사용할 권한과 관련해 비밀 조항을 받아 냈는데, 이는 오스트리아 쪽에서 이 사실을 알면 볼리외가 다리를 지키려고 병력을 보낼 것이라 추측했기 때문이다. 실제로는 동쪽으로 약 112킬로미터 떨어진 피아첸차 근처에서 강을 건널 계획이었다.

나폴레옹은 축하주로 마련한 아스티 와인과 체라스코의 수녀들이 산처럼 쌓아 준 케이크를 즐기며 지난 일을 터놓고 이야기했다. 그는 밀레시모 전투에서 코세리아 성을 공격할 때 잃은 이들을 두고 "오스트리아와 피에몬테 군을 분열시키려 조바심을 냈다"며 자책하기도 했다. 그는 2년 전 데고에 주둔할 때 하나의 포병 행렬을 지휘한 경험을 말했다. 2년 전에도 나폴레옹은 똑같은 침략 계획을 제안했으나 전략회의에서 기각되었다.

"(내) 지휘를 따르는 군대에서는 의사결정을 그런 식으로 하지 않을 것이다."

당시 전략회의는 그저 '비겁한 방식'에만 의존해 비난을 피하기에 급급했다는 게 그의 견해였다. 37)

나폴레옹은 피에몬테 측에 지난밤 강간을 저지른 병사를 처형했다고 알린 뒤, 4월

17일부터 21일까지 피에몬테군이 전략적으로 철수한 것을 세련되게 칭찬했다.

"내 발톱으로부터 두 번이나 교묘하게 잘 빠져나갔소."

그는 자신의 모든 소지품이 담긴 작은 여행용 보관함을 보르가르에게 보이며 말했다.

"총사령관인 지금보다 그저 포병 장교였던 시절에 굳이 필요도 없는 이런 물건을 훨씬 더 많이 들고 다녔소."

몇 시간에 걸친 그들의 대화는 날이 새도록 이어졌고 보르가르는 나폴레옹이 피에몬테의 역사와 예술가, 학자를 잘 알고 있다는 사실에 깊은 감명을 받았다. 나폴레옹은 자신의 움직임을 '젊은 호라티우스가 3명의 적과 충분히 거리를 두고 순서대로 처치해 간 전투'에 비유했다. 나폴레옹은 프랑스의 최연소 장군은 아니었지만 자신에게 젊음이라는 특별한 자산이 있다고 말했다.

"젊음은 군대를 지휘할 때 거의 필수불가결하다고 할 수 있소. 그런 대단한 임무를 해내려면 높은 사기와 대담함, 자부심이 반드시 필요하오."[38)]

휴전 문서에 서명한 다음 날 나폴레옹은 파리에 글을 보냈다. 그는 주어진 권한을 뛰어넘어 적국과 외교적인 협상을 마무리했을 뿐 아니라 공화주의자임에도 피에몬테-사르데냐의 비토리오 아마데오 3세가 왕좌를 보전하는 것을 묵인했으며 스스로 그 상황을 잘 인지하고 있었다.

"적군의 양쪽 날개 중 하나와 휴전을 맺은 것에 이어 나머지 하나도 꺾어 버릴 수 있습니다. 군사들은 줄지어 행군하고 있습니다. 날아오르는 볼리외를 제가 붙잡을 수 있기를 바랍니다."[39)]

파리에서 쏟아지는 비난을 돈으로 해결하려 한 그는 '기부금'이라는 완곡한 표현을 쓰며 파르마 공에게 수백만 프랑을 받아 내겠다고 장담하고, 제노바로부터 1천5백만 프랑을 기부받을 수 있음을 암시했다. 북부 이탈리아 바로 건너편에서 돈을 받아낸 것과 같은 방식으로 이 '기부금' 덕분에 나폴레옹은 병사들에게 봉급의 절반을 지급할 수 있었다. 그것도 당시에 크게 비난을 받았는데 그는 휴지조각이나 다름없던 총재정부의 지폐mandats territoriaux가 아닌 은으로 지급했다.40) 살리체티(나폴레옹은 앙티브 교도소에 갇혀 있을 때 살리체티가 저지른 만행을 깨끗이 용서하고 이탈리아 원정군을 조직하는 자리를 마련해 주었다)는 재정난에 처한 총재정부에 잔고를 전해 주기 전, 군대에 봉급을 주기 위한 분명한 지급 수단을 먼저 떠올린 것으로 보인다. 극도의 인플레이션 현상은 패전만큼이나 국가의 사기를 꺾게 마련이며 방데미에르 이후 바라스가 이끄는 총재정부는 나폴레옹이 보내 주기로 한 대량의 금이 절실하게 필요했다. 총재정부는 나폴레옹이 이탈리아와 오스트리아에서 거둔 승리에 분노하고 두려워했다. 하지만 그저 미약하게 나폴레옹을 몰아내려는 시도를 한 번 하는 것 이상으로 대응할 수는 없었다.

나폴레옹은 다음 지시를 받았다.

"우리의 정치적 상황을 고려해 이탈리아에서 그대가 가져올 수 있는 것은 모두 남김없이 가져오라. 우리는 이를 유용하게 쓸 것이다."41)

그는 이렇게 부여받은 자신의 소관을 적극 받아들였다. 그는 이탈리아에서 (최소한 그에게 반대하는 지역만큼은) 돈뿐 아니라 위대한 예술품까지 완전히 강탈해 가리라 결심했다. 5월 1일 나폴레옹이 시티장 페푸에게 보낸 편지는 다음과 같다.

"밀라노·파르마·피아첸차·모데나·볼로냐의 그림, 조각, 전시실, 진기한 물품의 목록을 보내게."42)

해당 지역 통치자들이 벌벌 떨며 두려워했던 그 일은 그대로 진행되었고 결국 1793년 개관한 파리의 중앙박물관은 이탈리아의 진귀한 예술품을 전시했다. 이것은 1803년까지는 동일한 박물관에, 1815년까지는 나폴레옹 박물관에, 이후에는 루브르 박물관으로 옮겨가며 계속 전시될 운명이었다.

나폴레옹은 어떤 예술품을 가져갈지 고르기 위해 프랑스의 감정가와 큐레이터를 임명했고, 그들은 서양 미술의 걸작을 파리로 가져가면 더 많은 사람이 접할 수 있을 거라고 주장했다. 1814년 영국 목사 윌리엄 셰퍼드는 말했다.

"이전에는 알프스산맥을 넘고 모든 지방을 돌아다녀야 박식하고 위엄 있는 지적 호기심을 충족할 수 있었다. 그러나 지금은 이탈리아에서 약탈해 온 물품이 전부 한 지붕 아래 모여 전 세계가 볼 수 있도록 널려 있다."[43)] *

보나파르트 찬성파로 영국 작가이자 번역가인 앤 플럼프트레에 따르면 당시 프랑스가 가져간 전리품은 대부분 로마 집정관 루키우스 뭄미우스가 코린트와 아테네에서 약탈해 온 것이었다고 한다.[44)]

나폴레옹은 자신의 박물관을 원했다. 그는 박물관을 꾸미고 금칠하고 조각상으로 가득 채워 '전시용 궁전'으로 바꿔 놓고 싶어 했으며 이로써 세계 최고의 작품은 물론 세계 최대 역사 기록물도 자랑하고자 했다. 열렬한 애서가였던 그는 "독일제국과 바티칸, 프랑스, 연합주의 기록물을 파리의 한곳에 모으기"를 원한다고 분명히 밝혔다. 훗날 나폴레옹은 "이 방대한 유럽 수집품을 완벽하게 채우기"[45)] 위하여 베르티에를 통해 에스파냐에 주둔한 한 장군에게 샤를 5세와 펠리페 2세의 기록보관소를 찾아내라고 지시했다.

5월 초 나폴레옹은 총재정부에 포강을 건널 작정이며 힘든 여정이 될 것이라는 전언을 보냈다. 또한 "우리가 드넓은 강을 헤엄쳐 건널 수 있다고 믿는 사교클럽 군인들"의 말을 듣지 말라고 경고했다.[46)] 포강과 티치노강 구석으로 후퇴한 오스트리아군 사령관 볼리외는 포강 북쪽으로 지나가는 병참선을 마련해 파비아에서 밀라노까지 지키고 있었다. 그는 나폴레옹의 미끼를 덥석 물고 발렌차를 밀착 감시하는 중이었다. 나폴레옹은 파르마 공작령에 속하는 피아첸차로 돌진하면서 몇몇 강의 방어선을 우회해 지나치고 곧장 밀라노를 압박해 들어갔다. 이는 이후로도 나폴

* 이는 본질적으로 오늘날 대영 박물관에 남아 있는 엘긴 마블스(엘긴이 아테네에서 가져간 그리스 조각과 건축 부분 — 역자)를 정당화하려는 주장인데 사실은 이들도 각기 다른 환경에서 취득했다.

레옹이 꾸준히 선호한 후방 전략의 첫 번째 사례로 적군의 뒤쪽으로 치고 들어가는 전략이다. 1805년과 1809년 빈으로 '돌진'한 사례와 1806년과 1807년 폴란드에서의 전략적인 이동 역시 포강을 건너 돌진한 경험을 그대로 반영하고 있다.

볼리외는 나폴레옹보다 하루 행군할 거리만큼 피아첸차와 더 가까운 곳에 주둔하고 있었다. 따라서 나폴레옹이 안전하게 포강을 건너려면 최소 이틀, 가능하면 사흘의 시간을 벌어야 했다. 그는 더 빨리 행군하라는 지시를 내리며 필요한 모든 보급품을 계산해 두었다는 자신에 차 있었다. 세뤼리에와 마세나는 볼리외를 속이기 위해 발렌차로 향했고, 오주로는 혼란을 가중하기 위해 발렌차와 피아첸차 사이에 자리를 잡고 강을 건너는 모든 연락 수단을 끊어 버렸다. 그동안 나폴레옹은 라아르프와 클로드 달르마뉴 장군(그의 병사들이 누더기 같은 신발을 신고 있었기에 나폴레옹은 새로운 신발을 조달해 주겠다고 약속했다) 그리고 '용감한' 샤를 킬멘 장군의 기병대를 이끌고 앞으로 나아갔다. 엄밀히 따지면 중립 지역인 파르마를 거쳐 가야 했지만 해당 지역을 다스리는 공작이 적대적이라 나폴레옹은 당시 존재한 국제법의 세부조항을 무시하며 그대로 행군했다.

5월 7일 새벽 프랑스군은 포강과 트레비아강이 합류하는 지점에서 건널 준비를 완료했다. 대담한 성격의 장 란 장군은 강둑을 몇 킬로미터에 걸쳐 샅샅이 수색하며 강을 건너기 위한 모든 수단을 찾았다. 거기에 5백 명을 태우고 460미터 넓이의 강을 건널 수 있는 연락선도 있었기에 (약 32킬로미터 떨어진) 오주로와 (약 56킬로미터 떨어진) 마세나, (약 112킬로미터 떨어진) 세뤼리에를 최대한 빨리 불러들일 수 있었다. 나폴레옹은 8일에 강을 건너 피아첸차로 향했다. 피아첸차 군주는 성문을 열지 않으면 무슨 일이 벌어질지 짧지만 노골적인 설명을 들은 후 성문을 열었다. 그날 나폴레옹은 "한 번만 더 승리하면 이탈리아를 완전히 정복한다"47)라고 카르노에게 예언했다. 또한 군마를 보급하라고 강력히 요청해 더 이상 노새가 대포를 끌지 않게 되었다. 실제로 나폴레옹이 향후 전투에서 사용한 대포들은 피아첸차 귀족의 마차용 말이 끄는 경우가 많았다.

파르마 공작의 땅을 아무렇지 않게 침범한 나폴레옹은 그와 휴전을 맺은 후, 미켈란젤로와 코레조의 작품을 포함해 그림 스무 점과 로마 최고의 시인 베르길리우스의 작품에 관한 프란체스코 페트라르카의 원고를 파리로 보냈다.[48] 만족을 모르는 프랑스군은 동식물까지 가져갔다. 다양한 동식물 표본을 수집해 파리 식물원에 보내기 위해 과학자 가스파르 몽주와 클로드 루이 베르톨레, 식물학자 앙드레 투앵을 파비아로 파견했다. 나폴레옹은 베르톨레에게 실험에 필요한 수은까지 구해 주었다.[49]

5월 10일경 오스트리아군은 밀라노에서 남동쪽으로 35킬로미터 떨어진 아다강의 우측 강둑에 있는 로디를 거쳐 밀라노로 후퇴했는데, 나폴레옹은 바로 이곳에서 그들을 가로막기로 했다. 마르몽이 경비병 연대를 통솔하고 란이 근위 보병 대대를 이끌며 마을을 가로질러 오스트리아 후위 부대를 쫓아갔다. 그때 적군이 길이 180미터에 폭 9미터의 나무다리 건너편에서 산탄통을 쏘아 터뜨리는 바람에 마르몽과 란 모두 길이 막혀 버렸다. 나폴레옹은 대포 2문을 다리 위로 끌고 가 적군이 다리를 파괴하는 것을 방지하기 위한 발포를 감독했다. 또한 더 많은 대포를 구해 오게 한 뒤 강둑과 인근 민가에 저격수를 두었다. 이후 그는 다리 바로 뒤편의 교회 종탑으로 이동해 전투를 지휘했다.*

오스트리아군 후위 사령관 제보텐도르프 장군은 3개 대대와 대포 14문을 설치해 다리를 엄호했으며, 8개 대대와 14개 기병 중대를 예비로 두었다. 이는 도합 9천5백 명의 병력이었다. 이를 피해 다른 위치로 이동할 경우 며칠을 소모해야 하는데 나폴레옹은 퇴각하는 볼리외를 쫓을 기회를 놓치고 싶지 않았다. 나폴레옹은 당장 다리를 기습했다. 그는 오후 5시까지 대포 30문을 준비하게 했고 기병 2천 명을 남북으

* 오늘날의 다리로부터 13미터 상류에 있다.

로 보내 강의 얕은 여울을 찾도록 했다. 여기에다 3천5백 명으로 구성된 달르마뉴의 행렬을 로디 뒷길로 보내 그들의 사기를 북돋우기 위해 열변을 토했다(나폴레옹이 전쟁터의 연설을 두고 주장하길, "사람을 움직이게 하는 유일한 방법은 그들의 영혼에 말을 거는 것이다." **50)**). 그는 베르티에에게 대포를 두 배 빠르게 발사하라고 명령하고 오후 6시에 제27과 제29 레제르 여단을 오스트리아 포도탄의 사정거리 내에 있는 다리로 보냈다. 피에르 루이 뒤파 대령의 총기병 중대 연합이 선봉을 자원했다. 이는 거의 자살이나 다름없는 임무로 인간의 본능과 완전히 상반되는 것이었다. 그러나 이같이 미쳐 날뛰는 사기('프랑스의 분노'라고 불린다)는 나폴레옹이 전투의 위기 상황에서 열변을 토하며 연대의 자부심을 드높이고 열정적인 애국심을 자극하면 종종 나타나는 현상이었다.

다리에 먼저 오른 군인들은 대부분 죽어서 쓰러졌지만 일부는 얕은 강으로 뛰어들어 다리 아래와 근처에서 계속 발포했고 나폴레옹은 병사들을 추가로 투입했다. 그들은 기병과 보병의 반격에도 불구하고 엄청난 용맹을 발휘해 다리를 점령했다. 강을 건널 만한 얕은 여울을 찾아낸 프랑스 보병 연대가 우측 강둑에 도착했을 때 오스트리아군은 이번에도 질서정연하게 퇴각하고 있었다. 닷새 후 오스트리아군은 아디제강까지 물러났고 나폴레옹은 밀라노에 입성했다.*

나폴레옹은 오스트리아의 후위와 맞서 싸웠을 뿐이고 양측 모두 9백 명 정도 잃었지만 로디 다리에서의 급습은 금세 나폴레옹의 신화가 되었다. 포도탄이 빗발치는 와중에 길고 좁은 다리로 돌격하려면 대단한 용기가 필요했다. 그날 공격을 이끈 몇몇 장교(베르티에, 란, 마세나를 포함해)는 나폴레옹 휘하 최고의 사령관이 되었다**(그날

* 적군이 있을 때 다리를 건너고 교두보를 점령하는 것은 나폴레옹 전략의 일관성 있는 특징이다. 1796년 아르콜레, 1805년 도나우(다뉴브)강 전투, 1806년 제나, 1807년 폴란드 전투 중이나 1809년 아스페른-에슬링과 바그람, 1812년 베레지나, 1813년 라이프치히, 1814년 몽테로, 1815년 샤를루아에서도 같은 모습을 찾아볼 수 있다.

** 이날 승리만 거뒀던 것은 아니다. 전투에서 승리한 뒤 나폴레옹은 라아르프가 피아첸차의 소규모 접전에서 전사했다는 사실을 알게 된다. 그는 베른 주재 프랑스 대사에게 편지를 보내 혁명 기간 동안 지방 당

베르티에는 참모총장이자 포병사령관, 종대지휘관으로 활약했는데 이는 그가 전술 능력을 발휘해 직접 군을 이끈 마지막 날이었다. 나폴레옹은 그가 전투에서 목숨을 걸기에는 너무 귀중하다고 판단했다). 로디 전투 이후 병사들은 나폴레옹에게 '꼬마 하사'라는 별명을 붙였다. 이것은 존경하는 지휘관에게 애정을 담아 장난을 치는 오랜 관습에 따른 것이었다. 예컨대 (수에토니우스에 따르면) 율리우스 카이사르의 병사들은 '대머리 오입쟁이'라는 노래를 불렀고 웰링턴은 '참견장이'였으며 로버트 E. 리는 '할머니'라고 불렸다. 나폴레옹은 '꼬마 하사'라는 별명을 좋아해 계속 쓰게 했으나 사실 이 별명은 그가 떨쳐 내려고 했던 공화국의 평범함을 강조하는 표현이었다. 로디 전투 이후 반항적인 태도는 깨끗이 사라졌고 모두 '사기'가 충천했으며 이는 전쟁이 끝날 때까지 이어졌다.

후일 나폴레옹은 자신의 승리를 두고 이렇게 말했다.

"나 자신이 그저 평범한 장군이 아니라는 사실을 알게 되었다. 나는 나를 여러 민족의 운명을 결정하기 위해 부름을 받은 이라고 여겼다. 국가 무대의 주역으로 설 수 있으리라는 것도 깨달았다. 큰 뜻의 첫 번째 불꽃은 여기서 탄생했다."[51)]

그는 평생 이런 말을 여러 사람 앞에서, 여러 장소에서 되풀이했다. 실제로 로디 전투는 그의 경력에서 결정적인 전환점이었다. 야망을 자랑하는 것은 끔찍한 일을 초래할 수도 있지만 변화무쌍한 에너지와 웅대한 목표, 웅변 재능, 완벽에 가까운 기억력, 최상의 시기, 사기를 북돋우는 리더십 등 탁월한 능력이 더해질 경우 놀라운 결과를 낳기도 한다.

5월 11일 나폴레옹은 15통의 편지를 썼고 그중 하나는 총재정부에 "밀라노와 파비아의 열쇠를 곧 보내드릴 수 있기를 바랍니다"라고 고하는 내용이었다. 별도로

국이 압수한 그의 사유지를 여섯 자녀에게 되돌려 주도록 했다. 베른 행정부는 로디 개선장군의 요구를 거절할 수 없었다.

카르노에게는 난공불락이나 다름없는 만토바(볼리외가 향하고 있는 곳)를 취할 수만 있다면 2데카드 안에(공화력 단위로 1데카드는 10일이다) '독일의 심장부'에 도달하는 게 가능하리라고 자신했다.[52] 또한 오스트리아군이 2천에서 3천 병력을 잃은 반면 프랑스군은 겨우 150명을 잃었을 뿐이라고 보고했다. 실제 사상자 목록과 사체 수를 세어 봤다면 전혀 다른 통계가 나왔을 것이다. 적군의 손실은 체계적으로 과장하고 아군 손실은 축소하는 것은 나폴레옹의 군사 작전에 지속적으로 나타나는 특징이었다. 물론 그와 친숙했던 고전 작가들도 그렇게 글을 쓰곤 했다. 심지어 조제핀에게 사적으로 보내는 편지에도 같은 방식으로 과장을 집어넣었는데, 여기에는 그녀가 편지를 읽고 주변에 정보를 알리면 자신의 신뢰도가 올라가리라는 기대가 담겨 있었다(한번은 전투 후 조제핀에게 보내는 편지에 부상자를 7백 명이라고 적었다가 지우고 1백 명으로 줄인 경우도 있다[53]). 정보를 검증할 만한 수단이 없었으므로 프랑스 국민은 (최소한 초반에는) 나폴레옹이 말하는 통계를 그대로 믿을 수밖에 없었다. 단순히 사상자 숫자뿐 아니라 적에게 빼앗은 포로, 대포, 군기 숫자도 마찬가지였다. 그는 군사 보고서를 쓸 때만큼은 전혀 솔직할 의향이 없었다.

나폴레옹은 전후 보고서에 거짓말을 했다고 비판받았으나 중국의 전략가 손자를 시작으로 허위 정보 유포는 전쟁의 새로운 무기로 자리 잡았다. 그러므로 관습적인 도덕 기준을 그대로 적용해서는 안 된다(윈스턴 처칠이 전시에 깨달은 바에 따르면 진실이란 굉장히 소중한 것이라 거짓으로 둘러싸 보호할 필요가 있다). 사실 나폴레옹의 실수는 하도 과장을 일삼다 보니 진정한 승리마저 있는 그대로 믿기 어렵거나 과소평가된다는 점이었다. 그 결과 '보고서처럼 거짓말하다'라는 관용 표현이 탄생하기도 했다. 나폴레옹은 레쟁발리드의 군 교회에 적군의 군기를 내거는 등 가능한 한 프랑스 국민에게 구체적인 증거를 내보이기도 했다. 그러나 나폴레옹의 일생을 통틀어 살펴보면 끔찍한 소식은 조금 좋지 않게, 좋지 않은 소식은 그리 환영할 만하지 않지만 받아들일 만하게, 받아들일 만한 소식은 좋게, 좋은 소식은 대승리로 포장하는 것이 그의 능력이었다.

나폴레옹은 조제핀에게 이탈리아로 와달라고 2주째 부탁하고 있었다.
"뮈라와 함께 떠나 내게로 와 주길 빌고 있소."
그는 토리노를 거쳐 와 달라고 부탁하는 편지를 보냈다.

> 그리하면 여행 기간을 보름 단축할 수 있다오. … 내 행복은 당신의 행복을 보는 데 있소. 당신의 기쁨은 곧 내 기쁨이고 당신의 즐거움은 곧 내 즐거움이오. 당신보다 더 많은 헌신과 열정과 애정이 넘치는 사랑을 받을 여인은 없을 것이오. 이제 나는 다시는 내 심장을 완전히 다스릴 수도 통제할 수도 없고, 모든 욕망을 이룰 수도 없소. … 당신의 편지가 도착하지 않고 있소. 나흘에 한 통을 받을 뿐이오. 당신이 나를 사랑한다면 하루에 두 통은 써 주시오. … 아듀, 조제핀, 당신은 내가 어찌할 수 없는 존재요. … 당신을 향한 사랑은 매일 더 깊어진다오. 곁에 없으니 작은 열정은 사그라지지만 큰 열정은 더욱 깊어진다오. … 나를 생각해 주거나 나를 경멸하며 사랑하지 않는다고 말해 주시오. 그리하면 내 영혼이 조금이나마 덜 비참해질 만한 방법을 찾아내겠소. … 당신이 알프스를 넘어오는 날 … 나는 행복한 하루하루를 보낼 것이오. … 내 고난에 주는 최고의 보답이자 내 승리로 얻은 최고의 보상일 것이오.[54)]

조제핀은 길을 떠날 생각이 전혀 없었다. 그녀는 (변명이라고 한다면 너무 잔인한) 떠날 수 없는 이유를 대며 뮈라에게 자신이 임신한 것 같다고 말했다. 이 소식을 들은 나폴레옹은 환희와 흥분에 사로잡혔다. 그는 5월 13일 로디의 본부에서 편지를 보냈다.

"당신의 작은 배를 볼 수만 있다면 그보다 더 큰 행복은 없을 것이오! … 나만큼 당신을 사랑할 또 다른 생명이 탄생하는 것이오. 당신의 아이와 나는 언제나 당신 곁에서 당신을 보살피며 사랑할 것이오. 당신은 절대 귀찮아하지 마시길, 알겠소? 장난칠 때 말고는 콧방귀는 뀌지 마시오!!! 그럼 3명이나 4명의 얼굴이 되겠구려. 이보다 더 아름다운 건 없으니, 어디에도 빼놓지 않고 작은 키스를 보내오."[55)]

조제핀이 상상 임신을 했거나 정말로 유산했을 수도 있지만 어쨌거나 자식은 없었다. 사실 그녀가 이탈리아로 남편을 만나러 가지 못한 진짜 이유가 있었다. 말쑥하고 재치 있으며 짓궂은 장난을 즐기는 아홉 살 연하의 경기병 중위 이폴리트 샤를과 바람을 피우고 있었던 것이다. 그녀는 친구에게 보낸 편지에서 이렇게 말했다.

"그를 보면 너도 빠지고 말걸." "(그의 얼굴은) 정말 아름다워! 그 남자보다 크라바트를 잘 매는 사람은 세상에 없을 거야."56)

샤를과 잘 아는 사이였던 금융업자 앙투안 아믈랭에 따르면 샤를은 '외모를 빼면 장점이라고는 없는 작은 새우 같은 남자', '가발 상인 조수 정도의 우아함을 갖춘 남자'였다.57) 이것만 들으면 그저 뺀질대며 부인들과 어울리기를 즐긴 남자 같지만 그럼에도 결투가 일상이던 시대에 감히 나폴레옹의 부인과 바람이 나다니 샤를 중위가 꽤 대담했다는 점은 인정해 줄 만하다.

총재정부는 나폴레옹이 로디에서 승리했다는 소식을 접하기도 전에 이미 이탈리아 원정군이 거둔 승리의 영광을 다른 이와 강제로 나누게 할 계획을 짜고 있었다. 특히 독일에서 모로 장군과 주르당 장군이 지지부진한 성과를 거둔 나머지 나폴레옹이 위험할 정도로 칭송과 각광을 받았기 때문이다. 1793년 뒤무리에 장군의 반역 사건 이후 정부는 특정 장군에게 과도하게 힘이 집중되는 상황을 경계했다. 나폴레옹이 켈레르만 장군의 알프스 원정군에서 병력 1만 5천 명을 빼내 보내달라고 요구하자, 이들은 병력을 이탈리아로 보내기는 하겠으나 켈레르만이 지휘할 것이며 이탈리아 원정군을 두 갈래로 나눌 것이라 일렀다. 로디에서 승리하고 4일 후, 그리고 밀라노를 점령하기 하루 전인 5월 14일 나폴레옹은 바라스에게 답장한다.

"사임하겠습니다. 하늘은 제게 다양한 성격과 몇 가지 재능을 내려 주셨습니다. 당신이 저를 충분히 믿어주지 않으면 저는 이곳에서 아무 쓸모도 없습니다."

그는 발미 전투에서 승리한 켈레르만을 두고 '내가 전혀 존경하지 않는 분위기와 원칙이 있는 독일인'이라고 했다.[58] 동시에 카르노에게 이렇게 전했다.

"나는 스스로 유럽 최고의 장군이라고 믿는 자와 함께 복무할 수 없습니다. 2명의 훌륭한 장군보다는 한 명의 그저 그런 장군이 낫습니다. 정부와 마찬가지로 전쟁에도 요령이 필요합니다."[59]

나폴레옹은 총재정부에 보내는 공식 답변에서 좀 더 요령을 발휘했다.

"사람마다 전쟁을 이끄는 방식이 다릅니다. 켈레르만 장군은 저보다 경험이 많으니 잘 해내겠지요. 그러나 우리 둘이 함께 지휘했다가는 최악의 결과를 낳을 것입니다."[60]

이러한 거짓 겸손은 젊음의 치기와 함께 드러났다.

"저는 누구에게도 의논하지 않고 원정을 이끌어 왔습니다. 제 생각을 다른 사람과 맞춰가야 했다면 그저 다툼만 있을 뿐 아무것도 이뤄내지 못했을 것입니다.… 정부가 저를 완전히 신뢰한다고 믿었기에 저는 제 생각만큼 빨리 움직일 수 있었습니다."[61]

두 사람이 함께하는 순간부터 곧장 갈등을 일으킬 거라는 나폴레옹의 예상은 옳았다. 나폴레옹은 다른 사람의 명령을 따르는 것은 물론 누군가와 함께 지휘하는 것조차 불가능한 인물이었다. 지금까지의 원정 결과로 봤을 때 총사령관이 한 명인 프랑스군이 복잡한 지휘 체계를 갖춘 오스트리아군보다 우월하다는 게 증명되었다.* 로디의 승리, 밀라노 점령 소식과 함께 나폴레옹이 사임하겠다고 협박하자 정부는 더 이상 계략을 꾸밀 수 없었다. 나폴레옹은 전쟁에서 계속 승리한다면 총재정부를 좌지우지할 수 있으리라 생각했다. 당시 그는 말로는 총재정부에 복종했으나 실은 갈수록 무시하고 있었다.

나폴레옹이 총재정부에 보낸 편지들은 엄격한 검열을 거쳐 모든 농담과 소문을

* 훗날 나폴레옹은 이렇게 명시했다. "전쟁에서 가장 중요한 것은 분열하지 않는 지휘다. 하나의 군대는 하나를 기반으로 하나의 지휘관이 움직여야 한다."(ed. Chandler, *Military Maxims* p.213)

지우고 〈모니퇴르〉에 실렸다. 예컨대 나폴레옹은 모데나의 약하고 보잘것없는 공작 에르콜레 3세는 "에스테 귀족가문의 후예인 점이나 세례명에 모두 걸맞지 않다"라고 했으며, 공작의 최고 교섭가인 세뇨르 프레데릭은 에스파냐 무용수에게서 태어난 배다른 형제가 아니냐고 했다.[62] 나중에 바라스는 나폴레옹의 보고서에 담긴 '모욕적으로 비꼬는' 내용에 충격을 받았다고 하지만 당시에는 바라스도 분명 즐거워했을 것이다.

1796년 5월 15일 일요일 개선장군 나폴레옹이 밀라노에 입성했다.* 로디에서 다리를 점령한 영웅적 행위를 기리기 위해 총기병이 가장 먼저 들어서는 영광을 누렸고 주민들은 '꽃을 뿌리며 환대했다.'[63] 말에 올라 길을 따라 걸은 나폴레옹은 큰 환영을 받았다. 그러나 정복자가 점령한 도시에 들어설 때는 으레 환영받는다는 사실을 그는 잘 인지하고 있었다. 이탈리아 사람들은 오스트리아가 쫓겨났다는 소식에는 기뻐했지만 대신 프랑스가 쳐들어왔다는 사실에 안심할 수 없었기에 오히려 몹시 불안해했다. 개중에는 프랑스혁명 사상이 이탈리아 정치와 사회에 미칠 영향을 순수하게 기대하는 사람도 있었다. 그들은 인원은 많지 않았으나 영향력이 있었다. 대체로 교육을 많이 받은 전문적이고 비종교적인 엘리트층은 나폴레옹을 해방을 안겨 줄 세력으로 평가하는 경향이 있었다. 반면 가톨릭 소작농들은 프랑스군을 외국에서 쳐들어 온 무신론자 집단으로 여겼다.

나폴레옹은 세르벨로니 공작의 초대를 받아 밀라노의 화려한 팔라조 세르벨로니에 머물렀다. 공작은 실내 고용인 30명, 주방 고용인 1백 명을 두고 있었다. 그도 그럴 것이 그가 초대하는 손님은 작가, 편집자, 귀족, 과학자, 교수, 지식인, 조각가, 여론 주도자 그리고 밀라노의 오페라·예술·조각에서 두각을 나타내는 사람 등 몹시

* 이 순간 나폴레옹은 마르몽에게 다음과 같이 말한 것으로 추정된다. "행운은 여인과도 같아서 그녀가 내게 더 많은 것을 해 줄수록 나는 더욱더 그녀를 탐하게 된다."(Rose, *Napoleon* I p.118)

대단한 인물들이었다. 이 모든 것 뒤에는 정치적 목적이 깔려 있었다. 나폴레옹은 로마의 조각가 안토니오 카노바에게 이런 글을 보냈다.

"당신은 유명한 예술가로서 이탈리아 원정군의 비호를 받을 자격이 있다. 나는 당신에게 일시불로 모든 숙식을 제공하라는 명령을 내렸다."64)

나폴레옹은 과거의 정복자들과 다른 사람, 계몽 정신을 갖춘 해방자로 보이고 싶어 했다. 나폴레옹의 최종 목표는 이탈리아에 독립 통일국가를 세우는 것이었고 이탈리아 국가주의에 불을 붙이리라는 결심을 유지했다. 이를 위해 나폴레옹은 밀라노에 도착한 다음 날 롬바르디아공화국 건국을 선포했다. 또한 이탈리아의 친프랑스 성향 세력인 자코비니(자코뱅파 혹은 '애국자들')가 공화국을 다스리고 곳곳에서 정치 모임이 자라나도록 장려했다(밀라노에서 결성한 한 모임에는 법률가와 상인 8백 명이 소속되기도 했다). 나아가 오스트리아 통치 기관을 없애고 파비아 대학을 개혁했으며 임시 지방선거를 진행하고 국가방위군을 설립했다. 이탈리아 통일을 지지하는 밀라노의 주요 세력 프란체스코 멜치 데릴과 협의를 진행한 뒤에는 가능한 한 많은 권력을 넘겨주었다. 동시에 나폴레옹과 살리체티는 롬바르디아에서 2천만 프랑을 '기부금'으로 거둬들였다. 공교롭게도 그날은 그가 이런 시달을 내린 날이었다.

"군의 위상을 드높이기 위해 나는 그 누구도 다른 이의 재산을 건드리는 것을 허용하지 않겠다."65)

메테르니히가 후일 관찰했듯 1796년의 이탈리아는 '그저 지리적 표현'일 뿐 하나의 국가라기보다 훨씬 더 포괄적인 개념이었다. 그래도 같은 문화를 공유했고 서서히 공용어가 발전하고 있었다. 이제 롬바르디아는 엄밀히 말하면 독립 공화국이었으나 프랑스 보호국이었고 베네토는 여전히 오스트리아 소속 지방이었으며 만토바는 오스트리아 군대가 점령하고 있었다. 토스카나와 모데나, 루카, 파르마는 오스트리아 공작과 대공의 지배를 받았고 교황령(볼로냐, 로마냐, 페라라, 움브리아)은 교황 소유였다. 나폴리와 시칠리아는 단일 왕국(양시칠리아왕국Kingdom of the Two Sicilies)으로 부르봉 페르디낭 4세가 통치했다. 사보야드 왕조는 여전히 피에몬테와 사르데냐를 다스렸다. 통일 국가를 꿈꾸는 이탈리아 사람들(멜치 등)이 기댈 곳이라고는 '기부금'을 요구하는 나폴레옹뿐이었다.

트리에니오triennio라고 불리는 향후 3년 동안 이탈리아에서 나폴레옹이 세운 일련의 '자매-공화국'에서 자코비니가 형성되었다. 나폴레옹은 이탈리아에 새로운 정치 문화를 만들고 싶어 했다. 새로운 이탈리아 정치는 프랑스혁명 사상에 기반을 두어 실력주의·단일 국가·자유로운 사상은 지향하는 반면 특권층, 지방 도시국가, 트리엔트 공의회의 가톨릭은 지양해야 했다.66) 이 또한 총재정부의 정치적 의제에 포함된 바였으나 나폴레옹은 갈수록 총재정부를 무시했다. 자코비니는 혁명 원칙에 물들어갔으며 트리에니오 동안 나폴레옹은 그들에게 제한된 권한을 내주었다. 그러나 기존 질서도 많이 남아 있었다. 이탈리아인은 과거에도 종종 지배를 받아온 까닭에 정복자의 열정에 그리 관심을 기울이지 않았다. 자코비니 정부의 움직임은 도시 밖으로 뻗어 나가는 경우가 거의 없었고 오래 지속되지도 않았다. 대다수 이탈리아인에게 프랑스에서 찾아온 낯선 권력자는 지나치게 노골적이고 중앙집권적이며 (특히 돈과 예술품을) 많이 요구하는 인물일 뿐이었다. 그래도 1796년 여름 롬바르디아에서 보낸 몇 달과 훗날 남부 시골의 골수 가톨릭 지역인 칼라브리아에서 보낸 시간을 제외하면 이탈리아에서 대규모 반란은 일어나지 않았다. 이것은 티롤이나 에스파냐를 지배할 때와 대조적인데 이는 프랑스의 새로운 통치 방식이 과거 오스트리아보다 낫다는 사실을 이탈리아인이 대체로 받아들였다는 의미다.

나폴레옹이 새로 정복한 지역에서 행한 개혁에는 경제발전에 도움을 준 국내 관세 철폐, 귀족의회와 각종 봉건적인 특권의 핵심 사항 폐지, 국가 부채를 낮추기 위한 재무 구조 조정, 제한적인 길드 체제 종결, 종교적 관용, 유대인 거주 구역 철폐와 유대인 자유거주권 허용, 교회 사유지 중 일부 국유화 등이 있다. 이후 10여 년간 그는 정복한 대부분의 지역에 비슷한 근대화 개혁을 적용했는데 (싫어하는 사람도 있었지만) 프랑스를 포함해 수많은 진보적 중산층이 이를 칭송했다. 유럽 문명이 진보하고 있다는 볼테르의 시각은 당시 프랑스에서 상당히 보편적으로 받아들여졌고 이에 기반해 나폴레옹은 개혁을 추진해 갔다. 그는 무역과 산업에 관한 규제나 통제를 폐지한 곳에 종교재판과 모호한 봉건적 관습, 유대인 차별 규제, 길드 등 순수한 계몽을 도입했다. 만약 나폴레옹 군대가 승리하지 않았다면 해당 지역 사람들은 법적 권리나 법 앞의 평등을 전혀 누리지 못했을 것이다.

프랑스의 새로운 정부 체제가 훨씬 우월하다는 점을 유럽 전역에 납득시키려면 그저 항복만 받아 내는 것으로는 부족했고 적극 협력하는 태도를 이끌어 내야 했다. 전쟁에서 승리하는 사람은 나폴레옹이지만 이후 평화를 찾기 위해서는 행정을 맡은 사람들이 재빨리 역할을 수행해야 했다. 프랑스혁명 엘리트층은 열성적인 지도자야말로 새로운 형태의 문명이라고 진심으로 믿었고('문명civilization'이라는 단어 자체는 1760년대에야 프랑스어에 등장했고 나폴레옹 시대에는 거의 사용하지 않았다) 프랑스가 유럽 전체의 복지 수준을 높이고 있다고 순수하게 믿었다. 그들은 새로운 형태의 삶을 제시했는데 전제 조건은 두말할 것도 없이 프랑스의 군사력이었다. 프랑스는 루이 14세 이후 '위대한 국가'를 자칭했고 1797년 8월 이탈리아 원정군의 신문은 "위대한 국가의 모든 발자취는 축복을 받는다!"라며 열성적인 태도를 보였다.[67] 총재정부하의 프랑스 장교들은 애국적인 만찬 자리에서 이렇게 건배했다.

"프랑스공화국민의 통합을 위하여! 이탈리아 원정군의 선례대로 이 땅을 이끌 국가를 위한 힘을 얻으리!"[68]

이 표현은 간결하지 않아 최고의 건배사라고 할 수는 없지만 진심으로 제국주의를 추구하는 진취적인 이들에게 꼭 필요한 문명의 우월성을 뿜어낸다.

1796년 5월 나폴레옹은 밀라노에서 저명한 이탈리아 천문학자 바르나바 오리아니에게 편지를 보냈다.

"천재적인 사람, 문학계에서 두각을 나타내는 사람은 어디에서 태어났든 모두 프랑스인이오. 그간 밀라노의 학자들은 합당한 대우를 받지 못했소. 그들은 연구실로 숨어들었고 운이 좋다고 여겼소. … 성직자가 그들을 가만히 내버려 두기만 한다면 말이오. 이제 모든 것이 바뀌었소. 이탈리아는 사상의 자유를 얻었소. 이제 종교재판과 불관용, 폭군은 사라졌소. 내가 학자들을 초대할 테니 과학과 예술에 새로운 꽃을 피우기 위해 필요한 것을 제시해 주시오."[69)]

비록 프랑스의 정복을 비판하는 내용만큼은 계속 검열을 받았지만 그래도 전반적으로 검열을 철폐한 것에 학계는 깊은 인상을 받았다.

물론 이 모든 약속이 결실을 맺으려면 나폴레옹은 반드시 북부 이탈리아를 전부 점령해야 했다. 1796년 5월 만토바에는 대규모 오스트리아 세력이 자리 잡고 있었다. 그들이 물러날 가망은 거의 없었고 오히려 잘나갈 가능성만 가득했다. 나폴레옹은 밀라노에 입성한 뒤 얼마 지나지 않아 병사들 앞에서 이렇게 선언한다.

> 병사들이여, 제군은 아펜니노산맥의 정상에서 급류처럼 돌진했다. 제군은 행군을 가로막는 모든 것을 타도하고 해산했다. … 파르마와 모데나의 공작은 오로지 제군의 관용 덕분에 자기 자리를 보전한 것이다. … 이토록 위대한 성공은 조국에 환희를 안겨줄 것이다. … 조국에서 제군의 부모와 아내, 누이, 애인은 제군의 행운을 함께 누리며 제군이 누구인지 당당하게 자랑할 것이다.[70)]

그다지 진심 같지 않은 칭찬이었지만 밀라노에서 휴식을 취하며 회복하길 바랐던 병사들은 즉시 정신을 차렸다.

> 제군에게 나약한 휴식이란 지루할 것이다. 영광으로 향하는 길에 시간을 허비하면 행복은 멀어진다. 자, 그럼 앞으로! 우리는 앞으로도 강행군을 계속해 적을 진압하고 월계관을 쓰고 상처에 복수할 것이다. … 그 후 제군은 집으로, 조국으로 귀환할 것이다.

사람들은 그대를 가리켜 이렇게 말하리라. "그는 이탈리아 원정군 소속이었다." 71)

5월 23일 파비아에서 프랑스에 항거해 가톨릭 성직자가 이끄는 시위가 일어나자 란 장군은 시 의회에 총격을 가하는 것으로 엄중하게 진압했다.72) 다음 날 밀라노에서 16킬로미터 남서쪽에 위치한 비나스코에서도 비슷한 사태가 벌어졌다.73) 무장한 소작농들이 마을을 요새화해 프랑스 병참선을 공격하기 시작했다. 나폴레옹이 베르티에에게 전한 바에 따르면 "파비아까지 절반쯤 갔을 때 비나스코에서 소작농 1천 명과 맞닥뜨려 그들을 무찔렀다. 1백 명을 죽인 뒤 마을에 불을 질러 끔찍하지만 효과적인 선례를 만들었다." 74) 비나스코를 불태운 것은 방데 전역에서 벌어진 게릴라 진압 작전과 유사했는데, 당시 올빼미파를 진압하려고 학살과 마을을 불태우는 일이 빈번했다.75) 나폴레옹은 "정치적 처방을 위해 유혈 사태가 필요할 때도 있다"고 믿었고 빠르고 확실하게 처벌함으로써 대규모 탄압을 예방할 수 있다고 여겼다.76) 나폴레옹은 잔악무도한 사람이 될 생각은 없었으며 타인의 고통에 공감할 줄 알았다. 비나스코 사태 일주일 후 그는 총재정부에 전했다.

"필요한 조치였지만 매우 끔찍한 광경이었습니다. 고통스럽게 생각합니다." 77)

10년 후 그는 쥐노에게 보내는 편지의 추신에서 이렇게 적는다.

"비나스코를 기억하라. 그 일로 나는 이탈리아 전역에 평화를 가져왔고 훗날 수천의 피가 흐르는 것을 예방할 수 있었다. 적절한 시기에 가혹한 사례를 보여 주는 것은 최고 효력을 발휘한다." 78)

1799년 12월 그는 데두빌 장군에게 말했다.

"전쟁을 한다면 기운차게 엄격함을 발휘해야 한다. 오직 그래야만 전쟁을 짧게 끝내고 인류가 겪을 고통을 줄일 수 있다." 79)

파비아의 반란이 롬바르디아 지역으로 확산되자 나폴레옹은 그들의 행동을 통제하기 위해 현지의 부유한 가문 중에서 5백 명의 인질을 차출해 '국가 죄수'로서 프랑스로 보내 버렸다. 그는 토르토나 인근 마을에서 반란을 일으키는 데 사용한 모든 교회의 종을 파괴했고, 소작농 무리를 이끈 마을 성직자는 누구도 주저 없이 쏘아버렸다. 성직자를 싫어하는 성향을 보인 나폴레옹은 예전에도 코르시카에서 소위 사제족속(위선적인 성직자)에게 분노했는데, 이제 교구 성직자들이 봉기를 이끄는 모습을 보면서 더욱 확고하게 이들을 거부했다. 그와 동시에 그는 교회가 갖춘 제도적 힘과 완전히 맞설 수는 없다는 것을 깨닫고 그것을 존중했다. 그는 정치에 끼어들지 않고 종교만 따르는 성직자는 보호해 주겠다고 약속했다.

5월 말 나폴레옹은 고통으로 가득 차 있었다. 나폴레옹은 조제핀에게 끊임없이 기나긴 편지를 보내며 "오고 있소? 임신은 어떻소?"라고 질문했다. 한 편지에는 다섯 번이나 그녀를 자신의 돌체 아모르(달콤한 사랑 — 역자)라고 부르기도 했다. 하지만 조제핀은 더 이상 편지를 보내지 않았다.**80)** 다음은 당시 나폴레옹이 보낸 편지다.

> 당신이 오고 있다는 예감이 든다오. 그 생각만 해도 기쁨에 차오른다오. … 당신이 온다는 것은 내게 굉장히 큰 기쁨이기에 정신이 나갈 것 같다오. 당신이 어떻게 아이를 품고 있는지 알고 싶어 죽을 것 같소. … 아니, 사랑하는 당신, 여기에 온다면 아주 좋을 것이오. 그 아이는 엄마를 닮아 예쁘고 아빠를 닮아 당신을 몹시 사랑할 것이오. 당신이 나이를 먹으면, 당신이 백 살이 되면, 아이는 당신의 위안이자 기쁨이 될 텐데. … 어서 와서 좋은 음악을 듣고 아름다운 이탈리아를 보시오. 당신이 없다는 것만 빼면 모든 것이 완벽한 곳이니.**81)**

조제핀은 이폴리트 샤를의 하늘색 제복과 붉은 모로코 부츠, 딱 달라붙는 헝가리풍의 반바지, 유치하고 짓궂은 장난에 푹 빠져 한 달이라도 파리를 떠나려 하지 않았다.

1796년 6월 2일 나폴레옹은 식량이 넉넉한 만토바를 포위하기 시작했다. 그는 성채라 불리는 밀라노의 성을 점령해야 했고 티롤에서 오스트리아군이 돌아오지 않는지 살피는 동시에 북쪽에서의 반란도 진압해야 했으므로 포위 병력이 소수인데도 무리하게 뻗어 나갔다. 파리의 총재정부는 나폴레옹에게 혁명을 남쪽으로 교황령까지 전파하고, 영국 해군을 교황령 도시 리보르노에서 쫓아내라고 전했다. 나폴레옹은 베네치아도 위협해 오스트리아에 협력하지 않고 중립을 지킬 것을 요구해야 했다. 포위 장비를 앙티브에서 밀라노로 가져온 그는 6월 중순 교황령에 맞서 남쪽을 기습공격함으로써 볼로냐와 페라라, 모데나에서 추가로 대포를 얻을 수 있기를 바라고 있었다.

5월 30일 나폴레옹은 보르게토 전투에서 민치오강을 건넜고, 볼리외는 북쪽으로 아디제 계곡을 올라 트렌토 쪽으로 후퇴했다. 전투 중 적에게 거의 붙잡힐 뻔했던 나폴레옹은 자신을 호위하던 병사들을 쫓아 버리고 새로운 병사들에게 자신을 지키게 했다. 이는 냉정하고 신중한 장 바티스트 베시에르 장군 휘하 호위기병대의 전신이 되었다. 보르게토 이후 프란츠 황제는 가엾은 볼리외를 오스트리아 야전군 사령관 자리에서 물러나게 하고(만토바는 여전히 그의 지휘하에 있었다) 대신 육군원수 다고베르트 폰 뷔름저 장군을 임명했다. 그 역시 70대로 나폴레옹이 태어나기 6년도 전에 마무리된 7년 전쟁에서 명성을 쌓은 노장이었다.

'사변형'이라 불리던 요새 네 곳(만토바, 페스키에라, 레냐고, 베로나)이 오스트리아가 북부 이탈리아에서 떨치는 전력의 핵심이었다. 이 네 지역은 북쪽과 동쪽으로 뚫린 알프스산맥의 길과 포강, 가르다 호수로 통하는 길을 막는 요충지였다. 나폴레옹은 대체로 유동적인 움직임으로 포위를 피하려는 경향이 있었지만 이 경우에는 다른 방법이 없었다. 만토바를 포위하고 병참선을 유지하면서 아디제강과의 연결을 유지할 수 있는 병력은 겨우 4만 4백 명뿐이었다. 1796년 6월부터 1797년 2월까지 만토바는 5주를 제외하고는 계속 포위 상태였다. 세 면은 넓은 호수에 막혀 있고 한 면은 높고 두꺼운 벽으로 막혀 있는 만토바는 난공불락이었다. 포위하고 있는 사람보다 포위당한 사람의 수가 훨씬 더 많았고, 적어도 초반에는 오스트리아 측이 프랑스가 발포할 수 있는 포탄의 수보다 두 배 더 많이 발포했다. 그러나 6월 초 나폴레옹은 롬바르디아 평원과 '기부금' 덕분에 식량을 넉넉히 공급받았다. 총재정부에 말 1백 필을 보내며 "귀하의 마차를 끄는 그저 그런 말을 바꾸십시오"라고 말할 여유까지 생겼다.[82] 그는 총재정부 측이 간절히 원하던 금 2백만 프랑도 보내 주었다.

6월 5일 나폴레옹은 주 투스카니 프랑스 공사인 외교관 앙드레 프랑수아 미오 드 멜리토를 만났다. 다음은 미오가 당시의 만남을 기록한 내용이다.

> (나폴레옹은) 극도로 마른 사람이었다. 이상하게 잘라 분칠한 머리는 귀 밑에 정확히 떨어졌고 어깨까지 닿았다. 그는 몸 선에 맞춰 쭉 곧은 코트를 입고 턱까지 단추를 채웠는데 코트 가장자리에 아주 얇은 금 자수가 놓였고, 모자에 삼색 깃털이 꽂혀 있었다. 잘생겨 보이지는 않았지만 강렬한 첫인상과 날렵하고 꿰뚫어 보는 눈빛, 무뚝뚝하지만 생기에 찬 몸동작에서 열정적인 영혼이 느껴졌다. 생각에 잠긴 넓은 이마는 진지한 사상가 같았다.[83]

나폴레옹이 뮈라와 쥐노, 란에게 명령하는 모습을 본 미오는 이렇게 적었다.

"모든 사람이 그에게 존경의 태도를 보였는데 이는 선망이라고 부를 수도 있다. 나는 공화국의 평등이란 친숙함이라고 생각했으나 다른 사람들과 달리 그와 동료들 사이에서는 평등한 친숙함을 찾아볼 수 없었다. 그는 자신의 위치를 알고 있었으며 다른 이들과 거리를 두었다."

이는 나폴레옹이 의도했던 바로 그는 스물일곱 살에 부관과 비서, 당번병 등을 두기 시작할 때부터 자신에게 함부로 접근하지 못하게 통제함으로써 스스로 지위를 높였다. 같은 맥락에서 그는 2명의 새로운 부관을 임명해 쥐노와 마르몽, 뮈롱,

뮈라와 함께 일하도록 했다. 폴란드 출신으로 혁명군 대위였던 유제프 수우코프스키, 포병 장교 제로 뒤로크(오귀스탱 드 레스피나스 장군의 부관으로서 능력을 입증한 인물)가 새로운 부관이었다. 몇 년 후 나폴레옹은 뒤로크를 '친밀함과 전폭적인 신뢰를 동시에 갖춘 유일한 사람'이라고 평하기도 했다.84) 뒤로크는 나폴레옹을 '그대tu'라고 친밀하게 부를 수 있는(가족을 제외하면) 몇 안 되는 사람 중 하나였다.

총재정부는 나폴레옹이 부르봉 왕가의 나폴리로 이동하기를 바랐으나, 티롤의 위협 속에서 남쪽으로 진군하는 건 위험하다고 판단한 나폴레옹은 체라스코에서 총재정부의 명령을 거부하기로 했다. 나폴레옹은 미오에게 나폴리와 휴전을 진행하도록 명한 뒤, 나폴리 측에 오스트리아 4개 기병 연대와 리보르노의 영국 해군 함대 배의 후퇴를 요구했다. 요구를 따르지 않으면 이탈리아 원정군이 나폴리를 짓밟을 것이었다. 침략 위협에 놓이자 나폴리의 협상가 벨몬테 피냐텔리 공은 2시간 만에 자기 앞에 놓인 조약서에 서명했다. 이제 나폴레옹은 총재정부를 무시하기로 작정했다. 피냐텔리는 자신이 "법률가 출신의 불량배들을 위해 싸우는 것으로 보이느냐"는 나폴레옹의 질문에 답해야 했다85)(나폴레옹이 좋아하고 존경하는 법률가도 몇 명 있었지만 그는 법률가라는 족속 자체를 완전히 혐오했다. 총재정부의 총재 5명 중 3명이 변호사 출신이고 바라스는 판사 출신이었다. 나머지 한 명인 수학자 카르노만 법률가가 아니었다).

6월 5일 밀라노로 돌아온 나폴레옹은 다시 조제핀에게 편지를 썼는데, 그는 여전히 그녀가 임신 중이며 그를 보러 오는 길이라고 믿고 있었다. 사랑과 분노, 혼란, 자기 연민의 폭발적인 표현은 물론 편지 숫자와 길이만 봐도 그에게는 편지를 쓴다는 것 자체가 하나의 분출구였다. 덕분에 몰려오는 정치적, 군사적 압박에서 벗어나는 데 도움을 받았을 것이다. 그는 최대한 좋은 효과를 내길 갈망하며 자의식으로 가득한 낭만적인 편지를 썼다. 그가 부인에게 보내는 편지는 과거에 집필한 《클리송과 외제니》 같은 환상 문학과 별반 차이가 없었다.

내 영혼은 오로지 기쁨만 기대하며 슬픔으로 가득 차 있소. 우편물은 계속 도착하지만 그중 당신이 보낸 것은 한 통도 없구려. 당신이 보냈던 편지에는 그저 몇 단어뿐 아무런 깊은 감정도 담겨 있지 않소. 나를 향한 당신의 사랑은 그저 단순한 변덕이었소. 당신이 만일 깊은 마음을 품었다면 스스로 그 사실을 우스꽝스럽게 여겼을 것이오. … 내게 남은 희망이라고는 당신이 나를 혐오스럽지 않게 기억하는 것뿐이오. … 내 심장은 평범한 감정으로는 절대 기쁨을 느낄 수 없소. … 사랑에는 굳어 버린 심장이오. 당신이 오면 끝없는 열정이 차오를 테니 중독은 더욱 심각해질 것이오. 당신을 생각하는 것은 내 영혼의 무엇보다 우선하며 우주에 당신이 없다면 아무 의미도 없소. 당신의 가벼운 변덕도 내게는 절대적이오. 당신을 볼 수만 있다면 내 최상의 행복이겠소. 아름답고 우아한 당신, 달콤한 천상의 영혼이 당신의 얼굴에 천국의 빛깔을 드리운다오. … 잔혹하도다!!! 당신이 전혀 즐기지도 않는 감정 속에서 내가 당신을 상상하게 내버려둘 수 있는가!!! 그러나 책망은 내게 아무런 의미도 없소. 나는 행복을 절대 믿어본 적이 없소. 매일 죽음이 나를 부추긴다오. … 우리가 저지른 모든 난리법석에도 불구하고 삶에 의미가 있는지? 아듀, 조제핀 … 천 개의 칼이 내 심장을 찌르오; 더 깊숙이 꽂아 넣지는 마시오. 안녕 내 행복, 내 삶, 이 땅에 그런 것이 존재했었다면.86)

그는 데지레와 헤어진 뒤 실연의 아픔으로부터 벗어나기 위해 글을 썼는데, 첫 경험을 떠올리거나 프랑스에 '복종'하는 코르시카에 분노를 터뜨리거나 자신의 자코뱅주의를 설명하는 것은 혼자서만 끼적인 글이었다. 이제 그는 이토록 과한 글을 실제로 조제핀에게 보내고 있었다. 하지만 불륜 상대에게 빠져 버린 그녀는 2주일간 드물게 두세 줄 이상 써 보낸 것이 다였고 6월 11일부터는 한 달 내내 아무것도 보내지 않았다. 그때 나폴레옹은 무언가가 완전히 잘못되고 있음을 느끼고 당장 조제핀의 전 애인 바라스에게 편지를 보냈다.

"아내가 제게 찾아오지 않아 깊은 절망에 빠져 있습니다. 누군가 다른 애인이 그녀를 파리에 붙잡아 두고 있는 것 같습니다. 모든 여자를 저주하며 내 훌륭한 친구를 진심으로 받아들입니다."[87)]

나폴레옹이 조제핀에게 보낸 편지를 보면 (애초에 그녀가 사랑한 적이 있는지 모르겠으나) 그녀가 더 이상 그를 사랑하지 않는다는 사실을 인정한다고 말하면서도 다른 모든 가능성을 붙잡고 늘어졌다. 예컨대 그녀가 죽어 가고 있는 것은 아닌지(당시 파리에 있던 뮈라는 그녀가 병을 앓았더라도 '가벼운' 정도뿐이었다고 보고했지만) 등을 생각한 것이다.

> 당신은 더 이상 나를 사랑하지 않소. 나는 죽을 수밖에 … 그럴 수만 있다면!!! 내 심장에서 분노의 뱀이 들끓고 나는 이미 반쯤 죽은 것이나 다름없소. 아! 당신 … 눈물이 흐르고 평안도 희망도 없소. 이 운명의 의지와 바뀌지 않는 법칙을 존중하오. 내 불행을 더욱 씁쓸하게 느끼도록 하는 영광이 나를 짓누르오. 나는 어떤 새로운 상황에도 적응할 수 있겠지만 스스로를 존중하지 못하는 데는 절대 익숙해질 수 없을 것이오. 하지만, 그럴 리가 없지만, 내 조제핀이 오는 중이라면, 그녀가 나를 아주 조금이라도 사랑한다면! 그토록 큰 사랑을 약속한 것이 두 달 만에 사라져 버릴 수는 없소. 파리를, 여자를, 연애를 증오하오. … 상황이 두렵소. … 그리고 당신의 행동도. … 그러나 내가 당신을 비난해야 마땅하오? 아니, 당신의 행동은 당신의 운명에 따를 뿐이오. 그토록 친절하고 아름답고 우아한 당신이 내게 크나큰 절망을 안겨 주는 무기라니? … 안녕, 내 조제핀. 당신을 생각하면 나는 행복해지지만 이제 모든 것이 바뀌었소. 당신의 귀여운 아이를 나를 대신해 안아 주시오. 아이는 내게 기쁨의 편지를 쓸 것이오. 나는 더 이상 당신을 사랑해서는 안 되기에, 아이를 더욱더 사랑하도록 하겠소. 운명과 영광에 아랑곳하지 않고 평생 당신을 사랑하겠소. 당신이 보내준 편지를 모두 지난밤 다시 읽어보았소. 당신이 피로 쓴 편지마저. 그걸 본 내게 어떤 마음이 들었는지![88)]

그는 그녀에게 만나기 3일 전부터 씻지 말고 자신이 그녀의 체취 속에 파묻힐 수 있도록 해 달라고 쓴 적도 있다.[89] 6월 15일에는 "나는 정부를 절대 두지 않을 것이며 당신이 애인을 두는 것도 절대 받아들일 수 없소"라고 털어놓았고, 꿈에서 "당신의 부츠와 드레스를 벗기고 내 심장에 당신의 몸이 들어오도록 했소"라고도 썼다.[90]

나폴레옹은 조제핀에게 격정의 랩소디를 수백 쪽이나 써 보냈고 그녀가 아무 반응도 없다면 목숨을 끊으리라고 쉬지 않고 말했다. 그렇지만 관보에 노출하지 않은 전쟁 관련 기밀 사항은 거의 언급하지 않았다. 그녀를 마음속 깊이 믿지는 않았던 것일 수 있다. 또는 편지가 특별 배달로 파리에 도달하기까지 2주일이 걸렸으므로 도중에 적군이 가로챌까 봐 우려했을 수도 있다. 1833년 나폴레옹이 조제핀에게 보낸 편지 중 238통이 처음 공개되자 영국 정치가 존 윌슨 크로커는《계간 비평문》에서 조제핀을 이렇게 평했다.

"경솔하고 변덕스러우며 경박하다. 자만심이 지나치게 강해 계속 아첨을 듣고 싶어 한다. 너무 조심성이 없어서 신뢰할 수 없다."

나폴레옹도 조제핀을 그렇게 평가했을지도 모른다. 한편 엄격하고 공정한 크로커는 나폴레옹의 편지도 비난했다.

"신뢰가 담겨 있지 않고 마음을 나누지도 않는다. … 진지한 생각을 하지 않고 공통되는 관심사도 없다."[91]

나폴레옹에게는 삶을 엄격히 구분하는 능력이 있었고 한쪽 걱정이 절대 다른 쪽을 침범하지 않게 했다. 이는 위대한 정치가라면 반드시 지녀야 할 특성이지만 나폴레옹은 기준을 훨씬 뛰어넘었기에 다음과 같은 말을 남겼다.

"서로 다른 주제와 사건을 내 머릿속에 찬장처럼 정리해 둔다." "일련의 생각 중 다른 생각을 하고 싶으면 그 서랍을 닫고 새로운 서랍을 연다. 자고 싶다면? 그저 모든 서랍을 닫으면 잠들 수 있다."[92]

나폴레옹의 부관이 기록한 바에 따르면 "참모들은 그의 강한 정신력과 자유자재로 대상에 집중하는 능력을 존경했다."[93] 나폴레옹은 폭풍 같이 몰아치는 사랑 속에서 자신이 숭배하던 여성에게 기껏해야 미지근한 감정밖에 없다는 사실을 점점 괴롭게 깨달아 가고 있었다. 그러면서도 대담한 원정 계획의 종지부를 찍을 계획을 마무리했고 이미 거둔 다섯 번의 승리에다 추가로 일곱 번의 승리를 더했다. 나폴레옹이 만토바를 점령하고 오스트리아를 쫓아내면서 3백 년을 이어 온 합스부르크의 이탈리아 통치는 막을 내렸다.

승리

5

군대를 이끌기 위해서는 끊임없이 주의를 기울이고 새로운 소식을 꿰고 있어야 하며 모든 것이 늘 준비되어 있어야 한다.

1813년 4월 나폴레옹이 조제프에게

–

승리와 몰락은 겨우 한 발자국 차이다.
가장 중요한 순간에 큰 사건을 결정지은 것은 언제나 사소했다.

1797년 10월 나폴레옹이 탈레랑에게

나폴레옹은 이탈리아 원정 내내 오스트리아와 맞서 싸워야 했지만 틈틈이 오스트리아가 뒤를 노리지 않는 순간을 활용했다. 비록 프랑스를 혐오하는 선동 분위기를 풍기는 묘사이긴 해도 1796년 6월, 교황령에 도착한 프랑스 병사들은 교회 제단에 놓인 양초로 물고 있던 파이프에 불을 붙였다는 이야기가(프랑스 혐오 세력이 선동하기 위해 퍼뜨린 것 같기는 하지만) 전해진다.[1] 실제로 교황 피우스 6세는 프랑스혁명을 비난했으며 공식 합세하지는 않았어도 제1차 대프랑스 동맹을 지지했다. 교황은 그 행위에 무거운 대가를 치러야 했다. 22년이나 제위에 있던 일흔여덟의 교황에게는 나폴레옹이 6월 18일 모데나로, 19일 볼로냐로 입성하는 것을 막을 군사도 능력도 없었다. 결국 나폴레옹은 교황 세력을 몰아냈고 주민들은 일주일 내로 타협해야 했다. 6월 말 나폴레옹은 교황과 휴전 협정을 맺었으며 총재정부는 1천5백만 프랑의 기부금을 받고 기꺼이 평화 조약을 받아들였다. 살리체티는 '프랑스 위원이 결정할 1백여 점의 그림, 꽃병, 흉상, 조각상'을 두고 교섭을 진행했는데 그중에는 유니우스 브루투스의 청동 흉상과 마르쿠스 부르투스의 대리석 흉상, 바티칸 도서관의 원고 5백여 점도 있었다.[2] 8월 11일 나폴레옹은 도서관이 전부 내놓지 않으려는 것을 예리하게 발견하고 로마 주재 프랑스 대리인 프랑수아 카코에게 편지를 보냈다.

"조약에 따르면 5백 점의 원고지 3백 점이 아니오."[3)]

6월 21일 스물여섯 살의 나폴레옹은 총재정부에 네 차례 이상 편지를 보내 그가 거느린 군대는 '어중간한' 수준인데도 불구하고 "모든 긴급 사항에 대처하고, (오스트리아) 군대에 대응하며 요새를 포위하고, 후방을 보호하고, 제노바·베네치아·피렌체·로마·나폴리를 위압하기 위해 모든 곳을 방비해야 한다"[4)]라고 피력했다. 이는 사실이었다. 이탈리아 대도시들(밀라노와 토리노를 포함할 수도 있었다)은 주변의 어떤 군대보다 강력해 보이는 그의 힘을 두려워하며 억눌리고 있었다. 만일 체계적으로 조직한 반란이 일어나면 나폴레옹은 꼼짝없이 당할 수밖에 없었다. 총재정부는 대비책을 거의 마련해 주지 않았고 여전히 군사 작전상 라인강이 훨씬 더 중요하다고 생각하고 있었다.

나폴레옹은 이탈리아에서 위협과 무관심 사이를 오가는 신중한 작업으로 정치 공작을 벌이고 있었다. 6월 21일 기록에 따르면, "공포 대상이 되기 위해서는 한쪽에서는 불을 놓고 총을 쏘는 한편 아직 때가 무르익지 않은 다른 쪽에서는 무관심하게 보고도 못 본 척해야 한다."[5)] 그는 사람들의 긍지에 호소하다가도 자신에게 반발하면 어떻게 되는지 똑똑히 알려 주었다. 6월, 그는 티롤에 이렇게 선언했다.

"프랑스 군대는 모든 민족, 특히 산악에 거주하는 소박하고 고결한 이들을 사랑하고 존중한다. 그러나 만일 잘될 수 있는 길을 거부하고 무기를 잡는다면 천벌이 내리듯 끔찍한 상황이 펼쳐질 것이다."[6)]

나폴레옹은 베르티에에게 크게 의존하면서도 자신의 능력을 당당하게 주장했다. 6월 22일 볼로냐에서 외교관 미오 드 멜리토를 만난 나폴레옹은 다음 소문을 어떻게 생각하는지 물어보았다.

"나폴레옹이 이룬 모든 성공은 베르티에 덕이다. 베르티에가 나폴레옹의 계획을 감독하고 나폴레옹은 베르티에가 제안한 계획을 그대로 따를 뿐이다."

청소년기에 베르사유에서 지낼 때부터 베르티에와 아는 사이였던 미오는 해당 소문을 부정했고 나폴레옹은 흥분해서 대꾸했다.

"그대가 맞소. 베르티에는 대대를 지휘할 능력도 없지!"[7)]

그가 실제로 이렇게 생각했던 것은 아니지만(나폴레옹은 베르티에에게 1798년에는 이탈리아 원정군을, 1800년에는 예비군을 맡겼다) 아무튼 자신의 대외적 이미지에 몹시 신경 쓰는 모습을 엿볼 수 있다. 같은 맥락에서 이제 나폴레옹은 선언문에 사용하는 표현도 '프랑스군의 여러 지휘자'에서 '지휘자'로 바꿀 작정이었다.

토스카나 대공과 긴밀한 무역 파트너 관계를 유지하던 영국은 6월 27일 리보르노에서 쫓겨나며 약 1천2백만 파운드에 해당하는 상품을 빼앗겼다. 6월 29일 48시간의 폭격 끝에 밀라노 성채는 함락된다. 그러자 영국은 7월 11일 토스카나 대공의 소유지였던 이탈리아 해안의 엘바섬을 점령했고 이때 나폴레옹은 합리적인 반응을 보였다.

"우리가 지금까지 한 일을 돌이켜 볼 때 다른 이가 중립 지역을 침범한 것에 뭐라 할 수는 없다."[8)]

곧이어 나폴레옹은 토스카나 대공이자 프란츠 황제의 동생인 페르디난트 3세에게 기부금을 받아 냈다. 대공은 그동안 리보르노에서 영국인 상인에게 무역 특권을 내준 인물이었다. 나폴레옹이 7월 1일 피렌체에 방문하자 산프리디아노부터 피티 궁 성문까지 거리마다 '가득 찬 모든 인파가' 그를 한 번이라도 보려고 했다.[9)] 나폴레옹은 보볼리 정원의 팔라조에서 페르디난트를 만났고 메디치가 의뢰한 피에트로 다 코르토나의 훌륭한 천장 그림과 루벤스, 라파엘로, 티치아노, 반 다이크, 렘브란트의 그림을 감상했다. 천장 그림을 프랑스로 가져가는 것은 불가능했지만 다른 작품은 얼마든지 가져갈 수 있었다. 대공은 나폴레옹을 정중히 맞아 주었고 나폴레옹은 이렇게 말했다.

"이제 당신 형은 롬바르디아에 땅이 한 뼘도 남지 않았소."

이는 사실이 아니었다. 여전히 만토바가 버티고 있었다. 페르디난트는 "스스로를 잘 다스렸기에 일말의 의구심도 겉으로 내비치지 않았다." 하지만 만토바가 함락되는 날 자신의 자리도 빼앗기리란 사실을 인지하고 있었다.[10)]

6월 26일 조제핀은 마침내 파리에서 밀라노로 눈물의 여정을 떠났다. 그녀의 일행에는 조제프 보나파르트(당시 성병에 걸려 치료 중이었다), 시녀 루이즈 콩푸앵, 조제프의 처남 니콜라 클라리, 금융가 앙투안 아믈랭(나폴레옹 밑에서 일할 수 있기를 소망하며 조제핀에게 빌붙어 살았다), 쥐노, 하인 4명, 호위 기사가 있었다. 조제핀의 소형 잡종견 포르투네도 함께였다(이 개는 침대에서 나폴레옹을 문 적이 있으며 그의 요리사가 키우는 크고 사나운 개 앞으로 내몰렸다).[11)] 심히 뻔뻔하게도 조제핀은 자신의 내실 경비병 이폴리트 샤를까지 데려갔다. 여행 중에 쥐노가 루이즈를 유혹하자 조제핀은 밀라노에 도착한 후 시녀를 내쫓았다. 쥐노는 앙심을 품었고 조제핀은 2년 후 이 일을 크게 후회한다.

나폴레옹은 조제핀이 남쪽으로 향하는 여정 동안 기나긴 사랑의 편지를 끝없이 보냈다. 편지는 대부분 마무리 문구가 '안녕, 내 사랑, 당신 입에 키스를 그리고 당신 심장에도'였고 '당신의 품속에, 당신의 양발에, 당신의 가슴에 닿을' 순간을 기대한다는 내용이었다.[12)] 토스카나의 피스토이아에서 보낸 편지에서는 '너무 어리석고 멍청해서 차마 보내지 못한 편지, 그야말로 바보 같은' 편지가 주머니 가득 있다고 말했다.[13)] 실은 그가 보낸 편지야말로 정말 바보 같았을 듯하지만 말이다. 그는 이전에 보낸 것과 마찬가지로 이번에도 피학적 감정으로 가득 찬 편지를 써 보냈다.

"나를 마음껏 놀리고 파리에서 나오지도 말고 온 세상이 알도록 바람을 피우고 절대 내게 편지를 쓰지 마시오. 그래! 나는 당신을 열 배 더 사랑할 것이오!"[14)]

조제핀은 7월 10일 밀라노의 세르벨로니궁에 도착했고 사흘 후 나폴레옹과 만난다. 나폴레옹은 약 480킬로미터를 행군해 6주 만에 밀라노로 돌아온 것으로 합스부르크, 교황령, 베네치아와 독립 도시인 페스키에라, 브레시아, 토르토나, 모데나, 볼로냐, 리보르노, 피렌체, 로베르벨라, 베로나를 거쳐 왔다. 그동안 중부 이탈리아는 완전히 겁을 집어먹었고 족히 4천만 프랑이 넘는 '기부금'이 걷혔다. 나폴레옹은 이폴리트 샤를이 누군지 몰랐고(쥐노와 뮈라, 조제프도 알려 줄 생각이 없었다) 조제핀은 비록 속마음은 달랐을지 모르지만 겉으로는 다정하게 대해 주었다. 아믈랭은 다음과 같은 기록을 남겼다.

"때때로 그는 서재를 떠나 그녀와 놀아 주러 갔는데 마치 그녀가 어린애인 것 같았다. 그는 그녀에게 장난을 치고, 울리고, 거칠게 애무해서 어쩔 줄 모르게 만들었다. 그럴 때면 나는 창가로 가서 창밖의 날씨를 관찰했다."[15]

분명 대단히 육체적인 관계였을 것이다. 극작가 카리옹 드 니사스의 기록에 따르면 "보나파르트 부인은 젊지도 예쁘지도 않지만 극히 겸손하며 매력적이다. 그녀는 남편을 자주 어루만졌고 남편은 푹 빠져 있는 것으로 보였다. 그녀는 아주 사소한 이유 때문에 종종 울음을 터뜨렸는데 거의 매일 울 때도 있었다."[16]

나폴레옹이 믿을 만한 가까운 사람에게 기밀 협상을 맡길 수 있도록 살리체티는 조제프에게 이탈리아 원정군의 병참감 자리를 마련해 주었다. 조제프는 동생의 명에 따라 리보르노와 파르마, 로마로 임무를 떠났다. 그는 미오 드 멜리토와 함께 프랑스가 다시 코르시카를 지배할 수 있도록 하는 임무도 맡았다. 일련의 임무 속에서 조제프는 외교 능력을 키울 수 있었다.

나폴레옹은 겨우 이틀 밤밖에 머물지 못했다. 뷔름저가 5만 병력을 이끌고 남쪽으로 향하는 중이었고 볼리외가 나서기 전에 만토바를 점령해야 했다. 나폴레옹은 '대담한 공격을 해낼 것'이라고 장담했다.[17] 그는 뮈라가 밤을 틈타 오스트리아 군복으로 위장한 병사들을 데리고 가 만토바를 지키는 인공호수 넷 중 하나를 건너 성문을 열고, 나폴레옹 군대가 만토바에 입성한다는 계획을 총재정부 측에 전달했다. 아마도 그는 카피톨리니의 거위 떼가 고대 로마를 구한 이야기(갈리아인이 로마를 기습 공격했을 때 거위 떼가 로마인을 깨웠다고 함 — 역자)를 떠올렸을 법한 다음 구절을 적는다. 뮈라의 "이번 기습 작전은 이와 유사한 다른 작전과 마찬가지로 운에 달려 있습니다. 개가 나올지 아니면 거위가 나올지 알 수 없습니다."[18] 실제로는 포강 수위가 예상치 않게 낮아져 계획은 무산되었다.

7월 말 나폴레옹은 오스트리아 참모 중 돈을 주고 심어 놓은 정보원에게 중요한 사실을 알게 되었다. 뷔름저가 만토바를 구하기 위해 라인강 작전에서 끌어온 숙련된 부대를 비롯해 병력을 모으고 있고, 질병으로 점점 쇠약해지는 볼리외의 수비대가 주둔 중인 가르다호 양안으로 내려오고 있다는 것이었다. 군사 작전에 정보를 잘 활용한 그는 참모 장교에게 맡기지 않고 스스로 정보를 분석해 각각의 정보에 어느 정도 신빙성이 있는지 직접 판단하려 했다.[19] 기밀 정보를 얻기 위해 나폴레옹은 탈영병과 포수를 심문하고 기병을 척후로 보냈다. 또한 병사를 농사꾼으로 위장시켰는데 이때는 진짜 농사꾼의 아내를 미리 인질로 잡아 두었다. 나폴레옹은 정찰 임무를 맡은 첩보원과 장교가 군단과 파견대를 혼동할 수 있고, 직접 목격한 내용보다 '공포에 사로잡히거나 놀란 사람들'에게 들은 내용을 그대로 가져오는 경우가 종종 있다는 점을 알고 있었다.[20] 그는 정보원에게 이런 명령을 내렸다.

"샛길과 여울을 정확하고 자세하게 정찰하라. 믿을 수 있는 안내자를 확보하라. 성직자와 우편 책임자를 추궁하라. 주민들을 신속하게 깊이 이해하도록 하라. 첩보원을 보내라. 공적 우편과 사적 우편을 가로채라. … 요약하면 총사령관이 군을 이끌고 도착했을 때 모든 질문에 답변할 수 있도록 하라."[21]

나폴레옹의 정보원들은 정확했다. 뷔름저는 5열을 이룬 병사 3만 2천 명을 이끌고 가르다호 동쪽으로 내려오고 있었고, 동시에 크로아티아 출신 기병 페터 폰 크보스다노비치 장군이 1만 8천 명을 이끌고 서쪽으로 내려오는 중이었다. 나폴레옹은 세뤼리에에게 1만 5백 명을 이끌고 계속 만토바를 포위하라고 지시했다. 이제 그에게는 새로운 위협에 대항하기 위한 병력 3만 1천 명이 있었다. 그는 피에르 프랑수아 소레 장군에게 4천4백 명의 병력을 이끌고 살로에 가서 크보스다노비치의 속도를 늦추라고 명했으며, 마세나에게는 1만 5천4백 명을 주어 동쪽으로 보냈다.

이야생트 데스피노이 장군에게는 4천7백 명으로 페스키에라-베로나 전선을 지키게 했고 오주로에게는 5천3백 명을 데리고 동쪽으로 연결된 도로를 지키게 했다. 그리고 킬멘의 기병 1천5백 명은 예비로 두었다. 나폴레옹 자신은 브레시아와 카스텔누오보, 데센자노, 로베르벨라, 카스틸리오네, 지오토, 페스키에라를 종횡무진했고 기동성을 갖춘 작전본부는 어디서든 최고의 아이디어를 낼 수 있도록 원정대를 따랐다. 극심한 열기 속에서 쉬지 않고 움직이느라 나폴레옹이 타던 말 다섯 마리가 연속해서 탈진했다.[22] 나폴레옹의 부관인 폴란드 출신의 데지데리 아담 흐와포프스키의 회상에 따르면 그는 "박차나 무릎은 절대 쓰지 않고 언제나 채찍을 휘둘러 말이 질주하게 했다."[23]

7월 29일 살로 전투에서 승자가 세 번 바뀌긴 했으나 마침내 크보스다노비치가 예상대로 소레를 살로 밖으로 내쫓았다. 같은 날 새벽 3시 가르다호 동쪽에서 마세나는 라코로나와 리볼리에서 대군의 공격을 받고 해질녘까지 기나긴 전투를 벌이며 아디제강에서 부솔렌고까지 후퇴했다. 오스트리아군은 대담한 공격으로 리볼리를 점령했다. 이때 나폴레옹은 마세나를 안심시킨다.

"그대가 오늘 잃은 것을 우리가 내일이나 그 후에 되찾을 것이다. 용기가 남아 있는 한 아무것도 잃지 않았다."[24]

그러나 7월 30일 '브레시아 기습 작전'으로 알려진 전투에서 오스트리아군은 브레시아 주둔지와 병원을 점령했는데 이때 겨우 3명의 사망자와 11명의 부상자만 냈다. 병원 환자 중에는 뮈라(뮈가 부인에게 성병이 옮았다), 란, 켈레르만의 영특한 아들인 기병 프랑수아 에티엔이 있었다. 전선에서 많이 떨어져 있으니 안전할 것이라 여긴 나폴레옹의 생각에 따라 조제핀도 밀라노에서 브레시아로 옮겨와 있었다. 조제핀이 거의 붙잡힐 뻔했다는 것을 알게 된 나폴레옹은 이렇게 맹세했다.

"뷔름저는 이 눈물의 대가를 비싸게 치를 것이다."[25]

나폴레옹은 총재정부에 "힘든 시기를 겪고 있다"는 사실을 인정하며 부수적인 장비를 모두 후방으로 보냈다.[26] 7월 29일 정오 그는 바사노에서 적의 병력이 내려오리라 예상하고 베로나의 동쪽인 빌라노바에 집결하라고 명했다. 오주로가 이끄는 사단은 55시간 동안 전진과 후퇴를 반복하면서 약 97킬로미터에 걸쳐 방어했다. 그렇지만 다음 날 정오 나폴레옹은 적의 본대가 사실은 북쪽과 서쪽 방향에 있다는 사실을 알게 되었다. 진군하는 뷔름저의 본대와 직접 맞닥뜨려 월등한 승리를 거두지 못하면 어차피 만토바를 빼앗길 수밖에 없는 상황이라 그는 크보스다노비치부터 해결하기로 했다. 7월 30일 나폴레옹은 세뤼리에에게 만토바의 포위를 풀도록 명한 뒤 루이 펠티에 장군의 여단을 오주로 쪽으로 보내고 달르마뉴를 마세나에게 보내 병력을 증강했다.[27] 그는 오주로에게 로베르벨라로 후퇴할 것을 명하며 이렇게 말했다.

"모든 순간이 소중하다. … 지금까지 적은 우리 전선을 세 번 끊고 들어왔다. 적은 코로나와 리볼리의 요충지들을 점령하고 있다. … 밀라노와 베로나로 통하는 병참선도 끊어졌다. 로베르벨라에서 새로운 명령을 기다려라. 내가 직접 가겠다."[28]

오주로는 잠시도 지체하지 않았다.

나폴레옹은 만토바의 포위를 풀고 물러나면서 대포와 박격포 179문 이상을 버려야 했고 탄약도 호수에 빠뜨렸다. 이를 몹시 안타까워하면서도 나폴레옹은 근대 전쟁은 전투에서 승리하는 것이 중요하며 요새 탈환은 부차적이라는 사실을 잊지 않았다. 그는 마세나에게 이런 말을 했다.

"무슨 일이 벌어지든 얼마나 대가를 치르든 우리는 내일 밤을 브레시아에서 보낼 것이다."[29]

바로 그날인 31일 로베르벨라에서 고이토로 가던 중 매복해 있던 크로아티아 부대를 간신히 피했을 무렵 나폴레옹은 그간의 꾸준한 노력이 거의 수포로 돌아가게 된 상황이었다.

브레시아에서 만토바 사이의 지역에는 고도 910미터의 산과 빙퇴석 봉우리가 로

나토와 카스틸리오네, 솔페리노에서 볼타까지 이어져 있었다. 볼타는 매우 고립된 지방으로 이곳에는 넓고 광대한 평야가 있었다. 7월 31일 새벽 3시 프랑스군은 서쪽으로 행군했고 동이 틀 무렵 로나토에서 소레와 오스트리아의 오트 장군이 4시간 동안 첨예하게 전투를 벌였다. 그동안 마세나는 제32연대를 데센자노와 로나토 사이에서 자신의 왼편에 배치했다. 압도적인 수적 열세로 오트는 퇴각했다. 오주로가 최대한 빨리 달려온 덕분에 크보스다노비치가 이끄는 1만 8천 명은 프랑스 병력 3만 명에 맞서 싸워야 하는 상황에 놓여 즉각 후퇴했다. 그날 밤 나폴레옹은 병참선을 걱정하며 오주로와 함께 브레시아로 향했고 다음 날 아침 10시에 도착했다.

뷔름저는 나폴레옹이 브레시아를 향해 서쪽으로 진군함과 동시에 로베르벨라에 집결해 만토바의 포위망을 강화하고 있다는 소식을 듣고(실제로는 포기한 상태였지만) 완전히 혼란에 빠졌으며 사기가 꺾여 별다른 대책을 마련하지 못했다. 다음 날 겁에 질려 카스틸리오네에서 도망쳤던 앙투안 라발레트 장군은 제18연대 병사들이 보는 앞에서 지휘권을 빼앗겼다. 그날 병사들이 열광하는 모습을 본 나폴레옹은 크보스다노비치를 격퇴하겠다는 결정을 내린다. 8월 3일 로나토에서 두 번째 전투가 벌어진다. 나폴레옹이 브레시아에서 데스피노이의 병력을 크보스다노비치 오른쪽 측면으로 보내자 적군은 가바르도로 방향을 틀어야 했고, 소레는 살로에서 적의 왼쪽 측면을 다시 공격해 들어갔다. 달르마뉴가 이끄는 여단은 양쪽 병력 사이를 행군하며 이음매 역할을 했다. 소레 휘하의 병사들이 배고프다고 항의하자 나폴레옹은 적군 막사에서 식량을 찾을 수 있다고 말한다.

장 조제프 피종 장군이 붙잡히고 그의 여단이 로나토에서 쫓겨날 즈음 나폴레옹이 마세나 사단의 선두부대를 이끌고 도착했다. 그는 제32전열을 '소대 종렬'로 바꾸도록 명한 뒤 곧장 북을 치고 군악을 연주하며 돌격하게 했는데 제18전열이 이를 지원했다. 비록 대대장 둘을 잃긴 했으나 그들은 오스트리아군을 데센자노까지 쫓아내고 제15용기병, 제4경비병과 함께 나폴레옹을 호위하는 기병대에 넘겼다.

쥐노는 여섯 군데나 부상을 입었음에도 불구하고 오스트리아 여단 전체의 항복을 받아 냈다. 크보스다노비치는 참패 소식을 듣자마자 호수 북쪽으로 후퇴해 뷔름저와 합류하려 했다. 그는 향후 열흘간 발이 묶일 염려가 있었다. 나폴레옹이 전후 보고서에 이르길, "나는 평온했다. 용감한 제32연대가 거기 있었다." 사기가 충천한 제32연대는 군기에 바로 이 문장을 커다란 금색 글자로 새겨 넣었다. 몇 년 후 나폴레옹은 제32연대를 두고 "언어가 지닌 힘은 정말 놀랍다"라는 말을 남겼다.[30)]

8월 3일 오주로는 뜨겁고 건조한 평원에서 16시간 동안 싸움을 벌인 끝에 카스틸리오네를 탈환했다. 몇 년 뒤 나폴레옹은 자신의 수행원들이 오주로가 충성을 다하지 않았다고 비난할 때마다 이렇게 말했다.

"오, 그러나 그가 카스틸리오네에서 우리를 구해 주었다는 사실을 기억하게."[31)]

8월 4일 프랑스군이 그곳에 재집결하면서 뷔름저는 나폴레옹을 후방에서 공격할 모든 기회를 놓치고 말았다. 그가 생각할 수 있는 최선이란 2만여 명의 병사를 이끌고 솔페리노로 천천히 이동하면서 만토바가 또 다른 포위에 대비하도록 시간을 버는 것뿐이었다. 8월 4일 아침 나폴레옹은 로나토에서 겨우 1천2백 명을 이끌고 크보스다노비치의 명령을 받지 못해 갈팡질팡하다 도시로 들어와 버린 오스트리아군 3천 명을 굴복시켰다. 그는 적군의 협상 담당 장교에게 자신의 "전체 군대"가 근처에 있으며, "8분 안에 상대편 사단이 무기를 내려 놓지 않으면 한 사람도 남겨 놓지 않을 것"이라고 차분하게 말했다.[32)] 그는 베르티에에게 근위 보병과 포병에 관해 명령을 내리면서 자신의 계략을 뒷받침하는 모습을 보여 주었는데, 베르티에는 그의 명령이 완전히 속임수라는 것을 알고 있었다. 오스트리아군은 항복하고 무장을 푼 뒤에야 근처에 프랑스군이 없고 나폴레옹을 손쉽게 붙잡을 기회를 놓쳤다는 사실을 깨달았다.

나폴레옹은 로나토의 두 번째 전투에서 처음 사각 방진 체제를 도입했다. 1760년대와 1770년대 기베르와 부르세가 교과서적 형태로 제안한 사각 방진 체제를 최초로 실전에 성공적으로 도입한 이는 나폴레옹이었다. 이 체제에서는 부대를 마름모꼴 형태로 편성한 뒤 적의 본대와 마주칠 경우 오른쪽 측면, 즉 오른쪽에 있는 부대가 선발대로 나서서 적의 발을 묶는 역할을 담당한다. 이전에 선봉과 후위를 맡았던 부대는 자동으로 작전 예비대로 역할이 바뀌어 새로운 선봉을 지원하는 중앙 기동 타격대가 되어 적군의 측면을 둘러싸는 것을 목표로 한다. 이로써 군대는 상대적으로 쉽게 어느 방향으로든 90도 회전을 할 수 있다. 이 시스템의 또 다른 장점은 전체 군단부터 부대까지 적용 범위를 확대하기 쉽다는 점이다. 부르세가 칭한 '확산 통제'가 이 체제의 핵심인데 나폴레옹은 이를 활용해 유연성을 크게 높이고 시시각각 바뀌는 상황에 전선을 계속 맞춰 나갔다.[33)]

8월 5일 금요일 나폴레옹은 만토바에서 북서쪽으로 32킬로미터 떨어진 카스틸리오네의 두 번째 전투에서도 사각 방진 체제를 적용했다. 뷔름저는 오른쪽에는 솔페리노, 왼쪽에는 만토바-브레시아 도로 위의 몬테 메돌라노를 두고 그 사이에 있는 강력한 보루에 2만 내지 2만 5천 명을 배치했다. 나폴레옹은 3만 명 이상을 거느렸으며 마세나는 그의 왼쪽에서 1만 명으로 종렬을 이뤘다. 오주로는 8천 명을 카스틸리오네 도시 앞에 또 8천 명을 2열로 두었고 킬멘의 기병은 오른쪽에서 예비대를 맡았다. 데스피노이는 5천 명을 이끌고 살로에서 돌아왔으며 파스칼 피오렐라 장군은 남쪽에서 7천5백 명을 이끌고 와 오스트리아 후방에 결정적 타격을 줄 기회를 노리고 있었다. 나폴레옹은 거짓으로 후퇴하는 척하면서 뷔름저의 예비대를 북쪽으로 유인하려 했다. 카스틸리오네 전투는 매우 복잡했기에 전세를 제대로 살피려면 지방 전체를 내려다볼 수 있는 로나토의 웅장한 성 꼭대기와 솔페리노의 라로카 종탑 위에 올라가야 했다.

8월 5일 오전 9시 남쪽에서 대포소리가 들려오자 나폴레옹은 피오렐라가 도착했다고 생각했으나, 실은 구이디촐로에서 제8용기병이 오스트리아 수송 열차를 약탈하는 소리였다. 그의 명령에 따라 마세나와 오주로는 공격을 시작했고 마르몽은 몬테 메돌라노를 향해 대포 12문 포열을 이끌고 출발했다. 전투가 전체 전선으로 번져 나가면서 오주로는 솔페리노를 점령했고 데스피노이는 적시에 도착해 왼쪽 중앙을 지원했다. 뷔름저는 피오렐라를 제어하기 위해 보병대를 내보내야 했다. 두 갈래 병력 사이에 갇힌 그는 뒤쪽에서 세 번째 갈래가 압박해 들어오는 상황에 놓였다. 뷔름저는 후퇴할 수밖에 없었고 프랑스의 경기병대에 붙잡힐 뻔했다가 간신히 벗어났다. 고된 행군 길 탓에 탈진하지만 않았다면 프랑스군은 오스트리아군을 궤멸할 수 있었겠지만 오스트리아군은 간신히 민치오강 너머로 도망쳤다.

오스트리아 측은 그날 하루 사상자가 2천 명 발생하고 포로 1천 명 이상과 대포 20문을 압수했다. 나폴레옹 휘하 장교들은 프랑스군 피해를 헤아린 후 죽거나 다치거나 실종된 사람이 약 1천1백 명이라는 사실을 알아냈다.* 8월 6일 나폴레옹은 총재정부에 보고했다.

"그렇게 우리는 닷새 안으로 새로운 군사 작전을 완수했습니다."[34]

이틀 후 그는 다시 베로나를 점령하고 이렇게 덧붙였다.

"오스트리아군은 … 꿈결처럼 사라졌고 이탈리아는 이제 위협에서 벗어나 고요합니다."[35]

8월 10일 그는 만토바 포위를 재개한다. 3미터 두께의 벽 뒤로 여전히 1만 6천4백 명의 오스트리아 병사들이 버티고 있었지만 그중 멀쩡한 인원은 1만 2천2백 명뿐이었다.

* '실종'이란 표현은 당대 전쟁의 수많은 가능성을 포함한다. 가령 사망했지만 시신을 찾을 수 없거나 본인을 확인할 수 없는 경우, 숨어 버린 경우, 탈영, 사고나 고의로 길을 잃은 경우, 거짓 부상, 포로로 붙잡힌 경우, 뇌진탕, 게릴라전에서 사망, 전후 복무자 명단에 잘못 기입된 경우, 임시로 다른 부대에 편입된 경우, 야전 병원 환자로 의식을 잃거나 신원을 알 수 없는 경우, 공격을 받아 온몸이 산산조각 난 경우, 휴가도 아닌데 부재중인 경우 등을 모두 포함한다. 따라서 '실종'된 병사들은 종종 주력 부대에 다시 들어왔으나 대개는 그러지 못했다.

나폴레옹은 8월의 남은 3주 동안 군을 재정비했는데 그가 아끼던 소레와 세뤼리에 장군은 부상 때문에 고국으로 돌아갔다. 빈자리를 채울 인물로는 숙련된 포병 클로드 앙리 드 보부아 장군과 최근 승진한 서른 살의 장 조제프 드 사위게 장군을 선발했고 파리에서 새로 인력을 충원하는 것은 최소화했다. 승리를 거듭할수록 프랑스에서 그의 명성은 드높아졌고 총재정부 측에서는 점점 그를 경계하기 시작했다. 그는 카르노와 바라스에게 다음과 같이 전했다.

"제 정치적 의도를 의심하는 떳떳하고 진실한 사람이 프랑스에 한 명이라도 있다면, 저는 언제라도 조국을 위해 봉사하는 기쁨을 단념하겠습니다."[36]

그즈음 나폴레옹은 자신의 으름장에 정면으로 맞설 만한 사람은 없다는 사실을 알고 있었다. 장교 명부에 343명의 후보가 올라와 있었으므로 이전에는 나폴레옹이 어느 장군을 승진시킬지 결정하기 위해 협상해야 했다. 그러나 나폴레옹이 전장에서 성공을 거듭할수록, 총재정부가 빚을 갚고 위신을 높이기 위해 그에게 의지할수록 간섭은 점차 줄어들었다.

한편 나폴레옹의 가정은 확연히 위태로웠다. 그는 쉬는 날이면 조제핀의 행방을 찾으려 노력하며 이렇게 적었다.

"아내가 지난 2주간 이탈리아를 떠돌고 있다. 아마도 리보르노나 피렌체에 있을 것으로 짐작된다."

또한 그는 '매우 활발하지만 고집이 센' 동생 뤼시앵을 위해 마르세유의 전쟁 병참 장교 자리를 구해 주었으나, 동생이 총사령관(이자 형)의 허락도 없이 갑자기 파리로 돌아가 버리자 동생을 찾는 즉시 24시간 안에 북부군으로 보내라고 지시했다.[37]

8월 말 나폴레옹은 뷔름저가 만토바를 구하기 위한 두 번째 시도를 계획 중이라는 정보를 얻는다. 나폴레옹은 병참선을 샅샅이 뒤져 군사를 모으고 알프스 원정군에서도 지원을 받아 총 5만 명 이상의 병력을 모았다. 뷔름저가 세 경로 중 무엇을 택할지 알 수 없었기에 보부아에게 1만 1천 명을 딸려 보내 가르다호 서쪽을 막게 하고 마세나에게 1만 3천 명을 주어 리볼리를, 오주로에게 9천 명을 주어 베로나를 담당하게 했다. 본대는 작전 예비대 역할을 맡았으며 킬멘은 1천2백 명의 보병, 대다수 기병과 함께 동쪽을 지키기로 했다. 나폴레옹 본인은 3천5백 명의 예비대와 함께 레냐고에 머물렀고, 사위게는 만 명의 병력으로 만토바를 포위했으며, 6천 병력은 크레모나 주변의 반란에 대비하기로 했다. 그는 뷔름저가 취할 공격 경로를 알아내면 병력을 거기에 집중하기로 했다. 그때까지는 브랜디와 밀가루, 사료, 탄약, 군용 비스킷(딱딱하고 네모난 건빵)을 충분히 확보하는 데 노력을 기울였다.

9월 2일 나폴레옹은 뷔름저가 아디제강의 발라가리나 계곡으로 오고 있다는 확실한 정보를 입수했다. 그는 독일 원정군 지휘관 모로 장군이 인스부르크에 도착했다는 소식을 들은 후 공격을 개시할 계획이었다. 가능한 한 독일 원정군과 이탈리아 원정군의 상황을 조정할 필요가 있었기 때문이다. 그러나 9월 3일 뷔르츠부르크에서 주르당 장군이 카를 대공에게 참패를 당하고, 모로는 바바리아 남쪽 깊숙이 있는 뮌헨을 습격하고 있었기에 어느 쪽도 도움이 되지 않았다. 나폴레옹 병력으로는 카를 대공과 뷔름저 군대 양쪽과 동시에 맞서 싸우는 것은 불가능했으므로 그는 위험을 피하기 위해 대비해야 했다.

나폴레옹은 트렌토에서 남쪽으로 24킬로미터 떨어진 로베레토로 진군해 4일 뷔름저의 선발대를 가로막았다. 동틀 즈음 (로베레토 바로 아래 위치한) 마르코의 험준한 산속 좁은 길 앞에 도달하자 적군은 아디제강 너머 모리의 견고한 참호로 둘러싸인 야영지에 있었다. 피종의 경보병은 마르코 좌측 고지대로 올라갔고 2시간에 걸친 끈질긴 접전 끝에 오스트리아 전선이 물러났다. 프랑스군에서는 약 750명의 사상자와 실종자가 발생했다. 오스트리아 장군 다비도비치 남작은 병사 3천 명(대부분 포로로 잡혔다)과 대포 25문, 군기 일곱 개를 잃었다.[38]

오스트리아군이 전면 후퇴하면서 그로부터 일주일간 해당 지역 계곡에서 전투가 네 차례 더 벌어졌다. 칼리아노에서 보초를 서던 불쌍한 오스트리아 병사들은 아침 식사를 준비하다가 갑자기 나타난 프랑스군에게 자리를 빼앗겼다. 9월 7일 프랑스군은 프리몰라노에서 거의 난공불락으로 보였던 곳을 공격해 순전히 기백으로 빼앗았다. 그 U자형 계곡은 양쪽 절벽이 급격하게 하나로 모이는 형태로 꼭대기 간격은 겨우 8백 미터 정도였다. 오스트리아는 길목을 쉽게 방어할 수 있었을지도 모른다. 하지만 그날 오후 산 양쪽 면에서 벌떼처럼 몰려든 프랑스 경보병 행렬은 허리까지 차오르는 브렌타강의 급류를 헤치고 건너와 오스트리아군에 공격을 퍼부어 바사노로 내쫓아 버렸다.

그날 밤 나폴레옹은 지금껏 군사 작전에서 그래왔듯 이번에도 밤하늘 아래 망토를 덮고 오주로 사단과 함께 잠을 청했으며 식량도 나눠 먹었다. 다음 날 그는 바사노에서 오스트리아 군사 2천 명과 대포 30문, 탄약 수송차 몇 대를 빼앗았다. 그동안 패배라고는 11일 마세나가 체레아에서 적을 쫓다가 지나치게 욕심을 내는 바람에 작게 패배한(사상자 4백 명) 것뿐이었다. 다음 날 오주로는 레냐고와 오스트리아 대포 22문을 손실 없이 빼앗았고 전쟁포로로 붙잡힌 프랑스인 5백 명을 구해 주었다. 사흘 뒤인 9월 15일 킬멘은 만토바 외곽의 라파보리타에서 뷔름저를 굴복시켰으며 오스트리아 총사령관은 도시로 쫓겨 들어가야 했다.

9월 19일 나폴레옹은 조제핀과 함께 밀라노로 돌아와 석 달간 머물렀고 마르몽 편에 최고의 선전 도구, 즉 레쟁발리드에 전시하기 위한 오스트리아 군기 22개를 파리로 보냈다. 빠른 작전 속도 덕분에 나폴레옹은 언제나 주도권을 쥐었다. 그리고 오스트리아군이 잘만 했다면 나폴레옹의 발목을 잡았을 가능성이 넘쳐나는 좁은 계곡과 협곡을 따라 거침없이 나아갔다. 브렌타강 계곡 위를 내달리는 전광석화 같은 작전은 군대에서 사기의 중요성을 보여 주는 좋은 사례다. 이탈리아어를 할 수 있었던 나폴레옹은 지역 주민들에게 정보를 얻어 냈고, 사각 방진 체제를 도입해 상황에 따라 군대를 즉각 어느 방향으로든 움직일 수 있게 했다. 그는 로베레토에서 오스트리아군을 분열시켜 각기 다른 방향으로 움직이도록 유도했고, 중앙을 지키면서 교과서적인 전략으로 적군을 하나하나 격파해 갔다. 또한 새벽마다 정기적으로 공격함으로써 뷔름저에게 계속 압박을 가했다.

2만 명의 병력을 이끌고 작전에 나선 뷔름저는 사흘 정도는 우세했다. 하지만 그의 병력이 1만 4천 명으로 줄어들면서 결국 만토바에서 항전하던 1만 6천 명에 합류하는 처지가 되었다. 10월 10일 만토바는 완전히 포위되었고 이번에는 뷔름저까지 포위망 안에 있었다. 그의 병사 중 4천 명이 6주 동안 부상, 영양 부족, 질병으로 죽어 갔으며 7천 명이 입원했다. 겨우 38일 치 식량만 남은 상태라 뷔름저는 그 시골 지역에서 보급품을 찾으러 나서야 했으나 단 한 번의 시도만으로도 사상자가 1천 명 가까이 발생했다.

만토바는 장기간 버틸 수 없는 상태였지만 전투를 오래 끈다고 나폴레옹이 도시를 점령하리라는 보장도 없었다. 9월 21일 카를 대공의 공격을 받은 주르당은 라인강 너머로 쫓겨나고 있었다. 오스트리아가 곧 만토바를 구하기 위한 세 번째 시도에 나설 것으로 보였고 이번에는 더 많은 병력을 투입할 터였다. 나폴레옹은 총재정부에 교황령과 나폴리가 전쟁을 선포할 경우 2만 5천 명의 병력을 증강해 달라고 요청하면서 다행스러운 소식도 덧붙였다.

"파르마 공작은 얌전하게 굴고 있지만 아무짝에도 쓸모가 없습니다."[39]

10월 2일 나폴레옹은 아부와 협박으로 프란츠 황제를 꼬드겨 협상 자리로 나오게 하려고 평화 조약을 제시했다.

"폐하, 유럽은 평화를 원합니다. 참혹한 전쟁이 너무 오래 계속되고 있습니다."

그 후에는 총재정부가 트리에스테와 아드리아해의 다른 오스트리아 항구를 폐쇄하라는 명령을 내렸다고 경고했다.

"지금까지 저는 이 전쟁에서 무고한 피해자를 내지 않으려는 마음으로 이를 실행에 옮기지 않고 있었습니다."[40]

오스트리아의 프란츠 황제는 거만하고 금욕적이며 계산적인 성격으로 고모인 마리 앙투아네트의 목을 벤 혁명을 증오했다(프란츠 황제는 정치적으로 분열되긴 했어도 대부분 오스트리아가 장악하고 있는 신성로마제국 수장이기도 했다. 신성로마제국은 반독립적인 국가들의 느슨한 복합체로 독일 대부분과 중앙 유럽을 아울렀다). 자신보다 능력이 뛰어난 형제 카를 대공에게 군사권을 넘겨주기 이전인 1794년, 프란츠 황제는 플랑드르 작전에서 오스트리아군을 짧게나마 지휘하기도 했다. 나폴레옹은 평화 조약에 따른 답변을 받을 수 없었다.

10월 8일 나폴레옹은 또다시 사임하겠다고 으름장을 놓았는데 이번에는 전반적인 탈진이 원인이었다.

"저는 더 이상 말을 탈 수 없으며 제게 남은 것은 용기뿐으로 도저히 이 자리를 감당할 수가 없습니다."

또한 그는 2월까지 만토바를 점령할 수 없을 거라고 단언하며 "로마가 무기를 들고 있고 광적인 분위기가 일고 있습니다"라고 말했다. 그는 바티칸의 영향력이 '막대하리라'고 생각했다.[41] 그러면서 나폴레옹이 요구한 것은 나폴리와 '대단히 중요한' 최종 조약을 맺을 권한, 제노바와 피에몬테와 '필요한' 동맹을 결정할 권한이었다. 가을비로 인해 질병이 번지면서 군 병원에 환자가 늘고 있다는 경고도 덧붙였다. 그의 핵심 전달 사항은 "우선 병력을 보내라"였다. 그리고 "이탈리아에 있는 장군이 모든 것의 중심에 있지 않으면 파리는 크나큰 위험에 처할 것"이라며 상황을 알리고자 했다.

이틀 후 나폴레옹은 총재정부의 사전 동의도 없이 나폴리와 포괄적인 평화 조약을 맺었다. 이는 부르봉 왕가가 간섭 없이 왕좌를 보전하는 대신 프랑스에 어떤 방식으로도 대항하지 않는 것을 골자로 했다. 오스트리아가 북쪽에서 침범해 올 경우를 대비해 남쪽의 안전을 기할 필요가 있었다. 병참선도 피에몬테보다 믿음직한 제노바로 이어지도록 했다. 피에몬테의 새로운 왕으로 등극한 카를로 에마누엘레 4세는 아직 미지의 인물이었기 때문이다.

나폴레옹은 파리의 동향에도 귀를 기울였는데 야망을 불태우는 나폴레옹이 언젠가 정부를 전복하리라는 말이 돌고 있었다. 그는 총재정부에 보낸 편지에서 자신을 비난하는 여론에 콧방귀를 뀌었다.

"내가 두 달 전에 밀라노 공작이 되기를 원했다고 치면, 이제는 이탈리아 왕이 되기를 원한다고 하지요!"[42)]

정부는 납득하지 않았다. 바라스와 카르노는 그의 탁월한 군사적 능력을 분명히 인지하고 있었다. 모든 총재는 이탈리아 원정 작전이 끝나고 돌아왔을 때 나폴레옹이 드높아진 인기를 어떻게 활용할지 두려워했다. 당시 나폴레옹이 붙잡고 있던 주된 사안은 군에 납품하는 업자들을 믿을 수 없다는 것이었다. 그는 납품업자들을 사기꾼이라 불렀으며 그중에서도 특히 영향력 있던 플라샤 일당을 "진정한 신용도, 돈도, 도덕성도 없는 사기꾼 집단"이라 했다. 10월 12일 나폴레옹이 총재정부에 보낸 편지를 보면 납품업자들을 쏴버리고 싶다는 말이 등장한다.

"저는 계속해서 그자들을 체포해 군법회의에 넘기지만 그자들은 판사를 매수합니다. 돈으로 뭐든 살 수 있는 이곳에서는 완벽하게 합법입니다."[43)]

10월 16일 나폴레옹은 뷔름저에게 이제 굴복해 만토바를 넘기라고 전하며 다음과 같이 말했다.

"용감한 사람은 위험에 맞서야지 전염병의 수렁에나 빠져 있으면 안 된다."

뷔름저는 단호히 거절했다.[44)] 같은 날, 이번에도 총재정부와 거의 아무런 상의를 하지 않은 채 나폴레옹은 치스파다나공화국 건국을 선포한다. 치스파다나공화국은 볼로냐와 페라라, 모데나, 레지오로 구성되었고(이 과정에서 만토바로 보급품을 보내는 것을 허락한 모데나 공작이 쫓겨났다) 2천8백 명으로 이뤄진 강력한 이탈리아 군단이 보호를 맡았다. 치스파다나공화국('포강의 강둑 옆에'라는 의미)은 봉건제를 철폐했고 시민의 평등을 발표했으며 대중이 선출한 의회를 구성했다. 또한 리소르지멘토(부흥) 통일 운동을 개시했는데 이는 결국 (75년이 흐른 후) 통일 독립국가인 이탈리아 건국의 초석이 되었다. 헌법을 작성하기 위해 38회 이상 회의가 열렸고 나폴레옹은 여기에 적극 참여하는 끈기를 보여 주었다. 수백 년 동안 정치적으로 통합할 생각조차 하지 않던 이탈리아반도에 프랑스가 새로운 바람을 불러일으킨 것이었다.

그런데 프랑스의 혁명 체제가 이탈리아에서 받아들여질 가망이 거의 없는 영역이 하나 있었으니 바로 로마가톨릭교회의 권력 축소였다. 이탈리아는 나폴레옹이 도입한 새로운 행정 방식은 크게 환영했지만 종교 개혁에는 거세게 반발했다. 이탈리아 역사에서 '에포카 프랑세즈'라 불리는 나폴레옹의 교회 개혁은 큰 증오를 샀다.[45] 나폴레옹은 초창기부터 바티칸을 협박하려 했으나 미수에 그쳤다. 1796년 10월 나폴레옹은 피우스 6세에게 오스트리아군이 퇴각한 뒤 프랑스군을 공격하려 시도하지 말 것, 치스파다나공화국에 반대하지 말 것을 경고했다. 그는 "교황의 세속 권력을 당장 없앨 마음이 없을 뿐" 평화로운 시기에 "모든 것을 조정할 것"이라며 불온한 태도를 보였다. 또한 만일 교황이 전쟁을 선포한다면 "공화국을 반대하는 미치광이들이 무너지고 죽어 나갈 것"이라고 말했다.[46] 독일에서 주르당과 모로가 참패한 이후 나폴레옹은 추가 병력 2만 5천 명이 몹시 필요한 상황이었지만 총재정부는 증원해 줄 여력이 없었고(앞으로의 군사 작전을 위해 추가로 간신히 3천 명이 왔을 뿐이었다) 그는 시간을 벌어야 했다. 그는 로마의 카코에게 말했다.

"우리가 정말로 해야 할 일은 저 늙은 여우를 속이기 위해 서로 공을 계속 주고받는 것이다."[47]

11월 초 오스트리아는 만토바를 구하려는 세 번째 시도를 위해 준비를 마쳤는데, 빈의 자문회의가 나서서 위원회 탁상에서나 생각해 낼 법한 전략을 세웠다. 그들의 계획에 따르면 헝가리 출신의 노련한 유제프 알빈치 장군이 2만 8천 명을 이끌고 프랑스군을 리볼리에서 만토바로 쫓아내고, 견제를 맡은 조반니 디 프로베라 장군은 브렌타에서 레냐고까지 9천 명을 이끌고 진군하며, 바사노에서는 병력 1만 명이 나폴레옹 병력을 분산시킬 것이었다. 본대가 2만 8천 명인데 견제에 1만 9천 명이나 투입한다니, 이는 빈의 자문회의가 지난 반 년 동안 아무런 교훈도 얻지 못했다는 의미였다. 후일 나폴레옹의 말에 따르면 전장에서 잔뼈가 굵은 예순한 살의 노장 알빈치(바바리아와 네덜란드, 튀르크에서 실력을 쌓았다)가 그간 상대했던 장군 중 최고였다고 한다. 그 때문에 공보에서도 알빈치에 관해서는 긍정적이든 부정적이든 아무런 언급도 남기지 않는다(대신 그리 높게 평가하지 않은 볼리외와 뷔름저, 카를 대공의 칭찬이 등장한다). 또한 그는 선언문과 시달에서 프로베라 장군에게 경의를 표한다. 누구보다 무능한 프로베라 장군이 부디 해임되지 않기를 바랐기 때문이다.

이제 나폴레옹 휘하에는 4만 1천4백 명이 있었다. 그는 병력을 가능한 한 뒤쪽으로 배치해 오스트리아가 언제 어디서 나타날지 경계하도록 했다. 이미 브레시아와 페스키에라, 베로나에 2천7백 명이 주둔한 데다 제40연대 2천5백 명이 프랑스에서 진군해 오고 있었다. 11월 2일 알빈치가 피아베강을 건넜고 크보스다노비치는 바사노를, 프로베라는 트레비소를 거쳐 둘 다 비첸차로 향하도록 명령을 받았다. 오스트리아의 진군이 시작된 것이다.

마세나는 울며 겨자 먹기로 싸우지 말고 비첸차까지 후퇴하라는 나폴레옹의 명령을 따랐다. 오주로가 그랬듯 마세나도 지도자이자 군인으로서 나폴레옹을 인정했으나 프랑스 최고의 장군이라는 명예와 '승리의 여신의 총아'라는 별명에 따른 자부심이 강했다. 마세나는 대규모 병력 앞에서도 후퇴하라는 명령을 따르고 싶어 하지 않았다. 11월 5일 나폴레옹은 오주로를 몬테벨로까지 불러들였고 오스트리아군 행렬을 이끄는 선봉이 브렌타강을 건너오는 것을 보며 다음 날 공격을 개시하기로 결정했다. 한편 마세나는 폰타니바에서 프로베라의 행렬을 공격했는데 강 중간의 섬까지는 몰아냈지만 강 반대편까지 완전히 몰아내지는 못했다.

11월 6일 오주로는 바사노에서 출진한 크보스다노비치 병력을 공격했으며 고전 끝에 브렌타 너머로 쫓아내는 데 실패했다. 그날 하루 동안 노베 마을은 주인이 여러 번 바뀌었고 결국 2만 8천 대 1만 9천5백으로 수적 열세에 몰린 나폴레옹은 철수해야만 했다. 승리 기준에는 여러 가지가 있는데 가령 사상자 숫자, 전장 차지, 적군의 계획을 막아 내는 것 등이 있다. 이 중에서 바사노 전투는 나폴레옹이 무엇도 해내지 못한 첫 번째 완패였지만 그리 치명적이지는 않았다.

나폴레옹은 비첸차로 후퇴하던 중 보부아가 다비도비치와 쳄브라, 칼리아노 마을에서 닷새 이상의 접전 끝에 패했다는 소식을 들었다. 병력의 40퍼센트 이상이 사망 혹은 부상을 당하거나 실종된 상태였다. 오주로는 즉시 베로나 남쪽의 아디제로 돌아오라는 명령을 받았고 마세나는 베로나로 향했으며 바르텔르미 주베르 장군(변호사의 아들로 포병이 되기 위해 열다섯 살에 가출했다)은 만토바에서 리볼리로 여단을 보내 보부아를 도우라는 명령을 받았다. 나폴레옹은 보부아의 병사들에게 일장연설을 늘어놓았다.

"제39보병대와 제85보병대여, 제군은 더는 프랑스군에 소속될 자격이 없다. 제군은 기강도 잡히지 않았고 용기도 없었다. 용감한 병사들이라면 적은 인원으로도 적군을 충분히 막아 낼 만한 장소였으나 제군은 쫓겨났다. 참모총장은 제군의 군기에 '이 병사들은 더 이상 이탈리아 원정군 소속이 아니다'라고 새겨 놓을 것이다."[48)]

나폴레옹은 어떻게 해야 부대의 사기를 북돋거나 꺾어 버릴 수 있는지 파악하면서 명민하게 균형을 잡을 줄 알았다. 이처럼 대놓고 모욕을 주면 향후 며칠간 양쪽 여단이 어느 때보다 결의를 다지고 싸움에 임한다는 사실을 정확히 꿰뚫어 보았던 것이다.

오스트리아가 바사노에서 승리한 후 손을 놓고 있는 사이 나폴레옹은 전열을 가다듬었다. 그는 12일까지 베로나에 2천5백 명, 아디제 강둑에 6천 명을 두었고 굴욕을 당한 보부아는 리볼리에서 다비도비치를 막았으며 킬멘은 계속해서 만토바를 포위했다. 베로나에서 동쪽으로 16킬로미터 떨어진 칼디에로에서 알빈치를 공격하기 위해 마세나는 적군 우측에서 1만 3천 명을, 오주로는 좌측에서 5천 명을 거느리고 있었다. 폭우가 쏟아지면서 이탈리아 원정군은 평상시처럼 기민하게 움직일 수 없었다. 화약이 바람에 날아가고 신발이 진창에 빠지는 바람에 아침 내내 공격을 이어갔어도 우측의 작은 지역밖에 차지하지 못했다. 그나마도 오후 3시 오스트리아의 추가 병력이 도착하면서 다시 빼앗겼다. 양측 모두 1천 명이 죽거나 부상을 당했다. 나폴레옹은 자신이 승리했다고 주장했지만 그해 몬테노테와 밀레시모, 카스틸리오네를 기념하는 메달을 주조하면서 칼디에로는 제외했다는 점은 시사하는 바가 크다.

11월 13일 양군은 휴식을 취했다. 나폴레옹은 막간을 이용해 베로나에서 총재정부에 절망에 가득 찬 편지를 보내며 자신을 이렇게까지 궁지에 밀어 넣은 총재정부를 질타했다.

> 아마 우리는 곧 이탈리아를 잃을 것입니다. 제가 기다리던 구호는 전혀 도착하지 않았습니다. … 저도 병사들도 각자 의무를 다했습니다. 제 영혼은 너덜너덜해졌지만 양심만은 떳떳합니다. … 날씨가 계속 좋지 않습니다. 군대 전체가 피로에 지쳐 있고 부츠도 신지 못했습니다. … 군대의 엘리트 병사들이 부상을 입었습니다. 모든 우수한 장교와 최고의 장군이 더 이상 싸움에 임할 수 없는 상태입니다. 제게 오는 이들은 모두 미숙하고 병사로서의 자부심도 없는 자들뿐입니다! … 우리는 이탈리아 깊숙한 곳에 버려졌습니다. … 아마도 제 시간은 … 이제 끝인 것 같습니다. 제가 죽기라도 하면 병사들의 사기가 크게 떨어질 것이기에 함부로 전장에 나서지도 못하고 있습니다.[49)]

비록 세뤼리에와 소레가 부상을 당하고 란과 뮈라, 젊은 켈레르만이 병원 신세를 지고 있기는 했어도 아직 훌륭한 장군이 많이 남아 있었다. 그는 앞에 적은 내용과 완전히 상반된 낙관적인 말로 편지를 마무리했다.

"며칠 내로 우리는 최후의 시도를 펼칠 것입니다. 우리에게 행운이 깃든다면 만토바를 점령하고 이탈리아도 되찾을 수 있을 겁니다."

나폴레옹은 대담한 계획을 세웠다. 빌라노바에서 알빈치의 뒤를 잡은 후 적군의 대규모 병력이 힘을 발휘하지 못하게 논으로 가득한 시골의 후퇴 전선에서 싸우도록 몰아붙인다는 계획이었다. 알바레도에서 아디제강을 건너는 편이 쉽지만 오스트리아 기병대의 경계를 살 수 있기에 그는 지난 작전 때 부교를 설치한 론코에서 강을 건너기로 결정했다. 비록 부교는 해체했지만 부품을 잘 보관하고 있었다. 11월 14일 밤 마세나는 베로나에 숨어 있는 오스트리아 첩자를 속이기 위해 우선 베로나에서 서쪽으로 떠났다가 도중에 오주로와 합류하기 위해 남동쪽으로 방향을 틀었다.

이곳에 있는 둑길은 (오늘날까지도) 습지 위에 견고하고 가파르게 쌓아 올린 곳으로 프랑스군은 오스트리아 병사의 눈에 띄지 않고 몰래 접근해 부교를 지을 수 있었다. 제51전선은 교두보를 지키기 위해 새벽에 배를 타고 강을 건넜고 다음 날 아침 7시 다리를 완성했다. 강 반대편의 길이 갈라지는 곳에서 오주로는 아르콜레 도시의 제방 바로 옆으로 갔는데, 알포네 하천을 건너 빌라노바를 향해 북쪽으로 행군해서 알빈치의 포창을 공격할 셈이었다. 그동안 마세나는 포르칠레를 향해 왼쪽으로 갔으며 알빈치의 좌측면을 후방으로 돌아가려 했다. 오주로는 루이 앙드레 봉장군의 제5연대와 함께 어둠 속으로 나아갔지만 곧 알포네 하천을 따라 늘어선 불빛 아래에 놓였는데, 크로아티아인으로 이뤄진 2개 대대와 대포 2문이 알빈치의 좌측 후방을 방어하고 있었다. 포위가 탄탄해 작은 총구멍만 뚫려 있는 방어벽을 쳐 놓은 아르콜레는 첫 번째 공격을 격퇴했고 오주로가 직접 이끈 제4열의 두 번째 공격도 물리쳤다. 공격에 실패한 병사들은 가파른 둑을 미끄러져 내려가 불길을 피하기 위한 은신처를 찾아야 했다. 한편 마세나는 포르칠레로 가는 길 절반쯤에 있는 프로베라 아래에서 다른 크로아티아인 대대와 오스트리아 연대와 맞닥뜨려 무찔렀고 교두보 좌측을 방비했다. 산악지대와 달리 롬바르디아 평원 전투에서는 오스트리아 기병이 더 유리했으나 이곳의 급류와 얼기설기 얽힌 제방은 세세한 전술 감각을 타고났지만 기병 수는 부족한 이 젊은 지휘관에게 더 유리했다.

알빈치는 프랑스군의 움직임에 관한 정보를 일찌감치 얻었으나 습지 지형으로 인해 일부만 방향을 전환하리라 짐작했다. 순찰을 돌던 알빈치의 부하는 베로나가 잠잠하다는 사실을 알아채고 좌측에서 무슨 일이 벌어지는지 알기 위해 사람을 보냈는데, 그곳에서 마세나는 프로베라의 3천 병력을 무찔렀다. 나머지 3천 병력은 아르콜레로 빠르게 진군해 정오가 지난 직후 도착했다. 그들은 곡사포 2문을 마련해 둑길을 위에서 내려다보며 쏠 수 있게 했으며 란은 밀라노의 병원에서 나와 병력과 합류하자마자 또다시 부상을 입었다.

아르콜레 다리를 점령하려던 오주로의 시도가 무위로 돌아갔을 즈음 나폴레옹이 다리에 도착했다. 그는 재공격을 명령했으나 격렬한 포화 속에 무산되고 말았다. 오주로는 깃발을 움켜쥐고 척후병들 앞으로 열다섯 걸음을 나아가 서서 말했다.

"병사들이여, 나와서 제군의 깃발을 찾아라."

그 시점에 부관과 경비병들에게 둘러싸인 나폴레옹은 또 다른 깃발을 붙잡고 직접 지휘하며 로디에서 병사들이 이뤄낸 위업을 두고 열변을 토했다. 나폴레옹은 이틀 전 총재정부에 스스로를 위험에 노출하지 않겠다고 말했으나 아르콜레에서 그 말을 어겼다. 하지만 그런 시도도 결국 소용이 없었으며 (수우코프스키에 따르면 "몹시 비겁한 모습을 보인") 병사들은 시신이 널려 있는 다리로 뛰어들지 않았다. 한편 부관 뮈롱 대령과 다른 이들은 다리 위 나폴레옹 곁에서 목숨을 잃었다. 오스트리아가 반격하는 동안 그는 다리 뒤편 습지로 물러나 있어야 했고 근위대의 공격 덕분에 살아남을 수 있었다. 분명 그는 용감했지만 충성스러운 오스트리아 저항군이 이틀 동안 포격을 쏟아붓는 와중에 무언가 해낼 수 있는 자는 거의 없었을 것이다. 오늘날 그 다리를 방문해 보면 나폴레옹이 바로 옆에 위치한 커다란 배수로 속으로 어떻게 밀려났을지 살펴볼 수 있다. 그런 수모를 겪었기에 그는 목숨을 건질 수 있었다.

다리를 탈환할 수 없다는 것이 분명해지자 나폴레옹은 마세나와 오주로에게 아디제강의 남쪽으로 귀환하되 아르콜레에 모닥불을 그대로 남겨 놓아 프랑스군이 떠나지 않은 척 속이라고 명령했다. 만약 보부아가 리볼리에서 조금이라도 더 후퇴한다면 그가 직접 다비도비치에서 맞서야 했다. 프랑스군은 론코의 작은 마을 교회탑에서 알빈치가 빌라노바로 돌아가 알포네의 동쪽에 자리 잡는 모습을 지켜보았다. 오주로와 마세나가 아르콜레 다리에 이틀을 더 매달렸기에 다리는 함락되지 않았고 그들은 17일 귀환했다. 나폴레옹은 다리가 함락될 때 이미 떠난 상태였다. 프랑스군은 심각한 피해를 당해 장군 8명을 포함해 1천2백 명이 사망하고 2천3백 명이 부상당한 반면, 오스트리아는 6백 명이 사망하고 1천6백 명이 부상당했다. 그렇지만 아르콜레 전투는 프랑스의 완벽한 승리였다. 프랑스군이 오스트리아 포로 4천 명과 대포 11문을 획득했기 때문이다. 훗날 나폴레옹은 "알빈치를 무찌른 건 운이 좋아서였다"라고 인정했다.[50)]

겨울이 가까워지면서 전투가 불가능한 계절이 다가오고 있었지만 만토바는 여전히 포위되어 있었고 오스트리아는 도시를 구하기 위한 네 번째 시도에 들어갔다. 오스트리아군은 1만 8천 명의 사상자 발생했으며 프랑스의 사상자는 1만 9천 명이 넘었다. 이제 프랑스군은 장교, 군화, 의약품, 급료까지 모든 면에서 쪼들렸다. 일부는 너무 굶주린 나머지 제33전선에서 폭동을 일으켰는데 이때 3개 중대가 투옥되고 주모자 2명은 총살당했다. 전투가 중단되자마자 나폴레옹은 보부아를 해고하고 주베르를 승진시켜 리볼리 방면의 사단을 담당하게 했다. 11월 19일 나폴레옹이 카르노에게 보고한 내용은 이전보다 훨씬 낙관적이었다.

"이탈리아의 운명은 점점 더 명확해지고 있습니다. 열흘이 지나기 전에 만토바에 본부를 두고 보고를 드릴 수 있기를 희망하고 있습니다. 그동안 아르콜레에서 치른 것보다 더 큰 전투는 없을 겁니다. 이제 휘하에 남은 장군이 거의 없지만 그들의 헌신과 열정을 당할 자는 없을 것입니다."

나폴레옹은 만토바가 항복하면 곧 '완강한' 로마로 진군할 계획이라고 적으며 보고를 마무리했다.[51] 11월 말 총재정부 지형부는 나폴레옹의 상사였던 앙리 클라르크 장군을 빈으로 보내 강화를 맺을 가능성을 알아보게 했다. 나폴레옹은 그를 설득해 만토바가 곧 함락될 것이며 치스파다나공화국을 협상에서 잃어서는 안 된다고 했다.[52] 나폴레옹은 미오에게 이렇게 말했을 것이다.

"그는 총재정부가 내게 보낸 첩자다. 아무 능력도 없는 주제에 자만하고 있다."[53]

하지만 그 평가가 진심은 아니었던지 훗날 나폴레옹은 클라르크가 매우 유능하다며 높이 등용했다. 펠트르 공작으로 임명받은 클라르크는 개인비서를 거쳐 전쟁장관이 되었고 1812년에는 프랑스 최고 권력자 중 하나가 된다. 나폴레옹은 총재정부에 다음과 같이 말했다.

"제게 3만 병력을 주면 트리에스테로 진군하고 황제의 영토에서 전쟁을 벌이며 헝가리를 혁명화하고 빈으로 가겠습니다. 그러면 수백만금과 평화를 기대할 수 있을 것입니다."[54]

11월 27일 여전히 제노바에서 이폴리트 샤를과 휴가를 보내던 조제핀에게 나폴레옹이 편지를 보냈다.

"밀라노에 도착했을 때 당신의 방으로 달려갔소. 당신을 만나 두 팔로 껴안기 위해 모든 걸 내버려 두고 갔는데 … 당신은 없었소. 당신은 축제 이후 이 도시에서 저 도시로 도망을 다녔소. 내가 도착하기 직전에 떠난 것이오. 당신은 더 이상 사랑하는 나폴레옹에게 관심을 두지 않소. … 당신을 기쁘게 할 수 있다면 온 세상이 무척 행복할 것이고 당신의 남편만 홀로 매우, 매우 불행할 것이오. 보나파르트."[55]

다음 날 그는 다시 편지를 썼다.

"당신에게 나처럼 깊은 사랑을 요구하다니 내가 잘못했소. 어찌 저울로 황금과 레이스의 무게를 비교할 수 있겠소?"[56]

조제핀은 능숙하게 나폴레옹의 의혹을 잠재웠다. 나폴레옹의 인척이자 사망한 뮈롱의 뒤를 이어 나폴레옹의 여덟 부관 중 하나가 된 앙투안 라발레트는 밀라노에서의 일을 이렇게 회상했다.

"보나파르트 부인은 아침식사 이후 남편을 무릎 위에 몇 분 동안 꼭 붙잡아 놓고는 했다."57)

다른 모든 것을 차치하고 보면 나폴레옹은 편안한 나날을 보냈을 것이다. 나폴레옹은 파리 천문대장 제롬 드 랄랑드에게 보낸 편지에서 이때의 심정을 담아 짧은 글을 읊었다.

"밤에는 예쁜 여인과 멋진 하늘 사이에서 시간을 보내고, 낮에는 관찰한 내용을 기록하고 계산하며 시간을 보내는 것은 이 세상의 행복이리라."58)

한편 중립국이던 베네치아의 총감독 바타글리아는 12월 프랑스 병력이 자기 영토에서 부리는 행패에 불평하는 편지를 보냈다. 분개한 나폴레옹은 프랑스 군인은 여성을 겁탈한 적이 없다고 단언하며 물었다.

"베네치아공화국은 대놓고 우리를 적대하겠다고 선언할 셈인가?"59)

바타글리아는 꼬리를 내렸고 나폴레옹은 이틀 후 침착한 답변을 보내며 "엄격한 규율을 어기는 병사가 있다면 누구라도 본보기로 삼아 가혹하게 처벌하겠다"라고 약속했다.

서른여덟 살의 영민한 해군 준장 허레이쇼 넬슨 휘하의 영국군은 리보르노가 함락된 이후 더 이상 프랑스의 손에서 코르시카를 보호해 줄 수 없으리란 것을 깨닫고 10월 섬에서 시범 철수했다. 파올리와 지지자들도 그때 함께 섬을 떠났다. 나폴레옹은 미오 드 멜리토와 살리체티를 보내 영국군이 떠난 후 코르시카에 설립할 프랑스 본부를 조직하게 했다. 바타글리아에게 편지를 보낸 날 멜리토와 함께 길을 나선 조제프에게 보낸 편지에는 카사 보나파르트가 "깔끔하고 거주할 수 있는 환경이 되길 바라며 과거 같은 상태로 돌아가길 바란다"라고 전했다. 4년 전 파올리 지지자들이 엉망으로 뒤집어엎기 전의 상황으로 되돌려 놓으라는 의미였다.[60] 묘목 때문에 프랑스 관료와 다투며 지켜 낸 것을 완전히 허사로 돌릴 수는 없었다.

1796년 9월부터 12월까지 만토바에서 거의 9천 명이 질병과 굶주림으로 사망했다. 도시 안에 주둔하던 병사 1만 8천5백 명 중 복무 가능한 인원은 9천8백 명만 남았다. 1월 17일에는 최후의 배급량이 동날 예정이었다. 따라서 오스트리아는 빠른 시일 안에 다음 공격을 해야 했고 나폴레옹의 주된 관심사는 이에 대항할 군대를 준비하는 일이었다. 그는 12월 중 18일에 걸쳐 밀라노에서 베르티에에게 40통의 편지를 보냈고 총재정부에 병력 증강을 간청했다. 그중 나폴레옹이 28일에 보낸 편지는 다음과 같다.

"적군이 라인강에서 병력을 빼내 이탈리아로 보내고 있습니다. 똑같이 해 주십시오, 도와주십시오. 우리는 그저 증원을 요청드릴 뿐입니다."[61]

해당 편지에서 그는 프란츠 황제에게 보내는 편지를 넣은 원통을 삼킨 오스트리아 첩자를 붙잡았다고 적었다.

"만약 설사병에 걸리더라도 원통을 확실히 챙겨 리큐어 술에 적신 뒤 다시 삼켰을 겁니다. 원통은 에스파냐산 밀랍과 식초를 섞은 것에 담갔습니다."

나폴레옹은 병사들의 삶과 복지의 모든 방면에 신경을 썼다. 주베르의 병사 중 급여일에 병참 장교에게 찾아오지 않은 인원이 있음을 알게 된 그는 일종의 사기 행각은 아닌지 의심하며 원인을 알고자 했다.

"여가 시간에 이탈리아 원정군 행정의 치유할 수 없는 고름을 파고들수록, 신속하고 실패할 염려가 없는 해결책을 간청할 필요가 있다는 것을 점점 더 확신하게 됩니다."

이것은 1797년 1월 6일 나폴레옹이 총재정부에 보낸 편지다. 그는 "이탈리아의 주요 여배우들은 모두 프랑스군 납품업자들이 차지하고 있고 그들의 사치와 횡령은 절정에 올라 있습니다"라고 주장하며 "원정군의 행정 관리자를 처형하게 해 주십시오"라는 요청을 반복했다[62](총재정부는 자신들의 안전을 도모하려는 의식과 열망이 너무 강했기에 일개 장군에게 다른 프랑스인의 생사여탈권을 줄 수는 없었다). 나폴레옹은 생사여탈권을 쥐자마자 망설임 없이 무자비하게 그 권력을 휘두를 인물이었다. 1월 7일 그는 장 바티스트 뤼스카 장군에게 명해 모데나에서 일어난 반란을 이끌던 자들을 처형하게 했고 반란의 수장 모데나 공작의 고해 사제 가옥을 파괴하도록 했다. 건물 잔해 위에는 "정신 나간 신부가 성직자들을 학대하고 반란과 살인을 종용하는 설교를 했기에 처벌한다"라는 서명이 적힌 피라미드가 세워졌다.[63] •

그날 나폴레옹은 알빈치가 이번에는 4만 7천 명의 병력을 이끌고 남쪽으로 이동하고 있다는 소식을 접했다. 오스트리아군은 지난번과 마찬가지로 병력을 나누었다. 알빈치의 주력 부대는 (크보스다노비치를 포함해) 2만 8천 명으로 가르다호 동쪽 방면을 6열로 진군해 내려갔는데, 가능한 한 모든 도로와 길을 사용함으로써 평원에서 프랑스군과 마주치지 않도록 했다. 프로베라가 이끄는 병력 1만 5천 명은 동쪽에서부터 평원을 가로지르며 진군해 베로나로 향했다. 4천 명 이상은 가르다호 서쪽에 배치했다. 알빈치는 뷔름저에게 만토바를 탈출해 남동쪽으로 진군해서 합류할 것을 명령했다. 즉시 밀라노를 떠난 나폴레옹은 볼로냐와 베로나, 로베르벨라의 본부를 여러 번 방문하며 알빈치의 의도를 파악하려 했다. 나폴레옹은 휘하에 3만 7천 명의 병력을 거느렸고 만토바를 포위한 전선에서는 세뤼리에가 8천5백 명을 이끌고 있었다.

1월 12일 주베르는 리볼리 북쪽의 라코로나 공격은 눈이 많이 내려서 불발에 그쳤다고 보고했다. 나폴레옹은 조제핀에게 이런 편지를 보냈다.

• 나폴레옹은 평범하지 않은 처벌을 고안하는 상상력이 뛰어났다. 그는 군대를 따라다니며 생계를 잇는 "추악한 여자들"로 인해 "병사들이 흥분해서 약탈하게 되었다"고 믿고 1797년 4월 중순 베르나도트 사단을 따라다니던 모든 여자에게 24시간 안에 떠나지 않으면 "검댕으로 마구 더럽힌 뒤 시장에 2시간 동안 세워놓겠다"라고 전했다(ed. Bingham, *Selection* I p.151).

"브륀 장군은 옷 속으로 총알이 일곱 개 파고들었는데 몸에는 전혀 스치지 않았소. 정말 운이 좋은 자요."[64)]

나폴레옹은 이번 작전이 아디제강을 따라 위치한 이탈리아 알프스산맥 기슭의 작은 산에서 결정되리라 짐작했지만 반격을 개시하려면 훨씬 더 많은 정보가 필요했다. 그는 정보를 기다리며 마세나에게 베로나에 주둔하되 아디제강에서 병력 7천 명을 빼낼 것을 명했다. 가브리엘 레 장군은 카스텔누오보에 2개 여단을 집중하라는 명령을 받았다. 란은 이탈리아 병사들을 남쪽에 배치한 뒤 프랑스 병력 2천 명을 이끌고 바디아로 돌아가 오스트리아가 남쪽을 향할 수 없도록 방비하라는 명령을 받았으며 오주로는 론코를 방어했다.

다음 날 나폴레옹은 전투에 나서서 프로베라를 격퇴할 준비를 하다가 오후 10시 주베르가 대대적인 공격을 마주하고 야영지 모닥불을 그대로 남겨둔 채 질서정연하게 리볼리로 후퇴하고 있다는 사실을 알게 되었다. 그는 프로베라의 진군은 눈속임이고 본격적인 공격은 리볼리에서 오리라는 사실을 깨닫고 베로나에서 재빨리 달려가 전혀 새로운 명령 체계를 발표했다. 이제 주베르는 어떤 희생을 치르더라도 리볼리를 지켜야 했고 세뤼리에는 포위 전선에 주의를 집중하는 동시에 기병과 포병, 6백 명의 보병을 즉시 리볼리로 보내야 했다. 마세나는 제18, 제32, 제75 연대를 이끌고 행군하며 주베르의 좌측에 자리를 잡았고, 오주로는 아디제에서 프로베라의 발을 묶으며 리볼리로 기병과 포병을 보내야 했다. 곧 결정적인 전투가 벌어지리란 사실을 모두 알게 되었다. 나폴레옹은 가브리엘 레 장군의 2개 여단과 함께 보병 1만 8천 명과 기병 4천 명, 대포 60문을 1월 14일 정오까지 리볼리에 집중할 생각이었다. 아디제에는 1만 6천 명을, 만토바에는 8천 명을 남겨 두었다. "따로 진군하고 함께 싸우라"는 오랜 좌우명을 이보다 더 잘 지킬 수는 없었다. 알빈치는 작전에 처음 나섰을 때의 2만 8천 명과 대포 90문보다 더 많은 병력을 데려오는 데는 실패했다.

1797년 1월 14일 토요일 오전 2시 나폴레옹은 결전의 장소가 될 리볼리의 협곡 위쪽에 위치한 고원에 도착했다. 몹시 춥고 맑은 날씨에 달빛이 밝은 밤이었다. 그는 야영지의 모닥불 개수와 위치를 보고 오스트리아 측 에스파냐 출신의 정력적인 장군 뤼지냥 후작이 너무 멀리 떨어져 있어서 아침 무렵까지는 싸움을 시작할 수 없겠다고 해석했다. 그는 지난 넉 달 동안 그곳에서 여러 번 말을 타고 달린 덕분에 지리를 잘 알고 있었다. 만일 전장 동쪽의 오스테리아 협곡과 산마르코 예배당이 위치한 사면을 점령할 수 있다면 적의 공격을 더욱 쉽게 물리칠 수 있을 것이었다. 마세나 사단은 잠시 휴식을 취해야 했고 레가 도착할 때까지 시간도 벌어야 했기에 알빈치의 주의를 돌리기 위한 파쇄 공격을 시작했다. 주베르는 리볼리 고원으로 다시 행군해 돌아오라는 명령과 1개 여단을 오스테리아로 보내고 고원에서 프랑스 포병의 보호를 받으며 중심부를 공격하라는 명령을 받았다. 한편 마세나는 1개 여단을 보내 최대한 오래 버티며 뤼지냥의 발을 묶어 두라는 명령을 받았다.

동이 트기 3시간 전인 오전 4시 오노레 비알 장군의 제4, 제17, 제22 여단이 산지오반니와 감베론에서 오스트리아군을 무찌르고 산마르코 예배당을 점령했다. 동틀 무렵에는 주베르가 카프리노와 산지오반니를 공격했지만 그가 이끄는 전선은 적은 인원으로 많은 적을 상대해야만 했다. 오스트리아는 오전 9시 반격을 위해 비알이 이끄는 여단을 보냈고, 나폴레옹은 즉시 마세나의 여단을 보내 중앙을 구출하고 트람바소레 마을을 수복하게 했다. 중앙에서 벌어진 전투는 장장 10시간 동안 쉬지 않고 이어졌다.

오전 11시 뤼지냥이 병력 5천 명을 이끌고 나타났다. 그는 마세나가 보낸 여단을 물리치고 아피 근처의 프랑스군 좌측 뒤편까지 깊숙이 뚫고 들어옴으로써 어떠한 증원도 도달할 수 없게 했다. 나폴레옹은 오로지 중앙만 지키며 오른쪽에서 큰 압박을 받고 있었는데 뤼지냥마저 왼쪽으로 들이닥쳤다. 나폴레옹에게는 오직 1개 여단만 예비로 있었고 레가 도착하려면 1시간은 더 기다려야 했다. 뤼지냥이 뒤쪽을 차지했다는 소식이 도착하자 참모 장교들은 불가사의할 정도로 침착한 나폴레옹을 불안하게 쳐다보았는데 그의 답변은 간단했다.

"이제 그들이 우리 수중에 있다."65)

나폴레옹은 중앙의 오스트리아 병력은 더 이상 힘을 쓸 수 없고 뤼지냥이 전투에 영향을 주기에는 아직 너무 멀리 있다고 판단했으며, 동쪽의 크보스다노비치를 주된 위협으로 생각하고 이에 집중했다. 그는 주베르 전선의 인원을 줄였고 산마르코에 보낼 수 있는 모든 인원을 다 보냈다. 포병으로 무장한 오스트리아의 빽빽한 전열이 협곡을 공격하고 고원에 다다르자 프랑스 포병은 산탄통을 쏘아 터뜨리며 사방에서 오스트리아군을 공격해 들어갔다. 프랑스 보병의 전열이 총검을 휘두르며 공격한 뒤에는 마지막으로 남아 있던 모든 프랑스 기병이 공격에 나섰다. 오스트리아군이 놀라서 협곡으로 들어갈 때 프랑스군은 운 좋게도 탄약차를 쏘아 맞혔고(당하는 입장에서는 재앙이었다) 크보스다노비치는 공격을 중지하도록 명했다.

나폴레옹은 즉시 중앙으로 공격을 집중했는데 오스트리아군에는 포병과 기병이 거의 남아 있지 않았다. 엄청난 대가를 치르고 고원을 차지한 오스트리아의 3개 전열이 모두 쫓겨난 것이다. 뤼지냥이 전장에 도착하자마자 후방에 레가 나타났고 뤼지냥은 병력 2천 명과 함께 간신히 탈출했다. 오후 2시까지 오스트리아는 대대적으로 후퇴했는데 프로베라가 아디제강을 건넜고 만토바로 향하고 있다는 소식을 오주로가 전할 때까지 추격이 이어졌다. 마세나는 오주로를 도와 적군이 도시를 구출하는 것을 저지하기 위해 떠났다.

나폴레옹은 리볼리 전투에서 병력 2천2백 명을 잃었고 1천 명 이상이 포로로 잡혔지만 오스트리아의 피해는 훨씬 더 컸다. 사상자는 4천 명이고 포로로 붙잡힌 인원은 8천 명이며 대포 8문과 군기 11개를 빼앗겼다. 이는 놀라운 업적이었으나 나폴레옹이 집에 보낸 편지에서 주장한 것처럼 오스트리아군 4만 5천 명에 맞서 싸워 6천 명의 사상자를 내고 대포 60문과 군기 24개(그것도 '황후가 손수 수를 놓은 군기')를 빼앗은 것은 아니었다.[66] 그러나 시간이 지날수록 알빈치의 후퇴는 점점 참담한 패배로 이어졌으며 이후 1만 1천 명이 추가로 더 포로로 붙잡혔다.

1월 15일 정오 프로베라는 병력 4천7백 명과 함께 라파보리타에 도달했는데 그들 중에는 훈련을 마치지 못한 신병이 많았다. 다음 날 동이 트자마자 뷔름저는 만토바 밖에서 기습공격을 시도했으나 곧 저지당했다. 나폴레옹이 도착할 즈음 프로베라는 만토바 바깥의 마을 라파보리타에서 마세나와 오주로 사이에 갇힌 상태였다. 그는 용감하게 싸웠지만 대학살이 이어지자 무릎을 꿇었고 전 병력이 포로로 붙잡혔다. 만토바에서는 마침내 식량이 다 동나고 말았다. 뷔름저는 예상보다 길게 2주일이나 조금씩 아끼며 버티는 중이었고 알빈치가 기적적으로 나타나리라는 헛된 희망을 품고 있었다. 그렇지만 1797년 2월 2일 목요일 마침내 항복하고 도시와 함께 비쩍 마른 주둔군을 넘겨 주었다. 지난 8개월 동안 만토바에서 오스트리아군 1만 6천3백 명과 더 많은 수의 민간인이 죽었고 사람들은 쥐와 개를 잡아먹으며 연명하고 있었다. 프랑스군은 오스트리아의 대포 325문을 빼앗았으며 8월에 버려두고 떠났던 대포 179문을 다시 손에 넣었다. 뷔름저와 휘하 장교 5백 명은 명예롭게 행군하며 오스트리아로 돌아가도 좋다는 허락을 받았는데, 포로 교환이 있을 때까지 프랑스에 맞서 싸우지 않는다는 조건이 걸렸다. 나머지 인원은 프랑스에 붙잡혀 농사와 건설 작업에 동원될 예정이었다. 만토바를 함락했다는 소식을 들은 파리는 크게 술렁거렸다. 당시 목격자의 회고에 따르면 트럼펫 소리와 함께 '막대한 대병력 앞에서 프랑스군의 영광을 주창한 국가의 일꾼'이 만토바를 함락했다고 공표했다.[67]

나폴레옹이 그 자리에서 직접 승리를 맞이했던 것은 아니다. 그는 베로나와 볼로냐로 향해 지난 6월 조인한 휴전 협정을 어기고 오스트리아의 지원을 받아 봉기하겠다고 들고일어난 교황령을 벌하기로 했다. 그는 뻔뻔하게 총재정부의 권한을 침해하며 1월 22일 로마에 있는 프랑스 사절 카코에게 "이 편지를 받으면 6시간 내로 로마를 떠나라"고 요구함으로써 바티칸을 압박하고자 했다. 같은 날 교황 측 교섭자 알레산드로 마테이 추기경에게 보낸 편지에서는 오스트리아와 나폴리가 로마의 외교 정책에 영향력을 행사하지 못하도록 하라고 전했다. 편지 말미에는 어조를 누그러뜨리며 "교황 성하께서는 종교의 최고 지도자로서 조금도 불편함 없이 그대로 로마에 계실 수 있다고 확실히 전해 주십시오"라고 덧붙였다.[68] 그는 총재정부에 말했듯 "교황과 모든 추기경이 로마에서 도망치면 원하던 것을 절대 손에 넣을 수 없을까 봐" 두려워했다. 또한 바티칸을 들쑤셨다가는 유럽의 독실한 가톨릭 신자들의 엄청난 분노는 물론 평생의 원한마저 살 수도 있다는 사실을 알고 있었다. 그는 미오에게 말했다.

"내가 로마로 간다면 밀라노를 잃게 될 것이다."[69]

2월 1일 나폴레옹은 "신약성서의 원칙에 따라 행동"하지 않은 모든 성직자와 수도자는 "다른 시민보다 엄격하게" 다룰 것이라는 내용의 선언서를 발표하며 그들이 이탈리아에서 프랑스의 통치에 맞설 기회를 줄일 수 있기를 바랐다.[70] 그럼에도 불구하고 교황령 병력은 터무니없지만 용맹스러운 전투를 시도했다. 2월 3일 카스텔볼로녜제에서 클로드 빅토르 페랭 장군(빅토르로 알려짐)은 적을 쉽게 제압했고 일주일 후에는 교황 측의 안코나 주둔군을 사로잡았다. 2월 17일 교황은 화평을 청하며 톨렌티노에 있는 나폴레옹의 본부로 마테이를 보내 조약을 맺도록 했다. 그 내용은 로마냐와 볼로냐, 아비뇽, 페라라를 프랑스에 이양하고 영국에는 모든 항구를 닫으며 기부금 3천만 프랑과 예술작품 1백 점을 지급할 것을 약속하고 있었다. 나폴레옹은 총재정부에 이렇게 전했다.

"우리는 이탈리아의 모든 아름다운 것을 손에 넣을 것입니다. 토리노와 나폴리에 있는 것만 조금 빼고 말입니다."[71]

1797년 2월 18일 이탈리아 원정군은 〈보나파르트와 고결한 자들의 신문Journal de

Bonaparte et des Hommes Vertueux〉이라는 작은 신문을 발간하기 시작했다. 신문 발행인란에는 "한니발은 카푸아에서 잠을 잤지만 보나파르트는 만토바에서 잠자지 않는다"라고 적혀 있었다.72) 나폴레옹은 정치 선전의 영향력에 깊이 신경 썼고 여론을 원하는 대로 유도하기 위해 의도적으로 노력하기 시작했다. 여론은 이미 상당히 나폴레옹 편을 들어주고 있었다. 신문 소유주이자 언론인으로 나선 나폴레옹은 "보나파르트는 번개처럼 날고 벼락처럼 내리친다" 같은 문장을 받아 적게 했다. 열흘도 채 지나지 않아 이 신문은 총재정부를 간접적으로 비판하기 시작했는데 이는 나폴레옹이 허락하지 않았다면 불가능한 일이었다. 그해 말에는 두 장의 작은 군대 신문도 만들어졌다. 자코뱅파인 마르크 앙투안 쥘리앵이 편집하는 〈이탈리아 원정군 신문Courrier de l'Armee d'Italie〉과 미셸 레뇨 드 생 장 당젤리가 편집한 좀 더 규모가 작은 〈이탈리아 원정군의 프랑스 시각La France Vue de l'Armee d'Italee〉은 파리의 여러 신문이 정기적으로 인용했다. 나폴레옹은 라인강 전선이 프랑스와 훨씬 더 가깝다는 이유로 이탈리아 원정이 사회적으로 관심을 덜 받는 것을 원하지 않았고 병사들이 파리 소식을 환영하리라고 생각했다. 당젤리는 의회 의원 출신의 법률가로 이탈리아 원정군 병원을 운영했고 나폴레옹 휘하의 상임 보좌관이 되는 인물이다. 나폴레옹이 쥘리앵을 임명한 것은 과거의 정치적 입장으로 문제가 될 수 있는 인물도 재능이 있고 과거를 기꺼이 버리겠다는 의지를 보이기만 하면 신경 쓰지 않겠다는 의미였다. 프랑스처럼 유동적인 정치 체제하에서 이는 관용이라기보다 상식이었다. 어쨌든 나폴레옹 역시 불과 3년 전만 해도 자코뱅파였다.

〈모니퇴르〉는 파리에서 무도와 칸타타, 공식 연회, 행진으로 나폴레옹의 승전을 축하했다는 소식을 전했다. 이는 점점 세를 불려가던 나폴레옹 지지자들이 마련한 것이다. 총재들이 사적으로 기록한 바에 따르면 나폴레옹 세력은 때로 총재정부에 협조적이지 않았다. 정치가 아니어도 나폴레옹은 사람들의 관심을 샀다. 보수적인 신문 〈누벨 폴리티크Nouvelles Politiques〉는 이탈리아 원정군을 6개월 동안 예순여섯 번 언급했다.[73] 전반적으로 나폴레옹의 활약을 다른 어느 프랑스 장군보다 많이 언급했고 라인강-모젤강 원정군, 상브르강-뫼즈강 원정군 지휘관들은 이탈리아 원정군에 밀려 관심을 받지 못한다는 사실에 분개하며 울분을 쌓고 있었다.

1769년에는 '로디에서 보나파르트 장군', '밀라노에 도착한 보나파르트' 등의 제목이 붙은 나폴레옹 인쇄화와 판화가 최초로 제작돼 시장에 나오기 시작했다. 세례명인 나폴레옹의 철자에 'e'를 첨가하거나 성인 보나파르트에 'u'를 넣는 경우도 있었고 'Bounaparte'로 적기도 했다.[74] 1798년까지 나폴레옹을 지칭하는 수십 혹은 수백 종류의 다양한 표현법이 등장했다는 것은 사람들이 그를 숭배하기 시작했다는 의미다. 화가들이 직접 보지도 않고 나폴레옹 초상화를 그린 탓에 어떤 인쇄본에서는 회색 머리의 중년 남성으로 묘사하기도 했는데 이는 승전 장군의 이미지에 걸맞은 모습이었다.[75]

몬테노테 이후 나폴레옹은 처음 승리를 기념하는 메달을 주조하게 했으며 이것 역시 잠재적인 선전 도구가 되었다. 다른 장군들은 이런 행동을 하지 않았고 총재정부의 허가를 요청하지도 않았다. 동으로 만든 여러 메달 중 가장 뛰어난 것은 숙련된 조각가이자 관능 소설 작가 출신인 비방 드농(후일 그는 루브르의 관장이 된다)이 도안을 그린 것이다. 그중 하나인 몬테노테 메달은 직경이 3.8센티미터를 조금 넘는데 앞면에는 참나무 잎과 도토리가 수놓아진 코트를 입은 나폴레옹의 흉상이 있고 뒷면에는 '전쟁의 천재'를 뜻하는 형상이 있다.[76] 1815년까지 전투와 조약, 대관식, 강을 건넌 일, 결혼, 외국 수도로의 입성을 기념하기 위해 총 141종의 다양한 공식 메달을 만들었으며 공식행사와 축하행사 중에 널리 배포했다. 또한 파리 의학교 창립이나 우르크 운하 개통, 몽블랑의 광부 양성소 설립 등 상대적으로 평범한 사건을 기념하는 메달도 만들었다. 1807년 3월 나폴레옹이 오스테로드에 머물며 활동을 하지 않을 때조차 메달이 만들어졌는데, 메달 뒷면에는 지나친 신중함으로(어쨌거나 성공하긴 했지만) 악명이 높았던 로마 장군 파비우스 막시무스 '굼뜬 자'가 새겨졌다.

1797년 3월 10일 금요일 나폴레옹은 총재정부에 약속했던 대로 북쪽으로 원정을 나섰다. 겨우 4만 명이 제메링 언덕 정상(빈의 첨탑을 알아볼 수 있는 위치였다)에서 출발해 티롤을 지나 클라겐푸르트로 향하고 오스트리아의 레오벤까지 가는 위험한 원정이었다. 주르당과 모로의 군대는 모두 규모가 두 배로 늘었음에도 또다시 카를 대공 때문에 독일에서 쫓겨났다. 이제 프랑스는 나폴레옹의 소규모 군대가 오스트리아 수도 자체를 위협함으로써 강화를 맺기를 바라고 있었다. 원래 그는 라인강 군대와 함께 양쪽에서 협공 작전을 펼칠 의도였지만 그해 가을 참패한 주르당과 모로 중 누구도 다시 라인강을 건너오지 못했다는 사실을 알자 몹시 신중해졌다. 군사들을 격려하기 위해 그는 어느 선언문에서 카를 대공의 형인 프란츠 황제를 '런던의 장사치들에게 돈을 받고 일하는 시종'이라 맹렬히 비난했고, 영국은 "전쟁의 아픔을 알지 못해 대륙의 슬픔을 두고 즐거이 웃는다"라고 주장했다.[77] 오스트리아에 맞서기 위해 선전을 하며 이토록 공격적인 표현을 사용한 까닭은 영국 정부가 오스트리아에 4천만 프랑이 넘는 금액인 162만 파운드를 빌려주려고 했기 때문이었다.[78] 당시 영국은 대륙에 병력 상륙은 시도하지 않았어도 프랑스에 대적하려는 적이 있으면 누구든 꾸준히 지원하며 밀어주었다.

3월 16일 나폴레옹은 탈리아멘토강을 건넜고 발바소네에서 카를 대공에게 작은 승리를 거뒀다. 이는 다음 날 장 바티스트 베르나도트 장군이 본대에서 나온 오스트리아의 대규모 파견군을 사로잡는 큰 승리로 이어졌다. 탈리아멘토에서 나폴레옹은 혼성 대형을 채택했다. 이것은 예상치 못한 지형 변화로 인해 일반적인 군사 배치가 불가능한 사태에 대처하기 위해 기베르가 처음 고안한 방식으로, 종대 공격과 횡대 공격의 절충안에 해당한다. 그는 며칠 후 이존초강을 건너 오스트리아로 침투할 때도 동일한 방식을 적용했다. 나폴레옹은 두 작전 모두 직접 나서서 횡대로 이뤄진 1개 대대 화력과 종대로 이뤄진 2개 대대 공격력을 결합한 대형을 도입했다.[79]

나폴레옹은 이탈리아 동북부 고리치아의 합스부르크 지방 주민에게 말했다.

"불안한 마음을 버려라. 우리는 선량하고 인도적이다." 80)

그는 카를 대공이 1793년 네덜란드에서 승리를 거두고 1796년 주르당과 모로를 격퇴한 후에도 그리 대수롭게 여기지 않았으며 전략가라는 명성도 부당하다고 여겼다. 나폴레옹은 총재정부에 다음과 같이 전했다.

"지금까지 카를 대공은 볼리외와 뷔름저보다 군사를 잘 쓰지 못하고 있습니다. 언제나 실수를 저지르는데 그것도 몹시 한심한 실수들입니다." 81)

오스트리아 측에서는 나폴레옹과 카를 대공이 전면전을 벌인 적도 없고 심기일전해서 독일을 거쳐 또다시 공격에 나서고 있는 모로까지 상대해야 했기에 나폴레옹에게 수도를 함락당할지도 모르는 위험을 무릅쓸 수 없었다. 결국 오스트리아는 4월 2일 빈에서 남서쪽으로 160킬로미터 거리인 레오벤에서 휴전을 맺자는 나폴레옹의 제안을 받아들였다.

1년 전 전쟁을 시작한 이래 나폴레옹은 아펜니노산맥과 알프스산맥을 넘었고 사르데냐 군대 하나와 오스트리아 군대 여섯 이상을 격퇴했다. 오스트리아 병사 중 사상자와 포로로 잡은 인원은 총 12만 명에 달했다. 그는 스물여덟 번째 생일을 맞기도 전에 이 모든 성과를 이뤄냈다. 18개월 전만 해도 자살에 관한 글을 쓰는 침울한 무명 병사에 불과했던 그는 이제 유럽 전역에서 이름을 떨치고 있었다. 나폴레옹은 강대한 오스트리아를 무찔렀고 교황과 피에몬테 국왕, 나폴리 국왕을 압박해 강화 조약을 맺었으며 봉건적인 모데나의 공작령을 철폐했다. 그는 온갖 군사적 상황에서 승리를 거뒀다. 이는 대부분 오스트리아의 가장 유명한 장군과 벌인 전투로 볼리외, 뷔름저, 프로베라, 크보스다노비치, 알빈치, 다비도비치를 무찔렀고 카를 대공을 능가했다.

나폴레옹은 늘 수적으로 우세한 오스트리아 병력과 싸웠으나 중앙 배치 전략을 여러 번 반복한 덕분에 실제 전장에서는 오히려 나폴레옹 측 인원이 더 많은 경우가 자주 있었다. 그가 이탈리아에 가기 전 역사와 지리를 깊이 연구한 것은 매우 큰 도움을 주었으며 사각 방진과 혼성 대형 등 다른 사람의 발상을 적극 실험해 보는 자세, 비상한 기억력 덕에 실행 계획을 꼼꼼히 계산하는 능력도 크게 기여했다. 그는 하루 행군하면 만날 수 있는 거리마다 각 사단을 포진했기에 각 사단은 전장에 집결할 수 있었다. 나아가 그는 압박 속에서도 대단한 침착함을 발휘했다.

나폴레옹이 지휘권을 넘겨받았을 때 이탈리아 원정군이 얼마나 궁핍했는지를 고려하면 이탈리아 원정군이 어쨌든 전투에 임했다는 사실 역시 그의 활동력과 조직적인 능력을 보여 준다. 나폴레옹의 리더십(그는 필요하다고 판단할 경우 엄격하게 행동했지만 다른 경우에는 크게 칭찬했다)은 승리에 필수적인 사기를 형성했다. 그가 1808년 남긴 말에 따르면, "전쟁의 4분의 3은 도덕적 요소가 결정하며 상대적인 물리적 힘은 겨우 4분의 1에 불과하다."[82] 그의 용감한 성품 덕분에 그는 병사들과의 관계도 돈독했다. 물론 오스트리아 측에서 파견한 지휘관들이 70대 노장인 데다 계속 병력을 분할했고 프랑스군 절반 정도의 속도로 움직였다는 사실 역시 크게 도움을 주었지만 언제까지나 그럴 리는 없었을 터였다.

나폴레옹은 인복도 타고났는지 휘하에 주베르와 마세나, 오주로가 있었다. 또한 란(로디와 아르콜레에서), 마르몽(카스틸리오네에서), 빅토르(라파보리타에서), 세뤼리에(만토바에서)가 혁혁한 공을 세웠고 브륀과 뮈라, 쥐노도 공을 세웠다. 그는 이처럼 나이와 배경에 상관없이 능력이 뛰어난 지휘관을 알아보았고 메이니에나 보부아처럼 일을 맡을 그릇이 되지 않는 지휘관은 해고했다. 나폴레옹이 권력을 잡았을 때 이탈리아 원정군 출신 지휘관들이 높은 자리에 오른 것은 우연이 아니다. 파리의 '많은 대중'이 열두 번의 승리를 12개월간 축하하고 북부 이탈리아와 중앙 이탈리아가 확고히 프랑스 공화국의 궤도에 들어온 그때 '승리의 여신의 총아'가 있다면 누구든 나폴레옹이라고 말할 것이었다.

나폴레옹의 군사 철학과 버릇은 이탈리아 원정 때부터 세상에 드러났다. 그는 강한 사기를 유지하는 것이 무엇보다 중요하다고 믿었다. 정신력과 자부심의 조화는 본질적으로 눈에 보이지 않지만 그래도 그 덕분에 군대가 위업을 이룰 수 있다고 생각했다. 1807년 나폴레옹은 조제프에게 이렇게 말했다.

"사기를 형성하려면 열 번의 작전이 있어야 하지만 그것은 한순간에 파괴될 수 있다는 사실을 기억해야 한다." 83)

그는 사기 진작과 유지를 위한 수많은 방법을 만들어 냈는데 예를 들면 고대사에서 가져온 것과 자신만의 특별한 리더십 스타일에서 비롯된 것, 작전을 거치며 발전한 것 등이 있었다. 그중 한 가지 방법은 병사가 자신이 속한 연대에 강한 소속감을 기르도록 하는 것이었다. 1797년 3월 그는 리볼리와 라파보리타에서 벌어진 전투에서 제57여단이 보여 준 용감함을 기리고자 '그 무엇도 막을 수 없는 무시무시한 57여단'이라는 문구를 군기에 새길 권한을 허락했다. 이와 함께 다른 영웅적인 연대들도 '용감한 자들'(제18전선), '무적'(9연대), '일당십'(제84전선) 등의 별칭으로 알려졌다. 이는 나폴레옹이 평범한 병사의 심리와 연대의 자부심을 이해하고 있었다는 의미다. 연극, 음악, 오페라 아리아, 선언문, 축제, 의식, 상징, 군기, 메달에 이르기까지 나폴레옹은 병사들이 무엇을 원하는지 본능적으로 알았고 그 욕구를 충족해 주었다. 그리고 최소한 1809년 아스페른-에슬링 전투까지는 병사들이 무엇보다 원하던 것, 바로 승리를 안겨 주었다.

원정에서 나폴레옹은 병사들의 사랑을 받도록 가까이 다가가는 능력을 보여 주었다. 병사들은 훈장이나 진급, 심지어 연금까지 신청할 수 있었고 그는 병사들의 지휘관과 함께 각 주장의 진실성을 검토한 뒤 신속히 처리했다. 또한 병사들의 청원을 직접 읽고 가능한 한 많은 것을 제공해 주었다. 여러 작전에 참여한 루이 드 보세 로크포르 남작이 회고한 바에 따르면 나폴레옹은 "듣고 질문하고 즉시 결정했다. 거절할 경우 실망을 누그러뜨릴 만한 어조로 그 이유를 설명해 주었다." 84) 총지휘관이 이토록 병사들과 가까이 있다니, 웰링턴 공작의 영국군이나 카를 대공의 오스트리아군에서는 상상도 할 수 없는 일이었다. 그러나 공화국인 프랑스에서는 병사의 요구와 관심사에 닿을 수 있는 귀중한 기회였다. 온순하게 요구사항을 외친 병사들에게는 종종 재치 있는 답변이 돌아오곤 했다. 이탈리아 원정 도중 한 병사가 너덜너덜해진 자신의 코트를 가리키며 새 제복을 요청하자 나폴레옹이 대답했다.

"아, 그렇게는 할 수 없네. 그랬다가는 자네의 부상이 보이지 않을 테니까."[85)]

1800년 3월에는 브륀에게 이렇게 말하기도 했다.

"자네는 언어가 병사들에게 미치는 힘을 알지."[86)]

훗날 그는 용맹한 병사를 보면 자신의 레지옹 도뇌르 훈장의 십자가를 벗어서 주기도 했다(그는 맘루크 경호원 루스탕이 나폴레옹의 제복에 십자가를 꿰매서 붙이려고 하는 것을 말렸다. "내버려두게. 일부러 그런 것이니."[87)]).

나폴레옹은 병사들과 함께 보내는 시간을 순수하게 즐겼다. 병사들의 귓불을 꼬집고 농담을 나눴으며 늙은 그로냐르(선임근위대 병사)를 뽑았고 과거의 전투를 돌이키며 질문을 던지기도 했다. 점심식사를 위해 행군을 멈췄을 때 나폴레옹과 베르티에는 부관과 잡역부를 불러 함께 식사했는데 보세는 이를 두고 "우리 모두에게 진정한 연회"였다고 회상했다. 나폴레옹은 자신의 저녁상 위에 올라온 와인을 보초를 서는 모든 병사에게도 지급했는지 항상 확인했다. 아마 사소한 것이었겠지만 병사들은 이를 감사하게 여겼고 덕분에 헌신적인 마음이 자라났다. 그가 계속해서 고대 세계를 언급한 덕분에 나폴레옹의 의도대로 평범한 병사들도 자신의 삶에(그리고 전장에서의 죽음에도) 의미가 있음을 느끼기 시작했고 스스로를 프랑스 역사 속에 울려 퍼질 거대한 흐름의 일부분이라고 믿게 되었다. 이러한 믿음을 유도하는 데는 고도의 리더십 기술이 필요하며 이는 행동을 이끌어내는 강력한 추진력이었다. 나폴레옹은 평범한 사람도 역사를 이뤄낼 수 있다고 가르쳤고 그의 추종자들은 자신이 후대에 주목받을 훌륭한 모험과 행렬, 실험, 서사시에 직접 참여한다고 여기게 되었다.

최대 5시간까지 이어진 열병식에서 나폴레옹은 병사들의 식량, 제복, 군화, 건강 상태, 여가, 정기적인 봉급을 꼼꼼히 검토했고 사실만을 말하도록 했다. 그는 17여단에 이렇게 말했다.

"원하는 것은 무엇도 숨기지 말고 상사에 관한 어떠한 불만도 억누르지 말라. 나는 모두에게 공정하기 위해 여기 있으며 약한 자일수록 특별히 보호할 것이다."[88)]

'꼬마 하사'가 그들 편에 서서 장군들과 맞서 준다는 생각이 군대 전체에 퍼져 있었다.

부상자를 적절하게 조치하는 것 역시 나폴레옹의 특별한 관심사였다. 부상자들이 최대한 빨리 복귀해야 하기도 했지만 신속한 의료 처치가 사기 진작에 얼마나 중요한지 알았기 때문이기도 했다. 어느 부관이 회고한 바에 따르면, "그는 부상자 수송대를 만나면 멈춰 세우고 상황과 고통, 부상을 당한 이유를 물었고 직접 부상자를 위로하거나 포상금을 나눠 주고 나서야 보내 주었다."[89)] 반대로 그는 정기적으로 의사를 질책했고 대부분의 의사를 돌팔이로 취급했다.

나폴레옹은 율리우스 카이사르를 보며 리더십의 핵심 기술을 많이 익혔는데, 특히 1796년 11월 리볼리에서 기대 이하였던 부대를 꾸짖은 일을 보면 이를 알 수 있다. 그가 세인트헬레나에 유배되었을 때 쓴 책《카이사르의 전쟁》에는 로마에서 병사들이 일으킨 폭동 이야기가 나온다. 카이사르는 제대를 원하는 병사들의 요구에 간결하게 동의했지만, '병사'나 '전우'가 아니라 '시민'이라는 모욕적인 표현을 숨기지 않고 사용했는데 이는 빠른 효과를 낳았다. 나폴레옹은 이야기를 다음과 같이 마무리했다.

"결국 이 감동적인 장면은 병사들이 계속 복무하는 결과를 낳았다."[90)]

물론 나폴레옹은 칭찬을 남발했다. 나폴레옹은 아일라우 원정에서 제44전선에 이렇게 외쳤다.

"내 눈에는 제군의 3개 대대가 6개로 보인다."

병사들은 환호하며 대답했다.

"이를 증명해 보이리라!"[91)]

나폴레옹이 군대에서 한 연설은 막사 내의 게시판에 붙었고 많은 병사가 널리 읽었다. 그는 통계를 늘어놓는 것을 좋아했는데 이로써 병사들에게 얼마나 많은 승리를 거뒀고 얼마나 시간이 걸렸는지, 얼마나 많은 요새·적의 장군·대포·군기·포로를 손에 넣었는지 전했다. 어떤 선언문에서는 허영심이 드러나기도 했지만 대체로 교육받지 못한 병사들을 위한 글이었다. 나폴레옹은 고대 사례를 들며 병사들을 칭찬했고(고전에 익숙한 사람은 극소수뿐이었지만) 특별히 과장할 때는 병사들을 독수리에 비유했다. 또한 가족과 이웃이 그들을 얼마나 자랑스러워할지 말해 주면서 병사들의 마음과 생명까지 사로잡았다.

나폴레옹은 주로 고대 세계에서 수사학적 영감을 얻었으나 셰익스피어의《헨리 5세》에 등장하는 성 크리스핀 축일의 연설 장면을 활용한 적도 있다.

"제군의 동포는 제군을 두고 '그는 이탈리아 원정군 소속이었다'고 말하리라."[92)]

나폴레옹은 병사들에게는 대체로 칭찬을 쏟아부은 반면 장군과 사절, 의원, 장관에게는 매우 신랄한 태도를 보였고 이는 가족에게 보내는 사적인 편지에서도 마찬가지였다. 나폴레옹의 좌우명은 "장교에게 가혹하고 병사에게 관대하라"였다.[93)]

나폴레옹은 참모진의 효율적인 업무 덕분에 나이 많은 병사들을 '인지'할 수 있었지만, 본래 그는 경이적인 기억력의 소유자이기도 했다. 어느 내무장관은 이렇게 회고한 바 있다.

"내가 발레의 세 의원을 소개하자 그는 그중 한 의원에게 어린 두 딸의 안부를 물었다. 그 의원은 나폴레옹이 마렝고로 향하면서 알프스산맥 기슭에 있을 때 딱 한 번 만났을 뿐이라고 했다. '포병 문제 때문에 잠시 우리 집 앞에서 멈춰야 했죠. 제 두 아이를 쓰다듬어 주고 말에 올라타셨습니다. 그 이후로는 한 번도 뵌 적이 없습니다.'"[94)]

그 우연한 만남은 10년 전의 일이었다.

평화

6

성공의 이득을 취하지 못한다면 충분한 승리가 아니야.

1808년 11월 나폴레옹이 조제프에게

–

내가 보기에 프랑스인은 자유와 평등은 신경 쓰지 않고
오직 명예만 따진다. … 군인은 영광과 특별함, 보상을 원한다.

1802년 4월 나폴레옹이 국무원에

1797년 4월 8일 나폴레옹은 파리에 이렇게 전했다.

"모든 정황으로 미뤄보아 평화의 시간은 우리 손에 달려 있으며 합당한 조건을 요구해 평화를 이뤄야 합니다." [1]

4월 15일 나폴레옹은 자신이 "무례하고 오만한 궁정"이라 칭한 오스트리아와 협상을 시작했다. 오스트리아 전권대사 갈로 후작은 딱딱하게 규칙을 들먹이며 협상을 진행할 건물을 중립지대로 공식 선포해야 한다고 주장했다. 나폴레옹은 그의 주장을 기꺼이 받아들인 뒤 총재정부에 "이 중립지대는 사방을 프랑스군이 둘러싸고 있고 우리 막사 한가운데에 있습니다"라고 설명했다.[2] 갈로가 프랑스공화국의 존재를 인정하겠다고 하자 나폴레옹은 다음과 같이 대답했다.

"우리는 인정을 요구하거나 갈망하지 않는다. 우리는 유럽의 지평선 위에 떠 있는 태양과도 같기 때문이다. 인정하기 싫어하는 이들에게는 나쁜 소식이겠지만."

갈로는 자기 관점에서 "프랑스 국왕이 그랬듯 공화국도 예의를 지킨다는 조건 아래" 존재를 인정해 주는 것이 엄청난 양보라 여기며 밀고 나갔다. 결국 나폴레옹은 프랑스는 "예의에 관한 한 그 무엇도 전혀 신경 쓰지 않으며 해당 조항을 받아들여도 우리에게는 중요치 않다"라는, 대단히 공화주의적인 발언을 남겼다.[3]

나폴레옹은 모로 장군과 오슈 장군이 라인강을 건너기만 한다면 그의 힘은 훨씬 더 강력해질 것이라 생각했다. 4월 16일 그는 총재정부에 전했다.

"역사에 군대의 작전을 기록하기 시작한 이래 강이 심각한 장애물로 여겨졌던 적은 전혀 없습니다. 모로 장군에게 라인강을 건널 의지만 있으면 건널 겁니다. … 라인강 원정군은 몸속에 피가 흐르지 않을 수도 있습니다."[4)]

나폴레옹은 만일 프랑스 병력이 오스트리아 영토에 들어왔다면 "고압적인 태도로 강화를 요구하는 위치에 있을 것"이라고 역설했다. 사실 오슈 장군은 사전 조약에 서명한 당일인 4월 18일 강을 건넜고 모로 장군도 이틀 뒤 강을 건넜다. 그리고 경쟁 상대가 이미 적국과 강화 협상을 진행하는 중이니 진격을 멈춰야 한다는 소식을 듣고 무척 분개했다.

나폴레옹은 고대 도시국가 베네치아에서 폭동이 일어날 뻔한 위협 사태에 대처할 때도 고압적인 자세를 보였는데, 베네치아는 독립을 지키려는 열망은 강했으나 병력이 충분하지 않았다. 4월 9일 나폴레옹은 베네치아 총독 루도비코 마닌에게 보낸 편지에서 베네치아가 전쟁과 평화 중 하나를 선택해야 한다고 요구하며 이렇게 질문했다.

"내가 독일 땅 한가운데에 있기 때문에 힘이 부족해서 이 세상 최초의 국가를 존중할 거라고 생각하시오?"[5)]

프랑스는 베네치아에 합당한 불만 사항을 품고 있긴 했지만(베네치아는 오스트리아 편을 들었고 빠르게 군대를 모아 아드리아해에서 프랑스의 소형 함선을 공격했다) 며칠 후 쥐노를 보내 24시간 내에 답변하라며 베네치아를 괴롭힌 것은 분명 나폴레옹이었다. 4월 17일에는 파비아와 비나스코, 모데나 사태에서 아무 교훈도 얻지 못했는지 베네치아공화국 내 베로나에서 폭동이 일어났다. 시내 병원에 입원한 부상병 대다수를 포함해 프랑스인 3백~4백 명이 학살당하면서 사태는 더욱 나빠졌다.

나폴레옹은 총재정부에 다음과 같이 약속했다.

"베네치아 본토 전체에 전반적인 조치를 취하고 그들이 절대 잊지 못할 극도의 처벌을 가할 것입니다."[6)]

후에 부리엔이 기록한 바에 따르면 나폴레옹은 해당 반란을 전해 듣고 이렇게 말했다.

"진정하라. 그 악당들은 대가를 치를 것이다. 저들의 공화국은 이제 끝이다."[7)]

1797년 4월 19일 수요일 오전 2시(공식적으로는 하루 전의 날짜로 기록했다) 나폴레옹은 레오벤의 예비 조약에 서명했다. 파리에서 온 전권대사 대신 나폴레옹이 협상을 진행하고 서류에 서명했다는 사실은 나폴레옹의 힘이 총재정부보다 확실히 강해졌다는 증거다. 이는 프랑스와 오스트리아 사이의 강화 전반과 관련된 조약은 아니었으며 최종 마무리 조약은 캄포포르미오에서 10월 이뤄졌는데 이 역시 나폴레옹이 협상을 진행했다. 레오벤에서 결정한 바에 따라 오스트리아는 밀라노와 모데나 공작령, 오스트리아령 네덜란드를 프랑스 측에 이양했다. 오스트리아는 프랑스 '헌법으로 정한 국경'을 인정할 것에 동의했으며(프랑스는 국경을 라인강까지 확장했다) 프랑스는 프란츠 황제가 통치하는 제국의 나머지 영토를 온전히 인정하기로 했다. 비밀 조항에 따라 오스트리아는 올리오강 서쪽부터 치스파다나공화국까지 이탈리아의 모든 점령지를 포기해야 했지만 그 보상으로 달마티아와 이스트리아를 포함해 올리오강 동쪽의 베네치아 본토 땅을 모두 받기로 했다. 프랑스는 올리오강 서쪽의 베네치아 땅을 차지하기로 했다. 나폴레옹은 조약을 비준하기 전부터 이미 베네치아 영토를 처분해야 할 입장에 서게 되리라고 예상하고 있었다.

이 조약은 오스트리아에 유리한 것처럼 보이는데 그 이유는 라인강 서쪽 강둑의 동의는 후일로 미루고 오스트리아 영토는 온전하게 고수했기 때문이다. 나폴레옹은 자신의 협상 결과를 변명하기 위해 총재정부 측에 밀라노를 기반으로 한 프랑스의 자매 공화국이 다스리는 볼로냐와 페라라, 로마냐가 "항상 우리의 지배하에 있을 것입니다"라고 전했다. 다만 "베네치아를 오스트리아에 넘겼으니 황제는 … 우리를 친화적인 태도로 대해야 할 것입니다"라는 그의 주장은 다소 설득력이 떨어진다. 그는 바로 이 편지에서 총재정부가 이탈리아 원정의 첫 단추부터 전부 잘못 꿰었다고 직설적으로 말하기도 했다.

"토리노로 계속 진군했다면 저는 포강을 절대 건너지 못했을 겁니다. 로마로 계속 진군했다면 밀라노를 잃었을 겁니다. 빈으로 계속 진군했다면 우리 공화국은 함락되었을 겁니다. 제가 받아들인 진정한 계획은 황제를 굴복시키는 것뿐이었습니다."

나폴레옹의 다음 발언은 겉과 속이 달라 보여 있는 그대로 받아들이기 힘들다.

"제 나름대로 … 작전을 지휘하며 늘 스스로를 아무것도 아니라고 여겨왔고, 과분한 영광을 얻은 뒤 빈으로 계속 진군해 나갔습니다."[8)]

그는 본국 귀환 허가를 요청하며 이런 약속을 했다.

"군인이었을 때와 마찬가지로 시민으로서도 단순하게 일을 해 나가겠습니다."

고대 영웅으로 로마를 구한 뒤 농장으로 돌아가 밭을 일구며 살아간 루키우스 퀸크티우스 킨키나투스와 자신을 겹쳐 생각한 것인지도 모른다. 그의 서신은 반공개적인 보고서라 기밀 사항만 제외하고 〈모니퇴르〉에 실렸다. 이러한 문구는 총재정부의 '게으른 법률가들'을 일깨우고 대중에게 강한 인상을 남기기 위해 작성한 것으로 보인다. 총재정부는 4 대 1로 레오벤 조약을 인정했고 장 프랑수아 뢰벨만(조항이 오스트리아 측에 너무 가혹하다고 생각해) 반대했다.

협상 진행 과정에서 모데나 공작은 나폴레옹에게 4백만 프랑의 뇌물을 주고 자리를 지키려 했다. 전적으로 신뢰할 수는 없지만, 부리엔에 따르면 오스트리아 측 협상가인 갈로와 폰 메르펠트 장군이 나폴레옹에게 독일공국까지 제안했으나 그는 이렇게 답변했다고 한다.

"황제 폐하의 호의에는 감사드리나 내 영광은 프랑스에서 비롯되어야 하오."[9)]

당시 오스트리아는 레오벤 조약에 만족했던 것으로 보인다. 갈로의 요구도 "양피지에 옮겨 적기를 바라며 봉인도 더 컸으면 좋겠다"는 사소한 것이어서 나폴레옹은

절차에 따라 이를 들어주었다.[10)]

4월 20일 프랑스 해군 대위 로지에가 베네치아 리도의 탄약고 근처에 함선을 불법 정박하자 베네치아인이 그를 쏘아 죽이는 사건이 발생했고, 결국 베네치아는 나폴레옹의 손아귀에 완전히 넘어가고 말았다. 그에게 무엇이든 정당화할 수 있는 구실이 생겼기 때문이다. 그는 베네치아에서 영국 대사와 부르봉가 측근의 프랑스 망명 귀족을 쫓아낼 것, 모든 영국 상품을 넘길 것, '기부금' 2천만 프랑을 낼 것, 로지에를 '암살한 자들'을 체포할 것(귀족 출신 베네치아 제독을 포함해) 등을 요구했다. 또한 그는 베로나에서 벌어진 학살에 보상해 주겠다는 총독의 약속을 무시하며 총독이 보낸 사절에게 "프랑스인의 피가 뚝뚝 흐르고 있다"고 말했다. 대신 그는 베네치아 본토에서 떠날 것을 요구했는데, 이는 레오벤의 비밀 조항을 실행하려면 베네치아 본토를 자기 지배 아래 두는 선결 조건을 충족해야 해서다. 한편 그는 브레샤와 베르가모에서 반란이 일어나도록 조장했으며 5월 3일 전쟁을 선포했다. 그리고 학살 대가로 베로나에 17만 베네치아 금화(약 170만 프랑)를 요구했고 도시의 전당포에서 50프랑 이상의 가치를 지닌 것은 모두 몰수했다. 혁명정부는 위험인물을 교수형에 처하거나 남아메리카의 프랑스령 기아나로 유배를 보냈다. 교회 명판과 그림, 식물 소장품, 심지어 "도시와 개인의 사적 소유물인 조개껍데기"마저 징발을 당했다.[11)]

나폴레옹은 베네치아와 전쟁을 벌인 지 열흘 만에 시내에서 쿠데타가 일어나도록 조장했다. 그는 프랑스 공사관의 비서 조제프 빌타르를 통해 프랑스가 징벌하겠다고 위협함으로써 베네치아 과두정부 기반을 약화했고 (강대한 오스만제국을 막아 낸 선조의 후예인) 총독과 원로원은 1천2백 년 독립 국가 역사를 스스로 맥없이 무너뜨렸다. 이들 역시 나폴레옹에게 뇌물을 주려 했는데 이번에는 7백만 프랑이었다. 나폴레옹은 이렇게 응대했다.

"프랑스인은 배반당해 피 흘리며 죽어 갔소. 페루의 보물을 주겠다고 제안해도, 온 영토를 금으로 가득 채울지라도 충분한 속죄가 되지 못하오. 성 마르코의 사자가 엎드려야 할 것이오."[12]

5월 16일 루이 바라게 딜리에 장군이 이끄는 프랑스 병력 5천 명이 '해방자'로서 베네치아에 입성했다. 한때 로마에서 트라야누스 개선문을 장식했던 말 동상 네 개는 성당 주랑에서 성마를 강탈당해 루브르로 옮겨졌다가 1815년에야 돌려받았다.

베네치아의 새로운 친프랑스 괴뢰정부와 맺은 조약에 따르면 베네치아는 전함 3척과 소전함 2척을 프랑스 해군에 제공하고 기부금 1천5백만 프랑에다 그림 스무 장과 필사본 5백 부를 내놓아야 했다. 프랑스가 치스파다나공화국과 오스트리아 사이에서 나누기를 원한 본토 영토 역시 넘겨야 했다. 그 대가로 프랑스는 '영원한 우정'을 공언하겠다고 제안했다. 이 모든 것은 총재정부의 관여 없이 이뤄졌다. 1796년 원정을 시작할 때 나폴레옹은 (그에게 호의적이긴 했지만) 명목상 총재정부 위원인 살리체티의 허가 없이는 피에몬테와 휴전을 맺을 수 없었다. 하지만 그 이후 나폴레옹은 중대한 강화 협정을 독단적으로 조인했는데 로마와 나폴리, 오스트리아에 이어 이제는 베네치아였다.

5월 23일 나폴레옹이 다섯 번째로 서명하려던 순간 제노바에서 친프랑스 자코뱅파 민주주의자들과 제노바의 총독·원로원 병력 사이에 시가전이 발발했다. 이때 기존 권력자들이 승리하면서 살리체티와 페푸가 실패한 반란을 조장하기 위해 담당한 역할 관련 문서가 발견되었다. 나폴레옹은 제노바 민주주의자들이 너무 일찍 봉기를 일으킨 것에 분개했지만, 몇몇 프랑스인의 죽음을 핑계로 제노바 정부를 회유하기 위해 부관 라발레트를 파견했다. 베네치아와 마찬가지로 제노바 역시 곧 굴복했고 나폴레옹은 몸소 새로운 리구리아공화국 헌법을 작성했는데 이번에도 총재정부는 어떠한 관여도 하지 않았다.* 1795년 프랑스 헌법을 기반으로 한 이 헌법

* 나폴레옹은 총재정부를 완전히 무시할 수는 없었다. 6월 교황 피우스 6세가 뇌졸중 발작을 일으키자 그는 다음 사항을 문의했다. "교황이 죽을 경우 제가 취해야 하는 과정을 긍정적으로 지시해 주길 바랍니다. 새로운 교황을 임명하도록 허락해야 할까요?"(CG1 no.1725 p.1030) 피우스 6세는 회복했고 2년 더 살았다.

은 입법부가 양원제로 각각 150명과 3백 명으로 이뤄졌다. 여기에다 종교의 자유, 시민 평등, 지방 자치정부 방안을 도입했는데 이 원칙은 나폴레옹이 이전에 따랐던 엄격한 자코뱅주의도 (일부 동시대 사람들이 말했듯) 제노바에 반발하는 코르시카 정신을 따르지도 않았다. 민주주의자들이 제노바의 위대한 영웅 안드레아 도리아의 조각상을 파괴하자 그는 이를 꾸짖으며 도리아는 "위대한 뱃사람이자 위대한 정치가였다. 그가 다스릴 때 귀족 계층은 자유로웠다. 유럽 전체가 그토록 유명한 사람을 배출했다는 영광을 안고 있는 그대들 도시를 부러워했다. 분명 그대들은 도리아의 조각상을 다시 세우기 위해 고통을 감내해야 할 것이다. 이에 따르는 비용을 일부 부담하고 싶으니 허락해 주길 바란다"[13]라고 말했다.

1797년 봄 나폴레옹은 주로 밀라노 외곽의 몽벨로궁에 머물며 미오 드 멜리토를 궁으로 불러 의논하곤 했다. 미오는 나폴레옹이 보낸 위엄 있는 일상에 관한 기록을 남겼다. 그는 가족을 데려와 함께 살았을 뿐 아니라(모친인 마담 메르와 조제프, 루이, 폴린, 숙부인 조제프 페슈를 불렀으며 이후 더 많은 친지를 불러들였다) 궁중 같은 예법을 도입했다. 식탁에는 부관 대신 이탈리아 귀족이 함께 앉았고 부르봉 왕가가 베르사유에서 그랬듯 공적 만찬을 열었으며 하인들에게 대단히 반공화주의적 성향을 드러냈다. 이 비용을 감당하기 위해 큰돈이 나갔는데 당시 비용이 30만 프랑에 달했다고 직접 언급하기도 했다. 부리엔은 3백만 프랑이 넘었다고 주장하는데 이는 이탈리아 원정군 전체의 한 달 봉급과 맞먹는다. 어느 쪽이든 휘하 장군들만 이탈리아의 재산을 빼앗아 쓴 것은 아니었다.[14]

미오가(주로 그의 사위 플라이슈만 장군이 작성한) 회고록에서 주장한 바에 따르면, 1797년 6월 1일 나폴레옹은 미오와 함께 몽벨로의 정원을 산책하며 말했다.

"내가 이탈리아에서 승리한 이유가 총재정부의 법률가 무리, 그러니까 카르노와 바라스 같은 자들을 위해서라고 생각하오? 그럴 리가! … 나는 공화주의 당을 약화하고 싶었소. 온전히 나 자신을 위해서 말이오. … 친애하는 미오, 나는 권력의 맛을 한번 보았으니 이를 절대 포기하지 않을 것이오."

그는 프랑스인에 관해 이렇게 말하기도 했다.

"싸구려 보석을 가져다주면 충분할 것이오. 즐거워하며 따르겠지. 프랑스인이 향하는 최종 목적지를 노련하게 잘 숨기기만 한다면 말이오."[15)]

하지만 이 모든 냉소적인 발언이(많은 사학자가 이를 곧이곧대로 받아들였다) 진심으로 보이지는 않는다. 나폴레옹처럼 영리한 정치가가 프랑스의 공화주의 기반을 무너뜨리겠다는 자신의 야망을(당시로서는 반역에 해당하는) 순순히 발설하다니, 그것도 어디에 충성하고 있는지도 모르는 미오 드 멜리토 같은 공무원 앞에서 말이다. 더구나 그 공무원이 수십 년 후 당시 대화를 완벽하게 기억하는 것이 가능한 일일까?[16)]

이때부터 나폴레옹은 동생들을 몽벨로에 데려와 보살펴 주고 그들의 결혼 생활에 꾸준히 관여하기 시작했다. 1797년 5월 5일 스무 살의 엘리자는 코르시카 귀족 펠리체 바치오키 대령과 결혼했다. 군대에서 고속 승진한 그는 마침내 루카의 상원 의원이자 대공 지위에까지 올랐고 부인이 몇 번 부정을 저질러도 현명하게 모르는 척했다. 그다음 달 6월 14일 나폴레옹의 비슷한 격려와 설득에 따라 열일곱 살의 폴린도 스물다섯 살의 샤를 르클레르 장군과 결혼했다. 나폴레옹은 툴롱에서 그와 함께 복무한 바 있으며 그는 카스틸리오네와 리볼리 전투에도 참전한 군인이었다. 나폴레옹은 폴린이 다른 누군가와 사랑에 빠졌다는 사실을 알고 있었으나 어머니인 레티치아는 인정하지 않았고 이에 상관없이 나폴레옹은 부부를 지원해 주었다. 또한 기병인 뮈라가 또 다른 여동생 카롤린에게 구애하도록 격려했으며 둘은 1800년 1월 결혼했다.

파리의 총재정부는 위태로운 상황이었다. 통제를 벗어난 인플레이션(1797년 신발 가격이 1790년에 비해 40배나 뛰었다) 속에서 아시냐(프랑스 혁명기에 발행한 악명 높은 불환지폐 — 역자) 지폐는 액면가의 1퍼센트로 거래가 이뤄졌고 정치는 과열 상태였다.[17] 5월 26일 왕당파가 선거에서 승리하고 입헌 왕정주의자 바르텔레미 후작이 총재가 되면서 정부를 향한 불만은 더욱 극명하게 드러났다. 이제 총재정부를 구성하는 총재는 바라스, 카르노, 법률가인 뢰벨과 루이 드 라 레벨리에르 레포, 바르텔레미였다. 바르텔레미를 제외한 나머지는 국왕 시해에 참여했고 카르노는 진보적인 비왕당파 온건주의를 지향하는 편이었다. 방데미에르 당시 공화국을 구하기 위해 그토록 중요한 역할을 해냈던 나폴레옹은 왕당파가 공화국을 차지해 가는 모습을 보고만 있을 수 없었기에 라발레트를 파리로 파견해 정치적인 변화를 살펴보게 했다. 라발레트는 부르봉 왕가를 되살리기 위한 음모를 여럿 발견했고 그중 하나에는 브리엔의 군사 지도자 출신이자 네덜란드를 정복했던 샤를 피슈그뤼 장군이 관여하고 있었다. 더욱이 그는 극좌파 음모까지 알아냈고 그중 하나를 적발했는데 5월 말 기자이자 선동가였던 프랑수아 노엘 바뵈프가 단두대로 보내졌다. 그의 사상은 기본적으로 공산주의였다(비록 당시에는 아직 공산주의 개념이 없었지만 말이다).

나폴레옹은 국민의회에서 자신의 행동에 반대가 있었는지에 특히 예민하게 반응했다. 지롱드 당원이던 온건파 의원 조제프 뒤몰라르는 나폴레옹이 베네치아를 부당하게 대했다고 항의하며 '프랑스'(이때는 나폴레옹을 의미한다)가 국제법을 어기고 다른 자주 국가의 국내 사정에 간섭했다면서 의회가 나폴레옹이 맺은 조약을 무시해야 한다고 연설했다. 이에 나폴레옹은 격분하며 총재정부에 이렇게 전했다.

"무식하고 말 많은 법률가들이 우리가 베네치아를 점령한 이유를 묻습니다. 8만 명의 이름으로 경고하는데 비겁한 법률가와 끔찍한 수다쟁이가 군인을 단두대에 보내는 것은 이제 옛날 일입니다. 군인을 구속하려 들었다가는 이탈리아 원정군 병력이 클리시로 진군할 테니 당신들에게는 큰일이겠지요!"[18]

여기서 클리시는 클리시가에 위치한 왕당파 클럽과 군대가 파리 시내로 진군할 수 있는 관문을 중의적으로 일컫는 말이다.

나폴레옹은 바스티유의 날 혁명 기념일에 군대를 향해 "왕당파들은 모습을 드러내는 순간 이 세상에서 사라질 것이다"라고 선언하며 국내 반대파에게 경고했다. 또한 "공화국과 헌법의 적에게 물러서지 않는 전쟁"을 장담했다.[19] 닷새 후 그는 밀라노에서 대규모 축하행사를 열었는데, 그 목적은 이탈리아 원정군이 공화주의자처럼 믿음직스럽고 라인강 원정군의 신사들보다 낫다고 내세우는 데 있었다. 두 원정군 사이의 반목은 베르나도트가 이끄는 사단이 1797년 초반 독일에서 이탈리아로 왔을 때부터 시작되었고 양측 장교들 사이에 싸움까지 벌어진 바 있다. 나폴레옹이 리볼리에서 습득한 군기를 파리로 가져가는 영광을 베르나도트에게 양보한 것은 그를 이탈리아 땅에서 내보내려는 계책으로 여겨지기도 했다. 야심가에다 독립적인 베르나도트와 나폴레옹의 관계는 늘 한계에 다다른 상태나 다름없었고, 이듬해 나폴레옹의 전 약혼녀 데지레 클라리와 베르나도트가 결혼하자 한층 더 위태로워졌다.

1797년 7월 7일 나폴레옹은 신생 치살피나공화국(알프스산맥 남쪽의 공화국이라는 의미 — 역자)을 위한 헌법을 공포했다. 치살피나공화국의 수도는 밀라노였고 코모, 베르가모, 크레모나, 로디, 파비아, 바레세, 레코, 레지오로 이뤄져 있었다. 수많은 이탈리아인이 치살피나공화국 군대에 자원했다는 사실에서 알 수 있듯 이들은 이탈리아라는 국가 정체성과 의식을 창조하는 데 치스파다나공화국보다 한 발 앞서가는 입장이었다.[20] 롬바르디아 평원과 그 너머까지 차지해 드넓은 통일 이탈리아 국가가 친프랑스 성향이라는 것은 오스트리아의 보복을 막는 하나의 방어책이었다. 또한 필요하다면 스티리아와 카린티아, 빈을 한 번 더 공격할 기회를 잡을 수 있다는 사실을 나폴레옹은 잘 파악하고 있었다. 프랑스 헌법에 기초한 치살피나공화국 헌법은 나폴레옹의 감독 아래 네 개 위원회가 작성했다. 하지만 이전에 치스파다나공화국에서 치른 첫 번째 선거에서 수많은 성직자가 공직에 선출된 경험 때문에 이번에는 나폴레옹이 총재 5명과 의회 의원 180명을 직접 임명했고 세르벨로니 공작이 초대 의장이 되었다.

6월 중순 무렵 파리는 위태로운 지경에 이르렀다. 정부를 향한 반발을 억누르기 위해 공화주의자 오슈 장군을 전쟁장관으로 임명하자 국민의회 구성원들은 오슈 장군이 공직을 맡기 위한 최소 연령인 서른 살(총재의 경우 마흔 살)이 되지 않아 헌법에 위배된다며 이의를 제기했다. 결국 장관은 임명된 지 닷새 만에 사퇴해야 했다. 당시 스물일곱 살이던 나폴레옹은 이에 주목했다. 국민의회에서 뒤몰라르가 나폴레옹을 비판하는 내용을 발의하자 그는 7월 15일 총재정부에 과장스럽게 말했다.

"클리시 클럽이 공화국을 무너뜨리고자 내 시신을 짓밟고 넘어가려 합니다."[21)]

1795년 8월 제정한 공화국 3년 헌법에 따라 권력 분립이 이뤄졌는데 이는 곧 총재정부가 국민의회를 해산할 수 없으며 국민의회는 총재정부 측에 정책을 강요할 수 없다는 의미였다. 둘 사이에 문제가 발생할 경우 이를 해결할 상위 기관이 없는 상황이라 파리의 정치는 교착 상태에 빠져 버리고 말았다.

7월 17일 샤를 모리스 드 탈레랑은 외무장관이 되었고 이후 총 네 차례 재임했다. 영리하지만 게으른 탈레랑은 성격이 예민하고 여행 경험이 많았는데 발에 기형이 있었으며 주색을 탐했다. 1791년 파문당하기 전까지 오툉의 주교였던(자신의 관할지인 오툉을 방문해 본 적도 없었다) 그의 뿌리를 거슬러 올라가 보면(어디까지나 본인의 만족에 따라) 9세기 앙굴렘과 페리고를 다스린 백작의 후예라고 한다. 그는 인권선언과 성직자 공민헌장에 기여했으며 1792년부터 1796년까지 영국과 미국으로 추방당하기도 했다. 그에게는 원칙이 있었는데 영국 헌법에 표면적으로 애정을 보이긴 했어도 그 어느 것이라도 고취할 목적으로 본인의 경력이나 안락함에 해를 끼칠 만한 행동을 한 적이 없었다. 나폴레옹은 오랫동안 탈레랑에게 한없이 감탄했던 것으로 보인다. 그는 탈레랑에게 자주 비밀스러운 서신을 보냈으며 그를 "유럽 대화의 왕"이라 불렀지만 말년에 그를 꿰뚫어 보고 이런 말을 남겼다.

"그는 충고를 거의 하지 않았으나 다른 사람들의 입을 열게 할 수 있었다. … 옳고 그름에 그토록 관심이 없는 사람은 평생 본 적이 없다."[22)]

탈레랑은 항상 그래왔듯 적절한 시기에 나폴레옹을 배반했고 이에 나폴레옹은 매우 상심했다. 말년의 나폴레옹은 탈레랑이 침대에서 편안히 죽음을 맞으리라는 사실이야말로 "우리에게 천벌을 내리는 신 같은 존재는 없다"는 점을 입증한다고 여겼다.[23)]

이러한 비통함은 아직 먼 미래의 일이었다. 1797년 7월 탈레랑이 외무장관이 된 후 처음 한 일은 나폴레옹에게 친교를 청하는 아첨이 가득한 편지를 보낸 것이었고("보나파르트라는 이름만으로도 저는 모든 어려움을 해결해 나가는 데 도움을 받을 수 있습니다.") 그 답장 역시 낯뜨거울 정도로 야단스러웠다.[24)]

"알렉산드로스 대왕은 승리를 거뒀지만 아마도 아테나만 열광했을 겁니다. 다른 지휘자들 역시 사회의 엘리트였지요. 오직 당신만 제외하고 말입니다. 혁명을 공부하다 보니 당신이 얼마나 크게 기여했는지 알겠더군요. 당신은 그 희생에 보상을 받아야 합니다. … 제가 권력을 잡는다면 즉시 그렇게 될 겁니다."[25)]

이처럼 서로를 치켜세우는 가운데 두 사람이 정치적 동맹으로 무엇을 얻을 수 있을지 전망이 그려졌다.

7월 말 나폴레옹은 바라스가 주도하는 프랑스 정부와 입법부 숙청을 지원하기로 결정했는데, 이는 그가 보기에 공화국을 위험에 빠뜨리고 있는 왕당파와 온건파를 제거하는 작업이었다. 27일 그는 확고하게 공화주의자인(사실 신자코뱅파인) 오주로를 파리로 보냈다. 그는 라발레트에게 오주로의 야심을 경고했으나("스스로 그의 권력 아래 놓이지 말라. 그는 군대에서 무질서를 야기한 바 있다. 그는 파벌을 중시하는 사람이다.") 그 시점에 파리에 파견하기에 적합한 인물은 바로 오주로라고 생각했다.[26)] 그는 총재정부 측에 오주로가 "개인적인 일로 요청을 받고" 파리로 갔다고 전했지만 사실은 이보다 훨씬 더 극적인 일이었다.[27)] 피슈그뤼가 하원인 오백인회 의장을 맡고 또 다른 숨은 왕당파 바르베 마르부아 후작이 상원인 원로회의 의장을 맡았으며, 모로는 라인강 원정대에서 바스티유의 날을 거의 축하하지 않는 상황이었다. 바라스로서는 나폴레옹의 정치적 지지와 군사력과 재력이 간절했다. 라발레트는 당시 계획 중인 쿠데타 이전에 세력을 모으기 위해 3백만 프랑을 파리로 가져간 것으로 보이는데, 부리엔의 주장이 맞는다면 이는 나폴레옹의 전체 순자산에 해당하는 금액이었다.[28]

1797년 9월 4일 새벽(공화력으로 프뤽티도르 18일에 해당) 공화력 제12월의 쿠데타가 성공적으로 일어났다. 오주로는 국민의회의 허가가 없으면 병력은 수도에 진입할 수 없다는 법규를 무시하고 파리의 중요한 전략 요충지를 점령했다. 그는 입법부가 위치한 튈르리궁을 둘러싸고 병사를 배치했으며 의원 86명과 편집자 몇 명을 체포해 탕플 교도소로 호송했다. 이후 바르텔레미와 피슈그뤼, 바르베 마르부아를 포함해 많은 인원이 7천 킬로미터 떨어진 기아나의 죄수 유형지로 추방되었다. 카르노는 포위망을 뚫고 가까스로 독일로 탈출했다. 당연히 뒤몰라르도 투옥되었고 남아메리카 대신 프랑스 대서양 연안의 올레롱섬으로 보내졌다. 입법부 잔당은 친왕당파 주 49곳에서 치르기로 예정한 선거를 취소하고 저명한 성직자와 사면을 받지 못한 상태에서 프랑스로 돌아온 추방자들에게 불리한 법을 통과시켰다. 믿을 만한 공화주의자 필리프 메를랭 드 두에와 프랑수아 드 뇌샤토가 쫓겨난 카르노와 바르텔레미를 대신해 총재가 되었다. 다시 급진적 성격을 띠게 된 총재정부는 힘을 써서 신문을 폐간하고 클리시 등의 정치 클럽을 폐쇄했다. 이제 총재정부는 과거 공포 정치 시대의 공안위원회처럼 강력해졌다. 이탈리아 원정군은 일단 총재정부에 도움의 손길을 주었다. 미오의 견해에 따르면 나폴레옹은 프뤽티도르의 숙청을 고집했기에 "승리를 거둘 수 있었다."[29] 총재정부는 장교단에서도 숙청을 진행했고 숨겨진 왕당파 용의자로 장군 38명을 파면했는데 나폴레옹의 경쟁자인 알프스 원정군 지휘관 켈레르만 장군도 여기에 포함되었다.

부리엔은 나폴레옹이 그 결과를 듣고 '기쁨에 도취'되었다고 기록했다.[30] 카르노는 프뤽티도르 쿠데타 때문에 큰 피해를 보긴 했어도 나폴레옹을 미워하진 않았다. 1799년 그가 망명자 신세로 자신을 변호하기 위해 쓴 글에 따르면 1796년 나폴레옹에게 이탈리아 원정을 제안한 이는 바라스가 아니라 자신이었으며, 바라스는 1797년 "보나파르트의 소중한 사람(조제핀을 일컫는다)을 무례하게 비난조로 비꼬아" 나폴레옹과 적대하게 되었다고 한다.[31] 또한 카르노는 바라스와 뢰벨, 라 레벨리에르는 "보나파르트를 늘 끔찍한 상대로 여겼으며 그를 파멸시키겠다는 결심을 단 한 번도 잊지 않았다"라고 주장했다. 이들은 남몰래 "레오벤의 예비 조약에 불만"을 표출했다고 한다.[32] 나폴레옹이 권력을 잡은 뒤 카르노를 전쟁장관으로 다시 불러들인 것으로 보아 그는 이를 믿었던 것이 분명하다.

나폴레옹은 음모를 꾸미는 사람으로 보이고 싶지 않았기에 쿠데타가 발생한 당일 파사리아노에서 이탈리아의 평화를 협상하고 있었다. 며칠 후 프뤽티도르 17일 밤에 바라스와 함께 있었던 라발레트는 돌아오자마자 "주요 인물이 망설이는 것과 격정을 터뜨리는 것까지 거의 모든 일"을 4시간에 걸쳐 상세하게 나폴레옹에게 설명했다.[33] 카르노의 피보호자 앙리 클라르크가 다시 파리로 불려 가면서 나폴레옹만 캄포포르미오 평화 협상을 위한 전권대사가 되었다.

나폴레옹은 오스트리아 측 전권대사 루트비히 폰 코벤츨 백작과 상의를 거듭하며 주기적으로 분통을 터뜨렸다. 9월 12일 그는 탈레랑에게 "빈 궁정의 우둔함과 불신을 이해하기란 어려울 것"이며 협상은 "그저 장난"에 불과하다고 말했다. 프뤽티도르 쿠데타 이후 나폴레옹은 베네치아가 치살피나공화국에 합류하는 문제(이전에는 반대를 받았다)나 이탈리아에서 영토를 잃은 오스트리아에 독일에서 보상해 주는 문제(그가 지지한 사안이다) 등에 더 이상 총재정부의 간섭을 받지 않았다.[34] 오스트리아는 부르봉 왕가가 당장 복권할 가망이 없다고 보았기에 협상은 멈추지 않고 진행되었다. 9월 26일 나폴레옹은 총재정부 측에 피에몬테와의 강화 조약을 비준해 달라고 요구했는데 여기에는 피에몬테가 프랑스군에 병사 1만 명을 보내야 한다는 규정이 있었고, 나폴레옹은 6개월 안에 피에몬테 국왕 카를로 에마누엘레 4세가 쫓겨나리라고 예상했다. 그는 탈레랑에게 다음과 같이 전했다.

"거인이 난쟁이를 품속에 껴안아 주었을 때 난쟁이가 질식했다고 해서 거인이 범죄를 저질렀다고 할 수는 없을 것이오."[35] •

이 시기에 나폴레옹이 쓴 편지를 보면 계속 건강이 좋지 않다는 티를 내고 있는데("말 위에 올라타기가 힘듭니다. 2년 정도 휴식이 필요합니다.") 이번에도 정부가 충분히 인정해 주지 않는다는 이유로 사직하겠다는 협박을 거듭했다. 특히 오슈가 9월 17일 폐결핵으로 사망하고 '파벌을 중시하는' 오주로가 라인강 원정군의 지휘자가 되자 더욱 심해졌다. 또한 나폴레옹은 코벤츨과의 협상에 관해 끊임없이 어려움을 토로했다.•• 이오니아제도의 미래를 솔직히 논하는 과정에서 나폴레옹은 (오스트리아의 표현에 따르면) 귀중한 골동품 도자기를, (나폴레옹 지지자의 표현에 따르면) 싸구려 찻잔 세트를, ("나폴레옹 본인이 20년 후 말한 바에 따르면") 코벤츨이 "카타리나 여제 등의 군주로부터 하사받은 귀한 도자기 찻잔"을 바닥에 던져 박살냈다.[36] 이처럼 나폴레옹은 협상할 때 연극을 하듯 과장된 언동을 한 적이 많은데 이는 대체로 보여 주기 위한 것이었다. 박살난 게 무엇이든 코벤츨은 침착하게 빈으로 돌아가 이렇게 보고했다.

"그는 마치 어릿광대처럼 행동했습니다."[37]

나폴레옹의 어느 개인비서는 그가 분노를 어떻게 표출했는지 기록을 남겼다.

> 무엇이든 격한 감정이 북받치면 그의 얼굴에 … 소름끼치는 표정이 떠오르며 … 눈빛

• 사실 카를로 에마누엘레 왕은 1802년 형제를 위해 퇴위할 때까지 왕좌를 지켰다.

•• 만약 오스트리아가 다시 전쟁을 벌일 의향이라면 미리 군대를 대비해야 하므로 나폴레옹은 파리 주재 재정관리인 알레르에게 이런 편지를 보냈다. "단추를 제작하는 곳에 가서 어떤 상황이 벌어지고 있는지 전해 주시오. 단추가 없어서 모든 군대가 헐벗고 있소." 이 편지의 추신은 "돈, 돈, 돈!"이 전부였다(CG 1 no.2146, p.1243).

이 이글이글 타오르고, 내면의 격정이 터질 듯 콧구멍이 부풀어 오른다. … 이런 표정을 마음대로 통제할 수 있는지 시간이 지날수록 점점 잦아든다. 그의 이성은 냉정을 되찾는다. … 기분이 좋거나 호감을 사려고 할 때는 부드럽고 사랑스러운 표정을 지으며 가장 아름다운 미소로 빛난다.[38)]

10월 7일 나폴레옹은 탈레랑에게 보낸 분노에 찬 장문의 편지에서 코벤츨의 고집을 다시 언급한다. 그는 어떠한 저력도 없고 "프랑스인 4만 명이 희생할 가치도 없으며", "무기력하고 미신적이면서 판탈롱의 비겁한 국가"인 이탈리아를 위해 계속 싸워야 하는지를 두고 방황하는 모습을 솔직하게 드러냈다.[39)]* 또 전쟁을 시작할 때부터 이탈리아는 아무것도 지원하지 않았으며 치살피나공화국의 무장 인력은 겨우 2천여 명에 불과하다고 덧붙였다.

"이것이야말로 역사입니다. 나머지 것, 선언서나 인쇄한 담화문 등에 적힌 보기 좋은 모든 것은 그저 공상에 불과합니다."

나폴레옹의 편지는 거의 의식의 흐름에 따라 기술한 것에 가까웠고 둘이 서신을 주고받는 관계가 된 지 고작 몇 주밖에 되지 않은 것치고는 매우 친밀해 보였다. 그는 새로운 동맹이자 친구에게 이렇게 적었다.

"저는 생각한 그대로 적고 있습니다. 제가 당신에게 최고로 존경을 표하는 방법입니다."[40)]

1797년 10월 13일 새벽 부리엔은 나폴레옹의 침실에 들어가 산에 눈이 덮였다고 보고했다. 그러자 (부리엔에 따르면) 나폴레옹은 침대에서 펄쩍 뛰면서 외쳤다.

"뭐, 10월 중순에 말인가! 대체 무슨 나라가 이런가! 이런, 강화를 맺어야겠어."

그는 곧 도로를 지나다닐 수 없을 테니 라인강 원정군이 병력을 증원해 줄 리 없

* 판탈로네는 이탈리아의 즉흥 연희극에 등장하는 인물로 돈에만 관심이 있는 탐욕스러운 성격이다.

다고 즉각 계산했다.[41] 10월 17일 화요일 한밤중, 파사리아노에 있는 나폴레옹의 본부와 우디네에 있는 코벤츨의 본부 중간쯤에 위치한 캄포포르미오의 작은 마을에서 나폴레옹과 코벤츨은 조약을 맺었다. 그 조건은 다음과 같다. 오스트리아는 벨기에(오스트리아령 네덜란드)와 라인강 서쪽 강둑을 프랑스에 이양한다. 프랑스는 베네치아로부터 이오니아제도를 넘겨받는다. 오스트리아는 이스트리아와 프리울리, 달마티아, 베네치아 본토, 아디제강, 포강 하류를 차지한다. 오스트리아는 리구리아공화국과 치살피나공화국을 인정하며 치살피나공화국은 치스파다나공화국과 합병한다. 프랑스와 오스트리아는 '최혜국' 관세 동맹을 맺는다. 모데나 공작은 이탈리아의 영토를 잃었지만 오스트리아가 라인강 동쪽 브라이스가우의 공작령으로 이를 보상해 주었다. 또한 11월 라슈타트에서 회담을 소집해 신성로마제국의 향방을 결정하고 라인란트를 몰수하는 문제와 관련해 보상을 다루기로 했다. 또한 친프랑스 성향의 독립 국가인 레만공화국(제노바 인근 레만호에 위치함)과 스위스에 헬베티아공화국을 세우기로 했다.

"제가 막 맺은 조약에 분명 비판이 쏟아지겠지요."

나폴레옹은 다음 날 탈레랑에게 보낸 편지에서 다시 한번 전쟁을 벌이지 않고는 이보다 좋은 조건을 얻어 낼 수 없다고 주장했다.

"오스트리아의 지방 두세 군데를 더 점령하면 되겠죠. 그게 가능할까요? 가능은 합니다. 현실적인가요? 아닙니다."[42]

나폴레옹은 베르티에와 몽주를 파리로 보내 조약을 전하고 어떤 혜택이 있는지 자세히 설명하게 했다. 대중은 평화를 갈망하고 있었고 이들은 역할을 훌륭하게 해냈다. 총재 몇 명은 베네치아에 보여 준 공화주의적 연대가 부족했다고 개인적으로 안타까워하긴 했지만 총재정부는 빠르게 조약을 비준해 주었다(베네치아 관련 조항을 질문하면 나폴레옹은 이렇게 설명했다고 한다. "블랙잭(21에 가까울수록 이기는 카드 게임 — 역자)을 하는 것과 같습니다. 딱 20에서 멈춘 겁니다."[43]). 캄포포르미오 조약에 서명한 바로 그날, 장장 5년간 이어진 오스트리아와의 전쟁이 막을 내렸다. 나폴레옹은 치살피나공화국 내무장관에게 보낸 편지에서 이탈리아인 음악가를 대상으로 오슈 장군을 추모하는 작곡 경연대회를 열라고 전했다.[44)]

나폴레옹은 탈레랑에게 캄포포르미오를 언급하면서 프랑스의 다음 우선순위를 생각했다.

"우리 정부는 저 성공회교도들의 왕국을 무너뜨리거나 아니면 음모를 꾸미고 사업을 추진하는 그 섬나라 사람들이 부패로 인해 스스로 무너지기를 기다려야 합니다. 지금이 좋은 기회입니다. 우리의 모든 활동을 해군에 집중해 영국을 무너뜨립시다. 이것만 이뤄내면 전 유럽이 우리 발밑에 있게 됩니다."[45)]

탈레랑은 나폴레옹을 위해 적극 움직였으며 9일도 채 지나지 않아 총재정부는 나폴레옹을 새로운 병력, 바로 영국 원정군의 지휘관으로 임명했다. 즉시 작업에 착수한 나폴레옹은 오슈의 영국 지도를 그 후계자들로부터 받아 올 것을 제안하고 됭케르크와 르아브르 사이에 위치한 모든 항구를 새로 조사했으며 대병력을 수송하는 포함을 건조하게 했다.[46)] 11월 13일에는 "영국 대포와 동일한 구경의 대포를 주조해 일단 영국에 가면 그들의 포탄을 쓰도록" 대포 전문가 앙투안 앙드레오시 대령을 파리로 보냈다.[47)]

또한 나폴레옹은 이탈리아 원정군의 영웅들이 확실히 공을 인정받도록 했다. 무엇보다 원정에서 가장 용감했던 병사 1백 명의 명단을 보내 원하는 대로 명예로운 황금 군도를 받게 했다. 개중에는 병사 30명을 이끌고 리볼리에서 오스트리아 병사 1천5백 명을 붙잡은 제85전선 소속의 주베르 대위, 칼리아노에서 혼자 포로 40명을 붙잡은 제39전선 소속의 군악대 지휘자 시코, '로디의 다리에서 최선봉을 지킨' 제27연대 소속의 뒤파 대령, 적의 불길 속에서 로디의 성벽을 기어올라 도시의 문을 연 제32전선 소속의 척탄병 카브롤도 포함되었다.[48)] 나폴레옹은 원정 성과를 일일이 나열한 깃발을 파리에 보냈는데 여기에는 붙잡은 포로의 수(15만 명), 빼앗은 군기(170개), 대포(6백 문), 전함(9척)과 함께 강화 조약, '해방된' 도시들, 작품을 가져온 화가들의 목록이 있었다. 그중에는 미켈란젤로, 티치아노, 베로네제, 코레지오, 라파엘로, 레오나르도 다빈치도 있었다.[49]

나폴레옹은 매제 샤를 르클레르에게 이탈리아 원정군을 넘기고 11월 군중의 환호를 받으며 토리노와 샹베리, 제노바, 베른, 바젤을 지나 라슈타트 의회를 향해 나아갔다. 부리엔의 회상에 따르면 베른에서 밤에 2열로 줄지어 선 마차 사이를 지나갈 때 "불이 환하게 켜진 마차에는 미인이 가득했으며 모두 '보나파르트 만세! 평화의 중재자 만세!'라고 외치고 있었다"고 한다.[50] 그는 말 여덟 필이 끄는 마차를 타고 경비병 30명의 호위를 받으며 라슈타트에 입성했는데, 이는 주로 제위에 오른 군주를 위한 의례에 해당하는 것이었다. 나폴레옹은 화려한 구경거리가 대중의 상상력에 큰 영향력을 행사한다고 여겼으며, 새로운 프랑스공화국도 과거의 유럽 군주들과 마찬가지로 놀라운 장관을 연출할 수 있기를 원했다.

11월 30일 라슈타트에서 캄포포르미오 조약을 공식 비준했다. 이에 따라 오스트리아는 라인강 유역의 주요 근거지인 마인츠와 필립스뷔르흐, 켈을 포기하고 울름과 잉골슈타트를 비워 주기 위해 레흐강 너머로 병력을 철수해야 했다. 당시에는 오스트리아에도 프로이센에도 거주하지 않는 독일 지방 사람이 1천6백만 명 있었고 과거에 이들을 하나로 묶어주던 신성로마제국의 영광은 이미 오래전에 사라져 버렸으므로 나폴레옹은 프랑스가 이들의 지지를 얻도록 강건하게 나서기를 바랐다(그는 신성로마제국을 "모든 사람이 오랫동안 범해온 늙은 매춘부"라고 거칠게 표현한 적도 있다[51]). 그는 조약에 따라 프랑스에 땅을 넘겨주어야 하는 독일 대공들에게 보상해 주기를 원했고, 중간 규모의 독일 주들을 오스트리아와 프로이센의 음모로부터 지켜 주려는 보호자인 양 행동했다. 5월 27일 총재정부에 보낸 편지에는 그의 선견지명이 드러난다.

"독일이라는 개념이 없었다면 우리는 목적을 이루기 위해 비슷한 것을 새로 만들

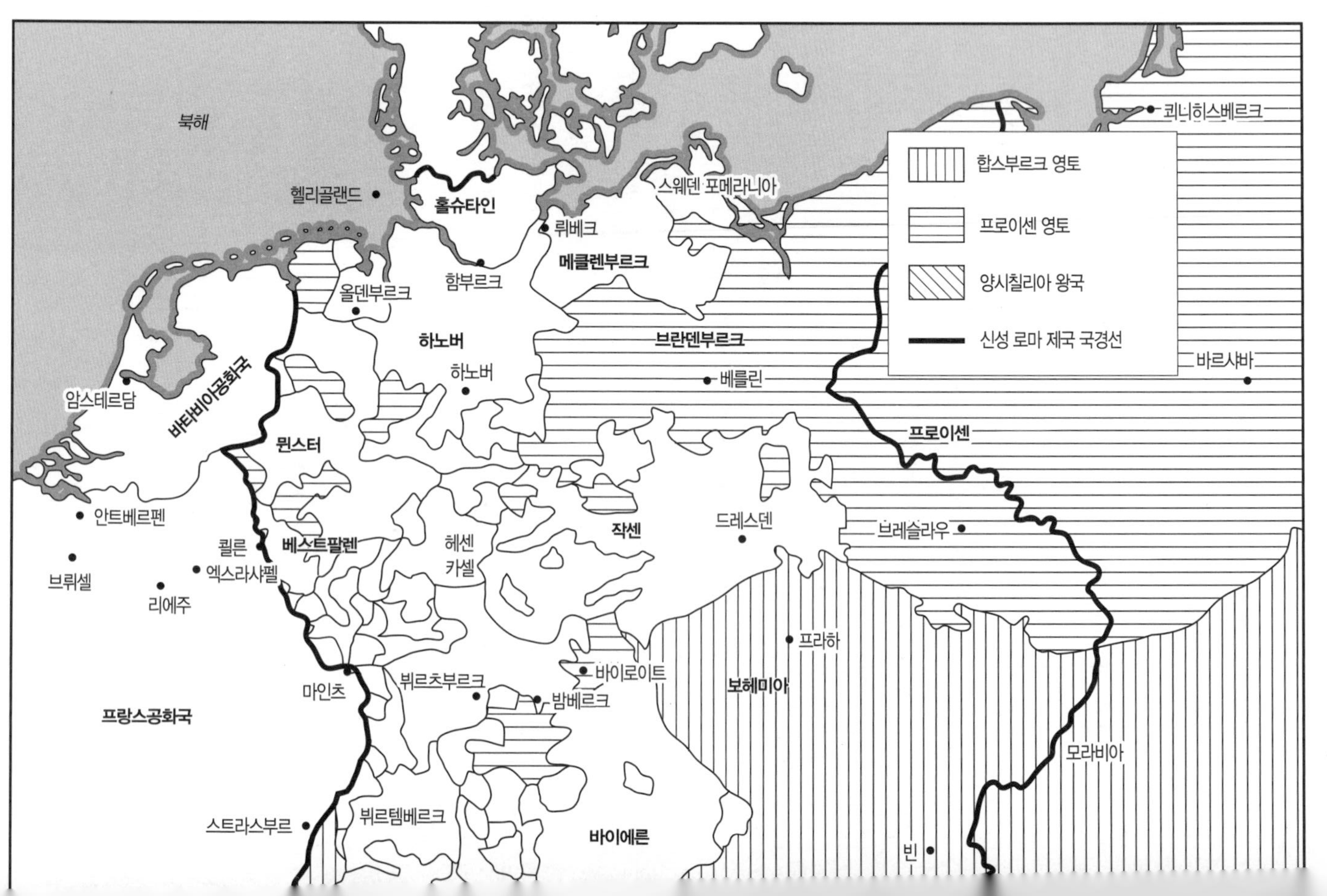

캄포포르미오 조약 후 중앙 유럽

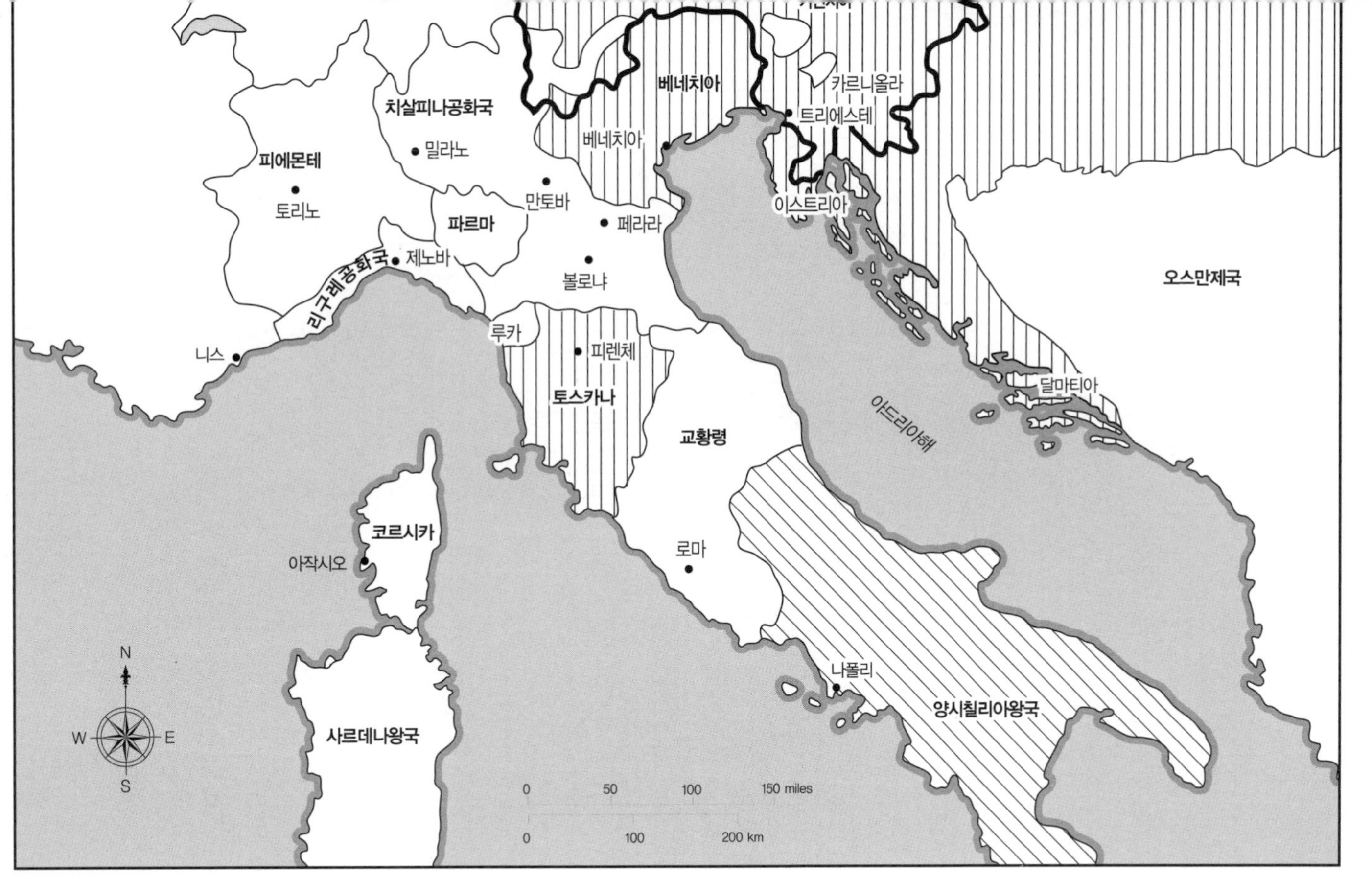

피에몬테
토리노
치살피나공화국
밀라노
파르마
만토바
페라라
볼로냐
제노바
리구레공화국
니스
루카
피렌체
토스카나
베네치아
베네치아
트리에스테
카르니올라
이스트리아
달마티아
오스만제국
아드리아해
교황령
로마
코르시카
아작시오
사르데냐왕국
나폴리
양시칠리아왕국
N
W
E
S
0
50
100
150 miles
0
100
200 km

어 내야 했을 것입니다."[52]

나폴레옹이 개시해 1799년 4월까지 이어진 협상을 벌이며 그는 외교 자리에서 계산적으로 무례한 모습을 보일 수 있는 완벽한 기회를 얻었다. 독일 지역에 영토를 보유한 스웨덴 왕이 뻔뻔하게도 마리 앙투아네트의 연인이던 악셀 폰 페르센 남작을 대표로 파견한 것이다. 그는 탈레랑에게 베르사유 궁전 내 루이 14세의 사적인 내실 방을 인용하며 말했다.

"베르사유궁 대합실의 고급 창녀처럼 자기도취에 빠져 나를 만나러 왔습니다."[53]

그는 페르센에게 "근본적으로 모든 프랑스 시민에게 미움을 사고 있으며", "프랑스에서 정당하게 쫓겨난 정부에 애착을 보이며 재건하려는 쓸모없는 노력을 벌이는 자로 알려져 있다"라고 말했다.[54] 나폴레옹의 회상에 따르면 "페르센은 자기네 국왕이 내가 말한 내용을 고려할 것이라고 대답하며 떠났다. 나는 평상시처럼 격식에 따라 자연스럽게 그를 문까지 배웅했다."[55] 페르센은 복귀 명령을 받았다.

1797년 12월 2일 나폴레옹은 라슈타트를 떠나 파리로 향했는데 낭시의 프리메이슨 오두막에서 열린 만찬에 귀빈으로 참석할 때만 잠시 멈췄다(특히 이탈리아에서 프리메이슨은 나폴레옹의 근대화 계획을 지지하는 경향을 보였다). 그는 평복 차림으로 평범한 마차를 타고 베르티에와 장 에티엔 샹피오네 장군만 동행한 채 5일 오후 5시 파리에 도착했다. 당시의 기록에 따르면 "장군은 적어도 이 순간만큼은 눈에 띄지 않고 통과할 계획이었으며 조용히 해냈다."[56] 그는 총재가 되기에 아직 젊었기에 총재정부를 적으로 돌리지 않으려고 파리에서 의도적으로 저자세를 취할 작정이었으나, 그가 수도에 왔다는 사실이 알려진 순간 엄청난 소동이 벌어졌다. 조제핀의 딸 오르탕스의 회고에 따르면 "이탈리아 정복자를 간절하게 보고 싶어 몰려든 온갖 계급의 사람들을 제지해야 했다."[57] 나폴레옹과 조제핀은 샹트렌가(과거 인근 습지의 개구리들 때문에 '노래하는 개구리들'이라는 이름이 붙은 거리다) 6번지에 집을 빌렸는데 그를 기리기 위해 거리 이름이 빅투아르가로 바뀌었다.* 나폴레옹은 곧 그 집을 5만 2천4백 프랑에 구매했다.** 광적으로 사치를 부린 조제핀은 집을 임대해서 살던 때조차 폼페이 벽화와 거울, 큐피드, 분홍색 장미, 백조 등으로 집을 꾸미는 데 30만 프랑을 소비했다.[58)]

몇 년 후 나폴레옹은 파리에서 살던 시절은 위험이 가득했다고 회상했는데, 특히 병사들이 "그분은 왕이 되어야 합니다! 우리가 그분을 왕으로 만들어드려야 합니다!"라고 길가에서 외쳤다고 한다. 많은 사람이 오슈가 독살되었다고 (잘못) 생각하듯 그는 자신 역시 독살될지 몰라 걱정했다.[59)] 어느 지지자의 기록에 따르면 이런 이유로 "그는 정치에 참여하는 것을 피했고 대중 앞에 잘 나서지 않았으며 소수의 장군과 과학자, 외교관에게만 친밀함을 보였다."[60)] 그는 사람들이 자신의 승리를 오랫동안 기억하지 않으리라고 여겼다.

"파리 사람들은 감동을 계속 지니고 있지 않는다."[61)]

12월 6일 오전 11시 나폴레옹은 바크가의 오텔 갈리페에 있는 외무부에서 탈레랑과 만났다. 두 사람은 긴 대화를 나누며 서로를 평가하고 호의적인 태도를 보였다. 그날 나폴레옹은 총재정부와 은밀하게 저녁식사를 함께했다(꾸며냈을 수도 있지만). 바라스와 라 레벨리에르는 그를 따뜻하게 맞아 주었고 뢰벨도 충분히 우호적이었지만 다른 이들은 냉담했다.[62)] 12월 10일 일요일 한밤중에는 정부 전체가 뤽상부르궁에서 그에게 공식 환영행사를 크게 열어주면서 거대한 궁정의 지붕을 깃발로 뒤덮었다. 특별히 지은 원형 극장은 자유와 평등, 평화를 상징하는 조각상을 선보였다. 나폴레옹은 내내 조심스러운 태도로 일관했다. 당시 파리에 살았던 한 영국인의 기록에 따르면 "그는 군중이 몰려든 길을 지날 때면 마차 안에서 등을 뒤로 젖히곤

* 1865년 광범위한 재건을 거친 후 해당 주택은 60번지 은행이 되었다. 나폴레옹과 관련된 장소지만 굳이 둘러볼 만한 가치는 없다.

** 당시 장군의 연봉은 5천 프랑 정도였다.

했다. … 그는 준비한 의전용 의자에 앉기를 거절했으며 쏟아지는 갈채에서 도망치고 싶어 하는 것처럼 보였다."[63] 다음과 같이 목격한 이도 있다.

"군중의 환호는 총재정부의 냉담한 칭송과 대비를 이뤘다."

나폴레옹은 세상 사람들의 각광을 받으면서도 겸손하게 물러서는 모습을 정치적으로 완벽하게 보여 주었다. 일설에 따르면 "파리에서 가장 품격과 위엄을 갖춘 사람이 모두 그 자리에 있었다"고 하며, 이는 총재정부와 입법부 양원과 그 부인들까지 포함한다. 또 다른 증언에서는 나폴레옹이 입장하자 "모두 자리에서 일어나 모자를 벗었다. 창문마다 젊고 아름다운 이들이 모여들었다. 그러나 그 화려함에도 불구하고 의식은 얼음처럼 냉담했다. 모두가 그저 한번 보려는 목적으로 참석한 것 같았으며 즐거움보다 호기심의 영향이 더 커 보였다."[64]

탈레랑이 자신을 잔뜩 추켜세우며 소개하자 나폴레옹은 캄포포르미오 조약과 함께 "영광스러운 공화력 3년을 위해" 싸운 휘하 병사들의 열성을 칭송했다. 그리고 "프랑스의 행복을 가장 현실적인 법으로 보장할 때 유럽이 자유로워진다"라는 자신의 신념을 선언했다.[65] 이어 다른 총재들처럼 공식석상에서 토가를 입은 바라스가 아첨으로 가득한 연설을 했다. 그는 "보나파르트를 창조하기 위해 자연은 모든 힘을 쏟아부었습니다"라며 나폴레옹을 소크라테스와 폼페이우스, 카이사르에 비교한 뒤 당시 프랑스 해군을 전 세계 바다에서 완벽하게 몰아낸 영국에 관해 말했다.

"바다에 들끓는 거대한 해적선을 가서 붙잡으십시오. 바다를 억압하는 거대한 약탈자를 가서 쇠사슬로 묶으십시오. 너무 오랫동안 처벌받지 않은 런던의 잔악무도함을 가서 꾸짖으십시오."[66]

연설이 끝난 뒤 바라스와 나머지 총재 모두 나폴레옹을 포옹했다. 부리엔은 그럭저럭 냉소를 섞어 이 상황을 정리했다.

"이 감상적인 희극에서 모두가 최선을 다해 맡은 역할을 해냈다."[67]

성탄절에 나폴레옹은 훨씬 더 큰 행복을 누렸다. 추방당한 카르노를 대신해 (지금까지도) 프랑스 최고의 학술기관인 프랑스 학사원 회원으로 선출된 것이다. 그는 라플라스와 베르톨레, 몽주의 도움을 받아 312명 중 305명의 지지를 얻었는데 그의 뒤를 이은 2위와 3위는 각각 166명과 123명의 지지를 받았을 뿐이었다. 이후 그는 종종 녹갈색과 금색 나뭇가지를 수놓은 짙은 감색의 학사원 제복을 입었고 과학 강연에 참석했으며 서명할 때는 '학사원 회원, 영국 원정군 총사령관'이라고 적었다. 선출된 다음 날 그는 학사원장 아르망 가스통 카뮈에게 감사 편지를 보냈다.

"유일하게 후회를 낳지 않는 진정한 정복은 무지를 정복하는 것입니다."[68]

그는 프랑스 국민은 물론 모두가 자신의 학문적인 자격에 감명받기를 원했다.

"군대에서 북을 치는 고수조차 제가 그저 단순한 군인이 아니라고 생각한다면 저를 더욱 신뢰할 것입니다."[69]

학사원에서 그를 제청하고 지지한 이들은 아마 가장 명성이 자자한 장군을 회원으로 받아들이면 요긴하리라 생각했을 것이다. 사실 나폴레옹은 진짜로 학문이 뛰어났고 장군이 아닌 사람들과 비교해도 탁월했다. 그는 서구 문학 중에서도 가장 심오한 책을 많이 읽고 주석을 달았으며 감정가이자 평론가, 비극 작품과 음악의 아마추어 이론가이기도 했다. 또한 과학을 옹호하고 천문학자들과 교제했으며 주교나 추기경들과 신학적 토론을 장시간 즐기고 어디를 가든 손때 묻은 수많은 장서를 들고 다녔다. 그는 베르테르가 자살한 동기에 관한 견해로 괴테를 놀라게 했고 음악 지식으로 베를리오즈에게 깊은 인상을 남겼다. 나중에 그는 이집트 학사원을 창설하고 당대 가장 뛰어난 프랑스 지식인들을 모았다. 단테, 바이런, 베토벤(적어도 초반에는), 칼라일, 헤겔 등 유럽을 이끌던 지성인과 작가 중 상당수가 나폴레옹을 존경했다. 나아가 그는 프랑스 대학교를 설립하고 탄탄한 기반 위에 올려놓아 역사를 이어 가도록 했다.[70] 그야말로 그는 자수가 새겨진 학사원 제복을 입을 자격이 충분했다.

이제는 인기가 수그러든 루이 16세의 처형 기념일인 1월 21일 총재정부는 그에게 중요한 자리를 제안했다. 그때 나폴레옹은 군복 대신 겸손하게 학사원 제복을 착용했으며 총재들의 옆자리가 아니라 세 번째 줄에 앉음으로써 자세를 상당히 낮추는 모습을 보여 주었다.

1798년 1월 3일 탈레랑이 나폴레옹을 위해 마련한 축하연회에서 그가 여성을 대하는 데 서툴다는 것이 드러난다. 조제핀의 딸 오르탕스의 기억에 따르면 지식인으로 유명했던 제르멘 드 스탈 부인이 "내내 장군을 따라다니며 지루하게 만드는 바람에 그는 짜증을 감추기 어려울 지경이었고, 굳이 감출 생각도 없었던 것 같다."[71] 굉장히 부유한 은행가이자 루이 16세의 재무장관 자크 네케르의 딸로 파리 사교계의 선도적 인사였던 드 스탈 부인은 나폴레옹을 영웅처럼 숭배했다. 프뤽티도르 숙청 이후에는 라발레트가 나폴레옹의 부관이라는 이유로 그보다 먼저 만찬 자리를 떠나기를 거부했다. 탈레랑이 준비한 연회에서 그녀는 나폴레옹에게 이런 질문을 던졌다.

"어떤 유형의 여성이 최고라고 생각하나요?"

자신의 유명한 지성이나 글쓰기 능력을 칭찬할 것이라 예상한 것이 분명한 이 질문에 나폴레옹은 다음과 같이 답했다.

"아이를 가장 많이 낳은 여성입니다."[72]

거의 스토커에 가까웠던 그녀에게 효과적인 한 방이었겠지만(다음 세기에 프랑스의 낮은 출산율이 사회적 문제가 되었으니 선견지명이 있었다고 볼 수도 있겠다) 이는 그가 여성에게 근본적으로 어떤 자세를 취하는지 보여 준다.

영국 침략 쪽으로 생각을 돌린 나폴레옹은 12월에 반란군인 아일랜드인 연맹 지도자 울프 톤과 만나 도움을 청하고자 했다. 톤이 자신은 군인이 아니며 큰 도움을 주지 못한다고 말하자 나폴레옹은 그 말을 끊으며 말했다.

"하지만 당신은 용감하오."

톤은 겸손하게 그의 말에 수긍했다. 후일 톤이 밝힌 바에 따르면 나폴레옹은 "아, 그거면 충분하오"라고 말했다고 한다.[73] 2월 나폴레옹은 침공의 성공 가능성을 높이기 위해 2주간 불로뉴와 됭케르크, 칼레, 오스텐트, 브뤼셀, 두에를 방문해 선원·조종사·밀수업자·어부의 의견을 구했다. 그의 질문은 한밤중까지 이어질 때도 있었는데 그는 "너무 위험하다. 시도하지 않겠다"라고 결론을 짓는다.[74] 1798년 2월 23일 그가 총재정부에 올린 보고서 내용은 명백했다.

> 우리가 아무리 노력해도 앞으로 몇 년간 해상을 장악할 수 없습니다. 해상을 장악하지 않고 영국을 침략하기란 그동안 했던 모든 것보다 더 위험하고 어려운 일입니다. … 우리 해군의 현재 체계를 고려하면 작전 수행에 꼭 필요한 신속함을 갖출 수 없으며 영국 원정은 정말 포기해야만 합니다(원정을 하겠다고 과시하는 것으로 만족하고). 우리의 모든 신경과 자원을 라인강에 집중해 영국의 손아귀에서 하노버를 빼앗읍시다. … 또는 동쪽으로 원정을 나서서 동인도제도와의 무역을 위협합시다. 이 세 가지 작전 중 무엇도 할 수 없다면 제가 보기에는 화의를 맺는 수밖에 없습니다.[75]

총재정부는 화의를 맺을 준비를 갖추지 않았기에 나폴레옹이 내놓은 세 가지 대안 중 마지막을 선택했다. 3월 5일 총재정부는 나폴레옹에게 전권을 위임해 이집트를 대대적으로 침공할 준비를 하고 이를 지휘하도록 지시했다. 영국의 영향력과 지중해 동부를 통하는 무역로에 공격을 가하길 바랐기 때문이다. 나폴레옹이 이집트로 향하는 것은 총재정부가 바라는 바였다. 그는 프랑스를 위해 이집트를 정복하거나 (총재정부가 역시 환영할 결과인) 참패를 당하고 명성이 크게 꺾여 돌아올 수 있었다. 보나파르트를 지지했던 영국 귀족 홀랜드 경에 따르면 총재정부가 나폴레옹을 보낸 이유는 "일부는 그를 제거하기 위해, 일부는 그를 만족시켜 주기 위해, 일부는 … 파리 사회에서 여론에 상당한 영향력을 행사하는 이들을 황홀하게 하고 기쁘게 해 주기 위해서"였다고 한다.[76] 나폴레옹에게는 그의 가장 위대한 영웅인 알렉산드로스 대왕과 율리우스 카이사르의 발자취를 좇을 기회였고, 이집트가 인도로 향하는 징검다리 역할을 할 수 있다는 가능성도 배제하지 않았다. 신이 난 나폴레옹이 개인 비서에게 말했다.

"유럽은 두더지가 만든 두덩에 불과하지. 모든 위대한 명성은 아시아에서 비롯된단 말이야."[77]

월말에 작은 스캔들에 휘말린 나폴레옹은 재정적 부패와 정치적으로 곤란한 상황에 처할 위기에 놓였는데, 자칫하면 나일강에서 공을 세울 기회마저 놓칠 수 있었다. 재무부가 장기간에 걸쳐 비용을 지불하겠다는 조건을 받아들이고 군대에 당장 필요한 수요를 공급하기로 한 플라샤와 디종 회사 등 대규모 군납업자는 물론 소규모 업자마저 송장을 조작하고 수준 이하의 장비, 부패한 식량을 댔으며 심지어 소작농의 말을 직접 훔치는 등 납세자에게 부당한 일을 했다는 혐의로 비난을 받고 있었다. 이처럼 전쟁에서 이득을 본 무리 중 하나로 악명 높은 루이 보댕의 보댕 회사에 바라스와 이폴리트 샤를(제대해 납품업자가 되었다), 조제핀이 투자했다는 것이다. 조제프에게 이를 전해 들은 나폴레옹은 경악했다.[78] 1796년 8월 샤를이 이탈리아를 떠나기는 했지만 그는 조제핀과 여전히 가까운 사이였다.

한편 바라스 입장에서는 이 사태가 그리 큰일은 아니었다. 탈레랑 등도 대출과 환투기와 부당한 내부거래로 돈을 벌고 있었고 대중은 사실상 이들의 어두운 거래를 용인하고 있었기 때문이다. 그러나 나폴레옹의 아내마저 부패한 군대 물자 공급으로 이익을 챙기고 있었다는 사실이 밝혀진다면, 그가 대중에게 인기를 끄는 가장 큰 요인 중 하나인 진실성이 하룻밤 만에 사라져 버릴 참이었다. 더구나 그가 밀라노에서 플라샤 회사와 사적인 전투를 벌이고 대표 중 하나를 추격해 추방했다는 사실조차 이제는 이탈리아 원정군을 위해 진심으로 최선의 거래를 추구한 불타는 열정이 아니라 대단히 역겨운 위선으로 보일 지경이었다.

3월 17일 나폴레옹과 조제프의 엄한 심문을 받은 조제핀은 충격에 휩싸여 화를 내며 분개하면서도 여느 때처럼 거짓말로 일관했다. 그들은 조제핀이 보댕을 정확히 어디까지 알고 있었는지, 그녀가 보댕이 납품 계약에 참여하도록 했는지, 이폴리트 샤를이 보댕과 같은 주소인 포부르 생토노레 100번지에 살았는지, 그녀가 거의 매일 그곳에 갔다는 소문이 사실인지 밝히려고 했다.[79] 이후 조제핀이 공포에 질려 샤를에게 즉시 보낸 편지를 보면 그녀는 모든 것을 부정했을 뿐 아니라 여전히 샤를을 사랑하고 보나파르트 형제를 혐오하며 보댕에게 투자해 결혼 생활과 빚에서 벗어나고 싶어 했다. 또한 그동안 한 일을 숨길 방법을 간절히 바라며 애인에게 다음과 같이 말했다.

"저는 그가 물어보는 건 전부 모른다고 대답했어요. 그가 이혼을 원한다면 말만 하면 될 텐데요. 하지만 그럴 필요가 없겠죠. 저는 가장 불운하고 불행한 여자예요. 그래요, 이폴리트. 저는 그자들을 완전히 증오해요. 오직 당신에게만 애정과 사랑을 줄 수 있고 이폴리트, 저는 목숨도 버릴 수 있어요. ㅡ 맞아요, 당신에게 바칠 수 없다면 거추장스럽기만 할 뿐인 이 삶을 끝내 버리고 싶어요."[80]

조제핀은 자신이 연루된 사실을 전부 부인하고 자신을 통해서 이탈리아 원정군의 보급 계약을 한 적이 없다고 말해 달라고 보댕에게 부탁했다. 포부르 생토노레의 수위에게는 보댕의 모든 정보를 부인하라 지시하고 보댕이 이탈리아 출장에서 사용할 수 있도록 그녀가 써 준 소개장을 이용하지 말라고 전했다. 그녀는 편지 마지막에 "제 심장처럼 불타오르고 연심으로 가득한, 천 번의 키스를"이라고 서명했다.[81] 그다음에 샤를에게 보낸 편지는 이렇게 마무리한다.

"오직 당신만이 저를 행복하게 해 줘요. 오직 저만을 사랑한다고 말해 줘요. 그러면 저는 가장 행복한 여자가 될 거예요. 브룽댕(시종) 편에 당신이 소유한 지폐 중 5만 리브르(125만 프랑)를 보내 주세요. … 저는 오로지 당신의 것입니다."[82]

나폴레옹에게는 이집트에서의 새로운 원정을 생각하기 위해 파리를 떠날 이유가 충분히 있었다. 그에게 파리는 부패와 불성실, 심적 고통, 비밀스러운 악의, 잠재적인 심각한 곤란거리나 다름없었다. 나폴레옹이 썼던 단편의 주인공 클리송과 마찬가지로 그는 늘 자신을 고귀한 기사로 생각했다. 그러나 총재정부와 조제핀은 그의 이상을 위협하고 있었다. 그로서는 다시 한번 도박에 임해야 할 시기가 온 것이었다.

이집트

7

올해는 메카 순례가 이뤄지지 않았다.

1798년 익명의 이슬람교 역사학자

–

내가 동쪽에 계속 머물렀다면 알렉산드로스 대왕처럼
제국을 세웠을 것이다.

세인트헬레나에서 나폴레옹이 구르고 장군에게

이집트를 침략하겠다는 발상을 내놓은 사람은 탈레랑, 바라스, 몽주(본인의 주장일 뿐이지만), 백과사전 편집자이자 여행가인 콩스탕탱 드 볼네 등 여러 사람이 있다고 하지만 사실 프랑스 군사 기획자들은 1760년대부터 이집트 침략을 고려하고 있었다. 1782년 프란츠 황제의 백부인 오스트리아의 요제프 2세는 매부 루이 16세에게 오스만제국 분할의 일환으로 프랑스에 이집트를 합병하라고 제안했다.[1] 오스만튀르크족은 1517년 이집트를 정복한 이래 공식 통치권을 갖고 있었지만 실질 지배권은 캅카스산맥의 그루지야에서 비롯된 군사 계급인 맘루크가 빼앗은 상태나 다름없었다. 오스만제국의 지방 장관(군사 지도자) 24명은 과도한 세금을 부과했기 때문에 일반 이집트인 사이에 인기가 없었고 오히려 이방인으로 여겨졌다. 혁명 이후 프랑스의 급진적인 이상주의자와 계산적인 전략가 모두 이집트를 침략하겠다는 발상에 이끌렸다. 전자는 외국 독재자에게 억압받는 사람들을 해방시켜 준다는 명분 때문이었고 후자에 속하는 카르노와 탈레랑 등은 지중해 동부에서 영국이 행사하는 영향력에 대항하기 위해서였다. 후자 쪽인 나폴레옹 역시 1797년 8월 총재정부에 이렇게 전했다.

"영국을 완전히 무너뜨리기 위해 이집트를 장악해야 할 시기가 다가왔습니다."[2]

탈레랑은 그에게 은밀히 콘스탄티노폴리스로 가서 술탄 셀림 3세에게 적극 대항하지 말라고 설득할 것을 종용했다. 이 일은 그가 처음 나폴레옹을 잘못된 방향으로 이끈 사례로 이후에도 비슷하거나 더 심한 일이 발생한다.

1798년 3월 5일 이집트 원정군을 지휘하라는 비밀 임명을 받고 5월 19일 원정과 항해에 나서기까지 11주가 채 되지 않는 기간 동안 나폴레옹은 이 대담한 계획을 준비해야 했다. 그러면서도 어떻게든 학사원 과학 강의에 여덟 차례나 참석했다. 그는 잘못된 정보를 퍼뜨리려는 작전의 일환으로 조제핀과 몽주, 베르티에, 마르몽과 함께 독일에서 휴가를 보내고 싶다는 이야기를 살롱에서 공공연하게 했다. 계략을 더욱 확실히 하기 위해 나폴레옹이 브레스트에 본부를 둔 영국 원정군의 지휘관이라고 공식 재확인하기도 했다.

나폴레옹은 이집트를 '세계로 나아갈 수 있는 지리적 요충지'라고 칭했다.[3] 그의 전략 목표는 해당 지역에서 영국 무역을 방해하고 프랑스 무역으로 대체하는 것이었다. 그는 최소한 영국 해군이 지중해와 홍해 어귀 그리고 인도와 아메리카로의 무역로를 동시에 방어하기 위해 병력을 길게 확장하도록 유도하려 했다.[4] 1796년 거점이던 코르시카를 잃은 영국은 만일 프랑스 함대가 거의 난공불락인 몰타 항구를 기반으로 움직일 경우 한층 심하게 내몰릴 상황이었다. 나폴레옹은 1797년 9월 탈레랑에게 편지를 보냈다.

"몰타섬을 점령하면 안 되는 이유가 뭡니까? 영국 해군의 우세를 더 꺾을 수 있을 겁니다."

그는 총재정부에 이렇게 전했다.

"이 작은 섬은 무엇보다 귀중한 가치를 지닐 것입니다."[5]

나폴레옹은 총재정부에 원정에 나서야 하는 이유 세 가지를 제시했다. 이집트에 영구 프랑스 식민지를 세우고 아시아 시장에 프랑스의 농작물 판로를 개척하며 동양에 있는 영국 소유령을 공격하기 위한 6만 병력의 근거지를 마련하자는 게 그것이다. 그가 전쟁장관에게 영국 점령지인 벵골과 갠지스강 지도를 요구한 것과 마찬가지로, 인도에서 영국의 가장 큰 적으로 '마이소르의 호랑이'라 불린 티푸 사히브의 이전 대표 시티장 피베루를 동반하고 싶다는 요구에는 그의 궁극적인 야망(혹은 망상)이 드러난다. 그렇지만 총재정부는 점점 부풀어 오르던 그의 바람을 꺾어 버렸다. 그들은 나폴레옹에게 단순히 이집트를 침략할 권한만 주면서 자금은 스스로 마련하라고 했다. 더구나 그는 6개월 안에 프랑스로 귀환해야 했다.

로마는 베르티에가, 네덜란드는 주베르가, 스위스는 브륀이 맡아서 갈취한 기부금 덕분에 나폴레옹은 원정에 필요한 8백만 프랑을 어렵지 않게 마련했다. 그는 고위 장교를 신중히 골랐다. 3월 28일 나폴레옹은 독일 전투에서 대단한 잠재성을 보여 준 귀족 출신 루이 드제 장군과 그가 데려온 또 다른 귀족 출신 루이 니콜라 다부 장군을 빅투아르가에서 처음 대면했다. 부르고뉴 출신으로 당시 스물여덟 살이던 다부는 첫인상이 그리 좋지 않았으나 드제 장군이 매우 뛰어난 장교라고 보장한 덕분에 원정에서 한자리를 맡았다. 나폴레옹은 이집트에서 다부가 보여 준 성과에 감탄하긴 했어도 결코 개인적으로 친밀해지지는 않았다. 훗날 다부는 나폴레옹 휘하 장군 중에서 독자적으로 군을 통솔할 능력을 보인 몇 안 되는 인물 중 하나로 그의 입장에서는 큰 손해였다. 그는 예상대로 베르티에를 참모총장으로 임명하고, 동생 루이가 샬롱 포병학교를 졸업하자 부관으로 삼았으며 잘생긴 의붓아들 외젠('큐피드'라는 별명이 있었다)도 부관으로 삼았다. 사단장으로는 장 바티스트 클레베르(라인강 원정군 출신의 베테랑 군인으로 우렁찬 목소리에 다른 사람들보다 머리 하나는 컸다), 드제, 봉, 자크 프랑수아 드 므누, 장 루이 레니에, 그 외 장군 14명을 임명했다. 그중에는 이탈리아에서 그의 휘하에 있던 베시에르와 마르몽 등도 포함되었다.

아이티 출생으로 토마 알렉상드르 뒤마*로 알려진 다비 드 라 파일르트리 장군은 기병을 지휘하기로 했다. 그의 부친은 프랑스 귀족이고 모친은 아프리카계 카리브

* 《몬테크리스토 백작》의 작가로 유명한 알렉상드르 뒤마의 아버지

해 혈통으로 1797년 1월 아디제강을 다시 건너려던 오스트리아군을 저지한 뒤 '검은 악마'라는 별칭을 얻었다. 또한 나폴레옹은 포병 지휘관으로 엘제아르 드 도마르탱 장군을, 공병 지휘관으로는 외다리 루이 카파렐리 뒤 팔가를 임명했다. 란 장군은 병참을 담당하게 되었는데 당대 가장 늠름한 기병 지휘관이 그토록 사무적인 역할을 맡다니 뜻밖이었다. 의료진 총책임자 르네 니콜라 데주네트는 4년 후 의료 관점에서 원정 역사를 기록하고 나폴레옹에게 헌정했다. 그야말로 재능이 많고 장래가 촉망되는 강인한 장교단이었다.

나폴레옹은 특별히 수집한 역사와 지리, 철학 그리고 그리스 신화와 관련된 장서 125권을 챙겨갔는데 그중에는 쿡 선장의 《항해》 전3권, 몽테스키외의 《법의 정신》, 괴테의 《젊은 베르테르의 슬픔》을 비롯해 리비우스·투키디데스·플루타르코스·타키투스의 저서, 율리우스 카이사르의 저서가 들어 있었다. 튀렌과 콩데, 삭스, 말버러, 사보이의 외젠은 물론 백년전쟁의 유명한 프랑스 지휘관 베르트랑 게클랭의 전기 역시 지참했다. 오시안과 타소, 아리오스토, 호메로스, 베르길리우스, 라신, 몰리에르의 작품 등 시집과 희곡도 있었다.[6] 나폴레옹은 성경으로 드루즈인과 아르메니아인의 신앙을, 코란으로 무슬림을, 베다로 힌두교 신자를 알아 갔다. 사실상 원정으로 어디에 도달하든 해당 지역 문화에 맞춰 적절히 인용하면서 선언할 수 있을 정도였다. 그는 이집트를 (매우 환상적으로) 묘사한 헤로도토스의 책도 챙겼다(몇 년 후 그는 이런 내용을 믿었다고 인정했다. "인간은 진흙 위에 태양의 열기가 비춰져 만들어졌다. 헤로도토스가 말한 바에 따르면 나일강의 끈적끈적한 진흙이 쥐로 변했는데 그 변해 가는 과정을 목격할 수도 있다."[7]).

나폴레옹은 알렉산드로스 대왕이 이집트와 페르시아, 인도로 원정을 떠날 때 박식한 사람과 철학자를 데려갔다는 사실을 알고 있었다. 그는 학사원 회원답게 원정을 단순한 정복 전쟁이 아니라 문화적이고 과학적인 사건으로 삼고자 했다. 이를 위해 대부분 예술과학위원회 소속으로 소위 지식인이라 불리던 지리학자, 식물학자, 화학자, 골동품 연구자, 기술자, 사학자, 인쇄공, 동물학자, 화가, 음악가, 조각가,

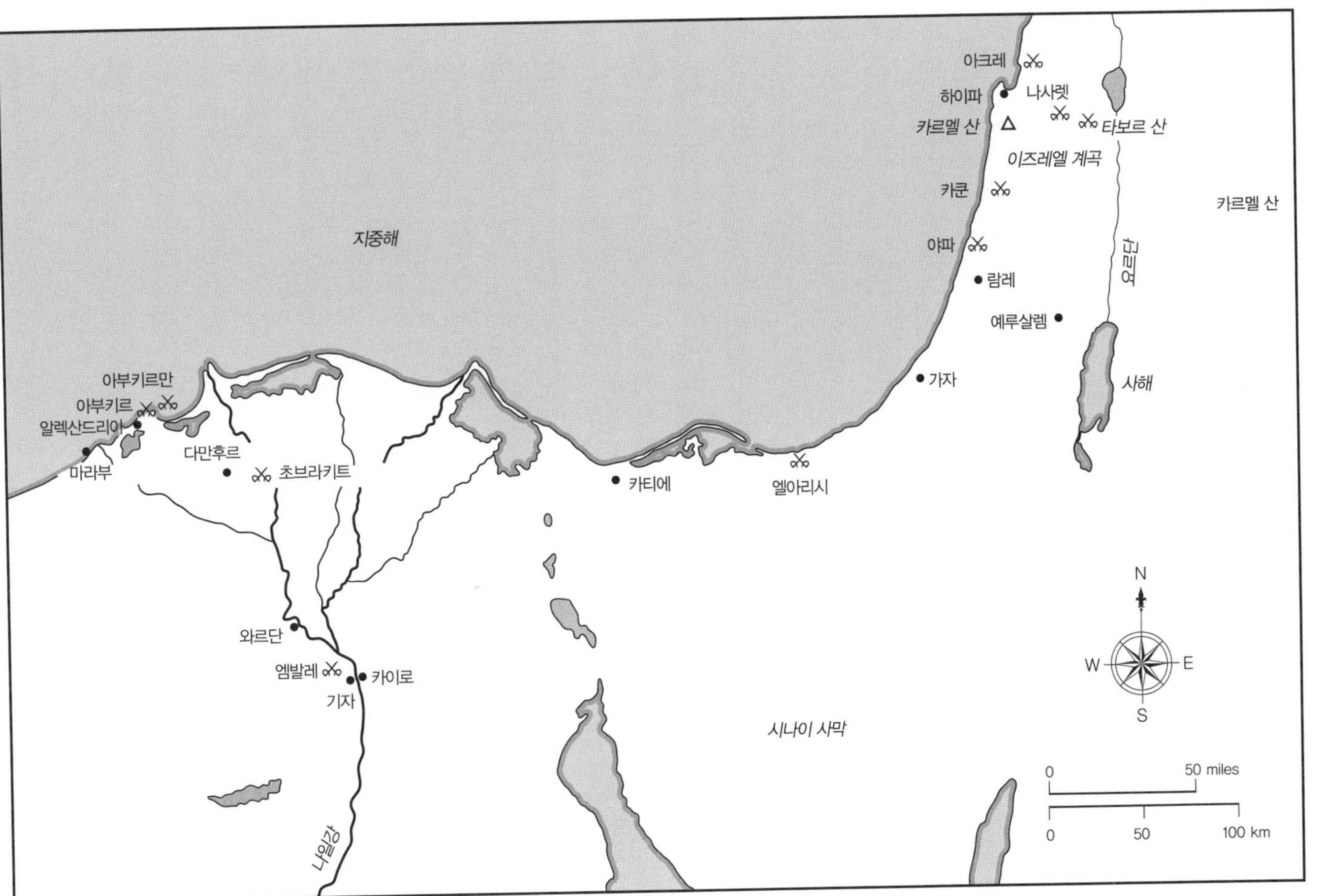

이집트와 시리아 원정 전쟁 1798–1799년

건축가, 동양학자, 수학자, 경제학자, 기자, 토목 기사, 열기구 조종사 총 167명이 동행했는데 이들의 활동으로 전체 원정 계획에 군사적 의도를 넘어서는 명분을 부여하려 했다.[8] 뛰어난 시인도 초청하고 싶어 했지만 설득에 실패했다. 대신 쉰한 살의 소설가이자 화가이며 박식함을 갖춘 비방 드농을 데려갔고 그는 원정 기간 동안 스케치를 2백여 점 이상 완성했다. 몽주와 베르톨레가 이끄는 학자단에는 수학자이자 물리학자인 조제프 푸리에(열전도에 관한 푸리에 법칙을 만들었다), 동물학자 에티엔 생틸레르, 광물학자 데오다 드 돌로미외(돌로마이트는 그의 이름을 딴 광물이다) 등 당대 가장 뛰어난 인물도 있었다. 이들은 목적지를 알지 못했으나 공화국이 그들의 재능을 필요로 하며 학계에서의 자리를 지켜 주고 봉급을 올려 주겠다는 말을 들었다. 후일 나폴레옹은 조제프에게 말했다.

"학자와 지식인은 요부와 같으니 그들과 만나고 이야기는 나눠도 아내나 장관으로 삼아서는 안 된다."[9]

1798년 5월 10일 나폴레옹은 툴롱에서 다음과 같이 선언했다.

> 지중해 원정군 병사들이여! 제군은 이제 영국 원정군의 날개가 되었다. 이제껏 제군은 산악에서, 평원에서, 숲에서 임무를 수행했을 뿐 아직 바다로 나가지는 않았다. 제군은 고대 로마 군대와 필적할 정도지만 아직 동등하다고 할 수는 없는데, 그 로마 군대가 바로 여기 바다에서 카르타고와 싸웠다. … 승리의 여신은 절대 그들을 저버리지 않았다. … 온 유럽이 제군을 지켜보고 있다. 제군은 위대한 사명을 이루고, 전투를 치르고, 고난과 역경을 견뎌 내야 한다. 제군의 손에 프랑스의 번영과 인류의 행복, 자신의 영광이 달려 있다. 공화국은 자유의 이상 아래 유럽의 운명을 결정하게 되었으며 먼 바다와 머나먼 국가의 운명 역시 결정하게 될 것이다.[10]

해당 연설에서 나폴레옹은 병사들에게 정확히 어디인지 명시하지 않은 채 각각 6아르팡(약 2만 제곱미터≒6천 평 — 역자)의 토지를 약속했다. 드농의 회고에 따르면 병사들이 상륙하기 전 배 위에서 이집트의 황량한 모래 언덕을 보고 서로 이런 농담을 했다고 한다.

"준다고 약속한 6아르팡이 저기로구먼!"[11]

나폴레옹은 십자군 전쟁 이후 중동에서 처음 벌어지는 프랑스 군사 작전을 준비하면서 평소와 다름없이 세부사항을 꼼꼼히 따졌다. 즉, 군대에 필요한 모든 군사 장비와 함께 천문학을 위한 망원경, 열기구 장비, 화학기구, 라틴어·아랍어·시리아어 활자와 인쇄기를 챙겼다.[12] 그는 몽주에게 보낸 서신에서 "훌륭한 와인이 얼마나 많이 필요한지 잘 알고 있겠지"라며 4천8백 병을 구입하라고 지시했는데 대개는 그가 좋아한 부르고뉴 레드 와인이었고 "뛰어난 이탈리아 가수"도 찾으라고 명했다[13](원정대가 이집트로 가져간 와인은 총 38만 리터에 이른다). 당시 나폴레옹 정도의 명성이면 공급 문제를 충분히 해결할 수 있었다. 나폴레옹이 군대 의복을 책임지라고 임명한 프랑수아 베르누아예가 기록한 바에 따르면 재단사나 마구 제작자를 고용할 때 "보나파르트가 원정대를 이끈다고 말하는 즉시 모든 장애물이 자취를 감췄다."[14]

1798년 5월 19일 그 화창한 토요일에 나폴레옹 함대는 툴롱을 출발해 알렉산드리아로 향했고 여기에 마르세유와 코르시카, 제노바, 치비타베키아 함대가 합류했다. 지중해를 항해한 함대 중 역대 최대 규모였다. 함선은 총 280척이었는데 그중 13척이 전함으로 74대에 대포 118문을 싣고 있었다(대포 118문을 실은 배는 해군중장 프랑수아 브뤼예의 기함 로리앙으로 해상 최대 규모 전함이었다). 나폴레옹은 병사 3만 8천 명, 선원과 해병대 1만 3천 명, 상선 선원 3천 명을 모았다. 일반적인 경우 전체 군대에서 장교직이 차지하는 비율이 25분의 1 정도지만, 상급자 비중이 큰 나폴레옹 군대는 장교직이 2천 2백 명으로 전체의 17분의 1을 차지했다. 이는 나폴레옹 밑에서 실전에 임하기를 원한 야심찬 젊은이가 얼마나 많았는지 보여 주는 지표다.

"나를 항해 기간 내내 앓을 환자라 여기고 좋은 침대를 준비해 주게."

뱃멀미가 심한 나폴레옹이 출항하기 전에 브뤼에에게 한 말이다.[15)]

넬슨은 군함 13척을 이끌고 나폴레옹을 노렸지만 그의 거대한 함대는 운 좋게도 지중해를 건너며 넬슨의 공격을 받지 않았다. 그가 출항하기 직전 저녁 넬슨의 함대는 돌풍 때문에 사르데냐섬 쪽으로 흩어졌고, 6월 22일 밤에는 양측 함대가 크레타섬 근처 안개 속에서 겨우 30킬로미터 간격을 두고 바다를 가로질렀다. 넬슨은 나폴레옹이 이집트로 향할 것이라는 뛰어난 예견 아래 6월 29일 알렉산드리아에 도착했다가 30일 떠났는데 바로 그다음 날 프랑스군이 알렉산드리아에 도착했다.[16)] 이처럼 넬슨을 세 번이나 피한 것은 놀라운 일이었으나 네 번째는 이전만큼 운이 좋지 않았다.

나폴레옹은 휘하 지식인들에게 항해 중 선상에서 장교들에게 강의를 해 달라고 요청했다. 이 강의 중에 쥐노가 너무 크게 코를 골자 나폴레옹이 그를 깨우고 봐준 적도 있었다. 나중에 그는 고위 장교들이 대부분 소설을 읽는다는 사실을 사서를 통해 알게 되었다(고위 장교들은 처음에 도박을 시작했다가 "모두의 돈이 몇 명의 주머니 속으로 들어가 다시는 나오지 않자" 그만두었다). 나폴레옹은 소설이란 "시녀를 위한 것"이라고 선언하며 사서에게 "역사책만 내어 주어라. 남자들은 다른 어떤 것도 읽어서는 안 된다"라고 명령했다.[17)] 나폴레옹은 자신 역시 프랑스어로 번역한 영어 소설을 포함해 소설 40권을 챙겨왔다는 사실은 굳이 밝히지 않았다.

6월 10일 함대는 지중해 동쪽 입구를 관장하는 몰타에 도달했다. 나폴레옹은 쥐노를 보내 성요한 기사단장 페르디난트 폰 홈페슈 추 볼하임에게 발레타 항구를 열고 항복할 것을 명했다. 이틀 후 상황은 그가 시키는 대로 진행되었다. 카파렐리가 나폴레옹에게 말한 바에 따르면 만일 반항이 있었다면 "우리 군대는 절대 밀고 들어갈 수 없었을 테니" 몹시 운이 좋았던 것이라 한다.[18)] 몰타는 이전에도 여러 번 포위되었으나 심하게 저항했고(특히 1565년 4개월 동안 튀르크가 기사들의 요새에 포탄 13만 발을 발사했을 때조차) 후일 제2차 세계대전 중에는 30개월간 이어진 폭격에도 버텨 냈다. 그렇지만 1798년 당시 기사들은 분열되었고 친프랑스 성향의 기사들이 전투를 거부한 데다 몰타 시민은 폭동을 일으키고 있었다.

몰타에서 머무는 엿새 동안 나폴레옹은 14명을 제외한 모든 기사를 추방하고 몰타섬의 중세 행정기관을 통치위원회로 대체했으며 수도원을 해체했다. 또한 가로등과 포장도로를 도입하고 모든 정치범을 석방하는 한편 분수를 설치하고 병원과 우편 제도를 개혁했다. 여기에다 과학과 인문학을 가르치기 위해 대학을 개혁했다.[19] 그는 몽주와 베르톨레를 보내 국고, 화폐 주조소, 성당, 예술품을 약탈했다(교묘하게 검은색으로 칠한 성요한 교회의 은문은 놓쳤다). 6월 18일 나폴레옹은 몰타섬의 항후 육군과 해군, 행정, 사법, 세무, 임대, 치안대 배치를 다룬 공문서 14편을 작성했다. 그는 해당 문건에서 노예제, 봉건적 토지점유제, 봉건제, 귀족의 권리를 폐지하고 기사단을 무장해제했다. 그리고 당시까지 금지하던 유대인의 유대교 예배당 건설을 허가했다. 그는 대학 교수에게 지급할 급여까지 지정했으며 대학 사서는 매년 1천 프랑을 받고 지리학 강의를 하라는 명을 받았다. 나폴레옹은 총재정부 측에 자랑했다.

“이제 우리는 유럽에서 가장 강력한 위치를 손에 넣었습니다. 우리를 몰아내기는 쉽지 않을 것입니다.”[20]

나폴레옹은 정치적 동맹자 미셸 레뇨 드 생 장 당젤리에게 몰타섬을 관리하도록 했는데, 그는 혁명 기간 동안 〈주르날 드 파리〉의 편집자로 활동하고 프랑스 로슈포르 항구에서 해군을 지휘한 인물이다.

몰타에서 이집트를 향해 항해하는 동안 나폴레옹은 해안에 상륙하면 군대가 어떻게 행동해야 하는지 명령 수칙을 작성했다. 공적 자산과 징세원의 가택 내지 사무소 봉쇄, 맘루크 구속과 그들의 가택·말·낙타 징발, 모든 도시와 마을 무장해제 등이 주요 사항이었다. 그는 “말이나 낙타를 훔치기 위해 주민의 가택에 침입하는 모든 병사는 징계를 받을 것”이라고 알렸다.[21] 그는 특히 지하드(이슬람교를 지키기 위한 성전 — 역자)의 명분을 남기지 않기 위해 각별한 주의를 기울였다. 그는 병사들에게 무슬림과 '충돌하지 말라'고 명령했다.

"우리가 유대인과 이탈리아인을 대했던 태도로 무슬림을 대하라. 우리가 랍비와 주교를 존중했던 것처럼 무슬림의 법전 전문가와 종교 지도자도 존중하라. … 고대 로마 군단은 모든 종교를 보호했다. … 이곳 사람들은 우리와 다른 방식으로 아내를 대하지만 어느 국가든 강간범은 짐승만도 못하다."[22)]

나폴레옹은 프랑스군이 첫 번째로 입성할 도시가 알렉산드로스 대왕이 세운 곳이라고 덧붙였는데, 이는 병사들보다 나폴레옹에게 더 큰 의미가 담긴 사실이었다.

7월 1일 일요일 프랑스 함대는 알렉산드리아에 도착했고 나폴레옹은 밤 11시 마라부에서 12킬로미터 떨어진 해안에 상륙했다. 그는 다음 날 아침 알렉산드리아를 기습했는데 므누의 부하들은 성벽을 쉽게 타고 올랐다. 군의 부관참모 피에르 부아예는 프랑스에 있던 전우 킬멘 장군에게 다음과 같이 전했다.

"머스킷총을 겨누는 법도 제대로 알지 못하는 예니체리(맘루크 고위층)가 약 5백 명 주둔할 뿐 아무런 방어도 하지 않는 (알렉산드리아)를 우선 습격했소. … 그럼에도 우리 병사 150명을 잃었는데 만일 도시에 (항복하라고) 요구했다면 병사를 잃지 않았겠지만 적에게 공포를 안겨 주면서 시작할 필요가 있었소."[23)]

나폴레옹은 전사자들을 화강암으로 만든 폼페이 기둥 아래 묻고 기둥 측면에 이름을 새겨 주었다.*

나폴레옹은 알렉산드리아에 일주일간 머물면서 군대가 상륙하는 것을 감독하고 현지 주민을 무장해제했으며(이슬람 종교 지도자, 법전 전문가, 정치 지도자는 제외했다), 이집트의 프랑스 상인과 접촉했다. 또한 인근 로제타를 점령하고 전염병 전문병원을 설립했으

* 사실 그것은 이상적인 상징물이 아니었다. 폼페이우스는 기원전 48년 이집트에 상륙했다가 피살되었다. 부아예가 언급한 150명 중 40명만 사망했고 나머지는 부상자였다.

며 카이로의 튀르크 파샤에게 맘루크에 반대하는 서신("유럽에서 오직 프랑스만 술탄과 동맹을 맺을 것이다.")을 보냈다. 언론에 내보낼 선언문도 작성했는데 그중 '헤지라 1213년 무하람의 달'에 작성한 선언문은 맘루크에 관해 다음과 같이 전했다.

> 응징의 시간이 도래했다. 캅카스와 그루지야에서 사들인 노예 무리가 너무 오랫동안 이 세상 최고의 땅에서 독재를 자행해 왔다. 만물이 의존하는 신은 그들의 제국이 더 이상 존재하지 못할 것이라고 선언하셨다! … 이집트인이여! 당신들의 권리를 복권하고 찬탈자를 응징하러 내가 여기 왔다. 나는 존중한다. … 신과 그의 예언자 마호메트와 코란을! … 이슬람과 전쟁을 벌이게 한 교황을 우리가 파괴하지 않았던가? 이슬람과 싸우는 것이 하느님의 뜻이라고 믿는 바보들인 몰타의 기사를 우리가 파괴하지 않았던가? 24)

나폴레옹은 자신의 목적에 부합하고 사람들의 마음을 얻을 수만 있다면 언제든 신을 언급했으며 심지어 교황에게 적대해 이슬람 편을 드는 것처럼 보이더라도 두려워하지 않았다. 아마도 1536년 프랑수아 1세와 술레이만 1세 간의 프랑스-오스만 동맹을 의미하는 듯한 언급을 하면서 그는 수사학적 질문을 던진다.

"우리는 수 세기 동안 술탄(신이 그의 바람을 이뤄주시길!)의 친구였고 그의 적들의 적이 아니었던가?"

그의 글은 목적에 잘 부합했으며 선언문에 코란의 리듬과 양식까지 그대로 반영했다.

나폴레옹은 아부키르만에 함대를 정박하되 공격을 피하기 위해 최대한 육지에 가깝게 대라는 지시를 내렸고, 7월 7일 오후 5시부터 카이로를 향해 달이 빛나는 밤이 샐 때까지 행군을 이어 갔다. 근대 서구 군대로는 최초로 사막을 횡단하는 것이었다. 군대는 다음 날 아침 8시 카이로에서 240킬로미터 거리인 다만후르에서 처음 멈췄다. 그 후 낮 내내 행군이 이어졌는데 뜨거운 열과 목이 타들어 갈 정도의 갈증, 파리, 모기, 뱀, 전갈, 휘몰아치는 모래바람, 낙오자들을 죽일 작정으로 말을 탄 채 측면에서 접근하는 적대적인 맘루크와 베두인족 때문에 병사들은 치를 떨었다. 길을 가다 만나는 우물과 수조에는 대부분 독이 들었거나 돌멩이로 가득 차 있었다. 베르티에는 행군 중에 물이 동일한 무게의 금과 같은 가격으로 팔렸다고 회상한다. 특히 트라코마(과립성 결막염 또는 '이집트' 안염)가 문제였는데 맹렬한 햇빛 때문에 눈꺼풀 안쪽이 굳는 이 질환으로 적어도 2백 명이 시력을 잃었다.[25] 젊은 포병중위장 피에르 도그로는 무른 모래 위에서 대포를 옮길 때 바퀴의 차축까지 가라앉는 바람에 너무 힘들었다고 회상한다. 한 병사가 "장군님, 우리를 여기처럼 인도로 데려가실 겁니까?"라고 외치자 나폴레옹이 답했다.

"아니, 자네 같은 병사와는 그런 일을 하지 않겠네!"[26]

사막에서 병사들의 사기는 바닥으로 떨어졌다. 당대 역사학자 앙투안 뱅상 아르노가 말하길, "군대가 이집트에 처음 도착했을 때 그들의 혐오와 불만, 우울, 절망이 어느 정도였는지 묘사하기 힘들 정도였다." 나폴레옹은 기마병 2명이 열에서 뛰쳐나와 나일강에 몸을 던져 죽는 장면까지 목도했다.[27] 유능한 공병으로 전투 중에 대령으로 승진한 앙리 베르트랑 대위는 뮈라와 란 같은 저명한 장군이 '그들의 끈이 달린 모자를 모래에 집어던지고 짓밟는 것'을 봤다고 한다.[28] 무엇보다 알렉산드리아에서 카이로까지 17일에 걸친 행군에서 빵도 '포도주 한 방울'도 없다는 점이 병사들의 가장 큰 불만이었다. 부아예가 킬멘에게 말한 대로 "우리는 멜론과 박, 가금류, 물소 고기, 나일강의 물로 버텨야만 했다."[29]

7월 13일 오전 8시 맘루크가 초브라키트(체브레이스라고도 알려짐) 강둑에서 나폴레옹 진영을 공격했다. 이때 이브라힘 베이와 함께 수년간 이집트를 통치한 체르케스인 무라드 베이(키가 크고 상처가 많았다)가 4천여 명의 군사를 이끌고 공격을 감행했다. 나폴레옹이 기병과 짐을 안쪽에 둔 전투 방진을 형성하자 맘루크 기마병들이 그 주변을 포위했다. 화려한 제복과 중세 무기를 갖추고 준수한 말에 오른 그들의 모습은 장엄해 보였으나 부아예는 그들이 '우리 군대를 빙빙 도는' 방식이 마음에 들지 않았다고 말한다.

"그들은 소 떼 같았고 때로는 빠르게 또 때로는 10명, 50명, 100명씩 무리를 지어 서성거리듯 돌았다. 얼마 후 그들은 똑같이 우스꽝스럽고 특이한 방식으로 원 안으로 들어오려고 여러 차례 시도했다."[30]

나폴레옹의 부관 수우코프스키도 같은 단어를 사용했다.

"훈련받은 군대에 비하면 그냥 우스꽝스러웠다."[31]

창과 도끼(그들이 가끔 던지기도 했다), 언월도, 활과 화살, 오래된 무기로 무장한 맘루크는 잘 훈련받은 적군의 집중 사격에 대적하지 못했다. 무라드는 약 3백 명의 부하를 잃고 도망갔다. 나폴레옹에게 이 전투는 나중에 잘 사용할 전술을 미리 실행해 보는 유용한 기회였다. 그는 총재정부에 "일상적인 프랑스군의 성급함에 비해 많은 인내가 필요한 새로운 유형의 전투"이자 꾸준한 방어를 요하는 전투를 보고했다.[32] 한편 패배에도 불구하고 맘루크는 자존심을 굽히지 않았으며 무라드는 이렇게 말한 것으로 추정된다.

"프랑크족을 오게 하라. 우리의 말발굽으로 그들을 짓밟을 것이다."[33](또 다른 이야기에 따르면 "나는 그들 사이로 말을 달리면서 수박을 가르듯 머리통을 베어 버리겠다."[34])

7월 19일 카이로로 가던 여정 중에 와르단에 도착했을 때 쥐노는 나폴레옹이 이미 예상했을 상황을 확실히 알려 주었다. 바로 조제핀이 이폴리트 샤를과 바람이 났다는 사실이었다(조제프 보나파르트는 오랫동안 이 사실을 알고 있었으나 동생과 함께 그녀를 만났을 때 발설하지 않은 것으로 보인다). 쥐노는 나폴레옹에게 편지 형태의 증거를 보여 주며(누가 보낸 편지인지 확인할 수 없으며 그들이 도착한 이래 우편물을 수령하지 못했다) 그가 오쟁이를 졌다는 소식이 파리에서 화제라고 덧붙였다.[35] 쥐노가 왜 이 특정 시간과 장소를 골라 나폴레옹에게 알려 주었는지는 확실하지 않다. 샤를이 그의 칼을 접착제로 칼집 안에 붙이는 장난을 했다고는 하지만 그것은 이미 몇 달 전의 일이었다.

엿새 후 나폴레옹은 조제프에게 편지를 썼다.

“베일이 완전히 들춰지고 나니 내게는 너무 큰 가정의 우환이 있어. 이 지구상에서 형만이 변치 않는 사람이야. 형의 우정은 내게 아주 소중해. 이 우정을 잃고 형이 나를 배신하는 걸 보게 된다면 나는 인간 혐오자가 될 거야. … 한 사람을 두고 이 모든 감정을 한 가슴으로 느끼다니 참 슬픈 상황이네. 형은 나를 이해하겠지!” 36)

이 편지(클리송이 외제니에게 보낸 편지를 떠올리게 한다)는 프랑스로 전해지는 도중 영국 해군이 압수했다. 편지의 일부를 출간했으나 나폴레옹이 무엇을 언급하는지는 분명하지 않다. 37)

부리엔에 따르면 나폴레옹은 프랑스로 돌아간 뒤 조제핀과 이혼할 계획이었다고 한다. 그는 조제프에게 다른 편지도 보냈다.

“파리나 부르고뉴 인근에 내가 도착하면 지낼 만한 시골집을 알아봐줘. 거기에서 겨울 동안 틀어박혀 있겠어. 인간의 본성에 완전히 질렸어. 고독과 고립이 필요해. 영광스러운 시간에 내게 해만 끼쳤어. 내 감정은 고갈되었어.” 38)

이집트 원정 중 나폴레옹이 조제핀에게 보낸 편지가 전혀 없다는 점을 두고 일부 역사학자는 그 편지들이 소실 혹은 파기되었다고 하지만, 그가 아예 편지를 쓰지 않았다는 설명이 더 그럴싸하다. 그다음으로 현존하는 편지의 날짜가 1800년 5월 11일인데 이즈음 그는 한결 진정되어 그녀를 “내 좋은 친구”라고 부른다. 39)

나폴레옹으로서는 당혹스럽게도 영국 정부는 1798년부터 1800년까지 가로챈 서신들을 매년 책으로 발간했다. 소위 그의 군대의 “비참함과 실망감”을 강조할 목적으로 나폴레옹 본인과 루이 보나파르트, 탈리앵, 부리엔, 데주네트, 므누, 부아예, 뒤마, 브뤼에, 라살의 편지들을 출간한 것이다(군대에서 아마도 가장 늠름한 경기병이었을 라살은 ‘파우더와 포마드가 부족해서’ 40) 머리카락이 빠진다며 불평하는 편지를 어머니에게 보냈다). 이들은 친구와 가족,

애인에게 보낸 편지에서 솔직한 태도를 보였으며 나폴레옹을 제외하고 모두 '지긋지긋한' 나라라고 묘사한 그곳으로부터 벗어나 가능한 한 빨리 집으로 돌아가고 싶어 했다. 이 서신집에는 나폴레옹이 조제핀의 방탕에 불평하면서(이 내용은 거의 비밀도 아니었다) 조제프에게 보낸 편지, 외젠이 '사랑하는 엄마가 밖으로 드러난 모습처럼 사악하지 않기를 바라면서' 조제핀에게 보낸 편지도 들어 있었다. 나일강 함선 지휘관인 해군소장 장 바티스트 페레는 친구에게 이런 편지를 보냈다.

"이곳 고관들이 우리에게 예쁜 아르메니아와 그루지야 처녀들을 남겨 주었고 우리는 국가의 이득을 위해 몰수했네."[41)]

7월 21일 무라드 베이가 나일강둑 왼편의 엠발레 마을에 다시 모습을 드러냈는데, 이번에는 맘루크 6천 명과 아랍 비정규병 5만 4천 명을 동행했으며 그중 대다수가 말을 타고 있었다.[42)] 20세기까지 세계에서 가장 큰 건축물이던 쿠푸의 거대 피라미드(기자에 위치함)가 14킬로미터 너머에 선명하게 보일 때 나폴레옹은 전투 전 시달에서 이를 언급했다.

"병사들이여! 제군은 이 나라의 주민들을 야만으로부터 구출하고 동방에 문명을 전파하며 이 세계의 아름다운 지역을 영국의 지배에서 빼내려고 왔다. 저 피라미드의 꼭대기부터 지난 40세기가 제군을 응시하고 있다."[43)] •

그 후에도 나폴레옹은 종종 이렇게 말했다.

"평생 큰 감명을 준 모든 대상 중에서도 특히 놀라운 것은 이집트의 피라미드와 거인 프리옹(프랑스에서 가장 키가 큰 사람)이다."[44)]

이집트의 상황에 개입하거나 어쨌든 이집트에서 이득을 볼 계획이 전혀 없었던 영국을 언급한 것은 전적으로 과장이었으나 군대에는 잘 먹혔다.

• 사실 쿠푸의 거대 피라미드를 건축한 시점부터 1798년까지는 44세기가 걸렸다.

나폴레옹은 2만 군대를 다섯 사단 규모의 방진으로 재구성해 측면에는 포병을, 안쪽에는 군용 행낭·기병·지식인을 배치했다. 병사들은 수박 밭에서 목을 축이고 전투태세에 돌입했다. 그들은 총검으로 맘루크의 말 머리를 겨누면 (한 장교의 표현대로) "말이 앞발을 쳐드는 바람에 말에 타고 있던 사람이 떨어질 것"이라는 걸 알고 있었다.[45] 맘루크는 드제와 레니에 사단을 먼저 공격했는데 부아예에 따르면 "끈기 있게 공격에 맞서면서 겨우 열 발자국 거리에서 연속 사격했다. … 그다음에 그들이 본 장군 휘하 사단을 공격했고 이들 역시 공격에 맞섰다. 요약하자면 그들은 여러 차례 공격했으나 아무 성과가 없자 결국 달아났다."[46] 피라미드 전투는 2시간 만에 끝났다. 도마르탱의 부관 장 피에르 도그로가 기록한 전투 일지에 따르면 맘루크의 많은 군사가 "나일강으로 몸을 던졌다. 우리는 오래도록 물 위로 떠오르는 수천 명의 머리를 향해 발포했다. 우리는 그들의 대포를 모조리 차지했다. 적군의 손실이 상당했다."[47]

프랑스 사상자 3백 명 중 대다수는 맘루크보다 방진 내 아군의 공격에 따른 것이었다. 맘루크는 대포 20문, 낙타 4백 마리, 장비와 행낭 전부를 잃었다. 그들은 전통 방식에 따라 평생 저축한 것을 모두 들고 전투에 임했기에 시신 한 구가 병사 한 명의 재산이기도 했다. 승전한 프랑스군은 금화를 모자에 담아 세어보는 지경이 되었다. 〈모니퇴르〉에 게재한 베르티에의 전쟁부 제출 보고서에 따르면 "우리의 용감한 병사들은 자신이 겪은 고난에 충분히 보상을 받았다." 이집트인은 나폴레옹에게 '술탄 케비르'(불의 왕)라는 별칭을 붙였으며 무라드가 상上이집트로 도주하자 드제가 그를 추격했다. 드제의 승전 이후 나일강에 빠져 익사한 맘루크의 시신을 낚시하듯 강에서 건져 올리기도 했다.

전투 다음 날 나폴레옹은 카이로에 입성했다. 60만 명이 거주하는 카이로는 파리와 비슷한 규모로 아프리카에서 가장 큰 도시였다. 그는 이즈베키 광장의 엘페이 베이의 집에 본부를 마련하고 즉각 개혁 명령을 내리기 시작했다. 카이로의 16개

지구에 지역 관리들로 이뤄진 디완(위원회)을 조직하고 그중 대표를 친프랑스 알 샤르카위 족장이 관장하는 그랑디완에 보낼 것이었다. 나폴레옹은 디완에 사법과 행정 권한을 일부 부여했고 궁극적으로 "이집트의 유력자들이 의회와 정부 개념에 익숙해지길" 희망했다. 그랑디완의 만남은 즐거웠던 것으로 보인다. 한 이슬람 역사학자의 기록에 따르면 나폴레옹은 "모인 사람들과 유쾌하게 잘 어울리며 농담을 나눴다."[48] 그는 직접 칙령으로 우편제도, 가로등, 거리 청소, 카이로와 알렉산드리아 간의 교통 서비스, 조폐제도를 정립하고 맘루크의 과도한 요구에 비해 이집트 농민에게 더 낮은 세금을 부과하는 합리적인 조세제도를 마련했다. 또한 봉건주의를 폐지하고 디완의 통치로 대체했으며 새로운 프랑스 무역 회사와 근대적인 전염병 전문 병원을 세우는 한편 이집트 최초의 종이책(3개 국어로)을 제작했다. 이 개혁 중 총재정부의 명령에 따른 것은 없었고 사실 총재정부는 그럴 능력도 갖추지 못했다. 모든 개혁은 나폴레옹의 주도 아래 이뤄졌다.

기원전 332년 이집트를 침략한 알렉산드로스 대왕은 신탁을 받으려고 시와의 아몬 신전을 방문했다. 나폴레옹은 이를 '대단한 일격의 정책'이라 여겼고 "덕분에 이집트를 정복할 수 있었다"고 말했다.[49] 이집트는 7세기 이래 쭉 이슬람 국가였으므로 나폴레옹은 가능한 한 폭넓게 이슬람을 포용하는 편이 현명하다고 판단했다. 이집트 여성과 결혼하고 이슬람으로 개종해 '압달라'라는 중간 이름을 얻은, 그러니까 나폴레옹이 '그 멍청이 므누'라고 부른 장군만큼은 아니지만 말이다('그 나라의 관습에 따라' 일부다처제를 실천할 '의도'였느냐는 마르몽의 질문에 므누는 그렇지 않다고 했다[50]). 20년 후 진정으로 이슬람을 포용했느냐는 질문을 받은 나폴레옹은 웃으며 대답했다.

"전투는 병사의 종교다. 나는 절대 그것을 바꾸지 않았다. 나머지는 여성과 사제의 일이다. 나로 말하자면 내가 거하는 나라의 종교를 항상 받아들인다."[51]

나폴레옹은 이슬람을 수용했으며 "코란은 단지 종교가 아니라 시민과 정치에 관한 것인데 비해 성경은 도덕만 설교한다"고 여겼다.52) 또한 그는 이슬람교도가 "거짓된 신들에게서 더 많은 영혼을 갈라내고, 더 많은 우상을 무너뜨리고, 모세와 그리스도 추종자가 15세기에 걸쳐 해낸 것보다 더 많은 이교도 신전을 허물었다"는 점에 감명을 받았다.53)• 그는 일부다처제를 반대하지 않았으며 이집트 남자들은 애정의 미식가이고 허용만 하면 "다양한 피부색의 아내를 갖는 편을 선호할 것"이라고 했다.54)•• 그는 울라마(이슬람교의 법과 신학 지도자 – 역자)를 치켜세우고 코란을 토론하면서 자신이 이슬람으로 개종할 가능성을 내세우며(프랑스 과학으로 이슬람 족장들에게 깊은 감명을 주기도 했다) 이집트 협력자 체제를 만들려고 했다. 이는 다소 복합적인 결과를 낳았다. 나폴레옹이 아무리 이슬람 예식이나 인사, 용법을 따라도 셀림 3세는 결국 이집트에서 프랑스에 대적하는 지하드를 선언했는데 이는 그들을 향한 어떤 공격도 축복받는다는 의미다.

나폴레옹은 자신이 이슬람을 포용하기 위해 얼마나 가까이 다가갔는지 자주 농담을 했다. 엘바섬에서 그는 이맘(예배를 인도하는 이슬람 성직자 – 역자)들과 신학 토론을 즐겼고 "카이로에서 여러 차례 회동하고 진지하게 토론한 결과 할례를 받지 않아도 좋다는 특별허가를 얻어 냈으며, 한 모금 마실 때마다 좋은 행동을 한다는 조건하에 포도주를 마셔도 된다는 허락을 받았다"며 한 영국 의원에게 "재치 있게 이야기했다."55) 그는 성인 할례(그의 표현대로라면 "잘리는" 것)를 면제받은 후 이슬람 사원 건축비를 대기로 약속했다고 한다(그 상황의 대가치고는 저렴했다).56) 이 이야기는 말할 때마다 점점 부풀려졌고 역사학자들은 이런 일화들을 집중 분석한 뒤 나폴레옹은 과장이 심하고 고질적인 거짓말쟁이라는 결론을 내렸다. 하지만 효과를 증폭할 목적으로 좋은

• 630년 메카 정복 이후 이슬람의 성상 파괴 운동을 말하고 있다.

•• 나폴레옹은 프랑스령 서인도제도에서 프랑스 주교에게 일부다처제를 인정해야 한다고 제안한 적도 있으나 "주교는 들은 척도 하지 않았다."(Kerry, *The First Napoleon*, p.99)

이야기의 소소한 부분을 포장하지 않을 사람이 누가 있겠는가?

물론 나폴레옹이 이집트에서 펴낸 선전지를 보면 상당히 많은 거짓말을 했음을 알 수 있다. 이는 이탈리아 원정 당시와 비슷한 방식이었다. 〈르 퓌블리시스트Le Publiciste〉의 보도에 따르면 콥트인들은 "새로운 알렉산드로스"를 칭송하는 찬송가를 불렀다고 한다.[57] 또한 군대를 대상으로 출간한 〈이집트 통신Courrier de l'Egypte〉에 따르면 나폴레옹을 "거의 마호메트 계승자로 이야기할 정도"였다고 한다.[58] 나폴레옹이 거대 피라미드에 올라가 스핑크스(스핑크스의 코는 소문과 달리 프랑스 포병 때문에 잘린 게 아니다)를 본 후 이맘 마호메트 그리고 다른 2명의 이맘과 함께 나눈 대화가 시달에 그대로 실린 적도 있었다. 가장 간략한 발췌본을 봐도 그 내용이 그저 풍자만은 아니었음을 알 수 있다.

> 보나파르트: 알라에게 영광을! 이 피라미드를 열고 죽은 이들의 재를 건드린 칼리프(과거 이슬람 국가 통치자 — 역자)가 누구였소?
> 마호메트: 신자들의 지휘자 마흐무트라고 합니다. … 혹자는 명망 있는 (9세기 바그다드의 통치자) 하룬 알 라스치드가 보물을 찾아 왔다고 하는데 그는 미라만 찾았습니다.
> 보나파르트: 빵을 훔쳐 먹던 사악한 자들은 결국 모래를 씹게 되지(구약성경 잠언 20장 17절에서 따온 표현으로 보인다 — 역자).
> 마호메트: (몸을 기울이며) 지혜의 말씀입니다.
> 보나파르트: 알라에게 영광을! 신 외에 다른 신은 없으시다. 모하메드는 그의 예언자이며 나는 그의 친구 중 하나이고….
> 술리만: 당신에게 인사드립니다. 무적의 장군이며 모하메드의 총애를 받는 분이시여!
> 보나파르트: 무프티, 감사드리오. 코란이 내 마음을 즐겁게 해 주고 있소. … 그 예언자를 사모하고 성스러운 도시에 있는 그의 묘소를 방문해 영예를 돌리고 싶소. 하지만 내 임무는 우선 맘루크를 무찌르는 것이오.

이브라힘: 승리의 천사들이 당신의 길에서 먼지를 쓸어 내고 그들의 날개로 당신을 덮어주시길 … 오, 예수의 아들 중 가장 용감한 자여, 이집트 땅을 구원하기 위해 알라가 당신에게 멸절의 천사가 따라오게 하셨습니다.59)

이런 맥락으로 더 많은 대화가 이어지는데 그 중간에 나폴레옹은 "신이 영광으로 둘러싸는 위대한 술탄, 우리의 동맹"을 언급하기도 한다. 이것을 듣고 셀림이 놀랐을지도 모르지만 당시 그는 이집트에서 프랑스군을 축출하기 위해 두 개의 군대 병력을 모으고 있었다. 나폴레옹은 그다음으로 암기한 내용을 동원해 "밤에 모든 하늘을 뚫고 날아가신" 예언자 마호메트를 인용했고 "썩어 없어질 부를 추구하고 금과 은을 탐내며 찌꺼기와 닮은 이들에게 악이 따르기를, 세 배의 악이 따르기를"이라고도 했다.60)

나폴레옹은 이러한 의식의 겉치레를 즐겼고 이는 이맘들도 마찬가지였을 것이다. 사실 이것은 이집트인의 지지를 끌어내려는 진지한 시도였다. 이맘 중 하나인 술리만이 교황을 '관용과 친절함'으로 대접했다고 말하자 나폴레옹은 교황 성하께서 이슬람교도를 영원한 지옥불로 저주하는 것은 잘못이라고 대꾸했다. 그는 코란을 읽은 후 이집트인이 맘루크를 멸절하려는 프랑스군에 합류하는 것이 '마호메트의 뜻'이고 예언자가 '프랑크족과의 거래'를 선호했으며, 그들이 브라마(인도)에 도달하려는 노력을 지지하고 프랑스군이 이집트 항구에 창고를 갖기를 바랐으며, 명백하게 이집트인이 "알비온의 섬사람들, 예수의 아들들 가운데 저주받은 자들을 몰아내기"를 바란다고 믿게 되었다고 말했다. 그는 "프랑크족의 우정은 당신이 제7의 하늘에 올라 언제나 젊고 언제나 처녀인 검은 눈의 후리(이슬람교에서 천국에 들어간 자들을 시중드는 영원한 처녀 — 역자) 옆에 앉을 때까지 당신에게 보상이 될 것"이라고 약속했다.61)

프랑스 점령을 증언한 아랍인 중 가장 중요한 세 사람은 역사학자 압드 알 라흐만 알 자바르티, 하산 알 아타르, 니쿨라 알 투르크다. 알 자바르티는 프랑스 침략이 이집트가 이슬람의 원칙을 무시한 데 따른 신의 징벌이라고 생각했다. 그는 프랑스군을 새로운 십자군으로 여기면서도 프랑스 무기와 군사 전략, 진보한 의학, 과학 업적 그리고 이집트 역사·지리·문화에 보이는 프랑스인의 관심을 공공연하게 찬미했다. 그는 프랑스 지식인과의 교류를 즐겼고 나폴레옹의 과시하지 않는 성향이나 수에즈에 요리사와 첩 대신 공학 기술자들과 이슬람 상인을 대동했다는 점에 좋은 인상을 받았다. 그래도 그는 나폴레옹을 탐욕스럽고 믿을 만하지 못한 무신론자 짐승으로 여겼으며 불신자에 대항하는 지하드 선언을 무척 반겼다.62)

프랑스혁명에서 평등 원칙은 대부분 코란에 반하는 내용이었지만, 알 자바르티는 프랑스군이 건설을 담당한 지역 노동자들을 잘 대우한다고 인정했고 화학과 전기 실험도 흥미롭게 지켜보았다. 그는 프랑스 병사들이 시장에서 제대로 흥정하지 못하는 것을 무시했으며, 프랑스 이교도들이 "가장 비천한 콥트인, 시리아인, 정통 기독교인, 유대인에게 말을 타고 긴 칼을 차는 행위를 허용해 주는 것은 이슬람법을 위반"63)하는 것으로 여겨 혐오했다.

한편 알 자바르티의 동료 하산 알 아타르는 자신이 협력자로 보일까 봐 두려워한 나머지 프랑스 지식인들이 도서관과 실험실에 초대해도 거절했다. 니콜라 알 투르크는 나폴레옹을 "땅딸막하고 마른 데다 창백하며 오른팔이 왼팔보다 길고 머리가 잘 돌아가며 운이 좋은 사람"이라고 평했다64)(나폴레옹의 양팔 길이가 다르다는 그의 주장이 맞는지는 아무 암시가 없다). 또한 그는 많은 무슬림이 나폴레옹을 이슬람을 구하러 온 마흐디(이슬람의 구세주를 자칭하는 지도자 — 역자)라 믿고 있으며, 만약 그가 서구식 옷차림 대신 중동 지방 사람처럼 갖춰 입고 나타났다면 더 많은 사람이 그렇게 믿었을 거라고 말했다. 사실 그의 추측은 놀라운 실수였다. 나폴레옹은 딱 한 번 터번과 헐렁한 바지를 입은 적이 있는데 그때 그의 부하들은 웃음을 터트리고 말았다. 몇 년 후 나폴레옹은 가신의 아내에게 이렇게 말한다(신교를 따른 앙리 4세조차 프랑스를 통치하기 위해서라면 가톨릭으로 개종하겠다고 나섰으니).

"동방제국, 어쩌면 아시아 전체를 정복하기 위해서라면 터번을 두르고 헐렁한 바지를 입어도 된다고 생각하지 않소? 틀림없이 군대도 이에 가담했을 것이오."[65]

나폴레옹은 나일강 인근 지역의 건강에 좋은 날씨와 비옥한 전원지대는 무척 좋아한 반면 그곳의 '멍청하고 비참하며 아둔한' 사람들은 경멸했다. 카이로에 도착한 그는 하루 뒤 총재정부에 보고한 글에서 어떤 이유도 대지 않은 채 카이로 사람들을 "이 세상에서 가장 사악한 인구"라고 말했다. 시골 지역에는 무지가 팽배했다.

"그들은 은화 6프랑 대신 우리 병사들의 단추를 하나 떼어 갈 것이다. 시골 사람들은 가위가 뭔지도 모른다."[66]

그는 시골에 물레방아가 없고 풍차만 있으며 소가 맷돌을 돌려 곡식을 찧는다는 데 충격을 받았다. 프랑스군 역시 이집트를 무척 싫어했는데, 그가 나중에 말한 바에 따르면 이탈리아와 달리 "포도주도, 포크도, 데리고 잘 백작부인도 없기 때문"이었다[67](그는 지역 포도주가 없다는 사실을 언급한 것이다. 12월에 그는 마르몽에게 프랑스에서 가져온 포도주 6만 4천 파인트를 팔라면서 "맛이 갈 것 같은 포도주만 팔도록 주의하라"고 지시했다[68]).

카이로에 도착한 후 나폴레옹은 브뤼예 제독에게 함대를 이끌고 코르푸로 가라고 명령했다. 코르푸에서는 함대를 더 잘 보호하면서 콘스탄티노폴리스를 위협할 수 있었다. 그러나 그의 전령이 아부키르만에 도달할 즈음 함대는 이미 없었다. 8월 1일 넬슨 제독의 대단히 위협적인 공격에 침몰한 것이다. 브뤼예는 저녁 10시 로리앙함이 폭발하면서 전사했다. 로리앙을 포함해 전함 2척이 침몰하고 9척이 억류되었다. 피에르 드 빌뇌브 소장이 지휘하던 4척만 무사했다. 넬슨은 부상을 치료하기 위해 아부키르에서 2주일간 머문 뒤 나폴리로 이동하면서 이집트 연안을 면밀히 감시하게 했다. 후에 나폴레옹은 브뤼예를 두고 관대하게 말했다.

"그가 그 처참한 사태에서 실수를 했을지라도 그는 영광스러운 죽음으로 속죄했다."[69]

그는 브뤼예의 미망인에게 진심 어린 편지를 보냈다.

"부인의 고통을 통감하고 있습니다. 우리가 사랑하는 사람과 헤어지는 순간은 참담합니다. 그것은 우리를 이 지구에서 분리하고 몸은 고통의 경련을 느낍니다. 영혼의 기능이 변하고 모든 것을 왜곡하는 악몽으로 우주와 소통할 뿐입니다."[70]

그때는 조제핀의 간통 얘기를 들은 지 겨우 한 달이 지난 후라 그가 그녀를 마음에 두고 있다고 추측할 수도 있겠다. 그는 총재정부에 좀 더 냉정하고도 특징 있게 수치를 왜곡하는 편지를 보냈다. 그는 전투에서 "하찮은" 수가 죽고 8백 명이 부상당했다고 보고했으나 실은 그 수치가 각각 2천 명과 1천1백 명이었다(당시 영국군은 사망자가 218명이고 부상자가 678명이었다).[71]

함대 소식을 들은 나폴레옹은 다음 날인 8월 15일 조찬 자리에서 부하들에게 말했다.

"제군이 이 나라를 좋아하는 것 같아 참으로 다행이다. 이제 우리를 유럽으로 데려갈 함대가 없기 때문이다."[72]

아부키르만의 재난으로 그는 프랑스와 단절되고 이에 따른 온갖 문제와 함께 현금 조달이라는 긴급한 문제까지 발생했다. 약 6천만 프랑으로 추정하는 몰타의 '기부금'이 로리앙과 함께 가라앉았기 때문이다. 그렇지만 그는 소위 '이 패배'를 행운의 여신이 자신을 버린 증거로 받아들이려 하지 않았다. 그는 총재정부에 이렇게 보고했다.

"여신은 아직 우리를 버리지 않았습니다. 오히려 지금까지 했던 그 무엇보다 더 이 모든 전투 내내 여신은 우리에게 도움을 주셨습니다."[73]

심지어 그는 클레베르에게 영국군 때문에 이제 인도 행군까지 고려하게 되었으니 전화위복이 될 것이라고 말했다.

"그들은 우리가 실행하겠다고 제안한 이상을 해내도록 강요할 것이다."[74]

나폴레옹은 지역 주민들의 지지를 얻기 위해 최선을 다하는 한편, 그 어떤 불복종도 용납하지 않겠다고 단언했다. 8월 1일 그는 베르티에에게 당일에만 총 8통의 편지를 보냈는데 그중 하나에 이르기를, 다만후르에서 반역을 저지른 마을을 본보기로 처벌할 예정이며 가장 영향력 있는 주민 5명도 참수할 것인데 그중 최소 한 명이 법률가라고 했다. 그러나 이런 가혹한 처벌은 대개 격려의 표시로 다소 누그러들었다. 카이로와 로제타, 그 밖에 다른 지역 이맘들이 자금이 부족하고 불안정한 정치 상황 때문에 예언자의 탄생일을 기념하지 않겠다고 말하자(드농의 표현에 따르면 신자들에게는 프랑스가 "그들 종교의 가장 신성한 행위 중 하나에 반대한다"라고 말하면서) 나폴레옹은 자금이 부족한데도 불구하고 프랑스가 모든 비용을 대겠다고 나섰다.[75] 기념행사는 8월 20일 시작해 사흘간 이어졌는데 색등 장대와 사원으로 향하는 행차, 음악, 시 암송, 곰과 원숭이가 등장하는 공연, 살아 있는 뱀을 사라지게 만드는 마술, 메디나의 예언자의 묘소 채색화까지 마련했다. 공연 중 일부 남자 무용수의 춤이 너무 외설적이라 과거 선정적인 소설가였던 드농까지 충격을 받았다. 예언자의 탄생일 당일에는 프랑스 포병대가 축포를 쏘고 군악대가 무리에 합류했다. 이때 나폴레옹을 마호메트의 후손 중 가장 연장자라고 선언한 성직자 사이이드 칼릴 알 바크리는 프랑스 장교들을 소개받았다. 프랑스군은 포도주를 마실 수 있었고 성직자 1백 명이 모인 연회에서 나폴레옹은 '알리 보나파르트'라는 이름으로 예언자의 사위로 선언되었다. 이집트인은 그에게 농담을 던졌고 그도 마찬가지로 화답했다. 한 프랑스 장교의 회상에 따르면 "병사들은 언동을 삼갔으며 막사로 돌아온 후에야 코미디 같은 상황을 비웃었다."[76]

축제 마지막 날 나폴레옹은 이집트 학사원을 창설했고 몽주를 원장으로, 자신을 부원장으로 임명했다. 과거 카심 베이의 궁전이던 카이로 외곽에 마련한 본원은 면적이 넓어 학사원의 도서관과 실험실, 아홉 개의 작업장, 수집한 골동품, 연구용 동물원 등을 모두 들일 수 있었다. 예전에 후궁이 머물던 홀에서 수학 세미나가 열렸다. 작업장 책임자로 임명된 수석 열기구 전문가 니콜라 콩테는 풍차의 예비 부품과 시계, 인쇄기 등을 제작했다. 드제가 상이집트를 정복한 뒤 다양한 돌과 보물을 카이로, 로제타, 알렉산드리아로 옮겼고 이들은 배가 도착하면 다시 배송해 루브르에 전시할 예정이었다.

학사원은 수학과 물리학, 정치경제학, 예술의 네 가지 영역으로 분리했고 닷새마다 모임을 열었다. 첫 모임에서 나폴레옹은 대단히 실용적인 주제를 제안했다. 예컨대 군대의 제빵 기술 향상법이나 맥주를 발효할 때 홉의 대체물이 있는지, 나일강 강물을 식용으로 만들 수 있는지, 물레방아와 풍차 중 무엇이 카이로에 더 적합할지, 이집트가 화약을 만들 수 있는지, 이집트 법과 교육 상태가 어떠한지 등이었다.

또한 그는 〈이집트에서의 10일간〉이라는 자체 신문을 발간하는 지식인들이 외바퀴 손수레와 한 손으로 사용하는 작은 톱의 장점을 이집트인에게 알려 주기를 원했다. 물론 지식인의 모든 활동과 고려가 상업이나 식민지화와 연결된 것은 아니었다. 그들이 이집트 식물과 동물, 고대 유적지, 지질학, 신기루를 연구한 것 중에서 실용적으로 응용할 사항은 거의 없었다.

나폴레옹은 계몽 과학과 이성을 이용해 이집트인의 마음을 사려 했고 심지어 천문 관찰대를 세우자고 제안하기도 했다.[77] 프랑스군은 인쇄기와 의료 도구, 망원경, 시계, 전기, 열기구, 그 밖에 근대의 경이로운 물건을 최대한 활용해 그들의 경외심을 얻으려 했다. 이로써 알 자바르티의 표현대로 '정신을 당혹'시켰으나 정치적으로 자신들의 이유를 개진한 것 같지는 않다(베르톨레가 학사원에서 화학 실험을 보여 주자 한 족장이 자신을 모로코와 이집트에 동시에 존재하도록 할 수 있느냐고 물었다. 베르톨레가 프랑스인답게 어깨를 으쓱하며 대답하자 족장은 이런 결론을 내렸다. "아, 어쨌든 대단한 요술사는 아니로군."[78]).

학사원을 창설한 날 나폴레옹은 탈레랑이 (콘스탄티노폴리스에 가겠다는 자신의 약속을 존중했다고 여기며) 그에게 보낸 편지에서 이집트가 곧 튀르크에 쌀을 보낼 것인데 메카로 가는 순례자의 길을 보호하겠다고 말했다•(1778년 7월 이집트에 도착해 13개월 후 떠날 때까지 나폴레옹이 보낸 편지 중 2,196통의 편지와 긴급 공문이 남아 있다). 이날 그는 선임참모 장교 조제프 보부아종 대령을 아크레의 군사령관(실망스럽게도 '도살업자'라는 별명이 있었다) 아흐메드 제자르와 협상할 성지로 보냈다. 그는 맘루크의 적이자 튀르크에 대적하는 반군이었다. 제자르는 사람들을 불구로 만들고 망가트리는 데 능했으며 무시무시한 고문을 개발하는 데도 전문이라 희생자의 발에 말의 편자를 달거나 기독교인을 산 채로 벽 안에 가두고 부패한 관리들을 벌거벗긴 후 난도질해서 죽였다.79) 자기 아내 중 7명을 죽인 그에게는 종이꽃을 오려 방문객에게 선물로 주는 취미가 있었다. 나폴레옹은 이제 이브라힘 베이가 이집트에서 가자로 쫓겨났으니 자신이 제자르와 함께 그를 없앨 수 있으리라 생각했다. 제자르는 나폴레옹의 특사 보부아종을 만나길 거부하고 대신 오스만족과 화해했다(제자르는 가끔 불청객 사절의 목을 베기도 했기 때문에 보부아종 입장에서는 다행이었다).

나폴레옹은 이집트 정복이 안정을 찾으면 프랑스로 돌아올 의도였으나 9월 8일 총재정부에 다음 내용의 편지를 썼다(그의 다른 모든 서신과 마찬가지로 이 편지도 지중해에서 영국 해군의 집중 공격을 받았다).

"저는 약속과 달리 10월에 파리로 돌아가지 못할 것 같습니다. 하지만 지체는 몇 달이면 해결될 겁니다. 여기에서 모든 것이 순조롭게 진행되고 있습니다. 이 나라를 정복했고 점차 우리에게 길들여지고 있습니다. 나머지는 시간이 지나면 해결될 것입니다."80)

그는 또다시 총재정부를 오도하고 있었다. 그 나라는 프랑스의 법칙에 확실히 '길들여'지지 않았다. 그의 서신은 대부분 프랑스군이 점령을 공고히 다지기 위해

• 이날 나폴레옹은 베르티에에게 제75전선 소속의 라트레유 병장이 칭찬할 만한 업적을 남겼으니 두 달간 월급을 두 배로 주라는 명을 담은 편지를 썼으며, 그 외에도 11통의 편지를 썼다(CG2 no.2798 p.265).

사용해야 했던 참수, 인질, 마을 소각 등을 언급했다.* 나폴레옹은 군대 의복과 월급에 만족하면서도 병사들을 즐겁게 해 줄 공연단을 보내 달라고 바라스에게 요청하기도 했다.[81)]

10월 20일 나폴레옹은 튀르크 군대가 그를 공격하려고 시리아에 집결하는 중이라는 소식을 접했다. 그는 이에 대처해야 했는데 바로 그날 밤 프랑스 지배에 항거하는 전반적인 시위를 촉발하며 카이로 전역에서 첨탑들이 울리기 시작했다. 그다음 날 아침까지도 도시의 많은 지역에서 공개 시위가 이뤄졌다. 시의 총독 도미니크 뒤피 장군이 거리에서 창에 맞아 죽었고 수우코프스키도 나폴레옹의 개인 경호원 15명과 함께 죽임을 당했으며 이들의 시신은 개의 먹이로 던져졌다[82)](이집트에 동행한 나폴레옹의 부관 8명 중 4명이 죽고 2명이 부상당했다. 이 중에는 아크레 포위 당시의 외젠도 포함되었다). 시위 중에 선박 여러 척이 나일강에 가라앉았고 프랑스 병사 3백여 명이 전사했는데, 후에 나폴레옹은 총재정부에 전사자가 53명이라고 보고했다.[83)] 반군은 시내에서 가장 큰 사원 중 하나인 가마 엘 아즈하르 그랜드 모스크를 자신들의 본부로 장악했다. 뒤피가 아니라 나폴레옹이 죽었다는 소문이 퍼지자 울라마가 그랬던 것처럼 반란은 더욱 가속화했다. (부리엔의 회상에 따르면) "보나파르트는 즉각 말에 올랐고 겨우 30명의 정찰대원을 동반한 채 위협을 가하는 지역으로 이동해 자신감을 회복했으며 대단한 평정심으로 방어책을 강구했다."[84)]

나폴레옹의 가장 중요한 목적은 카이로 성채를 고수하는 것이었는데 성채는 지금과 마찬가지로 당시에도 높은 고도와 3미터 두께의 벽으로 시내를 내려다보고 있었다. 일단 성채를 확보하자 도마르탱은 그 높이에 의지해 8파운드 포로 36시간 동안 적군 진지를 포격할 수 있었다. 그는 포탄 15개를 그랜드 모스크로 거침없이

• 마을 소각은 당시 적대적일 가능성이 있는 아시아 식민지를 통제하기 위한 표준 방식이었다. 웰링턴 전투를 다룬 한 역사학자의 표현에 따르면 인도에서 영국군은 "대개 마을에 고의적으로 불을 지르고 가축을 훔쳐" 정기적으로 "안정을 회복했다."(Davies, *Wellington's Wars* p.25)

투하했고 그랜드 모스크는 보병대 공격으로 훼손되었다. 이때 반란군 2천5백 명 이상이 죽고 성채에서 더 많은 이들이 처형되었다. 몇 년 후 피에르 나르시스 게랭은 반란군을 용서하는 나폴레옹의 모습을 그렸으나 그런 일은 시위가 일어나고 한참 뒤에나 있었다.[85] 당시 나폴레옹은 무장 상태로 잡힌 모든 반란군을 참수하라고 명령했는데 그 시신을 나일강으로 던져 둥둥 떠가면 남은 사람들이 공포에 떨터였다. 따로 자루에 담긴 그들의 머리는 노새의 등에 실려 카이로 중앙의 에즈베키야 광장에 무더기로 버려졌다.[86] 한 목격자에 따르면 "그 공포를 제대로 묘사할 수 없을 정도였다. 그러나 상당한 시간 동안 안정을 확보하는 효과가 있었다고 인정하지 않을 수 없었다."[87] 10월 27일 나폴레옹은 레니에에게 보낸 편지에 이렇게 일렀다.

"매일 밤 우리는 30개의 머리를 잘랐다."

라발레트에 따르면 이집트 경찰국장이 "나갈 때마다 교수형 집행인을 동반했다. 법을 아무리 소소하게 위반해도 발바닥을 때리는 것으로 처벌받았다." 바스티나도라고 알려진 이 처벌은 발바닥에 신경종말과 작은 뼈, 힘줄이 많아 심한 고통을 주었으며 여성도 남성과 같은 처벌을 받았다.[88] 이 잔인한 처벌 때문에 열심당원이 아닌 일반 카이로 시민은 프랑스군에 대규모로 반란을 일으키지 않았다. 만약 그랬다면 프랑스군도 60만 명에 대항하기가 어려웠을 것이다. 일단 폭동이 끝나자 11월 11일 나폴레옹은 심문을 위한 바스티나도를 폐지했다. 그는 베르티에에게 말했다.

"중요 기밀을 알고 있을 것으로 의심이 가는 자들을 때리는 이 야만적인 풍습은 폐지해야 한다. 고문은 쓸데없는 것만 낳는다. 그 불쌍한 자들은 심문자가 듣고 싶어 하는 것을 머릿속에 떠오르는 대로 아무거나 말한다."[89]

11월 30일경 카이로는 다시 본모습을 회복했고 나폴레옹은 새로 개장한 티볼리 유원지에서 "특히 아름답고 생기 넘치는 젊은 여성"에게 주목했다. 22기병대 소속인 장 노엘 푸레 중위의 부인 폴린 푸레였다.[90] 당시 사람들의 표현대로 그녀가 아름다운 둥근 얼굴에 긴 금발이었다면 푸레 중위가 원정에 아내를 데려간 것 자체가 잘못이었다. 그때는 나폴레옹이 조제핀의 부정을 알게 된 지 6개월이 지난 뒤였고 그는 폴린을 보고 며칠 만에 바람을 피웠다. 그들의 관계는 마치 희가극 같다. 나폴레옹은 소위 중요한 임무로 푸레 중위를 파리에 보냈는데 그런 임무는 보통 왕복 석 달이 걸리지만 그가 탄 배는 바로 다음 날 소형 구축함 HMS 라이언에 가로막히고 만다. 푸레는 당시 군대 하급장교를 대하는 관습대로 영국군에 억류되는 대신 알렉산드리아로 후송되었다. 결국 그는 예상 날짜보다 10주 먼저 카이로에 돌아왔으나 그의 아내는 이미 나폴레옹의 엘페이베이궁에 안착해 '클레오파트라'라는 별명으로 불리고 있었다.[91]

이 사태를 목격한 푸레가 아내와 언쟁을 벌이다 물이 든 유리병을 던졌다는 설도 있고 또 아내에게 채찍을 휘둘러 피가 났다는 설도 있다.[92] 어느 이야기가 맞든 두 사람은 이혼했다. 카이로에서 나폴레옹의 공식 정부가 된 그녀는 이후 나폴레옹이 주최하는 만찬에서 여주인 역을 맡았고 그와 함께 마차를 타고 시와 그 주변을 돌아다녔다(대단히 분통해 한 외젠은 이럴 때 당번직을 면제받았다). 이 정사로 나폴레옹은 오쟁이를 졌다는 비난에서 비켜 가게 되었는데 당시 프랑스 장군에게는 간통보다 오쟁이가 훨씬 더 심한 비난이었다. 그가 이집트를 떠나면서 폴린은 쥐노에게로 갔고 쥐노가 결투에서 부상당해 프랑스로 의병제대하면서 그녀는 클레베르에게 갔다. 그 후 그녀는 브라질 목재사업으로 큰돈을 벌었는데 남성복 차림으로 파이프 담배를 즐겼으며 애완 앵무새와 원숭이를 데리고 프랑스로 돌아가 아흔 살까지 장수했다.[93]

11월 19일 나폴레옹이 제자르를 협박할 때 소위 시리아 원정 결정(그는 현재의 시리아에 발을 들인 적이 없고 주로 현대의 가자, 이스라엘, 요르단강 서안지구에만 머물렀다)의 전조가 드러났다.

"만약 당신이 이집트 국경선의 이브라힘 베이에게 피난처를 제공한다면 나는 그것을 적대감의 표시로 여기고 아크레로 가겠다.”94)

그 응답으로 제자르는 12월 초 오스만 지역의 가자, 람레, 자파를 점령하고 시나이 사막 경계의 카티에에 있는 나폴레옹의 이집트 요새에서 겨우 35킬로미터 거리인 엘 아리시에 전열을 갖추고는 이집트를 프랑스군으로부터 해방하겠다고 선언했다.

12월 말 나폴레옹은 수에즈를 방문했다. 그 목적은 요새를 점검하고 나일강에서 홍해까지 이어지는 람세스 2세의 수로를 따라가는 데 있었는데 수로는 60킬로미터 정도 이어지다가 사막의 모래로 사라졌다(그는 자신의 조카가 1869년 그 계승물 건축에 개입하리라고는 상상도 못했을 것이다). 또한 그는 “모세와 초기 시대 발자취를 따라가는 우주관을 지닌 유대 국가를 존중하는 마음으로” 시나이산을 방문하고 싶다고 선언했다.95) 베르티에, 카파렐리, 도마르탱, 오노레 강톰 해군소장(나폴레옹은 그가 나일강 전투에서 살아남은 것이 유일한 위로라고 말했다), 지휘관 장 피에르 도르, 몽주, 그 외 4명의 학자와 정찰대원이 여기에 동행했다.96) 도그로의 회상에 따르면 “우리는 빠르게 이동했다. 최고사령관이 카이로에서 전속력으로 출발했고 우리도 말에 박차를 가해 결국 말이 숨을 헐떡이며 목적지에 도착했다.”97)

수에즈에서 시나이로 이어지는 이 관광 여행(결국 그는 시나이산에 다다르지 못했다) 중 12월 8일 나폴레옹은 간조를 이용해 홍해의 한 부분을 건너려다 거의 죽을 뻔했다.* 도그로에 따르면 “우리는 어렵지 않게 먼 해안에 도착했고” 무리는 소위 모세의 샘과 그 밖에 고대 유적지를 방문했으며 나바의 우물가에서 점심을 먹고 말에게 물을 먹였다. 하지만 밤이 되면서 저지대의 습지 같은 해안을 헤매다가 조류가 몰려오자 그들은 우왕좌왕한다.

* 심지어 오늘날에도 북동 연안에는 바닷물 습지가 많고 사이사이에 건조한 지대가 있는데 이 지역은 조류가 무시무시하다. 일반 해안처럼 길게 뻗은 구역을 건너려는 찰나 갑자기 조수가 빠르게 몰려오는 경우도 있다.

곧 우리가 탄 말의 배까지 물에 잠겼고 말들은 헤어나려고 고군분투했다. … 수천 가지 문젯거리와 많은 말을 수렁에 버려 두고 우리는 바다의 다른 후미에 도착했다. … 밤 9시였고 조류는 이미 3미터나 올라왔다. 그 끔찍한 상황 속에서 여울을 찾았다는 소식이 들렸다. 보나파르트 장군이 가장 먼저 건넜고 정찰대원들이 여러 지점에 자리를 잡고 남은 이들을 인도했다. … 파라오 병사들의 운명을 따르지 않게 되다니 그저 기쁠 따름이었다.[98)]

아크레

8

국경선은 큰 강이나 산맥 혹은 사막이다. 군대가 행군하는 데
방해가 되는 이 모든 장애물 중 가장 극복하기가 험난한 것은 사막이다.

나폴레옹 군사 좌우명 제1번

–

모든 병사의 한 손을 자르겠다는 카이사르의 결정은 그야말로
극악무도했다. 그는 내전에서 자신의 편에 관대했으나
갈리아인에게는 잔인하고 종종 흉포했다.

나폴레옹, 《카이사르의 전쟁》

1799년 1월 사무드 전투에서 드제가 무라드 베이를 무찌르고 나일강에서 그의 소함대를 함락해 상이집트의 협박을 종결하자 나폴레옹의 지배 범위는 거의 이집트 전역으로 확장되었다. 이제 그는 제자르에게 공격을 가할 수 있었다. 그는 카이로를 떠나던 날 총재정부에 영국 해군이 아크레, 하이파, 야파 등 레바논의 항구를 사용하지 못하게 하고 레바논과 시리아 기독교인이 튀르크에 대항해 반란을 일으키게 한 뒤 콘스탄티노폴리스로 갈지 아니면 인도로 갈지 결정하겠다고 말했다.[1)]

"이번 원정에서 무찌를 적이 상당히 많습니다. 사막, 지역민, 아랍인, 맘루크인, 러시아인, 튀르크인, 영국인입니다."[2)]

러시아인을 언급한 것은 나폴레옹식 과장법이 결코 아니었다. 차르 파벨 1세는 프랑스혁명이 대표하는 모든 것을 혐오했고 자신을 몰타의 기사단 수호자로 여겼다(실제로 그는 자신을 폰 홈페슈의 뒤를 잇는 기사단장으로 선출하도록 획책했다). 1798년 크리스마스이브에 그는 러시아의 오랜 적군 튀르크, 영국과 공조했으며 러시아 군대를 서유럽 깊숙이 침투시킬 계획도 세웠다. 당시 나폴레옹은 이런 낌새를 전혀 알아채지 못했다.

역사학자들은 나폴레옹이 아크레 너머 콘스탄티노폴리스, 심지어 인도까지 계획했다는 그의 말을 그대로 받아들여 왔으나 그가 이집트에 주둔한 병력의 3분의 1

에 해당하는 1만 3천 명만 대동한 것으로 보아 그의 주장은 가능성이 희박해 보인다. 아크레가 몰락하고 드루즈파(레바논의 이슬람 광신교 — 역자)와 기독교인, 유대인 모두 그에게 협조해도 실행 계획과 인원 구성 문제 때문에 비록 야심차고 노련한 나폴레옹일지라도 튀르크나 인도로 침략할 수는 없을 터였다. 훗날 그는 인도 마라타 왕자들이 도왔다면 인도에서 영국군을 몰아내고 인더스강으로 행군했을 것이라고 주장했다. 만약 유프라테스강에서 오랫동안 머물다 매일 24킬로미터를 행군했을 경우 병자와 탄약과 식량은 단봉낙타에 싣고 그의 부하들은 쌀, 밀가루, 커피를 매일 각각 5백 그램씩 먹어야 했을 것이다. 아크레에서 델리까지는 4천 킬로미터이며 행군하려면 현대의 시리아와 이라크, 이란, 파키스탄 전부는 물론 인도 북부 일부까지 통과해야 하는데 이 거리는 그가 파리에서 모스크바까지 행군한 그 이상이다. 결국 병참술이 아예 불가능했을 것이며 이런 계획은 알렉산드로스 대왕의 정복이 촉진한 몽상에 불과했다.

1799년 2월 나폴레옹의 당면 목표는 이집트 동쪽 지방을 침략하려는 술탄의 계획을 제자르의 도움을 받아 먼저 성취한 뒤, 그가 여름에 오랫동안 예측한 대로 오스만이 육로와 수로를 이용해 이집트 북부 지방으로 침략해 올 것에 대처하기 위해 귀환하는 것이었는데 다행히 이 둘은 조직적이지 않았다. 이는 그가 오래전부터 채택해 온 뚜렷한 중앙배치 전략이었다. 1799년 1월 25일 그는 인도에서 영국의 가장 큰 적인 티푸 사히브에게 편지를 보내 "영국의 철통같은 굴레에서 당신들을 구원하려는 바람으로 다수의 무적 군대를 이끌고 홍해 해안에 도착"할 날짜가 임박했다고 선언했다.[3] 그러나 이 편지는 영국 순양함이 가로챘으며 그해 5월 자국의 수도 세링가파탐이 함락될 당시 티푸는 대단히 인상적인 영국의 젊은 중장 아더 웰즐리 경에게 피살되었다. 나폴레옹은 적군이 자신의 편지를 가로챈다는 사실을 알고 있었으니 어쩌면 단순히 허위 정보를 퍼트릴 의도로 편지를 썼을 수도 있다.

나폴레옹은 드제를 상이집트에, 마르몽을 알렉산드리아에, 샤를 뒤귀아 장군을 카이로에 주둔시키고 성지를 침략했다. 이때 후방은 레니에가 세 보병 사단은 클레베르, 봉, 란이 맡았고 기병대는 뮈라가 통솔했다. 군대는 카이로에서 진군하면서부터 선동적인 1794년 혁명가 〈출발의 노래〉를 불렀고 이후 이 노래는 보나파르트의 전용 군가가 되었다. 전략회의 중에 조제프 라그랑주 장군만 이 침략을 공개적으로 반대했다. 그는 480킬로미터 떨어진 아크레까지 가려면 적대적인 사막을 뚫고 방어벽이 굳건한 몇몇 도시도 통과해야 하며, 만약 붙잡힐 경우 나폴레옹이 내줄 것으로 예상하는 비교적 소규모 병력의 파견군을 배치해야 한다고 지적했다. 그는 이집트 내부에서의 공격을 기다리면서 적군이 시나이 사막을 건너게끔 강요하는 편이 전투를 자신들의 지형으로 불러들이는 것보다 낫다고 제안했다.[4] 그러나 6월 수륙 양측의 공격이 예측되면서 나폴레옹은 마냥 시간을 허비할 수 없다고 생각했다. 그는 사막을 건너 제자르를 무찌른 후 여름에 사막을 건너기 힘들기 전에 돌아와야 했다.

1799년 2월 10일 일요일 나폴레옹은 카이로를 떠나 13일 오후 3시 카티에에 도착했다. 떠나기 직전 그는 총재정부에 긴 편지를 썼다. 한 문장은 암호였는데 해독 결과 다음 내용이었다.

"만약 3월 중 … 프랑스가 왕들과 교전 중이라면 프랑스로 돌아가겠습니다."[5]

3월 12일 프랑스는 제2차 대프랑스 동맹 전쟁을 시작했고 결국 러시아와 영국, 오스트리아, 튀르크, 포르투갈, 나폴리의 국왕들 그리고 교황과 대적하게 되었다.

당시 지도에도 나오지 않는 시나이를 건너려면 나폴레옹은 식량과 물, 열기, 적대적인 베두인 부족민들 등의 문제를 해결해야 했다. 그는 단봉낙타 부대, 대열을 바꿔가며 빠르게 발포하기, 말뚝(빠르게 세운 울타리용 구부러진 말뚝) 등을 활용했고 그 전술은 대전 때까지 프랑스 식민지 군대가 보유한다.[6] 이동 중 드제에게 보낸 편지에서 나폴레옹은 말한다.

"우리는 사막을 70리그(274킬로미터 이상)나 건넜고 완전히 탈진했다. 염분이 섞인 물을 먹는데 종종 그나마도 없다. 우리는 개와 당나귀, 낙타도 먹었다."[7)]

그 후 그들은 원숭이도 먹었다.

지난 5천 년 동안 요르단강과 지중해 사이에서 5백여 건의 군사전이 벌어졌다. 나폴레옹이 택한 서쪽 해안 길은 산과 요르단 계곡을 피한 길로 알렉산드로스 대왕이 반대 방향에서 택한 바로 그 길이었다. 물론 나폴레옹은 자신의 원정이 지닌 역사적 측면을 인정했고 후에 이렇게 회상하기도 했다.

"창세기에서 묘사하는 장소를 방문할 때마다 계속 창세기를 읽었고 그곳이 모세가 묘사한 그대로라는 사실에 몹시 감동했다."[8)]

카이로에서 274킬로미터 떨어진 엘 아리시 요새는 약 2천 명의 튀르크 선봉대와 아랍 동맹군이 방어하고 있었다. 2월 17일까지 나폴레옹과 그의 핵심 군대는 이미 이 요새에 도착해 참호와 포열을 구축했다. "병사들의 동요가 심해지기" 시작했는데, 이들은 심신의 피곤과 갈증 때문에 고통스러워하면서 이 원정은 바로 지식인들의 책임이라고 욕하며 부당하게 비난했다. 이들은 작전을 개시할 시기가 되어서야 잠잠해졌다.[9)] 19일경 성벽을 포격했고 군대가 지나갈 수 있을 정도로 커다란 균열이 생겼다. 나폴레옹이 요새에 항복을 요구하자 공동지휘관 이브라힘 니잠과 마그레브의 대장 엘 하드지 모하메드, 아르나우트의 사령관 엘 하드지 카디르가 이를 받아들였다.* 이들과 수석 장교들은 "우리와 우리 군대는 제자르 군대에 복종하지 않을 것이며 오늘을 기점으로 앞으로 1년간 시리아로 돌아가지 않겠다"고 코란에 맹세했다.[10)] 나폴레옹은 그들이 무기를 갖고 고향으로 돌아가는 것을 허용하는 데 동의했으나 그들의 무장해제 여부는 맘루크와의 약속을 어겼다. 20세기 후반 이전, 특히 중동에서 전쟁 규칙은 간단하고 가혹하며 본질적으로 불변이었다. 그래서

* 마그레브인은 알제리, 모로코, 튀니지, 마우레타니아, 리비아 출신이며 아르나우트인은 알바니아만큼 멀리 떨어진 지역 출신이다.

약속했다가 어기는 것은 대개 중죄로 인정했다.

2월 25일 나폴레옹은 맘루크를 가자시 밖으로 몰아내고 대량의 폭약과 대포 6문, 배급용 비스킷 20만 개를 압수했다. 그는 드제에게 이런 내용의 편지를 보냈다.

"레몬나무와 올리브 숲, 거친 지형이 랑그독의 시골 같다. 베지에르 인근에 와 있는 기분이다."11)

3월 1일 람레의 카푸친 수도승들이 그에게 말하길, 엘 아리시 주둔군이 이미 16킬로미터 거리의 야파로 가고 있는데 그들은 "항복 조건을 지키지 않을 것이고 프랑스군이 그들을 무장해제하면서 먼저 약속을 어겼다고 말했다."12) 수도승들의 추정에 따르면 야파군은 1만 2천 명에 달했고 "콘스탄티노폴리스에서 다량의 대포와 탄약이 도착했다." 이에 나폴레옹은 병력을 람레에 집결한 후 이동하기 시작해 3월 3일 정오부터 야파를 포위했다. 도그로가 야파의 성벽을 회상한 바에 따르면 "보나파르트는 다른 이들과 함께 1백 미터 안으로 접근했다. 뒤를 돌아보니 적군이 우리를 주시하고 있었다. 적군이 우리를 향해 발사한 포탄 중 하나가 사령관 아주 가까이에 떨어지면서 그는 흙더미를 뒤집어썼다."13) 3월 6일 방어군이 출격했을 때 도그로는 오스만군이 대단히 이질적이라는 사실을 확인했다.

"마그레브인, 알바니아인, 쿠르드인, 아나톨리아인, 카라마네니엔인, 다마스쿠스인 그리고 알레페세와 타크루(세네갈) 출신의 흑인이었다. 그들은 다시 뒤로 던져졌다."14)

다음 날 새벽 나폴레옹은 야파 총독에게 항복을 요구하는 내용의 예의를 갖춘 편지에서 "여기 시민들이 공격받을 경우 시 전체에 내려질 악에 따라 내 심장이 움직인다"라고 언급했다. 총독은 어리석게도 나폴레옹이 보낸 전령의 머리를 성벽에 전시하는 것으로 응수했다. 결국 나폴레옹은 성벽 공격을 지시했고 오후 5시경 목마르고 화난 프랑스군 수천 명이 안으로 쳐들어갔다. 한 지식인이 기록한 바에 따르면 "사방이 아비규환이었다. 총소리, 여자와 아버지들의 비명소리, 시신 더미, 피비린내, 부상자들의 신음소리, 약탈물을 찾아다니는 승리자들의 외침소리"가 만연했

다. 결국 프랑스군은 "죽은 자들이 산적한 꼭대기에서 피와 황금에 만족하며" 진정했다.[15)]

나폴레옹은 총재정부에 보낸 보고서에서 "24시간 동안 약탈과 전쟁의 온갖 공포 행위를 자행했는데 그처럼 가증스럽게 보인 적이 없었다"고 인정했다.[16)] 또한 그는 엘 아리시, 가자, 야파에서 승전한 결과 "공화국 군대가 팔레스타인의 주인이다"라고 덧붙였으나 이는 시기상조였다. 야파에서 프랑스군 60명이 죽고 150명이 부상당했으며 적군과 시민 중 사망자 수는 알려지지 않았다.*

나폴레옹은 야파에서 억류한 포로들을 극도로 가혹하게 처리했는데 이 중 일부는 엘 아리시에서 한 약속을 어긴 자들이었다. 3월 9일과 10일 봉 장군 사단의 병사들이 그들 중 수천 명을 야파에서 남쪽으로 1.6킬로미터 떨어진 해안으로 끌고 가 무참히 학살했다.** 나폴레옹은 베르티에에게 문서로 명확하게 지시했다.

"장군은 … 무장한 모든 포병과 다른 튀르크인을 물의 가장자리로 데려가라고 부관에게 명령하라. 그들을 총살할 때 아무도 도망치지 못하게 주의하라."[17)]

베르티에는 엘 아리시에서 어떤 일이 벌어졌든 야파가 항복을 거부했을 때 그들은 이미 목숨을 몰수당한 것이라고 변명했다. 또한 그는 전투 중의 죽음과 냉혹한 죽음을 따로 구별하지 않았다.[18)] 수석병참 루이 앙드레 페뤼스는 그다음에 벌어진 상황을 자신의 어머니에게 다음과 같이 알렸다.

> 총사령관의 명령에 따라 약 3천 명이 무기를 내려놓은 채 바로 막사로 끌려갔습니다.

* 기회를 주었을 때 항복을 거부한 도시는 약탈해도 된다고 여겨졌다. 1812년 영국은 바다호스에서 사흘간 약탈하고 대규모 강간을 했는데 그 사태가 어찌나 끔찍했던지 웰링턴은 중앙 광장에 교수대를 세운 후에야(사용하지는 않았다) 부하들을 다시 통제할 수 있었다. 나폴레옹과 마찬가지로 그 역시 더 이상 강간과 약탈을 허용하지 않았다.

** 1917년 독일군이 찍은 항공사진으로 구 야파 남쪽에서 대학살을 자행한 해안을 확인할 수 있는데 현재 이 지역은 주차장 아래에 있다. 희생자들이 헤엄쳐서 향한 바위들은 이제 해변 방파제의 일부가 되었다.

우리는 그들을 이집트인과 마그레브인, 튀르크인으로 분류했습니다. 다음 날 마그레브인 전원이 해변으로 끌려갔고 두 대대가 그들에게 총을 쏘기 시작했습니다. 그들은 바다에 스스로 몸을 던지는 것 외에는 다른 구제책이 없었습니다. 거기에서 그들이 총을 쏘자 바다는 순식간에 피로 물들고 시체로 뒤덮였습니다. 그중 몇 명은 간신히 바위에 몸을 기댔지만 병사들이 배를 타고 가서 모조리 끝내 버렸습니다. 우리는 파견대를 해안에 배치했고 우리의 배신에 무자비하게 학살된 그들 중 일부를 유인했습니다. … 우리는 화약을 사용하지 말라는 지시를 받고 총검으로 잔혹하게 그들을 죽였습니다. … 이 사례로 적군은 프랑스군을 믿지 말라는 교훈을 배울 것이며 그 희생자 3천 명의 피가 곧 우리를 다시 찾아올 것입니다.[19]

그의 말이 맞았다. 1801년 5월 프랑스군이 나일 강변의 엘 아프트를 버리고 떠날 때 튀르크인은 아직 피신하지 못한 프랑스인을 모조리 참수했다. 당시 현장에 있던 영국인이 항의하자 그들은 분개해서 '야파! 야파!'라고 외쳤다.[20] 야파 대학살의 또 다른 증인 크레틀리 대위에 따르면 "첫 번째 죄수 무리를 총살하고 나머지는 기병대의 공격을 받았다. … 그들은 바다로 뛰어들어야 했으며 겨우 몇백 미터 거리의 바위까지 허우적대며 헤엄쳤지만 … 결국 이 불행한 자들은 파도에 휩쓸려 구제받지 못했다."[21]

현존하는 여러 프랑스 자료(분명한 이유로 튀르크 자료는 존재하지 않는다)에 따르면 학살당한 자의 수치는 그 편차가 크지만 대개 2천2백 명에서 3천5백 명으로 추정한다. 이보다 더 높은 수치도 있으나 이는 보나파르트 반대파의 정치적 동기가 담긴 자료로 보인다.[22] 엘 아리시에서 2천 명 정도만 약속을 지킴으로써 나폴레옹은 다언어 사용자인 튀르크군 일부를 처형했다. 이들은 그 자리에 없었지만 야파의 성벽이 무너진 뒤 도시 나머지가 함락되고 여인숙 안에 갇혔을 때 외젠에게 관대한 처분을 받게 해 주겠다는 약속을 받았었다(페뤼스가 그들이 대학살로 프랑스군을 믿지 말라는 교훈을 배웠을 것이라고 말했을 때 이 상황을 염두에 둔 듯하다). 물론 여기에는 인종적 요인도 있었는데 만약 전쟁포로가 유럽 출신이었다면 나폴레옹은 처형하지 않았을 터다.

나폴레옹은 죽임을 당한 자가 2천 명 이하라고 말했다.

"그들은 너무 위험한 악마 같은 존재라서 풀어 주지 못하고 내가 죽이지 않을 수 없었다." 23)

또 다른 경우 그는 그 수를 3천 명까지 인정하면서 한 영국 의원에게 말했다.

"음, 내게는 권리가 있었소. … 그들은 내 전령을 죽이고 그의 목을 베어 창에 꽂았소. … 프랑스와 튀르크인을 위한 식량이 충분하지 않았소. 그중 하나는 망할 수밖에 없었고 나는 주저하지 않았소." 24)

그러나 식량이 충분하지 않았다는 주장은 설득력이 없다. 야파에서 약 40만 개 분량의 비스킷과 20만 파운드의 쌀을 징발했기 때문이다. 그는 시나이를 건너 이집트까지 그 많은 포로를 호송해 갈 부대원이 부족하다고 판단했을 수도 있다.25) 파리의 9월 대학살에 관한 그의 의견과 비나스코, 베로나, 카이로에서 그가 처신한 행동에서 보듯 나폴레옹은 상황에 따라 필요하면 타협하지 않고 대단히 치명적인 방법까지 용인했다. 특히 그에게는 숙련된 튀르크 포병대 8백 명이 다시는 그에게 대적하는 일이 벌어지지 않는다는 보장이 필요했다(1795년 그가 술탄의 제안을 받아들였다면 이들 중 다수가 그의 부하가 되었을 터였다). 나폴레옹이 그들의 말을 한 번 받아들였다고 해서 또 그렇게 하리라고 기대할 수는 없다. 더욱이 그해에만 기독교인 4백 명을 자루에 담아 바다에 던질 정도로 잔혹성으로 악명이 자자한 일흔아홉 살의 제자르에 맞선 전쟁에서 자신 역시 무자비하게 보여야 한다고 느꼈을 수도 있다.26)

3월 9일 나폴레옹은 대학살 중에 제자르에게 쓴 편지에서 자신이 "전쟁 규칙을 어긴 자들에게 냉혹하다"면서 이렇게 덧붙였다.

"며칠 후면 나는 아크레로 행군할 것이다. 그런데 왜 내가 알지도 못하는 노인의 목숨을 단축해야 하는가?" 27)

담당 전령에게는 다행스럽게도 제자르는 이 협박을 무시하기로 했다. 같은 날 나폴레옹은 족장들과 울라마, 예루살렘 사령관에게 자신의 적군들에게 무시무시한 처벌이 기다리고 있다면서 선언했다.

"신은 관대하고 자비로우신 분이다! … 사람들과 대적해 전쟁을 벌이는 것은 내 의도가 아니다. 나는 무슬림의 친구다."[28] •

역사상 아주 희귀한 사필귀정 사례로 프랑스군은 자신들이 강간하고 약탈한 야파 주민들로 인해 페스트에 감염되었다.•• 감염된 자들 중 92퍼센트가 사망했는데 몸에 가래톳이 나타나면 사망선고를 받은 것이나 다름없었다.[29] 클레베르 사단의 참전용사 샤를 프랑수아 대위는 야파에서 약탈을 벌인 후의 일을 일기에 기록했다.

"페스트에 걸린 병사들의 사타구니와 겨드랑이, 목에 순식간에 가래톳이 생겼다. 24시간이 채 지나지 않아 몸과 치아가 검어졌고 이 무시무시한 병에 걸린 사람은 누구라도 엄청난 고열 때문에 죽었다."[30]

당시 중동을 강타한 온갖 역병 중에서도 페스트는 가장 최악이었는데 나폴레옹은 구 야파 해안의 아르메니아 수도승 병원(현재까지도 그 자리에 남아 있다)에 검역소로 전향하라는 지시를 내렸다. 3월 11일 그는 데주네트와 함께 이 병원을 방문했고 급료 담당 장교 장 피에르 도르에 따르면 그는 "출입구에 쓰러져 있던 전염병자를 일으켜 세워 옮겼다. 그의 행동에 우리 모두 경악했는데 그 병자의 옷은 거품과 혐오스러운 가래톳 배설물로 뒤덮여 있었다."[31]

나폴레옹은 병자들에게 말을 걸고 위로하면서 기분을 북돋워 주었고, 그의 방문

• 나폴레옹은 예루살렘에 단 한 번도 발을 들이지 못했으나 1996년 파리 지하철에 붙은 이스라엘 여행성의 포스터 광고는 이렇게 시작한다. "나폴레옹은 예루살렘에서 여러 번 낮잠을 즐겼습니다. 당신도 어떠세요?"

•• 1월 알렉산드리아에 페스트가 창궐하자 나폴레옹은 또다시 특이한 처벌을 고안해 냈다. 환자 돌보기를 거부한 의사 부아예는 여성복 차림으로 "프랑스 시민이 될 가치가 없다. 죽음을 두려워한다"라는 표지판을 들고 거리를 걸어야 했다.

은 1804년 앙투안 장 그로의 〈야파에서 페스트 병원을 방문한 보나파르트〉라는 그림으로 남아 있다. 나폴레옹은 "최고사령관으로서 페스트 병원에 직접 방문해 그곳의 여러 환자와 이야기를 나누며 그들에게 확신과 힘을 주는 것이 의무라고 판단했다. 그는 자신도 병에 걸렸지만 금방 회복되었다고 말했다." **32)**(이 주장의 확실한 증거는 없다.) 나폴레옹은 페스트가 의지력에 취약하다고 믿었고 몇 년 후 이렇게 말했다. "정신을 바짝 차리고 죽을 거라는 생각에 무너지지 않은 사람들은 … 대개 회복했다. 그렇지만 낙담한 자들은 거의 전부 이 병에 희생되었다." **33)**

3월 14일 나폴레옹은 야파를 떠나 아크레로 향했다. 그 전날 영국 준장 시드니 스미스 경과 프랑스 왕당파 군사 기사이자 브리엔 동년배인 앙투안 드 펠리포가 영국 해군 군함 테세우스와 티그레 호를 이끌고 항구에 도착했다. 영국-러시아-튀르크 동맹의 공동 목표는 프랑스 정복을 되돌리는 것뿐이었으나 영국 해군은 아크레가 나폴레옹에게 넘어가는 것을 저지하는 데 충분히 도움을 주었다. 1104년 예루살렘 보두앵 1세의 십자군이 아크레를 함락했고 보두앵은 240센티미터 두께의 성벽을 쌓았다. 그 후 방어력은 훨씬 약해졌지만 성벽이 그리 높진 않아도 여전히 건재했으며 해자가 깊이 파여 있었다. 약 4천 명에 달하는 아프간인과 알바니아인, 무어인, 제자르 휘하의 유능한 유대인 참모총장 하임 파르히(수년에 걸쳐 주인에게 코와 귀, 눈을 잃었다), 영국 해군과 해병대 2백 명을 거느린 스미스 준장, 유능한 펠리포가 항구를 방어했다. 그들은 비스듬한 제방을 방어할 요량으로 성벽 기초를 비스듬하게 강화하고 경사로를 만들 대포를 성벽에 올렸다(야파에서는 성벽이 너무 약해 불가능했다). 이 방어 시설 일부와 스미스가 배치해 둔 해군 대포 일부가 오늘날까지 현존한다.

3월 15일 카쿤에서 벌어진 소규모 접전에서 나폴레옹과 란, 클레베르는 나블루스 출신 아랍 기병대의 공격을 어렵지 않게 물리쳤고 사상자도 40명에 불과했다. 그러나 사흘 후 나폴레옹은 피에르 장 스탕델레 준장이 지휘하는 배 9척으로 이뤄진 소함대가 공성포, 장비 전부와 함께 카멜산의 곶을 돌아 티그레와 테세우스 호 손아귀에 그대로 빨려들어 가는 장면을 하이파 위 절벽에서 공포에 질려 지켜봐야 했다. 배 6척이 나포되고 3척만 툴롱으로 피신했다. 나폴레옹의 중화기는 대부분 아크레로 실려가 다시 그에게 화구를 돌렸다. 상황이 변하고 있다는 틀림없는 신호로 제자르는 평화 조약을 맺자고 보낸 전령의 목을 베었다.[34]

3월 19일 정오 나폴레옹은 아크레의 270미터 거리에서 요새와 참호를 쌓고 포위하는 것으로 공격을 개시했다. 그는 자신이 보유한 경포와 프랑스군의 기백이 힘을 발하면 도시를 장악할 수 있으리라 희망했다. 그의 작전본부는 아크레에서 1,370미터 거리의 투론 언덕에 있었지만(1191년 사자왕 리처드가 같은 목적으로 선택한 장소와 우연히 동일했다) 그의 포위선 중 일부는 모기가 들끓는 습지를 지나가야 했고 곧 말라리아가 퍼졌다. 프랑스군은 참호를 파고 요새에 필요한 나무다발과 바구니, 도화낭을 만들었다.

도그로에 따르면 "처음에 그 장소는 방어가 불가능하고 8일간 버티지도 못할 것 같았다. 우리는 아크레 앞에 모습을 드러내기만 하면 우리가 그토록 쉽게 함락했던 야파의 기억 때문에 파샤가 공포에 떨 것이라 생각했다."[35] 후에 도그로는 제자르가 엘 아리시, 가자, 야파를 잃고 3월 18일 하이파까지 잃은 뒤 이집트를 위협할 처지가 아니었으므로 나폴레옹이 그때 이집트로 돌아갔어야 했다고 생각했다. 나폴레옹이 철수하기 전 하이파에 주둔군을 배치할 수도 있었을 터였다. 그러나 그는 침략의 주목적이던 다마스쿠스에 집결한 튀르크 군대를 아직 무찌르지 못했다.

그 후 9주 동안 나폴레옹은 아홉 차례의 대규모 공격과 세 차례의 소규모 공격을 단행했다. 동시에 그는 튀르크와 아랍, 맘루크 사람들을 방어하기 위해 병력을 보내야 했는데 다행히 이들은 전면 공격을 벌이기보다 단편적으로 공격해 왔다. 한 시점에 이르러 탄약이 너무 부족해진 그는 시내와 영국 해군 배에서 발포한 대포알을 병사들이 가져오면 돈을 주고 구입했다. 대포 구경에 따라 반 프랑에서 1프랑 정도 가격이 매겨졌다. 프랑스군만 돈으로 장려한 것이 아니었다. 튀르크인의 돌격 횟수가 많은 이유(26회)는 제자르가 프랑스군 머리에 높은 보상금을 주었기 때문이었다[36](1991년 전투지에서 발견한 네 구의 해골 중 두 구는 목이 잘려 있었다). 3월 28일 나폴레옹과 세 걸음 거리이자 그의 두 부관 외젠과 앙투안 메를랭(신임 총재 필리프 메를랭 드 두에의 아들) 사이에 대포알 하나가 떨어졌다. 폭격 중에 어떤 탑의 일부가 허물어졌지만 사다리가 너무 짧아 후속 공격이 이뤄지지 못하자 당연히 병사들의 사기가 꺾였다. 여러 시간에 걸친 전투 끝에야 튀르크인의 공격을 간신히 진압한 적도 있었다. 공병들은 다른 탑 아래에서 땅을 파기 시작했지만 대항 기뢰 때문에 저지당했다.

그동안 나폴레옹은 사페드를 함락하기 위해 뮈라를 보내고 다마스쿠스의 구제 시도를 막고자 나사렛으로 쥐노를 보냈다. 4월 8일 쥐노는 루비아 마을 인근의 소규모 접전에서 사상자 없이 튀르크 공격군을 막아 냈다. 나폴레옹은 이를 "프랑스의 냉혈에 믿음을 더한 대단한 전투"라고 말했다.[37] 그리고 엿새 후 시리아 원정을 정당화하는 좀 더 대단한 격전이 벌어졌다.

타보르산 전투는 명칭 자체가 잘못되었는데, 클레베르가 13킬로미터 거리의 타보르산을 돌아 행군하긴 했어도 실제로는 하모레산 인근에서 전투가 벌어졌기 때문이다. 클레베르는 대담하게도 다마스쿠스에 집결한 2만 5천 명 규모의 튀르크와 맘루크 군대가 야간에 말과 낙타에게 물을 먹이는 샘에서(목이 마른 낙타 한 마리가 약 40리터를 먹기 때문에 대단히 긴 과정이다) 겨우 2천5백 명에 불과한 자신의 병사로 공격할 계획을 세웠다. 그러나 4월 16일 새벽 6시 해가 떠올랐을 무렵 클레베르의 병력은 아직 중앙 제즈릴 계곡을 건너지 못한 상태에서 튀르크군에 그대로 노출되었고 튀르크군은 어느새 평야를 건너 돌격하기 시작했다. 그래도 클레베르가 두 개의 대규모 방진을 구축할 시간은 충분했다. 비록 곧 포위되긴 했어도 이들은 방진 대형을 유지하며 완만한 경사의 하모레산을 터덜터덜 올라갔다. 산에서는 적군이 기병대를 동원해도 파괴력이 덜했다. 정오 무렵 클레베르는 6시간에 걸쳐 피해를 감수하며 전투를 이어 갔고 물과 탄약이 점차 부족해지자 두 개의 방진을 통합하는 위험하고도 어려운 작전을 성공리에 완수했다.

클레베르가 대규모 적군과 맞서는 중이라고 나폴레옹에게 일찌감치 보고한 덕에 나폴레옹은 그를 도우려고 봉의 사단을 인수해 나사렛으로 행군했다. 16일 그가 도착할 즈음 클레베르는 이미 교전 중이었고 나폴레옹은 자신의 군사를 서쪽에서부터 원형을 그리며 하모레산으로 몰아갔다. 한편 다마스쿠스 파샤 압둘라는 클레베르를 구하러 온 병력을 감시할 정찰병을 두지 않았는데, 이는 전투의 가장 기본 규칙을 어긴 셈이었다. 나폴레옹은 나사렛에서 남동쪽으로 행군하며 연기와 먼지로 클레베르의 위치를 확인했다(10 대 1로 수적으로 우세했다). 정오 무렵 그는 튀르크군 바로 뒤에서 모습을 드러냈다. 그의 행로는 산등성이의 분수령을 올라가는 것이어서 말을 탄 튀르크군조차 그를 포착할 만한 시야를 확보하지 못했다. 멀리에서는 제즈랄 계곡이 평평해 보였으나 9미터에서 18미터 사이의 굴곡과 천연 융기가 있었다. 오늘날 (본래 그대로의) 전투지에서 계곡 너머를 보면 그 굴곡 덕분에 나폴레옹 군대가 하모레산에 올라 후방에서 튀르크인을 기습공격하는 장면을 상상할 수 있는데, 이는 어느 장군이라도 꿈꿀 만한 조합을 나폴레옹이 완전히 이용한 것이었다. 오스만 군대는 심각한 피해를 입기 전에 달아나긴 했지만 완전히 와해되었고 이집트를 다시 정복하겠다는 바람도 함께 사라졌다.

전투 후 나사렛 인근 수도원에서 숙박한 나폴레옹은 수도원 내 성모 마리아의 침실로 보이는 곳을 안내받았다. 수도원 원장이 깨진 검은 대리석 기둥을 가리키며 천사 가브리엘이 "성모 마리아에게 그녀의 영광스럽고 성스러운 운명을 알려 주러 왔을" 때 깨졌다고 "가장 엄숙한 태도로" 말하자 일부 장교는 웃음을 터트렸다. 그중 한 명의 기록에 따르면 "보나파르트 장군이 우리를 진지하게 쳐다보자 우리는 다시 엄숙해졌다."[38] 다음 날 나폴레옹은 그가 늘 그러하듯 타보르 전투지에 다시 들렀고, 4월 후반부 내내 좀 더 공격하고 역습할 목적으로 아크레로 돌아갔다.

4월 27일 군대는 가장 인기 있는 지휘관 중 하나를 잃었다. 며칠 전 대포알 포격으로 오른팔을 부상당한 카파렐리의 상처 부위에 괴저가 발생한 것이다. 나폴레옹은 그의 일일훈령에 다음과 같이 적었다.

"우리 모두의 비통한 심정이 카파렐리 장군의 묘소까지 이어졌다. 군대는 가장 용감한 지도자 중 하나를, 이집트는 입법자 하나를, 프랑스는 최고의 시민 중 하나를 그리고 과학계는 걸출한 과학자를 잃었다."

아크레의 부상자에는 뒤로크, 외젠, 란 그리고 여단장 4명이 포함되었고 5월 10일 성벽 아래에서 봉이 치명적인 부상을 당했다. 장교단이 전투지 최전방에 포진하는 것은 병사들에게 사랑과 존경을 받는 중요한 요인이다. 아크레에서 전투 중에 날아온 대포알에 나폴레옹 옆에 서 있던 베르티에의 부관이 죽고 나폴레옹 본인은 '충격 여파'로 쓰러졌다고 한다.[39] 탄약통에 투입할 종이를 모두 소진하자 일일훈령으로 사용하지 않은 종이는 전부 본부로 가져오라는 지시를 하달하기도 했다.

5월 4일 야간 기습공격을 시도했으나 무위로 돌아갔다. 사흘 후 수평선 너머로 튀르크 해군 구조대의 닻이 보이자 나폴레옹은 란 장군에게 도시를 기습하라는 명령을 내렸다. 진취력이 넘치는 란 장군은 북동쪽 탑에 프랑스 삼색기를 꽂기는 했으나 더 이상 진군하지 못하고 결국 쫓겨났다. 이제 나폴레옹은 베르티에에게 아크레를 그저 '모래 알갱이'라고 말했는데, 이는 그가 포위를 그만둘 것을 고려한다는 의미였다. 또한 그는 시드니 스미스 경을 '일종의 미치광이'라고 확신했는데, 이는 그 영국 준장이 그에게 도시 성벽 아래서 일대일 결투를 하자고 도발했기 때문이다(나폴레옹은 자신을 스미스와 대등한 상대로 여기지 않으며 "영국군이 말버러를 무덤에서 데려오지 않는 한 결투에 나서지 않겠다"고 응답했다).[40] 한편 스미스는 나폴레옹이 군대의 위급한 상황을 한탄하며 총재정부에 보낸 편지를 '가로챘다'면서 위조했다. 그 편지 사본들이 탈영병들로 인해 프랑스군 사이에 퍼지고 그중 하나가 나폴레옹에게 전달되자 그는 "대노해 편지를 갈기갈기 찢고"는 아무도 더 이상 이 일을 언급하지 말하고 명령했다. 이 책략은 튀르크군에 확실히 통했고 런던 주재 튀르크 대사는 이 내용을 사실이라 믿고 그 사본을 외무부에 보냈다.[41)]

사실 스미스의 최고 심리전은 나폴레옹에게 역정보도 오보도 아닌 진짜 정보를 제공한 것이었다. 그는 협상의 깃발 아래 영국과 유럽의 최신 신문을 보냈고 나폴레옹은 그 신문으로 최근 프랑스군을 강타한 일련의 재난 상황을 조합해 볼 수 있었다. 그는 1월부터 신문을 구하려고 사방팔방 알아본 참이었다. 그는 3월에 독일 오슈트라흐와 슈토카흐 전투에서 주르당이 패했고, 4월에는 이탈리아 마냐노 전투에서 셰러가 패배해 이탈리아에서 프랑스군에 남은 지역은 제노바뿐이라는 사실을 알게 되었다. 나폴레옹의 창작물이라 할 수 있는 치살피나공화국은 붕괴했고 방데에서는 새로 반란이 일어나고 있었다. 그는 이러한 신문기사를 보면서 훗날 그가 밝힌 대로 "그런 상황에서는 프랑스에 병력 증강을 기대할 수 없는데, 병력 증강 없이는 더 이상 아무것도 할 수 없다"는 것을 깨달았다.[42)]

5월 10일 여명 무렵 1개 여단이 과거 공격으로 쓰러진 동료들의 썩어 가는 시신을 넘어 아크레를 공격했다. 하지만 영국 선전원들의 주장과 달리 그들이 의도적으로 동료의 시신을 공격용 사다리로 사용한 것은 아니었다. 한 목격자의 회상에 따르면 "일부는 시내로 진입했지만 총알 공격을 받다가 새 참호들을 발견하고 결국 틈새로 후퇴해야 했다." 거기에서 그들은 2시간 동안 싸웠고 십자포화에 죽었다.[43)] 이 공격을 마지막으로 그다음 날 나폴레옹은 포위를 해제하고 이집트로 돌아가기로 결정했다. 그는 총재정부에 말했다.

"계절이 지나치게 앞서 나갔습니다. 제 목표는 완수했습니다. 이집트에 제가 필요합니다. … 아크레를 돌 더미로 만들었으니 이제 다시 사막을 건너겠습니다."[44)]

아크레를 돌 더미로 만들었다는 그의 주장만큼이나 그가 자신의 군대에 발표한 선언도 솔직하지 않았다.

"며칠만 더 있으면 제군은 파샤를 그의 궁 한가운데에서 붙잡을 것이다. 그러나 이런 계절에 아크레를 장악하는 것은 며칠을 낭비할 만큼 가치가 있지 않다."45)(몇 년 후 이 아크레 선언을 다시 읽은 나폴레옹은 후회하며 인정했다. "이건 꽤나 사기였군!"46))

또한 그는 아크레에서 매일 60명이 페스트로 죽는다는 보고를 받았다고 총재정부에 보고했는데, 이 보고에는 아크레를 장악하지 않는 편이 낫겠다는 의미가 함축되어 있었다. 사실 제자르는 포위 내내 페스트로 잃은 사람이 한 명도 없었다.47) 그렇지만 뜨거운 열기로 통행이 불가능해지기 전에 사막을 다시 건너야 한다는 것은 사실이었다.

실제로 나폴레옹은 타보르산 전투에서 "그가 세운 목표"를 완수했다. 그가 아크레를 장악하려 한 유일한 이유는 알레포를 거쳐 인도를 공격해 갠지스강까지, 아니면 콘스탄티노폴리스까지 장악하고 아시아에 프랑스제국을 건립하겠다는 자신의 꿈을 이루기 위함이었다. 이미 살펴본 대로 이 꿈은 성취할 수 있는 목표라기보다 낭만적인 환상이었다. 더구나 시리아의 기독교인이 제자르에게 충성한다고 분명히 밝힌 후였다(스미스는 영리하게도 이슬람에 관한 나폴레옹의 모든 선언을 모아 시리아와 레바논의 기독교인에게 전달해 주었다). 몇 년 후 나폴레옹은 탄식했다.48)

"아크레만 아니었다면 모든 사람이 나를 지지했을 것이다. 나는 알레포에서 터번을 쓰려고 했었다."

그는 그렇게만 하면 20만 이슬람 추종자를 얻을 수 있으리라고 믿었다.

1799년 5월 20일 저녁 8시부터 11시 사이 프랑스군은 테세우스와 티그레의 공격을 피하기 위해 조용히 포위선을 떠나 해변으로 몇 킬로미터를 행군했다.49) 그들은 들고 갈 수 없는 대포 23문을 뾰족한 꼬챙이로 찌르고 땅에 묻거나 바다에 던졌다.* 도그로의 회상에 따르면 "철수 내내 보나파르트 장군은 작은 언덕 위에서 대

* 1982년 몇 대를 발견해 현재 텔도르 고고학 박물관에 전시해 놓았는데 그중에는 에스파냐 카를로스 4세

기하다가" 후위대와 같이 떠났다.[50] 나폴레옹은 그의 이력에서 최초로 중대한 패전을 겪었고(바사노와 칼디에로는 그 정도가 아니었다) 아시아의 또 다른 알렉산드로스 대왕이 되겠다는 꿈을 포기해야 했다. 나중에 그는 자신의 영광스러운 열망을 다음과 같이 요약했다.

"나는 종교를 발견하고, 아시아로 행군하는 내 모습을 보고, 코끼리 등에 타보고, 머리에 터번도 두르고, 내 필요에 따라 내가 만들었을 새 코란을 손에 들었다."[51]

그가 그려낸 자신의 야망에는 환상은 물론 자기 조롱 요소도 존재한다. 그는 분명 개종을 고려했으나 실제로 개종했을 가능성은 희박해 보인다. 훗날 그는 뤼시앵에게 말했다.

"나는 아크레에서 내 운명을 놓쳤다."[52]

나폴레옹은 이런 이유로 분개했는지 아니면 제자르가 가까이 추적하면 저지할 의도였는지 모르지만 이집트로 돌아가는 길에 초토 전술을 이용해 성지를 황폐하게 만들었다. 1810년 웰링턴이 리스본으로 퇴각할 때 마세나에게 유사한 전술을 사용했으며 1812년 러시아 역시 이 전술을 썼다. 그는 심한 부상을 당한 15명을 카르멜산 병원의 수도승들에게 맡기고 떠나야 했다. 튀르크군이 도착했을 때 이들은 모두 학살당했고 수도승들은 몇 세기 동안 지내 온 수도원에서 쫓겨났다.[53] 야파로 퇴각할 때 후방에서 레바논과 나블루스 출신의 아랍 부족민들이 공격하자 나폴레옹은 일부 기병대에게 말에서 내려 병자와 부상자에게 말을 내주라고 명령했다. 무관 한 명이 그에게 어떤 말을 놔두면 되겠느냐고 묻자 나폴레옹은 말채찍으로 그 무관을 때리면서 소리쳤다.

"명령을 듣지 못했는가? 모두 걸어라!"[54]

(당신이 그 무관이 아니라면) 대단히 극적인 효과를 낼 행동이었다. 라발레트는 나폴레옹

의 문장이 새겨진 대포와 셀림 3세의 모노그램이 새겨진 야파에서 노획한 박격포도 있다.

이 사람을 때리는 걸 처음 봤다고 말했다.

5월 24일 오후 2시 야파에 도착한 나폴레옹은 괴로운 딜레마에 직면했다. 이제 지독한 사막을 건너야 했는데 그 이전에 카이로로 돌아갈 상태가 아닌 페스트 환자들을 어떻게 처리할지 결단해야 했다. 이들은 질병 때문에 배에 탈 수도 없었다. 도그로의 회상에 따르면 "우리가 야파에 머무는 내내 야파 항구에서 우리 앞에 펼쳐진 광경보다 더 처참한 것은 없었다. 죽은 자와 죽어 가는 자들이 사방에 널려 있었고 이들은 지나가는 사람들에게 치료를 애걸하거나 아니면 버려질까 두려워하며 배에 태워 달라고 기도했다. … 도처에 페스트 환자들이 있었는데 그들은 천막 안이나 도로에 깔린 자갈 위에 누워 있었고 병원에도 환자들이 넘쳐 났다. 우리는 그곳을 떠나면서 다수를 남겨 두었다. 그들이 살아서 튀르크인의 수중에 넘어가는 일이 없도록 조처를 취했다고 확신한다."[55] 그 '조처'란 데주네트가 자신의 히포크라테스 선서를 어기는 일이라며 안락사를 반대하자 대신 한 튀르크 약종상이 음식에 넣어둔 아편팅크를 과다 복용하게 하는 것이었다. 프랑스 목격자의 증언에 따르면 이 방식으로 약 50명이 죽었다고 한다.[56] 나폴레옹은 이렇게 죽은 자가 15명 정도라며 자신의 행동을 열심히 변명했다.

"이와 유사한 상황에서 자신의 감각을 자유롭게 사용할 수 있는 자라면 누구든 이 야만인들의 고문을 받으며 죽느니 몇 시간 더 빨리 쉽게 죽는 편을 주저하지 않고 고를 것이다."[57]

시리아 원정이 끝난 직후 부르봉과 영국에서 그가 자신의 부하들에게 잔혹했다며 비난하자 그는 이렇게 응수했다.

> "내가 했다고 여기는 잔혹 행위, 예컨대 내 병사들을 비밀리에 독살하거나 사지가 떨어지고 피가 낭자한 내 병사들의 시신 위로 내 마차를 몰고 갈 능력이 내게 있었다면

과연 내 군대가 보여 준 모습 그대로 열정과 애정으로 내 지휘 아래 싸웠을 거라고 생각하는가? 아니, 아니다. 그랬다면 나는 이미 오래전에 총에 맞아 죽었을 것이다. 심지어 내 부상자조차 나를 보내려고 방아쇠를 당기려 했을 것이다." [58]

나폴레옹의 명성에 흠집을 내려는 선전원들이 야파의 안락사를 왜곡한 것과 별개로 그의 부관 앙드레오시의 결론은 받아들여야 할 것 같다.

"죽임을 당한 극소수는 회복할 수 없는 형편이었고 그의 결정은 인도적 차원에서 이뤄졌다." [59]

사막을 통과해 카이로로 돌아가는 행군은 타는 듯한 열기(나폴레옹은 섭씨 47도에 달했다고 보고했다)에 무시무시한 갈증까지 동반해 그야말로 최악이었다. 팔다리가 잘린 장교들이 들것에서 내팽개쳐지는 사태(운반인에게 이미 돈을 지불했는데도 불구하고)가 벌어지기도 했다. 한 목격자의 증언에 따르면 사기가 바닥으로 떨어지면서 "관대함은 모조리 사라졌다." [60] 그들은 알지 못했지만 그들이 행군한 해안가를 따라 표면과 지하수면이 상당히 가까웠기 때문에 몇 미터만 파내려 갔다면 거의 모든 지형에서 물을 찾을 수 있었을 것이다. "보나파르트가 단봉낙타를 탔기 때문에 우리 말들도 피곤한 행보를 이어 가야 했다"고 도그로는 회상한다. [61] 나폴레옹은 총재정부에 다음과 같이 보고했다.

"47킬로미터를 매일 걸어야 약간 뜨겁고 유황기가 도는 소금물이 있는 우물까지 갈 수 있었는데, 사람들은 레스토랑에서 훌륭한 샴페인 한 병을 마시는 것보다 더 열심히 마셨습니다." [62]

영국군이 가로채서 발표한 서신에 따르면 한 병사는 이렇게 이야기했다.

"불만감이 팽배했다. … 병사들은 총사령관 앞에서 자신에게 총을 쏘며 외쳤다. '이게 당신의 소행이오!'" [63]

나폴레옹은 6월 14일 카이로에 재입성했다. 그는 개선군의 행진을 위해 포획한 군기와 전범들을 내세운 축하행사를 준비하라고 미리 명령을 하달했다. 도그로가 이 행사를 언급하기를, "갖고 있던 화려한 제복을 갖춰 입었는데도 참으로 비참한 행색이었다. 모든 것이 부족했다. … 대부분 모자나 부츠가 없었다."[64] 나폴레옹을 환영하려고 지도자 족장들이 카이로에 왔고 "그의 귀환에 극도의 만족감을 표명했지만" 얼마나 진심이었을지는 의심스럽다.[65] 나폴레옹은 시리아 원정 중에 4천여 명을 잃었는데 이 수치는 파리에 보고한 사망자 5백 명과 부상자 1천 명과는 거리가 멀다.[66] 카이로에 돌아온 그는 일주일 뒤 강톰에게 장기간의 극비 항해를 위해 알렉산드리아로 가서 베네치아에서 건조한 소형 구축함 카레르호와 뮈롱호(그의 전 부관 이름을 따서 지은 것)를 준비하라고 명령했다.

6월 28일 나폴레옹은 총재정부에 보고했다.

"우리는 모든 사막을 정복했고 올해 동안 적군이 계획한 것들을 교란했습니다."[67]

이 보고의 첫 부분은 그다지 과장이라 할 수 없지만 뒷부분은 사실이 아니었으니 오스만 함대가 이미 다가 오는 중이었다. 7월 15일 그는 몽주와 베르톨레, 뒤로크를 대동하고 대피라미드에서 나오던 중 튀르크군이 아부키르에 도착했다는 소식을 접했다.[68] 그는 그랑디완에 보내는 편지에서 침입군 중 러시아 대표가 있으며 "그는 신의 유일성을 믿는 자들을 혐오하는데, 이는 그들의 거짓말에 따라 신이 셋이 있다고 믿기 때문이다"라고 말했다. 이것은 그들과 반대편에 선 러시아 정교 신앙을 이용해 이슬람교 신앙에 호소하려는 영리한 시도였다.[69] 그는 마르몽을 보냈고 마르몽은 곧 알렉산드리아에서 "잠은 낮에만 자라", "새벽이 오기 전에 기상나팔을 울려라", "밤에 어떤 장교도 옷을 벗게 해서는 안 된다", 성벽 밖에 개를 많이 묶어 두어 기습공격을 당하면 경고하게 하라는 등 일련의 조언에 포위당한다.[70]

나폴레옹은 카이로에서 알렉산드리아로 행군하기 위해 가능한 한 병사들을 모두 소집했고 7월 23일 밤 알렉산드리아에 도착했다. 밤에 많은 병사가 외투로 몸을 둘

둘 감싸고 별빛 아래서 잠을 청했다. 알렉산드리아에 점차 가까워지면서 그들은 아부키르 항구에 머물던 소규모 프랑스 주둔군이 튀르크 사령관 무스타파 파샤에게 제압당해 참수되었다는 소식을 들었다. 도그로의 기록에 따르면 "그 소식은 나쁜 영향을 미쳤다. 프랑스군은 그런 식의 잔인한 전쟁을 좋아하지 않는다."[71] 야파 사태를 아는 이들에게 이 기록은 위선적으로 보이겠지만 사실 이것은 이틀 후 아부키르 전투에서 나폴레옹의 8천 군사가 무스타파 파샤 휘하의 7천 병력, 즉 튀르크, 맘루크, 베두인 군을 처절하게 무찔렀을 때 포로로 잡힌 자가 거의 없다는 뜻이었다. 라발레트의 기록에 따르면 "우리는 마지막 한 사람까지 모두 죽여야 했지만 그들은 자신의 목숨을 비싸게 팔았다."[72] 튀르크군 다수는 란, 뮈라, 클레베르의 명령에 따라 그냥 바다로 끌려갔다. 도그로에 따르면 "상대가 유럽군이었다면 우리는 포로 3천 명을 택했겠지만 여기에는 시신 3천 구가 있다."[73] 아마 그 수치는 5천 명에 가까웠을 것이다. 이는 백인도 기독교인도 아닌 적군의 운명에 드러낸 완전한 무관심을 냉혹하게 고백한 것이었다.[74]

두 번째 튀르크 침략군을 무찌르고 이집트도 안전해지자 나폴레옹은 영국과 러시아, 오스트리아라는 새로운 동맹군에 직면한 힘없는 프랑스로 가능한 한 빨리 돌아가기로 결정했다. 이후 그는 오랫동안 자신의 병사들을 버렸다는 비난을 받았으나 사실 그는 총성이 있는 곳으로 행군했을 뿐이다. 프랑스가 침략받을 위기에 놓인 마당에 최고의 장군이 전략적으로 동양의 변방에 남는다는 것은 어불성설이었다. 그는 클레베르나 므누에게 아무런 사전 통보 없이 이집트를 떠났고 심지어 바다로 향하는 중에도 주의를 돌리기 위해 클레베르에게 로제타에서 만나자고 명령했다. 그는 클레베르에게 지휘권을 위임하면서 지시사항을 담은 장문의 편지를 보냈다. 그 회유책으로 그는 자신이 "특별히 주의를 기울여" 배우단을 보낼 예정이고 그들이 "군대에 굉장히 중요하며 또한 이 나라의 관습을 바꿔 놓을 것"이라고 말했다.[75] 자신이 "그 코르시카 꼬맹이"라고 부르던 나폴레옹이 이집트를 떠났다는 사실을 알게 되자 입이 걸었던 알자스 출신의 클레베르는 부하들에게 말했다.

"그 자식이 자기 바지에 똥을 싸 놓고 우리를 버렸다. 유럽으로 돌아가면 우리가 그 자식의 얼굴을 똥으로 문대자."[76]

하지만 그는 그런 기쁨을 누리지 못하고 1800년 6월 스물네 살의 학생 솔리만에게 찔려 죽었다(솔리만은 직장부터 가슴까지 창에 찔리는 방식으로 처형되었다).[77]

나폴레옹은 겁쟁이가 아니었다. 당시 그가 영국 전용 호수나 다름없던 지중해를 건너는 데는 엄청난 용기가 필요했다. 8월 23일 그는 알렉산드리아에서 15킬로미터 떨어진 베이다에서 항해를 시작했는데 이때 베르티에, 란, 뮈라, 앙드레오시, 마르몽, 강톰, 메를랭 등 수석장교 대부분과 몽주·드농·베르톨레 등 학자들이 동행했다. 또한 그는 카이로에서 엘 베크리 족장에게 선물로 받은 그루지야 출신의 맘루크 옷차림을 한 어린 노예(대략 열다섯 살에서 열아홉 살로 추정된다) 루스탕 라자도 데리고 갔다. 루스탕은 나폴레옹의 개인경호원이 되었고 이후 15년간 단도를 휴대한 채 그의 문밖 매트에서 매일 밤 잤다.[78] 나폴레옹은 열한 살에 노예로 팔려왔다는 루스탕이 항해를 두려워하자 이렇게 말했다.

"우리는 곧 파리에 갈 거고 거기에는 아름다운 여인도 돈도 많다. 우리는 아주 행복해지고, 이집트보다 더 행복해질 거다!"[79]

그는 여전히 무라드 베이를 추격 중인 드제와 승선 지점에서 너무 멀리 떨어진 위치에 있던 쥐노에게 머물러 있으라고 명령했다. 특히 쥐노에게는 그를 '너'라 칭하면서 "내가 너에게 보내는 진심 어린 우정"에 관한 편지도 보냈다.[80]

나폴레옹은 군대에 정부가 자신을 프랑스로 소환했다고 말했지만 이는 사실이 아니었다.[81]

"내가 그토록 애착을 느끼는 병사들을 떠나기란 괴로운 일이다. 그렇지만 오래 걸리지는 않을 것이다."[82]

8월 22일 뮈롱호에 승선한 그는 카레르호의 호위를 받으며 다음 날 아침 8시 항해를 시작했는데, 북동쪽에서 이틀간 바람이 불어와 평소처럼 그에게 다시 행운이 따르면서 영국 순양함이 있을 만한 지점에서 멀어졌다. 베네치아에서 건조한 이 소형 구축함 2척은 아프리카 해안을 따라 내려가 카르타고만에 이르렀다가 북쪽 사르데냐로 향하는 느린 항로를 택해 프랑스로 향했다. 드농의 기록에 따르면 "이 지루한 연안 항해 내내 돛 하나 보지 못했다. 항해에 관심이 없던 보나파르트는 기하학과 화학에 몰두하거나 우리의 유흥에 합류해 긴장을 풀었다."[83] 그는 항해 중에 학자들에게 많이 배우고 또한 "우리에게 유령 이야기를 해 주곤 했는데 말솜씨가 아주 능수능란했다. … 그는 경멸감이 엿보이는 통렬한 태도로 총재정부를 언급하기도 했다."[84] 부리엔은 나폴레옹이 뱃멀미로 고생할 때 밤늦게까지 역사책을 읽어 주었다. 드농은 회상한다.

"그가 크롬웰의 생애를 물었을 때 나는 오늘은 잠자기는 틀렸다고 생각했다."[85]

자신이 경멸하던 정부에 맞서 쿠데타를 일으킨 보수적인 혁명 장군 올리버 크롬웰은 드농의 예측 이상으로 나폴레옹의 롤모델이 되었다.

드농의 기록에 따르면 코르시카가 '처음 맞이한 다정한 해안가'였다고 한다. 9월 30일 아작시오에 다가가자 "포대가 양방향에서 환대해 주었다. 사람들 모두 달려와 우리 구축함을 에워쌌다." 라발레트는 나폴레옹이 아작시오를 보고 '깊은 감명을 받았다'고 회상했는데, 이 표현은 그가 눈물을 흘렸다는 의미였다.[86] 그곳에서 나폴레옹은 오랜 지지자나 유지들과 함께 식사하고, 조제프 페슈에게 현금을 좀 얻어내고, 이탈리아와 독일에서 겪은 "우리의 우울한 재난 이야기를 공공 신문에서 읽으며" 시간을 보냈다.[87] 당시 나폴레옹이 카사 보나파르트에서 머물던 방을 아직도 볼 수 있는데, 이는 그가 어린 시절에 지내던 집에 마지막으로 발을 들여놓은 것이었다.

10월 6일 나폴레옹과 그의 수행단은 아작시오를 떠나 이에르로 향했다. 이틀 후 오후 6시경 영국 선박 몇 척의 돛이 보이자 강톰은 코르시카로 돌아가고 싶어 했다. 나폴레옹은 이 항해 중 첫 번째이자 마지막 항해 명령으로 그에게 칸에서 멀지 않은 코트다쥐르의 프레쥐스 항구로 향하라고 지시했다. 1799년 10월 9일 수요일 정오 그는 프랑스 생라파엘 인근의 작은 만에 발을 내디뎠다. 같은 날 저녁 그는 파리로 출발했다. 이 항해는 중요한 여정이었고 1803년 이후 그는 자신의 책상에 뮈롱호 축소 모형을 놔두었다. 후일 그가 명령하길 그 배를 "기념비로 간직하고 앞으로 수년간 보존할 장소에 보관해야 한다. … 이 배에 나쁜 일이 생기면 미신을 믿게 될 것 같다."[88](1850년 그 배는 폐기되었다.)

나폴레옹에게 이집트 모험은 약 1년 5개월 만에 끝났으나 그가 남기고 떠난 프랑스군은 그렇지 않았다. 그들은 2년 후 므누가 영국군에 항복할 때까지 머물렀다. 1802년 므누와 그의 군대 그리고 남아 있던 학자들은 프랑스로 복귀해도 좋다는 허락을 받았다. 나폴레옹은 원정 중에 5,344명을 잃었다고 인정했지만 실은 1802년 8월 항복할 당시 병사 9천 명과 선원 4천5백 명이 사망했다. 그가 떠난 후는 물론 심지어 알렉산드리아의 마지막 포위에서도 전투가 비교적 없었다는 점을 감안하면 이 수치는 현실을 상당히 축소한 것이었다.[89] 어쨌든 나폴레옹은 명령받은 대로 이집트를 손에 넣고 튀르크 공격을 두 차례나 물리쳤으며 위태로움에 처한 프랑스를 구하러 돌아왔다. 클레베르는 총재정부에 보낸 충격적인 보고서에서 나폴레옹이 원정 시작부터 잘못했고 이질과 안염이 창궐했으며 군대 내에 무기와 화약, 탄약, 의복이 부족하다고 밝혔다. 이 서신을 가로챈 영국 해군은 나폴레옹에게 정치적으로 타격을 줄 시기 내에 발표하지 않았다. 이는 그가 행운을 운명으로 오해한 또 다른 사례였다.

장기적인 관점에서 나폴레옹의 이집트 원정이 이룬 가장 큰 업적은 군사나 전략 측면이 아니라 지성과 문화, 예술 측면이었다. 1809년 출간한 비방 드농의 방대하고 권위 있는 저서《이집트 지Description de l'Egypte》는 그 표지에 '나폴레옹 황제 폐하의 명령에 따라 출간했다'라고 적혀 있었다. 책의 서문에는 이집트가 알렉산드로스 대왕과 카이사르에게 침략을 받았으며 그들의 임무가 나폴레옹의 모델이었다고 밝히고 있다. 나폴레옹의 생전과 사후에 진정 탁월한 이 저서의 후속권을 계속 출간하면서 총 21권으로 완성한 이 책은 학문과 출간 역사에서 기념비적 역할을 했다. 학자들은 어느 것 하나도 놓치지 않았다. 카이로·테베·룩소르·카르나크·아스완과 그 외 고대 이집트 사원이 있던 사적지에서 그들은 굉장히 상세한 컬러와 흑백 현측도(50cm×68cm)로 오벨리스크, 스핑크스, 상형문자, 꽃 테두리, 피라미드, 홍분한 파라오, 미라가 된 새, 고양이, 뱀, 개 등을 묘사했다(제12권에 따르면 셸리의 표현과 달리 오지만디아스 왕에게는 "주름진 입술과 냉혹한 명령을 드러내는 조소 어린 표정"이 없었으며 그의 미소는 오히려 매력적이었다고 한다). 인쇄화 전경에는 비번인 병사들이 배회하는 모습이 종종 보이는데 이들은 선전용이라기보다 측정을 위함이었다.

이 책은 고대 이집트학은 물론 나일강과 근대 도시와 마을의 대단히 상세한 지도, 첨탑과 풍경, 관개시설 소묘, 수도원과 사원 그림, 다양한 유형의 기둥, 선박, 시장, 무덤, 이슬람 사원, 운하, 요새, 궁전, 성채를 묘사하고 있다. 또한 센티미터까지 정밀하게 고도의 경도와 측면도를 고려한 백과사전 같은 건축 청사진도 포함하고 있다. 여러 권으로 이뤄진《이집트 지》는 정치적으로 승리는 아니었어도 프랑스 문명, 실은 나폴레옹 문명의 정점을 대표하며 유럽의 예술·건축·미학·설계의 감수성에 지대한 영향을 미쳤다.

한편 테베의 작은 동굴에서 '뿔 달린 뱀'에게 물릴 뻔했던 이집트 학사원의 사서 시티장 리포는 예술위원회를 위해 나일강 폭포부터 카이로까지 고대 유물의 현존 상태에 관해 104쪽에 달하는 보고서를 작성했다.[90] 학자들의 최대 발견물은 로제타스톤으로 이 석판은 델타의 엘 라시드에서 발견했으며 3개 국어가 새겨져 있다.[91] 1801년 프랑스군이 철수하면서 맺은 평화 협정에 따라 이 석판은 영국군이

DESCRIPTION

DE L'ÉGYPTE,

OU

RECUEIL

DES OBSERVATIONS ET DES RECHERCHES

QUI ONT ÉTÉ FAITES EN ÉGYPTE

PENDANT L'EXPÉDITION DE L'ARMÉE FRANÇAISE,

PUBLIÉ

PAR LES ORDRES DE SA MAJESTÉ L'EMPEREUR

NAPOLÉON LE GRAND.

ANTIQUITÉS, PLANCHES.

TOME PREMIER.

A PARIS,

DE L'IMPRIMERIE IMPÉRIALE.

M. DCCC. IX.

《이집트 지》

인수해 영국 박물관으로 옮겨졌고 여전히 그곳에 안전하게 보관되어 있다. 카이로 타흐리르 광장 인근에 있던 학사원은 비통하게도 2011년 12월 17일 아랍의 봄 시위 중에 전소했고 그때 19만 2천 권에 달하는 장서와 학술지, 그 밖에 드농의《이집트 지》의 유일한 수기 원고를 포함해 대부분의 원고를 소실했다.

브뤼메르

9

나는 적절한 시기에 프랑스로 돌아갔는데 당시 현 정부가 너무 무능해서
더 이상 존속하기 힘든 지경이었다. 나는 정부의 우두머리가 되었고
물론 다른 것들도 따라왔다. 내 이야기를 간단히 표현하자면 이렇다.

세인트헬레나섬에서, 나폴레옹

–

세계를 바꾼 자는 강력한 적을 이겨서가 아니라 언제나 대중을 흔들어서
성공했다. 첫 번째 방법은 음모에 의지해 한정적인 결과만 낸다.
두 번째 방법은 천재가 택하는 길로 이 세계의 국면을 바꾼다.

세인트헬레나섬에서, 나폴레옹

나폴레옹은 생라파엘에서 엑스(여기에서 짐을 도난당했다)와 아비뇽, 발랑스, 리옹, 느베르를 거쳐 파리로 향했고 1799년 10월 16일 수요일 아침 수도에 도착했다. 그는 여정 중에 벌어진 '개선 행진'을 즐겼고 어디를 가든 프랑스 구원자로서 영웅 대접을 받았다.[1] 그가 리옹에 도착했을 때는 거리를 가득 메운 군중 앞에서 그를 기리는 〈영웅의 귀환〉이라는 연극을 공연했다. 사람들이 너무 크게 환호하는 바람에 대사가 파묻히긴 했으나 극본을 하룻밤 새 완성한 데다 리허설마저 없었으니 큰 상관은 없었다. 나중에 기병 장교가 된 당시 열일곱 살의 장 바티스트 드 마르보의 회상에 따르면 "광장에서 사람들이 춤을 추었고 '보나파르트 만세! 그가 나라를 구할 것이다!'라는 구호가 울려 퍼졌다."[2] 그들은 나폴레옹과 그의 수석장교들, 특히 "군기와 동쪽의 햇볕에 구릿빛으로 그을린 얼굴, 기이한 의복, 끈에 매단 튀르크식 군도"에 감탄했다고 한다.[3]

나폴레옹은 정치적으로 어떻게 처신할지 결정하기에 앞서 결혼생활부터 결단해야 했다. 그는 모르는 일이었으나 조제핀은 이미 1799년 2월 이폴리트 샤를과 내연 관계를 끊으려 했다. 그에게 보낸 편지에서 조제핀은 말했다.

"당신은 마지막이 될 이번 만남 이후 내 편지나 내 존재 때문에 더 이상 고통받지 않을 거라고 확신해도 좋아요. 기만당한 그 순수한 여성은 뒤로 물러나 아무 말도 하지 않겠어요."[4)]

그러나 그녀는 10월 말까지도 이탈리아 원정군 계약과 관련된 지저분한 사업에 관해 그에게 계속 편지를 보냈고 심지어 이후에도 그의 친구에게 일자리를 구해 주려 했다(성사되지 않았다). 결국 샤를은 조제핀의 사랑을 거부했고 그 후 용모만 그럴듯했던 이 건달 경기병은 역사에서 사라졌다. 얼마 후 절대권력을 장악한 나폴레옹은 샤를을 추적하거나 처벌하지 않았다.

나폴레옹이 조제핀의 부정을 알게 된 지 벌써 16개월이 지나 분노가 많이 누그러진 데다 폴린 푸레와의 정사로 이미 충분히 보복한 터였다. 그런 마당에 이혼을 감행했다가는 독실한 가톨릭교도로부터 정치적으로 피해를 볼 수 있었다. 또한 조제핀은 왕당파와 친분이 있고 사교계 인사였으며 무뚝뚝한 그의 태도에 감정이 상한 자들을 달래 주기도 하면서 정치적으로 도움을 주는 편이었다. 비록 그녀는 병적일 정도로 소비가 심했으나 그녀와 거래하는 상인들의 청구서는 1프랑당 50상팀 정도로 협상이 가능했다. 그 정도 액수로도 그들에게 상당한 이득을 안겨 주었기 때문이다.

나폴레옹은 도착하자마자 빅투아르가로 향했는데 이 행동이야말로 조제핀을 용서할 의도가 있다는 암시였다. 그녀가 중간에 그를 만나려고 말메종(파리에서 서쪽으로 11킬로미터 거리에 있는 아름다운 성으로 나폴레옹이 이집트에 가 있는 동안 그녀가 32만 5천 프랑을 빌려서 구입했다)에서부터 나와 길을 헤매다가 10월 18일 도착한 뒤 이 부부는 요란하게 부부싸움을 벌였다. 잠긴 문 안에서 소리를 지르고 울고불고 무릎을 꿇는 장면이 펼쳐졌다. 짐 가방을 싸기도 하고 어머니의 요청으로 오르탕스와 부상당한 외젠까지 의붓아버지의 감성(강인하고 진심이었다)에 호소하기 위해 나섰으며 마침내 극적인 화해가 이뤄졌다. 다음 날 아침 뤼시앵이 그의 형을 만나려고 찾아왔을 때 그는 나폴레옹 부부가 나란히 침대에 앉아 있는 침실로 안내를 받았다.[5)] 이후의 결혼생활 동안 아내를 완전히 지배하기 위해 나폴레옹이 일부러 요란한 부부싸움을 조장한 측면도 있다고 볼 수 있다. 그 후 그녀는 그에게 충실한 반면 그는 전혀 그렇지 않았기 때문이다.

나폴레옹이 조제핀과의 결혼생활을 유지하기로 결정한 이유에는 그가 "그녀의 눈물 때문에 마음이 약해졌다", 성적 매력을 느꼈다, 개의치 않았다, 그녀가 바람피운 적이 없다고 우기는 것을 믿었다(가능성이 가장 희박하다), 정치에 몰두하느라 가정 문제에 신경 쓸 여력이 없었다, 아이를 원했다, 어쨌든 아내를 사랑했다 등 의견이 분분하다. 이 중 어느 것이 혹은 그중 몇 가지가 진짜 이유든 나폴레옹은 조제핀을 완전히 용서했고 그녀의 부정을 두고 그녀에게나 다른 이들에게 다시는 언급하지 않았다. 그 뒤 그들은 편안하게 가정생활을 영위했고 10년이 지난 후에야 비로소 왕가를 잇는 문제가 부상한다. 그녀는 언제나 그를 "보나파르트"라고 부르긴 했지만 이제 드디어 진심으로 그를 사랑하는 듯했다. 나폴레옹과 조제핀의 이야기는 로미오와 줄리엣의 낭만적인 사랑 이야기보다 좀 더 미묘하고 흥미진진하며 그 나름대로 대단히 감탄스럽다.

나폴레옹은 파리에 도착해 조제핀과 화해하는 사이 법률가이자 정치가인 루이 고이에와 회동했는데, 6월 총재정부에 합류한 고이에는 3개월 순번제에 따라 수장을 맡고 있었다. 10월 17일 나폴레옹은 이집트식 둥근 모자에 황록색 코트를 걸치고 튀르크식 언월도를 실크 끈으로 맨 채 공식 모임에 참석해 환대를 받았다. 고이에의 환영사에 응하며 그는 자신은 나라와 정부를 지킬 때만 칼을 뽑는다고 답했다.[6] 총재정부는 복무지 이탈(명령 없이 이집트 원정군을 버리고 떠났다)과 격리 위반 죄목으로 그를 체포할지 아니면 그의 선전원들의 역설대로 그가 피라미드와 타보르산, 아부키르 전투에서 승리함으로써 이집트를 정복해 동방으로의 문을 열고 방대한 프랑스 식민지를 새로 구축했다는 명목으로 그를 축하해 줄지 은밀히 결정해야 했다. 총재정부 입장에서는 그를 군법회의에 회부해야 한다는 베르나도트의 제안을 진지하게 고려했더라도, 대회의실 밖에 배치한 정부 경비병들이 나폴레옹을 보자마자 '보나파르트 만세!'라고 환호하는 소리를 듣고 바로 단념했을 것이다.[7)]

그 후 며칠간 빅투아르가에는 구경꾼과 지지자들이 몰려들었다. 리볼리 전투에 참전했던 폴 티에보 장군은 당시 팔레 루아얄에 머물다가 나폴레옹이 돌아왔다는 소식을 들었다.

> 파리 전역이 들썩이는 것을 보니 그 소식이 사실임은 의심의 여지가 없었다. 시민들의 기쁨을 보여 주는 표시로 파리 수비대 소속 군악대가 이미 거리를 행군했고 그 뒤로 많은 사람과 군인이 따라다녔다. 밤에는 사방에서 조명을 빠르게 밝혔으며 극장마다 "공화국 만세! 보나파르트 만세!"라는 구호로 귀환 소식을 알렸다. 단순히 여느 장군의 귀환이 아니라 장군의 제복을 걸친 지도자의 귀환이었다. … 프랑스에는 정부의 유령만 남아 있을 뿐이었다. 모든 정당과 단절된 총재정부는 첫 공격이 시작되면 그대로 휘둘릴 운명이었다.[8)]

그러나 그 공격은 제대로 계획해야만 했다. 스스로 지지하겠다고 엄숙하게 맹세한 공화력 3년 헌법을 전복할 음모를 공모하는 것은 반역 행위로 단두대 처형까지 가능했다. 더욱이 파리를 중심으로 총재정부를 전복하려는 다른 음모들이 도사리고 있어서 나폴레옹의 시도가 처음이 아닐 수도 있었다. 그해 6월 입법부가 장 바티스트 트리엘라르를 과거 자코뱅파였던 고이에로 교체한 지 하루 만에 '의회의 날'이라 일컫는 소규모 쿠데타가 있었다. 당시 바라스와 시에예스의 지원을 받은 주베르 장군이 무력에 의지해 총재 라 레벨리에르와 두에를 피에르 로제 뒤코와 전 자코뱅파 장 프랑수아 물랭 장군으로 대체하려 했다. 바라스와 카르노, 시에예스를 제외하면 1795년에서 1799년까지 총재직을 맡았던 13인 중 특별히 인상적인 정치인은 없었다.

이후 며칠간 나폴레옹을 찾아온 사람들은 곧 다가올 쿠데타의 핵심 공모자가 되었다. 처음 찾아온 이는 탈레랑으로 그는 흠잡을 데 없이 훌륭한 파리 주재 미국 특사 3명(그중 한 명인 존 마셜은 훗날 대법원장이 된다)에게 '특별수당' 명목으로 끈질기게 25만 달러를 요구하다 7월 외무장관 직에서 강제로 물러났다가 후에 대출금 상환을 두고 그들과 협상한다.[9] 탈레랑은 자신이 콘스탄티노폴리스에 가지 않아 나폴레옹이 우호적이지 않을까 우려했으나 곧 용서를 받았다. 초기에 그를 찾아온 이 중에는 피에르 루이 로드레도 있었다. 유연하면서도 매우 지적인 정치인이던 그는 1789년 삼부회에 뽑혔고 매 정권마다 살아남다가 나폴레옹 측근이 된다. 나폴레옹이 몰타의 관리를 맡겼던 전 편집자 미셸 레뇨 드 생 장 당젤리는 앙투안 불레 드 라 뫼르트와 마찬가지로 입법부 하원인 오백인회 출신의 핵심 지지자였다. 10월에 합류한 다른 공모자로는 브레스트 함대의 해군준장 외스타슈 브뤽스, '예절 바르고 신사다운' 관료 위그 베르나르 마레, 전 자코뱅 단원이자 고위 경관 피에르 프랑수아 레알 등이 있었다.[10]

이들은 쿠데타 이후 나폴레옹 정부의 핵심 자리를 맡았는데 몇몇 공모자는 국무원에 소속되고 거의 모두 프랑스의 요직에 오른다. 쿠데타에서 또 다른 핵심 인물인 뤼시앵 보나파르트는 1798년 6월 스물세 살의 나이로 오백인회에 선출되고 곧 의장에 오르면서 공모자들이 쿠데타를 거짓된 입헌주의로 꾸밀 기회를 용인해 준다. 로르 다브랑테스가 묘사한 바에 따르면 뤼시앵은 "키가 크고 추남이며 팔다리가 거미 같고 머리는 작다. 심한 근시라 눈을 반쯤 감고 머리를 숙여서 봐야 할 정도였다."[11] 서른 살이 되어야 선거 자격을 얻을 수 있었기 때문에 그는 출생 신고서를 조작하기도 했다.[12]

브뤼메르는 '엷은 안개와 안개의 계절'을 의미하며 나폴레옹이 고의로 문서에 아무것도 기록하지 않아 이후 일어난 일의 과정을 종합해 보기가 어렵다. 그가 파리에 도착한 10월 16일부터 쿠데타가 일어난 브뤼메르 18일까지 23일 동안 그의 서신 중 2통만 남아 있는데 둘 다 의심받을 만한 내용은 전혀 없다.[13] 하루에 편지를 평균 15통 쓰던 나폴레옹이 이 기간에는 모든 것을 구두로 진행했다. 단두대에 보낼 증거를 찾기 위해 사람들이 자신의 편지를 샅샅이 뒤진 경험이 있어서 그는 다시는 그런 상황을 번복하려 하지 않았다. 그는 대중 앞에 모습을 드러낼 때도 장군의 군복 대신 프랑스 학사원의 제복을 걸쳤다.

쿠데타는 나폴레옹이 아니라 아베 시에예스의 아이디어였다. 그는 1799년 5월 뢰벨의 후임으로 의장이 되었으나 곧 자신이 이끄는 정부가 너무 무능하고 부패해 프랑스가 직면한 문제들을 해결하기 힘들다는 결론을 내렸다. 그의 공모자로 동료 의장이자 친구인 뒤코, 경찰총장 조제프 푸셰, 법무장관 장 자크 레지 드 캉바세레스 등은 나폴레옹의 친구들(탈레랑을 제외하고)보다 훨씬 더 정치적 영향력을 발휘했고 시에예스는 나폴레옹을 자신의 목적을 이루기 위한 '칼'이나 힘 정도로 여겼다. 시에예스는 개인적으로 나폴레옹을 혐오했으며 나폴레옹도 시에예스에게 마찬가지 감정을 품었다. 시에예스는 나폴레옹이 이집트에서 자신의 자리를 버리고 나왔다는 이유로 총살해야 한다고 사적으로 제안했었고, 나폴레옹은 시에예스가 프로이센에 자신을 팔아넘기려 했으므로(증거는 없지만) 지휘권을 잃어야 한다고 말했었다.[14] 시에예스는 자신이 첫 번째 '칼'로 선택한 주베르 장군이 제노바 북부 노비 전투에서 심장에 관통상을 입고 사망하자(바로 나폴레옹의 생일날이었다) 나폴레옹에게 의지하지 않을 수 없었다. 다른 핵심 장군들 중 주르당은 입법부를 지지했고 셰러는 패배로 신뢰를 잃었으며, 자크 마크도날(스코틀랜드 출신 자코뱅파의 아들)과 모로는 제안을 거절한 것으로 보이고 피슈그뤼는 당시 적군과 교전 중이었다. 이러한 제거 과정을 거쳐 나폴레옹이 방데미에르(포도월)의 핵심 역할을 맡게 되었다.

여전히 주저하던 시에예스에게 흠잡을 데 없는 공화당원 기록과 대안 부족을 근거로 나폴레옹을 선택하게 설득한 이는 바로 탈레랑이었다.[15] 그가 나폴레옹에게 "당신은 권력을 원하고 시에예스는 헌법을 원하니 힘을 합치시오"라고 말했으리라 추정한다.[16] 나폴레옹이 파리 사람들에게 인기가 높았다는 점이 시에예스가 그를 선택한 결정적인 이유였다. 당시 나폴레옹이 셀레스탱 극장을 방문했을 때 자신은 특별석 뒤에 앉고 뒤로크는 앞에 앉게 했지만 "보나파르트를 부르는 시민들의 요구가 점차 강렬해지고 모두가 원하자" 나폴레옹의 예측대로 둘은 자리를 바꿀 수밖에 없었다.[17]

10월 23일 오후 나폴레옹과 시에예스가 드디어 처음 만났다. 로드레가 회상하길, "나는 협정의 정치적 조건을 협상하는 역할을 맡았다. 어떤 헌법을 제정할지 각자의 견해와 각자 취할 입장을 서로에게 전달했다."[18] 나폴레옹은 자신의 선택권을 열어 두고 싶어 했으며 다른 제안도 수용했으나 정치적으로 유력한 단체로부터는 전혀 그러지 않았다. 당시 몇 달간 총재정부를 전복할 구체적인 모의가 최대 열 차례 정도 있었다고 한다.

지난 4년간 벌어진 총재정부의 수많은 실패 중에서 원정 중이던 나폴레옹 탓으로 돌릴 만한 근거는 전혀 없었다. 프랑스는 해외에서 패전하는 바람에 1796년부터 1797년까지 나폴레옹이 쟁취한 영토를 빼앗기고 독일과 이탈리아 시장에서 고립되었다. 러시아와 영국, 포르투갈, 터키, 오스트리아가 프랑스를 상대로 제2차 대프랑스 동맹에 참여했을 때 미국이 프랑스 국가가 아니라 프랑스 왕실에 빌려 준 부채를 상환하라고 주장하는 바람에 소위 '유사전쟁'이 벌어졌다. 그해 8개월 동안 프랑스는 전쟁장관을 네 차례나 교체했고 군인 급료를 대규모로 체납했으며 도시 밖으로의 탈영과 약탈, 노상강도가 만연했다. 프로방스와 방데에서 왕당파의 저항이 다시 시작되었다. 영국 해군의 봉쇄로 해외무역이 차단되고 지폐는 거의 쓸모없었다. 토지와 문, 창문에 세금을 부과하는 한편 친부르봉 왕가로 의심받는 이들을 체포했으며 이전의 긴급 다수징병제를 국민개병제로 바꾼 1798년 주르당법 등이 대중에게 전혀 호응을 얻지 못했다. 정부 계약과 관련된 부패가 평상시보다 훨씬 더 극심해져 바라스 등 총재까지 연루되었다고 한다. 언론과 결사의 자유는 엄격히 제한했다. 입법부의 3분의 1을 뽑는 1798년과 1799년 선거 당시 사기 행위가 만연했고 무엇보다 국유재산을 구매한 중산층은 자신이 매입한 것이 안전한지 무척 불안해했다.

초인플레이션보다 사회를 더 포괄적으로 갉아먹는 것은 없기 때문에 이 문제를 해결한 자에게는 대단한 정치적 보상이 따르게 마련이다(입법부 의원들은 인플레이션 방어 수단으로 밀 3만 킬로그램의 물가지수에 연동해 자신의 월급을 확정했다). 총재정부가 빵과 밀가루, 우유, 고기 같은 주요 식품 가격을 낮게 유지하던 최고가격제를 폐지한 상황에서 1798년 흉년이 닥치자 2년 만에 처음 빵 1파운드 가격이 3솔sols 이상으로 치솟고 사재기와 폭동, 심각한 고통이 따랐다. 최악은 헌법을 수정하려면 3년마다 양원에서 세 차례 비준을 받고 그 9년 과정이 끝나면 특별회의로 다시 비준을 받아야 했기에 도대체 무엇을 개선할 수 있을지 모른다는 사실이었다.[19] 은밀한 왕정주의자, 입헌 왕정을 주장하던 푀양 당원(중도파), 전 지롱드 당원, 신자코뱅 '애국자들'과 얼마 안 되는 총재정부 지지자들이 모여 있던 1799년 말의 가변적이고 불안한 의회에서는 도무지 개선이 불가능해 보였다. 반면 나폴레옹은 최근 그가 제정한 치살피나와 베네치아, 리구리아, 레만, 헬베티아, 로마 공화국 헌법을 비롯해 몰타와 이집트에서 단행한 행정 개혁 덕분에 강력한 행정부나 중앙집권 같은 해결책이 프랑스 본토에도 잘 작동하리라 확신하는 열성적이고 유능한 공화주의자로 보였다.

1799년 가을 당시 프랑스는 완전히 망한 나라는 아니었으며 일부 지역에서는 총재정부가 낙관적 태도를 유지할 만도 했다. 경제 개혁이 일부 진행 중이었고 러시아는 제2차 대프랑스 동맹에서 이미 탈퇴했으며 방데의 상황도 개선되고 있었다. 영국군이 네덜란드에서 추방되고 마세나가 스위스에서 승리를 거두면서 프랑스는 침공 위험에서 벗어났다.[20] 그러나 이 중 어느 것도 총재정부가 실패했다는 프랑스인의 전반적인 생각을 바꾸지 못했으며 나폴레옹은 이런 상황을 보고 "배가 다 익었다"고 말했다.[21] 총재가 되려면 최소 마흔 살이 되어야 했는데 나폴레옹은 불과 서른 살이라 현 정치 체제에서는 그를 위한 자리가 없었으며 고이에에게 그를 위해 헌법을 바꿀 생각도 없어 보였다.

나폴레옹은 브뤼메르에서 프랑스의 민주주의를 죽였다는 비난을 받았고 사실 그렇기도 했다. 그러나 웨스트민스터 의회조차 제퍼슨의 이상을 그대로 보여 주는 것은 아니어서 유권자 수십 명만 보유한 의석도 많이 있었다. 19세기 후반까지도 과두제 아래 권력을 쥔 귀족들이 확실하게 장악하고 있었다. 쿠데타가 프랑스의 자유를 말살했다고 묘사하긴 하지만 1794년 7월 로베스피에르를 숙청하고 총재정부를 만든 테르미도르 쿠데타 이후로도 1795년 방데미에르 쿠데타 시도, 1797년 프뤽티도르 숙청, 1799년 목장의 달 6월 의회의 날 등이 있었다. 브뤼메르 쿠데타는 분명 위헌이었지만 프랑스 정치에서 처음은 아니었다. 나폴레옹은 헌법을 지지하겠다고 맹세했으며 그의 인기도 대부분 그가 진정한 공화주의자라는 믿음에서 비롯된 것이었다. 나폴레옹은 마르몽에게 이런 수사적 질문을 던졌다.

"집이 무너지고 있을 때야말로 정원에서 바쁘게 움직여야 할 때가 아닌가? 여기 반드시 변화가 필요하다."[22]

10월 26일 나폴레옹은 빅투아르가에서 아침식사를 하던 중 티에보에게 이탈리아 원정 당시 병사들의 사기와 총재정부의 무기력함을 대비하며 총재정부를 대놓고 비판했다.

"국가라면 항상 분별력을 갖추고 이를 지켜야 한다. 파벌이나 정당, 사단이 승리하는 것은 권력자의 잘못일 뿐이다. … 훌륭한 장군 휘하에 형편없는 군대가 없듯 훌륭한 정부 하에 형편없는 국민은 없다. … 그들은 프랑스를 자신들이 실수하는 수준으로까지 떨어뜨리고 있다. 그들은 프랑스를 모욕하고 있고, 이제 프랑스는 그들을 거부한다."

혁명 기간 초기였다면 이 솔직한 발언 때문에 목숨을 잃을 수도 있겠으나 나폴레옹은 자신이 설득하고자 하는 동료를 도발해도 괜찮겠다고 생각하며 평상시처럼 비난으로 말을 맺었다.

"법률가로 이뤄진 정부에 장군들이 도대체 무엇을 기대하겠는가?"[23)]

27일 나폴레옹은 로드레에게 말했다.

"군사 계획을 세울 때 나보다 더 소심한 자는 없다. 해당 정황에서 어떤 위험이 닥치고 어떤 피해가 있을지 모든 가능성을 과장해서 생각해 본다. 나는 피곤할 정도로 불안해지지만 주변 사람들 앞에서는 대단한 평온함을 유지한다. 나는 해산하는 여성과도 같다. 마침내 결정하면 어떻게 해야 성공할 수 있는지를 제외하고 전부 다 잊는다."[24)]

나폴레옹은 브뤼메르 쿠데타를 계획할 때도 이와 마찬가지로 강박적인 집중력을 드러냈다. 당시 관련 문서가 전혀 남아 있지 않아 그가 정확히 어떻게 행동했는지는 알 수 없으나, 일단 계획을 실행하자 관련자 전원은 자신들이 어디서 무엇을 해야 하는지 알았던 것 같다.

모종의 계획이 있다는 낌새를 눈치 챘는지 총재정부가 쿠데타 며칠 전 나폴레옹에게 외교 사령부를 맡아달라고 제안했지만 그는 건강상의 이유로 거절했다. 또한 정부는 이탈리아에서의 횡령을 이유로 그를 은밀하고 비밀리에 비난했으나 그는 완강하게 부인했다.[25)] 당시 나폴레옹이 탈레랑의 집에서 모의하고 있을 때 아래쪽 거리에서 시끄러운 소리가 들렸다고 한다. 공모자들은 체포될까 두려워 촛불을 끄고 발코니로 달려갔다가 팔레 루아얄에서 돌아오는 도박꾼들을 태운 마차에서 사고가 발생해 소란했다는 사실을 확인하고 무척 안도했다고 한다.[26)]

10월 29일 신규 법으로 계좌를 감사할 때까지 정부 계약자들에게 미리 할당한 자금 지불이 중지되자 도박을 시작한 이들은 큰 도움을 받았다. 공모 자금을 지원한 캉바세레스의 피보호자인 계약자 장 피에르 콜로는 이제 자신이 손해 볼 것이

줄었다고 느꼈다.[27]

그다음 날 총재정부 전원이 거주하고 근무하던 뤽상부르궁에서 나폴레옹은 바라스와 함께 저녁식사를 하며 자신이 루비콘강을 건너야겠다고 결심했다. 식사 후 바라스는 나폴레옹에게 '극도로 평범하다'는 평을 받은 가브리엘 데두빌 장군을 프랑스 대통령으로 추대해 공화국을 '구해야' 한다고 제안했다. 데두빌은 발미 전투에 참전하긴 했어도 얼마 전 흑인 독립운동 지도자 투생 루베르튀르의 혁명으로 생도맹그(오늘날의 아이티)로 피신했으며 분명 대집정 재목은 아니었다. 바라스가 나폴레옹에게 말하길, "장군, 당신의 의도는 군대로 돌아가는 것이오. 나로 말하자면 병들고 인기도 없고 피곤해서 사적인 삶으로 돌아가는 것 외에는 아무짝에도 쓸모가 없소."[28] 나폴레옹이 이 일을 회상한 것 중 하나에 따르면 그는 아무 대답도 하지 않고 바라스를 응시했다. 또 다른 회상은 이러했다.

"나는 내가 그에게 사기당할 사람이 전혀 아니라는 것을 확신시킬 방법으로 그에게 화답했다. 그가 시선을 떨어뜨리고 몇 마디 중얼거리자 나는 단번에 결단을 내렸다. 나는 뤽상부르궁의 방에서 나와 시에예스의 방으로 내려갔다. … 그와 함께 행동하겠다는 결심을 했다고 그에게 말했다."[29]

바라스는 자신이 엄청난 실수를 저질렀음을 깨닫고 수습할 요량으로 다음 날 아침 8시에 빅투아르가로 찾아갔지만 나폴레옹은 자신이 "피곤하고 몸이 좋지 않으며 아라비아 사막의 건조한 기후에서 돌아와 아직 수도의 습기에 익숙하지 않다"면서 "비슷한 진부한 이야기로" 면담을 끝냈다.[30] 11월 1일 그는 쿠데타의 세부사항을 조정하기 위해 뤼시앵의 집에서 시에예스와 은밀히 만났고 이 자리에는 탈레랑과 푸셰도 합류했다.

조제프 푸셰는 평범한 경찰국장이 아니었다. 그는 스물세 살까지 성직자의 꿈을 품은 오라토리오회 소속 수도사였으나 1793년 국왕 시해의 자코뱅파가 되었다. 그는 이념보다 권력에 더 관심이 많아 왕당파들과 많이 접촉했고 성직자에게 반대하는 당의 지도자이면서도 사제, 특히 오라토리오회 소속 수도사를 보호했다. 나폴레옹은 장차 부관이 될 필리프 세귀르 백작에게 보낸 편지에서 이렇게 일렀다.

"모두가 이 저명인사를 알고 있다. 그는 중간 정도 키에 삼베색 머리는 숱이 많지 않고 볼품없이 뻗었으며, 활동적이고 마른 데다 표정이 풍부한 긴 얼굴은 흥분한 담비의 생김새다. 꿰뚫는 듯한 예리한 시선, 구린 데가 있는 듯하고 충혈된 작은 눈, 짧고 경련하듯 말하는 모습은 그의 불안하고 불편한 태도와 일맥상통한다."[31]

푸셰는 행상, 푸주한, 미용사, 열쇠장이, 가발 제작자, 향수 제조자, 바텐더, 루이 16세의 전 시종, '의족 콜랭'이라고 알려진 전 자코뱅 당원, 로터부르 남작부인, 팔레 루아얄 133번지 사창가의 여주인에 이르기까지 다양한 첩자를 모았다.[32] 나폴레옹은 푸셰에 관해 이런 농담을 한 적이 있다.

"언젠가는 그 자가 내 침대를 검사하고 그다음에는 내 지갑을 검사할 거야."[33]

푸셰가 지는 편에 선 적이 단 한 번도 없었기 때문에 나폴레옹은 그가 쿠데타를 지지한다는 소식을 듣고 반가워했다(하지만 그는 쿠데타가 실패할 경우 '반역자들'을 체포할 긴급대책까지 세워둔 상태였다[34]). 쿠데타 도중과 그 이후 나폴레옹이 푸셰에게 보인 태도를 요약하면 다음과 같다.

"푸셰, 오직 푸셰만이 경찰국 일을 수행할 수 있다. 우리는 그런 사람을 창조할 수 없고 우리가 찾아낸 그대로 취해야 한다."[35]

11월 6일 입법부 양원은 생쉴피스 교회(혁명 중 '승리의 사원'으로 개명했다)에서 나폴레옹과 모로 장군을 위해 7백 명을 초대하고 모금 연회를 벌였다. 교회 내부의 빈 공간은 성당과 유사했고 높은 탑들은 정부의 수신호기로 쓰이기도 했다. 검은 벽은 물론 말소리가 메아리치는 주문처럼 들리도록 설계한 음향장치 때문에 이 교회는 쌀쌀한 11월 밤중에 대규모 연회를 열기에 전혀 적합하지 않았으나 누구도 부인할 수 없는 장엄미를 갖춘 곳이었다. 대부분의 프랑스 정치인이 참석한 가운데 베르나도트는 불참했는데 그는 (바라스의 주장에 따르면) "보나파르트가 자신의 군대를 저버린 이유를 만족스럽게 설명할 때까지" 모금 연회에 자기 이름을 올리지 않겠다고 했다. 또한 그는 "페스트를 옮기는 자와 함께 식사하는 것을 좋아하지 않는다"[36]고도 했다. 나폴레옹은 총재정부에 독살될까 두려워 식사 중에 "달걀 외에는 아무것도 먹지 않고" 일찍 자리를 떴다고 한다.[37] 그는 프랑스인의 통합을 강조하는 연설을 했는데 그 주제가 워낙 안전해 이후 몇 달간 그의 연설 주제가 되었다고 한다.

나폴레옹은 이집트에서 귀국한 뒤 연회를 열어 주겠다는 많은 제안 중 그가 "대단히 존경한다"고 말한 캉바세레스의 제안만 받아들였다.[38] 명망 있는 몽펠리에의 법조인 가문 출신인 캉바세레스는 비만에 대담한 성격이었고 동성애자이자 미식가였다. 그는 루이 16세 처형에 찬성하는 투표를 했지만 오스트리아가 침략할 경우에만 그렇다고 했다. 그는 나폴레옹이 좋아한 얼마 안 되는 법조인 중 하나로 뒤로크와 함께 그의 신임을 얻은 절친한 충고자다. 로르 다브랑테스의 회고에 따르면, "그는 대화를 뛰어나게 잘했는데 그의 언어에는 신선함과 우아함이 엿보였다. … 그에게는 … 국가에서 가장 유능한 민간인의 특성이 있었다."[39] 그는 "상당히 추남이었고 … 긴 코와 긴 턱에 피부색은 누리끼리했다." 캉바세레스는 권력보다 영향력을 추구하는 편이라 절대 주목받으려 하지 않았으며, 그의 충성이 워낙 확실해 나중에는 나폴레옹의 행적에 개인적으로 반대해도 좋다는 허락을 받았다(나폴레옹은 편견이 심한 사람이 아니었다. 그는 캉바세레스와 가까웠으며 동성애자임을 공공연히 밝힌 조제프 피에베를 니에브르 주지사로 임명했다. 니에브르 주민들은 피에베와 그의 평생 동반자에게 큰 충격을 받았다).

캉바세레스는 인간과 척도를 모범적으로 판단했다. 한 장관에 따르면 "보나파르트의 분노를 진정시킬 사람은 캉바세레스와 조제핀 둘뿐이다. 이 충동적인 성격 소유자에게 캉바세레스는 절대 재촉하거나 반박하지 않았다. 그렇게 했다가는 그가 더욱 심하게 진노할 것이었다. 대신 그는 그가 계속 분노하게 놔두고 가장 부당한 칙령을 내릴 시간을 주면서 지혜와 인내로 그 발작적인 분노가 끝나기를 기다린 뒤 그에게 몇 마디 했다."40) 캉바세레스는 '우아한' 말투에 더해 외설적인 유머도 할 줄 알았다. 식사 도중 나폴레옹의 승전 소식이 전해지고 조제핀이 모인 사람들에게 "승리했다vaincu"고 발표하자 캉바세레스는 그녀가 "열 두 엉덩이vingt culs"라고 말한 것 아니냐며 "이제 우리가 선택해야 합니다!"라는 농담을 던지기도 했다. 나폴레옹은 재위 후기에 캉바세레스가 약을 과다 복용한다며 중단시키려 노력했으나 결국 '동성애자의 습관'이라 인정하고 더 이상 강요하지 않았다.41) 그는 캉바세레스를 대단히 신뢰했기에 자신이 원정 전쟁을 나갈 때마다 프랑스를 통치하게 했다. 이에 캉바세레스는 어느 주제로든 매일 그에게 보고하는 방식으로 보답했다.

쿠데타는 두 단계로 계획했다. 제1일은 원래 1799년 11월 7일 목요일(브뤼메르 16일)로 계획했는데, 이날 나폴레옹은 튈르리궁에서 특별히 소환한 상원 원로원에 참석해 영국의 후원을 받는 음모와 신자코뱅파의 위협 때문에 공화국이 위험에 처했으니 다음 날 상원과 하원인 오백인회 회의를 파리에서 서쪽으로 11킬로미터 떨어진 생클루 부르봉궁에서 열도록 승인해 달라고 말할 작정이었다. 시에예스가 소집한 상원에서는 그를 제17군사지역(즉, 파리) 모든 군대의 총사령관으로 임명하기로 되어 있었다. 같은 날 시에예스와 뒤코는 총재정부를 사임하고 바라스, 고이에, 물랭은 협박과 뇌물을 적절히 혼합한 사유로 역시 사임하도록 종용할 예정이었다. 제2일에는 나폴레옹이 생클루에 가서 국가 위기 사태로 공화력 3년 헌법을 폐지하고 새로운 헌법을 제정해야 하며 총재정부 대신 시에예스와 뒤코, 나폴레옹 3인으로 구성한 행정정부, 즉 로마를 적절히 함축한 집정정부를 수립하고 이후 선거로 시에예스가 구성하고 있던 새로운 대표회의를 세워야 한다고 입법부에 주장할 예정이었다. 시에예스는 자신이 원로회를 통제한다고 확신했다. 만약 오백인회 측에서 해체를 꺼린다면 새로 선출한 의장 뤼시앵이 오백인회를 해산하기로 했다.

이 계획은 허점이 분명했다. 쿠데타를 이틀에 걸쳐 진행할 경우 공모자들은 가장 중요한 주도권을 잃을 터였다. 또한 생클루로 가는 움직임이 없으면 좌안 의원들이 공화력 3년 헌법을 옹호한다면서 파리 지구와 근교를 봉기시킬 것이고, 파리 중앙에서 다툼이 벌어질 경우 성공 기회가 무산될 수도 있었다. 두 번째 문제는 바라스와 고이에, 물랭이 반격을 취하는 것을 막는 동시에 회기를 생클루로 이동시키는 사안에 원로회원들이 찬성표를 던지도록 뇌물을 주면서 쿠데타를 비밀로 유지해야 한다는 점이었다.

무엇보다 일부 핵심 원로(나폴레옹이 '그 바보들'이라 부르던 이들)가 최후의 순간 주저하면 다시 설득해야 하므로 쿠데타 자체를 48시간 미뤄야 한다는 것이 처음 닥친 문제였다.[42] 나폴레옹은 "그들이 없어도 내가 할 수 있다고 확신을 주기 위해 그들에게 시간을 주겠다"고 낙관적으로 말했고, 그 이틀 동안 쿠데타를 지지하지 않더라도 방해하지만 말라고 주르당을 설득했다. 파리수비대 장교단이 정식으로 인사하겠다고 요청하자 나폴레옹은 새로운 제1일인 11월 9일 오전 6시 자신의 신변을 지켜 달라고 말했다.

7일 밤 나폴레옹은 시잘핀가에서 베르나도트를 비롯해 그의 가족과 식사를 했고 이 자리에는 주르당과 모로도 참석했다. 그는 이제부터 닥칠 일과 관련해 세 장군에게 평정심을 심어 주려고 노력했다. 나폴레옹이 이집트에 있을 때 그의 전 약혼녀(이자 조제프의 처제)인 데지레 클라리와 결혼한 베르나도트는 몹시 회의적인 태도로 쿠데타를 관망하며 그에게 말했다.

"당신은 단두대로 처형될 것입니다."

나폴레옹은 "두고 봅시다"라며 '냉랭하게' 대꾸했다.[43] 모로는 제1일에 뤽상부르 궁에서 총재들을 체포하고 쿠데타에 협조하겠다고 합의했고 주르당은 쿠데타를 방해하지 않겠다는 자신의 방침을 고수했다(그의 공화주의는 그가 절대 나폴레옹을 진심으로 받아들이지 않는다는 의미였다. 후에 그는 제국 원수 26명 중 유일하게 나폴레옹에게 작위를 받지 못한다).[44]

쿠데타 전날인 11월 8일 나폴레옹은 데고에서 부상당하고 아르콜레에서도 싸웠던 오라스 세바스티아니에게 쿠데타를 털어놓았다. 그는 다음 날 아침 제9용기병 연대는 나폴레옹의 명령에 따를 것이라고 약속했다. 그날 밤 나폴레옹은 법무부에서 캉바세레스와 식사했고 기분이 극도로 느긋해져 애창곡인 혁명의 노래 〈퐁뇌프〉를 불렀다. 그의 측근에 따르면 그는 "기분이 안정되고 진심으로 흡족"할 때만 노래를 불렀다고 한다.[45] 나폴레옹이 로드레에게 보내는 편지에서 자신을 '출산하는 여성'에 비유한 사실로 짐작할 수 있듯 그가 속으로는 신경이 곤두서면서도 동료 공모자들에게 일부러 과장하며 행동했을 수도 있다.

1799년 11월 9일(브뤼메르 18일) 아침 춥고 흐린 새벽 6시, 제17지구 장교 60명과 국가경호대 부관들이 빅투아르가의 집 뜰에 집결했다. 평복 차림으로 나타난 나폴레옹은 "그들에게 공화국의 절망적인 상황을 힘차게 설명하고 그와 양원에 충성하는 서약을 요구했다."[46] 실은 양원을 폐지하려 하면서 양원을 보호할 거라고 시사하다니 참으로 교묘한 처사였다.

한편 튈르리궁에서는 시에예스의 영향력 덕분에 필요한 모든 칙령이 오전 8시까지 원로회를 통과했는데, 여기에는 나폴레옹을 제17지구와 국가방위군 대장으로 임명하는 것도 포함되었다. 엄밀히 따지면 그 임명은 전쟁장관 책임이었으나 그는 원로회 대신 총재정부에 보고했다.[47] 또 다른 칙령에 따라 "국내 치안을 회복하기 위해" 원로회의 회의 장소가 튈르리궁에서 생클루로 바뀌었고 파리 사람들은 "입법부가 곧 돌아올 것"이니 "침착하라"는 지시를 받았다.[48] 칙령에 반대할 만한 원로회원들은 이 특별한(그리고 특별히 이른) 회의를 적절히 고지받지 못했는데, 이는 정치에서 가장 오래된 책략에 속하기도 한다. 고이에는 사태가 어떻게 돌아가는지 모른 채 생클루 칙령을 곧이곧대로 믿고 다른 사람들이 이미 서명한 문서에 부서했다.

나폴레옹은 원로회가 자신을 임명했다는 소식을 듣자마자 장군 제복으로 갈아입고 말에 올라 튈르리궁으로 향했다. 오전 10시 그가 궁에 도착했을 때 세바스티아니와 그의 용기병 부대가 이미 집결해 있었다. 신임 전쟁장관이자 신자코뱅파인 에드몽 뒤부아 드 크랑세는 "위반하면 사형에 처한다는 조건으로" 그의 개인 명령 없이는 수도에서 어떤 군대도 이동할 수 없다고 특정하게 금지했지만 이는 완전히 무시당했다. 나폴레옹은 성대한 의식과 함께 원로회에서 추대되고 국가 통합을 촉구하는 또 다른 연설로 환영받았다. 그는 원로회를 치켜세우며 말했다.

"여러분은 국가의 지혜입니다. 현 상황에서 우리나라를 구할 방법을 지시하는 것은 여러분에게 달렸습니다. 저는 이 자리에서 저를 둘러싼 모든 장군과 함께 여러분을 지지하겠다고 약속합니다. 제 보좌관으로 르페브르 장군을 임명합니다. 저는 여러분이 제게 맡긴 임무를 신실하게 수행하겠습니다. 현재 벌어지는 상황의 사례를 찾아 과거를 돌아보는 어떠한 시도도 있어서는 안 됩니다. 역사상 그 어떤 것도 18세기 말과 유사하지 않습니다."[49)]

단호하고 용감한 프랑수아 조제프 르페브르는 방앗간 주인의 아들로 혁명 당시 병장이었으며 벨기에와 독일 전투에 참전했다. 확실히 그는 공화국의 덕목을 전형적으로 보여 주는 본보기였다.

그날 저녁 나폴레옹은 루이 16세, 마리 앙투아네트, 당통, 바뵈프, 로베스피에르 형제와 그 밖에 많은 사람이 단두대로 처형당한 혁명 광장을 지나치며 동료 공모자들에게 이렇게 말했다고 한다.

"내일 우리는 뤽상부르궁에서 잠을 자거나 여기서 끝장나겠지."[50)]

제2일인 11월 10일(브뤼메르 19일) 나폴레옹은 새벽 4시에 기상해 생클루로 향했다. 한편 뤽상부르궁에서 고이에는 외젠이 직접 가져온 조제핀의 편지를 받고 자리에서 일어났다. 그 편지는 고이에와 그의 부인을 아침 8시 아침식사에 초대한다는 내용이었는데, 만약 수락했다면 가택연금이 됐을 터였다. 뒤부아 드 크랑세가 나폴레옹이 쿠데타를 음모했다고 비난했지만 고이에는 그 소문을 믿으려 하지 않았다. 그가 경찰장관에게 이 소식을 묻자 푸셰가 대답했다.

"새로운 소식이오? 아니오, 사실 아무것도 없습니다."[51]

고이에는 조제핀의 친구인 자기 부인을 자기 대신 아침식사 자리에 보낼 정도로 순진하지는 않았다. 라발레트의 기록에 따르면 조제핀은 "그녀 남편의 복종을 얻기 위해 놀란 고이에 부인을 진정시키려 공을 들여야" 했다.[52]

그날 오전 늦게 모로가 뤽상부르궁에 도착해 근위병들을 해산했다. 그는 바라스와 고이에, 물랭을 체포하고 총재 자리에서 사임하라고 요구했다. 탈레랑과 브뤽스는 바라스를 설득했는데 그들은 그의 수많은 재산과 지난 수년간 정부 정상으로서 횡령한 수익금을 지킬 수 있는 거래를 제안했다.[53] 고이에와 물랭은 24시간 이상 저항하다가 결국 다음 날 서명했다.* 특히 탈레랑이 그 상황으로 큰 이득을 보았다. 몇 년 후 나폴레옹이 어떻게 재산을 벌었느냐고 묻자 그는 태연하게 대답했다.

"그 이상 간단할 수 없습니다. 브뤼메르 17일에 정부 공채를 매입해 브뤼메르 19일에 매각했습니다."[54]

나폴레옹은 생클루 원로회에서 연설을 했는데 분명 직접 듣는 것보다 읽는 것이 더 나은 그리 감동적이지 않은 웅변이었다.

> 여러분은 화산 안에 있습니다. 공화국에는 더 이상 정부가 없습니다. 총재정부는 와해되었으며 당들은 동요하고 있습니다. 결정을 내릴 시간이 되었습니다. 여러분은 여러분의 지혜를 위해 도와달라고 나와 내 전우들을 소환했지만 시간은 소중합니다. 우리는 결정해야 합니다. 현재의 시간을 과거의 시간에 비견할 수 있다는 듯 우리가 카이사르와 크롬웰을 이야기한다는 것을 알고 있습니다. 아닙니다. 나는 오로지 우리 공화국의 안전만 원하며 여러분이 내릴 결정을 지지할 것입니다.[55]

* 물랭은 군대에 다시 합류해 나폴레옹 휘하에서 복무했다. 고이에는 자신의 영지로 은퇴했다가 나중에 나폴레옹의 네덜란드 대사가 되었다.

그는 자신의 근위보병들 "모자를 이 방 문에서 볼 수 있다"고 말하면서 그들에게 질문한다.

"내가 제군을 기만한 적 있습니까? 막사에서 또한 궁핍한 가운데 내가 약속을 저버린 적이 있습니까? 제군에게 승리와 많은 것을 약속했고 제군의 머리에서 제군을 성공에서 성공으로 이끌지 않았습니까? 이제 그들에게 말하십시오. 이것이 내 이익을 위해서입니까, 아니면 공화국의 이익을 위해서입니까?"

물론 그는 군대로부터 박수를 받았지만 그때 원로회의 일원이던 링글레가 일어서서 크게 말했다.

"장군, 우리는 당신이 말한 바에 박수를 보내는 바이오. 그러니 우리와 함께 공화력 3년 헌법에 복종을 맹세하시오. 그것만이 현재의 공화국을 유지할 수 있는 방법이오."

이 제안 뒤 "엄청난 침묵"이 찾아왔다. 나폴레옹은 덫에 걸린 셈이었다. 그는 잠시 평정을 유지한 뒤 말했다.

"여러분에게는 더 이상 공화력 3년 헌법이 없습니다. 프랑스혁명력 12월 18일 정부가 입법부 독립을 시도하면서 여러분은 헌법을 위반했습니다."

그는 공화력 제9월을 상기시키며 헌법을 "위반했기 때문에 새로운 계약, 새로운 담보가 필요하다"고 주장했지만, 프랑스혁명력 12월의 주요 선동자 중에 자신도 들어간다는 사실은 굳이 밝히지 않았다.[56)]

원로회에서 비교적 존중 어린 대접을 받은 나폴레옹은 밖에 모인 전우들 덕택에 힘을 얻고 경사진 길을 1백 미터 정도 걸어 오백인회가 모인 오랑주리궁으로 향했다. 이 궁에서 그는 사뭇 다른 대접을 받았다. 제1일과 제2일 사이 반대파들은 나폴레옹과 뤼시앵이 제안한 임시 프랑스 집정정부를 봉쇄할 전력을 확보할 시간을 얻었다. 오백인회에는 원로회보다 신자코뱅파가 훨씬 많았고 규모도 두 배에 이르러 그들을 설득하려면 항상 더 많은 노력이 필요했다. 역시 정오에 시작한 오백인회에서 의원들은 모두 돌아가며 공화력 3년 헌법에 충성을 맹세했다.57) 뤼시앵과 불레, 그 외 모든 보나파르트파는 알파벳순으로 강제로 충성을 맹세해야 했고 그들의 위선에 신자코뱅파는 야유를 퍼부었다. 그들의 맹세 때문에 의원들은 그들의 경호원들이 경청하도록 헌법의 영광을 간단히 연설할 수 있었다.

나폴레옹이 동료 장교들, 다른 부대와 함께 도착하자 좌안의 젊은 대표들은 군복을 입은 사람들이 민주적인 방에 나타난 것에 분노한다고 말했다. 그때 나폴레옹이 직접 안으로 들어가 방의 반을 가로질러 연단으로 가려는데 의원들이 그에게 소리치기 시작했다. 한 목격자인 신자코뱅파 장 아드리앙 비고네에 따르면 나폴레옹도 큰 소리로 받아쳤다고 한다.

"더 이상 파벌 싸움은 원하지 않는다. 이것은 끝나야 한다. 더는 원하지 않는다!"58)

비고네의 회상에 따르면 "무장 세력 지도자가 입법의 힘을 행사하는 이들 앞에서 권위가 넘치는 목소리로 말하는 것에 나는 분개했다. … 거의 모든 이의 얼굴에 위험을 감지하는 징후가 보였다." 나폴레옹은 '창백하고 감정적이며 주저하는' 것으로 묘사한다. 그가 물리적으로 위험해질 상황에 놓이자 르페브르와 칼로 무장한 키 큰 근위보병 4명(그중 한 명은 털모자를 쓰지 않고도 키가 180센티미터가 넘었다)이 그를 보호하기 위해 안으로 들어왔고 의원들은 격노했다.59)

의원들은 외치기 시작했다.

"독재자를 타도하라!" "크롬웰!" "독재자!" "독재자는 물러나라!" "무법자!"60)

이 외침은 공모자들에게 위험한 함축적 의미를 지녔다. 겨우 5년 전만 해도 공포정치하에 무법자라고 불리는 것은 종종 처형의 전조였으며 로베스피에르가 교수대에 올라갈 때 마지막으로 들린 말이 "독재자를 타도하라!"였기 때문이다. 뤼시앵은 질서를 유지하기 위해 의사봉을 치며 조용히 하라고 외쳤다. 그러나 자기 자리에서 나와 오랑주리궁 중앙으로 간 의원 몇 명이 나폴레옹을 밀고 흔들고 야유하고 거칠게 밀치고 때렸으며 일부는 양단으로 장식한 그의 높은 깃을 붙잡았다. 결국 르페

브르와 근위보병이 분개한 의원들과 나폴레옹 사이에 끼어들어야 했다.[61]

그날 일찍 오랑주리궁에서 벌어지는 상황을 나폴레옹에게 전부 보고하기 위해 파견된 라발레트의 회상에 따르면 나폴레옹이 "의원들과 자신의 참모와 근위보병들 사이에 끼어 있어서 … 그가 질식하겠다는 생각이 들 정도였다. 그는 앞으로 나아가지도 뒤로 물러서지도 못했다."[62] 결국 나폴레옹은 오랑주리궁 밖으로 떠밀렸고 실랑이 와중에 근위보병 토메의 소매가 찢어졌다. 라발레트는 이렇게 기록했다.

"그는 간신히 궁의 뜰로 내려갔다. 그는 계단 끝부분에서 자기 말에 올라탄 뒤 뤼시앵에게 자신에게 오라는 명령을 전했다. 이때 방의 창문이 활짝 열렸고 오백인회 의원들이 그를 향해 계속해서 '독재자를 타도하라!'와 '무법자!'라고 외쳤다."[63]

또 다른 증인 테오필 베를리에에 따르면 "그가 나간 후 방 안은 대단히 소란스러웠고 누군가가 '무법자'라고 외쳤다. 그의 동생 뤼시앵이 형을 정당화하려고 연단에 올랐으나 그의 말소리는 들리지 않았다. 결국 그는 자신의 직위에 맞게 입은 제복까지 벗겨진 채 방에서 나갔다."[64] 일부 의원은 뤼시앵을 의장 자리에 붙잡아 두고, 엄밀히 말해 합법적인 회기를 계속 유지하면서 나폴레옹을 무법화하는 발의를 하려고 물리적인 시도를 했으나 근위보병들이 그도 오랑주리궁 밖으로 내보냈다.[65]

후에 탈레랑의 비서 몽트롱은 오백인회가 발의를 가결하기로 했다는 말을 듣고 나폴레옹이 '갑작스레 창백'해졌다고 로드레에게 말했다.[66] 하지만 이 증언은 확실하지 않다. 탈레랑과 몽트롱은 멀리 궁의 별관에서 사태를 관망했기 때문이다.[67] 콜로는 사태가 잘못될 경우를 대비해 현찰 1만 프랑을 갖고 있었다. 이 상황에 더 가까이 있었던 시에예스도 마차와 말 여섯 필을 준비하긴 했으나 누구든 나폴레옹을 무법자라고 선언하는 사람이 곧 명백히 무법자라고 침착하게 주장했다. 이는 공포 정치 동안 귀족들을 옹호하는 자들에게 사용한 근거로 논리는 부족해도 음모자들을 고무해 주었다.[68]

나폴레옹은 오랑주리궁에서 쫓겨난 뒤 거의 30분이나 지체하며 망설였다는 비난을 받아왔다. 라발레트는 그때가 가장 위험한 순간이라고 믿었는데 만약 "명성이 있는 다른 장군", 예컨대 오주로나 주르당, 베르나도트가 "내부 군대 수장이 되면 어떤 일이 벌어질지 예측하기 힘들었다."69) 일부의 주장대로 브뤼메르 19일에 나폴레옹이 겁을 먹고, 심지어 기절해서 호위병들에게 실려 갈 정도로 겁쟁이 짓을 한 것일까?70) 물론 거칠게 밀쳐지는 게 좋았을 리야 없겠지만 창으로 허벅지를 찔리거나 자신의 부관이 대포에 죽는 장면을 직접 목격하는 것과 비교될 정도는 아니었다. 다음 날 그는 오백인회에 관해 이렇게 말했다.

"법률가보다 병사들에게 말하는 편이 낫겠다. 나는 의회에 익숙하지 않지만 시간이 지나면 그럴 수도 있겠다."71)

나폴레옹이 의원들의 격렬한 반응에 놀라긴 했으나 그가 침착함을 잃고 모든 것을 뤼시앵에게 넘겼다는 주장은 과장된 것이다. 라발레트에 따르면 나폴레옹이 "흥분한 상태로 안락의자 두 개뿐인 방 안을 서성거리며" 시에예스에게 "이제 당신은 그들이 무슨 일을 했는지 볼 겁니다!"라고 말하고 "회초리로 바닥을 치며 여기에는 반드시 끝이 있다!"고 외쳤다고는 하나, 이는 모두 그가 오백인회에서 연설한 후가 아니라 제2일에 원로회에서 말하기 전과 관련이 있으므로 이는 그에게 담대함이 부족하다기보다 좌절하고 참지 못했다는 증거다.72) 그가 오랑주리궁에서 도피 혹은 축출된 후 긴급 사태에 대책이 있었던 공모자들은 뤼시앵까지 밖으로 나온 다음 작전을 개시했다. 그 30분 동안 그들은 뤼시앵이 나오기를 기다리고, 공모자들을 모으고, 입법기관 경호원들에게 쿠데타에 협조하라고 어떤 식으로 설득할지 계획을 세웠다.

오백인회 일원이지만 어느 쪽에도 가담하지 않았던 오주로가 이 위태로운 시간에 화성관에 있던 나폴레옹에게 다가와 비협조적인 어조로 "당신은 지금 상당히 어려운 상황이오"라고 말했다. 그러자 나폴레옹이 대답했다.

"그래서 어떻다고? 아르콜레가 훨씬 더 나빴소."[73)]

나폴레옹이 나중에 회상한 바에 따르면 그는 "내 말을 믿으시오. 피해자가 되고 싶지 않으면 가만히 있으시오. 30분 후면 상황이 어떻게 될지 알 테니"라며 오주로를 위협했다고 한다.[74)] 이 중에서 그가 어떤 식으로 응답했는지 확실하진 않지만 이는 나폴레옹이 쿠데타의 제2단계 시작을 망쳤고 궁지에 몰렸으나 용기가 다 바닥날 정도는 아니었음을 함축한다.[75)] 또한 이 두 반응 모두 그가 상황을 역전시키려 계획하고 있었음을 알려 준다.

그다음 단계는 장 마리 퐁사르 대위 휘하의 입법기관 경호원 4백 명을 설득하는 작업이었다. 이 일은 나폴레옹 혼자가 아니라 일종의 연극으로 이뤄졌으며 아마 미리 연습도 하고 무대도 연출했을 것으로 보인다. 또한 나폴레옹이 오귀스탱 로베스피에르에 관해 쓰면서 1794년 그가 체포되기 직전 제노바 틸리의 프랑스 영사에서 했던 이야기와 묘한 유사점을 지닌다.

"만약 그가 내 친형제일지라도 독재를 열망했다면 내가 직접 그를 칼로 찔렀을 것이다."[76)]

그로부터 5년이 지난 그날 뤼시앵은 정확히 똑같은 시도를 했다. 말에 올라탄 그는 경호원들에게 영국 금화를 위해 일하는 미친 소수 때문에 오백인회 대다수가 위협에 처해 있다고 역설했다. 그는 칼을 빼들더니 칼끝으로 나폴레옹의 가슴을 가리키며 외쳤다.

"내 친형이 프랑스의 자유에 역행하는 어떤 일이라도 시도한다면 그의 가슴을 칼로 찌르겠다고 맹세한다."[77)]

그의 말은 연극조로 사실이 아니었으나 확실히 효과가 있었다(워털루 전투 전까지 그의 형제들이 나폴레옹에게 책임져야 할 존재 그 이상일 수도 있다는 점을 마지막으로 증명한 사례이기도 했다).

적어도 훨씬 나중의 증언에 따르면 나폴레옹은 퐁사르에게 이렇게 말했다.

"대위, 자네 부하를 데리고 당장 이 선동 의회를 해산하러 가라. 그들은 더 이상 국가의 대표가 아니라 모든 불행을 야기한 깡패들이다."

퐁사르가 그들이 저항할 경우 어떻게 해야 하느냐고 묻자 나폴레옹은 대답했다.

"무력을 사용하라. 총검도 무방하다."

"그거면 충분할 겁니다, 장군님."[78]

샤를 르클레르 장군(나폴레옹의 여동생 폴린과 결혼했다), 뮈라(나폴레옹의 또 다른 여동생 카롤린과 약혼했다), 베시에르 장군, 제8전선의 기욤 뒤자르댕 대위, 르페브르와 마르몽을 포함한 다른 장교들이 영국 금화에 매수되었을 법률가 겸 정치인을 비난하자 퐁사르의 병사들은 의원들이 '공화국 만세!'라고 외치며 법과 헌법에 호소하는 것을 무시하고 오랑주리궁을 완전히 비웠다.[79]

베를리에의 회상에 따르면 "불과 30분 후 방의 주요 문 중 하나가 큰 소리와 함께 열렸고 뮈라가 이끄는 군대가 총검을 들고 방을 비우려고 돌진했다." 그들이 들어가자 의원 조제프 블랭, 루이 탈로, 비고네(다른 자료에서는 주르당도 언급한다)는 지휘자의 명령을 따르지 말라고 병사들에게 요청했으나 거부당했다.[80] 소문에 따르면 체포될까 두려워 많은 의원이 도주했고 일부는 오랑주리궁의 1층 창밖으로 뛰어내렸다고 한다. 라발레트의 기록을 보면 그들은 몰래 도망가기 쉽도록 "로마식 옷과 네모난 모자를 벗었다."[81] 근위보병들은 헌법을 전복하는 일에서 그들이 맡은 핵심 역할을 완벽한 침착함으로 해냈다. 그들은 선출된 의원의 명령보다 자신들 대다수가 전투 중에 모셨고 이집트에서 돌아온 영웅이라고 막사에서 익히 들어온 장교들의 명령을 우선시했다. 같은 직업의 거인에게 복종하느냐 아니면 오랑주리궁에서 그들을 체포하라고 강력하게 주장하는 정치가에게 복종하느냐 중에서 선택할 순간이 오자 이 둘은 아예 경쟁이 되지 않았다. 전임 전쟁장관 피에르 드 뵈르농빌 장군이 그 자리에서 지지했다는 사실도 도움을 주었다. 그달 말 나폴레옹은 그에게 '생클루의 날, 브뤼메르 8년 19일'이라고 새긴 총 두 자루를 보냈고 르페브르와 베시에르에게

도 비슷한 선물을 전달했다.[82)]

제2일 마지막에 뤼시앵은 밤늦게 쿠데타를 지지하는 의원들을 오랑주리궁에 불러 모았는데, 기록마다 다르지만 그 수치가 대략 50명으로 하원의 10퍼센트에 불과했다.[83)] 그들은 선언했다.

"총재정부에서 끊임없이 저지르는 과잉 행동과 범죄 때문에 총재정부는 더 이상 존재하지 않는다."[84)]

그들은 시에예스와 뒤코, 나폴레옹 순서로 임시 집정관을 임명하고 첫 2명은 이전 총재라고 설명했는데 이는 아무리 거짓이긴 했어도 헌법의 연결성을 함축했다. 뤼시앵의 오백인회 잔당들은 양원을 4개월간 휴회하고(결국 영원히 휴회했다) 새로운 체제에서 대부분 신자코뱅파 반대자였던 61명을 입법부에서 축출했다. 이때 실제로는 20명만 추방했다.[85)] 양원에서 각기 25명씩 뽑아 50인으로 구성한 과도위원회가 시에예스가 이미 작성한 것으로 추정되는 새로운 헌법을 제정하기로 했다.

쿠데타 지지자들이 주장하는 대로 오랑주리궁에서 실제로 나폴레옹에게 단도가 겨누어졌을까? 그날과 관련해 상충하고 정치적인 여러 설에 따르면 단언할 수는 없어도 그럴 가능성은 대단히 희박하다. 그날 나폴레옹이든 누구든 아무도 피를 흘리지 않았기 때문이다. 많은 사람이 자기 방어보다 깃펜을 가다듬거나 굴 껍질을 까는 일상적인 용도로 작은 칼을 휴대했다. 또한 파란 벨벳의 토가와 비슷한 오백인회의 긴 옷에 칼을 숨기기란 쉬웠다. 물론 뤼시앵과 마르몽은 당시 병사들에게 나폴레옹이 단도로 공격을 받았다고 말했다. 라발레트는 코르시카 출신의 보나파르트 반대파 의원 바르텔르미 아레나가 단도를 휘둘렀다고 지명했지만 그 외에 목격자는 없는 것 같았다(아레나는 브뤼메르 23일 〈공화정 신문〉에 보낸 편지에서 자신은 방의 맞은편 끝에 있었다고 지적했으나 만일에 대비해 프랑스에서 피신했다).[86)] 쿠데타를 두고 나폴레옹에 반대하며 1814년 일찌감치 발표한 기록에 따르면 "크롬웰", "독재자"라는 외침이 들리자 "의원 50명이 그를 중심으로 모여 밀치고 뭐라 외치고 그를 밀어내는 것처럼 보였다. 그중 한 명이 단도를 꺼내 순진하게도 장군 바로 옆에 있던 근위보병의 손을 긁고는 무기를 버리고 군중 속으로 사라졌다"고 한다.[87] 이런 상황에서 어떤 사람이 어떻게 단도로 누군가를 순진하게 긁었는지 설명은 없었고 근위보병 토메는 옷소매가 찢기거나 떼어졌을 때 베이기보다 가볍게 긁힌 것 같았다.[88]

〈모니퇴르〉가 단도를 언급한 것은 브뤼메르 23일이 처음이었는데 이때쯤 보나파르트파는 정부의 선전을 완전히 장악했다. 단도 공격 기사는 다른 어떤 신문에도 실리지 않았으나 방을 비워야 한다는 합리화에서 중요한 부분을 차지했고 곧 등장한 판화와 제판에서도 마찬가지였다. 이로부터 1년 후 런던에서 발표한 〈입법기관의 보나파르트〉라는 판화에서 나폴레옹은 격노해서 단도를 휘두르며 자신을 죽이려는 의원들의 공격에 용감하게 버티고 있다. 11월 11일 그의 일일훈령에 따르면 "단도로 무장한 의원들의 타격 아래 쓰러질 뻔한 그들의 장군 목숨을 구하기 위해 영광스럽게 자기 몸으로 보호한 용감한 근위보병들에게 보나파르트 장군은 특별한 만족을 표한다."[89] 영웅이 된 토메는 목숨 값으로 평생 연금 6백 프랑을 받게 되었고 사흘 후 점심때는 2천 에퀴의 다이아몬드 반지와 조제핀의 키스까지 받았다.*

사실은 다음 문제를 언급했어야 한다. 당시 생클루는 아니어도 최소한 파리에서 헌법을 옹호하며 주머니칼조차 꺼내지 않은 이유가 무엇일까? 만약 총재정부나 오백인회가 대중의 지지를 조금이라도 받았다면 그날의 소식이 전해졌을 때, 그날 밤 파리와 다른 주요 도시에 바리케이드가 세워졌어야 했으나 그들을 옹호하는 바리케이드도 총성도 전혀 없었다. 생앙투안 지구 등 주로 노동자가 사는 지역은 총재정부를 좋아하지 않았고 그들은 봉기하지 않았다. 대신 주식시장에서 3퍼센트 콘솔

* 후에 오귀스트 루이 페티에 의원의 아들은 토메가 그저 무기를 든 동료의 소매를 잡았을 뿐이라고 주장했다(Lentz, *18-Brumaire* p.329, Sciout, *Le Directoire* IV p.652 n.I).

가격이 쿠데타 전날 11.4프랑에서 일주일 후 20프랑으로 올랐다.[90] 파리에서 멀리 떨어진 지방에서는 반대 시위가 좀 있었다. 파드칼레(도버해엽 — 역자), 쥐라, 피레네조리앙탈 당국이 소요가 있다고는 했으나 집정정부와 나폴레옹에게 저항하는 시민전을 벌일 의향이 아무도 없었기에 곧 잠잠해졌다.

그렇지만 브뤼메르의 핵심은 확실히 망하는 중이었고 망할 예정인 총재정부를 폐지했다는 것이 아니라 입법부의 양원과 공화력 3년 헌법을 효과적으로 폐지했다는 점이다. 총재정부가 인기가 없다는 사실은 입법부에 큰 영향을 주지 못했다. 신자코뱅파는 대단히 위협적이지 않았고 국가적으로도 위험에 당면한 사태는 아니었다. 시에예스와 나폴레옹은 대중의 큰 반발 없이 원로회와 오백인회를 모두 닫는 데 성공했다. 혁명이 일어나고 10년이 지난 뒤 많은 프랑스인이 지도자를 간절히 바랐으나 의회 과정과 수정이 거의 불가능한 헌법 때문에 그럴 수 없다고 인지하고 있었다. 그래서 그들은 나폴레옹과 그의 공모자들이 고르디아스의 매듭을 자르기 위해 대표정부를 임시로 유예하는 상황을 기꺼이 지켜보았다. 확실히 파리 사람들은 나폴레옹이 무력을 동원해 권력을 얻었는지 아닌지에 관심이 없었다. 군대 장교들은 질서와 훈련, 훈육을 중요시했는데 이러한 덕목은 모두 나폴레옹이 자유·평등·박애보다 중요하게 여기는 것이었고 당시 프랑스인도 이에 동의했다. 그는 국가의 성공이라는 이야기를 프랑스에 제시할 수 있었던 반면, 그의 주장대로 "총재들은 국가의 상상력을 위해 어떻게 해야 할지 전혀 몰랐다."[91] 나폴레옹이 그동안 이뤄낸 승전보와 전쟁에 지친 모국에 전달한 평화 조약은 모두 그의 매력으로 작용했다.

당시 브뤼메르는 쿠데타로 묘사하지 않았으나 그것은 물론 쿠데타였으며 그 용어는 정치 용어에서 대단히 중요했다(테르미도르 숙청을 묘사하는 데 사용했다). 당대 사람들에게 그 사건은 그저 단순히 '레 주르네(그날)'였다. 뤼시앵이 나폴레옹의 가슴에 칼을 댔다거나 토메가 아마도 없었을 단도 공격을 막아 다이아몬드 반지를 받았다는 등 그 사건의 멜로드라마 같은 측면에도 불구하고 신자코뱅파는 예상보다 더 강력하다는 것을 입증했다. 만약 입법부 경호원들이 오백인회에 충성했다면 공모자들은 큰 위험에 직면했을 것이었다. 나폴레옹과 조제핀은 브뤼메르 쿠데타 다음 날 자신의 예언을 완수하고 실제로 뤽상부르궁 1층의 고이에 방에서 잠을 잤다. 이곳은 보지라르 거리의 본궁 오른쪽으로 5년 전 조제핀이 죽음을 맞이할 뻔했던 생조제프 데카름 지하실 교도소에서 불과 1백 미터 거리였다.

정복

제2부

제1집정

10

만약 그가 1년을 버틸 수 있다면 그 이상으로 나아갈 것이다.

탈레랑이 나폴레옹의 집정에 관해

–

대중은 … 의식하지 못하는 사이 이끌어져야 한다.

1804년 9월 나폴레옹이 푸셰에게

1799년 11월 11일 월요일 오전 10시, 비가 내려 사방이 어두컴컴할 때 평상복 차림의 나폴레옹이 용기병 6명의 호위를 받으며 뤽상부르궁에 도착했다. 총재정부가 모였던 바로 그 자리에서 임시 집정정부* 임무를 시작하기 위해서였다.[1] 바로 전날 쿠데타에 성공한 나폴레옹은 그에게 맞설 꿍꿍이를 세우는 주요 인물을 전복하고자 다음 쿠데타 역시 가능한 한 빨리 일으킬 작정이었다. 1791년과 1793년, 시에예스는 프랑스 헌법을 두 차례 작성했는데 세 번째 헌법은 중앙 권력에 견제 균형의 원리를 내세우고 있었다. 그러나 나폴레옹은 세 번째 헌법으로도 혁명을 수호할 수 없으리라고 생각했다. 훗날 나폴레옹은 시에예스를 이렇게 평한다.

"시에예스는 행동하는 인물이 아니었다. 인간의 본성을 거의 알지 못했고 인간을 어떻게 행동으로 이끌 수 있는지도 몰랐다. 그는 언제나 형이상학적인 학문의 길로 빠졌다."[2]

3명의 집정이 처음 회동한 자리에서 뒤코가 나폴레옹에게 말했다.

"누가 대표가 될지 굳이 투표할 필요도 없습니다. 당연히 장군의 것입니다."[3]

* 국민투표로 공식 비준하기 전이니 아직 임시에 불과했다.

시에예스가 얼굴을 찌푸리자 나폴레옹이 타협안을 제시했다. 24시간마다 교대하되 순서는 성씨의 알파벳순을 따르자는 것이었다(나폴레옹이 첫 번째였다). 나폴레옹은 총재정부 대표 자리에 앉았다. 이로써 테이블 중앙의 큰 의자는 쭉 나폴레옹의 고정석이 되었다. 나폴레옹은 다른 이들을 독촉했다.

"자, 선서에 맹세하시오. 서둘러야 하오."4)

겨우 세 사람이 모인 자리에서 누가 공식 의장 역할을 맡는가의 문제는 활동력 넘치는 나폴레옹에게 전혀 중요한 사안이 아니었다. 나폴레옹은 대부분의 의제를 제안했고 직접 밀어붙였다.

쿠데타 다음 날 시내에 나붙은 벽보들은 나폴레옹 시각에서 사태를 설명하고("자객 20명이 달려들어 내 가슴을 겨눴다.") 국가 통합을 요구했다. 글 어디에서도 시에예스나 뒤코는 언급하지 않았다. 프랑스 국민에게 호소하는 벽보에는 "선동자들을 몰아냄으로써 보수주의, 보호주의, 자유주의 의견이 다시 제자리를 찾았다"라는 주장이 적혀 있었다. 더 이상 총재정부를 참아 줄 수 없었던 프랑스 국민은 차라리 성공한 장군이 이끄는 정부가 그나마 나을지도 모르겠다고 생각했다.5)

나폴레옹의 선전원들은 밤새 포스터를 찍어내 파리 전역에 붙이고 다닌 반면 시에예스와 그의 지지자들은 심드렁했다. 임시 위원회(50인) 중 새로운 헌법을 작성하기 위해 차출한 내부 위원회(7인) 의장 불레 드 라 뫼르트는 신규 문서를 받고자 시에예스의 집무실에 찾아갔다가 메모 한 뭉치만 받아 왔다. 불레와 시에예스는 초고를 작성하기 시작했고 곧 헌법 전문가이자 과거 지롱드파였던 피에르 도누도 힘을 보탰다.6) 로드레가 나폴레옹에게 주의하라고 알려 준 바에 따르면 시에예스는 집정 2명이 각각 외교와 국무를 담당하고 '대선거후Grand Elector'가 두 집정의 업무를 관장하도록 하는 안을 제시할 예정이었다. 권력이 분립된 이 복잡한 체제에서는 '주요 인사들'이 원로원을 통제하며 그들만이 대선거후를 파면할 수 있었다.7) 시에예스는 분명 자신이 현명한 왕을 맡고 나폴레옹은 전쟁 담당 집정, 뒤코는 국무 담당 집정

으로 삼는 방안을 그리고 있었다. 나폴레옹의 생각과는 상당히 다른 시각이었다.[8)]

5주간 다채롭고 열띤 논쟁을 벌인 후에야 비로소 '공화력 3년 헌법'을 파리의 여러 공공장소에서 북, 트럼펫의 축하소리와 함께 낭독할 수 있었다. 브뤼메르 주동자들이 비공식으로 결성한 위원회, 소위원회는 열성을 다해 토론을 벌였고 뤼시앵과 불레가 주도하는 나폴레옹파는 도누를 끌어들였다. 도누는 권력을 중앙으로 더욱 집중해야 한다고 생각하는 이였다. 시에예스와 몇 안 되는 지지자는 완전히 허를 찔린 셈이었다. 캉바세레스가 시의적절하게 나폴레옹 쪽으로 돌아선 것 역시 큰 도움을 주었다. 마침내 불레는 임시 위원회 앞에서 나폴레옹을 제1집정으로 삼은 뒤 향후 10년간 결정적 권력을 부과하는 것이 그들의 '임무'라고 분명하게 밝혔다. 또한 대선거후가 나폴레옹을 감독하는 체제가 아니라 입법을 개시할 단독 권한을 가진 국무원이 조언하는 체제가 될 것이라고 밝혔다.[9)] 새 헌법 41조에 따르면 "제1집정이 법을 공포한다. 그는 국무원 구성원·장관·대사를 비롯해 고위 외교관, 육군과 해군 장교, 지방 행정과 법원 관련 정부 요원을 임명하고 파면할 권한을 갖는다."[10)] 나폴레옹은 조약을 맺을 권한도 보유하고 거처는 튈르리궁으로 하며 연봉 50만 프랑을 받기로 했다. 이는 대사가 받는 봉급의 50배에 해당하는 금액이었다. 따라서 권력의 소재지는 시작부터 매우 분명했다. 헌법상 눈가림 역할을 맡은 제2집정, 제3집정도 튈르리궁에 거주하며 연간 15만 프랑을 받게 했다.

집정정부는 새로운 체제가 좀 더 인기를 얻도록 자칭 '혁명을 완성'하기 위한 법령을 대거 발포했다. 부상병들은 베르사유궁을 차지했고 악명 높은 망명자 반대법을 폐지했다. 나폴레옹은 몸소 탕플 교도소로 가서 인질들을 풀어 주었다. 경찰은 귀국하는 망명자를 괴롭히거나 '대출'을 강요해서는 안 된다는 지시를 받았다. 바스티유 돌격 기념일과 방데미에르 제1일(공화력 1월 1일)은 공휴일로 지정했다. 전쟁 중 부상당한 이들과 병사의 유족에게는 연금을 지급했다. 신하로서 복종할 것을 거부한 사제들을 헌법의 서약을 이유로 추방하는 것도 더 이상 이뤄지지 않았다. 프랑스는 미국과 여전히 유사전쟁을 벌이고 있었지만 12월에 조지 워싱턴이 사망하자 10일간의 애도 기간을 정했다. '미국의 킨키나투스(고대 로마의 정치가로 로마의 집정관이었음 — 역자)'를 추도하는 연설들은 워싱턴과 나폴레옹의 비슷한 점을 다뤘다.[11] 나폴레옹은 클레베르와 헤어지면서 했던 약속을 잊지 않고 신임 내무장관이자 수학자, 천문학자인 라플라스 후작에게 가장 빠른 배편으로 이집트에 '희극단'을 보내라고 지시했다.[12] 그 무렵 나폴레옹은 부리엔에게 이렇게 말했다.

"갓 태어난 정부는 눈부시게 빛나고 경이로워야 한다. 그러지 못하면 파국을 맞으리라."[13]

나폴레옹이 군인이고 브뤼메르가 군사 쿠데타였다고는 하지만 라플라스처럼 저명한 과학자를 상당히 높은 자리에 임명한 것으로 보아 단순한 군사독재는 아니었다. 탈레랑은 외무장관으로 복귀했고 새로운 정부에 참여한 군인이라고는 신임 전쟁장관 알렉상드르 베르티에뿐이었다.[14] 이듬해 나폴레옹은 로드레에게 다음과 같이 일렀다.

"만일 내가 3, 4년 안에 열병으로 침상에서 사망한다면 국민에게 군사정부를 경계하라고 또한 민간인 행정관을 임명하라고 말하겠소."[15]

예상대로 푸셰는 경찰장관이 되었고 마르탱 고댕은 재무장관으로 임명되었다. 고댕은 루이 16세 이래 정권이 바뀔 때마다 매번 직무를 맡은 이로 재무부의 고위 관료였다. 그는 복잡하기로 악명 높은 프랑스 조세제도를 개혁한 뒤 세율을 낮췄다. 지방 당국이 맡았던 재정 경영은 중앙의 재무부로 이관했고 모든 공공회계 체제도 중앙집권화했다.[16] 나폴레옹은 이제까지 각 주 단위로 이뤄지던 군인들의 급료 체계 역시 신속하게 중앙 체계로 개편했다. 이는 나폴레옹이 관료주의를 가볍게 뛰어넘어 절실히 필요한 개혁을 지체 없이 진행한 전형적인 사례다.

12월 13일 헌법위원회 최종 회의에서 나폴레옹은 시에예스에게 집정을 맡을 세 사람을 제안하라 요구했다. 이는 2월 국민투표에서 새로운 공화력 8년 헌법의 일부로 국민 앞에 발표할 예정이었다. 당시 시에예스는 이미 현금 35만 프랑과 베르사유 외곽의 부동산, 파리의 저택(국가에서 자금을 대준다)을 받았다는 이야기가 돌았다. 시에예스는 당연히 나폴레옹을 제1집정으로, 캉바세레스를 제2집정으로 제안했다. 마지막 제3집정으로는 몹시 유연한 법률가(자코뱅파만 제외하고 모든 당을 지지했다)이자 전 의원인 샤를 프랑수아 르브룅을 제안했다. 시에예스는 원로원 의장 직분만 받았고 뒤코(임시 집정을 포기한 대가로 10만 프랑을 받았다)는 부의장이 되었다. 나폴레옹의 두 번째 쿠데타는 첫 번째보다 오래 걸렸지만 이번에도 성공적인 무혈 쿠데타였다. 집정정부가 법적 정당성을 갖추려면 2월로 예정한 공식 국민투표가 필요했다. 하지만 나폴레옹은 자신에게 프랑스를 통치할 마땅한 권리가 있다는 점을 추호도 의심하지 않았다. 나폴레옹은 율리우스 카이사르를 이렇게 평했다.

"이 같은 정세 속에서 심의회가 나라를 통치하는 것은 더 이상 불가능했다. 온 세상에서 로마의 패권과 모든 시민의 안전을 보장할 수 있는 이는 카이사르 단 한 사람뿐이었다. 그러므로 카이사르의 권위는 합법적이다."[17]

나폴레옹은 1799년 프랑스 정부에서 자신이 맡을 역할을 고대 로마에서 카이사르가 맡은 역할과 겹쳐서 보고 있었다.

12월 15일 나폴레옹은 다음과 같이 선포했다.

"프랑스 국민 여러분! 헌법을 발표하겠습니다. 이로써 공화국의 국정과 군사 문제에 관한 … 모든 사안이 분명해집니다. … 헌법은 대표 정부의 진정한 원칙과 신성한 재산권, 평등권, 자유권을 따릅니다. … 시민 여러분, 혁명의 토대인 원칙을 기반으로 한 혁명을 이제 완성했습니다."[18]

재산권을 평등권과 자유권보다 먼저 나열한 사실에서 상인, 고용주, 근면 성실한 자, 국유재산 소유주(뽕나무 과수원처럼 소규모 사업을 하려고 애쓰는 사람들)의 이익을 옹호하려 한 나폴레옹의 의도를 엿볼 수 있다. 이들이야말로 프랑스의 근간으로 나폴레옹은 그들이 무엇을 원하고 무엇을 필요로 하는지 이해하고 있었다. 95개 조항으로 구성한 헌법의 제94조항(이전에 비해 분량이 4분의 1도 채 되지 않는다)은 혁명 중에 압수해 매각한 군주, 교회, 귀족의 재산과 토지를 원 소유주에게 돌려주지 않을 것이라고 분명히 명시하고 있다. 나폴레옹은 1802년과 1804년에도 같은 약속을 반복했으나 압수한 재산과 토지를 재분배할지는 언급하지 않았다. 나폴레옹이 말하는 평등이란 법 앞의 평등이지 경제적 평등이 아니었다. 나폴레옹의 가장 강력한 지지 세력인 군대는 쿠데타 결과로 짭짤한 보상을 받았는데 그는 봉급, 조건, 연금을 개선하고 약속한 토지도 주었다(그래도 약속한 토지 6아르팡을 받은 이는 없어 보인다). 계약자에게 지불을 유예하는 법은 폐지하고 곧 전액 지불했다.

12월 말 나폴레옹 법은 공식 제도화했다. 22일 국무원은 뤽상부르궁의 전용 공간에서 취임식을 거행했다. 국무회는 정치적으로 소속이 없는 과학기술 전문가로 구성했다. 국무회 구성원은 대부분 제1집정이 임명했고 상당수가 나폴레옹의 개인적인 통제하에 있었다. 국무회는 프랑스 신정부의 주된 심의기구로 제1집정에게 조언을 하고 그가 법을 제정하는 데 도움을 주었다. 총 50명의 위원 중 6명만 군인이었다. 국무원 위원들은 경의를 표하는 한 필요하다고 생각하는 만큼 솔직하게 의견을 개진할 수 있었고 나폴레옹 역시 국무원 내에서의 활발한 토론을 장려했다. 새로운 헌법에 따라 국무원은 행정소송의 상소를 맡는 최고 법원이자 법안 내용을 입법부에 전달하기 전에 최종 확인을 담당하는 기구가 되었다. 이 기능은 오늘날까지 이어져 내려오고 있다. 장관들은 직무상 국무원 소속으로 자신이 관장하는 분야의 의제를 다룰 경우 회의에 참석했다.

12월 25일 오전 8시(1802년 비로소 크리스마스를 공식 인정한다) 공화력 8년 헌법이 효력을 발휘하기 시작했다. 불레의 연설은 곧 헌법 인쇄본의 서문 같은 역할을 했다. 불레는 프랑스 시민 대다수가 '구체제의 폭정도, 1793년의 독재도 아닌' 공화국을 바란다는 내용의 연설을 했다.[19] 그는 새로운 헌법을 다음 격언으로 요약했다.

"신뢰는 아래에서, 권력은 위에서 온다."[20]

헌법에 따라 제1집정은 10년간 정치와 행정을 장악하며 나머지 두 집정은 같은 기간 동안 제1집정에게 조언을 해야 했다. 60인으로 구성한 원로원 의원직은 '면책 특권이 있는 종신직'으로 매년 2명씩 증원이 가능하며 최대 인원은 80인으로 정했다. 또한 원로원은 네 차례에 걸친 선거 결과에 따라 작성한 시민 명단 중에서 집정을 뽑고, 300인의 입법부 대표와 100인의 호민원 대표도 뽑을 수 있었다. 무엇보다 원로원 대다수가 만든 성명서, 소위 '원로원 의결'은 본래 헌법 개정을 목적으로만 통과될 예정이었으나 결국 완전한 법적 효력을 지니게 되었다.

호민원은 제1집정과 국무원이 작성한 법안 초고를 논의할 수 있지만 거부권은 주어지지 않았다. 입법부는 법안에 투표할 수 있으나 토론을 할 수 없었다. 호민원은 집정정부로부터 전달받은 법안을 토론하고 입법부에 자신들의 견해를 전달할 수 있었다. 한편 입법부는 호민원의 견해를 고려하는 데 1년에 4개월 이상 할애할 수 없었다. 오직 원로원만 헌법을 수정할 수 있었으나 세 기구 어디에도 법안을 시작하거나 수정할 권력은 없었다. 이처럼 나폴레옹은 세 기구의 상당히 약한 권력을 분리한 뒤 자신이 제일 큰 몫을 확보했다.

시민은 입법부 의원을 최초 선출하는 과정에 투표할 수 있었지만 최종 결정은 원로원이 내렸다. 모든 성인 남성 유권자가 지역공동체 인원의 10퍼센트를 '코뮌 명사'로 자체 선출하면 '코뮌 명사'들이 그들 인원의 10퍼센트를 '주의 명사'로 자체 선출한다. 이어 '주의 명사'들이 그들 인원 중에서 '국가의 명사' 5천~6천 명을 자체 선출한다. 그리고 '국가의 명사' 중에서 입법부와 호민원 400인을 임명할 예정이었다. 결론을 말하자면 과거에 비슷한 조직에 속했던 이들이 또다시 임명되는 경우가 많았다. 원로원 60인 중 38인이 과거 의회 의원 출신이었고 호민원 100인 중 69인과 대표 300인 중 240인도 마찬가지였다.[21] 그들이 쌓은 경력은 나폴레옹이 혁명을 강화하고 조정하며 (그의 표현에 따르면) '완결'하는 데 도움을 주었다.[22] 헌법의 복잡성, 특히 입법부에서 투표를 세 번 거듭하는 체제는 나폴레옹에게 반대파를 걸러낼 기회를 충분히 부여했기에 그에게 딱 맞는 제도였다.[23)]

새 헌법에는 국민이 좋아할 요소가 넘쳐 났다. 예컨대 관리는 화재나 홍수가 발생했을 때를 제외하면 주민의 집에 무단으로 들어갈 수 없었다. 또한 재판 없이 국민을 열흘 이상 구금할 수 없고 '체포 중 가혹 행위'는 범죄로 여겨졌다.[24)] 1800년 1월 1일(오늘날의 기준으로는 양력 1월 1일이지만 당시에는 공화력 8년 니보즈 11일이었으므로 날짜에 특별한 의미를 부여할 필요는 없다) 입법부와 호민원이 처음 회동했다(공화력이란 1793년부터 프랑스에서 사용한 달력을 말한다. 계절마다 3개월씩 총 12개월이 존재하며 각 월마다 계절과 관련된 이름을 붙였다. 가을 3개월(양력 9월 말~12월 말)은 '방데미에르, 브뤼메르, 프리메르', 겨울 3개월(12월 말~3월 말)은 '니보즈, 플뤼비오즈, 방토즈', 봄 3개월(3월 말~6월 말)은 '제르미날, 플로레알, 프레리알', 여름 3개월(6월 말~9월 말)은 '메시도르, 테르미도르, 프뤽티도르'다 — 역자).

입법부의 자유를 제한했다고 해서 나폴레옹 시대 권력이 국민의 말에 귀를 기울이지 않는다는 의미는 아니었다. 청원하는 이들은 늘 발언권을 얻었고 해명할 기회가 주어졌으며, 주 의원회와 보편 의원회는 상당히 개방적인 토론의 장이었다. 그렇지만 정부 정책에는 거의 영향력을 행사할 수 없었다.[25)] 정부는 국민의 불만을 잘 들어주긴 했으나 비판의 목소리를 확장할 방도가 없었기에 정치적 반대파가 힘을 모을 가능성은 거의 없었다.

나폴레옹은 제1집정이 된 첫 주에 오스트리아 프란츠 2세와 영국 조지 3세에게 평화를 제안하는 편지를 보냈다. 특히 조지 3세에게 보낸 편지에서 이렇게 말했다.

"전 세계를 불태울 수도 있는 전쟁을 종결하는 데 모든 문명국가의 운명이 달려 있다고 감히 선언합니다."[26)]

영국 외무성장관 그렌빌 경이 부르봉 왕가를 되살리라고 말하자 나폴레옹은 그러면 영국에서는 스튜어트 왕가를 복고하라고 대꾸했다. 나폴레옹은 그렌빌 '각하'의 편지를 프랑스 내에 널리 퍼뜨렸고 국민은 더욱더 공고하게 집정정부를 지지했다.[27] 러시아가 1799년 9월 말 제2차 취리히 전투에서 마세나에게 패한 뒤 제2차 대프랑스 동맹에서 탈퇴하자 오스트리아는 평화협상에 돌입했다. 그러나 몇 달간 이어진 평화협상은 지지부진했다. 봄이 되어 새로 원정에 나설 수 있으면 오스트리아는 제노바를 장악한 뒤 프랑스 남동쪽으로 침입할 터였다.

나폴레옹은 브뤼메르 쿠데타로 추방당한 61인 중 하나이자 오백인회 전 의원인 프랑수아 베이에게 편지를 보내 프랑스의 정치 계급을 논했다.

"당신이 대중의 힘을 모을 수 있기를 바라고 있소. 프랑스 시민이라는 간단한 칭호 하나가 왕당파와 올빼미파, 자코뱅파, 푀양파, 그 밖에 지난 10년간 등장한 1,001가지 파벌보다 더 큰 가치를 지녔소. 이들의 파벌 싸움이 국가를 깊은 구렁텅이로 몰아넣고 있는데 이제 온전한 국가를 단번에 구해 내야 할 순간이오."[28]

베이는 이를 받아들였고 3월 루아르에셰르의 주지사로 임명되었다. 그렇지만 모두가 나폴레옹의 유혹에 넘어간 것은 아니었다. 나폴레옹은 자신의 국가 통합 정책을 의심하는 사람들을 매몰차게 대했다. 릴의 시장이 과거 자코뱅파였던 어느 장군을 도시에서 환대하는 것을 꺼리자 나폴레옹은 이렇게 응수했다.

"그와 비슷한 말은 감히 꺼내지도 마시오. 이제 우리 모두가 한마음 한뜻으로 프랑스를 위해 봉사한다는 것을 모르겠소? 브뤼메르 17일에서 18일 사이 내가 놋쇠벽을 세웠으니, 그 어떤 시선도 감히 꿰뚫을 수 없으며 모든 과거의 기억을 산산조각내 버릴 것이오!"[29]

혁명 이후 처음 새로 실권을 잡은 체제는 이전 체제를 완전히 숙청하지 않았다. 3년 후 반대파를 입법부에서 실질적으로 제거하긴 했으나 정치적 이유에 따른 교수대 처형은 프랑스에서 더 이상 일어나지 않았다.

나폴레옹은 '놋쇠 벽brass-wall' 정책으로 (신자코뱅파를 제외한) 모든 당파에서 제시하는 광범위한 의견을 정부로 모을 수 있었다. 그는 자신이 과거에 자코뱅파였는데도 불구하고 혹은 아마도 자코뱅파였기 때문에 과거에 자코뱅파였던 많은 사람이 자신의 명분을 지지할 거라고 생각했지만, 신자코뱅파만큼은 이념상 늘 그를 반대할 것이라 여겼다. 이전의 정치적 입장에 구애받지 않고 전 국민을 통합하는 과정을 집결ralliement이라 불렀는데, 이는 문자 그대로 자기편으로 끌어들인다는 의미다. 자신의 이득을 위해 나폴레옹 체제에 합류한 이들도 있었지만 대개는 나폴레옹이 프랑스를 재건하는 것을 보고 진정한 애국심이 발현해 합류했다.[30] 통합amalgame이라 불리는 또 다른 관련 정책 역시 단순히 지지를 얻기 위한 것만이 아니라 국민이 새로운 정부를 적극적이고 열정적으로 지지하도록 촉구하는 정책이었다.[31]

이들 정책 덕분에 나폴레옹은 대단히 유능한 관료들을 정부로 불러들일 수 있었다. 그들 중에는 캉바세레스(국왕 시해자)를 필두로 미래의 법무장관 루이 마티외 몰레(왕당파, 부친이 교수형을 당함), 종교 문제를 처리한 장 에티엔 포르탈리스(총재정부에 반대하는 중도파)와 그의 유능한 아들 조제프 마리, 과학자이자 미래의 내무장관 장 샵탈(지롱드파), 군사행정가 장 제라르 라퀴에 장군(중도파), 국가 고문관 앙투안 티보도(국왕 시해자), 경찰총감 에티엔 드니 파스키에(중도파, 부친이 교수형을 당함), 재무장관 니콜라 프랑수아 몰리앵(루이 16세 시절에도 장관직을 맡았다) 등이 있었다. 나폴레옹은 몰리앵에게 말했다.

"임명한 이들이 자신의 능력을 온전히 발휘하게 해 주는 것이 사람을 그저 임명하는 것보다 훨씬 더 어렵다."[32]

나폴레옹은 프뤽티도르 쿠데타 때 자기 손으로 카르노를 몰아냈으면서도 그의 능력만큼은 인정해 1800년 4월 2일 전쟁장관으로 임명했다. 베르티에는 예비군을 지휘할 임무를 맡고 떠났다.[33]

브뤼메르 쿠데타가 벌어지고 1주일 만에 프랑스 사회에서 안정성, 효율성, 온전한 능력주의를 이룩한 결과 달러/프랑과 파운드/프랑 환율이 두 배로 껑충 뛰었다. 12프랑 근처에 머물던 프랑스의 1백 프랑 국채 가치는 1800년 1월 말 60프랑으로 치솟았다. 세금징수 당국에 예상 세수를 미리 기탁해 두라고 강요한 덕분도 있지만 어쨌거나 2년 후 재무장관 마르탱 고댕은 미국 독립전쟁 이후 처음 수지 균형을 달성했다.[34]

권력을 장악한 후 나폴레옹은 새로운 공화력 8년 헌법을 프랑스 전 국민 투표로 수립해야 한다고 말했다. 그 결과 1800년 1월 말부터 2월 초까지 며칠에 걸쳐 투표를 진행했다. 모든 성인 남성은 사흘 동안 공개한 선거인 명부에 서명하기만 하면 투표를 할 수 있었다. 나폴레옹은 확실한 결과를 얻기 위해 12월에 내무장관을 라플라스에서 동생 뤼시앵으로 교체했다. 2월 7일 뤼시앵이 공식 발표한 국민투표 결과에 따르면 프랑스 국민 301만 1,007명이 공화력 8년 헌법에 찬성했고 1,562명만 반대했다.[35] 투표율이 25퍼센트로 저조하긴 했지만 프랑스인 99.95퍼센트가 찬성표를 던졌다니 터무니없기는 하다. 기상 악화와 지방의 교통수단 부족이 저조한 투표율에 일조했을 것이다. 더구나 미디와 방데 지방에서는 여전히 왕당파가 득세하고 있었다.[36] 기록에 따르면 툴롱에서는 830명이 찬성하고 자코뱅파 구두수선공 한 명만 반대했다고 한다.

국립 기록보관소에 보관된 4백 더미가 넘는 투표용지는 뤼시앵이 수기로 직접 투표 결과를 체계적으로 위조했다는 확실한 증거다. 2월 4일 뤼시앵은 내무부에 사흘 후 자신이 결과를 발표할 테니 개표를 중지하라 명령했다. 이에 따라 코르시카를 포함한 남서부 지역 25개 주의 개표를 마쳤음에도 불구하고 정부는 입맛대로 원하는 결과를 도출했다.[37] 24개 주 총합에 단순히 찬성 8천 표를 더했고 욘 지역에는 찬성 1만 6천 표를 추가했다. 또한 뤼시앵은 남서부 지역에 찬성 20만 표를 더했고 남동부 지방에서는 각 주마다 찬성 7천 표를 더했으며, 북동부 지역에서는 각 주마다 찬성 7천~8천 표를 더했다. 심지어 뤼시앵은 구체적인 숫자를 위조하려는 수고조차 하지 않고 간단하게 반올림한 수를 집계해 총 찬성 3백만 표를 얻는 것을 목표로 삼았다. 결국 뤼시앵은 2월 4일부터 7일까지 찬성 90만 표를 추가했다.[38] 군에서 투표한 결과 찬성 55만 6,021표, 반대 0표가 나왔다는 것 역시 날조였다. 해군에서 3만 4천5백 표가 나오긴 했으나 실제로는 주로 군함 장교들만 투표한 뒤 전체 인원수를 단순히 더한 것뿐이었다. 아마도 실제 결과는 찬성 155만

표에 반대 수천 표였을 것이다.[39] 아무튼 나폴레옹은 일종의 민주적인 합법성을 얻었으나 그의 주장처럼 그리 대단하지는 않았다. 오히려 1793년 로베스피에르가 승리를 거둔 국민투표 결과보다 못했다.[40] 뤼시앵이 위조한 수치조차 이미 지방 관리들이 조작한 수치에 위조를 거듭한 결과였다. 지방 관리들은 파리에서 누가 권력을 잡든 아무튼 높으신 분들을 만족시켜야 한다는 것을 잘 알고 있었다. 누구도 관리 업무를 면밀히 조사하지 않았고 비밀투표라기보다 공개투표가 이뤄졌으며 협박에 취약했다. 여기에다 유권자 절반이 투표권은 있으되 문맹이라 시장들이 대신 시민들의 투표용지를 채워 주었다.

뤼시앵의 수치 조작은 나폴레옹 서사의 가장 큰 특징을 완벽하게 보여 주는 사례다. 나폴레옹은 항상 압승을 거뒀지만 보나파르트파는 그조차 과장하고 싶은 욕구를 억누르지 못했다. 그 결과 반대파(신자코뱅파, 왕당파, 자유주의자, 중도파 등)들은 살롱과 지하실에 모여 나폴레옹의 모든 것이 거짓말이고 사기라고 주장했다. 전투 사상자 수치를 조작하고, 기록보관소에 문서를 끼워 넣고, 이탈리아 원정군 앞에서 한 연설을 날조하고, 출생증명서 나이를 고치는 것부터 나폴레옹이 앞다리를 들고 일어선 말을 타고 알프스를 건너는 모습을 그림으로 남기는 것까지 나폴레옹과 그의 선전가들은 정도를 몰랐다. 불필요할 정도로 과장을 일삼은 결과 객관적으로 봐도 탁월했을 업적마저 조롱과 비판의 대상이 되고 말았다.

집정정부가 시행한 모든 정책 중에서 가장 크게 호응을 얻은 것은 바로 시골 산적 소탕이었다. 나폴레옹은 '치안을 유지하려면 가끔은 엄하게 처벌해야 한다'고 생각했다. 그러나 프랑스의 방대한 지역을 공포로 몰아넣은 산적을 소탕할 때는 자주 엄하게 처벌하는 경향을 보였다.[41] 산적들은 왕당파 반군(특히 프랑스 서부와 남부 지역에서), 탈영자, 징병 회피자, 범법자, 노상강도, 불량배로 구성되어 있었다. 구체제와 치안위원회, 총재정부 모두 대대로 시골의 고질적인 무법자들과 싸웠지만 집정정부는 가능한 모든 수단을 동원해 완전히 압살할 작정이었다. 나폴레옹은 산적으로 의심받는 이들을 억류하고 강제 추방했으며 유죄 판결이 나면 사형에 처했다. 이들은 종종 '괴물', '죽도록 두들겨 패', '기독교의 하찮은 백정' 등 볼썽사나운 별명으로 불렸고 외딴 농가를 습격하거나 마차를 납치하고 여행객을 상대로 강도질을 했다.

나폴레옹은 1798년 4월 1만 575명의 인원으로 시작한 헌병대를 재편성하고 인원을 1만 6천5백 명으로 늘렸다. 무엇보다 급료를 제때 후하게 주면서 사기를 올리고 계급 간 존재하던 부패를 대부분 근절했다.[42] 순찰대도 보강했는데 과거에 도보로 순찰하던 대원들은 이제 말을 타고 순찰을 돌았다. 특별재판소와 군사위원회는 정황 증거만으로도 용의자를 교수형에 처했으며 변호사를 선임할 권리는 주어지지 않았다. 대규모 기동부대를 파견해 즉결심판도 실시했다. 1799년 11월 프랑스인의 약 40퍼센트가 비상계엄령하에 있었으나 3년 후에는 다시 프랑스 국내를 안전하게 돌아다닐 수 있었으며 무역도 재개했다. 이러한 정책은 나폴레옹의 이탈리아 승전보보다 더 인기를 끌었다.[43]

1800년 3월 본래 선출직이던 판사, 검사, 법원장 3천 명 이상을 집정정부가 임명한 이들로 교체했다. 이는 정치적 파벌보다 실질적인 전문성이 결정적 요인이었던 것으로 보인다. 더욱이 나폴레옹은 나이 많은 법률가나 부패하고 무능한 법률가를 쫓아내려고 작정한 상태였다. 이 교체로 밀린 사안을 처리하느라 7개월 후에야 다시 체제가 유연하게 돌아가기 시작했으나 분명 판결제도 개선 효과를 낳았다.[44]

나폴레옹은 이제 혁명을 끝냈다고 선언하며 혁명의 상징을 남겨 두지 않겠다고 했다. 우선 그는 한창 혁명을 진행할 때 교회 첨탑과 공공건물에 걸어놓은 빨간 모자를 치우라고 지시했다. 호칭으로 '시민' 대신 '무슈'와 '마담'을 다시 사용하기 시작했으며 크리스마스와 부활절을 되살렸다. 그리고 마침내 1806년 1월 1일 혁명력을 폐지했다. 나폴레옹은 언제나 이름이 지닌 힘을 높이 샀기 때문에 혁명 광장(그 이전 이름은 루이 15세 광장)을 콩코르드 광장으로 개명한 뒤 광장에 있던 거대한 자유의 여신상을 철거했다. 훗날 그는 말했다.

"화합(콩코르드) 덕분에 프랑스는 무적이 되리라."45)

나폴레옹이 얼마나 열성적으로 개명을 추진했는지는 몇 가지 사례가 잘 보여 준다. 그는 자신이 건국한 치살피나공화국을 이탈리아공화국으로, 영국 원정군을 그랑다르메(1805년)로, 불가분不可分의 광장(그 이전 이름은 루아얄 광장)을 보주 광장으로 바꿨다. 집정정부를 거치며 나폴레옹은 문체를 미묘하게 바꿨는데 '변질되지 않는', '부패하지 않는' 같은 상투적인 혁명 문구를 좀 더 예리한 표현인 '위대한,' '준엄한', '신중한' 등으로 대체했다.46)

그다음으로 나폴레옹은 망명자(혁명 중에 도망친 귀족과 지주, 왕당파, 사제)들에게 프랑스로 귀국하라고 종용했는데 재산 반환은 기대하지 말라는 조건을 내걸었다. 그는 망명자들의 투표권과 시민권을 회복해 주었다.47) 1800년 10월 나폴레옹은 혁명 중 추방당한 10만 명의 명단 중 망명자 4만 8천 명의 이름을 삭제했다. 1802년 4월에는 도무지 타협할 수 없는 왕당파 1천 명만 제외하고 나머지 명단까지 모조리 삭제했다. 구체제 귀족 중 대다수는 정부와 거리를 두었으나 세귀르 백작, 뤼네 공작, 나르본 백작, 브로이 공작, 탈레랑, 몰레 등 일부 저명인사는 나폴레옹 밑에서 일했다. 마르몽, 레뮈자, 베르티에, 로드레 등 1789년 작위를 수여받을 뻔했던 비非망명자 가문 출신 중에도 나폴레옹 지지자가 나왔다. 1803년 5월 기준으로 전체 망명자의 약 90퍼센트가 프랑스로 귀국함에 따라 그동안 국가의 힘을 약화한 대규모 인재 누출 문제를 해결했다.48) 1800년부터 1814년 사이 나폴레옹이 임명한 주지사 281명 중 약 110명(39퍼센트)이 구체제 귀족 출신이었다.49)

나폴레옹은 해외 왕당파는 물론 방데의 왕당파들에게도 도움을 요청했으며 올빼미파도 무기를 내려놓기만 하면 사면해 줄 것을 약속했다. 그는 총재정부의 '부당한 법'과 '독단적인 법률'이 "개인의 안전과 양심의 자유"를 위배했다고 주장하며, 1800년 2월 18일까지 반란군이 무기를 모두 내놓는다면 지나간 모든 일을 "완전하게 총체적으로 사면"해 주겠다고 했다.50) 성직자 에티엔 알렉상드르 베르니에는 그의 조건을 받아들였지만 올빼미파 지도자 루이 드 프로테 백작과 조르주 카두달, 루이 드 부르몽 백작은 투쟁을 이어 갔다(베르니에는 오를레앙의 주교가 되었고 나폴레옹은 이처럼 정부에 충성하는 주교들을 '신성한 헌병대'라고 불렀다). 나폴레옹은 데두빌 장군에게 반란자들을 강건하게 다루라고 지시했다.

"만약 전쟁을 벌여야 한다면 엄정하고 적극적으로 밀고 나가라. 그것만이 전쟁을 빨리 끝낼 수 있는 유일한 방법이며 인류의 비탄을 줄여 줄 것이다."[51]

1801년 초 나폴레옹은 올빼미파 반군 지도자의 목을 베는 데 성공했다(말 그대로든 비유적으로든). 나폴레옹은 속임수를 쓴다고 비난받았지만 게릴라전이란 으레 규칙을 따르지 않게 마련이다. 프로테는 2월 18일 처형되고 카두달은 3월 5일 나폴레옹과 조찬을 함께했으며(훗날 영국으로 추방되었다) 부르몽은 완전히 전향해 정부 편에서 싸웠다. 1793년 이래로 서부 지역 12개 주에서 올빼미파가 공화국에 대항해 왔다. 한때는 무장 반군이 3만 명에 육박했으나 결국 1800년 말 방데는 잠잠해졌다. 이후 올빼미파의 활동은 나폴레옹의 목숨을 노리는 음모에 국한되었다.

1800년 1월 17일 나폴레옹은 프랑스의 신문 73개 중 최소 60개를 폐간했고 "그 어떤 신문사도 내 이익에 거스르는 발언이나 행동을 하도록 허용하지" 않겠다고 말했다.[52] 의회의 검토를 받지 않은 해당 법령에 따르면 센주에서 인쇄한 신문 중 일부는 '공화국의 적이 사용하는 도구'이며 따라서 전쟁 중에는 13개 신문만 출판할 수 있었다. 단, 과학, 예술, 문학, 상업, 광고 전문 신문은 예외로 두었다.[53] 또한 해당 법령은 사회 질서, 국민 주권, 군대의 영광, 우호적인 정부를 존중하지 않는 기사를 게재한 신문은 '즉각 금지될 것'이라고 경고했다. 나폴레옹은 프랑스 내에 외국 신문을 유통하는 것 역시 금지했다.[54] 왕당파와 자코뱅파 신문이 불만을 조장하는 한 그가 원하는 통합 국가를 영영 얻을 수 없으리라 생각했기 때문이다.

나폴레옹이 여동생 폴린과 잠자리를 같이한다는 둥 스캔들을 떠들어대는 부류의 신문은 그냥 내버려 둘 수 없었겠지만, 해당 법령은 프랑스 언론의 자유를 치명적으로 침해했다. 몇 년 뒤 나폴레옹은 자신이 하는 말의 모순을 깨닫지 못하는 발언을 했다.

"정부의 통제를 받는 자유 언론은 아주 강력한 동맹이 될 수 있다. 언론이 제멋대로 떠들도록 내버려 두는 것은 화약통 옆에서 자는 것이나 다름없다."[55]

그는 이렇게 선언한 적도 있었다.

"인쇄기란 무기고와 같기에 개인이 소유할 수 없다."[56]

나폴레옹은 이탈리아와 이집트에서의 경험으로 잘 연출한 선언이 얼마나 대단한지 확실히 느꼈다. 그는 프랑스로 귀국한 이후에도 언론 통제를 멈출 생각이 없었다. 혁명 이전의 프랑스에는 언론의 자유란 개념이 아예 없었다. 언론의 자유는 1789년 보편적으로 선언한 권리다. 그에 따라 공식 인정받은 정기간행물이 네 개에서 300개로 늘어났다. 그런데 얼마 지나지 않은 1792년부터 정부는 정기간행물을 폐간하기 시작했다. 여기에다 주기적으로 정치적 숙청을 진행하면서 1799년 정기간행물은 겨우 73개밖에 남지 않았다.[57] 당시 프로이센과 러시아, 오스트리아에도 언론의 자유는 없었다. 1819년 영국 정부는 악명 높은 여섯 개 법령을 통과시켜 선동을 더욱 엄격하게 정의했고 결국 편집자 3명을 기소했다. 이들 국가는 비교적 평화로운 시기를 지나고 있었지만 1800년 1월 기준으로 프랑스는 5개국과 교전 중이었다. 심지어 모든 적국이 각각 프랑스 정부를 전복하겠다고 맹세한 상황이었다. 나폴레옹이 한 일은 현대 기준으로는 용납할 수 없겠지만 시대와 상황의 맥락을 고려하면 표준 관행이었다고 볼 수도 있다.

법령 발포 후 대부분의 언론인이 직업을 유지하고자 보나파르트를 좀 더 찬미했고 주로 베르탱 형제의 〈토론 신문〉, 아멜리 쉬아르의 〈신문기자〉와 〈파리 신문〉 등에 기고했다. 전통적으로 엄격한 법과 질서를 주창해 온 왕당파 저술가들은 나폴레옹의 강경한 태도를 칭송하기 시작했다. 신문 수는 줄었지만 전반적인 독자층은 그대로였다.[58] 또한 나폴레옹은 이전 왕당파 언론인 다수를 자신의 체제에 선임했는데 이는 그가 점점 보수파가 되어 가고 있다는 증거였다. 피에르 루이 로드레는 국무원 위원에, 루이 퐁탄은 1808년 설립한 제국 대학교 총장직에, 샤를 드 라크레텔은 프랑스 학사원에 임명되었다.

몰레의 말을 빌리면 1789년 창간한 〈모니퇴르 위니베르셀〉은 "(나폴레옹의) 모든 욕망의 유순한 도구이자 저장소에 불과했다."[59] 〈모니퇴르〉는 민간 신문이었으나 정부 관리들의 글을 실었고 지방 언론은 아예 정부 신문으로 여기며 의존했다.[60] 내무장관이 〈모니퇴르〉의 '내무' 칼럼을 쓰고 나폴레옹의 집무실이 '파리' 칼럼을 썼다. 특히 영국을 비판하는 내용은 나폴레옹이 직접 구술한 경우가 종종 있었다. '잡문' 역시 경찰부 등 정부 관료들이 썼다. 비록 국가 선전을 목적으로 하고 과장과 거짓말이 난무하는 신문이었지만 별로 지루하지 않은 데다 시와 문학, 연극, 프랑스 학사원의 기고문도 실었다. 뉴스를 전략적으로 퍼뜨리는 것에 무척 관심을 기울인 나폴레옹은 푸셰에게 이렇게 지시한 적도 있다.

"다음 보고 내용을 공식적인 방식으로 유포하라. 그 내용은 모두 사실이다. 우선 살롱에 퍼트린 뒤 신문에 실어라."[61]

1812년 그는 내무장관에게 다음과 같이 말하기도 했다.

"나는 외설적인 것, 국가의 평안을 저해할 수 있는 것을 제외하고 전적으로 모든 것을 인쇄할 수 있기를 원한다. 이 두 가지 외에 그 무엇에도 검열 잣대를 들이대서는 안 된다."[62]

1800년 2월 국민투표 결과를 발표한 지 열흘 후 집정정부는 새로운 법안을 통과시켰다(호민원에서는 71 대 25로, 입법부에서는 217 대 68로 통과되었다). 1790년 혁명 당시 권력 분산을 위한 노력의 일환으로 프랑스의 지방 행정 구역을 총 83개 주로 나누었다. 집정정부가 새로 통과시킨 법안은 각 주를 내무장관이 임명한 주지사가 관할한다는 내용이었다. 즉, 혁명이 이룩한 지방 민주주의의 필수 요소를 단번에 폐지한 것으로 이로써 나폴레옹은 엄청난 권력을 쥐게 되었다. 법안에 따라 중앙정부가 임명한 주지사가 각 주州를, 부주지사(군수)가 군郡을 담당하게 되었다. 코뮌의 장長 역시 구성원이 5천 명 이상일 경우 중앙에서 임명했다. 1790년에 만든 83개 주에 더해 1800년 집정정부가 새로 20개 주를 추가했고 각 주에는 2~6개 군을 두었다. 이 같은 주-군-코뮌 체제는 오늘날까지 이어지고 있다(오늘날 프랑스의 행정 구역 체계는 레지옹道, 데파르트망州, 아롱디스망郡, 캉통, 코뮌의 순으로 구분한다. 캉통과 코뮌에는 프랑스만의 독특한 특징이 있다 — 역자).

1790년 시작한 지방자치제에 따르면 프랑스인 30명 중 한 명이 지방자치정부의 관리 역할을 하는 셈이었다. 그러나 이제 지방자치정부는 주도권과 통제권이 궁극적으로 제1집정에게 귀속된 지방정부로 바뀌었다. 지방에서 선출한 지방의회도 존재했으나 기능은 순전히 권고에만 그쳤으며 1년에 2주일만 개회했다. 평화판사(치안판사)는 이전에는 선출직이었으나 이제 주지사의 임명을 받았다. 부주지사는 해당 주 출신이었지만 주지사(평균 4.3년 직무를 보았다)는 거의 언제나 외부인사로 채워졌는데, 이는 그들이 궁극적으로 충성을 바쳐야 하는 대상은 나폴레옹임을 강조하기 위해서였다.[63] 이토록 권위주의적 체제였음에도 불구하고 직전의 볼품없던 체제에 비하면 훨씬 효율적이었다.[64] 나폴레옹은 제1집정으로서 모든 공직자가 국가의 월급을 받는 공무원으로 일하게 하되 적절한 훈련 과정을 거치도록 했다. 또한 부패와 친족주의에 따른 승진을 폐지하고 대신 개개인이 갖춘 능력과 장점에 보상을 해 주었다. 그는 주지사에게 통계 자료를 체계적으로 제출할 것과 직접 정보를 얻기 위해 관할 주를 매년 광범위하게 순행할 것을 지시했다.[65] 훗날 나폴레옹은 주지사들을 두고 '소황제'라 부르기도 했다. 바스피레네 주지사 보니파스 드 카스텔란 노브장은 주지사의 임무가 "세금을 걷고, 징병제도를 실행하고, 법과 질서를 유지"하는 것이라고 요약했다. 실은 여기에 더해 기병대에 필요한 말을 징발하고, 군대에 임시 숙소를 제공하고, 전쟁포로를 감시하고, 경제발전을 촉진하고, 국민투표와 선거에서 정부를 정치적으로 지지하고, 산적을 소탕해야 했다. 그뿐 아니라 주의 여론, 특히 특권층의 의견을 정부에 전할 임무도 있었다.[66] 나폴레옹이 관심 없는 분야, 예컨대 빈민구제나 초등교육 등은 주에 자체 처리할 권한이 있었다.[67]

날씨가 풀리면 오스트리아를 비롯한 연합국(이제 러시아는 빠졌다)과 전투를 재개할 예정이었으므로 나폴레옹은 거의 텅텅 빈 국고를 채워야 했다. 그는 고댕에게 파리에서 가장 부유한 은행가 15명 정도에게 1천2백만 프랑 이상을 빌리라고 지시했다. 은행가들은 최대 3백만 프랑까지만 빌려 줄 수 있다며 남은 금액은 국가에서 복권을 운영해 충당하라고 전했다. 이에 격노한 나폴레옹은 1800년 1월 27일 가브리엘 우브라르를 체포했다. 우브라르는 프랑스에서 가장 영향력 있는 은행가이자 방대한 해군 군납업체 소유주로 지난 4년간 약 8백만 프랑의 수익을 냈다는 소문이 돌았다[68](그가 브뤼메르 쿠데타의 재정 지원을 거부했다는 사실도 불리하게 작용했을 것이다). 본보기로 우브라르를 체포하면서 다른 은행가들이 지갑을 열긴 했으나 나폴레옹은 좀 더 확고하게 재원 기반을 다졌으면 했다. 군대를 동원할 때마다 매번 은행가와 군납업자의 허락을 받을 수도 없는 노릇이었다.

2월 13일 고댕은 프랑스 은행Banque de France의 문을 열었고 제1집정이 첫 번째 주주가 되었다. 파리의 은행가들은 본능적으로 조심성이 많고 비협조적이라 나폴레옹은 그들에게 기댈 생각이 없었다. 따라서 루앙의 제조업자 장 바르텔레미 르쿠퇴 드 캉트뢰와 스위스 은행가 장 페리고에게 초기 자본과 지침을 요청했다. 이들을 포함해 총 6인이 은행 운영을 맡았다. 프랑스 은행의 초기 자본금 3천만 프랑(셰어 블록share block당 1천 프랑)에 투자할 것을 촉구하기 위해 나폴레옹은 프랑스 은행이 집정정부의 보호를 받는다는 법령을 발포했다. 또한 자신의 측근인 조제프, 오르탕스, 부리엔, 클라르크, 뒤로크, 뮈라가 모두 투자자 명단에 실리도록 했다.[69] 프랑스 은행은 이론상 정부로부터 독립된 기관으로 〈모니퇴르〉는 은행이 공식 업무를 시작하기 전 프랑스 은행을 두고 "영국 은행과 비교해서는 안 되며 프랑스 은행의 자본은 정부로 흘러가지 않는다"라고 발표했다. 그러나 시간이 지나면서 은근슬쩍 정책이 바뀜에 따라 은행은 나폴레옹의 전쟁 자금을 대는 데 실로 큰 기여를 했다.

1803년 4월 프랑스 은행은 15년간 파리에서 지폐를 독점 발행할 권한을 확보했다. 1808년 프랑스의 법정 통화가 된 해당 지폐는 은행 담보보다 국가 보조에 기댔다. 시간이 흘러 금융계가 나폴레옹의 지원을 신뢰하면서 프랑스 은행은 현금 유통량을 두 배로 늘렸다. 이에 따라 개인 어음과 대출을 할인해 주고 지역마다 지점을 열었으며 수익과 주주 기반을 확장하고 대출 규모도 확대했다. 한마디로 전형적인 경제 선순환을 일으켰다. 나아가 프랑스 은행은 국가의 모든 연금과 보조금을 관리하는 등 중요한 정부 사업을 맡았다. 나폴레옹은 이토록 중요한 기관을 엄격하게 통제했고 1806년 4월 기존 운영진 대신 새로 운영을 맡을 총재 1인과 부총재 2인을 직접 임명했다. 재무부가 다른 은행에서 돈을 빌려야 하는 상황을 완전히 막지는 못했지만 적어도 전처럼 은행 소유주를 체포할 필요까지는 없었다.

1800년 2월 19일 나폴레옹은 뤽상부르궁에서 튈르리궁으로 거처를 옮겼다. 1792년 8월 루이 16세가 탕플 교도소로 끌려간(청년 장교 시절 나폴레옹이 직접 목도한 사건) 이후 처음 통치자가 튈르리궁에 자리를 잡은 것이다. 캉바세레스도 제2집정으로서 튈르리궁에 거주할 권한이 있었지만 명민하게도 자신은 곧 떠날 거라며 사양했다. 어차피 나폴레옹이 국민투표에서 승리함으로써 궁을 독차지할 것이라는 의미였다.

그렇게 보나파르트 부부는 튈르리궁으로 들어갔다. 나폴레옹은 카타리나 데 메디치(카트린 드 메디시스)가 꾸민 정원이 내려다보이는 2층의 루이 16세 방들을 차지했고, 조제핀은 1층에 있는 마리 앙투아네트의 전용 침실을 차지했다. 조제핀은 시종에게 이렇게 말했다.

"왕비의 유령이 나타나 자기 침대에서 뭘 하는 거냐고 물었어."

반면 나폴레옹은 아무 거리낌이 없었고 "자, 작은 크리올 사람. 주인님의 침대로 와"라고 말하면서 조제핀을 안고 자신의 침실로 데려갔다고 한다.[70] 튈르리궁을 십분 활용한 그들은 열흘에 한 번씩 2백 명을 초대해 저녁 연회를 열었다. 그들은 베르사유궁 창고에서 청동상과 태피스트리를 가져왔고 응접실을 노란색과 연보라색 실크로 장식했다. 그 무렵부터 조제핀은 엠파이어 스타일이라는 새로운 양식을 일궈내기 시작했다. 엠파이어 스타일은 가구와 패션, 인테리어 장식, 디자인 등 다양한 분야에 영향을 주었다. 혁명 이후 10년이 흐른 시점에 조제핀은 에티켓 부활에 일조했다.

나폴레옹은 튈르리궁으로 거처를 옮기자마자 대전시장에 전시할 목적으로 영웅들의 조각상 22점을 수집했다. 이 중에는 알렉산드로스 대왕과 율리우스 카이사르는 물론 한니발, 스키피오, 키케로, 카토, 프리드리히 2세, 조지 워싱턴, 미라보, 혁명 장군 당피에르 후작 등이 있었다. 블렌하임 전투에서 승리를 거둔 것으로 유명한 말버러 공작과 뒤고미에 장군, 군사의 거인 구스타부스 아돌푸스도 선택을 받았다. 삭스 원수는 분명 툴롱에서 나폴레옹의 가치를 알아본 식견 덕분에 선택받았을 것이다. 이제 사망했으므로 위험의 여지가 없는 주베르 역시 포함했다. 영웅들 중 절반은 토가 차림이었고 이는 나폴레옹의 초상화 자세에도 영향을 주었다. 장 오귀스트 앵그르가 그린 나폴레옹 초상화는 제1집정이 된 그의 모습을 처음 묘사한 작품으로 그가 조끼 주머니에 손을 넣고 있는 모습을 담았다.[71]

영국 명문가 출신 여성인 메리 베리는 조제핀의 스위스 출신 재단사 산도스의 안내에 따라 보나파르트 부부의 거주 공간을 둘러보고 다음 기록을 남겼다.

"검소한 공화정은 이토록 장엄한 모습에 놀랄 수밖에 없을 것이다. 베르사유궁과 프티트리아농궁도 본 적 있지만 이 정도로 장엄하지는 않았다."

그녀가 살롱을 묘사한 바에 따르면 "밤색으로 인동무늬 자수를 새긴 연보라색의 반짝이는 견직물로 장식한 모습이 매우 아름다웠다." 그다음 살롱은 "노란 공단에 갈색과 짙은 붉은색 술로 장식했는데" 첫 번째 살롱보다 더 장엄하고 "유리(거울)에 모두 휘장을 드리웠으며 틀을 대지 않았다"고 한다. 베리는 세브르 도자기, 반암 탁자, 오르몰루 받침대, 샹들리에, 의자, '정교한 태피스트리', 나뭇가지 모양의 촛대 등도 세세하게 묘사했다. 보나파르트 부부의 침실에 들어간 베리는 하얀색과 금색의 장식 술을 두른 푸른 비단 덮개를 보고는 더욱 감탄을 쏟아 냈고 '부부가 실제로 한 침대에서 자는 것'을 알고 깜짝 놀랐다고 한다.72)

나폴레옹은 성격상 이 모든 것에서 경제적으로 손해 볼 생각이 없었다. 그는 덮개 제작자들이 사기를 치지 않을지 걱정했고 종을 울리기 위한 설렁줄의 상아 손잡이가 얼마나 하는지 장관에게 물어보기도 했다. 장관이 모르겠다고 대답하자 나폴레옹은 손잡이를 잘라내 시종에게 건네주었다. 시종이 평복을 입고 여러 가게를 돌며 직접 가격을 조사해 온 뒤에야 나폴레옹은 손잡이 12개를 주문했다. 나폴레옹은 자신이 청구받은 가격에 비해 실제 가격이 3분의 1 가량 저렴하다는 것을 확인하고 거래업자들이 청구하는 모든 가격에서 3분의 1을 깎았다.73)

로르 다브랑테스가 회상한 바에 따르면 혁명 이전의 파리 모습을 되살려 "모든 쾌락의 중심지로 만드는 것이 제1집정의 정책 방향이었다."74) 그 일환으로 드레스, 마차, 은세공품 등 프랑스가 전통적으로 강세를 보인 사치품 산업을 다시 활성화했다. 또한 나폴레옹은 사교 생활을 되살림으로써 새로운 체제의 굳건함을 드러낼 수 있으리라 믿었다. 혁명 이전 프랑스 경제는 사치품에 크게 의존하고 있었다. 그 대표적인 지역이 유럽의 비단산업 중심지인 리옹이다. 나폴레옹은 사치품 부활을 촉진할 작정이었다. 그는 제1집정으로서 금색 자수를 새긴 붉은 타페타 코트(아비 루즈 habit rouge)를 자주 입었는데, 이는 유명한 비단상인 M. 르바셰와 조제핀의 추천에 따른 것이었다. 나폴레옹은 다브랑테스에게 이렇게 말했다.

"이토록 화려한 것을 걸치는 데 다소 반감이 들기는 했소. 하지만 바로 그렇기 때문에 내 결심이 더욱 잘 드러날 것이라 생각했소."75)

화가들은 그의 의상에 주목했고 '대단한 의상을 입은 프랑스공화국 제1집정 보나파르트'라는 제목의 작품도 탄생했다.[76] 집정근위대 역시 새로운 제복을 지급받았으며 나막신 대신 군화를 신었다. 근위병은 검은 털모자를 쓰고 흰색 끝동에 붉은 견장이 달린 감청색 군복을 입었다.[77]

절묘할 정도로 어긋난 타이밍으로, 나폴레옹이 튈르리궁으로 이전한 바로 다음 날 루이 16세의 동생 프로방스 백작(1795년 자신의 조카가 사망한 이후 스스로를 루이 18세라 칭했다)이 나폴레옹에게 편지를 보냈다. 쿠를란트(현재의 라트비아)의 옐가바성에 망명 중인 자신이 프랑스로 돌아갈 수 있도록 허락해 달라는 내용이었다. 루이는 자신에게 프랑스 왕좌를 되돌려 준다면 나폴레옹에게 왕국의 어떤 자리도 내주겠다고 시사했다. 나폴레옹은 6개월이 지난 후에야 답신을 보냈다.

"편지에 기록한 정직한 내용에 감사합니다."

과거 자코뱅파였던 사람치고 동정적인 자세이긴 했지만 담겨 있는 뜻만은 확실했다.

"프랑스로 돌아올 생각은 하지 마십시오. 그러려면 10만 구의 시신을 밟으며 와야 할 것입니다. 프랑스의 평화와 행복을 위해 당신의 사익을 포기하십시오. 역사가 인정해 줄 것입니다. 당신 가족의 불행을 의식하지 못하는 것은 아닙니다. … 안정적이고 기분 좋은 은퇴 생활을 즐기실 수 있도록 기꺼이 돕겠습니다."[78]

나폴레옹은 로드레와 마레에게 루이의 편지를 알려 주었다.

"그 편지는 매우 아름답다. 정말 아름답다! 내 대응 역시 아주 좋았다."[79]

조제핀은 나폴레옹에게 이런 농담을 던지기도 했다. 조제핀의 왕당파 친구들이 말하길, 만약 부르봉 왕가를 복권해 준다면 나폴레옹을 왕의 머리에 왕관을 씌워 주는 천재로 묘사한 조각상을 카루젤 광장에 세워 주겠다고 약속했다는 것이다. 나폴레옹은 이렇게 답했다.

"그래. 그리고 내 시신이 조각상 발판 밑에 깔려 있겠지."[80]

부르봉 왕가는 망명 생활을 쉽사리 받아들이지 못했다. 나폴레옹이 루이에게 보낸 답장으로 인해 이들은 1800년 가을 이후부터 나폴레옹의 목숨을 노린 음모를 꾸미기 시작했다.

15주도 채 지나지 않은 기간 동안 나폴레옹은 실질적으로 프랑스혁명에 마침표를 찍고 시에예스를 내보냈다. 또한 프랑스의 새로운 헌법을 제정했으며 국가의 재정 기반을 견고하게 다졌다. 그는 반대파 언론의 입에 재갈을 물리고, 시골 산적을 소탕하고, 질질 끌어온 방데 전쟁도 끝장을 보았다. 여기에다 원로원과 호민원, 입법부, 국무원을 설립하고 과거 어떤 정치 파벌이었든 상관하지 않고 유능한 관리들을 임명했다. 그는 부르봉 왕가의 제안을 묵살했으며 그가 영국과 오스트리아에 보낸 평화 제안은 거부당했다. 나폴레옹은 국민투표에서 (사기행각까지 벌여가며) 압승을 거두고 프랑스의 지방 행정을 재조직했으며 프랑스 은행을 세웠다.

3월 16일 프랑스는 오스트리아와 다시 교전을 벌일 준비를 하고 있었다. 나폴레옹은 라인강 원정군 총사령관 모로에게 보낸 편지에서 다음과 같이 일렀다.

"오늘 나는 자유와 행복을 잃은 일종의 허수아비와 같네. 장엄함이 좋다 해도 과거의 기억이나 상상 속에서만 좋다네. 자네의 행복한 운명이 부럽군. 용맹스러운 부하들을 이끌고 위대한 업적을 세우겠지. 집정으로서 내가 걸치는 보라색 옷을 자네 휘하의 기병이 달고 있는 견장과 기꺼이 바꾸고 싶은 심정이네. … 상황만 허락된다면 나는 반드시 자네에게 도움을 주러 가고 싶네."[81)]

3주 후 실제로 상황은 그렇게 흘러갔다. 카디보나 전투에서 오스트리아 장군 미하엘 폰 멜라스가 니콜라 술트 장군을 무찔러 사보나 쪽으로 쫓아내고 마세나도 제노바 쪽으로 밀어붙였던 것이다. 결국 제노바는 포위당했으니 바야흐로 나폴레옹이 전장으로 복귀할 때가 되었다.

마렝고

11

우리는 얼음과 눈, 폭풍우, 눈사태에 맞서 분투했다.
생베르나르 고개는 그토록 많은 사람이 나타나서 놀랐는지
우리에게 온갖 장애물을 투척했다.

1800년 5월 18일 나폴레옹이 제2, 제3집정에게

–

카이사르는 자신의 행운을 말하고 자신의 행운을 믿는 모습을
보여 주었는데 무척 효과적이었다. 그것은 사람들의 자존감을
건드리지 않으면서 상상력을 자극하는 하나의 방법이었다.

나폴레옹, 《카이사르의 전쟁》

나폴레옹은 제1집정이 된 순간부터 오스트리아와 다시 전쟁을 벌일 준비를 하기 시작했다. 그는 또다시 참모총장을 맡은 베르티에에게 6주에 걸쳐 제안서 28개를 보여 주었다. 1800년 1월 7일에는 디종에 기지를 두고 비밀리에 예비군 3만 명을 조직하라고 명령했다. 예비군은 대부분 전쟁의 고충을 잘 아는 참전 용사로 지방 수비대 여단에서 파견된 이들과 방데에서 불려 온 이들도 있었다. 다른 한편으로 전쟁을 시작한 후에야 머스킷총을 장전하고 발포하는 방법을 배운 징집병도 상당수를 차지했다. 이때 상등병 한 명 지휘 아래 경험이 있는 병사 8명과 새로 들어온 병사 8명이 하나의 팀을 이루는 '캉틴canteen 체계'를 도입했다. 이들은 함께 행군하고 식사하고 야영함으로써 신병이 업무를 빠르게 익히도록 했다.

1월 25일 나폴레옹은 베르티에에게 다음과 같이 지시했다.

"앞서 말한 군대 배치는 반드시 기밀을 유지해야 한다. 직속 부하에게도 꼭 필요한 정보 외에는 아무것도 요구하지 않아야 한다."[1)]

그의 뜻대로 기밀을 잘 유지한 덕분에 모로 장군은 현재 집결하는 나폴레옹 군대를 그저 예비군일 뿐이라고 착각했다. 실제로는 이탈리아의 알프스산맥을 넘어 오스트리아 미하엘 폰 멜라스 장군(70대 노장)의 환히 드러난 우측면을 공격할 병력이었다(나폴레옹은 이탈리아에 파견한 프랑스군, 특히 제노바 주둔군의 보고로 오스트리아군의 동태를 파악하고 있었다). 폰 멜라스는 고령이지만 여전히 강력한 적장이었고 러시아의 위대한 지휘관 알렉산드르 수보로프 원수의 부하로서 경험을 쌓은 이였다(수보로프는 단 한 번도 패한 적 없는 장군으로 5월 18일 상트페테르부르크에서 사망했다).

나폴레옹은 알프스산맥의 어느 쪽을 넘어 이탈리아 북부로 행군할 것인지 결정해야 했다. 어쩌면 자신이 선호하는 전략인 후방 공격을 실행하고자 슈플뤼겐이나 생고타르 등 가장 동쪽에 있는 통로를 원했을지도 모른다. 그러나 오스트리아군이 서쪽을 향해 빠른 속도로 행군하며 이탈리아 북부를 통과한 뒤 프랑스 남부를 노리고 있는 상황이었다. 나폴레옹은 대 생베르나르 고개(2,470미터)와 소 생베르나르 고개(2,160미터) 중에서 선택해야 했다. 그는 너무 서쪽으로 치우친 소 생베르나르 고개 쪽으로 1개 사단만 보내고 군대의 주 병력은 대 생베르나르 고개를 넘게 하기로 결정했다. 그리고 아드리앙 몽세 장군 휘하의 1개 사단은 생고타르 고개로 보냈다.

나폴레옹은 기습공격을 목표로 했다. 한니발과 샤를마뉴 대제 이후 군대를 이끌고 알프스산맥을 넘은 이는 아무도 없었다. 코끼리를 타고 행군하는 정도까지는 아니었지만 총열이 250킬로그램에 이르는 그리보발 8파운드와 4파운드 대포를 끌고 다니며 산맥을 넘어야 했다. 행군을 시작한 5월 초에도 눈이 여전히 두껍게 쌓여 있었다. 마르몽은 대포를 운반하기 위해 나무줄기 속을 파내 썰매를 만들었다. 북소리에 맞춰 한 번에 100명씩 알프스산맥 위쪽으로 썰매를 끌어올렸다가 다시 내려갔다(이탈리아 방면 산맥 경사가 프랑스 방면보다 훨씬 급해 오르막길보다 내리막길이 더 힘들었다고 한다). 자금과 보급품은 행군하는 길에 위치한 수도원과 간이숙박소로 미리 보내두었고 고용한 현지 안내자들은 비밀을 맹세했다. 나폴레옹과 베르티에 그리고 4월 2일 합류한 카르노까지(나폴레옹은 베르티에를 예비군 지휘관으로 보낸 뒤 카르노를 전쟁장관으로 임명했다) 세 사람은 전쟁사상 가장 경이로운 작전의 모든 면을 하나하나 조직했다. 뒤마 장군이 회의적으로 나오자 나폴레옹이 말했다.

"두 사람이 발을 디딜 수 있는 곳이라면 군대는 계절과 장소에 구애받지 않고 어디로든 행군할 수 있다."[2]

3월 17일 나폴레옹은 집정 회의와 국무원 회의, 군사 전략 회의를 주재했다. 집정 회의는 거의 매일 열렸고 국무원 회의는 이틀마다 열렸다. 군사 전략 회의에서는 대축척 피에몬테 지도를 바닥에 펼쳐놓고 수석 지도제작자 바클레 달브 장군과 함께 무릎을 꿇은 채 빨간색과 검정색 밀랍이 달린 핀으로 여러 군대의 위치를 표시하기도 했다(나폴레옹과 달브는 지도 위를 기어 다니다가 서로 머리를 부딪치기도 했다). 나폴레옹은 전략 회의 중에 부리엔에게 어디에서 결정적인 전투가 벌어질 거라고 생각하느냐고 물었다.

"도대체 제가 어떻게 알겠습니까?"

브리엔 학교 출신인 개인비서의 대답에 나폴레옹이 타박했다.

"음, 여기를 보게. 바보 같으니."

그는 산줄리아노 베키오의 스크리비아강 인근 평야를 가리키며 프랑스군이 알프스산맥을 넘으면 멜라스가 어떤 전략을 펼칠 것인지 예측한 바를 설명했다.[3] 실제로 석 달 뒤 바로 그 위치에서 마렝고 전투가 벌어졌다.

4월 19일 오스트리아의 카를 폰 오트 장군 휘하 2만 4천 명이 제노바를 포위했고 마세나의 병력 1만 2천 명은 꼼짝없이 갇힌 신세가 되었다. 영국 해군의 봉쇄로 시내에는 남아 있는 식량이 거의 없었다. 마르보 중위에 따르면 그로부터 몇 주 동안 "상한 밀가루, 톱밥, 전분, 머리에 뿌리는 파우더, 오트밀, 아마씨, 산패한 견과류 등 각종 형편없는 재료들을 넣고 코코아를 살짝 넣어 간신히 모양새를 갖춘 빵"으로 연명해야 했다고 한다.[4] 티에보 장군은 토탄土炭에 기름을 섞은 맛이라고 표현했다. 그들은 잔디와 쐐기풀, 나뭇잎에 소금을 넣어 끓여 먹고 개와 고양이도 모두 잡아먹었으며 "들쥐는 비싸게 팔렸다." 시민과 병사 수천 명이 굶어 죽거나 영양실조 합병증으로 죽었다. 프랑스군은 제노바인이 4명 이상 모여 있는 모습을 보면 그들이 항구를 포기할까 두려워 발포했다.

나폴레옹은 출동하고 싶어 몸이 근질거렸고 4월 25일 베르티에에게 이런 편지도 보냈다.

"이탈리아나 라인강 상황이 좋지 않게 흘러가 내가 필요해지면 알려 주게. 자네의 편지를 받고 1시간 내로 출발하겠네."5)

나폴레옹은 난무하는 추측을 잠재우고 향후 군사 작전의 병참 문제를 종합적으로 해결하기 위해 말메종과 파리를 오갔다. 그는 장비를 제대로 갖추지 못한 빈약한 군대를 군중(그리고 오스트리아 첩자들) 앞에서 열병했고 5월 5일 월요일 밤에는 오페라를 관람하러 갔다. 전쟁의 모든 균형이 마치 독일이라는 무대 위로 쏠리고 있는 것 같았다. 모로는 훨씬 더 많은 병력을 보유하고 독일에서 잘 버티고 있었으며 4월 25일 라인강을 건넜다. 나폴레옹은 개인적으로 모로를 축하했는데 그 정도가 지나쳐 존경하는 것처럼 보일 정도였다. 정치권력의 현실에 익숙지 않은 이들의 눈에는 나폴레옹이 대선거후로, 모로는 그의 전쟁 집정관으로 보였을 정도였다.

마침내 나폴레옹은 공격을 개시했다. 그는 오페라 공연이 끝난 지 몇 시간도 채 지나지 않은 새벽 2시에 파리를 출발해 다음 날 아침 디종에 이르렀고, 5월 9일 새벽 3시에는 제네바에 도착했다. 그는 제네바에서 행진과 사열을 하며 존재감을 과시하고 바젤에 갈 것이라고 공표했다. 한편 프랑수아 바트랭 장군 휘하 사단의 선봉은 대 생베르나르 고개를 올라가기 시작했고 곧 란, 빅토르 장군, 필리베르 뒤엠 장군의 군대가 뒤를 이었다. 나폴레옹은 베시에르의 집정근위대와 뮈라의 기병대를 자신 곁에 두었다6)(포도밭을 소유한 뒤엠 장군이 나폴레옹에게 포도주를 보내자 그는 이렇게 답변했다. "자네가 거둘 첫 승을 기념하며 이 포도주를 마시겠네."7)).

알프스산맥은 아직도 매서운 겨울 날씨라 오솔길(생베르나르 고개에 도로가 처음 생긴 것은 1905년의 일이다)은 얼어붙고 눈이 잔뜩 쌓여 있었다. 그렇지만 나폴레옹은 날씨 운이 매우 좋은 편이었다. 5월 14일 군대는 알프스산맥을 오르기 시작했고 총 11일이 걸렸다(한니발이 알프스산맥을 넘는 데 걸린 시간의 절반에 불과하다). 군대가 산을 탄 11일 동안은 절묘하게 날씨가 좋았으나 그 전후로 기상이 상당히 악화되었다. 산사태로 대포 40문 중 1문을 잃을 정도였다. 18일 나폴레옹은 탈레랑에게 말했다.

"샤를마뉴 대제 이후 이 고개에 이토록 대규모 군대가 몰려온 것은 처음이라네. 수많은 장비가 우리의 발길을 붙들었으나 마침내 우리 포병대 절반이 아오스타에 도달했다네."8)

나폴레옹이 군대의 선봉을 이끌고 알프스산맥을 넘은 것은 아니었다. 오히려 그는 가장 중요한 병참 문제(식량, 탄약, 노새)를 모두 해결한 후 뒤따라갔다.9) 그는 공금 지불 담당자에게 계속 압력을 가하며 경고했다.

"우리는 아오스타 계곡에서 생명의 위험을 무릅쓰고 있는데 이곳에는 고작 건초와 포도주뿐이다."10)

5월 20일 나폴레옹이 생피에르에서 가장 힘든 구간을 헤치고 왔을 무렵 바트랭과 란은 이미 피에몬테 내지로 65킬로미터 진군한 상태였다.

총 인원 5만 1천4백 명과 말 1만 마리, 노새 750마리가 알프스를 넘었다. 일부 구간을 지나갈 때는 일렬종대로 행군했으며 해가 뜨고 나면 눈사태 위험이 있었기에 매일 새벽같이 출발해야 했다.11) 군대는 아오스타 계곡 초입에 자리한 난공불락의 바르드 요새에 도착했다. 바르드 요새는 도라발테아강 훨씬 위에서 좁은 협곡을 내려다보는 지세를 갖췄고 요제프 베른코프 대위가 이끄는 헝가리 병사 4백 명이 요새에서 12일에 걸쳐 저항했다. 프랑스군의 대규모 행렬(수많은 대포, 탄약 상자 36개, 그 외 운송수단 100대)은 완전히 발목이 잡혔다. 병력의 일부가 한참 뒤처지면서 작전에 상당한 타격을 주었다. 밤중에 간신히 통과한 마차는 소음을 줄이고자 바퀴가 지나갈 길 위로 똥과 지푸라기를 뿌렸다. 6월 2일 마침내 요새의 벽 여러 군데가 무너지고 베른코프의 병사 절반이 전사하면서 바르드 요새를 함락했다. 그 이후 프랑스군은 진군을 이어갔다. 바르드 요새에서 시간을 너무 지체하는 바람에 프랑스군은 대포

이탈리아 북부, 1796-1800년

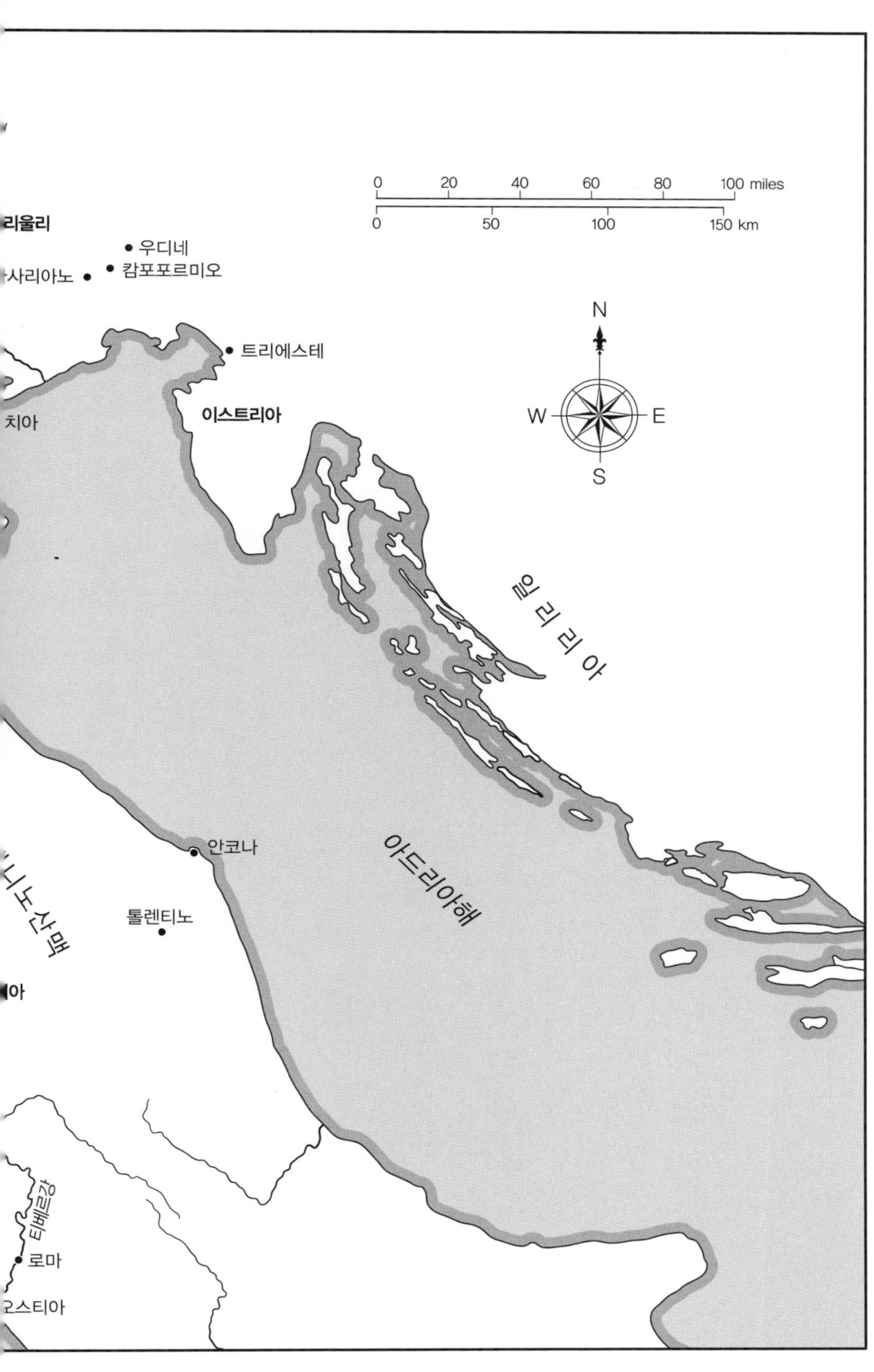
0 20 40 60 80 100 miles
0 50 100 150 km
N
W
E
S
우디네
캄포포르미오
트리에스테
이스트리아
일 리 리 아
아드리아해
안코나
톨렌티노
티베르강
로마

와 탄약이 몹시 부족해졌다. 결국 나폴레옹은 롬바르디아와 토스카나를 샅샅이 뒤져 필요한 것을 모두 징발해야 했다.

나폴레옹은 국정을 운영하면서 사람들이 무엇을 기대하는지 알고 잘 조정했다. 따라서 자신이 자리를 비웠을 때 사람들이 들떠 날뛰도록 내버려 둘 생각이 없었다. 파리의 신문에 나폴레옹이 한 달 내에 밀라노를 장악할 수 있을 거라고 예측했다는 기사가 실리자 그는 격노했다. 다음은 그가 5월 19일에 남긴 기록이다.

"나는 그런 말을 하는 사람이 아니다. 나는 내가 알고 있는 사실조차 거의 말하지 않는다. 앞으로 무슨 일어날지 역시 절대 입에 담지 않는다."[12)]

그는 〈모니퇴르〉에 이 같은 취지의 "익살스러운 메모"를 게재하라고 지시했다. 하지만 나폴레옹은 실제로 파리를 떠난 지 한 달 만에 밀라노에 입성한다.

나폴레옹은 알프스산맥을 넘으면서 대체로 말 한 마리만 탔고, 생피에르 주변의 얼음이 많은 구간에서는 노새(발걸음이 더 안정적이다) 한 마리만 탔다.[13)] 그는 평복 위에 늘 입는 회색 외투를 걸쳤다. 나폴레옹은 안내를 맡은 이에게 산 너머로 데려다주는 대가로 무엇을 원하느냐고 물었다. 그러자 안내원은 자신은 스물두 살인데 여자친구와 결혼할 수 있도록 "좋은 집과 소와 양 여러 마리를 가진 자의 행복"만 바란다고 대답했다.[14)] 나폴레옹은 그 모든 것을 구입하도록 6만 프랑을 주라고 지시했다가 사실 그 청년이 스물일곱 살이고 이미 결혼했으며 자기 집까지 있다는 것을 알고는 1천2백 프랑으로 줄였다.[15)]

5월 22일 무렵 란은 이브레아와 피에몬테를 손에 넣었다. 니스를 함락한 폰 멜라스는 아오스타 계곡에 주둔 중인 프랑스군이 겨우 6천 명뿐이라고 알고 있었다. 나폴레옹은 멜라스가 계속 니스를 장악하도록 내버려 둔 채 오스트리아군을 서쪽으로 더욱 몰아넣으며 공격을 준비했다. 24일 나폴레옹은 병력 3만 3천 명을 거느리고 아오스타로 진입했고 몽세 사단 1만 2천5백 명도 뒤따라오는 중이었다. 나폴레옹은 조제프(이제 파리 입법부 소속이 되었다)에게 말했다.

"우리는 번개처럼 나타났지. 전혀 예상치 못한 상황이라 적군은 무슨 일이 벌어지고 있는지조차 알아차리지 못했어. 여기서 위업이 이뤄질 거야."16)

나폴레옹은 사사로운 정에 얽매이지 않는 무자비한 성격 때문에 그토록 강력한 지휘관이 될 수 있었고 이번 전쟁에서도 마찬가지였다. 병사들은 물론 수석 지휘관들까지 아사 상태의 제노바를 구하기 위해 우선 남쪽으로 행군할 것이라 예상했으나 나폴레옹은 그러지 않았다. 대신 그는 동쪽으로 행군해 밀라노의 대규모 보급창고를 손에 넣었고 멜라스 병력이 민치오강과 만토바 쪽으로 퇴각할 길을 끊으려 했다. 마세나에게는 가능한 한 오래 버티면서 오트의 포위군을 묶어 놓으라고 명령을 내렸다. 나폴레옹이 당연히 제노바부터 구할 것이라고 생각한 멜라스는 뒤통수를 맞았다. 결국 멜라스는 나폴레옹을 막기 위해 니스를 포기하고 토리노에서 알레산드리아로 돌아갔다.

6월 2일 멜라스는 병력을 집결하고자 오트에게 제노바 포위를 풀라고 명령했다. 마침 그때 마세나가 항복을 받아 줄 조건을 물어오자 오트는 멜라스의 명령을 무시했다. 같은 날 오후 6시 30분, 나폴레옹이 폭우를 뚫고 베르첼리 문을 통과하며 밀라노에 입성했다. 그는 대공의 궁에 숙소를 정한 뒤 새벽 2시까지 편지를 구술하면서 받아 적게 했다. 또한 치살피나공화국을 다스리던 프란체스코 멜치 데릴을 만나고 새로운 도시정부를 세웠다. 그는 오스트리아군이 억류한 전쟁포로를 석방했는데 그들은 밀라노를 지역 본부로 사용하고 있었다. 빈에서 송신한 멜라스의 긴급공문을 읽고 그는 적군의 힘과 배치, 병사들의 사기를 알아 냈다. 몽세 사단이 밀라노에서 합류했으나 대포도 탄약도 거의 다 떨어진 상태였다. 한편 란은 파비아에 입성했으며 대포 30문을 압수했다. 적군이 대포의 포문을 모두 막아 두었으나 란은 간신히 5대를 고쳐서 사용할 수 있는 상태로 되돌려 놓았다. 멜라스가 파비아에 둔 정부情婦에게 보낸 편지 역시 란의 손에 들어왔는데 이는 나폴레옹이 재미있어 할 만한 내용이었다. 프랑스군이 롬바르디아에 나타날 리 없으니 걱정하지 말라고 안심시키는 편지였으니 말이다.[17] 5월 11일과 16일 나폴레옹은 조제핀에게 편지를 보내 "작은 사촌"에 관해 묻고 그녀의 아들 외젠의 소식을 전해 주었다. 29일 또다시 보낸 편지에서 그는 이렇게 말했다.

"열흘 후면 내 조제핀의 품에 안길 수 있으리라 희망하오. 당신은 울거나 교태만 부리지 않으면 언제나 최고요."[18]

6월 4일 제노바가 항복했다. 당시 주민 16만 명 중 3만 명이 아사하거나 영양실조 합병증으로 죽었고 프랑스 병사 4천 명도 죽었다. 건강한 병사 4천 명은 항복에 따른 보상으로 행군하여 프랑스로 돌아가도 좋다는 허락을 받았다. 병자와 부상자 4천 명은 키스 경 제독 휘하의 영국 해군 선박에 태워 프랑스로 이송했다. 이는 항구를 봉쇄하고 있던 키스 제독이 수많은 프랑스 군인이 전장을 떠나는 편이 더 이득일 것이라고 판단했기 때문이었다.[19] 특히 마세나는 부하들과 똑같은 음식을 먹겠다고 고집을 부리다가 건강이 악화되었다. 마세나는 나폴레옹이 자신을 구해 주지 않은 것을 결코 완전히 용서하지 않았다. 반면 나폴레옹은(평생 단 한 번도 포위당한 적이 없었다) 마세나가 열흘을 더 버텼어야 했다며 비난했다. 훗날 나폴레옹은 세인트헬레나에서 유배 중일 때 다음과 같이 회상했다.

"노인과 여성 몇 명쯤 굶어 죽었을 수도 있겠지만 그래도 마세나는 제노바를 포기해서는 안 되었다. 언제나 인류애에 사로잡혀 있는 사람은, 특히 인류애에 몰두하는 사람은 절대로 전쟁에 나가서는 안 된다. 전쟁을 벌이는 중에 어떻게 늘 장미 향기만 나겠는가."[20]

심지어 나폴레옹은 마세나의 행동을 알레시아에서 카이사르에게 포위되었을 때 베르킨케토릭스 휘하 갈리아 사람들의 행동과 비교하면서 혹평을 쏟아내기도 했다. 만약 정말로 마세나가 열흘만 더 버텼다면 오트 병력이 마렝고 전투지에 제 시각에 도착하지 못했을 수도 있다.

이제 나폴레옹은 도시 한 개보다 더 큰 것으로 눈을 돌렸으니, 바로 밀라노 서쪽의 오스트리아군 전원을 죽이거나 포로로 잡고 싶다는 생각이었다.[21] 제노바에서 저항해 준 덕분에 나폴레옹은 멜라스의 뒷덜미를 잡을 수 있었다. 멜라스는 키스 제독과 힘을 합쳐 툴롱을 장악한다는 계획을 포기해야 했으며, 어떻게든 병참선을 다시 세우기 위해 동쪽으로 나아가야 했다. 포강 너머 영역 중 프랑스군이 손에 넣지 못한 주요 건널목은 피아첸차와 발렌차만 남은 상황이었으므로 멜라스는 두 도시에 몇 개 종대를 급파했다.

나폴레옹은 밀라노에서 프란체스코 톨리 등 이중 스파이(어쩌면 삼중 스파이일 수도 있다)들에게 오스트리아군의 배치를 질문했다. 6월 4일에는 라스칼라 극장에 갔다가 큰 갈채를 받았으며, 그날 밤 라스칼라의 아름다운 스타 가수로 스물일곱 살인 주세피나 그라시니와 잠자리를 함께했다. 다음 날 아침 둘이 함께 아침을 드는 모습을 베르티에가 보기도 했다.[22] 나폴레옹은 조제핀에게 냉정한 편지를 보냈다.

"당신을 여기에 초대하지 않겠소. 한 달 후면 돌아갈 예정이니 당신도 잘 지내길 바라오."[23]

같은 날(아마도 그라시니가 떠난 뒤) 가톨릭 사제 2백여 명이 신학을 토론하기 위해 궁을 찾아왔다. 나폴레옹은 그들에게 "내가 가톨릭, 교황, 로마의 종교에 얼마나 고취되어 있는지" 알려 주겠다고 나섰다.[24] 불과 1년 전 그는 카이로의 디완 앞에서 "하느님 외에 다른 하느님은 없다. 마호메트는 그의 예언자다"라고 말한 바 있다. 하지만 그에 관해서는 입도 벙긋하지 않고 이번에는 가톨릭교 이야기를 늘어놓기 시작했다. 그에 따르면 가톨릭교는 "특히 공화국 제도에 우호적이다. 나 또한 한 사람의 철학자인지라 어떤 사회의 어떤 사람이든 자신이 어디에서 왔고 어디로 가고 있는지 모른다면 공정한 사람도, 도덕적인 사람도 될 수 없으리라 생각한다. 이성만으로는 해결할 수 없는 문제다. 종교가 없으면 끊임없이 어둠 속을 헤맬 뿐이다."[25] 나폴레옹에게 신앙이란 진화하는 개념, 더군다나 전략적 개념이었다. 그는 자신이 싸우고 있는 지역의 신앙이라면 무엇이든 받아들이겠노라 진지하게 말한 적이 있다. 지금은 이탈리아 북부에서 전쟁을 벌이고 있으니 로마가톨릭을 받아들일 차례였다.

멜라스가 안전한 곳으로 이동하기 위해 선택할 수 있는 길은 세 갈래였다. 첫째는 피아첸차를 거쳐 포강 남쪽 둑으로 향하는 길, 둘째는 제노바로 가서 영국 해군의 도움을 받아 바다로 빠져나가는 길, 마지막은 파비아의 티치노강을 건너는 길이었다. 6월 9일 전장에 복귀한 나폴레옹은 세 가지 통로를 모두 봉쇄하고 싶었다. 그러려면 스스로 세운 전쟁의 제1원칙, 즉 병력을 하나로 집중해야 한다는 원칙을 어겨야만 했다. 힘의 집중이라는 자신의 첫 번째 전쟁 원칙을 위반해야 하는 것이다. 그날 란은 몬테벨로와 카스테지오 사이에서 오트에게 패배를 안겨 주었고, 오스트리아군은 서쪽으로 후퇴해 스크리비아강 너머 알레산드리아로 몸을 빼야 했다. 오트와 멜라스는 알레산드리아에서 합류했다. 다음 날 나폴레옹은 국무원 위원 클로드 페티에에게 말했다.

"과장하지 않고 적군 1천5백 명이 죽었으니 부상자는 그 두 배라고 봐도 되겠다."

이것도 과장이었다. 오스트리아군 사망자는 659명, 부상자는 1,445명이었다.26)

그로부터 사흘간 나폴레옹은 멜라스의 의도를 파악하기 위해 스트라델라에서 대기했다. 6월 11일 밤에는 드제와 이야기를 나눴는데, 드제는 곧 닥칠 격전에 딱 맞춰 이집트에서 막 도착한 참이었다. 드제는 비록 부하들까지 대동하지는 못했으나 영국군과의 짧은 휴전으로 주어진 틈을 잘 활용했다. 영국군의 시드니 스미스 경이 휴전 협정에 서명했으나 영국 정부는 이를 비준하지 않았다. 지난달 나폴레옹은 드제에게 편지를 보내 그와의 우정을 절절하게 표현했다.

"내 마음은 이제 나이가 들었고 인간이란 존재를 잘 알고 있다. 그런 내 마음이 당신에게 품은 우정은 다른 누구와도 비교할 수 없이 특별하다."27)

나폴레옹은 즉시 드제가 모니에와 부데 사단으로 구성한 군단을 이끌게 했다.

13일 오전 10시 나폴레옹은 산줄리아노 베키오로 말을 몰고 갔다. 그의 눈앞에는 마렝고 마을과 접경을 이루는 들판이 펼쳐져 있었는데, 이곳은 타나로강과 보르미다강이 합류하는 지점과 가까웠고 알레산드리아에서 동쪽으로 4킬로미터 떨어진 위치였다. 마렝고는 세 갈래 길이 모여드는 교통의 요지로 마렝고 건너편에는 보르미다강을 건너 알레산드리아로 갈 수 있는 다리가 있었다. 곡류로 흐르는 보르미다강의 굽이굽이는 천연 교두보 역할을 해 주었다. 보르미다강을 따라 세 개 마을, 즉 카스텔 케리올로, 마렝고, 스피네타 마을이 나란히 자리 잡고 있었으며 동쪽으로 6킬로미터를 가면 산줄리아노가 있었다. 보르미다강과 마렝고 사이 지역에는 포도원과 오두막, 농장, 습지 등이 드문드문 이어졌지만 그 너머에는 드넓은 평지가 펼쳐졌다. 몇 년 후 나폴레옹 밑에서 참모로 일하는 군사사가 앙리 드 조미니 대령은 그곳 평지를 두고 이탈리아에서는 드물게 대규모 기병대가 전속력으로 공세에 나설 수 있는 지역이라 묘사했다(오늘날보다 경작 규모가 작긴 하지만 1800년 당시에도 키가 큰 농작물이 시야를 가릴 정도였다). 6월 13일 비가 쏟아지는 가운데 소규모 프랑스 기병대(대략 3천6백 명으로 추정)가 360제곱킬로미터의 평원을 제대로 정찰하지 않은 채 토르토나로 향하는 보병대와 함께 행군했다. 이때의 실수로 프랑스군은 머지않아 큰 대가를 치렀다.

산줄리아노에 도착한 지 1시간쯤 되었을 때 나폴레옹은 멜라스가 제노바로 행군할 준비를 하고 있다는 정보를 입수했다. 멜라스는 마치 평원은 완전히 포기하고 마렝고만 장악하기 위해 퇴각하는 것처럼 보였다. 나폴레옹은 라포이프 휘하 사단에 포강 북쪽 발렌차에서 도하 지점을 점령하라는 임무를 내렸고, 드제에게는 멜라스의 진로를 차단하기 위해 부데 사단을 이끌고 노비로 행군하라고 지시했다. 선봉에서 군단을 지휘하던 빅토르는 오후 5시경 마렝고를 장악하라는 명령을 받았다. 이곳에서 가스파르 가르단 장군은 약 3천 명의 오스트리아군과 교전을 벌이기 시작했다. 남쪽에 있던 아실 드 당피에르 장군이 점점 가까이 다가오자 가르단은 마을을 공격했다. 폭우로 인해 전투가 잠시 지연되는 사이 시냇물과 강물 수위가 높

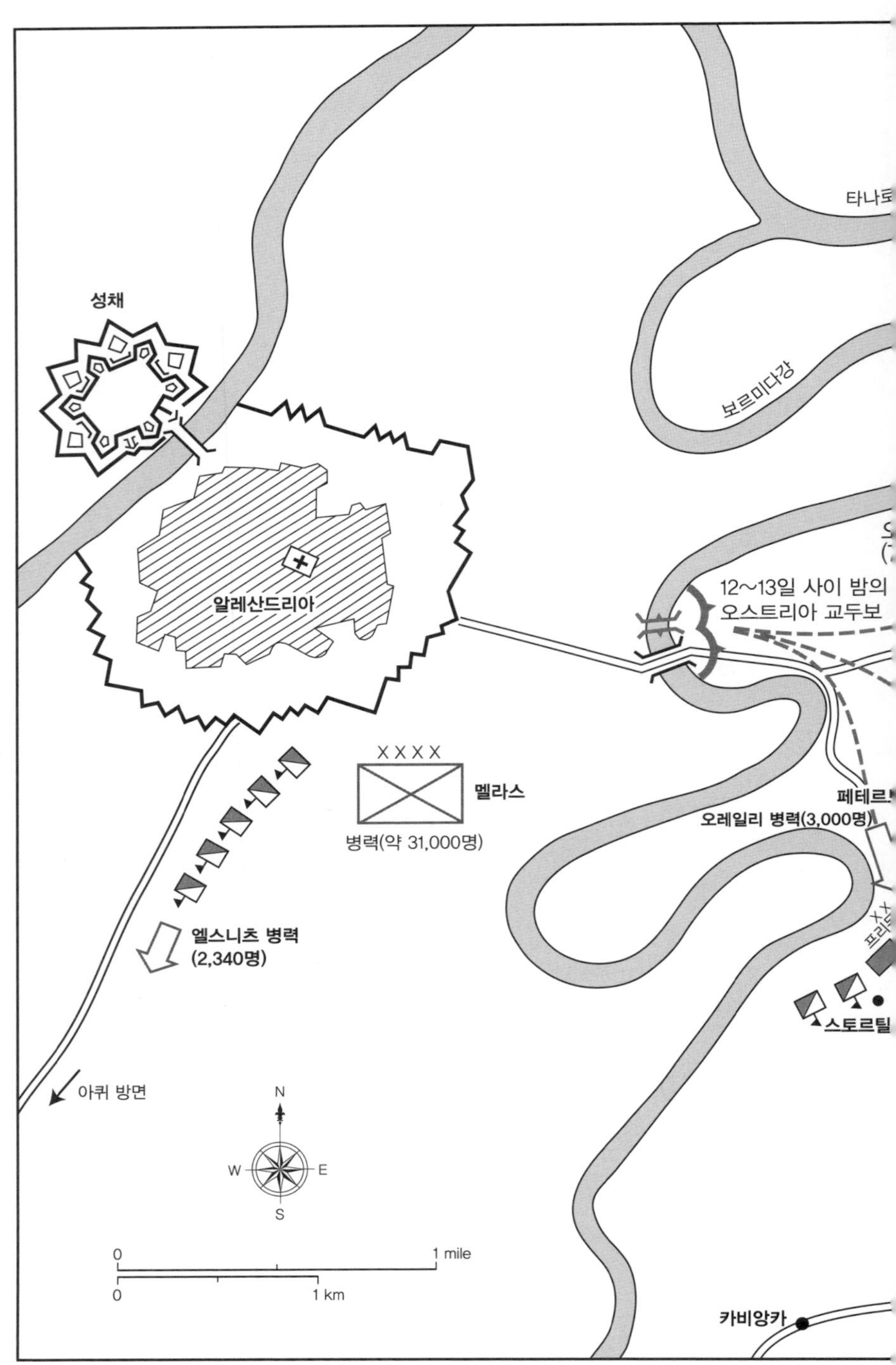

성채
보르미다강
알레산드리아
12~13일 사이 밤의
오스트리아 교두보
XXXX
멜라스
병력(약 31,000명)
오레일리 병력(3,000명)
엘스니츠 병력
(2,340명)
아퀴 방면
N
W
E
S
0
1 mile
0
1 km
카비앙카

마렝고 전투

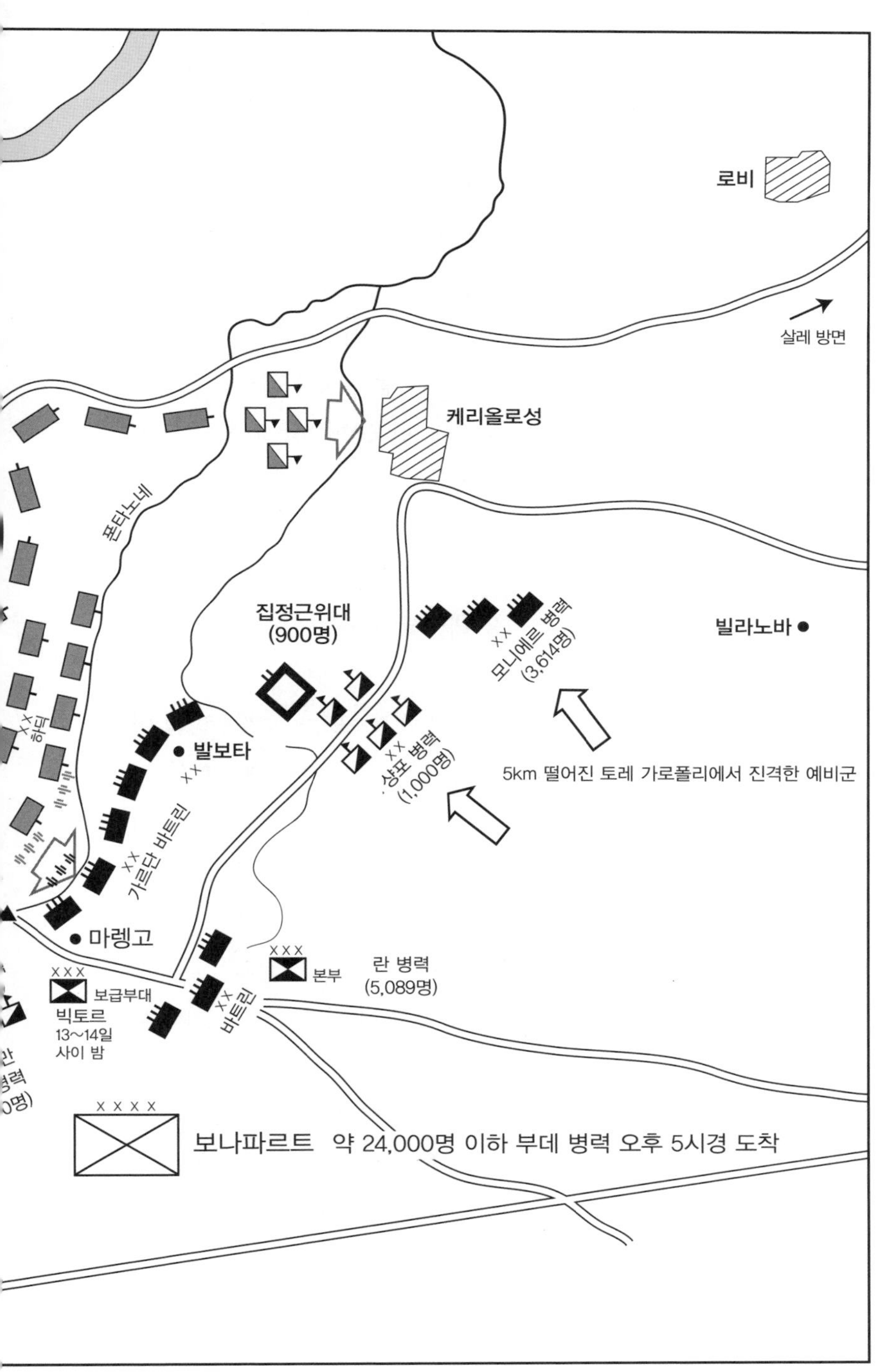

로비
살레 방면
케리올로성
폰타노네
집정근위대
(900명)
빌라노바
모니에르 병력
(3,614명)
발보타
상포 병력
(1,000명)
5km 떨어진 토레 가로폴리에서 진격한 예비군
하딕
가르단 바트린
마렝고
본부
란 병력
(5,089명)
보급부대
빅토르
13~14일
사이 밤
바트린
보나파르트 약 24,000명 이하 부대 병력 오후 5시경 도착아지고 있었으나 프랑스군은 마을을 점령한 뒤 대포 2문을 빼앗고 포로 백여 명을 붙잡았다. 오후 7시경 오스트리아군은 보르미다강 건너편에서 대포를 연속 쏴대며 프랑스군이 쫓아오지 못하게 저지했다. 오후 10시까지도 포격이 이어지자 프랑스군은 오스트리아군이 다음 날 그곳에서 싸울 의도가 없는 모양이라고 추측했다.

오스트리아군이 피운 모닥불 하나 보이지 않고 프랑스군 순찰대와 보병, 기병 모두 특이 사항을 전혀 보고하지 않았기에 나폴레옹은 다음 날 강 건너편에서 멜라스가 대규모로 반격해 오리라고 전혀 예상하지 못했다. 이처럼 첩보가 허술한 경우가 왕왕 있었다. 기병 순찰대는 멀리서 망원경으로 적진을 바라보며 적군의 수를 세었는데 위험에 노출될 때가 많았다. 더구나 정확도가 떨어졌고 이번에는 중간에 큰 강마저 있었다. 집정근위기병대 소속 조제프 프티의 회상에 따르면 "집정 각하는 기마 호위병들을 이끌고 마렝고 주위를 둘러보셨다. 각하께서는 멀리 평원을 가로지르며 주위를 자세히 살펴본 후 숙고 끝에 명령을 내리셨다."[28]

나폴레옹은 탈영병들을 '아주 진지하게' 심문했다. 개중에는 생루이의 부르봉 십자가를 달고 있는 망명 귀족 장교도 있었다. 프티가 회상하길 "모든 포로는 방금 이야기를 나눈 인물이 바로 보나파르트라는 사실을 알고 깜짝 놀랐다."[29] 그럼에도 불구하고 나폴레옹은 오스트리아군 후위 부대가 은밀히 방향을 틀었으며 오스트리아군 나머지 병력이 합류했다는 사실을 알아내지 못했다. 멜라스가 나폴레옹보다 기병과 포병에서 수적으로 우세한 점을 이용해 공세에 나서기로 결정했다는 사실 역시 까맣게 몰랐다. 결국 1800년 6월 14일 토요일 아침, 마렝고 전장에 선 나폴레옹에게는 3개 보병 사단과 2개 기병 여단의 병력 1만 5천 명 정도가 전부였다. 모니에와 집정근위대는 후방의 토레 가로폴리 농가 주변에 위치했으며 12킬로미터나 뒤에 있었다. 줄리아노에서 뻗어 나오는 큰 길에서도 동쪽으로 4킬로미터나 떨어진 위치였다. 나폴레옹은 산줄리아노에서 밤을 보내고 16세기에 지은 성아네스 성당(오늘날까지 남아 있다)의 종탑에 올라 지형을 살폈다. 빅토르는 마렝고에 있었으나 드제는 산줄리아노 뒤쪽으로 8킬로미터 떨어진 위치에서 노비를 향해 가고 있었으며 라포이프는 포강의 북쪽 둑으로 행군 중이었다.[30)]

보르미다강은 양쪽 사면이 매우 가팔랐는데 오스트리아군은 13일 밤 부교를 만들어 강 위에 띄우고 고정한 뒤 교두보를 세웠다. 또한 프랑스군이 오스트리아군의 위치와 숫자를 착각하게 만들고자 야영지에 모닥불도 피우지 않은 채 밤을 보냈다. 그날은 새벽 4시 30분에 해가 떴으며 기온이 매우 높았다. 프랑스군은 고작 병력 1만 5천 명과 대포 15문으로 오스트리아군 보병 2만 3천9백 명, 기병 5천2백 명, 대포 92문에 맞서야만 했다.[31)] 그런데 빅토르는 새벽이 다 가도록 나폴레옹에게 사태의 심각성을 알리지 못했다. 결국 나폴레옹은 오전 9시 오스트리아 포병대가 발포를 시작하고 가르단 휘하 초계병들이 밀려 나온 후에야 상황을 파악했다. 프랑스군이 일찌감치 교두보에서 맹렬하게 공세를 퍼부었다면 오스트리아군을 막을 수 있었을지도 모르지만 오전 9시는 너무 늦은 시각이었다. 만약 오스트리아군의 각 부대가 다리를 건너자마자 돌진했다면 빅토르를 완전히 제압할 수도 있는 상황이었다. 그러나 오스트리아군은 병력 전체가 함께 움직이기 위한 대열을 형성하고자 다리를 건넌 뒤 1시간을 허비했다. 한편 파리에서는 시에예스 등이 물밑에서 음모를 꾸미고 있었으니, 만약 나폴레옹이 마렝고에서 참패를 당했다가는 집정정부가 완전히 무너져 버렸을 터였다.

뮈라는 프랑수아 에티엔 켈레르만(그의 아버지는 발미의 승리자였다)에게 기병 여단을 이끌고 산줄리아노에서 진격하라고 명령했다. 베르티에는 카시나 디 부자나의 작은 언덕에서 시야를 확보한 뒤 빅토르에게 완강히 저항하라 지시하고, 나폴레옹에게는 토레 가로폴리에서 가능한 한 빨리 군대를 끌고 와야 한다는 전언을 보냈다. 오전 9시 30분경 가르단은 대대적인 포격을 받았다. 평지 땅이 단단해 포탄이 바닥에 떨어졌다가 다시 튀어 올라 더 큰 피해를 야기했다. 그럼에도 불구하고 프랑스군은 일사불란하게 손실을 최소화하면서 잘 싸웠다. 포격전은 2시간 동안 이어졌고 프랑스군은 꾸준히 일제사격을 퍼부었다. 하지만 가르단 휘하 6개 대대는 오스트리아군의 대포에 큰 타격을 받고 폰타노네 개울로 천천히 후퇴해야 했다. 오늘날 마렝고 박물관에 방문하면 주변에 위치한 폰타노네 개울의 경사가 얼마나 가파른지 확인할 수 있다. 오스트리아군 우측에 포진했던 당피에르의 소규모 병력은 도랑과 협곡 사이에 숨어서 상당히 버티다가 결국 저녁 7시 탄약을 모두 소진하고 경기병들에게 포위된 후에야 항복했다.

6월 14일 오전 10시경 나폴레옹은 란에게 카시나 라 바르보타로 가서 빅토르가 이끄는 군대의 우측면을 강화하라고 명령했다. 제6경보병과 제22전선 병사들은 프랑스 국가 〈라 마르세예즈〉를 부르며 공격을 개시했고 오스트리아군은 전날 내린 비로 수위가 높아진 폰타노네 개울 너머로 철수해야 했다. 나중에 빅토르가 인정하길 "오스트리아군은 사자처럼 싸웠다." 오스트리아군이 또다시 반격하자 프랑스군은 완강하게 폰타노네 전선을 지켰다. 쉬지 않고 발포하다 보니 머스킷총은 너무 뜨거워져 만질 수 없을 정도였는데 그때마다 병사들은 총에 오줌을 누었다. 정오 무렵 오스트리아군은 대포 40문과 머스킷총 연속사격으로 프랑스군 전선에 맹공을 퍼부었다. 프랑스군 탄약은 점점 바닥을 드러내고 있었다. 프티가 당시 상황을 회상하길, "보나파르트가 앞으로 나서서 만나는 병사들마다 결연한 의지와 용맹함으로 무장하라고 말하며 사기를 북돋워 주었다. 그의 존재감으로 병사들이 다시 힘을 얻는 모습이 눈에 보일 정도였다."[32]

그때 오스트리아의 요제프 대공(카를 대공의 동생)이 보병을 이끌고 폰타노네 개울을 건넜다. 폰타노네 개울은 비탈의 경사가 너무 가팔라 기병이나 포병이 건너는 것은 무리였다. 프랑스군은 요제프 대공의 보병을 몰아내지 못했고 보병들은 버팀목이 있는 다리를 세우기 시작했다. 그들을 막기 위해 프랑스군은 여단을 파견했으나 오스트리아군 포병대가 산탄통 공격을 퍼부으며 다리를 짓는 보병들을 엄호했다. 마침내 오후 2시 마렝고가 함락되었다. 오스트리아군은 대포 80문을 동원했고 폰타노네 개울 여기저기에 세운 다리로 건너왔다. 가르단 여단은 와해되어 평원에서 도망쳤다. 하지만 오스트리아군은 바삐 움직이느라 나폴레옹이 반격을 준비할 시간을 3시간 30분이나 내주고 말았다. 프랑스군 중에서는 켈레르만의 기병 여단만 각 중대 단위로 신중하게 물러서면서 오스트리아군을 위협했다. 그 때문에 오스트리아군은 수적으로 훨씬 우세한 기병대를 전장에 제대로 내보내지 못했다. 오스트리아군이 마렝고 너머까지 전선을 배치하자 빅토르는 거의 산줄리아노까지 후퇴했다. 방진 대형으로 다시 전열을 가다듬은 빅토르는 군사를 이끌고 평원을 가로질렀지만, 오스트리아군이 선봉에 세운 대포 15문의 포격으로 큰 피해를 보았다. 오스트리아군은 죽은 프랑스 근위병의 검은 털모자를 칼끝에 걸고는 빙글빙글 돌리면서 프랑스군을 조롱했다.[33)]

한편 오트의 보병이 진군하자 란은 방어태세를 취했는데 란 병력은 우익이 찌그러진 상태였으며 설상가상으로 탄약마저 부족했다. 란에게는 포병도 없었기에 적군의 대포에 거의 포위된 상태로 집중포격을 당할 수밖에 없었다. 란은 평원 너머로 시속 1.6킬로미터 이하 속력으로 병사를 이끌고 후퇴했다. 란의 병사들은 질서정연한 사다리꼴 편성을 이뤘지만 오스트리아군의 대포 때문에 크나큰 대가를 치러야 했다. 나폴레옹 곁에는 이제 모니에 사단과 예비군 집정근위대만 남은 상태였다. 오전 11시 나폴레옹은 드제에게 긴급 전언을 보낸다. 부데 사단과 함께 최대한 빨리 돌아오라는 내용이었다.

"내가 적군을 공격할 것이라고 생각했는데 오히려 공격을 당하고 말았다. 돌아올 수 있는 상황이라면 부디 꼭 돌아오라!"

드제는 스크리비아강이 범람하는 바람에 무척이나 지체했다. 그러나 드제가 지체한 덕분에 결과적으로 나폴레옹의 집정 자리가 더욱 확고해졌다. 드제는 오후 1시에 전령을 보내 나폴레옹에게 오후 5시까지 돌아가겠다고 회답했다. 드제와 부데는 사단의 행군을 중단하고 말머리를 돌려 타는 듯한 열기와 대포소리를 뚫고 8킬로미터를 행군했으며 아슬아슬하게 시간에 맞춰 도착했다. 나폴레옹은 더 멀리 있던 라포이프도 불러들였다. 그렇지만 전령이 오후 6시에 라포이프에게 도달한 탓에 너무 늦어 소용이 없었다.

오후 2시 나폴레옹과 모니에가 전장에 도착했을 때 상황은 거의 최악이었다. 프랑스군은 중앙에서 천천히 후퇴하고 있었으나 좌측면은 완전히 무너졌고 우측면도 크게 위험한 상태였다.[34] 나폴레옹은 토르토나 길을 방어해야 한다고 생각했지만 정면으로는 불가능한 상황이라 예비군을 오른쪽으로 배치했다. 어쩌면 란이 그쪽에서 전선을 지켜 낼 수도 있었고 필요하면 그쪽 방면을 퇴로로 삼을 수도 있었다. 한편 가장 위험한 상대는 오트였다. 오트가 이끄는 오스트리아군을 막는 프랑스군은 고작 6백 명에 불과했다. 모니에는 란이 빠져나오는 것을 도와주기 위해 클로드 카라 생시르 장군과 제19전선 경보병 병력 7백 명을 보내 주었다. 그들은 간신히 버티고 있던 카스텔 케리올로를 향해 나아갔다. 한편 제70전선은 오트의 후방을 덮치려 이동했고 제72전선은 예비 병력으로 대기했다. 오트는 초반에는 보르미다 강의 습지까지 밀려갔으나 1시간 동안 생시르와 포격을 주고받은 끝에 마을을 다시 점령했다.

멜라스는 타고 있던 말이 두 마리나 포탄에 맞았고 본인도 팔뚝에 작은 타박상을 입었다. 이에 멜라스는 전장을 떠나 알레산드리아로 돌아간 뒤 빈에 승리를 보고하고, 자신의 자리는 부하에게 넘기면서 산줄리아노를 탈환하고 궤멸한 프랑스군을 추격할 기병대를 보내게 했다. 멜라스는 이토록 많은 일을 놀라울 정도로 짧은 시간 안에 해치웠다.

오후 3시 수가 더 늘어난 오스트리아 기병대가 평원을 달려와 란의 측면을 위협했다. 나폴레옹은 집정근위대의 보병 9백 명을 투입하기로 결정했다. 근위대 보병들은 〈우리가 그들의 측면을 찌르리〉라는 프랑스 군가를 부르면서 라포지와 빌라노바 사이 지역에 종대로 자리를 잡았다. 제96전선은 근위대 보병들이 행군할 때 자신들의 탄약을 어느 정도 넘겨주었는데 덕분에 보병들은 참패를 면할 수 있었다. 오트의 기마병 1개 연대가 공격하자 집정근위대 보병들은 방진으로 전열을 이뤘고 척후병과 4개 연대 대포의 엄호를 받으며 오스트리아군을 물리쳤다. 그다음으로 오스트리아군 보병이 나타나자 집정근위대는 적군과 45~90미터 떨어진 거리에서 40분 동안 집중공격을 주고받았다. 이때 집정근위대는 사망자가 260명, 부상자도 260명 정도 발생했다. 집정근위대는 세 차례에 걸친 오스트리아군의 기병 공격을 물리쳤으나 오스트리아군 보병대의 총검 공격이 너무 강력해 당해 낼 수 없었다. 결국 집정근위대는 방진 대형을 이루며 라포지 쪽으로 퇴각했다. 한편 집정근위대가 희생하며 벌어 준 시간 동안 모니에는 자신의 전술을 충분히 펼쳤고 그 결과 프랑스군 전체가 다시 체계를 갖추게 되었다. 훗날 나폴레옹은 이때 활약한 집정근위대(별칭은 '화강암 같은 요새'였다)를 치하하며 보병에게 훈장 24개, 기병에게 훈장 18개, 포병에게 훈장 여덟 개를 하사했다.

오후 4시경 오스트리아군이 산줄리아노에 가까이 다가오자 집정근위대와 모니에 사단은 절도를 갖춰 퇴각했다. 프랑스군은 한 번에 한 대대씩 일사불란하게 퇴각했으며 행군하면서도 전투에 임했다. 이 같은 극한 상황에서도 병사들은 굳게 버티며 전열을 무너뜨리지 않았던 것이다. 이는 프랑스군의 규율이 얼마나 철저하고 완벽했는지 여실히 보여 주는 사례이자 프랑스군에 영광을 안겨 준 비결이기도 했다. 따가운 뙤약볕 속에서 마실 물도 없고 포대의 지원조차 받지 못하는 상태에서 오스트리아군 기병대의 공격까지 받고도, 어떤 부대는 오전 9시 30분부터 오후 4시까지 단 한 번도 전열을 흩트리지 않고 무려 8킬로미터를 꾸준히 후퇴했다.

경호병 중 하나의 표현을 빌리자면 나폴레옹은 "평소와 똑같이 침착하게" 병사들을 격려하며 리더십을 발휘했다. 그 덕분에 보병과 기병, 얼마 남지 않은 포병은 서로서로 버팀목이 될 수 있었다.[35] 프티의 회상에 따르면 "집정 각하는 바로 코앞까지 다가온 죽음에 담대하게 맞섰다. 각하가 타고 있던 말의 다리 사이로 포탄이 몇 번이고 떨어졌다."[36] 나폴레옹에게는 이제 남아 있는 예비군도 거의 없었고 8킬로미터 전방에 자리한 보병 6천 명과 기병대 1천 명이 고작이었다. 사용할 수 있는 대포도 6문에 불과했으며 병사들은 기진맥진하고 극심한 갈증에 시달렸다. 탄약도 거의 다 떨어졌고 전투력도 3분의 1 이상 상실했다. 그럼에도 불구하고 나폴레옹은 마치 승리가 바로 눈앞에 있는 사람처럼 행동했다.[37] 심지어 속 편한 사람처럼 굴기도 했다. 마르보가 타고 있는 말이 다리에 약간 부상을 입은 것을 보자, 나폴레옹은 마르보의 귀에 대고 "이러라고 내 말을 빌려준 줄 알았나?"라고 묻기도 했을 정도였다.[38]

빽빽할 정도로 많은 수의 오스트리아 보병대가 진군할 준비를 하자 나폴레옹은 베르티에에게 안전하게 퇴각할 준비를 하라고 명령했다. 나폴레옹은 드제가 오고 있는 중인지 살펴보기 위해 직접 빌라골리나의 지붕으로 올라갔다. 드제의 종대가 흙먼지를 일으키며 다가오는 모습을 보자 나폴레옹은 말을 달려 그들을 재촉했고 베르티에에게 내린 후퇴 명령도 철회했다. 선봉에서 드제가 말을 타고 다가오고 그 뒤편으로 지원 병력이 걸어오는 모습에 나폴레옹 휘하 병사들은 다시 사기가 충천했다. 부데는 산줄리아노에 도달했고 란과 모니에, 바트랭은 부하들을 이끌고 전선처럼 보이도록 전열을 형성했다. 이에 오스트리아군은 종대의 행군을 잠시 멈추고 마지막 공격으로 승리를 쟁취하리라 생각하며 전열을 배치했다. 나폴레옹은 부하들에게 연설했다.

"오늘 우리는 충분히 많이 후퇴했다. 병사들이여, 내 병사들은 전장에서 야영한다는 사실을 명심하라!"[39]

나폴레옹 휘하에 사용할 수 있는 대포는 고작 6문뿐이었으나 이제 예비군이 보유한 5문과 부데가 가져온 8문이 더해졌다. 덕분에 마르몽은 상당히 괜찮은 포병대를 이끌고 고도가 약간 높은 곳에 자리를 잡았다. 부데는 자신의 보병 4,850명을 큰길에 혼합대형ordre mixte으로 배치했고 일부는 산울타리와 포도밭 속에 숨겨 두었다.

나폴레옹은 전열을 따라 말을 타고 달리면서 병사들을 격려했다. 드디어 벼르고 벼르던 반격에 나설 수 있는 병력이 보병 1만 1천 명과 기병 1천2백 명이나 되었다.

오후 5시 오스트리아군이 진격했다. 그러나 마르몽 휘하의 포대가 산탄통 공격을 퍼부으면서 오스트리아군 중앙의 선봉을 맡은 연대가 분열되고 말았다. 리볼리 전투에서 그랬던 것처럼 이번에도 운 좋게 탄약 마차를 쏘아 맞혀 대폭발을 일으켰던 것이다. 혼란에 휩싸인 오스트리아군은 급격히 움츠러들었고 부데 사단까지 공격을 퍼부어 대자 큰 타격을 입었다. 그렇지만 오스트리아군은 적극 공격에 나섰고 부데는 곧 방어태세를 취했다. 6천 명에 달하는 오스트리아 보병대가 머스킷총을 쏘고 총검을 휘두르며 공격하기 시작한 순간, 켈레르만의 지시로 포도밭의 포도나무 사이에 숨어 있던 프랑스군 기병대가 뛰쳐나왔다. 프랑스군 기병 2연대, 20연대 소속 4백 명이 헝가리 척탄병 중앙 종대의 좌측을 쳐부쉈을 때 오스트리아군에는 더 이상 남은 머스킷 총탄이 없었다. 프랑스군 기병 2연대는 군도를 휘둘러 오스트리아군 3개 대대를 궤멸하고 포로 2천 명을 사로잡았으며 오스트리아군 4천 명은 도망쳤다. 그 직후 켈레르만은 방금 돌격해 나간 기병 뒤에 남아 있던 2백 명의 방향을 틀어 오스트리아군 기병대 2천 명을 공격하게 했다. 멍하니 있던 오스트리아군 기병대는 꼼짝없이 당하고 말았다.

이제 프랑스군이 이룬 전선 전체가 앞으로 밀고 나아갔다. 그토록 커다란 승리의 순간 드제가 가슴에 총탄을 맞고 전사했다.

"왜 나는 울 수조차 없는가?"

드제가 죽었다는 소식에 나폴레옹은 비통해하면서도 다음 공격에 집중했다.[40] 켈레르만의 공세에 오스트리아군 기병대는 뒤로 밀려났고 바로 뒤편에 있던 오스트리아군 보병대마저 퇴각하는 아군의 기병대에 깔려 큰 타격을 입었다. 결국 오스트리아군 기병대와 보병대는 완전히 무너지고 말았다. 란과 모니에, 집정근위대는 전선 전체를 이끌고 진격해 완벽한 승리를 거뒀다. 훗날 나폴레옹은 마렝고 전투를 이렇게 평했다.

"전투의 운명은 찰나의 순간, 단 하나의 생각에 달려 있다. 결정적 순간이 도래하고 정신이 번뜩일 때, 최소한의 예비 병력으로도 승리를 거머쥘 수 있다."[41]

하루 종일 열심히 싸운 오스트리아군은 다 이긴 전투인 줄 알았는데 갑자기 눈앞에서 전세가 역전되자 망연자실했다. 결국 오스트리아군은 우왕좌왕하며 알레산드리아로 달아났다.

피로에 지친 프랑스군은 그날 밤 실제로 전장에서 야영하며 밤을 보냈다. 오스트리아군은 사망자 963명, 부상자 5,518명, 포로 2,921명이었고 대포 13문을 압수당했으며 20문은 보르미다강에 버려졌다. 프랑스군 사망자는 1천 명이 조금 넘었고 부상자는 3천6백 명, 포로나 실종자는 9백 명이었다. 숫자만 봐서는 나폴레옹이 전술적으로 얼마나 압승을 거두었는지 알아보기 힘들다.[42] 얼마 후 멜라스가 서명한 휴전 조건을 살펴보면 나폴레옹은 피에몬테와 제노바 전역, 롬바르디아 대부분, 요새 12곳, 대포 1천5백 문, 엄청난 양의 탄창을 받아 냈다. 마렝고의 승전보가 파리에 전해지자 정부의 채권 가격은 35프랑으로 급등했다(채권 가격은 그 6개월 전만 해도 11프랑이었고 마렝고 전투 직전에는 29프랑이었다).[43] 마렝고 전투가 끝난 시점인 7월 22일 나폴레옹은 마세나에게 "피에몬테에서 첫 번째로 폭동을 일으킨 마을을 약탈하고 불을 질러라"라고 명령했다. 같은 맥락으로 11월 4일 브륀에게 "모든 외국인, 특히 이탈리아인은 가끔 혹독하게 다뤄줘야 한다"[44]고 말했다. 이탈리아 북부에서 오스트리아군이 두 번이나 쫓겨나자 이제 이탈리아 북부 지역은 최소한의 억압만으로도 얌전히 꼬리를 내렸고 14년간 잠잠했다. 마렝고 전투 덕분에 나폴레옹은 제1집정으로서의 지위를 공고히 다졌다. 나폴레옹의 무패 신화에 또 하나의 승리를 추가한 것이다.

나폴레옹은 마렝고 전투에서 보병과 포병, 기병이라는 세 가지 병력을 잘 활용했다. 동시에 그 압승에는 운도 엄청나게 따라 주었다. 드제가 지원 병력을 이끌고 전장에 도착한 순간이 매우 절묘했던 것은 행운이었다. 심리적으로 병사들의 사기를 북돋기에 완벽한 타이밍이었으니 말이다. 켈레르만이 이끈 기병대 공격 역시 대단히 시의적절했다. 오스트리아군은 평원을 점령하는 데 8시간이나 걸렸는데 프랑스군은 그것을 1시간 만에 빼앗아 버렸다. 경험이 있는 병사들이 새로 징집한 신병들을 잘 이끌어 준 것 역시 승리에 크게 기여했다.

블라즈 대위가 말하길, "큰 전투 이후에는 까마귀와 공보 작성자들이 활개를 치게 마련이다."[45] 마렝고 전투에서 나폴레옹은 치명적인 실수 세 가지를 저질렀다. 애초에 평원으로 들어갔던 것, 멜라스의 공격을 전혀 예상하지 못한 것, 드제를 그토록 멀리 보낸 것 모두 크나큰 실수였다. 어쨌거나 그는 승리했다. 정치적으로 마렝고 전투는 나폴레옹의 승리로, 적어도 전사한 드제와 함께 이룬 승리로 보여야 했다. 따라서 전투 후 나붙은 공보는 완전히 정치 선전이나 다름없었으니, 오스트리아군이 나폴레옹의 덫에 걸려들었다는 내용이었다. 글의 첫머리는 마치 소설의 한 장면처럼 시작했다.

"우리 군이 이길 가망은 전혀 없어 보였다. 적군은 머스킷총이 코앞에 닿을 만큼 가까이 산줄리아노 마을로 다가왔다. 드제 장군이 이끄는 사단은 결연하게 전선에 나섰다."[46]

나폴레옹은 드제의 유언도 날조했다.

"내가 후세에 이름을 떨칠 만한 업적을 남기기도 전에 죽는다니 몹시 안타깝다고 제1집정 각하께 전하라."(사실 드제는 유언을 남길 틈도 없이 즉사했다.)

베르티에가 작성한 공식 전투 기록도 고치고, 고치고 또 고친 후에야 나폴레옹의 승인을 받았다. 1815년 1월 나폴레옹은 비정하게도 드제가 도착하기도 전에 자신은 이미 마렝고에서 승리를 거뒀다고 주장했다.[47] 드제의 부관 안 장 마리 르네 사바리는 이렇게 말했다.

"드제 장군이 1시간만 늦게 도착했어도 프랑스군은 죄다 포강의 물귀신이 되고 말았을 것이다."48)

전투 이튿날 나폴레옹은 제2, 제3 집정에게 보낸 편지에서 "내가 가장 사랑하고 존경한 이의 죽음으로 큰 고통"을 받고 있다고 전했다.49) 나폴레옹은 경의를 표하고자 드제의 부관 사바리와 장 라프를 자신의 참모로 받아들였고, 드제가 전사하는 날 이끌었던 제9경보병 군기에 '무적incomparable'이라는 단어를 금실로 새기도록 했다.50) 또한 드제의 시신은 방부 처리를 하였으며 마렝고 전투 승리를 기념하고 드제의 명예를 기리는 메달도 주조했다.* 반면 나폴레옹이 켈레르만에게 해 준 말이라고는 "자네, 공격을 꽤 잘했군"이 전부였다. 심지어 나폴레옹이 베시에르에게 "자네의 근위기병대가 오늘 아주 명예로운 모습을 보여 주었어!"라고 극찬을 쏟았기에 켈레르만은 무척 화가 났다51)(분노한 켈레르만이 나폴레옹에게 이렇게 답변했다고 추정한다. "장군님께서 만족하신다니 기쁩니다. 그 덕분에 장군님은 왕관을 쓰시게 되었으니까요." 그러나 이는 그다지 신빙성이 없어 보인다52)). 나폴레옹은 부리엔 앞에서 개인적으로 켈레르만을 인정하며 말했다.

"그의 공격은 행운을 불러왔다. 켈레르만은 딱 필요한 시점에 공격을 했다. 우리는 그에게 큰 빚을 졌다. 자네도 알다시피 이처럼 사소한 것이 큰일을 결정한다."

한 달 후 나폴레옹은 켈레르만에게 1개 사단을 맡겼고 훗날 켈레르만이 심하게 약탈 행위를 벌일 때도 못 본 척했다. 나폴레옹이 브륀과 뒤마에게 간략하게 전한 말이 마렝고 전투를 한마디로 가장 잘 요약한 게 아닐까 싶다.

"자네들도 알겠지만 하루 동안 두 번의 전투가 벌어졌네. 첫 번째는 내가 졌지만 두 번째는 내가 이겼지."53)

6월 16일 나폴레옹은 프란츠 황제에게 다시 한번 캄포포르미오 조약과 같은 맥

* 같은 해 파리에 드제의 이름을 딴 선착장을 세운 것을 기념하는 메달을 주조했다. 1805년 드제의 시신을 대 생베르나르 호스피스 묘지로 이송했을 때도 기념 메달을 만들었다(Crowdy, *The Incomparable* pp.94-7; Petit, *Marengo* p.47).

락의 평화 협정을 제시했다.

"폐하, 부디 인류의 외침에 귀를 기울여 주십시오."

한편 나폴레옹은 군대에 내린 시달에서 오스트리아도 "우리가 서로 아무리 싸워봤자 그저 영국이 설탕과 커피를 더 비싸게 팔아먹는 결과밖에 안 될 것임"을 인정했다고 주장했다.[54] 이튿날 이 '이탈리아 해방자'는 밀라노로 돌아가 또다시 매력적인 주세피나 그라시니와 즐거운 시간을 보냈다. 나폴레옹은 그녀에게 파리로 와서 독립 기념일 행사와 드제의 장례식에서 노래를 불러 달라고 청했다. 이에 관해 나폴레옹은 6월 21일 뤼시앵에게 다소 정직하지 않은 편지를 보내기도 했다.

"베르티에가 미세스 빌링턴이나 마담 그라시니를 초청하길 기대하고 있다고 알려 주었어. 두 사람 모두 이탈리아 최고의 가수지. 괜찮은 이탈리아어 노래 작곡을 의뢰해 줘. 이탈리아 작곡가들은 틀림없이 이들의 목소리를 알고 있을 것이야."[55]

그라시니는 나폴레옹의 "애무가 엉큼한 편"이며 그녀를 만족시켜 주지 못할 때가 많다고 불평했다. 그라시니만 이런 불평을 한 것은 아니었으니, 나폴레옹은 사랑의 행위에 시간을 오래 들인 적이 없었다. 한번은 부관에게 이렇게 말하기도 했다.

"3분이면 다 끝낼 수 있지."[56]

나폴레옹은 용병술의 귀재로 뛰어난 지능과 행정 능력을 갖췄고 누구보다 열심히 일했다. 그렇지만 나폴레옹이 이룬 업적에서 행운이 차지하는 부분을 과소평가해서는 안 된다. 1800년 5월 알프스산맥을 넘을 때 병사들이 산을 오르내리는 그 순간만 날씨가 좋았고 전후로는 기상이 악화했다. 6월에는 마렝고에서 한참 떨어진 곳에 있던 드제가 비 때문에 딱 적절하게 발이 묶였다. 덕분에 너무 빠르지도 너무 느리지도 않은 절묘한 타이밍에 나타나 나폴레옹을 구해 주었다. 1792년 아작시오의 상황에 관한 메이야르 대령의 보고서는 시의적절하게 터진 전쟁 덕분에 서류 더미 속에 깔려 전쟁장관의 눈에 띄지 않았다. 1793년에는 툴롱에서 창에 찔렸지만 패혈증에 걸리지 않았다. 1797년 리볼리 전투에서는 콰스도노비치 휘하의 탄약차가 직격탄을 맞아 폭발하며 적군에게 혼란을 초래했다. 심지어 마렝고에서도 비슷한 행운이 따랐으니 멜라스 휘하 탄약차도 똑같이 직격탄을 맞아 폭발하며 그들을 우왕좌왕하게 만들었다. 1799년 뮈롱호는 완벽한 순풍을 타고 알렉산드리아를 향해 출항했다. 같은 해 브뤼메르 쿠데타 당시 시에예스에게는 나폴레옹말고 다른 선택지가 없었다. 이집트 원정에 관한 클레베르의 보고서는 쿠데타가 끝난 후에야 파리에 도착했다. 한편 근위 보병 토메의 소매가 때마침 찢어지는 사건이 비화하면서 사람들의 분노를 자극한 것도 쿠데타 성공에 크게 기여했다. 나폴레옹도 자신에게 운이 따른다는 것을 알고 있었으며 몇 번 '행운의 여신'을 언급했다. 훗날 나폴레옹은 행운의 여신이 자신을 버렸다고 생각하지만 그것은 먼 미래의 일이었다. 아직까지 나폴레옹은 행운의 여신이 자기편이라고 굳게 믿고 있었다.

입법자

12

나는 국민에게 종교에 관해 완전한 권리를 보장해 줘야 한다.
철학자들은 비웃을지 몰라도 국가는 나를 축복하리라.

나폴레옹이 샵탈에게

–

내 진정한 영광은 전투에서 40회 승리했다는 데 있지 않다. …
내 민법전은 그 무엇으로도 파괴할 수 없으니 영원히 살아 있으리라.

세인트헬레나섬에서 나폴레옹

나폴레옹은 마렝고 전투에서 거둔 승리의 영광에 계속 취해 있을 생각이 전혀 없었다. 정치적으로 점차 세를 불려가던 나폴레옹은 프랑스 국내의 지지 세력을 확고부동하게 다지도록 해줄 도박을 하기로 결심했다. 장 샵탈이 말하길, "보나파르트 치세 초기 가장 대담했던 시도는 오래된 신앙을 새로 재정립하는 것이었다."[1] 나폴레옹은 교회가 독립적으로 자신에게 반대하는 세력을 모으도록 내버려둘 생각이 없었다. 가장 간단한 해결책은 바로 교황을 끌어들이는 것이었다.

교권 반대주의(성직자가 정치에 개입하는 것을 반대하는 주의 — 역자)는 프랑스혁명을 일으킨 원동력 중 하나였다. 혁명 결과 가톨릭교회는 재산을 압수당하고 축출되었다. 수많은 사제가 살해되고 다수의 제단이 훼손당했다. 그렇지만 나폴레옹을 지지하는 이들(보수파, 지방 출신, 근면 성실하고 숙련된 노동자, 장인, 소규모 자작농) 중 상당수는 여전히 선대로부터 내려온 신앙을 완전히 버리지 못한 상태였다. 이들은 날이 갈수록 점점 더 집정정부를 따랐고 그와 동시에 로마가톨릭교회와 집정정부가 화해하기를 몹시 바라고 있었다. 나폴레옹 역시 그들의 마음을 잘 파악하고 있었다. 나폴레옹이 가톨릭교회와 합의를 이루려 한다면 반드시 지켜야 하는 조건이 있었다. 첫째는 혁명 과정에서 원래 교회 소유였던 국유자산을 취득한 자는 가톨릭교회 복귀 후에도 계속 해당 자산을 보유할 수 있다는 것, 둘째는 과거처럼 교회가 농민에게 십일조 세금을 부과할 수 없다는 것, 이 두 가지를 보장해야만 했다.

교황은 이탈리아에서 나폴레옹에 반동하는 소요가 일어나도록 세력을 조직했는데 나폴레옹은 교황의 능력을 어느 정도 인정했다. 1796년 10월 나폴레옹은 총재 정부 측에 "교황의 권세와 정면으로 다투는 것은 굉장히 큰 실수다"라고 말했다.[2] 1800년 6월 5일(그라시니와 잠자리를 함께한 이후) 나폴레옹은 밀라노 사제들과 만난 자리에서 "프랑스와 교회의 수장이 완전히 화해하는 데 방해가 되는 걸림돌은 무엇이든 전부 제거할 것"을 약속했다. 그때는 교황 피우스 6세가 여든한 살의 나이로 8월에 서거한 지 얼마 되지 않은 시기였다. 뒤를 이은 교황 피우스 7세는 마음이 담백하고 독실한 수도자로 프랑스혁명을 지나치게 적대시하지 않는 듯했다.[3] 나폴레옹은 협상을 어떻게 진행하든 무척 까다로울 것이며 때로 심한 다툼마저 따를 것이라고 예측했다. 그런데 협상의 대가는 아주 달콤해 보였다. 프랑스의 가톨릭 세력이 나폴레옹의 대의명분을 지지하게 되는 것이니 말이다. 교황과 합의를 이룬다면 아직도 방데에 남아 있는 반군의 주된 불만을 달래 주고 벨기에, 스위스, 이탈리아, 라인란트의 가톨릭교도들과도 관계가 좋아질 터였다.

프랑스 인구 2천8백만 명 중 5분의 1만 인구수가 2천 이상인 도시에 거주하고 있었다. 나머지는 인구수가 몇백 명 정도인 코뮌의 주민으로 시골 지역 코뮌은 3만 6천 개에 달했다.[4] 이러한 지역 사회에서 성직자는 지식과 정보를 손에 쥐고 사회적으로 중요한 역할을 수행했다. 또한 성직자는 공동체 내에서 대체로 가장 고학력자로 정부가 내린 법령을 낭독하기도 했다. 나폴레옹은 국가가 성직자에게 급여를 지급함으로써 정부의 통제 하에 둘 수 있으면 엄청난 효과를 창출하리라 기대했다. 나폴레옹이 말하길, "성직자는 절대 얌전히 말을 듣지 않는다. 국가가 성직자에게 신세를 져서는 안 된다. 국가는 성직자의 주인이 되어야 한다."[5] 나폴레옹이 교황과 맺은 조약은 정확히 말하자면 "교구 성직자를 '윤리 담당 지방관'으로, 즉 나폴레

옹 정부를 위해 일하는 공무원으로" 만들려는 시도로 볼 수 있다.[6)]

지금까지 보아온 대로 나폴레옹 자신은 기독교에 회의적이었다(가장 온건한 표현이다).[7)] 세인트헬레나에 있을 때 그는 비서 가스파르 구르고에게 이렇게 말했다.

"예수가 존재했는가? 존재하지 않았는가? 당대 역사학자 중 누구도 그를 언급하지 않았다고 생각한다."[8)](그는 실제로 예수를 언급한 요세푸스의 《유대 고대사》를 알지 못했다.)

그럼에도 나폴레옹은 신학 토론을 즐겼으며 자신의 마지막 주치의 앙토마르시에게 다음과 같이 말했다.

"무신론자가 되고 싶다고 해서 되는 건 아니오."[9)]

샵탈은 그의 모호한 태도를 잘 정리해서 말했다.

"보나파르트는 독실하진 않았지만 신의 존재와 영혼의 불멸을 믿었다. 그가 종교를 말할 때면 항상 존경심이 드러났다."[10)]

세인트헬레나에서 산상수훈(신약성서 마태복음 5~7장. 예수가 산 위에서 제자들과 군중 앞에서 한 설교로 '성서 중 성서'로 일컬어진다 — 역자)을 낭독할 때 나폴레옹이 베르트랑에게 말하길, "예수님은 시리아 같이 머나먼 곳이 아니라 로마 같은 도시에서, 모든 사람 앞에서 기적을 행하셔야 했다."[11)] 이렇게 말한 적도 있다.

"내가 반드시 종교를 가져야 한다면 태양을 숭배하겠다. 태양은 모든 생명의 근원이자 지구의 진정한 신이다."[12)]

또 이런 말도 남겼다.

"나는 이슬람교를 가장 좋아한다. 그에 비하면 우리 종교에는 믿을 수 없는 비현실적인 내용이 많다."[13)]

그 근거로 나폴레옹은 모세가 바위를 쳐서 2백만 이스라엘인의 갈증을 달랬다는 성경의 주장이 틀렸음을 논리적으로 입증하는 내용을 구술해 받아 적게 한 적도 있다.[14)] 나폴레옹은 베르트랑 앞에서 기독교의 큰 문제점을 말하기도 했다.

"천국으로 가는 길에 지나치게 신경 쓰느라 사람들의 용기를 불러일으키지 못한다."[15)]

나폴레옹은 기독교 신앙의 본질에 그리 긍정적이지 않았지만 기독교가 사회적으로 얼마나 유용한지에는 의심의 여지가 없었다. 나폴레옹은 로드레(협상의 속사정을 알고 있는 극소수 국무원 위원 중 하나)에게 말했다.

"내가 성육신의 신비는 잘 모르겠지만 사회질서의 신비는 알고 있다. 천국과 평등 개념을 결부해 가난한 이들이 부유한 이들을 학살하지 못하도록 막는 것이다. … 불평등 없이는 사회가 성립할 수 없다. 도덕법 없이는 불평등을 용납할 수 없다. 종교 없이는 도덕법이 받아들여질 수 없다."16)

나폴레옹은 이집트에서도 정치적 목적을 위해 종교를 유연하게 이용한 적이 있다. 그는 로드레에게 이렇게 말하기도 했다.

"내가 유대민족을 다스렸다면 솔로몬 성전을 다시 세웠을 텐데!"17)

종교를 근본적으로 실용 관점으로 살피는 것은 계몽사상가와 작가 사이에서 흔히 찾아볼 수 있다. 에드워드 기번의 유명한 저서《로마제국 쇠망사》에 따르면 "로마에는 다양한 형식의 신앙이 널리 퍼져 있었다. 로마 시민은 이를 모두 공평하게 진실이라고 여겼다. 철학자는 이를 모두 공평하게 거짓이라고 여겼다. 사법, 행정 담당자는 이를 모두 공평하게 유용하다고 여겼다."18) 나폴레옹이 말하길, "신이라는 개념은 질서를 유지하고 사람들이 선행의 길을 따르게 하며 범죄를 방지하는 데 무척 유용하다."19) 세인트헬레나에서는 의사 배리 오미라 앞에서 이런 말도 했다.

"강도와 갤리선 노예는 육체적 제한에 묶여 있다. 계몽된 이들은 도덕적 제한에 묶여 있다."20)

1800년 6월 밀라노에서 파리로 돌아오자마자 나폴레옹은 바티칸 교황청 총리 에르콜레 콘살비 추기경과 협상을 시작했다. 나폴레옹이 바티칸에 제안한 것은 프랑스 주교들이 전부 관구에서 사임하고 그가 선정한 새로운 주교를 교황이 '임명'해 준다면 프랑스에서 모든 공공 예배를 복원하겠다는 내용이었다21)(1790년 이래 프랑스 주교들은 정통파와 입헌주의파로 분열되었다. 정통파는 교황의 권위만 인정했고 입헌주의파는 정부에 복종할 것을 서약했다). 프랑스 측 교섭 담당자는 조제프 보나파르트와 방데의 지도자 에티엔 알렉상드르 베르니에, 바티칸 측 교섭 담당자는 콘살비 추기경과 교황 특사 조반니 카프라라 추기경 그리고 교황의 신학 고문 샤를 카셀리였다. 이들은 물밑에서 은밀히 교섭을 시작했고 국무원조차 눈치를 채지 못했다. 1년간 문서 총 1,279건이 오고갔는데 협약안 초안을 적어도 열 번 이상 만들었다. 나폴레옹이 말하길, "신의 것은 신께 바쳐야 한다. 교황은 신이 아니다."[22] 1802년 4월 콘살비 추기경이 튈르리궁을 방문했을 당시 나폴레옹은 실내에 미리 향수를 뿌려 놓게 했다. 화학자 푸르크루아가 방에서 나는 향기를 언급하자 나폴레옹이 장난스럽게 답했다.

"자네의 오랜 죄를 정화해 줄 성스러운 향기라네."[23]

1801년 7월 초 협상이 최고조로 달아오르자 나폴레옹은 탈레랑에게 편지를 썼다.

"어제 팔에 또다시 물집이 생겼소. 물집이 도져서 병으로 앓아누울 때쯤 사제들과 타협하면 적절하겠소."[24]

7월 정교협약Concordat을 공식 조인했다. 실제로 비준을 받고 정교협약을 공표한 것은 그로부터 9개월이나 지난 후였는데 이는 나폴레옹이 군대와 입법부의 뿌리 깊은 반발심을 해결해야 했기 때문이다. 다음은 정교협약 도입부다.

"공화국 정부는 가톨릭교, 교황의 종교, 로마 종교가 프랑스 국민 대다수의 종교임을 인정한다. 프랑스에서 가톨릭교 예배가 성립함으로써 교황청은 지금까지 가장 큰 영광을 누려 왔으며 앞으로도 그럴 것임을 인정한다. 공화국 집정이 프랑스에서의 가톨릭교 예배를 공개적으로 인정한다."[25]

이어지는 17개 조항에 따르면 가톨릭교 신앙 활동은 "프랑스에서 자유롭게 이뤄질 수 있으며 … 정부가 공공 안정에 필요하다고 판단하는 경우 … 규제에 순응한다."

정교협약에 따라 새로운 관구와 교구가 들어섰다(가톨릭교회에서 지역을 구분하는 단위. 교구가 여럿 모여 관구를 이룬다 — 역자). 나폴레옹과 교황은 함께 대주교 10명과 주교 50명을 임명할 예정이었다. 대주교 연봉은 1만 5천 프랑, 주교 연봉은 1만 프랑으로 정했다. 주교는

"공공 안정에 해를 끼칠 수 있는" 어떤 것도 하지 않으리라 맹세하고 이와 관련된 정보를 빠짐없이 정부에 보고해야 했다. 또한 교회의 모든 예배에 공화국과 집정을 위한 기도를 포함했다. 주교가 교구 사제를 임명할 수 있었지만 이는 정부가 승인하는 사람으로 한정했다. 나아가 정교협약은 공화국의 토지 소유권 이전을 공고히 했다. 혁명 이전에 교회 소유였던 모든 재산은 새로운 취득자에게 '영구' 귀속되었다.

나폴레옹 측에서도 양보한 부분이 있긴 했으나 크게 부담이 갈 정도는 아니었다. 공화력에서 일주일은 10일이었지만 교회 역법에 따라 다시 7일로 돌아왔고 일요일은 안식의 날로 정해졌다. 1806년 1월에는 그레고리우스력을 완전히 도입했다. 지금껏 아이가 태어나면 기독교 색채가 전혀 없거나 혁명과 관련된 이름을 지었으나 이제 종교적인 이름, 성자의 이름, 고전적인 이름을 지어 줄 수 있었다. 모든 성직자에게는 급료를 지급했으며 수녀회와 선교사회를 소규모나마 복원했다. 원래 성직자 소관이던 초등교육 역시 과거처럼 복원했다.[26] 한편 교회는 나폴레옹이 전쟁에서 승리하면 〈테데움〉을 부르고, 교단에서 나폴레옹의 성명서를 낭독하며, 징병에 응하는 것을 애국의 의무로 표현해야 했다. 나폴레옹은 모든 주요 사안에서 원하는 바를 얻었다. 최소 1만 명의 입헌주의파 사제가 다시 로마 교회의 품으로 돌아오면서 혁명의 가장 깊은 상처 중 하나를 치유했다.[27] 어쩌면 교황은 나폴레옹의 신앙심을 조금은 믿게 되었을지도 모른다. 그러나 1802년 4월 8일 모든 신뢰가 깨지고 말았다. 기본 조항Organic Articles이라 알려진 전혀 새로운 다수의 규약과 규제를 사전 협의도 없이 정교협약에 추가했기 때문이다. 이것은 프랑스 신교도 70만 명과 유대인 5만 5천 명의 권리를 보호하는 내용이었다.*

정교협약은 프랑스 전반, 특히 보수적인 시골에서 환영받았다. 반면 육군과 국무

* 1804년부터 신교도 목사도 정부로부터 급여를 받았다. 당시에는 유럽 전역에서 종교적 관용 개념을 찾아보기가 매우 힘들었다. 예컨대 영국은 가톨릭교도는 1829년까지, 유대인은 1858년까지 하원 출입을 금지했다.

원, 호민원에서는 심한 거부반응을 보였는데 이는 혁명에 관여한 이들과 자코뱅파였던 이들이 대다수를 차지하고 있었기 때문이다. 1802년 4월 18일 부활절에 노트르담 성당에서 〈테데움〉 미사가 열리고 아주 거창하게 정교협약을 공식 선언했다. 10여 년 만에 처음 테너 종이 울렸으며 나폴레옹은 최근 파리 대주교로 임명된 장 바티스트 벨루아 모랑글의 환대를 받았다. 정부 고위 관료는 적절한 위엄을 갖추고 참석하라는 지시를 받았으나 잘 지켜지지 않았다. 어떤 관료가 타고 온 마차는 전세 마차에서 숫자만 지우고 적당히 구색을 갖췄다.[28] 장군들은 박차와 군도로 성당 바닥을 긁어댔으며 사제에게 자리를 양보하지도 않고 예식 도중에 떠들었다. 교권반대주의 경향이 대단히 짙은 군대가 정교협약에 분노하고 있음을 표현한 것이었다. 오주로는 결석을 허락해 달라고 청했으나 나폴레옹이 거부했다. 모로는 아예 명령을 무시하고 튈르리궁 테라스에서 과시적으로 시가를 피웠다. 앙투안 기욤 델마스 장군은 "이 모든 걸 없애기 위해 10만 명이 목숨을 바쳤는데! 전부 허사가 되어버렸어. 구닥다리 설교나 해대고 있다니!"라고 말했다가 파리에서 80킬로미터 밖으로 추방되었다.[29]

정교협약 덕분에 사제들은 나폴레옹을 '종교 복원자'라 불렀으며 심지어 브장송 대주교는 그를 "하느님과 같다"라고 묘사하기도 했다.[30] 한 달도 지나지 않아 호민원은 정교협약을 78 대 7로 승인했다. 나폴레옹은 정교협약으로 프랑스 전역의 작은 마을에서 의도했던 결과를 얻었다. 1803년 나폴레옹은 종교적 화해를 정치 선전과 사회질서 유지 시각으로 보라고 입법부에 설명했다.

"아이들은 부모의 목소리를 경청하고 순종하며 젊은이들은 사법과 행정 권위에 복종한다. 또한 징집이라는 말만 들어도 반발했던 지역에서조차 징집이 순조롭게 이뤄지고 있다."[31]

정교협약은 프랑스와 교황청 간 관계의 기반으로 1세기 동안 유효했다. 집정정부 시대 루앙을 다룬 최근 연구를 보면 나폴레옹이 펼친 정책 중 무엇이 인기를 끌었는지 알 수 있다. 이에 따르면 정교협약이 1위, 산적 타도가 2위, 취득자 토지소유권 보장이 3위를 차지했다.[32)]

마침내 입법부에서 정교협약을 최종 채택하자 나폴레옹의 동생 뤼시앵은 기념 연회를 열었다. 연회 중에 나폴레옹은 가톨릭 철학자이자 작가인 프랑수아 르네 드 샤토브리앙을 찾았다. 샤토브리앙은 가톨릭을 감동적으로 찬양한 신작 《기독교의 정수》로 성공을 거둔 작가였다. 다음은 샤토브리앙의 회고록 발췌문이다.

> 사람들이 꼬리에 꼬리를 물고 줄을 섰다. 모두들 자신 앞에서 집정이 멈춰 주기를 바랐다. … 나는 군중 뒤로 밀려나 혼자 서 있었다. 곧 다시 군중이 몰려들어 나와 보나파르트를 둘러싼 형태가 되었다. 보나파르트는 내게 간단히 말을 걸었다. 칭찬도, 한심한 질문도, 서론도 없이 곧장 이집트와 아랍인 이야기를 시작했다. 마치 내가 그의 오랜 친구인 것 같았다. 우리는 그저 대화를 이어 갔다.[33)]

나폴레옹에게 매혹당한 샤토브리앙은 곧 바티칸 외교관직을 수락했다. 그러나 시간이 흐르면서 샤토브리앙의 마음은 점차 식어 갔다. 1804년 그는 외교관직에서 물러났고 1807년 7월 나폴레옹을 네로에 비유했다가 파리에서 추방되었다.

1801년 1월 말 나폴레옹은 법을 개혁하겠다는 야심 찬 계획에 착수했다. 이는 정교협약보다 훨씬 더 장기적인 영향력을 행사할 개혁이었다. 구체제에는 지역법만 366개 이상 존재했는데 프랑스 북부는 관습법을 따랐고 남부는 로마법에 기초한 근본적으로 다른 법적 원칙을 따랐다.[34)] 나폴레옹은 앞으로 근대 세계 사회에서 프랑스가 효율성을 갖추려면 법과 사법 체제 표준화, 도량형 통일, 완전한 내부 시장이 필요하다고 생각했다. 또한 중앙일원화 교육제도, 즉 재능 있는 청소년이 출신과 태생에 구애받지 않고 실력을 발휘하도록 직업을 스스로 선택할 수 있게 하는 교육제도가 필요하다고 여겼다.

나폴레옹이 가장 먼저 해야 할 일은 프랑스 법전 마흔두 가지를 하나로 통합하는 일이었다. 다행히 그의 곁에는 캉바세레스가 있었다. 캉바세레스는 1792년 민법전 점검 위원회장을 맡았으며 《프랑스 민법전 초안》(1796)의 저자였다. 나폴레옹은 이런 농담도 했다.

"법전을 모조리 잃어버려도 캉바세레스의 머릿속에서 되찾을 수 있다."[35)]

미루고 또 미루던 법 개정 작업에 다시 착수하기 위해 프랑스 최고 법학자와 정치인이 제2집정(캉바세레스를 의미함 — 역자)을 보좌했다. 이때 모인 인물 중에는 르브룅, 프랑수아 트롱셰, 펠릭스 비고 드 프레아므뇌, 장 에티엔 포르탈리스 등이 있었다. 본회의가 107번 열렸는데 그중 나폴레옹은 55번 이상 의장을 맡았다. 그는 이혼, 입양, 외국인의 권리 등 특정 사안에 관심을 보였다.[36)] 나폴레옹은 '보편적인 이익'과 민법의 정당성을 두고 끊임없이 "이는 공정한가? 이는 유용한가?"라는 질문을 던졌다.[37)] 정오에 시작한 회의가 밤까지 이어지는 경우도 있었다. 나폴레옹은 새로운 법을 고안하고 법전에 최종 수록하기까지 장황하고 복잡다단한 과정에 직접 참여했다. 국무원의 최초 토론부터 초안 작성, 다양한 이해당사자의 비판과 수정 시도, 특별위원회 회의, 특별 이해집단과 로비스트의 공격, 의회의 입법 과정까지 전부 관여한 것이다. 더구나 법전에 수록한 뒤에는 비준 작업도 이뤄져야 했다. 1801년 12월 입법부는 142 대 139로 예비 법안을 거부했으며 호민원에서도 비슷한 결과가 나왔다. 나폴레옹이 단호한 태도로 몰아붙이지 않았다면 법전은 진정한 법이 되지 않았을지도 모른다. 비록 법전의 기초 작업은 캉바세레스가 맡았으나 이는 나폴레옹이 받아들인 계몽 정신의 보편주의를 합리적으로 담아낸 결과물이었다. 결국 나폴레옹 법전이라는 이름은 충분히 마땅하다.

나폴레옹 법전은 본질적으로 로마법과 보통법 사이의 타협안이었다. 이는 프랑스가 향후 통치할 모든 지역에 동일하게 적용할 이성적이고 조화로운 법 체계로 이 같은 법전은 유스티니아누스 황제 이후 처음이었다. 정부 그리고 국민의 권리와 의무는 493쪽에 걸쳐 2,281조항의 산문으로 서술했는데 어찌나 명쾌한지 스탕달이 매일 읽을 정도였다고 한다.[38] 새로운 법전은 특히 개인의 자유와 계약의 자유라는 원칙에 기초했기에 국가 통합을 공고히 하는 데 도움을 주었다. 무엇보다 오래된 계급 특권에 완전히 종지부를 찍고(초등교육은 예외지만) 프랑스 시민 사회 측면에서 교회가 더 이상 통제력을 발휘할 수 없도록 확실히 선을 그었다.[39] 이는 혁명의 혼돈으로 나라가 뒤집힌 뒤 처음 찾아온 안정이었다.

나폴레옹 법전은 1789년 이후 각각의 혁명정부에서 통과한 1만 4천 건의 법령과 법안, 현재 적용 중인 42개 지역법을 통합함으로써 전 국민에게 동일하게 적용할 수 있는 하나의 법으로 단순화했다. 또한 나폴레옹 법전은 일반적인 원칙을 정한 뒤 판사들이 그 원칙 내에서 각각의 사례에 적용하도록 폭넓은 지침을 제시했다(나폴레옹은 국무원에 말했다. "지나치게 상세한 법률로 과도한 부담을 주어서는 안 된다. 법은 일반 원칙만 다뤄야 한다. 일어날 만한 모든 상황을 예견하려 해봤자 헛수고다. 경험으로 많은 사항을 생략했음을 알게 될 것이다."[40]). 나폴레옹 법전에 따라 모든 프랑스인이 법 앞에 평등해졌으며 공권력이 개인을 임의 체포할 수 없었다. 그리고 법으로 인정받는 계약을 각자 자유로이 맺을 수 있고 출생에 따른 특권은 전면 부정했다. 여기에다 기본 조항을 반영해 교회와 국가를 분리했으며 완전한 종교적 관용(무신론자까지 포함)을 확립했다. 모든 성인 남성에게는 직업 선택의 자유와 재산을 소유할 권리를 부여했다. 법을 적용하려면 공식 발표하고 절차에 따라 반포해야 하며 소급 적용할 수 없었다. 판사는 각각의 사례에서 법을 해석할 뿐 법칙 선언은 허용하지 않아 앵글로색슨법의 보통법과 달리 특정 사건을 선례로 삼을 수 없었다. 입법자들은 가장 기초적 사회제도인 가정이 해체될까 우려했다. 그 결과 가부장은 아내의 재산을 포함해 거의 전권을 갖게 되었다. 148조항에 따르면 스물다섯 살 이하의 아들 혹은 스물한 살 이하의 딸이 혼인하려면 아버지의 허락을 받아야 했다. 결혼 연령은 여성 열다섯 살, 남성 열여덟 살로 상향 조정했다. 아버지는 자녀가 복종하지 않을 경우 감금할 권한도 지녔으며 자녀가 열여섯 살 이하일 경우 1개월, 열여섯 살 이상 스물한 살 이하일 경우에는 6개월간 감금할 수 있었다.

지난 2세기 동안 나폴레옹 법전은 많은 비판을 받아왔다. 나폴레옹 법전은 사회적으로 매우 보수적이며 중산층과 개인, 가부장의 권한을 지나치게 강조하고 있다. 그 결과 아내는 남편에게 심각한 수준으로 의존해야 했다. 상속 관련 조항이 농업경제에 해를 끼쳤다는 비판도 많았다. 21세기 기준으로 볼 때 나폴레옹 법전은 대단히 성차별적이고 가부장에게 매우 유리하다. 민법전 제213조에 따르면 "남편은 아내를 보호해야 하며 아내는 남편에게 복종해야 한다."[41] 이혼 근거는 간통(남편이 가정에 종신 정부를 데려올 경우로 한정했다)이나 중범죄 유죄 판결, 심한 모욕, 잔혹한 행위로 제한했다. 다만 상호합의 하에 사유를 비밀로 유지할 경우도 이혼이 가능했다.[42] 간통할 경우 아내는 2년간 투옥될 수 있는 반면 남편에게는 벌금만 부과했다. 남편은 간통 현장에서 발각된 아내를 죽여도 기소되지 않았다. 기혼남성과 미혼남성 모두 사생아를 부양할 의무를 지지 않았으며 심지어 사생아의 친부임을 확인할 의무도 없었다.[43] 한편 여성은 법적 계약서를 만들거나 소송에 참여할 수 없었고 법정에서 증언할 수도 없었다. 또한 출생, 사망, 결혼 증인으로 설 수 없었다. 아내는 남편의 허락 없이 시장에서 농산물을 판매할 수 없었다. 남편의 서면동의가 없으면 재산을 증여하거나 매각하거나 저당 잡힐 수도 없었다.[44] 미혼여성은 법적 후견인이 될 수 없으며 유언장 증인으로 서명할 수도 없었다. 이처럼 나폴레옹 법전은 나폴레옹의 뿌리 깊은 성차별주의를 반영하고 있다. 나폴레옹은 이렇게 말했다.

"여성을 남성과 동등하다고 생각해서는 안 된다. 사실 여성은 아기를 만드는 기계일 뿐이다."[45]

나폴레옹 법전은 장자상속제에 치명타를 가했다. 아버지가 사망할 경우 총 유산의 최대 25퍼센트까지 가족 외부에 유증할 수 있었으나, 그 나머지는 모든 아들에게 똑같이 나눠 줘야 했다. 사생아에게는 어떤 상속권도 허용하지 않았다.[46] • 그리고 고용주의 편의를 봐주는 이 법전은 고용주에게 매우 유리한 법이기도 했다. 고용주의 모든 말은 법의 관점으로 해석했다.[47] 1802년 12월 1일 통과된 어느 법안에 따르면 모든 노동자는 기록부livret를 소지해야 했는데, 고용관계를 시작할 때 노동자는 고용주에게 기록부를 제출하고 고용관계를 종결할 때는 양측이 기록부에 서명해야 했다. 기록부가 없는 노동자는 고용이 불가능했으며 6개월간 투옥될 수도 있었다.[48] •• 나폴레옹 법전에서는 강경한 파업 반대 법이나 노조 반대 법을 새로 고안하지 않았다. 대신 나폴레옹은 기존 법을 시행하게 했는데 해당 법은 1791년 르샤플리에 법에 처음 도입해 1884년 폐지할 때까지 계속 효력을 발휘했다. 이에 따라 1806년 건설 노동자들은 파업을 했다가 자택 침상에서 체포되기도 했다.[49] •••

민법전은 1804년부터 법적 효력을 갖췄다. 나폴레옹은 그 밖에도 수많은 법을 개혁했지만 가장 중요한 것은 단연 민법전이다. 민법전 이후로는 1810년 민사소송법, 상법, 형사소송법, 형법이 뒤를 이었다(이 중 형법 조항은 극도로 엄격했으나 당대 영국의 형법처럼 잔혹하지는 않았다. 영국 형법에 따르면 1실링 이상의 가치가 있는 물품을 도둑질할 경우 아이는 호주로 추방하고 성인은 교수형에 처해졌다). 나폴레옹 법전은 이 모든 법전을 통틀어 일컫는 말이다. 1804년 3월 프랑스제국의 거의 모든 지역에서 나폴레옹 법전이 발효되었다. 1808년에는 여전히 계엄령하에 있던 에스파냐 지역에서도 나폴레옹 법전을 시행했으며 1810년 네덜란드 합병 이후에는 네덜란드까지 적용했다.

• 이와 관련해 나폴레옹은 아작시오의 보나파르트 가문 관련 재산을 1세기 이상 분할한 적이 없다는 사실을 적어 두었다.

•• 당시 노동법은 유럽 전역에서 노동자에게 가혹한 경향을 보였다. 1812년 1월 1일 더럼의 주교는 자신의 기독교적 권력을 광범위하게 해석해 영국 군대에 영국 북부에서 발생한 광부들의 파업을 강제로 진압하라고 명령했다.

••• 하지만 전쟁으로 늘 노동력이 부족했기에 나폴레옹 치세 15년간 임금이 실질적으로 4분의 1 인상되었다.

"로마인은 동맹국에 자신들의 법을 내주었다. 네덜란드가 프랑스 법을 채택하지 못할 이유가 무엇인가?"

나폴레옹이 동생 루이 앞에서 한 말이다.[50] 한편 나폴리 등 일부 지역에서는 말로만 인정하고 실제로는 적용하지 않는 경우도 있었다. 그러나 그 외 지역에서는 매우 인기가 있었기 때문에 나폴레옹이 몰락한 후에도 나폴레옹 법전만큼은 유지했다.[51] 프로이센 라인란트에서는 1900년까지 적용했다. 프랑스는 물론 벨기에와 룩셈부르크, 모리셔스, 모나코의 경우에는 오늘날까지 계속 이어져 내려오고 있다. 나폴레옹 법전의 이모저모는 일본, 이집트, 퀘벡, 루이지애나 등 프랑스에서 먼 지역까지 포함해 세계 법 체제의 4분의 1에서 그 흔적을 찾아볼 수 있다.[52]

나폴레옹은 급진적인 개혁으로 법을 표준화했다. 그렇지만 나폴레옹이 원했던 바는 여기에 그치지 않았다. 그는 프랑스인 삶의 더욱 다양한 측면을 표준화하고 싶어 했고 이를 위해서는 마찬가지로 또 다른 급진적인 개혁을 일으킬 필요가 있었다. 예컨대 랑그도크의 코르비에르 지역(129개 교구에서 프랑스어보다 프로방스어를 더 사용했으며 남부의 세 마을만 카탈루냐어를 사용했다)에서는 4개 도시(카르카손, 나르본, 리무, 페르피냥) 당국이 행정과 사법, 치안, 조세 업무를 처리했다. 그런데 어느 도시에서 어느 코뮌을 담당하는지에 일관성이 없었다. 한편 도량형은 세티에setier(약 85리터)라는 용량 단위를 열 가지로 해석할 수 있었고 면적 단위는 쉰 가지가 넘었다. 심지어 세테레sétérée라는 면적 단위는 저지대인지 고지대인지에 따라 다르게 적용했다.[53] 나폴레옹은 라플라스가 고안한 미터법을 개인적으로는 좋아하지 않았다.

"1인치의 12분의 1은 이해할 수 있지만 1미터의 1,000분의 1은 와 닿지 않는다."

그래도 그는 1801년 이후 상업에서 일관성 있는 이익을 위해 미터법을 강권했다.[54] 더불어 표준 화폐제도도 설립했다. 2상팀·3상팀·5상팀은 동화로, 4분의 1프랑·2분의 1프랑·4분의 3프랑·1프랑·2프랑·5프랑은 은화로, 10프랑·20프랑·40프랑은 금화로 통일했다. 1프랑 은화 무게는 5그램이었으며 이는 머지않아 서유럽 통화의 표준단위가 되었다. 화폐 가치와 금속 성분은 1926년까지 동일하게 유지했다.

인구 2천8백만 명 중에서 프랑스어를 전혀 모르는 인구가 6백만 명, 프랑스어로 간신히 의사소통만 가능한 인구가 6백만 명이었다. 북동부 지역에서는 플라망어, 로렌에서는 독일어, 브르타뉴에서는 브레톤어, 그 외 지역에서는 바스크어 · 카탈루냐어 · 이탈리아어 · 켈트어 · 랑그도크 방언을 사용했다.[55] 나폴레옹 역시 프랑스어를 잘 구사한 건 아니었으나 개인적인 경험으로 성공하려면 프랑스어를 잘하는 게 얼마나 중요한지 알고 있었다.[56] 나폴레옹은 교육 개혁으로 수업 시간에 프랑스어만 사용하게 했으며 모든 공식 문서에서도 프랑스어만 사용했다.

나폴레옹은 초등교육에 보수적이었으므로 앞서 언급한 것처럼 다시 성직자의 손에 맡겨 두었다. 그런데 열한 살에 시작하는 중등교육(제2단계 교육, 한국의 중학교와 고등학교 교육 과정에 해당 — 역자)은 가히 혁명적이었다. 1802년 5월 그는 미래의 군인과 행정가, 기술자를 배출한다는 목표로 45개 국립 고등학교lycée를 설립하는 법을 통과시켰다. 어떻게 하면 애국적이고 충성스러운 미래 지도자를 양성할 수 있을지 궁리하다 그 답으로 국립 고등학교를 세운 것이었다.[57] 이제 자격을 갖춘 모든 프랑스 유소년은 그리스어와 라틴어, 수사학, 논리학, 윤리학, 수학, 물리학을 배우게 되었고 다른 과학과 근대 언어도 일부 배웠다. 중등교육에서 종교적 색채는 최소한으로만 유지했다. 나폴레옹은 구체제에서 그랬듯 교회가 중등교육을 좌우하는 것을 원하지 않았다. 고등학교는 엄격한 규율을 갖췄고 학생들은 교복으로 청색 재킷과 바지, 둥근 모자를 착용해야 했다. 또한 학생들은 선임부사관 한 명, 부사관 한 명, 상등병 4명으로 구성한 중대로 조직했다. 각각의 학생 중대를 지휘하는 선임부사관은 가장 모범적인 최우수 학생들이 맡았다.

국립 고등학교는 '국가의 학생'들에게 6천4백 건의 학비 전액만큼 장학금을 수여했고 입학시험에 통과한 학생과 부모가 학비를 부담하는 경우도 입학을 허용했다.[58] 구체제에서는 학생들에게 선택권이 주어진 반면 이제는 필수 과정을 따라야 했다. 주지사와 형사법원장, 상소법원장 들이 새로운 학교의 행정을 감독했으며 전문 사찰단도 있었다.[59] 1813년 프랑스 중등교육은 유럽 최고 수준으로 성장했다. 그로부터 2세기가 지난 오늘날까지도 나폴레옹이 설립한 콩도르세 고등학교, 샤를마뉴 고등학교, 루이 르 그랑 고등학교, 앙리4세 고등학교는 프랑스 최고 고등학교로 자리매김하고 있다. 프랑스의 새로운 교육관은 국외로도 퍼져 나갔다. 에스파냐와 네덜란드는 프랑스 점령을 맹렬히 비난하면서도 프랑스 교육관은 받아들였다.[60]

1806년 국무원 회의에 교육장관 앙투안 푸르크루아가 보고서를 가져오지 않아 나폴레옹은 즉흥연설을 해야 했다. 나폴레옹은 교육에 관해 거의 시적으로 열변을 토했다.

> 교육은 모든 제도 중에서 가장 중요하다. 현재와 미래 모두가 교육에 달려 있기 때문이다. 자라나는 세대의 도덕과 정치 이념이 당장의 뉴스와 순간의 상황에 좌우되면 안 된다. 이는 곧 교육의 본질이다. … 개개인의 성향과 성격 그리고 교육이 다룰 수도, 개혁할 수도 없는 모든 측면은 사람마다 전부 다르다. … 불변의 원칙과 불멸의 교육 체제를 마련하도록 하자.[61]

나폴레옹은 프랑스 전역에 국립 고등학교를 세울 계획이었다. 그의 훌륭한 파리 건축 계획처럼 교육 개혁도 찬탄할 만했으나 안타깝게도 의미 있는 성과를 내기 한참 전에 중단되고 말았다. 1808년 3월 17일 나폴레옹은 프랑스의 모든 교육을 감독할 제국 대학교를 설립한다는 법령을 반포하면서 한 단계 더 포괄적인 개혁으로 나아갔다. 모든 교사는 다섯 학부(신학부, 법학부, 의학부, 문학부, 수학·물리학부) 중 하나에 속했다. 나폴레옹은 군대식 위계구조를 교육에 적용했다. 대학 총장은 1804년부터 1810년까지 입법부 수장이었는데 강건한 의지를 보인 루이 퐁탄이 그 직을 맡았으며, 그 밑으로 프랑스의 모든 중등교육과 대학을 통제할 30인 위원회를 기획했다.[62] 1808년 나폴레옹은 혁명으로 문을 닫은 소르본 대학을 다시 열었다.

나폴레옹의 뿌리 깊은 성차별주의는 교육 관련 조항에도 예외 없이 드러난다. 1806년 3월 나폴레옹은 국무원에서 이런 발언을 했다.

"행실이 나쁜 여자가 공교육을 받으면 변덕스럽고 아양을 떠는 여자, 정서가 불안정한 여자가 된다. 남자는 함께 교육을 받으면 서로 협력하는 법을 배우며, 인생이라는 전투를 같이 헤쳐 나갈 전우애를 다질 수 있다. 반면 여자를 한곳에 모아 놓고 교육하면 타락의 온상이 되고 말 것이다. 남자는 빛나는 삶, 영광스러운 삶을 사는 존재다. 여자는 가정에 격리되어 집 밖으로 나오지 말아야 한다."[63]

당시 맥락을 살펴보면 여성을 가르치는 공식 교육기관은 프랑스뿐 아니라 다른 곳에서도 찾기 힘들었다. 19세기 초 영국과 미국에 여학교는 극소수뿐이었고 국가가 운영하는 경우는 전무했다.

1800년 7월부터 1803년 5월 사이 집정정부의 최대 개혁이 이뤄졌다. 나폴레옹은 파리에 머물면서 국무원과 정기적으로 비밀회의를 열었다. 국무원 위원 중에는 온건파 공화주의자와 과거 왕당파 출신이 많았다. 어떤 위원은 자신의 아버지와 형제를 단두대로 보낸 전력이 있는 위원과 동석하기도 했다.[64] 나폴레옹은 국무원 초기 회의 때 이렇게 말했다.

"혁명과의 로맨스는 끝났다. 이제 우리는 혁명의 역사를 시작해야 한다."

나폴레옹은 앞으로의 정책 방향과 목적, 전반적인 노선을 국무원에 제시했다. 그의 태도를 정확히 요약하자면 이러했다.

"권위를 경애하고 현실주의를 따르며, 특권과 추상적인 권리를 경멸하고 세부사항에 과도하게 집중하며, 관심을 보이고 질서정연한 사회 위계를 존중한다."[65]

국무원 위원 중 나폴레옹이 가장 젊었다. 다음은 샵탈의 회고록이다.

그는 자신이 일반 행정의 세부사항에 무지하다는 것을 전혀 부끄러워하지 않았다. 그는 많은 질문을 던졌고 가장 기본적인 단어의 정의와 의미를 물었다. 그는 새로운 논의를 시작했으며 자신의 의견이 형성될 때까지 토론을 이어 갔다. 사람들은 종종 그를 극단적으로 자기중심적인 이기주의자라고 생각한다. 하지만 그는 논쟁을 하던 중 연륜 있는 법학자 프랑수아 트롱셰 앞에서 다음과 같이 인정한 적도 있다.

"이렇게 논의하다가 고작 15분 후 제가 말한 내용이 전부 틀렸다는 사실을 알게 된 적도 있습니다. 사람들이 제 실체보다 훨씬 더 부풀려서 저를 떠받드는 것을 원하지 않습니다."66)

국무원은 매우 다양한 범위의 사안을 다뤘다. 예컨대 1892년 6월 17일에는 외과 의사 시험, 화학자 협회, 중요한 군郡에 부주지사(군수) 임명, 농작물 수확 현황, 몰타의 난민, 국가경호대와 관련된 법 초안, 도로공사 책임, 병참부 행정, 전당포업, 대규모 코뮌의 장부, 사냥터지기, 상공회의소, 망명자가 특정 지역에 돌아올 권리를 허용하는 법, 아르데슈의 교각 건축, 코르시카의 2개 주 통합, 라인강 좌안의 경계 표시 등의 의제를 다뤘다.67)

국무원 회의는 8시간에서 10시간까지 지속하기도 했는데 샵탈의 회상에 따르면 나폴레옹은 "말을 가장 많이 하고 정신력을 가장 많이 쏟는 사람이었다. 그는 국무원 회의를 마친 뒤에도 다른 사람들과 다른 주제와 관련된 회의를 계속 이어 갔다. 그의 정신은 마치 피로라고는 느끼지 않는 듯싶었다."68) 위원들이 철야 회의를 하느라 지치면 나폴레옹은 다음과 같이 말하곤 했다.

"자, 여러분. 우리는 아직 월급 값을 못했습니다!"69)(회의가 새벽 5시경에 끝나면 나폴레옹은 "내게는 목욕 1시간이 수면 4시간보다 낫다"라며 목욕을 했다.70))

전장을 제외하면 이곳이야말로 나폴레옹이 가장 빛난 장소였다. 국무원 위원들이 회의 중 나폴레옹이 보여 준 모습에 관해 남긴 기록을 보면 공통적으로 언급하는 특징이 있다. 사안을 깊이 심사숙고하는 태도, 지치지 않는 활력, 주어진 주제를 순식간에 파악하는 속도, 본질을 완벽히 이해할 때까지 포기하지 않는 끈기, 중요한 의사결정을 확실히 내릴 때까지 완강하게 붙들고 있는 뚝심 등이 그것이다. 훗날 나폴레옹을 배신하는 위원이든 아니면 끝까지 지지하는 위원이든 상관없이, 그리고 당시 작성한 기록이든 아니면 나폴레옹이 몰락하고 한참 후에 쓴 회고록이든 상관없이 일관성 있는 묘사가 나타난다. 집정정부 초기의 어느 위원이 남긴 기록에는 이런 내용이 나온다.

"그는 아직 젊은 나이고 행정의 다양한 영역을 제대로 교육받은 적이 없는데도 불구하고 놀라운 능력을 보여 주었다. 그는 매우 분명하고 정확한 태도로 토론에 임했으며 무척 이성적이고 다채로운 관점을 지니고 있었다. 무궁무진한 재능을 갖춘 그는 지치지 않는 일꾼이었다. 그는 대규모 행정 체제 여기저기에 흩어진 사실과 의견을 연결하고 조직화하기 위해 놀라운 지혜를 발휘했다."[71]

나폴레옹에게는 짧은 질문으로 상대방에게 즉시 답변할 것을 요구하는 버릇이 생겼다. 예컨대 국무원 위원이자 공공사업장관인 에마뉘엘 크레테에게 다음과 같이 질문했다.

"개선문은 얼마나 진행되었습니까?" "우리가 돌아올 때쯤이면 예나 다리를 건널 수 있겠습니까?"[72]

정부의 다양한 영역을 아우르기 위해 국무원은 육군, 해군, 재정, 사법, 내정, 경찰, 지방 담당으로 나눴다. 몰레 백작은 국무원의 분위기를 이렇게 묘사했다.

"말발굽 모양의 긴 탁자에 앉은 각양각색의 사람들이 온갖 의견을 쏟아 내고 있다. 그러다가 탁월한 조직 구성 능력을 갖춘 천재가 탁자의 끄트머리 연단에 등장하면 순식간에 분위기가 완전히 바뀌었다."[73]

혹자의 묘사에 따르면 "그의 의자는 앉는 부분과 팔걸이에 초록색 모로코가죽을 댄 마호가니 재질로 그저 평범한 사무용 의자였다. 그의 의자는 바닥에서 한 단 높은 장소에 놓였다."[74] 토론 중에 나폴레옹이 흥분해서 힘을 주체하지 못할 때마다 의자에 충격이 갔다.

> 토론 중에 그는 칼이나 긁개로 의자 팔걸이 부분을 조각하거나 깊이 도려내곤 했다. 어차피 다음 날이면 또다시 의자를 잘라낼 게 분명했지만 그래도 우리는 매번 의자를 보수하려고 애썼다. 또 다른 유희로 깃펜을 꽉 눌러 종이 위에 큼지막하게 잉크 자국을 내기도 했다. 종이가 완전히 검게 물들면 구겨서 바닥에 집어던졌다.[75]

야망을 품은 자들은 직급이 더 높은 다른 기관 공직보다 국무원 심의관이라는 직급이 낮은 자리를 선호했다. 국무원에서 일해야 나폴레옹의 눈에 들 기회가 많았기 때문이다. 심의관들은 국무원의 동의 아래 발의된 법안을 체계적으로 정리했다. 나폴레옹이 좀 더 나이를 먹었을 무렵, 그는 특정 심의관이 국무원에 보고하길 원할 때면 손잡이가 달린 안경을 쓰고 그 심의관이 앉아 있는 창구를 유심히 살피곤 했다. 그러니 원로원보다 국무원에서 한자리를 차지하는 것이 더 빨리 승진하는 길이었다.

나폴레옹은 특정 회의에 참석할 것이라고 미리 공지하기도 했지만 늘 그런 건 아니었다. 튈르리궁 계단에서 북소리가 울릴 때에야 나폴레옹이 오늘 회의에 참석한다는 사실을 알게 되는 경우도 있었다. 그는 자기 자리에 앉아 자세한 질문을 던지고는 혼자만의 생각에 빠졌다가 중얼거리기도 했다. 나폴레옹은 로드레 앞에서 이렇게 자랑한 적도 있다.

"국무원에서 왜 그토록 많은 토론을 하도록 내버려 두는지 아나? 국무원에 모인 사람 중 내가 가장 논쟁 실력이 뛰어나기 때문이지. 나는 토론에서 스스로를 방어하는 방법을 잘 알고 있네. 그러니까 토론에서 나를 공격하게 하는 거라네."[76]

발의된 법령 낭독과 전문 위원회의 보고서 낭독 순서가 끝나면 나폴레옹은 해당 분야에서 인정받는 전문가들에게 발언할 것을 촉구했다. 회의장의 어조는 사무적이었고 누군가가 웅변조로 사람들의 관심을 끌려고 했다가는 비웃음만 사기 십상이었다.

나폴레옹은 입법자, 건설가, 건국자로서 자신이 누구를 롤모델로 삼고 있는지 드러냈다. 그는 율리우스 카이사르를 다음과 같이 평가했다.

"카이사르는 역법을 개혁하고 민법과 형법을 작성했다. 그는 로마를 아름다운 도시로 만들기 위한 건설 계획을 세웠으며 로마제국의 전반적인 지도와 지방의 통계 자료를 편찬했다. 또한 바로에게 명해 광범위한 공공도서관을 설립하고 폰티노 습지의 배수 계획을 공표했다."[77)]

나폴레옹이 정립한 제도가 카이사르만큼이나 기나긴 세월 동안 살아남을 수 있을까. 그걸 판단하기에는 아직 시간이 충분히 무르익지 않았다. 그러나 나폴레옹은 자신이 "프랑스인의 얼에 화강암처럼 단단한 닻"을 내렸다고 분명히 단언했다.

음모

13

게으름을 모르는 사람이라니 참으로 가련하도다.

탈레랑이 나폴레옹에 관해

–

큰 혁명이 일어나면 온갖 종류의 사건이 뒤따른다.
그 모든 것이 끝나야 비로소 사태가 진정된다.

1900년 1월 나폴레옹이 주르당에게

1800년 6월 29일 나폴레옹은 리옹에서 뤼시앵에게 편지를 보냈다.

"파리에 불쑥 도착할 생각이야. 개선문 같은 겉치레는 질색이다. 그까짓 말도 안 되는 일 따위에 신경 쓰기엔 나는 너무 대단한 사람이야. 내가 진정 바라는 바는 사람들이 만족하는 것, 바로 그뿐이야."[1)]

나폴레옹은 7월 2일 새벽 2시 튈르리궁에 도착했다. 14일에는 마르스 광장(현재 에펠탑이 있는 곳)에서 적군에게 포획한 군기를 여럿 매달고 대규모 행진을 거행했다. 레쟁발리드와 콩코르드 광장, 방돔 광장에서도 축하행사가 열렸다. 이제 공화국의 새로운 달력 기준으로 7월 14일이라는 날짜를 확정한 것이다(7월 14일은 프랑스의 혁명 기념일이다. 혁명 시기 중 사용하던 공화력 기준으로 날짜를 따져 기념하는 것이 아니라 현재와 같은 그레고리우스력으로 환산해 기념한다는 의미다 — 역자). 나폴레옹은 다른 집정들 앞에서 전차 경주를 재현하는 것은 바라지 않는다고 말했다.

"그리스라면 직접 전차를 타고 싸웠으니 딱 맞을 것이다. 하지만 오늘날 우리에게는 그다지 의미가 없는 행위다."[2)]

당일 아침 막 도착한 집정근위대는 피가 묻고 낡은 군복 차림 그대로 행진했다. 뤼시 드 라투르 뒤팽은 대중이 정숙을 유지하는 모습에 놀랐고 부상자들을 보면서 큰 충격을 받았다고 한다. 그녀는 대중이 무엇보다 원하는 바는 평화의 날이 앞당겨지는 것이라는 결론을 내렸다.[3] 프랑스와 오스트리아는 평화 조약 조건을 7월 초부터 협상하기 시작했으나 결국 12월 3일 호엔린덴에서 모로 장군이 요한 대공을 격파하고 포로 8천 명과 대포 50문, 탄약 마차와 짐마차 85개를 포획한 후에야 조약을 체결했다. 오스트리아군은 내키지 않는다는 듯 전투에 임하다가 크리스마스가 되어서야 겨우 카를 대공이 빈에서 불과 145킬로미터밖에 되지 않는 슈타이어에서 휴전 협정을 맺었다. 다음은 나폴레옹이 모로에게 보낸 편지다.

"장군은 이번 전투에서 또다시 새로운 능력의 경지를 보여 주었다. 형편없는 오스트리아인들 같으니라고! 다들 아주 고집불통이다. 그들은 얼음과 눈이 막아줄 것만 바라고 있었을 뿐 장군이 얼마나 뛰어난지는 미처 몰랐다. 나는 애정을 담아 장군에게 경의를 표한다."[4]

10월 3일에는 미국과의 유사전쟁이 끝을 맺었다. 이 협상은 조제프가 이끌었고 루아르강에 있는 조제프의 모르트퐁텐성에서 조약을 체결했다. 이로써 이제 막 탄생한 미국 해군이 영국 해군과 협력해 프랑스를 위협할 가능성은 사라졌다. 조약을 비준한 후 미국 특사 윌리엄 밴 머리는 이렇게 기록했다.

"제1집정은 진지한 성격이고 꽤나 사려 깊으며 이따금 엄격한 모습을 보인다. 허세가 심하거나 독선적인 인물은 아니다. 그의 모든 행동은 하나하나가 다 정확하다. 성미가 급하면서도 체계적인 판단력을 갖췄다. … 마치 노련한 검술의 고수 같다. … 두려움이라고는 일절 모르는 듯 굉장히 허심탄회하게 이야기를 한다. 신중함이 없어 보일 정도다."[5]

나흘 후 프랑스와 에스파냐는 산일데폰소에서 비밀리에 협약을 했다. 프랑스가 오스트리아와 평화 협정을 맺으면 합스부르크 소유인 토스카나를 파르마 공의 부르봉 계승자이자 에스파냐 카를로스 4세의 사위인 돈 루이에게 양도한다는 내용이었다. 그 보답으로 에스파냐는 루이지애나(당시 루이지애나는 멕시코만에서 캐나다 국경선까지 오늘날 미국 13개 주를 아우르는 광대한 영토였다)를 프랑스 측에 양도하기로 했다.• 산일데폰소 협약의 조건 중 하나로 프랑스는 루이지애나를 제3국에 매도하지 않겠다고 약속했다.

한편 영국 해군이 2년간 봉쇄해 온 몰타는 결국 영국의 손에 떨어지기 직전이었다. 그러자 나폴레옹은 형식적으로나마 몰타섬을 러시아 황제 파벨 1세에게 넘겨주었고 파벨 1세는 성요한기사단의 신임 단장으로서 이를 받아들였다. 9월 5일 영국이 마침내 몰타를 점령했으므로 영국 입장에서 이는 아무 의미도 없는 행위였으나 프랑스와 러시아 간의 외교 관계가 나아지는 효과를 낳았다. 파벨 1세는 라인강과 알프스-마리팀을 프랑스의 천연 국경선으로 인정하겠다고 밝혔다. 그해 말 파벨 1세가 무장중립 동맹을 결성하자 프로이센과 스웨덴, 덴마크가 합류했다. 동맹 목적은 많은 사람의 비난을 받는 몹시 가혹한 영국의 해상무역법에 반대하는 것이었는데, 특히 영국이 프랑스 밀수를 막겠다고 제한 없이 수색하는 것에 반발했다. 나폴레옹과 파벨 1세의 관계는 점점 더 돈독해졌다. 1801년 초에는 합동 군사 작전 계획까지 짰는데 이는 마세나가 프랑스군 3만 5천 명을 이끌고 아스트라칸까지 진군해 러시아군 3만 5천 명, 카자크군 5만 명과 합류한 뒤 카스피해를 건너 칸다하르를 점령하고 뒤이어 인도마저 침공한다는 구상이었다.[6] 이 또한 나폴레옹의 동양 침략 계획 중 하나로 알레포에서 진군하기 시작한다는 계획보다 그나마 덜 허황된 편이기는 했다.

1800년 12월 24일 수요일 오후 8시, 나폴레옹과 조제핀은 하이든의 오라토리오 〈천지창조〉를 감상하기 위해 각자 다른 마차를 타고 오페라 극장으로 향하는 길이었다. 그런데 카루젤 광장 한쪽과 생니케즈가 사이에 화약이 설치되어 있었다. 씨앗을 파는 상인의 마차 물통 안에 화약을 설치해 둔 것이다. 마차는 작은 말 한 마리가

• 프랑스는 퐁텐블로 협약으로 루이지애나를 에스파냐에 양도했었다(1762년).

끄는 짐마차였다. 이는 한 달 전 런던에서 귀국한 올빼미파 조제프 피코 드 리뫨랑의 소행이었다.* 도화선에 불을 붙인 범인은 전 해군장교 로비노 드 생레강으로 올빼미파 우두머리인 조르주 카두달과 공범이었다. 범인은 어린 소녀에게 말고삐를 쥐어 준 뒤 급히 자리를 떴다. 도화선 길이가 약간 길었고 나폴레옹의 마부 세자르가 워낙 속도를 냈기에 나폴레옹이 탄 마차는 도화선에 불이 붙은 짐마차를 그대로 지나쳐 갔다. 나폴레옹은 간발의 차로 사고를 당하지 않았던 것이다.7) 조제핀과 함께 두 번째 마차에 타고 있던 나폴레옹의 부관 장 라프가 말하길, "나폴레옹은 천우신조로 살아났다. 호위대 소속 척탄병이 칼을 휘두르다가 엉겁결에 니케즈가 중간에 서 있던 암살자 중 하나를 몰아냈고, 짐마차도 원래 의도한 위치에서 방향이 틀어져 버렸다."8) 엄청난 폭발이 일어났으나 조제핀의 마차는 한참 뒤에서 따라오고 있었기 때문에 탑승자 전원이 무사했다. 마차 유리창이 깨져 오르탕스만 손목에 약간 상처를 입은 정도였다. 그러나 짐마차에 설치한 소위 '지옥의 기계' 때문에 5명이 사망하고(말고삐를 손에 쥐고 있던 어린 소녀도 목숨을 잃었다) 26명이 부상을 당했다.9) 가옥도 46채 이상 훼손되었으니 이보다 더 큰 사고로 번질 수도 있었다.

나폴레옹이 탄 마차와 조제핀이 탄 마차 모두 멈춰 섰다. 조제핀의 마차에 탑승한 라프는 나폴레옹의 상태를 확인하고자 참담한 현장을 뚫고 밖으로 나왔다. 조제핀은 남편이 다치기는커녕 오페라 극장에 가겠다고 우긴다는 소식을 듣고 용감하게 따라나섰다. 조제핀이 오페라 극장에 도착했을 무렵 "나폴레옹은 침착하고 평온한 태도로 박스석(극장 위쪽에 설치한 제한된 객석 공간 – 역자)에 앉아 오페라 안경으로 관객을 보고 있었다." 조제핀이 박스석으로 들어오자 나폴레옹이 말했다.

"조제핀, 그 악당들이 나를 날려 버리려고 했어."

그리고는 오라토리오의 프로그램을 달라고 했다.10) 그날 밤 무대에 무엇이 올라

* 폭발로 파괴된 이후 생니케즈가는 오늘날 레셸가와 리볼리가가 만나는 지점에서 시작되는 길이 되었다.

왔어도 나폴레옹의 운 좋은 생존보다 더 절묘한 볼거리는 아니었으리라. 사건 소식을 들은 관객은 나폴레옹이 무사하다는 사실에 갈채를 보냈다.

나폴레옹이 자칭 루이 18세에게 부르봉 왕정을 복고해 줄 수 없다고 답신한 이후 온갖 암살 시도가 이어졌다. 9월 4일 암살을 계획한 혐의로 17명을 체포했다.[11] 10월 11일에는 나폴레옹이 오페라 극장을 나설 때 칼로 찌르려던 음모가 발각되었다. 음모를 꾸민 이들 중 하나인 조제프 앙투안 아레나는 브뤼메르 쿠데타 중에 칼을 휘두른 것으로 알려진 코르시카 대표와 형제 사이였다.[12] 호민원이 나폴레옹의 무사함을 축하하자 그가 대답했다.

"내가 실제로 위험을 피했던 적은 없다. 일고여덟 명의 악당은 계획을 제대로 실행하지도 못하고 거꾸러졌다."[13]

10월 24일에는 말메종으로 가는 나폴레옹의 마차에 수류탄을 투척하려는 음모를 꾸민 10여 명을 체포했다.[14] 폭약 전문가 알렉상드르 슈발리에는 체포망을 피해 몸을 뺐으며, 조제핀이 결혼하기 전 친구 사이였던 또 다른 음모자 토마 데포르주도 달아났다.

2주 후인 11월 7일 마침내 왕당파 슈발리에를 검거하고 다중 발포가 가능한 총포도 압수했다. 폭죽을 터뜨려 나폴레옹의 말들을 놀라게 하려는 계획, 길거리에 쇠못을 뿌려 집정근위대가 접근하는 것을 막으려는 계획도 함께 발각되었다. 일주일 후에는 나폴레옹이 지나갈 길을 봉쇄하려는 음모를 또다시 적발했는데 이는 푸셰의 노고 덕분이었다. 푸셰는 공식 보고서에서 나폴레옹이 권력을 잡은 이후 그의 목숨을 노리는 음모를 10건 이상 나열했다. 그중에는 아직 검거하지 못한 슈발리에의 공범들이 꾸미는 음모도 있었다.[15] 여러 경찰 보고서에 따르면 대중은 나폴레옹이 조만간 암살될 거라고 추정하기 시작했다고 한다.

수많은 음모 중 성공에 가장 근접한 것이 바로 '지옥의 기계'였다. 푸셰의 지휘 아래 형사들은 탁월한 범죄 과학 수사를 진행했는데 당시 사건을 복원하기 위해 말굽과 마구, 짐마차를 다시 조립했다. 어느 곡물 상인은 자신에게 짐마차를 사 간 남자를 특정했다.* 포위망이 좁혀지자 리뫨랑은 도망쳤는데 아마 미국에서 사제가 될 계획이었을 것이다.16) 모든 정황상 올빼미파 계통의 왕당파가 주모자라는 게 확실했지만 나폴레옹은 모처럼 좋은 기회가 주어졌으니 이를 정치적으로 십분 활용하려 했다. 나폴레옹은 국무원에서 '공포주의자', 즉 공포 정치를 지지하고 브뤼메르 쿠데타에 반대한 자코뱅파를 처단하고 싶다고 말했다. 불과 6년 전인 1794년 나폴레옹 자신도 자코뱅파라는 이유로 투옥되기도 했으나 지금의 나폴레옹은 자코뱅파를 국가의 적으로 생각했다. 암살 음모를 꾸미는 올빼미파보다 자코뱅파가 더 위험하다고 확신한 것이다. 자코뱅파는 위험한 사상을 내세우고 권력의 맛을 알고 있으며 조직력도 탁월했기 때문이다. 나폴레옹은 생제르맹가에서 왕당파 살롱들을 적발했을 때 이렇게 말했다.

"척탄병 부대 하나만 있으면 생제르맹가쯤은 전부 날려 버릴 수 있다. 그러나 자코뱅파는 훨씬 더 완강하며 그렇게 쉽게 무너뜨릴 수 없다."17)

푸셰가 영국의 지원을 받는 왕당파(카두달 등)를 대담하게 비난하자 나폴레옹은 1792년 9월 학살을 언급하며 의견을 제기했다.

"그들은 9월 학살을 일으킨 주역이자 피에 젖은 악당이다. 그들은 지금까지 혁명 정부의 뒤를 이은 모든 정부에 굳건하게 저항한 무리다. 우리는 최대한 빨리 대응책을 찾아야 한다."

그리고 이렇게 덧붙였다.

"프랑스에서 악당을 뿌리 뽑아야 비로소 정부가 안정적으로 자리를 잡으리라."18)

이제 나폴레옹은 혁명 시절을 완전히 잊었다.

1801년 1월 1일 중앙 경찰부 소속 루이 뒤부아(바로 다음 달 경찰청장으로 임명됨)가 국무

* 파리 카름가 경찰청 박물관은 폭탄이 터지는 과정을 전시하고 있다.

원에서 다양한 암살 음모 보고서를 낭독했다. 첫 번째는 척탄병 근위대원 중에 암살자를 심어 놓으려는 음모였고, 두 번째는 메젱이라는 자가 코메디 프랑세즈에서 라신의 〈브리타니쿠스〉 공연 중에 나폴레옹을 칼로 찌른다는 음모(마침 나폴레옹은 그날 밤 공연을 보러 가지 않았다)였다. 세 번째는 M. 곰보 라셰즈라는 자가 '그리스의 불' 폭탄을 장착한 기계를 고안해 드제의 장례식 중에 나폴레옹에게 투척하려 했으나 주변에 장식물이 너무 많아 실패했다는 내용이었다.[19] 보고를 듣고 나폴레옹이 말했다.

"올빼미파와 망명 귀족이 피부의 염증이라면 공포주의자는 몸속의 질환이다."•

1월 8일 자코뱅파 130명을 체포했고 사흘 전 통과된 원로원 자문sénatus-consultes에 따라 추방했는데 대부분 기아나로 보냈다(원로원 자문의 본래 의도는 헌법 개정에만 적용하는 것이었으나 나폴레옹은 입법부와 호민원을 거치지 않으려는 편법으로 원로원을 활용했다). 기후가 너무 치명적이라 기아나 추방은 사형 선고나 다름없었다. '건조한 단두대'라는 별명까지 붙을 정도였다. 여론은 잠잠했다. 체포한 이들 중 '지옥의 기계' 음모에 관여한 자는 없었지만 대다수가 과거 사법 살인에 가담한 적 있었고, 특히 공포 정치 당시 의사결정에 관여한 이들이었다. 테오필 베를리에가 2명의 자코뱅파(데스트렘과 탈롱) 처분에 이의를 제기하려 들자 제1집정 나폴레옹은 솔직한 답변을 주었다. 그들이 '지옥의 기계' 음모의 배후라서가 아니라 "혁명 기간 당시 그들의 행동" 때문에 추방한다는 것이었다. 베를리에는 애초에 폭탄이 터지지 않았다면 데스트렘과 탈롱을 추방할 일도 없었을 것이라고 반박했다. 나폴레옹은 그저 웃으며 말했다.

"아, 변호사 양반. 당신은 전혀 져 줄 생각이 없군!"[20] ••

현재까지 알려진 의제 외에 또 다른 숨은 의제를 발견하지 않는 한, 푸셰가 작성

• 1월 13일 나폴레옹이 주르당에게 보낸 편지에서 이르길, "영국이 이 모든 일의 배후에 있는 것 같다." (CG3 no.5913, p.513)

•• 데스트렘은 1803년 돌레롱섬에서 사망했고 탈롱은 1809년 정부로 복귀한다.

한 추방자 명단은 대단히 비정상적이고 성급했다고 평가할 수밖에 없다. 자코뱅파 명단 중에는 5년간 과들루프에서 판사로 재직한 이도 있었고 6개월 전 이미 사망한 이도 있었다. 더구나 새로운 정부를 지지하는 공직자들마저 과거 자코뱅파였다는 이유로 명단에 이름이 올랐다. 대규모로 뭉뚱그려 축출하는 행위는 지난 12년간 프랑스 정치에 일관성 있게 나타난 추세였으며 이번 사건으로 12년 핏빛 역사에 종지부를 찍었다. 훗날 나폴레옹이 회상하길, "마치 마법의 지팡이를 휘두른 것처럼 수도의 분위기가 확 바뀌었다."[21] 정치적으로 자코뱅파를 완전히 숙청하는 동시에 실제로 음모를 꾸민 올빼미파도 검거했다. 슈발리에를 포함해 총 9명이 1월 30~31일 단두대에 올랐다. 다만 부르몽 백작은 겨우 목숨을 부지한 채 투옥으로 그쳤다(그는 1804년 도주했으며 훗날 포르투갈에서 나폴레옹 편에서 싸웠다). 1804년 12월 카두달이 꾸민 것과 유사한 암살 음모가 아직도 더 있다는 증거가 나왔다. 나폴레옹은 가담자 중 한 명인 장 드 라 로슈푸코 뒤브뢰유를 추방하는 것에서 그쳤다.[22]

'지옥의 기계' 사건이 터지기 전 나폴레옹은 민간인에게도 특별 군사재판을 확장 적용하기 위해 복잡한 보안법을 도입하려 했다. 국무원은 해당 법안이 과도하게 권위주의적이라 판단했고 피에르 도누와 시인 마리 조제프 셰니에(〈출정가Le Chant du Départ〉 작사가), 작가 뱅자맹 콩스탕 등 호민원 진보파와 중도파 구성원의 항의로 결국 무산되었다.[23] 그러나 '지옥의 기계' 폭발 사건 이후 해당 법안은 신속하게 통과되었다. 나폴레옹은 자신이 호민원을 설립하고도 공격적인 태도를 보이며 싫어했다. 그는 콩스탕과 도누, 셰니에를 이렇게 평했다.

"물에 던져 넣는 편이 나을 형이상학자들 … 내가 루이 16세처럼 가만히 앉아서 당하기만 할 것이라고 생각하지 말라. 나는 그럴 생각이 없다."[24]

나폴레옹은 암살을 미연에 방지하고자 자신의 행선지를 출발 5분 전까지 공적으로 밝히지 않았다.[25]

1801년 2월 9일 조제프와 탈레랑은 (지쳐 나가떨어진) 루트비히 폰 코벤츨 백작과 협상을 마무리하고 뤼네빌 조약을 체결했다. 이로써 오스트리아와 프랑스 간의 9년에 걸친 전쟁은 종식되었다. 뤼네빌 조약은 대략 캄포포르미오 조약에 기초한 협약이다. 프랑스는 벨기에와 이탈리아, 라인란트에서 획득한 지역을 보장받은 반면 오스트리아는 4년 전 캄포포르미오 조약으로 손에 넣었던 이탈리아 북부 지역을 대부분 빼앗겼다. 만약 프란츠 황제가 직접 협상에 나섰다면 어떻게 해서든 해당 지역을 고수하려 했을 것이다. 그러나 프랑스와 러시아의 사이가 돈독해지고 모로 장군이 당장 빈을 침공할 수 있을 정도로 코앞에 진을 치고 있는 상황이었다. 결국 코벤츨 입장에서는 외교적 수완을 발휘할 만한 여지가 거의 없었다. 프랑스는 오스트리아의 손에서 토스카나를 빼앗았다. 일전에 프랑스와 에스파냐가 산일데폰소 협약에서 합의한 조건에 따라 토스카나는 에트루리아왕국이 되어 돈 루이가 다스리게 되었다. 로르 다브랑테스의 표현에 따르면 "놀랄 정도로 멍청이"인 스물여덟 살의 돈 루이는 루이 15세의 증손자로 에스파냐의 마리아 루이자 공주와 결혼했다. 나폴레옹은 새로 등극한 왕을 다음과 같이 평했다.

"로마는 잠잠할 것이다. 새 왕은 루비콘강을 건너지 못하리라."[26]

물론 에트루리아왕국은 명목상으로만 독립국이었다. 부르봉 왕가가 에트루리아왕국을 통치한다고는 하나 프랑스 주둔군을 유지하기 위해 많은 세금을 내야 했다.[27]* 나폴레옹은 자매 공화국이 아닌 왕국을 세웠다. 아마도 프랑스에 새로운 군주제를 도입하기 위한 행보로 보인다. 한편 1802년 1월 에트루리아왕국의 루이 1세가 파리를 방문하자 나폴레옹은 그와 함께 코메디 프랑세즈 극장에서 〈오이디푸스〉를 관람했다. 극중 2막 4장에서 등장인물 필록테테스가 "나는 왕들을 만들었지

* 토스카나 대공은 피렌체궁을 떠나기 전 모든 물건을 처분했고 새로운 국왕 부부가 도착했을 때는 아무것도 없었다. 이에 공주는 이렇게 말했다. "금식기와 은식기에 익숙한 에스파냐 국왕의 딸(본인)은 난생처음 도자기 그릇으로 식사를 했다."(Etruria, *Memoirs* p.309)

뤼네빌 조약 이후 유럽, 1801년

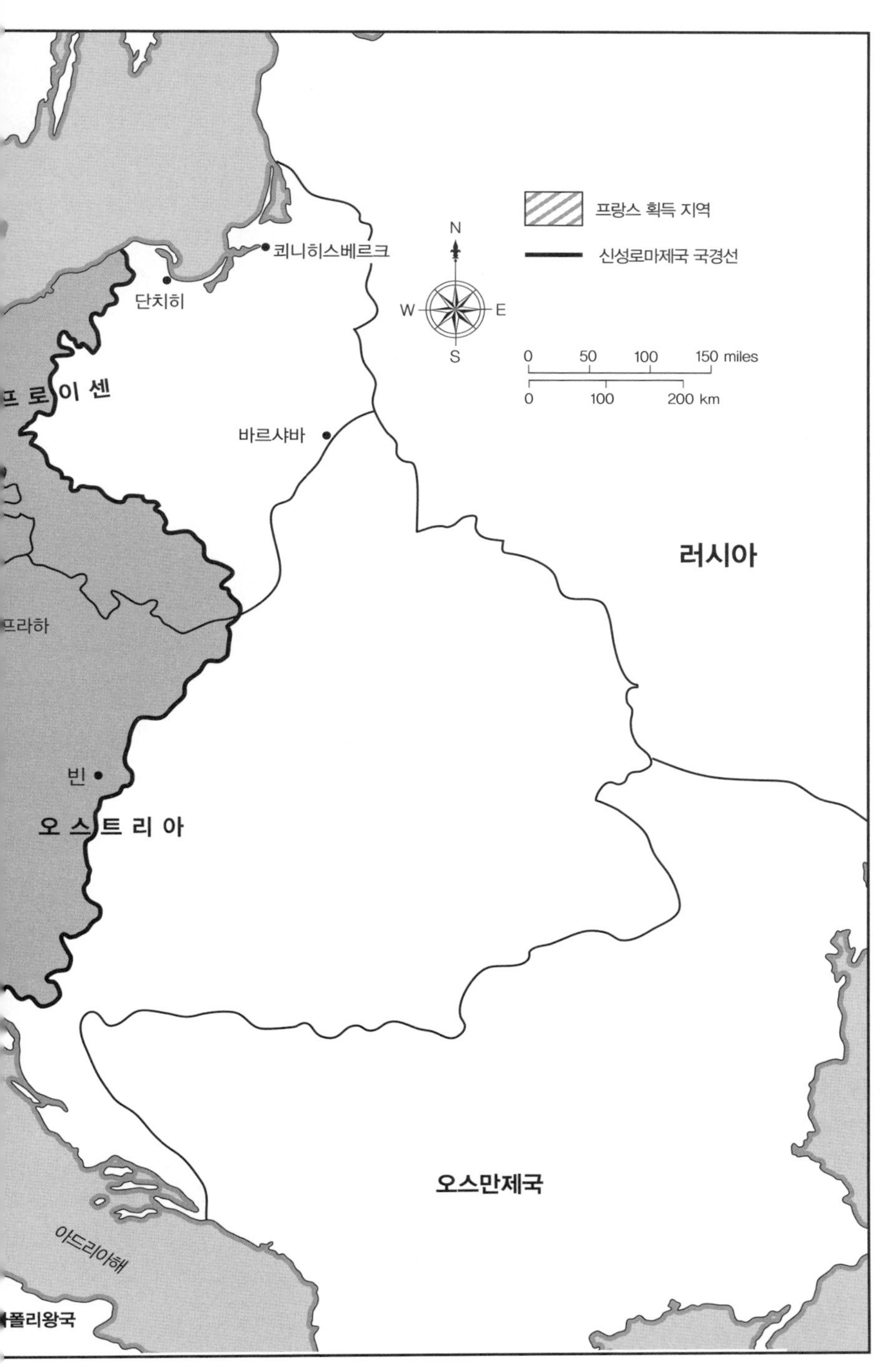
프랑스 획득 지역
신성로마제국 국경선
N
W
E
S
0
50
100
150 miles
0
100
200 km
쾨니히스베르크
단치히
프 로 이 센
바르샤바
러시아
프라하
빈
오 스 트 리 아
오스만제국
아드리아해
폴리왕국

만 내가 왕이 되는 건 거부해 왔다"라는 대사를 하자, 관객은 진심으로 박수갈채를 보냈다.28) 나폴레옹이 군주제를 도입하기에는 아직 시기상조였던 것이다.

뤼네빌 조약 결과 중 특히 프랑스 국민의 마음을 편하게 해 준 발표 내용이 있었다. 바로 1802년부터 예정된 징병이 거의 필요치 않게 되었고 네 번의 원정에 참여한 병사들(군대의 8분의 1에 이른다)은 제대할 수 있다는 것이었다.29) 2월 13일 원로원에서 나폴레옹은 "내가 싸우는 것은 오직 세계 평화와 행복을 수호하기 위해서다"라고 선언했다. 그러나 동시에 끝없이 욕심을 부리는 영국이 주는 '모욕' 때문에 고통을 받고 있으니 '복수'하겠다는 협박성 발언도 했다(그는 영국을 일컬을 때 '브리튼' 대신 '잉글랜드'라는 표현을 사용했다).30) 한편 영국은 계속되는 알력 다툼으로 거의 10년간 전쟁을 치르느라 지친 상태였기에 이제는 그만 칼을 칼집에 도로 넣고 싶은 심정이었다.

2월 17일 나폴레옹은 뤼네빌 조약을 축하하기 위해 외무부에서 열린 탈레랑의 연회에 참석했다. 바크가의 오텔 갈리페에 소재한 외무부는 퐁루아얄부터 생제르망 교외를 지나 남쪽으로 이어져 있고 극장이 딸린 긴 화랑까지 구비하고 있었다. 미국 총영사 빅토르 뒤퐁도 이 자리에 참석했다.* 뒤퐁이 연회에 관해 기록하길, "살면서 본 가장 대단한 장관이었다."** 그는 주세피나 그라시니 관련 기록도 남겼다.

"대단히 멋진 목소리에서 뿜어 나오는 모든 매력을 보여 주었다. 그녀는 아주 당당한 여성으로 목, 머리, 가슴, 팔에 다이아몬드를 착용하고 있었다. 내 평생 그렇게 많은 다이아몬드를 걸친 여자는 처음 보았다."

* 경제학자 피에르 뒤퐁 드 네무르의 아들로 그의 부친은 2년간 투옥된 후 미국에서 사업을 하려고 프랑스를 떠났다. 이는 오늘날 미국 화학 관련 대기업 듀폰DuPont이 되었다('뒤퐁'의 영어식 발음 '듀폰'이 오늘날 해당 기업의 공식 한국어 이름이다 — 역자).

** 하지만 연회 진행 방식은 좀 더 개선할 필요가 있었다. 하객 1천2백 명이 도착했는데 마차당 평균 3명씩 타고 있었다. 하객들은 오후 9시부터 마차에서 내리기 시작했고 마차당 90초 정도 시간이 걸렸다. 뒤퐁은 다음 날 오전 6시에 연회장에 들어온 하객도 봤다고 한다(마차 4백 대가 각 90초씩 걸리면 전부 내리는 데 10시간이 소요된다 — 역자).

나폴레옹은 이탈리아에서 그라시니를 자신의 애인으로 삼고 다이아몬드를 주었다. 당시에는 다이아몬드가 "넘쳐났다. 장군과 정부 관료 대리인이 아주 싸게 구입했기 때문이다." 나폴레옹은 "그녀가 노래하는 동안 상당히 흡족해 보였으나 보나파르트 부인은 질투심 때문인지 상당히 불쾌해 보였다." 조제핀 역시 '아주 커다란' 다이아몬드를 착용하고 있었다.

콘서트 다음 순서로 보드빌 극장 배우들이 평화를 주제로 가벼운 희극을 공연했다. 희곡의 "거의 모든 대사가 보나파르트"와 소위 "왕실 가족을 칭송하는" 내용이었다고 한다. 여기서 '왕실 가족'이라는 뒤퐁의 표현은 당시에는 정확하지 않은 말이었으나 결국 예언처럼 실현되었다. 짧은 발레 공연이 이어진 뒤 왈츠 공연이 있었다. 서른네 살의 뒤퐁이 기록하길, "사람들이 맨살을 그렇게 많이 드러내는 건 처음 봤다. 팔은 겨드랑이까지 다 드러날 정도였고 가슴을 전혀 가리지 않았으며 어깨부터 등 한가운데까지 다 노출했다." 심지어 속치마도 짧고 얇은 데다 천도 얼마 되지 않아 "다리 모양이 고스란히 드러났다."31) 나폴레옹은 키 크고 잘생긴 부관 4명을 대동하고 여기저기 돌아다녔다. 부관들은 경기병 제복 차림이었는데 제복 모자에 달린 깃털이 "천장에 닿을 정도로 컸다." 한편 탈레랑은 "다리를 절뚝거리며 그의 옆에 딱 붙어서 연회의 주인 노릇을 했다."32) 탈레랑 입장에서는 충분히 축하연회를 베풀 만한 상황이었다. 협약 조항에 따라 벨기에에서 발행한 오스트리아 채권을 액면가로 지불한다는 정보를 입수한 탈레랑이 할인가로 채권을 매입해 크게 한몫을 챙겼기 때문이다.33) 그때는 내부자 거래를 거의 직업적 특권처럼 여기던 시대, 오늘날 같은 상도덕이나 관련법이 없던 시대이긴 했다. 하지만 눈앞의 기회를 놓치지 않는 탈레랑의 능력은 유독 특출했다.

런던은 헨리 애딩턴이 정권을 잡아 새로운 정부가 자리를 잡았다. 1801년 3월 새 정부의 외무장관 혹스베리 경과 프랑스 외교관 루이 기욤 오토(전쟁포로 교환을 준비하느라 몇 년째 영국 수도에 체류 중이었다)가 대화를 시작하면서 더욱 중차대한 평화 조약 가능성이 엿보이기 시작했다. 기존의 소 윌리엄 피트 정부는 가톨릭 해방 문제 때문에 2월 실각했다. 혹스베리는 피트의 추종자이긴 했으나 조심스럽게 프랑스와 협의에 이를 방향을 모색하기 시작했다. 피트 정부에서는 감히 상상도 할 수 없는 문제였다. 한편 3월 8일 영국 원정군이 이집트의 아부키르에 상륙했다. 강톰 제독은 이집트에서 프랑스군을 귀환시키는 임무를 맡았으나 영국 해군 때문에 툴롱 인근에서 가로막혀 이동할 수 없는 상황이었다. 프리앙, 벨리아르, 라뉘스, 므누 장군은 아직도 군대를 철수하지 못하고 있었기에 나폴레옹은 이집트에서 악화일로 상황에 직면했다.

3월 23일 파벨 1세가 암살당했다. 큰 충격을 받은 나폴레옹은 분노에 차서 눈물을 흘렸다고 한다. 그는 살인 배후에 영국 첩자가 있을 거라 의심했지만 실제 암살범은 러시아 귀족과 하노버의 장군 레빈 폰 베니히센이었다.[34] 파벨은 정서적으로 불안정한 편이긴 했지만 당시 유럽의 몇몇 다른 군주처럼 확실한 정신질환자는 아니었다. 그 무렵 영국의 조지 3세, 덴마크의 크리스티안 7세, 포르투갈의 마리아 1세는 모두 정신질환을 앓고 있었고 각국 섭정이 실제 권력을 장악하고 있는 상황이었다. 파벨 1세는 중간 계층을 지지하는 정책을 펼쳤다가 러시아 귀족들의 경계를 샀다. 암살이 벌어질 당시 같은 궁에 있던 파벨의 아들이자 황태자인 스물세 살의 알렉산드르는 귀족들이 아버지의 양위를 요구할 것이라는 걸 은연중에 알고 있었을지도 모른다(실제로 귀족들은 파벨 1세에게 양위를 확보한 뒤 황제를 칼로 찌르고 목을 조르고 발로 차서 죽였다). 그해 말 알렉산드르는 황제에 등극했다. 명목상으로는 절대권력을 쥔 황제였으나 선황의 운명을 피하려면 귀족들의 눈치를 봐야만 했다.

알렉산드르 1세는 수수께끼 같은 인물이었다. 그는 조모 예카테리나 2세의 궁전 계몽 분위기에서 자랐고 스위스 가정교사 프레데리크 드 라아르프에게 루소의 학문 원칙을 배웠다. 그는 사법장관에게 이런 말을 한 적도 있다.

"자네는 항상 나를 가르치려 드는데 나는 독재 황제라네! 이것만 하고 다른 건 하지 않을 걸세!"

그는 이론상으로는 인류를 사랑하면서 실제로는 인간을 경멸하는 모순적인 인물로 여겨져 왔다. 특히 본바탕은 선한데 귀가 얇고 이기적이었다. 그러면서도 맡은 역할은 잘 해내는 인물이었다. 나폴레옹은 그를 '북쪽의 탈마' 혹은 '의뭉스러운 비잔틴 사람'이라고 불렀다. 알렉산드르는 만일 문명이 좀 더 진보한다면 기꺼이 농노제를 없애겠다고 주장했지만 실제로는 조금도 노력하지 않았다. 마찬가지로 1801년 러시아 법을 성문화하겠다는 약속도 지키지 않았고, 몇 년 후 스스로 고문 미하일 스페란스키 백작에게 만들라고 지시한 자유헌법마저 막상 인준하지 않았다. 알렉산드르의 가정교사 라아르프는 처음엔 제1집정 나폴레옹이 이룬 개혁을 두고 열변을 토했으나 파리에 다녀온 뒤 크게 환멸을 느끼고 《종신 제1집정의 진정한 본성 고찰》이라는 책을 썼다. 라아르프는 저서에서 나폴레옹을 '이 세계가 낳은 가장 유명한 독재자'로 묘사했는데 이는 젊은 황제에게 큰 영향을 끼쳤다. 알렉산드르는 궁극적으로 나폴레옹의 몰락에서 가장 큰 역할을 담당한 주역이므로 선황 암살로 알렉산드르가 유럽 정치에 등장하는 것은 대단히 중요한 장면이었다.

나폴레옹은 러시아 귀족과 알렉산드르를 경계했고 그의 우려대로 러시아는 파벨 1세가 이룩한 무장중립 동맹에서 탈퇴했다. 러시아 귀족들이 발트해에서 영국과의 무역으로 이득을 보았기 때문이다. 4월 2일 넬슨이 코펜하겐을 공격해 덴마크 선박 12척을 포획하고 3척을 궤멸하자 동맹의 힘은 크게 약화했다. 몇 년 후 코펜하겐 전투에 참전했던 영국 해군장교 페인 대위를 만난 나폴레옹이 말했다.

"참으로 악전고투를 했겠어."[35)]

나폴레옹의 표현대로 덴마크군은 코펜하겐 전투에서 몸 바쳐 싸웠고 이후로도 나폴레옹 편에 충성을 다했다. 나폴레옹은 〈모니퇴르〉에 러시아 황제 암살 사건과 영국의 코펜하겐 침공에 관해 불길한 기사를 쓰라고 지시했다.

"역사가 두 사건 사이의 관련성을 밝혀내리라."[36)] (그런 건 없었다.)

나폴레옹은 알렉산드르 황제에게 우정의 메시지를 전달하기 위해 전령을 보내며 일렀다.

“가라. 달려라. 이 세계가 엿새 만에 창조되었다는 것을 잊지 말라.”[37]

4월 14일 혹스베리는 영국군이 미노르카에서 철군할 테니 프랑스군도 이집트에서 철군하는 게 어떻겠느냐고 제안했다. 그러면 영국은 평화의 대가로 몰타, 토바고, 마르티니크, 트리니다드, 실론, 독일령 기아나, 사탕수수 식민지 에세퀴보·데메라라·버비스를 손에 넣을 수 있을 터였다. 나폴레옹은 거절했고 오히려 영국에 전쟁으로 획득한 지역 전부와 인도의 고故 티푸 사히브에게 빼앗은 영토를 포기하라고 요구했다. 양국 모두 상대방의 턱없는 제안에 분노했으며 이는 앞으로 몇 달간 벌어질 승강이의 초판 수에 불과하다는 것을 둘 다 알고 있었다. 4월 24일 나폴레옹은 뒤로크를 보내 베를린에서 프로이센 국왕을 만나고, 상트페테르부르크에서 새로운 러시아 황제를 만나도록 했다. 나폴레옹은 “우리가 당연히 이집트를 점령할 수 있다고 확신하는 태도를 내비쳐라”라고 지시했다. 이집트를 점령하지 못할 게 확실하니 허세를 부리라는 의미였다. 또한 뒤로크는 영국군이 원정에서 “성공을 거두면 유럽에 큰 불운이 닥칠 것이다”라고 언급하라는 지시도 받았다.[38] 그러나 시간은 영국의 편인 듯했다. 파벨 암살 후 5월과 6월에 걸쳐 무장중립 동맹은 와해되었다. 스웨덴이 처음 런던과 평화 조약을 맺었고 다음에는 덴마크, 마지막으로는 러시아까지 영국과 화친했다.

나폴레옹은 5월 내내 브뤽스, 강톰, 빌뇌브, 로질리, 리누아 제독에게 아직도 이집트에서 빠져나오지 못한 프랑스군을 구출해 오라고 종용했다. 제독들은 지중해를 횡단해 영국 해군에 저항하는 것은 자살이나 다름없다고 두려워한 나머지 에스파냐 선박 실종이나 선박 좌초, 전염병 등 온갖 이유를 대며 책임을 회피하기에 급급했다(나폴레옹은 해군의 생리를 거의 알지 못했다. 영국 해군이 1분당 더 많은 포를 발사할 수 있으므로 해상 교전 중 어느 측 선박이 더 많은지는 중요하지 않았다. 또한 프랑스 바다를 봉쇄하는 것은 오히려 영국 해군의 전투력만 높여 주는 꼴이었다. 나폴레옹은 끝까지 이 두 가지를 전혀 이해하지 못했다). 협상이 자꾸 지체되자 영국군은 이집트에서 프랑스군을 완전히 몰아낼 의도로 알렉산드리아를 포위하기 시작했다.

8월 5일 혹스베리는 오토에게 몰타의 독립을 허용할 수도 있다고 말했다. 나폴레옹이 바라고 바라던 바였다. 전략상 영국 해군에 중요한 위치에 있는 섬을 사용하지 않겠다는 의미였기 때문이다. 9월 2일, 2주간의 포위 끝에 므누가 영국군에 이미 항복했다는 소식을 듣고 나폴레옹은 영국 정부가 이 소식을 듣기 전에 잽싸게 오토에게 지시를 내렸다. 평화 교환으로 프랑스군이 이집트와 나폴리, 교황령에서 철수하겠다고 먼저 제안하라는 것이었다.* 알렉산드리아에서 프랑스군이 영국군에 패했다는 것을 미처 알지 못한 혹스베리는 그 제안에 동의했다.

1801년 10월 1일 오토가 조약 15개 조항에 서명하면서 프랑스와 영국 양국에서 축하가 터져 나왔다. 〈더 타임스〉가 보도하길, "예비 평화 조약을 체결했다는 소식에 사람들이 기쁜 마음을 감추지 못했다. 밤새도록 거의 모든 공공 도로에 불이 환하게 켜져 있었다."[39] 오토의 초상화가 상점 쇼윈도에 내걸렸고 가수들은 오토를 찬미하는 노래를 불렀다. 며칠 후 나폴레옹의 부관 자크 드 로리스통 장군이 조약을 공식 비준하기 위해 런던에 도착했다. 런던 군중은 로리스통의 마차를 끄는 말을 풀어주고 사람들이 직접 마차를 밀기 시작했다. 군중은 로리스통 장군의 마차를 끌고 옥스퍼드가에서 세인트제임스가까지 그리고 다우닝가에서 해군본부를 지나 세인트제임스 공원을 가로지르며 달렸다. 천둥, 번개와 폭풍우가 몰아치는 와중에도 밤새도록 축하행사가 벌어졌다.[40] 혹스베리는 이런 상황을 전혀 달가워하지 않았다. 조약을 완전히 비준하지 않은 상황에서 나폴레옹의 협상력만 강화해 줄 뿐이라

* 나폴레옹은 이집트에서 참패한 므누의 개인적인 책임을 면제해 주긴 했다. 그러나 므누는 다시는 군대를 지휘할 수 없었다.

여겼기 때문이다.[41]*

임시 조약 제2조항에서 영국은 1793년 영국이 점령한 지역을 전부 프랑스, 에스파냐, 네덜란드에 넘겨주기로 했다. 희망봉곶과 네덜란드령 기아나, 토바고, 마르티니크, 세인트루시아, 미노르카, 퐁디셰리 등을 전부 넘기는 것이었다. 영국은 트리니다드와 실론(현재의 스리랑카)만 갖기로 했다. 제4조항에서 영국은 몰타를 한 달 내에 성요한기사단 측에 반환하기로 했다. 기사단은 최종 조약으로 결정할 제3세력(결국 여섯 강대국으로 결정했다)의 보호를 받을 것이었다. 제5조항에서 이집트는 오스만제국에 돌려주기로 했다. 제7조항에서 프랑스는 나폴리와 교황령에서 철군하고 영국은 엘바섬과 "영국이 지중해를 비롯해 아드리아해에서 점령한 모든 항구와 섬"에서 철군하기로 했다. 그 밖의 조항에서는 이오니아군도와 포로 교환, 뉴펀들랜드 조업권 등을 다뤘다.[42]

영국은 9년간의 전쟁 때문에 유럽 본토와 무역이 끊겨 거의 절망 직전 상태였다. 그 덕분에 나폴레옹은 영국으로부터 많은 양보를 끌어낼 수 있었다. 어쨌거나 므누가 패배해 프랑스군이 이미 이집트에서 철군하는 중이었으므로 외교적으로 크게 수지맞는 장사라 할 수 있었다. 영국은 조약 체결 바로 다음 날인 10월 2일에야 승전 소식을 들었다. 프랑스제국이 점령했던 해외 땅은 다시 전부 프랑스 손에 들어왔다. 프랑스는 그 대가로 이탈리아 땅 일부를 내주었다. 러시아가 이탈리아에 압력을 가하면서 지중해에 눈독을 들이고 있었고 1800년부터 스위스에 러시아 군대마저 있는 상황이라 프랑스 입장에서는 어차피 포기해야 하는 땅이었다. 만일 필요하

* 예비 조약을 체결하기 전날인 1801년 9월 30일 나폴레옹이 보낸 편지들을 보면 머릿속에서 완벽하게 구획을 나눠 생각하고 있음을 알 수 있다. 총 11통의 편지인데 샵탈에게 3통(1통은 리아몬의 주지사를 임명하는 내용), 푸셰에게 1통(밀을 수출하다 잡힌 자는 누구든 암Ham 교도소에 투옥하라고 명령하는 내용), 재무장관 프랑수아 바르베 마르부아에게 1통, 법무장관 앙드레 아브리알에게 1통, 탈레랑에게 3통, 베르티에에게 2통(아직도 지푸라기를 깔고 잠을 자는 바스티아 주둔군 23사단 병사들에게 침대를 마련해 주라는 내용)이었다(CG3 nos.6525-35 pp.795-8).

면 쉽게 다시 빼앗을 수 있는 땅이기도 했다. 영국이 거의 10년에 걸친 전쟁과 2억 9천만 파운드(영국 국채의 두 배가 넘는 액수)를 들여 손에 넣은 영토라고는 고작 트리니다드와 실론뿐이었다. 심지어 두 지역은 모두 애초부터 프랑스의 점령지가 아니었다.[43) 반면 프랑스군은 라인강과 네덜란드, 이탈리아 북서부에 주둔하면서 스위스의 패권을 장악하고 동맹국 에스파냐에 영향력을 행사할 수 있었다. 조약에 이런 내용을 직접 언급하지는 않았지만 말이다.

상황이 이런데도 불구하고 런던에서는 계속 축하행사를 벌였다. 다음은 일기 작가 헨리 크랩 로빈슨이 친구에게 받은 편지를 발췌한 것이다.

> 사람들이 이처럼 요란하게 기뻐하는 모습은 난생처음 본다. 자금은 떨어져 가고 다들 곧 침략당하고야 말 것이라 생각하고 있었다. … 사람들의 기쁨은 거의 광기에 다다랐다. 왕국 어디서나 조명이 환하게 밝혀졌다. … 거리거리에서 '부오나파르테 만세!'라고 외치는 소리가 계속 들려왔다. … 정부 신문들이 태도를 바꾸는 모습도 흥미로웠다. 과거에는 '코르시카의 투기꾼'이나 '무신론자 투기꾼'이라 불렀는데 이제는 '위엄을 갖춘 영웅'이나 '공공질서 복원자' 등 위대하고 좋은 이름을 다 갖다 붙이고 있다. 팬터마임에서 악마가 갑자기 천사로 변하는 장면이 떠올랐다.[44)]

1801년 8월 나폴레옹은 바이에른과 우호 조약을 맺었다. 10월 8일에는 러시아와 평화 조약을 맺으면서 러시아 포로 6천 명이 무기와 군복을 지참하고 본국으로 돌아갔다. 이튿날에는 튀르크와 평화 조약을 체결하고 양측 모두 항구를 개방했다. 나폴레옹은 1년 만에 오스트리아, 나폴리, 튀르크, 러시아, 영국 그리고 프랑스를 떠난 망명 귀족들과 평화를 이룬 것이다. 이듬해 초여름에는 프로이센과도 화친을 맺었다. 10월 14일 예순세 살의 영국 장군 콘월리스 경(1781년 요크타운에서 워싱턴에게 항복한 전력이 있다)이 칼레에서 예포와 의장병의 환대를 받으며 프랑스에 입국했다. 콘월리스가 파리에 도착하자 축하행사가 열렸으며 공공장소의 조명을 밝혔다.* 그 후 콘월리스는 조제프, 탈레랑과 함께 조약의 세부사항을 조정하기 위해 아미앵으로 향했다[45](1527년 헨리 8세와 프랑수아 1세가 아미앵에서 평화 조약에 서명한 적이 있어서 이번에도 아미앵을 선택했다).

1801년 11월 20일 나폴레옹은 튈르리궁에 최초로 공무원 직원들을 임명했다. 시종과 비서, 자선품 분배 담당자, 말 관리 책임자, 하인뿐 아니라 고기를 써는 사람까지 있었다(말 그대로 나폴레옹이 먹을 고기를 써는 사람이다).[46] 미오 드 멜리토에 따르면 원래는 긴 기병대 부츠와 군도 그리고 모자에 다는 표지를 착용했으나 이제 반바지와 실크스타킹, 은 버클이 달린 구두, 예복에 차는 칼로 바뀌었다고 한다. 모자는 머리에 쓰지 않고 팔 아래에 끼고 다녔다.[47] 이처럼 새로운 유니폼을 입게 된 여러 하인과 조신은 이전에 마리 앙투아네트의 내실 수석시녀로 일한 사람에게 에티켓을 교육받았다. 그녀는 누가 언제 어떤 상황에서 제1집정을 알현할 수 있는지 설명해 주었다.[48] 6개월 후 파리 주재 프로이센 대사 루케시니 후작이 보고하길, "제1집정 부부를 둘러싼 모든 환경이 과거 베르사유의 전반적인 특성과 에티켓을 다시 따르고 있다."[49] 모로 같은 이가 이럴 거면 왜 굳이 루이 16세를 처형했나 하고 고개를 갸웃하는 것도 당연했다.

콘월리스가 프랑스에 도착한 지 일주일이 되었을 때 오토는 혹스베리에게 이제 대서양을 안전하게 횡단할 수 있으니 프랑스가 "생도맹그의 질서를 재확립하고자" 로슈포르와 브레스트에서 원정대 1만 2천 명을 파견하겠다고 전했다.[50] 생도맹그는 1790년대 초 기준으로 플랜테이션 농장이 8천 곳이나 자리한 노예 식민지였다.

* 나폴레옹은 축하행사 중에 "외국 방문객들이 창밖을 내다볼 수 있는 공간을 만들다가" 루브르의 그림과 조각상이 손상될까 우려했다. 방문객들이 박물관에 난방이 필요하다며 난로를 요구하자 그는 너무 위험하다는 합리적인 이유로 거절했다(CG3 no.6624 p.836).

유럽의 다른 모든 나라가 카리브해와 아메리카에서 차지한 식민지에서 생산하는 농산물을 다 합쳐도 생도맹그 플랜테이션의 농산물 생산량보다 적었다. 유럽의 설탕 소비량 40퍼센트와 커피 소비량 60퍼센트를 생도맹그에서 생산했는데 이는 프랑스의 전체 해외무역에서 40퍼센트를 차지했다.[51] 그런데 지난 6년간 투생 루베르튀르가 이끄는 노예 봉기가 일어나면서 1801년경 설탕과 면화 수출량은 1789년 수출량의 각각 13퍼센트, 15퍼센트밖에 되지 않았다.[52] 그 결과 프랑스의 무역과 보르도, 낭트, 르아브르 등의 항구 경제가 황폐화한 상황이었다. 상인들은 다시 프랑스가 직접 가서 식민지를 지배하라고 소리쳐 요구했다. 노예제도를 되살리라는 의미였다. 1794년 자코뱅파는 노예제도와 노예무역을 폐지했는데 지금 그들은 모두 죽었거나 징계를 받는 중이거나 교도소에 갇힌 상태였다. 나폴레옹은 과거처럼 생도맹그가 프랑스 재정에 연간 1억 8천만 프랑이나 기여하는 한편 선박 1,640척과 선원 수천 명이 바쁘게 일하고 프랑스령 대서양 항구들이 번영하던 시절로 돌아가고 싶었다. 더구나 프랑스가 루이지애나를 토스카나와 교환했으니 앞으로는 생도맹그를 프랑스제국의 새로운 전략적 요충지로 삼아 서쪽으로 영향력을 뻗치고자 했다.

나폴레옹은 생도맹그 사람들에게 모든 사람은 신 앞에서 자유롭고 평등하다고 선언했다. 또한 봉기를 이끈 루베르튀르에게 "짐은 용감한 흑인들이 보여 준 용기를 좋아한다. 이들이 반란죄로 처벌받았다니 대단히 안타깝다"라는 글을 보냈다(황제의 일인칭 대명사인 '짐'을 처음 사용했다는 점이 중요하다). 그러나 이 모든 것은 그저 겉치레일 뿐이었다.[53] 나폴레옹은 이집트에 머물 때 노예를 구매한 전적이 있었다. 매제인 스물아홉 살의 장군 샤를 르클레르에게 사태가 안정되면 가능한 한 빨리 노예제도를 재도입하라는 명령도 내렸다. 1802년 1월 29일 르클레르의 원정군 2만 명이 생도맹그섬에 도착했고 그다음 달에 8천 명의 병력을 추가로 투입했다.[54] 나폴레옹은 지역 주민에게 이렇게 경고했다.

"총사령관(르클레르)의 명령을 따르지 않는 자는 나라의 반역자로 간주하리라. 너희의 시든 사탕수수에 불을 붙인 것처럼 공화국의 분노가 반역자를 완전히 불태워 버리리라."[55]

나폴레옹은 르클레르에게 3단계 계획을 따르라고 명령했다. 첫 번째는 섬의 전략적 요지를 완전히 장악할 때까지는 흑인들에게 무엇이든 무조건 다 들어 주겠다고 약속할 것, 두 번째는 잠재적 반동분자를 모조리 체포하고 추방할 것, 마지막으로 세 번째는 노예제도를 본격 재도입하라는 것이었다.[56]

카리스마 넘치고 무자비한 투생 루베르튀르는 흑인이자 자유인으로 본인도 노예를 소유한 적이 있었다. 1801년 5월 루베르튀르는 프랑스의 혁명 이념인 자유와 평등을 표면적 명분으로 삼아 생도맹그에 헌법을 제정했으며 곧 본인이 종신 독재자가 되었다. 그는 노예 출신 병사 2만 명으로 군대를 조직하고 섬의 동쪽 절반(오늘날의 도미니카공화국)에 주둔하던 에스파냐군을 내쫓은 뒤 섬 전체를 다스렸다.[57] 루베르튀르는 르클레르의 미사여구에 속아 넘어가지 않았으며 르클레르가 나폴레옹 계획의 1단계를 실행하기도 전에 싸움이 터졌다. 르클레르의 함대(선박 54척)가 도착하기 전 루베르튀르는 내부 소요를 가라앉히고 우두머리(그의 조카)와 반란군 2천 명을 처형했다. 그는 프랑스군을 무찌르기 위해 해안의 모든 자원을 파괴해서 프랑스군의 손에 떨어지지 않게 한 뒤 산악지대 정글로 퇴각해 게릴라전을 펼칠 계획이었다.

르클레르는 말라리아와 황열 때문에 군대가 끔찍한 참화를 맞게 되리라고는 생각지도 못했다. 보급품이 떨어지고 전염병마저 퍼지는 바람에 도저히 당해 낼 도리가 없었다. 르클레르가 지원받은 증강병력이라고는 폴란드와 스위스의 징집병 소수에 불과했다[58](파견을 나가던 스위스의 2개 여단은 목적지가 어디인지 알게 되자 툴롱에서 반란을 일으켰다). 전쟁은 곧 피비린내 나는 몰살이나 다름없었다. 비록 나폴레옹은 그 자리에 없었지만 책임이 컸다. 최근 한 역사학자의 표현대로 "보나파르트가 흑인을 증오했다"는 현대의 비판을 입증할 확실한 증거는 없다. 하지만 나폴레옹은 분명 백인이 유색인보다 우월하다는 생각, 즉 당대 유럽에 만연하던 편견을 그대로 지니고 있었다. 여기에다 나폴레옹이 피라미드와 아부키르 전투에서 승리를 거뒀듯 르클레르의 대규모 무장 군대도 생도맹그의 싸움꾼쯤이야 쉽게 이길 거라 예상했다.[59] 나폴레옹은 이렇게 말했다.

"내가 흑인이라면 나도 흑인 편이겠다. 내가 백인이니 백인 편이다."[60]

이미 살펴본 대로 그는 야파에서 비유럽인 전쟁포로 수천 명을 처형했다. 이제 나폴레옹은 피가 섞이는 것도 싫어했다. 그는 "(생도맹그에서) 흑인들에게 매춘을 하는 백인 여성은 지위와 상관없이 유럽으로 보내라"[61]고 지시했다.

1802년 5월 20일 나폴레옹은 1789년 적용한 규칙에 따라 모든 프랑스 식민지에 노예무역(정확히 말해 노예제 그 자체는 아니었다)을 재도입하는 법안을 통과시켰다.[62] 영국 역시 1834년까지 노예제를 유지했는데, 1802년 바베이도스섬에서 노예를 죽인 자에게 고작 벌금 114실링을 내라는 판결을 내린 적도 있다. 영국도 노예들이 봉기하거나 나폴레옹의 제국주의가 퍼질 경우를 대비해 트리니다드에 대규모 감시군을 보냈다. 마찬가지로 노예를 소유한 미국 대통령 토머스 제퍼슨은 미국의 중립을 선언하고 상황을 예민하게 주시했다.[63]

생도맹그의 전투는 잔혹했다. 플랜테이션 농장이 불타고 대학살과 고문이 빈번했으며 마을은 쑥대밭이 되었다. 또한 많은 사람이 물에 빠져 죽었다. 생도맹그 사람들은 코르크 마개를 뽑는 도구까지 동원해 프랑스 군인의 눈알을 뽑았다. 프랑스군은 화산 유황을 이용해 선박에 임시 가스실을 만든 다음 포로 4백 명을 질식사시키고 배에 구멍을 뚫어 가라앉혔다.[64] 결국 5월 1일 투생 루베르튀르는 항복했다. 항복 조건은 생도맹그에서 흑인의 자유를 공식 보장하고 흑인 장교를 프랑스군으로 받아들이며 루베르튀르와 그의 참모들은 소유한 농장 중 한 곳으로 은퇴해야 한다는 것이었다.[65] 그런데 6월 7일 르클레르가 갑자기 독자적으로 거래를 위반하고 루베르튀르를 납치해 프랑스의 교도소로 보냈다. 게릴라 전투는 이어졌고 10월 7일

르클레르는 나폴레옹에게 편지를 보냈다.

"산악지대 흑인은 남녀 구분 없이 전부 몰살하고 열두 살 이하 아이들만 살려 둬야 합니다. 평원의 흑인도 절반을 몰살해야 합니다. 군복을 입은 유색인종 남자는 단 한 명도 식민지에 남겨 둬서는 안 됩니다."[66)]

나폴레옹은 이 편지에 직접 답장하지 않았으나 반대하지도 않았다. 11월 27일 나폴레옹은 르클레르에게 편지를 보내며 용감하게 남편을 만나러 전쟁터로 떠난 폴린을 언급했다.

"폴레트의 행동이 대단히 만족스럽네. 그 아이는 죽음을 두려워하지 않아. 군대와 생명을 같이하고 남편에게 쓸모를 다한다면 영광스러운 죽음일 거야. 세상 모든 것이 빨리 지나가 버리지만 우리가 역사에 남기는 발자취만은 예외라네."[67)]

하지만 나폴레옹이 편지를 쓴 시점에서 거의 4주 전에 르클레르는 이미 황열로 죽어 버렸다. 나폴레옹은 르클레르가 사망했다는 소식을 듣고 폴린에게 편지를 보냈다.

"어서 돌아와라. 여기에서 가족의 사랑으로 네 불운을 위로받도록 해라. 너를 위로해 주마."

폴린은 1803년 1월 1일 남편의 시신과 함께 귀국했다(로르 다브랑테스는 '아주 외롭지는 않은 과부'라는 표현을 썼다). 그리고 8월 말 돈 카밀로 필리포 루도비코 보르게세와 재혼했다. 보르게세는 준수하고 부유했으며 술모나 공, 로사노 공, 과스탈라 공이자 군주였다. 그러나 폴린은 남편을 '멍청이'라고 했으며 곧 외도를 했다.[68)] *

르클레르가 죽은 뒤에도 생도맹그에서는 여전히 학살이 벌어지고 있었다. 루베르튀르의 부관과 후계자들은 프랑스군의 매우 잔인한 부사령관 비콩트 드 로샹보

* 폴린의 가슴을 석고로 뜬 모형(1804년 카노바 제작)이 로마의 나폴레옹 박물관에 전시되어 있다. 그녀는 미인이었지만 로르 다브랑테스는 그녀의 귀가 너무 크다고 주장했다.

를 상대로 계속 투쟁했다. 로샹보는 대규모 증강병력을 지원받았지만 1803년 5월 프랑스로 돌아온 인원은 겨우 8천 명뿐이었다. 장군 20명, 프랑스인 3만 명이 죽었으며 생도맹그 주민(흑인과 백인 모두 포함)은 35만 명 정도 죽은 것으로 보인다.[69] '흑인 스파르타쿠스'라 불린 투생 루베르튀르는 1803년 4월 7일 쥐라산맥 주 요새의 크고 차가운 교도소에서 폐렴으로 사망했다.[70]

훗날 나폴레옹은 이렇게 인정했다.

"생도맹그 사태는 매우 우둔한 내 큰 실수다. 내 정부가 한 모든 일 중에서 내가 저지른 가장 큰 과오였다. 흑인 지도자들을 유럽의 권위자들과 마찬가지 방식으로 대우해야 했다."[71]

나폴레옹은 흑인도 탁월한 군인이 될 수 있다는 교훈을 얻었고 1809년 11월 이집트와 카리브해 출신으로 '흑인 개척자'라는 이름의 부대를 조직했다. 흑인 지휘관 조제프 '헤라클레스' 도맹그에게는 특별히 3천 프랑을 하사했다. 1812년경 나폴레옹은 그 어떤 식민지 지배도 영속할 수는 없으며 결국 "미국의 사례를 따르게 된다"고 예측했다.

"8천 킬로미터 떨어진 곳에서 내려오는 명령을 매번 기다리기란 힘들다. 피식민지인은 낯선 외국 정부의 명령을 따르지 않을 것이다. 정부가 머나먼 곳에 떨어져 있을 뿐 아니라 자국의 이득에 따라 피식민지인을 종속시키려 하기 때문이다. 그들의 이득을 위해 피식민지인이 스스로를 희생할 수는 없는 일이다."[72]

생도맹그에서 패배함으로써 서쪽에 프랑스제국을 만들겠다는 나폴레옹의 꿈은 완전히 무너졌다.

아미앵

14

프랑스 국민이 내게서 어떤 장점을 찾아낸다면 내 결점에도 불구하고 나를 지지할 필요가 있다. 내 결점은 모욕을 견딜 능력이 없다는 것이다.

1800년 나폴레옹이 로드레에게

—

대사들은 본질적으로 직함을 갖춘 첩자다.

1805년 나폴레옹이 외젠에게

1802년 1월 4일 월요일 오후 9시, 파리 제1군 군수의 주례로 나폴레옹의 동생 루이와 조제핀의 딸 오르탕스가 결혼했다. 이는 나폴레옹이 주선한 수많은 결혼 중 하나였는데, 그가 다른 이들의 결혼생활에 관여한 결과는 거의 하나같이 재난이었고 이번 경우는 확실히 그러했다. 당시 다른 이를 사랑하고 있던 루이는 곧 오르탕스와 한 방을 쓰는 것을 참지 못했고 이는 오르탕스도 마찬가지였다. 나폴레옹은 오르탕스를 자기 딸로 여겼다. 나폴레옹이 결혼 대상으로 선택한 당사자만 빼고 모든 사람이 오르탕스를 좋아했다(후에 그녀는 평생 유일하게 행복했던 시기는 학창 시절이라고 말했는데 이보다 더 슬픈 이야기도 없겠다). 물론 조제핀도 그 결혼에 책임이 있었다. 자기 딸이 행복을 포기하게 만들면서까지 자기 가족과 남편의 가족을 더 가깝게 묶으려 했던 것이다.

조제프는 정교협약을 체결하고 유사전쟁을 종식시키면서 노련한 교섭가임을 스스로 입증했고, 프랑스 해군에 입대한 막냇동생 제롬도 나폴레옹을 만족시켰다. 그런데 이제 나폴레옹의 형제들은 그의 공적 생활에 축복과 저주를 동시에 안겨 주고 있었다. 특히 뤼시앵을 통제하기 어려웠다. 1800년 11월 내무장관이던 뤼시앵이 루이 드 퐁탄의 소책자《카이사르와 크롬웰, 몽크, 보나파르트의 유사점》출간을 허락하자 나폴레옹이 격노했다고 한다. 이 책자는 예상대로 결론에서 아첨을 하긴 했다. 하지만 이 책자에서 나폴레옹의 비교 대상이 된 인물들 중 누구도 헌법을 지키면서 권력을 잡은 이가 없었고 나폴레옹은 이를 우려했다.

"나와 크롬웰은 비교할 수 없다. 나는 우리 국민이 세 번 선출했고 더구나 프랑스에서 내 군대는 절대 프랑스인과 전쟁을 벌이지 않았으며 오로지 외국하고만 싸웠다." 1)(툴롱 대표자와 방데 사람들, 파리 섹시옹은 그의 마지막 말에 이의를 제기할 것이다.)

퐁탄이 나폴레옹의 주요 선전작가였으니 그의 소책자를 출간했다고 해서 충격이었을 리는 없다. 실은 역사를 유추해 나폴레옹이 절대통치자가 되어야 한다고 시사하는 내용의 이 책자에 사람들이 즉각 적대적인 반응을 보이자 나폴레옹이 일부러 화난 척했을 수도 있다. 인쇄를 중단하고 뤼시앵은 곧 에스파냐 대사로 보내졌다. 1800년 5월 첫 번째 부인 크리스틴 부아예가 죽자 또다시 사랑을 찾은 뤼시앵은 과부 알렉산드린 주베르통과 재혼해 자녀 10명을 둔다. 자신의 가문에 좀 더 도움을 줄 만한 결혼을 선호한 나폴레옹은 동생의 재혼을 인정하지 않았다. 결국 뤼시앵은 형과 절교하고 로마에서 살기 위해 은퇴한다. 2)

나폴레옹은 장군과 원로 각료가 국가 수장에게 결혼을 허가받는 왕실의 오랜 관행을 되살려 휘하 장군들을 구체제 가문과 결혼시키려 했다. 나폴레옹이 반대한 결혼, 예컨대 뤼시앵의 결혼생활과 제롬의 첫 번째 결혼생활은 나폴레옹과 조제핀이 중매한 결혼보다 대체로 행복한 편이었다. 나폴레옹이 중매한 결혼이 행복한 생활로 이어지더라도 나폴레옹은 그들에게 도움이 될 만한 일을 거의 하지 않았다. 뮈라가 아내이자 나폴레옹의 누이인 카롤린과 갓 태어난 아기를 만나려고 이탈리아를 떠나겠다고 승인 요청을 하자, 나폴레옹은 "병사는 자신의 아내에게 신실해야 한다. 그러나 해야 할 일이 전혀 남지 않았다는 판단이 설 때만 아내를 다시 만나고 싶어 해야 한다"라며 거부했다. 3) 나폴레옹이 가족 몇 명과 불편한 사이였던 것 역시 그가 자초한 결과였다.

1802년 1월 8일 자정에 나폴레옹은 조제핀과 함께 리옹으로 떠났다. 뤼네빌 조약에 따라 오스트리아로부터 획득한 이탈리아 지역과 치살피나공화국에서 새로 구성할 신생 이탈리아공화국의 수석행정관(즉, 대통령) 자리를 받을 예정이었다. 다음 날 파리를 책임질 임무를 맡은 캉바세레스가 프랑스의 중요 현안에 관해 첫 번째 편지를 썼다. 앞으로 총 1,397통에 이를 그의 편지 덕분에 나폴레옹은 유럽 어디에서도 본국의 정황에 긴밀하게 관여할 수 있었다. 나폴레옹은 초기 서신에서 레 알 중앙 식료품 시장의 수급 상태가 좋다는 소식, 브뤼셀 시장이 밀수 허용을 사과했다는 소식, 벨리아르 장군이 〈모니퇴르〉에 특정 단락을 추가하기를 원한다는 소식 등을 접했다. 또한 해군장관이 블리싱헨에 순풍이 분다고 보고한 건, 원로원 위원회가 헌법 개혁을 논의하기 위해 회동한 건, 쥐노가 호민원의 비밀 선동활동 보고서를 받았다는 건까지 알게 되었다.[4] 여러 시각으로 볼 때 이 같은 서신은 1804년부터 1814년까지 경찰부에서 매일 나폴레옹에게 제출한 경찰 보고서의 전신이었다.

리옹 회담을 2주간 이어 가는 동안 여러 파티와 행진, 리셉션, 공장 방문 등도 있었지만 1월 25일이야말로 최고의 날이었다. 이날 나폴레옹은 이집트에서 돌아온 군대를 벨쿠르 광장에서 사열했고 곧이어 예수회 대학(오늘날의 리세 앙페르)이 회의에서 그를 이탈리아공화국 수석행정관으로 선출했다. 프란체스코 멜치 데릴을 대표로 하는 30인 위원회가 회의에 참석한 이탈리아 대표 450명에게 나폴레옹을 추천했고, 혹시나 누군가가 무모하게 이의를 제기할까 봐 즉각 의사봉을 두드렸다.[5] 멜치는 대표들의 출신 지역에 따라 오스트리아, 피에몬테, 베네치아, 교황청 등 분과를 구성했다. 이는 사람들을 가능한 한 분열시켜 반대 세력의 힘을 최소화할 의도였다. 신생 이탈리아공화국을 프랑스에서 건국한다는 사실은 굴욕적이었으나 그래야 탈레랑이 대표들을 더 면밀하게 감독할 수 있었다. 5세기에 로마가 몰락한 이후 처음으로 '이탈리아'라는 단어가 유럽의 정치 지도에 모습을 드러냈다. 나폴레옹이 작성한 헌법은 프랑스혁명이 내세우던 보통 선거권과 거리가 멀었고 투표권은 입법부를 위한 선거인단에 투표하는 지주와 성직자, 전문가, 학자, 상인 들의 손에 굳건히 쥐어졌다.

3월 18일 나폴레옹이 파리로 돌아가 루브르 박물관의 알렉산드로스 대왕과 율리우스 카이사르의 메달을 점검하고 국립 도서관에서 앙리 4세의 칼을 만져보는 동안, 캉바세레스는 헌법 쿠데타를 단행하고 원로원의 명령에 따라 입법부와 호민원을 숙청했다.[6] 나폴레옹은 리옹으로 떠나기 직전 국무원 토의 중에 호민원을 두고 "그토록 무질서를 유발하는 자들과는 함께 일할 수 없다"라고 언급했었다. 한편 셰니에와 도누, 뱅자맹 콩스탕, 이전 지롱드파 막시맹 이즈나르, 정치경제학자 샤를 가닐 등의 공론가idéologue와 '열심 공화당원'으로 간주하던 이들은 숙청당하지 않았다.[7] 나폴레옹에 맞서던 자유주의 반대파는 주로 계몽사상가와 고 콩도르세 후작의 제자들로 철학자 피에르 카바니스, 앙투안 데스튀트 드 트라시('이데올로기'라는 용어 창시자), 역사학자이자 편집자 도미니크 가라, 헌법주의자 주교 앙리 그레구아르, 저자 피에르 루이 쟁그네, 변호사 겸 정치학자 장 드니 랑쥐네 백작 등 항상 정도를 따르며 암살 같은 음모를 꾸민 적 없는 이들이었다.[8] 나폴레옹은 때로 이들에게 적대적인 행동을 취했다(예컨대 프랑스 학사원의 도덕, 정치과학 분야를 억압하고 콩스탕과 드 스타엘을 추방했다). 그래도 나폴레옹은 그들을 '정직한 자honnêtes gens'라고 칭했으며 가능한 한 내버려 두는 편이었다(장 드 브리를 두Doubs주 주지사로 임명한 것처럼 그들을 설득해서 자신을 위해 일하게 한 경우는 예외였다).[9] 나폴레옹은 카바니스가 사망하자 팡테옹에 묘를 마련해 주고 샤토브리앙을 학사원 일원으로 선출하게 하는 등 자신이 경멸조로 이데올로그idéologue라고 칭한 이들을 심각한 정치적 위협이라 여기지 않았음을 확실히 밝혔다.

거의 6개월간의 협상 끝에 1802년 3월 25일 목요일 아미앵 시청에서 프랑스 동맹국 에스파냐와 네덜란드까지 서명한 영국-프랑스 평화 협정을 마침내 체결했다. 이들은 포클랜드제도와 고래잡이, 바버리(이집트를 제외한 북아프리카의 옛 이름 — 역자)의 해적,

공해公海에서 국기에 경례하기 등을 놓고 토론을 진행했다. 이 토론의 특징은 서로 상대가 배신하지 않을까 의심의 눈으로 바라보는 데 있었고 특히 영국 측에서 성요한기사단 단장으로 부르봉 왕가 출신을 임명하자고 제안했을 때가 그러했다.[10] 그럼에도 프랑스에서는 대중이 대단히 축하하는 분위기였으며 프랑스를 나타내는 여성과 천사가 '중재자' 나폴레옹의 흉상에 왕관을 씌어 주는 모습의 유색판화도 새겼다. 이 그림에서 나폴레옹은 월계수 잎을 들고 있는데 그 아래에 "전 세계가 존경하네 / 프랑스의 영웅을 / 그는 전쟁의 신이며 / 평화의 천사다"라는 시가 적혀 있다.[11] 6월 26일 나폴레옹이 튀르크와 조약을 체결함으로써 프랑스는 다르다넬스 해협에서 무역을 할 수 있게 되었다. 나폴레옹의 위상은 한층 더 높아졌다.

아미앵 조약의 조항은 본질적으로 예비 조약과 비슷했다. 비준 3개월 내에 영국은 몰타를 떠나는 한편 그곳을 자유 항구로 선언하기로 약속했다. 또한 몰타섬을 성요한기사단에 반환하고 퐁디셰리 통치권을 양도하기로 했다. 프랑스는 나폴리와 타란토, 안코나 등 이탈리아공화국에 속하지 않는 교황청 지역에서 철수하는 대가로 다시 식민지를 얻기로 했다. 무엇보다 아미앵 조약은 실제로 규정한 내용 외에 무엇을 언급하지 않았는지도 중요하게 따져 봐야 한다. 우선 상업에 관해 아무런 언급이 없었다. 1795년 네덜란드가 바타비아공화국이 되면서 망명 중이던 오라녀-나사우의 빌렘 5세는 네덜란드 영지와 수입을 상실했는데 여기에는 '적절한 보상'을 제시하긴 했다. 그러나 네덜란드와 스위스, 피에몬테의 미래에 관해서는 아무 언급도 없었고 이탈리아·리구리아·헬베티아 공화국도 인정하지 않았다. 1801년 8월 프랑스-네덜란드 협의에서 전반적인 평화 조약을 맺으면 프랑스 군대는 네덜란드에서 철수한다고 규정한 데다 뤼네빌 평화 조약으로 스위스 독립을 보장했기에 영국은 이런 사항을 조약서 내에 다룰 필요가 없다고 생각했다.

정치 협약에 상업 조약을 첨부하지 않았다는 사실은 곧 프랑스와 네덜란드, 스위스, 제노바, (훗날) 에트루리아 시장에 접근 특혜를 부여하지 않은 평화 협정이란 의미였다. 따라서 영국의 힘 있는 상인 계층이 반발하고 나섰다. 그들은 의도를 품은 나폴레옹의 적대행위이자 아미앵 '정신'에 위배된다고들 여겼다. 하지만 어느 국가에도 자국에 불리하게 작용할 상업 조약을 다루라고 요구할 수는 없다.[12] 나폴레옹은 영국 수입품에 관세를 부과하고 싶어 했고 1786년 영국-프랑스 무역 협정이 대단히 왜곡된 조건으로 돌아갈 의도가 없다는 사실에 루앙 등의 프랑스 상인은 무척 만족했다. 이제 이들은 프랑스의 보호관세 뒤에서 계속 활동하고(그래서 영국 상품 가격은 더 비싸졌다) 영국 해군 없이 새로 개항한 바다에서도 활동할 수 있었다. 프랑스는 해상 경제가 번창했으며 해외에서 원면原綿이 쏟아져 들어왔다. 전쟁포로 교환 역시 프랑스에서 큰 호응을 얻었다. 당시 영국에는 프랑스 전쟁포로가 약 7만 명 있었는데, 이들은 대부분 1793년 이후 수십 건의 소규모 선상 교전에서 영국이 승리해 포로로 잡힌 선원이었다. 이들 중 대다수가 남부 해안에서 멀리 떨어진 곳이나 템스강 어귀에 있는 비좁고 비위생적인 폐선 교도소의 극도로 열악한 곳에 몇 년간 갇혀 있었다.[13] •

조제프가 아미앵에서 파리로 돌아오자 나폴레옹은 그를 오페라 극장의 무대 옆 특별관람석 앞으로 데려가 관객의 갈채를 받게 했다. 프랑스의 '천연' 국경선은 라인강과 알프스산맥까지 뻗어 나갔으며 서유럽 패권을 유지하면서 모든 식민지를 돌려받았다. 그런데 어떤 의미에서 조제프와 탈레랑의 성공에는 과한 면이 있었다. 영국 측이 이득을 본 게 거의 없어서 조약에 헌신하는 자세 역시 미약했던 것이다. 영국은 조약을 인준하고 3개월 내에 교황의 감독 아래 성요한기사단 단장을 선임하면 몰타를 반환해야 했다. 더구나 몰타섬 중립과 독립을 이후 프랑스와 영국, 러

• 프랑스의 전쟁포로였던 샤를 나피에르 장군은 '명예로운 군인을 감금한다는 생각'을 공공연하게 비난했다. "폐선 선체에서 몇 년간 지내는 것은 가장 악명 높은 중죄범에게 가해진 처벌을 훨씬 능가한다. … (이는) 상대 정부에 모욕이며 나폴레옹 황제의 명령에 따라 영국 죄수들이 프랑스에서 받은 명예로운 대접과는 대단히 대조적이었다."(Blaze, *Life in Napoleon's Army* p.66)

시아, 오스트리아, 에스파냐, 프로이센이 보장해야 했다. 암살당한 파벨 1세가 성요한기사단 전 단장이라 기사단의 기반은 상트페테르부르크에 있었고 프랑스인과 영국인은 기사단에 속하지 않았다. 1803년 3월 교황이 이탈리아 귀족 조반니 바티스타 톰마시를 기사단장으로 임명했지만 영국은 그의 권리를 인정하지 않고 시칠리아로 추방했다. 프랑스는 3개월의 유예기간 이전에 조약에 규정한 모든 재산을 철수했으나 영국은 퐁디셰리와 몰타에서 어물거렸는데, 프랑스와 러시아가 오스만제국을 분할할 준비를 하고 있다고 (잘못) 우려한 것도 하나의 이유였다.[14] 퐁디셰리는 1816년까지 영국 수중에 남아 있었다.

아미앵 평화 조약을 맺자 영국인 5천여 명이 파리에 찾아왔다. 호기심에 찾아온 이도, 루브르 박물관의 소장품을 보고 싶어 하는 이도, 이 조약을 핑계 삼아 팔레 루아얄의 사창가(대호황이었다)에 들르고 싶어 하는 이도, 오랜 우정을 되살리고 싶어 하는 이도 있었다. 그리고 거의 모든 이가 제1집정을 만나거나 최소한 슬쩍이라도 보고 싶어 했다. 나폴레옹은 이에 기꺼이 응했으며 저명한 외국인 내방객을 위한 저녁 연회를 최소한 열흘에 한 번씩 열라고 장관들에게 지시했다.[15] 아일랜드 하원의원 존 레슬리 포스터는 튈르리궁에서 열린 나폴레옹의 접견회에 참석하고 그를 이렇게 묘사했다.

> 섬세하고 우아한 모습이다. 그의 머리는 짙은 갈색이고 모발이 가늘었다. 안색은 부드럽고 창백하며 누렇다. 회색 눈은 생기에 넘쳤다. 눈썹은 연갈색에 가늘고 돌출되었다. 그의 모든 생김새, 특히 입과 코는 섬세하고 날카로우며 선이 굵고 묘사하기 힘들 정도로 표현력이 충만했다. … 그는 신중하게 말했지만 대단히 유창했으며 특별히 강조하는 경우도 있었고 목소리는 약간 저음이었다. 그가 말할 때는 말보다 얼굴 표정이 더 많은 것을 표현했다. 무엇을 표현한다고나 할까? … 즐거운 우울함이다. 그가 말

> 할 때마다 그 즐거운 우울함은 상상할 수 있는 최고의 유쾌하고 우아한 미소로 누그러진다. … 그는 인간이 상상할 수 있는 범주를 넘어서는 꾸밈없는 위엄을 갖추고 있었다.[16]

이와 유사하게 과거 프랑스 포로였던 싱클레어라는 사람은 "그의 미소의 우아함과 매력"을 기록했고, 어셔라는 선장은 그의 "태도에 위엄이 있다"고 전했다.[17] 매력은 참으로 묘사하기 어려운 특징이긴 하다. 어쨌든 나폴레옹은 자신이 원하기만 하면 언제든 매력 넘치는 모습을 보여 줄 수 있었다. 당시 그는 영국을 향한 편애를 보여 주기 위해 비상한 노력을 기울였고 튈르리궁 벽난로 선반 양쪽에 휘그당 당수 찰스 제임스 폭스와 넬슨 제독 흉상을 진열하기도 했다.[18] 프랑스를 편애하는 휘그당 정치인 폭스라면 그럴 만도 하겠으나, 겨우 4년 전 아부키르만에서 자신의 함대를 침몰시킨 이를 예우하는 것은 진정 특별했다(넬슨은 자신의 벽난로 선반에 나폴레옹의 흉상을 진열하지 않았을 거라고 확신할 수 있다).

일부 영국 급진주의자와 휘그당원은 심지어 워털루 전투에 이르기까지 계속 나폴레옹을 찬미했다. 미래에 수상이 되는 멜버른 경은 대학 시절 나폴레옹에게 보내는 찬가를 썼고 키츠는 그의 초상화를 새긴 코담뱃갑을 갖고 있었다. 바이런은 대륙을 여행할 때 나폴레옹의 마차를 똑같이 복제한 마차를 주문했으며, 윌리엄 코빗의 《위클리 폴리티컬 레지스터Weekly Political Register》와 대니얼 러벌의 《스테이트먼Statesman》은 화려한 미사여구로 그를 칭송했다. 영국 진보주의자에게 나폴레옹의 개혁은 매력적이었고 이들은 자신의 조국이 구체제에서 빠져나오지 못하고 있다고 생각했다. 1802년 9월 폭스는 가족 3명과 함께 직접 파리를 방문해 나폴레옹과 여러 차례나 매우 다정한 모임을 열었다. 미래의 수상 애버딘 백작과 아일랜드의 공모자 토머스 에멧, 고전학자 G. H. 글래스 목사, 홀랜드 경 부부, 헨리 페티 경(후에 랜스다운 3대 후작), 스펜서 스미스 경, 그 외 영국의 저명인사 수십 명이 나폴레옹과 만났다. 그렇게 많은 영국인이 파리로 몰려들자 제임스 길레이는 〈10년 만의 첫 키스!〉라는 풍자화를 그렸다. 빼빼 마른 프랑스 장교가 영국을 상징하는 풍만한 인물을 포옹하는 그림이었다.[19] 어느 한쪽만 일방적으로 몰려가는 것도 아니었다. 자연주의자 제임스 스미스슨은 "놀랄 만한" 수의 프랑스인이 도버에 도착한다면서 양국이 "완전히 주민을 맞바꾼" 것 같다고 논평했다.[20]

나폴레옹은 이 기회를 이용해 아일랜드 항구의 상세 지도를 만들 목적으로 첩자를 보냈으나 곧 정체가 밝혀져 본국으로 송환되었다. 몇 년 후 한 영국인이 이 일 때문에 영국 정부가 나폴레옹이 품은 평화의 열망을 진실하지 않은 것으로 봤다고 말하자 나폴레옹이 웃으면서 대꾸했다.

"아! 그건 필요한 일도 아니었소. 영국과 아일랜드의 모든 항구는 이미 알려졌으니 말이오."[21]

물론 그 작전이 유용한지는 중요한 게 아니었다. 그런 작전을 개시한 것 자체가 적대적인 의도를 드러낸 것으로 여겨졌다. 당연히 영국 첩보부 역시 이 평화 조약을 이용해 프랑스 항구를 정찰했다.

집정정부 임기는 10년으로 1810년 만료될 예정이었으나 이미 1802년 5월 원로원에서 임기를 연장하자는 발의가 60 대 1로 통과되었다. 반대표를 던진 한 명은 전 지롱드파 랑쥐네 백작뿐이었다. 10년 헌법은 겉보기에 즉흥적인 것 같지만 실은 교묘하게 설계한 것으로 새로 개정한 헌법하에 나폴레옹은 종신 제1집정이 될 예정이었다. 그는 원로원에서 진심을 숨기고 말했다.

"당신들은 내가 그 사람들에게 또 다른 희생을 해야 한다고 판단하고 있소. 그 사람들의 목소리가 지금 당신들이 투표로 인정하는 바를 결정한다면 내가 그렇게 하겠소."[22]

로마의 왕관을 두 번이나 거절한 율리우스 카이사르처럼 그는 자신이 마지못해 종신 권력으로 끌려가는 것처럼 보이고 싶어 했다. 이것은 프랑스혁명 원칙을 완벽하게 뒤집는 일이었지만 프랑스 국민은 이를 지지했다. 국민투표 질문은 '나폴레옹 보나파르트가 종신 집정이 되어야 하는가?'였는데, 확정된 결과는 1800년 2월보다 더 완벽하고 군이 투표할 필요도 없을 정도로 찬성 365만 3,600표에 반대 8,272표였다.[23] 이는 프랑스 역사상 최초로 투표권자 절반 이상이 투표한 것으로 추정하는 국민투표였으나 일부 지역에서는 '찬성' 진영의 이중투표 여부를 확인하지 못했다. 이번에도 문맹자 비율이 높은 시골에서는 자기네 군수가 그들의 표를 어떻게 했는지 알 도리가 없었다.[24]

8월 2일 나폴레옹은 합법적으로 종신 집정을 선언했고 후계자를 임명할 권리도 가졌다. 원로원은 보나파르트 지지자인 영국 귀족 홀랜드 경에게 그 자리에 참석할 특권을 부여했다. 홀랜드 경의 기록에 따르면, "그는 가장하지도 거만하지도 않았다. 하지만 어린 시절에 훌륭한 이들과 교제하며 성장한 경우에만 갖출 수 있는 평온함과 매력은 확실히 부족했다."[25] 나폴레옹의 후계자로는 조제프를 지명했으나 1802년 10월 10일 루이와 오르탕스 사이에 나폴레옹 루이 샤를이 태어나자 후계자 가능성을 거론하기 시작했다(루이는 전형적인 심술궂은 태도로 과연 자신이 정말 친부일까 의심을 표했다). 조제핀이 마흔에 가까워지자 나폴레옹은 그녀에게서 후계자를 얻을 희망을 포기했다. 6월 조제핀이 불임에 효험이 있다고 알려진 플롱비에르의 온천에 갔을 때 그가 편지를 보냈다.

"첫날처럼 지금도 여전히 당신을 사랑하오. 당신은 선하고 무엇보다 사랑스럽기 때문이오."[26]

조제핀이 그 이전에 방문했을 때는 그녀의 '작은 사촌'을 신경 쓰라는 편지를 보냈는데 이는 그가 '첫날' 그녀를 사랑한 방식과 아주 먼 이야기였다.[27]

1801년 흉작으로 이듬해 봄 식량 가격이 상승할 것이라는 우려가 일었다. 1802년

5월 16일 나폴레옹은 샵탈에게 말했다.

"도시에서 빵 값 상승을 막기 위해 가능한 한 모든 수단을 강구하라. 무료 급식소 담당자를 불러 매달 1만 2천 프랑, 아니 필요하면 그 이상을 주고 배급량을 두 배, 세 배 늘려라. … 이렇게 민감한 사안은 특히 보안 유지에 신경 쓰도록 하라."[28)]

이러한 정책에 더해 1802년 풍작이 겹치면서 나폴레옹은 무척 의식하던 위험을 늦출 수 있었다. 그는 위험을 최소화하기 위해 전략적인 위치에 곡물 저장고를 만들고 식량을 비축했다. 나폴레옹은 국민에게 빵은 물론 떠들썩한 일도 안겨 주었다. 나폴레옹의 생일(1802년 8월에 서른세 살이 되었다)을 축하하는 행사가 열렸고 그를 제거하려는 음모들이 드러났으며, 그가 종신 집정이 되었고 브뤼메르 쿠데타 기념일도 있었다. 반면 바스티유 몰락과 루이 16세 처형을 축하하는 행사는 신중하게 단계적으로 축소했다. 제1집정이 스스로를 독재군주로 선언할 날이 한층 더 가까워진 것이다.

7월 초 영국이 엘바에서 철군하자마자 나폴레옹은 전쟁장관 자리로 돌아온 베르티에에게 엘바섬을 (이탈리아공화국 소속이 아니라) 프랑스 소속 주로 확보할 것, 포르토페라이오 주민을 무장해제할 것, 인망 있는 사람 12명을 볼모로 삼을 것, 가장 뛰어난 12개 가문 자녀들을 프랑스인으로 키우도록 프랑스 학교에 보낼 것을 명령했다[29)] (나폴레옹 자신도 이렇게 성장했다). 8월 엘바는 공식 합병되었고 그 이전에 베르티에는 섬의 대표 3인에게 각기 3천 프랑을 주었다.[30)] 이 중에서 아미앵 조약을 위배하는 사항은 전혀 없었으며 영국 역시 익히 예상하던 바였다.

8월 초 혁명 이후 프랑스의 다섯 번째 헌법인 10년 헌법을 제정했다. 나폴레옹의 발표에 따르면(그는 군주의 관습에 따라 원로원에 메시지를 전달할 때 기독교 이름만 사용했다) 모든 성인 남성은 구역별로 세금을 가장 많이 낸 후보 6백 명 중에서 각 주와 군을 대표하는 선거인단을 선출하되 선거인단은 직위를 종신 유지할 수 있었다.[31)] 선거인단이 입법부와 호민원 후보를 각각 2명씩 지명하고 나폴레옹이 둘 중 하나를 최종 결정하는 것이었다. 이처럼 나폴레옹은 자신의 눈치를 봐야 한자리 차지할 수 있는 정권 지지층을 세밀하게 조직하는 중이었다. 입법부 권력은 대거 원로원으로 넘어갔고 원로원은 입법부와 호민원을 해산할 권한을 지녔다. 호민원 의석은 절반인 50명으로 줄었으며 이제는 비밀회의에서만 논쟁을 벌일 수 있었다. 나폴레옹의 말대로 비밀리에만 "그들이 원하는 대로 지껄일 수 있었다."[32] 국무원 권력까지 제한하고 내부 자문단에 이양했다. 결국 새로운 헌법은 겉보기에는 정치 참여가 이뤄지는 것 같지만 내실을 따져 보면 진정한 권력은 온전히 나폴레옹이 쥐고 있었다. 나폴레옹은 승전과 개혁, 정교협약, 평화 조약으로 열렬한 지지를 받았다. 초기에 선거인단으로 선출된 이들이 가장 큰 목소리로 그를 지지한 것은 그리 놀라운 일도 아니었다.

9월 5일 나폴레옹은 브뤼메르 쿠데타 중 열성적 지지자였던 오라스 세바스티아니 준장에게 트리폴리와 알렉산드리아, 카이로, 야파, 아크레, 예루살렘을 4개월간 순회하면서 프랑스의 이익을 도모하라고 명령했다. 이미 프랑스의 삼색기를 지긋지긋하게 여겨도 이해가 갈 만한 지역들이었다.[33] 세바스티아니가 귀국해서 제출한 보고서는 큰 충격을 안겨 준다. 같은 주 후반 나폴레옹은 피에몬테의 카를로 에마누엘레 4세를 초청했다. 카를로에게 왕좌를 돌려주고 사실상 프랑스의 꼭두각시로 삼을 의도였다. 그러나 두 번째 왕국인 사르데냐왕국에 안주하고 있던 카를로는 나폴레옹의 제안을 거절했다. 이에 나폴레옹은 21일 피에몬테를 공식 합병하고 새로운 프랑스의 6개 주로 바꿔 버렸다. 엘바와 피에몬테를 이탈리아공화국으로 포섭하고 싶었던 이탈리아공화국 지도자들은 낙망했다. 프랑스는 두 개의 생베르나르 고개를 포함해 알프스 서부 통로로 직접 접근할 수 있는 길을 확보했다. 이 통로는 쌀과 곡물, 생사生絲를 생산하는 풍요로운 롬바르디아 평원으로 이어졌는데 그중에서도 생사는 리옹의 고급 의복과 가구 산업에 꼭 필요했다.[34]

런던에서는 나폴레옹이 아미앵 조약을 글자 그대로 위반한 건 아니어도 그 정신을 위반했다며 격렬한 항의가 일어났다. 덕분에 영국은 조약을 이행하지 않고 탈선을 피하기가 수월해졌다. 즉, 영국이 몰타와 퐁디셰리에서 철수할 가능성은 더욱 희박해졌다. 영국의 강경한 매파hawks는 나폴레옹이 아미앵 조약 당시 거론하지 않은 기타 지역에서 벌이는 행적에 분노했다. 하지만 해당 지역은 오랫동안 프랑스의 영향력 아래 있었고 영국이 단 한 번도 국가적 관심을 보인 적 없는 곳이었다. 9월 23일 나폴레옹은 탈레랑에게 보낸 편지에서 프랑슈-콩테 국경선의 안전을 바라므로 "군건한 조직을 갖추고 프랑스에 우호적인 스위스 정부"가 자리를 잡아야 하며, 그러지 못할 바엔 "아예 스위스가 존재하지 않아야 한다"고 말했다.[35] 2년 전 알프스산맥을 넘었던 기억 때문인지 그는 생플롱 고개를 건너는 군사도로를 만들기 위해 발레 지역 양도를 요구했다. 이때 스위스연맹을 3세기 동안 통치한 13개의 칸톤canton(스위스의 주 — 역자) 일부(전부는 아니었다)가 거부했다.

스위스 정치는 귀족 칸톤과 민중 칸톤의 분열 그리고 독일어와 이탈리아어, 프랑스어를 사용하는 칸톤 간의 분열로 복잡다단했다. 1802년 9월 30일 나폴레옹의 중재법으로 스위스는 19개 칸톤으로 재조직했다. 중앙정부는 거의 힘이 없었고 군대 병력도 1만 5천2백 명에 불과했다(최근 프랑스-스위스 방어 조약으로 스위스가 나폴레옹 측에 보내야 했던 1만 6천 명 병력보다 적은 수였다). 후에 나폴레옹은 이렇게 말했다.

"스위스인보다 더 경솔하거나 요구가 많은 국민은 없다. 그들은 손바닥만 한 나라에 사는 주제에 온갖 잘난 척을 한다."[36]

중재법은 뤼네빌 조약을 위반했다. 특히 10월 15일 중재법이 실효가 있는지 확인하기 위해 나폴레옹이 군사 4만 명과 함께 미셸 네 장군을 스위스에 보냈을 때는 더욱 그러했다. 그렇지만 오스트리아는 그에게 모든 권한을 위임했고 러시아와 프로이센은 항의하지 않았다. 미움을 산 스위스인은 곧 묵인했다. 나폴레옹은 스위스 지지자였던 공화주의 철학자 필리프 스타퍼에게 말했다.

"발레 지역을 소유하는 것은 내 마음속에서 가장 신경 쓰이는 문제 중 하나다. 온 유럽이 내가 포기하지 못하게 만든다."[37]

아미앵 조약에서 스위스를 언급하지 않았음에도 불구하고 영국은 퐁디셰리를 프랑스에 반환하지도, 희망봉을 네덜란드에 반환하지도 않았고 영국군은 여전히 알렉산드리아와 몰타에 주둔했다(제8조항에 따라 철군하겠다고 약속했었다).

나폴레옹은 스위스 문제와 관련해 네 장군의 활약에 깊은 감명을 받았다. 자르 지역 통 제조업자의 아들로 마리 앙투아네트의 시녀와 결혼한 네는 나폴레옹과 같은 해에 태어났고 1787년 경기병에 입대했다.[38] 그는 눈에 뵈는 게 없을 정도로 용감하다는 평판을 얻었다. 상브르-뫼즈 군대에서 공훈을 세운 그는 집정들을 만나기 위해 파리에 초대받은 1801년 5월에야 나폴레옹과 만난다. 1802년 10월 네는 탈레랑에게 소규모 군대를 이끌고 스위스로 가서 그곳의 친프랑스파를 도와주라는 지시를 받았다. 그는 유혈사태 없이 취리히를 점령하고 반프랑스적인 슈비츠 평화 조약을 종결했다. 또한 친프랑스 동조자를 교도소에서 풀어주었으며 베르네 정부가 주도한 반란을 진압했다. 여기에다 친프랑스 후계자 군수의 임명을 관장하고 전투 비용을 마련하기 위해 62만 5천 프랑을 갹출하는 일을 두 달 만에 성공적으로 해냈다.[39]

12월 12일 생클루에서 나폴레옹과 스위스 칸톤 대표들 간의 회동을 다룬 공식 보고서에 따르면 "이탈리아와 네덜란드, 스위스가 프랑스의 뜻에 따른다고 유럽이 인정한다." 다만 영국이 이 사안을 전혀 인정하지 않았다는 점이 문제였다. 두 달 전 파르마의 페르디낭 부르봉 공이 사망하자 뤼네빌에서 맺은 조항에 따라 공국은 프랑스에 합병되었다. 나폴레옹은 공국에 프랑스 법을 강요하기 위해 프랑스 관료 메데리크 모로 드 생메리를 보냈다. 합병은 부당하지 않았으나 파리의 신임 영국 대사 위트워스 경은 부당하다고 주장하며 보상을 요구했다. 또한 피에몬테 합병과 스위스 침략에도 보상을 요구하면서 프로이센과 러시아가 아직 몰타의 독립 보장에 동의하지 않았으니 몰타섬으로 적절히 교환할 수 있음을 시사했다. 사실 이 타협안은 나폴레옹에게 그리 나쁘지 않은 제안이었다는 것이 사후 밝혀졌다.

아미앵 조약 덕분에 나폴레옹은 국가 개입과 보호주의로 경제성장을 촉구하는 계획을 추구할 수 있었다. 이 정책은 원래 루이 14세의 재정장관 장 바티스트 콜베르가 개척한 것이었다. 1802년 나폴레옹은 애덤 스미스의《국부론》번역본을 읽긴 했으나 영국의 산업혁명을 프랑스에 적용해 개방 시장에서 경쟁하기에는 시기상조라 판단했다. 대신 그는 전략 산업, 기술 훈련학교, 발명품 포상 정책, 영국 공장 방문(즉, 산업 스파이 행위), 기술 박람회, 자카드직 실크 직조 과정 향상, 파리의 산업 전람회(여기서 리샤르 르누아르의 면방직업이 40만 프랑어치 주문을 받았다) 그리고 1802년 12월 프랑스 전역의 상공회의소 22개 조직 등에 국고보조금을 대 주는 정책을 신봉했다.[40] 하지만 그의 정권 말기에 프랑스는 영국이 1780년에 누린 수준의 산업화에 도달했을 뿐이니 이는 혁명정부, 총재정부, 나폴레옹의 경제정책과 이들이 모두 추종한 콜베르주의의 폐단이었다.[41] 샵탈이 회상하길, "나폴레옹은 산업을 조성하거나 지원하는 것을 목표로 하는 제안을 거절한 적이 없다." 그러나 나폴레옹의 모든 노력에도 불구하고, 특히 전쟁이 다시 발발한 이후 프랑스에서 일어난 산업화는 영국해협 건너편의 강력한 경쟁 국가에서 일어난 것에 비해 규모가 아주 작았다[42](1815년 프랑스 전역의 452개 광산에서 노동자 4만 3,395명, 41개 철공소에서 노동자 1,202명, 1,219개 대장간에서 노동자 7,120명, 98개 제당소에서 노동자 585명을 고용했다. 프랑스의 비누 제작 산업 중심지인 마르세유에서는 73개 작업장에서 1천 명의 노동자를 고용했다[43]).

콜베르주의에 따라 관세를 도입한 결과 무역이 더욱 왜곡되면서 이탈리아의 높은 관세 장벽 때문에 롬바르디아로 팔려 나간 피에몬테 생사가 대신 리옹으로 가게 되었다. 또한 네덜란드 생산자는 프랑스에서 팔리는 상품에 세금을 내야 했지만 그 반대의 경우는 아니었다.[44] 이렇게 경제 제국주의가 작용하면서 이는 프랑스 위성 국가들의 분노를 자극했다. 나폴레옹이 프랑스 재정과 정부 채권 지불 능력의 신뢰도를 높여 주긴 했으나 영국과는 상대도 되지 않았다. 프랑스는 가장 호황일 때조차 영국이 최악의 불황인 때보다 더 높은 이율로 대출을 받아야 했다.*

지옥의 기계 폭발 사건 이후 런던 주재 프랑스 대표 오토가 탈레랑에게 영국 신문과 잡지, 관보 등을 전달했는데 이들은 함축적으로 때로는 명시적으로 다음번 암살 시도는 성공하리라는 기원을 표명하고 있었다.[45] 특히 런던에 체류하는 망명 귀족이 출간한 프랑스 신문들이 나폴레옹의 화를 돋웠다. 예컨대 장 가브리엘 펠티에가 편집한 〈파리 팡당 라네Paris Pendant l'Anée〉와 〈랑비귀L'ambigu〉 모두 고전적인 시적 암시로 그의 암살을 촉구했다. 그는 영국 법정에 펠티에를 고소하려고까지 했다.[46] 국무원 위원 조제프 펠레 드 라 로제르의 기록에 따르면 영국 언론은 나폴레옹이 "각다귀 떼에 물려 미칠 지경이 된 우화 속 사자처럼 분노하게 만들었다."[47] ** 마침내 1802년 8월 나폴레옹은 프랑스에서 모든 영국 신문을 금지했다. 영국 정부는 우체국을 이용해 보내는 서신을 가로채 복사하고 해독하고 다시 봉인하는 작업으로 부르봉 왕가가 망명 귀족 언론과 밀접한 관계가 있다는 사실을 이미 파악하고 있었다(파리에서 라발레트의 흑색부서bureau noir가 하는 행동과 마찬가지였다).[48]

혹스베리는 영국 정부가 "이 나라 헌법으로 보장하는 언론의 자유"를 제한하는 일은 아무것도 할 수 없다고 오토에게 여러 차례 말했지만, 오토는 1793년 외국인법에 펠티에 같은 선동적인 외국인 작가 추방 조항이 있다고 지적했다.[49] 탈레랑이 덧붙이길, 영국 헌법은 변경불가이기는커녕 애초에 글로 적혀 있지도 않으며 인신

* 아미앵 조약 이후 프랑스 5퍼센트 콘솔 채권 시세는 53프랑에서 48프랑으로 형성되었다. 영국 3퍼센트 콘솔 채권은 수익률이 더 낮은데도 가격이 66프랑에서 79프랑으로 형성되었다(Lefebvre, *Napoleon* p.132).

** 〈애뉴얼 레지스터〉의 묘사에 따르면 조제핀은 "거의 태어날 때부터 바람기가 있었고 열세 살에 모친의 두 시종 흑인과 물라토로 인해 더럽혀졌으며 임신까지 하게 되었다." 에드먼드 버크가 설립한 이 언론에 따르면 조제핀은 보아르네와 혼인 상태일 때 혼혈아들을 낳았다고 한다. 한편 나폴레옹은 "교황을 자신의 모친과 결혼시키기로 결심했다"고도 적혀 있다(*Annual Register* 1809 p.342).

보호 영장조차 혁명 전쟁 동안 여러 번 유예했다. 나폴레옹이 너무 권위적이라 언론의 자유라는 개념을 이해하지 못했다는 말도 있다. 사실 그 문제는 단순히 자유나 탄압의 문제가 아니었다. 분명 영국 정부 일원들이 소유한 '정부' 신문이 있었고 심지어 수상의 형제 하일리 애딩턴이 기사를 쓰기도 했다. 또한 그는 루이 15세와 루이 16세에게 불만을 품은 프랑스인이 적대적이고 사악한 비방문을 출간한 장소 역시 런던이라는 것을 알고 있었다.[50)]

영국에서 출간한 펠티에와 자크 레니에, 니콜라 뒤테유 등 작가들의 비판은 악감정으로 이어졌으며 나폴레옹은 힘이 없고 무관하다는 영국 정부의 주장을 절대 받아들이지 않았다. 그는 이 문제에 관해 〈모니퇴르〉에 직접 다섯 개 이상의 기사를 추가했고 정치 풍자만화 아이디어를 제시하면서 만화를 그려 배포하라고 지시했다.[51)] 나폴레옹은 지옥의 기계 사건 이후 권력이 우호적으로 보여야 테러 선동을 억제하는 데 효과적일 거라고 추정했다.

나폴레옹에게는 불운하게도 그가 권력을 보유한 시기는 영국의 정치 캐리커처 전문작가들(제임스 길레이, 토머스 롤런드슨, 조지 크룩섕크 등)이 활약하던 시기와 일치했다. 이들은 해당 분야 거장들로 모두 나폴레옹을 자신의 희생자로 삼았다. 길레이는 요크 공작의 플랑드르 전투에 참전했고 나폴레옹을 직접 본 적도 없으면서 왜소한 몸매의 '꼬마 보니Boney'라는 이미지를 단독으로 만들어 냈다. 이러한 영국 캐리커처 작가들도 러시아의 이반 테레베네프나 프로이센의 요한 고트프리트 샤도처럼 전적으로 혐오하는 수준에 이르지는 못했다. 더욱이 바이에른의 요한 미카엘 폴츠는 캐리커처화 〈1813년의 승리〉에서 나폴레옹의 머리를 오로지 시신으로만 이뤄진 모습으로 그렸다.[52)] 다른 한편으로 1801년 런던에서 나폴레옹을 칭송하는 2실링 6펜스짜리 판화가 팔리고 있었으니 영국에는 분명 그의 지지자들도 존재했다.[53)] 그렇지만 영국의 프랑스 혐오는 전반적으로 프랑스의 영국 혐오와 비슷한 수준이었다. 나폴레옹을 맹렬히 비난하는 판화 시장이 그를 긍정적으로 묘사하는 판화 시장보다 훨씬 컸고, 나폴레옹에 반대하는 영국의 캐리커처와 풍자 글은 그림을 빼고도 대개 책 두 권 분량을 가득 채웠다.[54] 당대의 한 사람이 주목했듯 1797년 이후 영국에서 출간한 나폴레옹 전기가 굉장히 많았는데, 이들 전기는 "하나같이 그의 외모를 가증스럽고 사악하게 묘사했으며 도덕성은 기형적이고 타락했다고 표현하면서 점점 더 잔혹해졌다."[55] 나폴레옹은 신문과 풍자화, 서적, 심지어 아이들 동요는 물론 발라드·노래·시의 단골 주제였다. 모든 것을 절대적으로 서시에 적절한 주제로 여기던 시대에('나룻배를 타다가 사고로 익사한 술 취한 노파'라는 제목의 서시도 있었다) 소위 나폴레옹의 범죄와 관련해 수많은 시가 탄생했지만 그중 기억할 만한 것은 없다.[56]

나폴레옹을 반대하는 데는 상당한 위선이 도사리고 있었다. 1802년 8월부터 1803년 3월까지 〈모니퇴르〉는 매달 영국 정부를 아프리카 해적과 밀턴의 사탄에 비유하며 강력하게 비판했다.[57] 심지어 지옥의 기계가 성공했다면 올빼미파 공포정치인 조르주 카두달이 가터 훈장을 받았을 거라고까지 주장했다.[58] 그렇지만 당시 카두달을 영국에서 캐나다로 추방하려던 나폴레옹의 시도는 무위로 돌아갔다. 그러자 이미 58년 전에 일어난 재커바이트 반란 사건을 끄집어낸 나폴레옹은 영국 군주제 지지를 표명하며 프랑스로 피신한 스튜어트 왕가 사람들을 추방했다(재커바이트 반란은 1715년 제임스 에드워드 스튜어트 왕자가 영국에서 일으킨 반란을 일컫는다 — 역자).[59]

프랑스의 압박이 이어지는 가운데 영국 법무성장관 스펜서 퍼시벌은 펠티에(자신의 정원에서 호두나무로 만든 모형 단두대로 거위와 오리의 목을 치며 관람 비용 1실링을 받는 기행을 벌였다)가 명예훼손죄로 재판을 받도록 결정했고 1803년 2월 21일 왕좌재판소(주로 형사 사건과 불법행위 사건을 취급하던 관습법 재판소 — 역자)에서 재판을 진행했다. 1분간의 심의 끝에 배심원은 전원 만장일치로 펠티에를 유죄로 판결했으나 곧 전쟁이 벌어지면서 그는 투옥되지 않았고 계속 격렬하게 나폴레옹을 풍자했다.[60] 프랑스의 고딕낭만주의자이자 흡혈귀 소설가인 샤를 노디에가 나폴레옹에 반대하는 글을 쓰자 펠티에는 이를 출간했다. 다른 나라로 이민 갈 준비조차 하지 않고 무방비 상태였던 그 소설가는 생트

펠라지 교도소에 몇 달간 투옥되었다.61)

나폴레옹은 아미앵 조약이 오래가지 못할 것이라고 예견했다. 이는 그가 마티외 드캉 장군에게 하달한 명령에서 분명히 드러났다. 1803년 3월 그는 드캉에게 군함 4척과 선원 1천8백 명을 내주고 인도로 보내면서 지시했다.

"영국(즉, 동인도) 회사의 굴레에서 고통받는 백성과 군주와 소통하라."

또한 드캉에게 인도 내 영국 요새의 세력과 인도에 프랑스군을 주둔시킬 가능성이 있는지도 보고하라고 지시했다. 그는 프랑스군이 "바다의 제왕"이 되지는 못할 테니 "큰 성과는 기대하지 않는다"라고 덧붙였다.62) 나폴레옹은 드캉에게 만일 1804년 9월 이전에 전쟁이 터진다면 자신이 "몇 세기를 넘어 인간의 기억을 전달하는 큰 영광을 차지하게 될 것"이라고 말했다. 나폴레옹은 위대한 인물과 허세가 심한 인물의 경계선에 걸쳐 있었다. 드캉에게 내린 지시를 보면 조약이 그토록 빨리 와해되리라고 예측하지는 못한 듯싶다.

1802년 9월 무렵 나폴레옹은 다시 전형적인 영국 혐오자의 모습으로 돌아오고 있었다. 같은 달 그는 루브르 박물관에 3시간 동안 머물다가 1346년 영국의 칼레 포위를 묘사한 고블랭 직물 태피스트리를 봤다며 내무장관에게 불평했다.

"파리에서 그런 주제를 대중이 보게끔 허용해서는 안 된다."63)

12월 28일 생클루에서 탈레랑에게 보낸 편지에서는 이렇게 말했다.

"우리는 평화 상태로 보이지 않고 그저 휴전 중인 것 같다. … 이는 전적으로 영국 정부의 잘못이다."64)

아미앵 조약이 직면한 문제(세바스티아니와 드캉 원정, 카두달의 계속된 런던 체류, 망명 귀족이 소유한 언론, 사르데냐 국왕과 오라녀의 빌럼 5세 보상, 스위스 독립, 네덜란드·알렉산드리아·퐁디셰리·희망봉·몰타에서 철군하지 않는 것, 프랑스의 관세 체제)는 신뢰와 호의가 있으면 전부 해결할 수 있는 것이었으나 양측 어디에도 신뢰와 호의는 없었다(정신이 온전할 때). 판단력이 무난한 조지 3세조차 평화

조약은 '실험적'이라고 평가했다. 영국 정부 역시 같은 의견이었고 곧 실험은 실패했다고 판명난다.[65)]

1803년 1월 30일 레반트 지역을 순방한 세바스티아니의 보고서가 〈모니퇴르〉에 여덟 면에 걸쳐 실렸다. 1만 명 이하의 원정대만 있으면 이집트를 다시 장악할 수 있다는 그의 보고는 의도적인 도발이었지만 프랑스-러시아의 오스만제국 분할을 놓고 영국의 두려움은 당연히 커졌다. 국무원 위원 펠레가 말하길, "아무도 보나파르트가 동기 없이 무언가를 했다고는 생각하지 않으므로 추론은 분명했다."[66)] 나폴레옹은 그 보고서와 관련해 위트워스 대사와 토론하기를 거부했고 심지어 명확히 말하려 하지도 않았다. 그러나 그 보고서를 발표한 사실 자체는 진지한 행동 계획이라기보다 외교적 도구라는 것이 드러난다. 나폴레옹에게 진심으로 이집트로 돌아갈 의도가 있었다면 그 내용을 〈모니퇴르〉에 알릴 리는 거의 없었다. 1803년 무렵 그는 다시 전쟁하기를 원하지 않았으나 전쟁을 막으려고 프랑스의 입지를 줄일 생각도 없었다. 당시 그는 한 국무원 위원에게 다음과 같이 말했다.

"하루하루 최근 패전이 남긴 깊은 인상이 약해지고 우리가 승전으로 얻은 특권도 줄어들고 있소. 지체에 따른 이점이 모두 그들 쪽에 가 있소."[67)]

2월 9일 영국군은 프랑스가 에트루리아와 스위스, 레반트 지역에서의 최근 행적을 "만족스럽게 해명"할 때까지 군대 철군을 보류하겠다고 선언했다. 9일 후 나폴레옹은 위트워스에게 몰타와 알렉산드리아 둘 다 그리고 자신을 향한 언론의 공격을 잠재우는 데 발전이 없다며 불만을 토로했다. 그는 평화를 위협하는 모든 문제를 아우르고 결론을 내렸다.

"이걸 놓고 싸우기보다 통합하자. 우리가 함께 세계의 미래를 결정하자."

위트워스는 이를 단순히 수사학적 표현으로 받아들였지만 나중에 그가 틸지트(소베츠크)에서 알렉산드르 황제에게 같은 어조로 제안한 것으로 미뤄보면 나폴레옹은 완벽하게 진지했다. 여기에 관여할 가치가 있다고 여기지도 않은 위트워스가 파르마와 피에몬테, 스위스 문제를 제기하자 나폴레옹은 그저 '하찮은 것'이라 일축했다. 전쟁을 재개한 후 나폴레옹은 이 작은 나라들에 무신경했다는 이유로 영국에서 맹렬히 비난을 받았다. 그렇지만 그가 의도한 맥락에서 보자면(방대한 해외 제국을 지배하는 영국과 유럽을 지배하는 프랑스가 전 세계의 미래를 결정하는 동반자 관계) 완전히 납득이 갈 법하다.[68] 다른 관점에서 그는 (아마도 계산적으로) 강압적인 표현을 사용한 것이 분명했다. 위트워스는 애딩턴에게 이렇게 보고했다.

"유럽 최강국 국가 수장이 아니라 기마병 대위의 말을 듣는 것 같습니다."[69]

2월 20일 나폴레옹은 파리 입법부에 말했다.

"왕의 양위와 국민의 소망으로 피에몬테를 프랑스의 권력 아래에 둘 필요성이 생겼다."[70]

이와 유사하게 그는 "이탈리아로 통하는 세 개의 쉬운 통로를 열기 위해" 스위스 주권을 침범했다고 말했다. 더 불길하게도 그는 영국군이 여전히 몰타와 알렉산드리아를 점령하고 있다고 언급하며 프랑스의 50만 병력이 "방어하고 복수할 준비"를 갖췄다고 말했다.[71] 다음 날 영국군은 케이프타운을 네덜란드 동인도회사에 넘겼지만 어떤 감언이설이나 협박으로도 몰타와 알렉산드리아에 관한 약속을 이행하겠다는 말은 받아 내지 못했다.

2월 25일 신성로마제국 의회가 제국사절 회의 주요 결의안을 통과시키면서 뤼네빌 평화 조약이 독일에서 효력을 발휘하게 되었다. 프랑스는 라인강 서안을 얻는 대가로 독일의 주州는 물론 공公에게 보상하기 위해 오스트리아와 독일의 대규모 주들이 2백 개가 넘는 여타 주를 40개로 '합병'하게 해야 했다. 이때 주로 교회 영토를 세속화하고 '자유'도시와 '황제'도시를 좀 더 탄탄한 이웃도시와 연결하는 방법을 동원했다. 1945년이 되기 전까지 독일에서 가장 큰 규모로 주와 재산을 이전한 것이었다. 거의 인구 240만 명과 연수입 1,270만 길드가 새로운 통치자 밑으로 가게 된 셈이다. 이는 지난 몇 달간 탈레랑과 소규모 자치 국가를 전면 인수하면서 이득을 얻을 통치자들이 서로 물물 교환한 결과로 이들은 프랑스에 넘긴 라인강 서안보다 동안으로 더 많은 영토를 받았다. 예컨대 바덴은 일곱 배, 프로이센은 거의 다섯 배를 받았다. 하노버는 프랑스에 아무 영토도 잃지 않았지만 오스나브뤼크의 주교 관할 지역을 받았고 오스트리아도 많은 이득을 보았다. 뷔르템베르크는 시민 3만 명을 잃은 대신 12만 명이 새로 편입되었다. 또한 뷔르템베르크는 독립국 78개국과 슈바벤제국의 기사들을 잃은 대신 1803년부터 1810년까지 영토가 두 배로 늘어났다.[72] 프로이센은 14만 명을 잃은 대신 60만 명을 얻었다. 클레멘스 폰 메테르니히 공의 부친 소유인 상속지 비네부르크-빌슈타인 등 수 세기 동안 존재해 온 작은 주 수백 개를 통합하면서 독일의 지도는 훨씬 단순해졌다.

나폴레옹은 오스트리아를 견제하기 위해 영주 동맹을 세웠던 자신의 영웅 프로이센의 프리드리히 2세를 마음속에 그리고 있었다. 그는 새로 확장한 독일의 여러 주 앞에서 프랑스가 호엔촐레른가와 합스부르크가의 권력을 제어한다는 사실을 보여 주고 싶어 했다. 또한 1805년 유럽의 적대감이 더 퍼질 때까지 바이에른, 바덴, 뷔르템베르크와 이미 맺은 전략적 동맹을 보완하기 위해 세 강국과 결혼 동맹도 도모했다.[73] 1804년 7월 무렵 그는 열여섯 살인 바이에른의 아우구스타 공주를 외젠의 아내로 점찍었다. 1806년 4월 조제핀의 전 남편 사촌인 스테파니 드 보아르네가 바덴의 카를 공과 결혼했고 1807년 8월 스물두 살의 제롬은 뷔르템베르크의 카타리나 공주와 결혼했다.

1803년 3월 8일 조지 3세는 의회 개회 연설에서 의회에 전쟁 군수품과 영국 의병대 동원을 요청하는 한편, 프랑스가 프랑스와 네덜란드 항구에서 주요 군사 준비를 한다고 비난했다. 나중에 위트워스가 프랑스는 군사 준비를 전혀 하지 않는다고 분명히 밝힌 공문서가 있었는데도 말이다. 세바스티아니의 보고서를 신문에 실은 것과 마찬가지로 국왕의 연설은 전쟁 선포라기보다 협박이었다. 11일 나폴레옹은 에스파냐의 카를로스 4세에게 보낸 편지에서 다음과 같이 말했다.

"영국은 잠들지 않습니다. 영국은 언제나 경계하고 있으며 세계의 모든 식민지와 상업을 장악하기 전까지는 쉬지 않습니다. 프랑스만이 이를 막을 수 있습니다."

영국이 이미 아미앵 조약의 조건에 따라 마르티니크와 토바고, 세인트루시아, 미노르카를 토해냈는데도 그는 이렇게 주장했다.[74]

3월 13일 일요일 튈르리궁 궁정 집회에서 나폴레옹은 위트워스를 만났다. 위트워스의 설명에 따르면, 그가 "상당히 격앙되어 내게 말을 걸었다. 우선 그는 내게 영국에서 무슨 소식이라도 들었느냐"고 물었고 위트워스는 이틀 전 혹스베리에게 서신을 받았다고 대답했다.[75]

나폴레옹: "그래서 당신 국가는 전쟁을 하기로 결심했군."

위트워스: "각하, 아닙니다. 저희는 평화의 이점을 아주 잘 알고 있습니다."

나폴레옹: "우리는 이미 15년 동안 전쟁 중이네."

위트워스: (잠시 멈췄다가) "이미 너무 깁니다."

나폴레옹: "하지만 당신 국가는 내가 15년 더 싸우기를 바라고 있고 내게 그러라고 강요하는군."

위트워스: "그건 폐하의 의도와 아주 거리가 먼 이야기입니다."

그 뒤 나폴레옹은 러시아 대사 마르코프 백작과 에스파냐 대사 슈발리에 다사라에게로 발걸음을 옮겨 말했다.

"영국은 전쟁을 원하오. 만약 그들이 먼저 칼을 뺀다면 내가 마지막으로 그 칼을 칼집에 넣을 것이오. 그들은 조약을 존중하지 않소. 이제부터 그들은 검은 상장喪章으로 덮어야 할 것이오."[76]

위트워스의 기록에 따르면 나폴레옹은 다시 그에게 돌아왔다.

"내게는 참으로 성가시게도 내게 예의바르게 무언가를 말하면서 대화(애초에 대화라고 부를 수 있다면)를 재개했다."

그는 문제의 쟁점으로 돌아갔다.

> 나폴레옹: "왜 군비 확충이오? 이 예방적 조처는 도대체 무엇이오? 프랑스 항구에는 (건조 중인) 전함이 단 한 척도 없지만 만약 당신 나라가 무장한다면 나도 그렇게 해야 하오. 만일 당신 나라가 전투를 원한다면 나도 전투할 것이오. 당신 나라가 프랑스를 죽일 수는 있을지언정 협박하지는 못할 것이오."
>
> 위트워스: "아무도 그 무엇도 바라지 않습니다. 프랑스와 사이좋게 지내길 원합니다."
>
> 나폴레옹: "그렇다면 조약을 존중해야 하오! 전 유럽에 이에 관해 책임져야 하오."[77]

위트워스가 덧붙이길, 나폴레옹이 "너무 격앙되어 대화를 이어 가는 게 바람직해 보이지 않았다. 그래서 나는 아무런 대꾸도 하지 않았고 그는 마지막 구절을 계속 되풀이하며 자기 처소로 돌아갔다."[78] 두 사람이 대화하는 것을 들은 이는 2백 명에 이른다. 위트워스에 따르면 그들 모두 "나폴레옹의 행동이 매우 부적절하고 무례하며 조금도 위엄을 갖추지 못했다"고 느꼈다고 한다.

나폴레옹의 말이 진정 그렇게 살벌했을까? 만약 그가 전쟁광이라면 나폴레옹식으로 '격앙'되지 않았을 테고 해상 군비 확충이라 오해해 평화 조약이 깨지려 한다고 진심으로 걱정하는 사람만 그랬을 터다. 나폴레옹은 당시 집회에서 위협적인 태도로 위트워스를 괴롭혔다는 이유로 비난을 받아왔지만 어떤 목소리나 몸짓이었는지 알 수는 없어도 사용한 표현 자체는 그러한 것을 함축하지 않았다(위트워스가 나폴레옹에게 맞을까 봐 두려워했다는 나중의 주장은 당시 목격자나 위트워스 자신이 한 게 아니다. 영국의 정치 선전이라 봐도 되겠다[79]). 4월 4일 나폴레옹과 다시 만났을 때 위트워스는 침착하게 보고했다.

"나를 대하는 그의 격식은 어느 모로 봐도 만족스러웠다."[80)]

생도맹그 전쟁을 아직 마무리하지 않은 상태에서 드캉은 인도로 가는 중이었고 프랑스의 경제 재건이 이뤄지는 상황이라 나폴레옹은 1803년 봄이나 여름에는 전쟁을 원하지 않았다. 프랑스는 보유한 전함 42척 중 13척만 실제로 사용할 준비를 갖춘 반면 영국 해군 전함은 120척이었다. 아무튼 그는 전함을 준비해야 한다고 여기고 있었다. 3월 13일 그가 해군장관 드니 데크레에게 물었다.

"현재 위치와 해상 전쟁에서 영국 상업에 가장 크게 해를 주는 최선의 방법은 무엇인가?"[81)]

이틀 후 나폴레옹은 알렉산드르 황제에게 콜베르 준장을 보내면서 그가 "운하를 찾아내고, 공장을 세우고, 공교육 문제를 다루느라 매우 분주하다"고 정확히 요약하며 이렇게 전하라 일렀다.

"만약 영국과의 전쟁 이야기가 나온다면 반감이 너무 널리 퍼져 있어서 프랑스는 영국과 승부를 겨루는 것 말고는 바라는 게 없다고 말하라."[82)]

평상시처럼 그는 동시에 다른 문제도 처리했다. 루앙의 경찰청장에게 전하길 구금한 여성 2명(이름은 리즈와 질)을 루앙에서 100킬로미터 떨어진 곳으로 이송하라 했으며, 지역 극장 주 관람석에 매춘부가 출입하지 못하게 했다.[83)]

4월 23일 영국은 몰타를 7년 더 보유하는 것과 튀니지에서 110킬로미터 떨어진 지중해의 섬으로 소규모 인구가 사는 람페두사섬을 해군 기지로 양도하는 것, 프랑스가 네덜란드에서 철수하는 것 그리고 피에몬테의 대가로 사르데냐에 보상금을 지불하는 것을 요구했다. 5월 10일 나폴레옹은 탈레랑에게 위트워스를 다루는 방법을 알려 주었다.

"자네가 냉정하고 오만하며 심지어 다소 자부심이 넘치는 사람처럼 보이게 행동하라. 만약 메모에 '최후통첩'이라는 단어가 들어 있으면 그 단어는 전쟁을 의미한다고 이해하게 하라. … 만일 메모에 그 단어가 없으면 그가 추가하게 하고, 우리는 우리가 어디에 있는지 알고 있으며 이 불확실한 상태에 지쳤다고 언급하라. … 일단 최후통첩이 주어지면 모든 것은 깨진다."[84]

사실 위트워스는 단순히 자신의 여권을 요청했는데 이는 대사가 전쟁 선포 전에 전통적으로 하는 요구였다. 대사가 파리를 떠날 때 나폴레옹은 다음과 같이 말했다.

"위대하고 강하고 민감한 국가가 그렇게 끔찍한 불운이 따를 전쟁을 선언할 수 있을지 상상하기 힘들다. 그 명분은 너무 소소하다. 그것은 단순히 보잘것없는 암초이기 때문이다."[85]

5월 6일 런던 브룩스클럽에서 타넷 9대 백작이 "오늘부터 한 달 안에 프랑스와 영국 간에 적대 행위가 시작되지 않는다"라는 내용으로 5대 준남작 왓킨 윌리엄스 윈 경, 전 런던 시장 하비 콤브 경 하원의원, 험프리 하워스 하원의원에게 각자 50기니 내기를 걸었다가 완패했다.[86]

5월 11일 나폴레옹은 영국의 요구를 토의하기 위해 외교 관련 국무원 분과 7명을 소환했다. 그 7명 중 조제프와 탈레랑만 프랑스가 협상을 계속하길 원했다. 다음 날 위트워스는 파리를 떠났고 16일 런던 주재 프랑스 대표 앙드레오시 장군이 도버에 도착했을 때 영국은 영국 항구와 바다에서 모든 프랑스 선박 압수를 승인하는 적국 선박 나포 면허장을 발행했다.[87] 그다음 날 윌리엄 피트의 절친이자 멘토인 맘스버리 백작은 이렇게 기록했다.

"부오나파르테가 전쟁을 두려워한다기보다 여전히 평화에 안달하는 것이 명백하며, 바로 이 시간에 나는 그가 우리의 모든 제안에 동의하는 것으로 끝내지 않을까 우려한다. 그러면 당분간 전쟁을 피할 수 있겠으나 지연될 뿐 완전히 사라지는 건 아니다."[88]

아미앵 조약이 와해된 후 위트워스가 맘스버리에게 말했다.

"곧 프랑스에서 전쟁 효과를 혹독하게 느낄 테고 이는 엄청난 혐오감과 불만을 초래할 것이오. 그러면 부오나파르테의 권력이 흔들리고 군대가 예전처럼 그에게 애착을 보이지 않을 것이오. 만약 그가 모로에게 군대를 위임한다면 그 작자는 군대의 적대감을 사서 위태로워질 것이오."[89]

적어도 이 예측에서 위트워스는 완전히 착각했다.

영국은 나폴레옹이 영국의 요구를 받아들인다는 (허구의) 위험을 피하기 위해 1803년 5월 18일 전쟁을 공식 선포했다. 나폴레옹은 프랑스에 거주하던 영국인 남성 중 입대 가능 연령에 해당하는 모든 이를 억류하는 것으로 응답했다. 그중 대다수를 곧 교환했으나 일부는 10년간 가택 연금을 당했다.[90] 5월 20일 그가 원로원에 전한 메시지는 완전히 정치 선전이나 다름없었다. 나폴레옹의 주장에 따르면 영국인은 아미앵 조약이 "자국에 해를 끼친다며 맹렬히 비난하고 있는데, 이는 프랑스에 충분히 굴욕을 안겨 주지 못했기 때문이다. … 혐오감이란 얼마나 헛된 것인지!"[91] 이틀 후 그는 데크레에게 대포 1문과 인원 100명을 태우고 영국해협을 건널 수 있는 바닥이 평평한 배의 원형을 만들라고 지시했다. 또한 캉바세레스와 르브룅, 탈레랑에게 연락해 개인적으로 선박 건조를 후원해 줄 이들을 찾으라고 지시했는데, 그는 후원자의 이름을 따서 선박 이름을 명명할 예정이었다.[92] 한편 아미앵 조약 와해를 기념하기 위해 표범이 이빨로 조약서를 찢는 모습을 담은 청동 메달을 주조했다(표범은 전통적으로 영국을 칭송하는 태도로 표현하는 동물이다).

산일데폰소 조약에서 나폴레옹은 루이지애나를 제3자에게 매도하지 않겠다고 에스파냐에 약속했으나 이제 그 약속을 저버리기로 했다. 파리에서 위트워스가 자신의 여권을 요청한 바로 그날, 대서양 건너편에서 토머스 제퍼슨 대통령이 루이지애나 구입에 서명했고 그의 펜 끝에서 미국의 면적은 두 배로 늘어났다. 미국은 오늘날의 걸프만부터 중서부를 가로질러 캐나다 국경선까지 13개 주 전부나 일부를 아우르는 영토 23만 제곱킬로미터를 1에이커당(약 4,000제곱미터) 4센트도 안 되는 가격에 매입했으며 총 8천만 프랑을 프랑스에 지불했다.[93] 나폴레옹이 탈레랑에게 이르길, "우유부단과 숙고는 더 이상 유행이 아니다. 나는 루이지애나를 포기했다. 내가 양도한 건 뉴올리언스뿐 아니라 식민지 전체다. 내가 버린 것의 값어치를 잘 알고 있다. … 대단히 안타까운 심정으로 포기한다. 이를 고집스레 손에 쥐고 있는 편이 더 우둔할 것이다."[94]

생도맹그 참사와 아미앵 조약 붕괴 이후 나폴레옹은 자신의 가장 크고 (또한 가까운 미래에) 전적으로 쓸모없는 자산이자 결국에는 미국과 갈등을 야기할 영토를 현금화하기로 결심했다. 대신 미국을 도와 대륙의 위대성을 획득하게 하면 그 과정에서 프랑스 재정도 풍요로워질 것이었다. 나폴레옹은 이렇게 예측했다.

"조만간 영국의 자존심을 납작하게 만들어 줄 해상 경쟁자를 지금 막 영국에 선사했다."[95]

그로부터 10년 내에 미국은 프랑스가 아니라 영국과 전쟁을 벌이기 시작했다. 1812년 전쟁은 1815년 2월까지 이어졌고 이는 영국군이 워털루 전쟁에만 병력을 투입할 수 없도록 분산하는 결과를 낳았다.

관련 협상은 재무장관 프랑수아 바르베 마르부아가 진행했다. 그가 미국에 거주한 적 있고 부인도 미국인이며 제퍼슨과 친분도 있어서 협상을 맡은 측면이 있다. 그러나 처음에 거래에 반대한 탈레랑에게 협상을 맡겼다가는 틀림없이 미국에 뇌물을 요구할 것이라고 나폴레옹이 의심한 측면도 있었다.[96] 조제프와 뤼시앵은 나폴레옹에게 매각하지 말라고 간청했고 심지어 공개적으로 반대하겠다고 협박하기도 했다. 뤼시앵의 기록에 따르면 욕조에 몸을 담그고 있던 나폴레옹은 욕조 안에서 몸을 반쯤 세우고 형제들에게 어떤 반대도 허용하지 않을 것이며 입법원에서 토론도 없을 것이라고 말했다. 그가 물을 튀기며 다시 욕조 안으로 들어가는 바람에 조제프는 물에 다 젖었다고 한다.[97] 그는 형제들의 반대에 격노해 조제핀의 초상화가 그려진 코담뱃갑까지 깨트렸다.

미국 전권대사 중 한 명인 로버트 리빙스턴은 미국이 매입하는 지역이 북쪽과 서쪽으로 정확히 어디까지인지 프랑스 측에 문의했다. 하지만 지도 제작자는 물론 유럽인 중에서 거기까지 직접 가본 이는 거의 없었다. 프랑스가 1800년 에스파냐에게 넘겨받은 영토 전부를 포함하며 그 너머는 모른다는 것이 프랑스 측 답변이었다. 나폴레옹이 말하길, "너무 명확한 것보다 가끔은 모호한 것도 필요하다."98) 거의 3주에 걸쳐 파리에서 리빙스턴과 그의 동료 제임스 먼로가 힘들게 협상한 끝에 거래가 성사되었다. 당시 아미앵 조약 상황은 악화일로를 걷고 있었으며 거래 성사 후 며칠 만에 다시 전쟁이 벌어졌다. 자금은 미국-네덜란드 상업은행인 베어링브러더스 은행과 호프스 은행이 조달했다. 구체적으로 말하자면 해당 은행들이 프랑스로부터 루이지애나를 구입한 뒤 6퍼센트 미국 채권으로 1,125만 달러를 받고 미국 정부에 팔았다. 결국 미국 정부 재정에서는 당장 한 푼도 나가지 않은 셈이었다.99) 영국과 프랑스가 전쟁 중인 상황에서도 베어링브러더스 은행은 나폴레옹에게 매달 2백만 프랑을 지불했다. 헨리 애딩턴 수상이 은행에 송금을 중단하라고 요청하자 베어링브러더스 은행은 받아들였지만, 대륙에 기반을 둔 호프스 은행은 베어링브러더스 은행의 지원을 받으며 계속 지불했다. 결국 나폴레옹은 자신의 돈을 다 받았고 베어링브러더스 은행과 호프스 은행은 해당 거래로 거의 3백만 달러의 이득을 보았다.

거래를 완료했을 때 리빙스턴이 말했다.

"우리는 오래 살았지만 이것이야말로 우리의 전 생애에서 가장 고귀한 일입니다. 우리가 막 체결한 계약은 기교로 얻은 것도 무력으로 강제한 것도 아닙니다. 계약 양측에 동등하게 이득을 주며 이로써 방대한 오지가 번성할 것입니다. 오늘부터 미국은 일류 강대국들 사이에 한자리를 차지할 것입니다."100)

대관식

15

우리는 부르봉 왕가에 보여 줘야 할 것이 있으니,
바로 그들이 다른 사람들에게 휘두른 주먹은
결국 그들 자신에게 되돌아간다는 사실이다.

나폴레옹이 앙기앵 공작에 관해

–

우리는 여론을 토론하기 위해서가 아니라
여론을 주도하기 위해 이 자리에 있다.

1804년 나폴레옹이 국무원에

5월 18일 전쟁 선포 이후 사태는 긴박하게 돌아갔다. 5월 말 프랑스는 하노버를 침략했는데 하노버의 선대 선거후는 바로 영국의 조지 3세였다. 나폴레옹은 에두아르 모르티에 장군에게 하노버의 숲에서 나무를 베어 영국 침략에 사용하도록 바닥이 평평한 배를 건조하라고 명령했다. 모르티에 장군은 모친이 영국인으로 두에의 잉글리시 칼리지에서 공부한 인물이다.[1] 그 보복으로 영국 해군은 독일 엘베강과 베저강 어귀를 봉쇄했다. 7월에는 넬슨이 툴롱을 차단했고 9월까지 영국은 세인트루시아와 토바고, 베르비세, 데메라라, 에세키보를 다시 손에 넣었다. 한편 나폴레옹은 뛰어난 군인(이자 실패한 예술가) 로랑 드 구비옹 생시르 장군을 이탈리아로 보내 타란토와 브린디시, 오트란토에 다시 주둔하라고 명령했다(생시르는 성격이 냉담한 편이라 부하들에게 '부엉이'라는 별명을 얻었다). 이번에 나폴레옹이 내린 명령은 1801년 체결한 프랑스-나폴리 조약을 위반하는 것으로 러시아 측에서도 극심하게 항의했다.

6월 나폴레옹은 브레스트와 불로뉴, 몽트뢰유, 브뤼헤, 위트레흐트 5곳에 대규모 침략 기지를 세우라고 명령했다. 브뤼헤 기지는 나중에 불로뉴 인근의 앙블레퇴즈로 이전했으며 본 진영은 해안선을 따라 14킬로미터에 이르도록 확장하고 텃밭까지 갖췄다. 11월 5일 퐁드브리크 본부에서 나폴레옹이 캉바세레스에게 말했다.

"나는 진영의 중앙에 자리를 잡았다. 바다 끄트머리라 아군과 영국이 얼마나 떨어져 있는지 한눈에 들어온다."[2)]

생토메르와 콩피에뉴, 아라스, 에타플, 빔로, 파리, 아미앵에 기병대와 예비군을 위한 보조 기지도 마련했다. 한편 영국 원정군이 방데의 서부군 병사들을 흡수하면서 군대 이름도 대양 해안군으로 변경했다. 1804년 1월까지 해안군 병력은 7만 명이 되었고 3월에는 12만 명에 이르렀다.[3)] 훗날 나폴레옹은 영국에 겁을 주고 오스트리아는 달래면서 프랑스군을 훈련시키려는 의도였을 뿐, 실제로 침략할 의사는 전혀 없었노라고 주장했다. 말도 안 되는 주장이다. 에두아르 데브리에르는 다섯 권으로 이뤄진 《영국제도 상륙 계획과 시도Projets et tentatives de débarquement aux îles Britanniques》(1900~1902년 출간)에서 나폴레옹의 침략 계획 개요를 제시하고 무려 2,636쪽에 걸쳐 각 여단이 상륙할 예정 장소를 상술하고 있다. 이 책에는 오타가 있긴 해도(Grays-Thurrock를 Frey-Harock로, Greenhithe를 Green-hill로 잘못 표기함) 나폴레옹이 그저 큰 소리만 치는 게 아니라는 점을 확실히 보여 준다.[4)] 한편 나폴레옹은 율리우스 카이사르 이래로 영국 침략에 성공한 사례를 다룬 책과 논문을 출간토록 했다. 그는 영국을 카르타고라고 지칭했으며 루브르 박물관에 바이외 태피스트리(1066년 노르만인의 잉글랜드 정복을 묘사한 직물 벽걸이 — 역자)를 전시하게 했다. 드농에게는 '영국 상륙' 메달을 제작하라고 지시했다. 이 메달은 거의 벌거벗은 나폴레옹이 남성의 모습인 인어와 레슬링을 해서 이기는 모습을 묘사했고 뒷면에 '1804년 런던 제작'이라고 새겼다.[5)]

나폴레옹은 낭트와 네덜란드, 안트베르펀, 셰르부르, 브레스트, 로슈포르에서 아군끼리 연락을 원활히 주고받도록 운하 공사를 진행했으며 블리싱헨의 선착장을 확장하는 공사에도 공을 들였다. 그 결과 네덜란드 해군은 통지를 받자마자 24시간 내에 바다로 나갈 수 있게 되었다. 이런 상황을 살펴보면 나폴레옹이 얼마나 진지하게 영국 침략에 힘을 쏟았는지 알 수 있다.[6)] 나폴레옹이 휘하 장군이나 제독과 수없이 주고받은 상세한 편지 역시 그의 의도를 여실히 보여 준다. 1803년부터

1804년까지 나폴레옹은 베르티에에게 553회, 데크레 제독에게 236회 편지를 보냈다.[7] 생토메르를 관할하던 니콜라 장 드 듀 술트 장군(편지 77통)이 24시간 내에 군대 병력이 전부 승선하는 것은 불가능하다고 보고하자 나폴레옹이 훈계했다.

"장군, 불가능하다고! 나는 그 단어에 익숙하지 않소. 프랑스 언어에 없는 단어니 장군의 사전에서 지우시오."[8]

1803년 12월 23일 베르티에는 나폴레옹과 편지를 주고받으며 그들끼리 '영국 원정군'이라 칭한 군대의 병력 목록을 작성했다. 보병 7만 9천 명, 기병 1만 7천6백 명과 말 1만 5천 필, 궁수 4천7백 명, 짐꾼 4천6백 명, 민간인 7천8백 명, 작은 범선(각 배에 인원 20명, 탄약통 2천 개, 비스킷 2백 개, 포도주를 증류한 브랜디 오드비 10병, 양고기 뒷다리살을 실을 예정이었는데 범선이 정확히 몇 척인지 알려지지 않음) 그리고 어느 정도 무장 장비를 갖춘 낚싯배 다수 등이었다.[9] 국무원 위원 펠레에 따르면 함대 규모는 범선 250척(돛대가 하나 달린 작은 범선으로 각 범선마다 대포 3문 탑재)과 포함砲艦 650척(각 포함마다 함재정 한 척 탑재), 대포 6문을 탑재한 너벅선 다수, 포병을 태운 수송선 750척 정도였다.[10] 함대 규모가 가장 컸을 때는 각종 선박 1,831척에 병사는 16만 7천 명이 넘었다고 한다.[11]

많은 배가 바닥이 평평하고 최대 흘수가 180센티미터라 해안까지 접근이 가능했다. 1804년 봄까지 선박을 대부분 적절히 준비했는데도 불구하고 파도를 뒤집어쓰기 일쑤였다. 더구나 고물 쪽으로 바람이 안전하게 불지 않으면 제대로 항해할 수조차 없었다. 여기에다 영국해협에서 남동풍을 기대하기란 힘들었다.[12] 함재정도 바람의 힘으로 완전히 전진하지 못할 경우 직접 노를 저어 나아가야 했는데, 해상에서 35킬로미터 이상 노를 젓는 것은 병사들에게 대단히 피곤한 노역이었다. 야간 공격을 하자는 말도 나왔지만 8시간 동안 완전히 사위가 어두운 계절이라고는 가을과 겨울뿐이었다. 이 시기에는 날씨가 너무 나빠서 바닥이 평평한 배로 건너기란 위험천만한 일이었다.[13] 영국해협은 폭이 좁긴 했으나 도저히 예측할 수 없는 구역이라 얕잡아볼 수 없었다. 15세기 이전에는 침략군이 웨일스에서 육로로 쳐들어간 적도 있으나 그 이후 영국 침략이 이뤄지지 않은 배경에는 분명 병참상의 이유도 존재했다. 19세기 초 영국 해군에는 세계 최대 규모의 최정예 병사와 최고의 지휘관이 포진하고 있었다.

그럼에도 불구하고 나폴레옹은 요지부동이었다. 1804년 7월 30일 그가 브륀 장군에게 말하길, 우리는 "런던탑에 황제의 독수리 국장을 달도록 우리에게 유리한 바람이 불 때를 기다릴 뿐이다. 무슨 일이 벌어질지는 오직 시간과 운명에 맡기겠다."[14] 이곳저곳 분산된 기지를 전부 둘러보는 데는 최대 25일까지 걸렸다. 나폴레옹은 순방을 하며 요새부터 위생 설비에 이르기까지 하나하나 모두 점검했다. 무엇보다 나폴레옹은 병사들과 직접 이야기를 나누는 것을 즐겼다. 어느 부관은 이렇게 말했다.

"그는 병사들과 거리낌 없이 어울렸고 병사들이 편안하게 지내도록 세부적인 부분까지 꼼꼼하게 따졌다. 또한 개개인을 칭찬하거나 호의를 베풀었으며 자격을 갖춘 자는 진급시켜 주었다. 덕분에 병사들의 사기가 충천했다."[15]

7월 22일 나폴레옹은 해군부에 편지를 보내 급료를 제때 지급하지 않은 점을 타박하며 영국해협 항구에서 일하는 이들이 은으로 만든 소매단추까지 팔아야 하는 상황을 지적했다.

"그들이 절대 고통을 겪게 해서는 안 된다. 어떤 상황에서든 반드시 임금을 지급해야 한다."[16]

나폴레옹은 병사들이 술도 꼭 마실 수 있어야 한다고 주장했다. 나폴레옹이 데크레에게 불로뉴 지역에서 민간가옥을 징발해 해안군의 숙소와 식량 공급을 해결하라며 보낸 편지를 보면 "포도주 저장실이 있는지 확인하라"고 이르는 대목이 있다. 또한 영국 침략과 관련해 브랜디 17만 리터가 필요할 수도 있다고 덧붙였다.[17]

8월 나폴레옹은 파리에서 아일랜드인 연맹 지도자들과 협상을 시작했다. 그는 프랑스군이 아일랜드에 상륙하면 아일랜드의 반란군 2만 명이 원조해 주기를 기대했으며,[18] 특히 영국에서 필요할 안내인 겸 통역자 부대(117명)에 합류해 주기를 바랐다. 나폴레옹은 이들이 착용할 군복으로 "빨간색으로 안감을 대고 진홍색 끝동과 백색 단추를 단 용기병용 초록색 외투"를 디자인하고 박차를 무슨 색으로 할지까지 정해 두었으며 고수鼓手는 2명이 필요하다고 결정했다.[19] 나폴레옹은 지나치리만큼 세부사항까지 챙겼다. 예컨대 프랑스인이 해상에서 이룬 업적에 자부심을 고취할 목적으로 17세기 해군 영웅 장 바르의 대리석 흉상을 제작할 때도 마찬가지였다. 나폴레옹은 바르의 고향인 됭케르크 시청에 흉상을 전시하라는 지시를 내렸다.

평상시와 마찬가지로 나폴레옹은 전쟁과 정치 말고도 마음의 양식을 필요로 했다. 당시 파리에는 미국 물리학자 벤저민 톰슨 경이 거주하고 있었는데, 나폴레옹은 열 보존에 관한 톰슨의 논문에 감사를 표하며 다음과 같이 논평했다.

> 연마하지 않은 물체의 거친 표면은 열량이 발생하는 분자의 극적 감쇠에 비해 크고, 이러한 물체의 표면적은 동일한 물체를 연마한 경우보다 훨씬 크니 총계 수치나 열량에 접근하기 위해 표면적을 측정해야 하오. 그 수치는 매우 커야 하며 연마한 물체에 비해 연마하지 않은 물체의 온도 변화가 더욱 급격히 진행되오. 이러한 내 생각을 당신의 논문이 확인해 주었소. 당신의 논문은 정확성을 갖춘 수많은 실험으로 진실에 접근하고자 노력한 결과물이오. … 우리는 점진적으로 진보하고 있소. 마침내 간결한 이론에 도달하면 모든 계층에게 도움을 줄 것이오.[20]

마지막 문장만으로도 나폴레옹이 계몽시대 사상에 영향을 받은 인물이라는 점이 확연히 드러난다.

이 시기에 그는 외도도 많이 했다. 11월 초 나폴레옹이 불로뉴 지역에 주둔할 당시 정체불명의 'F 부인'에게 편지를 쓴 것으로 보아 그 지역에 정부가 있었던 것 같다. 해당 편지에서 나폴레옹은 다음에 만날 때 "당신이 원한다면 내가 다시 문지기가 되겠소. 하지만 이번에는 키티라섬으로 가는 여행에서 당신 옆자리를 어느 누구에게도 절대 맡기지 않겠소"라고 약속했다. 키티라는 사랑의 여신 아프로디테의 고향을 일컫는다. 당시 그는 어떤 편지에도 수신인의 이름을 이니셜만으로 표기하지 않았다. 또한 그는 샵탈의 정부이자 코메디 프랑세즈의 배우인 마리 테레즈 부르구앵과 동침했고 이에 샵탈은 몹시 분노했다.

조제핀도 알고 있었을까? 1804년 11월 나폴레옹은 그녀의 소위 '슬픈' 편지에 답장했다.

"조제핀이 실의에 빠지고 화를 내고 골칫거리일 때를 제외하면 내 마음에서 착하고 다정한 조제핀을 지울 수 없소. 내 삶에는 슬픔이 많이 있소. 모든 긴장이 사라진 기분 좋고 온화한 집에서만 그런 슬픔을 견딜 수 있을 뿐이오."[21]

1월에는 조제핀에게 보내는 편지에서 "그 작은 사촌에게 전하는 천 가지 다정한 이야기"를 말하면서 외젠이 "불로뉴의 모든 여성에게 구애하지만 달라진 건 없다"고도 언급했다.[22]

강톰과 외스타슈 브뤽스, 로랑 드 트뤼게, 피에르 드 빌뇌브, 데크레 등 프랑스의 대표 제독들은 영국 원정에 반대했다. 영국해협에 상설 주둔하는 2개 소함대(영국 전함은 30척이 넘었다)가 프랑스군을 혼쭐을 내 주자 합리적인 선에서 반대했던 것이다. 종합적으로 지휘력이 가장 탁월한 루이 라 투슈 트레빌은 생도맹그에서 돌아온 이후 병에 시달리다가 1804년 8월 사망했다. 그의 후임 브뤽스도 1805년 3월 결핵으로 사망했다. 나폴레옹과 그의 수석고문들은 밀물이 한 번 들어올 때 한꺼번에 많은 병사를 투입하기가 불가능하다는 점을 인지했다. 또한 안개가 자욱할 때 기습적으로 바다를 건너는 작전 역시 위험 부담이 컸다. 1692년 루이 14세는 영국 침략을 준비했고, 1779년 루이 16세는 계획을 수립했으며, 1797~1798년 나폴레옹은 직접 가능성을 타진해 보았다. 이런 상황에서 최고의 전략은 영국 해군을 영국의 남해안 밖으로 유인하고 그동안 프랑스군이 영국해협을 건널 시간을 확보하는 것이었다. 그러나 밀물이 한 차례 들어오는 동안만이라도 영국해협의 좁은 수로를 무방비 상태로 놓아 달라고 런던의 해군본부 위원회에 부탁할 수는 없는 노릇이었다.

1803년 11월 23일 나폴레옹은 강톰에게 보낸 편지에서 무기를 장착한 노 젓는 대형선박chaloupes cannonières 3백 척과 포함 5백 척, 바지선 5백 척으로 구성한 소함대가 출정 준비를 하길 바란다고 말했다.

"그 함대면 우리가 영국 해안까지 갈 수 있다고 보는가? 10만 명을 태울 수 있네. 밤중에 8시간만 우리에게 유리하게 흘러간다면 우주의 운명이 결정되겠지."[23]

다음 날 그는 '영국 침략을 위해', '출정가'를 포함해 노래 몇 곡의 작사를 의뢰하라고 샵탈에게 지시했다.[24] 12월 중순 나폴레옹은 영국 침략을 실행에 옮기면 시종을 준장은 4명, 대령은 2명 대동하라고 지시했다.• 조제프에게 보낸 편지에서 그는 이렇게 말했다.

"여기에서는 모든 것이 아름답고 보기에 편안해. 이 아름답고 좋은 노르망디가 정말 마음에 들어. 진짜 프랑스야."[25]

그로부터 1년 후인 1804년 11월 12일 그는 불로뉴에서 오주로에게 보낸 편지에 다음과 같이 일렀다.

"지난 열흘간 여기 있었다. 내가 유럽이 기대하는 목표에 도달하리라고 희망할 이유가 있다. 지난 6세기 동안 받아 온 모욕에 복수할 때다."[26]

나흘 후 캉바세레스에게는 영국 해안에 위치한 "가옥과 동태"가 눈에 보이며 자신이 앙블레퇴즈의 절벽도 알아볼 수 있다고 말했다. 그리고 영국해협을 "과감하게

• 항상 그랬듯 그는 세세한 행정 업무에도 몰두했다. 그는 앙제의 어떤 여성 우체국장이 "서신의 기밀엄수를 위반했으므로" 해고하라고 고댕에게 지시했다(나폴레옹이 직접 하나의 정부 부처에 맡긴 업무다). (CG4 no. 8520 p.547)

시도한다면 건널 수 있는 도랑"으로 일컬었다.[27)]

1804년 1월 24일 나폴레옹은 이중첩자 므에 드 라 투슈에게 명령을 내렸다. 뮌헨의 영국 사절 프랜시스 드레이크에게 다음 정보를 누설하라는 내용이었다.

"불로뉴에서 진행하는 준비 과정은 아무리 돈을 많이 들이더라도 처음 겉으로 드러나는 것보다 부족한 허위 작전에 불과하다. 선박 진수대는 상선 등으로 변경할 수 있도록 건조했다. 제1집정은 술수가 뛰어나고 현재 자신의 지위가 확고하다고 생각하기 때문에 많은 군대를 위험에 빠트릴 수 있는 불확실한 작전을 시도하려 하지 않는다."[28)]

1월 나폴레옹은 교황에게 아일랜드 가톨릭교도의 "참을 수 없는 … 억압"에 관해 편지를 보냈다. 교황을 끌어들여 프랑스군의 침략 작전을 후원하게 만들 의도였으나 로마에서는 아무런 회답도 없었다.[29)]

10년 후 엘바에 유배당한 나폴레옹은 자신의 침략 계획을 공공연하게 자주 언급했다. 당시 영국해협에서 사나흘 동안 소함대를 방어할 정도로 병력이 더 많았다면 충분히 승리했을 거라는 주장이었다. 나중에 그가 회상하길, "런던까지 곧장 행군해야 했기에 켄트 해안에 상륙하는 편을 선호했다. 무엇보다 바람과 날씨에 따라 계획이 달라질 수밖에 없었다."[30)] 나폴레옹은 친히 제독과 도선사, 프랑스 10만 병사를 이끌고 상륙할 수 있었으며 곧바로 포병대와 기병대가 뒤따라올 장소를 정할 수도 있었다고 주장했다. 그는 "사흘이면 런던에 도착"할 것이라고 믿었다. 한편 넬슨이 서인도제도에서 또 다른 프랑스 함대를 추격한 후 돌아오긴 하겠으나 영국을 구하기엔 너무 늦은 시점이었으리라고 추정하기도 했다.[31)]

설령 나폴레옹이 영국에 무사히 상륙했더라도 넬슨이 돌아와 프랑스군의 재보급과 병력 증강을 막았을 것이다. 더구나 나폴레옹의 10만 병사는 영국에서 대기 중인 병력 1천7백만 명(그중 다수가 '임시로나마' 무장하고 있었다)을 상대하기에 턱없이 부족했다. 영국은 1803년부터 침략군을 격퇴하기 위해 대대적으로 준비하고 있었다. 영국 남부 지방에도 군대가 주둔하고 봉화도 준비했다. 풀럼과 브렌트포드, 스테인스 등에 마련한 저장고에는 식량을 비축했으며 콘월에서 스코틀랜드까지 모든 상륙 지점을 하나하나 분류했다. 1805년부터 1808년까지 남부 해안을 따라 작은 '원형 포탑' 봉화대 73개를 세웠고 런던 남부 주변에 방어용 흉벽도 마련했다. 1804년 말까지 약 60만 명(남자 성인 인구의 11~14퍼센트)이 영국 육군과 해군에 입대했으며 8만 5천 명은 예비군이었다.[32)]

1803년 8월 23일 이른 아침 영국 해군의 첩보 장교 존 웨슬리 라이트 대위가 조르주 카두달과 의사 쿼렐, 올빼미파 몇 명을 비밀리에 노르망디의 비빌에 상륙시켰다.* 1790년대에 올빼미파와 함께 투쟁한 라이트는 탕플 교도소에 투옥되었다가 탈출했다. 그는 시리아 전쟁 당시 아랍인으로 가장하고 프랑스군을 염탐하는 등 이와 유사한 비밀 작전을 다수 시도했다.[33)]

나폴레옹(다른 이가 정보를 해석하는 걸 원치 않아 정보를 입수하면 있는 그대로 제시하라고 지시했다)과 푸셰는 공범 쿼렐과 트로슈의 존재를 확인했다. 나폴레옹이 쿼렐을 두고 말하길, "내가 완전히 틀렸거나 이 자가 무언가를 알거나 둘 중 하나다."[34)] 라이트의 상륙장 여러 곳 중 하나에서 체포된 음모자 다누빌은 교도소에서 목을 맸다. 나폴레옹의 부관 필리프 드 세귀르가 논평하길, "음모의 중대성은 확인했으나 해결의 실마리는 전혀 없었다."[35)]

1804년 1월 16일 라이트는 비빌에서 샤를 피슈그뤼 장군의 상륙을 도왔다. 피슈그뤼는 과거 브리엔 교사이자 프랑스 혁명 전쟁 영웅으로 자코뱅파에서 왕당파로 전향한 인물이었다. 다른 음모자 7명도 함께 상륙했다. 그 후 라이트는 영국 해군첩보대가 있는 켄트의 월머성으로 돌아갔다.[36)] 라이트의 상관은 북해 함대 총사령관

* 푸셰와 사바리 휘하 프랑스 첩보기관의 추정에 따르면 당시 수도에서 나폴레옹 암살을 계획하던 이들이 대략 40명이었다고 한다. 그러나 확인된 숫자가 이보다 훨씬 적다는 점을 감안하면 이 추정은 과장일 수 있다(Segur, *Memoirs* p.97).

키스 경 제독이었고 그의 상관은 제1군사위원 세인트 빈센트 백작 제독이었다. 혹스베리 경이 백작에게 지시한 바에 따르면 "라이트 대위가 모든 과정에 온전히 관여해야 한다는 점이 극도로 중요했다." 라이트가 "비밀스럽고 미묘한 일과 연관되어 있다"고 구체적으로 명시한 여러 문서(키스가 작성한 문서도 있음)에 따르면 영국 정부와 카두달의 음모는 깊이 연결되어 있었다.[37] 1804년 나폴레옹을 죽이려는 음모에 영국 정부가 직접 관여했다는 증거는 편지 몇 통이 밝히고 있다. 그중 가장 시기적으로 이른 편지는 1803년 6월 22일 월터 스펜서라는 자가 영국 고위 관료 캐슬레이 경에게 보낸 것으로 스펜서 본인에게 150파운드, 미셸 드 보뇌이에게 1천 파운드를 다시 지불해 달라고 요청하는 내용이다. 보뇌이라는 인물은 여러 신원으로 활약하던 왕당파 음모자로 아미앵 조약 당시 에든버러에서 루이 18세의 동생 다르투아 백작(미래의 샤를 10세)을 만났다고 알려졌다. 스펜서는 그 돈을 "1803년 보나파르트를 납치하기 위해 캐슬레이 경이 계획한 정치 음모와 관련해" 선불로 지급받았다고 말했다. 또한 헤이그 주재 영국 사절 리스턴도 이 음모에 가담했다[38](당시 나폴레옹을 '납치'한다는 음모는 그의 암살을 뜻하는 뻔한 속임수였다). 이 거래에 정부 측이 직접 연루되었다는 증거는 (예상대로) 없지만, 의회 소속으로 캐슬레이의 정치 동반자인 조지 홀포드는 스펜서에게 "내가 직접 정부에 연락하면 각하께서 보실 것이다"라고 전했다. 스펜서가 그저 괴짜였다면 이런 일이 가능했을 리 없다.

1월 28일 피슈그뤼는 모로 장군을 만났다. 모로 장군은 음모에 관해 모호하게 언급했고 결정적으로 당국에 경고하지 않음으로써 음모에 연루되고 말았다. 사실 그는 사태가 어떻게 전개될지 관망하던 참이었다. 만약 나폴레옹이 '납치'된다면 호엔린덴의 승전 장군인 자신이 프랑스인의 기대를 한 몸에 받을 수도 있을 터였다. 그는 티에보 장군에게 이미 이렇게 말한 적이 있다. 나폴레옹은 "지금까지 존재한 그 어떤 군인보다 야심이 넘치며" 그의 통치는 "우리의 모든 노력과 모든 희망, 모든 영광의 종말"을 의미한다.[39]

1월 29일 코슨이라는 영국 비밀 첩자를 체포하면서 푸셰는 마침내 음모의 윤곽을 파악할 수 있었다. 또한 프랑스 첩보 장교 로지 대위는 슈투트가르트의 영국 사절이자 시드니 스미스 경의 동생인 스펜서 스미스의 신뢰를 얻어 냈다. 그 후 로지는 자신을 반체제 인사인 프랑스 장군의 부관이라 소개하면서 정보를 캐냈다.[40] 런던의 첩보망을 이용해 확보한 정보를 바탕으로 푸셰는 피슈그뤼가 프랑스로 떠나기 사흘 전 켄싱턴에서 영국의 장관과 식사를 했다고 나폴레옹에게 알렸다. 음모자들이 모로와 연결되어 있다고도 했다. 이에 나폴레옹은 진심으로 놀라 소리쳤다.

"모로라니! 뭐라고? 모로가 그런 음모에 연루되었다고!"

그는 피슈그뤼가 프랑스에 있는 것이 확실해지면 장군을 체포하라고 명령했다. 나폴레옹은 모로의 친구이자 전 참모총장이며 하노버를 관장하던 장 조제프 데솔 장군에게 보낸 편지에서 이렇게 일렀다.

"이 음모는 비길 데 없이 몹시 우둔하다. 그만큼 사악하기도 하다. 인간의 마음이란 예측할 수 없는 심연과도 같아서 아무리 날카로운 시선도 그 깊이를 측량하지 못한다."[41]

곧 파리의 모든 성문에 경호 인력을 증원했고 장신에 체격이 건장한 카두달을 색출하라는 명령이 내려졌다. 튈르리와 말메종은 경계태세에 돌입했으며 암호도 변경했다. 이때 체포된 의사 쿼렐은 수도의 아베이 교도소에 투옥되었다.[42] 그는 단두대에서 처형당하고 싶으냐는 협박에 카두달의 안가安家로 클로슈 도르 선술집을 지목했다. 한편 나폴레옹은 푸셰에게 권력이 과도하게 집중될 것을 우려해 사바리에게 별개의 비밀경찰 조직을 맡겼다. 사바리는 라이트를 저지할 목적으로 비빌로 향했다. 2월 8일 클로슈에서 카두달의 시종 루이 피코가 체포되었다. 그는 엄지손가락을 죄는 고문기구로 고문당한 끝에 파시 인근 샤이오의 카두달 안가를 털어놓았으나 카두달은 그곳에도 없었다. 카두달의 부관 부베 드 로지에는 스스로 목을 매려고 시도했다가 '생명과 비참함을 다시 얻은 후' 피슈그뤼와 모로가 음모에 연

루되었다고 털어놓았다.[43)]

2월 15일 오전 8시 결국 사랑통의 교각에서 모로를 체포해 탕플 교도소에 수감했다.[44)] 이튿날 나폴레옹은 모로와 가까웠다는 이유로 장 자크 리에베르 장군과 조제프 수암 장군을 체포하라고 명령했다(둘 다 사면을 받고 복귀했다). 19일 경찰이 파리와 말메종 사이 도로에서 나폴레옹을 공격할 때 사용할 예정이던 말 15필과 군복을 압수했다. 나폴레옹은 이 사실을 술트에게 말하면서 냉정하게 덧붙였다.

"파리의 사건들을 보며 그에 마땅한 의미 이상의 중요성을 부여하면 안 된다."[45)]

한편 멜치에게 보내는 편지에서 그가 이르길, "경찰이 모든 계략을 주시하고 있어서 나는 단 한 번도 위험에 처하지 않았다."[46)]

2월 26일 밤 제2구 샤바네가에 헌병 3명이 자신의 침실에 들이닥치자 피슈그뤼는 주먹을 휘두르며 저항했다.[47)] 세귀르에 따르면 "싸움은 치열했다. 그의 신체에서 가장 연약한 부분을 완력으로 눌렀을 때에야 비로소 싸움이 끝났고 그는 의식을 잃었다."[48)] 다음 날 나폴레옹은 앙기앵 공도 연루되었을지 모른다는 정보를 처음 접했다.

루이 드 부르봉 콩데, 앙기앵 공은 루이 13세의 직계 후손이다. 발미에서 망명 귀족 군대를 지휘한 콩데 공의 손자로 서른한 살에 외모도 준수했다. 한 음모자의 증언에 따르면 지도자가 방에 들어오면 모든 사람이 자리에서 일어난다고 했다. 푸셰는 이 증언에 기초해 앙기앵이 그 지도자의 신체 묘사에 가장 부합하는 유일한 부르봉 왕가의 왕자라고 추정했다. 더욱이 그가 프랑스와 가까운 거리에 있었으니 해당 모임에 참석할 수도 있었을 터였다. 푸셰의 이 추정은 정황 증거에 기초한 비극적인 착오였다.

3월 12일까지만 해도 나폴레옹은 1793년 오스트리아로 망명한 프랑스 장군 샤를 프랑수아 뒤무리에가 앙기앵 공을 에텐하임 소재의 그의 자택에서 만났다고 확신했다. 에텐하임은 바덴의 프랑스 국경선에서 겨우 16킬로미터 거리였다. 세귀르에 따르면 나폴레옹은 경찰서장 레알에게 이렇게 말했다고 한다.

> 뭐라고! 앙기앵 공이 내 국경선에서 겨우 4리그(16킬로미터) 떨어진 곳에 있었다는 걸 내게 말하지 않았다고? 내가 거리에서 죽어 버릴 개라도 되는가? 내 살인자들이 신성한 존재이기라도 한가? 그들이 에텐하임에 모여 있다는 걸 왜 내게 경고하지 않았는가? 지금 바로 내가 공격을 당하고 있다. 공격에는 공격으로 응수한다. 죄를 저지른 가장 우두머리를 처벌할 것이다.[49]

푸셰("나폴레옹에게 온통 적의가 가득한 분위기"라고 말했다)는 앙기앵 공이 이 음모의 배후에 있다고 확신했으며 탈레랑도 이처럼 희박한 증거에 기반해 동의를 표했다.[50]

3월 9일 오후 7시 오데옹 광장에서 마침내 카두달을 체포했다. 그는 마차 추격전에서 헌병 한 명을 죽이고 또 한 명에게 부상을 입힌 후에야 체포되었다. 2시간 후 나폴레옹은 그가 체포되었다는 소식에 "사람들이 진심으로 행복해했다"고 다부에게 말했다.[51] 카두달은 자신이 나폴레옹을 죽이려고 파리에 왔다고 공공연히 말했으나 앙기앵 공은 전혀 언급하지 않았다.

다음 날 나폴레옹은 튈르리궁에서 회의를 주관했다. 이 자리에 참석한 탈레랑과 푸셰, 캉바세레스, 르브룅, 레니에가 앙기앵을 납치하는 데 동의했다. 훗날 나폴레옹은 작전을 주창한 사람이 탈레랑이라고 말했으며 1828년 캉바세레스도 회고록에 같은 기록을 남겼다.[52] • 나폴레옹은 베르티에에게 자신의 결정을 알리는 한편 그의 기마 관리관 아르망 드 콜랭쿠르 장군에게 오펜부르크에서 작전을 감시하라고 명령했다. 또한 집정근위대 소속 척탄기병 대장 미셸 오르드네(캉바세레스에 따르면 '복

• 탈레랑은 이런 식의 무모한 작전에 일가견이 있었다. 1797년 말에도 루이 18세를 블랑켄부르크에서 납치해 프랑스로 이송하자고 베를린 주재 프랑스 대사에게 제안했다(Mansel, *Louis XVIII* p.81).

종하는 방법만 아는 자')에게 작전 실행 명령을 내렸다. 3월 12일 나폴레옹이 사바리에게 말했다.

"이번 일은 농담을 넘어서고 있다. 암살을 도모하려고 에텐하임에서 파리까지 오면서 라인강 뒤에 있으니 안전하다고 믿다니! 난 이걸 그냥 놔둘 멍청이가 아니다."[53)]

나폴레옹은 말메종에 가서 20일 아침까지 머물렀다.

1804년 3월 15일 목요일 새벽 5시 오르드네와 용기병 파견대가 에텐하임의 앙기앵 공 자택에서 그를 납치했다. 키우던 개와 금고에 있던 문서 그리고 230만 프랑까지 압수해 스트라스부르의 요새로 압송했다.[54)] 하지만 뒤무리에와 관련된 단서는 나오지 않았고 앙기앵이라는 이름은 순전히 오해에서 나온 것이었다(고 곧 드러난다). 한편 콜랭쿠르는 탈레랑의 메모를 바덴 공에게 전달하고 바덴의 주권을 위반했다고 설명할 목적으로 카를스루에로 향했다. 3월 18일 아침 나폴레옹은 조제핀에게 그동안의 사태를 알려 주었다. 조제핀은 강력하게 반발하며 앙기앵을 처형하지 말아달라고 간청했다. 마음속으로 왕당파에 공감했기 때문일 수도, 앙기앵 공을 향한 연민 때문일 수도 혹은 나폴레옹의 명성에 오점이 남을까 걱정스러웠기 때문일 수도 있다.[55)] 나폴레옹은 조제핀이 정치를 조금도 모른다며 그녀의 청을 무시했다.*

다음 날 아침 나폴레옹은 알자스에서 온 전령에게 앙기앵의 문서에서 그가 카두달 음모에 연루되었다는 증거가 없다는 소식을 들었다. 그런데 그 전령에 따르면 공작은 영국군으로 복무하겠다는 말을 꺼냈고 런던에서 거액의 돈을 받았으며 영국의 금을 망명 귀족들에게 전해 주고 있었다. 오스트리아군이 침략할 경우 함께 파리로 입성하기를 희망한다고도 했다.[56)] 앙기앵 공은 런던 외국인 사무국(즉, 영국 비

* 1814년 퐁텐블로에서 조제핀이 공작의 생명을 구해 달라고 무릎을 꿇은 채 나폴레옹의 다리를 붙잡고 읍소할 때 바닥에 깔려 있었다던 양탄자를 목격한 여행자들이 1814년에 있다고 한다. 이는 사실이 아니다. 당시 나폴레옹과 조제핀은 둘 다 말메종에 있었다(ed. North, *Napoleon on Elba* p.30).

밀정보부) 소속 윌리엄 위컴은 물론 슈투트가르트의 스펜서 스미스와도 서신을 주고 받았다.[57] 그중 한 편지를 보면 이러했다.

"파리 센강 좌안Left Bank(화가와 학생이 많이 사는 지역으로 유명 — 역자)의 과거 전우에게 요청을 받지 않은 시기가 거의 없다. 장교나 병사 모두 복무 중이든 아니든 집결지로 전우를 데려오라는 명령만 기다리고 있다."[58]

1803년 9월 그는 나폴레옹이 암살될 경우 알자스에서 정통주의자(즉, 왕당파 반혁명파) 쿠데타를 시작하겠다면서 이렇게 말했다.

"나는 기다리고 희망하지만 아무것도 알지 못한다."

결국 앙기앵은 카두달과 피슈그뤼의 음모를 구체적으로 인지하지 못했어도 준비를 갖추고 있었던 것만은 분명했다. 그러나 이 정도로는 그를 처형할 강력한 근거가 되지 못했다. 그저 루이 18세에게 더 이상 음모를 획책하지 말라고 단호히 경고하는 메시지에 불과했다.

당시 나폴레옹은 단언했다.

"정통주의자의 피와 관련해 불가침한 것이란 없다."[59]

1804년 3월 18일 오후 그는 파리의 수장으로서 뮈라에게 군사재판을 열라고 명령했다. 뮈라는 사실상 처형을 판결할 재판에 관여하고 싶지 않다고 말했다(혹은 말했다고 나중에 주장했다).[60] 그다음 사태의 책임을 모두가 회피하고 싶어 했기에 온갖 주장과 반박, 비난, 변명이 난무했다. 탈레랑은 사바리를 비난하고 사바리는 탈레랑을 비난했으며, 콜랭쿠르는 앙기앵을 처형할지 전혀 몰랐다고 말했다. 궁극적 책임을 져야 하는 나폴레옹만 나중에 그것은 일을 진행해 가는 적절한 과정이었다고 주장했다. 또한 자기방어권을 옹호하면서 부르봉 왕가를 두고 이르길, "내 피가 진흙으로 만들어지지 않았기에 그들의 피도 마찬가지라는 것을 보여 줄 때였다."[61] 그는 엘바에서도 자신의 행동을 다음과 같이 정당화했다.

"(앙기앵은) 반역 음모에 가담했고 변장한 채 스트라스부르에 두 차례 다녀왔다."[62]

3월 20일 화요일 아침 나폴레옹은 튈르리궁으로 돌아왔다. 그는 뮈라와 논쟁을 벌이고 그를 다시 케르시의 영지로 보내겠다고 협박했다. 결국 뮈라는 군사재판을 여는 데 동의했다. 그 후 나폴레옹은 말메종으로 갔고 그날 오후 탈레랑과 공원을 산책했다.63) 조제프도 곧 도착했고 오후 3시에 전령이 앙기앵을 르 동종으로 이송하고 있다고 보고했다. 르 동종은 뱅센성에 위치한 유럽 최고 높이(45미터)의 무시무시한 아성牙城으로 미라보와 디드로, 사드 후작, 마타 하리가 각기 다른 시대에 투옥된 바 있다. 오후 5시 30분 앙기앵이 도착했고 나폴레옹은 사바리를 통해 뮈라에게 그날 밤 '일'을 완료하라는 메시지를 전달했다. 나폴레옹은 경찰국장 레알이 앙기앵에게 질문할 목록 11개를 직접 작성했다. "공은 공의 조국에 맞서 싸웠습니까?" "영국으로부터 보수를 받고 있습니까?" "하노버에서 모르티에 장군과 맞서 싸우겠다고 영국에 제안했습니까?" "공화국 군대 탈주병들로 부대를 조직하겠다고 제안했습니까?" 등이었다. 공작은 유죄에서 벗어나려는 시도를 전혀 하지 않고 솔직하게 답변했다.64) 군사재판장 피에르 오귀스탱 윌랭 장군은 1789년 바스티유를 장악했고 지금은 집정근위대 척탄병을 지휘하고 있었다. 후에 그 역시 앙기앵의 판결 집행을 연기해야 한다고 생각했다고 주장했다.

3월 21일 수요일 오전 2시 최단 시간으로 변론 기회가 주어지자 앙기앵은 윌랭과 5명의 대령 앞에서 자신이 운동을 좋아해 에텐하임에 살았다고 말했다. 또한 "영국과 힘을 합쳐 프랑스와 전쟁을 벌일 준비가 되어 있다고 솔직하게 진술했지만 피슈그뤼와는 결단코 아무 관계도 아니며 그 점에 만족한다고 주장했다."65) 혁명력 3년 브뤼메르 25일의 법, 5장 1관 7조에 따르면 "프랑스에 대적해 무기를 든 망명귀족은 프랑스 혹은 다른 적대국이나 피정복국에서 체포되면 24시간 내로 재판을 받는다." 앙기앵은 자신이 영국에 고용되었고 프랑스와 대적해서 싸웠다고 인정했다. 이 두 가지 사안 모두 프랑스 국민이면 사형에 처할 죄에 해당했다. 혹시 그가 인정하지 않더라도 금고에서 발견한 막대한 액수의 돈 때문에 어쨌든 유죄 판결을 받을 터였다.

세귀르에 따르면 그 후 앙기앵은 "급하게 성의 해자로 끌려가 총살형을 당했으며 이미 땅을 파 놓은 무덤에 매장되었다."[66] 그는 마지막으로 외쳤다.

"이제 프랑스인의 손에 죽는다!"

이는 정황상 명백하지만 용납이 가능한 상황 진술이라 할 수 있었다.[67] 후에 스웨덴의 구스타브 4세가 앙기앵이 키우던 개의 목줄을 살펴보니 이렇게 적혀 있었다고 한다.

"나는 불행한 앙기앵 공의 소유다."[68]

그날 저녁 말메종에서는 민법전 선포를 축하하는 파티가 열렸다. 그야말로 무자비한 독재자와 탁월한 입법자라는 나폴레옹의 양면을 제대로 보여 주는 행사였다. 앙기앵이 처형당했다는 소식이 알려지자 전 유럽은 충격을 받았고 코르시카인에게는 복수에 집착하는 성향이 있다고 하나같이 수군거렸다. 펠레에 따르면 파리 사람들은 나폴레옹이 로베스피에르의 "사악한 방식에 빠졌다"며 우려했다고 한다.[69] 유럽 전역 자유주의자들도 나폴레옹을 다르게 평가하기 시작했다. 르네 드 샤토브리앙과 뱅자맹 콩스탕은 그에게서 등을 돌렸다. 러시아가 처형을 항의하자 나폴레옹은 상트페테르부르크 주재 대사 데두빌 장군의 여권을 회수하라고 지시했다. 6월 7일 대사의 여권을 회수하자 프랑스와 러시아 간의 관계는 급격히 나빠졌고 이는 결국 전쟁으로 이어진다.[70] 탈레랑은 종종 앙기앵 처형에 냉소적인 논평("그것은 범죄보다 더 나쁘다. 어리석은 실수였다.")을 했다고 오해를 받는다. 실제 발언자가 푸셰든 불레 드 라 뫼르트든 그 말은 사실이었다. 제1집정을 제외하고 모두가 그 사실을 알았다.

3월 23일 나폴레옹은 파리로 돌아왔고 자신의 행동이 호응을 얻지 못했음을 암묵적으로 인정했다. 그는 '이마를 찌푸린 채' 국무원에 있는 자신의 안락의자에 '몸을 던지고' 말했다.

"파리의 인구는 … 말도 안 되는 보고를 믿는 멍청이들의 집합이다."

그리고 덧붙이길, 여론은 "변덕스러우니 우리가 경멸하는 법을 배워야 한다."[71] (아마도 무의식적으로) 엘리자베스 1세에게 공명하며 이어 말하길, "나는 사람들의 마음이나 들여다보면서 은밀한 슬픔을 찾지 않는다." 그는 바덴 공이 거의 아무런 반응도 보이지 않은 것, 위트레흐트 조약 이후 루이 14세가 스튜어트가를 추방한 것 그리고 러시아 첩자들을 언급했다. 〈주르날 드 파리〉가 앙기앵의 '음모'와 관련된 세부 내용을 지나치게 빨리 게재해 격분했다고도 말했다. 펠레에 따르면 "나폴레옹은 이런 식으로 이야기하다가 종종 말을 멈췄다. 정당화가 필요하다고 확실하게 느끼지만 뭐라고 말해야 할지 곤혹스러워하는 것 같았다. 그래서 그의 표현은 모호해졌고 일관성도 부족했다."[72] 그가 말을 마치자 아무도 반응을 보이지 않았고 펠레는 "그때의 침묵을 대단히 중요하게" 생각했다. 나폴레옹이 방에서 나가자 회의를 종결했다.

세귀르에 따르면 그 주 일요일 미사 후 사람들은 나폴레옹 주변에 모여 "그의 말을 경청했다. 그들은 경계심과 호기심을 보였고 낙담하거나 황망해하는 것 같았다. 사람들은 대부분 확실히 인정하지 못하겠다는 표시로 아무 말도 하지 않았다." 그 결과 "나폴레옹의 오만하고 진지한 태도가 처음에는 점차 더해지는 것 같았으나 서서히 가라앉고 신중해졌다."[73] 앙기앵은 장례식은 치르지 못했어도 경야經夜(가까운 친척과 지인이 고인의 관 옆에서 밤을 지새우는 것 — 역자)는 이뤄졌던 것 같다.

4월 6일 아침 샤를 피슈그뤼가 교도소 안에서 사체로 발견되었다. 〈모니퇴르〉에 따르면 그는 세네카가 카토의 자살을 다룬 책을 읽고 있었으며 책이 펼쳐진 부분에는 다음 인용구가 적혀 있었다.

"음모를 꾸민 자는 죽음을 두려워해서는 안 된다."[74]

공식 설명을 보자면 그는 "실크 넥타이를 막대에 감아" 목을 매고 자살했다고 한다.[75] 나폴레옹은 앙기앵을 처형하자마자 또다시 살해 지시를 내렸다고 비난을 받아왔다. 나폴레옹이 이를 위해 맘루크 4명을 보냈다는 주장도 있는데 이들은 다음 날 총살당했다는 것이었다.[76] 항상 신랄하게 논평하던 탈레랑은 피슈그뤼의 죽음을 두고 이렇게 말했다.

"매우 급작스러우면서도 시의적절했다."[77]

나폴레옹이 연루되었다는 증거는 정황 증거조차 존재하지 않는다. 더욱이 그의 지지자들에 따르면 앙기앵 참사 이후 나폴레옹은 공개 법정에서 피슈그뤼의 죄를 밝히고 그 역시 공적으로 처벌받기를 특별히 바라고 있었다. 피슈그뤼를 살해해서 그가 얻을 게 전혀 없었다.

그다음 달에 나폴레옹은 라이트 대위를 체포했다는 소식을 듣고 흡족해했다. 브르타뉴의 나발로 항구 근해에서 라이트가 탄 쌍돛대 범선의 행로를 저지하고 2시간 동안 격투를 벌인 끝에 체포한 것이었다. 라이트는 시리아에서 복무한 한 프랑스 장교가 신원을 확인한 후 탕플 교도소로 이송되었다. 6년 전 탈출한 바로 그 교도소였다. 피슈그뤼가 사망한 지 18개월째인 1805년 10월 27일 라이트 역시 교도소에서 목이 잘린 채 발견되었다. 10년 후 시드니 스미스 경은 라이트의 사망 사건을 조사한 뒤 그가 살해당했다고 주장했다. 그러나 당국은 또다시 자살이라고 단언했다. 1815년 나폴레옹은 라이트 대위의 일을 1년 전 이브링턴 경에게 처음 전해 들었다고 주장했다. 더욱이 대위라는 계급은 자신에게 너무 낮은 직급이다 보니 "그의 죽음에 의미를 부여하기"가 힘들다고 말했다.[78] 사실 나폴레옹은 에스파냐 대사 페데리코 그라비나 총독에게 보낸 편지에서 라이트를 체포한 것에 만족을 표하며 이렇게 언급했다.

"전쟁의 한 방식으로 살인과 범죄를 채택할 정도로 저열한 이들과 혹스베리 경에게 후손들을 위해 오명이라는 인장을 찍는다."[79]

그렇다고 나폴레옹이 거짓말을 했다는 의미는 아니다. 그사이 편지 수만 통을 보냈으니 잊었을 수도 있다. 그러나 누군가가 지나치게 "계급이 낮아서" 관심을 쏟을 정도가 아니라는 주장에는 설득력이 없다. 라이트가 죽기 바로 전 달 나폴레옹은 종교장관에게 다음과 같이 지시했다.

"부르주 사제 M. 로베르에게 내 불만을 전달하라. 8월 15일에 그는 참으로 형편없는 설교를 했다."[80)]

앙기앵과 피슈그뤼, 라이트의 죽음으로 나폴레옹은 확실하게 복수심으로 똘똘 뭉친 지배자라는 평을 얻었다. 이는 벌어진 사태에 과도하게 의미를 부여한 것이다. 앙기앵 처형은 비록 오판이긴 했어도 전적으로 무자비한 자기방어 행위였다. 나머지 두 건은 나폴레옹이 지시한 살인이라는 것은 물론 아예 살인으로 입증되지도 않았다(피슈그뤼의 경우). 사형 판결을 받을 예정이거나(라이트의 경우) 긴 전쟁 내내 투옥할 예정이었으니 극단적으로 우울감에 빠졌을지도 모른다. 비록 두 사건 모두 정황상 다른 이유를 지목하기는 하지만 말이다.* 그보다는 푸셰나 사바리 등 열정이 과한 부하들이 나폴레옹이 원하리라 믿고 이런 일을 저질렀다는 설명이 가장 개연성이 있다. 하인리히 2세 휘하 기사들이 토마스 아 베케트를 살해했듯 말이다. 한편 카두달과 모로, 그 외 음모자의 재판은 6월에 있을 예정이었다.

카두달의 음모가 실패한 직후 나폴레옹은 국무원에서 말했다.

"그들은 나를 공격함으로써 혁명을 파괴하려 한다. 내가 곧 혁명이니 내가 나를 지킬 것이다."[81)]

그는 자신의 말을 확신했으며 어느 정도 사실이기도 했다. 그런데 정확히 바로 그 순간 나폴레옹은 프랑스혁명이 선언한 공화주의로부터 가장 분명하게 등을 돌렸다. 앙기앵 공을 처형하고 며칠 후 원로원은 나폴레옹에게 축하 메시지를 보냈다. 앞으로 또 다른 음모자들의 희망을 타도하기 위해 (푸셰의 표현으로) '다른 제도'가 필요

* 나폴레옹이 트라팔가르 패전에 복수하는 의미로 라이트를 죽였다는 주장도 있다. 그러나 라이트는 10월 27일 죽었고 나폴레옹은 11월 18일에야 전투 소식을 처음 접했다.

하다고 시사하는 내용이었다.[82] 원로원은 메시지에 아첨을 가득 담아 재촉했다.

"위대한 인간이여, 당신의 일을 끝내십시오. 당신의 영광처럼 불멸로 만드십시오."[83]

그의 일을 '불멸'로 만드는 유일한 방법은 '다른 제도'를 도입하는 것이다. 그래야 그의 유산을 확보하고 미래의 암살자가 혹여 성공하더라도 국가의 안정을 보장받을 터였다. 계승 여부가 확실하지 않아 음모가 가속화하고 있다는 의견이 대두했다.

3월 28일 나폴레옹이 국무원에서 말했다.

"우리는 마땅히 국민에게 가장 큰 관심을 쏟아야 한다. 이와 관련해 나는 아무것도 원하는 바가 없다. 나는 내 운명에 완벽하게 만족한다. 그러나 나는 프랑스의 운명을 고려해야 하는 의무를 지고 있다. 더욱이 미래에 무엇을 창출할 것인지도 고려해야 한다."

나폴레옹은 이전에 군주의 적법성에 관해 스스로 내린 평가에도 말을 바꿨다. 또한 비슷한 맥락에서 덧붙이길, "세습 원칙만 반혁명 운동을 막을 수 있다."[84] 그 이후 나폴레옹에게 왕관을 택하라고 요청하는 탄원이 전국에서 올라오기 시작했다. 여러 신문에는 군주제도를 칭송하는 기사가 실리기 시작했다. 장 샤의《통치권 세습에 관한 단상》같은 소책자는 음모자를 처치하는 최고의 방법은 나폴레옹 왕조를 세우는 것이라고 본격적으로 시사했다.[85]

세심한 준비 과정을 거친 이 조직적인 운동은 3월 말에 이르러 선풍을 일으켰다. 결국 국무원은 과연 나폴레옹에게 어떤 칭호가 최선일지 논의를 벌였다. 펠레에 따르면 "아무도 왕이라는 칭호를 제안하지 않았다!" 대신 집정, 대공, 황제 등을 논의했다. 처음 두 칭호는 지나치게 겸손했는데 국무원은 "황제라는 칭호는 지나치게 야심차다"고 생각했다(펠레의 추측이다).[86] 세귀르(그의 부친 세귀르 백작도 회의에 참석했고 후에 황제의 대의전관이 된다)의 진술에 따르면 국무원 위원 28명 중 27명이 나폴레옹이 일종의 세습적인 칭호를 택해야 한다는 것에 동의했다. 의장의 보고를 듣자 모두가 "황제 칭호가 그와 프랑스의 가치에 적합한 유일한" 칭호라고 추천했다.[87] 나폴레옹이 마침 그 자리에 참석한 배우 탈마에게 말하길, "지금 우리가 대화하듯 말하고 있지만 실은 역사를 만드는 중이다!"[88]

드디어 나폴레옹은 스스로를 황제라고 선언할 준비를 마쳤다. 그를 반대할 수도 있었던 뛰어난 공화주의자 장군들은 이미 대부분 사라진 상태였다. 오슈와 클레베르, 주베르는 사망했고 뒤무리에는 망명 중이었으며 피슈그뤼와 모로는 반역죄로 재판을 받을 참이었다. 주르당과 오주로, 베르나도트, 브륀은 남았으나 이들에게는 원수元首 지휘봉을 안겨 주며 회유할 예정이었다. 물론 나폴레옹이 술트에게 했던 설명("부르봉 왕가가 품고 있는 희망을 끝내야 한다.")이 전체 이유는 아니었다. 나폴레옹은 오스트리아의 프란츠나 러시아의 알렉산드르 황제와 동급으로 아마도 아우구스투스와 하드리아누스, 콘스탄티누스 황제와도 동급으로 대우받고 싶어 했을 것이다.[89] 1804년 사실상 제국인 프랑스는 법에 따라 나폴레옹이 자신을 황제로 선언했다는 사실을 인정했을 뿐이다. 1877년 빅토리아 여왕이 대영제국을 위해 황제가 된 것처럼 말이다. 루이 16세를 처형한 지 불과 11년 만에 프랑스인 중에서 세습 군주제로 복귀하는 데 반대하는 이가 거의 없었으니 놀라운 일이었다. 반대하는 이들은 국민투표에서 반대표를 던질 기회를 약속받았다.

1804년 5월 10일 소 윌리엄 피트는 불안정한 애딩턴 정부 대신 영국 총리로 복귀했다. 그는 250만 파운드를 기꺼이 투자해 프랑스에 대항하는 제3차 연합을 구축하고 러시아와 오스트리아를 끌어들이려 애썼다.[90] 8일 후 나폴레옹은 생클루에서 거행한 15분간의 의식에서 자신을 황제로 공식 선포했다. 조제프는 선거후로, 루이는 프랑스 원수로 임명했다. 나폴레옹은 다소 난해하고 모순이 있는 '신의 은총과 공화국 헌법으로 프랑스 황제, 나폴레옹'이라는 칭호를 받아들였다.[91] 그날 저녁 만찬자리에서 그는 가족이 전리품을 두고 다투는 것을 보면서 냉랭하게 중얼댔다.

"정말이지 누이들의 말을 듣자하니 내가 우리 아버지인 돌아가신 국왕의 유산을

제대로 관리하지 못했다고들 하겠군." 92)

나폴레옹이 후계자 없이 사망할 경우 먼저 조제프, 그다음은 루이가 왕위를 물려받기로 결의했다. 뤼시앵과 제롬은 형이 탐탁지 않아 하는 상대와 결혼하는 바람에 후계자 자격을 얻지 못했다. 나폴레옹은 프랑스 해군에서 복무하던 제롬이 자신을 희생해 유럽 왕족과 연합하기는커녕 1803년 12월 미국의 상륙 허가를 받고 볼티모어 상속녀인 아름다운 엘리자베스 패터슨과 결혼했다는 사실에 분노했다. 그 후 나폴레옹은 자신의 권력을 총동원해 동생의 결혼을 취소하려 애썼다. 그는 교황에게 그 결혼을 무효화해 달라고 조르고, 프랑스 관리들에게 "열아홉 살의 젊은이가 조국의 법에 반해 계약한 결혼을 인정하지 않는다고 공개 발표하라"는 명령을 내렸다.93) 루이를 제외한 그의 형제들은 모두 그와 마찬가지로 연애결혼을 택했고 프랑스에 정치적으로 별다른 도움을 주지 않았다.

4월 20일 나폴레옹은 주미 프랑스 대사 루이 피숑에게 "내 운명의 유일한 도구인 나는 내 형제들에게 아무것도 빚지지 않았다"고 말하며 제롬의 결혼을 무효화할 방법을 찾아내라고 고집을 부렸다. 또한 훗날 그가 캉바세레스에게 말하길, "달과 별이 떠 있을 때 정원의 사랑의 제단에서 하나가 된 연인들의 결혼이란 존재하지 않는다." 94) 교황은 나폴레옹의 요구를 따르지 않고 제롬의 결혼은 불가결하다고 선언했다. 그래도 나폴레옹은 엘리자베스를 계속 제롬의 '정부' 또는 '그와 동거하는 여성'이라 불렀고 1805년 4월에는 제롬을 체포하겠다고 협박하기도 했다.95) 결국 다음 달에 포기한 제롬은 해군에 재입대했으며 임신한 아내와도 헤어졌다. 엘리자베스는 런던으로 피신해서 출산한 뒤 미국으로 돌아갔고 그녀 아버지의 가족은 그녀를 다시 받아들였다(후에 그녀의 손자는 법무장관이 되었다).

나폴레옹은 폴린이 로마에서 저지른 부정도 심하게 질책했다. 그는 다음과 같이 경고했다.

"그 나이가 되도록 형편없는 조언에나 이끌리는 주제에 내가 도와줄 거라고는 기대하지 말라."[96]

그는 폴린의 남편인 카밀로 보르게세 대공을 두고 이렇게 덧붙였다.

"네가 남편과 싸운다면 모두 네 잘못이다. 프랑스는 네게 문을 닫으리라."[97]

나폴레옹은 숙부인 페슈 추기경에게 아름답고 오만한 스물세 살 여동생에게 다음과 같이 전해 달라고 부탁했다.

"그 아이는 이미 미모를 잃었소. 몇 년 후에는 훨씬 더 심해질 테니 … 상류사회에서 책망하는 나쁜 방식에 빠지지 말라고 전해 주시오."

나폴레옹이 경고했으나 폴린과 남편의 불화는 계속되었다. 그해 8월 폴린은 여섯 살짜리 아들 데르미드 르클레르가 열병으로 목숨을 잃자 남편을 결코 용서하지 않았다.[98]

나폴레옹은 스스로를 황제라고 선포한 다음 날 원수를 임명했다. 명예 '제국 원수'는 4명이고 신임 '제국 원수'는 14명이었다. 신임 원수 14명은 알렉상드르 베르티에, 조아킴 뮈라, 아드리앙 몽세, 장 바티스트 주르당, 앙드레 마세나, 피에르 오주로, 장 바티스트 베르나도트, 니콜라 술트, 기욤 브륀, 장 란, 에두아르 모르티에, 미셸 네, 루이 니콜라 다부, 장 바티스트 베시에르였다.* 1807년부터 1815년까지 원수 8명을 추가로 임명했다. 원수 직위는 군 계급이 아니라 후에 나폴레옹이 '성화聖火'라고 부른 것을 인정하고 보상해 주는 명예직으로 여기에는 고위 지휘관을 격려하려는 의도가 담겨 있었다.[99] 원수 칭호와 함께 은과 벨벳 소재에 금독수리를 새긴 지휘봉을 붉은 모로코 가죽상자에 담아 하사했는데, 이는 나폴레옹이 이들을 프랑

* 명예 원수는 프랑수아 크리스토프 드 켈레르만, 도미니크 카트린 드 페리뇽, 장 세뤼리에, 프랑수아 조제프 르페브르였다.

스군에서 가장 탁월한 14명의 군 지휘관으로 여긴다는 의미였다.* 그렇다고 모두가 감동을 받은 것은 아니었다. 마세나는 부하들의 축하를 받고 코웃음을 쳤다.

"나 같은 이들이 열넷이나 있다니!"

마세나는 종신 집정에 반대표를 던지고 곧 진행할 모로의 재판을 비판하고도 지휘봉을 받았으니 운이 좋았다고 볼 수도 있다. 하지만 그의 군사력은 부정할 수 없었다.[100] 다부는 전투부대가 아니라 집정근위대에서만 지휘를 했어도 원수로 임명되었다. 만약 그의 처남 르클레르 장군이 죽지 않았다면 최초의 원수 명단에 들지 못했을 터였다.[101] 마르몽은 자신이 최초의 18인에 들지 못했다는 사실에 분개했다. 한편 쥐노는 원수의 자질은 물론 군인의 자질조차 부족하다고 여겨졌다.

나폴레옹은 원수의 수를 라인강과 이탈리아 원정군 사이에서 7 대 7로 균형을 맞추려 했다. 나중에 이탈리아 원정군에서 빅토르·마르몽·쉬셰를, 라인강 군대에서 마크도날·우디노·생시르·그루시를 원수로 임명하면서 대략 균형을 유지했다. 모르티에와 술트는 상브르강-뫼즈강 원정군 출신이라 나폴레옹이 잘 알지 못했다. 그러나 이들은 분명 탁월한 전투 군인이었고 술트는 독자 지휘권을 행사할 능력까지 겸비했다. 정치적 균형을 맞추려는 시도도 있었다. 브륀은 자코뱅파를 회유하는 데 한몫했으며 주르당과 몽세는 중요한 공화국 군대 지휘관이었다. 조제프의 동서 베르나도트는 반체제주의자였는데 나폴레옹은 반체제주의를 자신의 정권에 굳게 결속하는 편이 최선이라고 판단했다.

모든 병사가 자신의 배낭에 원수 지휘봉을 넣고 다녔다는 말이 나돌 정도로 원수 중에는 노동 계층 출신이 많았다. 총 10명이 일반 병사 출신으로 통 제조업자(네)와 무두장이(생시르), 토지 관리인(빅토르), 양조업자(우디노), 부유한 농민(모르티에), 방앗간 주인(르페브르), 여관 주인(뮈라), 저택 하인(오주로), 가게 주인(마세나)의 아들이었다.[102] 유제

* 지휘봉 중 하나는 현재 스톡홀름의 베르나도트 왕궁 미술관에 전시되어 있다.

프 포니아토프스키 대공과 드 그루시 후작(각각 1813년과 1815년에 지휘봉을 받았다)만 귀족이었고 페리뇽과 마크도날, 마르몽, 베르티에, 다부는 구체제 귀족 후손이었다.[103] 세뤼리에는 자신의 아버지가 '왕실 임명장'을 갖고 있다고 자랑했지만 실은 랑의 왕실 종마사육장에서 두더지 잡는 일을 했다고 한다.[104] 나폴레옹은 캉바세레스와 제국의 일부 고위 관리에게 그랬던 것처럼 모든 원수를 사회적 출신과 상관없이 '내 사촌'이라고 칭했다.*

원수들에게는 폰테코르보 공(베르나도트), 뇌샤텔 공(베르티에), 이스트리 공작(베시에르), 에크뮐 공(다부) 등의 칭호도 부여했다. 나폴레옹은 직함과 지휘봉은 물론 연봉(토지 선물)까지 하사했는데 그중 일부는 규모가 대단했다. 최종적으로 26명의 원수 중 24명이 연봉을 받았다. 비밀리에 공화주의자였던 브륀과 주르당은 아무것도 받지 못했으나 그나마 브륀은 백작이 되었다.[105] 나폴레옹의 편애는 수년에 걸쳐 연봉을 매우 불평등하게 나눠준 점에서 명백히 드러난다. 최고 원수 4명이 총 6백만 프랑의 절반 이상을 수령했다(베르티에는 100만 프랑, 마세나는 93만 3천 프랑, 다부는 81만 7천 프랑, 네는 72만 9천 프랑). 그다음 순위인 4명(술트, 베시에르, 란, 베르나도트)은 각각 20만~30만 프랑을 수령했다. 그 이외의 원수들이 수령한 액수는 20만 프랑이 채 되지 않았고 나폴레옹이 군인으로서는 존경했지만 남자로서는 존경하지 않았던 생시르는 겨우 3만 211프랑만 수령했다.[106]

나폴레옹은 원수직을 창설한 것 외에 1804년 5월 18일 집정근위대와 입법부 경

* 하위 계급의 경우 나폴레옹은 장교의 약 3분의 1을 자신이 직접 임명하고 나머지는 대령들이 선택하게 했다. 그는 승진 관련 업무에서 본질적으로 자신의 출신대로 중산층의 보수적인 군 장교답게 행동했다. 군사학교를 졸업한 좋은 가문 출신의 젊은이는 '약식' 교육을 받은 이들에 비해 우수한 경우가 많았고, 후자는 특별히 재능이 있지 않는 한 대위와 대령으로 승진하지 못했다. 그러나 이런 경향은 그다지 눈에 띄지 않았는데 이는 사상자가 많아 장교 자리가 계속 비어 있었기 때문이다. 되돌아보면 나폴레옹은 사회적 편견을 보이긴 했으나 그의 군대는 부르봉의 군대, 아니 당대 유럽의 그 어느 군대보다 훨씬 더 재능을 인정하는 편이었다.

호부대를 합병해 황실근위대를 공식 조직했다. 황실근위대는 참모와 보병, 기병, 포병 부대로 구성했으며 그 부속으로 공병과 해병 대대가 있었다. 나중에 근위대는 오랜 기간 참전한 병사로 구성한 선임근위대, 1807~1809년 전쟁에 참전한 병사로 구성한 중근위대, 매년 징집하는 병사 중에서 최고로만 구성한 청년근위대로 나뉘었다. 최정예 부대인 황실근위대는 1804년 8천 명에 불과하다가 1812년경 10만 명으로 급성장했다. 이들은 일반 전선 연대에 비해 자신들이 우월하다는 점을 인식했는데, 나폴레옹은 이들을 전략적 예비 병력으로 자주 이용했으며 결정적인 순간에는 전장에 투입했다. 군대에서 근위대는 사기가 가장 높았으나 그랑다르메 소속 병사들은 이들 때문에 분노하곤 했다. 그들은 나폴레옹이 근위대를 편애하며 황제가 보호해 준 덕에 '불멸인'이라는 별명을 얻었다고 비웃었다. 정확한 평가였다.

1804년 6월 대음모와 관련된 모로와 카두달의 재판은 당국 때문에 거의 붕괴되고 있었다. 프랑스에서 여전히 나폴레옹 다음으로 인기 있는 영웅이던 모로와 관련해 소문이나 정황 증거만 있을 뿐 실질적인 증거는 전혀 없었다. 그가 자신의 평판을 떨어뜨릴 만한 내용은 전혀 기록으로 남기지 않았기 때문이다. 모로는 시민재판소 특별재판에 출석해 감동적으로 얘기했고, 공모자들이 "브뤼메르 18일과 유사한 민중 소요의 우두머리로(잘 알려진 바와 같이) 나를 내세우고 싶다는 제안을 했다"는 것을 인정했다. 그러면서 자신이 군대를 지휘하기에는 적당한 인물이지만 "공화국 자체를 지휘하고 싶지는 않아서" 해당 제안을 거절했다고 주장했다.[107] 긴급 입법에 따라 열린 재판에서 대중이 모로를 진심으로 동정한다는 것이 드러나자 2년 징역이라는 가장 가벼운 형량을 선고했다. 이에 대노한 나폴레옹은 미국 추방이라는 판결로 바꿔 버렸다. 모로 부인이 그를 찾아와 감형해 달라고 애원하자 나폴레옹은 이렇게 대꾸했다.

"판사들이 내게 면제할 만한 여지를 전혀 남기지 않았소!"[108]

독일에서 모로의 전 부관이던 클로드 르쿠르브 장군은 재판 도중 공개적으로 그와 악수를 나누기도 했다. 얼마 후 그가 튈르리궁에 찾아오자 나폴레옹이 소리쳤다.

"어떻게 장군이 감히 여기에 나타나 내 궁전을 더럽히는가?"[109]

21명을 무죄로 방면하긴 했어도 모로 외에 4명이 실형을 선고받았고 카두달을 비롯해 19명(귀족 폴리냐크 형제 중 한 명 포함)은 사형선고를 받았다.[110] 모로가 필라델피아로 떠나고 2주 후 나폴레옹은 부베 드 로지에와 폴리냐크, 또 다른 귀족 리비에르 후작 등에게 내려진 사형선고 일부를 감형해 주었다. 피코를 포함한 다른 이들은 6월 25일 그레브 광장에서 처형했다. 나폴레옹 통치 중 여러 명을 단두대로 처형한 것은 이번이 유일했다.[111] 뮈라는 아르망 드 폴리냐크가 귀족이라 감형을 받았다며 몹시 화를 냈다. 아르망이 브리엔에서 나폴레옹과 함께 있었다는 사실도 영향을 미쳤을 터였다. 카두달은 단두대로 가는 길에 이렇게 말했다.

"우리는 의도한 것 이상을 이뤘다. 프랑스에 국왕을 선물하러 왔다가 황제를 선사했다."[112]

또한 카두달은 자신부터 먼저 처형하라고 주장했다. 그래야 그의 공모자들이 자신이 처형당한 후 사면장이 도착하여 카두달은 사면될 것이라는 소문을 믿지 않을 터였다.

1804년 6월 12일 새로운 제국평의회(본질적으로 과거의 국무원)가 생클루에서 모여 나폴레옹 대관식 절차를 논의했다. 그들은 대관식 장소로 랭스(전통적으로 프랑스 국왕 대관식을 열던 곳), 샹드마르스(악천후 가능성으로 거부함), 엑스라샤펠(샤를마뉴 대제와 연관이 있다) 등을 잠시 검토한 후 결국 노트르담으로 결정했다. 12월 2일은 브뤼메르 쿠데타 5주년인 11월 9일을 원한 나폴레옹과 서기 800년 샤를마뉴가 즉위했던 크리스마스를 원한 교황 사이의 타협점이었다.[113] 그 후 제국평의회는 의전 문장과 제국의 공식 휘장을 토의했다. 크레테가 주관하는 특별위원회는 고대 갈리아의 상징이던 수탉을 만장일치로 추천했다. 수탉을 채택하지 않을 경우를 대비해 독수리, 사자, 코끼리, 미네르바의 방패, 떡갈나무, 옥수수의 귀 등을 제안하는 이도 있었다. 르브룅은 부르봉 왕가의 백합 문양을 차용하자고 했다.[114] 미오는 백합 문양은 당연히 '바보짓'이라 비난하면서 대신 왕관을 쓴 나폴레옹을 휘장으로 사용하자고 제안했다.

나폴레옹은 "수탉은 농장에서나 볼 수 있는 너무 미약한 생물체"라며 반대했다. 세귀르 백작은 사자가 표범을 물리치는 것으로 알려져 있다면서 사자를 지지했다. 한편 장 로몽은 대중의 (부정확한) 믿음에 따르면 코끼리는 무릎을 구부리지 못하기 때문에 왕의 짐승이라며 코끼리를 내세웠다. 캉바세레스는 (여왕이긴 해도) 왕이 존재한다는 이유로 벌을 제안했다. 이에 라퀴에 장군은 벌은 쏘기도 하고 꿀도 만들 수 있다고 덧붙였다. 드농은 독수리를 제안했는데 독수리가 이미 오스트리아와 프로이센, 미국, 폴란드의 상징이라는 점이 문제였다. 결국 나폴레옹은 투표 없이 사자를 선택했고 이제 논의는 새 동전에 무엇을 새길지의 사안으로 넘어갔다. 다소 기이하지만 '프랑스공화국'이라는 표현은 그대로 유지하기로 동의했고 이 표현은 1809년까지 사용했다. 회의가 끝나고 얼마 후 나폴레옹은 "황실 위엄을 확고히 하고 샤를마뉴를 떠올리게 한다"는 근거로 사자 대신 날개를 펼친 독수리로 생각을 바꿨다.[115] 독수리는 고대 로마를 떠올리게 하는 상징이기도 했다.

나폴레옹은 단 하나의 상징으로 만족하지 않았고 자신과 가문의 상징으로 벌을 선택했다. 이에 따라 양탄자와 커튼, 의복, 왕좌, 문장, 지휘봉, 서적, 그 밖에 다양한 제국 용품에 벌 상징을 장식 모티브로 사용했다. 1653년 투르네에서 클로비스 1세의 부친인 프랑스의 5세기 왕 킬데리크 1세의 무덤을 발굴했는데, 이때 불멸과 재생의 상징인 황금과 석류석으로 만든 수백 마리의 작은 벌(혹은 매미거나 잘못 그린 독수리)을 발견했다.[116] 나폴레옹은 킬데리크의 벌들을 전용하면서 보나파르트 가문과 프랑스에 주권을 성립한 고대 메로빙거 왕조를 의식적으로 연결했다.

8월 7일 세습 제국 수립을 두고 실시한 국민투표 결과를 발표했다.[117] 내무장관

포르탈리스가 군대의 찬성표(육군 12만 32표, 해군 1만 6,224표) 결과를 제시하자 나폴레옹은 펜을 꺼내 육군 40만 표, 해군 5만 표로 올려 썼다. 반대표 기록은 없었다.[118] 최종 결과(찬성 357만 2,329명, 반대 2,579명)는 종신 집정 때 실시한 국민투표보다 찬성표가 8만 표나 적었다.[119] 일부 장교가 반대표를 던졌다는 이유로 징계를 받았다는 증거가 있으나 나중에 다시 복권되었다. 그중 솔리냐크 장군은 4년 후 개인적으로 황제에게 "군대의 명예와 위험을 공유하기 위해 에스파냐로 가는 영광을 허락해 달라"고 간청해 사단장이 되었다.[120]

1804년 7월 14일 프랑스의 위대한 원수 보방과 튀렌의 유해를 레쟁발리드로 이장하는 예식을 거행했다. 나폴레옹은 이 행사를 이용해 새로운 훈장 레지옹 도뇌르를 최초로 수여했다. 이는 출신 성분에 상관없이 프랑스에 기여한 이들에게 보답하는 제도였다. 최초의 메달은 하얀 법랑 재질에 끝이 다섯 개인 십자가 모양으로 위에 붉은 리본을 달았고 등급에 따라 금전적 보상이 뒤따랐다. 등급은 총 15개로 대장군, 지휘관, 장교, 병사로 구성했으며 가치 있는 수령자들에게 각각 20만 프랑을 매년 분배했다.

좌파 쪽 몇몇 사람은 서훈을 다시 도입하는 것은 사회 평등이라는 혁명 개념을 근본적으로 위배하는 것이라며 반대했다. 이전에 모로는 나폴레옹이 서훈을 다시 도입하려 하자 이를 비웃으며 담당 요리사에게 '냄비 훈장'을 수여하기도 했다. 그러나 레지옹 도뇌르는 군대에서 순식간에 성공을 거두었다. 소위 '십자가'라고 알려진 이 훈장을 받고 싶은 마음에 병사들이 얼마나 더 용맹스럽게 행동했는지 말할 수 없을 정도다. 나폴레옹은 프랑스군의 모든 깃발에 새겨진 '명예와 조국'을 레지옹 도뇌르의 모토로 정했다.[121] 병사들은 1790년대에 자코뱅파가 '미덕의 공화국' 군대에 주입하려 했던, 즉 공동의 이익을 위해 자기를 희생한다는 과거의 혁명 개념보다 나폴레옹이 직접 주는 메달과 승진, 연봉, 인정을 훨씬 더 소중히 여겼다.[122]

레지옹 도뇌르는 의도적으로 민간인에게도 수여했다. 이는 사회의 다른 분야에서도 군사적 미덕, 특히 충성심과 복종심을 따르면 명예를 누릴 수 있다는 의미였다. 나폴레옹은 단장이 되었으나 그는 이 체계를 만드는 데 도움을 준 마티외 뒤마 장군을 대원수로 임명하지 않았다. 대신 '군대를 우선시한다는 의혹을 타파하기 위해' 박물학자이자 원로원 의원이며 학사원 부원장인 베르나르 라세페드가 총책임을 맡았다.[123] 나폴레옹 통치 당시 뤼방 루즈rubans rouges(붉은 리본. 즉, 레지옹 도뇌르를 뜻함 —역자)를 받은 3만 8천 명 중 3만 4천 명(89퍼센트)이 육군 혹은 해군이었으나 라플라스와 몽주, 베르톨레, 샵탈 등의 학자도 훈장을 받았다. 주지사와 민법전을 만드는 데 도움을 준 법학자들도 마찬가지였다. 나폴레옹은 생드니에 레지옹 도뇌르 교육의 집을 설립했다. 현역 복무 중에 사망한 훈장 수령자의 딸들을 무료로 교육하는 이 우수한 기숙학교는 오늘날에도 유지하고 있다. 생제르맹앙레에 설립한 레지옹 리세Légion lycée 역시 현존한다.

1802년 5월 국무원 회의에서 레지옹 도뇌르의 근거를 논의하던 중 법학자 테오필 베를리에가 개념 자체를 비웃자 나폴레옹은 이렇게 대답했다.

> 당신은 계급 구분을 군주들이 사용하는 싸구려 장신구라고 주장하는데, 그렇다면 고대든 지금이든 계급 없는 공화국을 어디 한번 보여 주시오. 이 메달과 리본을 싸구려 장신구라고 말하는데 사람들은 바로 이런 싸구려 장신구에 이끌리는 법이오. 공공장소에서는 이런 말을 하지 않지만 분별력 있는 정치가들 모임에서는 해야겠소. 나는 프랑스인이 자유와 평등을 사랑한다고 생각하지 않소. 프랑스인은 지난 10년간의 혁명으로 바뀌지 않았소. 그들은 바로 골Gaul족이오. 거칠고 변덕스러운 이들이오. 그들에게 남아 있는 감정은 명예뿐이고 우리는 그 감정을 더 키워야 하오. 국민이 영예의 표상을 달라고 요구하고 있소. 외국 외교관이 착용한 훈장과 휘장에 군중이 얼마나 경외심을 느끼지는 보시오. 우리도 그런 영예의 표상을 다시 살려야 하오. 그동안 아주 많

> 은 것이 무너졌으니 우리가 다시 세워야 하오. 정부가 존재하고 권력도 있지만 국가 그 자체는 무엇이란 말이오? 흩어진 모래알일 뿐이오.[124]

이러한 현실을 바꾸기 위해 나폴레옹은 다음과 같이 주장했다.

"프랑스 땅에 뿌리박을 닻으로 삼을 목적 아래 화강암 덩어리를 몇 개 심어야 한다."

나폴레옹이 얼마나 냉소적인지 입증하는 예시로 '사람들은 바로 이런 싸구려 장신구에 이끌린다'는 말을 자주 인용한다. 그러나 실제 맥락을 확인해 보면 실은 그가 '싸구려 장신구'를 명예를 물리적으로 구현하는 도구로 권장하고 있음을 알 수 있다. 그 회의에 참석한 위원 24명 중 10명이 레지옹 도뇌르 제도가 계급 구분을 재도입한다는 이유로 반대했다. 그 후 그들 중 9명이 십자가 메달 혹은 백작 칭호를 받았다[125](베를리에는 둘 다 받았다).

1804년 8월 16일 목요일 불로뉴 진영에서 나폴레옹이 레지옹 도뇌르 십자가 훈장을 처음 군대에 수여하는 장엄한 예식을 거행했다. 이 메달들은 백년 전쟁 당시 군사령관이던 베르트랑 뒤 게스클랭의 방패 위에 올려놓았고, 그 옆으로 16세기 프랑스 기사도의 화신 쉬발리에 드 바야르의 투구를 나란히 놓았다. 행사 시작을 알리기 위해 불로뉴와 안트베르펀, 셰르부르의 대포가 터졌고 나폴레옹은 병사 6만 명과 관중 2만 명 앞에서 2천 명에게 훈장을 수여했다. 1천 명이 넘는 북치는 병사가 군가 〈오샹Aux Champs〉을 연주했으며 음악에 맞춰 대포소리가 울려 퍼졌다. 구경꾼 중 한 명이 기록하길, 프랑스의 적국에서 탈취한 "대포알에 너덜너덜해지고 피로 물든" 군기 2백 개가 "이 행사에 딱 맞는 차양막이 되었다."[126] 다음 달 나폴레옹은 교황에게 보낸 편지에서 처음 '내 백성'이라는 표현을 사용했다.[127] 또한 그는 앙리 4세가 마리 드 메디치를 부르던 식으로 조제핀을 '부인, 소중한 아내'로 부르기 시작했다.[128]

10월 2일 시드니 스미스 경이 불로뉴 소함대를 공격했다가 불발로 끝났으나 나폴레옹은 항구에서 화공선火攻船이 미치는 효과를 우려했다. 그는 여느 때와 마찬가지로 크고 작은 여러 사항을 신경 쓰고 있었다. 4일 후 푸셰에게 피에몬테에서 극장 관람객이 마음에 들지 않는 무용수들의 공연에 야유하는 것을 금지하는 조처를 철회하라고 지시했다.[129] 스미스의 공격이 무위로 끝나고 3일 후 영국 해군이 선전포고도 없이 목조군함 4척으로 에스파냐 금괴 선단을 공격했다. 영국군은 배 한 척을 침몰시키고 나머지 3척을 나포했으며 배에서 90만 파운드 상당의 에스파냐 은화와 금괴까지 압수했다. 그야말로 노골적인 해적 행위였다. 그러나 영국은 산일데폰소 조약 이후 프랑스와 동맹관계인 에스파냐가 카디스에서 보물을 무사히 내리는 대로 선전포고를 할 예정이라고 추정하고 있었다.

1804년 10월의 어느 하루에 나폴레옹이 작성한 편지 22통을 보면 그가 얼마나 행정에 노련한지 알 수 있다. 그날 그는 에스파냐의 예수회 재설립("프랑스에서 이런 일이 일어난다면 절대 용납하지 않겠다."), 파리의 영국인 수("그곳에서 찾아낸 자들을 모두 보냈는가?"), 해군장관 데크레에게 "정확히 무슨 목적으로 파리에 제독들을 남겨 두는가?"라고 질문하는 내용, 여성 교육을 위해 파리의 수녀원 40곳을 합하는 게 바람직하겠다는 내용, 영국식 사냥법 도입, 법조계 비난("범죄와 부패에만 영감을 받는 수다쟁이와 혁명가 무더기") 등을 다루었다.[130] 그는 계속 데크레를 못살게 굴었지만 가끔은 다정한 매력을 보이기도 했다. 12월 데크레에게 보낸 편지에서 그는 이렇게 일렀다.

"제독이 나에게 화를 내게 해서 유감이오. 마침내 화가 지나가면 남는 게 아무것도 없으니 제독이 내게 아무런 앙심도 품지 않기를 바랄 뿐이오."[131]

얼마 전 영국 해군이 그랬던 것처럼 프랑스 역시 국제법을 무시했다. 10월 24일 밤 프로이센 보호하의 자유 한자 동맹 도시인 함부르크 인근 영국 외교관 조지 럼볼드의 전원주택에서 그를 납치해 탕플 교도소에 가둔 것이다. 뮌헨의 프랜시스 드레이크나 슈투트가르트의 스펜서 스미스와 마찬가지로 럼볼드 역시 망명 귀족의 음모 후원과 연루되어 있었다. 그는 48시간 후 석방되어 영국으로 돌아갔다. 프로이센 왕은 프랑스가 함부르크의 통치권을 위반했다며 신중한 방식으로 불만을 표명했다. 나폴레옹은 대사란 "중재의 장관으로 그의 의무는 항상 도덕성에 근거한 신성한 것"이어야 한다고 했다. 그런데 영국 정부는 럼볼드를 "무엇이든 할 권리가 있는 전쟁 도구"로 사용했다는 것이었다. 나폴레옹은 탈레랑에게 다음 질문을 영국인들을 향해 해보라고 지시했다.

"수많은 네이밥nabob(18, 19세기 인도에서 돈을 번 영국의 졸부 – 역자)이 되는 데 유럽의 군주들이 필요한가?"[132]

대관식 준비는 착착 진행되었다. 캉바세레스가 나폴레옹에게 알리길, "의상 제작이 지연되고 있습니다. 하지만 제 의상은 이미 준비되었습니다."[133] 11월 2일 교황은 로마에서 출발했으나 자신이 "그 위대하고 순결한 희생자" 앙기앵을 위해 눈물을 흘렸다는 점도 사람들에게 알려지게 했다.[134] 25일 나폴레옹은 느무르와 퐁텐블로 사이에서 교황과 만나 3일 후 함께 파리에 입성했다. 그는 관료들에게 교황을 그의 등 뒤에 20만 병력이 있는 것처럼(그로서는 최고의 찬사였다) 대우하라고 지시했다.[135] 나폴레옹은 1796년에 이미 치른 국가 의식 대신 교회 의식에 따라 조제핀과 다시 결혼하겠다고 약속했다. 교황이 대관식을 집전하게 하기 위한 조처였다. 12월 1일 밤 페슈 추기경은 튈르리궁에서 교회 결혼식을 집전했고 그 자리에 탈레랑과 베르티에, 뒤로크가 참석했다.[136] 조제핀은 나중에 나폴레옹이 그런 일이 없었다고 부인할 경우를 대비해 결혼 증명서를 외젠에게 보냈다.

한편 대관식 때문에 보나파르트 가문이 보아르네 가문에 품고 있던 적대감이 본격적으로 모습을 드러내기 시작했다. 조제프는 조제핀이 황후 자리에 오르는 것에 반대했다. 그럴 경우 오르탕스와 루이 사이에서 태어난 아이들은 황후의 손자가 되겠지만 자신의 손자들은 부르주아의 후손에 불과하기 때문이었다.[137] 나폴레옹의 세 누이동생은 모두 예식 중에 조제핀의 옷자락을 뒤에서 붙잡고 따라오지 않겠다고 했다. 뤼시앵은 아예 예식에 참석하지 않겠다고 했다. 모친 마담 메르는 나폴레옹이 파리에 대저택을 마련해 주었는데도 불구하고 뤼시앵의 의견을 지지하면서 로마에 머물기로 결정했다.[138] 격분한 나폴레옹은 로드레에게 자신의 형제들을 이렇게 평했다.

"프랑스에는 그들보다 국가에 더 큰 봉사를 해 준 이들이 수천 명이 넘는다. 그중에는 자네도 있다."[139]

그는 외젠과 오르탕스를 무척 예뻐했다.

"그 아이들을 사랑한다. 나를 항상 기쁘게 해 주려고 서두르는 아이들이다."[140]

외젠이 이집트에서 부상당한 것도 황제에게 더 좋은 평가를 받게 해 주었다.

"대포알이 터지면 외젠이 바로 무슨 일이 있는지 확인한다. 도랑을 건너야 하면 외젠이 바로 내게 손을 내민다."

형제들이 이들을 비웃자 나폴레옹이 이를 일축하며 말했다.

"그들은 내 아내가 틀렸다고 말한다. 또 그녀의 아이들이 일부러 과도하게 열정을 보인다고 한다. 나로 말하자면, 그 애들이 나를 나이 많은 삼촌처럼 대하는 게 좋다. 덕분에 내 삶에도 즐거운 면이 생기고 있다. 나도 점점 나이가 들고 있다. … 이제 휴식이 필요하다."[141]

나폴레옹은 서른다섯 살에 불과했으나 그의 말에는 일리가 있었다. 그가 조제핀을 지지하는 것도 마찬가지였다.

"내 아내는 착한 여성이고 그들에게 해를 끼치지 않는다. 나이가 들어 간다는 불운에도 다이아몬드와 멋진 드레스로 자족할 줄 안다. 그녀를 맹목적으로 사랑한 적이 없다. 내가 그녀를 황후로 만든다면 그건 정의로운 행동이다. 무엇보다 나는 공정한 인물이다."[142]

7월에 조제핀이 엑스의 온천지에 갔을 때 나폴레옹은 예배 중에 그녀의 머리 위로 차양막을 올리라고 지시했다. 또한 그녀는 예배단 오른쪽에 위치한 왕좌에 앉았다.[143] 그 이후로 조제핀은 소도시를 방문할 때 예포로 축하를 받았다.

나폴레옹은 그의 형제들에게 그랬던 것처럼 누이들에게도 후한 편이었다. 엘리자는 처음 루카공국을 얻었지만 그녀의 불평은 끊이지 않았다. 정치적 야심이 없던 폴린은 과스탈라 공작이 되었다. 1806년 3월 카롤린은 베르크 대공비大公妃가 되었다. 그런데 아무도 고마워하는 것 같지 않았다. 마담 메르라면 자신의 딸들보다 나은 통치자가 되었겠으나 권력에 욕심이 없었다. 그녀는 1805년 6월 브리엔 근처의 샤토 드 퐁과 건물 보수나 유지비로 16만 프랑을 받자 나폴레옹에게 감사했다.[144] 그녀는 몇 년에 걸쳐 4천만 프랑으로 추정하는 재산을 축적했다.[145] 나폴레옹은 이런 식으로 가족에게 직함과 재산을 쌓아 주는 동시에 병사들이 받는 빵의 품질에 더욱 신경을 썼다. 그는 베르티에에게 군대가 형편없는 곡식을 구입한다고 불만을 이야기하고는 "하얀 강낭콩 대신 노란 콩을 정기적으로" 주문하라고 지시했다.[146]

1804년 12월 2일 일요일 노트르담에서 거행한 나폴레옹과 조제핀의 대관식은 막판에 급하게 준비한 면은 있어도 대단한 볼거리였다. 오전 6시 눈이 내리는 가운데 첫 하객들이 도착하기 시작했다. 이들은 혁명 중에 발생한 성상 파괴 운동을 가릴 요량으로 세운 목재와 회반죽으로 만든 신고딕 양식의 차양 아래로 안내를 받았다. 그나마도 나흘 밤 전에 몰아닥친 폭풍에 날아가 고정 장치와 목재 받침대가 부서졌다. 보수 공사를 진행하다가 오전 10시 30분 교황의 행렬이 다가올 때쯤 비로소 망치 소리가 잦아들었다.[147] 입법부, 파기원(불꽃색의 토가 차림), 주, 레지옹 도뇌르, 검찰총장, 전쟁 병참부, 식민지, 상공회의소, 국가방위군, 프랑스 학사원, 정부 부처, 농업협회 등 여러 기관 대표를 비롯해 군대의 여단 이상 대표들이 자신이 받은 초대장을 92명의 검표원에게 건넸다. 이들은 일단 실내로 입장하면 스탠드 너머로 돌아다니며 이야기를 나눴다. 이는 일하고 있는 인부들을 방해했고 전반적으로 분위기가 어수선했다. 오전 7시 460명의 음악가와 합창단이 수랑(십자형 교회의 좌우 날개 부분 — 역자)에 집결하기 시작했다. 황실 예배당, 음악 학교, 페도 극장, 오페라 극장, 근위대 경기병과 중기병의 오케스트라 전원도 포함되었다.* 대관식 조직을 총괄한 책임자 중 하나인 루이 퐁탄은 결국 병사들에게 지시해 사람들이 모두 착석하게 했다.[148)]

오전 9시 외교단이 대부분 도착했다. 앙기앵을 처형하고 얼마 지나지 않은 시점이라 러시아와 스웨덴 대사는 참석하지 않았다. 튈르리궁 건너편의 센강에서 수레 57대 분량의 모래를 가져와 성당 뜰의 진흙 구덩이를 덮었다. 전날 밤 이 일을 맡은 인부들은 4프랑이라는 유례없는 임금을 받았다. 그날 아침 신임 시종 테오도르 드 티아르가 나폴레옹의 옷 방에 들어갔을 때 그는 이미 "황금 벌 자수를 놓은 흰 벨벳 바지에 앙리 4세와 같은 러프를 달고 그 위로 경기병 군복을 입고 있었다."[149)] 티아르가 기록하길, "엄숙한 순간이 아니었다면 그 모습이 너무 어울리지 않아 웃음을 터트렸을 것이다." 나폴레옹은 군복을 벗은 후 노트르담으로 출발했다.

오전 10시 튈르리궁에서 나폴레옹과 조제핀의 출발을 알리는 예포가 울렸다. 한 궁정 조신의 기록에 따르면, "대관식 마차는 웅장했고 패널 대신 유리를 끼웠다. … 황제 폐하 내외가 마차에 탔다가 측면을 착각하고 앞쪽에 앉았다. 하지만 곧 실수를 깨닫고 웃으면서 뒤쪽으로 자리를 옮겼다."[150)] 대관식장으로 가는 행렬이 워낙 대단해서 이동하는 도중 병목현상까지 생겼고 여러 지점에서 멈춰야 했다. 뮈라가 파리의 대표로서 선두에 섰고 그의 참모진과 기병 4개 대대, 중기병, 근위대의 기마 추격병, 맘루크 대대 모두 가장 화려한 군복 차림으로 뒤를 이었다. 그 뒤에는 무장한 전령관이 독수리를 수놓은 보라색 벨벳 타바르(헐렁한 망토 — 역자)를 걸치고 벌로 장식한 지팡이를 든 채 말을 타고 따라갔다.

* 대관식에는 총 19만 4,436프랑이 들었으며 이는 원래 책정한 예산의 네 배에 해당한다.

나폴레옹과 조제핀이 탄 마차는 하얀 깃털을 휘날리는 백마 여덟 마리가 끌었고 마부 세자르는 금색 레이스가 달린 긴 녹색 외투로 단장했다. 나폴레옹은 금과 보석으로 자수를 놓은 자주색 벨벳 타바르를 입었다. 한편 조제핀은 "단장을 아주 잘해서 스물다섯 살로 보였고" 하얀 드레스에 금과 은으로 자수를 놓은 새틴 망토를 걸쳤다. 작은 관과 귀걸이, 목걸이, 허리띠, 벨트에 다이아몬드가 달려 있었다. 이 행렬에서 척탄병의 군복을 제외하면 그 시대에 맞는 의상은 전혀 없었다. 나머지는 모두 고전양식과 고딕양식을 부분적으로 본떴으며 대단히 사치스러웠다. 군인이 워낙 많아(8만 명으로 추산하기도 함) 군중의 시야를 가린 데다 영하로 내려갈 정도로 날씨가 추웠다. 그래서 군중은 갈채를 보내면서도 정숙을 유지했다.[151)]

오전 11시 행렬은 성당과 인접한 대주교 궁에 도착했다. 성당 신도석에서 사람들이 추위에 몸을 떨고 있을 때 나폴레옹은 예식을 위한 의상으로 갈아입었다. 그는 금으로 자수를 놓고 길이가 발목까지 내려오는 새틴 가운에다 가장자리에 올리브와 월계수, 오크나무 잎으로 자수를 놓고 황금 벌 무늬가 있는 진홍색 벨벳 망토를 걸쳤다. 망토는 안감이 담비털이라 무게가 36킬로그램이 넘었기에 조제프와 루이, 르브룅, 캉바세레스가 들어 올려야 했다.[152)] 나폴레옹은 조제프와 서로 상대의 화려한 옷차림에 감탄하다가 이탈리아어로 말했다.

"아버지가 지금 우리를 보실 수만 있다면."[153)]

오전 11시 45분 나폴레옹과 조제핀이 의례복 차림으로 모습을 드러냈다. 성당 입구에서 파리 대주교 뒤벨루아 추기경이 그들과 인사를 나누고 성수를 뿌릴 준비를 하고 있었다.[154)]

나폴레옹과 겨우 열 걸음 떨어진 곳에 있던 시녀 로르 다브랑테스는 이렇게 기록했다.

"예식이 너무 길어서 그가 피곤해하는 것 같았다. 그가 하품을 참는 모습을 여러 번 목도했다. 그렇지만 그는 해야 할 모든 순서를 예절에 맞춰 수행했다. 교황이 그의 머리와 양손에 세 번 성유를 바를 때 그의 눈길을 보아하니 기름을 닦아낼 생각만 하는 것 같았다." [155]

대관식은 부르봉 왕가의 형식에 기반을 두긴 했으나 나폴레옹은 고해성사를 하지 않고 성찬식도 하지 않음으로써 전통에서 이탈했다.

대관식 중에 나폴레옹에게는 왕관이 두 개 있었다. 첫 번째는 그가 성당에 입장할 때 쓰고 있던 황금 월계관이었다. 그는 로마제국을 떠올리게 하는 이 왕관을 예식 내내 착용했다. 두 번째는 샤를마뉴 대제의 왕관을 본뜬 것으로 혁명 중에 전통 프랑스 대관식 왕관이 파괴되어 특별히 다시 만들어야 했다. 나폴레옹은 교황과 미리 연습한 대로 샤를마뉴 왕관을 본뜬 왕관을 자신의 머리 위로 들어 올렸다. 그러나 이미 월계관을 쓰고 있었기 때문에 왕관을 머리에 실제로 올려놓지는 않았다. 대신 자기 앞에 무릎을 꿇은 조제핀에게 왕관을 씌워 주었다. [156] 로르 다브랑테스에 따르면 기도하기 위해 모은 조제핀의 양손으로 눈물이 비처럼 흘러내렸다고 한다. [157] 나폴레옹은 조제핀의 머리에 이미 놓인 다이아몬드 왕관 뒤에 이 작은 왕관을 다시 씌우느라 고군분투했고 왕관을 살짝 두드려 마침내 안전하게 자리를 잡게 해 주었다. 교황은 두 사람을 축복한 뒤 나폴레옹을 포옹하고 "영원히 황제 만세Vivat Imperator in aeternam"라고 말했다. 미사가 끝난 뒤 나폴레옹이 대관식 선서를 했다.

> 나는 공화국 영토의 온전성을 유지하겠다고 맹세한다. 정교협약 법, 예배의 자유 법, 정치와 시민의 자유 법, 국유재산 판매의 불가역성 법을 존중하며 이러한 법이 존중받도록 하겠다고 맹세한다. 법에 따른 것이 아니면 세금을 올리지 않고 레지옹 도뇌르 제도를 유지하며 프랑스 국민의 이익과 행복, 영광의 관점에서만 통치한다고 맹세한다. [158]

나폴레옹이 스스로 머리에 왕관을 쓴 것은 자수성가한 사람의 궁극적인 승리였다. 또 어떤 면에서는 계몽주의의 결정적인 순간이었다. 더구나 그것은 근본적으로 힘든 노력의 대가이기도 했으니 그는 오로지 자신의 노력으로 그 자리에 도달한 것이었다. 그러나 이 행위가 지나친 이기주의를 암시하는 바람에 나중에 후회했을 수도 있다. 1806년 8월 위대한 고전 화가 자크 루이 다비드는 대관식을 기념하는 그림을 그려달라는 의뢰를 받았다. 그는 나폴레옹의 수석 조신 피에르 다뤼에게 '사람들을 경악하게 만든 대단한 순간'(스스로 왕관을 쓰는 장면 스케치는 책 컬러 도판에 수록했다)에 관해 편지를 보냈다. 하지만 결국 그는 나폴레옹이 조제핀에게 왕관을 씌우는 장면을 그리라는 지시를 받았다.[159] 1808년 2월 루브르 박물관에서 수많은 관람객 앞에 전시한 그의 공식화 〈나폴레옹 1세와 조제핀 황후의 대관식〉은 역사적인 정확성을 의도하지 않았다. 그림에는 마담 메르가 등장하고 오르탕스와 나폴레옹의 세 누이는 조제핀의 옷자락에서 멀리 떨어진 곳에 서 있는 모습으로 그려졌다. 사실 그들은 조제핀의 대관식 순간에 옷자락을 들어 주라는 설득을 받아들였다.[160] 한편 카프라라 추기경은 자신을 대머리로 묘사한 것을 마음에 들어 하지 않았다. 그래서 탈레랑에게 부탁해 자신을 가발을 쓴 모습으로 다시 그리게 해 달라고 강권했으나 다비드는 거부했다.[161] 훗날 볼리비아의 독재자 마누엘 말가레호는 보나파르트와 나폴레옹이 두 사람이라 생각하고 이 둘의 상대적 장점을 비교했다가 무지하다고 비웃음을 당했다. 그런데 어떤 면에서는 그의 말도 맞다. 보나파르트 장군은 예식의 필요성을 거의 느끼지 못했으나 나폴레옹 황제는 격식을 차릴 필요가 있다고 느꼈으니 말이다.

물론 부르봉 왕가는 냉소적인 태도를 보였다. 혹자는 나폴레옹이 걸친 타바르가 카드 패에서 다이아몬드 왕의 타바르에 비견할 만하다고 말했다.

"젊은 여성들을 위한 학원의 그림 선생이 만들어 낼 만하다."[162]

그러나 대관식은 병사와 관중을 위한 행사지 구체제 궤변가를 위한 것이 아니다. 더욱이 그들은 대관식이 어떤 형식을 취했든 혐오했을 터였다. 파리 사람들은 대관식을 즐겼다. 특히 그날 저녁 화려한 불꽃놀이가 벌어지고 현금을 나눠 주는 행사가 있었으며 공공 분수에서는 포도주가 흘러내렸다.[163] 마담 메르는 대관식에 참석하지 않았지만 아들이 황실의 자주색으로 승격한 것에 축하를 받자 타고난 운명론과 위대한 상식을 가득 담은 대답을 했다.

"그것이 계속되기를 바랍시다."[164]

아우스터리츠

16

전투 중에는 아주 사소한 기동이 결정적으로 우위를 안겨 줄 때가 많다.
물 한 방울 때문에 물이 넘쳐흐르기 시작하는 것이다.

나폴레옹이 문다 전투의 카이사르에 관해

–

내게는 성공이라는 요건 단 하나만 있을 뿐이다.

1805년 8월 나폴레옹이 데크레에게

대관식이 끝나고 며칠 후 육군 대령들이 마르스 광장에서 열린 예식에서 황제로부터 독수리 상을 올린 군기軍旗를 받기 위해 파리로 왔다. 황제가 외쳤다.

"병사들이여! 이곳에 제군의 깃발이 있다! 제군은 언제나 이 독수리 군기가 있는 곳으로 모일 것이다. … 군기를 지키기 위해서라면 목숨도 바칠 수 있노라고 맹세하겠는가?"

병사들은 격식을 갖춰 일제히 대답했다.[1]

"맹세합니다!"

청동 조각 여섯 개를 용접한 뒤 금박을 입힌 독수리 상은 머리끝에서 발톱 끝까지의 길이가 20센티미터, 두 날개의 양끝 사이 길이가 24센티미터, 무게는 1.5킬로그램이었다.* 금박 독수리 상은 연대 깃발을 매단 푸른 오크나무 깃대 끝에 고정되어 있었고 독수리 군기를 드는 기수는 매우 높은 평가를 받았다. 그러나 병사들이란 늘 짓궂었으니 독수리 군기에 곧 '뻐꾸기'라는 별칭이 붙었다.[2] 1807년 그랑다

* 독수리 상 여섯 개는 오늘날 런던의 첼시 왕립병원에서 찾아볼 수 있고 레쟁발리드 육군 박물관도 몇 개 더 보관하고 있다.

르메 공보 제55차에서 나폴레옹은 다음과 같이 말했다.

“독수리를 잃어 버린 연대의 불명예는 백 번의 전장에서 얻은 승리나 영광으로도 만회할 수 없다.”[3)]

영국의 침략에 대비하기 위해 프랑스는 영국해협 연안 진영에서 훈련을 계속했다. 마르몽은 위트레흐트 진영에서 나폴레옹에게 이렇게 보고했다.

“각 사단별로는 일주일에 세 번씩, 세 개 사단연합은 한 달에 두 번씩 군사 기동 훈련을 진행하고 있습니다.”

나폴레옹은 마르몽에게 명령을 하달했다.

> 고도로 훈련받은 군단이다.[4)] 병사들에게 지대한 관심을 기울이고 자세히 살펴보라. 진영에 도착하자마자 대대를 정렬하라. 이후 8시간 동안 집중해서 병사들을 하나하나 살피도록 하라. 불만사항을 접수하고 무기를 검사하며 부족한 것이 없는지 확인하라. 7시간에서 8시간 정도 시간을 들여 이런 평가를 하는 데는 많은 이점이 있다. 병사들은 무장하고 임무를 수행하는 것에 익숙해지며 지휘관은 병사 개개인에게 주의를 기울이면서 무엇이든 돌봐 주고 있다는 것을 증명할 수 있다. 이는 군인에게 자신감을 불어넣는 동기가 된다.[5)]

1804년 12월 윌리엄 피트는 스웨덴과 동맹을 맺었다. 1805년 4월 영국은 러시아와도 상트페테르부르크 조약을 체결했다. 해당 조약은 곧 제3차 대프랑스 동맹의 핵심이 되었다. 러시아가 프랑스를 상대로 병사를 10만 명 내보낼 때마다 영국은 125만 파운드를 금화(기니)로 러시아에 지급하기로 했다. 나중에 오스트리아와 포르투갈도 연합에 합류했다.[6)] 나폴레옹은 자신에게 대항하는 세력이 뭉치는 것을 막기 위해 외교적 위협을 최대한 활용했다. 일찍이 1월 2일 나폴레옹은 나폴리와 시칠리아 공동 왕국 왕비인 마리아 카롤리나에게 편지를 썼다. 마리아 카롤리나는 마리 앙투아네트의 언니이자 프란츠 황제의 고모(프란츠 2세의 부친 레오폴트 2세가 마리아 카롤리나의 오빠다 — 역자)다. 나폴레옹은 마리아 카롤리나에게 분명히 경고했다.

"전하의 편지 몇 통이 내 손에 있소이다. 초창기 연합에 합류하려는 당신의 은밀한 속셈이 명백히 드러나는 내용이오. 당신은 이미 당신의 왕국을 한 번 잃었고, 당신의 친정을 완전히 파괴해 버릴 뻔한 전쟁을 두 번이나 일으키는 원인이 되기도 하였소."

이것은 나폴리가 과거 프랑스에 대항하는 두 번의 연합을 지지했음을 암시하는 표현이다.

"이제 당신은 세 번째로 전쟁을 일으키는 원인이 되고 싶으시오?"

나폴레옹이 예언하길, 마리아 카롤리나 때문에 다시 전쟁이 일어난다면 "당신과 당신의 자손은 더 이상 통치하지 못할 것이오(마리아 카롤리나와 남편 페르디난트 4세 사이에는 아이가 18명이나 있었다). 당신의 부정한 아이들은 유럽을 떠돌며 구걸하게 될 것이오."[7] 나폴레옹은 마리아 카롤리나에게 총리(이자 그녀의 연인)인 영국인 존 액턴 경을 해고할 것, 영국 대사를 추방할 것, 상트페테르부르크에 보낸 나폴리 대사를 다시 불러들일 것, 민병대를 해산할 것을 요구했다. 비록 마리아 카롤리나는 이런 일을 전혀 하지 않았지만 1805년 9월 22일 양시칠리아왕국*은 프랑스와 엄격한 중립 조약을 맺었다.

나폴레옹은 대관식 이후에도 쉬지 않았다. 심지어 크리스마스에도 골드라는 영국인이 베르됭의 카지노 주인과 결투를 벌였다는 이유로 체포해서는 안 된다고 명령을 내리면서 "가석방 중인 전쟁포로란 으레 결투를 벌이게 마련"이라고 말했다.[8] 그 후 1월 나폴레옹은 튀르크의 술탄에게 편지를 보냈는데 대등한 군주 대 군주라는 지위에 걸맞게 '그대tu'라는 표현을 썼다.

"위대한 오스만의 후손, 세계에서 가장 위대한 왕국 중 하나인 나라의 황제시여.

* 1443년부터 나폴리와 시칠리아 공동 왕국을 일컫는 명칭으로 쓰였다.

그대는 통치를 관두시었소? 어찌 러시아인이 감히 그대에게 명령을 내리는 것을 받아들이시오?" 9)(튀르크가 소유한 몰다비아와 왈라키아에서 러시아 편애 총독들과 문제가 있었다.)

그는 케르키라에 있는 러시아군이 그리스의 지원을 받을 것이라고 경고했다.

"언젠가 그대의 수도를 공격할 것이오. … 그대의 왕조는 망각의 밤 속에 잠겨 버리고 말 것이오. … 정신 차리시오, 셀림!"

페르시아의 샤(왕 또는 지배자를 일컫는 페르시아어 — 역자) 파트 알리 또한 나폴레옹의 편지를 받았다. 나폴레옹은 이집트 원정 이후 동방 유력자들에게 편지를 보낼 때 몹시 화려한 문체를 사용했다.

"모든 것을 널리 알리는 명성으로 내가 누구이고 무엇을 해냈는지 아실 거요. 내가 어떻게 서방에서 프랑스를 가장 강한 국가로 키워냈는지도 아실 것이오. 그리고 내가 동방의 왕들을 향한 내 관심을 얼마나 놀라운 방식으로 표현했는지도 들으셨을 것이오."

나폴레옹은 역대 위대한 몇몇 샤를 언급한 뒤 영국 이야기를 꺼냈다.

"그들과 마찬가지로 당신 역시 장사꾼의 나라nation de marchands의 조언을 불신할 것이오. 그들은 인도를 다스리던 군주들의 왕관과 생명을 팔아넘기고 있소. 또한 러시아가 급습한다면 당신은 당신 백성이 발휘할 용기로 대항할 것이오." 10) •

피트가 영국 침공을 막기 위해 동맹군을 매수할 수도 있는 상황에서 나폴레옹은 그들을 잘 구슬려 적어도 중립을 지키도록 하는 것이 목표였다. 1805년 4월 나폴레옹은 프로이센 왕에게 보낸 편지에서 러시아와 평화롭게 지낼 가망이 거의 없다고 말하며 모든 책임을 러시아 황제에게 뒤집어 씌웠다.

"알렉산드르 황제의 성격은 너무 변덕스럽고 약하오. 우리가 보편적인 평화에 도

• '장사꾼의 나라'는 애덤 스미스가 저서 《국부론》에서 처음 사용한 표현이다. 《국부론》은 1776년 출간했고 1802년 프랑스어로 번역되었다.

움을 줄 그 무엇도 기대할 수 없을 정도요."[11)]

피트는 일찍이 1793년부터 프랑스의 적들에게 보조금을 지급하는 선례를 세웠다. 독일 공작들의 병력을 고용해 저지대Low Countries(유럽 북해 연안 지역으로 벨기에, 네덜란드, 룩셈부르크가 여기에 속한다 — 역자)에서 전투를 벌이도록 만든 것이다. 피트는 그렇게 투자한 것을 몹시 후회한 적도 있는데 1795년 프로이센이 프랑스보다 폴란드와 싸우기를 선호했을 때, 오스트리아가 1797년 캄포포르미오 조약에 따라 벨기에(그리고 화친)의 대가로 베네토를 얻었을 때 특히 그랬다. 그러나 영국 역대 정부는 전반적으로 보조금 정책이 비용을 들일 만한 충분한 가치가 있다고 보았다. 당연히 나폴레옹은 동맹국이 모든 피를 다 쏟더라도 영국은 싸울 것이라고 여겼다. 1805년 5월 그는 푸셰에게 "손에 지갑을 들고 있는 영국인이 다른 동맹국들에게 돈을 가져가라고 말하는 장면 등을 캐리커처로 그리도록 하라"고 지시했다.[12)] 1794년 동맹국에 지급한 보조금은 영국 정부 수입의 14퍼센트에 달했다. 20년 후 웰링턴의 군대가 프랑스에 있을 때조차 14퍼센트라는 비율에는 변함이 없었다. 그사이 영국 경제가 엄청나게 성장해서 그 금액은 무려 1천만 파운드에 이르렀다. 프랑스혁명이 남긴 빚을 이어받은 나폴레옹 입장에서는 산업혁명으로 얻은 이윤을 얼마든지 쓸 용의가 있는 국가에 맞서는 형국이었다. 1793년에서 1815년까지 영국이 프랑스의 적국들에 지불한 총 6,583만 228파운드는 천문학적 금액이었으나 거대한 상비군을 직접 유지하고 운용하는 것보다는 훨씬 적은 액수였다.

1805년 2월 1일 루이 드 보세 로크포르 남작이 궁전 관리 총책임자로 임명되었다. 그의 임무는 나폴레옹의 가장 친한 친구인 뒤로크 대원수와 함께 나폴레옹을 모시는 일이었다. 나폴레옹의 말년을 익히 잘 알았던 보세에 따르면, "그의 야망 때문에 다른 모든 배려심이 희생되었다. 그 야망이 없었다면 감수성과 감정이 풍부한 나폴레옹은 깊은 애착을 형성했을 것이다."[13)] 권력의 정점에 있는 사람이 진정한 우정을 유지하기가 얼마나 어려운지는 익히 알려져 있다. 세월이 흐르고 또 전장에서 죽기도 하면서 나폴레옹 주변의 가장 가까운 친구 네 사람이 떠났다. 나폴레옹에게 듣기 싫은 소리를 해 줄 수 있는 인물은 점점 줄어들었다. 보세는 나폴레옹의 친구라기보다 신하였지만 가족을 제외하면 누구보다 나폴레옹 곁에서 오랜 시간을 보낸 인물이다. 보세는 1814년 4월까지 나폴레옹의 거의 모든 여정과 원정에 동행하며 충성을 바쳤다. 나폴레옹과 매우 가까운 사이를 유지했고 그를 잘 안다고 할 수 있는 인물을 꼽으라면 바로 보세다. 보세는 나폴레옹이 죽은 지 6년 후 회고록을 출간했는데, 당시에는 보나파르트에 우호적인 서적을 출간하는 것이 쉽지 않던 시기였다. 더구나 보세는 정치적으로 왕정주의자였고 나폴레옹이 유언장에서 언급한 수십 명에 포함되지도 않았다. 그럼에도 불구하고 보세는 오직 감탄에 감탄뿐이었다.

"그의 높고 넓은 이마를 보면 천재성과 힘이 드러났다. 눈빛에서 번뜩이는 불길은 그의 모든 생각과 감정을 표현했다. 그러나 그의 성정이 외부의 방해 없이 평정심을 유지할 때면 가장 흐뭇한 미소가 고상한 면모에 빛을 밝혀 주었다. 다른 어떤 사람에게서도 찾아볼 수 없고 뭐라 정의할 수 없는 매력이 뿜어져 나왔다. 그의 이런 모습을 보고도 사랑에 빠지지 않기란 불가능했다."

나폴레옹의 카리스마는 보세가 그를 모시는 내내 조금도 줄어들지 않았다. 보세는 나폴레옹과 함께 살고, 그를 위해 일하고, 그의 식사를 준비하고, 황실 가계를 운영했다. 또한 체스에서 나폴레옹이 속임수를 쓰는 것도 받아 주었다. 보세는 나폴레옹이 자연스레 타고난 "몸가짐과 격식"이 늘 한결같다고 말했다. 가까이에서 보면 볼수록 더욱 대단한 인물이라고 말할 수 있는 이는 세상에 오직 그 사람뿐이다.[14)]

1805년 3월 17일 일요일 나폴레옹은 튈르리궁의 왕좌가 있는 공식 알현식장에서 성대한 의식을 치르며 새로 건국한 이탈리아왕국의 왕관을 받아들였다. 이탈리아공화국의 최고행정관이던 나폴레옹이 이제 프랑스 황제가 되었으니 이탈리아 왕위에 오르는 것은 정해진 수순이었다. 나폴레옹은 프란츠 황제에게 편지를 보내 영국과 러시아에 관한 오스트리아의 결정을 비난했다. 만일 영국과 러시아가 몰타와 케르키라를 계속 점령한다면 "프랑스와 이탈리아의 왕관을 분리하는 것은 꿈도 꾸지 말라"고 주장했다.[15] 이틀 후 나폴레옹은 여동생 엘리자와 그녀의 남편 펠리체 바치오키를 루카와 피옴비노 통치자로 임명했다.[16] •

나폴레옹은 이탈리아 왕으로 등극하고자 밀라노로 향하던 중 리옹에서 엿새를 보냈다. 바로 이곳에서 그는 부유한 자본가의 아내 프랑수아즈 마리 드 펠라프라(결혼 전 성은 르로이)와 동침했다. 심지어 조제핀도 함께 왔는데 말이다.[17] •• 5월 26일 웅장한 밀라노 대성당에서 대관식을 거행했으며 카프라라를 포함해 추기경 8명과 약 3만 명으로 추산하는 인원이 참석했다. 나폴레옹은 캉바세레스에게 다음과 같이 전했다.

"성당이 무척 아름다웠다. 파리에서의 대관식처럼 훌륭했으며 이번에는 날씨가 매우 좋았다. 나는 철 왕관을 받아 머리에 쓰고 말했다. '신께서 내게 주신 것이다.

• "글쎄요, 공작님. 제노바와 루카는 이제 보나파르트 가문의 소유지일 뿐이에요."《전쟁과 평화》의 첫 문장이다. 화자인 안나 파블로브나 셰레르의 말이 다 정확한 것은 아니다. 제노바는 프랑스제국의 주州였기 때문이다.

•• 시메이 공작부인이 된 펠라프라의 딸 에밀리가 나폴레옹의 사생아라는 주장이 있으나 그녀는 그해 11월에 태어났다는 반박 근거가 있다(Pellapra, *Daughter of Napoleon passim*). 당시 나폴레옹의 정부情婦는 국무원 위원 샤를 자크 뒤샤텔의 아내 아델 뒤샤텔이었으며 아델을 두고 잠시 한눈을 팔아 펠라프라도 만난 것이었다. 1804년 12월 22일 황제는 아델에게 6천 프랑을 주었고, 1805년 1월 10일 추가로 1만 9천 프랑을 더 주었다(Branda, *Le prix de la gloire* p.57). 그러나 아델은 나폴레옹의 성적 능력에 그다지 감흥을 느끼지 못했다. "황후가 당신은 쓸모없다고 말했다면서요"라며 아델은 나폴레옹을 비웃었다(혹은 그와 함께 웃었다). "오줌을 누는 건 줄 알았어요."(Tulard, *Dictionnaire amoureux* p.218) 나폴레옹은 삶의 여러 분야에서 자부심이 넘쳤으나 이 분야만큼은 신경 쓰지 않았던 것 같다. 그가 아델에게만 돈을 준 것은 아니며 1805년 7월 그라시니에게도 1만 5천 프랑을 주었다. 이 시기에 또 다른 이를 잠자리에 끌어들였을 수도 있다. '아름다운 제노바인'에게 6월 초 2만 4천 프랑을 줬다는 비용 지출 기록이 있기 때문이다(Branda, *Le prix de la gloire* p.57).

건드리는 자가 있다면 누구든 화를 당할지니라.' 이 말이 예언이었으면 좋겠군."[18]

1155년 프리드리히 바르바로사 이후 모든 신성로마제국 황제가 롬바르디아의 철 왕관을 머리에 썼다. 성십자가(예수가 실제로 못 박혔던 십자가 — 역자)에 박힌 못에서 나온 금속을 넣은 것으로 추정하는 철 왕관은 타원형의 무거운 금띠였다. 나폴레옹이 철 왕관을 썼다는 것은 현 황제인 오스트리아의 프란츠 황제에게 모욕일 뿐 아니라 그에게 싸움을 거는 셈이었다.

나폴레옹은 전투 5주년을 기념해 마렝고를 방문했는데 당시 그가 입었던 제복을 두고 보세는 다음과 같은 기록을 남겼다.

"낡아서 올이 다 드러났고 찢어진 곳도 있었다. 그는 금장식이 달린 커다랗고 오래된 모자를 손에 들고 있었는데 군데군데 구멍이 뚫려 있었다."[19]

바로 나폴레옹이 마렝고 전투에서 입은 제복이었다. 총알구멍인지 아닌지와 상관없이 이는 나폴레옹이 대외 선전에서 재능을 발휘하게 해 준 수단이었다. 그다음 달은 브레시아와 베로나, 만토바, 볼로냐, 모데나, 피아첸차, 제네바, 토리노에서 보냈으며 7월 11일 밤 퐁텐블로 궁전으로 돌아왔다. 퐁텐블로 궁전은 나폴레옹이 즐겨 방문한 부르봉 왕조의 사냥터 별장이었다. 그는 530킬로미터 떨어진 토리노에서 이곳까지 겨우 85시간 만에 당도했다. 이후 나폴레옹은 다시는 이탈리아에 발을 들이지 않았고 스물세 살의 의붓아들 외젠을 총독으로 임명했다. 선량하고 합리적인 외젠은 이탈리아의 보통 사람들에게 인기를 얻었다.[20] 그해 6월 나폴레옹은 3일에 걸쳐 외젠에게 16통 이상의 편지를 보내며 통치 기술을 설명했다. "경청하는 법을 익혀라. 때로 침묵은 지식과 같은 효과를 낳는다." "질문은 부끄러운 것이 아니다." "이탈리아 총독 외의 자리라면 프랑스인이라는 점이 영광이겠으나 여기서는 무시하라." 등의 내용이었다. 실제 국정 운영은 전 이탈리아공화국 부대표 멜치가 맡았지만 말이다. 멜치는 통풍 때문에 끊임없이 고통을 호소했지만 나폴레옹은 끝내 은퇴를 허락하지 않았다.[21] 멜치는 근대 프랑스 행정 체계를 신봉하는 유능한 이탈리아인을 모아들여 정부를 운영하게 했다. 조제프와 루이는 외젠의 즉위를 눈엣가시로 여겼다. 만약 둘 중 누구라도 프랑스 황제 계승권을 포기했다면 충분히 이탈리아 왕이 될 수 있을 터였다.[22)]

1805년 6월 나폴레옹은 탈레랑에게 이렇게 말했다.

"나는 대륙 질서를 결정했다. 라인강이나 아디제강을 건널 생각은 없다. 나는 평화롭게 살고 싶지만 부적절한 분쟁은 가만 놔두지 않으리라."[23)]

나폴레옹은 이탈리아와 라인강을 넘어서까지 영토를 넓힐 포부까지는 없었으나 프랑스가 유럽 열강 중에서도 가장 위대한 국가가 될 것이며 국경을 넘어서까지 결정권을 발휘하리라고 예상했다. 또한 어떤 국가나 조직이든 '분쟁'하려 들면 맞설 준비를 갖추고 있었다.

초여름 무렵 나폴레옹은 드디어 유럽을 향한 그의 야망에 완강하게 도전하던 국가보다 우위를 점할 수 있을 듯싶었다. 3월 30일 툴롱에서 폭풍이 불어 포위하고 있던 넬슨의 함대를 날려 버렸다. 이 틈을 타 빌뇌브 제독은 지브롤터해협으로 항해했고 카디스에서 에스파냐 함대와 랑데부한 뒤 5월 14일 마르티니크에 도달했다. 넬슨은 빌뇌브가 이집트로 항해하는 게 아니란 걸 깨닫고 그를 추격하기 위해 대서양을 건너 6월 4일 서인도제도에 이르렀다. 나폴레옹은 영국 침략을 위한 설계도의 다음 부분 역시 준비한 상태였다. 나폴레옹은 6월 9일 데크레에게 전했다.

"우리가 바다를 장악하는 데는 6시간이면 충분하다. 영국은 종말을 맞으리라. 불로뉴 앞으로 날렵한 소함대가 집결하는 것은 누구도 감히 막아내지 못할지니, 이는 평범한 어부도 불쌍한 언론인도 화장하는 여성도 모두 익히 알고 있다."[24)]

사실 영국 해군은 어떤 규모의 함대든 불로뉴나 침공을 시작할 만한 다른 항구에 나타나기만 하면 저지할 태세를 갖추고 있었다. 그러나 빌뇌브가 대서양을 또다시 건너오고 있고 브레스트의 포위망을 깨뜨리려는 상황이라 나폴레옹은 7월 중순 오랫동안 벼려 온 침략을 마침내 시작할 수 있으리라 확신했다. 나폴레옹은 20일 베르티에에게 명령했다.

"24시간 내로 전체 원정을 시작할 수 있도록 모든 것을 배에 실어라. 언제 어떤 상황이 벌어져도 대처할 수 있도록 말이다. … 서로 가까운 네 개 지점에 나눠 상륙할 것이다. … 원수 4명(네, 다부, 술트, 란)에게 잠시라도 허비해서는 안 된다고 알려라."[25)]

또한 나폴레옹은 이탈리아에서 오는 편지를 더 이상 발송 하루 전에 식초로 소독하지 않아도 된다는 명령을 내렸다.

"성가신 절차일 뿐이다. 만일 이탈리아에서 전염병이 퍼져 온다면 여행자와 병력 이동 때문일 것이다."[26)]

빌뇌브는 안개 속에서 벌어진 피니스테레곶 전투에서 해군소장 로버트 칼더 경의 소함대에 맞서다 선박 2척을 잃었다. 그 후 7월 23일 빌뇌브는 나폴레옹의 명에 따라 북부 에스파냐의 코루냐 근처인 페롤로 항해했다. 그 결과 빌뇌브는 대서양을 왕복하며 벌어들인 결정적인 시간 여유를 몽땅 날려 버렸다. 훗날 나폴레옹은 엘바섬에서 칼더가 작전 2일 차에 공격하지 않아 빌뇌브가 빠져나갈 틈을 내줬다고 지적했다. 그때 그와 대화하던 영국인은 칼더가 역풍을 맞고 있어서 공격할 수 없었다고 반박했다. 나폴레옹은 "제독이 23일 밤 빠져나갔기 때문에 나라의 자존심을 지키려고 하는 변명일 뿐"이라고 일축했다.[27)] 순풍과 역풍의 차이도 구별하지 못하다니, 나폴레옹이 항해에 얼마나 무지한지 알 수 있다.

나폴레옹은 "유럽은 위대한 사건이 벌어지는 순간을 기다리고 있다"라며 끊임없이 빌뇌브를 들들 볶았다. 8월 10일 빌뇌브는 페롤에서 전함 33척을 이끌고 출항했다. 빌뇌브는 브레스트에서 강톰의 선박 21척과 합류하기를 바라고 있었다. 만일 로슈포르에 있는 자카리 알르망 대령의 소함대까지 더해지면 이 연합 함대는 전함을 59척 이상 보유할 수 있었다.[28)] 그런데 이튿날 영국 해군에게 추격당할 것을 우려한 빌뇌브는 북쪽 영국해협으로 가는 대신 남쪽 카디스로 항해했다. 8월 20일 카디스에 정박한 빌뇌브는 곧 넬슨의 함대에 가로막히고 만다. 대서양을 빠르게 가로질러 달려온 넬슨은 본능적으로 빌뇌브를 찾아냈다. 8월 9일 오스트리아는 나폴레옹 몰래 제3차 대프랑스 동맹군으로 비밀리에 합류했다. 오스트리아는 이탈리아에서의 대관식과 제노바 합병을 비롯해 나폴레옹이 바이에른, 뷔르템베르크, 바덴과 맺은 동맹에 분개하고 있었다. 한편 나폴레옹은 8월 3일 탈레랑과 사적인 대화를 나누며 "전쟁에는 아무 의미가 없다"라고 말했지만, 전쟁이 일어나면 맞서 싸울 만반의 태세를 갖춘 상태였다.[29] 8월 초 며칠간 나폴레옹은 생시르에게 명령을 내렸고("필요하다면 이탈리아 북부에서 나폴리를 침공하도록 하라.") 마세나에게 이탈리아 지휘권을 내주었다. 또한 사바리를 프랑크푸르트로 파견해 독일에서 구할 수 있는 가장 좋은 지도를 확보하고 빈의 자문회의를 염탐하라고 했다.[30]

8월 13일 화요일 나폴레옹은 매우 분주한 하루를 보냈다. 새벽 4시 퐁드브리크에서 피니스테레곶 전투 소식을 접했다. 그에게 소환된 황실 총관리감독 피에르 다뤼는 후에 당시 상황을 다음과 같이 기록한다.

"그는 매우 사나웠다. 모자를 눈까지 내려오도록 눌러썼다. 모든 면이 끔찍했다."

나폴레옹은 빌뇌브가 페롤에서 봉쇄당하리라 예상하고 이렇게 외쳤다.

"이런 게 해군이라니! 그런 자가 제독이라니! 이 얼마나 쓸데없는 희생인가!"(사실 빌뇌브는 그 무렵 페롤을 벗어나는 항로에 오른 참이었다.)[31]

오스트리아가 군을 집결하고 있는 것 같다는 별도의 소식마저 전해지면서 영국 침략 계획을 미루는 수밖에 없었다. 그는 캉바세레스에게 편지를 보내 일렀다.

"감히 내게 싸움을 거는 사람은 분명 제정신이 아닐 것이다. 지금의 내 군대보다 더 훌륭한 군대는 유럽에 존재하지 않는다."[32]

같은 날 늦은 시간, 오스트리아가 실제로 군을 동원하고 있다는 사실이 밝혀졌을 때도 그는 완강했다. 그가 탈레랑에게 편지를 보내길, "나는 결심했다. 오스트리아를 공격하리라. 11월 이전에 빈에 도착하리라. 만일 러시아인이 나타난다면 빈에서 상대해 줄 것이다." 해당 편지에서 나폴레옹은 탈레랑에게 "조상 덕에 왕좌에 앉아 있는 해골 같은 프란츠"를 협박해 전의를 상실하도록 만들라고 명령했다.

"영국과 전쟁을 벌이기 전까지는 평화롭기를 바라기 때문이다."[33]

나폴레옹은 탈레랑에게 지시해 파리에 있는 오스트리아 대사(외무장관 루트비히 폰 코벤츨의 사촌)에게 말을 전하도록 했다.

"그러니까 코벤츨 대사, 전쟁을 원하신다 이 말이죠! 그럼 그러십시오. 우리 황제 폐하께서 먼저 전쟁을 시작하진 않을 겁니다."[34]

탈레랑이 과연 오스트리아를 협박하는 데 성공할 수 있을지 장담하기 힘든 상황이라 나폴레옹은 빌뇌브에게 계속 북쪽으로 항해하라고 종용했다(나폴레옹은 데크레 앞에서 빌뇌브를 두고 "가여운 생명체, 하나가 둘로 보이는 사람, 용기는 없고 머리만 돌아가는 사람"이라 평한 바 있다). 나폴레옹은 빌뇌브에게 다음과 같이 전했다.

"이곳에 3일 내에, 심지어 24시간 내에 도착한다면 자네는 임무를 완수한 것이다. … 프랑스를 6세기 동안 억압한 세력을 침공할 수만 있다면 우리는 모두 목숨을 아끼지 않을 것이다."[35]

나폴레옹은 여전히 영국 침략 계획을 버릴 생각이 없었지만 그렇다고 전선 두 곳에서 동시에 싸움을 벌이는 것은 현명하지 않은 처사라고 판단했다. 그에게는 오스트리아를 격파할 상세한 계획이 필요했다. 나폴레옹은 다뤼를 자리에 앉히고 자신의 말을 받아 적으라고 했다. 훗날 다뤼는 그때의 기억을 세귀르에게 말했다.

> "느닷없이 말을 꺼냈고 깊이 생각한 것 같지도 않았다. 그의 어조는 짧고 간결하며 거만했다. 그는 잠시도 주저하지 않고 내게 울름에서 빈까지 전체 원정 계획을 말하며 받아 적으라 했다. 해안군은 바다를 따라 960킬로미터보다 긴 전열을 형성하고 있었다. 첫 번째 신호가 떨어지면 해안군은 갈라져서 여러 전열을 형성하고 도나우강을 향해 진군하도록 했다. 그는 순식간에 여러 행군 명령과 지속 시간, 각 전열이 모여들거

나 재결합할 지점, 기습, 총공격, 각종 작전, 적군의 실수까지 모든 것의 예측을 말로 쏟아 냈다."[36)]

다뤼는 "조금도 주저하지 않고 그토록 엄청난 준비를 모조리 포기하겠다는 분명하고 신속한 결단력"에 감탄했다.[37)]

베르티에의 상세한 문서 정리 체계는 마차 하나를 채울 정도였고 향후 원정 기반이 되는 체계를 구축했다. 나폴레옹이 적용한 군단 체제 역시 원정의 토대를 이뤘다. 군단 체제란 본래 이탈리아와 중동에서 전쟁을 벌일 때 사용한 사단 체제를 크게 확장한 것이나 다름없었다. 1803년부터 1805년까지 불로뉴에 진을 친 뒤 쉬지 않고 군사 훈련에 시간을 쏟은 나폴레옹은 군대를 2만 명에서 3만 명, 때로는 4만 명 단위로 나누었고 이들은 단위별로 강도 높은 훈련을 했다. 하나의 군단은 실질적으로 작은 군대나 다름없었다. 각 군단별로 보병, 기병, 포병, 참모, 첩보, 공병, 운송, 식료품 보급, 급여 지급, 의료, 병참을 두었다. 군단과 군단은 서로 밀접하게 연계해 작전을 수행했다. 각 군단은 하루를 행군하면 닿을 수 있는 거리를 유지했다. 덕분에 나폴레옹은 적의 움직임에 따라 후방, 선봉, 예비 병력을 순식간에 교체할 수 있었다. 공격하든 후퇴하든 상관없이 군대 전체가 일사불란하게 중심축을 기준으로 회전할 수 있었다는 의미다. 또한 군단은 적당한 거리를 두고 행군함으로써 농촌에서 병참, 보급 문제를 사전에 방지할 수 있었다.

각 군단은 전장에서 적군 전체를 붙들 수 있을 만큼 충분한 규모를 갖춰야 했다. 그 외의 군단은 24시간 내로 병력을 증강하고 지원하기 위해 규모를 축소할 수도 있었다. 적군을 측면에서 공격하거나 적군 전체를 포위할 수 있는 것 역시 유용했다. 각 군단 지휘관은 주로 원수들이 맡았으며 어느 장소로 언제까지 가야 할지 지시를 받았다. 그 밖에도 각자 재량껏 일을 처리해야 했다. 나폴레옹은 전장에서 단한 번도 보병이나 기병을 중대, 대대, 연대, 여단, 사단, 군단 단위로 지휘해 본 적이 없었다. 그는 원수들의 경험과 능력을 믿었으며 그들에게 병참 업무와 전술을 기꺼이 맡겼다. 원수들은 지금까지 나폴레옹이 요구하는 수준을 만족스럽게 맞춰왔다.[38] 이들 군단은 공세에 나설 때 적군 속으로 깊이 침투할 수 있어야 했다.[39]

군단은 기베르와 드 삭스 원수가 처음 고안한 탁월한 군사 체제다.[40] 나폴레옹이 장차 거둘 거의 모든 승리(울름과 예나, 프리틀란트, 뤼첸, 바우첸, 드레스덴이 가장 유명하다)에는 군단 체제의 공이 컸다. 그는 마렝고 전투에서 병력을 너무 넓게 분산했던 위험을 다시는 겪고 싶지 않았다. 나폴레옹은 군단 체제를 제대로 활용하지 못했을 때 참패를 겪었다(특히 아스페른-에슬링과 라이프치히, 워털루 전투).

그로부터 몇 년 후 나폴레옹은 이렇게 말했다.

"혁명 전쟁의 주 계획은 멀리 뻗어 나가고 종대를 우측과 좌측으로 보내는 것인데 아무 소용이 없었다. 사실대로 말하면 내가 그토록 많은 승리를 거둔 이유는 전투가 벌어지기 전날 저녁 내가 전열을 연장하라고 명령하는 대신 모든 병력을 공격 목표 지점으로 집결했기 때문이다. 병사들을 하나로 뭉친 것이다."[41]

나폴레옹은 전략과 전술 사이에서 군사 작전의 새로운 경지를 개척했다. 1812년까지 모든 유럽 군대가 나폴레옹의 군단 체제를 표준단위로 삼았고 이 체제를 1945년까지 유지했다. 나폴레옹은 확실히 전쟁 기술 발전에 공헌했으며 1805년 그가 최초로 군단 체제를 도입한 것은 현대 전쟁술 탄생을 예고한 것이라 볼 수 있다.

8월 25일 나폴레옹은 동맹을 맺은 선거후 바이에른의 막시밀리안 요제프에게 편지를 썼다.

"오스트리아가 전쟁을 원하는 듯싶소. 그들의 변덕스러운 행동을 이해할 수가 없소. 허나 오스트리아는 그들의 예상보다 더 빨리 일이 터지는 장면을 보게 될 것이오."[42]

다음 날 뮌헨 주재 프랑스 특사 루이 기욤 오토는 나폴레옹에게 오스트리아군이

인강을 건넌 뒤 바이에른을 침공하려 한다는 확신을 전달했다. 이제 새롭게 '그랑다르메'라는 이름을 얻은 프랑스군 일부 병력은 이미 오스트리아의 행보를 예상하고 8월 23일부터 25일 사이 불로뉴를 떠난 참이었다.[43] 나폴레옹은 그랑다르메를 자신의 '피루엣(말의 뒷발을 축으로 해서 360도 선회하는 것 — 역자)'이라 불렀으며 마침내 참모들 앞에서 영국 침략 계획을 털어놓았다.

"글쎄, 영국 침공을 포기해야 한다면 어쨌거나 우리는 빈에서 자정 미사를 드리게 될 것이다."[44]

불로뉴 진영은 1813년에야 물리적으로 해산했다.

나폴레옹은 프로이센이 동맹군에 합류하지 않도록 탈레랑 편에 하노버를 주겠다고 제안하라면서 "내가 똑같은 제안을 2주 후에도 다시 하지는 않으리라는 걸 똑똑히 이해하게 하라"고 지시했다.[45] 프로이센은 중립을 선언했으나 여전히 스위스와 네덜란드의 독립을 주장했다. 나폴레옹은 전쟁 준비를 하며 8월 31일 베르티에에게 3통, 베시에르에게 2통, 캉바세레스에게 2통, 고댕에게 2통, 데크레에게 1통, 외젠에게 1통, 푸셰에게 1통, 바르베 마르부아에게 1통의 편지를 보냈다. 그와 함께 칙령도 내렸다.

"제국에서 가장 훌륭한 말을 키워 내는 주州들은 경마 대회를 시행하라. 가장 빠른 말에게 상을 수여할 것이니라."[46]

물론 여기에는 군사적으로 활용하려는 목적도 있겠지만 나폴레옹이 얼마나 많은 생각을 해내는지 잘 보여 주는 예시다. 위기 상황에서조차, 아니 어쩌면 위기 상황일수록 그의 발상은 한결 다채로웠다. 같은 달 나폴레옹은 교회 근처에서 춤추는 것을 금지하면 안 된다고 선언하며 말했다.

"춤은 사악한 것이 아니다. 주교들이 말하는 내용이 모두 사실이라면 무도회, 연극, 패션을 모두 금지해야 할 것이다. 그러면 제국은 그저 거대한 수녀원이나 다름없게 되리라."[47]

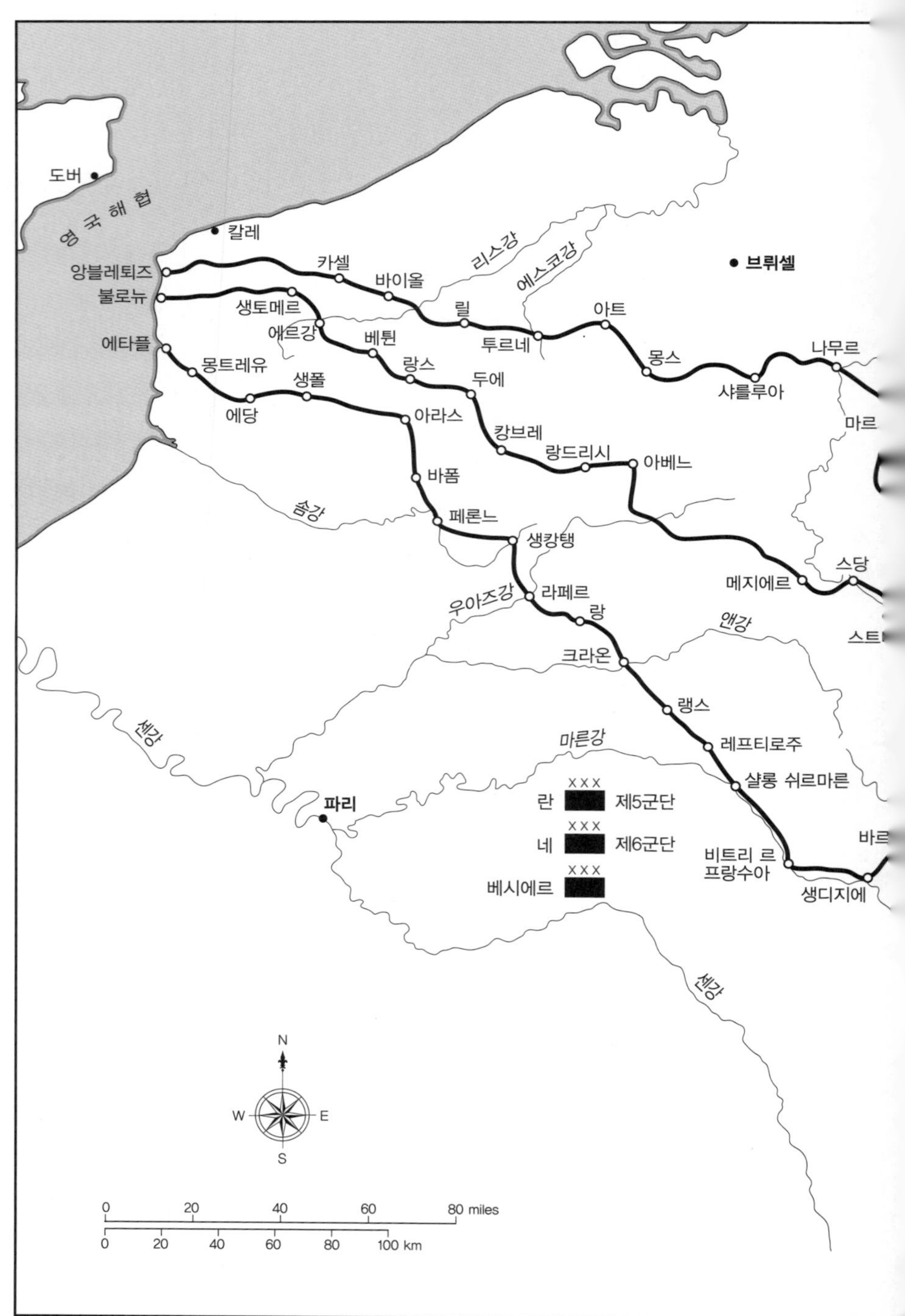

영국해협 해안부터 라인강까지 그랑다르메의 이동 경로, 1803년 8–10월

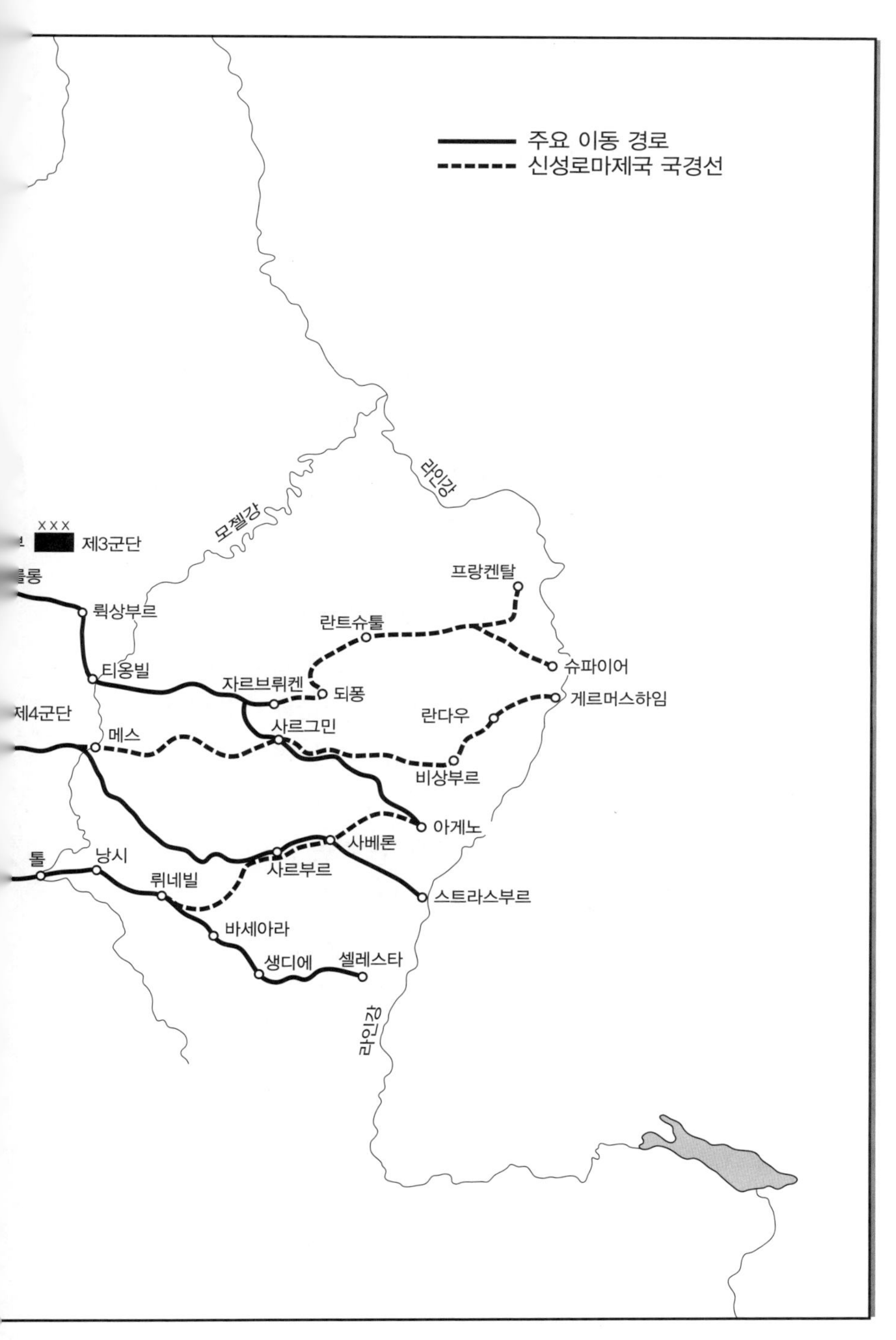

주요 이동 경로
신성로마제국 국경선
라인강
모젤강
제3군단
룩상부르
티옹빌
자르브뤼켄
되퐁
란트슈툴
프랑켄탈
슈파이어
게르머스하임
란다우
제4군단
메스
사르그민
비상부르
아게노
사베른
사르부르
스트라스부르
톨
낭시
뤼네빌
바세아라
생디에
셀레스타
라인강

9월 1일 퐁드브리크를 떠나 파리로 향한 나폴레옹은 원로원에 새로 8만 병력을 징집하라고 요구했다. 또한 캉바세레스에게 전하길, "불로뉴에는 항구를 방어하는 데 꼭 필요한 병력 외에는 조금도 여유가 없다."[48] 나폴레옹은 모든 군대 이동 관련 보도를 금지한다고 명령을 내렸다. 푸셰에게 명령하길 모든 신문사가 "군대에 관해 일언반구도 하지 못하게 하라. 마치 군대란 것이 존재하지도 않는 양 말이다."[49] 나폴레옹은 적군을 추적하기 위한 새로운 발상도 내놓았다. 그는 베르티에에게 독일어가 가능한 이를 구하라고 한 뒤 다음 임무를 맡기라고 했다.

"오스트리아의 연대 움직임을 쫓아라. 특수 제작한 상자의 구획마다 정보를 분류하라. … 각 연대의 이름이나 번호를 트럼프 카드에 기입하고 연대의 움직임에 따라 해당 카드를 상자의 구획에서 다른 구획으로 옮겨 놓아라."[50]

이튿날 오스트리아군 장군 카를 마크 폰 라이베리히는 바이에른의 경계를 넘었고 요새화한 도시 울름을 잽싸게 점령했다. 오스트리아군은 미하일 쿠투조프 장군이 지휘하는 러시아군이 머지않아 지원 병력으로 도착하면 동맹군 병력이 총 20만 명에 이를 것이라 기대하고 있었다. 그러나 오스트리아군은 러시아군과 직접 연락이 닿지 않은 상태에서 너무 먼 거리에 위치한 울름에 병력을 배치하느라 위험에 노출되어 있었다. 러시아군은 몇 가지 이유로 병력을 매우 느리게 배치했는데 우선 참모진이 일을 제대로 처리하지 못했고 여기에다 러시아가 사용하는 율리우스력과 유럽에서 사용하는 그레고리우스력 날짜에 11일이나 차이가 났다.[51] 한편 카를 대공은 이탈리아에서 공격을 준비하고 있었는데, 나폴레옹은 주르당 대신 마세나에게 이탈리아를 맡겨 둔 상태였다. 9월 10일 나폴레옹은 외젠과 군 지휘관들에게 오스트리아군의 공격을 주의하라 전했다. 또한 그날 시간을 내 쉰세 살의 제노바 총독 피에르 포르페에게 더 이상 젊은 정부情婦를 극장에 데리고 오지 말라고 전했다('매춘부나 다름없는 로마 여자'라는 표현을 썼다).[52]

그랑다르메의 7개 군단은 프랑스군 원수 베르나도트와 뮈라, 다부, 네, 란, 마르몽, 술트가 각각 지휘를 맡았으며 병력은 총 17만 명에 이르렀다. 그랑다르메는 동쪽을 향해 놀라운 속도로 행군하며 9월 25일 라인강을 건넜다. 병사들은 육지에서 싸운다니 매우 다행이라 여기며 바닥이 평평한 배를 타고 영국해협에서 위험을 무릅쓸 필요가 없어 기뻐하고 있었다. 그들은 〈출정가〉를 부르며 즐거이 행군했다(여단이 노래를 80곡이나 외우는 것은 드문 일이 아니었다. 행군 중과 공격 전에 사기를 진작하기 위해 고용한 군대 내 음악가 수는 들것 운반자와 의료 잡일꾼에 비해 두 배나 되었다). 그날 나폴레옹이 오토에게 말하길, "마침내 모두가 깃발 아래 섰다."[53] 프랑스 병력이 여태껏 실시한 원정 중 단일로는 최대 규모 작전이었다. 불로뉴와 네덜란드 등지에서 병력이 도착하면서 전선은 거의 320킬로미터에 달했다. 전선은 북쪽으로는 코블렌츠, 남쪽으로는 프라이부르크까지 뻗어 나갔다.

그랑다르메가 라인강에 도달하기 전날, 파리에서는 나폴레옹이 원정 비용을 위해 프랑스 은행의 금과 은 예비 보유량을 모두 압수했다는 소문이 돌았다. 그로 인해 현재 유통 중인 어음을 충분히 감당할 수 없다는 것이었다(실제로는 금을 압수하지 않았다. 은행은 담보 3천만 프랑에 지폐 7천5백만 프랑을 발행했다). 군중은 은행에 몰려들었고 은행은 초반에는 천천히 지급하다가 완전히 지급을 중단했다. 그리고 나중에는 프랑당 90상팀으로 매우 느리게 지급했다.[54] 이 사태를 알고 있던 나폴레옹은 경찰을 소환해 공황에 빠진 군중을 진정시키라고 했다. 군중은 아시냐 지폐가 부활할까 봐 두려워하고 있었다. 나폴레옹은 파리의 은행가들이 프랑스를 충분히 신뢰하지 않는다는 사실을 알아챘고 빠른 승리와 평화가 안겨 줄 짭짤한 수익이 그 어느 때보다 절실함을 깨달았다.

9월 24일 나폴레옹은 생클루를 출발했고 이틀 뒤 스트라스부르에서 군과 합류했다. 스트라스부르에 조제핀을 남겨 두고 울름 동쪽 도나우강을 향해 나아간 그는 마크를 포위하기 위해 러시아군을 차단하려 했다. 조르주 무통 장군은 뷔르템베르크의 선거후를 찾아가 네의 군단 3만 명이 지나갈 길을 내 달라 했는데 누구도 감히 거절할 수 없을 터였다. 선거후가 뷔르템베르크를 왕국으로 승격해 달라고 하자 나폴레옹은 웃으며 말했다.

"그래, 좋아! 왕이 되게 해 주지. 원하는 게 그뿐이라면 말이야!"[55]

나폴레옹은 군단 체제 덕분에 전군을 90도 회전해 단번에 라인강을 건넜다. 세귀르는 이번 군사 기동을 두고 "그 어느 때보다 훌륭한 전선 혁신"이라 평했다. 10월 6일까지 그랑다르메는 울름에서 도나우강의 잉골슈타트에 이르도록 일사불란하게 남쪽으로 향했다.[56] 마크가 퇴각하는 경로 너머로 대규모 군대를 민첩하게 배치한 것은 나폴레옹의 가장 뛰어난 군사 업적 중 하나로 남아 있다. 마크는 무슨 일이 일어나는지도 몰랐고 나폴레옹은 병력을 전혀 잃지 않았다. 당시 나폴레옹은 베르나도트에게 다음과 같이 말했다.

"더는 오스트리아와 협상한다는 전제는 없다. 대포를 끌고 오지 않는 한 말이다."[57]

나폴레옹은 바덴과 바이에른, 뷔르템베르크에서 보낸 파견대가 모두 그랑다르메에 합류했다는 사실에 무척 고무되었다.

원정으로부터 몇 년 후 나폴레옹의 장난감 제작자는 네 마리의 생쥐가 끄는 자그마한 마차를 만들었다. 황제가 데리고 있는 아이들을 즐겁게 해 주기 위해서였다. 마차가 움직이지 않을 때면 나폴레옹은 아이들에게 이렇게 말했다.

"앞에 있는 두 마리의 꼬리를 꼬집어라. 앞이 움직이기 시작하면 나머지도 뒤따른단다."[58]

말 그대로 나폴레옹은 9월 말부터 10월 초까지 내내 베르나도트와 마르몽의 꼬리를 꼬집어 슈투트가르트와 그 너머까지 가라고 재촉했다. 베르나도트는 프로이센 영토인 안스바흐와 바이로이트를 통과하며 행군했다. 베를린 사람들은 매우 분개했지만 겉으로 드러내지는 않았다. 나폴레옹은 10월 4일 루트비히스부르크에서 내무장관 샹파니에게 편지를 보내 모차르트의 '매우 훌륭한' 〈돈 주앙〉을 언급했다.

"나는 뷔르템베르크의 궁정에 있다. 전쟁을 벌이는 중이긴 하지만 아주 좋은 음악을 감상하고 있다. 그런데 독일의 창법은 다소 바로크 색채를 띠는군."[59]

또한 조제핀에게 편지를 보내 날씨가 무척 좋고 선거후의 아름다운 부인은 조지 3세의 딸이긴 하지만 "무척 상태가 좋아 보인다"라고 덧붙였다[60](뷔르템베르크공국의 선거후 프리드리히의 부인이자 영국 조지 3세의 장녀 샬럿을 일컫는 듯하다. 훗날 왕국으로 승격하면서 선거후는 뷔르템베르크 왕국 국왕 프리드리히 1세가 되었고 샬럿은 왕비가 되었다 — 역자).

10월 6일 저녁 나폴레옹은 도나우뵈르트로 밀고 나아갔다. 세귀르는 나폴레옹이 "도나우강을 보고 싶어 조바심을 냈다"고 표현했다.[61] 그는 '조바심'이라는 단어를 여러 번 되풀이했는데 이것은 나폴레옹의 군사적 특징과 개인 성격에서 꾸준히 등장하는 성향이다. 원정에서 나폴레옹과 함께한 측근(베르티에와 모르티에, 뒤로크, 콜랭쿠르, 라프, 세귀르)은 모두 그가 매우 조바심을 냈다고 언급했으며, 심지어 계획을 예정보다 빠르게 수행하고 있을 때조차 조바심을 냈다고 한다.

나폴레옹은 아직 밤베르크에 머물며 첫 번째 공보를 적으면서 적군의 "완전한 격퇴"를 예언했다(공보를 총 37회 작성했다).[62] 그는 뮈라와 란이 오스트리아군을 무찌르고 승리를 거둔 10월 8일 전투를 두고 다음과 같이 적었다.

"모프티 대령은 제9용기병대를 이끌고 베르팅겐 마을로 공격해 들어갔다. 치명적인 부상을 입은 모프티는 마지막으로 이렇게 말했다. '황제 폐하께 제9용기병대가 명성에 걸맞은 위용을 떨쳤음을 알려드려라! 우리는 공격하고 정복했다! 황제 폐하 만세!'"[63]

나폴레옹이 쓴 공보는 마치 소설처럼 매우 흥미진진했다. 그는 공보에 자신이 주도한 회의 정보를 알렸을 뿐 아니라 도시를 어떻게 꾸몄는지 평했고 심지어 바이에른 총리의 부인 몬트겔라스가 '무척 아름답다'고까지 적었다.[64]

10월 9일 프랑스군은 귄츠부르크에서 벌인 작은 접전에서 승리를 거뒀고, 11일에는 하슬라흐 융깅겐에서 또다시 승리했다. 베르나도트는 뮌헨을 점령했다. 다음 날 밤 10시경 나폴레옹은 일러강의 브루가우를 향해 출발했으며 밤 11시경 조제핀에게 벌써 이렇게 전했다.

"적군은 패배했고 우두머리를 잃었소. 이번 내 원정은 지금까지 중 가장 행복하고, 가장 짧고, 가장 훌륭하오."[65)]

이것은 매우 거만한 발언이었지만 결국 그의 말대로 되었다. 오스트리아군 지휘관 마크가 위험에 노출된 현재 위치에서 퇴각하지 않게 하려고 프랑스군 첩보부는 일부러 '탈영자'들을 보내 적군에게 붙잡히게 했다. 탈영자들은 프랑스군이 반란을 일으킬 태세를 갖췄으며 곧 프랑스로 돌아갈 것이라고 말하는가 하면, 심지어 파리에서 쿠데타가 일어났다는 소문까지 오스트리아군에 퍼뜨렸다.

10월 13일 나폴레옹은 울름을 거의 다 포위했다. 네는 다시 도나우강을 건넌 뒤 엘싱겐 고지를 차지함으로써 울름 점령을 가로막는 마지막 장애물을 처리하라는 명령을 받았다. 엘싱겐 수도원은 10킬로미터 거리의 울름 대성당까지 펼쳐진 범람원이 한눈에 들어오는 명당이었다. 이튿날 네는 엘싱겐을 점령했다. 만약 당시 엘싱겐의 사면을 위에서 내려다볼 수 있었다면 정상으로 향하는 정예보병과 총기병, 척탄병이 수도원을 공격하는 장면이 펼쳐졌을 것이다. 여기서 군사들의 높은 사기, 군단의 정신력이 얼마나 중요한지도 잘 느낄 수 있었으리라. 나폴레옹은 병사들의 사기를 북돋고 정신력을 강화하기 위해 부단히 노력했다. 이집트 원정 중에 전장에 나선 어느 척탄병이 등에 부상을 입고 쓰러져서도 폭우 속에서 "앞으로!"라고 외치고 있었다. 이를 본 나폴레옹은 그를 알아보고는 망토를 벗어 그에게 던져 주며 말했다.

"망토를 다시 내게 돌려주러 오거라. 그대가 받아 마땅한 훈장과 연금을 수여할 것이다."[66)]

그날 나폴레옹은 오스트리아군 용기병대의 권총 사정거리 안에 들어섰다.

그날 밤 부관이 나폴레옹에게 오믈렛을 만들어 왔으나 포도주도 없었고 마른 천도 전혀 찾아볼 수 없었다. 황제는 기분이 좋은 티를 내며 '이집트 사막 한복판에조차' 샹베르탱(나폴레옹이 좋아한 포도주로 유명하다 — 역자)을 챙겨 갔다고 말했다.[67] 그는 엘싱겐 점령을 이렇게 기록했다.

"끔찍한 날씨였다. 병사들은 무릎까지 잠기는 진흙을 헤치고 나아갔다."[68]

이제 울름은 물샐 틈 없이 완벽하게 포위됐다.

10월 16일 세귀르가 기록하길, 울름 근처 하슬라흐의 작은 마을 농가에서 나폴레옹은 "난로 앞에서 졸고 있었다. 그 맞은편에서 젊은 고수鼓手도 졸고 있었다." 나폴레옹은 종종 낮잠을 딱 10분만 자고 몇 시간 동안 활동할 수 있는 정력을 충전했다. 세귀르는 "황제와 고수가 바로 옆에서 잠들어 있고 장군과 고위 관료들이 그 주변을 둘러싸고 서서 명령을 기다리고 있는 모습"이 얼마나 낯설었는지 기록했다.[69] 다음 날 마크는 협상을 시작하면서 21일 내로 러시아군이 증강병력을 보내 주지 않으면 항복하겠다고 약속했다. 프랑스군은 식량이 점점 떨어져 가고 있었고 여세를 잃고 싶지 않았던 나폴레옹은 최대 6일이라는 기한을 걸었다.[70] 10월 18일 뮈라가 야전원수 베르네크의 지원 병력을 물리치고 트로히텔핑엔에서 포로 1만 5천 명을 사로잡았다는 소식에 큰 충격을 받은 마크는 "벽에 몸을 기대야만 했다." 다음 날 나폴레옹은 엘싱겐에서 조제핀에게 편지를 보냈다.

"8일 내내 온몸이 젖어 있었고 발이 시려서 상태가 조금 나빠졌소. 오늘 하루는 밖에 나가지 않고 푹 쉬었소."[71]

공보에서 나폴레옹은 일주일 동안 장화를 벗지 않았다고 자랑했다.[72]

10월 20일 오후 3시 마크는 울름에서 항복하며 보병 2만 명과 기병 3천3백 명, 야전포 59대, 탄약 수레 3백 대, 말 3천 필, 장군 17명, 군기 40개를 넘겼다.[73] 어느 프랑스 장교가 마크를 알아보지 못하고 누구냐고 묻자 오스트리아군 지휘관 마크는 이렇게 답했다.

"재수가 없었던 마크다!"[74]

그는 두고두고 이때의 별명으로 불렸다. 나폴레옹은 조제핀에게 보낸 편지에서 정확하지 않은 주장을 했다.

"나는 내 모든 계획을 실행했소. 그저 행군만 했을 뿐인데 오스트리아군을 무찔렀다오. 나는 포로 6만 명을 사로잡았고 총포 120정을 빼앗았으며 군기 90개 이상, 장군 30명 이상을 손에 넣었소."[75)]

나폴레옹은 제7차 공보에서 "10만 명의 군대 중 2만 명 이하가 탈영했다"라고 적었는데, 귄츠부르크부터 모든 교전을 포함할지라도 심한 과장이었다.[76)]

오스트리아군은 울름 외곽의 미켈스베르크 고원에서 항복했다. 구도시 바로 앞의 아우스지히츠투름 전망대를 방문하면 오스트리아군이 도시에서 줄줄이 나와 머스킷총과 총검을 내려 둔 장소를 볼 수 있다(일부는 현재 숲으로 둘러싸여 있다). 이후 억류된 오스트리아군은 프랑스의 농장 일과 파리 건물 건설 공사에 동원되었다. 어느 오스트리아 장교가 나폴레옹의 진흙투성이 군복을 얘기하며 이토록 습한 날씨에 원정을 벌이는 것은 너무 힘들지 않느냐고 하자 나폴레옹이 답했다.

"네 주인이 내가 군인이라는 것을 잊지 않게 해 주었지. 황실의 자주색을 둘렀다고 해서 내가 원래 군인이었다는 사실을 잊고 싶지는 않다네."[77)]

또한 그는 포로로 잡힌 오스트리아 장군들 앞에서 이렇게 말하기도 했다.

"그대들처럼 용맹하고 영예로운 사람이 이토록 불운을 겪다니. 그대들의 이름은 그동안 나선 모든 전투에서 명예롭게 거론해야 할 것이오. 멍청한 내각이 허황된 계획을 꿈꾸다 그대들을 희생시켰소. 나라의 존엄성을 훼손하고도 부끄러움을 모르는 그 작자들이 말이오."[78)]

나폴레옹은 오스트리아 장군들에게 이번 전쟁은 하등 벌일 필요가 없었다고 말하며 단지 영국이 빈에 뇌물을 먹여 런던이 점령당하는 것을 막으려는 꿍꿍이의 결과라고 설득하려 했다. 나폴레옹은 시달을 내리면서 러시아와 오스트리아는 그저 영국의 '노리개mignons'에 불과하다고 묘사했다('mignons'는 장난감이나 작은 애완견을 의미하며 미동美童이라는 성적 의미도 조금 담겨 있는 표현이다).

라프는 나폴레옹이 "성공을 매우 기뻐했다"고 기록했는데 나폴레옹으로서는 당연한 일이었다. 원정이 아주 완벽해서 무혈 승리나 다름없었기 때문이다.[79] 나폴레옹은 공보에서 병사 중 한 명이 했던 말을 인용했다.

"황제 폐하께서는 새로운 전쟁 기술을 마련하셨다. 바로 우리 두 다리와 총검만 사용하는 방법이다."[80]

거의 시적인 타이밍으로 동맹군은 바로 다음 날 프랑스에 보복을 가했다. 비록 나폴레옹은 이 사실을 4주 후에나 알게 되었지만 말이다. 카디스로부터 80킬로미터 떨어진 트라팔가르곶에서 빌뇌브가 이끄는 프랑스-에스파냐 함대의 전함 33척을 넬슨 제독이 격퇴한 것이다. 영국 해군은 전함 27척 중 단 한 척도 잃지 않은 반면 프랑스와 에스파냐는 무려 전함 22척을 잃었다.* 넬슨은 특출한 리더십(훗날 '넬슨의 손길'이라는 별칭이 붙었다)을 발휘해 함대를 2개 소함대로 나누고 프랑스-에스파냐 연합 함대를 90도 방면에서 공격했다. 프랑스-에스파냐 함대가 이룬 선열船列은 셋으로 쪼개졌으며 영국은 그중 둘을 조각조각 파괴했다. 그랑다르메는 도나우강에 포진하고 있었으므로 빌뇌브가 전투를 벌일 필요는 전혀 없었다. 설령 빌뇌브가 승리를 거뒀더라도 영국은 최소 이듬해까지 침략당할 위험이 없었다. 그러나 나폴레옹이 끈질기게 교전 명령을 내리는 바람에 참혹한 재앙이 벌어지고 말았다.** 이때의 전투 덕분에 영국은 100년 이상 해상 패권을 주도했다. 철학자 베르트랑 드 주브넬의 표현대로 "나폴레옹은 유럽을 지배했으나 결국 그 역시도 유럽에서 포로가 되었다."[81] 나폴레옹에게 그나마 위로를 준 일은 넬슨이 전투 중 사망했다는 점이었다.

* 전투 중 영국군 피해는 1,666명인 반면 프랑스군과 에스파냐군의 피해는 1만 3,781명이었다.

** 빌뇌브는 트라팔가르에서 사로잡혔으나 프랑스로 귀국할 수 있었다. 1806년 4월 빌뇌브는 렌에서 자살했다.

훗날 세인트헬레나에서 나폴레옹이 말하길, "넬슨이 유일하게 얻지 못한 게 있었으니 바로 하늘이 내려준 수명이었다."[82] 영국은 트라팔가르에서 거둔 승리 덕분에 프랑스와의 경제 전쟁을 더욱 강화했다. 1806년 5월 영국 정부는 브레스트에서 엘베강까지 유럽 전역의 해안을 봉쇄하는 추밀원령Order in Council을 통과시켰다. 추밀원령은 사실상 칙령이나 다름없었다.

아직 영국을 침공하겠다는 꿈을 버리지 않은 나폴레옹은 또다시 엄청난 금액과 시간과 정력을 쏟아부어 함대를 새로 만들기 시작했다. 나폴레옹은 여전히 함대 숫자만으로도 영국을 겁줄 수 있으리라 생각했다. 그는 대부분(8분의 7)의 시간을 항구에 묶어 놓기만 하는 함선은 충분히 조종할 수 없다는 사실을 끝내 이해하지 못했다. 영국 해군의 수준 높은 작전 능력을 상대하려면 함선 조종 능력이 반드시 필요한데도 말이다. 그랑다르메의 징집병은 전선까지 행군하면서 동시에 군사훈련을 하고 머스킷총 사격을 익힐 수 있지만(실제로 자주 그렇게 했다) 선원들은 달랐다. 돌풍으로 망가진 돛대나 갑판 위의 포탑, 닻 따위를 어떻게 다뤄야 하는지 육지에서 배울 수는 없는 노릇이었다. 파도치는 바다 위에서 적군을 향해 측면 대포를 쏘는 것도 마찬가지였다. 심지어 적군은 같은 시간 동안 두 배나 세 배를 쏠 수 있었다.[83] 1805년 가을 전투에서 알 수 있듯 나폴레옹이 육군 용병술에 통달한 만큼 영국은 해상전에 통달한 상태였다. 양국은 우열을 가릴 수 없을 정도로 완전한 균형을 이뤘다.

그랑다르메는 빈까지 거침없이 나아갔지만 원정이 끝나려면 아직 멀었다. 나폴레옹은 쿠투조프가 이끄는 러시아군 10만 병력이 서쪽으로 진군해 이탈리아에 머무는 카를 대공의 오스트리아군 9만 병력과 합류하는 것을 막아야 했기 때문이다. 나폴레옹은 카를 대공이 빈을 보호하지 못하도록 저지할 수 있기를 바랐다. 마세나가 칼디에로 전투에서 고전 끝에 오스트리아군과 무승부를 내며 10월 말에 사흘간 발목을 잡은 덕분에 나폴레옹 뜻대로 되었다.

11월 3일 하그 암 하우스루크에서 나폴레옹은 조제핀에게 편지를 썼다.

“나는 대행군 중이오. 날씨가 매우 춥다오. 이 지역에는 눈이 30센티미터는 쌓인 것 같소. … 다행히 목재가 부족하지는 않다오. 우리는 늘 숲속에서 움직이니까 말이오.” [84)]

나폴레옹은 알지 못했으나 바로 그날 프로이센과 오스트리아, 러시아가 포츠담 조약에 조인했다. 프로이센은 영국 정부의 보조금을 받으면 프랑스에 무력으로 ‘중재’하겠다고 약속했다. 11월 15일 조약을 비준하자마자 곧바로 여러 사건이 이어졌다. 프로이센의 프리드리히 빌헬름 3세는 프랑스군의 병참선이 늘어지자 기꺼이 프랑스군을 압박하고 싶었지만 너무 소심한 나머지 공격하지 못했다. 더구나 ‘중재’ 대가로 영국으로부터 하노버를 받아 내지도 못했다.

나폴레옹은 빈으로 행군했다. 보급에 혼란이 일자 사병들의 항의가 빗발쳤다. 심지어 피에르 마콩 장군처럼 연륜이 있는 이조차 항의를 했다. 하지만 그는 군대가 앞으로 나아가도록 박차를 가하고 11월 7일 약탈에 ‘가장 엄중한 명령’을 내렸다. 브라우나우 등지에서 수백 명이 처벌을 받았고 약탈품을 압수당했으며 심지어 동료들에게 채찍질을 당하기도 했다(프랑스군에서 매우 보기 드문 장면이었다). [85)] 11월 10일 멜크에서 그가 병사들에게 발표했다.

“우리는 이제 포도주의 나라에 들어섰다!”

병사들은 병참 장교가 징발한 것만 마실 수 있었지만 말이다. [86)] 공보의 마지막엔 이제 관습이나 다름없게 된 장황한 영국 비난이 등장했고 “유럽에 불행을 가져온 장본인”이라는 표현을 사용했다. [87)]

11월 13일 오전 11시 도나우강의 전략 지점인 타보르 다리가 프랑스군의 공갈에 넘어갔다. 프랑스군은 완전히 거짓 소문을 퍼뜨렸는데 벌써 평화 조약을 맺었으며 빈이 도시를 개방하기로 했다는 내용이었다. 육군원수 아우어슈페르크 대공 휘하의 오스트리아군 포병대와 보병대는 싸울 준비를 갖추고 있었고 다리를 향해 대포를 조준했다. 그러나 뮈라와 장교들은 우디노 휘하 척탄병 2개 대대가 들키지 않고 진군하게 했다. 그들은 "가연성 물질을 강에 던지고, 화약에 물을 뿌리고, 도화선을 잘라 버렸다." 오스트리아 병사가 던진 불을 붙인 성냥을 한 척탄병이 붙잡았다는 이야기도 전해진다.[88] 진실이 밝혀지긴 했으나 이미 너무 늦은 뒤였고 뮈라는 오스트리아군에 그곳에서 떠나라고 위압적으로 명령했다. 오스트리아군 지휘관들은 다리를 폭파하는 것 이상으로 저항할 의도가 없었으나 어쨌든 전략 덕분에 빈은 프랑스 손에 넘어왔다. 소식을 접한 나폴레옹은 '좋아서 어쩔 줄 몰라 하며' 쇤브룬의 합스부르크궁을 점령하라고 재촉했고, 결국 그날 밤을 합스부르크궁에서 보냈다. 이튿날 그는 위풍당당하게 군대를 이끌고 빈에 들어섰다. 프란츠 황제를 포함해 오스트리아 궁정 사람들은 다가오는 러시아군을 향해 동쪽으로 도망쳤다.[89] 승리의 물결이 계속 이어지다 11월 15일 홀라브룬에서 뮈라가 오스트리아군 탈출을 허용하고 말았다.

16일 나폴레옹은 뮈라에게 몹시 화가 난 상태로 쇤브룬에서 출발했고 자신에게 필요한 결정적인 승리를 빨리 거두라며 계속 재촉했다.[90] 그는 베르나도트도 마음에 들어 하지 않았으며 조제프에게 이렇게 전했다.

"그 작자 때문에 내가 하루를 잃었어. 하루면 세상의 운명을 결정할 수 있는데 말이야. 나라면 단 한 명도 도망치게 놔두지 않았을 거야."[91]

17일 나폴레옹은 츠나임에서 트라팔가르의 결과를 알게 되었다. 그가 너무 강력한 검열을 명령하는 바람에 대부분의 프랑스인은 1814년에야 비로소 그 참사 소식을 접했다.[92]

점령한 도시를 수비하고 보급선을 보호하기 위해 병력을 차출해야 했기에 나폴레옹이 11월 말 야전에 동원할 수 있는 병력은 7만 8천 명으로 줄어들었다. 그가 적군을 만나기 위해 동쪽으로 320킬로미터나 행군한 탓이었다. 프로이센이 북쪽에서 위협 태세를 취하고 요한 대공과 카를 대공이 남쪽에서 행군해 왔으며 쿠투조프는 동쪽 모라비아에서 여전히 앞서고 있었다. 그랑다르메는 위험에 상당히 노출된 것처럼 보였다. 3개월 동안 꾸준히 행군해 오느라 무척 굶주리고 지친 상태였다. 황실근위대의 장 로슈 쿠아네 대위는 6주 동안 1,130킬로미터를 지나왔다고 추산했다. 향후 맺는 평화 조약에서 나폴레옹은 전쟁 배상으로 군화에 쓸 가죽을 요구하는 조항을 넣었다.

11월 20일 브륀(오늘날의 브르노)이 항복하자 나폴레옹은 "놀라면서도 기뻐했다." 브륀은 무기와 식량이 가득했기에 이곳은 새로운 기지가 되었다.[93] 이튿날 그는 동쪽으로 15킬로미터 거리에 위치한 '길가의 작은 언덕' 산톤에 멈춰 섰는데 이곳은 아우스터리츠(오늘날 슬라프코프)와 멀지 않은 곳이었다. 그는 적군이 있는 방면으로 언덕 아래쪽을 파내 급경사면을 더욱 경사지게 만들라고 명령했다.[94] 이후 나폴레옹은 지역을 가로질러 말을 달렸는데 두 개의 큰 호수와 적에게 노출된 지역은 주의 깊게 피했다. 그는 프라첸 고지에서 "더 높은 지점에 도달할 때마다 몇 번씩 멈췄으며" 참모들에게 이렇게 말했다.

"제군, 지형을 잘 살펴보도록 하라. 우리는 이곳에서 싸울 것이고 제군에게는 각자 주어진 역할이 있을 것이다!"[95]

티에보는 다음과 같이 기록했다.

"고지를 잘 봐두어야 한다. 두 달 안에 여기서 싸우게 될 것이다."[96]

그 밖에도 나폴레옹은 기르치코비츠와 푼토비츠, 코벨니츠, 소콜니츠, 텔니츠, 뫼니츠 마을을 정찰하고 수행원들 앞에서 말했다.

"적군이 지나가는 것을 막고자 한다면 나는 이곳에 주둔해야 한다. 하지만 그저 무난한 전투만 치르게 될 것이다. 반면 내 권리를 거부하고 브륀으로 퇴각한다면 (설령) 적군 30만 병력이 그곳에 자리 잡고 있다 해도 현장에서 사로잡을 수 있으리라. 적군은 좌절하고 길을 잃으리라."[97]

즉, 나폴레옹은 처음부터 적군 몰살을 목표로 하고 있었다.

러시아와 오스트리아는 그들 사이에 나폴레옹을 가두려는 작전을 세웠다. 2명의 황제가 이끄는 주요 야전병력은 올뮈츠(오늘날 올로모우츠)에서 서쪽으로 행군하기로 했으며 총 병력이 8만 6천 명에 달했다. 한편 페르디난트 대공은 프라하에서 출발해 남쪽에서 나폴레옹의 노출된 후방을 급습하기로 했다. 나폴레옹은 11월 28일까지 브륀에 머물며 병사들이 휴식을 취하도록 했다. 세귀르가 회상하길, "시간이 지날수록 우리는 날마다 점점 더 위험한 처지에 놓였다. 우리는 먼 장소에 고립되어 있었다." 나폴레옹은 이를 유리하게 활용하려 했다.[98] 11월 27일 브륀에서 오스트리아 사절 2명(요한 폰 슈타디온 백작과 기울라이 장군)과 회동한 나폴레옹은 현재 자신의 위치와 전체적인 약점을 걱정하는 모습을 보여 주었다. 또한 오스트리아 사절 앞에서 부대들에 후퇴하라는 명령을 내림으로써 적군이 자만심에 빠지도록 유도했다. 이 같은 계략을 두고 티에보 장군은 이렇게 적었다.

> 러시아군은 프랑스군이 감히 싸움에 나서지 못하리라 생각했다. 프랑스군은 그들이 위협한 모든 지점, 즉 비샤우(오늘날의 비슈코프)와 라우스니츠, 아우스터리츠에서 밤중에 도망쳤다. 그렇게 쉬지 않고 13킬로미터를 퇴각했다. 러시아군 측면을 공격하려 시도하는 대신 병력을 집결했다. 주저하는 모습과 불안에 떠는 모습, 도망치는 모습 앞에서 러시아군은 우리가 겁을 집어먹었다고 확신했으며 확실히 승리할 수 있겠다고 생각하는 눈치였다.[99]

이튿날 나폴레옹은 프리드리히 빌헬름의 사절 크리스티안 폰 하우크비츠 백작에게 더욱 강경하게 나서며 모든 종류의 '중재'를 거부했다. 그리고 정오에 포소르시츠에 위치한 역참과 마차가 머무는 여관 스타라 포스타로 출발했다.

나폴레옹은 탈영병으로부터 동맹군이 확실히 공세에 나설 작정임을 알아냈고, 사바리의 첩보원들 활약으로 동맹군이 러시아군 증강병력 1만 4천 명을 기다리지 않으리란 정보도 알아냈다. 나폴레옹은 그의 병력을 집결했다. 마르몽은 그라츠에, 모르티에는 빈에 있었고 베르나도트는 보헤미아를 바라보는 후방에 위치했다. 다부는 아직까지 잠잠한 헝가리를 바라보며 프레스부르크(오늘날의 브라티슬라바)로 이동 중이었다. 란과 뮈라, 술트는 브륀-비샤우-아우스터리츠를 축으로 나폴레옹의 전방에서 병력을 분산해 포진하고 있었다. 나폴레옹은 전투를 위해 전 군단 병력을 하나로 모아야 했다. 11월 28일 그는 포소르시츠 외곽의 올뮈츠 길에서 알렉산드르 황제의 부관인 스물일곱 살의 표트르 페트로비치 돌고루키 공을 만났다. 일주일 후 나폴레옹은 뷔르템베르크의 선거후 프리드리히 2세에게 말했다.

"정말 건방진 애송이였소. 내가 시베리아에 파견하는 러시아 귀족한테 말하는 태도와 똑같이 내게 말했소." 100)

돌고루키는 나폴레옹에게 이탈리아를 사르데냐 국왕에게 넘기고, 벨기에와 네덜란드를 프로이센 또는 영국 공작에게 넘기라고 요구했다. 나폴레옹은 그에게 적당히 무미건조하게 대답하고 퇴각 준비를 하는 듯한 모습을 보여 준 뒤에야 돌고루키를 돌려보냈다. 101)

제17경기병의 보초가 돌고루키의 요구 사항을 엿듣고는 말했다.

"러시아인은 우리를 삼킬 수 있으리라 생각하는군요!"

그러자 나폴레옹이 대답했다.

"어디 해보라지. 그러다가 목이 졸리고 말 것이다!" 102)

나폴레옹은 기분이 좋아졌다. 짧지만 분명 진심에서 우러나는 병사 개개인과의 상호작용은 나폴레옹이 병사들에게 끼치는 영향력의 핵심이었다. 이는 적군 장군들에게서 전혀 찾아볼 수 없는 모습이었다. 나폴레옹은 베르나도트와 다부를 긴급히 불러들이라는 명령을 내린 후 스타라 포스타에서 잠을 청했다. 다부는 명령을 받고 48시간 만에 110킬로미터를 이동해 왔다.

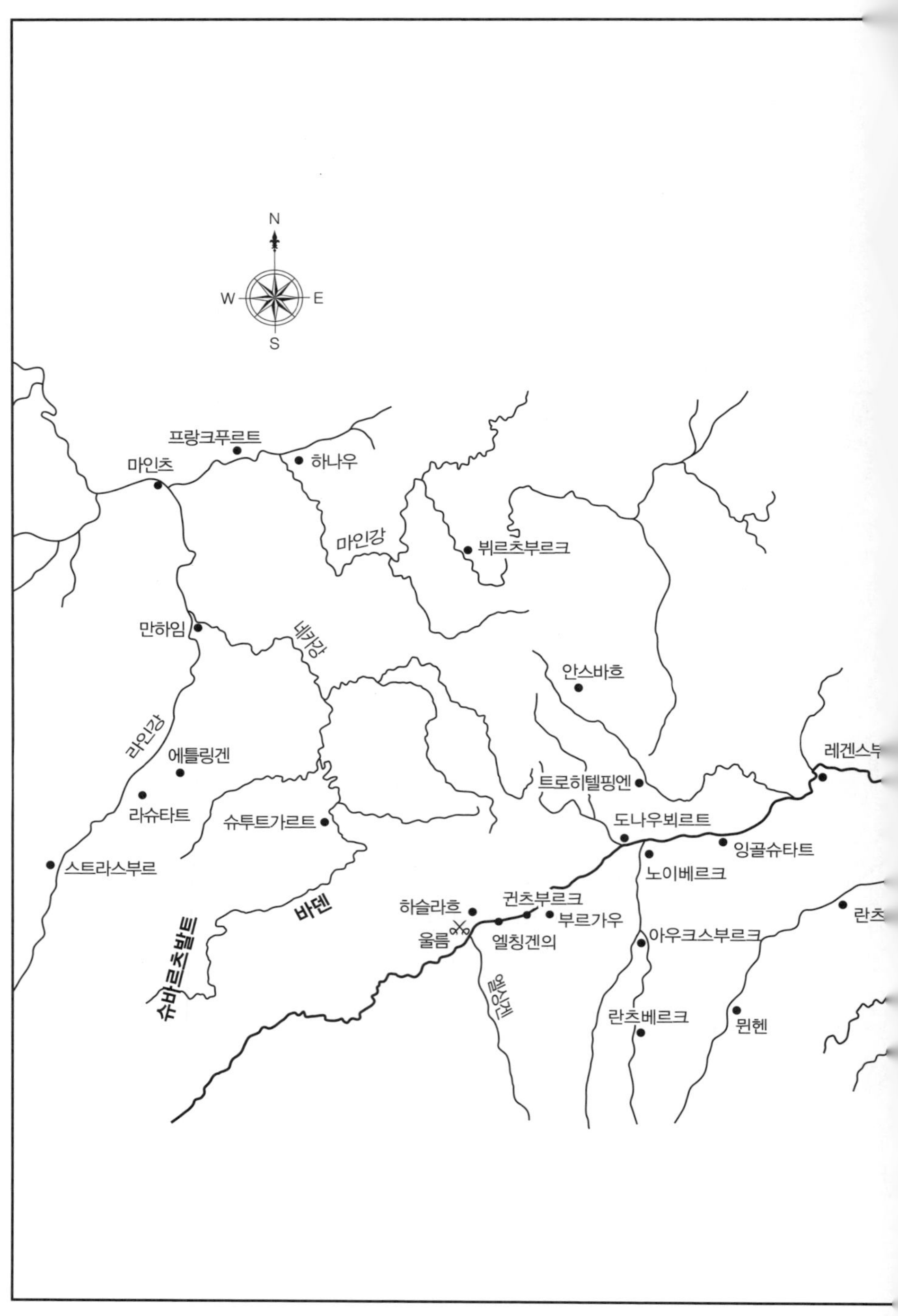

울름에서 아우스터리츠까지

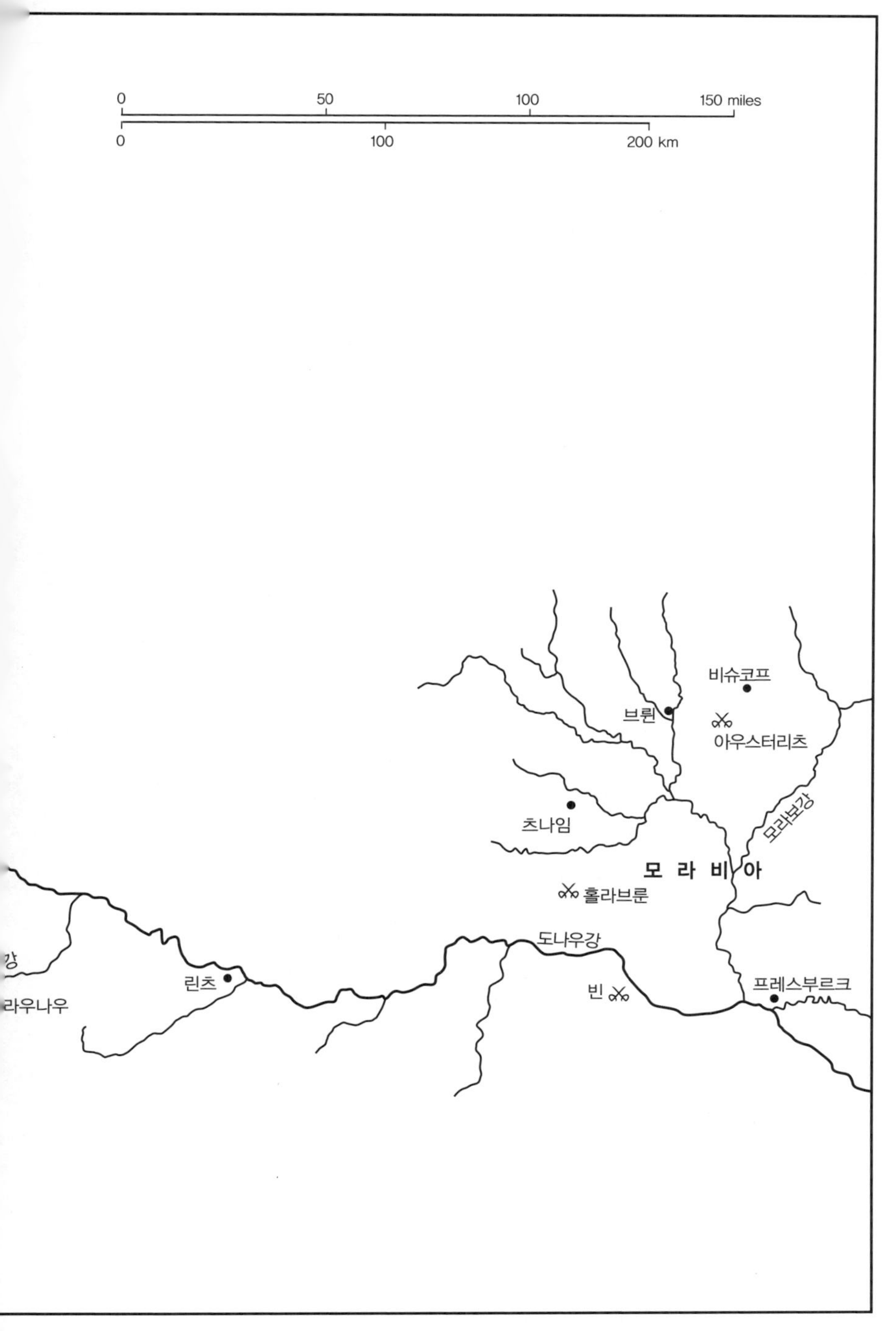

0
50
100
150 miles
0
100
200 km
비슈코프
브륀
아우스터리츠
츠나임
모라브강
모 라 비 아
홀라브룬
도나우강
강
린츠
라우나우
빈
프레스부르크

나폴레옹이 원래 세운 계획에 따르면 일단 술트와 란, 뮈라가 지연작전을 펼치면서 오스트리아군과 러시아군 보병을 전방으로 유인한다. 이어 적군이 완전히 공세에 나서고 약점이 드러났을 때 다부와 베르나도트가 등판한다. 나폴레옹에게는 보병 5만 명과 기병 1만 5천 명밖에 없었지만 대포 282문을 보유했다. 더구나 무능한 적군 첩보부에서 그의 병력이라고 파악하고 있던 숫자 이상을 아우스터리츠에 집결했다. 프랑스군이 퇴각하려 한다고 적군을 더 확실히 속이기 위해 나폴레옹은 술트에게 몹시 서두는 척하며 프라첸 고지를 버리라고 명령했다. 비록 고지라는 이름이 붙긴 했으나 프라첸 고지는 절벽처럼 급경사라기보다 울퉁불퉁하게 기복이 있는 지형에 가까웠다. 높이 튀어나온 지형 뒤에는 상당히 많은 병력을 숨길 수 있었고 이는 정상부의 고원과 꽤 가까웠다. 지형 중 일부는 실제보다 경사가 훨씬 더 심해 보였는데 불빛을 들고 고원 위쪽을 행군할 때는 착시가 더욱 심했을 터였다.

11월 29일부터 30일까지 나폴레옹은 내내 작전 검토와 정찰에 시간을 쏟았고, 전장 북쪽 끝에 있는 산톤 언덕에 흙으로 보루를 만들었는데 그 흔적이 오늘날까지도 남아 있다. 그리고 그는 다부와 베르나도트가 도착하기를 기다렸다. 30일 오후 4시 나폴레옹은 탈레랑에게 이렇게 전했다.

"지난 나흘간 척탄병들과 함께 노숙을 했소. 늘 무릎 위에 종이를 놓고 글을 써야 해서 파리에 아무런 편지도 보낼 수 없었지. 그래도 나는 상태가 무척 좋소."[103)]

적군 역시 프라첸 고지의 중요성을 깨달았다. 오스트리아의 참모총장 프란츠 폰 바이로터 장군이 제시한 계획에 따르면 프리드리히 폰 북스회브덴 장군이 고지의 바로 남쪽에 위치한 프랑스군 (5개 중) 3개 종대를 공격하는 것을 지휘하기로 했다. 이후 북쪽으로 방향을 튼 뒤 프랑스군 전열을 밀어붙이며 전군이 접근한다는 것이었다. 이 작전에는 전장 남쪽에 위치한 험준한 지형에 너무 많은 병력을 집중한다는 문제, 해당 지형은 훨씬 수가 적은 프랑스군이 적군을 견제하기에 유리한 지형이라는 문제, 나폴레옹이 반격하기 용이하도록 중앙을 너무 노출한다는 문제가 있었다.[104] 알렉산드르 황제는 이 전략을 승인했으나 러시아군 전쟁 지휘관 쿠투조프는 반대를 표했다. 반면 프랑스군 전략은 오직 한 사람의 결정을 따랐다.

11월 30일 황실근위대의 토마 뷔조가 누이에게 쓴 편지를 보면 3킬로미터 전방에 적군이 있을 때 나폴레옹이 어떻게 행동했는지 알 수 있다.

"황제 폐하께서는 친히 전장에 나서서 우리 진영 한가운데에 놓인 마차에서 주무셨다. … 폐하는 늘 막사를 거닐었고 병사나 장교와 이야기를 나누셨다. 우리는 폐하 주변에 모여들었으며 나 역시 많은 이야기를 들었다. 대부분 매우 간단한 이야기로 군인으로서의 의무에 관한 내용이었다."

나폴레옹은 승리를 거두면 그들과 거리를 둘 것이라고 말했으나, "제군이 운이 따라주지 않아 잠시라도 주저한다면 내가 질서 회복을 위해 직접 대열 사이로 나설 것"[105]이라고 했다.

12월 1일 나폴레옹은 베르나도트가 브륀에 도달했고 이튿날 도착할 예정이라 전투를 벌일 수 있다는 사실을 알게 되었다. 오후 6시 장군들에게 명령을 내린 뒤 나폴레옹은 레지옹 드뇌르 훈장을 받은 이들의 딸을 위한 생드니 기숙학교 설립에 관한 생각을 구술하면서 받아 적게 했다.[106] 저녁 8시 30분에는 향후 전투에서의 군사 배치를 장군들에게 받아 적으라고 명했다. 이 구술 기록 이후 전투 뒤에 공보를 발표하기까지 남아 있는 기록이 없다. 그날 밤 야외에서 저녁식사로 감자와 양파튀김을 먹은 후 나폴레옹은 베르티에와 함께 야영지의 모닥불 사이를 거닐며 병사들에게 말을 걸었다. 당시 그 자리에 있던 어떤 이의 회상에 따르면, "달이 뜨지 않은 밤에 안개가 끼면서 어둠이 더욱 짙어졌다. 앞으로 나아가기가 매우 힘들었다." 이에 따라 소나무와 짚으로 횃불을 만들었고 근위대 기병대가 횃불을 옮겼다. 횃불을 든 행렬이 야영지에 가까워지자 "병사들이 손에 들고 있는 횃불 수천 개가 야영지에 불을 밝힌 덕분에 마치 마법이라도 걸린 듯 우리 전군의 전열이 한눈에 들어왔다."[107] 베르티에의 참모 루이 프랑수아 르죈(훗날 나폴레옹 시대의 전장을 그린 화가 중 가장 뛰어난

이가 된다)은 이렇게 기록했다.

"야영지에서 잠자기 위해 지푸라기 하나라도 소중히 해야 하는 상황을 경험해 본 사람만 기지 전체에 불을 밝히기 위해 침대를 모두 불태우는 희생의 값어치를 알 수 있으리라."[108)]

마르보에 따르면 마침 이튿날이 대관식 1주년이라는 상징성 때문에 병사들이 나폴레옹을 더욱 크게 환영했다고 한다. 오스트리아군은 프랑스군 병사들이 높이 들어 올린 횃불을 퇴각 전 막사에 불을 지르는 것이라고 착각했다. 이는 미리 정해 놓은 일련의 가정에 따라 증거를 억지로 끼워 맞추는 인지부조화의 전형적인 사례다.

티에보는 그날 밤 주고받은 농담의 일부를 기록했다. 나폴레옹이 만약 전투 상황이 악화하면 가장 위험한 곳에 위험을 무릅쓰고 친히 나설 것이라고 약속하자, 제28전선의 어느 병사가 외쳤다.

"내일 폐하께서는 그저 눈으로 지켜보시기만 하면 될 것입니다!"

나폴레옹이 제46여단과 제47여단에 탄약통이 충분하냐고 묻자 어느 병사가 대답했다.

"아닙니다. 하지만 그라우뷘덴(스위스의 한 칸톤)에서 러시아군을 겪어 보니 총검이면 충분했습니다. 내일 보여 드리죠!"[109)]

티에보가 첨언한 바에 따르면 그 병사는 "파랑돌farandole* 춤을 추며 '황제 폐하 만세'"라고 소리쳤다고 한다.[110)]

1805년 12월 2일 월요일 새벽 4시 프랑스군은 아우스터리츠 전장의 첫 배치 장소로 이동했다. 짙은 안개가 낮은 지대를 둘러싼 덕분에 프랑스군은 거의 눈에 띄지 않았다. 동맹군 지휘관들은 안개 때문에 전투 초반 몇 시간 내내 나폴레옹의 의

* 니스 일대의 민속춤으로 지그 춤이나 가보트 춤과 유사하다.

도를 파악하지 못해 혼란스러워했다. 티에보가 기록하길, "우리 사단은 몹시 춥고 환한 한밤중에 조용히 집결했다. 적군을 속이기 위해 떠나는 것처럼 보이고자 불을 피웠다." **111)**

나폴레옹은 동이 트기 훨씬 전부터 정찰을 계속했고 오전 6시에 원수들(뮈라, 베르나도트, 베시에르, 베르티에, 란, 술트)과 몇몇 사단 지휘관(니콜라 우디노 장군 등)을 야전사령본부로 불러들였다. 나폴레옹의 사령본부는 주란이라는 전쟁터 중앙 왼쪽의 작은 언덕에 위치했는데 프라첸 고지에서 전투 중심지가 잘 내려다 보이는 전망 좋은 곳이었다. 하지만 전투 초반에 싸운 장소인 소콜니츠와 텔니츠 마을은 잘 보이지 않았다. 회의는 오전 7시 30분까지 이어졌고 나폴레옹은 모두가 맡은 역할을 정확히 이해했는지 분명히 확인했다.

나폴레옹의 작전에 따르면 프랑스군 우측 측면은 적군이 남쪽부터 공격하도록 유인하고자 일부러 약점을 노출하기로 했으며, 다부 군단이 와서 철저히 지키게 했다. 북쪽 좌측 측면은 란의 보병대와 뮈라의 기병대 예비군이 산톤에서 지키게 하고 그곳에 대포 18문을 배치했다. 술트 휘하 군단의 제3사단을 맡은 클로드 르그랑 장군은 중앙에서 오스트리아군 공격을 상대하기로 했다. 베르나도트 군단은 산톤에서 옮겨 와 기르치코비츠와 푼토비츠 사이에서 재정비했으며 그날의 핵심 공격 보조를 맡기로 했다. 핵심 공격이란 프라첸 고원에서 술트가 이끌 맹공격(특히 생틸레르와 방담 사단이 선봉에 서기로 했다)으로, 동맹군 병력이 남쪽에 있는 프랑스군을 공격하고자 막사를 떠나는 순간 시작하기로 되어 있었다.

나폴레옹은 그의 전략을 이렇게 압축했다.

"전투에 임하고, 기다리고, 보아라." **112)**

그는 황실근위대와 뮈라의 기병대, 우디노의 척탄병을 예비로 두어 남쪽 측면이 위급해질 때 투입하거나 프라첸 고지를 점령한 뒤 적군을 붙드는 역할을 맡기기로 했다. 바이에른주 기록보관소는 나폴레옹이 전투를 어떻게 진행할지 개요를 적

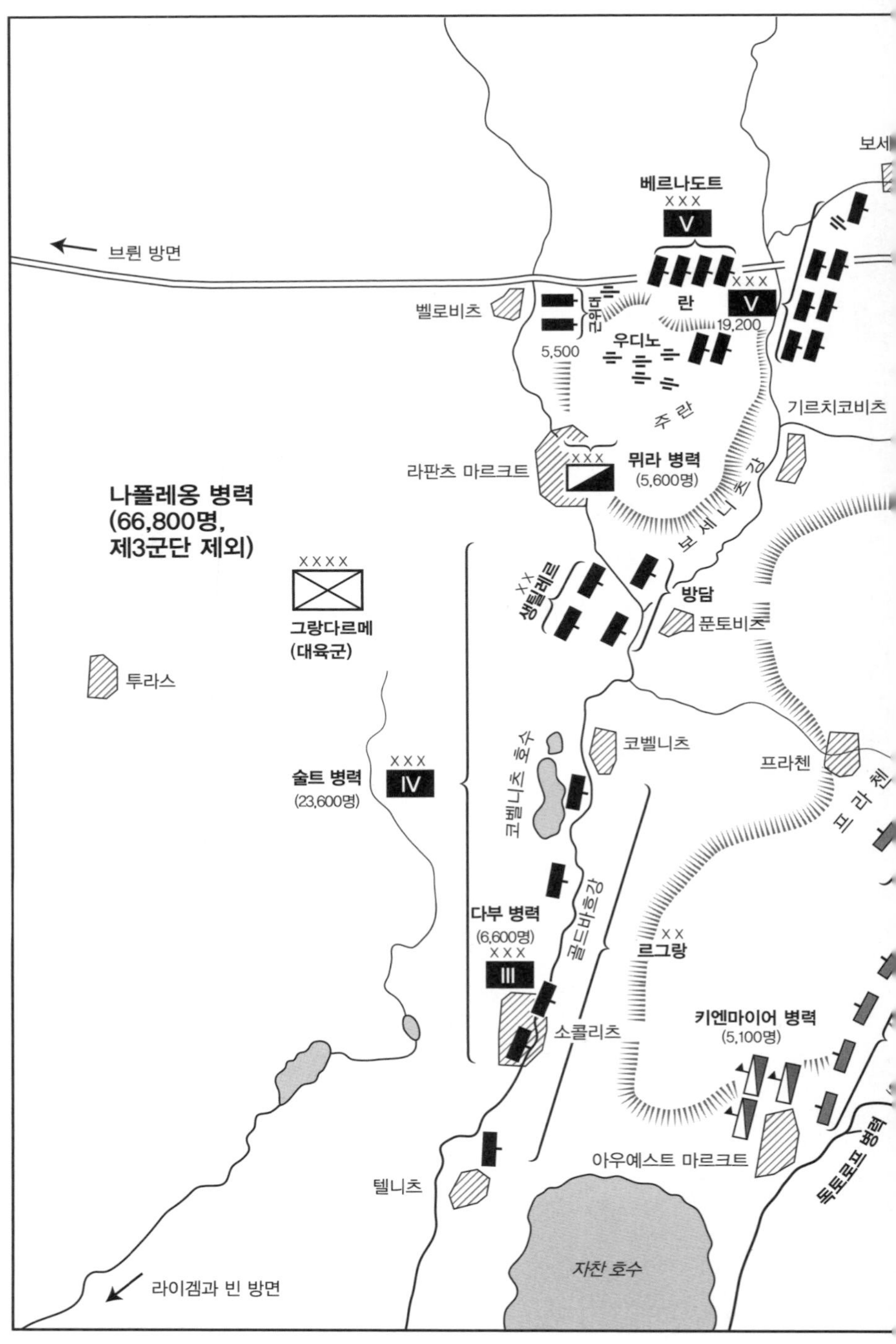

브륀 방면
베르나도트
V
란
V
19,200
벨로비츠
5,500
우디노
주 란
기르치코비츠
라판츠 마르크트
뮈라 병력
(5,600명)
보세니츠 강
나폴레옹 병력
(66,800명,
제3군단 제외)
그랑다르메
(대육군)
생틸레르
방담
푼토비츠
투라스
코벨니츠
코벨니츠 호수
프라첸
술트 병력
(23,600명)
IV
다부 병력
(6,600명)
III
골드바흐강
르그랑
소콜리츠
키엔마이어 병력
(5,100명)
아우예스트 마르크트
독투로프 병력
텔니츠
자찬 호수
라이겜과 빈 방면
보세

아우스터리츠 전투

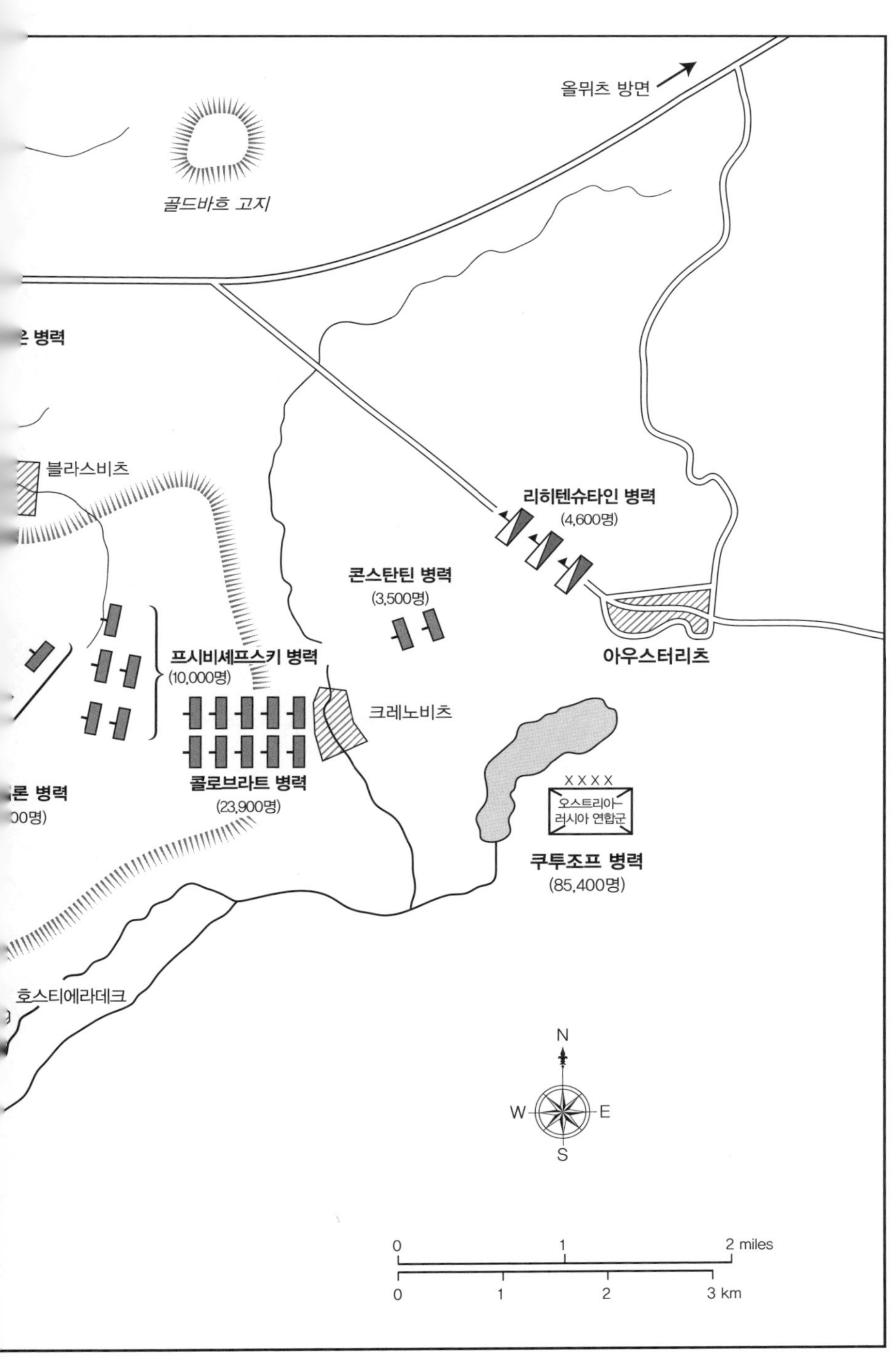

올뮈츠 방면
골드바흐 고지
블라스비츠
리히텐슈타인 병력
(4,600명)
콘스탄틴 병력
(3,500명)
프시비셰프스키 병력
(10,000명)
아우스터리츠
크레노비츠
콜로브라트 병력
(23,900명)
XXXX
오스트리아-
러시아 연합군
쿠투조프 병력
(85,400명)
호스티에라데크
N
W
E
S
0
1
2 miles
0
1
2
3 km

어둔 스케치를 보관하고 있다. 덕분에 실제 전투가 얼마나 나폴레옹의 생각대로 흘러갔는지 흥미롭게 살펴볼 수 있다. 그는 상황에 따라 끊임없이 전투 계획을 변경했지만 어떤 경우에는 계획에 딱 맞춰 전투를 진행하기도 했다. 아우스터리츠 역시 마찬가지였다.

오전 7시 직후 아직 회의가 끝나지 않았고 술트의 병력이 다 집결하지도 않았는데 텔니츠에서 전투가 시작되었다. 예상대로 오스트리아군이 르그랑을 공격한 것이다. 오전 7시 30분 술트의 병력이 푼토비츠에 집결한 뒤 우측 측면으로 가는 척 동맹군을 속였다. 사실 술트의 병력은 프라첸 고지로 돌격한 뒤 전장 중앙을 쓸어버릴 작정이었다. 오전 8시 러시아군(이날 대부분의 전투에 러시아군이 나섰다)은 프랑스군 우측 측면을 향해 진군하며 프라첸 고지에서 남쪽으로 내려갔는데 이로 인해 동맹군 중앙이 약해졌다. 오전 8시 30분 동맹군은 텔니츠와 소콜니츠를 점령했다. 그러나 오전 8시 45분 다부가 직접 지휘하는 여단이 반격해 프랑스군이 다시 소콜니츠를 빼앗았다. 서른다섯 살의 원수인 다부는 마을로 진입했는데 이는 그가 여태껏 참여한 전투 중 가장 규모가 컸다. 텔니츠 수비군이 다부에게 긴급하게 지원을 요청하자 다부는 동서지간(다부의 아내와 루이 프리앙의 아내 그리고 나폴레옹의 여동생 폴린의 남편은 르클레르 집안의 삼남매다. 다부는 부인 루이즈 르클레르와 금슬이 좋았던 것으로 유명하다 — 역자)인 루이 프리앙 장군을 파견했다. 프리앙은 제108전열을 이끌고 연기에 뒤덮인 마을로 돌진해 러시아군이 점령했던 마을을 다시 빼앗았다. 프리앙이 이끄는 정예 제2사단은 어느 순간 싸울 수 있는 인원이 본래 규모의 절반밖에 되지 않는 3천2백 명으로 줄어들기도 했으나 힘든 상황에서도 무너지지 않았다. 화약을 사용하던 시대에는 이따금 '아군을 향해 발포'하는 사건이 벌어지기도 했는데, 제108전열과 제26경기병은 소콜니츠 외곽에서 서로를 향해 발포했다. 이들은 서로가 독수리 군기를 들고 있는 모습을 보고 나서야 착각에서 벗어나 아군임을 알아보았다.

이제 르그랑이 2개 여단을 이끌고 소콜니츠를 방어했다. 2개 여단 중 하나는 코르시카 출신으로 이뤄졌으며 '황제의 사촌들'이라는 별명이 붙은 척후병대였다. 그는 겨우 프랑스군 4개 대대만으로 마을 바로 외곽에서 러시아군 보병대 12개 대대가 마을에 있는 벽을 둘러친 꿩 사육장으로 진군하는 것을 막아 냈다. 격전 중에 제26경기병은 소콜니츠로 뛰어들어 러시아군 5개 대대를 쫓아냈다. 프리앙의 제48여단 역시 러시아군 4천7백 명을 물리쳤다. 하지만 오전 9시 30분 러시아군은 총 공격을 퍼부으며 소콜니츠성을 급습했다. 소콜니츠에 있던 프랑스군의 가장 연륜 있는 지휘관 12명 중 11명이 죽거나 부상당했다. 종종 그렇듯 이것은 나폴레옹이 늘 예비 병력을 뒤로 빼놓는 전략에 타당성을 더해 준 사례였다. 가장 마지막으로 새롭게 정비한 병력이 언제나 전장을 휩쓸었다. 10시 30분 다부의 병력 1만 명은 적군 3만 6천 명을 무력화했다. 다부는 보병과 포병을 전장에 서서히 투입하고 기병은 대기하게 했다. 그렇게 다부는 나폴레옹이 중앙을 지배하기 위해 가장 결정적으로 필요했던 시간을 벌어 주었다. 여기에다 희박한 가능성을 뒤집도록 오스트리아군-러시아군 1만 7천 명을 상대할 프랑스군 3만 5천 명을 전장의 핵심지, 즉 프라첸 고지에 배치했다.

오전 9시 나폴레옹은 주란에서 적군 종대 4개 중 2개가 프라첸 고지를 떠나는 걸 초조하게 기다리고 있었다.

"그대의 병력이 고원을 장악하는 데 시간이 얼마나 걸리겠는가?"

나폴레옹의 물음에 술트는 20분이면 충분하다고 대답했다.

"아주 좋군. 15분만 더 기다려 보겠네."

15분 후 나폴레옹은 결단을 내렸다.

"천둥이 내리치듯 전쟁을 끝내도록 하자!"[113)]

생틸레르 사단이 공격의 선봉을 맡기로 했는데 이들은 골드바흐 계곡의 울퉁불퉁한 지형과 아직도 자욱한 안개 속에 숨어 있었다. 오전 10시가 되자 태양이 밝게 떠올라 안개를 모두 거둬 버렸다. 이때부터 '아우스터리츠의 태양' 하면 나폴레옹의 천재성과 행운을 상징하는 표현이 되었다. 술트는 제10경기병 앞에서 장황한 연설을 늘어놓으며 브랜디를 세 배 더 지급한 뒤 비탈 위로 올려 보냈다. 프랑스군은 종과 횡이 섞인 혼성 대형으로 공세에 나섰는데, 척후병 1개 횡대가 전선에 나서면서 고지에서 내려오는 러시아군 4개 종대를 향해 곧장 돌진했다. 쿠투조프는 위험을 감지하고 콜로브라트 휘하의 오스트리아군을 보내 러시아군 종대 사이사이의 빈틈을 메우게 했다. 이어지는 격전에서 포로는 거의 없었고 부상자는 아무도 살아남지 못했다.

생틸레르는 치열한 전투 중 프라첸 마을과 고원 고지대를 대부분 점령했다. 피에르 푸제 대령은 악조건 속에서도 새로 공격을 가해야 한다고 주장했는데, 그래야 적군이 자신의 병력이 줄어드는 것을 인지하지 못하고 그날 거기서 승리를 거뒀다고 착각하게 만들 수 있기 때문이었다. 또한 병력은 후퇴하면서 버려둔 무기를 다시 회수하기도 했다. 오전 11시 30분 생틸레르는 고원에 도달했고 술트는 러시아군보다 많은 병사를 투입하는 것이 가능해지자마자 곧바로 그렇게 했다. 이때 제57전열('무시무시한 군인들')이 또다시 활약했다.

쿠투조프는 프랑스군 2만 4천 명이 아직도 고지에 남아 있는 동맹군 1만 2천 명과 접전을 벌이는 장면을 바라보고 절망하며 후퇴했다. 그는 남쪽 방면 종대의 방향을 거꾸로 했으나 이미 늦은 시점이었다. 주란에서 상황을 바라보던 나폴레옹은 부관들이 올린 보고서를 읽으며 프라첸의 비탈을 오르는 빽빽한 종대를 바라보았다. 그는 오전 11시 30분 베르나도트에게 진격 명령을 내렸다. 베르나도트는 기병대를 데려가게 해 달라고 요청했으나 퉁명스러운 답변이 돌아왔다.

"나도 남는 병력이 없다네."

원래 전쟁터에서는 예의를 찾아보기 힘들다고 하지만 나폴레옹 궁정에서 가장 미움을 받는 이가 있다면 바로 베르나도트였다.

오전 11시 방담 사단이 프라첸의 스타레 비노흐라디 언덕에 위치한 알렉산드르 황제의 작전사령부로 돌격했다. 쿠아네의 기록에 따르면 대규모 악단 소리에 맞춰 광기에 휩싸인 채 '충격으로 마비될 것 같은' 공격을 감행했다고 한다. 콘스탄틴 대공은 러시아 황실근위대 병력 3만 명(기병 포함)을 전방으로 내보내 방담을 공격하게 했고 이에 그의 전열은 흔들렸다. 제4전열은 비가레 소령이 지휘했으나 명예 연대장은 조제프 보나파르트였는데, 러시아 근위대 기갑병의 공격을 받고 분열되어 돌아서서 달아났다. 그래도 병사들은 나폴레옹 곁을 지나갈 때 "황제 폐하 만세!"라고 외칠 정신은 남아 있었다.[114)]

오후 1시 나폴레옹은 베시에르와 라프에게 근위대 기병 5개 중대를 딸려 보냈고, 곧이어 맘루크로 구성한 1개 중대를 포함해 2개 중대를 더 투입했다. 새로 투입한 병력의 도움으로 방담은 러시아 황실근위대로부터 프라첸의 주도권을 되찾았다. 라프가 도착했을 때 마르보는 부러진 군도를 손에 쥐고 있었고 머리에 칼을 맞아 부상을 입었음에도 불구하고 황제 앞에 그간 빼앗은 적군의 군기와 포로로 사로잡은 니콜라이 레프닌 볼콘스키 대공(러시아 근위대 중대 지휘관)을 바쳤다. 목격자의 기록에 따르면, "치명적인 부상을 입은 추격병이 그의 군기를 바친 뒤 그 자리에서 쓰러져 죽었다."[115)] 프랑수아 제라르가 이번 전투를 그림으로 남길 때 나폴레옹은 라프가 도착한 순간을 묘사하라 명했다. 반면 맘루크 무스타파는 다소 영예롭지 못했다. 그도 적군의 군기를 압수하긴 했으나 만약 자신이 콘스탄틴 대공을 죽였다면 그의 머리를 잘라 바쳤을 거라고 말했다. 이에 나폴레옹이 쏘아붙였다.

"말을 삼가라, 야만인 같으니."[116)]

전장 북쪽에서 뮈라와 란은 표트르 바그라티온과 교전을 벌였고 많은 사상자가 났다. 정오가 되었을 때 나폴레옹은 모든 면에서 만족스러웠다. 술트는 프라첸 고지를 점령했고 산톤의 수비선은 북쪽 전열을 굳건히 지키고 있었으며 다부는 남쪽에 든든하게 병력을 배치하고 있었다. 오후 1시 나폴레옹은 사령본부를 스타레 비노흐라디 위로 옮겼는데 이곳에서 그는 골드바흐 계곡을 내려다보며 적군을 몰살하기 위한 작전을 실행했다. 나폴레옹의 시종 티아르는 술트가 나폴레옹을 찾아왔을 때 그 자리에 있었고 나폴레옹이 술트의 활약을 칭찬하는 말을 들었다.

"그 외에 오늘 승리에서 자네의 군단이 가장 든든한 활약을 펼쳤다네."[117)]

나폴레옹은 소콜니츠에서 전투 중인 러시아군 후방으로 생틸레르와 방담 사단을 파견했다. 아직도 3 대 1로 수적 열세에 있었지만 다부는 장군에게 텔니츠와 소콜니츠 사이에서 공격을 펼치라 명했다. 오후 2시가 되자 전투 결과가 확실해졌다.

베르나도트가 프라첸 고지를 점령했으므로 나폴레옹은 우디노와 술트, 황실근위대에게 남쪽의 북스회브덴을 포위하라 명했다. 다부의 기병대는 아우예스트 마르크트 마을의 남쪽으로 공격해 들어가기로 했다. 나폴레옹은 프라첸 고지를 잽싸게 떠나 성안토니 예배당의 탑으로 향했다. 그는 호수 근처 전체를 살펴보고 전투의 마지막 단계를 지휘하려 했다. 북스회브덴의 러시아 병력은 둘로 분열해 얼어붙은 호수 위를 건너 동쪽으로 도망쳤는데 나폴레옹은 포수들에게 얼음에 발포하라 명했다. 이 사건으로 얼음이 깨지면서 러시아군 수천 명이 익사했다는 말이 돌았으나 최근 발굴 결과에 따르면 자찬(자트차니) 호수 땅에서 시신 10여 구와 대포 2문만 발견했다고 한다.[118)] 그러나 전체적으로 동맹군은 프랑스 기병대가 바짝 뒤쫓고 있고 고지 위쪽에서 포병대가 발포함에 따라 큰 피해를 당했다(오스트리아 기병대의 흉갑에는 뒷부분이 달려 있지 않았다. 이에 따라 공격에는 가볍게 나설 수 있지만 퇴각 중에는 칼을 휘두르고 창으로 찌르는 공격과 산탄총 공격에 매우 취약했다). 한편 러시아 1개 연대와 오스트리아 2개 대대는 소콜니츠성을 봉쇄하고 안으로 피신했다가 학살당했다. 여기에다 프랑스 군악단이 〈승리는 우리 편La Victoire est à Nous〉을 연주하기 시작하면서 꿩 사육장과 그 너머 지역까지 대규모로 항복했다.

저녁 10시 나폴레옹은 스타라 포스타로 귀환했다. 마르보가 회상하길, "사람들이 상상하듯 그는 만족스러워 보였다." 하지만 종종 자신의 형 조제프의 연대가 알렉산드르의 형제인 콘스탄틴 대공에게 패배해 독수리 군기를 빼앗긴 것에 "불만을 표했다."[119] 이튿날 나폴레옹은 러시아 근위대 기병들에게 독수리 군기를 빼앗긴 병사들을 질책했다. 당시 엄청난 비난과 질책을 목격한 혹자의 기록에 따르면 비록 자신은 그 연대의 일원이 아니었지만 "살 떨리는 장면이었다. 나는 식은땀을 흘렸고 눈물이 차올랐다. 연대가 바로 다음 순간 작전에 돌입했다면 분명 기적 같은 일을 이뤄냈을 터였다."[120]

아우스터리츠 전투가 끝난 날 밤 나폴레옹은 승리를 거둔 병사들에게 평소처럼 수사학적 표현이 담긴 글을 발표했다.

> 그랑다르메 병사들이여, 지금 이 순간에도 위대한 하루가 지나가고 있다. 오늘이 영원한 바다 속으로 사라져버리기 전에 짐은 그대들에게 꼭 해야 할 말이 있다. 기억에 남을 이번 전투에서 싸우는 행운을 누린 제군의 활약에 짐이 얼마나 만족했는지 말해야 한다. 병사들이여! 그대들은 세계에서 가장 뛰어난 전사다. 오늘의 기억과 그대들의 업적은 영원히 사라지지 않으리라! 지금으로부터 수천 년이 지나도, 우주의 시간이 계속 흐르는 한 오늘의 일은 길이길이 회자될 것이다. 영국이 금으로 매수한 러시아군 7만 6천 명을 제군이 올뮈츠 평원에서 전멸시켰음을 말이다.[121]

나폴레옹은 프랑스군이 대포 140문을 입수하고 포로 1만 명을 붙잡았으며 "전장에 시신 2만 6천 구가 남아 있었다"는 내용도 적었다. 이튿날 나폴레옹은 입수한 대포 숫자를 120문으로 줄였지만 사로잡은 전쟁포로 수는 세 배로 늘렸고 장군도 20명 포함했다. 믿을 만한 오늘날의 정보 출처에 따르면 오스트리아군과 러시아군 사상자는 1만 6천 명이고 그중에는 장군 9명과 장교 293명이 포함되어 있다. 포로는 2만 명이며 대포는 186문, 탄약차는 4백 대, 군기는 45개라 추산한다.[122)]

프랑스군의 총 사상자는 8,279명이고 사망자는 1,288명에 불과하다. 부상자 중 2,476명은 장기 치료가 필요한 수준이었고 생틸레르 사단의 사상자 비율은 23퍼센트, 방담 사단의 사상자 비율은 17퍼센트로 추정한다.

아직 전투에 참여하지 않은 러시아군이 여전히 많았고 카를 대공이 이탈리아에서 군을 이끌고 오고 있었으며, 프로이센은 프랑스에 선전포고를 하리라 위협하고 있었으므로 이론상 동맹군은 싸움을 계속할 수 있었다. 그렇지만 오스트리아군은 아우스터리츠에서 완전히 위축되고 말았다. 알렉산드르도 마찬가지라서 헝가리로 퇴각했다. 리히텐슈타인의 요한 공이 곧 스타라 포스타에 도착해 향후 조건을 논의하기로 했다. 뒤마 장군은 이렇게 기록했다.

"아주 초라한 처소에서 굉장히 중요한 사건을 다뤘다. 아마 유럽의 군주들이 사는 궁 어디에서도 이보다 더 중요한 일을 다루지는 않았으리라."[123)]

나폴레옹은 조제프에게 승리를 설명하며 적군을 "군사 기동을 하던 중 '현행범으로' 사로잡았다"라고 전했다(나폴레옹은 이 표현을 무척 좋아했다). 그는 조제핀에게도 거의 비슷하게 간결한 편지를 보냈다.

"나는 2명의 황제가 지휘하는 러시아와 오스트리아 군대를 무찔렀소. 조금 피곤하오. 야외에서 8일이나 노숙했고 밤이 꽤 쌀쌀했소. … 러시아군은 단순히 패배한 게 아니오. 그들은 완전히 박살이 났소."[124)]

이는 나폴레옹이 일평생 거둔 것 중 가장 위대한 승리였다. 그는 능수능란하게 작전을 짜고 지형을 제대로 살폈다. 또 타이밍을 잘 맞췄으며 평정심을 유지했다. 불로뉴에서는 병사들에게 규율과 훈련을 주입했다. 여기에다 군단 체제를 도입했고 결정적인 시점에 순간적인 수적 우열을 이뤄 십분 활용했다. 덕분에 병사들의 사기가 충천했으며 프리앙과 다부, 방담, 술트, 생틸레르가 그날 눈부신 활약을 보여 주었다. 그리고 적군은 분열했으며 때로 무능력하기까지 했다(북스회브덴은 전투 중 술에 취해 있었다). 이 모든 것이 위대한 승리에 기여했다.*

* 나폴레옹의 전투, 그중에서도 특히 유명한 전투는 유럽 전역에서 광범위하게 회자되며 자세한 분석이 이뤄졌다. 그리고 19세기 내내 대륙의 집단 기억과 문화유산의 일부를 이뤘다. 1807년 러시아 황제의 형제인 콘스탄틴 대공은 다부의 참모 중 한 명에게 아우스터리츠 전투의 승리는 프리앙의 제48여단 덕분이라고 말하기도 했다.

예나

17

프로이센은 포탄을 깨고 나왔다.

나폴레옹이 했다는 말

–

나는 매달 내 육군과 해군에 관해 스무 권에 이르는 보고서를 받는데 …
그것을 읽을 때면 젊은 부인이 소설을 읽을 때보다 더 큰 기쁨을 느끼지.

1806년 8월 나폴레옹이 조제프에게 보낸 편지

아우스터리츠 전투 다음 날 아침, 여드레 만에 처음 셔츠를 갈아입은 나폴레옹은 말에 올라 전장을 둘러보았다. 그는 자찬 호수 기슭에서 넓적다리에 총탄을 맞은 채 떠다니는 얼음장 위에 누워 있는 리투아니아인 부사관을 보았다. 마르보는 이렇게 회상했다.

"그의 피에 얼음이 선홍색으로 물들었다. 끔찍한 광경이었다."[1)]

그 병사는 큰 소리로 나폴레옹을 불렀고 나폴레옹은 장교 2명을 불러 얼음장까지 헤엄쳐 가게 했다. 나중에 나폴레옹은 그들에게 럼주를 하사하며 상을 주었고 목욕이 즐거웠는지 물었다[2)](그 부사관은 나중에 창기병으로 근위대에 합류했다).

이튿날 나폴레옹은 프란츠 2세의 면담 요청을 수락했다. 오후 2시 두 사람은 아우스터리츠에서 헝가리로 이어진 남서쪽 길로 약 16킬로미터 떨어진 곳에 있는 스팔레니믈린 풍차의 발치 아래에 불을 피워 놓고 처음 만났다. 따뜻하게 포옹한 두 사람은 90분간 대화를 나눴다. 나폴레옹은 훗날 탈레랑에게 말했다.

"그는 즉시 강화를 체결하길 원했다. 그는 내 섬세한 감수성에 호소했다."[3)]

나폴레옹은 다시 말에 올라타자마자 참모진에게 말했다.

"제군, 우리는 파리로 귀환한다. 강화가 이뤄졌다."[4)]

그다음 그는 전속력으로 말을 달려 아우스터리츠 마을로 돌아가 부상당한 라프를 찾아갔다. 당시 그 자리에 있던 어떤 이는 이렇게 회상했다.

"현자가 깊이 생각하기에는 기이한 광경이지 않은가! 독일 황제가 몸을 낮춰 코르시카의 하찮은 집안 아들에게 강화를 청한다. 얼마 전까지 포병 부대 소위였던 이 자는 재능과 행운, 용기로 권력의 정점에 올랐고 유럽의 운명을 조정하는 중재자가 되었다."[5)]

나폴레옹은 탈레랑에게 편지를 쓸 때 프란츠 2세를 어떻게 생각하는지 밝히지 않았다.

"그에 관한 생각은 구두로만 전하겠다."

몇 년 뒤 그는 프란츠 2세가 "매우 도덕적이라 오직 자신의 아내하고만 정사를 나누었다"고 했다[6)](그는 아내가 4명이었다). 러시아의 차르 알렉산드르 1세에 관한 나폴레옹의 평가는 그가 강화를 요청하지 않은 탓에 그만큼 후하지 않았다. 나폴레옹은 조제핀에게 보낸 편지에 다음과 같이 썼다.

"그는 재능도 용기도 보여 주지 못했다."[7)]

탈레랑은 나폴레옹에게 이를 기회로 오스트리아를 동맹이자 "야만인들을 막는 데 필요한 충분한 성벽"으로 만들라고 충고했다. 여기서 야만인들이란 러시아인을 의미한다.[8)] 나폴레옹은 이를 받아들이지 않았는데, 이는 이탈리아가 프랑스의 수중에 있는 동안에는 오스트리아가 늘 호전적이고 분을 참지 못할 것이라 믿었기 때문이다. 그해에 티에보 장군의 한 친구는 그에 관해 이렇게 말했다.

"그는 (누군가를) 정복할 수는 있지만 화해시킬 수는 없다."[9)]

전투 직후 나폴레옹은 아우스터리츠에서 사망한 모든 병사의 미망인은 평생 연간 2백 프랑의 연금을, 장군의 미망인은 6천 프랑의 연금을 받을 것이라고 선언했다. 또한 그는 모든 전사자의 아들에게 일자리를 찾아 주겠다고 약속했고 그들에게

'나폴레옹'을 세례명으로 쓸 수 있게 했다. 그가 이렇게 할 수 있었던 요인은 많지만 특히 승전 소식에 국채가 액면가의 45퍼센트에서 66퍼센트로 가치가 오르면서 나라 재정이 신뢰를 회복한 것이 큰 힘을 주었다.[10] 그렇지만 나폴레옹은 종군 초기에 자신을 충분히 신뢰하지 않은 은행가들을 용서하지 않았다. 국무원 위원 조제프 펠레 드 라 로제르는 그가 '은행가들' 혹은 '은행가 파당'이라 부른 자들을 "이야기할 때 늘 반감을 표출했다"고 썼다.[11]

12월 15일 폰 하우크비츠 백작은 프랑스와 프로이센 간의 쇤브룬 조약을 제시받았다. 조약에 따르면 프로이센은 영국 군주들의 조상 땅인 하노버를 받고 훨씬 더 작은 안스바흐 후작령, 노이엔부르크(뇌샤텔) 후작령, 클레베 공작령을 내주기로 했다. 이는 상당히 매력적인 제안이었기에 하우크비츠 백작은 자신의 권한으로 즉시 조약에 서명했다. 프로이센은 불과 한 달 전에 체결한 포츠담 조약에 따라 영국에 책무가 있었지만 이로써 그 책무는 사라졌다. 그리고 나폴레옹은 프로이센과 그 이전 동맹국 사이를 효과적으로 이간질했다. 프로이센은 쇤브룬 조약에 따라 영국 선박의 자국 항구 입항을 막아야 했다. 폰 하우크비츠 백작은 1806년 3월 자신의 경쟁자 카를 폰 하르덴베르크를 프로이센 외무장관 자리에서 물러나게 한 다음 여름에 이렇게 썼다.

"프랑스는 막강하고 나폴레옹은 금세기 지배자다. 그와 연합하면 무엇이 두렵겠는가?"[12]

그런데 하르덴베르크는 프로이센 왕 프리드리히 빌헬름 3세와 왕비 루이제에게 러시아와의 외교 통로를 유지하라는 비밀 임무를 받았다. 메클렌부르크 공작의 딸로 독립 정신이 강한 아름다운 왕비 루이제는 나폴레옹에 격하게 반대했다.

나폴레옹은 〈주르날 드 파리〉 같은 프랑스 신문들이 강화 조약의 좋은 점과 관련해 부정확한 기사를 내보내는 데 짜증이 났다. 그는 조제프에게 말했다.

"중요한 것은 강화 조약이 아니라 강화 조약의 조건이다. 그것은 파리 시민이 이해하기에 너무 복잡하다. 나는 파리의 게으름뱅이들이 주고받는 말에 따라 정책을 정하는 데 익숙하지 않다."[13]

유달리 미신적인 발언이긴 한데 그는 탈레랑에게 새해가 오기까지 오스트리아와의 조약에 서명하고 싶지 않다고 말했다. "왜냐하면 내게는 몇 가지 편견이 있기 때문이다. 나는 강화 조약이 그레고리우스력으로 다시 시작하는 날부터 발효되길 원한다. 그러면 내 통치에 이전만큼이나 많은 행운이 찾아올 것 같다."[14] 편지를 제때 받지 못한 탈레랑은 1805년 12월 27일 헝가리의 옛 수도 브라티슬라바(포조니)에서 프레스부르크 조약에 서명해 제3차 대프랑스 동맹 전쟁을 끝냈다.

프레스부르크 조약은 루카공국과 피옴비노공국에서 나폴레옹의 누이동생 엘리자의 지위를 확인해 주었다. 이 조약으로 앞서 오스트리아가 베네치아로부터 받은 것(주로 이스트라와 달마치아)은 이탈리아왕국으로 이양했고 티롤과 프랑켄, 포어아를베르크는 새롭게 왕국으로 개편한 바이에른으로 넘어갔다. 도나우 강변의 도시 다섯 개와 주 한 개, 백작령 한 개, 군 한 개 역시 왕국이 된 뷔르템베르크가 통합했다. 프란츠 2세는 나폴레옹을 이탈리아 왕으로 인정하고 배상금으로 4천만 프랑을 지불하며 자신과 나폴레옹 사이에 '영원한 평화와 우정'이 있을 것임을 약속해야 했다.[15] 오스트리아 황제는 하룻밤 사이에 합스부르크 왕실이 수백 년 동안 보유해 온 땅은 물론 250만 명이 넘는 신민과 수입의 6분의 1을 잃었기에 우정이 영원히 지켜질 가능성은 매우 낮았다.[16] 한편 나폴레옹은 스위스와 홀란트의 '독립'을 승인했고 남은 오스트리아제국 보전을 보장했으며 자신이 죽은 뒤에는 프랑스 왕위와 이탈리아 왕위를 분리하겠다고 약속했다. 이 중 어느 것도 그에게 의미 있는 일이 아니었고 손해를 끼치지도 않았다.[17]

비방 드농이 프랑스 독수리가 영국 사자를 발톱으로 움켜쥔 장면을 묘사한 것을 포함해 아우스터리츠 승전을 기념하는 일련의 금메달을 선사했을 때, 나폴레옹은 이렇게 말하며 그것을 '난폭하게 방 끝까지' 내던졌다.

"비열한 아첨꾼 같으니! 어떻게 감히 프랑스 독수리가 영국 사자의 목을 조른다는 말을 하는가? 바다에 작은 낚싯배 하나만 띄워도 영국이 잡아갔다. 영국 사자가 프랑스 독수리를 숨 막히게 하는 것이 현실이다. 저 메달을 주물 공장에 내버리고 다시는 그런 것을 가져오지 말라!"[18]

나폴레옹은 드농에게 다른 아우스터리츠 메달도 녹이고 웅장함이 훨씬 덜한 디자인을 가져오라고 했다. 드농은 명령에 따랐다(새 디자인은 뒷면에 프란츠 2세와 프리드리히 빌헬름 3세의 얼굴을 그려 넣었다). 1805년 나폴레옹에게는 아직 약간의 겸손함이 남아 있었다. 그는 자신의 영광을 영원히 기리는 기념물을 세우자는 켈레르만의 제안을 거절했으며 다비드를 시켜 지나친 아부의 소산인 자신의 금 모형을 부숴 버리게 했다.

프레스부르크 조약에서 나폴리는 거론하지 않았다. 나폴리는 1월 나폴레옹이 왕비 마리아 카롤리나에게 분명히 경고하고 이후 중립 조약에 서명했는데도 제3차 대프랑스 동맹에 합류했다. 부르봉 왕가는 11월 20일 나폴리에 상륙한 1만 9천 명의 러시아-영국 동맹군을 환영했지만 이 부대는 아우스터리츠 소식을 듣자마자 다시 떠났다. 마리아 카롤리나는 나폴레옹을 이렇게 불렀다고 한다.

"그 잔인한 짐승 … 코르시카의 잡종, 벼락출세한 놈, 그 개새끼!"[19]

12월 27일 나폴레옹은 간단하게 선언했다.

"이제 나폴리 왕조는 통치하지 않는다. 그 존재는 유럽 평화와 내 왕관의 영예와 공존할 수 없다."

동맹군 상륙이 뜻밖이었다는 마리아 카롤리나의 부정직한 선언은 받아들여지지 않았다. 소문에 따르면 나폴레옹은 탈레랑에게 이런 말로 마리아 카롤리나만큼이나 화려한 독설의 재주를 증명했다고 한다.

"나는 언제고 그 매춘부를 처벌할 것이다."[20]

1806년 11월 밀라노부터 밀고 내려온 마세나가 신속히 나폴리 대부분을 점령하고 산적 두목 미켈레 페차('악마 형제'로 알려졌다)를 목매달아 죽였지만 부르봉 왕가는 시칠리아로 도피했다. 그리고 칼라브리아 산악지대에서 농민 게릴라들이 여러 해 동안 프랑스에 맞서 싸우면서 악의적인 보복이 분명한 추악한 전쟁이 이어졌다. 특히 1810년 나폴레옹이 샤를 마네를 그곳 군사총독으로 임명한 뒤 그러한 특징이 더욱 두드러졌다. 게릴라전은 프랑스의 힘과 병력, 사기에 부딪쳐 약해졌지만 칼라브리아를 폐허로 만들고 주민들을 고통스럽게 했다. 때때로 영국이 도왔으나(1806년 7월 소규모 부대가 상륙해 마이다 전투에서 승리했다) 그들의 주된 기여는 메시나해협을 지키는 것이었다. 그달에 나폴레옹이 조제프에게 말했다.

"시칠리아가 더 가깝고 내게 선봉대가 있었다면 나는 그 일을 했을 것이오. 내 전쟁 경험으로 볼 때 9천 명만 있으면 영국 군대 3만 명을 무찌를 수 있소."[21]

이는 불길하게도 영국을 얕보는 태도의 또 다른 증거였다. 그는 워털루 전투 이전에는 전장에서 영국인을 직접 대면한 적이 없다.

나폴레옹은 프랑스와 바이에른의 동맹을 굳건히 하고자 새로 옹립한 바이에른 왕 막시밀리안 1세(1799년 이래 팔츠 선제후 막시밀리안 4세 요제프가 바이에른을 통치했다)에게 장녀 아우구스타를 외젠과 결혼시키라고 요구했다. 아우구스타는 바덴의 카를 루트비히와 약혼하고 외젠은 다른 여자와 사랑에 빠져 있는 상황이었다. 나폴레옹은 외젠에게 아우구스타의 모습을 새긴 컵을 보내면서 그녀가 실제로는 '훨씬 더 나아' 보일 것이라고 안심시켰다.[22] 그들은 1806년 1월 14일 결혼했고 두 사람의 결혼은 나폴레옹이 라프와 탈레랑에게 강요한 비참한 결혼처럼 자신의 체면을 위해 고집한 다른 몇몇 결혼보다 훨씬 성공적이었다. 나폴레옹은 아우구스타가 임신했을 때 절반쯤 농담 삼아 말했다.

"우리에게 딸을 낳아 주면 절대 안 된다."

그리고 유감스러운 결과를 피하는 방법으로 "희석하지 않은 포도주를 매일 조금씩 마시라"고 제안했다.[23] 1807년 3월 아우구스타가 딸을 낳자 나폴레옹은 아이를 조제핀이라 부르라고 명령했고 외젠에게 축하 서한을 보냈다.

"이제 네가 할 일은 내년에 반드시 사내아이를 낳는 것이다."[24](두 사람은 또 딸을 낳았다.)

나폴레옹은 열아홉 살인 바덴의 카를 루트비히에게는 다른 계획이 있었다. 그는 1806년 4월 8일 조제핀의 사촌 스테파니 드 보아르네와 결혼했다. 그렇지만 두 사람은 그가 1811년 대공이 될 때까지 떨어져 살았고 이후 7년 동안 다섯 아이를 낳았다. 제롬은 마침내 예쁜 미국인 아내 볼티모어의 엘리자베스 패터슨과 이혼하고 1807년 8월 뷔르템베르크의 공주 카타리나와 결혼했다. 그렇게 나폴레옹은 불과 열아홉 달 만에 가족이 라인강과 도나우강 사이 완충 지대에 있는 중요한 세 나라 통치 가문과 혼인하게 했다. 이는 전략상 중요한 정치적, 군사적 동맹을 수립하는 것이자 왕조의 정당성을 증명하기 위한 조치이기도 했다.

1806년 1월 그랑다르메의 징세총관이 보낸 보고서는 아우스터리츠 승리가 프랑스에 얼마나 이로웠는지 보여 주었다.[25] 프레스부르크 조약에 따라 오스트리아에 요구한 4천만 프랑에 더해 슈바벤에서 1천8백만 프랑이 걷혔다. 새로 점령한 영토 전역에서 영국 물품을 강탈해 팔아치우면서 수입은 전부 합해 약 7천5백만 프랑에 이르렀다. 비용과 프랑스가 독일 국가들에 진 채무를 제하고도 거의 5천만 프랑에 달하는 이익이 났다.[26] 나폴레옹은 늘 형제들에게 병사 급여 지급이 정부의 첫째가는 의무라고 말했지만 군대는 대개 전투가 끝나야 급여를 받았다. 이는 탈영을 방지하는 유인이었고 또한 사망자와 포로가 된 자에게는 지급할 필요가 없기 때문이기도 했다.[27] 나폴레옹은 1810년 7월 14일 조제프와 술트에게 보낸 편지에서 이렇게 말했다.

"전쟁으로 전쟁 비용을 대야 한다."

나폴레옹은 이 목적을 달성하기 위해 세 가지 방법을 이용했다. 적에게 직접 현금과 재산 강탈하기('일반 군세'라고 부른다), 강화 조약에 합의한 대로 적에게 자금 지불받기('특별 군세'), 외국이나 동맹국 자금으로 프랑스 군대의 숙식비 충당하기가 그것이다. 프랑스는 병사들을 훈련시키고 그들에게 장비와 의복을 지급했지만 그다음에는 대체로 군대가 스스로 비용을 충당해야 했다.[28)]

일반 군세와 특별 군세로 모은 자금에는 제3차 대프랑스 동맹 전쟁에서 3천5백만 프랑, 제4차 대프랑스 동맹 전쟁에서 2억 5천3백만 프랑, 1807년 프로이센에서 징발한 9천만 프랑에 해당하는 현물, 1809년 오스트리아에서 7천9백만 프랑, 1808~1813년 에스파냐에서 거금 3억 5천만 프랑, 이탈리아에서 3억 8백만 프랑, 1810년 홀란트에서 강탈한 1천만 프랑에 해당하는 물품, 같은 해 함부르크에서 1천만 프랑에 해당하는 특별 '세금'이 있다.[29)] 10년 넘는 기간 동안 동맹군 분견대를 이용해 아낀 자금(2억 5천3백만 프랑)과 프랑스 군대를 위성국가에 파견해 숙박을 해결하면서 절약한 자금(1억 2천9백만 프랑), 8억 7백만 프랑의 '보통 군세', 6억 7백만 프랑의 '특별 군세'도 도합 18억 프랑에 가까웠다. 그렇지만 그것으로 충분하지 않았다. 아미앵 대실패부터 1814년까지 나폴레옹에겐 전쟁 비용으로 최소 30억 프랑이 필요했다.[30)] 그 차이를 메우기 위해 나폴레옹은 12억 프랑을 더 모아야 했다. 이 중 8천만 프랑은 세금으로(제위가 확고해진 1806년 지극히 평판이 나빴던 구체제 세금, 즉 담배와 술, 소금에 부과한 간접세 포함), 1억 3천7백만 프랑은 관세로, 2억 3천2백만 프랑은 국유재산 매각으로 마련했고 프랑스 은행에서 빌리기도 했다. 나폴레옹을 포함한 국가 장교들은 5천9백만 프랑을 기증했다.[31)] 나폴레옹은 국무원에 이렇게 말했다.

"우리는 당나귀에 너무 많은 짐을 싣지 않도록 조심해야 한다."

결국 전쟁으로 전쟁 비용을 대지는 못했다. 60퍼센트만 가능했을 뿐이고 나머지 40퍼센트는 프랑스 국민이 다양한 방법으로 끌어모았다. 그러나 음주자와 흡연자에게 임의로 부과한 세금을 제외하면 나폴레옹의 강력한 지지자들(프랑스의 소매상, 무역상, 전문직업인, 자영농)에게 직접세를 부과하지는 않았다. 영국은 당시에는 들어 보지 못한 과세로 연간 2백 파운드가 넘는 모든 소득에 소득세 10퍼센트를 부과했으나 프랑스는 중간계급과 상층계급 소득에 직접세를 부과하지 않았다. 1814년 나폴레옹이 첫 번째로 퇴위했을 때 세금과 기타 부과조로 얻은 수입이 연간 4억 3천만 프랑에서 5억 프랑 사이였는데 국가 채무는 6천만 프랑으로 감소했다.[32] 아무런 소득세 부과 없이 15년 동안 전쟁 비용을 마련한 것은, 특히 구체제가 부분적으로 미국 혁명을 돕다가 이보다 훨씬 적은 비용을 쓰고도 무너졌음을 생각할 때 꽤나 인상적인 업적이었다. 1806년 나폴레옹은 국무원에 약속했다.

"영국을 무너뜨리면 2억 프랑의 세금을 거두겠다."[33]

그런 일은 결코 일어나지 않았지만 그렇다고 그가 그렇게 하지 않았을 것이라고 생각할 이유는 없다.

1806년 1월 나폴레옹은 처음으로 진정 의미심장한 통치상의 실수를 저질렀다. 그는 형 조제프에게 나폴리 왕위를 제안하면서 말했다.

"그것은 이탈리아와 스위스, 홀란트, 세 개 독일 왕국처럼 내 연방국가, 즉 진실로 프랑스제국이 될 것이오."[34]

조제프는 3월 30일 즉위했고 루이는 6월 홀란트 왕이 되었다. 애초에 나폴레옹은 능력주의를 지지했으나 이처럼 혁명 이전의 통치 체제로 돌아가면서 능력주의 체제가 불안해졌다. 그는 대체로 능력이 모자라는 형제들을 중요한 지위에 앉혔는데 이는 향후 문제가 될 소지가 있었다. 1805년 12월 나폴레옹은 조제프에게 보낸 편지에서 제롬에 관해 썼다.

"그의 연금이 충분하지 않다면 내 확고한 의지는 그를 채무 대가로 교도소에 보내는 것이오. … 이 젊은이가 내 체제에 폐만 끼치고 무익해 내게 얼마나 큰 희생을 치르게 했는지 상상할 수 없을 정도요."[35]

그러나 이렇게 말한 지 2년도 지나지 않아 나폴레옹은 조금도 변하지 않은 제롬을 베스트팔렌 왕으로 삼았다. 현지에는 프랑스에 우호적인 개혁가가 많았기에 나폴레옹은 그들을 권좌에 올려놓을 수도 있었다. 이를테면 이탈리아의 멜치, 홀란트의 뤼트허르 얀 스히멜페닝크, 독일의 카를 달베르크, 폴란드의 포니아토프스키 대공, 심지어 에스파냐의 왕세자 페르난도도 다투기 좋아하고 허영심 많고 불충하고 대체로 무능력한 보나파르트 가족 구성원은 말할 것도 없고 대다수 프랑스인보다 훨씬 일을 잘했을 것이다.

격분한 나폴레옹이 조제프에게 통치 방식에 관해 수십 통의 무례한 편지를 보냈지만("그대는 왕이 되어야 하고 왕처럼 말해야 하오.") 그는 형을 깊이 사랑했고 그것은 진심이었다.[36] 조제프가 자신은 이제 그가 알던 옛날의 형이 아니라고 불평하자 나폴레옹은 1806년 8월 사냥할 때 쓰는 랑부예의 성에서 그에게 편지를 보내 그 생각에 당황스러웠다고 얘기했다. 나폴레옹은 자신을 3인칭으로 표현하는 조제프의 문법을 차용해 이유를 말했다.

"그는 지금 마흔 살이니 열두 살이었을 때 그대에게 느낀 것과 동일한 감정을 느끼지 않는 것이 정상이오. 그러나 그는 그대에게 더 진실하고 훨씬 더 강한 감정을 느끼오. 그의 우정은 그의 영혼에 각인되어 있소."[37]

전성기에 세상을 깜짝 놀라게 한 네덜란드는 에스파냐제국에 도전했고 스타트홀더르(총독) 빌럼 판 오라녀를 잉글랜드 왕으로 보냈으며 세계적인 제국을 건설했다. 그뿐 아니라 맨해튼을 사들였고 자본주의를 발명했으며 흐로티위스와 스피노자, 렘브란트, 얀 페르메이르의 황금기를 자랑했다. 그런데 18세기 말까지만 해도 영국은 대개 싸움도 없이 네덜란드 식민지를 대부분 넘겨받았고 네덜란드 해운과 해외무역 체제는 거의 붕괴했다. 그 여파로 도시 인구가 감소했으며(유럽의 다른 지역과 현저한 대조를 이룬다) 제조업에서는 진gin만 그럭저럭 잘 생산했다.[38] 나폴레옹은 루이를 왕으로 임명해(네덜란드인은 반대하지 않았다) 네덜란드 주권에 최후의 일격을 가했으나 루이는 여러 측면에서 좋은 군주였다. '라트펜시오나리스(연금 수령 고문)' 스히멜페닝크는 긴 침체에 빠진 국가 경제를 역전시키고자 이미 여러 주의 연방체를 통일 국가로 바꾸는 과정에 착수했는데 루이는 이 작업을 지속했다. 1807년 지방정부 개혁으로 도와 지역 엘리트는 영향력을 빼앗겼고 1808년 유서 깊은 제도인 길드를 폐지했으며 1809년 사법제도를 합리적으로 재조직했다. 루이는 궁정을 헤이그에서 위트레흐트를 거쳐 암스테르담으로 옮겼고 암스테르담 시참사회는 시청을 비워 왕궁으로 쓰게 했다.[39]

루이는 입법부에 이렇게 말했다.

"나는 네덜란드에 발을 내딛은 순간부터 네덜란드 사람이 되었다."

이 말은 나폴레옹이 점차 불행해진 이후 4년 동안 그를 괴롭힐 문제를 설명해 준다.[40] 나폴레옹은 치세 내내 루이에게 몹시 거친 편지를 쏟아부어 그가 자신에게 필요한 강인하고 비타협적인 군주가 되기에는 너무 '착하다'고 불평했다. 그 전형적인 편지 하나를 보면 이러했다.

> 네가 계속 징징거리며 통치한다면, 남들이 너를 들볶도록 내버려 둔다면, 너는 … 내게 바덴 대공보다 쓸모가 없을 것이다. … 너는 쓸데없이 나를 지치게 만든다. … 너는 생각이 편협하고 공동 대의에 관심이 없다. … 가난하다는 말은 이제 그만하라. 나는 네덜란드가 부유하다는 것을 잘 알고 있다. … 울며 불평하는 것은 여자나 하는 짓이다. 남자는 행동해야 한다. … 더 힘을 내지 않으면 너는 결국 네 약점을 후회할 상황에 빠지고 말 것이다. … 더 힘을 내라, 더![41]

한 가지 놀라운 사실은 루이가 아주 오래도록 왕좌에 머물렀다는 것이다. 그는 아내 오르탕스에게 거의 지원을 받지 못했다. 오르탕스는 비록 성실하게 왕실의 의무를 수행하고 네덜란드인에게도 비교적 인기가 있었지만 루이를 깊이 증오했고 곧 탈레랑의 사생아인 화려한 샤를 드 플라오 백작과 염문을 뿌렸다. 그리고 1811년 오르탕스는 플라오 백작과의 사이에서 아들을 낳았는데 그가 샤를 드 모르니 공작이다.

나폴레옹은 형제들 일을 불평하는 데 터무니없이 많은 시간을 썼다. 한 형제에게는 이런 농담도 했다.

"그가 사생아가 아니어서 정말 유감스럽다."

하지만 나폴레옹은 형제들이 명백한 실패를 보여 준 이후에도 오래도록 그들을 지켜 주었다.[42] 당장 급한 문제는 교황이 조제프를 나폴리 왕으로 인정하지 않은 것이었다. 여기에다 제롬의 결혼이 교회법에 위배된다는 지적 때문에 나폴레옹과 피우스 7세 사이에 전혀 불필요한 싸움이 벌어졌고 이는 결국 1809년 교황령 토지 강탈과 나폴레옹 파문으로 이어졌다. 나폴레옹은 가족 이외의 사람보다 형제자매가 더 신뢰할 만하다고 생각했고(실제 사건들은 이를 증명하지 못했다) 합스부르크 왕가와 로마노프 왕가, 하노버 왕가의 왕조 확대를 모방하고 싶어 했다. 몇 년 뒤 나폴레옹은 그답게 정직한 자기 평가로 이렇게 인정했다.

"내 형제들은 내게 매우 큰 해를 끼쳤다."

안됐지만 그때쯤에는 너무 늦었다.[43]

1806년 나폴레옹은 제국 지도자들에게 직함과 토지를 나눠 주었는데 이는 상대적으로 옹호받을 만한 일이었다. 뮈라는 4월 베르크(대략 루르강 유역에 해당) 대공이 되었고, 탈레랑은 이탈리아 베네벤토(앞서 교황령에 속했던 나폴리 동남쪽의 땅) 군주가 되었으며, 베르나도트는 폰테코르보(나폴리 인근 남부 라치오의 교황령에 속했던 땅에서 잘라내 인위적으로 만든 공국) 군주가 되었다. 푸셰는 세습 공작령 오트란토를 받았고 베르티에는 결혼한다는 조건으로 뇌샤텔의 군주가 되었다.[44] 나폴레옹은 뮈라에게 편지를 보내 베르크를 잘 조직해 "이웃나라들이 질투를 느껴 같은 통치권의 일부가 되기를 원하도록 만들라"고 요청했다.[45] 나폴레옹은 황제로 즉위한 뒤 제국고관을 신설해 외젠(대상서)과 뮈라(대제독, 그는 기병이었다), 르브룅(대재정관), 캉바세레스(대상서), 탈레랑(시종장), 페슈(궁중사제장)에게 직함을 부여했다. 그리고 뒤로크는 궁정대원수가 되었다. 이들 직함 중 여럿에 많은 예산을 투입했는데 특히 시종장은 1806년 거의 2백만 프랑의 자금을 받았고 궁중마사관(콜랭쿠르)은 310만 프랑, 궁중사제장은 20만 6천 프랑을 받았다.46) 이들 직함 중 일부는 확실히 허구적 성향을 보였고 당연하게도 부르봉 왕실을 숭배하는 선전자들에게 조롱을 받았지만 전부 상당한 토지와 수입을 얻게 했다.•

1806년 당시 원수와 장관만 보상을 받은 것은 아니었다. 3월 24일 나폴레옹은 열일곱 살 된 정부, '검은 눈의 갈색머리 미인' 엘레오노르 드뉘엘 드 라플레뉴에게 황실 금고에서 1만 프랑을 내주었다.47) 엘레오노르의 남편이 사기죄로 교도소에 있을 때 카롤린 뮈라는 조제핀을 흔들려는 또 다른 시도로 자신의 낭독자(책 읽어주는 사람)인 그녀를 나폴레옹에게 소개했다. 그해 4월 드 라플레뉴 부부는 이혼했는데 불능이 아님을 증명하고 싶어 한 나폴레옹의 바람대로 엘레오노르는 임신했고 12월 13일 나폴레옹의 사생아 레옹 백작을 낳았다(아버지 이름의 마지막 네 글자를 받은 것이 분명하다). 이 경험으로 나폴레옹은 조제핀과 이혼하기만 하면 왕조를 세울 수 있다고 확신했고 엘레오노르 역시 재정 문제를 해결했다. 나폴레옹은 그녀를 어느 육군 중위와 결혼시키면서 지참금을 넉넉히 주었다.

1806년 1월 23일 마흔여섯 살의 소 윌리엄 피트가 위궤양으로 사망했다. 오늘날이면 짧은 기간 동안 제산제 몇 알로 치료가 가능한 질환이다. 1806년 2월부터 1807년 3월까지 이어진 윌리엄 그렌빌의 이른바 '모든 인재의 내각Ministry of All the Talents'에서 오랫동안 프랑스대혁명과 나폴레옹에 공감했던 찰스 제임스 폭스가 영국 외무장관이 되었다. 나폴레옹은 아우스터리츠 전투 후 레프닌 볼콘스키 대공을 상트페테르부르크로 돌려보내 차르 알렉산드르 1세에게 평화를 제안했다. 이제 나폴레옹은 폭스에게 평화 제안을 받았는데, 폭스는 2월 20일 다우닝가에서 편지를

• 1799년 넬슨 제독은 나폴리의 페르디난트 4세에게 브론테 공작령과 매년 3천 파운드를 받았다.

써 보내 '정직한 사람으로서' 탈레랑에게 파리 제16구 파시에서 음모자들이 나폴레옹을 암살하려 한다고 경고하며 그들의 이름까지 거론했다.[48] 그는 조지 3세가 이 "혐오스러운 과제"에 "같은 감정을 느낀다"고 덧붙였다. 이 친절한 행위로 여름까지 이어질 전면적인 평화 협상을 개시했다. 영국 편에서는 주로 야머스 경과 로더데일 경이, 프랑스 편에서는 샹파니와 클라르크가 수행한 협상은 조약의 밑그림을 제안하는 단계까지 진척이 이뤄졌다.

실패할 경우 어느 쪽도 협상 자리에 앉았다고 인정하고 싶지 않았기에 협상을 비밀리에 진행했으나 프랑스 외무부 기록보관소에는 1806년 2~9월에 작성한 관련 문서가 148건에 이른다.[49] 이처럼 길게 이어진 협상(몰타와 하노버, 한자 동맹 도시, 알바니아, 발레리아스제도, 시칠리아, 희망봉, 수리남, 퐁디셰리를 포괄했다)은 8월 9일 폭스가 병들었을 때 사실상 중단되었고 9월 13일 쉰일곱 살의 이 영국 외무장관이 사망하면서 그 운명이 완전히 결정이 났다.[50] 나폴레옹은 회담이 실패했을 때 탈레랑에게 보낸 편지에서 이렇게 말했다.

"나는 영국이 파리가 중심인 세상의 한구석일 뿐이라는 사실을, 심지어 영국은 전쟁 중일 때도 그곳에 발판을 두고 있어야 이로울 것이라는 점을 잘 알고 있다."[51]

나폴레옹은 평화로 이어지는 관계가 아니라면 차라리 영국과 아무 관계도 맺지 않기로 했다. 더구나 1807년 3월 제3대 포틀랜드 공작 정부가 그렌빌 정부를 대체해 피트의 호전적인 프랑스 정책에 다시 몰두하자 그런 희망은 생각조차 할 수 없었다.

1806년의 첫 아홉 달 동안 나폴레옹은 그답게 대부분의 시간을 국무원에서 다양한 일을 처리하며 보냈다. 3월 그는 천갈이 업자가 그의 옥좌와 안락의자 여섯 개 비용으로 30만 프랑을 청구했다며 불평했다. 그는 그 지불을 거절하며 사제들은 빈민의 장례식 비용으로 고작 6프랑밖에 청구하지 않는다고 주장했다. 나폴레옹은 다음과 같이 말했다.

"단지 가난하다는 이유로 빈민에게서 그들의 빈곤을 위로해 주는 것을 빼앗아서는 안 된다. 종교는 일종의 예방접종이다. 경이로운 것을 향한 우리의 타고난 욕구를 충족해 우리가 사기꾼과 마술사의 손아귀에서 벗어나게 해 주기 때문이다. 사제는 칼리오스트로와 칸트 같은 자들, 독일의 모든 몽상가보다 더 낫다."[52)] •

나폴레옹은 1806년 3월 버터와 달걀 시장에 과세하는 방법을 제안했다. 모든 수익을 파리의 병원들로 보내고 시 당국은 그에 상응하는 액수만큼 자금 지원을 줄이자고 한 것이다.[53)] 나폴레옹은 신문에 부과하는 세금을 승인하면서 말했다. 신문의 경우 "자유방임이라는 유명한 금언을 말 그대로 받아들이면 위험하다. 그것은 적당히 신중하게 적용해야 한다."[54)] 며칠 후 나폴레옹은 '도매'와 '소매', '파인트(수량 단위)', '항아리' 같은 낱말이 새로운 소비세법에 들어가는 것은 더없이 타당하다면서 국무원에 그 법안은 어쨌거나 "결코 서사시가 아니다"라고 얘기했다.[55)] 3월 11일 나폴레옹은 국무원에 자신이 자기 전에 읽는 책은 "3세기와 4세기, 5세기, 6세기 연대기"라고 말했다. 그것을 읽고 그는 고대 갈리아인이 야만인이 아니었으며 "정부가 성직자에게 교육에 관한 권한을 너무 많이 넘겨주었다"는 것을 알았다.[56)]

그 달에 나폴레옹이 민간 행정에만 마음을 쏟은 것은 아니다. 그는 육군경리장관장 드장 장군에게 제3경보병 연대가 8일 전 군복 1천 벌과 탄띠를 약속받았는데 아직도 수령하지 못했다고 불평했다.[57)] 또한 국무원은 그랑다르메의 군복 색깔을 논의했다. 왜냐하면 인디고 염료가 값이 비쌌고 영국을 거쳐 들어왔기 때문이다. 나폴레옹은 다음과 같이 말했다.

"병사들이 푸른색 군복을 입었을 때 성과가 매우 좋았고, 과연 그렇다고 말할 수

• 알레산드로 디 칼리오스트로 백작으로 알려진 주세페 발사모(1743~1795)는 생애 동안 정체가 드러나지 않은 유명한 신비술사이자 사기꾼이었다. 따라서 나폴레옹이 위대한 합리주의자이자 독일 관념론의 창시자 중 하나인 이마누엘 칸트를 그처럼 악명 높은 협잡꾼과 함께 언급한 것은 이상하다.

있겠지만 그들에게 흰색 군복을 입히면 적지 않게 절약할 수 있을 것이다. 삼손의 힘이 머리카락 길이에서 나왔다고 하지만 나는 병사들의 힘이 외투 색깔에서 나온다고 생각하지 않는다."[58]

흰색 군복에 반대하는 다른 이유로는 쉽게 더러워진다는 것과 피가 잘 드러나 보인다는 데 있었다.

나폴레옹은 놀라울 정도로 열심히 일했지만 "일은 일종의 휴식이어야 한다"고 믿었다.[59] 그는 4월 14일 외젠에게 말했듯 이렇게 생각했다. 충분히 일찍 일어나면 "짧은 시간 안에 많은 일을 할 수 있다. 나는 너와 똑같이 생활하지만 내 늙은 아내는 내가 근처에 없어도 즐거운 시간을 보낸다. 또한 나는 너보다 더 바쁘지만 나는 휴식과 여흥에 너보다 더 많은 시간을 쓴다. … 나는 지난 이틀을 베시에르 원수와 함께 보냈다. 우리는 열다섯 살짜리 아이들처럼 놀았다." 나폴레옹은 그날 외젠에게 보낸 6통을 포함해 모두 14통의 편지를 썼으니 정확히 열다섯 살 아이처럼 놀지는 않았을 것이다. 다만 그가 스스로 쉬고 있다고 생각했다는 사실은 그 자체로 건강에 도움을 주었으리라고 본다.

나폴레옹이 4월 외젠에게 보낸 편지 중 몇 통은 우스꽝스러울 정도로 아이를 돌보는 유모의 느낌을 준다. 그는 다음과 같이 명령했다.

"이탈리아 귀족이 말 타기를 배우는 것은 중요하다."[60]

더 실제적인 것은 그가 조제프에게 나폴리에서 암살당하지 않는 법에 관해 한 조언이다. 그는 이렇게 썼다.

"그대의 방에서 자는 시종, 요리사, 근위병 그리고 밤에 급보를 전달하려고 그대를 깨우는 자는 모두 프랑스인이어야 하오."

> 밤에는 앞방에서 자야 하는 부관을 제외하면 누구도 들여서는 안 되오. 방문은 안에서 잠가야 하고 부관의 목소리를 알아볼 때만 열어야 하오. 그는 자신이 자는 방 한쪽 문

을 안에서 잠가 뒤따르는 자가 없고 자기 혼자뿐임을 확실히 한 뒤 그대의 방문을 두드려야 하오. 이런 예방책은 중요하오. 이 예방책은 성가신 일이 아니며 목숨을 구해 줄 수 있을 뿐 아니라 자신감도 줄 것이오.[61]

1806년 5월 30일 나폴레옹은 '유대인과 고리대금업에 관한 법령'을 통과시켰다. 이 법령은 유대인의 '부정한 탐욕'과 '공민도덕 감정' 결여를 비난하고 알자스에서의 채무 상환을 1년 유예해 주었으며, 돈을 빌려주는 '수치스러운 조치'(그의 프랑스 은행이 일상적으로 하던 일이다)를 줄이기 위해 대大 산헤드린을 소집했다.[62] 이는 그때까지 유대인에게 우호적인 태도와 존중을 보여 주던 나폴레옹이 그 민족을 향해 처음 드러낸 적대적 자세였다. 그 이후 나폴레옹은 유대인 정책에서 그답지 않게 확신이 없어 보였다. 그는 어릴 적이나 학교에 다닐 때 유대인을 많이 만나지 못했고 친구 중에 유대인이 없었지만 이탈리아 원정 중에 베네치아와 베로나, 파도바, 리보르노, 안코나, 로마에서 게토를 개방했고 유대인에게 옷에 다윗별을 부착하게 하는 관행을 폐지했다.[63] 나폴레옹은 몰타에서 유대인을 노예로 파는 행위를 금지했고 유대인이 그곳에 회당을 세우도록 허락했으며 성지로 종군할 때 그들의 종교적, 사회적 구조를 재가했다. 1799년 4월 20일 그는 팔레스타인에 유대인의 모국을 세우는 일에 찬성한다는 선언문을 작성하기도 했다. 이는 그가 아크레에서 패한 뒤 쓸모가 없어졌다(그래도 선언문은 〈모니퇴르〉에 실렸다).[64] 나폴레옹은 모든 출정에서 평등한 시민권을 프랑스 국경 너머의 유대인에게로 확대했다.* 그렇지만 나폴레옹이 아우스터리츠 전투 후 파리로 돌아오자마자 잘츠부르크의 기업가와 은행가가 유대인의 대부를 알자스 농민에게만 제한하라고 청원했다. 알자스의 유대인은 프랑스 유대인 인

* 종교에서 관용적 태도를 보인 영국에서도 라이오넬 드 로스차일드는 세 번이나 하원의원으로 선출된 뒤에야 1858년 최초의 유대인 의원으로서 런던시 선거구를 대표해 등원할 수 있었다.

구의 거의 절반에 해당했고, 이들은 공개 시장에서 자유로운 계약에 따라 돈을 빌린 자들이 돈을 빌려준 자들을 비난하는 기이한 전도 현상으로 '과도한' 폭리를 취한다는 비난을 받았다.[65] 이 문제를 더 조사한 국무원은 이를 두고 심하게 분열했다. 나폴레옹은 국무원 위원들에게 반유대주의적 알자스 법을 세워 "후세에 내 영광을 망치고" 싶지 않다고 말했다. 이후 몇 달 동안 알자스 법을 조항별로 하나씩 철회했다.[66]

대 산헤드린을 소집하자 나폴레옹의 우려는 사라졌고 유대교에 관한 그의 무지가 드러났다. 그는 유대교가 일부다처제를 조장한다고 믿었던 것 같다. 유대인 장로들은 그가 제기한 문제에 훌륭하게 답변했다. 그들은 외혼外婚은 기독교인의 경우처럼 유대인에게도 인기가 없고 이자율은 채무불이행 위험을 반영한 것이며 프랑스 유대인은 제국을 지지하는 애국자라고 콕 집어 얘기했다.[67] 그 후 나폴레옹은 유대교를 프랑스의 공식 종교 셋 중 하나로 선언했다. 그는 다음과 같이 말했다.

"나는 프랑스에 사는 모든 인민이 동등한 시민으로서 우리 법률의 혜택을 받길 원한다."[68]

그가 유대인에게 적어도 오스트리아와 프로이센, 러시아, 특히 교황령에 널리 퍼진 제한 조치에 비해 상대적으로 유연한 조치를 취한 이유 중 하나는 자기이익이었을 것이다. 나폴레옹은 훗날 이렇게 말했다.

"나는 이것이 프랑스에 많은 부를 안겨 줄 거라고 생각했다. 유대인은 숫자가 많고 다른 나라보다 우리나라에서 더 많은 특혜를 누리면 우리나라로 많이 들어올 것이기 때문이다."[69]

하지만 이 모든 것이 무색하게도 나폴레옹은 자신의 타고난 지지 기반인 프랑스 지주, 상인, 유복한 자영농의 이익과 유대인의 이익이 충돌한다고 생각한 순간 당연한 정의는 거의 존중하지 않고 지지자 편을 들었다. 1808년 3월 17일 그는 유대인에게 더 많은 규제를 안긴 '수치스러운 법령Décret infâme'을 통과시켜 빚 받아 내기와 징집 회피를 더 어렵게 했고 새로운 영업 허가증 구매를 의무 사항으로 만들었다.[70] 나폴레옹은 몇 달 안에 여러 주에서 이러한 조치 중 여럿을 제거했지만 알자스에서는 1811년까지 그러한 조치를 지속했다.[71] 독일에서는 1807년 베스트팔렌왕국을 세운 나폴레옹의 칙령에 따라 유대인에게 부과한 특별 세금을 폐지하면서 유대인이 완전한 시민이 되었다. 비슷하게 1811년 프랑크푸르트 게토에 있던 500여 유대인 가족이 완전한 시민이 되었고, 바덴에서는 대금업자를 제외한 모든 유대인이 완전한 시민이 되었다. 함부르크와 뤼베크, 브레멘에서도 나폴레옹 군대가 진입하면서 유대인이 시민권을 얻었다. 물론 현지 통치자와 주민은 이를 몹시 싫어했다.[72]

나폴레옹이 확장한 제국에는 유대인이 이전 프랑스 국경 안에 있던 유대인의 3분의 1 수준인 17만 명이 있었다. 그런데 페슈와 몰레, 레니에, 켈레르만 원수가 드러냈듯 반유대주의도 상당했으며 특히 군대에 널리 퍼져 있었다. 유대인 장군은 앙리 로탕부르 한 명뿐이었고 간혹 보급품 마차 행렬을 따라다닌 까마귀 떼에 '유대인'이라는 별명이 붙었다.[73] 나폴레옹 자신도 반유대주의 발언을 했다고 전해진다. 어느 장관에게 성서에 나오는 유대인은 "비겁하고 잔인하며 천한 민족"이라고 말했다는 것이다.[74] 1806년 1월 고리대금업 법령을 논의하기 위한 국무원 회의에서 나폴레옹은 유대인을 "인품이 낮은 타락한 민족 … 국가 안의 국가 … 시민이 아닌 자들", "프랑스를 모조리 약탈하는 풀쐐기와 메뚜기 떼!"라고 칭하며 다음과 같이 덧붙였다.

"나는 진짜 프랑스인의 피를 빨아먹는 유대인을 프랑스인으로 볼 수 없다."

또한 그는 국무원 감사관들이 알자스인의 채무와 융자금은 '자의로 떠안은 것'이며 계약법은 신성하다는 점을 확인했음에도 불구하고 '탐욕스럽고 몰인정한 대금업자'를 언급했다. 그런 발언은 오늘날의 문명사회 사람이면 누구나 불쾌하게 여기지만 19세기 프랑스 군대의 상층 중간계급 출신 장교들에게는 일반적인 견해였다.

나폴레옹은 개인적으로 자신과 같은 계층과 배경을 지닌 다른 사람만큼이나 유대인에게 편견을 보였지만, 그는 유대인이 유럽의 다른 곳보다 프랑스에서 덜 배척

당하는 것이 프랑스에 유리하다고 보았던 것 같다. 다시 말해 나폴레옹은 유대인 사이에서 의로운 이교도라는 평판을 얻었지만 실은 그럴 만한 사람이 아니었다.

대다수 신민이 추구하는 종교의 본질에 계속해서 공감하지 못했어도 보통은 선전에 이로운 게 무엇인지 잘 알았던 그가 이번 한 번은 그렇지 못해 프랑스의 종교 연중행사 목록에 8월 15일(그의 생일이자 성모승천대축일)이 새로운 성인의 날로 들어왔다. 이른바 생나폴레옹Saint Napoleon의 날이다. 대체로 입을 다물고 지냈던 프랑스 교회에도 이는 너무 지나친 조치였다. 이 발상은 당연히 신성모독이라 가톨릭 사이에서 실패로 끝났다. 나폴레옹은 카프라라 추기경에게 자신의 생일에 새로운 성인을 추대하라 요청했고, 추기경은 막시밀리안 황제에게 충성을 맹세하지 않아 순교했다고 추정되는 네오폴리스라는 로마의 순교자를 찾아냈다. 사실 그는 바티칸이 꾸며낸 완전한 가상 인물이었다.[75]

중세 신성로마제국에는 그 나름대로 논리가 있었다. 당시 신성로마제국은 독일과 중부유럽의 자그마한 국가 수백 개를 상호 교역과 안전 보장을 위한 느슨한 연합체로 결합했다. 그러나 1648년 베스트팔렌 조약으로 근대 국민국가의 법률적 토대를 놓고 1803년 제국대표단 기본 결의가 통과된 후(특히 아우스터리츠 전투로 독일 전역에서 오스트리아 세력이 무력해진 뒤) 신성로마제국은 존재 이유를 완전히 상실했다. 1806년 7월 12일 나폴레옹은 스스로 프랑스와 동맹한 16개 종속국을 포괄해 새로 수립한 독일 정치 체제인 라인 연방의 보호자임을 선언함으로써 신성로마제국을 더욱 무의미한 존재로 만들었다. 오스트리아와 프로이센은 라인 연방에 속하지 않았다. 1806년 말 바이에른·작센·뷔르템베르크 세 왕국과 레겐스부르크·호엔촐레른지크마링겐·호엔촐레른헤힝겐·이젠부르크-비르슈타인·라이엔·리히텐슈타인·잘름 일곱 개 영방군주국, 바덴·베르크·헤센-다름슈타트·뷔르츠부르크 네 개 대공국, 아렌베르크·나사우·작센코부르크·작센고타·작센힐트부르크하우젠·작센마

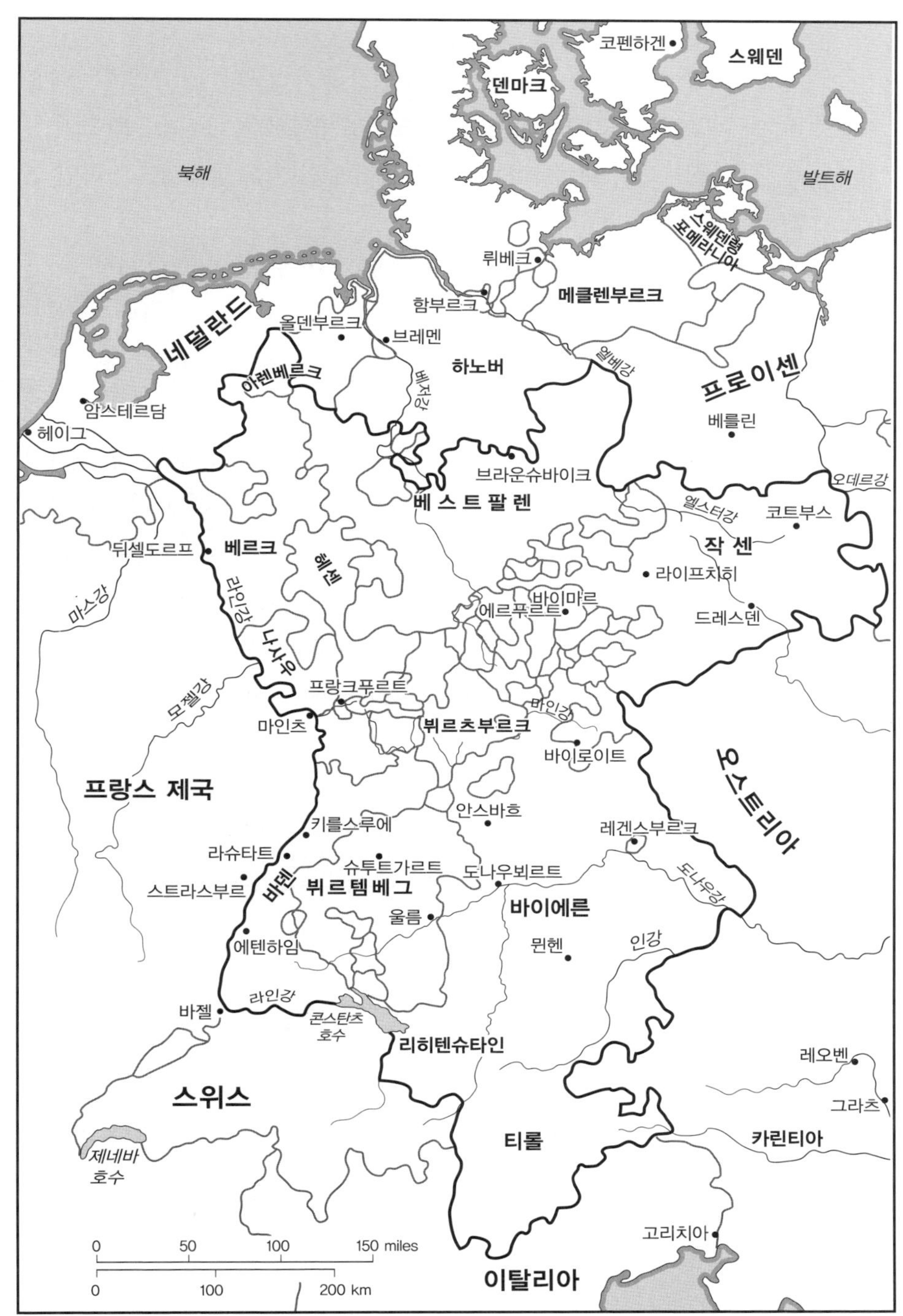
코펜하겐
스웨덴
덴마크
북해
발트해
스웨덴령 포메라니아
뤼베크
함부르크
메클렌부르크
올덴부르크
브레멘
네덜란드
아렌베르크
하노버
엘베강
베저강
프로이센
암스테르담
헤이그
베를린
브라운슈바이크
오데르강
베스트팔렌
엘스터강
코트부스
뒤셀도르프
베르크
헤센
작센
라이프치히
라인강
마스강
바이마르
에르푸르트
드레스덴
나사우
프랑크푸르트
모젤강
마인강
마인츠
뷔르츠부르크
바이로이트
오스트리아
프랑스 제국
안스바흐
키를스루에
레겐스부르크
라슈타트
슈투트가르트
도나우뵈르트
도나우강
스트라스부르
바덴
뷔르템베르그
바이에른
울름
뮌헨
인강
에텐하임
라인강
바젤
콘스탄츠 호수
리히텐슈타인
레오벤
스위스
그라츠
티롤
카린티아
제네바 호수
0
50
100
150 miles
0
100
200 km
고리치아
이탈리아

라인 연방, 1807년

이닝겐·작센바이마르 일곱 개 공국 전부 라인 연방에 가입했다. 1807년에는 아홉 개 영방군주국, 세 개 공국과 함께 베스트팔렌왕국도 합류했다. 나폴레옹을 크게 찬미한 전직 신성로마제국의 대재상이자 마인츠 대주교인 카를 달베르크는 라인 연방의 제후-대주교에 임명되었다.

라인 연방 창설은 유럽에 깊은 의미가 있었다. 가장 즉각적인 영향은 신성로마제국을 구성한 여러 정치 체제가 동시에 이탈함으로써 800년 카롤루스 대제 대관식으로 세워진 제국이 1806년 8월 6일 프란츠 2세 때 공식 소멸한 것이다(괴테는 그날 자신과 같은 여관에 머물던 사람들이 제국 몰락보다 자신의 마부와 여관 주인의 싸움에 더 관심이 많았다고 적었다). 이제 신성로마제국은 사라졌기에 프란츠 2세는 자신이 1804년 이미 제국으로 선포한 오스트리아의 프란츠 1세가 되어 역사상 유일한 이중 황제Doppelkaiser로 남았다.[76)]

라인 연방 창설 조건에 따라 나폴레옹은 추가로 독일군 6만 3천 명을 쓸 수 있었고 이 숫자는 조만간 더 늘어난다. 실로 1806년부터 1813년 라인 연방이 붕괴할 때까지 '프랑스군'이라는 용어는 잘못 붙인 이름이나 마찬가지였다. 다른 결과는 프로이센의 프리드리히 빌헬름 3세가 프랑스에 맞선 네 번째 동맹에 참여할 준비를 갖추지 않았다면 자국 국경 너머에서 더는 의미 있는 지도적 역할을 수행하리라는 희망을 포기해야 했을 거라는 점이다. 한편 라인 연방은 새로운 독일 민족주의 의식과 언젠가는 독일이 스스로를 통치하는 독립국가가 될 수 있다는 꿈을 촉진했다. 나폴레옹이 죽고 50년 후 자신의 조카 나폴레옹 3세의 프랑스제국을 멸망시킬 나라 창설에 그가 공헌해야 했다는 사실보다 더 강력하게 '의도하지 않은 결과'라는 역사 법칙을 보여 주는 사례는 없다.

프로이센의 전임 외무장관 카를 폰 하르덴베르크는 1806년 프리드리히 빌헬름 3세에게 보낸 서한에 이렇게 썼다.

"폐하는 유일하게 러시아, 프랑스와 동시에 동맹을 맺은 분입니다. 이 상황을 오래 지속할 수는 없습니다."[77)]

프리드리히 빌헬름 3세는 7월 초 프랑스와 전쟁을 벌이기로 결정했지만 이는 10월까지 실현하지 못했다. 프로이센에 유리한 때가 아직 오지 않았다는 두려움 때문이었다. 프로이센은 나폴레옹을 황제로 인정한 첫 번째 나라였고 그 영토에서 부르봉 왕실을 내쫓았으며 그 전 12월에 쇤브룬 조약을 체결했으나 1806년 10월 프로이센은 여전히 전쟁 중이었다.[78] 프리드리히 빌헬름 3세는 프랑스와 오스트리아에 시달리지 않는 지역 패권을 꿈꿨고 프랑스가 북부 독일을 잠식하는 것에 점점 더 큰 공포를 느꼈다.[79] 1806년 6월 말과 7월 초 하르덴베르크 후임으로 일찍이 프랑스와의 동맹을 치켜세운 폰 하우크비츠는 비망록 세 개를 작성했는데, 그 결론은 나폴레옹이 프로이센과 싸울 이유를 찾고 있으며 헤센을 프로이센 궤도에서 이탈시키려 한다는 것이었다. 그는 프로이센이 작센과 헤센, 러시아를 포괄하는 반프랑스 동맹을 구축하는 한편 하노버 병합을 포기해 영국이 전쟁을 지원하게 해야 한다고 권고했다. 그의 견해는 유력한 장군 에른스트 폰 뤼헬의 지지를 받았다. 그러나 뤼헬은 국왕 앞에서 아우스터리츠 전투가 끝난 지 1년도 지나지 않은 상황에서 프랑스와 전쟁을 하는 것은 위험한 게임Hazardspiel이 될 것임을 인정했다.[80]

한편 파리에서는 차르의 사절 표트르 야코블레비치 우브리가 7월 20일 프랑스와의 '영원한 평화와 우정' 조약이라는 문구에 동의했다. 상트페테르부르크에서 차르의 재가만 남았기에 네 번째 동맹이라는 프로이센의 희망은 꺾일 것 같았다. 그런데 차르는 이스탄불 주재 프랑스 대사인 세바스티아니 장군이 러시아를 공격하라고 오스만제국을 부추기고 있다는 보고에 격노했다. 차르는 프랑스와 프로이센 사이에서 어디를 선택할지 머뭇거렸다. 세바스티아니가 얼마나 나폴레옹과 탈레랑의 명령에 따라 움직였는지는 알려지지 않았지만 아우스터리츠 전투 이후 강화 조약이 없는 상황에서 프랑스가 이스탄불에서 그런 외교 경로를 따르는 것은 합당했

프로이센과 폴란드 전역, 1806–1807년

N
W
E
S
네만강
틸지트
쾨니히스베르크
프레겔강
슐로디텐
프리틀란트
아일라우
단치히
란즈베르크
위나강
제르팔렌
로테넨
엘빙
하일스베르크
구트슈타트
요하니스부르크 숲
알렌슈타인
파스웽카강
센
비스와강
나레프강
오스트로웽카
마쿠프
토룬
위커강
고위민
푸우투스크
부크강
모들린
스토르흐네스트
바르샤바
바르타강
루블린
0
20
40
60
80
100 miles
0
50
100
150 km
비스와강

다.• 나폴레옹은 프로이센과 러시아 두 나라와 동시에 싸우는 것은 물론 둘 중 어느 한 나라와도 싸우고 싶지 않았다. 8월 2일 그는 탈레랑에게 베를린 주재 프랑스 대사 앙투안 라포레스트에게 다음과 같이 전하라고 명령했다.

"나는 어떤 대가를 치르든 프로이센과 좋은 관계를 유지하길 원한다. 필요하다면 내가 하노버 때문에 영국과 평화 조약을 체결하지는 않을 것임을 라포레스트가 확신하게 해도 좋다."[81)]

같은 날 그는 루르 지역의 베르크에 있는 뮈라에게 프로이센이 적대적으로 해석할 수 있는 행동을 삼가라고 명령했다. 그는 이렇게 썼다.

"그대의 역할은 프로이센을 달래는 것, 즉 잘 달래는 것이지 그들을 당황하게 만들 일을 하는 게 아니다. 프로이센 같은 강국을 대면할 때는 아주 천천히 상대해야 한다."[82)]

뮈라에게 보낸 그 편지에는 원래 쓴 메모 중 펜에 긁혀 지워진 문장이 하나 있다.

"그대가 하는 모든 일은 그대 국가의 일방적인 약탈로 끝날 것이다."

1806년 8월 나폴레옹은 파리 주재 신임 오스트리아 대사 클레멘스 폰 메테르니히 백작을 처음 만났다. 황제는 생클루성 실내에서 모자를 쓰고 있었다. 메테르니히는 이를 두고 다음과 같이 썼다.

"공개적인 알현이 아니지만 어쨌거나 부적절했고 나는 벼락출세했다는 사실을 드러내는 어울리지 않는 허식이라는 인상을 받았다."[83)]

이후 메테르니히가 나폴레옹에게 화해할 수 없는 적이 된다는 점을 고려하면 머리에 쓴 것을 제외하고 전반적으로 긍정적이던 그의 첫인상이 흥미롭다.

• 나폴레옹은 여느 때처럼 국제 상황을 주시하는 동시에 제국을 세심히 관리하는 데 열심이었다. 7월 16일 나폴레옹은 푸셰에게 이렇게 써 보냈다. "어제 분명 마부가 사고를 일으켜 어린아이가 하나 죽었다. 그가 누구의 수하이든 체포해 엄히 벌하라."(CG6 no.12507 p.616)

> 처음에 가장 크게 다가온 인상은 그의 정신과 일처리 방식이 놀랍도록 명료하고 단순하다는 것이었다. 그와 대화하는 것은 언제나 내게 뭐라 말하기 어려운 매력적인 일이었다. 그는 주제의 핵심을 포착했고 쓸데없는 곁가지를 제거했으며 완벽하게 분명해질 때까지 공들여 계속 생각을 다듬었는데 이를 표현할 적절한 낱말이 떠오르지 않으면 만들어 냈다. 그래서 그와의 대화는 늘 흥미로 가득했다. 그는 상대의 발언과 이의를 경청하고 받아들였으며 이에 질문을 던지거나 반대 의견을 제시하면서도 목소리가 흔들리지 않았고 업무상의 대화라는 선을 넘지도 않았다. 나는 그를 기쁘게 할 가능성이 없을 때도 아무런 어려움을 느끼지 않고 내가 진실이라고 믿는 것을 말했다.[84)]

나중에 메테르니히는 회고록에서 나폴레옹을 거친 이기주의자로 묘사하지만 적어도 이 단계에서는 두 사람의 관계가 그렇게 보이지 않는다.

8월 25일 프로이센 사람들은 뷔르템베르크 태생의 출판업자이자 서적상인 요한 팔름의 재판에 격분했다. 그가 나폴레옹에 반대하는 민족주의 간행물을 팔았고 체포되었을 때 중립 지역인 뉘른베르크에 살고 있었기 때문이다. 팔름은 자신이 출간한 소책자 《깊은 굴욕에 빠진 독일Deutschland in seiner tiefen Erniedrigung》의 저자(독일 민족주의자 필리프 옐린으로 추정한다) 이름을 발설하길 거부해 이튿날 브라우나우에서 총살당했다.* 나폴레옹은 베르티에에게 다음과 같이 말했다.

“프랑스군이 점령한 곳에서 주민을 선동해 반란을 일으키려고 비방하는 글을 퍼뜨리는 것은 결코 평범한 범죄가 아니다.”

* 스코틀랜드 시인 토머스 캠벨이 식사를 겸한 문학 모임에서 나폴레옹을 위해 축배를 권하자 사람들이 야유를 퍼부었다. 즉각 그는 이렇게 변명했다. “그러나 신사 여러분, 그는 이전에 출판업자를 총으로 쏴 죽였습니다!”

팔름은 곧 순교자 반열에 올랐다.[85)]

팔름이 기소된 날 프리드리히 빌헬름 3세는 왕비 루이제와 자신의 두 형제, 프리드리히 대왕의 조카, 폰 하르덴베르크가 속한 주전파에 영향을 받아 나폴레옹에게 10월 8일까지 라인강 서안에서 프랑스군을 전부 철수시키라는 최후통첩을 보냈다. 그런데 그는 어리석게도 이에 대비해 사전에 러시아, 영국, 오스트리아와 협정을 체결하지 못했다.[86)] 더구나 프로이센의 젊은 장교들은 베를린의 프랑스 대사관 현관 계단에서 사브르 검을 가는 짓까지 했다.[87)]

9월이 되자 나폴레옹은 우브리의 조약을 비준하지 않은 러시아의 차르 알렉산드르 1세가 향후 전쟁이 발발하면 프로이센과 나란히 서서 싸울 가능성이 크다는 점을 인식했다. 5일 그는 술트와 네, 오주로에게 프로이센 전선에 집중하라고 명령했다. 만일 군대가 8일 만에 크로나흐 너머로 진격할 수 있다면 베를린까지 열흘이면 충분하다고, 즉 러시아가 지원하러 오기 전에 프로이센의 항복을 받아 낼 수 있다고 판단한 결과였다. 나폴레옹은 징집병 5만 명을 소집했고 예비군 3만 명을 동원했으며 첩보원을 보내 밤베르크에서 프로이센 수도로 이어지는 길을 정찰했다.

나폴레옹이 예비 기병대와 근위대를 더해 여섯 개 군단으로 20만 명을 적의 영토 안쪽 수백 킬로미터까지 들여보내려면 그 지형, 특히 강과 자원, 화덕, 제분소, 탄약고에 관해 정확한 정보가 필요했다. 그의 지도를 제작한 지형측량국 기사들은 생각할 수 있는 정보를 모조리 담되 특히 "도로 길이와 폭, 특성을…" 표시하라는 명령을 받았다.

"하천은 교량, 얕은 여울, 물의 깊이와 폭까지 세밀하게 조사해 측량해야 한다. … 읍과 촌락의 주택, 주민 숫자를 표시해야 한다. … 구릉지와 산의 높이도 제시해야 한다."[88)]

동시에 적군이 잘못된 정보를 얻게 해야 했다. 9월 10일 나폴레옹은 콜랭쿠르에게 말했다.

"그대는 내일 내 마구간에서 말 60마리를 내보내야 한다. 최대한 의심스럽게 진행하라. 사람들이 내가 콩피에뉴로 사냥하러 간다고 믿게 만들라."

그는 자신의 야전 천막이 "튼튼하기를, 오페라에 나오는 것이 아니기를" 원한다며 다음과 같이 덧붙였다.

"두꺼운 양탄자를 덧붙여라."[89)]

같은 날 그는 루이에게 "영국과의 전쟁을 준비한다는 핑계로" 위트레흐트에 병력 3만 명을 집결시키라고 명령했다. 9월 18일 밤 11시 근위대가 사륜마차를 타고 파리에서 마인츠로 기동하는 동안, 나폴레옹은 전쟁장관 앙리 클라르크에게 그 출정의 근거 문서인 '재결합한 그랑다르메의 종합적인 작전 계획'을 구술했다. 문서에는 10월 2일에서 4일 사이 어느 날에 어떤 지점에서 어떤 부대가 필요한지, 어느 원수가 지휘해야 하는지 정확히 적혀 있었다. 9월 20일 나폴레옹은 36통의 편지를 썼다. 1806년에 쓴 것으로는 최고 기록이다.•

*

9월 25일 오전 4시 30분 나폴레옹은 조제핀과 함께 생클루를 떠났다. 그리고 그는 열 달 동안 파리로 돌아오지 않았다.[90)] 나흘 뒤 그는 마인츠에서 베르티에의 보고서를 전달받았다. 그 보고서와 첩보원 2명이 보낸 다른 보고서를 읽고 나폴레옹은 전략적 상황 판단을 완전히 바꿨다. 베르티에는 프로이센이 앞으로 치고 나와 거점을 차지할까 두려워했지만 그런 일은 없었다. 그들이 여전히 아이제나흐와 마

• 그중 하나는 사르데냐 왕의 마부를 페네스트렐레 교도소로 보내라는 명령이었다. 나폴레옹은 그를 간첩이라 의심했다. 이튿날 그는 드농에게 편지를 써서 루브르 박물관 개관 시간이 짧다고 불평했다. "대중은 기다려야 했다. 이보다 더 내 의사에 반하는 일은 없을 것이다."(CG6 no.13047 p.900) 그는 1806년에 모두 2,679통의 편지를 썼다.

이닝겐, 힐트부르크하우젠 근처에 있다는 것이 분명했고 프랑스군은 산맥을 넘고 잘레강을 건너 방해받지 않고 전개할 수 있을 것이었다. 그래서 나폴레옹은 작전 계획을 완전히 바꿨는데 뮈라와 베르티에에게도 지시를 내리고 있었기에 이는 잠시 약간의 혼동을 초래했다. 나폴레옹이 루이에게 말했다.

"내 의도는 전 병력을 우익에 집중해 라인강과 밤베르크 사이의 공간을 완전히 열어놓는 것이다. 그러면 같은 전투 현장에 약 20만 명을 모을 수 있다."[91]

어마어마한 행군이 필요했다. 오주로의 제7군단은 사흘 연이어 약 40킬로미터와 32킬로미터, 38.6킬로미터를 행군했고 2개 연대는 9일 연속 매일 평균 약 38킬로미터라는 엄청난 거리를 주파했다. 그중 마지막 사흘은 산악 행군이었다.[92]

다부는 곧 크로나흐를 점령했는데 나폴레옹은 프로이센이 그곳을 방어하지 않았다는 사실에 크게 놀랐다. 그가 라프에게 말했다.

"이 신사들은 진지에 그다지 마음을 쓰지 않는군. 일격을 남겨 두고 있겠지. 우리는 그들이 원하는 것을 줄 것이다."[93]

조심스럽게 병참선을 지키면서 베를린을 점령한다는 나폴레옹의 전체 계획은 그가 조제핀을 마인츠에 남겨 두고 떠나 뷔르츠부르크에 도착한 10월 2일 수립했다. 7일 군대는 공격할 준비를 했다. 한 주 뒤 조제핀은 마인츠에서 베르티에에게 편지를 보내 "황제를 각별히 잘 보살피고 그가 (위험에) 너무 많이 노출되지 않도록" 해달라고 부탁했다.

"당신은 그의 오랜 친구이고 나는 바로 그 애정관계에 의지해요."[94]

7일 나폴레옹은 밤베르크에 대기하며 적의 의도가 무엇인지 파악하려 했다. 그는 마그데부르크로의 철수나 풀다를 거친 진격을 예상했다. 같은 날 그는 프로이센의 선전포고를 전달받았다. 같이 받은 20쪽짜리 성명서 내용은 충분히 예상한 것이라서 나폴레옹은 끝까지 읽지도 않고 영국 신문에서 대충 가져온 것이라며 조롱했다. 라프의 회상에 따르면 "그는 오만하게 그것을 내던졌다." 그리고는 프리드리히 빌헬름 3세에 관해 이렇게 말했다.

“그는 자기가 샹파뉴에 있다고 생각하는 건가?”

1792년 프로이센이 거둔 승리를 언급한 것이다.

“나는 프로이센이 정말로 불쌍하다. 빌헬름은 상심이 클 것이다. 그는 자신이 어떤 랩소디를 써야 하는지 모른다. 정말 우습다.”[95]

10월 12일 프랑스군이 튀링겐으로 진격해 들어갈 때 나폴레옹이 보낸 답변은 이러했다.

> 폐하는 패배할 것이오. 그대는 일말의 핑계도 없이 그대의 휴식과 그대 신민의 생존을 해칠 것이오. 지금 프로이센은 멀쩡하고 나라의 위엄에 어울리는 방식으로 나를 대할 수 있지만 한 달 후면 상당히 다른 처지에 놓일 것이오. 그대는 아직 전쟁의 참화와 재난에서 신민을 구할 수 있소. 전쟁은 아직 시작하지 않았고 그대는 이를 멈출 수 있소. 유럽은 그대에게 감사할 것이오.[96]

이 편지는 “오만함과 공격성, 빈정거림, 거짓된 배려가 뒤섞여 움찔 놀라게 하는 것”으로 비난을 받았다.[97] 또한 이는 프리드리히 빌헬름 3세에게 체면을 지키며 빠져나갈 (확실한) 마지막 기회를 주는 것이자 다가올 전쟁에서 프로이센의 승산을 아주 정확히 평가한 것으로 읽을 수 있다(실로 ‘한 달 안에’ 재앙이 닥칠 것이라는 예측은 일종의 과소평가였다. 두 주가 지나지 않아 예나 전투와 아우어슈테트 전투가 벌어졌기 때문이다). 진정한 오만함과 공격성은 최후통첩을 보낸 프로이센의 제후와 장군, 장관 들이 보여 주었다.

프로이센은 잠재적으로 22만 5천 명이라는 많은 병력을 보유했지만 그중 9만 명은 요새 수비에 묶여 있었다. 러시아나 영국의 즉각적인 지원은 기대할 수 없었고, 몇몇 지휘관이 프리드리히 대왕 밑에서 싸움을 경험해 보긴 했으나 최근 10년 내에 전장에 나가 본 자는 아무도 없었다. 프로이센의 총사령관 브라운슈바이크 공작은 나이가 70대에 들어섰고 다른 선임지휘관 요아힘 폰 묄렌도르프는 80대의 나이였다. 더구나 브라운슈바이크 공작과 프로이센군의 좌익을 담당한 프리드리히 폰 호엔로에 장군은 상반되는 전략을 취했으며 서로 증오했다. 그 탓에 작전회의는 험악한 분위기에서 이뤄졌고 결론에 도달하기까지 사흘이나 걸렸다. 나폴레옹은 그 전투 내내 단 한 번도 작전회의를 열지 않았다.[98)]

이 전투에서 프로이센이 보여 준 몇 가지 더욱 기상천외한 움직임은 공동지휘에서 기인한 것으로 그들의 시각에서 보아도 이해하기 어려웠다. 10월 9일 밤 나폴레옹은 보고를 듣고 적군이 에르푸르트에서 동쪽으로 이동해 게라에 집결하려 한다는 결론을 내렸다. 사실 그들이 게라로 갔으면 베를린과 드레스덴을 더 잘 보호할 수 있었을 테니 그리로 가야 했지만 대신 잘레강을 건너 이동하고 있었다.[99)] 나폴레옹의 추단은 틀렸으나 이튿날 그는 그것을 알아채자마자 실수를 바로잡고 새로운 상황을 이용하기 위해 놀랍도록 신속히 움직였다.

프랑스군이 프로이센이 점령한 작센으로 진격할 때 선두에 선 것은 뮈라가 지휘하는 6개 경기병 연대뿐이었다. 그 뒤에 베르나도트 군단이 앞장서서 따라왔고 좌익에는 란과 오주로, 우익에는 술트와 네, 중앙에는 근위대가 자리를 잡았다. 다부와 기병대의 주력은 예비 병력으로 남았다. 10월 10일 잘펠트 전투에서 란은 프리드리히 대왕의 조카 루이스 페르디난트(프리드리히 루트비히 크리스티안)가 지휘하는 프로이센과 작센의 선봉대를 격파했다. 루이스 페르디난트는 프랑스군 중앙을 향해 필사적인 돌격을 이끌다가 제10경기병 연대 병참장교 장 바티스트 갱데에게 막혀 전사했다. 전사, 부상, 포로로 1천7백 명의 프로이센 병사를 희생하며 겨우 프랑스 병사 172명의 목숨을 빼앗은 이 패배는 프로이센군의 사기에 악영향을 미쳤다. 이어 그랑다르메는 베를린과 오데르강을 등지고 대형을 갖춰 프로이센군의 통신과 보급, 철수 병참선을 끊어 냈다.[100)] 다음 날 아침 그랑다르메는 이어지는 전투 국면에 대비해 작센 평원에 전개했다. 신속히 움직인 라살이 오후 8시 게라에서 호엔로에의 병참 마차를 급습해 프로이센군은 예나를 거쳐 벗어나야 했다. 10월 12일 오전 1시 뮈라에게 이 소식을 들은 나폴레옹은 2시간 동안 깊이 생각한 뒤 여러 명령을 일제히 쏟아냈다. 이에 따라 전군은 잘레강을 등지고 프로이센군을 향해 서쪽으로 선회했다.[101)]

10월 12일 뮈라의 기병대와 첩보원이 프로이센군의 주력이 에르푸르트에 있다고 확인해 주었다. 뮈라는 자신의 기병대를 북쪽으로 내보냈고, 다부는 나움부르크의 도하 지점을 장악해 브라운슈바이크에게서 전방 방어를 선택할 기회를 빼앗았다. 결국 프로이센군은 큰 교전이 벌어지기도 전에 사기가 꺾이고 심리적으로 위축되어 다시 북동쪽으로 중요한 퇴각을 시작했다. 13일 란은 예나로 선봉대를 투입해 그곳의 전초에 있던 프로이센 부대를 몰아냈으며 즉시 군대를 보내 읍 위쪽의 란트그라펜베르크 고원을 점령했다. 프로이센을 싫어하는 작센인 교구 신부가 길을 인도했다.

이제 프로이센군은 마그데부르크로 퇴각하는 상황이었는데 란이 고립되어 있었다. 나폴레옹은 인근에 주둔하고 있다고 보고받은 프로이센군 약 3만 명이 강력히 반격하면 란이 타격을 받을 위험이 있다고 추론했는데 이는 옳았다. 그는 그랑다르메 전군에 이튿날 예나에 집결하라고 명령했다. 다부와 베르나도트는 나움부르크와 도른부르크를 거쳐 이동해 예나에서 적군의 왼쪽을 선회하라는 명령을 받았다. 다부는 프로이센군의 주력이 사실상 자신을 향해 오고 있다는 사실을 알지 못했고, 아마도 자신감이 지나쳤기 때문일 텐데 자신이 이미 마주친 적군의 병력이 많다는 점을 베르티에에게 경고하지 않았다. 베르나도트와 예비 기병군단은 피로에 지쳐 더 천천히 예나를 향해 이동했다.

10월 13일 오후 철학자 게오르크 빌헬름 프리드리히 헤겔은 서재 창문으로 말을 타고 예나를 지나가는 나폴레옹을 보았다.《정신현상학》을 마무리하고 있던 헤겔은 친구에게 황제를 보았다고 말했다.

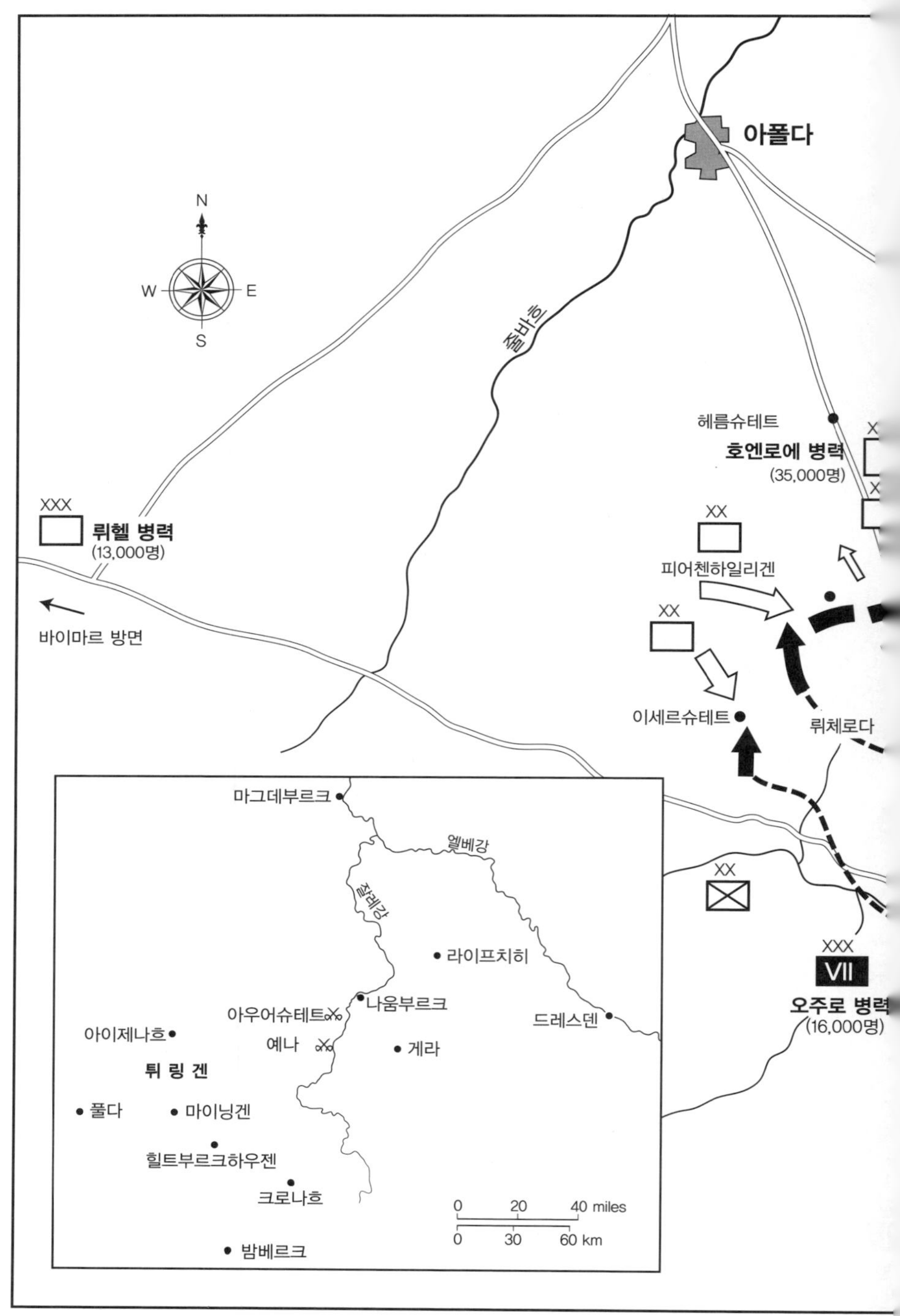

예나 원정과 전투지, 1806년

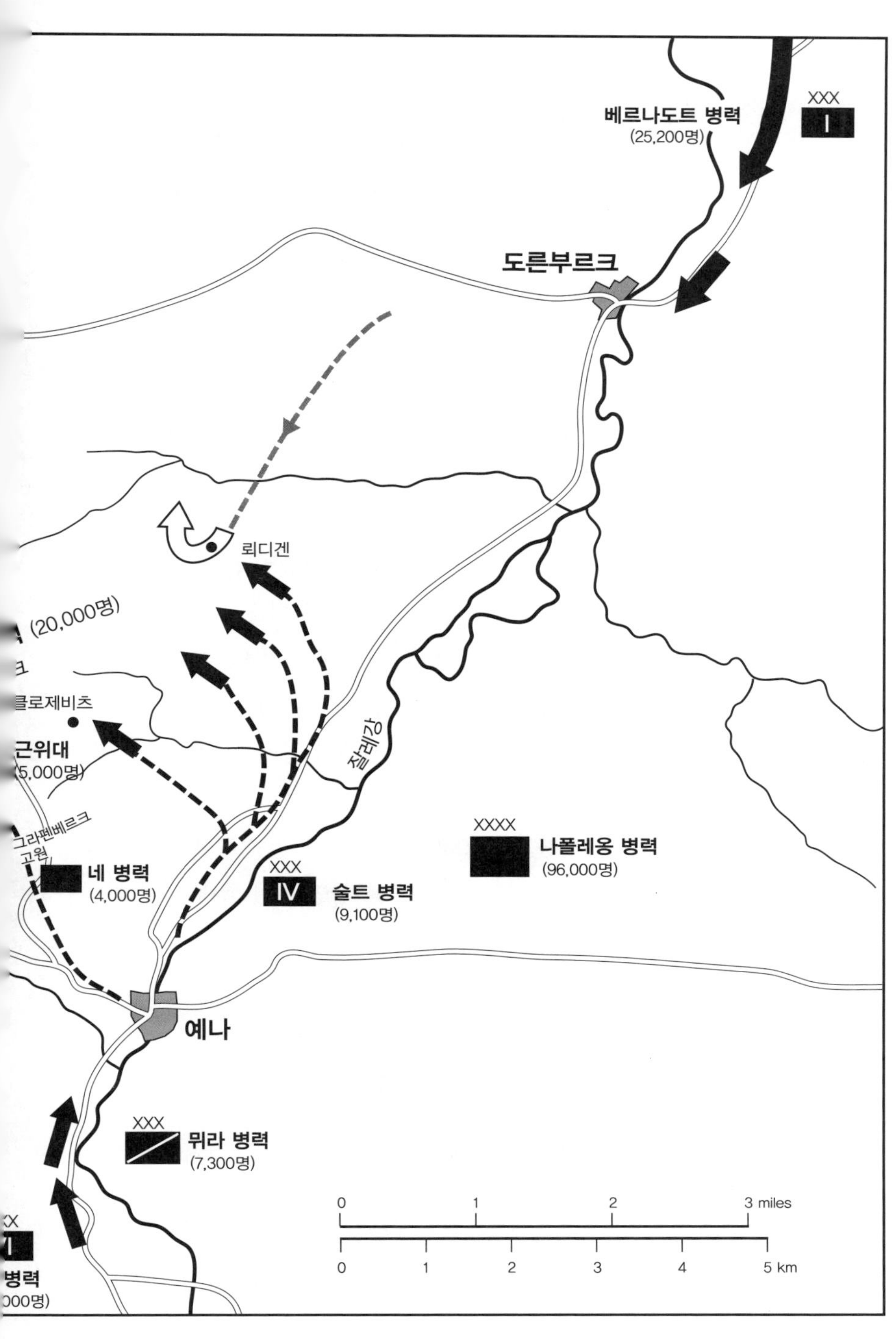

XXX
I
베르나도트 병력
(25,200명)
도른부르크
뢰디겐
(20,000명)
클로제비츠
근위대
그라펜베르크 고원
네 병력
(4,000명)
XXX
IV
술트 병력
(9,100명)
잘레강
XXXX
나폴레옹 병력
(96,000명)
예나
XXX
뮈라 병력
(7,300명)
병력
0
1
2
3 miles
0
1
2
3
4
5 km

"황제, 이 세계정신Weltseele이 말을 타고 도시 밖으로 나간다. … 말에 올라타 세상 위로 팔을 들어 올려 세상을 지배하는 그런 인간을 보니 대단히 감격스럽다."[102)]

헤겔은 《정신현상학》에서 '아름다운 영혼', 즉 관습과 타인의 관심에 개의치 않고 자율적으로 행동하는 힘을 지닌 이가 있다고 단정했다. 그는 그것이 나폴레옹의 "성격을 나쁘게 묘사한 것이 아니다"라고 강조했다.[103)]

나폴레옹은 13일 오후 4시경 예나 위쪽의 란트그라펜베르크 고원에 도착했고 고원 전방 먼 곳에 자리 잡은 적군 숙영지를 바라보며 란 군단 전체와 근위대에 공격을 명령했다. 적군 대포로부터 겨우 약 1,097미터밖에 떨어져 있지 않아 위험한 작전이었다.)* 오늘날 란트그라펜베르크 고원에 가보면 관목이 울창한 그 고원의 탁트인 평지는 지속적인 포격을 받지 않을 경우 2개 군단이 포진하기에 알맞은 장소였음을 즉각 알 수 있다. 그날 밤 나폴레옹은 란의 포대를 고원 위로 끌어올려 오주로 군단과 근위대에 합류하게 했다. 네는 인근에 있었고 술트와 예비 기병군단은 오는 중이었다. 나폴레옹과 베르티에는 다부가 이튿날 프로이센군 좌익을 선회하길 기대하며 그에게 부주의한 전갈을 보냈다. "베르나도트가 그대와 함께 있으면" 도른부르크를 향해 "둘이 함께 올 수 있다."[104)]

예나 전투는 1806년 10월 14일 화요일 오전 6시 30분 안개가 짙게 낀 상황에서 시작되었다. 나폴레옹은 밤 1시부터 이미 깨어 란 군단 소속 사단장인 루이 쉬셰 장군과 함께 전초를 정찰하고 있었다. 그곳에서 두 사람은 프랑스군 좌측 초소로부터

* 예나 위쪽 란트그라펜베르크 고원 위에 있는 나폴레옹 비Napoleonstein는 나폴레옹 생애에서 중요한 역할을 한 여러 장소까지 떨어진 거리를 표시하고 있다. 거기에 적힌 대로 말하면 예나는 파리에서 700킬로미터, 카이로에서 2,838킬로미터, 마렝고에서 707킬로미터, 마드리드에서 1,657킬로미터, 아우스터리츠에서 429킬로미터, 보로디노에서 1,683킬로미터, 워털루에서 503킬로미터 떨어져 있고 세인트헬레나섬까지는 7,626킬로미터에 달한다. 이 비석은 말과 범선 시대에 17년 동안 여정의 처음부터 끝까지 그 정도 거리를 주파한 인간의 힘을 떠올리게 하는 강력한 상징물이다.

충격을 받았다. 총격은 루스탕과 뒤로크가 아군이라고 소리친 뒤에야 멈췄다.105) 막사로 돌아온 나폴레옹은 오전 3시부터 일련의 명령을 쏟아냈는데 그의 계획은 란이 자신의 두 사단을(두 번째 사단은 오노레 가장 장군이 지휘했다) 투입해 보기슬라프 폰 타우엔친 장군이 지휘하는 호엔로에 군단의 선봉대를 공격하는 것이었다. 그 목적은 나머지 군대가 고원 위로 기동할 공간을 확보하는 데 있었다. 오주로는 예나에서 바이마르로 이어지는 도로(코스페다Cospeda 협곡으로 알려져 있다)에 포진해 네가 그의 우측으로 들어오는 동안 란의 좌측으로 이동해야 했다. 술트는 우익을 방어하기로 했고, 근위대와 기병대는 적진에서 드러나는 약점을 이용하고자 예비로 남겨두었다.

오전 6시 나폴레옹은 타우엔친에 맞설 란의 군단을 내보내기에 앞서 직접 찾아가 열변을 토했다. 1804년에 쓴 전략서가 나폴레옹의 주목을 받아 참모부에 역사가로 공식 임명된 군사사가이자 대령인 앙리 드 조미니 남작은 나폴레옹의 이해력에 깊은 인상을 받았다.

"적군을 지나치게 경멸하지 않는 것은 필수적인 일이다. 완강한 저항에 직면하면 그 때문에 병사들의 사기가 흔들릴 수 있어서다."

나폴레옹은 란의 병사들에게 연설할 때 프로이센 기병대를 칭찬하면서도 이렇게 약속했다.

"그들은 이집트인 총검 앞에서 아무것도 할 수 없을 것이다!"

여기서 이집트인이란 피라미드 전투에서 싸운 란의 선임병들을 의미한다.106)

쉬셰는 일단 고원에 도달하면 횡대 대형으로 전환할 태세를 갖춘 채 종대 대형으로 클로제비츠 마을로 진격했지만, 안개 속에서 왼쪽으로 치우치는 바람에 클로제비츠와 뤼체로다 마을 사이에서 적과 부딪쳤다. 안개가 천천히 걷히면서 거의 2시간 동안 격한 전투가 이어졌다. 적군 기병대가 전장의 가장 높은 지점인 도른부르크산에 정렬하면서 프랑스군은 혼란에 빠졌고 탄약을 많이 써 버렸다. 그래도 유능한 교관인 란은 두 번째 대형을 전방으로 내보내 싸우게 해서 고원을 장악했고 뤼체로다에서의 반격을 격퇴했으며 그 과정에서 방향을 돌려 피어첸하일리겐 마을로 향했다. 피어첸하일리겐 너머에서 전장의 땅은 갑자기 매우 평평해져 기병대에 이상적인 모습을 하고 있다. 란은 피어첸하일리겐과 도른부르크산을 모두 점령했으나 호엔로에가 대규모 반격을 준비하는 대신 부대를 조금씩 내보내면서 전투 과정 중 다시 빼앗겼다. 나폴레옹은 이 국면에서 란에 합세했다. 오전 7시 30분경 안개가 걷히자 그는 25문의 포로 포격을 가한 뒤 제40전열보병 연대를 내보내 피어첸하일리겐을 공격하게 했다.

술트가 도착하면서 생틸레르가 클로제비츠에서 프로이센군을 몰아냈고 그의 포대와 기병대가 뒤이어 도착하자 뢰디겐 마을로 이동했다. 그는 프로이센군의 맹렬한 저항에 가로막혔지만 오전 10시 15분 진격을 재개해 헤름슈테트로 적군의 좌측을 선회할 수 있었다. 오주로 사단은 전체가 코스페다 협곡에 포진해 있었기에 오전 9시 30분까지 고원 위로 올라오지 못했으나, 일단 그곳에 도달한 뒤에는 이세르슈테트 동쪽에서 적과 교전했다. 한편 네는 병력 약 4천 명과 함께 고원에 도착했고 란의 좌측에 틈이 벌어진 것을 보았다. 그는 스스로의 판단에 따라 란의 배후로 이동했고 그의 왼편에서 힘을 보탰다. 마침 란이 피어첸하일리겐에서 막 내몰리고 있을 때였다. 네의 공격으로 프랑스군은 마을을 되찾았으며 도른부르크산 남단에 이르렀다. 프로이센군은 순전히 화력의 힘만으로 진격을 저지했으나 네의 보병들은 집요하게 마을을 불태웠다. 네는 기병대의 공격을 받자 보병으로 방진을 짜서 보호해야 했다. 그 시점에 나폴레옹은 다시 란에게 간곡히 호소했다. 란의 군단은 도른부르크산으로 돌진해 오전 10시 30분 네에 합류했다. 바로 그때 호엔로에는 보병 5천 명을 투입하고 기병 약 3천5백 명과 포병 5백 명을 지원함으로써 완벽한 연병장 대형으로 피어첸하일리겐을 지키는 적군에 우레 같은 일제사격을 퍼붓게 했다. 그렇지만 호엔로에 부대는 결정적으로 마을을 공격하지 않았다.

오전 11시 오주로가 이세르슈테트를 점령한 뒤 네에 합세했으며 정오에는 술트가 우측에 도착했다. 네의 2개 사단이 란의 좌측에 있고 도미니크 클랭 장군과 장 조제프 도트풀 장군, 에티엔 낭수티 장군이 지휘하는 기병대가 도착하자 나폴레옹은 그 순간이 중대 공격을 개시하기에 적절하다고 판단했다. 그의 명령에 따라 프랑스군은 빽빽한 전초전 대형으로 돌진했고 대대들이 종대 대형으로 뒤따랐다. 프로이센군은 1시간 동안 완강하게 저항하며 후퇴했지만 희생자가 늘었고 뮈라의 거듭된 기병 돌격에 타우엔친 연대들은 마침내 무너져 도주했다. 오후 2시 30분 호엔로에가 이끄는 군은 무질서하게 전장을 빠져나갔고 소수 대대 방진만 장교들의 지휘에 따라 퇴각했다. 말채찍을 손에 든 뮈라가 용기병과 흉갑기병, 경기병 부대를 이끌고 약 9.6킬로미터 넘게 사정없이 추격해 수많은 적군을 학살했으며 도중에 수천 명의 작센 병사를 포로로 잡았다. 그는 오후 6시 바이마르에 도착하고 나서야 추격을 멈췄다. 예나 전투에서 프로이센군을 멀리 추격한 것은 승리 효과를 최대화하는 방법을 보여 주는 교과서적 작전이었다(오늘날에도 여전히 사관학교에서 가르치고 있으므로 말 그대로 교과서적 작전이다).

나폴레옹은 승리를 거둔 후에야 브라운슈바이크 공작이 지휘하는 적의 주력군이 아니라 호엔로에가 지휘하는 후진과 싸웠음을 깨달았다. 같은 날 약 21킬로미터 떨어진 아우어슈테트에 있던 다부는 프리드리히 빌헬름 폰 슈메타우와 브라운슈바이크 공작을 격파했다. 프리드리히 빌헬름 폰 슈메타우는 여러 시간 말을 달려 가까스로 도피했고 브라운슈바이크 공작은 부상을 당해 전투 직후 사망했다. 다부는 병력 3만 명과 포 46문으로 병력 5만 2천 명에 포 163문을 갖춘 프로이센군을 양 측면에서 동시에 공격했다. 피비린내 나는 교전에서 프랑스군은 7천 명이 사망하거나 부상당했고 프로이센군의 사상자는 그보다 거의 두 배가 많았다.[107] 아우어슈테트 전투는 나폴레옹이 치른 전쟁에서 가장 놀라운 승리 중 하나로 꼽히는데, 다부는 아우스터리츠에서 그랬듯 불리한 형세를 결정적으로 나폴레옹에게 유리하게 바꿔 놓았다. 나폴레옹은 다부의 부관인 팔콩 대령에게 자신이 프로이센 주력군이 아니라 호엔로에의 분견대를 격파했을 뿐이라는 보고를 듣고는 이를 믿지 못하고 이렇게 말했다.

"그대의 원수가 취했나 보군."[108]

하지만 나폴레옹은 실상을 안 뒤 격한 감정을 토로했다. 그는 다부 군단에 10월 25일 승리를 축하하는 베를린 입성 행렬의 선두에 서는 영예를 주면서 팔콩에게 말했다.

"원수에게 가서 그와 그의 장군들, 그의 부대는 영원히 내 감사를 받을 자격이 있다고 말하라."[109]

어쨌거나 아우어슈테트 전투는 깃발에 명예 기장으로 박히지 못했다. 그러면 나폴레옹이 호엔로에에게 거둔 훌륭한 승리와 다부가 브라운슈바이크에게 거둔 대단한 승리가 대비되기 때문이었다.

한편 베르나도트는 어느 쪽 전장에도 도착하지 못했고 나폴레옹과 다부는 이를 결코 용서하지 않았다. 나폴레옹은 세인트헬레나섬에서 다음과 같이 말했다.

"나는 베르나도트를 총으로 쏴 죽였어야 했다."

당시 나폴레옹은 베르나도트를 군법회의에 회부할 것을 잠시 고려했던 것 같다.[110] 10월 23일 나폴레옹은 그에게 신랄한 편지를 보냈다.

"그대의 군단은 전장에 나타나지 않았다. 그것은 내게 치명적일 수 있었다."

베르나도트는 베르티에의 명령을 액면 그대로 받아들여 도른부르크로 병력을 이끌었다. 그는 10월 9일에서 황제가 블뤼허로부터 뤼베크를 빼앗았다고 그를 칭찬하는 편지를 쓴 12월 8일 사이 우연하게라도 나폴레옹과 마주치지 않았다. 그러니 격한 개인 면담 이야기는 신화일 뿐이다.[111] 베르티에가 제멋대로 명령을 내리는 일은 드물었지만, 베르나도트가 두 전장 어디에도 나타나지 않았다는 사실은 그가 정말로 그렇게 했다면 어떤 일이 벌어질 수 있는지 보여 주었다. 아무튼 베르나도트는 자신이 여전히 나폴레옹의 분노의 표적임을 알았고 그가 오랫동안 나폴레옹을 싫어하고 시기했기에 상황은 더욱 나빠졌다.

전투가 끝난 다음 날 새벽 3시 나폴레옹은 예나에서 조제핀에게 자랑하는 편지를 썼다.

"내 사랑, 나는 프로이센군에 맞서 훌륭한 작전을 펼쳤소. 어제 대승을 거뒀지. 적군은 15만 명에 달했는데 2만 명을 포로로 잡았고 포 100문과 깃발 여러 개를 노획했소. 프로이센 왕을 보았고 가까이 다가갔지만 사로잡는 데는 실패했지. 왕비도 마찬가지요. 나는 이틀 동안 야영했소. 나는 아주 건강하오."[112)]

여느 때처럼 그는 숫자를 과장했다. 프리드리히 빌헬름 3세는 예나가 아니라 아우어슈테트에 있었으니 나폴레옹은 그도 왕비도 볼 수 없었을 것이다. 나폴레옹이 대포 83문을, 다부가 53문을 노획한 것은 사실이며 거의 흠결 없이 치른 전투 후에 나폴레옹이 "아주 건강했다"는 데는 의심의 여지가 없다.

봉쇄

18

나폴레옹 황제는 흔히 자신의 레지옹 도뇌르 십자 훈장을 떼어내
자기 손으로 직접 용감한 자의 가슴에 부착해 준 것으로 알려져 있다.
루이 14세였다면 먼저 그 용감한 사람이 귀족이냐고 물었을 것이다.
나폴레옹은 그 귀족이 용감하냐고 물었다.

근위대 대위 엘제아르 블라즈

–

군인의 첫 번째 조건은 피로와 궁핍도 버텨내는 불굴의 정신이다.
용기는 두 번째 조건일 뿐이다.
고생, 가난, 결핍은 군인에게 최고의 스승이다.

나폴레옹 군사 좌우명 제58번

예나 전투 후 나폴레옹은 프로이센 군대를 두고 이렇게 말했다.

"나는 그토록 처절하게 지친 병사들을 본 적이 없다."[1]

그렇지만 프리드리히 빌헬름 3세는 항복하지 않았고 오히려 북동쪽으로 물러나 계속 싸웠다. 러시아 군대가 오는 중이라는 사실을 알았기 때문이다. 전투 후 파리 주재 프로이센 대사 지를라모 루케시니와 뒤로크가 협상을 벌였지만 결과는 없었다. 나폴레옹은 루케시니가 그 전쟁을 지지하는 가장 중요한 인물일 거라고 의심했는데 이는 옳았다.[2] 그는 탈레랑에게 보낸 편지에 다음과 같이 썼다.

"나는 이 늙은이의 아둔함을 더 잘 증명하기는 어렵다고 생각한다."[3]

한편 그랑다르메는 프로이센에 더욱 혹독하게 맹공을 퍼부어 그들이 틈을 내 부대를 재편할 기회를 주지 않았다. 슈판다우는 10월 25일 쉬셰에게, 슈테틴(슈체친)은 29일 라살에게, 강력한 요새인 마그데부르크는 11월 11일 네에게 항복함으로써 프로이센의 서쪽 절반이 통째로 넘어갔다. 11월 7일 아우어슈테트에서 용맹스럽게 싸운 게프하르트 폰 블뤼허 장군은 뤼베크에서 탄약이 완전히 떨어지자 전 병력을 포기할 수밖에 없었다.

베를린은 너무 빨리 함락되어 상점주들이 창문에 무수히 내건 나폴레옹 풍자화를 걷을 시간조차 없었다.[4] 베네치아에서 그랬듯 황제는 브란덴부르크 문 꼭대기를 장식한 날개 달린 승리의 여신Victoria이 모는 4두 2륜 전차Quadriga를 떼어 내 파리로 가져갔다. 그리고 포로가 된 프로이센 근위대 병사들이 프랑스 대사관 앞을 지나 걷게 했다. 그 이전 달에 그들은 심히 오만하게도 바로 그 대사관 계단에서 검을 갈았다.[5] 나폴레옹은 1757년 프랑스가 프리드리히 대왕에게 굴욕을 당한 현장인 로스바흐(오늘날의 브라운스베드라) 전장을 방문했고 그곳에 세워진 기둥을 파리로 보내라고 명령했다.[6] 10월 23일 나폴레옹은 비텐베르크에서 조제핀에게 이렇게 되풀이했다.

"나는 놀라우리만치 건강하오. 내겐 힘들게 일하는 것이 어울리오."[7]

조제핀에게 수많은 편지를 보내면서 '나는 건강하오Je me porte bien'라는 말을 서명 삼아 마무리하는 습관은 훗날 위험한 말이 된다.[8]

그날 갑작스러운 폭풍에 사냥용 오두막에 피해 있던 젊은 미망인이 그에게 근위대 제2경보병 연대 대대장과 결혼했으나 그가 아들을 남겨 두고 아부키르 전투에서 사망했다고 말했다. 그 아이가 적자라는 증거를 본 나폴레옹은 그녀에게 연간 1천2백 프랑의 연금을 주었고 그녀가 죽으면 소년이 연금을 상속하게 했다.[9] 이튿날 포츠담에서 나폴레옹은 프리드리히 대왕의 상수시 궁전에 있는 그의 검과 허리띠, 어깨띠, 모든 훈장을 보았고 이를 '로스바흐의 재앙에 복수'하는 의미로 레쟁발리드로 보냈다[10](그는 대왕의 자명종을 가져가 평생 침대 옆에 두고 지냈지만 대왕의 플루트는 가져가지 않았다. 그것은 지금도 상수시 궁전에서 볼 수 있다). 나폴레옹은 전리품에 관해 이렇게 말했다.

"2천만 (프랑)보다 이것들이 더 좋다."

그리고 참모진과 함께 대왕의 무덤을 응시하며 겸손한 태도로 덧붙였다.

"제군은 모자를 벗으라. 이 사람이 살아 있다면 나는 지금 여기에 서 있지 못할 것이다."[11]

포츠담에 있는 동안 나폴레옹은 베를린에서 파견한 프로이센 대표단의 프란츠 루트비히 폰 하츠펠트 대공이 호엔로에에게 그곳 프랑스군의 규모와 상황을 은밀히 보고했다는 사실이 드러나자 정색을 하고 강력히 복수했다. 베르티에와 뒤로크, 콜랭쿠르, 라프가 그의 분노를 진정시키려 애썼지만 황제는 하츠펠트를 간첩으로 군사법정에 세워 총살하기를 원했다. 콜랭쿠르의 눈에는 분명 앙기앵의 그림자가 무겁게 어른거렸을 테고, 베르티에는 나폴레옹이 '완전히 인내심을 잃고' 주위의 조언을 들으려 하지 않자 방에서 나가 버렸다.[12] 과하다 싶었는지 나폴레옹은 하츠펠트의 임신한 아내가 자신의 발 앞에 쓰러져 눈물로 남편의 목숨을 살려 달라고 부탁하는 감동적인 장면을 연출하게 했다. 이어 황제는 중간에 가로챈 암호 편지를 태워 증거를 없애는 아량을 베풀었다.[13]

다부가 베를린에 입성하고 쉬세가 슈판다우를 점령한 날 나폴레옹은 푸셰에게 편지를 보내 피에르 가르델의 발레 〈오디세우스의 귀환〉 무대장치 비용을 물었고, "나쁜 내용이 없음을 확인하는" 상세한 보고서를 보내라고 요구했다.

"그대는 무슨 말인지 알아들을 것이다."(오디세우스가 외국에 있을 때 페넬로페에게 구혼자들이 몰려들었다.)[14]

그런데 나폴레옹은 다소 위선적으로 공보에 다음과 같이 고지함으로써 자신이 당하고 싶지 않은 바로 그 일을 프로이센 왕비 루이제를 겨냥해 행사하려는 의사가 있음을 완벽하게 보여 주었다.

"왕비가 거하는 포츠담의 방에서 러시아 황제의 초상화를 발견했다. 그가 왕비에게 선물한 것이다."[15]

프리드리히 빌헬름 3세 정부가 여인천하 정부였다는 비난은 꾸준했다. 10월 27일 샤를로텐부르크 궁전에 내걸린 그 전쟁의 공보 제19호에는 이렇게 적혀 있었다.

"온갖 기록, 보고서, 공문서에서는 사향 냄새가 났고 왕비의 스카프를 비롯해 화장대의 다른 물건들과 뒤섞여 있었다."[16]

이해하지 못하는 사람이 있을까 봐 공보는 내용을 덧붙였다.

"군주들이 여성에게 정사에 관여할 수 있게 하면 얼마나 불행한 일이 벌어지는지 증명할 필요가 있다면 …, 역사의 기록이 증명한다."

헌신적인 보세조차 나폴레옹이 '화가 나서 예의 없이' 썼다고 생각했다. 조제핀이 공보에서 왕비를 그렇게 대우했다고 불평하자 나폴레옹은 인정했다.

"내가 다른 무엇보다 교묘하게 일을 꾸미는 여인들을 증오하는 것은 사실이오. 나는 선량하고 온화하며 자비심 많은 여인에게 익숙하오. … 그렇지만 저들이 당신을 떠올리게 만들어서 그런 것 같소."[17)]

10월 26일 나폴레옹은 포츠담에서 다음과 같이 선언했다.

"제군, 러시아인이 우리에게 오겠다고 떠벌리고 있다. 우리는 앞으로 나아가 그들과 맞섬으로써 그들이 절반만 와도 되게 해 줄 것이다. 저들은 프로이센 한가운데에서 또 다른 아우스터리츠를 만나리라."[18)]

이는 군대가 듣고 싶어 한 말이 아니었다. 프로이센의 수도를 함락한 병사들은 집으로 돌아가기를 원했다.

27일 나폴레옹은 예복 차림의 척탄병과 흉갑기병 2만 명으로 구성한 거대한 행렬의 선두에 서서 베를린에 입성했다. 쿠아네 대위는 이렇게 회상했다.

"그의 참모진은 정복을 갖춰 입었는데 그토록 화려한 군대의 지배자이면서 옷을 가장 못 입는 남자를 보자니 참으로 이상했다."[19)]

1840년 스탕달은 장래에 황후가 되는 외제니에게 보낸 편지에서 나폴레옹을 회상했다.

"그는 병사들보다 스무 걸음 앞에서 말을 타고 갔다. 조용한 군중은 그의 말에서 겨우 두 걸음 떨어져 있었다. 아무 창문에서든 그를 총으로 쏘아 죽일 수 있었을 것이다."[20)]

나폴레옹은 베를린에서 로코코 양식으로 지은 프리드리히 빌헬름 3세의 거대한 샤를로텐부르크 궁전에 머물렀는데 그곳이 곧 그의 사령부였다. 당시 나폴레옹의 금고 내역을 보면 단지 '베를린 사람'이라고만 기록한 어느 여인에게 약 2만 3천3백 프랑을 주었다는 지출 기록이 있다.[21] 10월 30일 나폴레옹은 프로이센이 엘베강 서쪽의 모든 영토를 포기하는 조건으로 강화를 제안했다. 프리드리히 빌헬름 3세는 그럴 용의가 있었으나 나폴레옹이 차후 러시아와 싸울 때 프로이센 왕국이 작전 기지 역할을 해야 한다는 조건을 추가하자 추밀원 대다수의 조언을 무시하고 발트해 연안의 쾨니히스베르크(칼리닌그라드)로 퇴각해 전쟁을 계속했다.[22]

프랑스는 나폴레옹에게 1년에 8만 명의 징집병을 제공했고 1806년 징집한 많은 신병이 프로이센으로 오는 중이었다. 이들에 더해 전장에 이미 8만 명이 있었으며(점령한 프로이센 도시들을 지키는 수비대는 제외) 라인 연방에서 끌어모은 여러 분견대도 있었기에 1806년 11월 나폴레옹은 전투를 할 수 없는 겨울이 오기 전에 비스와강을 건너 얼마 전까지 폴란드였던 곳으로 대규모 병력을 이끌고 들어갈 수 있었다. 폴란드는 966년 이래 유럽의 나라였다. 1205년 이후로는 왕국이었고 1569년 루블린 연합 이후에는 리투아니아와 연합 왕국을 이뤘다. 폴란드는 1772년·1793년·1795년 러시아와 프로이센, 오스트리아가 분할해 합병하면서 조금씩 지도에서 지워졌다. 그렇게 폴란드 국가는 사라졌지만 폴란드를 분할한 세 강국이 폴란드인의 민족의식에 손상을 가할 방법은 없었다. 나폴레옹은 폴란드인에게 언젠가 자신이 그들의 국가를 되찾아줄 것이라고 믿게 함으로써 지속적으로 민족의식을 조장했다. 종국에는 나폴레옹이 그렇게 했을지도 모르지만 단기적으로는 이를 위한 계획이 없었다. 프랑스 혁명군이 '폴란드 군단'을 창설한 1797년 이래 약 2만 5천 명에서 3만 명의 폴란드인이 두 차례의 이탈리아 원정에 참여했고 독일과 생도맹그에서도 복무했다. 나폴레옹이 그들의 대의에 확실히 공감했기에 이보다 더 많은 폴란드인이 그를 지지했으며 나폴레옹 군대의 최고 부대 중 일부는 폴란드인이었다. 그중 하나인 근위대의 제1창기병 연대는 매우 유능했고 1812년 나폴레옹은 9개 용기병 연대를 창기병 연대로 전환했다.

그랑다르메는 다가올 전투에 대비해 프랑스와 독일 전역에서 말을 모았는데 이때 이탈리아군Armée d'Italie은 기병을 빼앗겼다. 나폴레옹은 프로이센에서 군복과 식량, 안장, 신발 등을 징발했으나 폴란드 도로 사정이 열악해 보급품은 항상 부족했다. 병사들에게 어떻게 신발을 신겨야 할지 늘 걱정한 나폴레옹은 11월과 12월에 장화나 신발과 관련된 편지를 23통이나 썼다. 그중 하나는 포츠담의 기병대 병참관 프랑수아 부르시에 장군에게 보낸 것인데, 그는 프로이센 기병들의 장화를 빼앗아 프랑스 병사들에게 주라고 명령하며 설명을 덧붙였다.

"그들은 이제 장화가 필요하지 않을 것이며 반드시 그래야만 한다."[23]

11월 2일 나폴레옹은 다부에게 보몽의 용기병들을 데리고 동쪽의 포즈난(포젠)으로 진격하라 명령했고 오주로가 뒤를 따르기로 했다.[24] 그들은 대략 보병 6만 6천 명에 기병 1만 4천4백 명에 달하는 란과 술트, 베시에르, 네, 베르나도트 군단이 도착하기 전에 그곳에 기지를 건설하고 화덕을 설치했다. 나폴레옹은 오데르강과 비스와강 사이의 땅을 점령했는데 주된 이유는 러시아에 주고 싶지 않았기 때문이다. 또한 나폴레옹은 프로이센의 재기를 막고 오스트리아가 계속 중립을 지켜야 한다고 믿게 만들고 싶어 했다. 베를린에 머문 나폴레옹은 4일 6만 8천 명의 러시아군이 안톤 폰 레스토크 장군이 지휘하는 2만 명의 프로이센군에 합류하려고 흐로드나(그로드노)에서 서진하고 있음을 알았다.* 나폴레옹은 다음과 같이 말했다.

"러시아인이 전진하게 내버려 두면 폴란드의 지원과 재원을 잃을 것이다. 단지 멀리 떨어져 있어서 주저하던 오스트리아가 결단할 수도 있고 프로이센 국민 전체가 일어날 수도 있다."[25]

* 차르는 5천만 러시아 인구 중 절반인 농노에게 5퍼센트 인두세를 부과했다. 그래서 러시아군에 병력 부족 문제는 없었다(Summerville, *Napoleon's Polish Gamble* p.19). 러시아의 일반 병사 무지크muzhik(농민)는 25년간 징집당하면서 휴가도 없었다. 이들은 대개 문맹에다 잘 먹지도, 자지도, 제대로 보살핌을 받지도 못하고 사실상 무급이었지만 뛰어난 군인이 되었다(Lieven, *Russia Against Napoleon* passim).

그래서 뮈라와 다부, 란, 오주로가 비스와강으로 진격해 교두보를 설치한 뒤 강 서편의 겨울 숙영지로 돌아오기로 했다. 파리에서 동쪽으로 약 1,600킬로미터를 행군해 유럽에서 가장 식량도 부족하고 가난한 시골을 거쳐 싸늘한 겨울 속에서 두 적국과 맞서고 더불어 남쪽에 적대적일 가능성이 높은 세 번째 적국과도 맞서 싸우는 것은, 아우스터리츠 전투보다 더 나쁘다고 할 수는 없어도 언제나 상당히 위험한 일이었다.

다음 단계 전투는 거의 전부 이전에 폴란드 영토였던 동프로이센에서 벌어졌는데 오늘날 이곳은 5,830평방마일에 이르는 러시아의 포령 칼리닌그라드다. 그 지역은 대부분 평탄한 소택지로 강과 호수, 숲이 많다. 겨울에는 기온이 영하 30도까지 내려가며 낮은 오전 7시 30분에 시작해서 오후 4시 30분이면 끝난다. 도로는 대개 사람이 다닌 흔적에 불과할 뿐 지도에 표시되어 있지 않았다. 바르샤바에서 포즈난으로 이어지는 간선도로조차 비포장도로였고 길 양쪽에 도랑이 없었다. 이 때문에 폭우가 내리면 시골 전체가 진흙 밭으로 변해 대포의 이동 속도가 시속 약 2킬로미터에 불과했다. 나폴레옹은 물과 불, 공기, 흙에 덧붙일 제5의 원소를 발견했다고 농담을 했다. 진흙! 그는 전방으로 측량반을 보내 시골의 지도와 약도를 그리고 각 마을의 이름과 인구, 토양의 유형까지 알아오게 했다. 또한 나중에 상세한 내용을 더 알고 싶을 때 불러오기 위해 그 옆에 담당 장교가 서명하게 했다.

나폴레옹은 러시아군과 다시 대결할 준비를 할 때도 생각은 영국을 향해 있었다. 프랑스의 장기적인 이익에 영국이 똑같이 중대한 위협이라고 보았기 때문이다. 1806년 11월 21일 금요일 그는 베를린 칙령에 서명했다. 이는 영국을 협상 테이블로 끌어내려는 의도였지만 나폴레옹이 포르투갈과 에스파냐, 러시아에 칙령을 강요하려 하자 칙령은 그의 몰락을 재촉하고 만다. 나폴레옹은 베를린 칙령으로 태어난 '대륙봉쇄 체제'를(그리고 뒤이은 1807년 밀라노 칙령과 1810년 퐁텐블로 칙령을) 1806년 5월 16일 영국이 반포한 추밀원령의 '보복'이라 했다. 그 추밀원령은 프랑스의 브레스트부터 엘베강까지 유럽 해안을 봉쇄했다.[26] 베를린 칙령은 "영국이 모든 문명국 국민이 보편적으로 따르는 국제법을 전혀 인정하지 않는다는 사실은" 그 적들이 "동일한 무기를 써서 적에 대적할 자연스러운 권리"를 갖는 결과를 낳는다는 말로 시작한다. 그래서 이 정책을 지지한 탈레랑이 입안하고 수정한 조항들은 비타협적이었다.

1. 영국제도를 봉쇄한다.
2. 영국제도와의 교역과 서신 교환을 전부 금지한다.
3. 모든 영국 신민은 어떠한 상태나 상황에 처해 있든 … 전쟁포로가 될 것이다.
4. 영국 신민이 소유한 창고와 상품, 재산은 어떤 성격을 띠든 전부 정당한 노획물로 선언한다.
7. 영국이나 영국 식민지에서 직접 오는 선박과 이 칙령 공포 이후 그곳에 있던 선박은 모든 항구에 입항할 수 없다.[27]

영국은 직접 수출의 3분의 1과 재수출의 4분의 3을 유럽 대륙으로 보냈다. 따라서 나폴레옹은 베를린 칙령으로 영국 정부에 엄청난 정치적 압박을 가해 8월 중단한 강화 협상을 재개하게 하려 했다.[28] 12월 3일 루이에게 쓴 편지에서 나폴레옹은 이렇게 설명했다.

"나는 육상의 힘으로 바다를 정복할 것이다."[29]

나중에 그는 다음과 같이 말했다.

"이것이 영국에 강한 타격을 가하고 강화를 체결하게 강제할 유일한 수단이다."[30]

이는 사실이었다. 트라팔가르에서 프랑스 함대가 괴멸된 이후 상업 차원이 아니면 영국에 직접 해를 가할 방법은 없었다.

나폴레옹은 베를린 칙령이 프랑스 사업가들에게 인기가 있을 것이라고 믿었다.

그는 앞서 영국 몫이던 교역을 그들이 차지하길 바랐으나 곧 자국 상업회의소가 올린 보고서를 보고 잘못을 깨달았다. 보르도 상업회의소는 이미 12월에 경기가 위태로울 정도로 하강하고 있다고 보고했다. 미숙한 콜베르티슴으로 무장한 나폴레옹은 국제무역을 단순한 제로섬 게임으로 추정했지만 실상은 그렇지 않았다. 1807년 3월 나폴레옹은 칙령이 초래한 위기를 극복하기 위해 예비기금에서 특별 산업 융자를 허가해야 했다.[31)]

영국의 유력한 휘그 계열 잡지 〈에든버러 리뷰〉의 열렬한 기사는(워즈워스의 시를 공격하는 기사는 그렇다 쳐도) 무역 재개를 위해 강화를 요청했지만 영국 정부는 국내 비판을 이겨 내는 데 성공했다. 반면 대륙봉쇄는 나폴레옹 체제에서 잘 지냈고 그때까지 그의 강력한 지지 세력이던 사람들에게 직격탄을 날렸다. 바로 그가 늘 도움을 구했던 중간계급, 즉 소매상, 도매상, 부유한 자영농, 국유재산 습득자였다. 재무장관 몰리앵은 다음과 같이 회상했다.

"나라 전역의 가게 주인들이 그 상황에 불평을 늘어놓고 있었다."

그렇지만 나폴레옹은 타협은커녕 여론을 들을 생각도 하지 않았다.[32)]

1807년 1월 7일 영국은 "유럽의 적대국 항구에서 다른 항구로 물품을 싣고 가는 중립국 선박을 모조리 나포하고 … 적국에서 중립국으로 가는 연안 무역을 금지하는" 추밀원령을 추가로 반포해 보복했다.[33)] 뒤이어 11월 다시 칙령을 반포해 프랑스와 그 모든 속국은 봉쇄 상태에 있으니 프랑스를 출입하려는 모든 중립국 선박은 먼저 영국에 와서 관세를 납부하고 출항허가증을 받아야 한다고 알렸다. 이에 따라 프랑스와 교역하는 미국 선박은 영국 항구에서 상당한 비용을 지불하고 허가증을 구매하지 않으면 전부 가로막혔다. 1807년 11월 추밀원령은 영국이 수많은 미국인에게 '낙인을 찍어'(납치한다는 뜻이다) 영국 해군에서 복무하게 하는 관행을 낳는 한편 1812년 영미 전쟁의 주된 원인이 되었다.

대륙봉쇄 체제의 한 가지 중대한 문제는 이를 보편적으로 강요할 수 없다는 점이었다. 예를 들면 1807년 함부르크와 한자 동맹 도시인 뤼베크, 뤼네부르크, 로스토크, 슈트랄준트, 브레멘은 그랑다르메가 요구한 신발 20만 착과 방한외투 5만 벌, 조끼 3만 7천 벌 등을 생산할 수 없었기에 그 통치자들은 특별히 봉쇄 면제 허가를 받아 이를 영국 제조업자에게 구매했다. 이어진 폴란드 전역의 여러 전투에서 나폴레옹의 많은 병사가 핼리팩스와 리즈에서 만든 군복을 입었는데 영국 장관들은 하원에서 나폴레옹은 영국 제조업자에게 의존하지 않고는 장교 군복에 기장 하나 박아 넣을 수 없다고 자랑했다.[34)]

대륙봉쇄 체제는 제국의 몇몇 지역에서 산업 전체의 균형을 무너뜨려 혼란에 빠뜨리고 때로 파괴했기에 진정한 골칫거리였다. 베르크공국에서는 심각한 소동이 일었고 영국 제품과 식민지 제품을 징발하기 위해 마인츠에서 2개 연대를 파견해야 했다. 유럽 도처에서 저장고로 가야 할 식료품을 공개적으로 불태웠으며 프랑스에 가까운 독일 지역은 영국보다 더 큰 고통을 겪었다.[35)] 나폴레옹의 보호무역주의 칙령 때문에 압류당한 영국 제품은 디에프와 옹플뢰르 해변에서 거대한 모닥불로 사라졌다.

다른 문제는 대륙봉쇄 체제가 여러 곳에서, 심지어 황실 가족 때문에 흔들리고 있었다는 점이다. 루이는 홀란트의 밀수를 못 본 체했고 나폴리 왕 뮈라는 대륙봉쇄 체제를 완벽하게 이행하지 못했으며 조제핀은 직접 암시장에서 밀수품을 구매했다.[36)] 극단적 충성을 보인 라프까지도 1807년 단치히(그단스크) 총독이 되었을 때 밀수품 유입을 허용했으며 이를 불태우는 것을 거부했다.[37)] 격노한 나폴레옹이 재무장관 고댕에게 말했다.

"금지한 상품은 무엇이든 내 명령 없이 들여올 수 없으며, 내 가족에게 그토록 깊이 침투한 권한 남용을 허용한다면 이는 분명 내 직무유기다. 법이 있고 누구나 법을 준수해야 한다."[38)]

1810년 나폴레옹은 부리엔을 해고하고(함부르크 총독으로 상인들에게 뇌물을 받고 대륙봉쇄 체제 금지 조치를 완화했다) 같은 해 루이를 왕좌에서 끌어내 본보기로 삼았으나 권한 남용은 사실상 조금도 줄어들지 않고 지속되었다.

나폴레옹은 밀수를 완벽히 근절할 수 있다고 믿을 만큼 순진하지는 않았겠지만 이를 철저히 억누르기 위해 노력했다. 예를 들면 그는 1806년 엘베강을 따라 3백 명의 세관원을 배치했다. 그러나 영국은 발트해의 섬 헬골란트(헬리골랜드)에서 대규모 작전을 벌이며 밀수를 조장하려 한층 더 노력을 기울였다.[39] 1811년 종종 밤에 몰타섬과 남부 지중해 항구를 오간 선박이 840척에 달했고 그곳에 접안해 내린 커피와 설탕은 몰래 국경 너머로 들어갔다. 걸리면 낙인이 찍힌 채 10년 노역의 처벌을 받아야 했으며 1808년 이후에는 재범의 경우 사형에 처했다[40](영국은 1736년 밀수를 사형으로 처벌했는데 주기적으로 사형을 집행했다).

봉쇄된 프랑스 해군은 유럽 해안을 정찰할 수 없었고 리스본과 트리에스테, 아테네, 스칸디나비아, 발레아레스제도, 지브롤터, 리보르노, 이오니아제도, 상트페테르부르크는 각기 다른 때에 서로 다른 양의 영국 상품을 공공연히 또는 암암리에 유럽 대륙으로 보내는 통로 역할을 했다. 프랑스 세관원이 밀수품을 압수하면 대개 그 일부는 뇌물로 되돌아왔고 얼마 지나지 않아 런던 로이즈(보험 분야 법인)에서 압류에 대비해 보험에 가입하는 것이 가능해졌다. 한편 프랑스제국의 관세 수입은 1806년 5천1백만 프랑에서 1809년 1,150만 프랑으로 급락했다. 1809년은 나폴레옹이 영국의 지금地金 보유고를 고갈시키려고 영국의 곡물 작황이 나쁠 때(그해 영국이 수입한 밀의 약 74퍼센트가 프랑스에서 들어왔다) 높은 가격으로 곡물 수출을 허가한 해였다.[41] * 대륙봉쇄 체제는 제대로 작동하지 않았는데 이는 상인들이 계속 영국의 환어음을

* 대륙봉쇄 체제가 유일하게 성공을 거둔 작은 영역이 있는데 바로 영국 해군이 선호하던 독일 북부 목재를 공급받지 못했다는 점이다. 영국 해군은 품질이 떨어지는 아프리카산 목재와 인도 서남부 말라바르 해안의 티크 목재를 확보해야 했다. 해군장관은 이것이 섬유질 목재가 아니라서 쉽게 조각나 전투에 들어가면 사상자가 많이 발생했기에 몹시 싫어했다(Albion, *Forests and Sea Power passim*, TLS 9/6/27 p.399).

받는 바람에 영국 자본 순유입이 지속되었기 때문이다.[42] 나폴레옹에게는 매우 실망스럽게도 1808~1810년 영국 통화는 유럽의 여러 통화 대비 가치가 낮아져 영국의 수출품 가격이 낮아지는 효과를 냈다. 또한 대륙봉쇄 체제는 영국 상인이 더욱 융통성을 발휘해 아시아와 아프리카, 근동, 라틴아메리카에 이전보다 더 많이 투자하고 수출을 다각화하도록 만들었다. 그 결과 1800~1809년 연평균 2,540만 파운드였던 수출액이 1810~1819년에는 3천5백만 파운드로 증가했다. 반대로 수입이 크게 감소하면서 영국의 무역수지는 1780년 이후 처음 흑자를 달성했다.[43]

나폴레옹은 유럽 대륙 소비자들이 영국산 제품을 구입하는 걸 막아 유럽 대륙, 특히 프랑스의 생산을 자극함으로써 생산자들의 대안 모색을 장려하길 바랐다. 1810년 사탕무와 쪽(인디고)을 프랑스에서 재배하는 것이 가능하다고 밝혀졌을 때, 그는 비서에게 마치 아메리카를 한 번 더 발견한 것 같다고 말했다[44]. 생드니에는 설탕 제조법을 가르치기 위한 실험학교가 세워졌고, 1808년 3월 나폴레옹은 베르톨레에게 "순무에서 좋은 설탕을 정제하는 것이 가능한지" 연구하라고 요구했다.[45] 그렇지만 나폴레옹은 사람들에게 커피 대신 치커리 차를 마시라는 것은 물론 스위스 차를 마시라고 설득할 수 없었다. 1810년 엉겅퀴에서 무명실을 뽑아내려던 계획도 무위로 돌아갔다.[46]

영국이 단순히 '소상점주의 나라'였다면 대륙봉쇄 체제 탓으로 돌릴 수 있는 1810년과 1811년 회계연도의 경기 침체는 당연히 정부에 정치적 문제를 안겨 주었을 것이다. 하지만 영국 내각은 대체로 상층 계급 출신으로 상업상의 고려를 떠나 나폴레옹에 맞서는 전쟁을 지지한 윌리엄 피트의 이전 동료들이었다(1807~1809년 포틀랜드 공작 정부는 '휘그'와 '토리'의 두 꼬리표를 다 포기하고 '미스터 피트의 친구들'을 자칭했다). 1809년 10월 포틀랜드 공작을 이어 총리가 된 스펜서 퍼시벌은 그 문제로 심히 혼란스러워했다. 그는 매형 토머스 월폴에게 나폴레옹의 정체는 요한계시록에 나오는 "짐승을 탄 여자, 성자의 피에 취한 여자, 매춘부의 어머니"라고 말했다.[47] 1799년 나폴레옹이 아크레에서 멈췄을 때 퍼시벌은 재밌게도 '다윗서 제11장의 예언이 프랑스 정권에 들어맞는다는 점을 지적하기 위한 관찰'이라는 제목으로 익명의 논평을 써서 성경이 나폴레옹의 몰락을 예언했다고 주장하려 했다(또한 퍼시벌은 성경을 토대로 정밀하게 계산해 세상이 1926년에 종말을 맞을 것이라고 확신했다).[48] 영국 정치인들이 그토록 터무니없는 신념에 사로잡혀 있었던 탓에 폭스 사망 이후 나폴레옹이 영국을 설득해 강화를 체결하도록 하는 것을 보기는 어려웠다. 1812년 퍼시벌이 그보다 한층 더 심하게 미친 자에게 암살당하자 피트의 다른 제자인 리버풀 경(전임 외무장관 혹스베리 경)이 그를 대신해 총리가 되었다. 똑같이 나폴레옹 파멸에 헌신한 그는 1827년까지 총리로 일했다.

1806년 11월 25일 새벽 3시 나폴레옹은 폴란드 전선을 둘러보고자 베를린을 떠나며 마인츠에 있던 조제핀에게 동쪽으로 와서 자신 곁에 머물라고 청했다.[49] 나중에 그는 이 제안을 후회했다. 27일 밤 폴란드 도시 포즈난에 들어가 주민들에게 어마어마한 환영을 받은 나폴레옹은 그들의 국가 수립 희망에 불을 지폈으나 이를 해결하겠다는 약속은 피했다. 그는 뒤늦게 자신이 여러 가지 큰 실수를 저질렀다고 인정하면서 이렇게 말했다.

"나는 비스와강을 건너지 말았어야 했다. 폴란드에 들어갈 생각을 하게 만든 것은 마그데부르크 점령이었다. 나는 틀렸다. 그 때문에 끔찍한 전쟁을 치러야 했다. 그러나 폴란드 국가를 되살린다는 생각은 고귀한 것이었다."[50]

왕국 회복을 갈구하는 그 도시 원로들에게 나폴레옹은 조심스럽게 단어를 선택해 답변했다.

"힘으로 무너진 것은 오직 힘으로만 회복할 수 있다. … 단합 부족으로 파괴된 것은 오직 단합으로만 되살릴 수 있다."[51]

이는 긍정적이고 군인다운 발언이긴 하지만 폴란드를 국민국가로 되살린다는 약속에는 한참이나 미치지 못했다.

이튿날 하노버 태생의 러시아군 지휘관 레빈 폰 베니히센 백작은 바르샤바에서 북쪽으로 약 64킬로미터를 퇴각해 푸우투스크 인근에서 멈췄다. 그날 저녁 뮈라는 바르샤바에 입성해 총독에 취임했다. 나폴레옹은 폴란드인의 열광적인 환영에 떠밀려 1775년 폴란드를 분할하고 소멸해 막대한 영토상의 이익을 얻은 세 나라를 영원히 멀리할 생각이 없었다. 12월 2일 나폴레옹이 뮈라에게 말했다.

"나는 오래전부터 인간을 잘 이해했다. 내 위대함은 폴란드인 수천 명의 도움에 의지하지 않는다. … 내가 먼저 시작할 일은 없다."

나폴레옹은 폴란드 마지막 왕의 조카로 프랑스에 우호적인 유제프 포니아토프스키 대공에 관해서도 말했다.

"그는 대다수 폴란드인보다 더 경솔하고 하찮은 인물이다. 이는 많은 것을 말해준다."[52]

나폴레옹은 뮈라가 폴란드인에게 이렇게 전달하기를 원했다.

"나는 내 가족 구성원이 앉을 왕좌를 간청할 필요가 없다. 그들에게 줄 왕좌는 부족하지 않다."[53]

비스와 강변에서 지내기를 몹시 싫어한 그랑다르메는 오직 '결핍과 나쁜 날씨'만 기다리고 있었다.[54] 군대에 나돈 농담 중 하나는 폴란드어 전체를 다섯 낱말로 줄일 수 있다는 것이었다.

"흘레바? 니에 마. 보다? 자라스!" (빵? 없어. 물? 바로 대령하지!)

나시엘스크 근처에서 대열의 어느 보병이 나폴레옹에게 "파파, 흘레바?"라고 외치자 그는 즉시 "니에 마"라고 되받아쳤다. 그러자 대열 전체가 웃음을 터뜨렸다.[55] 군대가 겨울 숙영지로 들어가기 전 폭풍이 닥치자 다른 병사가 외쳤다.

"빵도 없이 우리를 이런 길로 이끌다니 어디에 머리를 부딪친 거 아닙니까?"

이에 나폴레옹이 대답했다.

"나흘만 더 참아라. 그 이상은 요구하지 않으마. 그 정도면 숙영지에 도착할 것이다."

그 병사가 반박했다.

"좋습니다. 그리 길지 않군요. 그렇지만 명심하십시오. 나흘 뒤에는 우리 스스로 숙영할 겁니다!"[56)]

그로냐르들에게는 정말로 불만이 있었고(그들은 행군 중에 때로 냄비에 말 피를 받아 마시는 처지에 몰렸다) 사바리는 그 전쟁 시기가 어땠는지 회상했다.

"그는 자신에게 거리낌 없이 말을 거는 병사들을 사랑했고 언제나 그들과 함께 웃었다."[57)]

12월 5일 폴란드 여인들과 저녁 시간을 보내도 질투하지 않는다는 조제핀의 편지에 나폴레옹은 이런 답장을 보냈다.

> 성마른 사람들이 늘 자신은 화가 나지 않았다고 주장한다는 것을 나는 오래전부터 알고 있었소. 두려운 자들은 그렇지 않다고 거듭 밝히지. 그러니 당신에겐 질투의 죄가 있소. 나는 매우 기쁘오! 어쨌거나 폴란드 황무지에서 내가 아름다운 여인만 마음에 그리고 있다는 당신 생각은 틀렸소. 지난밤 이 지역 귀족들이 꽤나 예쁘고 부유한 여인들을 데려와 무도회를 열었소. 여인들은 파리 패션을 흉내 내려 애썼지만 옷을 입은 것이 형편없었소.[58)]

그다음 주 나폴레옹은 큰 성공을 거뒀다. 예나와 아우어슈테트에서 프로이센군과 같이 싸웠던 작센 선제후 프리드리히 아우구스투스가 프리드리히 빌헬름 3세와의 동맹을 깨고 라인 연방에 합류한 것이다. 12월 19일 나폴레옹은 바르샤바에 도착해 열광적인 환영을 받았고 비록 자문 역할을 하는 것에 불과했지만 즉시 폴란드 귀족들로 임시정부를 세웠다. 그는 러시아인이 그리 멀리 퇴각하지 않고 전투 준비를 갖췄으리라고 짐작했기에 모든 군단에 비스와강을 건너라고 명령했다. 독일 태생의 러시아군 장군인 베니히센과 북스회브덴 사이에 벌어진 틈으로 돌격하길 바란 나폴레옹은 군단 사령관들에게 곧 대규모 공세가 있을 것이라고 말했다. 12월 23일 다부 군단이 부크 강변의 차르노보 마을에 도착하자 나폴레옹은 그 지역을 정찰한 뒤 야간 공격을 개시했다. 이들은 지나치게 넓게 전개한 알렉산드르 오스테르만 톨스토이 백작* 휘하 러시아군 1만 5천 명을 밀어내는 데 성공했고 전투가 끝났을 때 바르샤바 북쪽 수로는 프랑스군 수중에 떨어졌다.[59)]

1806년 크리스마스 때 나폴레옹은 란을 푸우투스크로 보내 북동쪽으로 퇴각하는 베니히센 군대를 궤멸하려 했다. 동시에 다부와 술트, 뮈라는 북쪽으로 진군했고 오주로는 브크라강에서 북동쪽으로 갔으며 네와 베르나도트는 비스와강에서 남동쪽으로 나아갔다. 날씨 때문에 하루 이동 거리가 약 11킬로미터로 줄어들면서 기회가 사라졌고 라프는 이렇게 회상했다.

"우리가 지나간 곳은 진흙땅으로 군데군데 늪이 도사리고 있었다. 도로는 너무하다 싶을 정도로 상태가 나빴다. 기병과 보병, 대포가 수렁에 빠졌고 빠져나오려면 죽을 듯이 용을 써야 했다."[60)]

이튿날 푸우투스크에서 전투가 벌어졌을 때 "우리 장교 여러 명이 진창에 빠져 전투가 끝날 때까지 빠져나오지 못했다. 이들은 적군의 사격 표적이 되었다."

베니히센은 눈보라가 몰아치는 푸우투스크에서 병력 3만 5천 명으로 란 군단 2만 6천 명에 맞서 성공리에 지연작전을 펼친 뒤 다음 날 퇴각했다.[61)] 같은 날 드미트리 골리친 대공은 고위민에서 어두워질 때까지 싸운 뒤 부대와 함께 나폴레옹이 친 덫에서(뮈라와 오주로, 다부가 삼면에서 그를 습격할 예정이었다) 교묘히 탈출했다. 7월 그들이 틸지트에서 만났을 때 나폴레옹은 골리친의 탈출을 축하했다.[62)] 다음 날 나폴레옹은 고위민 전장을 찾았고 화가 병사 르죈은 기록을 남겼다.

* 알렉산드르 이바노비치 오스테르만 톨스토이는《전쟁과 평화》의 저자와 사촌지간이다.

"황제와 베르티에 대공은 잠시 멈춰 우리가 최신 파리 오페라의 노래를 부르는 것을 들었다."[63]

성공리에 탈출한 러시아군은 비아위스토크 근처의 겨울 숙영지로 들어갔고, 12월 28일 교전을 중단한 나폴레옹은 비스와 강변을 군대 숙영지로 정한 뒤 정초에 바르샤바로 돌아왔다. 그는 나쁜 날씨와 끔찍한 도로 사정에다 열, 부상, 굶주림, 극도의 피로 때문에 군대의 40퍼센트가 한순간 자리를 떠나 전쟁 중에 있는 두 나라의 대규모 군대는 고사하고 평시의 주민도 간신히 부양하는 땅에서 음식을 찾아 헤맨다는 사실을 고려하지 않을 수 없었다.[64] 곧 그랑다르메가 봄에 강을 건너야 하는 상황이 발생하지 않도록 교두보와 요새화한 숙영지를 늘리고 병원과 작업장, 화덕, 보급 창고를 세우라는 명령이 내려졌다.

나폴레옹의 수석 군의관 피에르 페르시 남작은 이렇게 썼다.

"프랑스 군대가 이처럼 비참한 적은 없었다."

> 늘 행군하고 밤마다 야영하고 발목까지 빠지는 진창을 며칠씩 지나는 병사들에게는 1온스의 빵도 없고 마실 브랜디 한 모금도, 옷을 말릴 시간도 없다. 그들은 극도의 피로와 굶주림에 쓰러진다. 도랑가에서 숨을 거둔 자들도 있다. 포도주나 브랜디 한 잔이면 구할 수 있었을 것이다. 이 모든 일에 폐하의 심장은 분명코 찢어졌겠지만 그는 목적을 이루고자 전진하며 유럽을 위해 준비한 위대한 운명에 책임을 다한다. 그가 실패하거나 평범한 결과만 낸다면 군대는 사기가 꺾여 울부짖을 것이다.[65]

크리스마스까지 1백 명의 병사가 자살한 것으로 추산되었다.[66]

나폴레옹은 오랫동안 부상자 치료와 후송, 간호를 크게 강조했다. 10년 전 이탈리아 원정에 나설 때부터 그가 그 주제에 관해 상세히 쓴 편지만 6백여 통에 달한다. 그는 간혹 선임군의관 페르시와 도미니크 라레에게 편지를 써서 "군대 위생반의 용기, 열정, 헌신, 특히 인내와 고생 감수"를 칭찬했다.[67] 나폴레옹은 군의관들에게 질병에 관해 끝없이 질문을 해댔고 프랑스 약이 다른 나라 약과 어떻게 다른지 물었다.[68] 그는 가끔 전담 군의관 장 니콜라 코르비자르를 놀리기도 했다.

"여기 있군, 위대한 돌팔이. 오늘도 사람을 많이 죽였나?"[69]

그는 코르비자르를 좋아하고 신뢰했다. 코르비자르는 그의 좌골신경통을 치료했으며 러시아 원정 때부터 작지만 짜증스러운 일련의 질병이 그를 괴롭힐 때까지 전체적으로 그를 건강하게 지켜 냈다. 다른 경우 나폴레옹은 의사들에 관해 재치 넘치는 표현을 남겼다. 1812년 1월 그는 장 제라르 라퀴에에게 보낸 편지에 이렇게 썼다.

"서툰 외과의사는 군대에 적군 대포보다 더 많은 해를 끼친다."[70]

1813년 나폴레옹은 앰뷸런스 업무를 제안했으나 자원 부족 탓에 실효가 없었다.[71] 그렇지만 그는 프랑스 군대에서 복무하는 군의관을 1802년 1,085명에서 10년 뒤 5,112명으로 늘렸고 야전 군의관은 515명에서 2,058명으로 늘렸다.[72] 폴란드 원정에서는 아주 방대한 숫자의 환자를 극소수 의사가 처리해야 했다. 1806년 10월에서 1808년 10월 사이 프랑스 군병원은 42만 1천 명의 병사를 치료했다. 그 시기 동안 전투가 가장 치열했을 때도 전투 중에 부상당한 사람은 이 중 4분의 1에 미치지 않았다. 나머지는 대개 열병을 앓았다.[73]

1807년 1월 1일 푸우투스크에서 바르샤바로 돌아가던 중 나폴레옹은 브워니의 역참에서 말을 갈아탔는데, 그곳에서 아름다운 금발에 살결이 흰 스무 살짜리 폴란드 백작부인 마리아 발레프스카를 만났다. 나폴레옹은 곧 그녀가 쉰두 살 연상의 귀족 지주와 결혼했다는 사실을 알아냈다.[74] 그는 무도회에서 발레프스카를 다시 만나도록 일을 꾸몄고 이후 그녀는 자신에게 최고의 애착을 보인 남자의 정부가 되었다. 그 무도회에 참석한 다른 부인으로 일기에 남의 얘기를 늘어놓길 좋아한 안나 포토츠카 백작부인은 춤이 끝났을 때 "그가 그녀의 손을 꽉 쥐는 것을 보았"는데,

그녀는 이를 재회 약속으로 생각했다. 포토츠카는 마리아가 "유쾌한 사람이긴 하지만 머리는 텅 비었다"고 덧붙였다.[75)]

나폴레옹은 조제핀에게 바르샤바에서 합류하자고 청한 것을 재빨리 취소했다. 그는 마리아와 만나고 나서 이틀 후 조제핀에게 다음과 같이 전했다.

"마인츠에서 바르샤바까지 오기에는 거리가 너무 멀다오. 여기서 해결해야 할 일이 많소. 당신은 파리로 돌아가는 게 좋을 것 같소. 그곳에 당신이 필요하지. … 날씨는 나쁘지만 나는 건강하오. 진심으로 당신을 사랑하오."[76)]

조제핀이 거듭 함께 지낼 수 있게 해달라고 간청하자 나폴레옹은 이렇게 답변을 보냈다.

"이 일로 당신보다 내가 더 마음이 아프오. 이 긴 겨울밤을 당신과 함께 보내면 좋겠지만 누구나 상황을 받아들여야 하오."[77)] •

나폴레옹은 바르샤바에서 라프를 찾아갔다. 라프가 고위민 전투에서 아홉 번째로 이번에는 왼쪽 팔에 부상을 당했기 때문이다. 나폴레옹이 말했다.

"이런, 라프. 불운한 팔에 다시 부상을 당했군."

라프가 놀랄 일이 아니라며 "우리는 늘 전투 중에 있다"고 하자 나폴레옹이 대답했다.

"우리는 아마 여든 살이 되어도 계속 싸우고 있을 거야."[78)]

이처럼 나폴레옹이 자신의 아버지보다 훨씬 더 오래 살 것을 기대했다는 것은 이때 달베르크에게 보낸 편지가 뒷받침한다. 편지에서 나폴레옹은 이렇게 썼다.

• 1807년 첫 석 달 동안 나폴레옹은 1,715통의 편지를 썼고 그해에는 1806년보다 훨씬 더 많은 3천 통의 편지를 썼다. 그중 절반은 프로이센 총독 클라르크와 해군장관 데크레를 비롯한 군대 인사들에게 보낸 것이고 나머지는 외교(탈레랑에게 쓴 것이 2백 통이 넘는다), 행정, 가족, 개인 문제에 관한 것이었다. 편지 63통은 신발과 장화가 주제였고 때로는 혼동을 일으켰다. 나폴레옹은 2월 뒤로크에게 이런 불평을 했다. "나는 빵을 달라고 했는데 신발이 왔다. 군대를 따라다니는 내게 왜 19배럴의 신발이 필요한가? 이건 미친 짓이야."(CG7 no.14341 p.207)

“예순 살이면 아직 인생의 3분의 2밖에 살지 않은 거요.”[79)]

나폴레옹은 겨울 동안 러시아인의 동면을 기꺼이 허용했으나 보급품이 너무 부족했던 네는 1월 10일 명령을 어기고 돌연 북쪽으로 공격해 들어갔다. 쾨니히스베르크의 큰 보급품 창고를 급습해 빼앗으려 했던 것이다. 네는 만약 성공한다면 나폴레옹이 그 위험한 명령 불복종을 너그럽게 용서하리라고 예상했다. 한 주 뒤 네는 하일스베르크(리즈바르크)에 도착해 레스토크의 프로이센군과 마주쳤고, 그때 베니히센이 기습을 시작해 바르샤바 북동쪽 500평방마일 넓이의 요하니스부르크(피시) 숲을 조용히 통과하고 있다는 사실을 알아냈다.

나폴레옹은 네와 뒤이어 베르나도트가 사로잡은 포로들에게 얻어 낸 정보를 종합해 적군의 주된 공격이 비스와강을 향하고 있다고 판단했다. 그는 즉시 궤멸 수준의 반격을 가할 기회를 포착했다. 군대가 대부분 남쪽에 머무는 상황에서 나폴레옹은 베니히센의 측면, 그리고 어쩌면 후방에서도 작전을 펼칠 방법이 있음을 보았다. 러시아군은 서쪽 먼 곳에서 이동하고 있었으므로 프랑스군이 그들을 차단하기는 더 쉬웠다. 나폴레옹은 바르샤바에서 북쪽으로 약 160킬로미터 떨어진 위나 강변의 알렌슈타인(올슈틴) 방면으로 공격하기로 결정했다. 1805년 현역으로 복귀한 르페브르 원수가 군단 하나를 받아 단치히를 공격하기로 했으나 토룬에서 보류했다. 오주로는 비스와강을 건넜고 베르나도트는 파스웽카강을 따라 차폐 작전을 펴되 필요하면 엘빙(엘블롱크)을 통과하는 퇴각 전투를 준비하라는 명령을 받았다. 한편 나폴레옹은 토룬을 축으로 삼아 전군을 남쪽에서 북쪽으로 선회했다. 다부는 동쪽 측면을 방어하다가 란이 교대해 그 임무를 맡은 뒤 오스트로웽카와 마쿠프를 향해 군단을 이끌었다. 1월 19일 나폴레옹의 선봉대는 단치히로 이동하는 베니히센의 선봉대와 마주쳤다. 날씨는 여전히 음산했고 포병 장군 알렉상드르 드 세나르몽은 이렇게 썼다.

“이보다 더 힘든 전투는 없었다.”

그의 대포는 차축까지, 포병들은 무릎까지 진흙에 빠졌다.[80)] 서리가 내려 땅이 단단해지자마자 몇 미터의 눈이 내려 군대의 전진 속도는 더욱 느려졌다.

1월 27일 그랑다르메는 여전히 북쪽을 향해 강행군한 반면 네와 베르나도트는 계속 서쪽으로 물러나 베니히센을 나폴레옹이 친 덫 안으로 더 깊이 끌어들이라는 명령을 받았다. 나폴레옹은 조제프에게 큰소리쳤다.

"지금보다 더 건강이 좋은 적은 없었소. 나는 이전보다 더 여자에게도 잘하고 있다오galant."[81)]

이제 그는 정력적으로 쾌락을 추구했다. '그대tu'라는 말은 조제핀과 페르시아의 샤에게만 썼으나 이제는 마리아 발레프스카도 '그대'라고 불렀다. 나폴레옹은 그녀에게 보낸 편지에 다음과 같이 썼다.

"오! 내게로 오라! 내게로 오라! 그대가 원하는 것을 전부 다 들어주겠다. 그대가 내 초라한 마음을 가련히 여긴다면 그대 고향도 내게 소중한 곳이 될 것이다."

며칠 뒤 나폴레옹은 브로치 하나를 보내면서 이런 편지를 썼다.

> 부디 이 부케를 받아주오. 우리 주변에 북적이는 인간들 모르게 이것이 우리를 하나로 이어주는 비밀 고리가 되기를. 모두가 우리를 주시하고 있을 때 우리는 비밀스러운 암호를 갖게 될 것이오. 내 손이 그대 마음에 닿으면 그대는 이를 온전히 느끼겠지. 이에 응해 그대 손으로 그 부케를 만지기를! 내 사랑하는 마리아, 나를 사랑해 주오. 그대의 손이 그 부케에서 영원히 떠나지 않기를![82)]

나폴레옹은 그녀에게 돈을 후하게 썼고 1809년 10월까지 세 번에 걸쳐 5만 프랑을 주었다.[83)] •

• 우리가 알기로 나폴레옹은 20년 동안 21명, 어쩌면 22명의 정부를 두었다. 그는 1804년 12월에서 1813년 8월까지 이들에게 총 48만 프랑이라는 어마어마한 돈을 주었다. 정부들의 비밀 장부에는 많은 액수가 "폐하께 받았다"고만 기록되어 있다.

1월 31일, 그러니까 나폴레옹이 바르샤바를 떠나 전선으로 향한 그다음 날 바그라티온 장군이 지휘하는 러시아 선봉대의 카자크인들이 베르나도트에게 나폴레옹의 전갈을 전하던 어느 부관을 사로잡았다. 그 부관은 암호로 작성하지 않은 급송 문서를 제때 없애버리지 못했다(나폴레옹은 부관에게 장화 뒤꿈치에 실로 꿰매 감추라고 지시했다. 언젠가 그는 이렇게 빈정거렸다. "부관은 도중에 바지는 잃을지언정 급송 문서나 사브르 검은 결코 잃어버려서는 안 된다."[84]). 전갈의 명령은 베르나도트에게 야음을 틈타 은밀히 행군해 그랑다르메 좌익에 합류하라는 것이었다. 전갈에는 그랑다르메의 전체 배치 현황이 담겨 있었고 남쪽에서 공격을 전개해 러시아군 전체를 차단하려는 의도가 분명히 드러나 있었다. 베니히센은 즉각 위나강으로 퇴각하라고 조용히 명령했다.[85] 계획이 위태로워진 것을 알지 못한 나폴레옹은 지독한 날씨에도 불구하고 끔찍한 도로를 따라 계속 북쪽으로 치고 올라갔다. 언제나 속도가 본질 요소였던 지휘관에게 폴란드의 겨울은 이례적으로 실망스러웠다. 2월 2일 나폴레옹은 베니히센이 비스와강으로 진격하는 대신 안전하게 위나강으로 퇴각하고 있다는 사실을 알게 되었다. 나폴레옹은 베니히센의 발을 묶어 탈출할 수 없게 하려고 최대한 빨리 베르크프리데(바르크베다)로 이동했다. 그에게는 5개 보병 사단과 뮈라의 예비 기병군단, 근위대 일부만 있었다. 이튿날 베니히센은 프랑스군을 저지하기 위해 후위만 남겨 둔 채 위나강을 건넜다. 나폴레옹은 공격을 취소했고 다음 날 러시아군은 가 버렸다. 그는 캉바세레스에게 이렇게 말했다.

"나는 러시아군을 추격해 다시 네만(네무나스)강 너머로 밀어내겠다."[86] *

2월 6일 뮈라가 프리싱(프로호라들라야)강의 지류를 건너는 호프(드부르즈노)의 다리에서 러시아군 후위를 따라잡았을 때 장 조제프 도트풀 장군은 러시아군 대포를 향해 흉

* 그러나 서둘지 않았다. 출정 중 어느 날 밤 나폴레옹은 베르티에, 뒤로크 등과 카드놀이를 하며 딴 돈으로 맘루크 경호원 루스탕에게 5백 프랑을 주었다(ed. Cottin, *Souvenirs de Roustam* pp.140-141).

갑기병들을 돌격시켜 그 진지를 점령했다. 30분 뒤 나폴레옹은 사단의 모든 병사가 보는 가운데 목소리가 크고 입이 건 그 거대한 베테랑을 껴안았다. 도트풀은 늘 그렇듯 자신의 부대를 향해 돌아서서 외쳤다.

"황제께서 그대들을 마음에 들어 하신다. 나도 그대들이 심히 만족스러워 그대들 모두의 엉덩이에 키스하고 싶다!"[87)]

뮈라는 호프에서 1천4백 명의 사상자를 냈다. 스코틀랜드인과 리투아니아인의 피가 섞인 그의 적 미하일 바르클라이 데 톨리 장군은 러시아 병사 2천 명을 잃었지만 베니히센은 다시금 성공리에 탈출했다.[88)] 베니히센이 북쪽으로 약 32킬로미터 떨어진 쾨니히스베르크를(그는 그곳에서 덫에 걸릴 수는 없었다) 지키는 유일한 방법은 아일라우(바그라티오놉스크)와 러시아 국경에서 약 209킬로미터 떨어진 인구 1천5백 명의 동프로이센 도시에서 전투를 벌이는 것뿐이었다. 베니히센은 병력이 대략 5만 8천 명이었으나 병력이 5천5백 명 이상인 레스토크가 이내 도착하기를 기대했다. 나폴레옹 병력은 4만 8천 명이었지만 서쪽으로 19킬로미터 정도 떨어진 곳에 있는 네와 남동쪽으로 약 16킬로미터 떨어진 곳의 다부가 거의 3만 명에 달하는 병력과 함께 오는 중이었다. 그러나 대포에서는 러시아군이 크게 유리했다. 나폴레옹 군대는 200문의 대포를 갖춘 데 반해 러시아군 대포는 336문이었다.

란츠베르크(구로보)에서 쾨니히스베르크로 이어진 간선도로는 평야와 숲 사이로 14.5킬로미터 정도 이어지다가 아일라우에서 약 2.4킬로미터 떨어진 굴곡진 평원으로 빠져나온다. 그 평원은 끝에서 약간 고도가 높아지는데 나폴레옹은 그곳에서 러시아군이 포진하고 있는 돌출 능선으로 이어진 폭넓은 계곡을 뚜렷하게 조망했다. 좌측 전방에는 텡크니텐 호수가 있고 오른쪽에는 바슈카이텐 호수가 있다. 거리가 914미터쯤인 두 호수 사이에는 작은 언덕이 있는데 도로 교차점에서 더 잘 보인다. 그 교차점을 지나면 도로는 약간 내리막이며 아일라우까지 마지막으로 800미터 정도 이어진다. 1807년 무렵 중요한 교차로에 세운 견고한 주택들의 도시였던 그곳의 오른쪽에는 작은 언덕 위에 교회와 묘지가 있었다. 또한 얼어붙은 호수와 습지가 여럿 있고 주변에 자작나무 숲이 점점이 박혀 있었다. 평원의 높은 지점에는 제르팔렌 마을이 있었는데 곳에 따라 눈이 약 90센티미터 깊이로 쌓여 있었다.

1807년 2월 7일 토요일 오전 늦은 시간에 베니히센 군대가 전투 배치에 들어갔다. 오후 2시에는 뮈라의 기병대와 술트의 보병 부대 선두가 그륀호프쉔 마을 앞 숲에 도달했다. 그다음으로 오주로가 도착해 텡크니텐 호수 쪽으로 전개했다. 술트는 별다른 지원을 받지 못한 러시아군 선봉대를 겨냥해 제18전열보병 연대와 제46전열보병 연대를 전투에 내보냈다. 이들은 얼어붙은 텡크니텐 호수 끝을 가로질러 가다가 중포 공격을 받고는 오른쪽으로 방향을 틀었고 크게 동요한 상태에서 총검 공격까지 받았다. 그때 호프에서 패한 것에 복수할 기회를 엿보던 상트페테르부르크 용기병 연대가 얼어붙은 호수를 건너 그들의 좌측 후위를 습격해 두 부대를 격파했다. 그 혼란 속에서 제18전열보병 연대는 독수리 깃발을 잃어버렸다.* 프랑스의 용기병들이 제때 도착해 이들을 완전한 파멸에서 구출했으나 그 반격에서 끔찍한 학살극이 벌어졌고 제46전열보병 연대는 질서 있게 퇴각했다. 술트가 슈베엔과 그륀호프쉔 사이에 포를 배치했을 때 러시아군 선봉대는 중군 쪽으로 후퇴했다.

이제 나폴레옹은 계곡에 이르기까지 고원 전체를 장악했지만 손실이 극심했고 그곳에는 3주 뒤에도 여전히 시신이 쌓여 있었다. 그날 저녁 나폴레옹은 아일라우를 습격할 생각이 없었고 네와 다부가 도착하기를 기다리려 했으나 '전운'이라는 딱 어울리는 표현으로 요약할 만한 여러 사건과 오해 때문에 어쩔 수 없이 공격에 나섰다. 이는 술트의 설명이 최선이 아닐까 싶다. 예비 기병대 일부가 러시아군을 뒤쫓아 아일라우에 들어갔고 이어 자신의 제24경보병 연대가 그 뒤를 따랐는데

* 러시아군은 깃발을 노획하지 못했고 깃발이 호수 밑바닥에 가라앉았을지 모른다는 추측이 있다. 이후 나폴레옹은 독수리 깃발을 제1대대에만 허용했고 경기병 부대는 전투에 깃발을 들고 갈 수 없었다(CG6 no.13006 p.879).

이때 교회와 공동묘지를 차지하기 위한 전면 전투가 시작되었고 곧 더 많은 병사가 전투에 휘말렸다는 것이다. 발단이 무엇이든 이제 전투는 고작 25제곱마일 땅을 두고 11만 5천 명이 싸우는 이틀짜리 사건으로 커졌다.

생틸레르 사단은 교회와 공동묘지를 급습했고 그 와중에 러시아군 최고 장군 중 한 사람인 바르클라이 데 톨리가 포도탄에 심한 부상을 당해 열다섯 달 동안 전투에서 빠졌다. 바그라티온이라면 아일라우에서 철수했겠지만 베니히센은 어떤 희생을 치르더라도 반드시 탈환하라고 명령했다. 베니히센은 세 대열을 이끌고 프랑스 보병과 산탄을 발사하는 포대에 맞섰다. 오후 6시 러시아군은 교회와 공동묘지를 제외하고 도시를 대부분 되찾았다. 그때 마음을 바꾼 베니히센은 오후 6시 30분 러시아 부대에 도시에서 물러나 당대 작가들이 동쪽의 '언덕'이라 부른 약간 높은 곳으로 이동하라고 명령했다. 그러자 프랑스군이 다시 도시를 점령했다.

밤이 오자 르그랑 사단이 아일라우 너머로 이동했고 생틸레르는 로테넨 인근 개활지에서 숙영했으며 미요의 기병대는 체젠에 있었다. 그루시는 아일라우 후방에 있었고 오주로는 슈토르흐네스트와 텡크니텐 사이에서 두 번째 전열에 있었으며 근위대는 그날 바그라티온이 출발한 고지대에서 숙영했다. 눈이 내리자 양쪽 군대 모두 야영지 화롯불 주변으로 몰려들었다. 보급품 마차가 강행군한 군대와 보조를 맞출 수 없었기에 수많은 병사가 사흘 동안 빵 구경을 못했고, 일부는 전장에서 죽은 말을 먹었다. 어느 병사는 근위대의 블라즈 대위에게 피울 것이라곤 건초밖에 없다고 불평했다.[89] 마르보의 말을 빌리자면 프랑스군은 "나흘 동안 감자와 눈 녹인 물만 먹고 살았다."[90]

나폴레옹은 해가 떨어지기 1시간 전에 아일라우에 들렀는데 프랑수아 프레데리크 비용 대위는 이렇게 회상했다.

"거리는 송장으로 가득했다. 얼마나 끔찍한 광경인가. 황제의 두 눈에서 눈물이

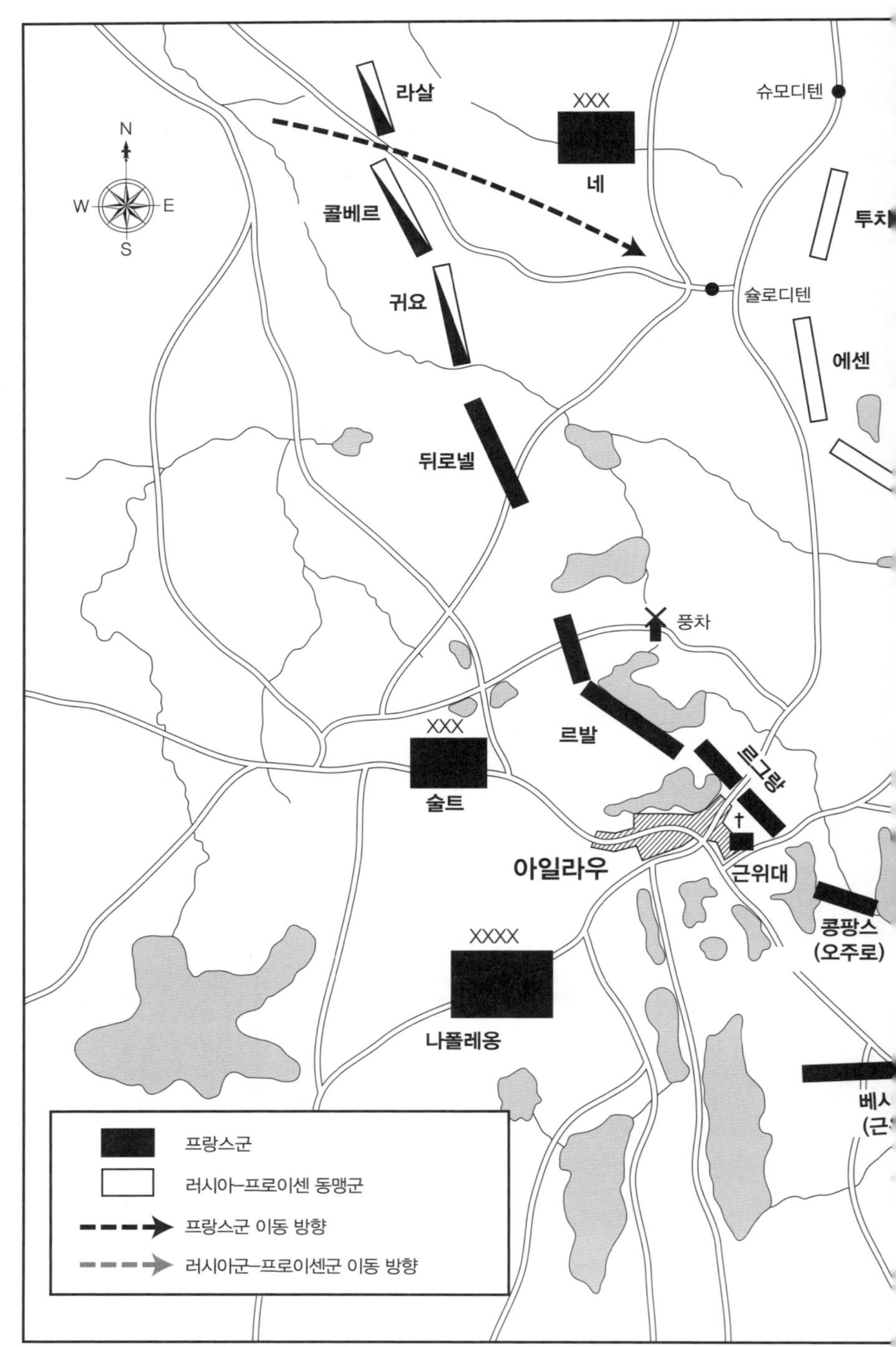
라살
XXX
네
슈모디텐
N
W
E
S
콜베르
투치
귀요
슐로디텐
에센
뒤로넬
풍차
XXX
르발
술트
르그랑
아일라우
근위대
콩팡스
(오주로)
XXXX
나폴레옹
프랑스군
러시아-프로이센 동맹군
프랑스군 이동 방향
러시아군-프로이센군 이동 방향

아일라우 전투

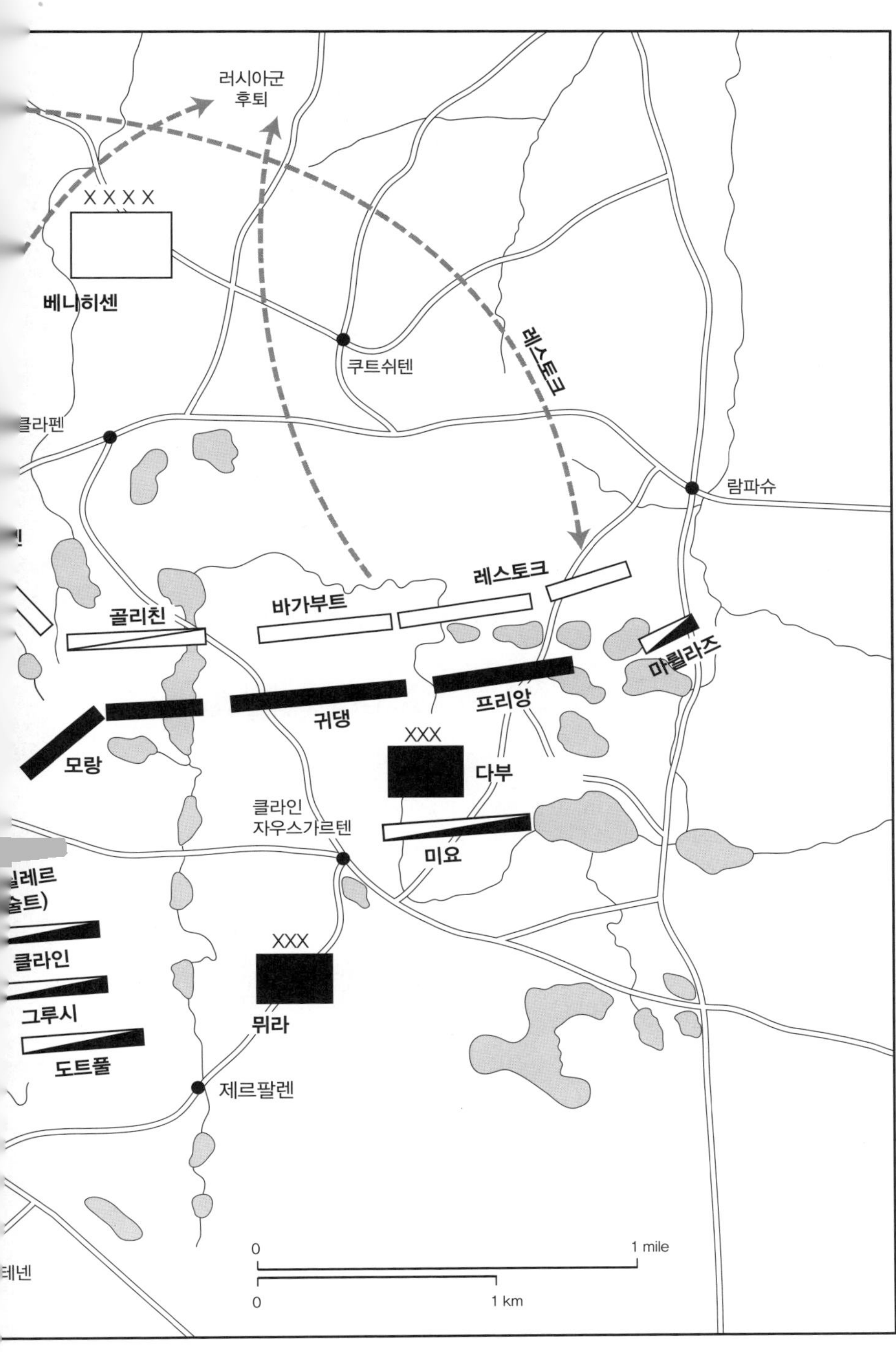

러시아군
후퇴
XXXX
베니히센
레스토크
쿠트쉬텐
클라펜
람파슈
레스토크
바가부트
골리친
마릴라즈
프리앙
귀댕
모랑
XXX
다부
클라인
자우스가르텐
미요
XXX
뮈라
클라인
그루시
도트풀
제르팔렌
0
1 mile
0
1 km

흘러내렸다. 이 위대한 '전쟁의 인간'에게 그런 감정이 있으리라고는 누구도 생각지 못했을 것이다. 그러나 나는 직접 보았다. 그 눈물… 황제는 자신이 탄 말이 유해를 밟지 않도록 최선을 다했다. 그래도 피하지 못하자… 그때 나는 그가 우는 것을 보았다."[91)]

자정 이후 얼어붙을 듯 쌀쌀하고 눈이 날리는 밤에 나폴레옹은 치겔호프 아래쪽에서 찾아낸 역사에서 의자에 앉아 장화도 벗지 않은 채 잠들었다.

2월 8일 일요일 오전 8시 러시아군은 아일라우에 사납게 포격을 가했다. 포격의 정확성은 떨어졌지만 많은 포탄을 퍼부어 이를 만회했다. 프랑스군의 대응 포격은 눈에 드러난 러시아군 대형에 큰 피해를 주었다. 싸늘한 바람과 반복되는 눈보라에 그날의 중요한 요인은 시계가 될 수밖에 없었다. 시계는 때로 10미터까지 줄어들어 고지대 러시아군은 아일라우가 보이지 않을 때도 있었고 심지어 지휘관이 자기 부대를 볼 수 없을 때도 많았다.

오전 9시 30분 나폴레옹은 술트에게 전열 왼쪽 끝에서 아일라우 북서쪽으로 이동하라고 명령했다. 다부 군단은 다른 방향에서 아일라우로 접근하고 있었고 황제는 베니히센의 주의를 돌리고 싶어 했다. 하지만 오전 10시 술트는 러시아군에 밀려 다시 아일라우로 되돌아오고 있었다. 르죈이 당시를 회상했다.

"근사거리에서 양측 도합 3백여 문의 대포가 포도탄 세례를 퍼부어 사정없이 때려 부쉈다."

다부 군단이 나폴레옹 우측에 도착했을 때 오스테르만 톨스토이의 기병대가 프리앙의 선봉대에 사나운 공격을 퍼부어 그들을 막았다. 술트가 지휘하는 좌익은 약했고 다부는 힘들고 더디게 전개했기에 나폴레옹은 우측에 큰 견제가 필요했다. 그는 오주로에게 그의 병력 9천 명으로 러시아군 좌익을 공격하고 다부에게 합세하라고 지시했다. 전투 시작 전에 많이 아프고 추위를 크게 느낀 오주로는 머리에 스카프를 둘러쓰고 그 위에 자신의 원수 모자를 눌러 썼다. 안장에 앉아 있을 때는 부관에게 의지해야 했다. 오주로는 전진하다가 거센 눈보라에 길을 잃었고 그만 직사정으로 포도탄을 발사하는 러시아군 포대로 곧장 직행했다. 포격 방향은 포신에서 나오는 섬광으로만 식별할 수 있었다(오주로가 아일라우로 접근한 길을 따라가 보면 지면에 비탈과 움푹 팬 곳이 많아 눈 폭풍이 닥칠 경우 방향을 놓칠 가능성이 크다는 것을 알 수 있다). 15분 만에 5천 명에 달하는 병사와 장교가 죽거나 부상당했고 오주로 자신도 부상을 입었다.**92)** 다부를 구하려 애쓰던 생틸레르 사단도 격퇴당하면서 오전 11시 15분쯤 상황이 심각해졌고 나폴레옹은 아일라우 교회에서 이를 지켜보았다. 러시아군 포대의 포격을 받는 곳임에도 그는 아랑곳하지 않았다. 좌익은 사실상 완전히 무너졌고 우익은 심하게 당했으며 증원군은 지체했다. 러시아군 보병 대열 하나가 전투 중에 아일라우로 들어가는데 성공해 교회 가까운 곳까지 전진하는 바람에 나폴레옹 자신도 위험에 빠졌다. 그러나 이들은 그곳에서 저지당해 궤멸되었다.

오전 11시 30분 오주로의 실패가 분명해지자 나폴레옹은 그의 군사 이력에서 가장 담대한 조치를 하나 내놓았다. 눈보라가 줄어들자 그는 뮈라의 예비 기병군단을 거의 전부 돌격에 투입했다. 이는 나폴레옹 전쟁에서 가장 큰 규모의 기병 돌격이었다. 그는 박살난 오주로 군단을 덮치는 러시아군 기병대를 가리키며 뮈라에게 "저 인간들이 우리를 잡아먹게 내버려 둘 작정인가?"라고 말했다. 아니면 이렇게 말했을 수도 있다.

"그대의 가용한 기병들을 전부 데리고 나가 그 대열을 짓밟으라."(어쩌면 둘 다 얘기했을지도 모른다.) **93)**

당시 초록색 폴란드 어깨망토와 초록색 벨벳 보닛 모자를 쓴 채 말채찍만 들고 있던 뮈라는 용기병 7천3백 명과 흉갑기병 1천9백 명, 근위대 기병 1천5백 명을 이끌고 사납게 돌진했다. 근위대 기마척탄병 연대의 루이 르피크 대령이 외쳤다.

"부디 조심하기를. 저들은 똥이 아니라 총탄이다!"

러시아 기병대는 밀려나 뒤쪽 보병과 부딪쳤고 러시아군 포병은 포와 함께 쓰러졌다. 뮈라는 제르팔렌을 되찾고 안클라펜에 이르러서야 멈췄다(르피크는 러시아군이 반격할 때 포기하지 않았고 나중에 나폴레옹에게 용감했다고 상금 5만 프랑을 받았는데 이를 병사들과 나눴다).

뮈라의 돌격으로 러시아군 중군이 저지당하면서 나폴레옹은 다시 주도권을 쥐었다. 이는 2천 명이라는 많은 사상자를 대가로 얻은 것이었다. 희생자 중에는 포도탄에 맞아 전투 후 며칠 만에 사망한 도트풀도 있었다. 한편 네는 눈보라를 뚫고 끔찍한 도로를 지나 고통스러울 정도로 느리게 전장으로 오고 있었다. 오후 3시 30분 다부는 가까스로 베니히센을 피해 안클라펜에 거의 도달했다. 나폴레옹은 러시아군을 포위하고 막 올가미를 조일 참이었는데, 그때 갑자기 레스토크가 나타나 프리앙 사단을 공격하기 시작했다. 레스토크는 해가 지기까지 30분밖에 남지 않았을 때 안클라펜에서 프랑스군을 내쫓고 베니히센의 좌익을 구했다. 오후 7시 마침내 네가 도착했지만 나폴레옹이 기대한 궤멸적 일격을 가하기엔 너무 늦었다. 어둠이 깔리면서 전투는 서서히 소강상태에 접어들었고 양측 다 완전히 녹초가 되어 쓰러졌다. 자정 무렵 베니히센은 탄약도 부족하고 네가 도착했음을 알아챘기에 전장을 프랑스군에 넘겨주고 퇴각을 명령했다.

나폴레옹은 그때를 이렇게 평했다.

"두 군대가 하루 종일 서로에게 엄청난 상처를 입혔을 때 전장은 일관성 있는 의지로 멈추기를 거부한 편이 차지했다."[94)]

하지만 나폴레옹이 아일라우에서 얻은 것은 그 전장이 전부였다. 그가 러시아군 후위나 베니히센 군대 전체와 맞서고 있었다는 사실을 몰랐기에 그의 공격에는 체계가 없었고 큰 희생을 초래했다. 더구나 아일라우의 시가전은 불필요한 재난이었다. 네는 너무 늦은 8일 오전 8시에야 소환했는데 이는 뮈라가 그날 오전 러시아군이 퇴각하고 있다고 잘못된 보고를 올렸기 때문이다. 눈 폭풍 속에서 전개한 오주로의 공격은 너무 비참했다. 그는 부상에서 회복하고 있었지만 그의 군단은 쪼개져

다른 원수들에 넘겨졌다. 이 때문에 오주로는 나폴레옹을 결코 용서하지 않았다. 뮈라의 기병 돌격은 대단했고 보람이 있었지만 근위대 참여가 생생하게 증명하듯 무모한 비상조치였다. 근위대 보병들도 아일라우에서 많이 희생당했다. 나폴레옹의 수적 열세를 감추느라 적군의 포격에 노출되었기 때문이다.[95)]

그야말로 무시무시한 이틀이었다. 아일라우에서 가혹한 날씨에 거의 죽을 뻔했던 루스탕은 다음과 같이 회상했다.

"포로가 많은 것이 아니라 시체가 많았다. 전장의 부상자들은 눈에 파묻혔다. 보이는 것은 그들의 머리뿐이었다."[96)]

나폴레옹은 여느 때처럼 손실을 최소한으로 줄여 계산하려고 했다. 그의 주장에 따르면 사망자는 1천9백 명이고 부상자는 5천7백 명이었지만 더 믿을 만한 자료에 따르면 사망자와 부상자를 합해 장군 23명, 그 밖의 장교 924명, 기타 계급에서 2만 1천 명이었다. 전투가 끝나고 열하루가 지났을 때 레스토크는 약 1만 구의 시신을 매장했는데 그중 절반 이상이 프랑스 군인이었다.[97)] 러시아군 사망자와 부상자도 비슷한 수치인 1만 8천 명이었다. 포로로 잡힌 병사가 3천 명이었고 노획당한 대포가 24문이었다. 프로이센군 사상자는 대략 8백 명이었다. 베니히센이 잃은 대포가 전체의 1퍼센트도 되지 않았다는 사실은 그의 질서정연한 퇴각을 증명하지만, 그는 차르에게 사상자가 6천 명밖에 안 된다고 주장해 "공보에서처럼 거짓말한" 사람이 나폴레옹만은 아니라는 점을 입증했다. 나폴레옹은 뒤로크에게 이렇게 인정했다.

"양측 손실이 매우 크지만 가까이에서 볼 수 있어 그런지 내게는 우리 희생이 더 심해 보인다."[98)]

프랑스혁명 전쟁과 나폴레옹 전쟁으로 전투 사상률은 급격하게 증가했다. 플뢰뤼스에서는 전체 교전 참여자의 6퍼센트, 아우스터리츠에서는 15퍼센트, 아일라우에서는 26퍼센트, 보로디노에서는 31퍼센트, 워털루에서는 45퍼센트였다. 이는 한

편으로 점점 더 많은 병사를 소집하면서 전투가 더욱 길어진 데도 원인이 있었다. 아일라우 전투는 나폴레옹이 아르콜레 전투 이후 처음으로 이틀에 걸쳐 치른 전투였다. 1809년 에크뮐 전투와 아스페른-에슬링 전투, 바그람 전투, 1813년 드레스덴 전투도 이틀간 이어졌고 1813년 라이프치히 전투는 사흘 동안 치렀다. 어쨌든 주된 이유는 배치한 대포 숫자가 어마어마하게 증가한 데 있었다. 아우스터리츠에서 대포는 병력 1천 명당 2문이었지만 아일라우에서는 거의 4문에 가깝게 늘어났으며 보로디노에서는 4.5문이었다. 결국 아일라우 전투는 나폴레옹 전쟁에서 새로운 유형의 전투를 대표한다. 그 막바지에 네가 이 점을 잘 요약했다.

"이 얼마나 끔찍한 학살인가! 더구나 아무런 성과도 없이!"[99]

틸지트

19

자식을 잃은 아버지는 승리에 아무런 매력을 느끼지 못한다.
마음이 말을 하면 영광도, 환상도 품지 않는다.

나폴레옹이 아일라우 전투에 관해

–

전쟁을 하는 것 말고 다른 일을 할 수 있소. 그렇지만 의무가 먼저요.

1807년 3월 나폴레옹이 조제핀에게

2월 10일 아일라우에서 전투를 치르던 밤 새벽 3시 나폴레옹은 조제핀에게 다음과 같이 전했다.

"내 사랑, 우리는 어제 엄청난 전투를 치렀소. 승리는 내게로 왔지만 나는 많은 병사를 잃었소. 적군의 손실이 훨씬 더 컸으나 그렇다고 위로가 되지는 않소."[1)]

그날 저녁 나폴레옹은 "당신이 불안하지 않도록" 다시 편지를 써서 사망자 1천6백 명에 부상자 3천~4천 명이라는 손실을 입고 포로 1만 2천 명을 잡았다고 주장했다. 사망자 중 한 사람으로 그의 부관이던 클로드 코르비노 장군은 조제핀의 마관이었다. 그는 이렇게 썼다.

"나는 그 장교에게 유달리 애착이 갔소. 장점이 매우 많았기 때문이오. 그의 죽음은 내게 고통을 안겨 주었소."

그랑다르메는 심한 타격을 받아 예나 전투 후처럼 승리를 이어 가기는 불가능했다. 술트의 부관 알프레드 드 생샤망 대령은 전투 뒤의 일을 회상했다.

"황제가 부대 앞을 지나가고 있었는데 '황제 만세!'라는 외침 속에서 나는 많은 병사가 '평화 만세!'라고 외치는 소리를 들었다. 다른 병사들은 '평화와 프랑스 만세!'라고 했고 또 다른 이들은 심지어 '빵과 평화'라고 외쳤다."[2)]

나폴레옹이 군대의 사기가 '약간 흔들린' 것을 본 건 그때가 처음이었다. 그는 이것을 '아일라우의 학살' 탓으로 돌렸다. 전투가 끝난 다음 날 나폴레옹은 공보에서 독수리 깃발 하나를 잃어버렸다고 전하며 이렇게 말했다.

"황제는 그 부대가 적에게서 깃발 하나를 빼앗아 온 뒤 다른 깃발을 줄 것이다."[3)]

그 부대의 이름을 거론하지 않은 이유는 실제로 빼앗긴 독수리 깃발이 다섯 개였기 때문이다.* 2월 14일 나폴레옹은 여전히 아일라우에 머물며 조제핀에게 편지를 썼다.

"이 나라에는 온통 사망자와 부상자가 널렸소. 이는 전쟁에서 가장 보기 좋은 장면은 아니오. 고통스러운 일이오. 그렇게 많은 희생자를 보면 영혼이 무너진다오."[4)]

나폴레옹은 곧 장교들이 파리로 보내는 편지에서 희생자를 너무 많이 강조한다며 걱정했다. 그가 푸셰에게 말했다.

"그들은 튈르리궁 정원에서 걷는 자들이 내각에서 무슨 일이 일어나는지 아는 것만큼이나 군대에서 일어나는 일을 많이 알고 있다."

그리고는 무심하게 덧붙였다.

"큰 전투에서 2천 명쯤 죽는 것이 무슨 대수인가? 루이 14세와 루이 15세가 치른 모든 전투는 더 많은 목숨을 앗아 갔다."

이는 당연히 사실이 아니었다. 블레넘(회흐슈테트) 전투와 말플라케 전투, 퐁트누아 전투, 로스바흐 전투에서는 더 많은 사상자가 발생했지만 에스파냐 왕위계승 전쟁이나 오스트리아 왕위계승 전쟁 혹은 7년 전쟁 같은 전투가 다 그런 것은 전혀 아니었다. 나폴레옹은 여느 때처럼 아일라우 전투의 사망자 숫자에 관해 모른 체하고 있었다. 사망자는 6천 명에 가까웠고 부상자는 대략 1만 5천 명에 이르렀다.[5)]

아일라우 전투 후 2월 16일 오스트로웽카에서 의미 있는 충돌이 한 차례 있었고

* 제10경보병 연대와 제18전열, 제24전열, 제44전열, 제51전열보병 연대 깃발이다.

2월 말에는 베르나도트와 레스토크가 한 판 붙었지만, 이를 제외하면 양쪽 군대는 5월 중순 다시 전투 계절이 찾아올 때까지 겨울 숙영지(프랑스군은 파스웽카강을 따라, 러시아군은 위나강을 따라)에 틀어박혔다. 그렇다고 나폴레옹이 쉬고 있었던 것은 아니다. 피에르 다뤼는 그 전쟁에서 경리관이었는데 1807년 3월에 쓴 그의 편지 중에는 군대에 현금, 말, 화덕, 양고기, 소고기, 군복, 셔츠를 만들 옷감, 모자, 홑이불, 비스킷, 빵, 특히 신발과 브랜디가 부족하다는 편지가 수십 통이다.[6] 다뤼는 최선을 다했고 3월 26일 나폴레옹에게 군대가 23만 1,293켤레의 신발을 비축하고 있다고 자랑했다. 사실 병사들은 고생하고 있었다. 다뤼는 12월에 독일의 여덟 개 도시에서 말 5천 마리를 징발했고 그중 3,647마리를 그달 말에 전달받았다.[7] 나폴레옹은 호밀과 밀, 건초, 고기, 밀집, 오트밀, 빵을 어떤 주에서 어느 날짜에 얼마만큼 징발했는지 잘 정리한 목록 수치로 계속 보고받았다. 이와 비슷하게 독일과 폴란드의 105개 병원에 얼마나 많은 병사가 입원해 있는지도 보고받았다(예를 들면 7월 1일 프랑스 병사 3만 863명, 프랑스 동맹군 병사 747명, 프로이센 병사 260명, 러시아 병사 2,790명이었다[8]). 지독히 혹독했던 전투 후라 군대는 휴식과 회복 시간이 필요했다.

조제프가 칼라브리아의 반란자들과 싸운 나폴리 군대의 노고를 그랑다르메의 고생과 대등한 것으로 취급하려 했을 때 나폴레옹은 이를 인정하지 않았다.

> 참모장교, 대령, 장교 들은 두 달 동안 또 어떤 이들은 넉 달 동안 군복을 벗지 않았소. (나 자신도 15일을 장화를 벗지 않고 보냈소.) 우리는 빵과 포도주, 브랜디, 감자, 고기 없이 눈과 진흙 속에 파묻혀 있었소. 오랫동안 행군과 퇴각 행군을 반복했고 가혹한 조건을 덜어줄 게 전혀 없는 상태로 때론 포화 속에서 총검으로 싸우며 덮개 없는 썰매에 부상자를 태우고 50리그(130마일)가 넘는 거리를 철수해야 했소. 그러니 풍광 좋은 나폴리 시골에서 전투를 벌인 나폴리 군대와 우리를 비교할 생각일랑 집어치우시오. 역겹소. 그곳에는 포도주와 빵, 올리브유, 옷감, 침대보, 베갯잇, 사회생활, 심지어 여자까지 있었

소. 우리는 프로이센 군주국을 파괴하고 지금은 그 잔당과 러시아군, 카자크인, (볼가강의) 칼미크족 그리고 일찍이 로마제국을 침공했던 북쪽 인간들과 싸우고 있소.9)

러시아와 프로이센이 여전히 자신에게 맞서는 상황에서 나폴레옹은 1만 명 규모의 바이에른 사단 하나를 소집하고, 폴란드인 6천 명을 징집하고, 프랑스와 이탈리아와 홀란트에서 증원군을 데려오고, 1,808명의 신병을 1년 일찍 징집하며 시간을 보냈다. 아일라우 전투는 무적이라는 그의 신화에 일격을 가했다. 만일 오스트리아가 계속 중립을 지킨다면, 특히 2월 말 프리드리히 빌헬름 3세가 예나 전투 후 뒤로크가 프로이센의 파리 주재 대사 루케시니 후작에게 제안한 것보다 훨씬 더 관대한 조건을 거부했을 때 이 오명을 지워야 했다.

방어 시설을 잘 갖춘 부유한 항구 도시 단치히가 무너질 때까지는 봄에 공격전을 수행할 수 없었다. 러시아가 영국 해군의 도움을 받아 나폴레옹의 배후를 공격할 수 있었기 때문이다. 1807년 1월 20일 농민으로 위장한 25명의 프로이센 병사가 슈테틴에서 빅토르를 납치한 후 백발의 쉰두 살 된 르페브르 원수가 단치히 포위 공격 임무를 맡았다. 5월 24일 르페브르가 단치히 점령에 성공해 프랑스군 좌익의 안전을 확보하자 나폴레옹은 그에게 초콜릿 상자를 보냈다. 르페브르는 상자를 열어 보고 나서야 지폐 30만 프랑이 가득 채워진 것을 보고 감명을 받았다. 한 해 뒤 자부심 강한 공화주의자였다가 브뤼메르 18일에 나폴레옹의 부관이 된 르페브르는 단치히 공작이 되었다.

나폴레옹이 군대를 재정비하고 전투를 준비하는 동안 황제의 세밀한 관리도 이어졌다. 단치히 함락 소식을 들은 날(그 소식에 나폴레옹은 클라르크에게 파리에서 축포를 쏘고 〈테데움〉 성가가 울려 퍼지게 하라고 명령했다), 나폴레옹은 레지옹 도뇌르(상훈국) 총재 라세페드에게 이렇게 요청했다.

“제13전열보병 연대의 베르노다 하사에게 편지를 써서 건강을 해치지 않을 정도로만 마시라고 명령하라. 그가 용맹했기에 그에게 훈장을 수여했다. 그가 포도주를 좀 좋아한다는 이유로 그에게서 훈장을 거둬들여서는 안 된다. 그에게 훈장의 가치를 떨어뜨릴 상황을 초래하지 말라고 전하라." 10)

아마도 그의 치세 전체에서 가장 조용한 달이었을 1807년 4월 나폴레옹은 443통의 편지를 썼다. 벽난로가 많은 핑켄슈타인성에 머물던 나폴레옹은("나는 가끔 한밤중에 일어나 활활 타오르는 불을 보는 것이 좋소.") 파리 오페라단 무대 담당자 부트롱과 자신의 부관 그로메르의 논쟁에 휘말렸다. 두 사람은 구름을 표현한 무대 위 기계 장치에서 가수 오브리를 떨어뜨려 팔을 부러뜨린 책임이 누구에게 있는지를 놓고 다퉜다. 나폴레옹은 약 1,600킬로미터 떨어진 곳에서 그로메르 편을 들며 푸셰에게 말했다.

"나는 언제나 약자를 지지하지." 11)

4월 26일 러시아와 프로이센은 바르텐슈타인(바르토시체) 조약으로 전쟁, 즉 제4차 대프랑스 동맹 전쟁을 계속하기로 했고 영국과 스웨덴, 오스트리아, 덴마크에 합류를 청했다. 영국과 스웨덴은 여기에 긍정적으로 응했는데, 6월에 합류한 영국은 자금을 보내 기여하는 동시에 해군으로 프랑스 무역을 옥죄었고 스웨덴은(아우스터리츠에서 제3차 대프랑스 동맹이 해체된 뒤 나폴레옹과 강화 협정을 체결하지 않았다) 소규모 군대를 파견했다. 나폴레옹은 스웨덴 국왕 구스타브 4세를 절대로 용서하지 않았다. 그는 구스타브 4세를 "스칸디나비아의 용감한 나라 왕이 아니라 프티트 메종(파리의 정신병원)의 왕이 되어야 할 미치광이"라고 불렀다. 12)

5월 말 나폴레옹은 준비를 마쳤다. 단치히는 그의 것이었고 환자는 전선에서 후방으로 이송했으며 식량도 여덟 달을 버티기에 충분했다. 나폴레옹 병력은 보병 12만 3천 명, 기병 3만 명, 포병 5천 명이었다. 그는 6월 10일을 대공세의 날로 정했으나 1월과 마찬가지로 베니히센이 먼저 움직여 6월 5일 구트슈타트(도브레미아스토)에 있던 네를 공격했다. 이튿날 나폴레옹은 몹시 뜨거운 열기 아래 지붕 없는 마차를 타고 핑켄슈타인성을 떠나며 빈정거렸다.

"적이 우리가 다가가는 것을 피하려고 했다니 무척이나 행복하군."[13)]

그 어느 때보다 더 원정을 끝낼 결정적인 전투를 강력히 원한 나폴레옹은 그날 전군을 움직였다. 러시아군 좌익을 위협하고자 알렌슈타인에서 이미 2개 사단을 올려 보낸 다부는 일부러 전령이 포로가 되도록 했다. 그는 다부가 러시아 후방을 습격하고자 병력 4만 명을 배치했다는 거짓 뉴스를 퍼뜨릴 계획이었다. 사실 다부의 전 병력은 2만 8,891명이었다. 이튿날 베니히센은 철수를 명령했다. 한편 술트는 전 병력으로 파스웽카강을 건너 러시아군 우익을 밀어냈다.

6월 8일 나폴레옹은 바그라티온의 후위에서 붙잡은 전쟁포로를 면담했는데 그는 나폴레옹에게 베니히센이 구트슈타트로 향하고 있다고 말했다. 베니히센은 그곳에서 전투를 벌이려 한 듯했으나 대신 방비가 좋은 하일스베르크의 숙영지로 퇴각했다. 나폴레옹은 뮈라와 네를 선두에 세우고 전진했다. 란과 근위대가 그 뒤를 따랐고 모르티에는 하루 행군 거리 뒤에서 따라왔다. 다부는 오른쪽, 술트는 왼쪽으로 떨어져 이동했고 군단 체제는 잘 작동하고 있었다. 바그라티온은 베니히센의 퇴각을 엄호하며 병사들이 무더위에 먼지투성이 길을 따라 오래 행군하면서 지나온 다리와 마을을 파괴했다. 6월 9일 나폴레옹은 베니히센이 쾨니히스베르크로 향한다고 믿고 적군의 후위로 여기는 곳을 공격하기로 했는데, 실제로 그것은 대포 150문을 갖춘 병력 5만 3천 명의 러시아군 전체였다.

위나강 좌안 분지에 있는 읍 하일스베르크는 러시아군이 이용한 작전 기지로 참호로 에워싸여 있었다. 강 우안에서 교외로 이어지는 다리가 여럿 있었고 러시아군은 적군의 도하를 막기 위해 커다란 보루를 건설했다. 6월 10일 아침 일찍부터 그들은 보루 곳곳에 박힌 플레슈(화살 모양의 토루)에 웅거해 싸웠다. 오후 3시에 도착한 나폴레옹은 뮈라와 술트가 전투를 치르는 과정에서 큰 희생이 발생한 것에 격노했다. 이미 독수리 깃발을 세 개나 더 빼앗긴 상태였다. 한 국면의 싸움에서는 나폴레옹과 매우 가까운 곳까지 적군이 밀어닥쳐 우디노가 그에게 자리를 뜨라고 요청할 정도였다. 우디노는 황제에게 가지 않겠다고 고집을 피우면 자신의 척탄병들을 시켜 모셔가겠다고 말했다. 젊은 부관 에마르 올리비에 드 곤느빌 중위가 회상했다.

"황제는 10시에 우리를 지나쳐 갔고 환호를 받았으나 아무 관심도 보이지 않았다. 그는 풀이 죽어 침울한 듯했다. 우리는 그가 러시아군을 이전처럼 진지하게 공격할 의도가 없었고 특히 기병대는 투입하지 않기를 바랐다는 사실을 나중에 알았다. (뮈라는) 이 때문에 책망을 들었고 꽤나 겁먹은 태도로 황제를 따라갔다."[14]

전투는 밤 11시가 되어서야 끝났다. 그 뒤에는 양쪽에서 모두 숙영지 주변 민간인들이 사망자와 부상자의 물건을 약탈하는 꼴사나운 장면을 연출했다. 진실로 황량한 전장 위로 여명이 밝았고(프랑스군 1만 명 이상, 러시아군 6천 명이 부상을 당했다) 해가 중천에 떴을 때 양쪽 군대는 죽음의 악취를 피해 물러났다.

나폴레옹은 하일스베르크에서 식량과 비품을 많이 노획했으나 쾨니히스베르크의 훨씬 더 많은 식량에 눈독을 들였다. 러시아군이 쾨니히스베르크에 도달하려면 다시 위나강을 건너야 했다. 나폴레옹은 장이 서는 작은 읍 프리틀란트(프라브딘스크)에 다리가 하나 있음을 알고 있었고 란을 그곳에 보내 정찰하게 하는 동시에 나머지 병력을 나눠 뮈라에게 6만 명을 주고(뮈라의 기병대와 술트 군단과 다부 군단) 쾨니히스베르크를 점령하라며 보냈다. 그리고 자신은 병력 8만 명을 이끌고 아일라우로 돌아갔다.

6월 13일 란의 선봉대는 프리틀란트에 러시아 대군이 집결해 있다고 보고했다. 란은 군단의 신조에 따라 위나강의 U자형 만곡부에 들어앉은 중간 크기의 이 읍을 공략했고, 이후 증원군이 도착할 때까지 꼬박 9시간 동안 자리를 지키는 데 성공했다. 오후 3시 30분 러시아군 선봉대의 기병 3천 명이 위나강을 건너 프랑스군을 읍에서 내몰았다. 베니히센은 그다음 날 위나강을 건너 란을 짓밟고 이어 프리틀란트 서쪽으로 약 24킬로미터 떨어진 아일라우에서 나폴레옹이 도착하기 전에 다시 강을 건널 수 있을 거라고 추정했던 것 같다. 나폴레옹의 속도를 얕보는 것은, 특히 그가 여름의 뜨거운 태양에 단단하게 굳어진 땅 위로 행군할 때는 결코 현명한 처사가 아니었다.

위나강은 프리틀란트 인근에서 굽어 그 읍을 남쪽과 동쪽으로 휘감았고 읍의 북쪽에는 뮐렌바흐라는 하천이 흐르고 있었다. 위나강은 깊고 유속이 빨랐으며 강둑 높이도 9미터가 넘었다. 읍의 전방에서는 폭이 거의 3.2킬로미터에 달하는 넓고 비옥한 평야에서 밀과 호밀이 허리 높이까지 자라고 있었고 그 옆에 조르틀라크(셍드와프키) 숲으로 알려진 짙은 삼림이 붙어 있었다. 강둑이 가파른 뮐렌바흐는 평야를 둘로 가르고 프리틀란트 교회 종탑에 올라서면 전장 전체가 파노라마처럼 멋지게 펼쳐진다. 베니히센과 그의 참모진, 영국군 연락장교 존 헬리 허친슨 대령은 현명하게도 그 종탑에 올랐다. 그러나 이들은 베니히센이 읍내 돌다리를 보완하기 위해 강에 설치한 배다리 세 개가 좌측으로 멀리 치우쳤다는 것과 다리들이 파괴되거나 병력이 몰려 혼잡하면 소 멍에처럼 굽은 호수의 만곡부에 자리 잡은 프리틀란트가 거대한 죽음의 덫이 되리라는 것을 알아채지 못했다.

마렝고 전투가 벌어졌던 날인 6월 14일 일요일 오전 2시에서 3시 사이 우디노가 포스테넨 마을 앞 평야에 도착했다. 군인 중의 군인이자 맹렬하고 강력하며 부대원들의 사랑을 받은 우디노는 평생 도합 서른네 차례의 부상에서 살아남았다. 1805년 출정에서는 이가 여러 개 사라졌고 한쪽 귀 일부도 잃을 뻔했다.[15] 형제 9명 중 성인이 되기까지 유일하게 살아남은 그는 자식을 10명 두었다. 그는 아마추어 화가로 사기 담뱃대를 수집했고 이 전쟁에서는 저녁이면 다부와 함께 권총 사격으로 촛불을 끄며 시간을 보냈다. 이제 우디노는 조르틀라크 숲으로 병사들을 보냈고 전선을 따라 심한 총격전과 포격전이 벌어졌다. 귀족 출신의 유능한 기병 지휘관 에마뉘엘 드 그루시 장군이 용기병 사단을 이끌고 도착했을 때, 란은 작센 경기병 연대 합류로 충분한 병력을 확보해 나폴레옹이 도착할 때까지 4만 6천 병력의 러시아군을 버텨 냈다.

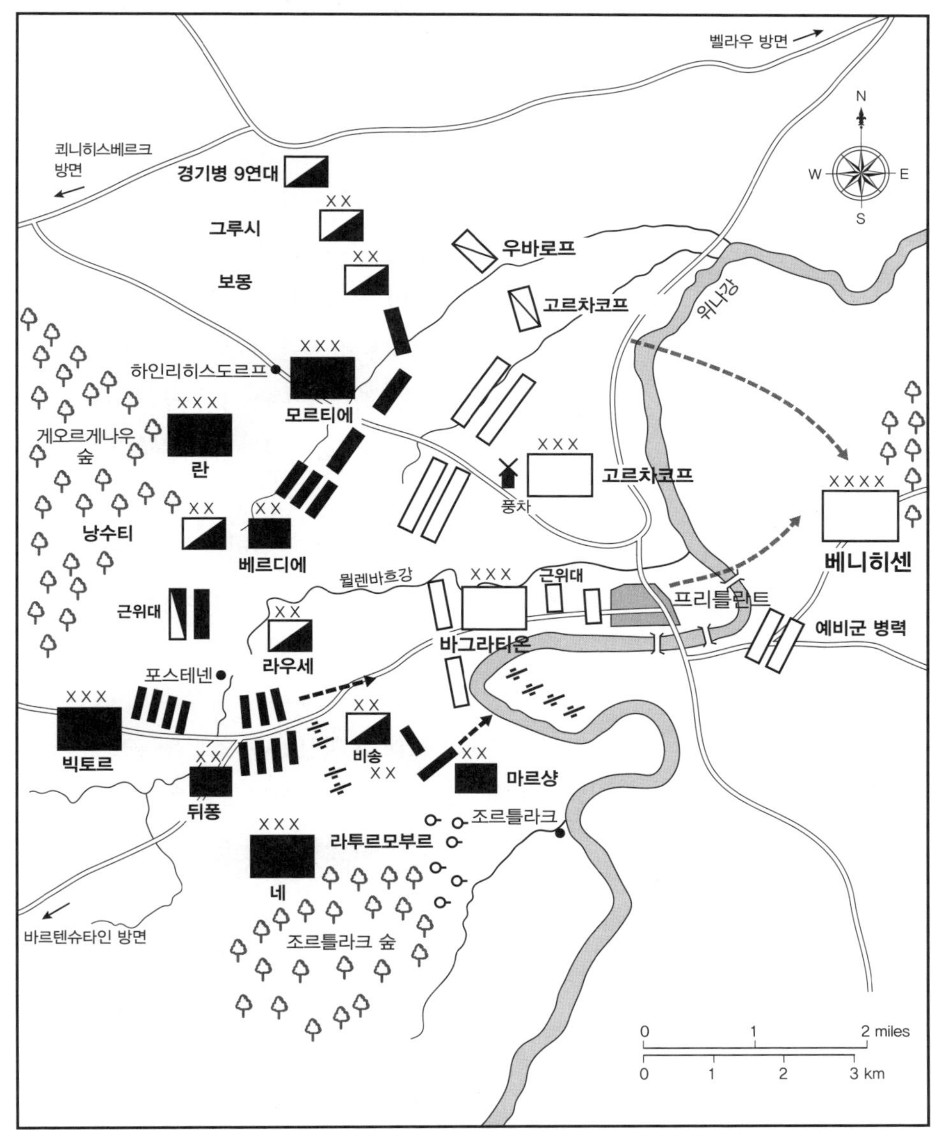

벨라우 방면
쾨니히스베르크 방면
N
W
E
S
경기병 9연대
XX
그루시
XX
보몽
우바로프
고르차코프
위나강
XXX
하인리히스도르프
모르티에
XXX
게오르게나우 숲
란
XXX
고르차코프
풍차
XXXX
베니히센
XX
XX
낭수티
베르디에
묄렌바흐강
XXX
근위대
근위대
프리들란트
예비군 병력
XX
라우세
바그라티온
포스테넨
XXX
빅토르
XX
비송
XX
XX
마르샹
XX
뒤퐁
XXX
조르틀라크
라투르모부르
네
바르텐슈타인 방면
조르틀라크 숲
0
1
2 miles
0
1
2
3 km

프리틀란트 전투

베니히센은 위나강 건너편 프리틀란트 안으로 대규모 병력을 보내 하인리히스도르프 쪽으로 산개하라고 명령했다. 그곳에 도달하면 프랑스군 후위를 위협할 수 있었기 때문이다. 란은 낭수티의 흉갑기병을 하인리히스도르프 방면으로 내보내 러시아군 선봉대를 밀어냈다. 이어 포스테넨에 있던 그루시가 신속히 위쪽으로 이동해 측면에서 돌격했고 러시아군 포대로 침투하여 방비가 없던 포병을 사브르 검으로 도살했다. 그때 혼란에 빠져 있던 프랑스 기병대가 반격을 받았으나 오전 7시쯤 그루시는 하인리히스도르프 동편에서 프랑스군 전열을 가다듬었다.

이어진 어지러운 전투에서 가스코뉴 출신의 약고 기민한 란 원수가 능력을 뽐냈다. 란은 작물이 높이 자란 들판 속에 전초병을 유달리 두툼하게 세워 은폐한 뒤 숲에서 위아래로, 안팎으로 계속 보병 부대와 기병 부대를 이동시켜 병력 규모가 커 보이도록 과장했다. 위나강을 건넌 러시아군은 6개 사단이었는데 이를 저지할 그의 병력은 보병 9천 명에 기병 8천 명뿐이었기 때문이다. 다행히 베니히센이 부대를 전개해 공격했을 때 모르티에 군단이 전장에 도착했고 하인리히스도르프 쪽으로 밀고 들어가 적절한 때에 러시아군 보병의 진입을 막아 냈다. 그리고 우디노의 3개 척탄병 대대를 마을에 남겨 놓고 온 뒤파가 오른쪽으로 전개했다. 그때 모르티에의 폴란드 사단이 전장으로 들어왔고 얀 동브로프스키(양리 동브로프스키) 장군이 지휘하는 3개 폴란드 연대가 위치를 잡고 포스테넨의 포대를 지원했다. 조르틀라크 숲의 혹독한 전투에서 우디노 사단은 상당한 희생을 치르며 러시아군 보병을 격퇴했다. 오전 10시 장 앙투안 베르디에 장군의 사단이 란에 합류해 그의 병력은 전부 4만 명에 이르렀다.

베니히센은 애초에 좋은 결과를 기대했으나 현장에 없는 나폴레옹이(최대한 빠른 속도로 말을 몰아 프리틀란트로 오고 있는 중이었다) 전장에 점점 더 많은 병력을 투입하고 있음을 깨닫고 희망을 버렸다. 이제 그는 그날이 끝날 때까지 전선을 유지해 다시 탈출할 수 있기만 바랐다. 하지만 그 위도에서는 한여름에 일몰 시간이 매우 늦었고 아일라우부터 아라비아산 말을 타고 경호원들이 따라잡느라 기를 써야 할 정도로 빠르게 내달린 나폴레옹은 정오에 전장에 모습을 드러냈다. 타고 있는 말은 다치고 군복은 총탄 구멍으로 찢어진 우디노가 황제에게 다가가 간청했다.

"병력을 보충해 주십시오. 러시아군을 강물 속에 처박겠습니다!"

포스테넨 뒤쪽 언덕에서 내려다보던 나폴레옹은 베니히센의 전술에서 큰 잘못을 발견했다. 뮐렌바흐 하천이 평야를 둘로 갈랐기에 베니히센의 좌익은 공격을 받아 배후의 강 쪽으로 밀려나기 쉬웠다.

나폴레옹과 우디노가 증원군을 기다리는 동안 나폴레옹은 전투를 잠시 중단한 채 내버려 두었다. 베니히센이 손실을 발견했어도 이를 메울 수 없을 거라고 확신했기 때문이다. 그늘을 찾아 물을 마실 여유를 얻은 양측 병사들은 이를 환영했다. 그늘에서도 기온이 30도까지 오르는 한여름인 데다 구름 한 점 없고 질식할 듯한 날에 몇 시간 동안 이빨로 초석 탄약포를 뜯어야 했던 병사들은 갈증으로 거의 미칠 지경이었다. 나폴레옹은 러시아군 대포의 사정거리 안에서 소박한 나무의자에 앉아 흑빵으로 점심을 먹었다. 부관들이 물러나길 간청하자 그가 말했다.

"내 점심보다 저들의 저녁식사가 더 불편할 것이다."[16)]

시간이 흘러 공격을 개시하기가 점점 더 어려워지고 있으니 공격을 다음 날로 연기해야 한다고 걱정하는 사람들에게 나폴레옹이 말했다.

"적이 이처럼 두 번이나 실수하는 일은 없을 것이다."[17)]

군인이자 외교관이던 자크 드 노르뱅은 나폴레옹이 말채찍으로 길게 자란 잡초를 후리면서 이리저리 걸어 다니며 베르티에에게 이런 말을 하는 것을 보았다.

"마렝고의 날, 승리의 날이다!"[18)]

나폴레옹은 미신에 사로잡혀 있었을 뿐 아니라 늘 기념일의 선전 가능성을 주도면밀하게 엿보았다.

오후 2시, 나폴레옹은 오후 5시에 교전을 재개하라고 명령했다. 네는 조르틀라크를 공격하기로 했고, 란은 중앙부를 계속 지키고, 우디노의 척탄병은 왼편으로 몰려가 적이 네가 아니라 자신들을 주목하게 하고, 모르티에는 하인리히스도르프를 점령해 지키고, 빅토르와 근위대는 중앙부 배후에서 예비 병력으로 대기할 예정이었다. 헬리 허친슨이 기록한 바에 따르면 베니히센과 그의 참모진이 교회 종탑에서 내려다보았을 때 "수평선이 번쩍이는 굵은 강철 띠로 묶여 있는 것 같았다."[19] 베니히센은 퇴각 명령을 내렸지만 너무 늦었다. 적군이 접근하는 가운데 철수를 시도하는 것은 너무 위험한 일이라 그는 곧바로 명령을 철회했다.

오후 5시, 대포 20문이 세 차례 일제 포격을 가해 그랑다르메의 공격이 시작되었음을 알렸다. 네의 보병 1만 명은 조르틀라크 숲으로 밀어닥쳐 오후 6시 완전히 장악했고 이어 그 대형으로 러시아군 좌익을 향해 진격했다. 장 가브리엘 마르샹 장군의 사단이 조르틀라크 마을로 돌진해 마을을 지키던 방어군 다수를 강물 속에 처박았다. 그는 곧바로 강을 따라 서쪽으로 이동해 반도 모양의 프리틀란트 안에 러시아군을 가두고 봉쇄했다. 프랑스군 포대가 이들을 놓칠 리 없었다. 나폴레옹은 남서쪽에서 아일라우 길을 따라 프리틀란트를 향해 빅토르 군단을 들여보냈다.

네의 지친 군단이 서서히 밀려나자 세나르몽은 대포 30문을 각각 15문씩 2개 포대로 나누었다. 포탄은 대포당 330발, 곡사포당 220발이었다. 그의 포반들은 '전투위치로'를 알리는 나팔 소리와 함께 재빨리 전방으로 질주해 앞차에서 포차를 분리한 뒤 처음에는 550미터 거리에서, 이어 274미터와 137미터에서 포격했으며 마지막으로 55미터에서 산탄을 쏘았다. 러시아 근위대의 이즈마일롭스키 연대와 파블롭스키 척탄병 연대는 프랑스군 포대를 공격하려 했지만 약 25분 동안 4천여 명이 포화에 쓰러졌다. 기병 돌격은 두 차례 산탄 일제 포격에 무너졌다. 러시아군 좌익은 완전히 궤멸한 데다 위나강에 막혀 갇히고 말았다. 세나르몽의 전투는 비록 보병의 50퍼센트가 사상자였지만 군사학 교본에서 '포병 돌격'으로 이름을 떨쳤다. 기력을 회복한 네의 군단은 제59전열보병 연대를 필두로 서쪽에서부터 프리틀란트의 거리로 진입해 오후 8시경 읍내를 확보했다. 러시아군은 다리 쪽으로 밀려났는데 다리에 불이 붙는 바람에 많은 병사가 위나강을 건너려다 익사했다.

그 시점에 란과 모르티에 사단이 평야로 쏟아져 들어왔고 프리틀란트 우측에 있던 러시아군 부대는 강물 속으로 내던져졌다. 22개 기병 대형이 위나강 좌안을 따라 탈출하긴 했지만 많은 러시아군 병사가 총검으로 끝까지 싸웠다. 열기, 피로, 어두운 밤 그리고 식량을 구하기 위한 약탈은 프리틀란트 전투 뒤 예나 전투 이후에 취한 방식으로 러시아군을 추격하지 않은 이유로 제시되었다. 나폴레옹이 대대적인 학살이 일어나면 차르 알렉산드르 1세가 타협에 나서기가 더욱 어려워질 것이라고 생각했을 수도 있다. 사실 나폴레옹은 그때쯤 강화를 원했고 캉바세레스에게 이렇게 말했다.

"저쪽 병사들은 대체로 훌륭하다."

이는 그때까지 나폴레옹이 인지하지 못했던 것이자 5년 뒤에는 당연히 기억해야 하는 것이었다.[20]

노력을 집중한 덕분에 나폴레옹은 프리틀란트 전투에서 아우스터리츠와 울름 전투 이후 가장 인상적인 승리를 거뒀다. 그는 전사자와 부상자, 행방불명자를 포함해 1만 1천5백 명을 희생한 끝에 러시아군에 완패를 안겼다. 그들의 손실은 대포 20문 정도에 당한 사람만 대략 2만 명으로 추산되었다(전체 손실의 43퍼센트다).[21] 페르시의 군의관 1백 명은 밤새 치료를 해야 했고 어느 장군은 나중에 다음과 같이 회상했다.

"풀밭은 그들의 몸에서 잘려 나간 사지로 뒤덮였는데, 군대는 절단과 해부의 그 끔찍한 장소를 앰뷸런스라고 불렀다."[22]

전투가 끝난 다음 날 레스토크는 쾨니히스베르크에서 철수했고 나폴레옹은 전형적인 공보를 발행했다.

> 병사들이여! 6월 5일 우리는 숙영지에서 러시아군의 공격을 받았다. 그들은 우리가

움직이지 않는 이유를 오판했고 뒤늦게 우리의 휴식이 사자의 휴식이었음을 감지했다. 이제 그들은 실수를 저지른 죄과를 치른다. … 비스와 강변에서 출발한 우리는 독수리처럼 빠르게 네만 강변에 도착했다. 아우스터리츠에서 제군은 황제 즉위식 기념일을 축하했다. 올해 제군은 제2차 대프랑스 동맹 전쟁을 끝낸 마렝고 전투 기념일을 훌륭하게 축하했다. 프랑스인이여, 그대들은 스스로의 이름에 그리고 내 이름에 부끄럽지 않게 싸웠다. 그대들은 프랑스의 영원한 보전을 보장하는 강화 조약을 얻어 낸 뒤 월계관을 쓰고 프랑스로 귀환할 것이다. 우리나라가 영국의 해로운 영향에서 벗어나 평안하게 살 때가 왔다. 제군에게 보상해 내 감사하는 마음을, 내가 제군에게 품은 사랑이 얼마나 큰지를 증명하련다.[23)]

6월 19일 차르 알렉산드르 1세는 드미트리 로바노프 로스톱스키 대공을 보내 휴전을 청했다. 러시아군은 네만강을 다시 건너 프로이센 땅의 마지막 읍인 틸지트의 다리를 불태웠고 나폴레옹은 오후 2시 그곳에 도착했다. 러시아의 도움 없이는 전쟁을 계속할 수 없었던 프로이센은 이제 차르의 외교 결과를 따라야 했다. 이틀간의 협상 끝에 한 달 동안 휴전하기로 합의했고 세 번째 날 저녁 나폴레옹은 로바노프 로스톱스키를 만찬에 초대해 차르의 건강을 위해 축배를 들었다. 그는 비스와강을 두 제국 사이의 자연 국경이라고 말함으로써 포괄적인 강화 조약을 체결하면 러시아 영토를 요구하지 않을 것임을 암시했다. 이를 토대로 양측은 나폴레옹과 알렉산드르 1세의 만남을 신속히 준비했다. 중립 지대를 확보하기 위해 근위대의 포병 지휘관 장 앙브루아즈 바스통 드 라리부아지에르 장군이 틸지트 인근의 공식 휴전선인 피크투푀넨Piktupönen에서 네만강 한가운데에 뗏목을 띄우고 강 양안에 안전하게 고정했다.[24)] 나폴레옹은 원정 공보 제85호에 다음과 같이 썼다.

“이보다 더 흥미로운 광경은 없을 것이다.”

수많은 병사가 강 양쪽 둑에서 회담을 지켜보았다.[25)] 나폴레옹은 회담 목적이 바로 '기존 세대에게 휴식을 주는 것'임을 거듭 밝혔다. 여덟 달 동안이나 원정 전투를 벌인 끝이라 나폴레옹은 강화 조약을 체결하고 파리로 돌아가 프랑스인 삶의 여러 측면을 건드린 광범위한 개혁을 계속 감독하고 싶어 했다.

1807년 6월 25일 목요일 두 황제 간의 면담은 회담 장소도 기괴했지만 여러 점에서 놀라웠다. 그것은 역사상 가장 중요한 정상 회담 중 하나였다. 권력의 정점에 있었기에 진정한 우정은 불가능했지만 나폴레옹은 스물아홉 살 된 러시아 절대통치자의 마음에 들기 위해, 양국 간의 원활한 관계는 물론 개인적으로도 우호적인 관계를 맺고자 온갖 노력을 다했다. 협상으로 체결한 강화 조약은 사실상 유럽을 프랑스 세력권과 러시아 세력권으로 분할했다(러시아와는 7월 7일, 프로이센과는 이틀 뒤 조인했다).

나폴레옹이 먼저 뗏목에 도착했고 알렉산드르 1세가 근위대 프레오브라젠스키 연대의 암녹색 군복을 입고 뗏목에 오르자 두 사람은 포옹했다. 차르가 처음 한 말은 이러했다.

"폐하의 보조자로서 영국에 맞서겠습니다."[26](제왕다운 면모가 조금 떨어지는 표현에 따르면 "저는 폐하만큼이나 영국을 증오합니다.")

알렉산드르 1세는 수년간 기꺼이 받아들인 영국의 금에는 동일한 적대감을 드러내지 않았지만, 그가 어떤 표현을 했든 나폴레옹은 즉시 포괄적인 협정이 가능하리라고 판단했다. 나중에 그가 말했듯 과연 "그 말은 모든 것을 바꿨다."[27] 이어 두 사람은 가설 천막 안의 호화로운 공간으로 들어가 2시간 동안 둘만의 대화를 나눴는데 나폴레옹은 조제핀에게 이렇게 전했다.

"방금 차르 알렉산드르 1세를 만났소. 그에게 아주 만족하오. 그는 매우 잘생기고 친절한 청년 황제요. 사람들이 생각하는 것보다 더 똑똑하오."[28]

뗏목 위의 천막(나폴레옹은 "아름답다"고 했다)은 러시아와 프랑스의 독수리를 표현한 조상에다 나폴레옹과 알렉산드르 1세의 이름 첫 글자 'A'와 'N'의 큰 도안이 입구를 둘러싸고 있었을 뿐, 프로이센의 프리드리히 빌헬름 3세의 머리글자인 'FW'는 그곳에 없었다. 틸지트에 있던 프리드리히 빌헬름 3세는 자신이 하급 군주라는 느낌을 강하게 받았다. 첫날 그는 뗏목에 초대받지 못했고 러시아군의 외투로 몸을 싸맨 채 강둑에서 자신의 왕국에 본능적으로 아무 애정이 없는 두 사람이 그 운명을 결정하길 기다려야 했다.[29] 두 번째 날인 6월 26일 프리드리히 빌헬름 3세는 뗏목에 오를 수 있었다. 차르 알렉산드르 1세가 그를 나폴레옹에게 소개하는 자리였는데, 이때 그는 향후 프랑스-러시아 동맹이 프로이센의 가혹한 희생 위에 이뤄질 것임을 분명히 깨달았다. 뗏목 위의 두 번째 회담이 끝나고 오후 5시 알렉산드르 1세가 틸지트에 들어섰을 때, 나폴레옹은 1백 발의 예포와 함께 그를 직접 맞이했고 그곳에서 최고로 좋은 저택을 숙소로 제공했다. 프리드리히 빌헬름 3세가 그곳에 도착했을 때는 예포도 환영도 없었고 그는 현지 방앗간 주인의 집에서 묵었다.[30] 나폴레옹과 알렉산드르 1세 모두 프리드리히 빌헬름 3세를 잘난체하는 인간이자 제한된 대화를 따분해하는 속 좁은 사람으로 보았기에 그의 처지는 어쩔 수 없었다.[31] 나폴레옹은 이런 추억을 떠올렸다.

"그는 나를 붙들고 반시간 동안이나 내 제복과 단추에 관해 얘기했다. 그래서 결국 나는 이렇게 말했다. '내 재단사에게 물어보는 것이 좋겠소.'"[32]

이후 하루하루가 지날 때마다 세 사람은 일찍 저녁을 먹고 헤어졌으며, 그 뒤 알렉산드르 1세가 나폴레옹의 방으로 돌아와 프리드리히 빌헬름 3세는 모르는 가운데 깊은 밤까지 대화를 나눴다.

두 사람은 상대방 근위대를 여러 차례 사열하고 훈장과 기장을 교환하고(나폴레옹은 알렉산드르 1세의 요청에 따라 러시아군의 어느 척탄병에게 레지옹 도뇌르를 수여했다) 큰 연회에서 서로 축배를 들었지만 나폴레옹과 차르의 관계를 형성한 것은 철학과 정치, 전략에 관한 마지막 날 밤의 대화였다. 알렉산드르 1세는 누이에게 보낸 편지에서 때로 한 번에 4시간까지 이어진 이 대화에 관해 썼다. 두 사람은 대륙봉쇄 체제와 유럽 경제, 오스만

제국의 미래, 영국을 협상장으로 끌어내는 방법을 두고 토론했다. 나폴레옹은 다음과 같이 회상했다.

"틸지트에 있을 때 나는 자주 지껄였고je bavardai 튀르크인을 야만인이라 불렀으며 그들을 유럽에서 내쫓아야 한다고 말했지만 그럴 의도가 전혀 없었다. 왜냐하면 … 이스탄불이 오스트리아나 러시아 수중에 떨어지는 것은 프랑스에 이롭지 않기 때문이다."[33)]

최선의 정부 형태에 관한 좀 더 초현실적인 논의에서 전제군주 알렉산드르 1세는 선거로 왕을 뽑는 군주제에 찬성한 반면 나폴레옹은(그의 제위는 국민투표로 확증하긴 했다) 전제정치를 옹호했다. 나폴레옹은 이렇게 물었다.

"누가 선출하기에 적당한가요? 카이사르나 알렉산드로스 같은 사람은 100년에 한 번 나올까 말까 한 인물입니다. 따라서 누가 선출될지는 우연에 달렸지요. 왕위 계승은 분명 주사위를 한 번 던져 결정할 일이 아닙니다."[34)]

알렉산드르 1세는 어머니인 황태후 마리아 페오도로브나와 남동생 콘스탄틴 대공에게 강화 협정을 체결하라는 압박을 받았다. 황태후는 러시아가 호엔촐레른 왕실을 위해 충분히 많은 피를 흘렸다고 생각했고 콘스탄틴은 솔직하게 나폴레옹을 칭찬했다. 그가 틸지트에서 맺은 거래는 (러시아의) 패배의 크기에 전혀 걸맞지 않았다. 그 대가는 프로이센이 거의 다 치렀고 러시아는 이오니아제도(나폴레옹이 '아드리아해의 열쇠'라고 부른 케르키라섬을 포함해)를 제외하면 아무 영토도 잃지 않았다.[35)] 나폴레옹은 차르의 가까운 가족이 통치하는 올덴부르크 같은 독일 국가를 라인 연방에 강제로 편입하지 않겠다고 다짐했다. 알렉산드르 1세는 최근 오스만제국으로부터 빼앗은 몰다비아와 왈라키아(러시아 땅인 적이 없었다)에서 철수하기로 동의했고 스웨덴에 속한 핀란드를 마음대로 침공할 수 있게 되었다. 알렉산드르 1세가 틸지트에서 해야 했던 유일하게 중요한 양보는 대륙봉쇄 체제에 합류한다는 약속이었다. 이로써 나폴레옹은 영국을 더욱 압박해 강화 협정 체결에 나서도록 할 수 있기를 바랐다. 동시에 알렉산드르 1세는 나폴레옹을 상트페테르부르크로 초청했는데 그는 프랑스 대사에게 이렇게 말했다.

"나는 그가 추위를 끔찍하게 두려워한다는 것을 알고 있소. 그렇다고 그에게 그 여정을 면해 주지는 않을 것이오. 그의 숙소를 이집트처럼 뜨겁게 해 놓으라고 명령하겠소."[36)]

알렉산드르 1세는 나폴레옹에 반대하는 러시아 문헌을 불태우라고 명령했다. 이에 따라 그의 새로운 동맹자는 인쇄물에서 '나폴레옹'으로만 언급하고 절대 '보나파르트'라고 지칭하지 않아야 했다.[37)]

러시아는 지극히 관대한 대접을 받았지만 프로이센은 철저하게 처벌을 받아 확연한 대조를 이뤘다. 훗날 나폴레옹은 다음과 같이 말했다.

"내가 가장 치명적인 실수를 저지른 곳은 틸지트였다. 프로이센 국왕을 퇴위시켰어야 했는데 나는 잠시 주저했다. 내가 프로이센 왕의 영토를 취하지 않는다면 알렉산드르 1세는 퇴위에 반대하지 않았을 것이다."[38)]

알렉산드르 1세는 프로이센으로부터 폴란드의 비아위스토크 지역 동부를 취했고(동맹자가 보일 행태는 결코 아니었다) 다른 가혹한 채찍질은 전부 나폴레옹이 휘둘렀다. 나폴레옹은 제2차 폴란드 분할과 제3차 폴란드 분할 때 프로이센이 가져간 땅에서 바르샤바대공국을 잘라 냈다. 폴란드인은 비록 바르샤바대공국이 대외적으로 외교 대표권이 없고 대공이 독일인 프리드리히 아우구스투스인 데다 의회도 실권이 없지만 이것이 왕국 부활에 이르는 첫 단계가 되기를 희망했다. 엘베강 동쪽의 프로이센 땅은 새로운 왕국 베스트팔렌이 되었고 코트부스는 작센으로 넘어갔으며 더구나 1억 2천만 프랑이라는 어마어마한 전쟁 배상금을 부담해야 했다. 이를 지불하기 위해 프리드리히 빌헬름 3세는 땅을 팔고 전체적인 세금 부담을 국부의 10퍼센트에서 30퍼센트로 늘렸다. 프로이센은 대륙봉쇄 체제에 참여해야 했으며 노테치(네체)강과 비드고슈치(브롬베르크) 운하 같은 여러 운하에서 통행료를 받을 수 없게 되었다.[39] 조제프는 나폴리 왕으로, 루이는 홀란트 왕으로, 나폴레옹은 라인 연방 보호자로 인정받았고 비스와강과 엘베강과 오데르강 요새에 프랑스 수비대가 주둔했다. 프로이센은 인구는 450만 명으로(전쟁 이전의 절반), 영토는 3분의 2로 축소되었으며 군대 병력은 고작 4만 2천 명만 보유할 수 있었다. 라인강과 엘베강 사이의 거의 모든 영토에서 프로이센왕국의 "모든 실제 권리와 최종 권리는 영원히 소멸할 것이었다." 심지어 작센 왕은 프로이센의 도로를 이용해 바르샤바대공국으로 군대를 보낼 권리도 얻었다. 나폴레옹은 프리드리히 대왕의 종손從孫에게 이처럼 굴욕을 안김으로써 프로이센이 영원히 원한을 품게 했지만, 그는 러시아와 새롭게 맺은 우호관계로 프레스부르크 조약에 따른 오스트리아의 보복과 틸지트 조약에 따른 프로이센의 보복을 막을 수 있을 거라고 계산했다.

나폴레옹이 권력의 정점에 가까이 다가가면서 그의 전략은 언제나 대륙의 세 강국, 즉 러시아, 오스트리아, 프로이센이 동시에 그에 맞서는 순간이 확실히 오지 않게 하는 것이었다. 비록 영국의 적대를 고려해야 했지만 말이다. 그래서 나폴레옹은 세 나라가 서로, 나아가 가능하면 영국과도 반목하게 만들 필요가 있었다. 나폴레옹은 하노버를 원하는 프로이센의 욕구, 프리틀란트 전투 이후 싸울 힘을 잃은 러시아의 무능력, 오스트리아와의 결혼 동맹, 오스만제국을 둘러싼 러시아와 오스트리아의 분쟁, 폴란드 부활에 따른 두려움을 이용했다. 그는 폴란드가 부활하면 네 강국이 동시에 싸워야 했기에 세 나라 전부 이를 피해야 한다고 보았다.[40] 나폴레옹이 분명 프랑스를 각 나라가 가장 두려워한 유럽의 패권국으로 만들었음에도 아미앵 조약 실패 이후 10년 동안 이러한 목표를 달성했다는 사실은 그의 정치적 수완을 보여 주는 증거였다. 이 전략에서는 유럽을 실질적으로 프랑스와 러시아 두 세력권으로 분할하는 것이 결정적으로 중요했다.

나폴레옹이 세인트헬레나섬에서 유배 생활을 하고 있을 때 삶의 끝을 향해 가던 어느 저녁, 그가 일생 동안 언제 가장 행복했는지 대화가 돌았다. 측근들은 서로 다른 순간을 제시했다.

"그래, 제1통령이 되었을 때 행복했고 결혼했을 때도 행복했고 로마왕이 태어났을 때도 행복했지."

나폴레옹은 아들의 출생을 거론하며 동의했다.

"그러나 그때 나는 내 지위가 안전하다고 완전히 확신하지 못했어. 아마 나는 틸지트에서 가장 행복했을 거야. 나는 막 아일라우에서의 많은 부침과 걱정을 극복한 상태였어. 나는 승리했고 법을 제정했으며 여러 황제와 왕이 굽실거리게 했지." 41)

그때를 고른 것은 잘한 일이었다.

프랑스-프로이센 조약을 체결하기 사흘 전인 7월 6일 틸지트에 도착한 프로이센 왕비 루이제는 나폴레옹과 2시간 동안 만나 엘베강 서안의 마그데부르크를 돌려달라고 간청했다. 루이제는 매력적인 여인이었다. 1795년 고트프리트 샤도가 제작한 그녀와 그 여동생 프레데리케의 조상이 너무 성적 매력을 강하게 드러내 공중에 전시하지 않기로 결정하기도 했다 42)(나폴레옹은 그녀가 "서른다섯 살의 나이에 기대할 수 있는 만큼 잘생겼다"고 간명하게 말했다 43)). 나폴레옹은 베르티에에게 그 만남을 전하며 이렇게 썼다.

"아름다운 프로이센 왕비는 정말로 애원했다."

이어 다음과 같이 덧붙였다.

"그녀는 내가 여기까지 오는 내내 자신의 예쁜 눈을 보고 싶어 했을 거라고 믿는 듯했다." 44)

나폴레옹은 구스타브 2세 아돌프의 종군을 연구했기에 마그데부르크의 전략적 중요성을 제대로 인식했고, 그가 애절하게 눈물을 흘리는 왕비에게 마음이 흔들려 지극히 중요한 군사 거점을 양보할 정도로 경솔하게 처신할 일은 결코 없어 보였다.* 나폴레옹은 나중에 마그데부르크를 두고 간청한 루이제를 코르네유의 희곡 〈르 시드Le Cid〉에서 로드리그 백작의 목을 달라고 '비극적인 어조로' 청하는 치멘에 비유했다.

"'폐하! 정의를 펼치소서! 정의! 마그데부르크!' 그녀를 제지하기 위해 마침내 나는 그녀에게 앉으라고 부탁했다. 비극적인 한 막을 짧게 끝내는 데 더 좋은 것이 없음을 알았기 때문이다. 자리에 앉히면 비극은 희극으로 바뀐다."[45)]

어느 날 나폴레옹은 저녁식사 내내 그녀가 오로지 마그데부르크만 얘기했다고, 남편과 차르 알렉산드르 1세가 물러간 후에도 계속 졸라 댔다고 주장했다. 나폴레옹이 그녀에게 장미꽃 한 송이를 주자 그녀가 말했다.

"네, 그렇지만 마그데부르크도 같이!"

나폴레옹이 대답했다.

"아! 부인. 이 장미꽃을 내가 부인께 드리는 것이지 부인이 내게 주는 것이 아닙니다."[46)]

마그데부르크는 신생 왕국 베스트팔렌으로 넘어갔다. 베스트팔렌왕국은 엘베강 서쪽의 프로이센 영토와 브라운슈바이크, 헤센카셀 영토를 잘라 내 만든 1,100제곱마일 크기의 왕국으로 나중에 하노버의 일부를 보탰다. 그런데 나폴레옹은 전략적으로 중요한 이 새로운 국가의 군주로 20년 생애 동안 한 일이라고는 허락 없이 미국에서 휴가를 보내고, 경솔하게 결혼하고(법률적으로 절반만 무효가 되었다), 최근 원정에서 바이에른 군대와 뷔르템베르크 군대를 맡아 (더할 나위 없이) 완벽히 무능하게 복무한 것이 전부인 청년을 보냈다.[47)] 제롬은 왕권을 받기에 이력이 충분치 않았지만

* 나폴레옹은 나폴리의 왕비 마리아 카롤리나, 러시아의 황태후 마리아 페오도로브나, 프로이센 왕비 루이제, 드 스탈 부인을 몹시 싫어했다. 이들이 여성과 권력에 관한 그의 여성 혐오적인 태도를 알아챘기 때문이다. 그해 4월 나폴레옹은 드 스탈 부인에 관해 이렇게 썼다. "이 창녀catin가 무엇을 할 수 있는지 알면 분노하지 않을 사람이 없다. 소개하기에는 너무 추하다!"(CG7 no.15337 p.650)

나폴레옹은 여전히 가족에게 의지하는 것이 가장 좋다고 생각했다. 뤼시앵의 유랑 생활과 제롬의 결혼, 조제프가 나폴리에서 보여 준 결점, 폴린의 반항과 배신, 홀란트에서 루이가 영국의 밀매를 눈감아 준 것도 그의 생각을 꺾지 못했다.

나폴레옹은 베스트팔렌왕국이 하나의 모범이 되어 다른 독일 국가들의 라인 연방 가입을 촉진하기를, 아니면 최소한 그 나라들이 프로이센과 오스트리아의 세력권에서 벗어나기를 바랐다. 나폴레옹은 11월 15일 제롬에게 그 새 왕국을 위한 헌법을 보내면서 편지에 이렇게 썼다.

"네 백성이 독일 인민들은 알지 못한 자유와 평등, 행복을 누리는 것이 가장 중요하다."

또한 "슬기롭고 자유주의적인 통치의 혜택을 맛본" 자라면 누구도 다시는 프로이센의 지배를 받고 싶지 않을 것이라고 예견했다. 나폴레옹은 제롬에게 명령했다.

"이를 충실하게 따르라. … 특히 나폴레옹 법전과 공개 재판, 배심제도 확립이 주는 혜택은 네 통치를 규정하는 특성이 될 것이야. … 나는 위대한 군사적 승리보다 … 그러한 효과에 더 많이 의지한다."

이어 그는 얄궂게도 자신의 편지를 받는 사람에게 능력주의의 장점을 격찬했다.

"독일 주민들은 귀족 태생이 아니나 재능 있는 자들이 취업에서 동등하게 존중받을 권리를 누리는 순간을, 농노제도의 완전한 폐지를, 백성과 군주를 이어 주는 중개자를 간절히 기다리고 있다."

이 편지는 공개하라고 쓴 것이 아니지만 그래도 나폴레옹이 높이 산 이상을 드러낸다. 그는 다음과 같이 썼다.

"프랑스와 이탈리아, 에스파냐 백성처럼 독일 백성도 평등과 자유사상 가치관을 원한다. 나는 특권이라는 짐이 일반적인 여론에 어긋난다고 확신한다. 헌법에 따라 통치하는 왕이 되어라."[48)]

나폴레옹은 조제프와 루이, 외젠에게 그랬듯 늘 제롬을 비난했다. 심지어 한번은 유머 감각이 지나치다고 훈계하기도 했다.

“네 편지는 재담이 지나쳐. 전쟁 중에는 위트가 필요 없어. 정확한 것, 용기와 성실함을 보여 주는 것이 필요하다.”[49)]

나폴레옹의 형제 중에서 유능한 통치자는 없었고 나폴레옹의 끝없는 잔소리가 도움을 주지도 않았다. 그는 조제프에게 제롬에 관해 이렇게 얘기했다.

“그 애는 뛰어난 인간이 될 자질이 있소. 그러나 이런 말을 들으면 깜짝 놀라겠지. 내가 보낸 편지는 전부 질책으로 가득하니. … 나는 일부러 그를 고독한 지도자 지위에 올려놓았소.”[50)]

나폴레옹은 제롬이 자신의 가족이 되느라 얼마나 힘든지 알았지만 그의 접근 방식은 매번 실패했다.

7월 7일 나폴레옹은 조제핀에게 편지를 보냈다.

“당신이 이 편지를 읽을 때면 프로이센, 러시아와 강화 조약을 체결했을 테고 제롬은 인구 3백만 명의 베스트팔렌 왕으로 승인받았을 것이오.”[51)]

이 마지막 문장은 나폴레옹이 조제핀과 다른 사람에게 보내는 편지를 얼마나 정교한 선전 도구로 삼았는지 보여 준다. 그 전날 나폴레옹은 이런 편지를 썼다.

“케팽 남작부인이 방문을 기대하고 있겠지.”

그가 이렇게 썼을 때 이는 진실을 말하고 있음을 의미했다.

“당신이 많이 보고 싶소. 운명이 정한 때가 옳겠지. 곧 그 시간이 올 것 같소.”[52)]

마리아 발레프스카는 폴란드에 남겨진다.

7월 27일 아침 7시 나폴레옹은 마차를 타고 밤낮으로 100시간을 달려 생클루로 돌아왔다. 너무 빨리 이동해서 호위대가 그를 위해 특별히 설치한 개선문 앞의 울타리를 치울 시간도 없었다(나폴레옹은 무심하게 마부에게 돌아가라고 명령했다).[53)] 나폴레옹은 306일 동안이나 파리를 떠나 있었는데 생애 중 가장 오랫동안 파리를 비운 것이었다. 샵탈은 이렇게 회상했다.

"우리는 나폴레옹이 폴란드 오지에서 멈추지 않고 돌아와 도착하자마자 국무원을 소집하고 마치 그날 밤을 침실에서 보낸 듯 한결같은 마음가짐과 연속성, 정신력을 보여 주는 것을 지켜보았다."54)

나폴레옹은 생클루에서 마리아 발레프스카에게 자신의 초상화와 책 몇 권을 보내며 이런 편지를 썼다.

"내 너그럽고 사랑스러운 마리아, 그토록 조국을 사랑하는 그대는 내가 거의 1년이나 프랑스를 떠나 있다가 다시 돌아왔으니 얼마나 큰 기쁨을 느낄지 이해하겠지. 그대가 함께한다면 이 기쁨이 완벽해질 텐데. 그대를 마음에 담고 가겠소."55)

이후 나폴레옹은 열여덟 달 동안 마리아와 연락하지 않았다.

이베리아반도

20

유럽의 나라 중 에스파냐만큼 외국인이 개입해
그토록 이익을 얻지 못하는 나라는 없다.

1820년 웰링턴 공작이 캐슬레이 경에게

–

그 한심한 전쟁으로 나는 망했다. 그 전쟁 때문에 나는 군대를 나눴고
내 책임이 늘어났으며 사기가 꺾였다. …
내 재앙의 자초지종은 전부 그 치명적인 골칫거리와 밀접한 연관이 있다.

반도 전쟁에 관한 나폴레옹의 평가

나폴레옹은 프랑스에 출생의 천운이 아니라 국가에 봉사하는 것이 기준인 새로운 사회적 위계질서를 도입할 필요가 있음을 의식하고 있었다. 1807년 여름 그는 파리로 돌아오자마자 그런 질서를 확립하는 데 착수했다. 나폴레옹 시대 대상서의 아들로 다부 밑에서 포병 장교로 복무한 아나톨 드 몽테스키우는 이렇게 회상했다.

"새로운 귀족 계급의 주요 직함이 처음 등장한 곳은 틸지트였다. 오랫동안 유럽의 모든 내각은 황제가 주변에 작위 귀족을 두지 않는다고 비난했다. 그들에 따르면 그래서 프랑스는 혁명적인 모습이었다."[1]

레지옹 도뇌르는 공로를 기반으로 하는 새로운 특권제도 출범에 어느 정도 기여했지만 전체 사회 체제의 토대가 될 수는 없었다. 1802년 5월 나폴레옹은 자신의 새로운 질서가 '몇몇 화강암 덩어리' 때문에 정착할 수 없으면 '모래 알갱이'로 남을 것이라고 불평했다.[2] 군대 장교로서 그의 생각은 자연스럽게 계급과 작위에 끌렸지만 동시에 그는 구체제의 저주받을 결함, 즉 세습과 법률 특권이라는 결점을 피하고 싶었다. 훗날 나폴레옹은《카이사르의 전쟁》에서 다음과 같이 썼다.

"군주는 귀족을 내쫓아서 얻는 것이 없다. 오히려 군주는 귀족이 그 자연적인 상태에서 생존하게 내버려 두고 오래된 가문을 새로운 원리에 따라 복구함으로써 모든 것을 다시 질서 있게 정돈해야 한다."[3)]

결국 1808년 3월 백작과 남작, 제국 기사 지위를 신설했다. 나폴레옹은 공로에 기반을 둔 귀족제도를 도입함으로써(노동계급 출신이 20퍼센트였고 중간계급 출신이 58퍼센트였다) 조국에 봉사하겠다는 혁명적인 프랑스인의 의욕을 이용했다.[4)] 그는 귀족제도 재도입이 대혁명 정신과 모순된다고 생각하지 않았다. 그는 캉바세레스에게 이런 말을 했다.

"프랑스 국민은 단 하나, 법 앞의 평등을 위해 싸웠다. 이제 그들이 내 귀족이라고 부르는 자들은 사실 전혀 귀족이 아니다. 특권이나 세습적인 상속이 없기 때문이다. … 그것의 세습적 상속은 군주가 사망한 직함 보유자의 아들이나 조카가 그 직함을 취하는 것을 승인하는가에 달렸다.[5)]

유럽의 다른 곳과 달리 프랑스 가문의 귀족 지위는 다음 세대가 승계 가치가 충분한 공적을 쌓지 못하면 소멸했다.[6)] 나폴레옹이 신설한 작위는 1958년에야 제도로 확립된 영국의 일대 귀족 개념과 유사했다.

나폴레옹이 수행한 프랑스인 삶의 '위계 재조직'에는 사회 체제의 전면 재편이 따랐다.[7)] 최상층은 군대의 고위 장교와 장관, 국무원 위원, 주지사, 선거인단 의장, 선임판사, 대도시 시장, 소수의 대학교수·전문가·예술가가 차지했다. 그 밑에는 3만 명이 넘는 레지옹 도뇌르 수훈자가 있었다. 그 아래 자리는 약 10만 명의 군수와 소도시 시장, 교육·사법·행정 관료, 선거인단·상업회의소·주의회 구성원, 기타 관직 보유자, 명사 들이 차지했다.[8)] 이들이 나폴레옹의 진정한 '화강암 덩어리'였고 프랑스혁명에는 그것을 파괴할 씨앗이 깊숙이 숨어 있었다. 자유와 평등, 형제애 개념은 서로 양립하기 어렵기 때문이다. 이 중 두 가지 개념을 중심으로 하면 사회는 존립할 수 있지만 세 가지 개념을 전부 갖추고는 결코 그럴 수 없다. 자유와 평등 원리를 엄격히 준수할 경우 형제애는 지워진다. 평등과 형제애는 분명 자유를 소멸하고 형제애와 자유는 평등을 희생해야 얻을 수 있다. 자코뱅당의 경우처럼 극단적인 결과의 평등이 궁극적인 목적이라면 이는 자유와 형제애를 파괴한다. 나폴레옹은 그러한 평등 개념 없이 새로운 귀족제도를 만들었고 대신 자신이 진심으로 믿은 법 앞의 평등이라는 개념을 프랑스 정치 체제 안에 새겨 넣었다.

구체제에서 귀족의 숫자는 8만 명에서 40만 명 사이 어디쯤이었는데 나폴레옹 시절에 그 수치는 훨씬 정확했고 적었다. 1808년 나폴레옹은 744명에게 귀족 작위를 주었다. 1809년에는 502명, 1810년에는 1,085명, 1811년에는 428명, 1812년에는 131명, 1813년에는 318명, 1814년에는 55명이었다. 계산해 보면 1789년에는 프랑스인 1만 명당 7명이 귀족이었는데 1814년에는 1만 명당 단 한 명이었다.[9] 나폴레옹에게 귀족 작위를 받은 3,263명 중에서 59퍼센트는 군인, 22퍼센트는 관리, 17퍼센트는 명사였다.[10] 몇몇 의사와 과학자, 작가, 미술가도 귀족이 되었다.* 나폴레옹의 주지사 131명 중 123명이 작위를 받았고 파리 상고법원에서는 백작 4명, 남작 3명, 기사 11명이 나왔다. 1811년 대사는 3명을 제외하고 전부 작위가 있었다. 이 제도로 나폴레옹은 군사적 승리의 이름을 영원히 남길 수 있었다. 영방군주국과 공작령에 카스틸리오네, 아우어슈테트, 리볼리, 에크뮐 같은 이름이 붙었기 때문이다.**

1806년 나폴레옹은 비록 더러 겹치기도 했지만 새로운 귀족과 별도로 기증제도donation를 도입했다. 이 제도에 따라 충성스러운 신민인 수증자donataire는 정복지의 패배한 적에게 몰수한 토지와 재산을 받았다. 여기에는 간혹 기부금이 따라왔고

* 1884년 앨프레드 테니슨이 영국 시인으로는 처음 귀족이 된다. 미술가로는 프레더릭 레이턴이 처음이었다. 그는 1896년 죽기 전날 작위를 받았다.

** 나폴레옹은 (자신의 가족이 관련된 경우를 제외하면) 진심으로 능력주의를 믿었지만 속물근성이 없지 않았다. 1813년 그가 몰레에게 물었다. "귀족으로 세우기 어려운 가족이 있지. 대령들 중에 귀부인의 하녀를 형제로 둔 자가 얼마나 되지?" 몰레는 나폴레옹의 국무원 위원 중 한 사람은 남자 형제가 파리의 거리 청소부라고 대답했다(ed. Noailles, *Count Molé* p.197). 르페브르의 아내는 예전에 연대 세탁부였지만 나폴레옹은 르페브르를 단치히 공작으로 세웠다. 그녀는 환영회에서 단치히 공작부인으로 선언되자마자 시종에게 윙크하며 말했다. "어이, 젊은이. 그거 어때?!"(Haythornthwaite, *Final Verdict* p.231)

장소는 대체로 이탈리아와 독일 그리고 나중에는 폴란드였다. 1815년까지 그러한 토지 선물을 받은 자는 6천 명에 이르렀고 금액으로는 도합 3천만 프랑에 달했다.

제국 귀족 신설은 시기상 나폴레옹이 내부의 이견에 냉혹한 태도를 보이던 때와 일치한다. 1807년 8월 9일 나폴레옹은 국무원 임시 회의에서 호민원을 폐지하고 싶다며 이런 이유를 댔다.

"이름과 목적이 군주제 정부에 맞지 않는 것 같다."

열흘 뒤 호민원은 원로원 의결로 지체 없이 폐지되었다.[11] 호민원의 소수 의원은 정교협약과 레지옹 도뇌르, 나폴레옹 법전의 여러 조항, 제국 선포에 반대했고 표결에서도 반대표를 던졌다. 호민원 설치는 정확히 다양한 의견을 듣기 위한 것이었지만 나폴레옹은 입법부 차원에서 제기한 이러한 이의를 점차 군대 장교 시각으로 보기 시작했다. 그런 기관이 나폴레옹 밑에서 8년이나 존속했다는 것은 실로 놀랍다. 사바리는 회고록에서 나폴레옹은 사람들이 충성심에서 은밀히 얘기하는 한 자신의 견해에 동의하지 않아도 이를 전혀 싫어하지 않았다고 설명했다.

"그는 자신의 견해에 솔직하게 반대하는 자에게 결코 화를 내지 않았다. 그는 자신의 견해에 관해 의논하기를 좋아했다."[12]

나폴레옹은 캉바세레스나 국무원과 토론하기를 즐겼지만 콩스탕과 도누, 셰니에 같은 호민원 의원과의 토론에는 그만큼 열의를 보이지 않았다. 나폴레옹은 캉바세레스에게 악명 높은 호색한 콩스탕을 두고 이렇게 말했다.

"뱅자맹 콩스탕을 주시하시오. 만일 그가 무엇에든 쓸데없이 참견한다면 그를 브라운슈바이크로 보내 처와 함께 있게 하겠소."[13]

나폴레옹은 원로원 의결로 호민원을 폐지하는 동시에 입법부 의원의 연령 하한선을 마흔 살로 높였다. 나폴레옹은 아직 서른여덟 살이었다.

파리로 돌아온 나폴레옹은 프랑스 재정을 개선하는 데 집중했는데 최근에 얻은 승리가 이 일에 큰 도움을 주었다. 1807년 9월 다뤼는 프로이센의 22개 도시가 틸지트 조약에 따라 지불해야 할 현금과 물자 목록을 상세히 작성했다. 현금은 전부 7,247만 4,570프랑 7상팀이고 물자 가액은 총 3,099만 4,491프랑 53상팀이었다. 다른 지역들을 포함하면 총액은 1억 5천3백만 프랑이 넘었다.[14] 평화 선언은 물론 이것 역시 파리증권거래소에서 나폴레옹 정부의 신뢰를 급격히 높여 주었다. 1800년 2월 17.37프랑에 거래가 이뤄지던 5퍼센트 국채 가격이 1807년 8월 27일에는 93프랑으로 올랐고 이후 80프랑대 중반에서 안정을 찾았다.[15]

나폴레옹이 폴란드 전쟁이라 부른 전투부터 그때까지 그가 일만 한 것은 아니다. 1807년 10월 4일 나폴레옹은 폴린의 의상 관리자이자 제롬의 베스트팔렌에서 가장 악명 높은 호색한 시종장의 아내인 바랄 백작부인에게 3만 프랑을 주었다는 기록이 있다.[16] 또한 그는 통제 본능을 보여 주기도 했다. 1807년 9월 나폴레옹은 제노바의 미국 영사 쿤이 영국이 수여한 몰타 훈장을 달고 있다는 이유로 그를 체포하라고 명령했다. 같은 달 나폴레옹은 보르도의 귀족 중 누가 원로원 의원 라마르틸리에르의 무도회를 보이콧했고 왜 그랬는지 알아야겠다고 다그쳤다. 심지어 나폴레옹은 어느 살인 사건에서 아마추어 탐정 역할을 맡기도 했다. 그는 푸셰에게 '몽펠리에 출신의 장 기욤 파스칼이라는 자에 관한' 1805년 5월의 어느 독살 사건을 다시 다루라고 지시했다.

"이 불한당은 아내를 살해했다고 한다."

나폴레옹은 경찰에 파스칼의 처남을 심문하고 그 부부의 개를 부검하라고 명령했다. 그는 개도 독살되었을지 모른다고 의심했다.[17]

오랫동안 원정에 나가 있던 나폴레옹은 거의 1년 만에 처음 국내 생활을 즐길 수 있었다. 나폴레옹이 이집트에 있을 때 조제핀은 파리에서 서쪽으로 11킬로미터쯤 떨어진 곳에 있는 아름다운 말메종성을 돈을 빌려 구입했고, 조제핀과 나폴레옹은 그곳과 튈르리궁을 오가며 시간을 보냈다. 큰 조류 사육장과 이국적인 식물이 들어

찬 온실, 여름 정자, 탑, '사랑의 전당', 포도밭, 센강에 붙은 들판으로 이뤄진 말메종 영지는 멋진 조각상이 늘어선 약 120만 제곱미터 크기의 정원과 숲과 들판으로 넓어졌다.* 조제핀은 그곳에 캥거루와 에뮤, 날다람쥐, 가젤, 타조, 야마, 코커투 앵무새로 동물원도 꾸몄다. 코커투 앵무새는 할 줄 아는 말이 '보나파르트' 단 한 마디였는데 이를 끊임없이 반복했다. 조제핀은 종종 암컷 오랑우탄에게 흰색 슈미즈를 입혀 손님처럼 식탁에 앉히고는 순무를 먹였다.[18] 이집트에서 올 때 가젤을 데려온 나폴레옹은 이따금 가젤에게 코담배를 흡입하게 했다.** 그의 개인비서는 다음과 같이 회상했다.

"그 짐승들도 담배를 매우 좋아해 상태가 나빠지지도 않은 채 단 1분 만에 코담뱃갑을 비우곤 했다."[19]

나폴레옹은 말메종의 서재에 카빈총을 한 자루 보관하고 때로 창문을 열어 새를 쏘았으나 조제핀은 나폴레옹을 설득해 자신의 백조를 쏘지 않게 했다[20](아마 나폴레옹은 잘 맞히지 못했을 것이다. 그의 시종 그레구아르는 이렇게 회상했다. 그는 "총을 어깨에 잘 올려놓지 못했고 한 발 발사한 뒤 총을 잘 장전해 달라고 요청할 때 보면 언제나 팔이 검게 물들었다."[21] 한번은 구석에 몰린 수사슴을 잡는 데 일곱 발이나 허비했다).

나폴레옹의 황실은 가장 컸을 때 무려 39개의 궁전을 사용했고*** 비록 그가 방문

* 조제핀은 말메종 인근의 귀족 뤼시 드 라투르 뒤팽을 안내하며 모든 그림과 조각품이 외국 궁정에서 보낸 선물이라고 말했는데 이후 뒤팽은 이렇게 적었다. "그 친절한 여인은 타고난 거짓말쟁이였다. 명백한 진실이 꾸며 낸 말보다 더 멋있을 때도 그녀는 이야기를 날조하길 더 좋아했다."(Moorehead, *Dancing to the Precipice* p.286)

** 어느 시종은 나폴레옹의 코담배 흡입을 두고 이렇게 회상했다. "빨아들이는 것보다 버리는 것이 더 많았다. 그것은 진정한 욕구라기보다 취미, 일종의 도락이었다. 그의 코담뱃갑은 매우 소박했다. 검은색 조개껍데기로 만든 달걀 모양에 금줄을 넣었는데 전부 정확히 똑같았고 뚜껑에 박힌 아름답고 오래된 은 기장만 서로 달랐다."(Bausset, *Private Memoirs* p.428) 나폴레옹에게는 코담배 흡입 습관이 있었지만 그는 흡연은 "게으름뱅이의 기운을 돋우는 것 말고는 무익하다"고 믿었다(Constant, *Memoirs* II p.11).

*** 몇몇을 열거하자면 이렇다. 튈르리, 퐁텐블로, 생클루, 콩피에뉴, 베르사유의 그랑 트리아농과 프티 트리

하지 않은 궁전이 여럿 있었지만 거의 국가 안의 국가나 매한가지였다.[22] 루이 14세를 모델로 삼은 나폴레옹은 공적 미사, 식사와 아침 접견, 음악 축제, 기타 태양왕의 여러 장식을 도입했다.[23] "우리는 사람들의 눈에 말해야 한다"고 확신한 그는 그렇게 화려함을 겉으로 드러내는 것이 프랑스의 사치품 산업을 장려할 뿐 아니라 민중에게 경외심을 심어 준다고 말했다.[24] 여러 궁전에 들어가는 연간 예산은 2천5백만 프랑으로 프랑스의 전체 공공지출에서 여섯 번째로 큰 지출 항목이었다. 나폴레옹은 개인금고에 전부 5만 4,514개의 귀금속을 보관했는데 그는 개인금고를 프랑스 재정과 구분해서 생각하지 않았다(이것이 흔치 않은 일은 아니었다. 영국 왕실비용법Civil List Act은 1760년 생겼다).•

나폴레옹이 프랑스를 순방할 때 그의 수행원들은 일부러 강한 인상을 심어 주려고 마차 60대로 움직였다. 오늘날 미국 대통령의 자동차 행렬과 다르지 않게 그 직책의 위용을 시각적으로 표현한 것이다. 그러나 개인적인 면에서는 언제나 그의 진정한 페르소나였던 하급 귀족 출신 장교의 검소함을 유지했다. 샵탈은 다음과 같이 회상했다.

"그는 옥좌에 오를 때 매우 화려하게 치장했다. 훈장은 아름다운 다이아몬드로 장식했고 검의 자루와 모자의 줄, 단추, 버클도 마찬가지였다. 이런 의상은 그에게 어울리지 않았는데 그도 당혹스러운지 최대한 빨리 벗어던졌다."[25]

아농, 랑부예(사냥용), 뫼동, 바욘 외곽의 샤토 드 마라크, 마인츠 인근의 도이치하우스, 브뤼셀 근처의 라켄 궁전, 밀라노의 팔라초 레알레, 피렌체의 팔라초 피티, 제노바의 팔라초 두라초, 토리노의 카스텔로 스투피니지, 로마의 몬테 카발로.

• 나폴레옹은 지출이 과도했지만 앞서 살펴보았듯 천갈이 업자의 과도한 청구서 비용을 깎은 일이 보여주는 것처럼 언제나 절약 가능성을 따져 보았다. 언젠가 그는 튈르리궁의 어느 시종에게 이런 말을 했다. "이곳에서 매일 마셔 대는 커피가 155잔이다. 한 잔에 내가 20상팀을 지출하니 1년이면 5만 6,575프랑이 나간다. 나는 커피를 금지했고 대신 보상으로 7프랑 6상팀을 주었다. 그러면 2만 1,575프랑을 지불하니 3만 5천 프랑을 절약할 수 있다."(Chaptal, *Souvenirs* p.335)

그가 일상적으로 입은 옷은 근위대 척탄병 대령의 푸른색 평상복이나 기마추격병 연대의 초록색 군복이었고, 세인트헬레나섬에서는 밝은 색조의 초록색 천을 구할 수 없자 외투를 뒤집어 입었다.

나폴레옹이 공식 행사를 치를 때가 아니면 거의 치장하지 않는다는 사실과 그를 둘러싼 이들의 화려한 의상은 대조적이었는데 많은 사람이 이에 주목했다. 이것은 아마 의도한 바였을 것이다. 실제로 드농은 화가 프랑수아 제라르에게 이런 지시를 했다.

"황제를 둘러싼 장교들의 화려한 제복을 최대한 강조하라. 황제가 보여 주는 간소함과 대조를 이뤄 곧바로 황제가 그들 중에서 돋보여야 한다."[26]

블라즈 대위도 이를 알아보았다.

"작은 모자와 추격병의 초록색 프록코트 때문에 그는 모든 솔기에 자수를 넣은 옷을 입은 여러 군주와 장군 사이에서 두드러진다."[27]

나폴레옹은 레지옹 도뇌르와 이탈리아의 철관 기장은 달았으나 그 밖의 다른 많은 훈장은 부착할 자격이 있는데도 달지 않았다. 그런 치장은 전투 중에 저격병의 주목을 끌 것이다(넬슨이라면 당연히 이를 염두에 두었으리라). 1811년 나폴레옹의 의상 목록을 만들었는데 외투는 겨우 여섯 벌이었고(마지막 3년까지) 그 외에 실내복 두 벌, 비단 양말 24켤레, 신발 24켤레, 모자 네 개뿐이었다. 여기에는 이렇게 적혀 있었다.

"폐하의 허락을 받은 경우를 제외하면 한 푼도 쓸 수 없다."

시종 샤를 드 레뮈자 백작은 나폴레옹의 의상에 너무 많은 돈을 썼다가 해임되었다.[28]

나폴레옹의 궁전 조직에서 모든 것은 일을 중심으로 돌아갔다. 저녁식사 시간은 오후 6시였는데 나폴레옹은 일하느라 자주 때를 놓치고 시간이 나는 대로 식사를 했다. 하루 종일 쇠꼬챙이에 닭고기를 여러 마리 꽂아 놓고 언제라도 나폴레옹이 먹을 수 있게 준비하기도 했다(절약이라는 그의 바람과는 전혀 일치하지 않는다). 나폴레옹은 특별한 순서 없이 차려지는 대로 음식을 먹었다. 그는 결코 미식가가 아니었고 마카로니를 먹으면 더없이 행복해했다. 어느 시종은 이런 기억을 떠올렸다.

"나폴레옹은 최대한 간소한 요리를 좋아했다. 그는 샹베르탱 포도주만 마셨는데 거의 희석하지 않은 채 마셨다."[29]

샹베르탱 포도주조차 언제나 최상품은 아니었다. 나폴레옹이 오주로에게 의견을 구했을 때 그의 평가는 이러했다.

"더 좋은 것이 있지요."[30]

나폴레옹 브랜디는 잘못 붙은 이름이다. 그는 독주를 전혀 마시지 않았기 때문이다. 습관적으로 아침식사 후 커피 한 잔, 저녁식사 후 또 한 잔을 마셨을 뿐이다. 나폴레옹이 취했다는 기록은 없다. 자신이 미식가가 아님을 알았던 그는 통령정부 시절 티에보 장군에게 이런 말을 했다.

"식사를 잘하고 싶으면 캉바세레스와 함께 먹고, 나쁜 식사를 하려면 르브룅과 먹고, 빨리 먹으려면 나와 함께 먹으라."[31]

나폴레옹은 대체로 식탁에서 10분을 넘기지 않았다. 일요일 밤 가족과의 저녁식사만 예외였는데 그때는 최대 1시간 반까지 앉아 있었다.[32] 같이 저녁식사를 했던 어떤 이는 이렇게 기록을 남겼다.

"우리는 모두 황제가 식탁에서 일어나라고 신호하면 이를 따랐다. 그가 이 의식을 수행하는 방법은 무뚝뚝하고 사람들을 깜짝 놀라게 했다. 그는 마치 전기충격을 받은 것처럼 갑자기 일어나 의자를 치우곤 했다."[33]

언젠가 나폴레옹은 많은 사람이, 특히 조제핀이 자신에게 식탁에 더 오래 앉아 있어야 한다고 말했지만 그곳에 앉아 보내는 시간의 양이 '이미 권력의 부패'를 보여 준다고 말했다.[34]

원정 중일 때와 마찬가지로 나폴레옹은 국내에서도 하루 중 어느 때든 상관없이 필요할 때만 잠을 잤다. 재무장관 몰레 백작은 다음과 같이 회상했다.

"만일 그가 잔다면 이는 오직 그가 잠잘 필요가 있다고 인식했기 때문이며 잠이 이후에 필요한 에너지를 회복해 주었기 때문이다."[35]

나폴레옹은 24시간 중 7시간은 자야 했으나 어느 비서의 기억에 따르면 그는 "짧게 낮잠을 여러 번" 잤고 "낮에도 밤에도 마음대로 잠에서 깼다."[36] 모든 궁전에서 침실은 서재와 가까웠고 그는 낮이든 밤이든 아무 때라도 실내복 차림으로 일했으며 비서들은 번갈아 명령을 받았다. 어느 비서는 이렇게 기억했다.

"그는 1시간 자고 난 뒤 마치 밤새 조용히 잠들었던 것처럼 또렷한 정신으로 일어나곤 했다."[37]

나폴레옹은 일의 우선순위를 정하는 데 탁월했다. 긴급한 문제는 즉각 처리했고 중요하지만 긴급하지 않은 서류는 나중에 다루려고 서가에 얹어 두었으며 중요하지 않다고 판단하면 무엇이든 바닥에 내던졌다. 루이 18세는 서명 용도로 인장을 만들어 지녔으나 나폴레옹은 늘 문서를 읽은 뒤 직접 서명했다. 빠른 말로 명령을 내리는 바람에 비서들이 때로 낱말을 제대로 받아 적지 못하는 일이 있었기 때문이다. 나폴레옹은 비서가 필요하다는 점을 설명하면서 다음과 같이 말했다.

"생각은 최대한 빨리 하고 곧바로 글자와 문장으로 보내야 한다! 지금 나는 말로 명령을 전할 수 있을 뿐이다. 구술은 매우 편리하다. 마치 대담하는 것 같다."[38]

나폴레옹은 아내와 정부에게 편지를 쓸 때(이들만 나폴레옹이 구술하지 않은 편지를 받았다)와 문서에 서명할 때를 제외하면 사실상 전혀 책상에 앉지 않았다. 나폴레옹의 개인비서는 1797년부터 1802년까지 그 직책을 맡은 부리엔과 클로드 프랑수아 드 메느발(1802~1813), 아가통 팽(1813~1815)이었는데 세 사람 모두 자신의 작은 책상에 앉아 폭포수처럼 쏟아지는 나폴레옹의 말을 받아 적느라 자신만의 속기법을 개발했다. 튈르리궁에서 나폴레옹은 서재의 초록색 호박단 소파에 앉아 구술했고 이때 접히는 차양이 난롯불의 열기를 막아 주었다. 이 장치는 그의 모든 궁전에 똑같이 설치했다. 비서가 밤 1시까지도 일하고 있으면 나폴레옹은 종종 그를 데리고 생토노레 거리로 잠행을 나가 함께 따뜻한 초콜릿을 마셨다[39](한번은 그다음 날 경찰국장에게 궁전 출입구 등불이 꺼졌다고 불평했다. "그는 내가 어떻게 알았는지 상상도 못할 것이다."[40]).

그의 비서와 장관에게는 저마다 나폴레옹의 비범한 기억력과 구술 능력을 두고 할 말이 있다. 나폴레옹이 퐁텐블로에 사관학교를 세우고 싶어 했을 때와 관련된 내무장관 장 샵탈의 말은 그야말로 이런 이야기의 전형이다. 나폴레옹은 샵탈을 앉혀 놓고 적어 둔 메모도 없이 517개 항목을 구술했다. 샵탈은 이를 문서로 작성하느라 밤을 샜는데 그 후 나폴레옹은 "좋지만 완전하지 않다고 내게 말했다."[41] 나폴레옹은 언젠가 메느발에게 자신이 브리엔을 떠난 이후 하루 16시간을 쉬지 않고 일했다고 말했다.[42]

나폴레옹을 둘러싼 일은 전부 어마어마한 속도로 진행되었다. 몰레는 나폴레옹이 1806년 여름 생클루에서 미사를 드리고 아침 접견을 받으러 가던 과정을 이렇게 기억했다.

"외국 군주들과 … 프랑스 고관들의 호위를 받으며 빠르게 걸었다. 그들은 나폴레옹을 따라가느라 숨이 찼다."[43]

나폴레옹은 1분이라도 허비하는 것을 몹시 싫어했으며 늘 여러 가지 일을 동시에 처리했다. 그는 오래도록 뜨거운 물로 목욕하기를 좋아했는데 19세기 초 유럽인에게는 일상적이지 않던 이 일을 거의 매일 하면서 시종이 면도를 해 줄 때나 아침 식사를 할 때 가끔 했던 것처럼 그 한두 시간 동안 사람을 시켜 신문이나 정치적인 글을 읽게 했다. 나폴레옹은 자신을 학대하듯 비서들에게 번역을 지시해 영국 신문을 읽었는데 비서들은 이를 정말로 싫어했다. 나폴레옹이 자신에 관한 것은 비난하는 기사일지라도 모조리 읽으라고 고집을 부렸기 때문이다.[44] 조제핀은 마차에 타고 오랜 시간 여행할 때면 나폴레옹에게 소설을 읽어 주었다. 책은 역사소설가 장리스 백작부인이 매주 그를 위해 작성한 신간 소설 요약본을 보고 골랐다.[45]

나폴레옹은 비록 그들을 터무니없이 힘들게 부려 먹었지만 참모진을 잘 챙겼고 그들은 거의 만장일치로 나폴레옹을 칭찬했다. 실제로 나폴레옹은 시종과 부관, 하인에게 영웅이었다. 나폴레옹이 추방될 때 그의 하인들은 영국이 허용한 것보다 훨씬 더 많은 숫자가 자발적으로 동행했다. 이는 고용주로서 그의 재능을 증명하는 놀라운 일이었다. 조제핀을 위해 일한 처녀 아브리용은 나폴레옹이 "지극히 정중"하고 "작은 실수를 저질렀을 때 매우 관대"했다고 기억했다. 나폴레옹의 시종 드 보세 백작은 다음과 같이 썼다.

"나는 이보다 더 성격이 침착하고 행동이 온순한 사람은 거의 없다고 단정적으로 말할 수 있다."

아가통 팽은 '나폴레옹을 신의 있는 친구이자 최고의 주인'이라고 생각했다. "그가 누구나 다 너그럽게 받아 주기" 때문이었다.[46] 알코올의존증을 보인 어느 마부는 진즉 해고해야 했으나 몇 년 동안 급여 대장에 이름이 남아 있었다. 마렝고에서 마차를 몰았다는 것이 그 이유였다. 메느발은 다음과 같이 회상했다.

"나는 그가 퉁명스럽고 성격이 변덕스러울 것으로 예상했지만 오히려 그는 인내심이 강했고, 부지런했고, 쉽게 만족하는 사람이었고, 절대 가혹하지 않았고, 유쾌했다. 더러 시끄럽게 떠들고 흉내도 냈으며 때로는 매력적인 쾌활함을 보여 주었다."[47]

나폴레옹에 관해 비판적으로 글을 쓴 사람은 단 하나 부리엔이었다. 그가 크게 부패해 1802년 좌천당한 탓이었다. 훗날 나폴레옹은 그에게 함부르크 총독이라는 다른 직책을 주었는데 부리엔은 이 지위도 남용해 개인적인 이득을 취했다. 그는 주인이 베푼 친절함에 계속해서 비방으로 응대했다.

나폴레옹의 삶에서 평균적인 저녁 시간에는 일반 프랑스 부르주아 가정생활의 여러 즐거움이 두드러졌다. 메느발은 이렇게 기억했다.

> 그는 가족과 함께 식사를 했고 저녁식사 후에는 집무실에 잠깐 들렀다가 할 일이 있어서 붙잡히는 경우가 아니면 응접실로 가서 체스를 두곤 했다. 일반적으로 그는 친밀하게 대화하기를 좋아했다. 그는 토론을 좋아했으나 자신의 견해를 강요하지 않았고 지능이나 지위에서 우월한 척하지 않았다. 여성들만 있을 때면 그들의 복장을 흠잡거나

그들에게 비극적 혹은 풍자적인 이야기(대체로 유령 이야기)를 해 주길 즐겼다. 취침 시간이 다가오면 보나파르트 부인이 그를 따라 방으로 들어갔다.[48]

나폴레옹은 일요일 밤마다 말메종의 작은 무도회에서 춤을 추었고 촌극을 펼친 의붓자식들을 칭찬했으며 "이 가부장적인 삶에서 매력을 발견했다."[49] 그는 수사슴과 멧돼지를 사냥했지만 이는 추격의 즐거움이 아니라 운동을 위한 것이었고 보드게임과 카드놀이에서 종종 속임수를 쓰기도 했다. 물론 그런 식으로 딴 돈은 대개 돌려주었다. 나폴레옹은 단지 지는 것이 싫었을 뿐이다.

1808년 초 프로이센은 굴복했고 러시아와는 중대한 상호 이해가 있었다. 이제 나폴레옹은 영국을 협상장으로 끌어낼 수단에 집중할 수 있었다. 트라팔가르 전투 이후 영국 침공 계획을 되살릴 수 없다는 것은 분명했지만, 영국은 대륙봉쇄 체제를 무너뜨리기 위해 여전히 유럽 전역에서 밀수를 적극 조장했고 프랑스의 항구를 봉쇄했으며 전쟁을 끝내길 원하는 징후를 보이지 않았다. 나폴레옹은 영국 무역에 타격을 안기려는 바람에서 남쪽을 바라보았다. 그는 언제나 무역이 '소상점주들의 나라'를 굴복시킬 열쇠라고 생각했다. 1800년 11월 나폴레옹은 조제프에게 이렇게 썼다.

"우리가 영국의 상업에 가할 수 있는 가장 큰 타격은 포르투갈을 덮치는 것일 게요."

이후 나폴레옹은 늘 영국의 오랜 협력국을 영국의 아킬레스건으로 여겼다.[50] * 1807년 7월 19일 나폴레옹은 드레스덴으로 말을 달리던 중 포르투갈이 9월까지 영국 선박에 항구를 닫고 리스본의 모든 영국인을 체포하는 한편 모든 영국 상품을 압류해야 한다고 말했다. 포르투갈은 1801년 강화를 청했을 때 지불하기로 동의한

* 1376년 처음 체결한 영국-포르투갈 동맹은 세계에서 가장 오래된 것으로 1386년과 1643년, 1654년, 1660년, 1661년, 1703년, 1815년 재확인했다. 1899년에는 비밀 선언을 했고 이어 1904년과 1914년에 다시 확인했으며 1982년 포클랜드(말비나스) 전쟁 중에 영국은 이를 언급했다.

배상금 지불을 이행하지 않고 있었다. 또한 포르투갈은 영국 선박이 자국 항구에 입항해 나라의 최대 수출품인 포도주를 구매하게 했다. 큰 식민지와 상당한 크기의 함대를 보유한 포르투갈은 육군 병력이 겨우 2만 명에 불과했다. 이 나라는 게으르고 뚱뚱하며 아둔하지만 절대권력을 행사한 주앙 왕자가 통치했는데, 에스파냐 출신의 아내 카를로타는 1805년 그를 권좌에서 쫓아내려다 실패했다.[51)]

1807년 8월 29일 프랑스가 상습적으로 영국 상품을 밀수하던 에트루리아를 침공해 이를 금하려 한 뒤, 에스파냐 총리 돈 마누엘 데 고도이 이 알바레스 데 파리아는 에트루리아 왕비이자 에스파냐 카를로스 4세의 딸인 마리아 루이사 공주에게 적절하게 보상할 것을 찾으려면 나폴레옹과 협력해야 한다는 것을 알았다. 마리아 루이사의 남편 루도비코 1세가 간질을 앓다가 1803년 5월 사망했기 때문이다. 나폴레옹은 고도이를 좋아하지도 신뢰하지도 않았다. 1801년 고도이가 뤼시앵에게 나폴레옹을 그린 그림을 청했을 때 나폴레옹은 다음과 같이 대꾸했다.

"나는 전임자를 지하 교도소에 가두고(고도이는 1792년 에스파냐가 프랑스에 패한 뒤 전임 총리 아란다 백작을 투옥했다) 종교재판 관행을 유지하는 자에게 절대 내 초상화를 보낼 수 없다. 나는 그를 이용할 수도 있지만 그에게 줄 것은 오로지 경멸뿐이다."[52)]

예나 전투가 벌어지던 날 고도이는 에스파냐 군대를 동원했다가 전투 결말 소식을 듣자마자 재빨리 해체했는데, 나폴레옹은 이를 심히 미심쩍게 생각했다. 고도이는 프랑스군이 포르투갈을 공격할 수 있게 에스파냐 영토 통과를 허용하는 것이 현명한 처사라고 판단했다.

1807년 9월 7일 나폴레옹은 카를로스 4세에게 서한을 보냈다.

"영국이 강화를 청하지 않을 수 없도록 하려면 다른 무엇보다 포르투갈을 영국의 영향력에서 벗어나게 해야 하오."[53)]

10월 7일 고도이의 대리인이 퐁텐블로 조약에 서명했다. 조약에는 포르투갈을 셋으로 분할해 북부는 마리아 루이사 공주에게 에트루리아에 따른 보상으로 주고,

중부는 프랑스와 에스파냐 군대가 공동 점령하며, 남부는 미남에다 교활하고 저속하며 잘난체하는 고도이 자신이 알가르브 대공으로서 개인 영지로 차지한다는 비밀 조항이 담겨 있었다. 고도이는 이미 '평화의 대공Príncipe de la Paz'이라는 과장된 직함을 갖고 있었다. 이는 그가 1795년 프랑스와 협상해 얻어 낸 바젤 조약을 가리킨다[54](고도이는 대중적 호칭인 '소시지 장수'를 더 좋아했다. 그가 에스파냐 돼지 사육 중심지인 에스트레마두라 출신이라 붙은 이름이다). 카를로스 4세는 바젤 조약으로 자신의 영토를 보장받았고 '두 아메리카의 황제'라는 칭호를 얻었다.[55]

10월 29일 나폴레옹은 퐁텐블로 조약을 승인했다. 그때쯤 프랑스군은 이미 이베리아반도 안으로 깊숙이 들어가 있었다. 10월 18일 쥐노는 비다소아강을 건너 에스파냐로 들어간 뒤 포르투갈로 향했다. 심지어 그는 리스본에서도 아무런 저항을 받지 않았고 11월 29일 포르투갈 왕실은 제때 영국 해군 전함에 올라타 리우데자네이루로 도피했다. 군중은 부둣가에 모여 도망치는 왕실에 야유를 보냈다.[56] 그때도 동맹국 침공을 계획하고 있음을 드러낸 나폴레옹은 쥐노에게 토목기사들을 시켜 에스파냐 도로를 약도로 그리라고 명령했다.

"마을 간의 거리, 국토 특성, 자원을 표시하라."[57]

에스파냐 정치는 심하게 부패했고 그곳 부르봉 왕실은 애처로울 정도로 쇠락해 마치 그 왕좌를 다른 이가 차지할 때가 된 것 같았다. 카를로스 4세와 권력을 휘두른 파르마의 마리아 루이사는(파르마 공작 펠리페의 딸 마리아 루이사는 카를로스 4세의 왕비다. 위에 언급한 에트루리아 왕비 마리아 루이사는 두 사람의 딸로 어머니와 이름이 같다 — 역주) 장남이자 왕위계승자인 스물네 살의 아스투리아스 대공 페르난도를 몹시 싫어했다. 그도 똑같이 부모를 싫어했다. 고도이는 집에 아내와 정부를 함께 두고 살면서 동시에 왕비의 연인이기도 했다. 국왕은 매우 유순해 고도이가 나폴레옹이 보낸 편지를 중간에서 가로챌 때도 순순히 넘겨주었다. 편지 내용은 몇 년 전 고도이가 부정한 짓을 했다고 나폴레옹이 그에게 경고하는 것이었다. 고도이는 바다에 한 번도 나가본 적 없는데도 제독에 임명될 정도로 에스파냐에서 권력이 강했다. 아버지만큼이나 유약하고 소심했던 페르난도는 고도이를 혐오했고 이것 역시 상호적인 감정이었다. 사실 고도이는 1808년 나라를 한심한 상황에 처하게 하고 영국에 식민지를 빼앗긴 탓에 에스파냐 전역에서 증오의 대상이었다. 트라팔가르의 대재앙(에스파냐는 11척의 전열함을 잃었다)과 허약한 경제, 부패, 기근, 성직자 토지 매각, 투견 금지, 심지어 남부에 퍼진 황열병도 그 이유였다.[58]

1807년 10월 페르난도가 나폴레옹에게(페르난도가 알랑거리며 쓴 대로 표현하자면 "이전의 모든 인간을 무색하게 하는 영웅"에게) 서한을 보내 보나파르트 가문 사람과의 결혼을 청했을 때 흥미로운 전망이 생겼다.[59] 카를로스 4세는 그달에 아들을 반역 혐의로(거짓 구실로) 체포했다가 마지못해 석방했다. 페르난도는 부모의 허를 찌르는 동시에 프랑스의 침공에서 왕좌를 지키려 했던 것 같다. 그것은 훗날 나폴레옹의 표현을 빌리자면 '에스파냐 궤양'으로부터 나폴레옹을 구할 이상적인 해법이었을지도 모른다. 그러나 최상의 후보인 장조카, 즉 뤼시앵의 딸 샤를로트는 이제 겨우 열두 살이었다. 샤를로트는 나폴레옹의 궁정에 짧게 머물 때 로마의 부모에게 여러 통의 편지를 보내 궁정 내의 풍기 문란을 불평했으며 집으로 돌아가게 해달라고 간청했다. 편지 몇 통을 가로챈 나폴레옹은 그녀의 요구를 들어주었다.[60] •

쥐노는 리스본을 점령하자마자 자리를 비운 브라간사 왕조를 정식으로 폐했고 그들의 자산을 몰수했다. 또한 1억 프랑의 '군세'를 부과했으며 종교적 관용과 법 앞의 평등, 개인의 자유를 포함한 헌법을 공포했다.[61] 쥐노는 도로와 운하를 건설하고 공업과 농업을 장려하며 공교육을 촉진하겠다고 선언했지만 포르투갈 사람들은 경계심을 늦추지 않았다. 나폴레옹은 쥐노의 군대에 정규 배급 식량 외에 하루에 포르투갈 포도주 한 병씩 주라고 명령했다.[62]

• 2년 뒤 뤼시앵은 미국으로 도망치려다 영국 해군에 붙잡혔고 우스터셔에서 여러 해 동안 편안하게 유배 생활을 하며 '샤를마뉴'에 관해 노골적인 시를 썼다. '샤를마뉴'는 그의 형을 가리킨다.

나폴레옹은 포르투갈을 손에 넣은 듯하자 1808년 1월 뮈라의 군대를 북부 에스파냐로 들여보냈다. 표면상으로는 쥐노를 지원하기 위한 것이었지만 실제로는 산세바스티안과 팜플로나, 피게라스, 바르셀로나의 큰 요새를 점령하기 위한 조치였다. 모든 것은 퐁텐블로 조약의 비밀 조항에 따라 군주가 되기로 결심한 고도이의 지원을 받았다. 에스파냐 총리가 사실상 자국 침공을 지원하고 있었던 것이다. 3월 13일 뮈라는 병력 10만 명과 함께 부르고스에서 마드리드로 향해 이동하고 있었다. 나폴레옹은 에스파냐인을 안심시키려고 "지브롤터(히브랄타르)를 공격하고 아프리카로 넘어가는 것이 … 계획의 일부라는 말을 퍼뜨리라"고 명령했다.[63] *

1808년 3월 17일 밤 고도이는 '아란후에스의 소요'로 몰락했다. 마드리드 남쪽으로 40킬로미터 떨어진, 왕실의 겨울 궁전이 있는 곳에서 발생한 이 민중 봉기는 고도이가 왕과 왕비를 잡아 안달루시아를 거쳐 미국으로 보내려 한다는 소문이 촉발했다. 폭도는 고도이를 잡아 죽이러 그의 집에 쳐들어갔으나 그는 다락방에서 양탄자(깔개 비슷한 것일 수 있다)를 둘둘 말아 숨는 데 성공했다.[64] 페르난도 왕자는 반란을 지지했고 이틀 뒤 카를로스 4세는 퇴위했다. 그 전날 카를로스 4세는 압박을 받고 마지못해 고도이를 해임했는데 마드리드의 많은 주민이 이를 크게 반겼다. 그 소식을 들은 나폴레옹이 사바리에게 말했다.

"나는 에스파냐의 변화를 맞이할 준비를 갖추고 있다. 그런데 사건들이 내 예상과 다른 길로 가고 있는 것 같다."[65]

영향력을 확대할 기회를 본 나폴레옹은 카를로스 4세를 자신의 충실한 협력자라고 말하며 페르난도를 왕으로 인정하지 않았다.

여러 시간 동안 숨어 있느라 음식과 물이 간절했던 고도이가 당국에 자수하려 했을 때, 폭도가 그를 덮쳐 한쪽 눈을 거의 멀게 만들고 엉덩이에도 상처를 입혔지만

* 지브롤터는 1713년 위트레흐트 조약에 따라 영국에 할양했다.

비스케이만
페롤
코루나
아스투리아스
피니스테레 곶
갈리시아
부르고스
베나벤테
카스티야라비에하
레온
바야돌리드
대 서 양
알메이다
시에라데 과다라마
살라망카
소모시
푸엔테스 도뇨로
마드리드
포 르 투 갈
아란후
탈라베라
톨레도
에스트레마두라
카스티
롤리사
산타렘
비메이루
토르스 베드라스 전선
에 스 파
신트라
리스본
바일렌
코르도바
안 달 루 시 아
카디스
트라팔가르 곶
지브롤터

에스파냐와 포르투갈

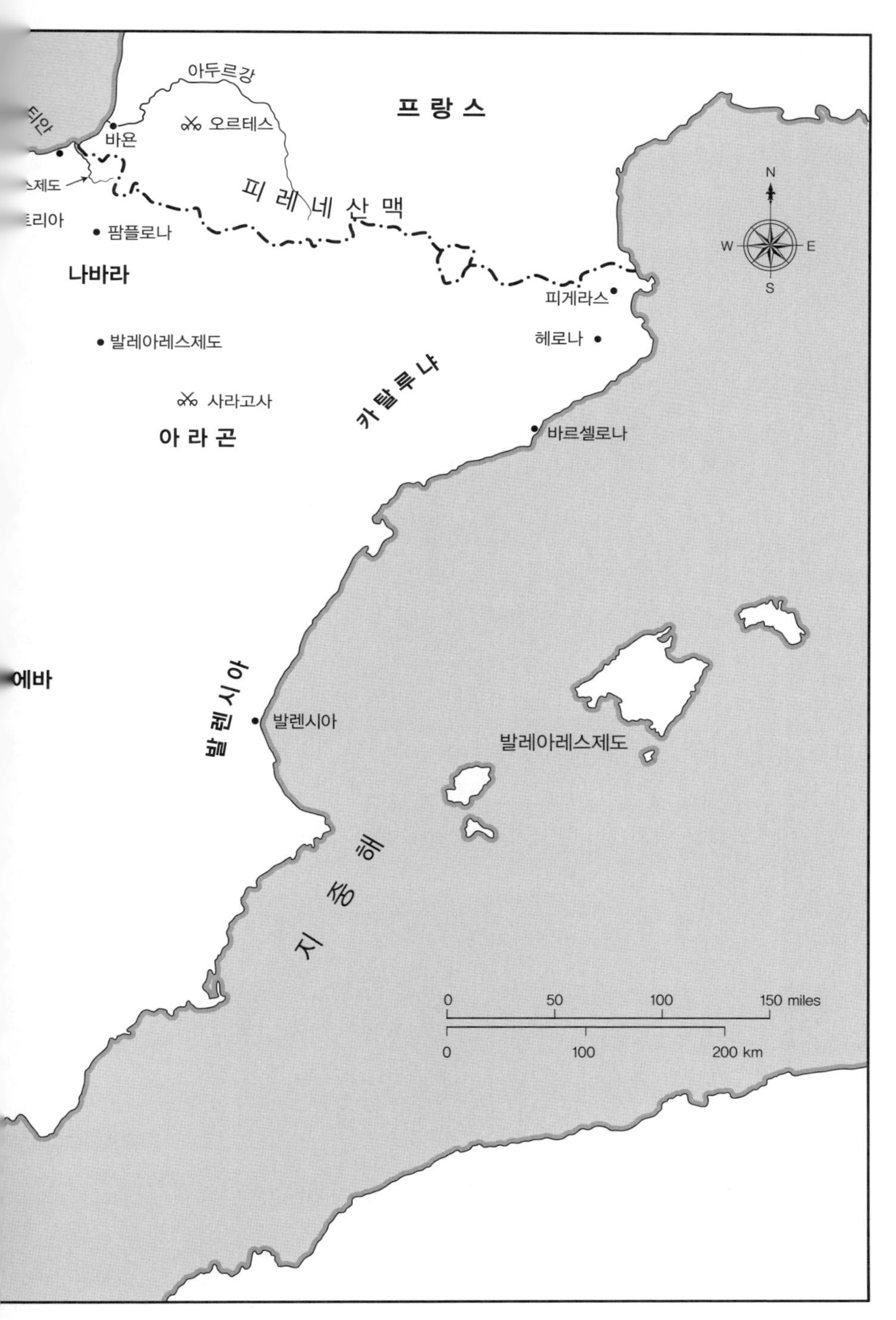

아두르강
프 랑 스
오르테스
바욘
피 레 네 산 맥
팜플로나
나바라
피게라스
헤로나
발레아레스제도
사라고사
카탈루냐
아 라 곤
바르셀로나
발렌시아
발렌시아
발레아레스제도
지 중 해
N
W
E
S
0
50
100
150 miles
0
100
200 km

어쨌거나 그는 산 채로 체포되었다.[66] 재무장관은 마드리드에서 살해당했고 폭도는 그 가족과 친구의 집을 약탈한 뒤 포도주 상점으로 이동했다. 그때 에스파냐 대중과 영국 언론은 나폴레옹이 소요를 부추겼다고 보았는데 이는 사실이 아니다. 그렇지만 나폴레옹은 여러 파벌이 서로 적대하게 만들어 소요가 제공한 기회를 이용하려 했다. 에스파냐는 전략적으로든 경제적으로든 몹시 중요해서 페르난도 수중에 떨어지게 놔둘 수가 없었다. 나폴레옹은 페르난도가 반동적인 귀족, 교회와 같은 부류이고(과연 그랬다) 영국과 은밀히 내통한다며(당분간은 그러지 않았다) 의심했다.

나폴레옹은 자국 남쪽 국경에 혼란에 빠진 나라가 있는 것을 두고 볼 수 없었다. 특히 그 나라는 이제껏 그에게 한 달에 5백만 프랑을 꾸준히 제공했고 트라팔가르 전투 이후 영국 침공이라는 꿈을 되살리는 데 필요한 대규모 해군을 보유했다. 권력은 진공을 몹시 싫어하지만 부르봉 왕실(루이 14세 덕분에 들어선 1700년 이후에야 에스파냐를 통치했다)은 사실상 그 진공을 만들어 냈다. 브뤼메르 18일이 증명했듯 나폴레옹은 이익이 있을 듯하면 기꺼이 쿠데타를 실행하려 했고 그럴 능력도 있었다.

틸지트 조약 이후 그랑다르메는 수비대 임무와 칼라브리아의 반게릴라전에 대응하는 것 외에는 유럽 대륙에서 할 일이 없었다. 나폴레옹은 1814년 이렇게 주장한다. "(내) 가족 중 한 사람을 왕좌에 앉히기 위해서가 아니라 에스파냐의 혁명적인 변화를 위해 침공했다. 에스파냐를 법치 왕국으로 만들고 종교재판과 봉건적 권리, 특정 계급의 과도한 특권을 폐지하기 위해."[67]

나폴레옹은 이탈리아와 벨기에, 홀란트 그리고 라인 연방 서부 지역에서 크게 성공한 것처럼 보이는 근대화 공식이면 에스파냐인이 자신의 통치를 만족스럽게 받아들일 것이라고 기대했다. 물론 이 말은 상당 부분 사후 합리화지만 나폴레옹은 진실로 자신의 개혁이 에스파냐의 일부 계층에게 인기를 얻을 것으로 예상했고 어느 정도는 실제로 그러했다. 나폴레옹은 자신이 에스파냐의 막대한 라틴아메리카 보물을 원한다는 것을 부인하며 자신에게 필요한 것은 에스파냐를 프랑스화하는

데 드는pour la francifier 연간 6천만 프랑이 전부라고 말했다.[68] 그런데 이런 포부가 무색하게도 그 전쟁은 앞선 전쟁들과 달리 왕조 전쟁이 되면서 이전 혁명 전쟁과의 단절을 대표했다.

3월 21일 카를로스 4세는 자신의 퇴위가 강요된 것이라는 더할 나위 없이 합리적인 이유로 퇴위를 번복했다.[69] 이틀 후 뮈라는 몽세와 뒤퐁의 5만 군단으로 마드리드를 점령했다. 처음에는 아주 조용했다. 이튿날 페르난도가 마드리드에 도착해 열광적인 환영 장면을 연출한 이후로도 그랬다. 페르난도는 나폴레옹이 오직 고도이를 총리직에서 축출하는 것만 원한다는 인상을 받았다. 4월 10일 페르난도는 나폴레옹과 협의하기 위해 마드리드를 떠나 에스파냐 국경 근처의 바욘으로 갔고 그의 부모도 따로 그곳으로 향했다. 그가 바욘으로 가는 길에 에스파냐의 보통 사람들은 "살면서 가장 행복한 순간이 될 여정의 흔적을 보존"하려고 윗도리를 벗어 마차바퀴 밑에 깔았다. 나폴레옹이 그를 에스파냐의 적법한 왕으로 인정하리라고 추정했던 것이다(페르난도 자신도 그렇게 생각했다).[70]

나폴레옹은 1808년 4월 15일 바욘에 도착했고 인근의 마라크성에 자리를 잡았다. 그곳에서 그는 근위대 분견대가 잔디밭에서 야영하며 지키는 가운데 석 달 넘게 머문다. 전장에서 나폴레옹은 언제나 적의 가장 약한 연결고리를 타격해 그 약점을 이용하려 했다. 이제 그는 부르봉 왕실과의 협상에서 같은 책략을 쓰려 했다. 카를로스 4세와 마리아 루이사가 아들 페르난도에게 보이는 증오심과 그 아들이 부모에게 드러내는 증오심은 그들이 나폴레옹에게 품은 감정보다 훨씬 더 컸다. 나폴레옹은 심한 기능 장애를 겪는 그 가족의 사사로운 불행에 기꺼이 참견하려 했는데, 그의 병력 5만 명이 마드리드에 주둔하고 있었기에 어느 편도 그의 지지 없이는 군림할 수 없었다. 그래서 나폴레옹은 진정 놀라운 일을 꾸밀 수 있었다.

바욘에서 합의한 일련의 협정에 따라 페르난도는 에스파냐의 왕위를 다시 아버지 카를로스 4세에게 넘기기로 했다. 조건은 카를로스 4세가 즉시 왕위를 나폴레옹에게 양도해야 한다는 것이었고 나폴레옹은 그의 형 조제프에게 왕위를 넘기려 했다.[71] 한편 마리아 루이사에게는 기쁘게도 고도이가 뮈라에게 납치되어 에스파냐에서 빠져나왔고 둘은 같이 있을 수 있었다. 또 하나의 나라가 보나파르트 가족의 품에 떨어진 것 같았다. 4월 25일 나폴레옹은 탈레랑에게 이렇게 말했다.

"내가 잘못 생각하는 게 아니라면 이 비극은 지금이 제5막이다. 곧 대단원이 펼쳐질 것이다."[72]

나폴레옹은 틀렸다. 이제 막 제2막이 시작될 참이었다. 5월 2일 바욘에서 소문이 새나갔고 이 단계에서 예상한 최악의 상황이 벌어졌는데, 바로 마드리드 주민들이 뮈라의 점령에 반기를 들어 이른바 '5월 2일 봉기El Dos de Mayo'로 그의 병사 150명 정도를 죽였다.[73] 파비아와 카이로, 칼라브리아에서 그랬듯 프랑스군은 잔인하게 봉기를 진압했다. 그러나 이들은 에스파냐에서 전국적인 연합 봉기에 대면하지 않았다. 아라곤 같은 몇몇 지역에서는 프랑스의 지배에 반대가 거의 없었던 반면 나바라 같은 곳에서는 저항이 거셌다. 세금을 거두고 징집하기가 어려운 것은 카디스의 코르테스(의회)나 조제프나 매한가지였다.[74] 에스파냐는 땅이 넓어서 봉기가 일어난 주들에는 지역의 반란정부가 들어섰고 프랑스는 에스파냐의 정규군뿐 아니라 지역의 게릴라 단체들과도 맞서 싸워야 했다.

프랑스군은 우선 헤로나와 발렌시아, 사라고사 그리고 전략적으로 중요한 여타 도시들을 공략했다. 실로 반도 전쟁에서는 나폴레옹 전쟁의 다른 모든 전장을 합친 것보다 더 많은 포위공격을 실행했다.[75] 그래서 칼라브리아를 아직 평정하지 못했어도 나폴레옹은 훨씬 더 큰 다른 영역 점령에 착수했다. 열악한 병참, 광적인 가톨릭 사제, 냉혹하고 야만적인 농민, 보나파르트 집안 출신의 후보보다 백성의 충성심을 더 많이 이끌어 낸 부르봉 왕정, 영국 해군이 쉽게 물자를 보급할 가능성 등 대체로 똑같은 요인이 작동하고 있는 곳이었다. 1794~1795년 프랑스는 에스파냐를 쉽게 격파했는데 나폴레옹은 에스파냐에 우수한 장군과 군대가 없으므로 그때와 똑같이 할 수 있다고 추정했다. 칼라브리아에서 게릴라를 겪어 보고도 나폴레옹은 게릴라 반군이 매우 강력하고 훈련이 잘된 군대에도 때로 효과적으로 맞설 수 있음을 깨닫지 못했다. 나폴레옹은 에스파냐를 떠난 뒤에도 장군들의 전투에 간섭했지만 도움이 되지 못했다. 그는 부대를 지형에 익숙해진 곳에서 다른 곳으로 옮겼고 상황 때문에 이미 쓸모없어진 후에야 도착한 장교들에게 명령을 내렸다.

마드리드의 뮈라는 나폴레옹에게 이렇게 보고했다.

"포도탄과 총검으로 거리를 쓸어버렸습니다."[76]

반란을 진압한 후 뮈라는 봉기에 가담한 농민들을 총살집행반 앞에 세워 사살했다. 훗날 프란시스코 고야가 작품으로 남겨 영원히 남게 된 장면이다. 작품은 오늘날에도 프라도 미술관에서 볼 수 있다. 몇 년 뒤 나폴레옹의 비서는 회고록에 완전히 위조한 편지를 집어넣었다. 1808년 3월 29일 나폴레옹이 바욘에서 뮈라에게 쓴 것으로 알려진 이 편지는 신중함과 절제를 촉구했다.[77] 나폴레옹은 4월 15일에야 바욘에 도착했는데도 그 진실이 드러날 때까지 수 세대 동안 역사가들은 이 보나파르티슴의 사기에 걸려들었다. 나폴레옹이 5월 2일 봉기에 관해 써서 뮈라에게 보낸 진짜 편지는 이러했다.

"그대에게 나폴리왕국이나 포르투갈왕국을 주겠다. 하루 안에 결정해야 하니 즉시 답을 달라."[78](다행히 뮈라는 나폴리를 선택했다. 석 달이 채 지나지 않아 영국군이 포르투갈에 들어왔다.)

5월 2일 봉기는 확실히 애국적이었고 프랑스 반대, 무신론 반대, 페르난도 지지를 주장했다. 하지만 계급과 토지 소유권, 탈영, 밀수, 지역주의, 징병 반대의 불법행위, 반교권주의, 식량 부족, 무역 붕괴 등 다가올 전쟁을 프랑스군 침략자와 영웅적인 에스파냐 저항자 사이의 투쟁이라는 간명한 이야기보다(확실히 그런 특성이 있긴 했지만) 훨씬 더 복잡하게 만든 많은 문제가 있었다.[79] 프랑스군에 맞서 싸운 소수의 군대화한 무리, 이를테면 과달라하라의 후안 마르틴 디에스와 나바라의 프란시스코 에스포스 이 미나가 이끈 무리는 잘 조직되어 있었다. 반면 다른 많은 집단은 그저 나폴레옹이 프랑스에서 제1통령으로서 진압했던 것이나 어느 정부라도 흔히 맞서야 하는 성격의 산적 떼에 지나지 않았다. 여느 게릴라 반군처럼 대원들은 애국심에서 혹은 무도한 잔학 행위에 복수하기 위해 아니면 상황에 따라 참여했고 여러 산적 떼가 동포 에스파냐인을 먹이로 삼았다. 근위대 대위 블라즈는 여러 마을에서 프랑스군과 에스파냐인 산적을 다르게 보지 않는 현지 주민들을 보았다.**80)**

5월 2일 마드리드 봉기 소식이 퍼져 나가자 나폴레옹은 봉기자들이 가장 피하고 싶어 한 결과를 서둘러 이끌어 내기로 결심했다. 5월 6일 모두가(통풍에 류머티즘으로 고생하는 가련한 늙은이 카를로스 4세까지도) 선 채로 1시간이나 이어진 의식을 치른 뒤 페르난도 7세는 바욘 조약에 서명하고 아버지를 위해 퇴위했다.* 밉살맞은 아들이 자신을 계승하지 않기를 간절히 원한 카를로스 4세는 이틀 후 모든 권한을 나폴레옹에게 넘기고 프랑스에 망명을 청했다.**81)** 나폴레옹은 조제프에게 서한을 보내 왕위를 받아들이라고 설득했다.

"에스파냐는 나폴리가 아니오. 인구가 1천1백만 명에다 세입은 식민지에서 들어오는 막대한 수입과 '아메리카 전체' 재산을 헤아리지 않고도 1억 5천만 프랑이 넘소. 그것은 형을 프랑스에서 사흘이면 닿는 마드리드에 옹립할 왕관이며 프랑스의 국경 하나를 지킬 것이오. (이에 비하면) 나폴리는 세상의 끝이오."**82)**

나중에 여유로울 때 나폴레옹은 후회한다.

"나는 조제프 같은 바보를 에스파냐 왕좌에 앉히는 큰 실수를 저질렀다."**83)**

* 7월 5일 런던 세인트제임스가에 있는 브룩스 클럽에서 하원의원 험프리 하워스는 제4대 첨리 백작에게 "조제프 보나파르트가 지금 마드리드나 그 인근에서 주권을 행사하고 있지 않다"는 데 100기니 대 25기니로 내기를 걸었다(브룩스 클럽 내기 장부). 조제프는 7월 20일에야 도착하지만 프랑스는 그곳을 확실하게 통제했다.

7월 조제프가 마드리드에서 왕위에 올랐을 때 뮈라는 나폴리 왕관을 차지했고, 루이와 오르탕스의 생존 아들 중 첫째인 세 살짜리 나폴레옹 루이가 뮈라 대신 베르크 대공이 되었다.

페르난도는 발랑세에 있는 탈레랑의 시골 영지에 머물렀는데 이는 에스파냐 백성이 바욘 협정을 거부할 경우 나폴레옹이 그를 통제할 수 있어야 했기 때문이다. 페르난도는 지지자들이 이를 납치와 감금이라 부르도록 내버려 두었다.* 호위대의 스물여덟 살 된 씩씩한 대령 돈 호세 데 팔라폭스가 탈출을 제안하자 페르난도는 그곳에 머물며 자수를 놓고 종이 도안을 자르는 것이 더 좋다고 말했다[84](1814년 봄 마드리드로 돌아왔을 때 페르난도는 나폴레옹의 자유주의적 개혁을 전부 취소하고 나아가 종교재판까지 재도입했다). 나폴레옹은 탈레랑에게 이렇게 말했다.

"아스투리아스의 왕자에 비하면 프로이센 왕은 영웅이다. 그는 아무것에도 관심이 없다. 물욕만 강하고 하루 네 끼를 챙겨먹으며 머릿속에 쓸 만한 생각이라고는 하나도 없다."[85]

나폴레옹은 탈레랑에게 페르난도가 발랑세의 생활을 즐기도록 만전을 기하라고 요청했다. 그는 다음과 같이 썼다.

"아스투리아스의 왕자가 예쁜 여인에게 끌린다면 아무 문제가 없을 것이오. 그 여인이 의지할 만한 사람이라면 더욱 그렇소."[86]

오늘날의 이른바 스톡홀름 신드롬에 심하게 걸린 페르난도는 1808년 11월 나폴레옹에게 편지를 써서 프랑스군이 투델라 전투에서 에스파냐 군대를 상대로 거둔 승리에 축하를 보냈고 한 번 더 보나파르트 가문 사람과의 결혼을 간청했다. 그의 아버지 카를로스 4세는 먼저 마르세유로 갔고 이어 로마로 가서 여생을 조용히 보

* 탈레랑은 이 일에서 이득을 취했다. 페르난도가 20만 프랑이나 나가는 양탄자를 깔고 성에 물을 공급하기 위해 수압 장치를 구입하는 한편 심지어 채마밭에서 가져온 채소에도 값을 지불했기 때문이다(Kolli, *Memoirs* p.3).

냈다. 나폴레옹은 부르봉 왕실에 연간 1천만 프랑의 연금을 지급하기로 동의했지만 그 돈을 전부 에스파냐가 되갚아야 한다는 점을 확실히 했다. 1808년 7월 나폴레옹은 몰리앵에게 이렇게 썼다.

"에스파냐 왕의 연금을 지급하는 데 서두를 필요는 없다. 그는 현금이 부족하지 않다."[87]

나폴레옹은 에스파냐를 훔쳤다고 온갖 비난을 받는 반면 같은 해에 차르 알렉산드르 1세가 짧은 기간이었지만 똑같은 불법 전쟁으로 스웨덴으로부터 핀란드를 빼앗은 것은 종종 잊힌다. 나폴레옹은 "나는 에스파냐를 위해 핀란드를 팔았다"고 말했지만 사실상 이것은 최악의 거래였다.[88] 에스파냐 왕좌가 그의 손아귀에 떨어지는 데는 누구를 명백하게 위협하거나 누군가와 싸울 필요가 없었다. 나폴레옹이 5월 탈레랑에게 말했듯 그의 실수는 이런 믿음에 있었다.

"에스파냐인은 다른 나라 백성과 같다. 독특한 민족이 아니다. 그들은 제국의 제도를 기쁘게 받아들일 것이다."

그러나 그들은 조제프에게 '침략자 왕El Rey Intruso'이라는 이름을 붙여 주었고 조제프가 마드리드에 입성하기도 전에 비스카야와 카탈루냐, 나바라, 발렌시아, 안달루시아, 에스트레마두라, 갈리시아, 레온, 아스투리아스를 비롯해 카스티야라비에하와 카스티야라누에바 일부에서 전면 폭동이 일어났으며 이베리아반도의 여러 항구가 영국 해군에게 넘어갔다. 나폴레옹은 인내심이 부족했고 훗날 사바리는 이를 인정했다.

"우리는 일의 결말을 빨리 보고 싶어 민족 자긍심을 충분히 고려하지 못했다."[89]

6월 2일 나폴레옹은 에스파냐어권 세계의 첫 번째 성문 헌법을 재가하고자 에스파냐의 고관을 최대한 많이 불러 모았다.[90] 헌법은 특권과 종교재판을 폐지했으며 세 신분회의의 전국 의회를 보존했고 가톨릭을 나라의 유일한 종교로 확립했다. 이 헌법은 프랑스에 확실히 우호적인 협력자, 다시 말해 호세피노스josefinos(조제프 지지자)나아프란세사도스afrancesados(친프랑스파)로 알려진 대체로 자유주의적이고 계몽된 중간계급 출신 전문 직업인에게 호소했다. 그렇지만 이들은 당시 압도적인 농업 사회에다 문맹이고 경제 후진국이며 극단적인 가톨릭이 지배하는 반동적인 나라의 주민 중 극히 일부였을 뿐이다(지방의회 의원직은 1804년까지 세습되었고 종교재판도 여전히 시행하고 있었다).

훗날 나폴레옹은 어느 비서에게 이런 말을 했다.

"운명이 내게 에스파냐를 쇄신하라고 준 기회를 나는 간신히 잡았다."[91)]

나폴레옹이 에스파냐가 자신의 통치에 협력하리라고 기대한 한 가지 이유는 자신의 아버지가 프랑스에 우호적인 협력자였다는 사실에 있을 것이다. 설령 그렇지라도 그는 자신이 청년기에 코르시카를 점령한 프랑스를 증오했던 기억을 떠올려야 했고 에스파냐를 코르시카 확장판으로 보았어야 했다. 나폴레옹의 시종이자 찬미자인 보세는 그 헌법이 프랑스가 점령한 에스파냐에서는 '조용하고 모호한 무관심'을 받았지만 다른 곳에서는 '모진 경멸'을 받았음을 인정해야 했다.[92)]

5월 25일 아라곤의 수도인 중세 성곽 도시 사라고사가 프랑스에서 탈출한 팔라폭스 대령의 지휘로 농민으로 위장하고 반란을 일으켰다. 팔라폭스는 고작 병사 220명과 20파운드 6실링 8펜스에 해당하는 에스파냐 돈밖에 없었는데도 프랑스 제국에 전쟁을 선포했다.[93)] 샤를 르페브르 데누에트 장군은 6월 8일 투델라에서 팔라폭스의 형 라산 후작이 지휘하는 군대를 무찔렀지만 한 주 뒤 병력 6천 명으로 사라고사를 급습했을 때는 7백 명의 사상자를 내며 밀려났다. 주민 6만 명이 있는 그 도시의 첫 번째 포위 공격이 펼쳐졌다. 르페브르 데누에트가 '라 카피퇼라시옹La capitulation(항복)'이라는 두 마디로 팔라폭스에게 항복을 요구했을 때, 팔라폭스는 세 마디로 응수했다.

"게라 알 쿠치요Guerra al cuchillo."(사투)[94)]

나폴레옹이 에스파냐를 침공한 주된 이유 중 하나는 에스파냐 해군을 장악해 영국 침공의 꿈을 되살리는 것이었지만, 6월 14일 빌뇌브 제독 후임자인 프랑수아 드 로질리 메로스 제독은 트라팔가르에서 침몰하거나 나포되지 않고 카디스에 정박해 있던 프랑스 함대의 일부(전함 6척)를 에스파냐군에 넘겨줄 수밖에 없었다.* 6월 25일 나폴레옹은 또 다른 타격을 받았다. 오스트리아에서 카를 대공이 징집병 15만 명을 소집하라고 명령했다는 소식이 들려온 것이다. 나폴레옹은 샹파니를 시켜 자신의 병력이 아직도 30만 명에 달한다고 오스트리아 정부에 경고하게 했으나 전혀 효과가 없었다. 한 달 뒤 나폴레옹은 제롬에게 말했다.

"오스트리아는 무장하고 있다는 사실을 부인하고 있다. 그러니 그들은 우리와 대적하려고 무장하는 것이다. … 만일 오스트리아가 무장하고 있다면 우리도 무장해야 한다. … 오스트리아와 나 사이에는 원한이 없다. 나는 오스트리아에 아무것도 요구하지 않는다. 내가 무장하는 이유는 단 하나 오스트리아가 무장하고 있기 때문이다."[95)]

나폴레옹은 조제프가 에스파냐에서 구원자이자 개혁가로 환영받지 못해도 자신은 언제나 야전에서 에스파냐군을 격파할 수 있다고 추정했고, 실제로 7월 14일 베시에르가 메디나 델 리오세코 전투에서 총사령관 돈 그레고리오 데 라 쿠에스타와 갈리시아의 에스파냐군을 격파했다. 그러나 고작 여드레 후 프랑스군은 대재앙을 맞았다. 피에르 뒤퐁 장군이 바일렌 전투에서 패한 뒤 군단 병력 1만 8천 명 전체와 대포 46문, 모든 군기와 함께 프란시스코 카스타뇨스의 안달루시아군에 항복한 것이다. 항복 협정 당사자가 아닌 영국 해군이 카스타뇨스가 약속한 뒤퐁 군대의 프랑스 송환을 거부하자, 그의 병사들은 발레아레스제도의 카브레라섬으로 보내졌고

* 이조차 나폴레옹의 해군 계획을 중단하게 만들지 못했다. 1808년 그가 데크레에게 보낸 몇 통의 편지는 선박 건조의 여러 측면과 필요한 나무의 종류, 그 나무의 벌목과 운반, 목재 보관 등에 관한 것이었다. 1810년 7월 나폴레옹은 데크레에게 보낸 편지에서 1812년까지 선박 110척으로 해군을 꾸리겠다는 계획을 설명했다(ed. Bingham, *Selection* III p.50).

뒤퐁과 고위 장교는 귀국을 허용했지만 부대 절반 이상이 그곳에서 굶어 죽었다.[96]

바일렌 전투 소식은 유럽 곳곳에 울려 퍼졌다. 그것은 1793년 이래 프랑스군이 육상에서 당한 최악의 패배였다. 나폴레옹은 낯빛이 퍼렇게 변했다. 그는 뒤퐁을 군법회의에 회부하고 주Joux 요새에 2년간 감금했으며 작위를 박탈했다(그는 제국 백작이었다). 훗날 나폴레옹은 다음과 같이 말했다.

"에스파냐에서 복무한 모든 장군 중 몇 명은 골라내 교수형에 처했어야 했다. 뒤퐁이 약탈을 하느라 우리는 이베리아반도를 잃었다."[97]

뒤퐁의 군대가 코르도바를 약탈한 뒤 짐이 무거워 느려진 것은 사실이지만, 카스타뇨스가 뒤퐁을 겨냥해 놓은 덫이라면 어떤 프랑스 장군도 벗어나지 못했을 터였다. 나폴레옹은 항복 문서에 서명한 아르망 드 마레스코 장군의 아내인 세실을 '아무리 죄가 없어도' 조제핀의 시녀에서 해임해야 한다고 우겼다. 튈르리의 환영회에서 나폴레옹은 역시 그 문서에 서명한 르장드르 장군의 손목을 비틀며 다그쳤다.

"이 손은 왜 말라비틀어지지 않았나?"[98]

나폴레옹은 클라르크에게 뒤퐁에 관해 이렇게 썼다.

"그는 사단 우두머리로서는 모든 일을 매우 잘한 것 같다. 그러나 사령관으로서의 일처리는 끔찍했다."[99]

이는 나폴레옹 부하들에게 자주 반복해서 나타난 문제였기에 나폴레옹 자신이 책임져야 했다. 통제가 너무 심해 장군들의 주도적인 결정이 방해를 받았다는 비난이 쏟아진 것이다. 이따금 그는 대부분의 초급 장교, 심지어 원수도 자신이 없을 때만 최고 능력을 발휘하는 것 같다는 사실에 자책했다. 그러나 뒤퐁은 안달루시아로 들어가라는 명령을 받은 것 외에 다른 명령은 받지 않았다. 8월 30일 나폴레옹은 조제프에게 이런 편지를 보냈다.

"전쟁에서 병사들은 아무것도 아니오. 단 한 사람이 전부지."[100]

이 말은 오랫동안 자신의 병사들을 향한 무정함을 드러내는 자기중심적 표현으로 해석되었으나 실제로는 자기비판으로 가득한 편지에서 뒤퐁을 가리켜 쓴 것이었다.

"지금까지 우리는 적들의 역사에서만 이런 사례를 찾아야 했소. 그런데 불행히도 지금은 우리 가운데에서 찾고 있소."

이는 자신의 재능에 바치는 찬사가 아니라 사실상 나쁜 지도자가 재앙을 불러올 수 있다는 인식이었다. 바일렌 전투 소식을 듣기 전 나폴레옹은 조제프에게 다음과 같이 편지를 썼다.

"하나의 왕국을 정복하는 것을 특별한 일로 생각하지 말아야 하오. 필리프 5세와 앙리 4세는 자신들의 왕국을 정복해야 했소. 즐겁게 지내고 감정에 휘둘리지 마시오. 일이 생각보다 더 좋게 더 빨리 끝날 것임을 의심하지 마시오."[101)]

조제프는 도착한 지 열하루 만에 수도에서 허둥지둥 빠져나와 북쪽으로 약 217킬로미터 떨어진 부르고스로 피신했다. 헤로나와 사라고사 포위는 각각 8월 14일과 16일에 풀렸다. 베시에르는 포르투갈 국경에서 철수했고 제국의 다른 지역에서 많은 수의 병력을 에스파냐로 돌렸다. 8월 16일 나폴레옹이 조제프에게 말했다.

"군대는 조직적으로 반란자들과 맞서 싸울 준비를 완벽히 갖췄지만 지휘관이 필요하오."[102)]

물론 자신이 그 지위를 떠맡아야 했지만 이미 6월 나폴레옹은 9월에 차르 알렉산드르 1세와 한 차례 더 회담을 열기로 결정했다. 그래서 조제프가 퇴위를 청하는 서한을 보내 한 번 더 격노하게 했어도 그는 에스파냐로 갈 생각이 없었다. 이후 석 달간 나폴레옹은 에스파냐에 나타나지 않았는데 그동안 상황은 꾸준히 나빠졌다.

조제프가 허겁지겁 부르고스로 가 있을 때 나폴레옹은 7월 22일 밤 바욘을 떠나 포와 몽토방, 보르도(여기서 8월 2일 바일렌의 패배 소식을 들었다), 퐁스, 로슈포르(그곳 도청과 조선소, 병기고, 병원을 방문했다), 니오르, 퐁트네(이곳에서 자신이 3년 전 건설을 명한 새로운 읍 나폴레옹-방데를 방문했다), 낭트(여기서 그를 만나러 온 조제핀과 함께 루즈 샤포 서커스 무도회에 참석했다), 소뮈르, 투르, 생클루(이곳에서 사냥을 나갔고 클레멘스 폰 메테르니히 대공과 오스트리아의 재무장에 관해 75분간 격렬히 토론했다), 베르사유(여기서 무용극 〈베누스와 아도니스〉를 관람했다), 튈르리궁(페르시아 대사를 접견했다)을 차례로 들렀다. 시범 도시라는 나폴레옹-방데에서 그는 주택을 진흙과 밀짚으로만 지은 것에 화가 치밀어 검을 뽑아 어느 벽에 칼자루까지 들어가도록 찔러 넣고는 담당 건축업자를 해고했다. 툴루즈에서 그는 미디 운하Canal du Midi 위를 지나는 다리를 건설한 자를 보고자 했다. 나폴레옹은 모습을 드러낸 토목기사장에게 질문하는 중에 그가 공로만 인정받으려 할 뿐 그 교량을 건설했을 리 없다는 것을 알아채고 주지사 트루베에게 진짜로 다리를 세운 사람을 데려 오라 했고, 그렇게 이끌려 온 사람에게 말했다.

"내가 직접 이곳에 와서 기쁘다. 그렇지 않았다면 그대가 이렇게 훌륭한 작품을 만들어 낸 주인공임을 몰랐을 테고 그대가 당연히 받을 자격이 있는 보상을 빼앗을 뻔했다."

그는 역사적으로 매우 보기 드문 시적인 정의로 다리를 세운 자에게 토목기사장 지위를 주었다.

9월 7일 나폴레옹은 더 나쁜 소식을 들었다. 이번에는 쥐노가 롤리사 전투와 비메이루 전투에서 병력이 고작 1만 3천 명인 소규모 영국 원정군을 지휘하는 아서 웰즐리 경에게 패한 뒤 포르투갈의 영국군에게 항복했다는 소식이었다.* 8월 30일 체결한 신트라 협정의 관대한 조건에 따라(이 협정 때문에 훗날 웰즐리는 비록 차후에 무죄 방면되긴 했지만 군법회의에 회부되었다) 쥐노의 군대는 무기와 심지어 전리품까지 갖고 영국 해군 배로 프랑스로 귀환했지만, 프랑스가 포르투갈을 빼앗겼다는 사실에는 변함이 없었다. 나폴레옹은 그 중대한 계제에 웰링턴 공작(1809년 8월 공작이 된다)을 진지하게 고려하

* 다섯 달 뒤 나폴레옹은 티에보와 함께 비메이루 전투의 세세한 과정을 검토했는데 티에보는 나폴레옹에게 큰 감명을 받았다. 나폴레옹은 "손가락으로 아군 배치의 약한 지점을 대부분 가리켰고 나는 그가 정말로 내 보고서에 담긴 내용을 나보다 더 잘 기억하고 있음을 알고 깜짝 놀랐다."(ed. Butler, *Baron Thiébault* II p.238)

지 않았다는 비판을 받았지만, 앞서 영국 육해군 합동 작전이 실패했음을 감안하면 (1799년 홀란트, 1805년 나폴리, 1805~1806년 북부 독일, 1807년 슈트랄준트·알렉산드리아·남아메리카, 1808년 스웨덴) 그의 태도는 이해할 만했다. 이후 5년 동안 웰링턴은 에스파냐와 포르투갈 정규군 그리고 게릴라 부대의 커다란 도움을 받아 이베리아반도에서 프랑스군을 몰아냈다. 영국군 희생은 1만 명을 넘지 않았다. 웰링턴이 정말로 막강한 적이 될 수 있다는 사실이 분명해졌을 때, 1810년 8월 나폴레옹은 〈모니퇴르〉에 그를 단순히 '세포이 장군'으로 묘사하는 대목을 집어넣었다. 인도인 부대만 지휘한 군인이라는 뜻이다. 나폴레옹은 영국을 위해 싸운 인도인 병사 중에 뛰어난 전사들도 있다는 사실을 몰랐을 것이다.[103)]

9월 18일 나폴레옹은 생클루에서 또 하나의 고전적인 선언을 했다. '표범(영국)'을 격파하고 지브롤터를 점령해 바일렌 패배에 복수하면 평화를 유지하겠다고 약속한 것이다. 그는 이렇게 선언했다.

"병사들이여, 나는 그대들이 필요하다."

> 잘 숨는 표범이라는 존재가 에스파냐와 포르투갈을 더럽힌다. 그대들이 다가가면 그는 공포에 사로잡혀 도망갈 것이다. 헤라클레스의 기둥(즉, 지브롤터)으로 우리의 승리 깃발을 가져가자. 그곳에서 우리는 능욕에 복수해야 한다. 병사들이여, 그대들은 신식 군대의 명성을 넘어섰다. 한 번의 전쟁으로 라인강과 유프라테스강, 일리리아, 타호(테주)강에서 승리한 로마 군대의 영광과 이미 견줄 수 있지 않은가? 장구한 평화와 지속적인 번영이 그대들의 노고에 내리는 상이 될 것이다.[104)]

그 승리는 더욱 쉬워야 했다. 왜냐하면 나폴레옹이 조제프에게 새로운 신민에 관해 다음과 같이 말했기 때문이다.

"에스파냐인은 비열하고 비겁하며 내가 알고 있는 아랍인을 떠올리게 한다."[105)]

나폴레옹은 파리에서 생산적으로 시간을 보냈다. 우선 입법부가 1806년에서 1809년까지 징집할 연령에서 16만 명을 소집하는 조치를 통과시키게 했다. 21일 나폴레옹은 카퓌신 거리를 찾아 그곳에서 틸지트를 묘사한 회전 그림을 보았고 이튿날 약 644킬로미터 떨어진 에르푸르트를 향해 떠났다. 그는 이 거리를 닷새 만에 주파했다.

에르푸르트 회담이 성사된 것은 프랑스-러시아 관계가 현저히 좋아졌기 때문이다. 나폴레옹이 사바리에게 말했듯 그것은 "틸지트에서 내가 한 일이 얼마나 견실한지 판단할 순간"이었다.[106] 나폴레옹은 그해 내내 알렉산드르 1세에게 따뜻한 내용의 편지를 보냈다.

"이 짧은 몇 줄에 폐하를 향한 내 온전한 감정을 표현했소. … 틸지트에서 우리가 한 일은 세상의 운명을 결정할 것이오."

그러나 프리틀란트 패배의 난국이 진정되고 핀란드가 자신의 제국 안으로 들어오자 알렉산드르 1세는 심히 인기가 없던 대륙봉쇄 체제 탓에 국내에서 자신에게 큰 부담을 안긴 동맹에 점차 열의를 잃었다.[107] 그달 초 알렉산드르 1세는 어머니인 황태후 마리아 페오도로브나에게 편지를 보냈다. "이익을 생각해 불가피하게" 나폴레옹과 동맹을 맺었지만 "우리는 차분하게 그의 몰락을 지켜볼 것입니다. 만일 그것이 신의 뜻이라면 … 적절한 순간을 기다려 조치를 취하는 것이 가장 현명한 정책일 것입니다."[108] 에르푸르트에는 갈 필요가 있는데 그는 그 이유를 이렇게 설명했다. "그로써 오스트리아를 구하고 그 힘을 보존해 모두에게 유익하게 쓸 적기에 대비할 수 있을 것입니다. 그때는 아마 멀지 않겠지만 아직 신호가 울리지는 않았습니다. 이를 재촉하면 모든 것을 망치고 잃게 될 겁니다." 한편 러시아는 "잠시 마음껏 숨을 쉬면서 이 귀중한 시간 동안 우리의 재원과 군대를 늘릴 수 있을 것입니다. … 우리는 가장 은밀하게 움직여야 하며 우리의 군사력과 준비 태세를 드러내거나 우리가 도전하고 있는 나라에 눈에 띄게 반대하지 않아야 합니다."[109] 이 서신에서 알렉산드르 1세는 여전히 나폴레옹을 '보나파르트'나 '그 코르시카인'이라고 지칭했다.[110] 알렉산드르 1세는 외무장관 니콜라이 루먄체프 백작에게 프랑스와 긴밀한 관계를 유지하라고 명령하면서도 외교적, 군사적으로 '적절한 조치를 취할 순간'에 대비했다.

튀링겐의 작은 읍 에르푸르트를 회담 장소로 선택한 이유는 그곳이 라인 연방 한가운데에 있는 프랑스 포령으로 틸지트 조약 이후 나폴레옹의 개인 영지인 공국이었기 때문이다. 나폴레옹은 9월 28일 수요일 읍에서 8킬로미터쯤 떨어진 곳의 도로 위에서 알렉산드르 1세를 만났다. 두 사람은 마차에서 내려 '따듯하게 포옹했다.'[111] 알렉산드르 1세는 레지옹 도뇌르 십자훈장을 달았고 나폴레옹은 러시아의 성안드레이 훈장을 달고 나왔다. 틸지트에서 알렉산드르 1세는 나폴레옹에게 공작석 가구를 주었는데, 나폴레옹은 이를 베르사유의 그랑 트리아농에 있는 황제의 방에 두었다. 에르푸르트에서는 나폴레옹이 알렉산드르 1세에게 드농의 《상이집트와 하이집트 여행Voyage dans la Basse et la Haute Égypte》에 묘사한 장면을 그려 넣은 세브르 도자기의 이집트판 한 벌을 주었다. 이는 세상에 두 벌밖에 없는 것으로 한 군주가 다른 군주에게 준 것으로는 최고로 아낌없는 선물로 회자되었다. 옳은 말이다.[112]* 나폴레옹은 식사할 때 알렉산드르 1세를 오른팔처럼 곁에 두었다. 두 사람은 서로 상대방의 거처를 방문했고 영접할 때나 마중할 때는 매번 현관까지 상대를 인도했으며 거의 매일 함께 저녁 만찬을 들었다. 심지어 두 사람은 매일 저녁 번갈아 가며 의전관에게 야간 암호를 전달했다.

차르가 중앙광장에서 묵은 곳, 나폴레옹이 지금의 주 총리청에서 머문 곳 그리고 두 사람이 1715년 고전적인 바로크 양식으로 지은 카이저잘에서 만난 곳을 지

* 나머지 한 벌은 조제핀을 위해 제작했으나 1818년 루이 18세가 이를 웰링턴 공작에게 선사했고 이는 오늘날 런던 앱슬리 하우스Apsley House에서 볼 수 있다.

금도 볼 수 있다. 나폴레옹은 대규모 수행단을 이끌었는데 그중에는 베르티에, 뒤로크, 마레, 샹파니(외무장관), 레뮈자, 사바리, 콜랭쿠르, 다뤼, 메느발, 팽, 주치의 이방, 4명의 마관과 8명의 시동이 있었다.[113] 나폴레옹은 1807년 탈레랑을 외무장관에서 해임했다. 바이에른 왕과 뷔르템베르크 왕이 그가 과도하게 뇌물을 요구한다고 불평했기 때문이다.[114] 그렇지만 나폴레옹은 그를 부대선거후vice-grand-électeur로 임명해 궁전에 출입하면서 황제를 만날 수 있게 했다. 나폴레옹은 탈레랑과의 교제를 즐겼고(그는 라프에게 말했다. "그대는 내가 그 장관에게 존경과 애정을 느끼고 있음을 안다.") 그 출입 권한 덕분에 탈레랑이 언제든 돈벌이로 비밀을 누설할 수 있다는 사실을 못 본 척했다. 어쩌면 전혀 깨닫지 못했을 수도 있다. 나폴레옹은 탈레랑의 경험과 조언을 높이 샀기에 그를 에르푸르트로 데려갔다. 앙기앵 공작을 처형하라 부추기고 대륙봉쇄 체제를 실행한 베를린 칙령을 작성한 데다 에스파냐 침공을 지지한 탈레랑에게 나폴레옹이 여전히 조언을 들었다는 것은 이상한 일이지만 어쨌거나 그는 그렇게 했다. 그런데 이제 그를 데려온 것은 중대한 실수였다. 탈레랑은 나폴레옹이 자신을 해임한 것을 용서하지 않았기 때문이다. 그는 (돈을 받고) 러시아와 오스트리아에 프랑스의 계획을 누설하면서 나폴레옹에게는 독일에서 철수하라고 권고했다.[115] 탈레랑은 에르푸르트에서 알렉산드르 1세와 여러 차례 비밀리에 만났는데 그 첫 번째 만남에서 다음과 같이 말했다.

"폐하, 무엇 때문에 여기 오셨습니까? 유럽의 구원은 폐하께 달려 있습니다. 그렇게 하는 유일한 방법은 나폴레옹에게 맞서는 것입니다. 프랑스인은 문명화한 국민이지만 그 군주는 그렇지 않습니다."[116]

알렉산드르 1세는 고위 관료 26명을 수행원으로 대동했다. 4명의 왕(바이에른과 작센, 베스트팔렌, 뷔르템베르크 왕)과 라인 연방의 제후-대주교 카를 달베르크, 2명의 대공, 20명의 공작도 참석했다. 이들의 전례 서열은 라인 연방에 가입한 날짜로 정했다(보세는 이것을 라인 연방의 위신을 높이기 위한 나폴레옹의 영리한 조치라고 제대로 파악했다[117]). 우호적인 태도가(무도회, 음악회, 열병식, 환영회, 연회, 연극, 사냥, 불꽃놀이) 곧 협상이 쉬웠음을 뜻하지는 않았다. 중요한 문제는 대부분 두 황제가 머리를 맞대고 논의했다. 나폴레옹은 콜랭쿠르에게 이렇게 말했다.

"그대의 차르 알렉산드르 1세는 노새처럼 고집이 세다. 그는 듣기 싫은 얘기가 나오면 못 들은 척했다."[118)]

나폴레옹은 러시아에 우호적이라고 콜랭쿠르를 못살게 굴었지만('그대'라는 말이 붙은 이유다), 러시아 세관 감독관이 상트페테르부르크 등지로 영국 생산품이 들어오도록 몰래 허용했음을 보여 주는 나폴레옹의 증언을 차르가 들으려 하지 않은 것은 사실이다. 한번은 나폴레옹이 협상을 하다가 모자를 바닥에 내던지고 발로 차 버렸다. 냉정을 잃지 않은 알렉산드르 1세는 다음과 같이 말했다.

"폐하는 화를 잘 내고 저는 고집이 셉니다. 아무튼 누구든 화를 낸다고 제게서 무언가를 얻어 낼 수는 없습니다. 대화와 토론을 하시지요. 그렇지 않으면 저는 가겠습니다."[119)]

러시아는 대륙봉쇄 체제를 충실하게 지키다가 경제에 타격을 입었다. 밀과 목재, 수지, 대마를 영국에 팔지 못한 것이다. 바르샤바대공국은 단순히 존재하는 것만으로도 러시아에 근심을 안겨 주었다. 폴란드왕국이 부활하지 않을지 걱정스러웠기 때문이다. 나폴레옹 입장에서는 오스만제국에 관한 러시아의 계획이 좋지 않아 보였다. 그는 지중해의 더운 바다에 러시아 함대가 있는 꼴을 보고 싶지 않았다. 나폴레옹은 이론상으로 몰다비아와 왈라키아에서 오스만제국을 꺾고 얻은 영토에 관해 알렉산드르 1세의 욕망을 승인했다(물론 프랑스는 그 보상을 받기로 했다). 알렉산드르 1세 역시 비록 오스트리아가 한 번 더 패하면 유럽의 세력 균형이 프랑스에 더 유리하게 변하겠지만, 프랑스가 오스트리아와 전쟁을 벌일 경우 나폴레옹과 '제휴'하기로 이론상으로 약속했다.

나폴레옹이 의논했을지도 모를 한 가지 문제는 조제핀과의 이혼 가능성이었던 것 같다. 왜냐하면 알렉산드르 1세가 상트페테르부르크로 돌아간 뒤 겨우 여드레 만에 황태후가 알렉산드르 1세의 여동생이자 자신의 딸인 예카테리나 파블로브나 공주가 라인 연방에 속하지 않은 발트해안의 올덴부르크공국 상속자의 남동생인 게오르크 폰 올덴부르크 공작과 결혼한다고 선언했기 때문이다. 차르 파벨 1세의 특별 칙령에 따라 알렉산드르 1세의 여동생들은 모후의 승인이 있어야 결혼할 수 있었다. 알렉산드르 1세는 '전 러시아의 전제군주'임에도 불구하고 진실로 최종적인 결정권이 없다고 주장할 수 있었다. 알렉산드르 1세의 다른 여동생 안나는 겨우 열세 살이었기에 마리아 페오도로브나는 로마노프 왕실의 두 소녀를 코르시카 괴물의 위협적인 약탈로부터 구원할 수 있었던 것 같다.

나폴레옹은 에르푸르트에 머무는 것을 한껏 이용해 자신의 가장 위대한 생존 문학 영웅을 만났는데, 그는 겨우 24킬로미터쯤 떨어진 바이마르에 살고 있었다. 1808년 10월 2일 괴테는 에르푸르트에서 나폴레옹과 점심을 함께했고 이 자리에는 탈레랑과 다뤼, 사바리, 베르티에도 동석했다. 그가 방으로 들어오자 황제는 크게 외쳤다.

"여기 참된 인간이 있다!Voilà un homme!"

아니면 이렇게 말했을 수도 있다.

"그대는 참된 인간이오!Vous êtes un homme!"[120)]

두 사람은 베르테르, 괴테가 번역한 볼테르의 희곡 〈마호메트〉 그리고 연극 전반을 토론했다.* 나폴레옹은 볼테르가 희곡 〈카이사르의 죽음〉에서 율리우스 카이사

* 나폴레옹은 괴테가 서한체로 쓴 다소 자전적인 소설 《젊은 베르테르의 슬픔》을 한 권 갖고 있었는데, 전면과 후면에 금박으로 황제의 문장이 박힌 손때 묻은 이 책은 오늘날 뉴욕의 피어폰트 모건 도서관에서 볼 수 있다. 나폴레옹이 책을 너무 자주 읽어서 책장들이 간신히 붙어 있다. 그 판본은 1804년 파리에서 간행한 것으로 나폴레옹이 그 책을 황제가 된 이후로도 자주 읽었음을 암시한다.

르, 즉 '세계 정복자를 그렇게 밉살스럽게 묘사하지' 말았어야 했다고 불평했다.[121] 훗날 괴테는 나폴레옹이 "그 비극적인 장면을 범죄 수사관의 주의력으로 연구한 사람처럼 높은 지적 수준에서 평했다"고 전했다. 나폴레옹은 괴테에게 프랑스 연극이 자연과 진실에서 너무 멀리 벗어났음을 느낀다고 말했다. 그는 예정된 운명이 결정적 인자가 되는 연극들을 거론하며 물었다.

"지금 우리는 운명과 어떤 관계에 있습니까? 정치는 운명입니다."[122]

술트가 도착하면서 나폴레옹은 잠시 폴란드 일을 처리해야 했고 괴테는 태피스트리와 초상화를 구경했다. 나중에 괴테가 말한 바에 따르면 이후 두 사람은 다시 "대등하게Gleich gegen Gleich" 괴테의 사생활과 가족 이야기를 나누었다.

나흘 뒤 두 사람은 바이마르의 무도회에서 또 만났고 황제는 그 작가에게 말했다. 비극은 "왕과 백성의 훈련장이 되어야 하며 시인의 최고 성취입니다."[123](나폴레옹은 조제핀에게 이렇게 썼다. 알렉산드르 1세는 "춤을 많이 추었지만 나는 그러지 않았소. 마흔 살은 마흔 살이오."[124]) 나폴레옹은 카이사르 암살은 큰 실수라며 괴테에게 이에 관해 다른 희곡을 써 보지 않겠느냐고 제안했다. 그는 계속해서 타키투스의 편견과 모호한 표현법, '혐오스러운 문체'를 비난했다. 또한 셰익스피어가 희극과 비극을 뒤섞은 방식을 '해학을 곁들인 소름끼치는 것'이라고 비난했으며, 괴테 같은 '위대한 정신의 소유자'가 그렇게 불분명한 장르를 칭찬할 수 있다는 데 놀라움을 표시했다.[125] 나폴레옹은 자신의 견해를 설교조로 밝히지는 않았지만 되풀이해서 이런 질문과 함께 말을 맺었다.

"괴테 선생께서는 어떻게 생각합니까?"[126]

나폴레옹은 괴테에게 파리로 이사하라고 압박을 가했지만 성공하지 못했다. 그는 괴테가 파리로 오면 세상을 더 넓게 바라볼 수 있는 시각을 얻고 시에 쓸 풍부한 재료를 발견할 것이라고 말했다. 나폴레옹은 헤어지기 전 괴테에게 레지옹 도뇌르 훈장을 수여했다. 괴테는 나폴레옹과 함께 문학과 시를 토론한 그 시간을 일생의 가장 즐거웠던 경험 중 하나라고 설명했다.[127]

황제와 차르는 에르푸르트에서 함께 18일을 보냈다. 두 사람은 거의 매일 밤 다른 관객과 떨어진 옥좌에 함께 앉아 연극을 관람했고 서로 상대방의 연대를 사열했으며(나폴레옹은 알렉산드르 1세가 그랑다르메의 기동을 최대한 많이 보기를 원했다), 밤늦도록 대화를 나눴고 어디를 방문할 때는 같은 마차를 탔으며, 수사슴과 수노루를 함께 사냥했고(57마리를 잡았다) 예나의 전장을 돌아보며 나폴레옹이 전투 전날 야영했던 곳에서 점심을 먹었다. 알렉산드르 1세가 궁전에 검을 두고 온 것을 알아챘을 때 나폴레옹은 자기 것을 '최고로 정중하게' 그에게 선물로 주었는데 이에 차르는 이렇게 화답했다.

"우정의 증표로 받겠습니다. 이것을 폐하께 겨누는 일은 절대 없을 것입니다. 믿으셔도 됩니다!"[128)]

10월 3일 〈오이디푸스〉 제1막을 관람하던 중 필록테테스를 연기하는 배우가 그 영웅의 친구이자 막역한 관계인 디마스에게 "위대한 인간의 우정은 신들이 주는 선물"이라고 말하자, 알렉산드르 1세는 나폴레옹을 바라보며 "그에게 최고로 품위 있게 손을 내밀었다." 관객의 열광적인 박수에 나폴레옹은 "그러한 경하가 심히 거북하다는 듯 사양하는 태도로" 허리를 굽혀 답례했다.[129)] 며칠 밤이 지난 뒤 두 사람은 저녁식사를 하고 나서 3시간 동안 단독 대화를 나눴다. 10월 11일 나폴레옹은 조제핀에게 다음과 같이 전했다.

"알렉산드르 1세와 함께 있어서 행복하오. 그도 나와 함께해서 행복할 거라고 생각하오. 그가 여자였다면 나는 그를 연인amoureuse으로 삼았을 것이오. 조만간 당신에게 가겠소. 잘 있으시오. 풍만하고 생기 넘치는grasse et fraîche 모습을 보고 싶소."[130)]

에르푸르트 회담은 프랑스와 러시아가 유럽을 나누기로 한 틸지트 조약을 강화했지만, 나폴레옹과 알렉산드르 1세는 여러 시간 친밀하게 대화를 나누었어도 구체적인 합의는 거의 이루지 못했다. 그들은 오스만제국 해체에는 합의하지 못했으나 10월 12일 체결한 에르푸르트 조약의 비밀 조항에 따라 나폴레옹은 핀란드와 몰다비아, 왈라키아를 러시아제국의 일부로 인정했으며 오스트리아가 무력으로 이 조약에 반대하면 프랑스가 러시아와 연대하기로 동의했다. 알렉산드르 1세는 조제프를 에스파냐 왕으로 인정하기로 했고 오스트리아가 프랑스를 공격하면, 비록 결정적으로 정확한 지원 규모를 세세히 논의한 것은 아니지만 나폴레옹을 지원하겠다고 약속했다. 그날 나폴레옹은 조지 3세에게 서한을 보내 한 번 더 정중하게 강화를 제안했다.

"우리는 폐하께 인류의 목소리를 들을 것을 간청하고자 여기에 모여 있습니다."

영국 정부는 이 호소를 다시 무시했다.[131] 10월 14일 두 황제는 앞서 만난 에르푸르트-바이마르 도로 지점과 가까운 곳에서 포옹한 뒤 헤어졌다. 그 후 서로 다시는 보지 못한다.

이제 나폴레옹은 영장을 영국해협부터 엘베강까지, 중부 독일에서는 오데르-나이세 라인까지, 남부 독일에서는 인강과 그 너머까지 집행했다. 나폴레옹은 교황령과 칼라브리아를 제외한 이탈리아 전역을 통제했다. 덴마크는 동맹국이었고 홀란트는 동생이 통치했다. 서유럽에서 예외적으로 그의 통제를 벗어난 두드러진 곳은 에스파냐였다. 네덜란드인과 독일인, 이탈리아인, 폴란드인 상당수를 포함해 50만 명에 이르는 그의 병사가 향후 6년간 그곳에서 복무한다. 10월 13일 나폴레옹은 에스파냐의 싸움에 관해 조제프에게 이렇게 말했다.

"이 전쟁은 영리하게 기동했다면 단번에 끝낼 수 있었겠지만 그러려면 내가 직접 그곳에 가야 했다."[132]

11월 5일 나폴레옹은 북부 에스파냐 바스크 지방의 도시 비토리아에 있었다. 여느 때처럼 육군 경리관에게 화가 난 그는 육군경리장관 드장 장군에게 일련의 서한을 보내 불평했다. "당신이 내게 보낸 보고서들은 한낱 종이쪼가리에 지나지 않는다. … 그리고 내 군대는 이제 막 출정하려는 참에 벌거숭이가 된 채로 있다. … 이는 물속에 동전을 던지는 꼴이다." "내가 동화를 듣고 있나. … 그대 부서의 수뇌부는 멍청하거나 아니면 도둑놈들이다. 이렇게 나쁜 대접을 받고 배신당한 사람은 없을 것이다." 등의 내용이었다.[133] 나폴레옹은 포대에 노새 68마리를 공급한 현지 도급업자에게 절대 비용을 지불하지 않으려 했다. 노새들이 서너 살 된 것이었기 때문이다.

"나는 다섯 살 된 노새만 구입하라고 명령했다."[134]

에스파냐에서 활동하는 게릴라는 3만 5천 명에서 5만 명인 것으로 추산되었다. 게릴라가 완벽히 장악한 지역에서도 무리들 간의 협력은 많지 않았다. 프랑스군이 어느 한 지역에서 밀려나면 많은 게릴라 전사가 살던 마을로 되돌아갔다.[135] 그러나 그해 말 나폴레옹이 마드리드를 다시 점령하고 중앙에서 외곽으로 통제를 확대하려 했을 때도 영역이 넓고 도로 상태가 열악한 탓에 프랑스군은 뜻대로 하기가 어려웠다.[136]

매복하기에 완벽한 시골에서는 늘 게릴라가 보급 부대를 약탈했고 결국 상황은 보급대 하나를 호위하느라 병사 2백 명을 투입하는 지경에 이르렀다. 1811년 마세나는 마드리드와 프랑스 사이의 병참을 안전하게 유지하는 데만 7만 명의 병력이 필요했다.[137] 전부 합하면 영국과 에스파냐, 포르투갈의 정규군보다 에스파냐와 포르투갈의 게릴라 손에 죽은 프랑스군이 더 많았다. 또한 두 나라 게릴라는 프랑스군에 협력해 그들에게 정보나 식량을 제공하다 잡힌 호세피노스 민간인을 즉결 처형했다[138](이전처럼 영국은 재빨리 개입해 나폴레옹을 반대하는 자들에게 자금을 지원했다. 1808년부터 1814년까지 에스파냐와 포르투갈의 여러 지역에 들어선 훈타junta에 매년 평균 265만 파운드를 제공했다[139]). 프랑스가 게릴라의 테러 전술에 거의 대등하게 사악한 방법으로 응대하기 시작하자(그 방법에는 생식기 절단 같은 신체 절단과 눈 뽑기, 거세, 십자가형, 못으로 문에 박기, 톱으로 두 동강 내기, 참수, 생매장, 산 채로 피부가죽 벗기기 등이 있었다) 에스파냐에서의 싸움은 곧 나폴레옹 전쟁 초기의 특징이던 열정의 전투와 단체정신, 화려한 제복과는 거리가 멀어졌다. 나폴레옹의 초기 원정에서는 많은 학살극이 벌어지긴 했어도 대체로 의도적인 고문과 가학적 행태를 보이지는 않았다.[140] 프랑스군은 에스파냐의 반디티banditti(정규군 군복을 입지 않은 자)를 체포하면 교수형에 처했다. 전투 중에 정규군으로 확인되지 않은 자를 죽이고 체포한 산적을 교수형에 처할 합당한 근거는 없었다.

11월 5일 에브로 강가에서 마드리드로 진격하기로 결심하고 군대 지휘를 맡은 나폴레옹은 조제핀에게 이런 편지를 보냈다.

"나는 아주 잘 있소. 이 모든 일이 곧 끝나기를 바라오."[141]

나폴레옹은 에스파냐에서도 앞선 원정에서 쓴 방식대로 적의 정규군을 격파하고 그 수도를 점령함으로써 승리를 거둘 수 있었다면 곧 승리자가 되었을 것이다. 그는 그런 일이 일어날 수 없음을 재빨리 인식했다. 나폴레옹은 부르고스에서 술트 군대의 뒤쪽에 배치했다고 불평하는 뒤마 장군에게 말했다.

"장군, 그런 전쟁에서는 후방도 전위도 없소. … 그대는 그곳에서 충분히 많은 일을 하게 될 것이오."[142]

11월 30일 새벽 3시 나폴레옹은 마드리드로 가는 길목의 소모시에라 고개에서 8킬로미터쯤 떨어진 곳에 있었다. 그는 차르 알렉산드르 1세가 준 '멋진 모피'를 덮고 모닥불 가에 앉아 몸을 덥히며 "중요한 일을 시작하기 직전에 있음을 알고 잠을 이루지 못했다." 그날 전투에서 1만 1천 명에 달하는 그의 군대는 상대적으로 적은 에스파냐 정규군 7천8백 명을 밀어냈다. 이어 나폴레옹은 폴란드 경기병과 근위대 추격병을 내보내 두 차례 돌격으로 고갯길을 점령하고 대포 16문을 노획했다. 전투에서 나폴레옹은 전 근위대에 돌파하면서 병력을 크게 잃은 폴란드 대대를 지원하라고 명령했다.[143]

12월 2일 마드리드에 도착한 나폴레옹은 그곳에서 방비가 가장 든든한 곳이 부엔 레티로 왕궁임을 알아보았다. 뮈라가 요새로 만든 곳이었다. 포탄 몇 발이 오갔는데 3일 아침 에스파냐어를 할 줄 알아 황제를 위해 통역한 보세는 나폴레옹이 "마드리드의 높은 곳에서 발사한 포탄에 크게 개의치 않고" 성 밖에서 걸어 다녔다고 기록했다.144) 도시는 4일 오전 6시 항복했지만 나폴레옹은 마드리드와 가까운 시골인 차마르트틴의 작은 집에 차린 사령부에 머물렀고 단 한 번만 몰래 도시 안으로 들어가 조제프의 왕궁을 살폈다. 그는 에스파냐인이 알프스산맥을 넘는 자신의 모습을 묘사한 다비드의 그림과 왕궁 지하실의 '귀중한 포도주'를 포함해 왕궁을 존중하는 것을 보고 크게 놀랐다. 프랑스인 망명귀족 생시몽 후작이 마드리드의 푸엔카랄 문에서 프랑스군에 총을 쏘다 포로가 되었는데, 그의 딸이 목숨을 구해 달라고 간청하자 나폴레옹은 그를 용서했다.145)

나폴레옹은 차마르트틴에 12월 22일까지 머물렀다. 그날 그는 존 무어 장군이 이끄는 영국 원정대가 마드리드 서쪽으로 약 177킬로미터 떨어진 살라망카로 돌아왔다는 소식을 들었다. 보세는 그가 "마침내 뭍terra firma에서 적과 대결할 수 있음을 알고 격하게 기쁨을 느꼈다"고 썼다.146) 무어는 12월 23일 코루나로 퇴각했고 나폴레옹은 그를 추격하고자 폭풍과 눈보라가 몰아치는 시에라 데 과다라마 산맥을 넘어야 했다. 알프스산맥도 넘었고 아일라우 전투도 치렀기에 나폴레옹은 자신의 강건한 병사들이 가혹한 기후 조건을 충분히 견딜 수 있으리라고 확신했다. 이 결론은 훗날 그가 결정을 내릴 때 재앙을 초래한다. 산 위에 있을 때 나폴레옹은 말에서 떨어졌으나 다치지는 않았다.147) 산을 넘는 동안 그는 내내 말에서 내려 어느 대열의 선두에서 걸었다. 날씨가 몹시 쌀쌀해 보세의 어느 하인은 산자락에서 브랜디에 취해 얼어 죽었다.148) 곤느빌은 이렇게 회상했다.

"우리는 무서운 허리케인 속에서 시에라 데 과다라마 산맥을 넘었다. 회오리바람에 휘날리는 눈발이 맹렬하게 떨어지면서 우리를 휘감고 두껍게 뒤덮어 외투를 뚫고 들어왔다. … 대포를 끌고 넘느라 엄청나게 힘들었다."149)

나폴레옹은 이따금 선임근위대 병사들이 면전에 대고 욕을 해도 지속적으로 압박을 가했고 결국 그들은 해냈다. 1808년의 마지막 날 나폴레옹은 베나벤테에서 조제핀에게 편지를 썼다.

"내 사랑, 나는 며칠 동안 내내 영국군을 추격했는데 그들은 겁에 질려 계속 도망치기만 했소."150)

사실 영국군은 공포에 휩싸이지 않았다. 다만 훨씬 더 큰 군대 앞에서 물러나 실익을 챙겼을 뿐이다.

나폴레옹은 무어를 따라잡아 이베리아반도에서 영국군을 내몰기를 기대했지만, 빈에서 활동하는 그의 첩보원들은 오스트리아가 재무장에 박차를 가하고 있으며 어쩌면 병력을 동원하고 있을지도 모른다고 경고했다. 몇 년 뒤 웰링턴은 나폴레옹이 무어에게 "승리를 거둘 수 있다는 확신이 없어서" 에스파냐를 떠났다고 주장하지만 이는 전혀 사실이 아니다.151) 1809년 1월 3일 나폴레옹은 다음과 같이 썼다.

"나는 영국군을 추격하고 있었다. 거의 그들의 심장을 찌를 뻔했다."152)

이튿날 오스트리아에서 암울한 소식이 들려와 그는 어쩔 수 없이 술트에게 추격 임무를 넘겼다. 베나벤테로 돌아간 뒤 다시 바야돌리드로 가서 프랑스와 소식을 더 잘 주고받아야 했기 때문이다.153) 바야돌리드에서 그는 폴란드인 부관 아담 흐와포프스키를 다름슈타트와 프랑크푸르트, 카셀, 드레스덴으로 보내 독일 군주들에게 "즉각 군대에 전쟁에 대비하게 할" 필요가 있다고 경고했고, 코르시카에서 자신의 가족에게 은혜를 베푼 마르뵈프 백작의 아들인 다른 부관 편에 슈투트가르트와 뮌헨으로 같은 전갈을 보냈다.154)

바야돌리드에서 나폴레옹은 도미니크 수도회의 수도원 우물에서 프랑스군 장교 시신을 발견하자 수도원을 탄압했다.155) 보세의 회상에 따르면 그는 격노해서 40명의 수도사를 전부 불러 모아 "생각하는 바를 다소 사납게 얘기했고 알기 쉬운 매우 격한 말을 썼다." 이 말을 통역한 외교관 테오도르 데두빌은 나폴레옹이 "그에게 문제의 상스러운 말을 확실하게 똑같은 어조로 전달하라 명령"했는데도 그 욕설을 빼버렸다.156) 1월 중순 나폴레옹은 파리로 돌아갈 필요가 있다는 확신이 들자 조제프에게 다시 마드리드로 돌아오면 쓸 수 있도록 왕궁에 자신을 위한 방을 마련해 놓으라고 요청했다.[157] 조제프는 결코 그렇게 하지 않았다.

1808년 겨울 동안 나폴레옹은 '에스파냐 궤양' 때문에 이베리아반도에 30만 명을 주둔시켜야 했다. 그 숫자는 1810년 봄 공세 때 37만 명으로 늘었고 1811년 40만 6천 명으로 늘었다가 1812년 29만 명, 1813년 22만 4천 명으로 줄었다. 맨 처음 국면을 제외하면 그는 병력을 아껴 둘 여유가 없었다.[158] 나폴레옹은 검증하지 않은 징집병 부대를 늙거나 부상당한 선임병 혹은 경험이 없는 근위대 장교들에게 지휘를 맡겨 내보내는 일이 너무 잦았다. 그리고 징집병을 기존 연대에 통합해 손실을 보충하기보다 징집병으로 하나의 부대를 만들었다.[159] 나폴레옹은 에스파냐에서 싸우는 부대에서 부단히 병력을 차출해 다른 곳의 포대와 수비대, 헌병대, 수송대, 근위대, 공병대를 채웠다. 그러다 보니 4개 대대 여단이면 3,360명이어야 했으나 실제로는 그 병력이 2천5백 명 전후였다. 1812년 러시아 원정 때는 에스파냐에서 많은 병력을 빼내지 않았으나 그곳으로 보낼 보충병 숫자는 크게 줄어들었다. 어떤 군대도, 특히 정규군 소모가 심한 이베리아반도에서는 보충병 없이 싸울 수 없다. 그곳에서는 언제나 군대의 5분의 1이 환자 명부에 올라 있었다.[160] 전체적으로 프랑스는 에스파냐와 포르투갈에서 대략 25만 명의 사상자를 냈다.[161] 몇 년 뒤 나폴레옹은 이렇게 인정했다.

"내가 이 일에 착수한 것은 매우 나빴음을 자인한다. 풍기 문란이 지극히 명백했고 불법행위가 너무 노골적이었으며 모든 것이 아주 추악했다."[162]

바그람

21

포대는 언제나 가장 유리한 곳에 위치하되 가능하면 기병과 보병의 전열 앞에 대포의 안전이 위태롭지 않은 상태로 있어야 한다.

나폴레옹 군사 좌우명 제54번

–

대포 앞에서는 모든 병사가 평등하다.

1819년 4월 나폴레옹이 베르트랑 장군에게

1809년 1월 15일 나폴레옹은 바야돌리드에서 조제프에게 편지를 보냈다.

"빈의 궁정은 아주 나쁘게 행동하고 있소. 그들은 참회하게 될 것이오. 불안해하지 마시오. 에스파냐 군대를 건드리지 않고도 한 달 안에 빈에 도달할 정도의 병력은 충분하오. … 사실 내가 파리에 있다는 사실만으로도 오스트리아는 흔히 그랬듯 무기력에 빠질 것이오."[1)]

당시 그는 오스트리아가 영국에서 많은 보조금을 받아 제5차 대프랑스 동맹 전쟁으로 알려질 싸움에 나서도록 설득당했음을 알지 못했다. 카를 대공은 몸이 성한 18~45세 남자에게 전부 제복을 입혀 새로운 국방대를 편성했는데 그 부대의 일부는 정규군과 구분하기 어려웠다. 카를 대공은 아우스터리츠 전투 이후 오스트리아군을 근본적으로 개혁하며 보냈다. 우선 명령 계통을 간소화하고 복무 조건을 개선했으며 훈련 기동을 단순하게 바꿨다. 또한 방진을 좀 더 견고하게 하고자 기병 공격으로부터 보병을 보호하는 밀집대Bataillons-masse 방식을 도입하는 한편, 예비 포대를 더 크게 만들기 위해 연대 포대를 폐지했고 전초전 전술을 변경했으며 예거(산악 추격병) 연대를 9개 편성했다(3분의 1은 라이플로 무장했다). 가장 중요한 점은 군단 체제를 채택한 것이다. 카를 대공은 1806년 군사전략서《장군을 위한 전쟁술 원리Grundsätze der Kriegkunst für die Generale》에 공저자로 참여했고 자신의 생각을 시험하고자 했다.

1807년 4월 탈레랑이 나폴레옹에게 오스트리아가 프랑스와 그 성공을 사랑하도록aimer 격려해야 한다고 제안하자 그가 대답했다.

"사랑. 이 말을 정치에 적용하면 무슨 뜻이 될지 나는 정말 모르겠소."[2)]

그것은 사실이었다. 국제 정세를 바라보는 그의 시각은 각국이 끝없이 경쟁한다는 가정을 토대로 한 것으로 각 나라는 대체로 이기적이었다. 나폴레옹은 오스트리아가 만토바와 마렝고, 캄포포르미오, 뤼네빌, 울름, 아우스터리츠, 프레스부르크 굴욕에 복수하기를 원하는 것은 이해했다. 그러나 오스트리아가 특히 영국이 아무런 군대도 제공하지 않는 상황에서 영국과 시칠리아만 동맹국으로 삼아 전쟁에 들어가는 것은 바보 같은 짓으로 보았다. 나폴레옹은 이탈리아와 벨기에, 스위스, 나폴리, 홀란트, 바이에른, 뷔르템베르크, 작센, 베스트팔렌이 속한 동맹을 이끌었다. 파리 주재 오스트리아 대사 메테르니히는 당시 상황을 요약했다.

"프로이센은 파멸했고 러시아는 프랑스 동맹국이었으며 프랑스는 독일의 주인이 되었다."[3)]

이탈리아와 독일에서 과거의 지위를 되찾고 싶었던 오스트리아는 때가 좋지 않았음에도 불구하고 전쟁을 선포했다. 유럽 강국들이 프랑스를 서서히 파괴할 수 있었던 것은 1805년 이후 평화가 길게 이어지지 않았기 때문이며 그 공은 대부분 끈질기게 버틴 오스트리아에 돌아가야 한다.

나폴레옹은 일단 첩보를 확신하자 바야돌리드에서 파리로 번개처럼 내달렸다. 그는 사바리와 뒤로크, 루스탕, 부관 한 명, 소규모 추격병 분견대와 함께 전속력으로 질주해 부르고스까지 112킬로미터 정도를 4시간 만에 주파했다. 그 길은 대부분 게릴라들이 활동하는 시골이었다. 티에보는 그가 자신의 마차를 지나쳐 내달리면서 "동시에 부관이 탄 말에 채찍을 휘두르고 자신이 탄 말에는 박차를 가하는" 것을 보았다.4) 나폴레옹은 1월 17일 오전 7시에 출발해 23일 오전 8시 파리에 도착했다. 965킬로미터가 넘는 거리를 엿새 만에 주파하는 놀라운 재주였다. 뒤마 장군은 다음과 같이 기록했다.

"모든 동맹국 내각이 그가 에스파냐 북부에서 작전을 지휘한다고 믿었지만, 그는 제국의 중심으로 돌아와 다른 대규모 군대를 조직하고 있었고 … 그 엄청난 활약에 그가 놀라기를 바란 자들이 오히려 놀랐다."5)

훗날 나폴레옹은 에스파냐와 오스트리아에서 벌인 군사 활동을 대비해 다부에게 설명했다. 오스트리아인은 "매우 훌륭하고 합리적이고 차분하고 관대하고 온갖 과도함에서 거리가 먼 국민이라 독일에서 벌인 전쟁 중에는 단 한 명의 프랑스 병사도 암살당하지 않았다." 반면 에스파냐인은 미치광이들이었다.6)

나폴레옹은 파리에 도착하자마자 1809년과 1810년을 합해 고작 넉 달만 모였던 힘 빠진 기구인 입법부에 1810년 징집병을 1년 일찍 소집하라고 명령했다. 이로써 그는 23만 명을 동원할 수 있었는데 이는 그때까지 그가 지휘한 군대로는 최대 규모였다. 나폴레옹의 첩보원 연락망은 그에게 오스트리아의 의도와 행위에 관해 아주 정확한 정보를 전달했고(프란츠 1세는 12월 23일 전쟁에 들어가기로 결정했고 2월에 이를 확인했다) 탈레랑과 푸셰가 위험할 정도로 가까워지고 있다고 경고했다. 두 사람은 오랫동안 숙적이었지만 이제는 나폴레옹이 에스파냐에서 사망하면 뮈라를 프랑스의 제위에 앉히려는 음모를 꾸미고 있었다. 라발레트가 외젠이 전한 정보의 도움으로 푸셰와 탈레랑 동지들 간의 편지를 중간에 가로채면서 나폴레옹은 알아야 할 것을 전부 알아냈다. 1월 28일 토요일 오후, 나폴레옹은 캉바세레스와 르브룅, 데크레, 푸셰, 탈레랑을 튈르리궁 집무실로 소환해 반시간(레뮈자 부인에게 그 얘기를 들은 파스키에에 따르면 레뮈자 부인은 탈레랑에게 반시간이라 들었다) 아니면 2시간(그 자리에 없었지만 관련된 사람을 전부 알았던 몰리앵에 따르면 2시간이다) 동안 푸셰와 탈레랑을 비방했다.

나폴레옹은 에스파냐 원정이 비교적 잘 이뤄졌는데도(술트는 영국군이 코루나에서 이베리아반도를 떠나도록 몰아냈고 1월 16일 존 무어를 죽였다) 푸셰와 탈레랑이 살롱에서 이를 비난했다고 불평했다. 또한 두 사람은 뮈라를 지지해 조제프의 왕위 계승을 방해하려는 음모를 꾸몄다. 이는 그들이 나폴레옹에게 했던 충성 맹세를 저버린 짓이었다. 나폴레옹은 말을 맺으며 탈레랑에게 말했다.

"왜 그랬나? 그대는 비단 양말을 신은 똥에 불과하다."[7)]

그는 나중에 한 친구에게만 이렇게 털어놓았다.

"그렇게 훌륭한 인간이 그토록 못됐다니 참으로 애석하다."[8)]

면담을 하고 이틀이 지난 후 나폴레옹은 탈레랑을 부대선거후에서 해임했지만 다른 직함과 지위는 계속 유지하게 했고 납득할 수 없게도 그를 귀양 보내지 않았다. 푸셰도 장관직을 유지했다. 그 직후 메테르니히는 'X씨'에게 프랑스군 전투 서열에 관해 상세한 정보를 제공한 대가로 30만~40만 프랑을 지불했다. 가장 유력한 용의자는 바로 탈레랑이었다.[9)]

메테르니히는 파리에서 버틸 수 있을 때까지 버티다가 자신의 여권을 요청했다. 아마도 'X씨'에게 계속 비밀 정보를 얻으려 했던 것 같다. 나폴레옹은 여느 때처럼 적에게 전쟁에 돌입하면 어떤 결과를 떠안을지 생각해 보라며 무서운 경고를 날렸다. 3월 23일 그는 외교 관계가 파열하기 직전 메테르니히를 만나 물었다.

> 타란툴라에 물렸소? 그대를 위협하는 것이 무엇이오? 그대는 누구에게 분노하고 있소? 그대는 여전히 세상에 불을 지르고 싶소? 왜? 내가 군대를 이끌고 독일에 갔을 때 그대는 생존을 위협받지 않았소. 그런데 이제 그대는 에스파냐에서 생존이 위태로워진 것을 보고 있소! 이상한 추론이 있소. 그 결과는 어떻게 될 것인가? 그대들이 무장하니 나도 무장하려 하오. 내게 두려운 것이 생겼으니 조심해서 나쁠 것은 없소.[10)]

메테르니히는 점잖은 외교적 언사로 항의했으나 나폴레옹이 말을 잘랐다.

"그대의 근심은 어디서 생겼소? 그대의 궁정에 근심을 전한 것이 그대라면, 좋소. 내가 그대의 궁정을 안심시키는 데 필요한 것을 다 설명하겠소. … 나는 그대의 궁정과 거래할 때 늘 속아 왔소. 우리는 솔직하게 대화해야 하오."11)

제3차, 제4차 대프랑스 동맹 전쟁에서 그랬듯 나폴레옹은 이 분쟁을 원하지 않았고 분쟁이 필요하지도 않았으며 이를 피하고 싶은 마음을 강하게 표현했다. 하지만 그는 이번에도 이를 예방하려고 타협할 생각은 없었다. 승리할 자신이 있었기 때문이다. 3월 9일 하루에만 나폴레옹은 다가올 충돌에 대비해 편지 29통을 보냈다.•

카를 대공의 계획은 8개 군단을 이끌고 바이에른으로 들어가는 동시에 폴란드로 1개 군단, 이탈리아로 2개 군단을 보내는 것이었다. 그는 프로이센이 전쟁을 선포하고 독일 전역에서 나폴레옹 지배에 맞서 큰 반란이 일어나길 희망했지만, 어느 것도 가능하지 않다는 점이 분명해지자 주력을 도나우강 남쪽으로 돌려 빈을 지키고 이탈리아에 보낸 군대와 연합하기로 했다. 이에 군대는 극도의 혼란에 빠졌다. 그 지역에서 부대들이 거듭 교차하느라 귀중한 시간을 허비했기 때문이다. 2월 20일 사라고사가 영웅적인 저항 끝에 마침내 함락되었고 이틀 후 조제프는 다시 마드리드로 돌아왔으며, 나폴레옹은 위험에 처한 동맹국 바이에른에 완전히 집중할 수 있었다.

3월 30일 나폴레옹은 베르티에에게 전략을 설명했다. 그는 자신이 도착하기 전까지 독일군Armée d'Allemagne 지휘를 베르티에에게 맡겨 놓았는데 이는 다부나 마세나에게 서로 상대방을 지휘할 권한을 줄 수 없음을 알았기 때문이다. 두 사람은 자부심이 강하고 성공을 거둔 선임원수로 자신들의 지위가 동등하다고 생각했다. 오

• 나폴레옹은 1809년에도 여느 때처럼 부지런히 편지를 썼다. 그해에만 편지 3,250통을 썼는데 그중 하나는 푸셰에게 그의 부서 회계에서 1프랑 45상팀의 오차가 있음을 지적하는 것이었다.

스트리아군 공격이 4월 15일 이후 어느 때에 있을 것으로 예상한 프랑스는 그들이 공세에 나설 경우 커다란 덫 안으로 유인하기 위해 거대한 방진을 쳤다. 이자르강을 따라 늘어선 전위는 르페브르가 지휘하는 바이에른 군단이 맡았는데 바이에른의 루트비히 1세와 카를 필리프 폰 브레데, 베르나르 드루아가 1개 사단씩 지휘했고 장 바티스트 드루에(훗날의 데를롱 백작)가 참모장을 맡았다. 여기에다 에스파냐에서 돌아온 훌륭한 투사인 란의 군단이 르페브르 쪽에 합류했다. 왼편에는 바이로이트와 뉘른베르크 사이의 3개 사단에 새로 편성한 예비군 사단과 독일군 사단, 제2중기병 사단, 경기병 여단을 추가한 다부의 대군이 자리를 잡았다. 전부 합하면 병력 5만 5천에다 대포가 60문이었다. 우측에는 보병과 경기병으로 구성한 우디노 군단이 파펜호펜에 진을 쳤고 마세나 군단이 아우크스부르크 인근에서 후위를 맡았다. 2개 경기병 사단과 2개 중기병 사단으로 구성한 베시에르 휘하 예비 기병 군단과 근위대, 방담의 뷔르템베르크 군대는 스트라스부르에 진을 쳤다. 독일군 전력은 전부 합해 병력이 16만 명이었고 대포가 286문이었으며, 군단들은 레겐스부르크를 중심축으로 서로 비교적 짧은 행군으로 닿을 거리에 포진했다. 나폴레옹은 오스트리아가 4월 15일 이전에 공격하면 아우크스부르크와 도나우뵈르트 사이에 집중하라고 베르티에에게 명령했다.

나폴레옹이 에르푸르트 조약 조건에 따라 차르 알렉산드르 1세에게 오스트리아에 맞선 싸움에 지원을 요청하자 그는 골리친에게 지휘를 맡겨 7만 명을 보냈다. 그렇지만 이들은 간신히 국경을 넘어 5월 22일에야 렘베르크(리비우) 인근의 오스트리아령 갈리치아로 들어갔고 이후 적과 전혀 부딪치지 않았다. 그 전쟁에서 러시아군 사상자는 고작 2명이었다.[12] 덕분에 오스트리아는 동쪽에 최소한의 병력만 남기고 거의 모든 전력을 나폴레옹에 맞서 집중할 수 있었다. 나폴레옹은 크게 분노했다.

4월 3일 오스트리아는 프랑스와 바이에른에 전쟁을 공식 선포했고, 카를 대공은 (전쟁을 시작하기에 너무 이르다고 생각해 전쟁 선포에 반대했지만) 6일 오스트리아 백성에게 전쟁 선언문을 발표했다.* 나흘 뒤 오스트리아 병사 12만 7천 명이 인강을 건너 바이에른에 진입했으나 이들은 카를 대공이 기대한 속도를 내지 못했다. 오스트리아는 바르샤바대공국도 같이 침공했는데 나쁜 날씨 탓에 속도는 하루에 약 9.6킬로미터로 줄었고 침공 개시일인 15일에야 이자르강에 도달했다. 프랑스군의 개전 기동은 베르티에 때문에 크게 잘못되었다. 베르티에는 나폴레옹의 명령을 오해했고 오스트리아가 예상보다 닷새 일찍 공격하자 당황했다. 4월 14일 그는 다부 군단을 보내 아우크스부르크가 아니라 레겐스부르크에 집중하게 했으며 레히강을 따라 군대를 산개했다. 강 북쪽에 5만 2천3백 명, 남쪽에 6만 8천7백 명을 배치했는데 다수가 서로 행군으로 닿을 거리에서 벗어나 있었다. 반면 집중한 오스트리아 병력은 란트슈트를 급습했다. 닷새 후 나폴레옹이 도착하고 나서야 도나우뵈르트의 사령부는 평온을 되찾았다(나폴레옹은 4월 12일 원격통신으로 오스트리아군이 인강을 건넜다는 경고를 받았다).**

그는 이렇게 선언했다.

"병사들이여! 나는 독수리처럼 빠르게 그대들에게 왔다."13)

나폴레옹은 훗날 다음과 같이 회상했다.

"내가 전쟁터에 도착했을 때 베르티에는 정신이 나가 있었다."14)

사실이다. 나폴레옹은 도나우뵈르트에 도착해 자신의 군대가 얼마나 불리하게 산개했는지 알아채자마자 오스트리아의 란트슈트 공격이 위협이자 기회라는 것을

* 그날 나폴레옹은 누이동생 엘리자에게(그 이전 달 나폴레옹이 토스카나 대공으로 임명했다) 제국의 다른 곳과 마찬가지로 피렌체에서도 도박을 금하라고 명령했다. "그것은 가족의 파멸을 초래하고 나쁜 모범을 세운다."(CG9 no.20738 p.443) 나폴레옹은 파리만 예외로 했는데 그 이유는 이러했다. "경찰이 그로부터 이득을 취하므로 막을 수 없다."

** 발명가 형제의 이름을 따서 명명한 샤프 원격통신 시스템은 움직이는 광선을 196개의 상이한 조합으로 문자나 어구를 표현했고 하루에 최고 4백 킬로미터에 이르는 속도로 비교적 정확하게 메시지를 전달했다. 나폴레옹은 애초에 프랑스에서만 쓴 이 시스템의 사용 범위를 독일과 이탈리아 깊숙한 곳까지 엄청나게 확장했다(eds. Olsen and van Greveld, *Evolution of Operational Art* p.17).

깨달았다. 프랑스군이 여러 방향에서 동시에 카를 대공의 군대에 달려들 수 있었던 것이다. 나폴레옹은 마세나와 우디노에게 란트슈트로 진격해 적의 병참선을 위협하라 명령했고, 방담과 르페브르를 아벤스베르크로 보냈다. 다부는 다시 주력 부대에 합류하라는 명령을 받았는데, 그는 사촌인 루이 쿠타르 대령이 지휘하는 제65전열보병 연대를 레겐스부르크 교량을 지키기 위한 수비대로 남겨둔 뒤 고달프게 약 129킬로미터를 행군해야 했다. 이러한 명령은 아주 중요했기에 나폴레옹은 각각의 명령에 평소처럼 3명이 아니라 4명의 부관을 보냈다. 마세나는 아우크스부르크를 난공불락의 작전 기지로 확실하게 지키면서 신속하게 파펜호펜으로 밀고 들어가 적의 측면을 공격하라는 명령을 받았다.

4월 18일 오스트리아군은 앞서 상상했듯 퇴각하는 적을 쫓는 것이 아니라 오히려 힘을 되찾은 적에 대면했다. 나폴레옹은 란을 대동하고 잉골슈타트로 가는 길을 지나가며 독일인 부대를 격려했다. 그날 포로가 된 오스트리아군 총참모부의 어느 대령이 나폴레옹 앞에 끌려와 심문을 받았다. 그가 대답을 거부하자 황제가 말했다.

"걱정 마시게, 선생. 어쨌거나 나는 모든 것을 알고 있으니."

나폴레옹은 신속하고도 정확하게 오스트리아 군단들의 모든 위치, 심지어 자신에게 맞서는 연대들의 위치까지 짚어 냈다. 감명을 받은 그 오스트리아 대령이 물었다.

"내가 영광스럽게도 누구와 이야기를 하고 있나요?"

호와포프스키는 다음과 같이 회상했다.

"이에 황제는 몸을 숙이고 모자를 건드리며 대답했다. '보나파르트 씨.'"[15](그 대령은 놀라울 정도로 관례를 지키지 않았음에 틀림없다. 왜냐하면 호와포프스키가 기록한 바에 따르면 면담 내내 행군하는 프랑스 보병들이 지나치며 '황제 만세!'를 외쳤기 때문이다.)

그날 저녁 나폴레옹은 마세나에게 편지를 보내 설명했다. 카를 대공이 "대략 8만 명 규모의 3개 군단으로 란트슈트를 출발해 레겐스부르크로 향했다. 레겐스부르크를 떠난 다부가 노이슈타트로 진군하고 있다. … 그대의 군단이 날이 밝기 전에 파펜호펜을 거쳐 카를 대공의 배후를 공격하면 적군은 허둥댈 것이다. 결국 18일과 19일, 20일 사이 독일의 일은 전부 해결할 수 있으리라고 본다." 나폴레옹은 직접 손으로 쓴 편지에 다음 추신을 달았다.

"신속, 신속, 신속, 속도! 그대를 믿는다."[16)]

마세나는 필요하면 밤중에라도 행군하겠다는 약속으로 답변했고 그 약속을 지켰다. 이 전투에서 그가 보여 준 불굴의 용맹함은 대단했다. 다부가 병력 3만 명을 이끌고 도나우강 남쪽으로 이동했다는 보고를 받은 카를 대공은 그의 군단을 나폴레옹의 나머지 군대와 고립시켜 격파하려 했다. 프리틀란트에서 베니히센이 란에게 하려 했던 것과 다소 비슷했다. 카를 대공은 다부 군단이 3년 전 아우어슈테트에서 독자적으로 어떤 성과를 거두었는지 완전히 잊고 있었다.

이튿날 이 전투의 진정한 첫 번째 충돌은 이후 충돌에서 되풀이되는 원형이 되었다. 다부는 도나우강 아래쪽 마을 토이겐과 하우젠에서 카를 대공의 공격을 받았지만 파멸을 피해 나폴레옹 쪽에 안전하게 합류했다. 흐린 날씨에 똑같이 상대를 확실하게 알아보지 못한 두 군대는 시골 구릉지에서 충돌했다. 오스트리아군은 엄격한 규칙에 따라 천천히 싸운 반면 다부의 노련한 병사들은 능숙하게 움직였다. 오스트리아군은 실패 후 동쪽으로 물러나 나폴레옹이 추격을 준비할 수 있게 했다. 같은 날 르페브르는 아른호펜의 충돌에서 승리했고 몽브룅은 슈나이트하르트에서 승리했다. 카를 대공은 전장에서 병력을 나폴레옹의 8만 9천 명에 비해 많은 9만 3천 명을 보유했으나 주도권은 프랑스-바이에른군에 크게 넘어가 있었다.

나폴레옹의 계획은 빈으로 이어지는 카를 대공의 퇴각로를 차단해 그를 바이에른에 가두는 것이었다. 그는 다부를 좌익으로, 르페브르와 란을 중군으로, 우디노를 우익으로 배치하고 마세나에게 아벤스베르크로 지원군을 보내되 주력은 란트슈트로 돌려 적의 병참선을 타격하라고 명령했다. 4월 20일 쿠타르 대령은 계급장을 가

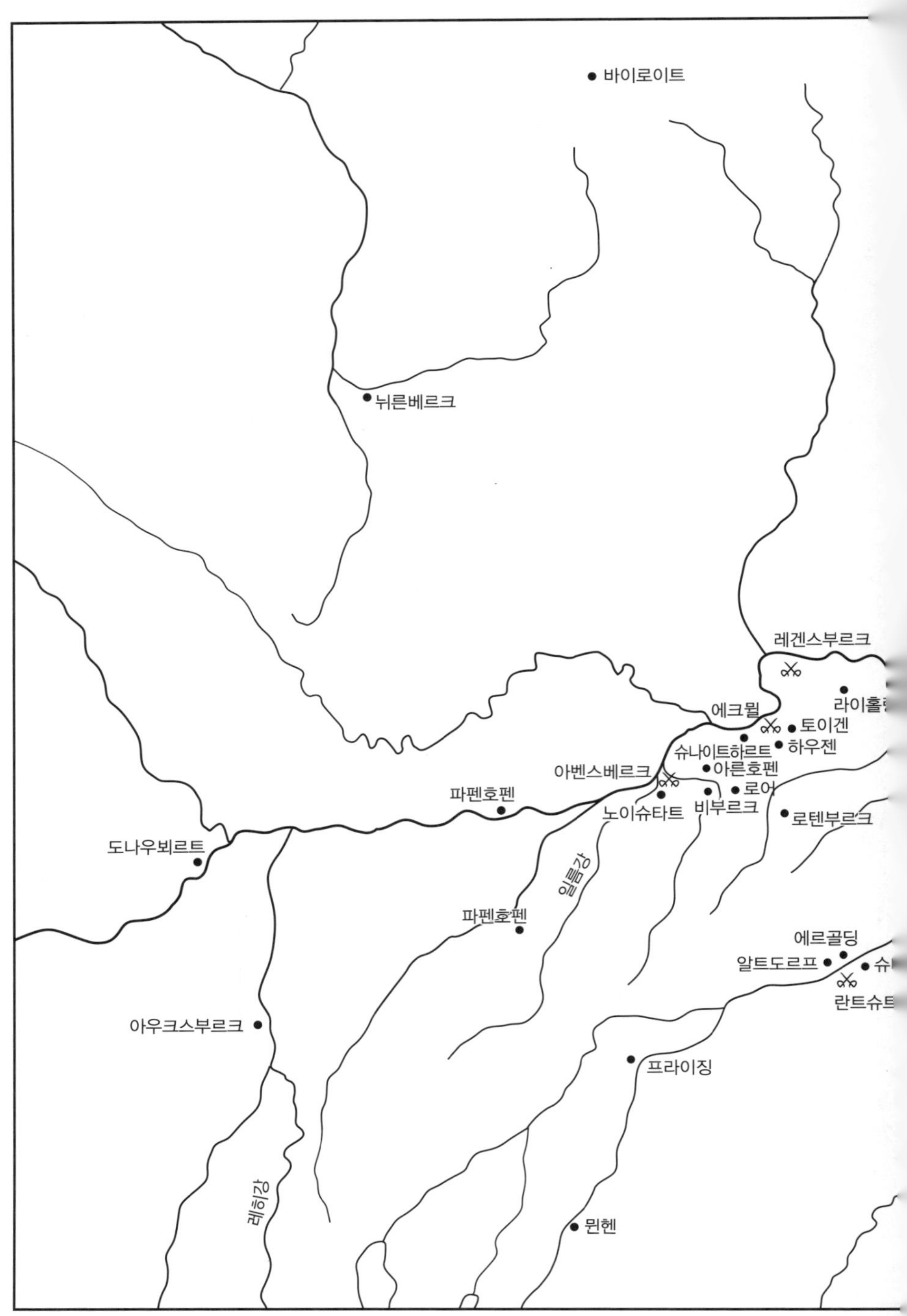

란트슈트 전역, 1809년

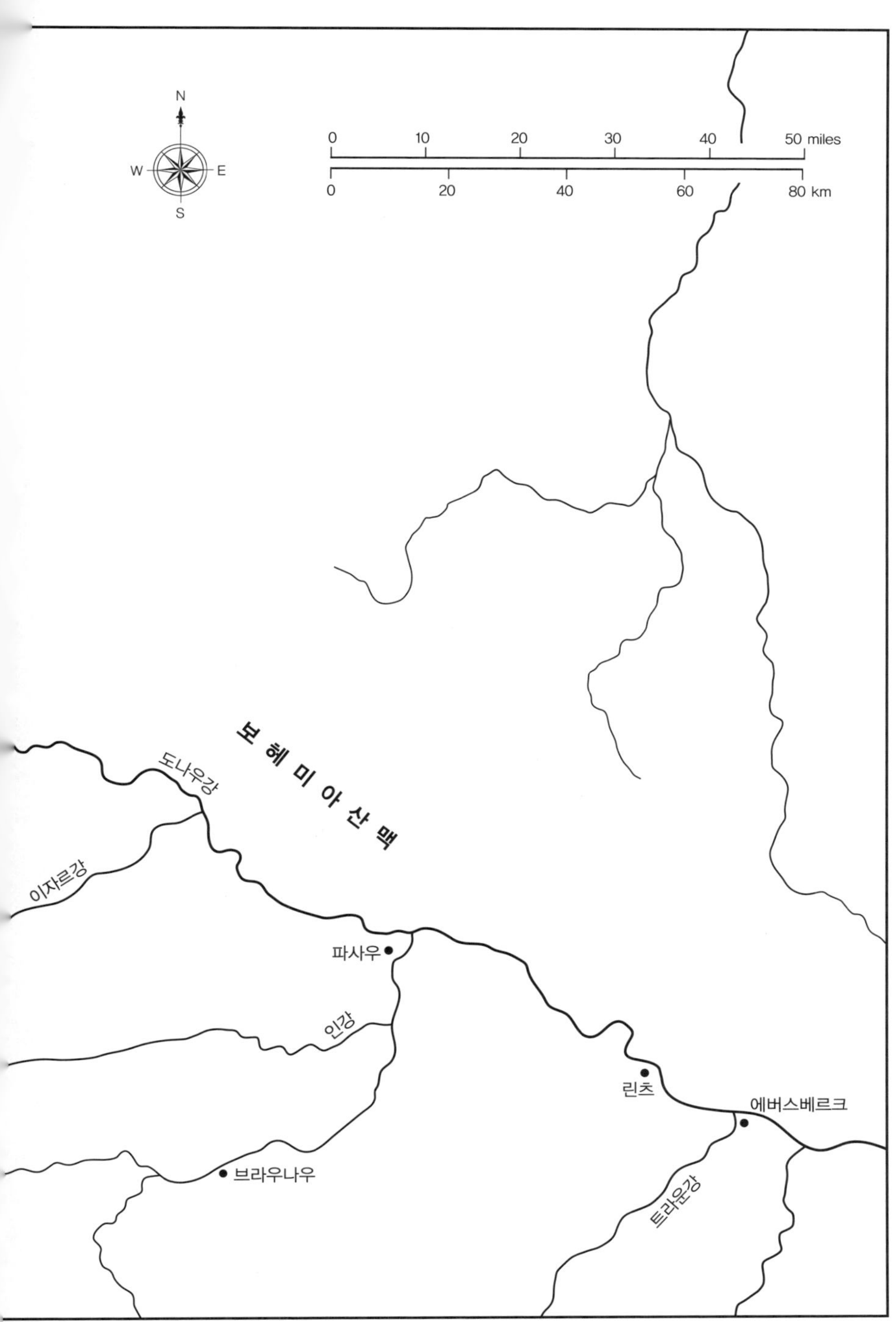
N
W
E
S
0 10 20 30 40 50 miles
0 20 40 60 80 km
보헤미아 산맥
도나우강
이자르강
파사우
인강
린츠
에버스베르크
브라우나우
트라운강

린 채 레겐스부르크를 포기했다. 쿠타르는 병력 숫자에서 크게 열세였지만 24시간 넘게 레겐스부르크를 지켰으며 적군에 아군보다 두 배 많은 사상을 입혔다. 같은 날 나폴레옹은 잉골슈타트에서 동쪽으로 32킬로미터쯤 떨어진 도나우강 남쪽에서 길게 이어진 전선을 따라 늘어선 작은 마을들을 공격했다. 그는 새벽 3시부터 일어나 르페브르와 마세나, 방담에게 명령을 보냈고 6시 30분 란과 베시에르와 함께 아벤스베르크를 향해 말을 달렸다. 훗날 나폴레온즈회어Napoleonshöhe(나폴레옹 고지)라고* 부르게 된 마을 밖 산비탈 중턱에서 나폴레옹은 바이에른 군단 장교들에게 감동적인 선언을 했다. 바이에른의 루트비히 1세는 이를 번역해 일일훈령으로 공표했다.

> 바이에른의 병사들이여! 나는 프랑스 황제가 아니라 그대들의 나라와 라인 연방 보호자로서 여기에 왔다. 오늘 그대들은 오스트리아군에 맞서 홀로 싸워야 한다. 프랑스인은 단 한 명도 그대들의 최전선 전열에서 싸우지 않을 것이다. 나는 그대들의 용맹함을 전적으로 신뢰한다. 200년 동안 바이에른 깃발은 프랑스의 보호를 받아 오스트리아를 물리쳤다. 우리는 빈으로 가고 있다. 그곳에서 우리는 오스트리아가 그토록 빈번히 그대들의 나라에 끼친 해악을 어떻게 처벌할지 알게 될 것이다. 오스트리아는 그대들의 나라를 분할하고 그대들의 부대를 해체하고 그대들을 자신의 연대로 흩어 놓기를 원한다. 바이에른 병사들이여! 이 전쟁은 그대들이 적에 맞서 싸울 마지막 전쟁일 것이다. 총검으로 저들을 공격해 전멸시켜라![17]

이어 나폴레옹은 하나는 아벤스베르크에서 남동쪽으로 로어와 로텐부르크를 향해, 다른 하나는 비부르크에서 남동쪽으로 페펜하우젠을 향해 두 축을 따라 공격을 개시했다. 자리를 잘 잡았고 수적으로도 대등한 오스트리아군은 그날 대부분의 시

* 오늘날 맥도날드 식당 주차장 뒤쪽 부근에 있다.

간 동안 잘 싸웠지만, 나폴레옹은 란이 이끄는 좌익이 진전을 보이고 있음을 알고 이를 지켜보고자 나폴레온즈회어에서 말을 타고 앞으로 나아갔다.

전투가 끝난 뒤 제2기마추격병 연대 대위가 사브르 검에 얼굴을 베여 피를 쏟으며 그 전투에서 처음 노획한 오스트리아 군기 두 개를 나폴레옹에게 가져왔다. 나폴레옹이 이름을 물으니 더할 나위 없이 멋진 디외도네 리옹(신이 준 사자)이었다. 나폴레옹이 그에게 말했다.

"그대의 이름을 기억하겠다. 후에 사의를 표하겠다. 그대를 마음에 담아 두겠다."

몇 달 뒤 베르티에가 근위대 추격병 연대의 빈자리를 채울 자를 천거하자 나폴레옹은 리옹을 진급시키고 싶다며 그의 제안을 거부했다.

나폴레옹은 란트슈트를 향해 적의 주력군을 추격하고 있다고 믿었지만, 실제로 카를 대공은 레겐스부르크로 향하고 있었다. 요한 폰 힐러 남작이 지휘하는 오스트리아군의 거대한 두 대형이 란트슈트에 집결해 두 개의 다리 앞에서 심한 혼잡을 초래했다. 자크 드 로리스통 장군이(나폴레옹의 선임지휘관 다수가 그렇듯 에스파냐에서 불려왔다) 지휘하는 프랑스군 포대는 알트도르프와 에르골딩 사이의 능선에 포진해 적군으로 붐비는 마을에 포탄을 퍼부었다(오늘날 란트슈트 다리에 서보면 오스트리아가 대응 포격을 할 곳이 얼마나 적었는지 알 수 있다). 오스트리아군은 다리를 건넌 다음 다리를 불태우려 했으나 끊임없이 비가 내린 탓에 불이 꺼졌다. 오후 12시 30분 나폴레옹은 부관인 조르주 무통 장군에게 말했다.

"그대가 직접 저 대열을 이끌어 마을을 점령하라."[18)]

당시 이것은 틀림없이 사형선고나 매한가지였겠지만 무통은 산비탈 진지에서 쏘아 대는 집중적인 머스킷 총탄 세례의 엄호를 받으며 자신의 척탄병들을 이끌고 돌격했다. 그의 공병들은 도끼로 마을 출입문을 때려 부쉈고 제13경보병 연대가 공격에 합류했으며 바이에른 군대의 3개 대대와 2개 기병대대, 뷔르템베르크 군대 일부도 뒤따랐는데 결국 오후 1시 란트슈트를 함락했다. 카를 대공은 거의 병력 5천 명과 대포 11문, 마차 226대에 달하는 보급품을 잃었다.[19] 나폴레옹은 나중에 무통에게 다리 교전을 묘사한 멋진 그림을 선물했고, 그의 '양(무통mouton은 양이라는 뜻이다)'이 사자가 되었다고 그답지 않게 시시한 농담을 했다. 다른 부관은 그 상황을 두고 이렇게 말했다.

"나폴레옹이 준 그 기념품은 최고의 찬사보다 더 큰 가치가 있었다."

전투가 끝났을 때 무통은 로보 백작이 되었다.[20] •

1806년처럼 나폴레옹은 '강철 원수' 다부가 이번에는 라이흘링에서 적의 주력군과 대결했음을 전투가 끝난 후에야 알았다. 그곳에서 다부는 카를 대공의 군대를 막아 냈다. 다부는 4월 21일 오전 7시부터 오후 5시까지 나폴레옹에게 네 차례 전갈을 보내 카를 대공이 대대적인 반격을 가하려고 예비 병력을 불러오고 있다고 알렸다. 22일 오전 2시부터 나폴레옹은 부지런히 움직여 란과 방담, 생쉴피스에게 보병 2만 명과 기병 5천5백 명을 주어 최대한 빨리 북쪽으로 가라고 명령했다. 우디노와 바이에른 군대의 나머지 병력은 이미 명령에 따라 다부에게 합류했고 그렇게 나폴레옹은 1시간 안에 보병 5만 명과 기병 1만 4천 명, 대포 114문으로 카를 대공을 포위했다.

22일 나폴레옹은 에크뮐 전투에서 카를 대공과 맞붙었다. 이는 란트슈트 작전의 절정으로 그곳에서 군단 체제는 한 번 더 승리를 거뒀다. 다부 군단은 병력 5만 4천 명과 대포 120문의 오스트리아군을 붙들어 놓았는데, 카를 대공은 약 24킬로미터 북쪽에 있는 레겐스부르크에서 요한 콜로브라트 장군의 군단이 도착하기를

• 그의 부관들만 상을 받은 것이 아니었다. 란트슈트 습격에서 성공한 후 나폴레옹은 제13경보병 연대에서 누가 가장 용감했는지 연대장에게 물었다. 연대장은 머뭇거렸는데 아마도 특정 병사를 꼽는 건 공정하지 않다고 생각했기 때문일 것이다. 나폴레옹은 장교들에게 물었고 그들도 마찬가지로 대답하지 못했다. 마침내 초로의 어느 대위가 고수장鼓手長이라고 말했다. 나폴레옹은 고수장에게 말했다. "그대는 용감한 연대에서 가장 용감한 자로 지명을 받았다." 병사들은 환호했고 나폴레옹은 그 자리에서 그에게 레지옹 도뇌르 기사훈장을 수여했다(ed. Haythornthwaite, *Final Verdict* p.220).

기다려 공격을 늦추었다. 그 덕에 여유가 생긴 나폴레옹은 재빨리 란트슈트에서 북쪽으로 40킬로미터쯤 떨어진 곳으로 란과 마세나를 보내 다부를 구원하게 했다. 카를 대공은 바이에른과 뷔르템베르크 기병대가 전장에 도착해 자신의 사단 하나를 마을 뒤쪽 고지대로 내모는 것을 목격하고 모든 공격을 중단했다. 오후 2시가 지난 직후 나폴레옹이 란과 마세나 군단과 함께 전장에 도착해 적의 좌익을 타격했다. 결국 나폴레옹이 승리했다. 오스트리아군은 4천1백 명이 희생당하고 대포 39문을 빼앗긴 반면 프랑스군 사망자는 3천 명이었다. 나폴레옹은 전투 직후 다부를 에크뮐 대공으로 봉했다.

몇 년 뒤 나폴레옹이 말했다.

"군대와 함께할 때 나는 낮에 대체로 두껍고 좋은 외투를 걸친 채 마차를 타고 이동했다. 밤은 총사령관이 일해야 하는 시간이기 때문이다. 낮 동안 쓸데없이 몸을 고단하게 하면 너무 피곤해 저녁에 일할 수 없을 것이다. … 에크뮐 전투 전날 밤 잠을 잤다면 그처럼 훌륭한 기동은 결코 실행할 수 없었으리라. 내가 수행한 기동 중 최고였다. … 나는 일을 하면 할수록 더욱 기운이 난다. 나는 란을 발로 거듭 걷어차 깨웠다. 그는 아주 깊이 잠들었다."[21]

나폴레옹은 다른 원수들보다 란을 더 좋아했고(드제가 죽은 뒤 란과 뒤로크가 그의 가장 가까운 친구였다) 다른 사람은 몰라도 란이 괴롭히는 것은 받아 주었다. 심지어 란은 자기 자신에게 이런 말을 하기도 했다.

"어울리지도 않게 이 창녀cette catin를 그토록 좋아하다니 불쌍하다."

창녀는 바로 나폴레옹을 가리킨다. 샵탈은 다음과 같이 회상했다.

"황제는 이런 농담을 웃음으로 넘겼다. 그 원수가 필요할 때면 언제든 자신 곁에 있을 것임을 알았기 때문이다."[22]

프랑스가 에크뮐에서 승리하면서 오스트리아군은 도나우강 너머로 피할 수 있기를 바라며 다소 무질서하게 레겐스부르크로 퇴각했다. 4월 23일 레겐스부르크에 도착한 나폴레옹은 시간이 너무 많이 걸린다며 포위 공격을 배제하고 대신 성벽을 타고 올라가는 방법으로(스무 걸음 뒤에서 성벽에 사다리를 걸쳐놓고) 마을을 급습할 것을 고집했다. 이는 세 번째 시도 만에 성공한다. 폭 9미터 정도인 튼튼한 돌다리가 카를 대공의 유일한 탈출로였다. 그것은(지금도 그렇지만) 도나우강에 놓인 큰 다리 중 하나로 커다란 돌기둥이 여섯 개나 있어서 대포로 부수기는 매우 어려웠을 것이다. 카를 대공은 안전하게 다리를 건너려 했지만 그 와중에 추가로 병력 5천 명과 대포 8문을 잃었다. 오늘날 철도가 있는 곳 근처에서 나폴레옹은 추진력을 잃은 총탄에 오른쪽 발목을 맞아 멍이 들었다. 나폴레옹은 이방이 상처를 치료하는 동안 북 위에 앉아 있었고 말을 타고 있을 때 상처가 덧나지 않도록 장화에 구멍을 뚫었다.[23] 군대의 사기를 저해하지 않기 위해 나폴레옹은 상처를 치료한 즉시 "전 대열 앞으로 말을 몰아 격한 환호를 받았다."[24] 전투가 끝날 무렵 나폴레옹은 이렇게 말했다.

"마치 총탄들이 우리를 정찰한 것 같지 않나?"[25]

5월 6일 나폴레옹은 조제핀을 안심시켰다.

"총탄에 맞았지만 나는 부상당하지 않았소. 그것은 그저 아킬레스건을 면도했을 뿐이오."[26]

레겐스부르크 전투가 끝난 뒤 선임근위대의 어느 병사가 나폴레옹에게 야파에서 날씨가 "미치도록 뜨거웠을" 때 자신이 수박을 주었다고 주장하며 레지옹 도뇌르 십자훈장을 요구했다. 나폴레옹이 이유가 하찮다며 거부하자 그 역전의 용사는 화를 내면서 대꾸했다.

"좋습니다. 아르콜레 전투의 다리에서, 로디와 카스틸리오네에서, 피라미드 전투에서, 아크레에서, 아우스터리츠에서, 프리틀란트에서 일곱 차례 부상당한 것과 이탈리아·이집트·오스트리아·프로이센·폴란드에서 열한 차례 전투에 참가한 것은 감안하지 않습니까?"

황제는 웃으며 그의 말을 끊고 1천2백 프랑의 연금과 함께 레지옹 도뇌르 기사 훈장을 수여했다. 그는 즉석에서 그의 가슴에 훈장을 달아 주었다. 마르보는 다음과 같이 기록했다.

"바로 이런 친밀한 행위 때문에 병사들은 황제를 사랑했다. 그러나 이는 늘 승리해서 이름을 떨친 지휘관만 쓸 수 있는 방법이다. 다른 장군이라면 오히려 평판만 해쳤을 것이다."[27]

아벤스베르크와 란트슈트, 에크뮐, 레겐스부르크에서 나흘 연속 거둔 승리가 제일 긴 연승이었다. 24일 군대는 휴식을 취했고 황제는 몇몇 장교를 면담했다. 블라즈 대위는 자기 연대의 명부를 확실하게 숙지한 어느 연대장과 나폴레옹과의 대화를 기록했다.

"현재 전투 준비를 갖춘 병력은 얼마나 되나?"

"폐하, 84명입니다."

"올해 신병은 몇 명인가?"

"22명입니다."

"4년간 복무한 병사는 몇 명인가?"

"65명입니다."

"어제 부상자는 몇 명인가?"

"18명입니다."

"사망자는?"

"10명입니다."

"총검으로?"

"그렇습니다, 폐하."

"좋다."[28]

총검으로 싸우는 것은 가장 용감한 행위로 여겨졌고, 5월 3일 교전 후 나폴레옹은 제26경보병 연대에서 가장 용감한 병사의 이름이 카라비니에 코르포랄 바요네트(기병총 하사 총검)라는 것을 알고 기뻐했다. 나폴레옹은 그에게 레지옹 도뇌르 기사훈장을 수여하고 연금을 주었다.[29)]

1809년 5월 10일 나폴레옹이 빈의 성문에 도착했을 때 폴란드인 부관 아담 흐와포프스키는

> 직접 두 눈으로 보고 두 귀로 듣지 않았다면 믿지 못했을 광경을 목격했다. 그런데도 믿기 어려웠다. 도시의 성곽은 붐비지 않았지만 그래도 성벽에 형편이 넉넉한 주민이 많이 나와 있었다. 황제는 말을 탄 채 요새의 비낀 제방으로 올라갔다. 황제와 그 사람들 사이를 갈라놓은 것은 폭이 약 9미터인 해자뿐이었다. 지난 1805년 황제가 그곳에 있고 사람들이 그를 알아보았을 때 그들은 전부 내가 충분히 예상할 수 있었듯 모자를 벗고 환호했다. 내가 볼 때 이는 불필요하고 어울리지 않는 행동이었다. … 내가 몇몇 프랑스 장교에게 놀랍다는 뜻을 밝히자 그들은 1806년 베를린의 브란덴부르크 문에서 정확히 똑같은 것을 보고 들었다고 말했다.[30)]

나폴레옹은 반시간 동안 말을 타고 빈의 방어시설을 둘러보았고 "때때로 모자를 벗어 들고 환호에 응답했다. 마치 말을 타고 파리를 돌고 있는 것 같았다." 함께 말을 타고 그를 호위한 사람은 25명뿐이었다. 나폴레옹은 1805년에 그랬듯 도시 밖의 쇤브룬궁에 묵었는데 그는 그곳으로 향하며 흐와포프스키에게 말했다.

"그대를 위한 침상도 마련되어 있을 거야. 말에 올라탄 채 여러 날 밤을 보냈으니 프란츠 황제의 호의를 누릴 때도 되었지."[31)]

5월 13일 아주 짧은 포격이 이어진 뒤 오전 2시 빈은 나폴레옹에게 항복했다. 그때쯤 카를 대공은 모든 다리를 파괴하고 도나우강 우안으로 넘어가 있었다. 그곳

도나우강은 오늘날처럼 잔잔하고 복잡한 운하로 연결된 강보다 훨씬 더 넓은 다른 물길이었다. 나폴레옹은 그날 다음과 같이 선언했다.

"이 황실의 군주들은 수도를 포기했다. 전쟁의 형세와 패배에 굴복한 군인이 아니라 자기 연민에 괴로워 맹세를 저버린 자들 같다."[32)]

나폴레옹은 합스부르크 왕실을 비난하길 마다하지 않았지만 빈 시민과 소원해지고 싶어 하지는 않았다. 그들이 스스로 도시의 치안을 유지하겠다고 약속했기 때문이다. 나폴레옹은 14일 이렇게 명령했다.

"피로하다는 이유로 부대를 이탈해 약탈하는 낙오병은 전부 체포해 즉결 군사재판소에서 재판을 받고 1시간 안에 처형될 것이다."[33)]

모든 부대는 약탈을 처벌하기 위해 재판소를 설치했다.

나폴레옹의 병사들은 강을 건너 오스트리아군을 공격할 수 있는 빈의 아래쪽 하류에서 배다리를 만드느라 사흘을 허비했다. 5월 18일 오후 5시 가브리엘 몰리토 장군의 보병 사단이 배를 타고 도나우강을 건너기 시작했다. 이들은 폭이 약 3.2킬로미터인 로바우섬까지 도달했고 그곳에서 반대편 강둑으로 더 튼튼한 다리를 놓았다. 나중에 나폴레옹은 충분히 튼튼한 다리를 놓지 못했다고 비판을 받았지만, 그의 군대에는 전문 공병이 거의 없었고 강은 유속이 빨랐으며 오스트리아군이 나무와 여타 파편을 계속 하류로 떠내려 보내 해를 끼쳤다(한번은 물레방앗간 하나를 해체해 내던졌다).

아우스터리츠와 폴란드에서 그러했듯 나폴레옹은 이번에도 적진 영토 깊숙이 들어간 긴 병참선 끝에서 수도를 함락했는데도 강화를 청하지 않는 적에 맞서 싸우고 있었다. 요한 폰 합스부르크 대공(황제 프란츠 1세와 카를 대공의 남동생이다)이 지휘하는 오스트리아군이 5월 8일 이탈리아의 피아베강 전투에서 외젠을 격파한 뒤 돌아오고 있었다. 티롤은 카리스마 넘치는 지도자 안드레아스 호퍼의 지휘로 바이에른에 맞서 반란을 일으켰다. 프랑스의 패권에 분개해 불만을 품은 독일인도 있었고 카를 대공의 전략은 나폴레옹과의 결정적인 전투를 피하기 위한 것처럼 보였다. 하지만 19일 늦은 오후 배 86척과 뗏목 아홉 개로 건설한 길이 약 754미터의 다리가 도나우강에 생겼고 이튿날 정오 군대는 기세 좋게 로바우섬으로 건너갔다. 노획한 배다리 15개와 버팀 다리 세 개로 만든 90미터 정도 길이의 다른 다리가 반대편 강둑으로 뻗어 있었다. 그것은 분명 부실해 보였지만 나폴레옹은 강을 건너는 모험을 하기로 결정했다.

아스페른과 에슬링 두 마을은 빈에서 동쪽으로 35킬로미터쯤 떨어진 도나우강 북동쪽에서 약 4.8킬로미터 거리를 두고 떨어져 있다. 마세나는 아스페른의 교회 종탑에 올라가 모닥불이 비교적 적은 것을 보고 나폴레옹에게 오스트리아군이 퇴각하고 있다고 알렸다. 사실 그들은 공격을 위해 정렬하고 있었다. 이는 아일라우에서 그 아침에 뮈라가 했던 것과 동일한 실수였다. 나폴레옹은 5월 21일 일요일 동틀 무렵 강을 건넜고 그다운 예지력을 발휘해 다리 끝부분 방어를 개선하라고 즉각 명령했다. 불행히도 마세나는 아스페른을 적절히 방비하는 데 실패했다. 카를 대공이 철수하고 있으니 필요 없다고 생각했을 것이다. 오전 8시 카를 대공이 철수하고 있지 않다는 것이 분명해졌다.

1809년 아스페른에는 울타리를 친 마당이 있는 이층집 106채가 횡단로가 교차하는 동서 방향 도로 두 개를 따라 간간이 늘어서 있었다. 가슴 높이의 담벼락이 있는 교회와 공동묘지도 있었는데(교회에는 오늘날 박물관이 들어섰다) 약간 오르막인 서쪽 끝에는 견고한 목사관과 커다란 정원이 있었다. 에슬링으로 이어지는 도로를 따라 흙으로 쌓은 방죽이 이어졌고(지금도 그대로 있다) 에슬링에는 마을 광장 양편으로 56채의 주택이 둘로 나뉘어 자리를 잡았으며 90센티미터 두께의 석벽을 갖춘 커다란 곡물창고도 있었다. 나폴레옹은 이 두 마을과 그 사이 도로를 방어 거점으로 이용하면서 마르히펠트 평원 너머로 공격을 전개하려 했다. 평원은 매우 평평해 오스트리아군이 연병장으로 사용했다.

도나우강 수위가 밤새 91센티미터 정도 상승하면서 오전 10시 북쪽 끝 배다리가 짐을 잔뜩 실은 거룻배에 부딪쳐 박살났다. 프랑스군은 적시에 보수했고 장 데스파뉴 장군의 중기병들은 말에서 내려 떼 지어 강을 건넜다. 아스페른의 동쪽 가까이에 있던 나폴레옹은 다리가 파손되었음을 알고 퇴각을 고려했다. 절대 강을 등지고 전투에 들어가지 말라는 것이 전쟁의 기본 원칙 중 하나였기 때문이다. 그러나 나폴레옹의 장군들(입을 다문 베르티에를 제외하고)은 버틸 수 있다며 그를 안심시켰다. 오후 1시 나폴레옹은 오스트리아 대군이 마르히펠트를 지나오고 있다는 소식을 들었다. 경기병대의 첩보 수집이 오스트리아군 전초대의 방해를 받지 않았다면 더 일찍 알 수도 있었을 것이다. 병력 숫자에 기가 질렸다. 5월 21일 일요일 약 3만 7천 명의 오스트리아군이 공격했고 이튿날에는 병력이 8만 5천 명에 대포가 292문이었다. 약 3만 명의 프랑스군이 일요일에 강을 건넜고 월요일에 2만 명이 더 건넜지만 이들의 대포는 겨우 58문이었다.[34] 다부 군단이 도나우강을 건너는 데 성공했다면 이 불리한 비율은 좀 더 균형을 이뤘겠지만 이제는 다리 상태 탓에 그럴 가능성이 없었다.

최초의 충돌은 오후 1시에서 2시 사이 아스페른에서 벌어졌다. 아스페른을 방어하던 프랑스군 5천 명은 숫자에서 압도적인 공격군을 저지해야 했다. 프랑스군 포대는 공격군 대열을 맹폭했고 제67전열보병 연대의 어느 대대는 공동묘지 담벼락 뒤에 숨어서 무시무시하게 총탄 세례를 퍼부었다. 오스트리아군은 조금도 개의치 않고 다가왔고 마을 거리에서 잔혹한 전투가 벌어졌다. 총구에서 피어오른 연기의 짙은 구름이 싸움의 냉혹함을 더했다. 오후 3시가 지났을 때 대포 90문을 갖춘 오스트리아 포대가 마을을 더 박살내 바깥쪽 방책이 전부 날아갔다.

나폴레옹은 오늘날 아스페른 타일 공장이 있는 곳에서 가까운 우묵하게 들어간 작은 공간에 자리를 잡고 북 위에 앉아 전투 추이를 지켜보았다. 두 마을의 중간쯤 되는 곳이었다. 나폴레옹은 베시에르에게 4개 사단을 투입해 중앙부를 지키라고 명령했다(아일라우에서 뮈라가 맡은 역할과 비슷했다). 이 임무는 네 차례의 대규모 기병 돌격으로 달성했다. 돌격을 진행할 때 나폴레옹은 아주 가까이 접근한 오스트리아 기병대에 집중 포격을 가해 아스페른 방어를 지원했다. 오후 4시 30분 오스트리아군이 대량 포격을 가한 뒤 3개 종대형으로 공격하면서 방어군은 교회와 공동묘지에서 밀려났다. 1시간 뒤 르그랑 사단이 명령에 따라 투입되었고 제26경보병 연대와 제18전열보병 연대가 아스페른을 탈환했다. 하지만 반시간 뒤 카를 대공이 직접 6개 대대를 이끌고 13개 대대의 지원을 받아 공격에 나섰다. 그는 이렇게 외쳤다.

"조국을 위해! 용맹하게 진격하라!"(카를 대공이 직접 깃발을 들었다는 이야기가 전하나 훗날 그는 이를 부인했다.)

마을이 불타는 동시에 교회와 공동묘지가 습격을 받았고 프랑스군은 떠났다.

다리가 몇 차례 더 붕괴했지만 마세나의 제4군단 클로드 카라 생시르 장군(구비옹 생시르와 아무 관계가 없다)은 자신의 사단을 이끌고 도나우강을 건너는 데 성공해 아스페른으로 돌진했고 마을의 남쪽 끝을 되찾았다. 전투는 오후 9시까지 이어졌다. 약 8천 명의 오스트리아군이 그곳에서 밤을 지새웠고 오후 10시쯤 다리를 다시 보수해 프랑스군도 7천 명이 그곳에서 밤을 보냈다. 근위대 14개 대대와 란의 군단, 대포 152문이 도나우강을 건넜지만 다부 군단은 아직 도하에 성공하지 못했다. 오후 4시 40분 오스트리아군은 에슬링 마을과 거의 난공불락인 그곳 곡물창고를 공격했다(나무로 만든 곡물창고 문에는 아직도 총탄 자국이 남아 있다). 란은 오후 11시 전투를 중단할 때까지 탈출로를 내고, 포를 조준하고, 거리에 방책을 세우고, 벽에 총안을 뚫어 직접 방어를 지휘했다.

두 번째 날 전투는 오전 3시 30분 마세나의 제18전열보병 연대와 제4전열보병 연대가 아스페른으로 돌진하면서 시작되었다. 이들은 두 개의 대로를 따라 종대형으로 돌격했고 제26경보병 연대와 제46전열보병 연대, 바덴 예거(경보병) 연대가 이들을 지원했다. 오전 4시경 프랑스군은 교회를 제외한 마을 대부분을 탈환했다. 전투는 동이 틀 때까지 이어졌고 오전 7시 마세나는 마을 전체를 되찾았다고 나폴레옹에게 보고했다. 네 번이나 주인이 바뀐 뒤였다. 그렇지만 오전 11시쯤 오스트리아군이 다시 마을을 대부분 되찾았다. 청년근위대가 적시에 에슬링 마을로 밀고 들어가 완전히 빼앗기지는 않았다.

오전 6~7시 나폴레옹은 3개 사단을 밀집 대대 대열로 전개해 큰 공격에 착수할 준비를 했다. 란이 생틸레르 사단으로 우익을 맡았고 우디노는 중앙을 맡았으며 장타로 장군은 좌익에 자리를 잡았다. 그 뒤에 앙투안 드 라살 장군의 경기병대와 낭수티 장군의 중기병대가 포진했다. 비록 이른 아침의 안개에 가려졌지만 오스트리아군의 밀집한 포대가 이들을 마구 타격해 엄청난 용기를 발휘해야 했다. 어느 시점에 생틸레르는 제105전열보병 연대에 착검해서 오스트리아군 흉갑기병 연대로 돌진하게 했고 이들의 배후에서는 척탄병 예비대로 밀어붙였다. 오전 9시경 프랑스군은 탄약이 바닥나고 있었다. 짐마차가 다리를 건널 수 없었기 때문이다. 원수의 지휘봉을 약속받은 생틸레르가 포탄에 발 하나를 잃은 후 공격을 중단했다(그는 상처에 괴저가 생겨 15일 후 사망했다).

다리가 다시 무너지고 카를 대공이 중앙부에 대규모 포대를 끌어와 프랑스군의 공격이 불가능해지자 나폴레옹은 임시변통으로 가설한 다리를 건너 전면 퇴각하는 복잡한 기동을 고려했다. 그는 란에게 공격을 단계적으로 축소하라는 말을 전했다. 란은 자신의 대대들을 두 개의 방진 대열로 편성했고 이들은 마치 열병을 하듯 놀라울 정도로 흐트러짐 없이 퇴각했다. 철수하던 중 우디노의 참모진은 전부 죽거나 부상당했으며 우디노 자신도 또 다른 부상을 입었다. 나폴레옹은 타고 있는 말이 총탄에 맞아 세 번이나 갈아타야 했는데도 선임근위대로 적군 대포를 공격하겠다는 도르센 장군의 자살과도 같은 요청을 거부했다.

오후 3시 오스트리아 척탄병이 곡물창고를 제외하고 에슬링 마을을 대부분 점령했다. 곡물창고는 장 부데 장군이 지키고 있었다. 나폴레옹이 직접 선임근위대에 에슬링의 좌측으로 이동해 카를 대공의 진격을 저지하라고 명령했을 때, 병사들은 그가 먼저 안전한 곳으로 물러가야 공격하겠다고 고집했다. 그렇게 한 것이 다행이었다. 이어진 전투에서 4명에 한 명꼴로 사망하거나 부상당했기 때문이다. 오전 11시 마세나가 청년근위대의 3개 보병 연대를 이끌고 아스페른으로 들어갔으나 오후 1시경 오스트리아군이 다시 그곳을 장악했다. 1시간 뒤 양측은 11시간 동안 거의 쉬지 않고 싸워 극도로 지쳤다. 오후 3시 30분 카를 대공은 150문에서 200문의 어마어마한 포대를 중앙에 집결해(그때까지의 전투 역사에서 최대 규모) 란의 포대를 차례로 파괴했다. 이어 그들은 노출된 프랑스군 대형을 타격했다. 오스트리아군 포대는 그 이틀간의 전투에서 도합 4만 4천 발을 발사했다. 란도 여러 희생자 중 하나였다. 어느 도랑의 둑에 다리를 꼬고 앉아 있던 란은 3파운드짜리 도비탄跳飛彈에 양쪽 무릎을 강타당했다. 서른한 살 된 이 사나이는 도나우강 너머 에버스도르프의 프랑스군 주둔지로 후송되었고, 그의 왼쪽 다리를 절단한 수석군의관 라레는 오른쪽 다리를 살리려 애썼다. 마취제가 없던 시절 이런 수술의 고통은 상상조차 할 수 없는 것으로 란의 부상에 관한 증언은 그의 용기가 칭찬받아 마땅하다는 데 동의하게 한다.

오후 4시경 다시 다리를 건널 만한 상황이 되자 나폴레옹은 군대에 도나우강을 건너 로바우섬으로 퇴각하라고 명령했다. 그는 다리 끝부분을 보호하기 위해 대포 24문과 가용한 탄약을 전부 끌어왔다. 제일 먼저 부상자가 도나우강을 건넜고 이어 대포, 근위대 보병(에슬링에서 여전히 접전을 벌이고 있는 티라이외르, 즉 경보병은 제외), 중기병, 보병, 경기병, 마지막으로 후위 보병 사단이 차례로 강을 건넜다. 일부 척탄병은 해가 지고도 한참이나 지나서야 배를 이용해 강을 건넜다. 여러 장군이 격하게 이의를 제기했지만 카를 대공은 프랑스군 퇴각을 막기에는 군대가 너무 지쳤다고 생각했고 결국 오스트리아군은 강의 반대편에 남았다. 오후 7시 나폴레옹은 작전회의를 소집했는데 이는 매우 드문 일이었다. 베르티에와 다부, 마세나는 전부 도나우강 너머 배후로 멀리 퇴각하기를 원했지만 나폴레옹은 로바우섬이 향후 작전기지가 되어야 하며 섬을 비우면 빈까지 포기해야 할 것이라고 세 사람을 설득했다.

나폴레옹은 10년 전 아크레 전투 이후 처음 패배했다. 그때까지 전부 네 번뿐인 패배 중 하나였다(상대적으로 규모가 작은 바사노 전투와 칼디에로 전투는 둘 다 1796년 11월에 있었다). 나폴레옹의 손실은 사망자와 부상자 2만 명에서 2만 3천 명 사이, 포로 3천 명으로 추산하지만 빼앗긴 대포는 3문뿐이라 퇴각의 규율이 훌륭했음을 증명했다. 오스트리아군 손실도 비슷했다. 사망자와 부상자를 합해 1만 9천 명이었는데 포로는 7백 명에 불과했다.[35] 이튿날 나폴레옹의 공보는 사망자와 부상자가 고작 4천1백 명이라고 밝히면서 아스페른-에슬링 전투를 '프랑스군의 영광과 불굴의 강인함을 보여 준 새로운 기념비적 전투'라고 일컬었다. 사실상 그로서는 패배를 인정한 것이나 다름없다. 훗날 나폴레옹은 란이 의식을 되찾았을 때 이렇게 말했다고 주장한다.

"폐하는 1시간 안에 당신의 가장 친한 친구였고 지금도 그렇다는 영광과 확신을 갖고 죽어 가는 이를 잃을 것입니다."

막 다리 하나를 절단하고 나머지도 곧 잃을 수 있었던 사내의 마음에 떠오를 법하지 않은 말이다. 지어낸 것이 틀림없다.[36]

오스트리아가 아스페른 전투의 승리를 주장하자 나폴레옹은 마세나를 에슬링 대공으로 삼았다. 마세나는 전투 중에 그곳에 발을 들인 적도 없었다. 파리 경찰국은 주민에게 거실의 불을 밝혀 승리를 축하하라고 요청하는 포스터를 붙이라는 명령을 받았다.[37] 그러나 5월 23일 아침 로바우섬과 북쪽 강둑을 연결하는 다리가 부서졌고 섬은 요새로 변했다. 그날 저녁 지친 프랑스군 병사들은 주저앉아 말고기로 저녁을 먹었다. 마르보는 후추 대신 '화약가루로 양념해 흉갑에 넣어 요리한' 것이라고 회상했다. 이들은 식량과 탄약을 배에 실어 로바우섬으로 가져오고, 부상자는 빈으로 후송하고, 야전병원을 세우고, 더 튼튼한 다리를 새로 만들고, 강둑에 말뚝을 박아 지지했다.

란은 다리에 괴저가 침투해 아흐레 뒤 사망했다. 나폴레옹은 매일 두 번씩 그를 찾았는데 마지막으로 그를 찾았을 때는 그가 막 숨을 거둔 뒤였다.[38] 나폴레옹의 시종 루이 콩스탕은 그 직후 막사에 "서둘러 마련한 음식을 앞에 둔 채 꼼짝하지 않고 말없이 앉아 허공만 응시하는" 황제를 보았다. "나폴레옹의 두 눈에서는 눈물이 흘렀고 점점 더 흘러넘쳐 조용히 수프에 떨어졌다."[39] 나폴레옹의 고통은 세귀르와 라스 카즈, 펠레, 마르보, 르죈, 사바리의 설명이 확증한다.* 콩스탕과 나폴레옹의 약제사 카데 드 가시쿠르 둘 다 란이 황제의 야심을 호되게 꾸짖었다고 주장했지만 마르보와 사바리, 펠레는 이를 강하게 부인했다.[40] 오늘날 란은 팡테옹의 제22묘역 관에 안치되어 있다. 관 위쪽에는 그가 참전한 전투 이름을 적은 삼색기 아홉 개가 늘어져 있다. 5월 31일 나폴레옹은 조제핀에게 이렇게 썼다.

"몬테벨로 공작이 오늘 아침 사망했소. 그를 잃은 것은 내게 너무 큰 슬픔이오. 모든 것은 그렇게 끝나오!!! 안녕, 내 사랑. 그 원수의 불쌍한 미망인을 위로할 수 있다면 무엇이든 하시오."[41]

6월 초 나폴레옹은 사바리에게 러시아인에 관해 말했다.

"그들을 동맹으로 의지하지 않은 것은 옳았다."

> 러시아와 강화를 맺지 않았다면 더 나쁜 일이 있었을까? 그들이 독일에서 평화를 보장할 수 없다면 그 동맹에서 무슨 이익을 보겠나? 인간 존중 의식이 조금이라도 남아 있으면 맹세를 저버리지 않겠지만 그렇지 않다면 그들은 내게 대적할 것이다. 기만당하지 말자. 저들은 전부 내 무덤에서 만나기로 약속하지만 감히 모이지 못한다. … 지금 내게 있는 것은 동맹이 아니다. 나는 속았다.[42]

* 라스 카즈는 그 자리에 없었지만 세인트헬레나섬에서 나폴레옹과 이에 관해 이야기할 기회가 많았다.

틸지트의 친선은 에르푸르트에서 다소 유지했지만 6월 5일 나폴레옹이 쇤브룬 궁에 돌아왔을 때는 심각하게 훼손되었다.

그때 특히 마리아 발레프스카가 도착한 이후 나폴레옹이 분노하기만 한 것은 아니었다.* 쇤브룬에 있던 어느 저녁 나폴레옹은 늦은 저녁식사로 닭 요리를 요청했다. 요리가 나오자 그는 물었다.

"언제부터 닭이 다리와 날개를 하나씩 달고 태어났나? 날더러 하인들이 먹다 남긴 지스러기로 먹고살라는 모양이군."

그리고는 루스탕의 귀를 꼬집으며 닭의 반쪽을 먹어치웠다고 괴롭혔다.[43] 라프는 황제가 당시에 란을 잃었는데도 "전반적으로 기분이 꽤 좋았다"고 기록한다. 물론 황제가 자신이 미쳤다는 최근의 소문을 포함해 파리로부터 받은 경찰 보고서에 격노한 것은 이해할 만했다. 나폴레옹은 파리 변두리 생제르맹 지구의 귀족들이 모이는 지적 살롱을 습관적으로 싫어했는데, 이를 가리켜 다음과 같이 말했다.

"그렇게 대단한 이야기를 지어낸 곳은 변두리의 생제르맹 지구가 분명해. 그 족속들이 기어코 벼룩이 들끓는 시골로 보내 달라고 도발을 하는군. 전부 보내 주지."[44]

그가 콜랭쿠르에게 말했듯 이런 문제가 있었다.

"살롱에 모이는 자들은 언제나 정부에 적대적이야. 비판만 하고 칭찬은 없어."[45]

아스페른-에슬링 전투 이후 카를 대공은 빈 북쪽 도나우강을 따라 군대를 집결했다. 오스트리아군이 6월 9일 작센을 침공했지만 닷새 후 외젠이 헝가리의 죄르Győr(라프Raab) 전투에서 요한 대공에게 큰 승리를 거뒀다. 나폴레옹은 무척 기뻐했다. 이로써 카를 대공이 절실히 필요로 하는 증원군을 받지 못하고 외젠의 이탈리아군Armée d'Italie이 그에게 합류할 수 있었기 때문이다. 또한 나폴레옹은 포니아토프스

* 그달에 그의 특별 계정에서 정부들을 위해, '빈의 모험'을 위해 1만 2천 프랑을 지출했고 9월 바그람 전투가 끝나고 그가 마리아와 궁에 돌아왔을 때 추가로 1만 7,367프랑을 지출했다(Branda, *Le prix de la gloire* p.57).

키 대공의 폴란드 부대가 슐레지엔에서 오스트리아군에 맞서 선전한 것에 큰 인상을 받았다. 이는 관여하기를 주저한 러시아군과 확연히 대조를 이뤘다.

7월 초 그랑다르메의 공병대는 로바우섬을 위해 나폴레옹이 자랑할 수 있을 만큼 튼튼한 다리를 세웠다.

"이제 도나우강은 없다. 그것은 제거했다."[46)]

그들은 로바우섬에서 북쪽 강둑으로 기동하는 데 이용할 굴절성 있는 배다리로 복수할 준비를 갖췄다. 아스페른-에슬링 전투 후 6주 만이었다. 나폴레옹은 중사 외투를 입고 반대편 강둑의 오스트리아군 전초부터 머스킷총을 발사하면 닿을 사거리 안까지 직접 도하하기에 최적인 장소를 정찰했다. 그는 앞서 정북 방향으로 건너가기로 결정했지만 이번에는 동쪽의 그로스엔처스도르프 마을로 향하기로 했다. 1809년 7월 4일 저녁 도하를 시작했다.

나폴레옹은 보병 13만 8백 명, 기병 2만 3천3백 명, 포병 1만 명에 대포는 544문이나 모았다. 아스페른-에슬링 전투 때에 비해 세 배 많은 병력이었다. 블라즈 대위는 로바우섬에서 "유럽의 모든 언어, 즉 이탈리아어, 폴란드어, 아랍어, 포르투갈어, 에스파냐어, 온갖 방언의 독일어가 다 들렸다"고 회상했다. 나폴레옹은 온힘을 다한 계획과 준비로 단 하룻밤에 이 거대한 다언어 군대(디데이에 노르망디를 공격한 병력과 대략 비슷한 숫자다)를 그 모든 말, 대포, 마차, 보급품, 탄약과 함께 단 한 명도 잃지 않고 유럽에서 가장 큰 축에 드는 강을 건너 적의 영토 안으로 들여보냈다.[47)] 이는 병참의 놀라운 업적이었다. 그의 병사들은 반대편 강둑에 올라서자마자 마르히펠트를 가로질러 카를 대공의 군대에 맞섰다. 적의 전력은 보병 11만 3천8백 명, 기병 1만 4천6백 명, 대포 414문이었다. 이들이 벌이는 전투는 그때까지의 유럽 역사에서 최대 규모였다.

아르콜레와 아일라우, 에크뮐, 아스페른-에슬링 전투처럼 바그람 전투도 이틀 동안 치러졌다. 7월 5일 수요일 오전 8시 그로스엔처스도르프는 프랑스군이 함락했고 오전 9시 우디노와 다부, 마세나가 전부 강을 건넜다(로바우섬에서 말에서 떨어져 부상을 당한 마세나는 마차를 타고 건넜다). 나폴레옹은 라스도르프의 야산에 사령부를 설치했다. 둘레가 수 킬로미터에 달하는 완전히 평평한 마르히펠트에서 유일하게 솟아오른 땅이었다. 카를 대공은 폭이 대략 7.5미터에서 9미터로 유속이 빠른 시냇물인 루스바흐 뒤에 부대를 배치했다. 남동쪽으로 약 48킬로미터 떨어진 프레스부르크에서 동생 요한 대공이 적기에 도착하리라고 기대했기 때문이다.

나폴레옹은 다부 군단과 2개 용기병 사단을 우익에 두고 중앙에는 우디노를, 좌익에는 마세나와 경기병 연대들을 배치했다. 작센인 1만 4천 명으로 구성한 베르나도트 군단이 근접 지원을 맡았고 외젠이 이끄는 이탈리아군과 마크도날 군단, 마르몽 군단, 근위대가 두 번째 대규모 전열을 이뤘다. 베시에르의 예비 기병군단이 세 번째 전열이었다. 포르투갈 군단은 로바우의 다리 끝을 지켰고 탄약과 보급품을 실은 마차들이 계속해서 막대한 숫자로 강을 건넜다. 나폴레옹의 계획은 우디노와 베르나도트가 정면에서 옴짝달싹 못하게 오스트리아군의 발을 묶어 놓고 마세나가 섬으로 이어지는 연결로를 보호하는 가운데 다부가 적의 좌익을 치는 것이었다. 그 다음으로 이탈리아군이 적시에 중앙을 돌파할 터였다. 우익의 다부 배후로 요한 대공이 나타나면 나폴레옹의 계획은 심하게 틀어질 수 있었다. 그래서 양쪽 다 한시도 마음을 놓지 않고 요한 대공을 경계했다.

오후 2시 프랑스군은 작열하는 태양 아래 마르히펠트의 허리 높이로 자란 옥수수 밭을 가로지르며 약 26킬로미터의 전장에 넓게 퍼져 진격했다. 오후 3시 30분 베르나도트가 총 한 방 쏘지 않고 재빨리 라스도르프를 점령했고, 오후 5시경 전장의 지극히 중요한 마을 아데르클라 앞에 포진했다. 그곳을 점령하면 오스트리아군을 둘로 가를 수 있었다. 나폴레옹은 우디노에게 꽤나 모호하게 "조금 전진해 우리에게 밤이 되기 전에 음악을 들려 주라"고 명령해 마르크그라프노이지들에서 도이치 바그람까지 오스트리아군 전열 전체를 공격했다.[48] 우디노는 병사들에게 머스킷총과 탄약 주머니를 머리 위로 들어 올린 채 루스바흐를 걸어서 건너게 했다. 오후 7시, 7천3백 명에 달하는 우디노의 병사가 오스트리아군 1천5백 명이 지키는 주택 서른 채의 강변 마을 바우머스도르프를 공격했고 많은 사상자가 나왔다. 7월 5일 저녁 나폴레옹은 너무 늦은 시간에 공격을 시작했고 목표가 너무 불확실했으며 부대 간의 협력도 몹시 부족했다. 루스바흐는 작은 시내에 불과했지만 보병들을 혼란스럽게 했고 몇 개밖에 없는 다리를 통하지 않고는 기병과 포대가 건널 수 없는 하천이었다. 공격은 실제로 오스트리아군을 압박했으나 오후 9시 프랑스군은 어디서나 루스바흐 건너편으로 다시 밀려났고 우디노는 많은 병사를 잃었다.

오후 8시경 외젠의 이탈리아군 병사 일부가 도이치 바그람 마을로 들어갔지만 장군 4명이 부상을 당했고 이탈리아인 병사 2천 명이 이탈해 도주했다. 오후 9시, 베르나도트가 9천 명의 작센 보병과 대포 14문으로 아데르클라를 공격했다. 전투는 무질서했으나 그는 오후 11시까지 계속 싸웠고 병력의 절반을 잃었다. 나중에 베르나도트는 공격을 명령했다는 이유로 나폴레옹을 거세게 비난했다.[49] 다부는 현명하게도 공격 중단을 명령했고 오후 11시 전투는 잦아들었다. 첫날에는 오스트리아군이 승자였다. 밤중에 그들은 배다리를 부수려고 도나우강을 따라 열여덟 차례나 뗏목에 불을 붙여 떠내려 보냈지만 뗏목은 프랑스군이 하상에 박은 말뚝에 걸려 멈췄다.

6일 목요일 다부가 새벽 공격을 준비하고 있을 때, 그의 부관 르줸 대령이 공격 대형을 갖춘 수천 명의 오스트리아군과 우연히 대면했으나 적시에 돌아와 원수에게 경고할 수 없었다.[50] 다행히 오전 4시 그들이 그로스호펜을 공격했을 때 다부는 맞설 준비를 갖추고 있었다. 공격하기 전 들키지 않게 조금도 소리를 내지 말라는 카를 대공의 명령이 연대 군악단병들에게 전달되지 않았기 때문이다. 아침을 먹다가 우익에서 시끄러운 소리가 들려 방해를 받은 나폴레옹은 요한 대공이 동쪽에서 도착한 모양이라고 걱정하며 예비 기병군단 중기병을 일부 내보내 다부를 돕게 했다. 이후 2시간 동안 오스트리아군은 그로스호펜을 점령했다가 쫓겨났다.

양측의 대규모 포대가 포격전을 시작했을 때, 베르나도트는 명령이 없었는데도 아데르클라에서 물러났고 오스트리아군은 아무런 희생도 치르지 않고 마을을 점령했다. 오전 7시 30분 나폴레옹은 마세나와 의논한 뒤 프랑스군과 헤센군으로 구성한 생시르 사단에 아데르클라 탈환을 명령해야 했다. 이들은 겨우 80걸음밖에 떨어지지 않은 거리에서 머스킷총 사격을 주고받는 격렬한 전투 끝에 탈환에 성공했다. 낮 동안 베르나도트가 그토록 무심하게 비워 놓은 아데르클라에서 오스트리아군 4만 4천 명과 프랑스군-독일군 3만 5천 명이 교전했다. 나폴레옹은 베르나도트에게 빈정거리며 물었다.

"그것이 그대가 대공의 항복을 받아 내고자 실행하려 한 과학적 기동인가?"

이어 이런 말과 함께 그의 지휘권을 박탈했다.

"그대 같이 무능한 자는 내게 전혀 도움이 되지 않는다."[51)]

오전 9시 45분, 마세나 군단에 속한 몰리토 장군이 아데르클라를 되찾았지만 베르나도트의 자발적인 실수 탓에 많은 병사가 죽었다.

오전 10시, 마르크그라프노이지들 위쪽의 고지대 망루에서 내려다본 다부는 기병 1만 명을 우측의 탁 트인 평야로 내보내 오스트리아 기병을 쓸어버리고 프리앙과 모랑의 보병 사단들이 전진할 공간을 터 주었다. 이에 오스트리아군은 적군이 측면 우회하는 것을 막기 위해 전열을 길게 늘려야 했다.* 요한 대공이 이때 도착했다면 나폴레옹이 재앙을 떠안았겠지만, 요한 대공은 도중에 멈춰 병사들에게 점심을 먹였고 형에게 오후 5시 이전에 도착할 수 있다고 알렸다. 그래서 카를 대공은 예비 병력을 투입해야 했다. 마침내 요한의 정찰병들이 도착해 전투에서 패했고 전

* 오늘날 그곳에 서 있는 망루는 전투가 끝나고 세운 것이다.

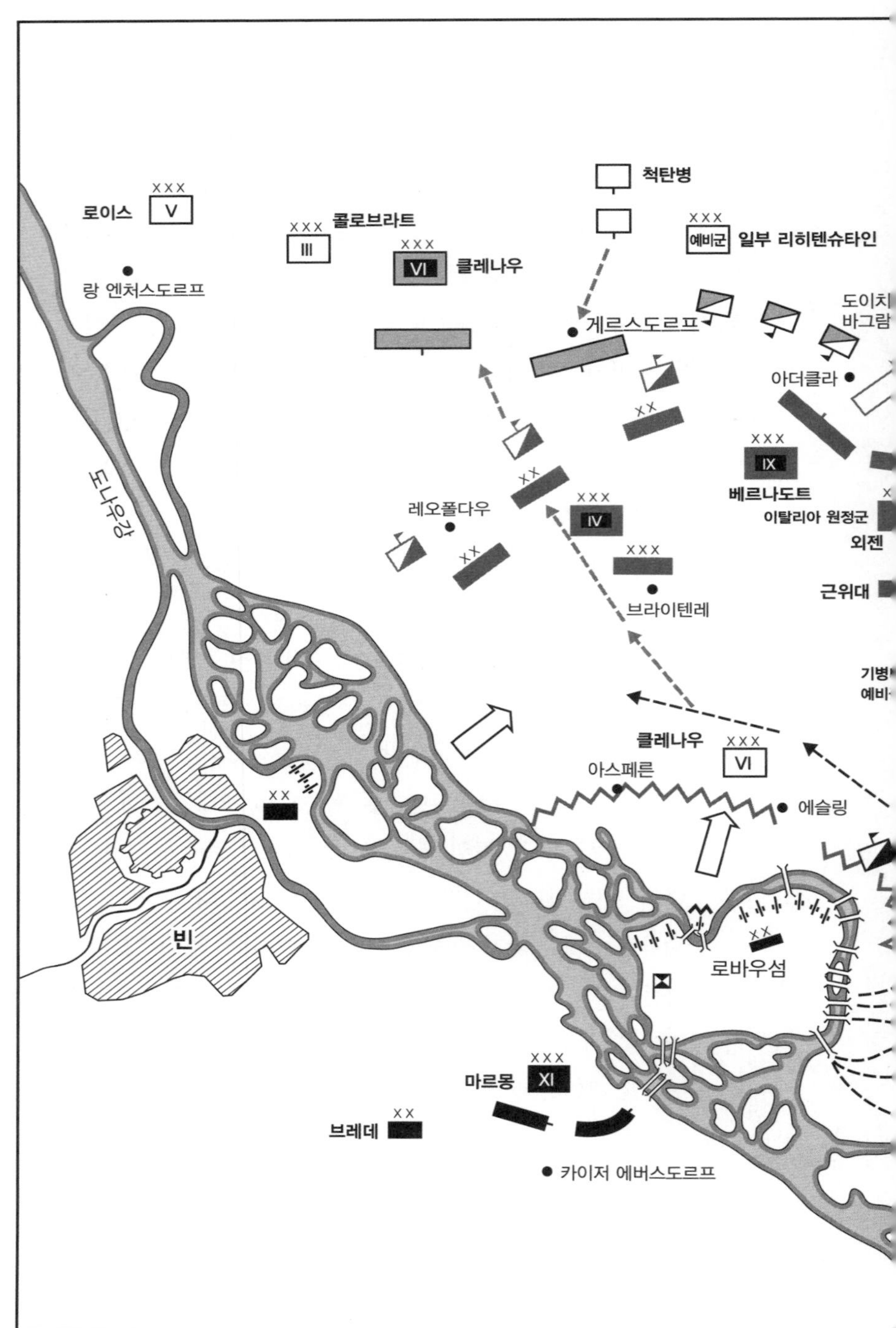

척탄병
로이스
V
콜로브라트
III
VI
클레나우
예비군 일부 리히텐슈타인
랑 엔처스도르프
도이치
바그람
게르스도르프
아더클라
IX
베르나도트
이탈리아 원정군
외젠
레오폴다우
IV
브라이텐레
근위대
기병
예비
도나우강
클레나우
VI
아스페른
에슬링
빈
로바우섬
마르몽
XI
브레데
카이저 에버스도르프

바그람 전투

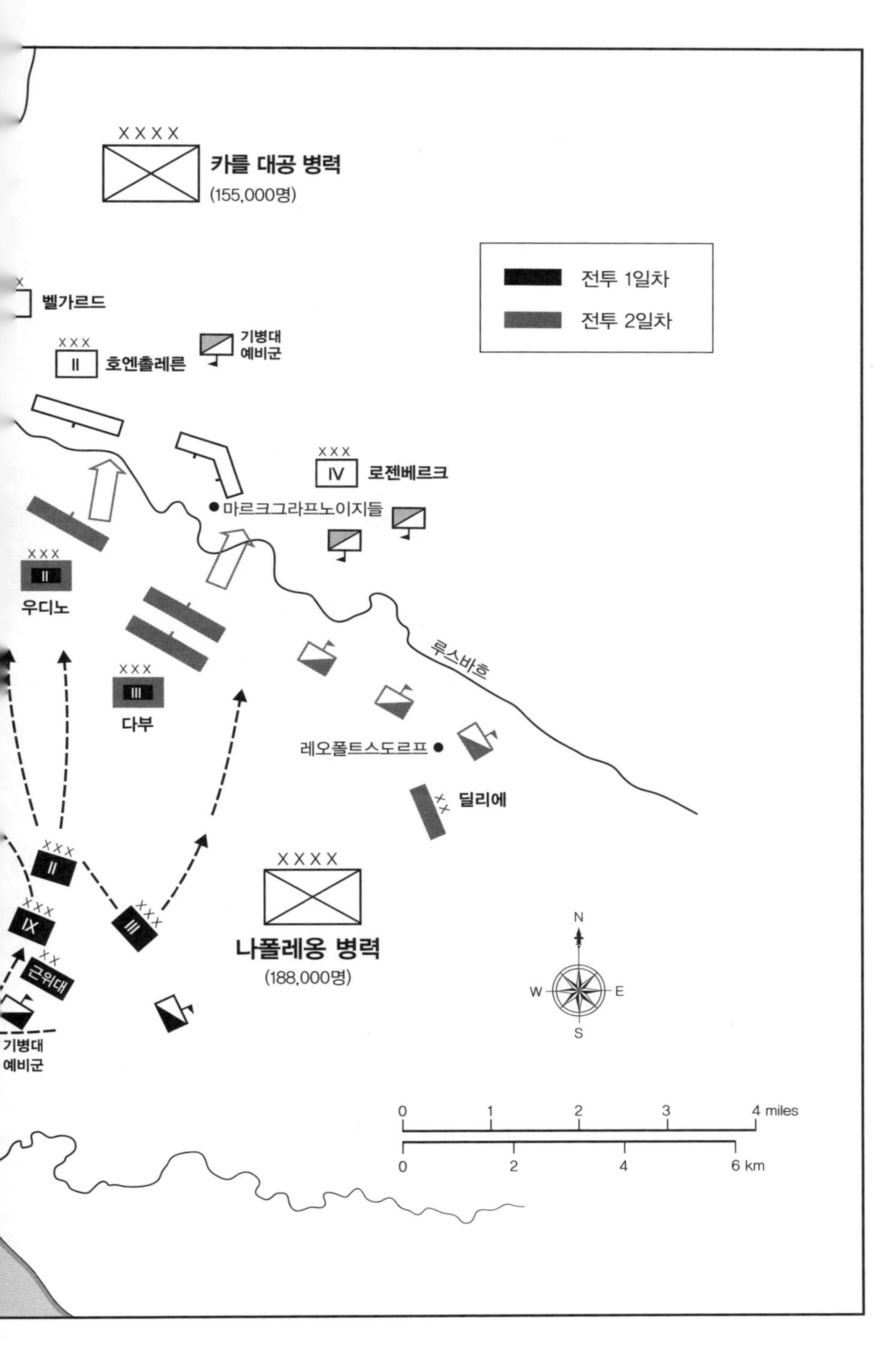

카를 대공 병력
(155,000명)
전투 1일차
전투 2일차
벨가르드
호엔촐레른
기병대
예비군
로젠베르크
마르크그라프노이지들
우디노
다부
루스바흐
레오폴트스도르프
딜리에
나폴레옹 병력
(188,000명)
근위대
기병대
예비군
N
W
E
S
0
1
2
3
4 miles
0
2
4
6 km

장에 가봐야 아무 소용도 없다고 조언하자 그는 가지 않았다. 만약 황제의 동생이 아니었다면 이 결정 때문에 군법회의에 회부되었을 것이다.

이제 오스트리아군의 주된 진지는 마르크그라프노이지들이었다. 그곳에서 북동쪽으로 비교적 완만한 비탈이 이어지고 그 바로 아래 마을이 있다. 석조 주택과 풍차, 수도원, 해자를 갖춘 오래된 교회 사이에서 격렬한 근접전이 벌어졌지만 오스트리아군은 체계적으로 반격하지 못한 탓에 마을을 되찾지 못했다. 마을은 곧 불탔다. 나폴레옹은 지난 72시간 중 60시간을 말안장 위에서 보냈는데 놀랍게도 전투가 벌어지던 그때 10분간 낮잠을 잤다. 극도로 피로했기 때문이기도 하지만 이는 그의 냉정함을 보여 주는 것이기도 했다. 낮잠에서 깨 다부가 여전히 마르크그라프노이지들을 장악하고 있는 것을 본 나폴레옹은 승리를 선언했다.[52] 포탄 7백 발을 발사한 전장에서 잠을 잘 수 있는 나폴레옹의 능력은 그날 그의 사령부 역할을 한 라스도르프 야산 위나 그 인근에서 참모진 장교 26명이 사망 혹은 부상당했음을 감안하면 훨씬 더 놀랍다. 근위대 기마추격병으로 구성한 2개 연대 지휘관들이 전부 다리를 하나씩 잃었다. 곳곳에 부상을 입고 전군의 칭송을 받은 피에르 도메닐 소령은 왼쪽 다리를 잃었고, 그의 친구이자 아일라우에서 사망한 나폴레옹 부관의 형제인 에르퀼 코르비노는 오른쪽 다리를 잃었다(몇 년 뒤 코르비노가 센앵페리외르의 세무국장이 되기 전에 공탁금을 의논하러 나폴레옹을 만났을 때, 황제는 다리로 공탁금을 대신하겠다고 말했다고 한다). 곡사포 포탄 한 발이 떨어져 나폴레옹의 말이 놀라 뒤로 물러서자 우디노가 외쳤다.

"폐하, 저들이 사령부를 포격하고 있습니다."

황제가 대답했다.

"장군, 전쟁에서는 무슨 일이든 일어날 수 있소."[53]

참모부의 어느 장교가 포탄에 맞아 모자가 벗겨지자 나폴레옹이 농담을 했다.

"키가 더 크지 않아 다행이네!"[54]

오전 11시 직전 카를 대공이 나폴레옹의 퇴각로를 차단하고 프랑스군 전열 배후로 들어가길 바라며 도나우강을 따라 로바우섬 다리 끝으로 병력 1만 4천 명을 보냈을 때, 마세나 군단이 그 전투에서 가장 야심적인 기동을 수행했다. 전장을 곧장 8킬로미터쯤 가로질러 오스트리아군 2개 군단 앞으로 나아간 것이다.[55] 나폴레옹은 베시에르에게 콜로브라트 군단과 오스트리아 예비 군단의 척탄병 사단이 교차하는 지점을 기병대로 공격하라고 명령했다. 중기병 4천 명이 "황제 만세!"를 외치며 그를 지나쳐 내달렸고 나폴레옹은 이렇게 화답했다.

"칼날로 베지 말라. 칼끝으로 찔러라. 찔러."[56]

베시에르의 말이 총탄에 맞고 베시에르는 포탄에 맞아 전장에서 빠졌다. 나폴레옹은 이를 아는 자들에게 이미 벌어진 일이니 주목받지 않게 하라고 강력히 주의를 주었다. 병사들의 사기가 떨어질까 두려웠기 때문이다. 베시에르가 기력을 회복하자 나폴레옹은 그가 없어서 포로 2만 명을 놓쳤다고 놀렸다.[57] 이제 전투에서 대포가 지배적인 위치를 차지하면서 베시에르의 돌격은 나폴레옹 전쟁의 전장에서 기병을 결정적으로 사용한 마지막 사례로 남았다. 비록 몇십 년이 더 지나야 온전히 평가를 받지만 기병은 전투의 중추가 아니었다.

프랑스군은 바그람에서 엄청나게 많은 말을 잃었으나 베시에르의 돌격으로 로리스통의 어마어마한 대大포대가 대포 112문을 배치할 여유를 얻었다. 전장 한가운데에 배치한 근위대 포대의 12파운드 포 60문(나폴레옹의 '귀여운 소녀들')도 여기에 속했다. 나폴레옹은 포탄 1만 5천 발로 오스트리아군 진지를 마구 포격했고 간혹 딱딱한 평지에서 튀어 오른 포탄은 옥수수 밭에 불을 질러 많은 부상자를 태워 죽였다. 전장은 거대한 진동음으로 요동쳤다.

오스트리아군이 퇴각하자 로리스통의 포대가 전진했다. 나폴레옹은 대포 이동과 조작을 돕기 위해 선임근위대 보병 중대에서 각각 20명씩 지원자를 모집해 필요한 병력을 확보했다. 오후 1시경 다부가 루스바흐를 따라 전진할 때, 나폴레옹은 마크도날에게 공격을 개시해 오스트리아 예비 군단 대형을 붙들어 둠으로써 다부와 맞붙지 못하게 하라고 명령했다. 마크도날은 1804년 원수 지위를 창설했을 때 원수로 진급하길 기대했으나 그의 공화주의적 정견(그는 여전히 삼색기 띠를 두른 옛 군복을 입고 있었다)과 모로와의 우정 때문에 애초에 진급이 불가능했다. 마크도날은 외젠의 대단히 유능한 부사령관으로 이탈리아에서 훌륭한 공적을 쌓았고 바그람에서도 뛰어난 전과를 보였다. 그는 병력 8천 명으로 가로 820미터, 세로 550미터의 속이 비고 뒤쪽이 열린 거대한 방진을 만들어 오스트리아군 전열을 향해 전진했다. 열린 뒤쪽은 기병대가 엄호했다. 나폴레옹 전쟁에서 그런 대형을 활용한 것은 이때가 마지막이었다. 통제하기가 너무 어려웠기 때문이다. 전방 부대는 총을 발사할 수 있었지만 그 뒤에서는 불가능했기에 대포 포격을 많이 받았다. 그래도 주변에 오스트리아군 기병이 너무 많아 병사를 이 방진으로 편성하지 않을 수 없었다. 이 대형은 병력이 실제보다 훨씬 더 많아 보이게 했다.

마크도날의 방진은 사상자가 많이 나오긴 했지만(우측에서는 이탈리아군의 경기병 연대가, 좌측에서는 중기병 연대가 지원했고 대포대가 엄호 포격을 가했다) 마세나와 다부가 각각 오스트리아군의 우익과 좌익을 포위하는 데 필요한 시간을 벌어 주었다. 마크도날에게 지원이 더 필요하다는 것을 알아챈 나폴레옹은 5천5백 명에 달하는 브레데의 바이에른 사단과 청년근위대 일부를 투입했다(이 공격에서 가벼운 부상을 당한 브레데는 멜로드라마를 찍듯 외쳤다. "황제에게 내가 그를 위해 죽는다고 전하라!" 그렇지만 돌아온 것은 마크도날의 기운찬 말이었다. "당신은 죽지 않을 테니 직접 가서 말하게나." **58)**).

오후 2시 카를 대공은 단계적 철수를 결정했다. 슈타들라우, 카그란, 레오폴드스다우, 슈트레버스도르프 마을이 연이어 싸움터가 되면서 예비 군단 척탄병 사단과 기병 사단이 서로를 엄호했다. 이들이 당황했다는 증거는 없다. 이 늦은 국면의 전투에서 프랑스군의 뛰어난 기병 장군 앙투안 드 라살, 즉 아우스터리츠와 아일라우, 슈테틴에서 이름을 떨쳤고 이집트에서 다부의 목숨을 구했으며 1800년 원정에서 칼을 일곱 자루나 부러뜨렸고 하일스베르크에서 뮈라의 목숨을 구한 라살이 머리에 총을 맞고 사망했다. 그는 언젠가 경기병에 관해 이런 말을 했다.

"서른 살이 될 때까지 죽지 않은 기병은 전부 겁쟁이다. 나는 그 나이를 넘어 살아남을 것이라고 생각하지 않는다." 59)

그의 나이 서른세 살이었다.

프랑스군의 몇몇 부대는 40시간 동안 거의 연속 교전을 했고 대부분은 그저 너무 피로해서 적을 추격할 수 없었다. 나폴레옹은 오후 7시경 어느 척탄병과 약간의 수프, 빵, 닭고기를 나눠 먹으며 야전의 승리를 이어갈 수 없음을 깨달았다. 레쟁발리드의 나폴레옹 무덤 발치에는 대리석에 바그람이 아우스터리츠, 아르콜레와 나란히 새겨져 있지만 실제로 바그람 전투는 피로스의 승리(패전이나 다름없을 만큼 많은 희생을 치른 무의미한 승리 — 역주)와 비슷했다. 바그람에서 3만 명에 이르는 그랑다르메 병사가 죽거나 부상을 당했고 4천 명이 포로가 되었다. 또한 그랑다르메는 말도 많이 잃었고 대포 11문과 독수리 깃발 세 개, 군기 아홉 개도 빼앗겼다. 오스트리아군의 손실은 사망자와 부상자가 도합 2만 3천 명이고 포로 1만 8천 명으로 역시 상당했지만 대포는 9문, 군기는 한 개를 빼앗겼을 뿐이다. 이는 츠나임(즈노이모)으로 무질서하게 퇴각하다가 빼앗긴 것이다. 블라즈 대위는 다음과 같이 회상했다.

"바그람 전투가 끝난 날 밤 프랑스군 전부가 취했다. 포도주의 품질은 좋았고 양도 충분했으며 병사들은 엄청나게 마셨다." 60)

그들은 그렇게 이틀을 보냈는데 그럴 자격이 있었다.

*

나중에 나폴레옹은 마크도날에게 둘의 이전 정치적 차이를 인정하며 말했다.

"오늘부터 원한은 없다. 우리는 친구다. 그 증거로 그대에게 원수 지휘봉을 건넨다. 그대가 어제 훌륭하게 싸워 얻은 것이다." 61)

이는 나폴레옹이 전장에서 수여한 두 개의 원수 지휘봉 중 하나였다. 다른 하나는 라이프치히 전투 중에 포니아토프스키가 받는다. 나폴레옹은 우디노가 첫날 큰 손실을 초래했다고, 마르몽이 도나우강을 건널 때 우물쭈물했다고 비난하긴 했지만 한 주 뒤 두 사람에게도 원수 지휘봉을 수여했다. 마르몽은 고작 서른네 살이라 현역 원수들 평균 나이가 마흔세 살로 낮아졌다. 당시 병사들은 바그람 전투 후 수여한 이 세 개의 원수 지위를 이렇게 묘사했다.

"하나는 우정을 위해, 하나는 프랑스를 위해, 하나는 군대를 위해."

마르몽은 툴롱 전투 이래로 나폴레옹과 함께했고 마크도날은 뛰어난 군인이었으며 우디노는 부대원의 사랑을 받았기 때문이다.[62)]

전투가 끝난 날 밤 오전 2시 나폴레옹은 조제핀에게 편지를 썼다.

"내 적은 패했고 매질을 당했으며 완전히 패주했소. 그들은 매우 많았지만 나는 그들을 짓밟았소. 오늘도 나는 건강하오."[63)]

3시간 뒤 그는 대포 100문을 노획했다고 썼고(터무니없는 과장이다) 햇볕에 탔다며 불평했다. 7월 10~11일 마르몽이 츠나임에서 카를 대공에 맞서 한 번 더 결말 없는 전투를 벌였고, 이튿날 나폴레옹은 카를 대공의 휴전 제의를 수락했다. 이후 다시 3년 동안 나폴레옹은 전장을 보지 못한다.

바그람 전투가 끝나고 엿새가 지난 뒤 프란츠 1세는 나폴레옹과 카를 대공이 체결한 휴전을 거부했다. 이제 막 영국군 약 4만 명이 전열함 33척과 기타 선박 200척에 타고 홀란트의 발헤런섬에 상륙한 참이었다. 프란츠 1세는 강화를 청하기 전 영국군이 어떻게 공격을 전개할지 보고 싶어 했으나 원정은 재앙이었다. 말라리아 이질이 퍼져 병력의 절반이 쓸모없었고 10퍼센트 넘게 사망하면서(전사자는 겨우 106명이었다) 영국군은 곧바로 무너졌다. 나폴레옹은 이미 8월 9일 놀라운 선견지명으로 전쟁장관 앙리 클라르크에게 다음과 같이 썼다.

"고열과 홍수가 영국인을 처리할 것이다. 그들이 발헤런섬에 머무는 한 두려울 것은 전혀 없다. … 늪지대에서 엉덩이를 씰룩거리며 허깨비나 쫓으라고 해라."[64]

환자가 1만 1천 명이나 발생한 영국군 원정대는 크리스마스 직전 무기력하게 귀국했다. 이때 푸셰가 재빨리 움직였다. 영국군이 안트베르펀에도 상륙하면 그곳을 지키기 위해 대군을 모은 것이다. 여기에 큰 감명을 받지 않았는지 나폴레옹은 이렇게 쏘아붙였다.

"머릿속으로는 내게 대적할 군대를 모으려 했는지도 모르지."[65]

프란츠 1세는 9월 발헤런섬 원정대가 자신을 구할 수 없을 것이라고 인정했다. 오스트리아는 제5차 대프랑스 동맹 전쟁을 끝내기 위해 협상을 시작했다.

정점

22

정치적 계산에서는 가족의 유대가 거의 중요하지 않다는 것을,
20년 세월이 지난 후에는 아무런 효력도 없다는 것을 누구나 압니다.
필리프 5세는 조부에 맞서 싸웠습니다.

1808년 7월 나폴레옹이 차르 알렉산드르 1세에게

–

공주들이 사랑에 빠져야 하나? 그들은 정치적 가재도구다.

세인트헬레나섬에서 나폴레옹이

나폴레옹은 대담하게 말했다.

“다른 모든 강국을 지배하는 우세한 강국이 있어야 한다. 그 나라들이 서로 사이좋게 살아가도록 강제할 수 있을 만큼 힘센 강국 말이다. 프랑스는 그 목적에 가장 적합하다.”[1]

권좌에 올랐을 때 그는 인구(당시 유럽에서 가장 많았다), 농업 생산량, 과학 발전, 오페라, 가구, 그림, 디자인, 연극과 문학, 어디서나 통하는 언어, 크고 아름다운 파리와 함께 프랑스를 유럽에서 우월한 국가이자 선도적인 국가로 만들었다.

나폴레옹은 이성적인 진보와 인정 많은 독재의 가능성을 믿었기에 17세기 말 이래 유럽에서 빈번히 출현한 계몽절대군주의 마지막 인물이었다. 그가 가장 유명한 계몽절대군주인 프리드리히 대왕을 존경했다는 사실이 이를 뒷받침한다. 나폴레옹은 여러 프랑스인과 마찬가지로 근대 통치 이념을 그랑다르메라는 매개체로 유럽 전역에 확산할 수 있다고 믿었다.[2] 1805년 나폴레옹은 리옹에서 이탈리아 대표단에게 이런 말을 했다.

“당신들에게는 특별법밖에 없소. 이제 보통법을 갖춰야 하오. 당신네 백성에게 있는 것은 지역적 관습뿐이오. 당신들은 반드시 전국적인 관습을 갖춰야 하오.”[3]

영국 역사가 피셔의 말을 빌리면 나폴레옹제국은 독일과 이탈리아 관료들의 "딱딱하게 굳은 완고한 습성을 깨뜨리고 편협하고 어지러우며 무기력한 지방주의를 다양한 규범의 효율적인 조합으로 대체했다."[4] 1810년 나폴레옹은 나폴레옹 법전을 토대로 한 단일한 법률, 계몽한 세속주의, 종교적 관용, 법 앞의 평등, 단일한 도량형, 단일 화폐를 갖춘 단일 제국을 향해 점차 나아가고 있었다.[5] 그러나 프랑스 행정 모델은 거의 언제나 정복지에 단순히 강요하지 않고 현지의 일반적인 상황에 맞게 미묘한 조정을 거쳤다. 나폴레옹 법전이 저항을 불러일으키거나 '기여'와 보충을 방해할 가능성이 크면 그 이행을 지연했다.[6] 예를 들어 행정관들은 바이에른과 바덴에서는 국가 구조 전체를 나폴레옹 방식으로 철저하게 분해한 반면, 프랑스에 그리 우호적이지 않은 메클렌부르크와 작센에서는 거의 아무런 개혁도 실행하지 않았다.[7]

병합 영토 내부에서 정치적으로 나폴레옹을 지지한 이들은 다양했다. 그중에는 현지 정통 왕조파 통치로 돌아가길 원치 않은 도시 엘리트층, 효율성을 높이 평가한 행정 개혁가, 법으로 권리를 보호받은 프로테스탄트와 유대인 같은 소수 종교파, 세속 교육과 이혼이 주는 해방의 힘 같은 개념을 신뢰한 자유주의자, 민족자결권을 기대한 폴란드인과 여타 민족, 사업가(최소한 대륙봉쇄 체제가 해를 끼치기 전까지는), 나폴레옹 법전의 간명함을 찬미한 자, 길드의 상업 제약 효과에 반대한 자, 중간계급 개혁가, 프랑스에서 그때까지 교회 재산이거나 몰수한 귀족 재산이던 것의 매입을 법적으로 보호받길 원한 자, 특히 독일에서는 더는 봉건적 부과조를 납부할 필요가 없게 된 농민 들이 있었다.[8] 하지만 나폴레옹이 봉건적 권리와 세습 재산, 특권의 자취를 모조리 폐지하기를 원했다 해도 베스트팔렌·폴란드·에스파냐·일리리아(발칸반도 서부)·칼라브리아 같은 제국의 일부 지역은 너무 후진적이라 명목상으로는 아니었지만 사실상 여전히 봉건적이었다.[9] 나폴레옹 체제가 원활히 작동하는 데 가장 크게 필요한 것은 시간이었다.

물론 일부 정통 왕조과 정부는 나폴레옹보다 먼저 근대화를 시도했으나 이는 대개 교회 성직자단과 특권 신분, 강고한 위치를 점한 길드, 폐쇄적인 재판관, 인색한 고등법원, 반동적 귀족, 의심 많은 농민의 저항에 부딪쳤다.[10] 나폴레옹 국가가 이전의 그 어떤 국가보다 훨씬 더 유능했기에 나폴레옹은 이 고르디아스의 매듭을 잘라 낼 수 있었고 이른바 넓은 제국의 '행정과 관료, 재정 제도의 체계적인 개편'을 실행했다.[11] 그 결과 파리에서 통제하는 위계적이고 단일한 행정이 나타났다. 이를 칭송한 당대인의 말을 빌리자면 그 행정에서는 "행정 계통이 장관에게서 통치를 받는 사람에게로 중단 없이 이어지며 법과 정부의 명령을 가장 먼 사회 계층에까지 전달한다."[12] 이는 18세기 계몽전제군주의 꿈을 실현한 것이었다.

나폴레옹은 유럽 도처의 많은 사람에게 진보와 능력주의, 합리적 미래라는 관념을 대표하는 듯했다. 사실상 바이에른의 총리였던 막시밀리안 폰 몬트겔라스 백작은 1806~1817년 바이에른에서 수도원을 재속 교회로 만들고, 의무교육과 강제 예방접종을 도입하고, 공무원 임용시험을 시작하고, 내국 통행세를 폐지하고, 유대인과 프로테스탄트에게 시민권을 확대했는데 그가 그렇게 한 이유는 그것이 이른바 시대정신Zeitgeist에 부합했기 때문이다.[13] 이탈리아, 네덜란드, 벨기에, 독일의 법률가·의사·건축가·사업가가 왜 능력에 따라 출세할 수 있음을 믿는 프랑스 학사원 회원 나폴레옹이 아니라 군주의 지위를 타고난 자들의 지배를 더 좋아해야 하는가? 물론 그들에게는 단기적으로 사실상 프랑스에 봉사하는 수밖에 달리 선택의 여지가 없을 때가 많았다. 그렇지만 많은 사람이 프랑스의 군사적 승리로 기요틴(프랑스혁명 때 사용한 목을 자르는 사형기구 — 역자)과 공포 정치가 빠진 혁명제도를 바탕으로 근대적 관행을 채택할 기회를 얻었다. 또한 이들은 나폴레옹이나 프랑스 사람을 좋아하지 않았어도 그들의 방식이 더 효율적이라고 인정했다. 예를 들어 이탈리아에서는 나폴레옹이 들여온 징세제도를 그가 몰락한 이후에도 100년 동안 사용했다.[14] 하지만 나폴레옹이 범유럽주의를 신뢰했다는 것은 신화다. 1812년 그는 자신이 유럽 기독교 문명의 수호자라는 관념을 선전했다. 러시아의 야만적인 아시아인 무리를 저지했고 후세에 물려 줄 유산을 세울 때 유럽 통합 관념을 높이 평가했다는 것이다. 사실 그의 제국은 언제나 기본적으로 프랑스적인 것이었을 뿐 유럽적인 것이 아니었다.

나폴레옹은 대륙봉쇄 체제에 몰두하면서 여러 영역에서 손해를 보았는데 그중 하나는 교황과의 관계였다. 교황 피우스 7세는 유럽 차원에서 영국의 교역과 생산품을 봉쇄하는 그의 정책에 합류하지 않았다. 피우스 7세는 제롬의 이혼을 허락하지 않았고 조제프를 나폴리 왕으로 인정하지도 않았는데, 이는 나폴레옹에게 바티칸에 적이 있음을 암시하는 것 같았다. 1808년 2월 나폴레옹은 섹스티위스 미올리스 장군을 이탈리아 서해안을 따라 내려 보내 테베레 강가의 교황 요새 산탄젤로 성을 포함해 교황령을 점령하라고 했다. 곧 프랑스군 대포가 성베드로 대성당을 직접 조준했다. 그렇지만 교황은 영국에 전쟁을 선포하길 거부했고 나폴레옹이 영국을 이단 국가라고 지적했을 때도 흔들림이 없었다. 교황이 교황령에서 영국 상품과 상인을 추방하라는 그의 뜻에 굴복하지 않으리라는 것이 분명해지자, 나폴레옹은 1809년 6월 10일 교황령을 프랑스제국에 병합했고 피우스 7세는 그 보복으로 즉각 프랑스 황제를 파문했다.

1807년 7월로 돌아가 보자. 나폴레옹은 교황이 탈레랑을 처벌한다는 생각에 코웃음을 쳤다.

"나를 수도원에 가두고 루이 르 데보네르처럼 채찍으로 휘갈기는 일만 남았군."**15)**(카롤루스 대제의 아들 루도비쿠스 1세는 조카인 베르나르두스의 안구를 뜨겁게 달군 송곳으로 찌른 것 때문에 사람들을 시켜 자신을 채찍으로 때리게 했다.)

그러나 파문은 결코 웃어넘길 일이 아니었다. 폴란드와 이탈리아, 프랑스에는 수

백만 명의 경건한 가톨릭 신자가 있었고 이제 그들은 이단자인 황제를 향한 충성을 재고해야 했기 때문이다. 나폴레옹이 과격한 가톨릭 신자인 에스파냐인의 충성을 얻고자 한 때라 이는 특히 문제가 되었다. 에스파냐의 사제들은 나폴레옹의 새로운 이단자 지위를 프랑스 점령군에 반대할 강력한 선전 도구로 쓸 수 있었다.

프랑스-바티칸의 관계는 이후 열세 달 동안 계속 나빠졌다. 바그람 전투 전날인 1809년 7월 5일 밤 나폴레옹의 명령에 따라 사바리는 에티엔 라데 장군을 시켜 바티칸에서 교황을 체포하는 특단의 조치를 취했다. 그는 교황에게 짐을 쌀 시간을 반시간 준 뒤 그를 리비에라 리구레 해안의 작은 항구 사보나에 있는 주교의 관저로 데려갔다. 이 일로 피우스 7세는 19세기에 비꼬는 말로는 손에 꼽을 만한 발언을 했다. 그가 라데에게 말했다.

"아들이여, 분명히 말하건대 그 명령ordre이 그대에게 신의 훈장ordre을 가져다주지는 않을 것이다."[16]

한편 나폴레옹은 사보나를 포함해 알프스 지역 총독이던 매제 카밀로 보르게세에게 말했다.

"교황의 경호대는 의장대처럼 보여야 한다."[17]*

피우스 7세는 매우 위엄 있게 처신했으나 이 일은 나폴레옹에게 결코 아무런 이득이 없는 고압적 전술의 유감스러운 이야기였다. 유일한 물질적 변화는 그때까지는 영국 상품을 부두에서 공개적으로 하역했지만 이제 리보르노로 밀수해야 한다는 것이었다. 독실한 가톨릭교도는 교황이 받은 처우에 은밀히 분노를 표출했으나

* 1812년 5월 영국 해군 순양함이 교황을 구출할 수 있을 만큼 사보나에 가까이 다가갔다는 것이 알려지자 교황은 퐁텐블로궁으로 끌려갔다. 그곳에서 교황은 다소 호화롭게 지내다가 1814년 풀려났다. 지금도 그곳에서 교황이 쓰던 방들을 볼 수 있다. 나폴레옹은 그답게 여론을 꿰뚫어 보는 안목으로 보르게세에게 말했다. "교황은 교황 예복을 입고 돌아다녀서는 안 된다. 다니는 도중에 누구도 … 그를 알아보지 못하도록 성직자 의복만 입어야 한다."(CN12 no.8710 p.417)

나폴레옹은 자기 행동의 역사적 선례를 찾아내 로마는 언제나 카롤루스 대제 제국의 일부였다고 선언했다. 그는 로마가 '제국 자유도시', '제국 제2의 도시'가 될 것이며 프랑스가 교회의 비용을 대기 위해 연간 2백만 프랑을 기증할 것이라고 덧붙였다.[18] 또한 카노바는 큰 어려움 없이 그를 설득해 로마 유적 보존에 연간 20만 프랑을 쓰게 했다. 8월 6일 나폴레옹이 푸셰에게 말했다.

"교황은 좋은 사람이지만 무지하고 광신적이다."[19]

애석하게도 이런 형용사는 교황을 대하는 나폴레옹의 행동에 더 잘 어울린다.

1809년 7월 27~28일 조제프와 주르당, 빅토르는 탈라베라 전투에서 웰링턴과 에스파냐의 총사령관 쿠에스타에게 완패했다. 나폴레옹은 특히 주르당이 웰링턴이 병력의 3분의 1인 1만 명을 잃고 전장을 점유하지 못했다는 거짓 보고로 자신을 현혹한 것에 격앙했다. 실제로 웰링턴의 손실은 4천6백 명이었고 프랑스군은 '하루 종일 격퇴'당했음을 알아챈 나폴레옹은 주르당의 거짓말을 '노골적인 범죄'라고 했으며 그로써 자신의 에스파냐 전략이 영향을 받는 게 당연했다는 사실에 격노했다. 나폴레옹은 이런 글로 신문의 설명이 진실하지 않음을 인정한 꼴이 되고 말았다.

"그가 마드리드 신문에는 원하는 대로 말할 수 있을지 모르겠지만, 그에게는 정부에 진실을 은폐할 권리가 없다."[20]

나폴레옹은 자신의 장군들을 다룬 영국 신문의 설명을 믿는 경향이 있었다. 그는 클라르크에게 이렇게 말했다.

"세나르몽 장군에게 그가 아직 그의 포대에 관해 정확한 설명을 보내지 않았다고, 영국군이 그가 인정한 것보다 더 많은 대포를 노획했다고 반드시 전하라."[21](세나르몽의 보고에는 6문이었지만 실제로는 17문이었다.)

나폴레옹은 말을 이었다.

"저들이 영국군처럼 훌륭한 군대가 좋은 진지에 있을 때 이길 수 있다는 확신도 없이 공격하는 한 내 병사들은 헛되이 죽임을 당할 것이다."[22)]

나폴레옹은 1809년 8월 15일 다부와 베르티에를 대공으로 봉하며 자신의 마흔 번째 생일을 축하했다. 두 사람의 직함에는 막대한 세비dotation도 따라갔다. 그날 밤 대규모 관병식, 엔처스도르프에서 근위대가 수행한 전투 검토, 유쾌한 만찬에 뒤이어 나폴레옹과 베르티에는 몰래 빈으로 들어갔다. 점령한 적국 수도에서 그는 자신을 축하하는 불꽃놀이를 보다가 정체가 드러났을지도 모른다.[23)] 낮 동안 그는 여느 때처럼 열심히 일했다. 캉바세레스에게는 쇤브룬궁에서 원로원에 보낼 전갈에 관해, 모스크바 주재 대사 콜랭쿠르 장군에게는 영국이 러시아에서 머스킷총을 구매하려 한다는 소문에 관해, 전쟁장관 클라르크 장군에게는 에스파냐에 관해 편지를 썼고 독일군 경리관 피에르 다뤼에게는 아우스터리츠에서 아버지를 잃은 모든 아이들에게 3백 프랑씩 주라고 명령했다. 그날 뮈라와 베르티에에게도 편지가 날아갔다. 뮈라에게는 시칠리아에서 적군을 '일소'한 뒤 그곳에 공작령을 세우는 일에 관해 썼고, 베르티에에게는 병력 6천6백 명을 도나우강 건너편으로 데려갈 수 있는 선박 건조에 관해 썼다.[24)]

9월 프란츠 1세는 협상을 시작할 수밖에 없었다. 나폴레옹은 오스트리아의 협상 대표 페르디난트 부브나 백작에게 말했다.

"그대의 주인과 나는 독일, 이탈리아와 교미하고 싶어 하는 두 마리 황소 같소."[25)]

뮈라의 부관 샤를 드 플라오(오르탕스의 연인이다)에게 나폴레옹은 이렇게 말했다.

"나는 독일이 필요하다. 나는 이탈리아도 필요하다. 이탈리아는 에스파냐를 의미하고 에스파냐는 프랑스의 연장이기 때문이다."[26)]

이는 사실상 오스트리아의 영원한 적의를 보장했다. 오스트리아는 프랑스혁명 이전 몇 세대 동안 이탈리아와 독일에서 공히 지배적인 국가였기 때문이다. 나폴레옹은 프란츠 1세에 관해 속내를 밝혔다.

"나는 그가 두렵지 않다. 그를 아주 많이 경멸하지만 그는 악당이 아니며 오히려 루이 14세처럼 단순한 사람이다. 그렇지만 그는 언제나 가장 최근에 대화를 나눈 사람에게 좌우된다. 그는 전혀 믿을 수 없는 사람이다."[27)]

다가올 협상에 관해서는 다음과 같이 말했다.

"그들이 몇몇 주를 포기한다 한들 그들에게 중요하겠는가? 그들은 정직하지 않으며 기회만 있으면 언제라도 이를 되찾으려 할 것이다."

1796~1797년, 1800~1801년, 1805년, 1809년 경험은 그 판단이 옳다는 점을 분명히 암시했다. 9월 17일 나폴레옹은 브르노에서 장군들과 저녁을 함께하며 말했다.

"내가 아우스터리츠 전장에 온 것이 이번이 두 번째다. 한 번 더 와야 할까?"

그들이 대답했다.

"폐하, 우리가 날마다 보는 것으로 판단하건대 누구도 감히 그렇지 않으리라고 장담할 수 없을 것입니다."[28)]

10월 14일 샹파니와 리히텐슈타인은 쇤브룬 조약에 서명했고 이튿날 나폴레옹이, 곧이어 프란츠 1세가 재가했다. 프란츠 1세가 여러 차례 경고를 받고도 전쟁에 돌입했으니 조약의 가혹한 조건에 결코 불평할 수 없었을 것이다. 나폴레옹은 오스트리아 군대를 15만 명으로 제한했고 일리리아의 주들을 병합해 오스트리아를 거의 바다로부터 차단했다(오스트리아는 피우메를 유지했다). 이로써 나폴레옹은 사실상 오스트리아를 이등국가로 강등했다. 오스트리아는 이스트리아와 카린티아를 프랑스에 넘겼고 잘츠부르크와 베르히테스가덴, 오버외스터라이히 일부를 바이에른에 양도했다. 또한 오스트리아는 대륙봉쇄 체제에 참여해야 했고 이베리아반도와 이탈리아에서 나폴레옹이 일으킨 변화를 전부 인정해야 했다. 오스트리아령 갈리치아는 분할해 5분의 4에 해당하는 서쪽은 바르샤바대공국으로 넘어갔고 5분의 1은(주로 동부 갈리치아) 러시아가 차지했다. 이로써 러시아제국은 인구 40만 명을 얻었으나 상트페테르부르크에서는 나폴레옹이 폴란드왕국을 되살리려 한다는 두려움이 새롭게 일었다.[29] 오스트리아는 전부 합해 주민 350만 명을 포기하고 막대한 배상금을 물어야 했다. 여기에다 프란츠 1세는 '영원한 … 평화와 선린'을 약속해야 했다. 이는 그가 고작 4년 전에 동의한 것과 비슷한 어구로 동의의 진정성도 같았다.[30]

조약을 체결한 날 나폴레옹은 외젠에게 바이에른을 도와 4월 티롤에서 오스트리아를 지지하며 일어난 반란을 진압하라고 명령했다.[31] 10월 17일, 외젠은 전직 여관주인으로 카리스마 넘치는 안드레아스 호퍼가 지휘하는 저항을 분쇄하러 5만 6천 명의 바이에른군과 프랑스군을 이끌고 티롤로 들어갔다. 배신을 당한 호퍼는 1월 말 남부 티롤의 성마르틴 마을에서 사로잡혔다(그를 체포한 병사들은 대단한 적에게서 기념물을 얻으려고 그의 볼에서 피가 날 때까지 수염을 잡아 뜯었다).[32] 외젠은 자비를 베풀라고 간청했으나 1810년 2월 11일 나폴레옹은 다가올 자신의 결혼을 두고 협상이 진행 중인데 호퍼의 목숨을 살려 달라는 오스트리아의 공식 요청으로 일이 복잡해지는 것을 원치 않는다고 답했다. 결국 군사법정을 소집했고 호퍼는 24시간 안에 총살하기로 했다.[33]

쇤브룬 조약은 카르타고 방식의 가혹한 강화라는 비판을 받았는데 이는 끝내 나폴레옹에게 해로운 영향을 미쳤다. 오스트리아가 다시 나폴레옹에 맞서 전쟁을 하게 만들었기 때문이다. 그러나 그 전쟁은 나폴레옹이 1812년 러시아에 패해 파멸을 떠안은 후에야 일어났다. 당시에는 이 끝없는 복수 전쟁을 방지하고자 프랑스와 오스트리아 사이에 새로운 성격의 관계가 필요해 보였다. 10월 8일 외무장관으로 임명된 메테르니히는 오스트리아가 12년간 연이어 네 번 패한 뒤 택할 수 있는 유일한 방안은 프랑스의 하위 협력국이 되는 것이라는 결론을 내렸다. 그는 '승리한 프랑스 체제에 적응'하는 것에 관해 이야기했다.[34] 물론 이것은 단번에 달성할 수 있었다. 나폴레옹이 조제핀과 이혼하고 프란츠 1세의 딸 마리 루이즈 공주와 결혼하면 될 일이었다. 마리 루이즈는 그해 12월이면 열여덟 살이었고 시험 삼아 미리 살펴보는 일을 진행했다. 1809년 나폴레옹은 로마노프 왕가 공주와 결혼한다는 생각을 버리지 않았지만, 조제핀과 결혼생활을 지속하는 동안에는 오스트리아 신부도 러시아 신부도 가능하지 않았다.

나폴레옹은 두 가지 일로 성공 가능성에 마음을 두고 자신의 아이로 왕가를 이으려는 욕망을 새롭게 했던 것 같다. 하나는 2년 전의 일이고 다른 하나는 아주 최근의 일이었다.[35] 1807년 5월 5일 이른 시간 루이와 오르탕스의 네 살배기 아들로 홀란트 왕세자였던 나폴레옹 루이 샤를이 크루프병과 유사한 질환으로 헤이그에서 사망했다. 나폴레옹이 최종 계승자로 고려했을지도 모를 아이였다. 오르탕스는 극심한 우울증에 빠졌고 나폴레옹의 편지도 그다지 도움을 주지 못했다. 나폴레옹은 6월 16일 보낸 편지에 이렇게 썼다.

"네 고통에 마음이 아프다. 그렇지만 좀 더 용기를 내기 바란다. 산다는 것은 고통이다. 존경받을 가치가 있는 인간은 언제나 자신을 통제하기 위해 노력해야 한다."

이어 그는 프리틀란트 전투에 관해 쓰면서 세 문장으로 편지를 끝맺었다.

"나는 6월 14일 큰 승리를 거뒀다. 나는 건강하고 너를 아주 많이 사랑한다."[36]

그 아이의 죽음으로 그나마 남아 있었을지도 모를 루이를 향한 오르탕스의 흐릿한 애정은 완전히 사라졌다. 훗날 오르탕스는 플라오 백작과의 사이에서 아이를 낳는다.[37] 나폴레옹은 조제핀에게 편지를 보내 손자의 죽음을 알렸다.

"당신 옆에 있었으면 좋겠소. 그랬다면 당신이 느끼는 슬픔을 덜어 줄 수 있을 텐데. 당신은 아이를 잃지 않아도 되니 다행이지만 그런 상실은 인간의 불행에 덧붙여진 조건과 고통의 하나요. 나는 당신이 잘 판단할 것이라고 생각하고 싶소. 지금 당신이 건강하기만 하면 되오. 내게 슬픔을 더할 생각은 아니겠지?"[38]

나폴레옹은 그 어린아이의 죽음이 어떻게 그의 결혼을 더 압박할지 즉각 깨닫지 못한 모양이지만 감정 지능이 훨씬 뛰어나고 이제 마흔다섯 살이 된 조제핀은 알아챘다. 조제핀이 '슬픔을 느낄' 수 없었던 이유 중 하나는 그녀가 딸과 손자뿐 아니라 자신의 결혼으로도 마음이 아팠기 때문이다. 조제핀은 나폴레옹이 후계자 출생을 원할 수 있음을 깨달은 것이다. 나폴레옹은 자신에게 아이를 만들 능력이 있음을 알고 있었다. 이미 그의 정부 엘레오노르 드 라플레뉴는 사생아 레옹 백작을 낳았고 1809년 늦여름 마리아 발레프스카도 임신했다.

10월 12일 목요일 오전 9시 나폴레옹이 쇤브룬궁 후면에 있는 말굽 모양의 이중 계단 근처에서 석방한 전쟁포로 몇 명과 면담하려 할 때, 에르푸르트의 루터교회 목사의 아들로 열여덟 살인 프리드리히 슈탑스가 탄원서를 전달하는 척하며 그를 암살하려 했다. 몇 발자국 떨어져 있던 라프가 그를 붙잡았으니 망정이지 그렇지 않았다면 암살은 성공했을 것이다. 라프와 베르티에, 2명의 근위대 기병이 그에게서 커다란 조각칼을 찾아냈다. 라프는 이렇게 회상했다.

"나를 바라보는 그의 눈이 말을 하고 있었다. 나는 깊은 인상을 받았다. 그의 단호한 태도에 나는 의심이 일었다."[39]

나폴레옹은 곧 베르나도트와 베르티에, 사바리, 뒤로크가 함께하는 가운데 슈탑스와 면담했고 알자스 태생의 라프가 통역을 했다. 황제는 그 청년이 정신 나간 상태이기를, 그래서 용서받을 수 있기를 기대했으나 코르비자르는 그가 정치적으로 과격하지만 건강하고 이성적이라고 판정했다. 석방하면 무엇을 하겠느냐고 나폴레옹이 묻자 그가 대답했다.

"다시 당신을 죽이겠다."

슈탑스는 17일 오전 7시 총살되었는데 그때 총살집행반을 향해 외쳤다.

"독일 만세!" "폭군에게 죽음을!"[40]

나폴레옹은 불과 3년 전만 해도 수백 년 동안 신성로마제국 품 안의 무기력한 존재였던 땅에 새로운 독일 민족주의의 비타협적 정신이 살아 있음을 매우 직접적이고 개인적인 방식으로 깨달았다.* 나폴레옹은 극장에 있을 때 비세트르 정신병원에

* 바그람 전투 후 어느 저녁 다른 이들에게는 허용되지 않은 방식으로 나폴레옹을 놀리던 라프는 1803년

서 탈출한 자가 다가와 말을 걸었던 어느 저녁을 떠올리며 비서에게 말했다.

"나는 늘 미친 사람을 두려워했지."

그 남자가 한 말은 이랬다.

"나는 황후를 사랑하고 있소."

이에 나폴레옹이 답했다.

"그대는 대단히 막역한 친구를 고른 것 같네."[41) •]

나폴레옹의 무정함은 그다음 조치에서 싸늘하게 나타났다. 이집트에서 돌아온 뒤부터 그와 조제핀이 쌓아 온 친밀하고 편안하고 사이좋은 결혼생활(조제핀은 나폴레옹과 다른 여인들의 정사에 불평했지만 충실한 아내로 남았다)은 이제 그의 정치적, 왕조적 야심과 그가 생각하는 프랑스 최고의 이익을 가로막는 걸림돌이었다. 그래서 그 결혼은 끝나야 했다. 나폴레옹은 여러 전장에서 사망한 병사들과 가까이에 있었고 폭탄을 맞고도 운 좋게 살아남았으며 레겐스부르크에서 부상을 당했고 최근에는 실패하기는 했지만 암살 시도가 있었다. 이 모든 일은 그의 조언자들의 마음을 얻는 데 일조했다. 나폴레옹은 10월 16일 쇤브룬을 떠나 26일 오전 9시 퐁텐블로로 돌아왔다(그날 저녁 폴린과 피에몬테 출신의 스물다섯 살 된 풍만하고 예쁜 시녀이자 낭독자인 크리스틴 드 마티스 남작부인이 방문했고, 나폴레옹은 거의 즉시 크리스틴과 불륜 관계에 들어갔다. 이 관계는 그의 결혼식 전날 밤까지 이어졌다. 훗날 나폴레옹은 이렇게 말한다. "그녀는 선물을 받아들였다."[42)]). 나폴레옹은 자신의 방과 조제핀의 방을 연결하는 문을

부터 주조해 나폴레옹이라 부른 20프랑 금화로 뱅테왱vingt-et-un(폰툰이나 블랙잭) 카드놀이를 하고 있었다. 그때 황제가 우스꽝스러운 이야기를 해 보려 했다. 나폴레옹이 물었다. "라프, 독일인이 이 작은 나폴레옹을 매우 좋아하지 않을까?" 라프가 대답했다. "그렇죠, 폐하. 저들은 큰 나폴레옹보다 작은 것을 훨씬 더 좋아합니다." 황제가 웃으며 말했다. "내 짐작에 그것이 소위 말하는 독일인의 솔직함이야."(Rapp, *Memoirs* p.26)

• 나폴레옹은 미친 사람을 두려워했을 뿐 아니라 그들에게 영감을 주기도 했다. 1840년 12월 파리에서 나폴레옹의 장례를 치를 때 비세트르 정신병원에는 자신을 나폴레옹이라고 믿는 환자가 14명이나 있었다.

폐쇄하라고 명령했다. 이 거부 메시지에 난해하거나 모호한 것은 전혀 없었다. 오르탕스는 이 고통스러운 시간에 관해 이렇게 썼다.

"황제의 상냥함과 내 어머니를 배려하는 마음은 전부 사라졌다. 그의 태도는 부당했고 분노를 불러일으켰다. … 진즉에 이혼했더라면 더 좋았을 것이다."[43)]

나폴레옹 가족은 11월 15일 튈르리궁으로 떠났고 27일 결혼생활의 병리학이 마지막 단계에 들어가는 과정을 가까이에서 지켜본 보세는 "황후의 큰 용모 변화와 나폴레옹의 불편한 침묵"을 알아챘다.[44)]

그의 제국이 오랫동안 안정을 이뤘다면 형제나 조카가 제위를 계승해도 살아남을지 모르지만 나폴레옹제국은 겨우 5년밖에 되지 않았다. 나폴레옹은 보나파르트 왕가의 생존을 위해서는 아들이 필요하다는 결론에 이르렀다. 조제핀은 13년 동안 노력했으나 이제 마흔여섯 살로 분명 아들을 생산할 것 같지 않았다. 나폴레옹은 알렉산드로스 대왕과 율리우스 카이사르의 죽음 뒤에 벌어진 잔혹한 권력 투쟁을 잘 알고 있었다. 두 사람 다 확실한 후계자 없이 죽었다. 현재 나폴레옹의 후계자는 조제프인데 그의 아내 쥘리 클라리는 아들을 낳지 못했고 조제프는 에스파냐에서 명백하게 실패의 길을 걷고 있었다. 일찍이 1806년 7월 브뤼메르 18일 이후 돌아온 망명귀족 레비 공작은 황제에게 경고했다.

"아틀라스는 세상을 짊어졌지만 그가 떠난 뒤에는 혼란이 찾아옵니다."[45)]

11월 30일 나폴레옹은 조제핀에게 결혼 무효화를 원한다며 이렇게 말했다.

"그대에겐 자식들이 있지만 나는 하나도 없소. 내게 왕조를 튼튼하게 할 숙명이 있음을 당신도 분명히 알 것이오."[46)]

조제핀은 눈물을 흘리며 그 없이 살 수 없다고 말했고 다시 생각해 달라고 애원했다. 라프는 그 시기를 다음과 같이 기억했다.

"그녀는 보나파르트를 향한 자신의 애정을 이야기했고 우리가 있을 때도 그를 보나파르트라고 불렀다. 그녀는 자신의 화려한 이력이 끝나는 것을 애석하게 여겼는데 이는 당연했다."[47]

그날 밤 조제핀은 저녁식사 때 커다란 흰색 모자를 쓰고 나와 내내 울었다는 사실을 감추려 했지만 보세는 '깊은 슬픔과 절망의 모습'을 놓치지 않았다.[48] 함께 있었어도 제각기 식사를 한 나폴레옹과 조제핀은 많이 먹지 않았고 유일하게 나온 말은 나폴레옹이 보세에게 날씨를 물은 것이었다. 나폴레옹의 회상에 따르면 식사 중에 "그녀는 비명을 지르고 혼절했다." 그래서 시녀가 데려가야 했다.[49] 다른 때, 아마도 같은 일을 달리 기억하는 것일 텐데 보세는 "황제의 방에서 황후 조제핀이 격하게 울부짖는 소리"를 들었다. 들어가 보니 황후가 양탄자 위에 누워 "날카로운 비명과 불만을 쏟아 내며" 자신은 '이혼하면' 살 수 없을 것이라 말하고 있었다. 나폴레옹은 보세와 어느 비서에게 그녀를 전용 계단을 이용해 침실로 옮기라고 부탁했다. 보세는 그의 예장용 대검 위로 거의 넘어질 뻔했지만 두 사람은 가까스로 조제핀을 데려갔다.

12월 5일 외젠이 도착해 어머니가 진정하게 했고 보나파르트 일가와 보아르네 일가는 곧 본격적으로 구체적인 사안 논의에 착수했다. 나폴레옹의 다음 결혼식에는 교회 의례가 필요했는데, 그 조건을 충족하려면 대관식 전날 밤에 치른 조제핀과의 교회 결혼은 비록 추기경인 페슈가 집전했어도 무효를 선언해야 했다. 나폴레옹은 그 결혼이 증인이 부족한 비밀 결혼이었고 자신은 조제핀의 강요에 따라 움직였을 뿐이라고 주장했다.[50] 조제핀은 이 불합리한 일을 수용하기로 했지만 프랑스 추기경 27명 중 13명이 나폴레옹의 다음번 결혼식에 참석하지 않았다(나폴레옹이 이들에게 진홍색 예복을 입지 못하게 금지하면서 나폴레옹에 반대한 그들은 '검은 추기경들'로 알려졌다). 정부의 법률 관료들은 결혼식을 무효화하면서 루이 12세와 앙리 4세의 이혼을 선례로 삼았다.[51]

조제핀이 제국의 고관들 앞에서 이혼에 동의했다고 선언한 12월 7일의 회의를 두고 그녀 조카의 남편인 앙투안 라발레트는 이렇게 기록했다.

"그녀가 상당한 용기와 단호함을 보여 주어 참석자들은 깊이 감동했다. 이튿날 그녀는 튈르리궁을 떠났고 다시는 돌아오지 않았다."[52)]

조제핀이 시녀와 함께 마차에 탔을 때 "남아서 얼굴을 내밀고 사의를 표한 사람은 단 한 명도 없었다." 바로 그런 것이 궁정의 비정함이었다. 조제핀은 엘리제궁을 거처의 일부로 삼았기에 파리에서 멀리 가지는 않았다. 나폴레옹은 조제핀에게 말메종과 노르망디에 있는 14세기의 나바르성을 주었고 여기에 90만 프랑이 들었다. 조제핀은 황후의 지위와 모든 명예, 특권을 유지했고 2백만 프랑의 채무에서 벗어났으며 평생 연간 3백만 프랑의 수입을 누렸다.[53)] 제1차 폴란드 분할 때 프리드리히 대왕이 마리아 테레지아에 관해 얘기했듯 "그녀는 눈물을 흘렸지만 제 몫을 챙겼다."

재정적으로는 두 사람 모두에게 좋은 일이었다. 조제핀은 막대한 수입을 올렸고 이혼에 따른 금전적인 문제 해결을 국가에 떠넘겼으니 나폴레옹도 운 좋은 남자였다. 나폴레옹이 조제핀과 이혼한 것은 제국의 후계자를 얻기 위함이었지만, 얄궂게도 프랑스의 다음 황제가 될 자는 나폴레옹의 후손이 아니라 조제핀의 손자로 드러난다. 오늘날 벨기에와 덴마크, 스웨덴, 노르웨이, 룩셈부르크의 왕좌에 앉은 이들은 모두 그녀의 직계 후손이다. 나폴레옹의 후손 중에는 한 명도 없다.

나폴레옹은 조제핀에게 소식을 전하기 전인 11월 22일 러시아 주재 대사 콜랭쿠르에게 편지를 보내 자신과 차르의 여동생 안나 파블로브나와의 결혼 가능성에 관해 알렉산드르 1세의 의중을 떠보라고 은밀히 요청했다.

"나는 정식으로 요청하지 않겠다. 그대의 의견 표명을 청할 뿐이다."[54)]

그렇게 러시아와 오스트리아에 이중으로 청혼이 들어갔다. 12월 중순 나폴레옹은 안나를 선호한다는 점을 분명히 했고 이와 관련된 종교 문제는 개의치 않았다. 이슬람과 즐기고 파문을 당한 남자에게 안나가 러시아정교도라는 사실은 극복할 수 없는 문제가 아니었다. 작센에도 대안이 될 만한 공주가 있었으나 그녀와의 결혼은 차르 알렉산드르 1세의 여동생이나 황제 프란츠 1세 딸과의 결혼이 안겨 줄 지정학적 이점이 없었다. 나이 차이(안나는 1월이 와야 열다섯 살이 된다) 때문에 그녀는 파리로 오기 전 몇 년간 상트페테르부르크에 머물러야 했을 것이다.

12월 16일 나폴레옹과 조제핀의 결혼은 네 문장의 원로원 의결로 무효가 되었고, 그 즉시 나폴레옹은 콜랭쿠르에게 자신을 대리해 이틀 안에 답변을 달라는 요청과 함께 안나에게 청혼하라고 명령했다. 러시아의 답변에는 38일이 걸렸는데 알렉산드르 1세는 콜랭쿠르에게 이렇게 말했다.

"솔직히 말하겠소만 내 누이가 더 나은 선택은 아닐 것이오."[55)]

차르는 솔직하지 않았다. 로마노프 왕가와 코르시카 출신으로 벼락출세한 인간과의 격이 깎이는 결혼mésalliance을 그는 자신의 어머니만큼이나 원하지 않았다. 그런데 프랑스는 크게 상승세에 있고 러시아는 동맹국도 없는 상황이라 나폴레옹의 심기를 거스를 여력이 없는 것도 사실이었다. 차르는 최소한 동의의 대가로 폴란드의 미래를 두고 프랑스와 조약을 체결할 것을 원했고, 이를 위해 콜랭쿠르와 러시아 외무장관 루만체프는 12월 28일 조약의 초안을 마련했다. 제1조는 "상호간의 협약은 폴란드 재창설을 절대 허용하지 않는다"는 것이었다. 제2조로 모든 법령에서 '폴란드'나 '폴란드인'이라는 낱말을 쓰지 않기로 했으며 제5조는 바르샤바대공국 영토의 추가 확대를 금했다.[56)] 콜랭쿠르는 차르 알렉산드르 1세가 모후의 반대를 극복할 수 있다는 뜻을 내비치자 서명했다. 그렇게 전 러시아 차르는 폴란드 분할을 유지하기 위해 자신의 가족에게는 마흔 살 된 코르시카의 벼락출세한 인간일 뿐인 남자에게 아직 10대 소녀인 여동생을 보내는 희생을 기꺼이 치르려 했다. 나폴레옹의 용감한 폴란드 경기병들이 이 모든 일을 어떻게 보았을지는 말하기 어렵다. 1월 10일 콜랭쿠르는 열흘 안에 그 제안에 명확한 답변을 얻어 내라는 명령을 받았다. 급사가 파리에서 상트페테르부르크까지 가는 데 거의 3주나 걸리던 때였다.[57)]

2월 6일 나폴레옹은 더는 안나를 위해 폴란드를 구속할 가치가 없다고 생각했고 샹파니에게 서명한 조약을 비준하지 말라고 명령했다. 그것은 '어리석고 불합리한' 것이었다. 나폴레옹은 콜랭쿠르가 한 일을 거부하며 다음과 같이 말했다.

"폴란드왕국을 재건하면 언젠가 리투아니아인과 다른 민족들도 왕국을 재건할 것이고 그러면 어쩔 수 없이 군대를 보내 이를 막아야 할 것이라는 이유로 폴란드 왕국을 결코 재건할 수 없다고 나는 말할 수 없다. 이는 내 명성에 어울리지 않는다. 내 목적은 러시아를 조용하게 만드는 데 있다."[58]

나폴레옹은 어느 나라도 폴란드 재건을 돕지 못하도록 하겠다고 약속하는 다른 조약을 제안했으나 차르는 그것으로 충분하지 않다고 생각했다.[59] 결과적으로 나폴레옹은 무시당했다고 느꼈고 장래의 신부를 찾아 빈을 쳐다보기 시작했다. 반면 알렉산드르 1세는 폴란드와 관련해 나폴레옹을 신뢰할 수 없음을 깨달았다.[60] 또한 그는 곧 이중 구혼을 진행하고 있었다고 의심했고 이 점에서도 기분이 상했다. 아니면 최소한 기분이 상한 척했다.[61]

1809년 마지막 날 나폴레옹은 우정을 지키고 싶은 마음에 알렉산드르 1세에게 편지를 썼다.

"이 모든 일이 끝난 뒤 무엇이 필요할지 모르겠소. 나는 도깨비를 죽이고 구름에 맞서 싸울 수는 없소."[62]

1810년 2월 초 알렉산드르 1세는 러시아군 개혁을 철저하게 추진하고 있었다.[63] 1월에 그는 근대화론자인 바르클라이 데 톨리를 전쟁장관에 임명했고 드비나강과 베레지나강을 따라 러시아의 서부 국경을 방어하는 계획을 수립했다. 그해에는 러시아에서 민족주의적 선전 운동이 일어났으며 신문의 프랑스 비난도 다시 허용했다. 프랑스를 혐오하는 문학 클럽과 언어학 클럽도 허용했다.[64] 1810년 5월 4일 마리아 발레프스카가 나폴레옹의 아들을 낳았을 때 아기는 알렉상드르라는 이름을 받았다. 그렇지만 소용없었다.

몇 년 뒤 나폴레옹은 잠시 파리 여자를 아내로 맞으려 했던 일을 회상했다. 그는 대여섯 명의 여자를 명부에 올렸다고 말했지만 튈르리궁에서 표결한 결과 국무원 위원 5명이 오스트리아와의 동맹을 지지했고 2명은 작센을, 푸셰와 캉바세레스는 여전히 안나를 고수했다. 나폴레옹은 두 사람이 마리 루이즈의 대고모인 마리 앙투아네트 처형에 찬성했다는 이유로 오스트리아 왕실과의 결혼에 반대한다고 의심했다. 캉바세레스는 나폴레옹이 어느 나라든 선택받지 못한 나라와는 결국 전쟁을 하게 될 것이라고 말하며 이를 부인했다. 그는 이렇게 덧붙였다.

"저는 빈으로 진격하는 것보다 상트페테르부르크로 진격하는 것이 훨씬 더 두렵습니다."[65]

나폴레옹과 마리 루이즈의 결혼은 처음에 조짐이 좋지 않았다. 어린아이였을 때 그녀는 육아실에서 나폴레옹의 모습을 한 '사나운 인형'을 갖고 놀았고 열네 살과 열여덟 살 때는 적군을 피해 집에서 떠나야 했다. 마리 루이즈는 자신이 선택될 거라는 걸 어렴풋이 알기 전에 이런 글을 썼다.

"그의 선택을 받는 불쌍한 공주를 동정하겠어."

자신이 선택되리라는 것을 알아챈 뒤에는 친구에게 "그런 일이 일어나지 않게 기도해 달라"고 부탁하며 이렇게 썼다.

"신의 섭리에 운명을 맡길 수밖에."[66]

그런 상황 전개에 훨씬 더 행복해한 나폴레옹은 다음과 같이 회상했다.

"마리 루이즈가 미인이라는 소리를 듣고 매우 기뻤다."[67]

보통 미인이 아니었다. 라발레트의 묘사에 따르면 그녀는 "키가 크고 몸매가 좋으며 건강했다. 그녀는 일반적으로 젊음에 따라오는 우아함과 아름다움을 다 갖춘 것 같았다." 그리고 "태도가 상냥했으며 그 가족의 다른 사람들과 달리 그녀의 미소는 온화하고 유쾌했다."[68] 나폴레옹이 마리 루이즈에게 보낸 편지는 318통이 남아 있는데 그중 첫 번째는 1810년 2월 23일 랑부예에서 비서가 받아쓴 결혼 제안 편지였다.

> '내 사촌Ma cousine'에게. 전하의 인격을 돋보이게 하는 훌륭한 자질에 우리는 그대의 아버지인 황제께 그대의 행복을 우리에게 맡겨 달라는 청을 드림으로써 그대를 섬기고 존중하고픈 마음이 들었소. 우리가 이러한 조치를 취하도록 한 감정이 그대에게 받아들여지기를 기대해도 되겠소? 그대가 오로지 부모에게 복종해야 하는 의무감으로만 움직이지는 않을 것이라고 믿어도 되겠소? 전하의 감정이 우리를 좋아한다면, 우리는 이를 조심스럽게 키우고 온갖 방법으로 늘 그대를 기쁘게 하려고 노력해 언젠가 그대의 호감을 얻어 내는 데 성공하리라는 희망을 품어 보겠소. 그것이 바로 우리가 간절히 이루고픈 목표요. 이 점에서 전하께 은혜를 베풀어 주시기를 간청하오.69)

나이 마흔 살의 남자가 열여덟 살 소녀에게 보내는 정중한 청혼이었다. 이틀 후 나폴레옹은 직접 편지를 쓰면서 그녀를 '내 누이Ma Soeur'라고 칭했다. 그다음에는 '마담Madame'으로 일관하다가 결혼한 뒤에는 '내 사랑하는 루이즈', '내 상냥한 루이즈' 등으로 바뀌었다.

유럽 대륙의 가장 오래된 군주국과 가장 새로운 군주국 사이의 혼례에는 복잡한 절차가 필요했다. 마리 루이즈는 3월 11일 빈의 호프부르크궁에 있는 카푸친 수도회 예배당에서 대리인을 내세워 나폴레옹과 결혼했다. 혼례에서 그녀 대신으로 카를 대공이, 나폴레옹 대신으로 베르티에가 서 있었다. 궁중사제장이라는 오래된 직함을 갖고 있던 대주교 페르디낭 드 로앙이 우스꽝스러울 정도로 알랑거리는 편지를 써서 나폴레옹의 결혼을 축하했을 때, 황제는 뒤로크에게 "연극기금에서 궁중사제장에게 1만 2천 프랑을 지급하라"고 말했다.70)

나폴레옹은 신부와의 첫 만남을 1810년 3월 27일 화요일로 정밀하게 조정했다. 대리 결혼식 이후였지만 민사 결혼식 이전이었다. 두 사람은 수아송에서 약 5킬로미터 떨어진 곳에 설치한 천막에서 만날 예정이었다. 나폴레옹이 먼저 목례하기로 했지만 그녀가 먼저 예를 표하면 나폴레옹이 그녀를 일으켜 세울 것이었다. 그런데 그날 비가 내렸고 어쨌거나 참을성이 없는 나폴레옹은 뮈라와 함께 천막을 지나쳐 마리 루이즈의 마차를 가로막았다. 쿠르셀의 교회 바로 앞이었다. 나폴레옹은 마차 안으로 들어가며 그다지 당당하지는 않게 말했다.

"마담, 당신을 만나는 것은 내게 크나큰 즐거움이오."[71)]

그런 뒤 그녀를 자신의 마차에 태워 콩피에뉴의 궁으로 데려갔다. 두 사람은 오후 9시 30분에 도착했고 함께 만찬을 나누며 의전을 무시했다. 마리 루이즈의 다른 대고모로 마리아 카롤리나의 나폴리 왕비 지위를 찬탈한 카롤린을 포함해 가까운 가족이 참석했다.[72)]

궁 안의 프랑수아 1세 회랑에서 만찬을 즐기던 중 나폴레옹은 언제나 유용한 인물인 페슈 추기경에게 마리 루이즈의 면전에서 자신들이 법적으로 이미 부부인지 물었고 빈에서 대리 혼례를 치렀으니 그렇다는 확답을 받았다. 그날 예법을 지키고자 마리 루이즈는 궁에서 자고 나폴레옹은 인근의 대법관 관저에 머물기로 했으나 보세는 황제가 이튿날 정오 황후의 침대 곁에 아침을 차리게 한 것으로 보아 이렇게 판단했다.

"황제가 대법관 관저에서 잔 것 같지 않다."

이제 민사 결혼식을 치른 날 밤에도 생클루의 이탈리아 정자에서 잘 필요는 없을 듯했다.[73)]

훗날 나폴레옹은 마리 루이즈와의 첫날밤을 회상하며 막역한 친구에게 말했다.

"그녀는 그것을 아주 좋아해서 내게 한 번 더 하자고 요구했다."[74)]

마리 루이즈의 걱정이 무색하게 결혼생활은 행복하게 출발했다. 두 사람은 1810년 7월부터 1811년 9월까지 매일 밤을 같이 보냈고 재혼한 나폴레옹은 파리로 불러온 마리아 발레프스카를 버렸다. 최소한 마리 루이즈가 자신에게 불성실하게 행동하기 전까지는 나폴레옹이 그녀를 불성실하게 대한 적이 있는지 분명하지 않다. 메테르니히는 언젠가 마리 루이즈가 자신에게 "나는 나폴레옹이 두렵지 않지만 그가 나를 두려워한다고 생각한다"라고 말한 것을 회상하며 다음과 같이 썼다.

"그의 아내들 중 누구도 나폴레옹 개인의 예법에서 불평거리를 찾지 못했다."[75)]

마리 루이즈는 그에게 일생의 사랑은 아니었다. 몇 년 뒤 나폴레옹은 말했다.

"나는 마리 루이즈를 진심으로 사랑했지만 조제핀을 더 사랑했다고 생각한다. 당연했다. 우리는 잠자리에서 함께 일어났다. 그녀는 진정한 아내, 내가 선택한 아내였다. 그녀는 우아함으로 가득했다. 잠자리에 들 때도 우아했고 옷을 벗을 때도 우아했다. … 내게 아들을 하나 낳아 주었다면 결코 그녀를 떠날 수 없었을 것이다. 그러나 정말로 …"[76)]

나폴레옹은 결국 두 번째 결혼을 후회한다. 그는 자신이 몰락한 책임을 여기로 돌리면서 말했다.

"마리와 결혼하지 않았다면 나는 분명 러시아와 전쟁을 하지 않았을 것이다. 나는 오스트리아의 지원을 확신했으나 내가 틀렸다. 오스트리아는 프랑스의 천적이기 때문이다."[77)]

1810년 4월 1일 일요일 생클루의 대회랑에서 거행한 민사 결혼식에는 오스트리아 대사 카를 폰 슈바르첸베르크 대공이 '방앗간 주인처럼 하얗게' 보이도록 만든 육군원수 제복을 입고 참석했고 황제의 모후도 참석했다. 결혼식을 마치고 이튿날 두 사람은 종교 결혼식과 축하연을 위해 튈르리궁으로 갔다.[78)] 보통은 그림을 전시하는 용도로 사용한 정사각형의 루브르궁 아폴로 방에 세운 은박 제단에서 추기경 페슈가 혼인을 축복했다. 파리는 불꽃놀이로 결혼을 축하했다. 양고기 다리 3천 개와 소시지 1천 개를 빈민에게 하사하고 샹젤리제 광장에서는 춤판이 벌어졌다. 죄수들을 사면하고 마장마술과 음악회, 관병식을 펼쳤으며 샹드마르스 광장 위에서는 열기구가 비행했다. 근대 카이사르만큼 '빵과 서커스'의 중요성을 잘 이해한 사람은 없다. 같은 날 결혼한 선임병 6천 명은 각각 6백 프랑씩 받았다.[79] 마리 루이즈는 나폴레옹에게 상당히 큰 비용 절감을 의미하지 않았다. 매년 평균 89만 9,795프랑의 비용을 떠안긴 조제핀과 비교해도 그렇다. 왜냐하면 새 아내는 그에게(아니면 적어도 프랑스 재정에) 연간 77만 2,434프랑의 비용을 지불하게 했기 때문이다.[80]

결혼식 날 하객 1천5백 명에게 인사를 받은 마리 루이즈는 나중에 친구에게 말했다.

"다이아몬드 왕관 때문에 내내 기분이 좋지 않았다. 너무 무거워서 참을 수 없을 지경이었다."

결혼식의 모범으로 삼은 것은 1770년 마리 앙투아네트와 루이 16세의 결혼식이었다. 그것은 모범으로 삼기에 그리 낭만적인 선례가 아니었지만 황가 결혼이 어떠해야 하는지와 관련해 나폴레옹의 관념에 가장 잘 어울리는 결혼식이었다. 결혼식 다음 날 나폴레옹은 차르 알렉산드르 1세에게 편지를 써서 "내 친구, 내가 폐하의 좋은 형제로서 느끼는 완벽한 존경과 다정한 우정의 완벽한 감정"을 전했다.[81] 두 사람은 당대 공식적인 예법에 따라 형제였을지 몰라도 처남매부지간은 될 수 없었다. 나폴레옹이 이런 말로 편지를 보내고 겨우 이틀 뒤, 알렉산드르 1세는 아주 가깝게 지내는 폴란드인으로 외무장관을 역임한 아담 차르토리스키에게 '지금부터 아홉 달 후' 프랑스-러시아 관계에 위기가 올 것이라고 털어놓았다.[82] 차르토리스키와 연락을 유지하고 있던 차르는 그에게 바르샤바대공국이 나폴레옹에게 얼마나 충성하는지 물었다. 바이에른 선제후령과 뷔르템베르크공국, 베스트팔렌 지역은 최근인 1807년 나폴레옹이 왕국으로 바꿨고, 알렉산드르 1세는 바르샤바대공국이 다음 차례일까 두려워했다.

나폴레옹의 결혼식 이후 석 달이 지난 7월 1일 슈바르첸베르크는 몽블랑가에 있는 대사관에서 축하 무도회를 열었다. 이때 모슬린 커튼에 촛불이 붙는 바람에 건물 전체가 불길에 휩싸였고 참석자 6백 명 가운데 4명이 사망했다. 이 중에는 슈바르첸베르크의 형수도 포함되었는데 끼고 있던 반지로 신분을 확인했다. 한 주 뒤 마리 루이즈는 폴린에게 말했다.

"나는 놀라지 않았지만 황제가 그곳에서 나오라고 압박하지 않았다면 나도 불에 탔을 거예요. 위험하다는 생각을 조금도 하지 못했기 때문이죠."

나폴레옹은 아내를 안전한 곳으로 데려간 뒤 돌아와 구조 활동을 감독했는데 대응이 느린 것에 마음이 상해 파리의 소방 체계를 철저하게 점검한 뒤 소방대sapeurs-pompiers를 창설했다.[83] 미신을 믿은 나폴레옹은 그 사건을 두고 자신이나 슈바르첸베르크가 저주를 받았다고 믿었다.

나폴레옹의 결혼식을 루브르궁에서 거행했어야 했다는 것은 맞는 얘기였다. 당대인이나 후속 세대가 볼 때 그의 제국을 인식하는 데는 시각 예술이 지극히 중요했기 때문이다. 그는 다뤼에게 다음과 같이 말했다.

"내 의도는 미술을 이 마지막 15년간 성취한 것을 영원히 기억하는 데 도움을 주는 주제로 바꾸는 것이다."

그의 아낌없는 후원은 놀라운 성과를 낳았다.[84] 나폴레옹은 가끔 재위 중에 위대한 문학 작품이 부족했다는 비판을 받는데, 만약 그렇다면 논리적으로 제국 시절에 생산한 위대한 미술은 칭찬을 받아야 한다. 그가 미술을 장려하고자 많은 노력을 기울였기 때문이다. 물론 나폴레옹은 루이 14세와 프랑스 혁명가, 아우구스투스 황제를 비롯해 자신이 찬양한 로마의 다른 많은 황제처럼 문화를 정치 선전에 이용했다.[85] 여하튼 자크 루이 다비드와 프랑수아 제라르, 테오도르 제리코, 안루이 지로데(1812년 나폴레옹의 전신 초상화와 똑같은 작품을 36개나 주문받았다. 첫 번째 퇴위 전까지 26개를 그렸다), 앙투안 장 그로, 장 위르뱅 게랭, 장 오귀스트 앵그르, 피에르 폴 프뤼동, 카를 베르네와 그의 아들 오라스 베르네, 엘리자베트 비제 르브룅, 세밀화가 오귀스탱과 이자베 같은 재능 있는 화가를 자랑할 수 있는 시기는 남용하는 표현이긴 하지만 '황금기'라는 수식어를 붙이기에 충분한 자격이 있다[86](에스파냐에서는 고야조차 한동안 조제프 왕의 궁정에서 일했다). 나폴레옹은 회화를 장려하기 위해 연간 6만 프랑의 예산을 책정했는데 대체로 이를 넘겼다. 그는 1810년 살롱Salon(1667년 시작한 파리 미술 아카데미Académie des Beaux-Arts의 공식 전시회)에서만 루브르궁에 전시하려고 그림 20점을 4만 7천 프랑을 주고 구매했다.[87]

나폴레옹의 초상과 업적은 그림, 인쇄물, 태피스트리, 메달, 도자기, 예술품, 조각으로 남아 불후의 생명을 얻었다. 이는 통치를 정당화하는 방편이자 어느 미술사가의 말을 빌리면 '프랑스인의 기억에 자신을 영구히 새겨 넣는' 방법이었다.[88] 나폴레옹은 점심시간에 와야 하고 말을 하지 않는다는 전제가 붙긴 했지만 화가와 조각가를 위해 동시에 모델이 되곤 했다. 사진술을 발명하기 이전 시대에는 누구도 미술에서 정확한 실사를 기대하지 않았다. 예를 들면 누구도 다비드의 그림에서 보듯 나폴레옹이 늘 앞다리로 벌떡 일어서는 수말을 타고 실제로 알프스를 넘었다고 생각하지는 않았다. 그 작품은 위업의 영광을 웅장하게 비유해서 설명한 것이었다. 아래쪽 왼편 모퉁이에는 '한니발', '카롤루스 마그누스(즉, 샤를마뉴)', '보나파르트'라는 글씨가 적힌 알프스의 바위들이 보인다.

나폴레옹의 적들은 그의 예술을 단순한 선전으로 치부했으나 감식력 있는 많은 전문가가 프랑스인이 아닌데도 그 가치를 높이 평가하고 작품을 수집했으며 심지어 의뢰하기도 했다. 예를 들면 제10대 해밀턴 공작은 1811년 다비드에게 〈튈르리궁 서재의 나폴레옹〉을 그려달라고 주문했고, 섭정 왕자(조지 4세)는 이자베의 〈튈르리궁에서의 회고〉를 사들였다. 제2대 랜즈다운 후작은 나폴레옹 미술 작품을 많이 구매했고, 존 손 경은 나폴레옹 시절의 제본 책을 수집했으며, 존 보스는 바너드성Barnard Castle 계단에 나폴레옹 시대 원수들의 초상화를 걸어 놓았다.[89]

때때로 겸손함을 드러낸 나폴레옹은 자신을 반인반신으로 묘사하는 것을 거부했다. 1811년 4월 나폴레옹은 안토니오 카노바가 '마르스, 평화의 사도'라는 제목으로 제작한 자신의 대리석 조상을(이를 위해 그는 다섯 번이나 모델로 앉았다) 공개 전시 직전에 보자마자 창고에 치우라고 명령했다. 그 작품은 나폴레옹 생전 내내 나무와 범포로 만든 칸막이에 가려져 있었다.[90] 나폴레옹은 거의 벌거벗은 그의 모습을 보고 사람들이 조롱할까 봐, 카노바가 작품에 착수한 1803년의 체격과 8년 뒤 훨씬 뚱뚱해진 자신의 모습을 비교할까 봐 두려워했다(오늘날 그 작품은 런던의 앱슬리 하우스Apsley House 계단에서 볼 수 있다. 웰링턴 공작의 손님들은 거기에 우산을 걸어놓곤 했다).

나폴레옹의 후원과 그보다 훨씬 더 활발했던 조제핀의 후원으로 신고전주의 미술 양식 전체가 시작되었다. 주택, 가구, 시계, 식당, 식기류, 직물, 벽지, 침실, 그림이 그려진 장식품, 샹들리에, 거울, 조명, 원예도 여기에 속한다. 구체제의 사치스러운 장식은 총재정부 시절 이미 소소하게 다시 나타났지만 그 양식을 뚜렷하게 드러낸 것은 나폴레옹제국이었다.[91] 나폴레옹이 고대 그리스와 로마에 매력을 느꼈기에 고전적인 건축은 늘 지지를 받았고 그의 이집트 원정은 페르시에와 퐁텐, 베르토, 기타 여러 실내장식업자에게 영감을 주어 이집트 테마를 실험하게 했다.[92]

제국 양식의 여러 훌륭한 작품은 오늘날에도 볼 수 있으며 나폴레옹 시절 프랑스의 건축과 장식미술이 세계를 선도했다는 생각을 강화하고 있다. 무작위로 골라보면 이렇다. 콩피에뉴의 무도장과 서재, 보르도 인근 마르고성 정면, 프렐 가문Maison Prelle의 직물, 보아르네 저택Hôtel de Beauharnais의 응접실과 파리에 있는 부리엔 저택Hôtel Bourrienne 1층(에티엔 르콩트 작품), 엘리제궁 계단, 자코브 데말테르의 책상secrétaires, 채츠워스에 있는 카노바의 황태후 조상, 생클루에 있는 조제핀의 내실, 마르탱 비엔네의 은제 겨자단지, 퐁텐블로에 있는 피우스 7세의 침대와 조제핀의 비데, 블레즈 데아름의 니스를 칠한 금속 찻상, 베르사유의 그랑 트리아농에 있는 황제의 방(나폴레옹은 베르사유성이 아니라 여기에 방을 두었다. 그곳은 구체제를 떠올리게 했기 때문이다), 앙투안 드니 쇼데의 청동상, 오귀스트 파맹의 랑부예 욕실 장식(나폴레옹은 그리 좋아하지 않았다고 한다), 피에르 벨랑제의 안락의자, 다르트 프레르의 백조 모양 컵, 조제프 르벨의 시계, 말메종에 있는 페르시에의 서재 천장과 베르토의 사랑의 전당, 오뷔송에서 만들어진 살랑드루즈의 양탄자, 조제프 투베냉의 제본, 랑슬로 회사의 양초 두 개짜리 램프 등갓, 르크뢰조의 몽스니 공장에서 만든 조제핀의 샹파뉴 플루트, 조제프 뒤푸르의 벽지, 고블랭 공장의 태피스트리와 마리조제프 제뉘의 은제 배 모양 소스 그릇.[93] 통령정부 시절과 제1제국 시절의 이처럼 놀라운 예술 창작 폭발은 나폴레옹과 완전히 떼어 놓을 수 없다. 그는 10년 넘게 유럽 최고의 예술 후원자였다. 물론 1799년 이전과 1815년 이후 많은 장인이 번창했으니 이들 중 다수는 유럽 어디서든 일거리를 찾았을지도 모른다. 하지만 웅장한 제국 양식은 황제와 그의 아내에게 격려와 영감을 받지 못했다면 발전하기 어려웠을 것이다.

1810년 4월 16일 나폴레옹은 앙드레 마세나가 사양했음에도 불구하고 그에게 새로 편성한 포르투갈군Armée du Portugal 지휘를 맡겼다. 마세나는 로바우섬에서 말에서 떨어진 뒤 내내 호흡기 문제로 고통을 겪었고 1808년 9월 사냥에서 나폴레옹이 그를 쏘는 사고가 발생했을 때 거의 실명할 뻔했다("그렇게 많은 위험을 모면했는데 오발 사고로 부상당한 것은 운이 나빴다고 할 수밖에 없다"가 그가 받은 사과의 전부였다[94]). 나폴레옹은 마세나와 얼굴을 마주했을 때 그가 포르투갈군 지휘권을 받아들이도록 설득하는 데 성공했다. 특히 그가 전략 결정권을 약속하고 "보급품이 절대 부족하지 않게 할 것"이라고 보장했기 때문이다.[95] 현실을 보자면 나폴레옹은 그 원정을 수행하기로 계획했을 때 병력 10만 명 이상을 책정했으나 마세나는 전부 합해 7만 명 이하인 3개 군단을 받았을 뿐이다. 더구나 5월 29일 나폴레옹은 미세 관리 강박증에 무너졌고 마세나에게 언제 어디로 진격해야 할지를 두고 그의 밉살스러운 적인 베르티에를 통해 상세한 명령을 보내기 시작했다.

7월 말 마차가 부족해 수천 끼 분량의 배급식량이 버려졌고, 노새 부족으로 포대의 3분의 1을 에스파냐에 남겨 두고 와야 했으며, 약속한 증원군이 도착하지 않는 등 마세나의 불만은 공감력이 부족한 베르티에의 귀에 들어갔다. 전적으로 정당한 불만이었다. 그래도 마세나는 한 달도 지나지 않아 웰링턴을 추격해 리스본까지 약 32킬로미터도 남지 않은 곳에 도달했고, 그곳에서 난공불락의 방어선인 토르스 베드라스에 막혀 멈춰야 했다. 중포와 대규모 증원군이 있었다면 마세나는 방어선의 가장 약한 지점을 찾아내 급습했겠지만 이를 받지 못했다. 나폴레옹은 마세나의 월등히 많은 병력이 2만 5천 명의 웰링턴 부대를 쉽게 이기리라고 추정했을 뿐, 웰링턴과 함께 싸우는 2만 5천 명의 포르투갈군은 전혀 감안하지 않았다. 나폴레옹은 토르스 베드라스 방어선을 직접 본 적이 없어서 그 방어 능력을 낮게 평가했다가 11월 24일 막시밀리앙 푸아 장군이 설명한 뒤에야 이를 깨달았다.

오늘날 토르스 베드라스 방어선을 찾아가면 특히 1810년 상태로 잘 복원한 지점들에서 마세나가 거의 극복할 수 없는 문제에 부딪쳤음을 알게 된다. 포르투갈 노동자 7천 명이 46킬로미터에 이르는 리스본반도에 방어선을 세 개나 구축했다. 요새화한 165개의 각면보를 628문의 대포가 지키고 있었다.[96] 영국 해군은 각 방어선을 따라 신속한 통신을 위해 원격통신 시스템을 확립했고 테주(타호)강에 정박한 포함으로 양 측면을 엄호했다.

나폴레옹은 〈모니퇴르〉에 웰링턴을 '세포이 장군'일 뿐이라고 조롱했으나 속으로는 그가 토르스 베드라스로 퇴각하며 보여 준 무자비한 초토화 작전에 깊은 인상을 받았다. 그는 샵탈에게 다음과 같이 말했다.

"유럽에서는 오직 웰링턴과 나만 그런 조치를 실행에 옮길 능력을 지녔다. 그렇지만 그와 나 사이에는 이런 차이가 있다. 프랑스는 … 나를 비난하겠지만 영국은 그를 인정할 거라는 점이다."[97]

사실이었다. 웰링턴은 포르투갈에서 쓴 초토화 전술을 대체로 비난받지 않았지만 나폴레옹은 그와 거의 같은 방법을 썼다고 심한 비난을 받았다. 나폴레옹은 이를 성지Holy Land와 프로이센에서 썼고 나중에는 러시아에서도 썼다. 1811년 1월 마세나의 군대는 드루에와 증원군 6천 명만 받았고 토르스 베드라스 방어선 밖 산타렝에서 굶주리는 바람에 탈영해서 약탈하고 다녔다. 마세나는 더는 퇴각을 지체할 수 없을 때까지 머물다가 3월 5일 밤 초병처럼 보이도록 밀집을 잔뜩 채운 허수아비를 세운 채 산타렝을 떠났다. 나폴레옹은 마세나를 이렇게 평가했다.

"그는 이제 쓸모가 없다. 병사 4명과 하사 한 명을 지휘하기에도 벅차다!"[98)]

*

1810년 5월 예순한 살의 스웨덴 왕 칼 13세의 계승자가 사망했다.* 나중에 스웨덴 사람들은 우연히 아일라우 전투 중에 스웨덴인 전쟁포로를 친절히 대한 베르나도트에게 왕위를 제의하자는 생각을 했다. 그들은 훗날의 군주가 가슴에 '왕들에게 죽음을'이라는 문구를 새긴 광포한 공화주의자였다는 사실을 개의치 않았다. 더구나 러시아에 패해 핀란드를 잃은 뒤라 프랑스의 원수를, 특히 결혼으로 나폴레옹과 친척이 된 자를 왕좌에 앉히면 유용한 동맹을 얻으리라고 추정했다.

하지만 이제껏 보았듯 나폴레옹과 베르나도트는 스웨덴 사람들이 추정한 것처럼 사이가 좋지 않았다. 나폴레옹은 그 이전 해 9월 빈에서 푸셰에게 보낸 편지에 이런 글을 썼다.

"그 인간의 허영은 지나치다. 나는 전쟁장관에게 그를 소환하라고 명령했다. 그의 재능은 지극히 평범하다. 나는 그를 조금도 신뢰하지 않는다. 그는 이 커다란 수도에 차고 넘치는 온갖 모사꾼의 이야기를 기꺼이 경청한다. … 그 인간 때문에 예나 전투에서 거의 패배할 뻔했다. 그는 바그람에서 무기력하게 행동했고 아일라우에

* 칼 13세는 스웨덴 귀족들이 그의 조카인 국왕 구스타브 4세를 폐위한 1809년 3월 왕위에 올랐다. 구스타브 4세는 무능하다는 이유로 쫓겨난 또 한 명의 유럽 군주였다.

서는 할 수 있는데도 나타나지 않았으며 아우스터리츠에서는 할 수 있었던 모든 일을 다 하지 않았다."[99)]

이는 전부 사실이었고 브뤼메르까지 거슬러 올라가면 모욕당한 일을 훨씬 더 많이 추가할 수 있을 것이다. 어쨌거나 베르나도트는 데지레와 결혼했다. 장래에 러시아와 전쟁을 벌일 경우 매우 소중한 존재일 수 있는 스웨덴 사람들이 베르나도트에게 (언젠가) 왕위를 주겠다며 나폴레옹의 허락을 구했을 때, 나폴레옹은 베르나도트를 짜증나게 할 만큼 주저하긴 했지만 동의했다. 베르나도트는 바그람 전투 중 자신에게 쏟아진 신랄한 비난에 여전히 분노가 가시지 않았다.

차르 알렉산드르 1세는 베르나도트가 스웨덴으로 이주하는 것을 안나 파블로브나를 퇴짜 놓은 것처럼 모욕이자 도발로 보았다. 오로지 군대만 그 출세의 명백한 능력주의를 칭찬했다. 블라즈 대위는 다음과 같이 회상했다.

"베르나도트 사례는 모두를 우쭐하게 만들었다. 우리는 모두 칼집 속에 제왕의 홀이 있다는 공상에 빠졌다. 병사가 왕이 되니 저마다 자신도 똑같이 될 수 있다고 생각했다."[100)]

1810년 6월 3일 나폴레옹은 허락도 없이 영국과 비밀리에 강화 협상을 벌였다는 이유로 푸셰를 해임했다. 그는 이렇게 썼다.

"그대가 내게 얼마나 많이 봉사했는지 다 알고 있고 그대의 애정과 열성을 믿는다. 그렇지만 그대가 직책을 유지하게 둘 수는 없다. 치안장관 자리는 절대적이고 완전한 신뢰를 요하는데, 그대는 나와 국가의 평온을 해쳤으므로 그대에게는 이제 그 신뢰가 없다."[101)]

푸셰는 은행가 가브리엘 우브라르(푸셰에게 서한을 보낼 때 은현잉크를 사용했다), 영국 은행가 프랜시스 배링과 여타 중개자를 고용해 나폴레옹 모르게 웰링턴의 형인 영국 외무장관 웰즐리 경과 은밀히 상세한 강화 협상에 몰두했다.[102)]

웰즐리는 푸셰가 나폴레옹을 대리한다고 믿었는데 이를 알고 당연히 격노한 나폴레옹은 이는 "내 명성의 오점"이자 "내 모든 정치 관계의 총체적 변화"를 의미한다고 했다. 나폴레옹은 대륙봉쇄 체제로 영국을 압박해 강화를 청하게 만들려고 했으나 이 독단적 조처는 영국 정부에 혼란스러운 메시지만 전할 뿐이었다. 나폴레옹은 한탄했다. 푸셰의 술책 때문에 "나는 끝없이 감시해야 했다. 이는 피곤한 일이다."[103] 그는 푸셰를 로마 총독으로 보내 버리고 그의 경쟁자 사바리를 치안장관에 임명했다.[104] 우브라르는 생트펠라지의 채무자 교도소로 보냈는데, 그는 그곳에서 샤라드 게임(몸짓으로 낱말 맞히기)과 휘스트 카드놀이를 하며 다소 호화스럽게 3년을 보냈다.[105]

1810년 7월 나폴레옹은 대륙봉쇄 체제가 기대한 대로 작동하지 않는다고 판단했으나 이를 완전히 폐기하는 대신 '새로운 체제Le Nouveau Système'를 도입해 수정하기로 했다. 새로운 체제란 몇몇 개인과 회사에 영국과 일군의 지정 품목을 교역할 수 있는 특별 허가증을 판매하는 것이었다. 이 허가증 판매는 남용될 소지가 있었고(부리엔은 함부르크에서 이를 판매해 엄청난 재산을 모았다) 편파적일 수 있다는 비난이 자자했다. 제국 내부의 프랑스인이 아닌 제조업자는 당연히 허가증 승인을 프랑스인에게 집중하는 경향이 있다고 확신하며 크게 분개했다. 예를 들면 1810년에서 1813년 사이 보르도는 181건의 일반 허가증과 607건의 1회용 면허를 받아 미국과 교역했지만 함부르크는 각각 68건과 5건만 인정받았다.[106] 재무장관 몰리앵조차 나폴레옹이 "허가증 제도로 유럽 대륙을 희생하며 영국(과의 무역) 독점에서 한몫을 챙기려 한다"고 의심했다.[107] 1812년 4월 나폴레옹은 베르티에에게 보내는 편지에서 이런 말을 했다.

"코르시카에는 관세청이 없어서 설탕과 커피 유입에 장애가 없다. 허용하지는 않았지만 눈감아 준 것이다."[108]

몇 년 지나며 법령을 추가로 공포하면서 허가증 제도에 관료주의가 침투했다. 가령 영국해협의 안트베르펀과 비스카야만(가스코뉴만) 로리앙 사이의 지역에서 모든 수출품의 6분의 1은 포도주여야 했고 나머지는 브랜디와 씨앗(초본 제외), 금지 품목이 아닌 프랑스 상품으로 채워졌다. 샤랑트앵페리외르주(오늘날의 샤랑트마리팀주) 지역은 곡물을 수출할 수 있었지만 그곳에서도 수출품의 절반은 포도주와 브랜디라야 했다. 오스티아와 아그드 두 항구를 오가는 선박은 레반트와 에스파냐의 아홉 개 지정 항구로 갈 수 있었으나 다른 곳으로는 가지 못했다. 1810년 7월 추가로 회람장을 발표했고 주지사는 프랑스 선박이 아닌 타국 선박에 허가증을 발급하지 않을 권한을 얻었다.109) 상이한 비용이 드는 다양한 유형의 허가증에 따라 여러 주의 여러 회사가 외국의 여러 항구와 상이한 지정 상품을 교역할 권리를 얻었다. 규칙이 늘 변하면서 겉보기에는 일시적이었고 가능한 모든 조합과 치환을 포함하는 조항, 하위 조항이 끝없이 이어졌다. 나폴레옹은 이 모든 것을 습관적으로 세심히 주의를 기울여 감독했다. 8월 14일 나폴레옹은 파리의 면허세 과장에게 물었다.

"7월 11일 흑단 화물을 싣고 제노바에 들어온 '콩실리아퇴르Conciliateur호' 입항을 누가 허락했는가?"

러시아인은 '새로운 체제'가 자신들을 능욕한다고 보았다. 그들은 여전히 영국과 교역하는 것을 금지했지만 프랑스 제조업자들은 봉쇄를 피하는 것 같았기 때문이다. 알렉산드르 1세가 틸지트에서 나폴레옹에게 보여 준 친밀함이나 에르푸르트에서의 싹싹함과 얼마나 멀어졌는지는 1810년 7월 프리드리히 빌헬름 3세의 부관 프리드리히 폰 브랑겔 남작이 왕비 루이제가 폐 손상과 심장 폴립 때문에 사망했다는 소식을 전하러 방문했을 때의 상황으로 판단할 수 있을 것이다. 충격을 받은 알렉산드르 1세는 어리석게도 틸지트에서 왕비를 대하던 나폴레옹의 태도에 그 죽음의 책임을 돌리며 브랑겔에게 말했다.

"그대에게 단언하건대 그녀의 죽음에 복수를 하겠소. 그녀를 죽인 자는 대가를 치러야 하오."[110]

알렉산드르 1세는 자신이 속도를 내 재무장하고 있다고 덧붙였다. 그 재무장이 나폴레옹을 도와 인도를 침공하거나 그가 지금 오스만제국과 페르시아에 맞서 수행하는 전쟁을 속행하기 위한 것이라는 소문이 있었지만 이는 헛소문이었다. 재무장은 프랑스와 싸우기 위한 것이었고 그는 이렇게 말했다.

"가장 정확한 계산에 따르면 나는 1814년이면 잘 무장한 병력 40만 명으로 싸움에 들어갈 수 있다. 20만 명은 오데르강을 건널 것이며 나머지 20만 명은 비스와강을 건널 것이다."[111]

그는 그 시점에 오스트리아와 프로이센이 분기해 자기 뒤를 따르기를 기대한다고 덧붙였다.

나폴레옹은 가족의 유대가 오스트리아를 프랑스의 정치 궤도에 머물게 하리라고 기대했는데, 그 가족의 유대가 동생 루이의 퇴위는 막지 못했다. 1810년 7월 3일 루이는 특히 징집이나 대륙봉쇄 체제와 관련해 프랑스제국의 이익보다 네덜란드 신민의 이익을 우선시했다는 이유로 왕좌에서 쫓겨났다. 나폴레옹은 마리 루이즈에게 이런 편지를 썼다.

"그가 그토록 많은 잘못을 저질렀어도 내가 그를 아들처럼 키웠다는 사실을 나는 잊을 수 없소."[112]

그는 사바리에게 다음과 같이 말했다.

"포병 부대 중위였을 때 봉급을 받아 그를 키웠다. 내가 받은 빵을 그와 함께 나누었지. 바로 지금 그가 내게 하는 일이 그것이야!"[113]

홀란트왕국은 제국에 병합해 몇 개의 도로 관리했다. 망명한 루이는 오스트리아의 여러 온천 도시를 떠돌았고 포도껍질로 온욕을 하며 생뢰 백작이라는 이름으로 나폴레옹에 반대하는 책자를 썼다.

나폴레옹은 알렉산드르 1세와의 관계가 나빠지는 것을 대수롭지 않게 여겼다. 8월 초 그는 작센 왕에게 편지를 보내 군비를 강화하고 특히 러시아가 공격할 것에 대비해 폴란드 요새 모들린을 보강하라고 은밀히 요청했다. 나폴레옹은 알렉산드르 1세를 두고 이런 말을 했다.

"우리 관계는 아주 좋다. 그렇지만 대비해야 한다."[114)]

러시아가 오스만제국과 타협하려는 듯하자 나폴레옹은 콜랭쿠르에게 명령해 알렉산드르 1세에게 이렇게 경고하라고 했다. 러시아가 몰다비아와 왈라키아, 도나우강 좌안을 갖는 것에는 동의하지만 "러시아가 도나우강 우안에서 무엇이든 가져가거나 세르비아인의 일에 참견한다면 이는 나와의 약속을 어기는 일이다." 왜냐하면 "러시아가 도나우강 우안에서 단 한 곳만 가져가도 오스만제국의 독립성을 해치고 그러면 사정이 완전히 바뀔 것"이었기 때문이다.[115)] 나폴레옹은 러시아군 이동 정보를 요청했고 10월 중순 단치히와 북부 독일에 주둔한 부대를 증강하기 시작했다. 한편 러시아는 드비나강과 베레지나강을 요새화했다. 두 초강국은 점점 더 일촉즉발의 위험한 상황으로 치달았다.

1810년은 나폴레옹에게 양면적인 해였다. 그의 제국은 세력과 영토 크기에서 정점에 도달했으나 그는 앞날에 어두운 그림자를 드리운 몇 가지 실수를 저질렀다. 그것은 대부분 스스로 저지른 것이었고 이제 알 수 있듯 많은 문제가 자초한 것이었다. 나폴레옹은 교황과 공개적으로 싸울 필요가 없었다. 그를 체포할 지경에 이르기까지 싸울 일은 확실히 아니었다. 나폴레옹은 조급하게 왕조 간의 동맹을 이루려다 알렉산드르 1세의 심기를 건드렸고 폴란드왕국을 회복할 의사가 전혀 없으면서도 그가 폴란드에 관해 의혹을 품게 했다. 오스트리아 왕실과의 결혼은 가혹한 쇤브룬 조약이 초래한 분노를 가라앉히기에 충분하지 않았다. 마세나는 적절히 지원하거나 아예 포르투갈로 보내지 말아야 했다. 자신이 직접 포르투갈로 가서 웰링턴과 대결했다면 더 좋았을 것이다. 신뢰할 수 없고 분노에 찬 베르나도트를 스웨덴 처럼 전략적으로 중요한 곳에 가도록 허용한 것은 판단 실수였고, 푸셰의 명백한 반역 행위를 전혀 처벌하지 않은 것도 또 다른 실수였다. 마찬가지로 나폴레옹은 대륙봉쇄 체제의 새로운 허가증 제도가 제국과 동맹국, 특히 러시아인의 눈에 위선적 행태였음을 알았어야 했다. 알렉산드르 1세가 다시 무장해 복수 전쟁을 계획하고 있었지만 당시 그랑다르메라면, 특히 오스트리아가 결혼 동맹으로 연합한 상황이라 독일에서 러시아에 맞선 국경 전쟁을 감당하고도 남았다. 고대 로마제국 이래로 가장 큰 제국, 카롤루스 대제의 제국보다 더 큰 유럽 제국의 존재를 위협할 수 있는 적은 없었다. 그것은 오직 나폴레옹 자신만 할 수 있는 일이었다.

몰락

제3부

러시아

23

프랑스인이 용감하다 해도 오랫동안 궁핍하고 악천후가 계속되면 지쳐서 의욕을 상실할 것이다. 우리의 날씨와 겨울이 우리를 도와 싸운다.

1811년 초 러시아 황제 알렉산드르가 콜랭쿠르에게

–

행운의 여신에게 능력을 넘어서는 것은 절대 부탁하면 안 된다.

세인트헬레나에서 나폴레옹이

나폴레옹은 연간 몇 주에 걸쳐 제국 영토를 순행하면서 아주 빠른 속도로 이동했다. 1811년 가을에는 22일 만에 도시 40여 군데를 방문했는데 여기에는 블리싱헨에서 강풍 때문에 전함 샤를마뉴에서 이틀을 허비하고, 홍수로 뫼즈강 강둑이 범람해 지베에서 하루를 허비한 시간까지 모두 포함된다. 그는 지역 유지들의 찬사를 듣는 것에는 별로 관심이 없었고 필요한 정보를 수집하기 위해 노력했다. 일례로 어느 시장市長이 나폴레옹을 기념하기 위해 힘들게 연설을 준비했지만 나폴레옹은 "시장이 그에게 열쇠를 증정할 시간조차 제대로 주지 않고 마부에게 당장 마차를 몰라고 다그쳤다. 결국 시장은 허공에 대고 긴 연설을 할 수밖에 없었다." 다음 날 〈모니퇴르〉에 시장이 열쇠를 증정했다는 기사와 연설 전문이 실렸으니 가엾은 시장은 그걸로나마 마음의 위안을 삼았을지도 모르겠다. 공무원 테오도르 폰 파베르가 회상하길, "보나파르트가 '여러분, 긴 연설은 안 됩니다!'라며 말을 자르면 대표단은 몸을 떨었고 기가 꺾였다."[1] 나폴레옹이 시장들에게 무엇을 질문했는지 살펴보면 그가 얼마나 마구잡이로 정보를 얻고 싶어 했는지 확인할 수 있다. 인구, 사망자, 수익, 삼림 관리, 통행세, 시세市稅, 징병, 민사 소송과 형사 소송 질문은 물론 "당신이 내린 선고 중 몇 건이나 프랑스 대법원이 무효화했는가?" 또는 "사제에게 적절

한 숙박 장소를 제공할 수단을 알아냈는가?" 등의 질문도 있었다.[2)]

1810년 11월 4일 나폴레옹은 알렉산드르 황제에게 이런 편지를 보냈다.

"지난 라이프치히 박람회에서 러시아에서 온 마차 7백 대가 식민지 농산물을 운송했으며 … 또한 스웨덴과 포르투갈, 에스파냐, 미국 깃발 아래 상선 1천2백 대가 영국 전함 20대의 호위를 받으며 러시아에서 화물 일부를 하선했다는 증거가 있습니다."[3)]

나폴레옹은 이 편지에서 알렉산드르 황제에게 "영국인이 들여온 모든 재산"을 압수할 것을 요청했다. 12월 나폴레옹은 러시아가 틸지트 조약을 정면으로 위반하면서 항구를 개방하고 영국 물품을 운반하는 선박을 들인다면 전쟁은 불가피할 것이라고 경고했다. 그의 의사는 샹파니를 통해 파리 주재 러시아 대사 알렉산드르 쿠라킨에게, 동시에 콜랭쿠르를 통해 러시아 황제에게 전달되었다.[4)]

나폴레옹이 러시아 측에 보낸 경고는 대체로 독일 북서부 연안 지역에서 횡행하던 밀수를 방지하려는 목적이 컸다. 1810년 12월 19일 나폴레옹은 함부르크·브레멘·뤼베크 등 한자 동맹 도시를 합병했는데 이는 로마와 하노버, 네덜란드의 뒤를 이어 근 1년간 이어진 네 번째 합병이었다. 영국과의 보호경제 전쟁에 집착한 결과로 직접 발현한 것이 이때의 합병이었다. 그런데 나폴레옹이 이 같은 주요 도시를 직접 지배할 수 있어도 베저강 서쪽 올덴부르크주의 약 5천 제곱킬로미터에 이르는 땅을 얻지 못하면 지리적, 상업적으로 별다른 의미가 없었다. 올덴부르크주의 섭정 통치자 페테르 공은 알렉산드르의 누이 예카테리나 파블로프나 대공의 시아버지였다. 나폴레옹의 반복된 경고에도 불구하고 올덴부르크주는 다른 지역에 비해 영국과 개방적인 무역을 이어 갔으며 결국 밀수품 대형 창고나 다름없는 지경에 이르렀다.[5)] 틸지트 조약은 공작령 독립을 보장했지만 나폴레옹은 밀수품이 빠져나갈 구멍을 막기 위해 한자 동맹 도시를 합병한 날 올덴부르크도 합병했다. 한 달 후 나폴레옹은 페테르 공의 공작령 올덴부르크를 합병한 것에 보상하고자 그보다 여섯 배 더 넓은 에르푸르트의 작은 공국을 넘겨주었다. 이는 알렉산드르를 더욱 모욕하는 일이었다.[6)]

프랑스와 러시아의 관계는 나폴레옹 이전부터 계속 긴장 상태였다. 루이 16세는 러시아의 팽창주의에 맞서 오스만족을 지지했으며 발트해 연안 스웨덴의 구스타브 3세와 동맹을 맺었다.[7)] 17세기 말 표트르 1세가 여행하며 베르사유를 제외한 유럽의 주요 궁정을 전부 방문한 것을 기점으로 그의 뒤를 이은 황제들은 서쪽으로 눈을 돌렸다. 상트페테르부르크는 러시아가 서쪽에 관심을 두고 있다는 명확한 증거였다. 알렉산드르는 몰다비아와 왈라키아를 통합하면서 러시아 영토를 도나우강까지 확장하고 튀르크 소유의 발칸반도 지역에도 탐욕스럽게 눈독을 들였다. 알렉산드르의 조모 예카테리나 2세(오랫동안 프랑스를 잠재적인 적으로 여겨온 독일의 공주)가 통치할 당시 러시아는 1772년부터 1795년까지 폴란드를 세 차례에 걸쳐 분할했다. 알렉산드르의 부친 파벨 1세는 몰타의 기사단장이 되었고 위대한 수보로프 장군을 롬바르디아와 스위스로 보냈다. 러시아는 오래전부터 유럽 강대국이 되리라는 야망을 품고 별렀으므로 각 시대별로 유럽에서 주도권을 잡은 국가는 늘 러시아와 긴장 상태였다. 18세기 대부분의 시기, 특히 나폴레옹 시대에 유럽을 장악한 국가는 프랑스였다.

나폴레옹이 올덴부르크를 합병하기 이전에 알렉산드르는 이미 프랑스와의 또 다른 전쟁을 계획하고 있었다.[8)] 1810년 10월 이후 러시아 육군원수 바르클라이 데 톨리와 군사고문 에른스트 폰 푸엘, 프랑스 망명귀족 콩트 달롱빌, 러시아 황제의 전 부관 루트비히 폰 볼초겐 공작은 공격과 방어를 총망라하는 세세한 전략안을 러시아 황제에게 제출했다. 12월 초 바르클라이가 세운 계획은 러시아가 재빠른 선제공격으로 폴란드 내에 있는 나폴레옹의 기지를 괴멸한 뒤, 프리피야트 습지 양안에서 방어적으로 전투를 벌인다는 내용이었다. 이곳은 오늘날 벨라루스 남부와 우크라이나 북부 지역에 해당한다.[9)] 틸지트 때만 해도 (나폴레옹이 희망한 대로) 열렬한 친구였던 알렉산드르는 에르푸르트 때 다소 몸을 빼는 동맹국이 되었고 이후 점점 더 미래의 적으로 떠오르기 시작했다.

틸지트 조약에 따른 무역 압박으로 러시아 재정은 버티기 어려울 정도로 적자가 심해졌다. 그 액수는 1808년 1억 2천6백만 루블, 1809년 1억 5천7백만 루블 그리고 1810년에는 7천7백만 루블이었다. 국가 부채가 열세 배 증가하면서 통화 가치는 끔찍한 수준이었다. 1808년 러시아의 발트해 수출량은 1806년에 비해 3분의 1 수준으로 떨어졌다.[10] 나폴레옹이 한자 동맹 도시와 올덴부르크를 합병한 날, 즉 12월 19일 알렉산드르 황제는 칙령ukaz을 발표해 보복을 단행했다. 칙령 내용은 연말부터 러시아 무역을 중립국(영국은 포함하지 않으며 미국 등을 일컫는다)에 개방하되 프랑스제국의 사치품을 금지하고 포도주 등 그 외의 물품에 엄청난 수입세를 부과한다는 것이었다.[11] 캉바세레스는 칙령 때문에 "우리와 러시아의 상업 관계가 무너지고 … 알렉산드르의 진의가 드러났다"고 믿었다.[12] 칙령에 따라 영국에서 제조한 모든 재화를 소각하고 프랑스와 라인 동맹에서 제작한 실크 역시 소각할 예정이었다. 이 소식을 접한 나폴레옹이 말했다.

"우리 산업의 생산물과 내 신하들의 노동이 불에 타는 장면을 보느니 차라리 따귀를 맞겠다."[13]

칙령을 회피하기 위해 영국 선박은 성조기를 달기 시작했고 러시아 관세 담당관들은 슬쩍 눈감아 주었다.[14]

1811년 유럽 대륙에서 경제 위기가 시작되고 이것이 2년간 이어지자 영국까지 타격을 받았다. 당시 영국은 이미 흉작과 대량 실업, 임금 삭감, 러다이트 운동(기계 파괴 운동으로 노동운동 초기에 해당한다 — 역자), 식량 부족 등의 문제에 시달리고 있었다.[15] 프랑스 동부 뮐루즈에서는 노동력 6만 명 중 3분의 2가 실업 상태였고 리옹에서는 2만 명 이상이 실업자였다.[16] 나폴레옹 입장에서는 경제 성장을 추구해야 했으나 경쟁과 자유 거래를 거부하는 콜베르식 경제관 탓에 오히려 대륙봉쇄령을 더욱 밀어붙였다. 이는 러시아와 다시 맞붙는 결과로 이어진다. 나폴레옹은 러시아가 대륙봉쇄령에서 이탈하는 것을 허용하면 다른 나라들도 그 뒤를 따를 것이라고 우려했으나 1811년 당시에는 그런 시도가 눈에 띄지 않았다.

1812년 나폴레옹은 런던의 여러 은행과 기업 파산을 예시로 인용하면서 대륙봉쇄령이 제대로 효력을 발휘하고 있다고 확신했다. 그의 개인비서 팽 남작의 표현에 따르면 "조금만 더 노력하면 대륙봉쇄로 영국의 자존심을 꺾을 수도 있었다."[17] 팽이 말한 목록 중 "인도 점령, 미국과의 전쟁, 지중해 편제, 아일랜드 연안 방어, 대규모 해군 병력 주둔을 모두 감당하는 동시에 반도에서 프랑스와 … 버거운 전쟁"을 벌일 수는 없으리라는 것이 나폴레옹의 생각이었다.[18] 실은 영국 정부의 신용도와 경제 저력이 워낙 대단해 영국은 이 많은 것을 동시에 감당할 수 있었지만, 나폴레옹은 대륙봉쇄령으로 유럽 전역을 통괄하는 것만이 영국의 상업을 끝장낼 방도라고 믿었다. 나폴레옹은 이미 1807년과 1809년에 프로이센과 오스트리아를 대륙봉쇄령 체제 안으로 포섭했다. 따라서 러시아가 지금 시점에 이탈하는 것을 허용할 생각이 없었다. 영국 경제에서 러시아와의 무역은 그리 중요한 요인이 아니었으나 반대로 러시아 경제에서는 영국과의 무역이 매우 중요했다. 그런데 당시 영국 수출의 약 19퍼센트가 이베리아반도에서 이뤄졌으므로 사실 나폴레옹은 러시아보다 이베리아에 집중하는 편이 나았을 것이다.[19]

나폴레옹의 추측대로 영국은 1811년 초반부터 1812년 전반기까지 대륙봉쇄령 여파로 몹시 고전했고, 혹자는 당시 상황을 '영국의 중대한 위기 시대'로 묘사하기도 했다.[20] 무역량이 급감하면서 영국의 3퍼센트 콘솔 공채(영국 정부가 각종 공채를 하나의 영구채로 통합한 것 — 역자) 가격은 1810년 70 대비 1812년 56으로 낮아졌다. 여기에다 1811년과 1812년 흉작으로 식량 부족과 인플레이션이 일어났고 전쟁 비용에 따른 예산 적자는 1810년 1천6백만 파운드에서 1812년 2천7백만 파운드로 치솟았

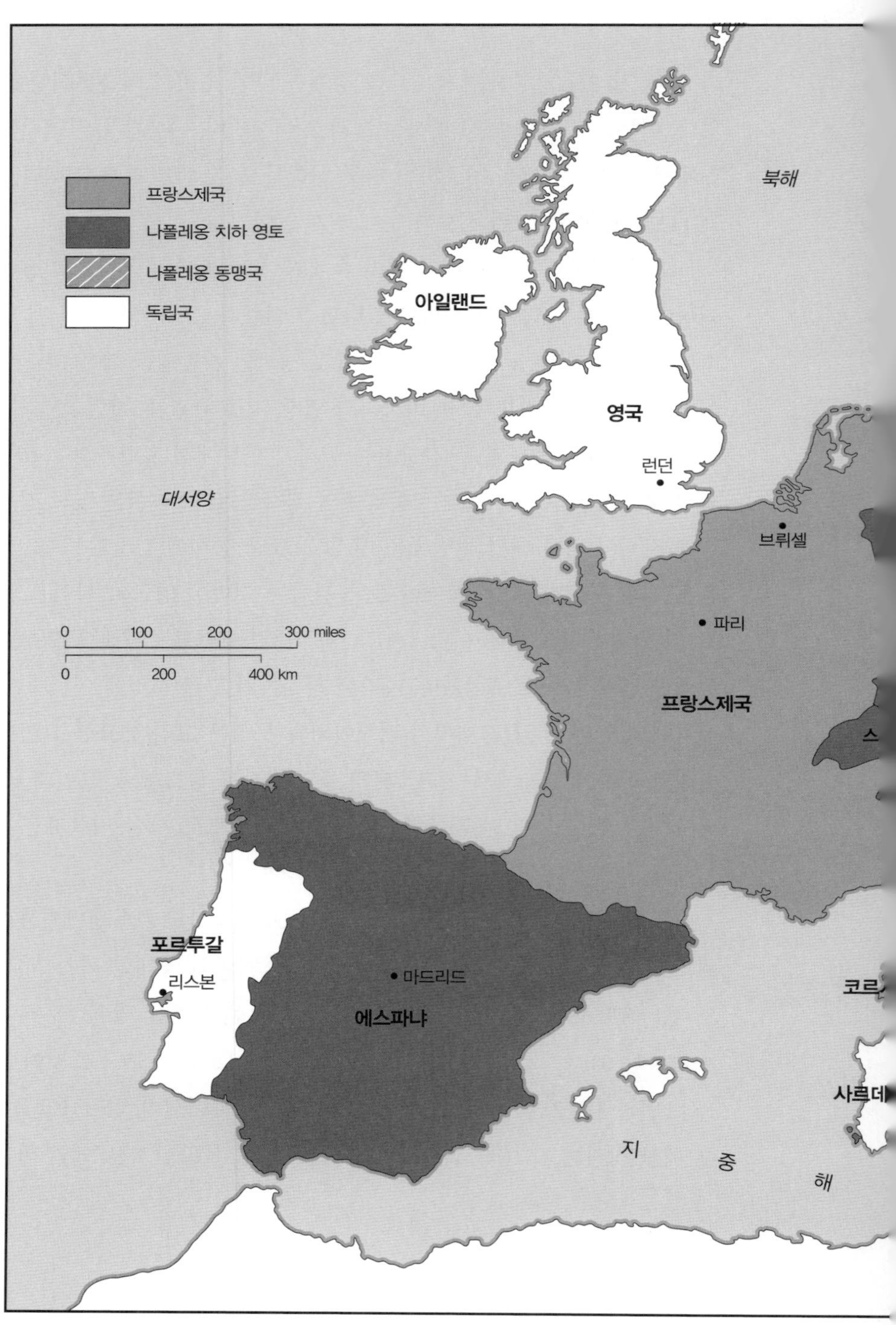

나폴레옹 시대의 유럽, 1812년

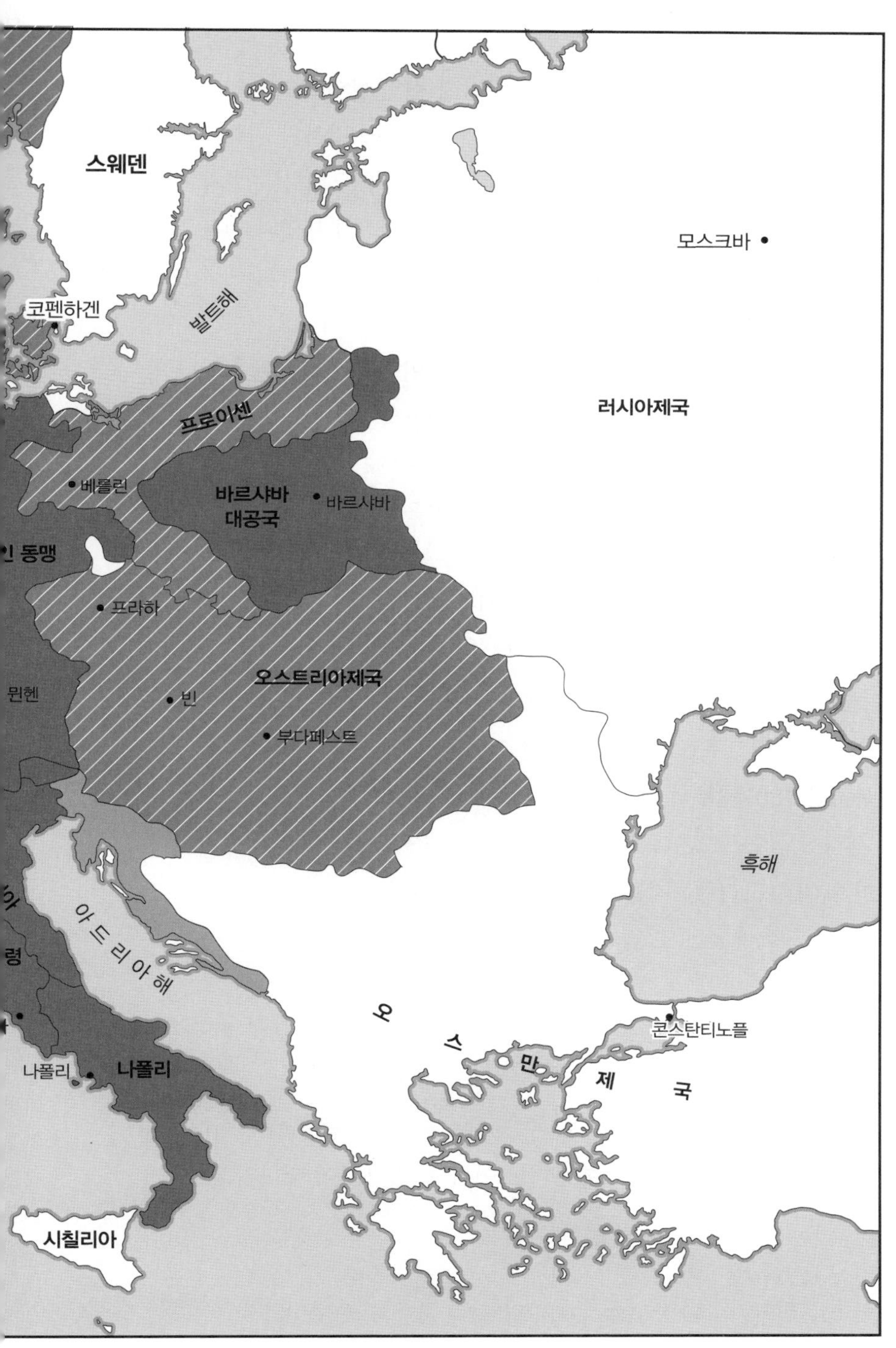

스웨덴
모스크바
코펜하겐
발트해
러시아제국
프로이센
베를린
바르샤바
대공국
바르샤바
프라하
뮌헨
오스트리아제국
빈
부다페스트
흑해
아드리아해
오스만제국
콘스탄티노플
나폴리
나폴리
시칠리아

다. 1811년과 1812년 겨울 리버풀 인구의 17퍼센트가 실업 상태였으며 영국 정부는 영국 중부와 북부 전역의 잠재적 폭도와 러다이트주의자에 맞서기 위해 민병대를 배치했다. 해당 반란주모자들은 호주로 이송하는 판결부터 사형선고까지 받았다.[21] 실제로 영국 경제가 최악의 시기를 보낸 때는 1812년 6월 무역과 징용 문제로 미국과 전쟁을 벌인 이후였다.[22] 그렇지만 스펜서 퍼시벌은 반도 전쟁에 확고하게 군자금을 조달하면서 팽이 말한 영국의 다른 임무도 수행했다. 1812년 말부터 1813년 초 나폴레옹이 러시아와 전쟁을 시작한 덕분에 영국에 가해지던 엄청난 압박은 다소 풀렸다. 만약 나폴레옹이 러시아와 전쟁을 시작하지 않았다면 과연 영국이 언제까지 대륙봉쇄령의 압박을 버텨낼 수 있었을지 아무도 몰랐을 것이다.

러시아에서 발표한 칙령은 틸지트와 에르푸르트 조약을 정면으로 위배하는 것이라 전쟁을 시작할 확실한 명분이자 이유가 되었다. 나폴레옹이 군대 60만 명 이상을 동원할 능력을 갖춘 그 시기에 러시아가 나폴레옹제국 체제를 위협한 셈이었다. 하지만 나폴레옹이 1812년 러시아와의 전투에서 승리했을지라도 대륙봉쇄령을 계속 강행할 수 있었을지는 의문이다. 그가 발트해 남부 연안 나머지를 합병하고 프랑스 세관원을 상트페테르부르크에 배치할 수 있었을까? 어쩌면 나폴레옹은 알렉산드르가 굴복하면 1807년부터 1810년까지와 마찬가지로 다시 대륙봉쇄령을 따를 것이라고 생각했을지도 모른다. 이는 나폴레옹이 세운 목표를 이루기 위한 필수 요소지만 과연 제대로 고려했는지는 의심스럽다. 그의 방대한 서신 어디에서도 전쟁 이후 영국 무역을 어떤 식으로 금지할 계획인지 언급한 내용은 전혀 찾아볼 수 없기 때문이다.

1810년 크리스마스에 알렉산드르는 아담 차르토리스키 공에게 보낸 편지에서 대담하게 '폴란드 복원'을 논했다.

"바로 러시아가 이것을 이룰 강대국이 될 수도 있소. … 짐은 항상 이 아이디어를 좋아했소. 상황 때문에 두 번이나 연기했는데도 여전히 그 생각이 떠나지 않소. 지금이야말로 이를 실현할 최적의 순간이오."[23)]

알렉산드르는 차르토리스키에게 폴란드의 여론을 파악하라고 요구했는데 그 내용은 '어느 지역에서 오든' 국가 지위를 인정해 줄 것인지, 이해관계에 도움을 줄 국가라면 진심으로 애정을 갖고 차별 없이 연합할 수 있겠는지 등이었다. 알렉산드르는 완전한 비밀 보장을 요구하면서 "군대 내에서 여론에 큰 영향력을 행사하는 장교가 누구인지" 알고 싶어 했다. 그는 "폴란드 부흥은 … 나폴레옹의 천재성을 어떻게든 상대할 수 있으리라는 희망에 기대는 것이 아니라, 바르샤바 공작령의 분리 독립으로 나폴레옹 세력을 약화하고 그에게 적대적인 독일 전체의 분노를 기반으로 한다"고 거리낌 없이 인정했다. 또한 러시아와 폴란드, 프로이센, 덴마크 군을 합치면 23만 명에 이르므로 독일에 주둔하는 나폴레옹 군대 15만 5천 명에 맞설 수 있다는 내용의 표까지 첨부했다(이 표에서 알렉산드르는 프랑스군을 6만 명만 집계했고 덴마크는 프랑스의 충성스러운 동맹국이라 거의 무의미했다). 알렉산드르는 편지를 끝맺으며 경고했다.

"절호의 순간은 단 한 번뿐이오. 다른 어떤 경우에도 러시아와 프랑스는 결국 사투를 벌일 것이며 당신의 조국이 그 전쟁터가 될 것이오. 폴란드인이 기대는 의지처는 나폴레옹 한 사람뿐인데 그는 불멸의 존재가 아니오."[24)]

이에 차르토리스키는 합리적인 답신을 보냈다. 그는 알렉산드르가 제시한 통계에 의문을 표한 뒤 "프랑스와 폴란드는 전우이고 … 러시아는 폴란드의 철천지원수"인데, 에스파냐에서 전투 중인 폴란드군 2만 명이 갑자기 편을 바꾸면 '나폴레옹의 복수'에 희생될 것이라고 지적했다.[25)]

이때 주고받은 서신 때문에 알렉산드르는 이미 1811년 봄부터 대대적인 공격은 마음을 접었지만, 나폴레옹은 1812년 봄에 이르기까지 기습공격이 있을까 염려하고 있었다. 만약 알렉산드르가 오스트리아, 프로이센과 비밀 군사 동맹을 추구한다는 사실을 알았다면 그의 심려는 더욱 깊어졌을 것이다. 1810년 9월 알렉산드르는 바르클라이의 제안에 따라 신병 모집 규모를 늘리고 더 깊이 있는 군사 개혁과 사회 개혁을 도입했다.[26] 러시아는 군단과 사단 체제를 채택하고 군사대학을 폐지했으며 병력에 관한 모든 권한을 전쟁성으로 집중했다. 또한 교회가 지정한 휴일에도 군사 제조공장을 가동하라는 지시를 내리고 '대규모 활동 군대 행정법'이라는 법령 통과로 효율적인 식량 비축과 배분을 더욱 중시했다. 나아가 군을 이끄는 사령관의 권력을 법에 명시해 성문화, 규격화했으며 보다 효과적인 참모 구조를 도입했다.[27] 그 무렵 러시아는 북쪽에서는 스웨덴과, 남쪽에서는 튀르크와 교전했기 때문에 서쪽은 상대적으로 방어가 허술한 편이었다. 이를 해결하기 위해 알렉산드르는 러시아 서쪽 국경선을 거대한 요새로 만드는 계획에 집중했다. 그는 서쪽 국경선의 방어 시설을 정비하고 시베리아와 핀란드, 도나우강에 배치했던 병력을 폴란드 국경선 쪽으로 재배치했다. 나폴레옹은 러시아의 이 같은 움직임을 도발로 간주했다. 메느발에 따르면 1811년 초 나폴레옹은 러시아에 '영국과 협력할 공통 명분을 만들려는' 의도가 있다는 판단을 내렸다고 한다.[28] 1811년 1월 첫 주에 알렉산드르는 누이 예카테리나에게 다음과 같은 편지를 보냈다.

"결국 다시 피를 흘릴 수밖에 없는 것 같지만 적어도 나는 그걸 막기 위해 인간적으로 할 수 있는 모든 노력을 했어."[29]

이 서신 내용은 작년에 알렉산드르가 보여 준 태도와는 분명 모순적인 발언이다.

프랑스와 러시아 양국 모두 대규모 병력을 한곳에 집중하기 시작했다. 1811년 1월 10일 나폴레옹은 그랑다르메를 4개 군단으로 나눠 새롭게 조직했다. 다부와 우디노가 지휘한 첫 번째와 두 번째 군단은 엘베강에 주둔했고 네가 지휘하는 세 번째 군단은 마인츠와 뒤셀도르프, 단치히에 주둔했다. 특히 단치히는 1812년 1월경 병력 40만 명과 말 5만 마리를 먹여 살릴 수 있는 저장고까지 보유한 주요 수비대 도시로 변모했다. 1811년 4월 무렵에는 슈테틴과 퀴스트린(현재의 슈체친과 코스트신)에만 배급식량 백만 단위를 비축하고 있었다.[30] 나폴레옹은 모든 업무를 총괄했는데 이는 중요한 일은 물론 불만사항 해결까지 포함했다. 예컨대 2월 3일 나폴레옹이 클라르크에게 "러시아와 전쟁을 벌여야 한다면 폴란드 반란군을 위해 머스킷총 20만 자루와 총검이 필요할 것"이라고 말한 것은 중요한 업무인 반면, 며칠 후 로마로 행군하던 징집군 100명 중 29명이 브릴리오(오늘날의 브레이유쉬르로야)에서 탈영한 건의 불만 처리는 그보다는 덜 중요한 업무였다.[31]

나폴레옹은 1805년과 1809년 오스트리아와의 전쟁을 바라지 않았던 것과 마찬가지로 러시아와의 전쟁도 적극 바라지는 않았다. 그러나 그는 자신의 제국이 위태로워질 수 있다고 판단할 경우 전쟁을 회피하려 들지도 않았다. 1812년 2월 말 알렉산드르에게 보내는 서신(파리 주재 러시아 대사관 소속이자 러시아 황제의 부관인 알렉산드르 체르니셰프를 통해 전달했다)에서 나폴레옹은 자신의 고충을 우호적이고 온화한 표현으로 열거하며 폴란드를 부활시킬 의도가 전혀 없으며 올덴부르크 건과 러시아의 칙령 등 여러 문제의 이견을 갈등 없이 풀 수 있다고 주장했다.[32] (나폴레옹은 미처 눈치 채지 못했지만) 파리에서 러시아 첩자로 활약한 체르니셰프는 그로부터 18일 후 해당 서신을 알렉산드르에게 전달했고 다시 21일 후 논의가 담긴 답장을 받아왔다.[33] 체르니셰프가 파리로 돌아왔을 무렵 포니아토프스키는 차르토리스키의 폴란드 귀족들 여론 조사를 이미 마친 상태였다. 나폴레옹은 러시아가 3월 중순부터 5월 초 사이 공격해 올 것이라고 예상하며 독일과 폴란드 병력에 비상경계 태세를 명령했다.

나폴레옹은 알렉산드르에게 보낸 편지에서 이렇게 말했다.

> 폐하가 우리 사이의 우정을 더 이상 바라지 않는다니 믿을 수 없습니다. 올덴부르크를 두고 온갖 문제를 제기하시는데 저는 올덴부르크에 상응하는 대가를 거부할 생각이 없습니다. 올덴부르크는 항상 영국 밀수업자들의 온상이었습니다. … 솔직히 말해 폐하가 이 동맹에서 얻은 혜택과 그럼에도 불구하고 틸지트 건 이후 어떤 사태가 벌어졌는지 잊으셨습니까? 틸지트 조약으로 몰다비아와 왈라키아를 튀르크 측에 반환해야 했는데도 그러기는커녕 폐하의 제국에 합병했습니다. 몰다비아와 왈라키아는 유럽 내

튀르크의 3분의 1에 해당하기 때문에 폐하의 제국 범위가 도나우강까지 막대하게 확장되고 튀르크의 위세를 모두 앗아가게 됩니다.[34]

나폴레옹은 자신이 폴란드 재건을 바랐다면 프리틀란트 전투 이후 진작 그리 했을 것이나 일부러 그러지 않았다는 주장도 덧붙였다. 3월 1일 알렉산드르는 농노에게 새로 군사 추가부담금을 부과하라고 명령한 뒤 이렇게 답신했다.

"제 마음과 정치는 모두 이전과 다름이 없으며 우리의 동맹을 계속 유지하고 화합하는 것을 바랄 뿐입니다. 감정이 변한 쪽은 바로 폐하라고 제가 생각할 수밖에 없지 않겠습니까?"[35]

그는 올덴부르크를 언급하고 다소 과장스럽게 편지를 맺었다.

"전쟁을 시작해야 한다면 저는 싸울 것이며 기꺼이 목숨을 팔겠습니다."[36]

나폴레옹과 마리 루이즈의 첫 만남 이후 거의 1년이 지난 1811년 3월 19일 마리 루이즈가 진통을 느꼈다. 보세의 회고에 따르면 "국가의 모든 귀족과 주요 관리가 튈르리궁에 모여 대단히 초조하게 기다렸다."[37] 라발레트의 기억에 따르면 누구보다 나폴레옹이 "무척 동요하며 응접실과 침실을 끊임없이 오갔다."[38] 나폴레옹은 코르비자르의 충고에 따라 산과 전문의 앙투안 뒤부아를 고용한 뒤 거금 10만 프랑을 지불했으며 "황후가 아니라 생드니가의 중산층 임산부 출산을 돕는다고 생각하라"는 지시를 내렸다.[39]

1811년 3월 20일 수요일 오전 8시 마침내 나폴레옹 프랑수아 조제프 샤를이 태어났다. 이는 정신적으로 큰 충격을 받을 만큼 심한 난산이었고, 몇 년 후 나폴레옹은 "내가 천성적으로 마음 약한 사람이 아닌데도 그녀의 심한 고통에 무척 마음이 아팠다"고 인정했다. 출산에 필요한 도구로 인해 아기 "머리에 약간의 상처"가 생겼고 분만 시 '마사지를 아주 많이' 해 주어야 했다.[40] 보세의 말에 따르면 "세상 밖으로 나오는 과정이 얼마나 고통스럽고 힘들었는지 아기 얼굴이 새빨개졌다." 나폴레옹은 후계자를 얻기 위해 모든 노력을 기울였으나 의사들에게 아기와 산모 중 하나를 선택해야 한다면 황후를 살리라는 지시를 내렸다.[41] 아기는 신성로마제국의 칭호인 '로마 왕'으로 포고했고 보나파르트 측 선전가들은 '새끼 독수리'라는 별명을 붙여 주었다.

아기의 두 번째 이름 프랑수아는 조부인 오스트리아 황제를 기리는 것이었으며 네 번째 이름 샤를은 나폴레옹이 자신의 부친을 (찬미하지는 않았어도) 사랑했다는 표시였다. 황제의 딸이 태어나면 21번의 총포로, 아들이 태어나면 101번의 총포로 축하할 것이라는 발표가 있었기에 스물두 번째 대포가 울리자 파리는 요란하게 축하하기 시작했다. 사방으로 퍼져 나간 축하 물결에 경찰은 며칠간 도심의 모든 교통을 통제해야 했다.[42] 나폴레옹은 여전히 다정한 연락을 주고받던 조제핀에게 편지를 보냈다.

"내 아들은 크고 건강하오. 아이가 잘 성장하기를 바라고 있소. 아이의 가슴과 입, 눈은 나와 똑같이 닮았소. 아이가 자신의 운명을 이룰 것이라 믿고 있소."[43]

나폴레옹은 아들을 애지중지 아꼈다. 로르 다브랑테스의 회상에 따르면 "황제는 와인 잔에 담긴 보르도산 적포도주를 손가락으로 찍어 왕자에게 주고는 빨아먹게 했다. 황제가 어린 황자의 얼굴에 고기 소스를 묻히면 황자는 깔깔대고 웃었다."[44] 당시 왕족은 대부분 자녀에게 엄격하고 사랑을 보이지 않는 편이었다. 에스파냐 부르봉가와 영국 하노버가는 자녀를 싫어하는 것을 관례로 만들 정도였다. 그러나 나폴레옹은 아들을 무척 사랑했고 아들의 혈통에 과할 정도로 자부심을 보였다. 어린 아들이 외가 쪽 인척으로 로마노프가와 연결되고 아이의 어머니가 합스부르크가 출신이며, 친척 아저씨의 아내를 통해 하노버가와도 연이 닿고 아이 어머니의 친척 할머니가 부르봉가와 연결되어 있다는 것이 나폴레옹의 자랑거리였다(로마노프가와 연결된다는 외가 쪽 인척 원문은 'his mother's brother-in-law'로 마리 루이즈 자매의 남편 혹은 그에 상응하는 외가 쪽 인척으로 보인다. 하노버가와 연이 닿는다는 친척 아저씨 아내의 원문은 'his uncle's wife'로 친가와 외가 중 어느 쪽 몇 촌 아저씨의 부인인지 확인할 수 없어 우리말에 해당하는 정확한 지칭어가 없다. 부르봉가와 연결되어 있다는 아이 어머니의 친척 할머니 원문은 'his mother's great-aunt'로, 마리 루이즈의 고모할머니나 이모할머니 또는 그에 상응하는 친척으로 추정된다 — 역자).

"내 가족은 유럽의 모든 왕족과 연합을 이룬다."[45)]

위에 언급한 네 가문 모두 나폴레옹이 몰락하기만 바라고 있었으나 나폴레옹은 아랑곳하지 않고 만족했다.

1811년 4월 초 나폴레옹은 뷔르템베르크 왕에게 서신을 보내 작센, 바바리아, 베스트팔렌의 왕들과 합세해 영국 해군으로부터 단치히를 보호할 병력을 마련하라고 요청했다. 또한 나폴레옹은 전쟁 논의가 불가피하게 정면 대치로 흐를 수밖에 없는 상황을 체념하듯 언급했다. 더구나 러시아 황제는 자신의 의중과 상관없이 전쟁을 일으킬 수밖에 없을 것이라고 은연중에 내비쳤다.

> 만약 알렉산드르가 전쟁을 바란다면 그의 의도에 따라 여론이 형성될 것이오. 만약 그가 전쟁을 바라지 않더라도 … 내년까지는 전쟁에 휘말릴 것이오. 결국 그도 나도 바라지 않는 전쟁이, 프랑스와 러시아에 이익을 가져다주지 않는 전쟁이 터지고 말 것이오. 나는 여태껏 유사한 상황을 많이 접해 왔기에 과거의 경험으로 미래를 알 수 있소. 모든 것이 마치 오페라의 한 장면처럼 흘러갈 것이며 그 운명은 영국인의 손에 달려 있소. … 내가 전쟁을 바라지도 않고 폴란드의 돈키호테가 되는 것 역시 바라지 않으니, 내게는 러시아에 충성스런 동맹국으로 남아 있으라고 주장할 권리가 있소.[46)]

나폴레옹은 러시아와 튀르크가 타협할 경우 초래될 결과도 걱정했으나 사실 그는 진작 이를 고려해 대책을 세웠어야 했다.

여기에다 더 심각하게 다뤄야 할 문제가 또 있었으니 바로 에스파냐였다. 1811년 5월 초 푸엔테스 데 오뇨로 전투에서 마세나가 웰링턴에게 패배한 이후 포르투갈에서 쫓겨난 프랑스는 다시는 돌아가지 못했다. 나폴레옹은 마세나를 마르몽으로 대체했으나 웰링턴에게 더 처참한 패배를 당했다. 그 후 나폴레옹은 어떤 중요한 임무에서도 '승리의 여신의 총아'라 불린 마세나를 다시는 임용하지 않았다. 마세나는 물자나 병력을 제대로 공급받지 못했기 때문에 사실상 그의 패배는 나폴레옹의 과오 탓이 크다. 그래도 1811년 중반 에스파냐 상황은 그리 절망적이지 않았다. 여전히 게릴라가 날뛰긴 했어도 이들은 에스파냐 정규군에게 상대가 되지 않았다. 웰링턴은 마드리드에서 멀리 떨어진 에스파냐-포르투갈 국경선에 머물렀으며 에스파냐의 요새는 대부분(카디스는 제외) 프랑스 수중에 있었다. 만약 나폴레옹이 발렌시아로 병력을 집중하라는 명령을 내리지 않았거나 병력을 더 증강했다면 혹은 스스로 지휘봉을 잡았다면 상황은 크게 달랐을 테고 어쩌면 역전할 수도 있었으리라.[47)]

질병과 탈영, 게릴라, 영국의 행동, 러시아 원정 그리고 실질적으로 병력을 전혀 늘리지 못한 탓에 1812년 이베리아반도에 있던 나폴레옹 군대는 29만 명에 불과했고 1813년 중반에는 22만 4천 명으로 줄어들었다. 프랑스는 신병을 매년 8만 명씩 보충했으나 이는 1년에 5만 명씩 줄어들고 있는 에스파냐 원정군과 유럽 중부의 요새 병력을 보충하는 정도에 그쳤다. 그 결과 러시아에서 대규모 전쟁을 펼칠 만한 프랑스군 병력이 충분치 않았다.[48)] 1810~1811년 나폴레옹이 페르난도 7세를 복위시키고 피레네산맥으로 철수해 '에스파냐 궤양'을 치유했다면 후일 닥쳐올 거대한 충격을 이겨 낼 수 있었을지도 모른다.

1811년 4월 17일 나폴레옹은 다가올 전쟁에 반대 의사를 표한 외무장관 샹파니를 위그 베르나르 마레(훗날의 바사노 공)로 교체했다. 유순한 성격의 마레는 굽실댄다는 말이 있을 정도로 어떤 문제도 일으키지 않을 법한 인물이었다.[49)] 캉바세레스, 다뤼, 뒤로크, 라퀴에, 로리스통은 물론 콜랭쿠르와 샹파니마저 나폴레옹의 러시아 원정 계획에 반대했다.[50)] 그들은 나중에 자신들이 선견지명을 발휘해 분명하게 경고했다고 주장했으나 사실 그 정도까지는 아니었다. 그래도 어느 정도는 러시아와 적대하는 것에 반대를 표했다. 더구나 예전 같으면 나폴레옹이 의견을 경청했을 법한 이들 중 대다수가 사라졌다는 것 역시 문제였다. 모로는 미국으로, 뤼시앵은 영국으로 추방되고 탈레랑과 마세나와 푸셰는 징계를 받았으며 드제와 란은 죽었다. 여기에다 과거에 다른 사람들이 나폴레옹의 의견에 반대했을 때도 결국에는 나폴레옹이 맞았다고 밝혀지는 경우가 허다했다. 그 결과 나폴레옹은 많은 사람이 반대해도 자신의 판단이 그르다고 생각하지 않게 되었다. 프랑스 외교 관계자도 거의 대부분 전쟁에 반대했으나 그는 개의치 않았다.[51] 러시아 내지로 깊이 들어갈 의도까지는 없었기에 전쟁이 엄청난 도박처럼 보이지도 않았다. 더군다나 그는 과거에도 이미 대담하게 도전해 성공을 거둔 터였다.

콜랭쿠르는 나폴레옹에게 러시아의 내부 근황을 알려 주기 위해 5월 중순 로리스통에게 상트페테르부르크 대사 자리를 물려 주고 파리로 불려왔다. 그는 1811년 6월 어느 날 무려 5시간에 걸쳐 전쟁을 벌이지 말라고 황제를 설득하기도 했다. 콜랭쿠르의 주장에 따르면 알렉산드르는 에스파냐 게릴라들이 설령 수도를 잃는 한이 있어도 화평을 거부했다는 사실을 높이 샀고, 러시아는 겨울이 아주 혹독하다고 강조하면서 "내가 먼저 검을 휘두르지는 않겠지만 마지막으로 검집에 검을 집어넣는 것은 나일 것"이라고 호언장담한다고 했다.[52] 알렉산드르와 러시아가 틸지트 조약 이후 근본적으로 달라졌다는 이야기를 들은 나폴레옹은 이렇게 대꾸했다.

"제대로 된 전투 한 번이면 자네 친구 알렉산드르의 굳은 마음도 깨뜨릴 수 있어. 그의 모래성도 마찬가지지!"[53]

6월 21일 그는 마레에게도 비슷하게 떠들어 댔다.

"내가 장갑을 주워 들었다고pick up the gauntlet(당시에는 장갑을 던져 결투를 신청하는 관습이 있었고 장갑을 주워 든다는 것은 결투에 응한다는 의미다 — 역자) 러시아에서 벌벌 떠는 모양인데 아직 아무것도 결정하지 않았지. 올덴부르크주의 보상으로 폴란드 두 지역을 이양받는 것이 러시아의 목적인 것 같지만 내 명예를 손상하고 그들이 대공국을 무너뜨리는 결과를 낳을 테니 동의할 수 없네."[54)]

나폴레옹은 자신의 위신을 '명예'라고 표현했으나, 폴란드의 두 지역은 물론 그때까지 존재하지도 않던 바르샤바대공국이라는 관념에 사로잡혀 자신의 명예와 위신 그리고 황제 자리까지 위태로운 현실을 전혀 깨닫지 못하고 있었다. 나폴레옹은 아직도 아우스터리츠-프리틀란트-바그람 같은 방식의 전쟁을 예상하고 있었다. 1807년 원정 방식 그대로(그보다는 훨씬 대규모로) 예리하게 집중해 똑같이 해내면 그리 위험하지 않을 거라고 확신했다. 그러나 1812년 세 번의 긴급 추가부담금 때문에 1805~1813년에는 신병 110만 명 중에서 40만 명만 러시아 전쟁에 투입했다. 더욱이 나폴레옹은 이제부터 맞붙을 러시아군이 과거의 러시아군과 마찬가지로 여전히 끈질기면서도(푸우투스크와 고위민에서 나폴레옹이 찬탄한 요인이다) 이전과 확연하게 달라졌다는 점을 고려하지 못했다. 러시아 장교단의 절반 이상이 경험 많은 참전용사였고 3분의 1 이상이 전투에 여섯 번 이상 참여한 사람들이었다. 나폴레옹은 러시아의 변화를 알아채지 못했다. 그래서 전쟁을 적극 바라지 않았음에도 불구하고 알렉산드르가 칙령을 발표해 결투를 신청하자 기꺼이 '장갑을 주워 들었다.'

1811년 7월 전쟁을 벌여서는 안 될 또 다른 합당한 이유가 생겼다. 프랑스 북부 노르망디 전역과 미디(남부) 대부분 지역에 흉년이 들면서 나폴레옹이 사적으로 기근이라 칭했을 정도의 사태에 이른 것이다.[55)] 시민 반란을 막고자 제빵 산업에 보조금을 지급한 것은 파스키에 장관의 표현대로 "정부에 막대한 부담"을 떠안겼다. 9월 15일경 2킬로그램짜리 빵 가격이 거의 두 배 가까이 치솟아 14수(당시 프랑스 화폐 단위로 1수sou는 5상팀centime에 해당하고 100상팀은 1프랑franc에 해당했다 – 역자)가 되었고 나폴레옹은 물가가 그 이상으로 오르는 사태가 벌어질까 봐 "무척이나 근심했다."[56)] 그는 식량위원회 위원장으로서 자주 회의를 소집하고 가격 통제를 위한 조사에 착수했지만, 파스키에의 표현을 빌리자면 전국에서 "근심이 공포로 바뀌기 시작했다." 옥수수

시장에서 폭력 사태가 벌어지고, 굶주린 걸인들이 노르망디 시골을 배회하고, 밀가루 공장이 약탈당하는 것을 넘어 파괴될 지경에 이르자 나폴레옹은 파리의 성문을 폐쇄하고 빵 반출을 막으라고 명령했다. 그는 말린 콩과 보리 수프 430만인 분량을 나눠주었다.[57] 또한 빵 폭동을 진압하고자 캉 지역 등으로 병력을 파견했으며 반란자는 (성별에 상관없이) 처형했다. 곡물과 빵 가격을 통제하고 정부 인사와 주지사와 무료급식소의 자선 노력, 식량 몰수, 반란자의 엄중한 처벌로 이 문제는 점차 안정을 찾았다.[58]

1811년 여름 로리스통과 루만체프가 올덴부르크 합병에 따른 보상과 칙령 개선을 위한 협상을 이어 가고 있을 때, 폴란드 국경을 사이에 둔 양측 국가는 전쟁 준비에 열을 올렸다. 8월 15일 나폴레옹은 튈르리궁에서 열린 자신의 탄생일 연회에서 쿠라킨 대사와 대면했다. 나폴레옹은 오래전부터 대사들과 대단히 직설적으로 대화를 해왔다. 예컨대 콘살비 추기경과는 화친 조약을 놓고, 위트워스와는 아미앵 조약을 놓고, 메테르니히와는 1809년 전쟁을 놓고 바로 전날 이야기를 나눴다. 사실 상세하고 솔직하게 이야기를 나누는 것 자체가 대사들의 임무이기도 했다. 나폴레옹 황제는 30분에 걸쳐 쿠라킨을 힐책하며 러시아가 올덴부르크를 지지하고 폴란드는 물론 어쩌면 영국과도 공모하며, 대륙봉쇄령을 위반하고 병력을 준비하는 것 모두 전쟁이 임박했음을 의미하지만 결국 1809년의 오스트리아처럼 동맹국 없이 홀로 남을 거라고 말했다. 프랑스와 러시아가 새로운 동맹을 맺는다면 상황이 그렇게 흘러가는 것을 막을 수 있을 터였다. 쿠라킨이 자신에게는 그런 협상을 수행할 힘이 없다고 대답하자 나폴레옹이 외쳤다.

"힘이 없다고? 그렇다면 당장 러시아 황제에게 편지를 써서 힘을 요청하라."[59]

다음 날 나폴레옹과 마레는 올덴부르크 협상, 폴란드 인정, 튀르크 분할 계획, 대륙봉쇄령 등 모든 사안을 자세히 살펴보고 틸지트 조약까지 거슬러 올라가 관련 문서를 모조리 다시 확인했다. 나폴레옹은 러시아가 성실하게 협상하지 않았다고 확신했고, 그날 밤 국무원에서 1811년에는 날씨 때문에 러시아와 전쟁을 벌일 수 없겠지만 프로이센과 오스트리아의 협조를 확보하면 1812년에는 러시아를 처벌할 것이라고 말했다.[60] 러시아는 프로이센, 오스트리아와 군사적 협의를 하고 싶은 희망을 품었으나 해당 국가 모두 나폴레옹의 보복을 두려워했기에 이루지 못했다. 그런데 두 국가 모두 알렉산드르에게 프랑스를 최소한으로만 지지할 것과 1809년 러시아가 오스트리아를 공격했을 때와 다르게 대응할 것이라고 비밀리에 구두로 확약했다. 메테르니히는 이에 '명목상'이라는 표현을 사용했다.

나폴레옹이 새삼 병사들의 군화에 관심을 기울인 것을 보면 그가 얼마나 진지한 태도를 보였는지 알 수 있다. 11월 29일 다부가 나폴레옹에게 올린 보고서(현재 국립문서보관소에서 보관하고 있음)는 이렇게 지적하고 있다.

"1805년 전쟁에서 많은 병사가 군화가 없어서 뒤처졌다. 그는 지금 병사 한 명당 군화 6켤레씩 제공하고 있다."[61]

머지않아 나폴레옹은 전쟁사령관 라퀴에에게 군사 40만 명이 50일간 작전을 수행하기 위해 필요한 식량을 공급하라고 명령했다. 그 양은 빵과 쌀 2천만 명분, 두 달간 20만 명에게 필요한 밀가루를 공급할 마차 6천 대, 50일간 말에게 먹일 귀리 2백만 부셸(1부셸은 약 27킬로그램에 해당한다 — 역자) 정도였다.[62] 전쟁부 기록보관소의 주간 보고서를 보면 1812년 초에 어떤 방식으로 대규모 작전을 진행했는지 확인할 수 있다. 가령 1812년 2월 14일 기록을 보면 프랑스군은 제국의 서쪽 지역 여러 곳에서 산발적으로 출발해 독일의 도시 20곳을 통과하며 동쪽으로 전진했다.[63] 1811년 12월 나폴레옹이 도서관 사서 바르비에에게 리투아니아와 러시아에 관해 구할 수 있는 모든 책을 수집하라는 명령을 내린 것을 보면 그의 사고가 흘러가는 방향을 알 수 있다. 그중에는 1709년 스웨덴 칼 12세의 러시아 침략이 파멸에 이른 것과 폴타바 전투에서 군대가 몰살당한 것을 볼테르 등이 남긴 기록도 있었고 5백 쪽에 달하는 러시아의 자원과 지리 관련 책, 러시아 군대를 다룬 최근 서

적 두 권까지 포함되어 있었다.[64)] [•]

1812년 1월 초 러시아 황제는 원한다면 전쟁을 모면할 시간이 아직 6개월이나 남은 시점에 누이 예카테리나에게 편지를 보냈다.

"이 모든 악마 같은 정치 상황이 점점 나빠지고 있어. 인류의 저주인 그 지옥의 생물체가 날이 갈수록 더욱 혐오스러워지는군."[65)]

알렉산드르는 '미셸'이라는 암호명으로 불린 체르니셰프의 첩자에게 보고를 받고 있었다. 그 첩자는 파리 전쟁부의 행정부 운송과에서 일하다가 1812년 2월 공범 3명과 함께 체포돼 처형당했다. 첩자의 보고로 알렉산드르는 프랑스의 전쟁 준비 상황과 군사 이동, 심지어 나폴레옹의 전투 명령까지 광범위하게 파악했다.[66)]

1월 20일 프랑스는 발트해에서 대륙봉쇄령을 실현하기 위해 스웨덴의 포메라니아를 합병했는데, 이 역시 근시안적인 행동이었다. 캉바세레스의 회상에 따르면 이제 국왕의 지위에 올랐으니 그에 합당한 예우를 받아야 할 베르나도트를 '거의 배려'하지 않았다고 한다(베르나도트는 스웨덴 국왕 칼 14세 요한이자 노르웨이 국왕 칼 3세 요한이 되었고 현 스웨덴 왕가인 베르나도테 왕조의 시조다 — 역자). 이 합병 때문에 스웨덴은 러시아와 손을 잡는데 사실 1809년 9월만 해도 두 나라는 교전 상태였다.[67)] 나폴레옹은 북쪽에서 러시아 군대를 퇴각시킬 수도 있는 소중한 동맹국을 얻기는커녕 등을 돌리게 만드는 결과를 냈다. 결국 1812년 4월 10일 베르나도트는 오보(오늘날 핀란드의 투르쿠)에서 러시아와 동맹을 맺었다.

2월 오스트리아는 폰 슈바르첸베르크 대공 휘하의 병사 3만 명을 투입하겠다고 약속했다. 하지만 메테르니히가 영국 외무성에 전한 바에 따르면 속내는 이러했다.

"내 원칙과 의도를 프랑스 정부뿐 아니라 유럽 대부분에 속일 필요가 있다."[68)]

• 언제나 그렇듯 나폴레옹은 모든 측면을 분주하게 신경 썼다. 12월 31일 나폴레옹은 샹파니에게 이런 편지를 보냈다. "새해 선물로 황후에게 전달한 도자기를 보았네. 너무 볼품이 없으니 내년에는 더 예쁜 걸로 하도록 명심하게."(Bingham, *Selection* III p.132)

당시 메테르니히의 원칙은 분명치 않았으며 그의 의도라는 것도 러시아 침략이 어떻게 진행될지 확인하는 정도였다. 일주일 후 프로이센이 병사 2만 명을 약속하자 프로이센 장교단의 4분의 1이 항의의 뜻으로 사임했고 전략가 카를 폰 클라우제비츠 등 대다수가 러시아군에 합류했다.[69] 나폴레옹은 가끔 "의심스러운 동맹보다 개방적인 적이 낫다"고 말했지만 1812년에 보여 준 태도는 이와 대립했다.[70] 러시아군 규모가 막대하다는 다부의 보고를 받은 나폴레옹은 최대한 많은 외국인 파견대가 필요하며 이들이 제대로 무장해야 한다고 확신했다.[71] 1월 6일 나폴레옹은 다부에게 이런 편지를 보냈다.

"경기병대에 카빈총을 지급하라고 명령했다. 폴란드 병사들에게도 카빈총을 지급하라. 중대마다 카빈총이 여섯 자루밖에 없다는 황당한 사실을 알게 되었다. 그들은 머리부터 발까지 중무장한 카자크인을 상대해야 한다."[72]

2월 24일 나폴레옹은 알렉산드르에게 보낸 서신에서 이렇게 말했다.

"지난 15개월간 벌어진 불행한 사태를 놓고 체르니셰프 대령과 이야기하기로 결정했습니다. 이를 종결하는 것은 오로지 폐하의 손에 달려 있습니다."[73]

러시아 황제는 상당히 열린 마음으로 평화를 바라는 노력을 묵살했다. 같은 날 외젠은 이탈리아 원정군 2만 7천4백 명을 통솔해 폴란드로 행군하기 시작했다. 팽에 따르면 나폴레옹은 이때 프로이센 분할을 잠시 고려했고 이로써 "첫 발포를 시작해 러시아 원정에서 발생할 원치 않는 리스크에 대응할 만한 모든 보상금을 확보했다."[74] 그러나 상트페테르부르크부터 바르샤바대공국까지 러시아군 20만 명 이상이 집결하자 그는 중대한 위협에 직면했고 후방에서 혼란을 야기할 만한 여유는 사라졌다.*

* 나폴레옹은 수백 개 명령을 내리면서 군대가 동쪽으로 나아가는 것부터 취사에 쓸 냄비와 브랜디 잔이 충분한지에 이르기까지 모든 측면에 신경을 썼다. 또한 몽테스키우 페장사크 공작에게 파리에서 '무도회에 초대한 젊은 신사숙녀 목록'을 보내며 "이모나 모친이 초대받은 젊은 숙녀는 누구나 올 수 있다.

나폴레옹은 속전속결을 바라면서도 이전과 달리 1811~1812년 적군이 군대를 조직할 만한 시간을 많이 허용했다. 1811년 초 라인 동맹으로 동원령을 처음 내린 직후부터 러시아군은 1년 넘는 기간 동안 전쟁에 대비할 수 있었고 주어진 시간을 최대한 잘 활용했다. 이와 달리 과거 나폴레옹과 맞서 싸운 적군들은 그의 살육에 맞서 준비할 시간이 단 몇 주라도 주어졌다면 운이 좋은 편이었다. 1812년 봄 러시아 상급 사령부는 드리사(현재 벨라루스의 베르흐냐드즈빈스크)에 병력을 집중하자는 폰 푸엘 장군의 계획을 채택하지 않고 꾸준히 대체 전략을 고려했으며, 국경선에서 신속하게 결정적인 전투를 치르겠다는 나폴레옹의 빤히 들여다보이는 전략보다 훨씬 앞서고 있었다.

나폴레옹은 대외적으로는 '제2차 폴란드 전쟁'이라 명명했으나 사적으로는 참모들에게 이렇게 말했다.

"폴란드의 대의명분에 따른 무분별한 열정에 주의할 필요는 없다. 그 무엇보다 프랑스가 최우선순위라는 것이 내 정치다. 폴란드인은 이 전투의 주체가 아니며 평화를 막는 걸림돌이 아니라 우리에게 필요한 전쟁 도구가 되어야 한다. 이토록 심각한 위기 전야에 나는 그들에게 충고나 지시를 내릴 것이다."[75]

그는 아베 드 프라트를 바르샤바 주재 프랑스 대사로 임명했다. 후일 프라트는 (상당히 반나폴레옹적인) 회고록에서 다음과 같이 말했다.

"아무런 식량도 없이 전쟁을 시작했는데 이것이 바로 나폴레옹의 방식이었다. 그를 찬미하는 우둔한 자들은 이것이 나폴레옹의 승리 비결이라고 믿었다."[76]

전쟁 초기만 놓고 보면 식량이 충분했으므로 프라트의 주장이 성립하지 않지만 이후 그의 비판은 현실이 되었다. 프라트 본인은 태만하고 무능했으며 그 결과 전

모친은 초대받지 않았는데 젊은 숙녀만 초대하는 것은 보기가 좋지 않다"고 지적했다(CN 23 no.18482 p.208).

쟁의 주요 보급창이던 폴란드에는 식량이 부족했다. 나폴레옹은 프라트의 자리에 탈레랑을 보낼 것도 염두에 두고 있었다. 그가 프라트나 탈레랑을 고려했다는 사실만 봐도 인재를 판단하는 능력이 떨어지고 있고 탈레랑을 두고도 계속 오판하고 있음을 알 수 있다.

위태로울 만큼 시간이 흐른 뒤에야 나폴레옹은 알렉산드르가 북쪽과 남쪽 모두에서 중대한 외교적 쿠데타를 일으키려 하며 침략에 대비해 병력을 집중해야 한다는 것을 깨달았다. 1812년 3월 30일만 해도 그는 베르티에에게 이렇게 말했다.

"러시아군은 어떤 움직임도 피할 것 같다는 게 내 생각이네. 프로이센과 오스트리아, 아마 스웨덴도 우리 편이라는 걸 모를 리가 없지. 튀르크에서도 다시 적대감이 생기면서 튀르크인은 새로운 시도를 시작할 테고 술탄마저 직접 전장에 나설 것이니 이 모든 상황에서 러시아가 내게 쉽게 저항할 수는 없을 것이야."[77]

사실 그는 스웨덴이라는 국가도, 베르나도트 국왕도 제대로 존중하지 않고 관용을 베풀지도 않아 이미 북쪽 측면을 잃은 상태였다. 더구나 1812년 5월 말에는 남쪽 측면까지 잃어버렸다. 앙드레오시 장군을 콘스탄티노폴리스로 보내 술탄 마흐무드 2세에게 "술탄의 통솔 아래 튀르크군 10만 명이 도나우강을 건너온다면 그 보답으로 몰다비아와 왈라키아는 물론 크림반도까지 약속한다"[78]라고 말했는데도 소용이 없었다. 알렉산드르는 나폴레옹이 도나우 지역 너머를 놓고 튀르크에 제안한 바에 대응하고자 5월 29일 튀르크와 부쿠레슈티 조약을 맺었는데, 이는 도나우강의 러시아군이 나폴레옹의 남쪽 측면을 위협할 수 있다는 의미였다.

나폴레옹은 부쿠레슈티 조약을 체결했다는 소식을 듣고 말했다.

"튀르크인은 이 실수에 톡톡히 값을 치를 것이다! 그토록 아둔한 선택을 하다니, 나조차 예견하지 못했다."[79]

사실 이 사례에서 나폴레옹이야말로 아둔했으니 그는 오스만이 지원해 줄 것을 지나치게 낙관했다. 소위 '유럽의 병자sick man of Europe(19세기 중반 서구에서 오스만제국을 지칭 또는 조롱하는 용어로 사용했다 — 역자)'는 1799년 아크레에서 나폴레옹이 회군하게 하고, 1812년에는 나폴레옹에게 맞선 러시아의 발칸군 재배치를 허용함으로써 나폴레옹의 커다란 두 패전에서 중요한 영향력을 행사했다. 8월 나폴레옹은 팽에게 말했다.

"만약 내가 이 전쟁을 일으켰다고 비난받는다면 내 명분은 튀르크와 거의 관련이 없으며 스웨덴이 나를 얼마나 괴롭혔는지 고려해 주고 내 무고함을 밝혀 주게!"[80)]

3월 15일경 프랑스의 그랑다르메가 엘베강에 도착했다. 같은 날 나폴레옹은 빈의 프랑스 대사 루이 오토에게 헝가리산 포도주 2백만 병을 병당 10수sou에 구입해 바르샤바로 보내라고 지시했다.[81)] 침공에 나설 병력을 강화할 목적으로 대서양 연안에 주둔한 프랑스군은 벨기에 국가방위군으로 대체했으며 폴린 보르게세 공주의 경호대도 소환했다. 또한 해군에서 대포를 징발하고 병원에 입원한 꾀병환자까지 샅샅이 찾아냈다. 러시아로 갈 수 있는 병력을 최대한 늘리기 위해 해체한 예비군도 다시 소집했다. 예컨대 파리 국가방위군 소속 10보병대는 거의 다 평발 병사로만 이뤄질 정도였다.[82)]

그랑다르메가 오데르강에 도달하고 나서 일주일 후인 4월 8일 알렉산드르는 나폴레옹에게 즉각 프로이센과 스웨덴 포메라니아, 바르샤바 공작령에서 철수하고 단치히 주둔지를 축소하라는 내용의 최후통첩을 발표했다. 이는 유럽 국경선의 새로운 합의를 위한 예비행위로 합의 결과에 따라 러시아는 중립국가와의 무역을 허용하고 올덴부르크에 따른 보상을 협상하며 프랑스 수입품에 부과하는 러시아의 세금을 줄일 수 있을 터였다.[83)] 나폴레옹 입장에서는 이들 조건을 절대 수용할 수 없었고 어쨌든 협상에 이르기 위한 진정한 기초라기보다 정치 선전 같았다. 4월 21일 알렉산드르는 상트페테르부르크에서 빌뉴스의 군사기지로 향했다. 17일 나폴레옹은 영국 외무장관 캐슬레이 경에게 영국군이 이베리아반도에서 철수한다면 프랑스군도 그에 따르겠으며 뮈라를 나폴리 왕으로, 조제프를 에스파냐 왕으로 인정할 경우 시칠리아는 부르봉 왕가에 속할 수 있으리라는 평화 협정을 제안했다. 이는 아미앵의 몰락 이후 나폴레옹이 제안한 여러 평화 협정 제안 중 "네 번째 시도에 해당하며 이전의 시도와 마찬가지로 이번에도 성공하지 못하면 또다시 피가 흐를 것이다. 다만 그 피는 오직 영국에서만 흐를 것이라는 점에서 프랑스에 위안을 주리라"는 결론을 내렸다.[84] 그의 제안, 특히 조제프와 뮈라에 관한 허무맹랑한 조건은 오만할 정도로 기회주의적이었고 피트의 진정한 제자 캐슬레이는 이 제안을 뻔한 모욕 정도로 여겼다.

4월 25일 나폴레옹은 부관 루이 드 나르본 라라 장군(루이 15세의 사생아로 추정)을 통해 러시아 황제의 최후통첩에 좀 더 현실적으로 대응하는 제안을 전하였는데, 동맹국 영토에서 철수하라는 조건은 배제했다. 나폴레옹은 말했다.

"이 제안은 가능한 한 전쟁을 피하고 싶은 제 의사와 틸지트, 에르푸르트 건에 관한 제 확고한 마음을 폐하께 입증할 것입니다. 그러나 어쩔 수 없는 운명 때문에 우리가 결국 전쟁을 벌일지라도 폐하를 향한 제 감정을 바꾸지는 못할 것이며 어떤 변화와 변동에도 끄떡없을 것이라 확언합니다."[85]

역사학자들은 나폴레옹이 자신이 곧 침략하려는 국가 수장과 개인적으로 우호를 다지려는 반복적인 시도를 냉소적으로 평가하곤 한다. 그렇지만 이는 황제와 황제 사이의 한없이 가벼운 동기애가 우정으로 발달할 수도 있으리라는 그의 소망을 보여 주기도 한다. 틸지트에서 함께한 시간은 분명 알렉산드르보다 나폴레옹에게 더 중요한 의의가 있었다. 5월 전방으로 떠나기 전 나폴레옹은 파스키에에게 임박한 러시아와의 전쟁을 두고 이렇게 일렀다.

"지금까지 시도한 그 무엇보다 더 대단하고 어려운 일이로군. 그래도 일단 시작한 것은 반드시 끝까지 밀고 나가야 하네."[86]

5월 9일 토요일 오전 6시 나폴레옹은 마리 루이즈, 아기 로마왕(나폴레옹의 아들 나폴레옹 2세 — 역자)과 함께 생클루에서 전방으로 향했다. 그 전날 나폴레옹은 밀에 세금을 부과하고 대대적인 식품 가격 통제안을 발표했다. 파스키에가 생각하기에 "그는 이런 방식으로 자신이 부재중일 때 백성이 만족하기를 바랐지만" 이는 미봉책에 불과했다.[87] 늘 그랬듯 나폴레옹은 신속하게 이동했는데 황제 일가는 13일 라인강을 통과하고 29일에는 엘베강을 그리고 9월 6일에는 비스와강에 이르렀다. 마차가 지나가면 바큇자국이 파이는 비포장도로를 7일 만에 853킬로미터, 하루 평균 120킬로미터를 주파한 셈이다. 이 같은 일정 속에서도 그는 드레스덴에서 뷔르템베르크 왕, 프로이센 왕, 작센 왕, 바바리아 왕과 회동했다. 뷔르템베르크 왕은 1810년에는 에스파냐로 파견군을 보내지 않겠다고 했지만 러시아에는 파견군을 보내겠다고 했고, 바바리아 왕은 나폴레옹이 1805년 전쟁 비용을 배상하지 않은 것에 여전히 분개하면서도 마찬가지로 파견군을 보냈다. 마리 루이즈는 결혼하고 나서 처음 아버지를 만났고 나폴레옹은 아우스터리츠 인근의 풍차에서 맞닥뜨린 이후 처음 장인을 만난 셈이었으며, 프란츠 또한 자신의 외손자를 만났다. 로마왕은 보모 몽테스키우 부인이 수행했는데 그녀의 공식 명칭이 '황자와 황녀 들의 가정교사'임을 보면 나폴레옹과 마리 루이즈가 자녀를 더 원했다는 사실을 알 수 있다. 후일 나폴레옹은 이탈리아왕국을 위해 둘째 아들과 혹시 모르니 셋째 아들까지 바란다고 말했다.

그로부터 오랜 시간이 지난 뒤 드레스덴에서 만난 메테르니히는 나폴레옹이 러시아의 전략을 말했다고 주장했다. 대단히 자기 위주이고 신빙성이 없는 메테르니히의 회고록에 따르면 나폴레옹은 이렇게 일렀다.

"가장 인내하는 이가 승리를 거머쥘 것이네. 내 전쟁은 네만강을 건너면서 시작되고 스몰렌스크와 민스크에서 결론이 날 걸세. 그곳에서 멈춘 다음에는 요새를 강화해야겠지. 작전본부는 다음 겨울을 빌뉴스에서 보낼 것이고 그즈음 나는 리투아니아를 구성하느라 바쁘겠지. … 아마 겨울 중 가장 혹독한 시기는 파리에서 보낼 것이야."[88]

알렉산드르가 평화를 청하지 않으면 어떤 일이 벌어지겠느냐는 질문에 나폴레옹은 이런 대답을 했다고 한다.

"그럴 경우 해가 지나면 제국의 중심으로 전진하고 1812년인 지금과 마찬가지로 1813년에도 인내할 걸세!"

메테르니히는 러시아와 사이가 돈독한 인물로 나폴레옹이 러시아를 이기는 걸 바라지 않았을 것이다. 따라서 나폴레옹이 과연 이런 비밀을 메테르니히에게 진솔하게 털어놓았을지는 의문이다.

5월 29일 새벽 마리 루이즈를 드레스덴의 처가에 맡기고 출발한 나폴레옹은 같은 날 늦은 아침 황후에게 두 달 내로 돌아오겠다는 내용의 편지를 보냈다.

"내가 당신에게 하는 모든 약속을 반드시 지킬 것이오. 그러니 우리가 서로 떨어져 지내는 것은 잠깐에 불과하오."[89)]

그러나 두 사람의 재회는 거의 7개월이 지난 후에야 가능했다. 그는 바우첸과 라이헨바흐, 하이나우, 글로가우(그워구프), 포즈난, 토른(토룬), 단치히, 쾨니히스베르크를 거쳐 동쪽으로 전진하다 6월 23일 네만 강변에 도착했다. 그는 여정 중 의도적으로 바르샤바는 거치지 않았다. (어느 러시아 장군의 추측에 따르면) 만약 나폴레옹이 바르샤바에서 폴란드왕국을 선포했다면 20만 명의 추가 병력을 얻고 폴란드 민족이 거주하는 리투아니아와 볼히니아, 포돌리아 등의 지역이 러시아에 맞서게 할 수도 있었을 것이다.[90)] 그 대신 나폴레옹은 프로이센과 오스트리아 동맹국에 적대적이지 않은 편을 택했다.

나폴레옹의 참모장교 말레셰프스키 대령에 따르면 6월 4일 밤 새벽 1시 황제는 토른의 숙소에서 왔다 갔다 하며 '프랑스의 적들이여, 떨어라'[91)] 같은 가사가 담긴 〈출발의 노래〉를 불렀다고 한다. 나폴레옹은 그날 하루만 해도 많은 편지를 보냈는데 다부에게는 폴란드에서 벌어진 뷔르템베르크 군대의 약탈을 불평했고, 클라르크에게는 엘베강의 공병단을 모집하는 것을 논의했다. 마리 루이즈에게는 새벽 2시부터 12시간이나 말을 탔다고 토로하고, 캉바세레스에게는 전선이 조용하다고 언급했으며, 외젠에게는 보리 3만 부셸을 주문하라고 전했다. 같은 날 베르티에에게는 급여 담당자의 무능을 처벌하라는 내용부터 열병 전문병원 이전에 이르기까지 최소한 24통의 편지를 썼다.92) 러시아 공격을 준비하면서 1812년 1월부터 네만강을 건널 때까지 나폴레옹은 베르티에에게 거의 5백 통의 편지를 보냈고 다부와 클라르크, 라퀴에, 마레에게는 631통을 보냈다.

6월 7일 단치히에 머무는 동안 나폴레옹은 라프에게 자신의 계획을 말했는데(메테르니히보다 라프에게 말했을 가능성이 훨씬 크다) 그것은 네만강을 건너 알렉산드르를 굴복시키고, 러시아령 폴란드를 취한 다음 바르샤바대공국과 통합해 폴란드왕국을 세운 뒤 전면 무장하게 하며, 기병 5만 명을 주둔하도록 해서 러시아를 막는 완충지대로 삼는 것이었다.93) 이틀 후 그는 팽 등에게도 자신의 생각을 전했다.

> 우리가 북쪽에서 일을 마무리하는 동안 술트는 안달루시아에서 자리를 지키고 마르몽은 포르투갈 국경에서 웰링턴을 제어하기 바란다. 러시아, 에스파냐와의 일을 해결해야 유럽이 편히 숨을 쉴 수 있다. 그때가 되어서야 우리는 비로소 진정한 평화를 누릴 테고 폴란드 부활로 이 평화는 더욱 공고해질 것이다. 오스트리아는 도나우강 유역에서 더 큰 영향력을 얻고 대신 이탈리아 지역에는 덜 간섭하게 되리라. 무엇보다 힘이 다 빠진 영국은 결국 대륙의 다른 선박들과 세계 무역을 공유할 것이다. 내 아들은 아직 어리니 그가 잡음 없이 통치할 수 있도록 자네들이 준비해야 한다.94)

이 전쟁 목표(심지어 그는 영국과 화평까지 기대하고 있다. 한편 미국은 6월 1일 영국에 선전포고를 했다)는 그리 많지 않고 이룰 수 있을 법했다. 분명 나폴레옹이 러시아 침략 전날 보였다는 광적인 자만심과는 판이하다. 예컨대 모스크바로 행군하는 것은 언급하지 않았다(나폴레옹이 러시아 원정 전략을 진솔하게 모두 털어놓았다는 메테르니히의 주장과 비슷한 수준이다). 1812년 당시 프랑스제국 인구는 4,230만 명이었고 '대제국' 위성국가 인구까지 집계하면 추가로 4천만 명이 더해졌다. 반면 러시아 인구는 약 4천6백만 명이었다.[95] 나폴레옹은 러시아와 두 번 싸워 두 번 다 승리했다. 그의 군대는 60만 명이 넘었고 이는 러시아군에 비해 두 배 이상이었다. 6월 20일 나폴레옹은 황실근위대에 12일간의 행군 식량만을 지시했는데 이는 그가 짧은 원정을 예상한다는 의미였다. 네만강에서 모스크바까지 1천3백 킬로미터 이상을 가겠다는 의미는 전혀 아니었다.

6월 22일 나폴레옹은 두 번째 전쟁 공보를 발표했다.

> 병사들이여! 제2차 폴란드 전쟁이 시작되었다. 첫 번째 전쟁은 프리틀란트와 틸지트에서 결판을 냈다. 틸지트에서 러시아는 프랑스와의 영구 동맹과 영국과의 전쟁을 맹세했다. 오늘 러시아는 스스로 한 맹세를 어겼다. … 러시아는 우리가 퇴보했다고 믿는 것인가? 우리가 더 이상 아우스터리츠의 병사들이 아니게 되었는가? 러시아로 인해 우리가 불명예와 전쟁의 기로에 섰으니 어느 쪽을 선택할지 의심의 여지는 없으리라. … 네만강을 건너자! … 우리가 이룰 평화는 지난 50년간 러시아가 유럽에 행사해온 악독한 영향력을 끝장낼 것이다.[96]

기원전 49년 나폴레옹의 영웅인 율리우스 카이사르가 루비콘강을 건넌 이래 가장 심각하고 불길한 전조가 보였으니, 바로 1812년 6월 24일 수요일 동트기 직전 나폴레옹 대군이 러시아를 향해 네만강을 건넌 것이었다. 며칠 전 나폴레옹의 마지막 평화 제안에 로리스통이 아무 답변도 받지 못한 채 알렉산드르의 본부에서 돌아왔으니 전쟁을 공식 선언할 필요는 없었다. 이는 오스트리아 계승 전쟁이나 7년 전쟁을 할 때 선전포고를 할 필요가 없었던 것과 마찬가지였다.

나폴레옹이 강을 건넌 날 다시 정찰하고 있을 때, 나폴레옹이 타고 있던 말이 산토끼를 보고 깜짝 놀라는 바람에 그는 강둑 모래사장에 낙마해 엉덩이에 타박상을 입었다.[97] 이에 누군가가 "나쁜 징조로군. 로마인이라면 물러서겠어!"라고 외쳤다고 한다. 외친 이가 나폴레옹 자신이었는지 아니면 그의 참모 중 하나였는지 확실하지 않지만 고대사를 선호한 황제의 성향을 미루어 짐작하건대 아무래도 나폴레옹 자신이 말했을 가능성이 높다(이 명백한 상황을 휘하의 누구도 감히 지적하지 못했으리라는 점을 감안해도 그러하다).[98] 나폴레옹은 포병대 사령관이자 훗날 공학기사가 되는 장 바티스트 에블레 장군에게 포네문(오늘날 리투아니아 카우나스 인근의 파네무네) 마을 근처 강에 부교 세 개를 띄우라고 명령한 뒤 자신의 막사와 인근 가옥에서 그날 남은 시간을 보냈다. 세귀르의 표현에 따르면 "답답한 대기와 숨 막히는 열기 속에서 무기력하게 기대 앉아 휴식을 취해 보려 했으나 헛된 시도였다."[99]

나폴레옹 군대의 정확한 규모는 측정하기 어렵다. 그는 1812년 무장군인 백만 명 이상을 보유하고 있었다. 그중 주둔군과 예비군, 88개 국가방위군 대대, 프랑스 후방의 156개 병참부 병사, 제국 전역에 주둔한 여러 해안포병대와 24개 대대 횡대, 에스파냐 병사를 제외하고도 러시아를 침략할 병력으로 최전선에 배치할 45만 명과 제2전선에 배치할 16만 5천 명이 남았다. 따라서 러시아 원정군 총 병력은 대략 61만 5천 명이었고 이는 당시 파리 총인구보다 많은 인원이었다.[100] 러시아 원정군은 인류 역사상 최대 규모의 침략군이었다. 또한 병사들 국적이 다양했는데 외국 파병군 중 가장 많은 비중을 차지한 곳은 폴란드였고 그 외에 오스트리아, 프로이센, 베스트팔렌, 뷔르템베르크, 작센, 바바리아, 스위스, 네덜란드, 일리리아, 달마티아, 나폴리, 크로아티아, 로마, 피에몬테, 피렌체, 헤센, 바덴, 에스파냐, 포르투갈 병력이었다. 나폴레옹 전쟁 당시 프랑스에 맞서 영국이 결성한 일곱 개 연합도 방대하고 대단히 인상적이며 중요했지만, 그보다 더 규모가 큰 것이 러시아에 맞선 프랑스 동맹군이었다.[101] 나폴레옹 휘하 보병대의 약 48퍼센트가 프랑스인이고 52퍼센트는 외국인인 반면 기병대는 64퍼센트가 프랑스인이고 36퍼센트가 외국인이었다.[102] 심지어 황실근위대 내에도 포르투갈과 헤센 기병대가 있었으며 맘루크족 중대도 황실근위기병대 소속이었다. 이처럼 외국 병사에게 과도하게 의존하면서 뷔르템베르크 출신 야코프 발터가 일기에 표현한 것처럼 대부분 "전쟁 결과에 완벽한 무관심"을 보였고 프랑스군과 러시아군에 별 차이가 없다고 생각했으며 나폴레옹에게 개인적인 충성심이 없다는 것이 큰 문제가 되었다.[103] 가령 아무리 감동적인 연설을 들려주어도 프로이센 사람이 프랑스의 대의명분을 열렬하게 추종할 수는 없는 법이다.

원정에 동원한 병력 수와 행군 거리 때문에 나폴레옹은 이전에 예닐곱 차례 구사한 대형과는 다른 대형을 채택했다. 제1전선은 세 개 군대로 구성했고 나폴레옹이 직접 지휘하는 중앙군에는 주로 프랑스인으로 이뤄진 군사 18만 명을 배치했다. 중앙군에는 뮈라와 예비군 기병대 둘, 황실근위대, 다부와 네의 군대 그리고 거의 4천 명에 달하는 베르티에의 작전참모가 있었다. 그의 우측은 외젠이 지휘하고 쥐노를 참모총장으로 둔 4만 6천 명의 제4군대와 제3예비군 기병대가 맡았고, 더 남쪽으로는 포니아토프스키의 제5군대가 따라왔다. 나폴레옹 좌측에서는 우디노의 군대가 북쪽 측면을 지켰다. 그랑다르메는 대포를 총합 1천2백 대 이상 보유하고 있었다.[104]

나폴레옹이 러시아를 침략할 당시 군마는 약 25만 마리에 달했는데 그중 포병대에 3만 마리, 기병대에 8만 마리가 있었고 나머지는 각종 운송수단 2만 5천 대를 끌었다. 이토록 많은 군마를 먹일 사료를 공급하는 일은 나폴레옹은 물론 누구도 실현할 범위를 한참 넘어서는 것이었다.[105] 그는 사료를 충분히 공급할 때까지 공격을 지연했으나 뜨거운 열기와 축축한 목초, 덜 익은 호밀 사료 때문에 군사 작전 첫 주에만 말이 1만 마리나 죽었다.[106] 말에게는 매일 9킬로그램의 사료가 필요했기에 아무리 오래 버텨도 3주 후에는 사료가 부족해졌다. 수송대는 모두 26개로 그중 18개가 짐마차 6백 대로 이뤄졌고 짐마차 한 대당 말 여섯 마리가 끌면서 3톤 정도의 화물을 수송했다. 러시아의 도로가 진창으로 변할 때마다 짐마차를 끄는 일은 너무 힘겨워졌는데, 나폴레옹은 제1차 폴란드 전쟁 경험에서 교훈을 얻었어야 했다.107) 병사들은 나흘 치 식량을 등에 짊어졌고 군대 뒤를 따라오는 짐마차에 그 후로도 20일을 버틸 식량이 실려 있었으므로 나폴레옹이 예상한 바대로 단기 전투용으로는 충분했다. 하지만 네만강을 건너고 한 달 내에 러시아군에 총체적 승리를 거두지 못할 경우 후퇴하거나 아니면 행군을 멈추고 식량을 다시 조달받아야 했다. 결국 이 전쟁에서 가장 중요한 시점은 늦어도 7월 셋째 주였다.

그런데 네만강을 건넌 군대는 예전에 나폴레옹이 전쟁을 하며 적군을 신속하게 추격해 포위하던 뛰어난 기동성을 갖춘 군대가 아니었다. 나폴레옹이 직접 지휘한 본부에만 마차 50대와 말 650필이 필요했다.108) 뮈라는 파리의 유명한 요리사를 데려왔으며 다른 수많은 장교도 정장과 개인 마차를 가져왔다.109) 나폴레옹의 예전 전쟁에서 두드러지던 요소(기력이 빠져 노쇠한 적장, 동질적인 프랑스군과 다국적에다 다언어인 이질적인 적군, 나폴레옹이 포착해 집중 공격할 취약점, 적군보다 훨씬 빠르게 움직이는 기동성, 가장 효율적으로 수적 우세를 이루려고 최적화한 병력을 집중하는 것) 중 많은 부분이 부족하거나 유럽 내 러시아가 세력을 떨치던 방대한 지역에서 아예 불가능했다. 러시아 장군들은 나폴레옹이 이탈리아에서 맞선 장군들에 비해 훨씬 젊었다. 러시아 장군들은 나이가 평균 마흔여섯 살이고 프랑스 장군들은 나이가 평균 마흔세 살이었으며 러시아군은 이질적인 나폴레옹군에 비해 훨씬 동질적이었다. 이번 전쟁은 나폴레옹이 과거에 치른 그 어떤 전쟁과도 달랐다. 역사상 그 어떤 전쟁도 이와 같을 수는 없었다.

함정

24

그는 러시아를 정복하려고도, 폴란드를 재건하려고도 하지 않았다.
다만 러시아와의 동맹을 후회하며 포기했을 뿐이다. 수도를 정복하고,
자기 입맛대로 평화 협정을 맺고, 러시아가 영국과 무역을 할 수 있는
항구를 완전히 봉쇄하는 것이야말로 그의 목표였다.

샹파니의 회고록

–

전쟁 책 제1장 제1규칙: 모스크바로 행군하지 마라.

1962년 5월 영국 상원에서 영국 원수 몽고메리 자작

1812년 6월 24일 새벽 5시 네만강을 건넌 나폴레옹은 인근의 작은 언덕에 자리를 잡았고 병사들은 행군하며 "황제 만세!"라고 외쳤다.[1] 그는 동요 〈말브루는 전장으로 떠나네〉를 흥얼거렸다("말브루는 전장으로 떠나네." / "언제 돌아올지 누가 알까?").[2] 나폴레옹은 폴란드 군복을 입고 있었고 상징적인 의미를 지닌 프리틀란트라는 이름의 말을 탔다. 오후에 그는 빌리야강(네리스강)을 향해 다시 행군하기 시작해 코브노(카우나스)에 도착했다. 모든 군대가 강을 건너는 데 총 닷새가 걸렸다.

1812년 당시 러시아의 무장 병력은 총 65만 명이었으나 대부분 몰다비아, 캅카스, 중앙아시아, 크림반도, 시베리아, 핀란드 등 제국 영토 사방에 퍼져 있었다. 서쪽에서 나폴레옹에게 대적할 병력은 3개 군대로 편성했고 대포를 갖춘 무장 병사 약 25만 명이 전부였다. 병력 12만 9천 명을 갖춘 바르클라이 데 톨리의 제1서부군은 빌뉴스 양편으로 넓게 포진하고 있었다. 병력 4만 8천 명인 바그라티온의 제2서부군은 빌뉴스에서 남쪽으로 160킬로미터 떨어진 볼코비스크(바브코비스크)에 주둔했다. 알렉산드르 토르마소프 장군 휘하 제3서부군은 병력 4만 3천 명으로 훨씬 더 남쪽에서 진군해 오고 있었고 러시아-튀르크 평화 협정에 따른 도나우강 복무에 구애받지 않았다. 나폴레옹은 세 갈래 병력이 따로따로 떨어진 상태일 때 각개격파하며 단계적으로 승리를 거둘 작정이었다. 그는 바그라티온의 제2서부군이 바르클라이의 제1서부군과 합류하기 전에 포위하겠다는 목표를 세웠고, 외젠과 제롬에게 제2서부군을 광범위하게 포위하라고 명했다. 그가 이 중요한 임무에 백전노장 다부나 뮈라, 마크도날 대신 자신의 의붓아들과 동생을 내보낸 이유가 무엇인지는 확실하지 않다. 제롬은 1806~1807년 원정에서 제9군단(독일 파견군)을 지휘했지만 특별히 탁월한 업적을 세우지 못했다. 나폴레옹은 코브노의 수도원을 작전본부로 삼고 마리 루이즈에게 편지를 보냈다.

"열기가 점점 뜨거워지고 있소. 당신이 대학교에 서적과 판화를 선물로 하사하면 좋을 것 같소. 대학 측에서는 몹시 황공해할 것이며 당신에게는 아무 비용도 들지 않을 것이오. 내게는 그런 것이 많이 있으니까."[3)]

러시아 사령부는 바그라티온의 역공 전략을 지지하는 귀족 장군과 바르클라이 데 톨리의 철수 전략을 지지하는 '외국인(주로 발트해 출신 독일인)'으로 나뉘었다. 바르클라이는 1807년 베니히센에서도 동일한 전략을 사용했는데 그때와 지금의 차이라고는 범위가 훨씬 넓어졌다는 것뿐이었다. 나폴레옹이 네만강을 건널 무렵에는 후자의 의견이 우세했고 이는 그랑다르메의 규모가 워낙 커서 감히 역공을 시도할 수 없다는 점도 하나의 근거였다. 역설적이게도 나폴레옹의 군대 규모가 더 작았다면 오히려 그가 원하는 결과를 얻었을 것이다. 전략적으로 전투를 빨리 시작하길 원한 나폴레옹의 군대 규모가 작았다면 러시아군이 전투에 나서도록 꾀어낼 수도 있었으리라. 보급 물품 필요량이 줄어들 경우 싸울 시간을 더 확보할 수도 있었다. 알렉산드르가 바르클라이 대신 러시아 출신의 바그라티온을 전쟁성장관 겸 제1서부군 사령관으로 임명했다면(러시아 장교단도 바그라티온을 더 좋아했을 것이다) 나폴레옹은 빌뉴스나 빌뉴스에 도달하기도 전에 러시아군을 말살했을 수도 있다. 그런데 알렉산드르는 비록 대담하지는 않지만 예리한 성격의 바르클라이를 선택했다. 바르클라이의 작전은 그랑다르메를 러시아 영토 깊숙이 유인함으로써 마인츠, 단치히, 쾨니히스베르크 등 대규모 군사

기지 공급선에서 멀리 떨어지게 하는 것이었고 알렉산드르는 이를 고수했다.

6월 28일 나폴레옹은 폴란드령 리투아니아의 수도 빌뉴스에 도착한 뒤 빌뉴스를 대규모 보급창으로 바꿔 놓았다. 하지만 러시아인은 모든 것을 없애거나 소각하고 도시를 뜬 상태였다. 그는 마리 루이즈에게 자신이 본부로 정한 곳이 "며칠 전만 해도 알렉산드르 황제가 머물던 상당히 좋은 저택으로, 아마 그는 내가 이렇게 빨리 여기에 들어오리라고는 미처 생각지 못했을 것이오."[4]라고 말했다. 나폴레옹은 도시에 입성하기 30분 전 자신의 참모인 폴란드 포병장교 로만 소우티크 백작에게 명해 명망 있는 천문학자, 수학자, 물리학자이자 빌뉴스 대학교 총장을 맡고 있는 얀 스니아데키와 만날 수 있도록 했다. 스니아데키가 실크스타킹(당시 스타킹은 여성이 아닌 남성 전유물이었다 — 역자)을 신은 후 집에서 나서겠다고 하자 소우티크는 이렇게 훈계했다.

"총장, 그런 건 중요하지 않소. 보통 사람이면 외면적인 것에 신경 쓰겠지만 황제 폐하께서는 전혀 관심을 두지 않으시오. … 당장 갑시다."[5]

또 다른 폴란드 장교는 이런 글을 남겼다.

"우리는 개선장군처럼 도시로 입성했다. 거리는 … 사람들로 가득 찼고 창문마다 귀부인들이 열광하며 모습을 드러냈다."[6]

언제나 여론을 의식하는 나폴레옹은 행진할 때 자신의 앞뒤로 폴란드 군대를 내세웠다. 나폴레옹은 빌뉴스에 거주하는 리투아니아 폴란드인을 대상으로 임시정부를 세웠고 리투아니아는 빌뉴스 성당에서 예식을 거행해 폴란드와 재통합했다. 그로드노에서는 성상과 촛불, 합창대를 갖춘 행렬이 프랑스 군대를 맞이했으며 러시아의 지배에서 벗어나 '해방'을 안겨 준 것에 감사하면서 프랑스군을 축복했다.* 민

• 리투아니아는 1569년 이래 폴란드-리투아니아 연방에 속해 있었고 1772년부터 1795년까지 총 세 차례 분할로 러시아에 병합되었다.

나폴레옹의 모스크바 왕복 경로, 1812년

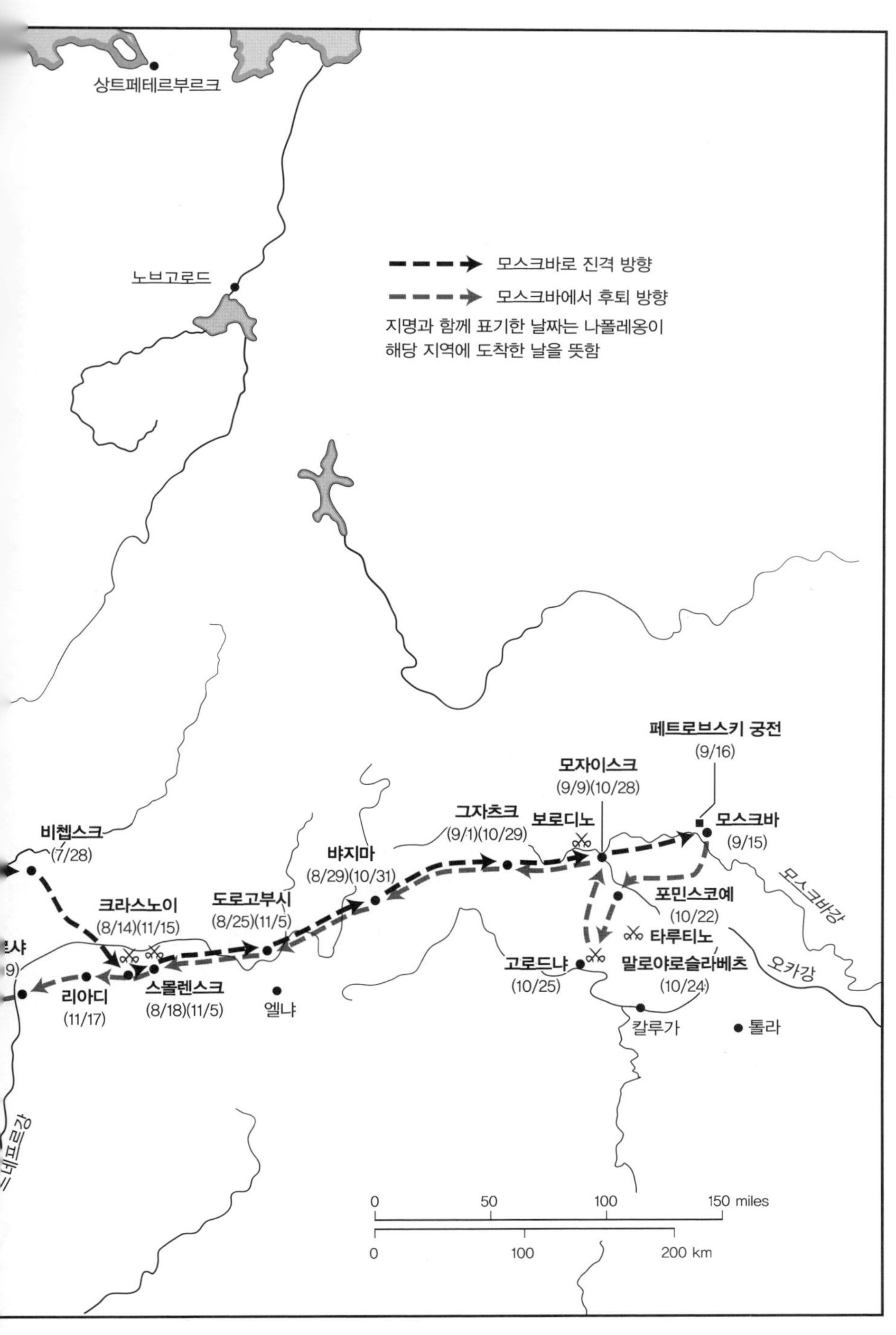
상트페테르부르크
노브고로드
모스크바로 진격 방향
모스크바에서 후퇴 방향
지명과 함께 표기한 날짜는 나폴레옹이
해당 지역에 도착한 날을 뜻함
페트로브스키 궁전
(9/16)
모자이스크
(9/9)(10/28)
그자츠크
(9/1)(10/29)
보로디노
모스크바
(9/15)
비쳅스크
(7/28)
뱌지마
(8/29)(10/31)
모스크바강
크라스노이
(8/14)(11/15)
도로고부시
(8/25)(11/5)
포민스코예
(10/22)
타루티노
고로드냐
(10/25)
말로야로슬라베츠
(10/24)
오카강
리아디
(11/17)
스몰렌스크
(8/18)(11/5)
엘냐
칼루가
툴라
0
50
100
150 miles
0
100
200 km

스크에서는 〈테데움〉을 불렀고 그루시 장군은 헌금 접시를 돌렸다. 그렇지만 프랑스군이 전투 때면 늘 그러하듯 식량을 징발한다는 소식이 들리자 시골 사람들은 가축을 끌고 숲으로 들어가 버렸다. 그해 여름 러시아 서부에 살던 폴란드 농부들은 "그 프랑스인들이 우리의 족쇄를 제거하러 왔다면서 신고 있던 장화까지 빼앗아갔다"[7]라고 말했다.

나폴레옹은 빌뉴스에서 폴란드 국가 대표들에게 말했다.

"나는 당신네 국가를 사랑하오. 지난 16년간 당신네 병사들은 이탈리아와 에스파냐 전투에서 나와 같은 편이었소."

그는 폴란드에 '내 존경과 보호'를 주겠다고 제안했지만 슈바르첸베르크가 남쪽 측면을 방어하던 상황이라 다음과 같이 덧붙였다.

"나는 오스트리아에 속한 주들의 통합을 보장해 왔으며 오스트리아가 평화로이 보유하는 폴란드 주에서 문제의 소지가 있는 사항은 재가할 수 없소."[8]

그는 권력 간의 미묘한 균형을 유지해야만 했다.

나폴레옹은 빌뉴스에 열흘간 머물면서 군대가 휴식을 취하게 했다. 또한 경험도 없고 검증도 하지 않은 제롬의 군대 오른쪽 날개 부분(다부 휘하의 2개 사단, 슈바르첸베르크의 오스트리아인, 포니아토프스키의 폴란드인, 레니에의 작센인까지 총 8만 명)에 명해 베레지나강 저지대쪽으로 진군해 바그라티온 군대를 협공하게 했다. 6월 29일 선봉대가 한창 진군하고 있을 때 날씨가 점점 타는 듯 뜨거워지더니 우박을 동반한 폭풍과 폭우가 몰아치기 시작했다. 황실근위대 장 로슈 쿠아녜 대위에 따르면 "인근 기병대 막사 주변이 얼어 죽은 말들로 뒤덮였는데" 그중 자신의 말도 세 마리나 있었다고 한다.[9] 폭우로 땅이 늪지가 되고 도로가 진창이 되면서 결국 보급 문제가 터지고 말았으며 러시아군을 추격하던 선봉대의 속도마저 느려졌다. 병사들은 턱까지 차오르는 습지를 허우적거리며 건너야 했다.[10]

6월 26일과 29일, 30일 베르티에는 빌뉴스에서 제롬에게 편지를 보내 바그라티온과 밀접한 거리를 유지하고 민스크를 함락하라고 격려했다.[11] 나폴레옹은 팽에게 말했다.

"제롬이 세게 밀어붙이면 바그라티온은 굴욕을 당할 걸세."[12]

서쪽에서 제롬이, 북쪽에서 다부가 계속 진군했으니 보브루이스크에서 바그라티온을 진압했어야 했지만 제롬의 지휘 능력은 형편없었고 바그라티온은 후퇴에 도가 텄기에 러시아 제2서부군은 난국을 잘 피해 갔다. 7월 13일경에는 제롬의 패배가 명백해졌다. 병참감 뒤마 장군이 후에 말했다.

"만약 군단들이 더 신속하게 행군하고 공조가 잘 이뤄졌더라면 전쟁을 시작하자마자 바로 목표를 이루고 성공을 쟁취했을 것이다."[13]

제롬의 패전 소식을 들은 나폴레옹은 곧장 다부에게 제롬의 군대를 맡으라고 했다. 그러자 그의 막냇동생 제롬은 화를 내며 베스트팔렌으로 돌아가 버렸는데 전쟁을 시작한 지 고작 3주가 지난 시점이었다.[14]

7월 1일 나폴레옹은 빌뉴스에서 마리 루이즈에게 편지를 썼다.

"비가 많이 오는 날씨요. 이 나라의 폭풍은 끔찍하오."[15]

현재까지 남아 있는 황후의 답장은 없지만 황후는 7월 내내 격일로 꾸준히 편지를 보냈다. 당시 황후는 자신의 아버지에게 이렇게 말했다.

"곧 황제를 만날 수 있도록 신에게 기도드려요. 이 헤어짐이 너무 힘들어요."[16]

나폴레옹은 모든 편지에서 자신의 건강 상태(거의 언제나 긍정적으로)를 언급하고 아들의 안부를 물어보면서 "아기가 말은 하는지, 걸을 수 있는지" 등을 알려 달라고 부탁했다.

7월 1일 나폴레옹은 알렉산드르의 부관 알렉산드르 발라쇼프 장군을 맞이했다. 장군은 나폴레옹에게 아직도 러시아에서 철수하고 전쟁을 피할 가능성이 남아 있다고 다소 뒤늦게 말했다. 나폴레옹은 알렉산드르에게 매우 긴 편지를 보내 틸지트에서 자신이 영국에 적대적인 말을 했던 것을 상기시키고 에르푸르트에서 자신이 몰다비아, 왈라키아, 도나우강과 관련해 알렉산드르의 요구를 들어주었다고 말했다. 더욱이 1810년 이후 러시아 황제는 "군대를 대규모로 재무장하고 협상의 길을 거절"해 왔으며 유럽의 정착지를 변경해 달라고 요구했음을 지적했다. 그는 "폐하가 가끔 제게 보여 준 개인적인 존경심"을 언급하는 한편, 독일에서 철수하라는 4월 8일의 최후통첩에는 "제게 전쟁이냐, 불명예냐 둘 중 하나를 선택하도록 압박하려는"[17] 의도가 담겨 있다고 말했다. 비록 "18개월 동안 폐하는 어떠한 설명도 거부해 왔으나 내 귀는 평화 협정을 향해 항상 열려 있을 것입니다. … 폐하는 제가 늘 동일한 감정과 진정한 우정을 간직하고 있음을 알게 될 겁니다." 그는 과거에 자신이 교황과 오스트리아 황제 등에게 편지를 보낼 때 사용한 구절을 이용하면서 러시아 황제 고문들이 형편없으며 쿠라킨이 전쟁에 오만한 태도를 보인다고 비난했다.

"폐하에게 그토록 쓸데없는 조언을 해 온 자들의 사악함에 개탄합니다."

그는 자신이 1809년 오스트리아와 싸울 필요가 없었다면 "에스파냐와 관련된 사항은 1811년 마무리했을 것이고 영국과의 평화 협상도 그 무렵 중개할 수 있었을 것"이라고 주장했다. 그는 결론적으로 다음을 제안했다.

> 가장 관대한 조건을 기반으로 하는 휴전, 예컨대 병원에 입원한 자들을 죄수로 고려하지 않고(철수란 대규모 손실이 불가피하므로 양측 모두 너무 서두르지 않도록) 또한 양측에서 2주마다 죄수들을 송환하며(동일 계급 교환 체제를 채택해) 그 외 문명국 간의 전쟁 관습에서 허용하는 다른 모든 조항을 기반으로 하겠습니다. 폐하는 제가 그 어떤 조건도 받아들일 준비를 갖췄음을 알게 될 것입니다.[18]

그는 양국이 전시 상황임에도 불구하고 "제가 폐하에게 품고 있는 개인적인 감정은 이런 것에 아무런 영향도 받지 않습니다. … (저는 언제나) 폐하의 뛰어나고 대단한 능력에 애정과 존경이 가득하며 그런 제 마음을 폐하에게 보여 주길 바랍니다"라는 내용으로 편지를 마무리했다.•

알렉산드르는 나폴레옹의 제안 중 그 어느 것도 받아들이지 않았다. 러시아군은 그랑다르메 앞에서 후퇴를 거듭했고 4주가 흐른 뒤에야 양측에 1천 명 이상 사상자가 날 정도의 격전이 처음 벌어졌다. 그렇다고 그동안 러시아가 전혀 항거하지 않은 것은 아니었다. 러시아군은 이 전쟁에서 보급과 전투의 비중이 같을 것임을 인지하고 가져갈 수 없는 것은 체계적으로 파괴했다. 농작물, 풍차, 교각, 가축, 기지, 사료, 피난처, 곡물 등 진군하는 프랑스군에게 유용할 법한 것이면 모조리 들고 가거나 도로 양편으로 몇 킬로미터에 걸쳐 불에 태웠다. 나폴레옹도 아크레에서 퇴각할 무렵 같은 방식으로 행동했고 그는 웰링턴이 토르스 베드라스 방어선으로 퇴각하면서 유사한 초토화 작전을 노련하게 실행한 것에 감탄을 표하기도 했다. 샵탈이 기록하길 "그는 이러한 특성을 기준으로 장군들의 능력을 판단했다."[19)]

이탈리아 북부나 오스트리아의 비옥한 토지와 달리 폴란드 동부나 벨라루스는 극심하게 빈곤하고 인구가 희박하며 평상시에도 영양실조가 빈번하던 지역이었다. 이토록 낙후한 농경사회에서 급작스럽게 수십만 명을 추가로 더 먹여야 하는 상황이 닥치자 수급 문제가 발생할 수밖에 없었다. 더구나 러시아군이 퇴각하면서 마을을 통째로 불사르면서 상황은 급속히 악화일로를 걸었다. 무엇보다 알렉산드르 체르니셰프 휘하의 용맹스런 기병대를 포함해 러시아 기병대가 프랑스군 전선 후방에서 맹활약하며 나폴레옹의 긴 병참선에 위협을 가해왔다.[20)]

• 나폴레옹은 이토록 진솔하게 마음을 털어놓는 특이한 편지를 쓴 뒤 발라쇼프에게 농담처럼 모스크바로 가는 최고의 길이 어디냐고 물었다. 그는 당당하게 대답했다. "폐하, 원하는 길 어디나 택하실 수 있습니다. 칼 12세(스웨덴 국왕으로 1709년 폴타바 전투에서 러시아군에 패했다 — 역자)는 폴타바를 경유했습니다." (Foord, *Napoleon's Russian Campaign* p.75, Mowat, *Diplomacy of Napoleon* p.256)

6월 말 푹푹 찔 정도로 습한 무더위가 지나가자마자 이글이글 타오르는 태양이 다시 찾아왔다. 신선한 물이 부족해지면서 신병들은 피로에 쓰러졌다. 열기 때문에 숨이 막힐 정도로 먼지가 심해지자 후방에서 따라오는 병사들이 길을 잃고 헤매지 않도록 북치는 병사들이 선두에 서야 했다. 7월 5일 무렵 강을 가로지르는 부교에 마차들이 몰리면서 병목현상이 발생하자 그랑다르메의 식량 부족 사태는 한층 악화했다. 로보 백작의 부관 보니파스 드 카스텔란이 이렇게 보고했다.

"식량 문제가 심각하다. 병사가 먹을 식량도 말에게 먹일 귀리도 없다."[21]

모르티에가 청년근위대 중 몇 명이 굶어 죽었다고 보고하자 황제가 말했다.

"그럴 리가 없어! 20일 치 휴대용 식량은 어디로 간 거지? 제대로 통솔하는 병사들은 절대 굶어 죽지 않아!"[22]

이때 소환한 근위대장이 "병약함이나 불확실한 이유로" 그리고 실제로는 술에 취해 병사들이 죽었다고 진술하자 나폴레옹은 이런 결론을 내렸다.

"딱 한 번만 대승을 거두면 전부 보상할 수 있다!"[23]

그랑다르메가 러시아에서 보낸 175일 동안 매일 평균 말 천 마리가 죽었다. 세귀르의 회상에 따르면 사료라고는 덜 익은 귀리가 유일하던 상황에서 1만 마리 이상의 말이 탈수와 열사병으로 죽었고, 그 사체에서 "숨쉬기 힘들 정도로 심한 악취가 풍겼다."[24] 나폴레옹의 기마대장 콜랭쿠르는 절망했다.

"빠른 속도로 행군하라 강요당하는 상태에서 마구와 예비 부품이 부족한 데다 식량까지 고갈되고 제대로 돌봐 주지도 못해 말이 떼죽음을 당했다."

> 사람들은 자신에게 필요한 것조차 제대로 공급받지 못했던 터라 말에게 신경 쓸 여유가 거의 없었다. 병사들은 말이 죽어 가도 그리 안타까워하지 않으면서 그저 바라만 보았다. 말이 죽는다는 것은 병사들이 더 이상 임무에 임하지 못한다는 의미였고 병사들 개개인의 궁핍한 상황이 드디어 끝난다는 뜻이었다. 우리가 전쟁 초에 겪은 재난은

물론 최종 패전의 비밀과 원인이 바로 여기에 있었다.[25]

7월 8일 나폴레옹은 파리의 클라르크에게 "이곳에서 말이 하도 많이 죽어서 프랑스와 독일의 모든 자원으로 현재 기병대를 유지하기가 대단히 힘들기 때문에" 기병대 신병을 더 모집할 필요가 없다는 내용의 서신을 보내야 했다.[26]

바로 그날 나폴레옹은 러시아군의 주된 병력인 제1서부군이 드리사에 주둔하고 있으며, 드리사는 강력한 요새지만 전략상 불리한 위치에 있다는 정보를 얻었다. 그는 희망을 품고 선발대를 보냈으나 17일 선발대가 도착했을 때 요새는 이미 버려진 상태였다. 7월 16일에는 다부가 민스크를 장악했으나 바그라티온이 또다시 도망쳤다는 소식이 들려왔다. 나폴레옹은 빌뉴스를 떠나기 직전 조미니 장군과 함께 식사하면서 모스크바까지의 거리를 두고 대화했다(실제로 8백 킬로미터 거리였다). 러시아까지 행군할 생각이냐는 조미니의 질문에 나폴레옹은 웃음을 터트리며 대답했다.

> 간다면 2년에 걸쳐 가는 편이 좋겠네. … 내가 볼가강까지 쫓아갈 것이라고 생각한다면 그건 바르클라이의 크나큰 오판이지. 우리 군은 스몰렌스크와 드비나강까지 추격하고 거기서 한 판 전투를 붙은 후 막사로 돌아갈 걸세. 나는 여기, 빌뉴스로 돌아와 작전본부에서 겨울을 날 생각이네. 프랑스 극장에서 오페라단과 배우들도 불러와야지. 겨울에 평화 협정을 맺지 않더라도 내년 5월이면 다 끝나겠지. 이게 모스크바로 돌진하는 것보다 낫지 않겠나? 책략가 양반, 어떻게 생각하나?[27]

조미니도 그와 같은 의견이었다.

당시 나폴레옹은 당대 어떤 군대도 미처 예비하지 못한 대단히 파괴적이며 처음 보는 위협에 직면하고 있었다. 발진티푸스는 먼지가 야기하는 질병으로 그 병원체리케차 프로바제키Rickettsia prowazeki는 매독과 결핵을 일으키는 비교적 큰 박테리아와 미세한 두창, 홍역을 일으키는 바이러스의 중간쯤에 해당한다. 이 병원체를 옮기는 매개곤충 '이louse'는 더러운 의류의 솔기를 타고 다니며 씻지 못한 몸을 감염시켰다. 발진티푸스 병원체는 이의 분변과 사체로 전염을 일으키며 이에게 물려서 옮는 것은 아니었다.[28] 이것은 폴란드와 러시아 서부에서 오랜 기간 만연하던 전염병이기도 했다.

열기는 뜨겁고 씻을 물은 부족한 상태에서 병사들이 밤마다 대규모로 집결하는 바람에 막사는 축사나 다름없었다. 병사들은 감염된 부위를 긁어 댔고 옷도 며칠째 갈아입지 못했다. 이 모든 것은 발진티푸스가 퍼지기에 딱 맞는 조건이었다. 전쟁 발발 첫 주에만 매일 6천 명이 발진티푸스로 앓아누웠다. 7월 셋째 주에 이르자 8만 명 이상이 죽거나 병들었는데 그중 최소한 5만 명이 발진티푸스 환자였다. 나폴레옹은 침략을 시작한 첫 달 중앙군의 5분의 1을 잃었다.[29] 당시만 해도 발진티푸스와 이 사이의 의학적 관계가 밝혀지지 않았고, 이는 불쾌한 해충일 뿐 사람을 죽일 정도는 아니라고 간주했다. 그랑다르메의 의무감 라레는 실력 있는 의사였지만 전염병 발진티푸스에 어떻게 대처해야 하는지 알지 못했다. 세균 이질과 장티푸스는 단치히와 쾨니히스베르크, 토른의 병원에서 치료할 수 있었지만 발진티푸스는 달랐다. 나폴레옹은 백신을 지지했고 특히 천연두 백신을 생후 2개월 된 자신의 아들에게 맞힐 정도였다. 그러나 발진티푸스를 치료할 백신은 없었다. 최근 빌뉴스의 대규모 묘지에 있는 시신 2천 구 치아에서 추출한 유전자를 연구한 결과에 따르면 시신은 대부분 '전쟁 페스트'로 알려진 티푸스 엑산테마티쿠스 병원균을 보유하고 있었다. 아이러니하게도 나폴레옹은 입원한 사람들이 반드시 목욕을 해야 한다고 주장했지만 건강한 사람에게도 목욕이 필요하다는 사실은 아직 알려지지 않았다.[30] 며칠 동안 날씨가 너무 추워 옷을 단 한 벌도 벗지 못할 상황이라 황제조차 모스크바에서 퇴각하던 중에 몸에서 이를 잡아야 했다.[31] 이라는 해충을 퇴치하는 방법은 속옷은 삶고 겉옷은 뜨거운 다리미로 다리는 것이었으나 11월 4일부터 찾아온 영하의 날씨에서는 둘 다 불가능했다.[32)]

프랑스에서 혁명 전쟁과 나폴레옹 전쟁이 이어지면서 발진티푸스(장티푸스, 세균 이질, 그 외의 '빈민 질병'과는 상당히 다르다) 문제는 점점 더 커졌고 종종 도로 주변에 위치한 마을에서 발생했다. 1806년 이후 센에마른에서는 거의 끊이지 않고 계속 발진티푸스가 발생했으며, 라인강에서 군대가 도착한 이후 파리 동부도 마찬가지 상황에 놓였다. 특히 1810~1812년 사상자가 많았으며 그 이유를 규명하라는 요구에 믈룅과 느무르의 의무장교들은 '계속되는 전쟁'[33)]이 주된 원인이라고 입을 모았다. 1814년과 1815년 동맹군이 프랑스를 침입했을 때도 발진티푸스가 다시 퍼졌다. 당대 저명한 의사들은 발진티푸스가 "혹독한 곤경과 추위, 생필품 부족, 상한 음식 섭취"[34)]에서 자연스럽게 발발한다고 추정했다. 1812년 프랑스 병원장이던 J.R.L. 드 케르코브는 전쟁이 끝나고 20년이 지난 후에도 발진티푸스의 원인을 잘못 이해하고 다음과 같이 적었다.

"프랑스군을 그토록 죽인 발진티푸스의 원인은 궁핍과 피로, 병든 자와 지친 자가 넘쳐나는 곳에서 오염된 공기를 마신 데 있다. 그다음에는 감염으로 확산된다."[35)]

1911년까지도 이와 발진티푸스의 관계는 밝혀지지 않았다. 그렇지만 드 케르코브는 증상만큼은 제대로 이해하고 있었다.

> 감염 증상은 전반적인 불쾌감으로 시작하며 대개 나른한 상태, 허약하고 느리거나 불규칙적인 맥박, 얼굴색 변화, 움직이기 어려워짐 … 극도의 피로감, 서 있기 어려움, 식욕부진, 현기증, 이명, 멀미, 두통이 매우 빈번하다. 구토가 일어나는 경우와 혀가 백색 혹은 황색 점액질로 덮이는 경우도 있다.

그리고 나흘 정도 지난 후 발열이 일어나는데 "처음에는 오한이 오다가 불규칙하게 열기를 느끼며 … 발열이 이어지면서 피부가 마르며 … 뇌에 울혈이 발생하고 때로 폐에도 발생한다."[36] 대부분의 경우 사망에 이르렀다. 1812년 나폴레옹의 병사 중 14만 명이 질병으로 사망했는데 그중 대다수가 발진티푸스가 원인이었으며 세균 이질과 관련 질병으로 사망한 사람도 상당수를 차지했다.

나폴레옹은 질병 때문에 전체 침략 작전이 무너지는 것을 용납할 수 없었고, 러시아의 제1서부군과 제2서부군을 분리한다는 목표 아래 계속 동진을 명령했다. 참모진 법령장교 가스파르 구르고 장군의 평가에 따르면 나폴레옹 본인은 작전 내내 '건강 상태가 좋아서' 하루에 몇 시간씩 말을 타면서도 심한 질병에 걸렸다고 보고된 바 없었다.[37] 그랑다르메는 행군 속도가 빠른 데 반해 아직 어린 신병들은 경험이 부족한 탓에 대다수가 따라가지 못해 뒤처졌다. 카스텔란의 기록에 따르면 "낙오자들은 무시무시한 짓을 자행하고 있다. 기동성을 갖춘 열을 조직한 뒤 약탈과 강탈을 일삼는다."[38] 7월 10일 나폴레옹은 베르티에에게 기병반장대를 보로디노로 보내 "그 나라에서 끔찍한 파괴 행위를 저지르는 33부대 약탈자들을 체포하라"고 명령했다.[39] 7월 중순에 이르자 많은 부대가 무리지어 이탈하기 시작했다.

7월 18일 나폴레옹은 글루보코예에 도착했다. 그는 카르멜회 수도원에 나흘간 머물면서 예배에 참석하고 병원을 세웠으며 근위대를 조사했다. 그리고 이어진 강행군으로 군대가 직면한 심각한 문제와 관련해 보고를 받았다. 뷔르템베르크 근위대에서 근무한 메클렌부르크 출신의 카를 폰 수코프의 회상에 따르면, "더 이상 이 어려움을 견디지 못하겠다는 심정으로 수백 명이 자살했다. 매일 도로 인근 숲 속에서 홀로 울려 퍼지는 총소리가 들려왔다."[40] 현금 없이는 의약품을 구하기가 거의 불가능했다. 바바리아 장군 폰 셸러가 자국 국왕에게 보고하길, 비스와강을 건너자마자 "정규 식량 공급과 체계가 잡힌 배분은 중지되었고 모스크바에 도착할 때까지 합법적인 배급이나 정규 징발로는 고기나 빵 5백 그램, 브랜디 한 잔조차 얻을 수 없었습니다."[41] 과장이 섞이긴 했지만 어느 정도 사실이었다.

나폴레옹이 군대의 식량 공급과 건장한 병사 수를 잘못 파악하고 있었다는 증거가 있다. 나폴레옹이 열흘 치 식량을 보유하고 있다고 보고받은 군대는 사실 식량이 완전히 고갈된 상태였다. 루이 프리앙 장군은 척탄병 2개 여단 근위대장이자 다부와 동서지간(다부의 아내와 루이 프리앙의 아내 그리고 나폴레옹의 여동생 폴린의 남편은 르클레르 집안의 삼남매다. 다부는 부인 루이즈 르클레르와 금슬이 좋았던 것으로 유명하다 — 역자)이었는데 뒤마 장군은 그에 관해 다음 회고를 남겼다.

"(프리앙은) 내가 33전선 병사가 3천2백 명이라는 내용의 보고서를 제출해 주길 바랐다. 하지만 내가 파악한 바로는 최대 2천5백 명이 이미 군대를 이탈한 상태였다. 뮈라의 부하인 프리앙은 나폴레옹이 자신의 상관에게 화를 낼 거라고 말했다. 그는 차라리 실수를 만들어 내는 편을 택했고 푸셸롱 대령은 요청에 따라 허위 보고서를 제출했다."[42]

이 같은 기만행위에 장교 3명(뮈라도 동참했을 가능성이 있다)이 연루되었거나 적어도 묵인했다는 의미다. 군대 문화가 다소 변해 가면서 과거에 부하들과 무척 가까운 관계를 유지했던 나폴레옹은 이제 고위 장교들에게 정기적으로 기만당하고 있었다. 그가 직접 알아보는 경우도 있었지만 그랑다르메 규모가 워낙 방대하고 행군 폭이 넓어 나폴레옹은 과거에 치른 전쟁에 비해 훨씬 더 고위급 대장들에게 의존했다. 나폴레옹의 경호원 중 하나가 남긴 회고록에 따르면 12월 퇴각하던 중에 나폴레옹이 베시에르에게 근위대 상태를 물었을 때 이런 대답을 들었다고 한다.

"폐하, 매우 편안합니다. 불을 많이 피우고 꼬치 요리를 하고 있으며 닭고기와 양다리 고기도 있습니다."

경호원의 회상에 따르면, "폐하가 두 눈을 다 뜨고 보았다면 그 불쌍한 친구들에게 먹을 게 거의 없다는 사실을 확인했을 것이다. 대부분 심한 감기에 걸려 있었고 모두 너무 지친 상태였으며 인원수도 엄청나게 줄어들었다."[43]

7월 19일 나폴레옹은 뮈라의 부관 마리 조제프 로제티에게 러시아가 드리사를 포기했다는 소식을 듣고 "기쁨을 감추지 못했다."[44] 나폴레옹은 글루보코예에서 마레에게 이런 편지를 썼다.

"적군은 드리사 요새에서 철수했고 교각 전부와 상당한 비축량을 소각했으며, 지난 몇 달간 집중해 온 일터와 식량을 포기했다."[45] •

로제티의 일기에 따르면 황제는 "빠르게 활보하면서" 베르티에에게 말했다.

"자네도 알다시피 러시아인은 전쟁도 평화도 어떻게 이루는지 모르네. 그들은 퇴보한 국가야. 총 한 번 쏴보지 않고 자신의 보호권을 포기하고 있어! 자, 이제 우리가 한 번만 더 제대로 힘을 기울이면 내 형제(러시아 황제)는 내 적군들이 떠들어 대는 충고에 따른 걸 후회하게 될 것이네."[46]

나폴레옹은 로제티에게 기병대의 사기와 말의 상태를 자세히 물었고 로제티가 긍정적으로 답변하자 그 자리에서 로제티를 대령으로 임명했다. 실제로는 뮈라가 기병대에 지나치게 요구한 나머지 피로에 지친 말의 상태가 점점 악화하고 있었다. 콜랭쿠르는 불만을 토로했다.

"그는 항상 척후병의 선봉에 서서 기병대를 망치고 군대에 손실을 야기했으며 결국 프랑스와 황제를 깊은 구렁텅이까지 몰고 갔다."[47]

7월 23일 바르클라이는 빌뉴스에서 동쪽으로 320킬로미터 떨어진 비쳅스크(비텝스크)에 도착했고 바그라티온이 합류하면 함께 버틸 준비를 하고 있었다. 바로 그날 원정에서 프랑스와 러시아가 처음 크게 맞부딪친 살타노프카(모길료프라고도 불림) 전투

• 여느 때와 다름없이 나폴레옹은 프랑스 상황도 염두에 두고 있었다. 7월 21일 클라르크에게 프랑스 남부의 작은 섬들에 관해 일렀다. "예르의 섬들을 전부 구입해 사람들이 상주하게 하려는 내 의도를 자네에게 다시 상기시키고 싶네."(CG 12 no.31281 p.899) 또한 파리의 대형 곡물 저장고를 자신이 말한 시간 내에 완공하지 못할까 봐 염려하며 무역장관에게 말했다. "개선문과 퐁 디에나, 영광의 사원, 도살장은 2~3년 지연해도 불편하지 않다. 그보다 이 대형 저장고 공사를 마치는 것이 급선무다."(CG 12 no.31255 p.885)

가 벌어졌다. 다부는 바그라티온의 북진 행군을 봉쇄하는 것에는 성공했으나 사망자와 부상자, 실종자가 4천1백 명 발생했다. 결국 바그라티온은 스몰렌스크로 이동해야 했다. 이틀 후 비쳅스크 서쪽의 오스트로프노에서 뮈라의 선발대가 오스테르만 톨스토이 공작이 지휘하는 바르클라이의 후위부대와 소규모 접전을 벌였다. 대규모 전투가 이어지기를 기대한 나폴레옹은 예전처럼 자신의 공보(열 번째였다)에 사실을 과장했는데, 그에 따르면 뮈라가 이끄는 군대가 러시아 기병대 1만 5천 명과 보병대 6만 명에 맞서 싸웠고(실제로 러시아군은 총 1만 4천 명이었다) 러시아 측 사상자와 포로가 7천 명 발생했다고 말했지만 실제로는 2천5백 명 정도였다. 또한 프랑스 측은 사망자 2백 명, 부상자 9백 명, 포로 50명이 발생했다고 주장했으나 실제에 가장 근접한 수치는 사상자 3천 명, 포로 3백 명이었다.[48]

나폴레옹은 러시아군이 비쳅스크를 포기하지 않고 대항해서 싸울 것이라 기대하며 26일 외젠에게 다음과 같은 서신을 보냈다.

"만약 적군이 전투를 원한다면 우리로서는 대단한 행운이다."[49]

같은 날 나폴레옹은 과거에 조미니가 질문한 모스크바로 행군할 가능성을 처음으로 진지하게 따져 보았다. 7월 22일 나폴레옹은 레니에 장군에게 "페테르부르크와 모스크바가 코앞에서 위협당하는 시기에" 적군이 감히 바르샤바를 공격할 수는 없을 것이라고 말했다. 나흘 후 그는 마레에게 보낸 편지에서 "정규 사단이 모스크바를 장악하길 원할 것이라는 생각이 든다"라고 밝혔다.[50] 적군이 전투를 피한다면 더 들어가지 않고 비쳅스크나 스몰렌스크에서 행군을 멈추겠다던 과거의 계획이 이제는 점차 더 웅대하고 야심만만한 계획으로 진화하기 시작했다. 어느새 나폴레옹은 바르클라이 데 톨리의 덫에 빠져 들고 있었다.

7월 28일 새벽 뮈라가 비쳅스크에서 러시아군 행적이 묘연해져 프랑스군이 추적 중이라는 소식을 전했다. 러시아군이 모든 것을 들고 가 버리는 바람에 어느 방향으로 갔는지 알아볼 만한 단서가 전혀 남아 있지 않았다. 세귀르가 말하길 "우리의 승리보다 그들의 패배가 더 질서정연해 보였다!"[51] 뮈라, 외젠, 베르티에와 회의를 하며 나폴레옹은 그토록 바라던 결정적 승리가 "빌뉴스와 마찬가지로 우리 손아귀에서 벗어났다"는 사실에 직면해야 했다.[52] 승리는 닿을 듯 말 듯 가까워 보였고 바로 다음 언덕, 다음 호수, 다음 평원, 다음 숲까지만 가면 승리를 거머쥘 것 같았다. 이것이야말로 러시아군이 의도한 바였다. 비쳅스크에서 16일간 머물며 나폴레옹은 1812년 전투를 그곳에서 마무리하고 1813년에 다시 시작하는 방안을 진지하게 고려했다. 현재 그는 드비나강과 드네프르강이 천연 방어선을 이루는 구러시아 국경선에 도달한 상태였다. 만약 더 이상 나아가지 않는다면 나폴레옹은 탄약고와 병원을 짓고 리투아니아의 정치 구조를 재편성할 수 있었을 것이다(리투아니아인은 이미 그를 위해 보병대 다섯과 기병대 넷을 구성했다). 또한 중앙군 3분의 1이 이미 죽거나 발진티푸스와 세균 이질을 앓고 있었으니 이를 보강할 수도 있을 터였다. 필요하면 비쳅스크에서 상트페테르부르크를 협박할 수도 있었다.[53] 뮈라의 참모총장 오귀스트 벨리아르 장군은 기병대가 무척 지친 상태이며 돌격 명령을 내려도 달릴 수 없기에 "절대적으로 휴식이 필요하다"고 나폴레옹에게 솔직히 털어놓았다. 말굽에 박을 못도 부족했고 그것을 만들 만한 금속도, 만들 대장장이도 없었다. 세귀르에 따르면 28일 비쳅스크에 들어오면서 나폴레옹은 이렇게 말했다.

"우리는 여기서 정지한다! 여기서 나는 주변을 둘러봐야 한다. 군대의 원기를 회복하고 폴란드를 재구성할 것이다. 1812년 전투는 끝났다. 나머지는 1813년 전투가 이어서 맡을 것이다."[54]

비쳅스크에 머물 때 나폴레옹은 분명 탄탄한 방어선을 확보했다. 방어선 좌측면은 발트해 연안의 리가에서 시작해 뒤나보르흐와 폴로트스크로 이어진 뒤 우거진 중앙 숲으로 요새화한 비쳅스크를 통과했다. 그리고 베레지나로 이어 내려간 다음 건너는 게 불가능한 프리피야트 습지를 거쳐 최종 방어선의 우측 면인 바브

루이스크 요새 마을로 이어졌다. 바브루이스크는 처음 시작한 리가에서 남동쪽으로 650킬로미터 떨어진 곳이었다. 마크도날 군대는 쿠를란트에서, 우디노 군대는 사모기티아에서, 나폴레옹 군대는 클루보코예 평야에서 식량과 물자를 공급받을 수 있는 상황이었다. 슈바르첸베르크 군대는 비옥한 남쪽 지방에서 행군을 멈추면 될 터였다. 빌뉴스, 코브노, 단치히, 민스크에는 겨울 내내 군대를 지원해 줄 수 있는 대규모 공급 창고가 있었다. 나폴레옹이 비첩스크에 빵 13톤을 구울 대형 오븐 29대를 만들라고 지시하고 자신이 머문 궁 광장의 외관을 개선할 요량으로 많은 가옥을 허물게 한 사실을 보면, 그가 진심으로 그곳에 주둔할 가능성을 고려했다는 점은 분명해진다. 그러나 나폴레옹이 마리 루이즈에게 보낸 편지를 보면 겨울까지 군대가 머물 숙소를 고심한 것으로 보인다.

"여기는 27도이고 참을 수 없을 만큼 덥소. 미디만큼 더운 곳이오."[55)]

세귀르는 뮈라가 계속 나폴레옹을 종용했다고 비난했지만 황제 스스로 직접 이렇게 말한 것으로 보인다.

"1813년에는 모스크바에, 1814년에는 상트페테르부르크에 간다. 러시아 전쟁은 3년 전쟁이다."[56)]

나폴레옹은 완벽하게 합리적이고 군사적인 이유에 따라 바르클라이를 계속 추격하기로 결정했다. 지난 한 달간 3백 킬로미터를 행군했고 사상자가 만 명 이하이며 한 해 전쟁을 7월에 마무리하는 것은 시기상조라는 것이다. 그동안 나폴레옹은 대담하게 행동할 때마다 성공을 거둬 왔고 겨우 7월인데 벌써 비첩스크에서 멈춘다면 주도권을 넘기는 셈이 될 터였다. 7월 24일 모스크바에서 러시아 황제가 민병대 8만 명과 농노 40만 명을 소집했기 때문에 그들의 훈련이 끝나 배치받기 전에 먼저 공격하는 편이 이치에 맞았다. 더욱이 과거에 나폴레옹이 방어전을 펼쳐야 했던 두 전투(마렝고 전투와 아스페른-에슬링 전투)에서도 처음에는 고전했다. 여기에다 계속된 후퇴에 러시아군의 사기가 바닥났을 것이라는 뮈라의 지적도 있었다. 러시아 황제는 도대체 러시아가 얼마나 더 피폐해진 후에야 평화를 요청할 것인가? 나폴레옹은 알렉산드르가 상트페테르부르크에서 절대 평화 조약을 맺지 않겠다고 선언했다는 사실을 알지 못했다. 알렉산드르는 다음과 같이 말했다.

"그러느니 차라리 턱수염을 허리까지 기르고 시베리아에서 감자나 먹겠다."[57)]

프랑스군은 스몰렌스크에서 겨우 140킬로미터 떨어진 위치에 바르클라이 군대가 주둔하고 있고 8월 1일에는 바그라티온 군대까지 합류했다는 소식을 알게 되었다. 나폴레옹은 러시아군이 구러시아의 최대 도시 중 하나에서 대규모 전투도 없이 항복할 리는 없다고 추정했다. 그는 비쳅스크에서 멈추지 않겠다는 결정을 내리면서도 스몰렌스크에서 러시아군과 격돌한 후 비쳅스크로 돌아갈 가능성을 염두에 두었다. 뒤로크·콜랭쿠르·다뤼·나르본이 비쳅스크에 머물라고 조언하고 포니아토프스키와 베르티에, 르페브르 데누에트 역시 비슷한 의견을 제시한 반면 뮈라는 (본인이 어디로 갈지 아직 정하지 않은 상태에서) 반대를 표했다.[58)] 세귀르가 회상하길 황제는 "음, 어떻게 하지? 여기 머물까 아니면 행군할까?" 같이 짧게 질문한 적도 있지만 "대답을 기다리지 않고 자신의 우유부단함을 끝내 줄 무언가를 찾듯 계속 방황했다."[59)] 8월 7일 마리 루이즈에게 보낸 편지를 보면 나폴레옹이 어떤 생각을 하고 있었는지 그 단서를 얻을 수 있다.

"여기는 모스크바에서 겨우 4백 킬로미터 떨어져 있소."[60)](사실은 5백 킬로미터였다.)

스몰렌스크까지 압박을 가하겠다는 결정을 결코 가볍게 내릴 수는 없었다. 세귀르의 기록에 따르면 11일경 나폴레옹은 다뤼와 베르티에에게 이렇게 말했다고 한다.

> 사람들이 그를 미치광이라고 여길까? 사람들은 그가 호전적이라서 전쟁을 벌이는 거라고 생각할까? 에스파냐와 러시아 전쟁은 프랑스의 목숨을 위협할 정도로 심각한 두 개의 궤양이나 다름없고 프랑스가 이 둘을 동시에 버텨 낼 수는 없다고 그가 말하는 것을 사람들은 듣지 못했을까? 그는 평화를 갈망했고 이를 치료하기 위해서는 두 사람이 필요했으나 그의 몸은 오직 하나뿐이다.[61)]

또한 나폴레옹은 러시아군이 겨울에 꽁꽁 얼어붙은 강을 건너 행군할 가능성을 지적했고, 스몰렌스크에서 중요한 요새를 획득하거나 결정적 승리를 거둘 수 있으리라고 말했다.

"아직 피가 흐르지 않았다. 러시아는 싸우지도 않고 항복하기에는 너무 강력하다. 알렉산드르는 대규모 전투를 벌인 후에야 협상에 임할 것이다."[62)]

이들의 회의는 장장 8시간 동안 이어졌다. 베르티에는 대륙봉쇄령과 폴란드 재건도 프랑스의 병참선을 과도하게 확장할 충분한 명분은 아니라며 나폴레옹에게 읍소했다. 그리고 나폴레옹의 결정으로 뒤로크와의 우정은 거의 끝장이 났다.

나폴레옹은 "오직 대담함만이 신중한 과정"이라는 자신의 신념을 고수했다.[63)] 나폴레옹이 판단한 바에 따르면 그가 부진할 경우 오스트리아와 프로이센이 프랑스와의 동맹을 재고할 테고, 병참선을 단축하는 유일한 방법은 빠른 승리를 거둬 돌아가는 것이며 "정체하고 질질 끌면서 방어하는 것은 프랑스 정신에 맞지 않았다." 한편 그는 영국이 군사적으로 러시아를 지원한 효과가 나타나기 시작할까 염려했다. 나폴레옹이 내린 결론을 팽은 다음과 같이 기록했다.

"20일만 더 투자하면 충분히 목표를 달성할 수 있는데 왜 여기서 8개월 동안 멈춰야 하는가? … 우리는 즉각 공격해야 하며 그렇지 않으면 모든 것이 위태로워질 것이다. … 전쟁에서는 기회가 반이다. 항상 유리한 상황만 기다리다가는 어떤 것도 끝내지 못한다. 간단히 말해 내 작전 계획은 전투이며 내 모든 의견은 성공뿐이다."[64)] •

• 해당 주에 나폴레옹의 비서 메느발은 사서 바르비에에게 편지를 보냈다. "황제 폐하께서 흥미로운 책을 읽고 싶어 합니다. 좋은 신간 소설이나 황제 폐하께서 모르는 오래된 소설 또는 즐겁게 읽으실 만한 회고록이 있으면 보내 주길 바랍니다. 여기서는 할 일이 없어 시간이 남아돕니다."(CN 24 no.19052 p.128) 당시 나폴레옹이 너무 바빠 읽지 못했다고 주장한 책 중에는 라플라스의 저서 《확률의 해석적 이론》이 있었다. 그는 이 상원의원(나폴레옹이 추대했다 — 역자)에게 다음과 같은 편지를 보냈다. "확률 계산에 관한 당신의 논문을 즐겁게 받았소. 이 책을 흥미롭게 읽어 볼 시간은 나중에 생길 테고 오늘은 당신이 여러 학문 중

8월 11일 나폴레옹은 스몰렌스크로 이동하라는 명령을 내리고 자신은 13일 새벽 2시 비쳅스크를 떠났다. 그의 보좌역으로 파견된 카스텔란은 이렇게 기록했다.

> 요즘 폐하께서 말을 타고 이동하시는 속도가 훨씬 느려졌다. 체중이 상당히 늘어 말타기가 이전보다 훨씬 어려워졌다. 폐하께서는 시종 무관장(콜랭쿠르)이 내민 손을 잡고 말에 오르신다. 폐하께서는 이동할 때 주로 마차를 이용하신다. 폐하께서 말을 타지 않고 쉬시기 때문에 따라가는 시종 입장에서는 무척 힘들다. … 폐하께서 이동하실 때면 24시간 내내 약간의 휴식도 기대하지 못한다. (장군 장 바티스트) 에블레가 폐하께 말이 부족하다고 보고하자 이렇게 대답하셨다. "모스크바에서 괜찮은 마차 끄는 말을 찾을 수 있겠지." **65)**

나폴레옹이 최고 속도로 이동할 때면 과열을 피하기 위해 마차바퀴에 물을 부어야 했다.

8월 중순 무렵 나폴레옹의 양쪽 측면부 상황은 전망이 밝아 보였다. 북쪽은 마크도날이 잘 방어했고 남쪽에서는 12일 슈바르첸베르크가 고로데츠나에서 토르마소프 휘하의 제3서부군에 치명타를 날렸으며(이를 치하하고자 나폴레옹은 프란츠 황제에게 그를 육군원수로 임명하길 요청했다), 나흘 후 폴로트스크에서 우디노와 생시르가 핀란드의 표트르 비트겐슈타인 장군을 저지했다. 그 결과 나폴레옹은 '스몰렌스크 전략'에 착수하려 했는데 이 대규모 작전은 러시아군이 드네프르강 북쪽에서 꼼짝 못하도록 붙들어놓고 에블레 휘하의 공병기사들이 훌륭하게 만든 다리로 그랑다르메가 남쪽 제방으

이를 처음 개발하고 확장하는 책을 새로 낼 때마다 내가 얼마나 흡족한지만 말하겠소. 이러한 도서는 국가 계몽에 기여하오. 수학 발전과 완성은 국가 번영과 밀접한 관계가 있소."(CG 12 no.31388 p.949)

로 이동한다는 내용이었다. 하지만 14일 후위부대인 네베로프스키 장군 휘하의 27연대가 크라스노이에서 희생적으로 방어함으로써 러시아 제1군과 제2군이 스몰렌스크에 도착해 방어할 시간을 확보하자 스몰렌스크로 밀고 들어가려던 프랑스의 계획은 좌절되고 말았다.

16일 오전 6시 뮈라의 기병대가 스몰렌스크 인근의 러시아 전초기지로 돌격했다. 오후 1시 나폴레옹은 베르티에와 함께 도시 성벽에서 180미터 떨어진 곳까지 접근해(더 가까웠다는 말도 있다) 주변을 정찰하며 "마침내 그들을 손에 넣었다!"라고 외쳤다.[66] 8월 17일 스몰렌스크 전투에서 나폴레옹은 러시아군 좌측면을 돌려 모스크바와 차단하고 드비나강 하류로 몰아내고 싶어 했다. 그러나 탄탄한 성벽과 깊은 협곡 덕분에 바르클라이는 6천 명 정도를 희생해 동쪽으로 후퇴할 수 있었다. 한편 네와 포니아토프스키 군대는 8천5백 명 이상을 잃었다. 로보의 포격으로 스몰렌스크가 불길에 휩싸이자 나폴레옹은 본부에서 부하들과 함께 그 장면을 지켜보았다. 세귀르에 따르면 "황제는 이 무시무시한 광경을 침묵 속에 관조했다." 콜랭쿠르의 기억에 따르면 나폴레옹은 이렇게 물었다.

"기마대장, 멋진 광경이 아닌가?"

"폐하, 끔찍합니다!"

나폴레옹이 말했다.

"흠! 제군, 죽은 적에게는 항상 달콤한 냄새가 풍긴다는 로마 황제의 말을 기억하시오."[67] •

8월 18일 새벽 프랑스군이 돌무더기와 시체를 밟으며 아직도 불타오르는 도시에 입성했을 때 도시는 이미 텅 비어 있었다. 상트페테르부르크에서 러시아군이 〈테데움〉을 부르며 승리를 자축한다는 이야기를 듣고 나폴레옹은 얼굴을 찌푸리며 말했다.

• 베스파시아누스 황제의 말이다.

"그들은 사람뿐 아니라 신에게도 거짓말을 하고 있다."[68]

그는 전쟁터를 살펴보았고 세귀르에 따르면 "황제가 얼굴을 찡그리고 화를 내는 것에서 그의 고통이 그대로 느껴졌다." 그는 드네프르강 인근의 성채 문에서 뮈라, 베르티에, 네, 다부, 콜랭쿠르(아마 모르티에, 뒤로크, 로보도)와 함께 근처에서 찾아낸 깔개에 앉아 드문 군사회의를 열었다. 나폴레옹이 말했다.

"악당들 같으니! 이런 자리를 버리고 가다니 어이가 없군! 모스크바까지 행군해야겠군."[69]

그 후 '열띤 토론'이 1시간 넘게 이어졌다. 뮈라의 부관 로제티에 따르면 다부를 제외한 모두가 스몰렌스크에서 멈추는 것에 찬성했으나 "다부는 평상시처럼 모스크바에서만 평화 협정을 맺을 수 있다고 완강하게 주장했다."[70] 뮈라도 같은 생각이었던 것으로 보이며 이후 나폴레옹은 그의 말을 여러 번 되풀이했다. 나폴레옹은 몇 년 지난 후에야 "내 병사들을 겨울에 스몰렌스크 막사에서 지내게 했어야 했다"고 인정했다.

러시아군을 바짝 추격하고 싶다는 나폴레옹의 희망은 바로 다음 순간 난관에 부딪혔다. 러시아군이 발루티나-고라(루비노라고도 알려졌음) 전투에서 네에게 맹공격을 퍼붓고 성공적으로 퇴각할 때, 유능한 사단장 귀댕 장군이 땅을 스치고 날아온 포탄에 맞아 두 다리가 부러지고 결국 전사했던 것이다. 전투 후 의료품이 거의 고갈되어 의사들은 입고 있던 셔츠를 찢어 상처 부위를 감았고, 그조차 다 떨어지자 건초를 이용했으며 종국에는 스몰렌스크 기록보관소에서 가져온 서류 종이까지 사용했다. 그래도 이 전투에서 부상당한 이들은 운이 좋은 편이었고 부상 없이 동쪽으로 계속 행군한 병사들에 비해 통계상 생존율이 더 높았다.

쥐노의 휘하 군대가 적시에 진군하지 못하는 우를 범하는 바람에 발루티나에서 러시아군을 공격하겠다는 네의 기대는 산산조각이 났다. 이에 당연히 격노한 나폴레옹은 "쥐노가 자신의 지휘봉을 영원히 잃었다"면서 베스트팔렌 지역 명령권을 라프에게 넘겼다.

"일이 이렇게 되었으니 내가 모스크바에 가지 못할 수도 있겠다."

궁극의 목표가 모스크바로 바뀌었다는 사실을 병사들이 아직 알지 못한다는 라프의 보고에 나폴레옹은 이렇게 대답했다.

"이미 잔을 채웠고 나는 반드시 그 잔을 다 마셔야 한다."[71)]

쥐노는 아크레 전투 이후 한 번도 승리를 거두지 못했고 신트라 협정에서 포르투갈을 잃은 후 실각하는 게 마땅했으나 나폴레옹은 전우애로 그를 데리고 있었다.*

발루티나 전투 다음 날 나폴레옹은 "특히 그런 파멸 상태에서는 인간이 불멸을 생각한다는 점을 잘 인식하고" 귀댕의 제7, 제12, 제21, 제127 전선에 훈장과 승진을 최소 87건이나 내려 주었다.[72)] 귀댕 장군의 사단 주변에는 "전우의 시신과 러시아군 시신이 쌓였고 나무는 부러지고 그루터기만 남았다. 또한 병사들의 발길에 짓밟힌 땅은 포탄 공격으로 들쑤셔졌으며 부서진 무기와 찢어진 군복, 전복된 마차, 잘려 나간 팔다리"[73)]만 넘쳐 나고 있었다. 당시 질병과 아사, 도주, 전사자로 인해 나폴레옹의 중앙군은 보병 12만 4천 명, 기병 3만 2천 명이 전부였고 보급로를 지킬 인원도 겨우 4만 명에 불과했다.[74)]

바르클라이가 이번에는 도로고부시 쪽으로 또다시 빠져나왔다는 사실에도 불구하고 혹은 아마도 그렇게 빠져나왔기 때문에(러시아군은 철수 정책을 조금도 원하지 않았다) 8월 20일 러시아 황제는 바르클라이 대신 프리틀란트에서 패배한 예순일곱 살의 육군 원수 미하일 쿠투조프를 최고사령관으로 임명했다. 나폴레옹은 무척 기뻐했는데 이는 "그가 전투를 하겠다는 조건 하에 군대를 통솔하고자 불려 온 것"이라고 추측

* 쥐노가 매독에 따른 정신이상으로 판단력에 문제가 생겼을 가능성도 있다. 다음 해 라구사에서 어떤 무도회가 열렸을 때 쥐노는 견장과 장갑, 무도회용 신발, 훈장만 착용한 채 참석했다(D'Abrantès, *At the Court* p.21). 1813년 7월 쥐노는 하늘을 날 수 있다고 믿고 2층 창문에서 뛰어내렸다가 부상당했고 결국 괴저에 걸려 사망했다(그가 하루에 굴을 3백 개나 먹어 댔는데도 창문을 통과했다는 사실 역시 놀랍다). (Strathearn, *Napoleon in Egypt* p.422)

했기 때문이다.[75] 사실 임명 후 첫 2주 동안 쿠투조프는 모스크바 쪽으로 계속 밀려나면서 주둔지를 찾아 세심하게 정찰했다. 그는 모스크바에서 서쪽으로 105킬로미터 떨어져 있고 모스크바강 남서쪽에 위치한 보로디노 마을을 선택했다. 8월 24일 나폴레옹은 보급 물자가 부족한데도 불구하고 쿠투조프를 쫓아가기로 결정했다.

다음 날 오후 1시 나폴레옹은 스몰렌스크를 떠나 오후 5시 도로고부시에 도착했다. 그는 참모진에게 "평화가 우리 앞에 있다"고 말했다. 러시아제국의 사랑을 받는 소중한 수도이자 성스러운 도시인 모스크바를 대규모 전투도 벌이지 않고 쿠투조프가 포기할 리 없으며, 그 후에는 러시아 황제가 평화를 간청할 것이라고 그는 진심으로 확신했다.[76] 나폴레옹은 러시아군에 전투 개시를 압박할 요량으로 모스크바로 행군했고 벌써부터 항복을 받아 주는 조건으로 무엇을 내걸지 생각하고 있었다. 나폴레옹은 데크레에게 어떤 평화 조약을 맺든 도로고부시 지역에서 선박 돛대용으로 쓸 목재를 확보할 것이라고 말했다.[77] 뮈라의 부관 샤를 드 플라오는 뱌지마에서 어머니에게 보내는 편지를 쓰며 "전쟁을 끝낼 승리"를 확신한다고 말했다. 병사들이 전선에서 어머니에게 편지를 쓰며 맹세할 정도까지는 아니었지만 러시아 황제가 "확실히 평화를 요청할 것"이라는 나폴레옹의 가정은 이미 사령부에 널리 퍼져 있었다.[78]

한 달간 비가 내리지 않자 조제프 드제 장군의 부관 지로 드 랭 대위는 이렇게 기록했다.

"극심한 폭염이 에스파냐보다 더 최악이다. 열기와 먼지 때문에 너무 갈증이 심하고 물이 부족하다. … 사람들이 도랑에 흐르는 말 오줌을 마시려고 엎드린 것도 보았다!"[79]

또한 그는 병사들이 처음으로 나폴레옹의 명령을 무시하고 있다고도 말했다. 황제가 개인 마차를 불필요한 사치품이라 간주해 소각 명령을 내렸으나 "(황제가) 100미터도 채 멀어지기 전에 사람들은 서둘러 마차의 불을 껐고 마차는 다시 대열에 합류해 이전처럼 굴러갔다."

8월 26일 나폴레옹은 마레에게 보낸 편지에서 "뱌지마에서 적군이 우리를 기다리고 있다"고 들었다고 말했다.

"며칠 후면 우리는 뱌지마에 도착할 것이다. 이곳은 스몰렌스크와 모스크바의 중간 지점으로 모스크바까지 거리는 160킬로미터 정도다. 여기서 적에게 패배를 안겨 준다면 적들은 더 이상 그 대단한 수도를 보호할 수 없을 것이며 나는 9월 5일 모스크바에 입성하리라."[80)]

그런데 뱌지마에도 러시아군은 없었다. 29일 그랑다르메가 뱌지마에 입성했을 무렵 주민 1만 5천 명이 모두 떠나 버린 상태였다. 나폴레옹이 온다는 소식에 충격을 받고 사망한 현지의 어떤 사제를 위해 그는 군대의 위용을 갖춰 장례를 치러 주었다. 러시아 정교회의 최고 교회회의가 나폴레옹을 《요한계시록》에 등장하는 적그리스도라고 공식 선언했으니, 어쩌면 그 사제는 이에 압도된 것일 수도 있겠다.[81)]

9월 2일 나폴레옹은 지난 7월 22일 살라망카 전투에서 웰링턴에게 패배했다는 마르몽의 보고를 받았다. 이에 나폴레옹이 클라르크에게 말했다.

"그보다 더 형편없는 보고서는 없을 거야. 그건 시계 소리보다 더 시끄럽고 요란할 뿐 실제 상황은 전혀 설명하지 않고 있어."

하지만 그는 행간을 잘 파악해 마르몽이 조제프의 증강병력을 기다리지 않고 충분히 방어 체제를 갖춘 살라망카에서 벗어나는 바람에 패배했다는 사실을 간파했다. 황제는 전쟁장관에게 "이해할 수 없는 그의 행동 때문에 내가 얼마나 분노했는지 적절한 시기에 마르몽 장군에게 알려 주게"[82)]라고 말했다.

10월에야 나폴레옹은 프랑스군 연합이 웰링턴을 마드리드에서 몰아내고 포르투갈로 쫓아냈다는 소식을 듣고 위안을 찾았다. 조제프는 11월 2일 자신의 궁으로 복귀했다.

식량 부족은 단순한 굶주림 외에 또 다른 문제도 일으켰다. 병사들이 군의 중앙부에서 너무 멀리까지 약탈하러 나갔다가 러시아 비정규병에게 붙잡혔던 것이다. 러시아 비정규병은 정규군의 명령을 받으면서 주요 도로와 멀리 떨어진 곳에서 근무하고 있었다. 세귀르의 동생 옥타브마저 붙잡혔다. 9월 3일 나폴레옹은 베르티에에게 "네는 전투를 시작했을 때보다 더 많은 병사를 잃고 있다"고 말했다. 병사들이 소규모로 약탈하러 나갔다가 "매일 수백 명씩 적군에게 붙잡혀 포로가 되었기 때문이다." 이런 상황은 협력과 보호로 막아야만 했다.[83] 나폴레옹은 사방에서, 특히 병자와 부상자를 치료할 때 드러나는 무능과 태만에 분노했다. 그날 나폴레옹은 라퀴에에게 보낸 편지에서 이렇게 일렀다.

> 내가 지난 20년간 프랑스군을 지휘하면서 지켜봤지만 군 행정부가 이토록 무능한 것은 처음이다. … 여기로 파견한 사람들에게는 능력도 지식도 없다. 경험이 부족한 외과의사는 적군의 포열보다 더 큰 해를 끼치고 있다. 병참감을 맡은 조직 장교 4명에게는 아무 경험이 없다. 보건위원회는 이토록 무능한 외과의사를 파견한 것에 책임을 져야 한다. … 간호단체 역시 다른 모든 전쟁작전 행정부와 마찬가지로 아무 도움을 주지 못하고 있다. 한번 총과 군복을 받고 나면 더 이상 병원에서 일하고 싶어 하지 않는다.[84]

나폴레옹이 간과한 아주 간단하고 명백한 사실은 러시아가 굉장히 넓어서 단 한 번의 전투로는 빌뉴스 너머까지 침입할 수 없다는 점이었다. 군 행정부에는 나폴레옹의 어마어마한 요구를 처리할 만한 능력이 없었다. 나폴레옹은 매일 결전을 갈망하면서 점점 더 바르클라이의 덫으로 빠져들었다.

9월 5일 나폴레옹은 보로디노 전장의 남서쪽에 위치한 셰바르디노 보루를 장악했는데, 이곳은 러시아 중앙군이 제대로 방어하기에는 지나치게 먼 곳이었다. 러시아군 사상자와 포로는 6천 명이었으며 프랑스군 피해는 4천 명이었다. 나폴레옹은 10주 전에 네만강을 건너면서부터 그토록 바라 온 격전을 꿈꾸며 군대를 이끌었다. 그사이 11만 명이 발진티푸스에 걸렸고 모두 죽지는 않았지만 많은 병사가 쫓겨나거나 이탈했다.[85] 이제 나폴레옹이 대전투에 배치할 수 있는 병력은 10만 3천 명과 대포 587대에 불과한 반면 쿠투조프의 병력은 12만 8백 명에 대포 640대였다. 러시아군은 지난 3일 동안 어마어마한 보루와 화살 모양의 방어용 둑인 플레슈flèches를 만들었고 협곡을 더 깊게 팠으며 전장에서 대포 사정 범위까지 깨끗하게 정비했다. 1812년 당시 건설한 규모로 다시 만든 보루와 플레슈는 오늘날에도 그 자리에 남아 있다.

전투 바로 전날 프랑수아 제라르가 그린 로마왕 초상화를 자신의 마차 지붕에 묶어온 보세 남작이 군 본부에 도착했다. 그림을 받아 본 나폴레옹은 '거의 참기 힘든 감정에 사로잡혀' 팽에게 편지를 보낸 뒤 부하들이 미래의 황제를 찬미하게끔 자신의 막사 밖 의자에 올려 두었다.[86] 그는 작전회의에 참석한 장교들에게 말했다.

"제군, 내 아들이 열다섯이 되면 저 그림 대신 직접 여기에 서 있을 것이다."[87]

다음 날 그는 말했다.

"그림을 치우고 안전한 곳에 보관하라. 전쟁터를 보기에는 너무 어리다."(사실 로마왕은 당시 겨우 18개월에 불과했다. 퇴각 중에 초상화는 잃어버렸지만 제라르가 사본을 미리 만들어둔 상태였다.)

보세에 따르면 나폴레옹은 "건강 상태가 꽤 괜찮은 편이었다. … 이토록 신속하고 복잡한 침략에 따른 노고에도 전혀 불편해하지 않는다." 반면 역사학자들은 황제가 그날 방광염, 열, 독감, 부정맥, 호흡곤란, 심한 감기, 방광의 염증(저자는 방광염cystitis과 방광의 염증inflammation of the bladder을 둘 다 나열했다 – 역자) 등으로 고생하고 있었다고 추정한다.[88] 그는 마리 루이즈에게 전투 전날에는 '무척 피곤하다'고 적었지만, 전투 다음 날에는 (다른 편지에서도 그랬듯) 자신의 건강이 '매우 좋다'고 선언했다. 그는 밤에 잠을 설치고 전투 당일 새벽 3시에 일어나 오후 9시가 넘을 때까지 깨어 있었다. 소우티크는 그

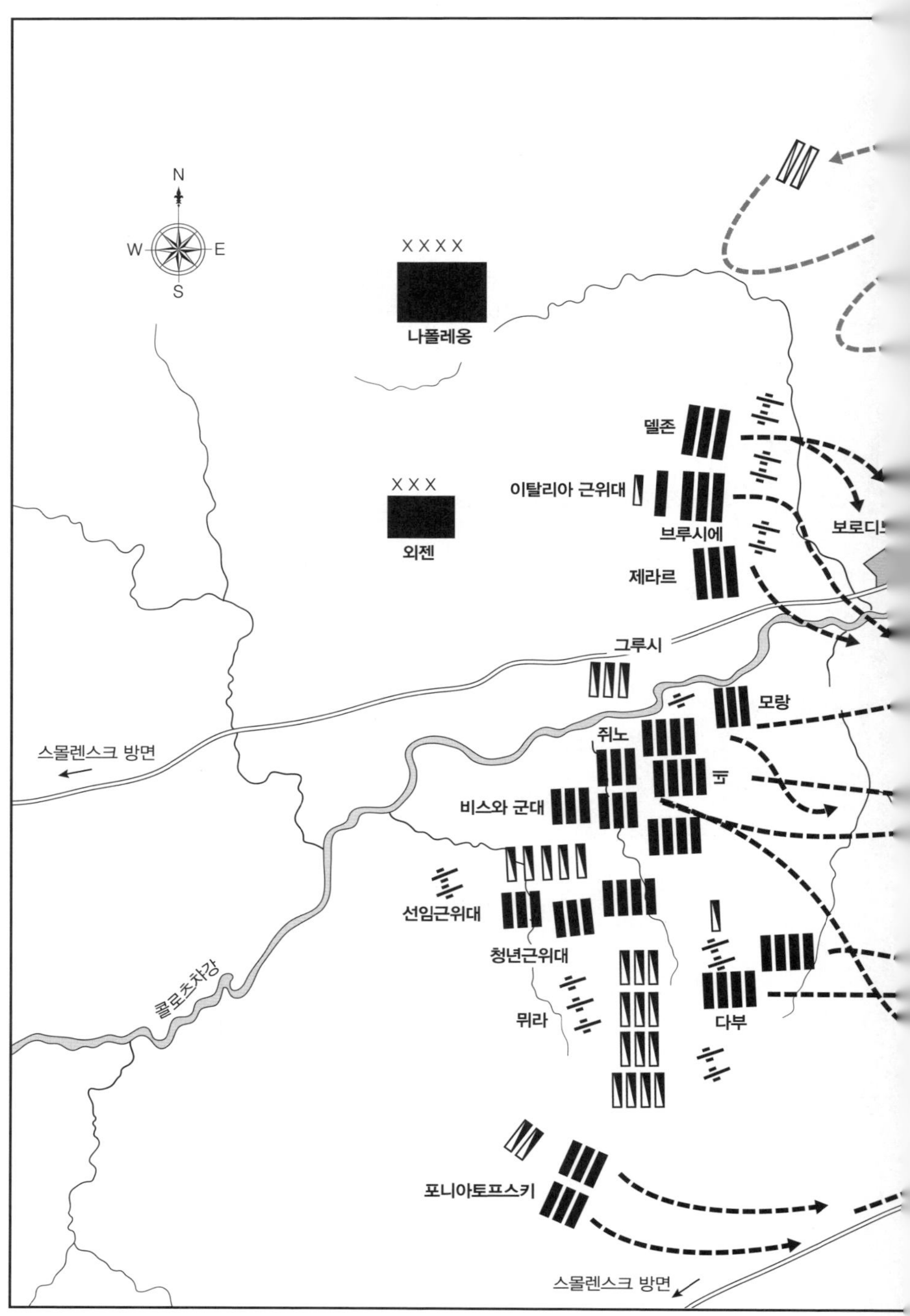
N
W
E
S
XXXX
나폴레옹
XXX
외젠
델존
이탈리아 근위대
브루시에
제라르
보로디
그루시
모랑
쥐노
비스와 군대
선임근위대
청년근위대
뮈라
다부
콜로츠차강
스몰렌스크 방면
포니아토프스키
스몰렌스크 방면

보로디노 전투

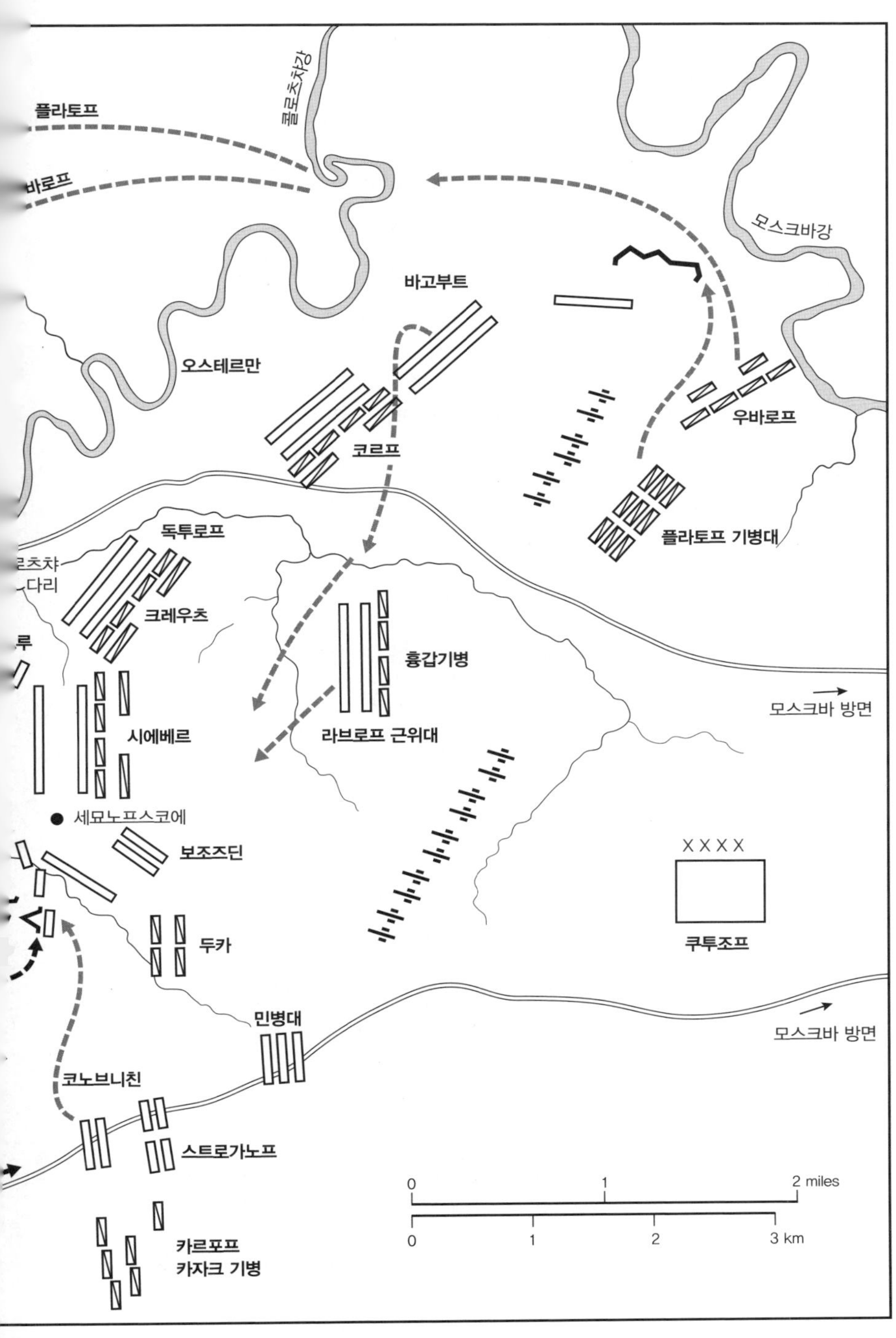

플라토프
바로프
콜로츠차강
모스크바강
바고부트
오스테르만
코르프
우바로프
플라토프 기병대
독투로프
크레우츠
흉갑기병
시에베르
라브로프 근위대
모스크바 방면
세묘노프스코에
보조즈딘
XXXX
쿠투조프
두카
민병대
모스크바 방면
코노브니친
스트로가노프
카르포프
카자크 기병
0
1
2 miles
0
1
2
3 km

가 전투가 벌어지던 중에 심한 감기에 걸렸다고 증언했으며, 세귀르는 나폴레옹이 "심한 열로 괴로워했고 특히 과격한 움직임과 격한 감정으로 흥분할 때마다 그 고통스러운 병이 치명적으로 재발했다"고 말했다(5년 전 거머리로 치료받은 치질 재발을 언급하는 것일 수 있다89)). 전투가 벌어지는 동안 그는 주로 셰바르디노 보루에 머물렀는데 훗날 르쥔의 회상에 따르면 "수많은 임무를 마치고 돌아올 때마다 똑같은 자세로 앉아 휴대용 망원경으로 모든 움직임을 확인하며 아무런 동요도 없이 침착하게 명령을 내렸다."90)

바로 전날 전쟁터 경계선을 정탐하던 중 나폴레옹과 베르티에, 외젠 등의 참모들은 포도탄 발포와 카자크 기병대의 위협 때문에 철수해야 했다.91) 황제는 러시아군이 얼마나 강력하게 자리를 잡고 있는지 확인할 수 있었다. 그러나 그가 방어물을 관측하라고 보낸 장교들은 모스크바 의용군이 전투지 중심부에 대포 18대(이 숫자는 곧 24대로 늘어난다)를 놓기 위해 만든 대보루를 간과하고 말았다. 전투지 중심부의 대보루와 플레슈 두 개가 별개의 고지대 두 곳에 자리를 잡고 있으며 보이지 않는 곳에 세 번째 플레슈가 있다는 사실조차 놓쳤다.

보로디노 전투 전날 밤 작성한 선고문은 다음과 같았다.

> 병사들이여, 제군이 그토록 오랫동안 고대하던 전투가 여기 있다! 이제 승리는 제군의 손에 달려 있으며 우리는 꼭 승리해야 한다. 승리하기만 하면 제군은 풍요로움과 훌륭한 겨울 숙소를 얻고 조국으로 빨리 돌아갈 수 있을 것이다! 아우스터리츠, 프리틀란트, 비쳅스크, 스몰렌스크에서 했던 대로만 하면 제군의 머나먼 후손도 자부심을 갖고 오늘의 위업을 말할 것이다. 사람들은 제군을 두고 이렇게 말할 것이다. "그는 모스크바 성벽 아래의 위대한 전투에 참전했었다."92)

1812년 9월 7일 월요일 보로디노 전투가 시작되었다(전쟁사에서 하루 동안 가장 많은 피를 흘린 날로 이때의 기록은 1세기 후 마른 전투가 갱신했다).* 라프에 따르면 러시아군이 밤새 또다시 도주하지 않았다는 전방 보고를 계속 받느라 "황제 폐하께서는 거의 주무시지 못했다." 나폴레옹은 새벽 3시에 일어나 펀치 음료를 조금 마시고는 라프에게 말했다.

"내가 간혹 말했다시피 행운의 여신은 관대한 여주인이야. 지금부터 직접 경험해 보세."93)

또한 모스크바에 가야 식량을 구할 수 있다는 사실을 병사들이 알고 있다고도 덧붙였다.

"가련한 군대가 많이 줄어들긴 했지만 남은 병사들은 뛰어나지. 그리고 내 근위대는 아무런 흠집도 나지 않았어."94)

나폴레옹은 막사 장막을 걷고 밖으로 나가 경비병 2명을 지나치며 말했다.

"약간 춥지만 햇살이 멋지군. 바로 아우스터리츠의 태양이야."95)

새벽 6시 프랑스군 대포 100대가 러시아군 중앙을 향해 발포를 시작했다. 6시 30분 다부가 공격을 개시했고 2만 2천 명의 뛰어난 보병대를 루이 프리앙, 장 콩팡, 조제프 드제 장군 지휘 아래 3개 사단으로 나눠 여단 전열로 배치했으며 가까이에서 대포 70대가 지원하고 있었다. 1만 명으로 구성한 네의 3개 사단이 뒤따랐고 베스트팔렌군 7천5백 명이 대기했다. 맹렬한 전투가 아침 내내 이어졌으며 다부는 타고 있던 말이 총에 맞아 부상을 당했다. 러시아 병사들은 늘 그래왔듯 전투에서 물러서려 하지 않았다. 결국 프랑스 보병대 약 4만 명과 기병대 1만 1천 명을 플레슈 장악을 위한 격전에 투입했다. 프랑스군은 총검으로 육탄전을 벌인 끝에 플레슈 두 개를 확보했으나 그제야 세 번째 플레슈의 존재를 알아차렸다. 프랑스군이 차지한

* 그날 프랑스군은 포탄 6만 개와 총탄 140만 개를 발포했다. 러시아군이 좀 더 낮은 비율로 발포했다고 가정해도(증거는 없다) 전투 내내 1초당 포탄 3개와 총탄 77개를 발포했다(Cate, *War of the Two Emperors*, p.235). 어느 러시아 부관에 따르면 전장을 걸어가는 내내 강한 충격에 따른 귀의 압력을 낮추기 위해 계속 입을 벌리고 있어야 했다고 한다.

플레슈 두 개의 후방은 무방비 상태였으며 이를 겨냥해 세 번째 플레슈에서 포탄이 날아오기 시작했다. 프랑스는 엄청난 대가를 치른 후에야 세 번째마저 함락할 수 있었다. 양측은 일곱 차례에 걸쳐 번갈아가며 플레슈를 함락했다가 빼기기를 반복했다. 러시아군은 이 같은 소모전에 능숙했지만 본국에서 멀리 떨어진 나폴레옹 입장에서는 피해야 할 전투였다.

오전 7시 30분경 외젠이 총검 공격으로 보로디노 마을을 함락한 뒤 과도하게 욕심을 부려서 칼라차강 다리를 건너 고르키로 돌격했다. 결국 실패한 외젠과 부하들은 보로디노로 돌아왔고 그들은 전쟁이 끝날 때까지 내내 맹비난을 받았다. 오전 10시 포니아토프스키가 우티차 마을을 함락하고 모랑 장군이 지휘하는 보병 여단이 대보루를 장악했지만, 제대로 지원을 받지 못하는 바람에 곧 막대한 손해를 입고 쫓겨났다. 오전 10시 바그라티온의 플레슈가 마침내 프랑스군 수중에 떨어졌을 때 바그라티온은 반격 중 왼쪽 다리가 포탄 조각에 뭉개지는 치명적인 부상을 당했다. 늦은 오전 무렵 다부가 세묘노프스코에의 120채 가옥 마을을 장악하자 나폴레옹은 포병대를 움직여 러시아 좌측면을 공격했다. 정오쯤 중대한 위기가 닥친 모습을 본 원수 9명은(그중 7명은 현직 원수였고 2명은 장차 원수가 된다) 나폴레옹에게 황실근위대를 보내 러시아군 전선이 아직 길게 늘어나 있을 때 뚫고 지나가자고 요청했다. 전투 중 네 차례나 부상당한 라프 역시 나폴레옹에게 탄원했다.

나폴레옹은 그들의 요구를 거절했다. 파리에서 2천9백 킬로미터 떨어진 곳인 데다 예비 병력도 전무한 상태였기에 나폴레옹의 대담함에도 한계가 드러난 것이다. 이렇게 기회는(기회가 있었다면) 날아가 버렸다. 세귀르의 회상에 따르면 네, 다부, 뮈라가 벨리아르 장군을 불러 러시아군의 반쯤 열린 좌측면을 노려 청년근위대를 내보내자고 했는데 나폴레옹은 "망설이더니 다시 보고 오라고 장군에게 명령했다."[96] 바로 그때 베시에르가 도착해 러시아군은 질서정연하게 2선으로 물러나고 있을 뿐이라고 보고했다. 나폴레옹은 예비군을 투입하기 전에 "체스판을 좀 더 분명하게 보고 싶다"고 벨리아르에게 말했는데 이는 그가 여러 번 사용한 은유였다.

세귀르는 나폴레옹이 내린 결정에 정치적 동기가 깔려 있을 것이라고 생각했다. "승리 외에 다른 구심점이 없는 외국인 군대" 특유의 다중 언어라는 성격 때문에 나폴레옹은 "헌신적이고 선택받은 병력을 유지해야 한다고 결정했다."[97] 러시아의 플라토프 장군이 좌측과 후방을 위협하는 상황에서 근위대를 다른 곳으로 내보낼 수는 없는 노릇이었다. 만약 포니아토프스키가 아직 도로 한쪽을 장악하지 못한 정오에 전장의 남쪽 측면인 올드포스트로드로 근위대를 보냈다면 러시아 포병대에 심한 타격을 입을 수도 있었다. 전투 후반부에 또다시 다뤼와 뒤마, 베르티에가 근위대를 보내 달라고 촉구하자 나폴레옹이 대답했다.

"내일 또 전투가 벌어진다면 내 군대가 무슨 힘으로 싸우겠는가?"

전투 이전에 했던 모든 호언장담에도 불구하고 모스크바는 여전히 105킬로미터 떨어진 곳에 있었다. 그날 아침 나폴레옹은 청년근위대에 전장 위치를 명령하며 모르티에에게 직접적인 명령 없이 행동해서는 안 된다고 강조했다.

"내가 요구하는 대로만 행동해야 하며 그 이상은 아무것도 하지 말라."[98]

쿠투조프는 신속하게 자신의 대열을 강화했고 대보루의 대포는 프랑스군 중앙을 향해 (아르망 드 콜랭쿠르의 표현에 따르면) "말 그대로 지옥 불을 토해내며" 모든 대규모 진군을 막아 냈다.[99] 오후 3시 외젠이 3개 보병대를 이끌고 대보루를 공격했고 다른 기병대도 후방에서부터 공격했지만 위대한 시종 무관의 동생인 오귀스트 드 콜랭쿠르와 몽브룅을 잃고 말았다. 본부에서 오귀스트의 죽음을 보고받은 나폴레옹이 콜랭쿠르에게 물었다.

"소식을 들었겠군. 은퇴를 원하는가?"[100]

콜랭쿠르는 아무 대답도 하지 않았고 감사 표시로 모자 끝을 살짝 들어올렸다. 그의 눈에 가득 찬 눈물이 이미 동생의 죽음을 전해 들었다는 것을 알려 주었다.[101]

오후 4시 그랑다르메는 전장을 장악했다. 외젠과 뮈라, 네가 또다시 근위대 중에서 기병대를 풀어 달라고 요청했으나 나폴레옹은 여전히 거부했다.[102] 나폴레옹이 라프에게 말했다.

"그들이 말살되는 모습을 보고 싶지 않네. 그들이 참전하지 않아도 내가 승리할 것을 확신해."[103]

오후 5시경 뮈라는 여전히 근위대를 내보내자고 했지만 베시에르는 "그와 프랑스 사이에 유럽이 있다"며 반대했다. 이제 마음을 바꾼 베르티에는 어쨌든 너무 늦었다고 덧붙였다.[104] 러시아군은 오후 5시까지 1킬로미터 정도 후퇴해 방어 태세를 갖췄고 그랑다르메는 폭격할 준비는 했지만 행동에 나설 의지가 없었다. 나폴레옹은 근위대 포병대장 소르비에 장군에게 러시아군의 새로운 위치를 향해 발포하라고 명령하며 말했다.

"그들이 원하니 갖게 하라!"[105]

그날 밤 쿠투조프는 어둠을 틈타 퇴각하면서 엄청난 손실을 입었다. 사상자 규모가 약 4만 3천 명에 이를 정도로 대단했는데 러시아군 저항이 워낙 완강해 프랑스군이 붙잡은 것은 포로 1천 명과 대포 20대뿐이었다[106](나폴레옹은 마리 루이즈에게 "포로 수천 명과 대포 60대를 압수했소"라고 말했다[107]). 희생자 통계를 내보면 총 10시간에 걸친 전투 동안 15제곱킬로미터 넓이 지역에 5분마다 초대형 여객기가 추락해 승객이 모두 죽거나 부상당한 수준에 육박했다. 쿠투조프는 곧 영광스러운 승리를 주장하는 편지를 러시아 황제에게 보냈고 상트페테르부르크에서는 또 한 번 〈테데움〉을 불렀다.

그날 저녁 7시 나폴레옹은 셰바르디노 보루 뒤 자신의 막사에서 베르티에, 다부와 함께 저녁을 먹었다. 보세의 기록에 따르면 "평상시와 달리 그는 대단히 흥분한 상태였다. 머리는 헝클어졌고 피곤해 보였다. 용감한 장군과 병사들을 너무 많이 잃어서 무척 상심했다."[108] 나폴레옹은 전투에서 이겼고 모스크바로 갈 길을 열었으며 러시아군(사망 6천6백 명, 부상 2만 1천4백 명)에 비해 훨씬 적은 수의 사상자를 냈지만, 그토록 바라던 결정적 승리는 결국 거두지 못했다는 사실에 슬퍼했을지도 모른다. 그가 실패한 원인 중 일부는 전선이 나아갈 때 군사를 비합리적으로 운용한 점, 자신의 예비군을 위태롭게 할 수 있는 선택을 피했다는 점에 있다. 그런 의미에서 나폴레옹과 쿠투조프 둘 다 보로디노를 잃은 셈이었다. 훗날 나폴레옹은 세인트헬레나에서 말했다.

"나는 워털루에서 자결하지 않았다는 이유로 비난을 받는다. 차라리 모스크바 전투에서 죽었어야 한다고 생각한다."[109]

나폴레옹은 정오에 근위대를 출정시켰어야 했다는 생각에 민감한 반응을 보였다. 오후 9시 그는 뒤마와 다뤼 장군을 자신의 막사로 불러 부상자들을 어떻게 치료하느냐고 물었다. 그리고는 20분 정도 잠이 들었다가 갑자기 일어나더니 다시 말을 이어갔다.

"더 대단한 결과를 얻으려면 내 예비군을 보냈어야 했는데 그러지 않았다는 점에 사람들은 놀랄 것이다. 하지만 나는 모스크바에서 벌어질 대규모 전투에서 결정타를 날리기 위해 근위대를 유지해야만 했다. 그날의 승전이 확실한 상황에서 나는 원정 전체의 승리를 고려해야 했다."[110]

곧이어 그는 목소리가 완전히 나오지 않아 모든 명령을 서면으로 내려야 했는데 비서들은 해독하는 데 애를 먹었다. 팽이 회상하길, 나폴레옹은 "아무 말 없이 서면 작업을 하며 종이를 차곡차곡 쌓아 두었고 명령을 기록할 필요가 생기면 탁자를 쳤다."[111]

그날 외과의사 라레는 2백 번의 팔다리 절단 수술을 해야 했다. 네덜란드 홍창기병이라 알려진 제2근위대 경창기병은 전투 후 포니아토프스키의 보병대에 함락된 숲에서 밤을 보냈는데, 나무 주변 땅에 시신이 하도 많아 수십 구를 옮긴 후에야 막사를 칠 공간을 확보할 수 있었다.[112] 중근위대의 루이 조제프 비오네 퇴역소령은 회고록에서 이렇게 말했다.

"물을 얻으려면 전장에서 먼 곳까지 이동해야 했다. 전장의 물은 죄다 피에 물들었기에 말조차 마시려 들지 않았다."[113]

다음 날 나폴레옹은 제61연대가 대보루를 장악한 것을 치하하고 보상하기 위해 찾아갔다. 어째서 제3대대가 열병식에 오지 않는지 황제가 묻자 연대장이 답했다.

"폐하, 죽은 이들은 보루 속에 있습니다."[114)]

후퇴

25

전투에서는 생명을 잃었을 때보다 희망을 잃었을 때 패배한다.

나폴레옹의 말로 알려져 있음

–

퇴각은 가장 심각한 유혈 교전보다 더 큰 인명과 물질 피해를 초래한다.

나폴레옹 군사 좌우명 제6번

보로디노 전투가 끝난 오후 나폴레옹은 전쟁터를 찾아갔고 보세는 이런 기록을 남겼다.

"러시아 연대 병사들이 피범벅으로 땅바닥에 쓰러진 모습을 보면 한 발짝이라도 후퇴하느니 죽는 게 낫다고 생각했음을 알 수 있다. 이 비탄의 장소에서 나폴레옹은 구할 수 있는 모든 정보를 수집했다. 심지어 군복에 단추가 몇 개 달려 있는지도 살펴보면서 … 작전을 개시한 적의 군단 성격과 위치를 확인하려 했고 무엇보다 부상자 치료에 우려를 표명했다."[1]

자신이 타고 있던 말이 죽어 가는 러시아 군인을 밟고 지나가려 했을 때 나폴레옹은 "그 불운한 사람에게 인도적 관심을 아낌없이 드러냈다." 부하 장교가 "고작 러시아군일 뿐"이라고 지적하자 나폴레옹은 "승리 후에는 더 이상 적군은 존재하지 않으며 모두 같은 인간일 뿐이다"[2]라고 반박했다.

황제는 모스크바를 함락함으로써 북쪽과 남쪽에서 마크도날과 슈바르첸베르크 군대에 미치는 압박을 줄이길 희망했는데, 9월 10일 그는 슈바르첸베르크에게 이렇게 말했다.

"적군은 중앙을 공격당했으니 중앙에만 집중하며 주변부는 신경 쓰지 않을 것이다."[3]

뮈라는 퇴각하는 러시아군을 추격해 모자이스크를 점령하고 부상자 1만 명을 포로로 잡았다. 다음 날 프랑스군 주요 병력은 이틀간의 휴식 후 행군을 재개했고, 이제 러시아군이 모스크바 앞에서 또 다른 대규모 전투를 벌이지 않으리라는 것이 확실해졌다. 쿠투조프는 도시를 포기하기로 결정하면서 말했다.

"나폴레옹은 격류다. 그러나 모스크바는 스펀지처럼 그의 모든 것을 흡수해 버릴 것이다."[4]

14일 아침 러시아군은 모스크바를 그대로 통과했다. 모스크바를 포기한다는 것이 확실해지자 시민들은 집을 버리고 대규모로 탈출했으며 침략군이 쓸 만한 것은 모조리 숨기거나 파괴했다. 시민 25만 명 중 1만 5천 명만 남았는데 이들은 대부분 러시아인이 아니었고 인근 시골에서 약탈자들이 들어왔다.[5] 9월 13일 모스크바 대학교 총장과 프랑스계 모스크바 시민으로 이뤄진 대표단이 나폴레옹의 본부를 찾아왔다. 당시 관습에 따르면 도시의 저명인사로 구성한 대표단이 빵과 소금이라는 전통 선물과 함께 시의 열쇠를 양도하러 와야 했으나, 모스크바가 버려졌으니 그러지 못하리라 전했다.[6] 대신 어느 대담한 늙은 농부가 주저하듯 다가와 황제에게 시의 주요 지역을 안내하겠다고 제안했으나 나폴레옹은 정중하게 거절했다.[7]

병사들은 '구원의 언덕'에서 눈앞에 펼쳐진 도시를 보고 "모스크바! 모스크바!"라고 외치며 새로 힘을 내 행군했다. 비스와 부대 소속 하인리히 폰 브란트에 따르면 "모스크바는 외관이 동양적, 아니 매혹적이다. 금박을 입히고 화려한 색으로 칠한 돔 지붕 5백 개가 가옥의 바다 위 여기저기에서 불쑥불쑥 모습을 드러낸다."[8] 나폴레옹의 표현은 좀 더 평이하다.

"마침내 그 유명한 도시다. 이제 때가 되었다!"[9]

뮈라는 러시아 후방군과 휴전을 맺고 시를 점령했다. 보급과 안전상의 이유로, 또한 그랑다르메가 도시를 통째로 약탈하지는 않으리라 희망하며 황실근위대와 이탈리아 왕실근위대만 시내에 임시로 숙소를 얻었다. 다른 병사들은 외곽의 야전에 남았지만 많은 사람이 약탈을 목적으로 교외를 거쳐 시내로 진입했다.

나폴레옹은 15일 화요일 아침 모스크바에 입성해 크렘린궁에 자리를 잡고 (지뢰가 있는지 점검한 뒤) 일찍 잠자리에 들었다.• 나폴레옹은 마리 루이즈에게 보낸 편지에서 말했다.

"이 도시는 파리만큼 크고 모든 것을 구비하고 있소."[10)]

세귀르의 회상에 따르면 "나폴레옹은 궁전을 보면서 이전의 희망을 다시 품었다." 그날 황혼 무렵 시내 여러 곳에서 동시다발적으로 화재가 발생했다. 그런데 추분의 거센 북동 계절풍이 불어오는 데다 모스크바 총독 표도르 로스토프친이 시에서 탈출하기 전에 시내의 소방차를 모조리 치우거나 파괴하고 소방선마저 침몰시켜 불길을 잡을 수 없었다.[11)] 총독은 모스크바 외곽 보로노보에 자리한 자택 앞 표지판에 프랑스군을 겨냥한 글을 남겼다.

"당신들이 내 집을 더럽히게 놔두느니 차라리 집에 불을 지른다."[12)](후에 로스토프친은 모스크바에 화재를 명령했다는 이유로 환대를 받았다. 그러나 화재 중 일부는 그가 방화를 위해 도시 교도소에서 풀어 준 범죄자들의 소행이었다. 말년에 그는 자신이 한 것이 아니라며 부인했고 그의 친구들과 가족은 곤혹스러워했다.[13)]) 화재 때문에 밤까지 온 시내가 환했고 크렘린궁에서 램프 없이도 책을 읽을 수 있을 정도였다.

모스크바에 입성해 약탈하려던 프랑스군은 러시아 시민이 스스로 파괴한 도시를 구해 내야 했다. 하지만 모스크바의 지리도 잘 모르고 소방장비마저 없어서 도저히 불길을 잡을 수가 없었다. 방화범 약 4백 명을 총살했고 시내 주요 건물 9천 채 중 6천5백 채가 불에 타거나 폐허로 변했다.[14)] 나폴레옹의 기억에 따르면 그의 병사

• 궁 안에서는 여전히 수많은 시계가 째깍거리고 있었고 러시아인이 포도주 창고에 저장한 포도주 일부에 산성 물질을 넣는 바람에 시종 튀렌 백작의 입이 '처참하게 타버렸다.'(Merridale, *Red Fortress* p.212, Bausset, *Private Memoirs* p.328)

중 다수가 "불길을 뚫고 약탈하려다" 죽었다고 한다.[15] 프랑스군이 도시를 떠난 뒤 돌아온 모스크바 시민은 시내를 정리하면서 새까맣게 탄 시신 1만 2천 구와 말 1만 2천5백 마리의 사체를 확인했다.[16]

나폴레옹은 크렘린궁의 샹들리에 아래 가져다 둔 자신의 철제 야전침상에서 깊이 잠들었다가 9월 16일 새벽 4시 화재 소식을 듣고 일어났다. 나폴레옹은 창틀이 뜨겁게 달아올라 손도 댈 수 없는 창가에 서서 외쳤다.

"엄청난 광경이군! 그들이 스스로 벌인 일이라니! 저렇게 궁전이 많은데! 정말 대단한 결심이야! 대단한 사람들이야! 그야말로 스키타이 사람들이로군!"[17] (늘 그렇듯 나폴레옹은 고대 사례를 인용하고 있다. 스키타이 사람들이란 헤로도토스가 묘사한 글에 등장하는 무자비한 페르시아 부족으로 중앙유라시아 초원지대에서 싸우기 위해 페르시아의 고향땅을 떠났다고 한다.)

나폴레옹이 화재의 희생자가 되지 않은 것은 순전히 운이었다. 무능한 경호원들은 포병 호위대(화약 마차를 포함해)가 크렘린궁 침실 창문 아래까지 접근하도록 내버려뒀다. 주변을 날아다니던 불타는 나뭇조각이 화약 마차에 떨어졌다면 세귀르의 표현대로 "군대의 꽃이자 제국의 황제가 소멸했을 것이다."[18] 그날 오후 5시 30분까지 나폴레옹은 병사들로 소방대를 구성하고 불길이 솟는 지점의 가옥들을 허물었으며 방화범 2명을 심문했다.

그는 크렘린궁 무기고까지 불길이 번졌을 때에 이르러서야 베르티에, 뮈라, 외젠의 간곡한 권고에 따라 피신했다. 세귀르의 회상에 따르면 그들은 "이미 연기와 재를 가득 들이마신 상태였다."[19] 시에서 10킬로미터 거리인 페트로브스키의 궁전까지 2시간에 걸쳐 피신하는 여정은 위험천만했으며, 말이 불길에 겁을 집어먹어 도보로 이동해야 했다. 크렘린궁 정문은 불과 파편으로 막혀버려 나폴레옹은 강 위의 바위에 뚫린 비밀 후문으로 피신했다.[20] 팡탱 데 오도아르 장군이 회상하길, "그는 멀리 우회한 후에야 위험에서 벗어났다."[21] 함께 피신한 궁내 재정 담당관 기욤 페뤼스는 훗날 동생에게 다음과 같이 말했다.

"마차 안이 펄펄 끓었다. … 말들은 앞으로 나아가려 하지 않았다. 나는 무엇보다 보물이 가장 걱정스러웠다."[22)]

다행히 보물은 무사했고 현지에 대장간을 세운 뒤 궁과 교회에서 가져온 금 5천3백 킬로그램과 은 3백 킬로그램을 녹여서 모으자 오히려 보물은 더 늘어났다.[23)]

2년 후 나폴레옹은 자신이 러시아 원정 중에 "모스크바에 도착했을 때 일을 다 이뤘다고 여겼음"을 인정했다.[24)] 또한 화재만 아니었다면 자원이 풍부한 모스크바에서 겨울을 날 수도 있었을 거라고 주장하며 말했다.

"(화재는) 내가 예상할 수 없는 사건이었다. 전 세계 역사에서 그 선례가 없었다고 생각한다. 어쨌든 대단한 의지의 힘이라고 인정하지 않을 수 없다."[25)]

도시에서 화마를 버텨 낸 지역은 병사들이 겨울을 보낼 수 있을 정도로 넓었고 사유 지하창고에서 저장품도 발견했으나, 10만 명이 넘는 병사가 반 년 동안 월동하기에는 턱없이 부족했다. 말에게 줄 여물도 충분하지 않았고 마호가니 가구와 금박 창틀을 쪼개 장작을 지펴야 할 지경이었으며, 군대는 곧 썩은 말고기로 연명해야 하는 처지에 놓였다.[26)] 차라리 도시 전체가 완전히 탔다면 프랑스군은 즉각 퇴각했을 테고 오히려 그 편이 더 나았을 것이다.

그랑다르메의 중앙 타격 부대는 네만강을 건너 모스크바로 입성한 82일 동안 규모가 절반으로 줄어들었다. 당시 나폴레옹이 받은 통계 자료에 따르면 보로디노 전투가 끝난 시점까지 총 9만 2,390명을 잃었다.[27)] 그럼에도 불구하고 나폴레옹은 선택권에 제약이 없는 것처럼 행동했다. 아름다운 페트로브스키 궁전에서 이틀을 보내며 나폴레옹은 드비나 하류로 우회해 퇴각할 계획과 외젠의 군대를 내보내 자신이 상트페테르부르크로 행군하는 것처럼 보이게 할 계획을 고려해 보았다.[28)] 나폴레옹은 팽에게 10월 중순경 리가와 스몰렌스크 중간 지점에 도달할 수 있을 거라고 전했다. 그가 지도를 보며 어떤 명령을 내릴지 고민할 때 오직 외젠만 그의 계획을 지지했다. 다른 고위급 장교들은 병사에게 휴식이 필요하며 북진은 "마치 겨울이 오지 않아 스스로 겨울을 찾아가는 행위"라며 '강경하게 반대'했다. 알렉산드르에게 평화를 요청하길 종용하기도 했다.[29] 군의관들은 부상자를 치료할 시간이 더 필요하고 모스크바의 잿더미 속에서 쓸 만한 걸 찾을 수 있으리라고 주장했다.[30] 나폴레옹은 자신의 고문들에게 일갈했다.

"모스크바에 불을 지른 사람들이 바로 며칠 후 평화 협정을 맺을 것이라 기대하지 말라. 불을 지르기로 결정한 자들이 현재 알렉산드르의 내각을 차지하고 있다면 자네들은 자만에 빠져 헛된 희망을 품고 있는 셈이다."[31]

640킬로미터 거리의 상트페테르부르크에 있는 알렉산드르의 궁까지 행군하자는 또 다른 계획도 나왔으나 베르티에와 베시에르가 "이처럼 광범위한 여정에 꼭 필요한 시간, 식량, 도로 등이 아무것도 없다"는 병참학적 근거로 나폴레옹을 설득했다.[32] 그 대신 베르티에와 베시에르는 러시아의 저장고인 칼루가와 무기고인 툴라까지 남쪽으로 160킬로미터를 행군하거나 스몰렌스크로 돌아가는 방안을 논의했다. 결국 나폴레옹은 최악의 선택을 하고 만다. 9월 18일 화재를 버텨낸 크렘린궁으로 돌아가 알렉산드르가 종전 협상에 동의하는지 기다리자고 결정한 것이다. 후에 나폴레옹이 말하길, "모스크바에서 아무리 길어도 2주 이상 머물면 안 되었다. 나는 매일매일 기만당했다."[33] 하지만 이는 사실이 아니다. 알렉산드르는 나폴레옹을 기만하며 평화에 관심이 있는 척하지 않았고 그저 긍정도 부정도 하지 않았을 뿐이다. 그렇다고 나폴레옹이 자기기만에 빠진 것도 아니었으니, 그는 모스크바의 화재 앞에서 평화를 얻을 희망이 없음을 확신했다. 어쩌면 러시아가 그 대가로 최소한 대륙봉쇄령으로 복귀한다면 받아들였을지도 모르겠다.[34] 나폴레옹이 그토록 오랫동안 모스크바에 머문 이유는 병력을 스몰렌스크의 겨울 숙소에 보내야 할 때까지 아직 시간이 많다고 판단했고 또한 적군의 자원으로 버티는 것을 선호했기 때문이다.

9월 18일 나폴레옹은 집을 잃은 모스크바 주민에게 약탈한 5만 루블을 나눠 주었고 고아원을 방문해 자신이 주민을 잡아먹는 식인귀라는 소문을 몰아냈다.[35] 마레에게 보낸 편지에서 그는 "모스크바는 아주 아름다운 도시였다"라는 과거시제를 사용했다.

"러시아를 복구하려면 2백 년은 걸릴 것이다."[36]

일부 지역에서는 불길이 6일간이나 타올랐으나 가을비 덕분에 마침내 화재는 가라앉았고 나폴레옹은 20일 알렉산드르에게 편지를 보냈다(그의 서신은 카셀 주재 러시아 공사의 형이 전달했는데 그는 모스크바에서 포로가 된 이들 중 가장 연로한 러시아인이었다. 이 사실만 보아도 모스크바 귀족이 거의 다 피신했음을 알 수 있다).

> 제게 조금이라도 마음이 남아 있다면 이 편지를 선의로 받으실 것입니다. 아름답고 훌륭한 도시 모스크바는 더 이상 존재하지 않습니다. 로스토프친이 불을 질렀습니다. … 행정부와 사법부, 경찰만은 남겨 둬야 했습니다. 빈, 베를린, 마드리드에서는 두 번이나 그렇게 했지요. … 제가 폐하에게 전쟁을 선포한 것에는 아무런 적의가 없었습니다. 지난 전투 전후로 폐하가 서신을 보냈다면 저는 군대의 행군을 멈췄을 것입니다. 모스크바에 입성한다는 이득까지도 기꺼이 포기했을 겁니다.[37]

러시아 황제는 편지를 받자마자 영국 대사 캐스카트 공을 불러 모스크바에서 벌어진 사태의 스무 배에 이르는 재난이 일어나도 전쟁을 포기하지 않겠다고 말했다.[38] 나폴레옹이 편지에서 언급한 도시들(그 목록이 더 길어질 수도 있었다)로 추정하건대 그는 적군의 수도를 장악한다고 바로 항복을 얻어 낼 수 있는 것은 아니며, 심지어 모스크바는 러시아 정부의 수도조차 아니라는 점을 경험으로 알고 있었다. 과거에 마렝고, 아우스터리츠, 프리틀란트 전투에서 그랬듯 적군의 주요 부대를 말살해야 승리를 보장받을 수 있었다. 그러나 보로디노에서 그는 그렇게 하지 못했다.

나폴레옹은 알렉산드르의 답변을 기다리는 동안 모스크바에서 프랑스군이 가능한 한 편안하게 지내도록 유흥거리를 제공했으나 일부 관행만큼은 금지했다. 한 명령문을 보면 이러하다.

"반복해서 경고했음에도 불구하고 병사들이 궁정에서, 심지어 황제의 창문 아래에서 계속 변을 보고 있다. 각 부대는 처벌받은 병사들로 팀을 꾸려 땅에 변소를 파고 … 막사 모퉁이마다 양동이를 배치하고 하루에 두 번씩 비워라."[39]

크렘린궁에 머무는 동안 나폴레옹은 군부대를 합리적으로 개선하고, 손실을 따져보고, 현 상태에 관해 상세한 보고서를 받았다. 이에 따르면 병력을 증강한 이후 투입 가능한 병력이 여전히 10만 명에 육박했고 보로디노 전장에서 포탄도 대량 수거했다.[40] 나폴레옹은 쉬지 않고 일하는 자신의 모습을 보여 주기를 좋아했다. 담당 의전관 앙헬은 저녁마다 나폴레옹의 창문에 촛불 두 개를 밝히라는 지시를 받았는데 "병사들이 '봐라, 황제 폐하는 밤이고 낮이고 주무시지 않고 계속 일하신다!'라고 외치도록 하는 것이 목적이었다."[41]

오로르 뷔르세 부인이 인솔하는 프랑스 극단의 단원 14명이 러시아군과 프랑스군 양쪽 모두에게 강도를 당해 곤경에 처했다는 소식을 들은 나폴레옹은 도움의 손길을 내밀었다. 그는 포스니아코프 극장에 공연 11편을 올리라 했는데 주로 희극과 발레 작품이었다.[42] 나폴레옹은 친히 극장에 가지는 않았지만 대신 모스크바의 유명한 가수 시뇨르 타르퀴니오의 노래를 들었다. 그는 코메디 프랑세즈에 새로운 규칙을 세웠으며 이반 대제 종탑의 거대한 황금 십자가를 내려 레쟁발리드의 돔으로 옮기고 싶어 했다[43](십자가를 내려 보니 실제로는 금이 아니라 금박 목재였고 퇴각 중에 미셸 클라파레드 장군 휘하의 폴란드 연대가 베레지나강에 버린다[44]).

나폴레옹이 러시아 집권층에 심각한 문제를 일으킬 방법이 하나 있었으니, 바로 농노들을 평생 구속하던 귀족 지주로부터 해방시키는 것이었다. 1770년대 중반 에멜리안 푸가체프의 격렬한 농노 폭동은 어떤 면에서 프랑스혁명의 전조였고 러시아 특권층은 혹시 나폴레옹이 그 생각을 다시 염두에 두지 않을까 두려워했다.[45] 분명 그는 크렘린궁 문서고에서 푸가체프의 폭동과 관련된 서류를 찾았고 외젠에게 벨리키예 루키에서 벌어진 농민 소요 정보를 구해 오라며 "어떤 유형의 칙령과 선포가 러시아 농부의 폭동을 촉발하고 집회를 열게 했는지 알아보라"고 지시했다.[46] 나폴레옹은 새로운 땅을 정복할 때마다 봉건주의를 폐지했으나 러시아 농노는 무지하고 미개하다는 이유로 해방시키지 않았다.[47] 농노 해방은 알렉산드르를 협상 테이블로 불러들이는 데 그리 도움을 주는 일이 아니었다.

10월 첫 주, 나폴레옹은 전 러시아 대사 자크 드 로리스통을 모스크바에서 남서쪽으로 72킬로미터 떨어진 나라강 후방의 타루티노에서 진을 치고 있던 쿠투조프에게 보냈다. 세귀르에 따르면 나폴레옹은 다음 내용을 전달했다고 한다.

"나는 평화를 원한다. 평화를 얻어야 한다. 반드시 평화를 얻을 것이다. 내 명예만 지켜라!"[48]

쿠투조프는 로리스통이 상트페테르부르크까지 안전하게 이동하도록 허용하지 않았으며, 세르게이 볼콘스키 공이 그의 메시지를 대신 받을 것이라고 말했다. 또다시 아무 답변도 오지 않았다. 당시 뮈라는 모스크바 변경에서 카자크 습격자들 때문에 매일 40~50명을 잃고 있었던 반면, 쿠투조프 군대는 수가 점차 늘어 정규병 8만 8천3백 명, 정규 동부 카자크군 1만 3천 명, 비정규 카자크와 바시키르 기병대 1만 5천 명, 대포 622대를 보유하고 있었다. 이와 대조적으로 나폴레옹이 모스크바에서 35일간 머물며 증강한 병력은 겨우 1만 5천 명에 불과했고 부상이나 질병으로 1만 명이 사망했다.

10월 6일 모스크바 날씨가 워낙 좋아서 나폴레옹은 마리 루이즈에게 "파리처럼 따뜻하다"고 말했다. 덕분에 병사들은 네만강부터 행군할 때 찌는 듯한 무더위 때문에 겨울옷을 벗어던졌다는 사실을 대수롭지 않게 여겼다. 하지만 나폴레옹은 이제 곧 군화, 장화, 군마가 필요할 텐데 살 수 없다는 점을 우려하고 있었다.[49] 같은 날 나폴레옹은 마리 루이즈에게 두 번째 편지를 보내며 슈바르첸베르크의 병력을 강화하도록 장인을 설득해 달라고 부탁했다("이는 명예로운 일이 될 것이오.").[50] 메테르니히와 알렉산드르 사이에 오스트리아는 프랑스를 전혀 돕지 않겠다는 밀약이 오갔으나 나폴레옹은 까맣게 몰랐다. 더구나 이 무렵부터 슈바르첸베르크가 의심스러운 독립 행동을 하고 가능한 한 러시아와의 교전을 피하기 시작했다. 9월 중순 나폴레옹은 팽에게 그해의 또 다른 외교 실책을 인정했다.

"베르나도트가 상트페테르부르크에, 튀르크인이 크림반도에 있게 해야 했다."[51]

나폴레옹이 사방에서 구한 러시아의 겨울 연감과 도표에 따르면 기온이 영하로 떨어지는 것은 11월부터였다. 팽이 회상하길, "이 문제의 모든 정보와 예측을 고려했다. 러시아의 겨울이 혹독한 것은 12월과 1월뿐이라는 사실이 확실해 보였다. 11월에는 기온이 6도 이하로 떨어지는 경우도 많지 않았다."[52] 지난 20년간의 겨울 관측 결과에 따르면 모스크바의 강은 11월 중순에나 얼어붙는 게 확실했기에 나폴레옹은 스몰렌스크까지 돌아갈 시간이 충분하다고 믿었다. 그의 군대가 스몰렌스크에서 모스크바까지 오는 여정은 보로디노에서의 사흘을 포함해도 석 달이 채 걸리지 않았다.[53]

나폴레옹은 모스크바에 머무는 동안 볼테르의 《칼 12세 일대기》를 읽었는데, 이에 따르면 러시아의 겨울이 너무 추워 하늘을 날던 새도 꽁꽁 얼어 총에 맞은 것 마냥 떨어진다고 했다.[54] 나폴레옹은 1741년 칼 12세의 시종 구스타부스 아들러펠트가 쓴 《칼 12세 군사일대기》(전 3권) 역시 읽었는데 이는 폴타바의 재난으로 끝을 맺었다.[55] 아들러펠트는 러시아의 완강한 저항과 겨울의 '찌르는 듯 혹독한' 추위 때문에 스웨덴 왕(칼 12세 – 역자)이 패배했다고 말했다. 책 3권에는 "행군 중 2천 명이 추위에 죽은 적도 있다"는 기록도 있었다. 당시 스웨덴 기병들은 "가능하면 짐승 가죽으로라도 몸을 데우려고 했다. 빵이 다 떨어진 적도 있었다. 끌고 갈 말이 없었기에 대포를 모조리 진흙탕이나 강에 버려야 했다. 한때 그토록 번창했던 이 군대가 지금은 … 굶주림에 곧 아사할 것 같았다."[56] 아들러펠트에 따르면 밤마다 "너무 추웠고 … 많은 사람이 극한의 추위에 죽었으며 수많은 사람이 팔다리와 손발을 사용하지 못하게 되었다." 최소한 이것만으로도 나폴레옹은 러시아의 겨울이 얼마나 무시무시한지 절실히 느꼈을 것이다. 10월 18일 드디어 군대가 모스크바를 떠나게 되었을 때 나폴레옹은 참모들에게 일렀다.

"서둘러라. 20일 안에 겨울 막사에 도착해야 한다."[57]

실제로는 17일 후 첫 번째 폭설이 내렸으니 20일보다 일찍 도착했어야 했다. 그가 날씨를 고려하지 않고 무시했다기보다 군사적 이유로 스몰렌스크까지 원래 의도한 길보다 훨씬 우회하는 길을 택할 수밖에 없었기 때문이다.

13일 첫 눈보라가 찾아왔고 말의 사료 문제는 더욱 심각해졌다. 병사들은 새벽에 모스크바를 떠났다가 밤이 되어야 돌아왔기에 말은 극도로 지친 상태였다.[58] 알렉산드르는 여전히 아무런 답이 없었고 겨울이 확실히 가까워진 10월 13일 마침내 나폴레옹은 닷새 후 모스크바에서 철수하라는 명령을 내렸다. 17일에 돌아온 로리스통은 쿠투조프가 휴전을 거부했다는 사실을 전했고 나폴레옹의 결정은 더욱 공고해졌다. 18일 그랑다르메는 모스크바에서 철수하기 시작했다. 병사 10만 7천 명, 시민 수천 명, 러시아 죄수 3천 명, 대포 550대 그리고 지난 한 달간의 약탈물을 가득 실은 수송 수단 4만 대 이상이 모두 움직이기 시작한 것이다. 쿠투조프는 타루티노(빈코보라고도 알려짐)에서 기습공격을 감행했는데 이때 뮈라의 군대는 사상자 2천 명과 포로 1천5백 명이 발생했고 대포 36대를 잃었다.[59]

1812년 10월 19일 햇볕이 환하게 내리쬐는 정오 무렵 나폴레옹은 모스크바에서 남쪽으로 출발했다. 목적지는 남서쪽으로 180킬로미터 떨어진 칼루가(나폴레옹은 칼루가를 '칼리굴라', 글로가우를 '구르가오'라고 불렀다)였다.[60] 한편 툴라로 간다는 계획도 염두에 두고 있었는데, 툴라에 가면 러시아의 무기 공장을 파괴하고 비옥한 우크라이나에 도착할 수 있었다. 스몰렌스크에서 병력 보조를 받거나 필요하면 스몰렌스크와 리투아니아까지 이동할 수도 있었다. 어떤 길을 택해도 나폴레옹은 모스크바 퇴각이 작전상 후퇴일 뿐이며 알렉산드르를 처벌하기 위한 전투가 이어지는 것으로 보이게 할 수 있었다. 그러나 나폴레옹 군대는 이미 힘이 빠지고 느려졌기에 그가 원하는 작전을 수행하기에 역부족이었고, 10월 21일 밤 폭우가 내리면서 도로가 진흙탕으로 변해 행군 속도는 한층 더 느려졌다. 쿠투조프는 나폴레옹이 후퇴하기 시작한 지 이틀 후에야 알아차렸지만 그랑다르메 행렬이 무려 100킬로미터에 걸쳐 느리게 행군하는 바람에 크게 문제가 되지 않을 정도였다. 쿠투조프는 독투로프 장군이 지휘하는 제6군단을 보내 말로야로슬라베츠에서 나폴레옹의 행군을 막으라고 지시했다. 23일에 도착한 독투로프는 다음 날 곧바로 알렉시 델존이 지휘하는 외젠의 선발대와 충돌했다.

나폴레옹이 모르티에에게 크렘린궁을 폭파하라고 명령한 것을 두고 코르시카식 복수라고 비난하지만 사실 이는 선택권을 여럿 열어 두려는 수단이었다. 그는 만약 모스크바에 확고한 방어책을 남겨 두지 않으면 다시 점령하기가 쉬울 것이라 계산했고, 드 라리부아지에르 장군에게 "내가 모스크바로 돌아갈 가능성도 있다"고 말했다.[61] 모르티에는 크렘린궁 지하실에 폭발물 180톤을 설치했다. 나폴레옹은 20일 새벽 1시 30분 크렘린궁에서 40킬로미터 떨어진 곳에서 폭발소리를 듣고 공보에 자랑했다.

"크렘린, 고대 성채이자 (로마노프) 왕조와 함께 시작한 러시아 황제들의 궁전은 이제 세상에서 사라졌다. 무기고와 탑 한 채, 니콜스키 문이 파괴되고 이반 대제 종탑도 훼손됐다. 그러나 크렘린의 다른 영역은 건재하다."[62]

또한 그는 모르티에에게 부상자들을 전부 모스크바에서 데려가라고 지시하며 고대 선례를 인용했다.

"로마인은 시민을 구한 이들에게 시민의 왕관을 수여했다. 병사들을 구한다면 트레비소 공 역시 이 왕관을 받을 자격이 있다. … 트레비소 공은 자신과 부하들의 말에 부상자를 태워야 한다. 짐 역시 아크레에서 그리했다."[63]

모르티에는 이동할 수 있는 부상자는 전부 이송했지만 4천 명은 기아 병원에 남겨둬야 했다. 출발하기 직전 나폴레옹은 러시아 포로 10명을 방화 혐의로 총살형에 처했다.[64] 야파에서 저지른 만행만큼은 아니어도 이해하기 힘든 잔혹한 행동이었다. 그가 놔두고 떠나야 했던 프랑스 부상자들에게 그리 도움을 줄 일은 아니었다.

10월 24일 루자강 위에서 벌어진 말로야로슬라베츠 전투는 러시아 원정을 통틀어 세 번째로 큰 싸움이었는데, 이는 직접적인 결과 외에도 두고두고 막대한 영향력을 행사했다. 결론만 놓고 보면 프랑스군이 마을을 함락하고 쿠투조프는 칼루가 쪽으로 후퇴했다. 그렇지만 하루 사이에 마을의 주인이 아홉 번이나 바뀌었을 정도로 몹시 치열한 전투였다. 전투가 끝날 무렵 도착한 나폴레옹은 러시아군이 남쪽 통로를 차지하기 위해 치열하게 투쟁할 것이라고 확신했다(그랑다르메는 러시아군의 기백에 감탄하며 수군거렸다. "러시아인을 죽이는 것만으로는 부족하다. 아예 밀어서 쓰러뜨려야 한다."). 나폴레옹은 공보에서 말로야로슬라베츠에서 승리했다며 자랑했지만, 지도제작자이자 신랄한 비평가인 외젠 라봄 대위의 회상에 따르면 사람들은 이렇게 말했다고 한다.

"두 번만 그런 식으로 '승리'했다가는 병사가 한 명도 남아나지 않을 것이다."[65]

전투 중 말로야로슬라베츠는 전소했으며 오늘날 남은 것이라고는 대포 자국이 대문에 선명하게 찍힌 석조 수도원뿐이다. 황제는 다 타 버린 시신 더미를 보면서 러시아인이 얼마나 완강하게 버텼는지 알 수 있었으리라.

나폴레옹은 모스크바에서 남서쪽으로 100킬로미터 떨어진 고로드냐의 다리 근처에 있는 방직공의 오두막에 터를 잡고 막사를 쳤다. 저녁 11시 그를 찾아온 베시에르는 길 훨씬 아래쪽에 포진한 쿠투조프를 "공격하기가 불가능하다"고 말했다. 다음 날 새벽 4시 나폴레옹이 밖에 나가 직접 확인하려다(협곡 맞은편 언덕이라 마을 너머가 보이지 않았다) 타타르 울란스uhlans(경기병)에게 잡힐 뻔했다. 그들은 36미터 거리까지 다가와 "후라! 후라!(약탈하라! 약탈하라!)"라고 외쳤지만 기병근위대 2백 명이 쫓아냈다.66) 훗날 나폴레옹은 뮈라에게 구사일생으로 목숨을 건진 이 사건을 웃으면서 말했지만 사실 그 이후로 잡힐 경우에 대비해 독약이 담긴 유리병을 목에 걸고 다니기 시작했다. 25일, 일출 1시간 전에 그는 콜랭쿠르에게 말했다.

"상황이 점점 심각해지는군. 매번 러시아군을 이겼는데 아직도 끝나지 않았어."67)

(이는 완전한 사실은 아니었다. 나폴레옹이 직접 참전하진 않았으나 타루티노 전투에서 뮈라는 뼈아프게 패배했다.)

팽에 따르면 당시 델존을 포함해 장군 8명이 죽거나 부상당했고 나폴레옹은 말로야로슬라베츠의 엄청난 부상자 수에 '동요'하고 그들의 운명에 연민을 느꼈다고 한다.68) 칼루가 방면으로 계속 내려갔다가는 분명 또 다른 대가를 치르며 전투를 벌여야 할 터였다. 반면 지난달에 거쳐 온 모스크바-스몰렌스크 도로를 따라 북쪽으로 후퇴하며 보급 창고로 향하면 전투를 피할 수 있으리라 예상했다. 메딘과 옐냐를 통과하는 세 번째 길도 있었는데 이곳에는 프랑스에서 얼마 전에 도착한 사단이 대기하고 있었다(11월 6일 나폴레옹은 옐냐를 두고 이렇게 기록했다. "그 지역은 아름답고 보급품이 풍족하다고 한다." 69)). 지도만 봐서는 도로 상태를 알 수 없긴 하지만 만약 프랑스군이 이 길을 택했다면 아마 첫 번째 폭설이 내리기 전에 스몰렌스크에 도착했을 것이다. 그랑다르메 뒤로 마차와 수레, 죄수, 비전투 종군자, 전리품 등이 꼬리에 꼬리를 물며 길게 이어지고 있다는 사실이 나폴레옹의 결정에 영향을 미쳤을까? 기록상으로는 전혀 알 수 없다. 나폴레옹이 염려한 것은 쿠투조프 휘하의 9만 명이 옐냐로 가는 프랑스군 좌측면을 그림자처럼 따라오는 것이었다. 길을 따라 100킬로미터나 줄줄이 이어진 행렬은 여러 지점에서 취약했으리라. 무작정 땅을 가로지르는 것은 병참장교에게 악몽이나 다름없었고 모자이스크를 통과해서 돌아가는 길보다 훨씬 더 위험해 보였다. 더구나 모자이스크에는 적어도 식량 창고가 있다는 사실도 알고 있었다. 굽이굽이 이어진 길을 따라 수백 킬로미터 북쪽으로 이동하면 시간이 훨씬 더 오래 걸릴 터였고 무엇보다 겨울이 다가오고 있었다.

나폴레옹은 보통 전략회의를 소집하지 않았으나(1806~1807년 러시아, 프로이센과 전투를 벌이는 중에는 단 한 번도 전략회의를 하지 않았다) 이번에는 회의를 열었다. 10월 25일 일요일 밤 고로드냐 방직공의 오두막에 원수와 장군이 대거 모였다. 오두막의 하나뿐인 방은 캔버스 한 장을 사이에 두고 황제의 침실과 서재로 나뉘어 있었다. 나폴레옹은 중요한 결정을 내리기에 앞서 그들의 조언을 구했다. 부관 중 한 명은 이렇게 기록했다.

"비천한 노동자의 초라한 거처에 황제 한 명을 비롯해 국왕 2명, 장군 3명이 모여 있었다."[70]

나폴레옹은 말로야로슬라베츠의 승리는 큰 대가를 치렀기에 타루티노에서 뮈라가 참패한 것을 보상받지 못한다고 말했다. 그는 남쪽에서 칼루가로 이어지는 길에 포진한 러시아군 주력 부대를 공격하기를 원했다. 패배 충격으로 괴로워하던 뮈라는 동의하며 당장 칼루가를 공격하자고 말했다. 다부는 무방비 상태인 남쪽 길로 향해 메딘을 지나고 북부 우크라이나의 훼손되지 않은 비옥한 들과 드네프르강을 통과하면서 스몰렌스크의 주요 도로로 되돌아가자고 제안했다. 이대로만 진행하면 쿠투조프보다 며칠 앞설 수 있었다. '철의 원수'는 칼루가 쪽으로 향하며 쿠투조프를 추격했다가는 그랑다르메가 점점 더 러시아 안쪽으로 들어갈뿐더러, 결정적인 승리를 얻기도 전에 본격적인 폭설이 내리기 시작할까 우려했다. 더욱이 군대 전체가 회군해 모자이스크-스몰렌스크 도로로 가면 시간이 지체되고 길이 혼잡해지면서 보급에 문제가 생길 터였다.

세귀르의 기록에 따르면, "목표는 스몰렌스크였다. 칼루가, 메딘, 모자이스크 중 어디를 경유해 스몰렌스크로 가야 하는가? 나폴레옹은 양손으로 머리를 받치고 탁자에 앉아 있었기에 분명 고뇌에 가득 차 있을 표정이 보이지 않았다."[71] 참석한 이들은 대부분 모자이스크로 가는 도중에 위치한 보로프스크에 이미 일부 병력이 포진해 있고 말로야로슬라베츠 전투 때는 없던 대포도 많이 마련해 놨으니 보로프스크-모자이스크-스몰렌스크 경로가 최선이라고 여겼다. 그들의 지적에 따르면 "(쿠투조프를 쫓으려고) 경로를 힘겹게 바꾸면 기병대와 포병대가 얼마나 탈진한 상태인지 만천하에 드러날 것이며, 프랑스군이 러시아군보다 우월한 요인을 잃어버릴 것이었다." 그들은 쿠투조프가 "말로야로슬라베츠에서처럼 탁월한 위치에서 싸우지 못한다면" 100킬로미터나 떨어진 적에게 싸움을 걸진 않을 것이라 주장했다. 외젠과 베르티에, 콜랭쿠르, 베시에르가 이에 찬동했다. 메딘으로 향하자는 다부의 제안에 뮈라는 화를 내며 그랬다가는 군대의 측면을 적군에게 드러내고 만다고 비판했다. 오래전부터 사이가 좋지 않은 두 원수는 서로 눈을 부라렸다. 그날 밤 나폴레옹은 회의의 결론을 내렸다.

"제군, 내가 결정하겠네."**72)**

나폴레옹은 북쪽 경로로 스몰렌스크로 돌아가겠다고 결정했다. 이는 나폴레옹의 치세 중 가장 치명적인 결정이다. 하지만 관련 기록이라고는 쥐노에게 러시아군에 관한 편지를 보내라면서 베르티에에게 말한 내용이 유일하다.

"26일 그들을 공격하려고 행군했으나 이미 퇴각 중이었다. (다부가) 그들을 추격했지만 추위가 극심할 뿐 아니라 군대와 함께 이동하던 부상자 문제가 겹쳤기에 짐은 모자이스크를 경유해 뱌지마로 가기로 결정했다."**73)**

이 설명은 앞뒤가 맞지 않는다. 적군을 공격할 이상적인 시기는 적군이 퇴각하는 순간일 터였다. 더욱이 북쪽으로 가면 추위가 더욱 심해질 텐데 부상자를 배려하기 위한 전략을 결정한 적은 단 한 번도 없었다. 몇 년 후 구르고가 프랑스군 노선을 두고 오판을 내렸다며 뮈라와 베시에르를 비난하려 들자 나폴레옹이 정정했다.

"아니다. 내가 지휘관이었으니 내 잘못이다."**74)**

마치 셰익스피어가 쓴 비극의 주인공처럼 나폴레옹은 다른 안전한 길이 있는데도 불구하고 치명적인 길을 선택했다. 훗날 세귀르는 말로야로슬라베츠에 관해 이렇게 말했다.

"세계 정복에 제동을 건 운명적인 전장에서 스무 번의 승리는 바람에 날아갔고 우리의 대제국은 무너지기 시작했다."

한편 러시아인은 전장에 작은 기념판을 세우며 간결하고도 정확한 묘사를 남겼다.

"공격 끝. 붕괴 시작과 적군 완패."

쿠투조프는 나폴레옹이 퇴각한다는 소식을 접하자마자 프랑스군을 러시아에서 완전히 몰아내기 위해 군대를 돌려 '평행 표적parallel mark' 전략을 채택했다. 이는 프랑스군과 나란히 행군하다가 취약점이 보이는 순간 공격하되 나폴레옹이 결정적으로 반격할 기회는 주지 않는 전략이었다. 나폴레옹은 아크레와 아스페른-에슬링에서도 퇴각한 적이 있지만 지금 직면한 상황, 특히 10월 말에 기온이 영하 4도까지 떨어지는 날씨는 예전의 경험과 천지차이였다. 라봄은 회고록《1812년의 범죄》에서 후위대가 아군의 탄약 마차를 폭파하는 소리가 계속 "멀리서 천둥소리처럼 울렸다"라고 기록한다. 탄약 마차를 끌어야 하는 말이 다 죽었기 때문이다. 말들이 초가집 지붕에서 떨어진 오염된 밀짚을 먹은 것이 한 원인이었다. 라봄에 따르면 고로드냐 인근의 우바롭스코예에 도착했을 때 "병사, 농부, 목이 잘린 아기와 살해당한 어린 소녀 들의 수많은 시신이 능욕당한 것을 발견했다."[75] 라봄은 범죄를 저지른 자들과 같은 군 소속이었으니 이처럼 잔악무도한 행위를 거짓으로 꾸며냈을 리는 없다. 군대 규율이 사라지면서 잔혹 행위가 벌어지기 시작했다.

모스크바에서 빵을 챙겨온 이들은 이제 "몰래 밖으로 기어나가 빵을 먹었다."[76] 10월 29일부터 30일 동안 군대는 더 이상 제대로 행군하지 못했으며 터덜터덜 걸어서 보로디노 전투지를 지나쳤다. 전투지에는 "굶주린 개와 맹금류가 갉아먹은 뼈들"만 가득했다. 두 다리가 모두 골절된 어느 프랑스 병사는 두 달 동안 풀과 나무뿌리, 시신을 뒤져 찾아낸 빵 몇 조각을 먹고 밤이 되면 속이 빈 말의 배 안에서 자며 연명하다가 발견되었다. 나폴레옹이 모든 생존자를 수레로 이송하라고 명령했지만 일부는 인정사정없이 곧장 땅바닥으로 밀쳐졌다.[77] 10월 말에 이르자 장군들조차 말고기밖에 먹지 못했다.[78] 11월 3일 뱌지마에서 러시아군이 다부를 포위하려다가 격퇴되었다. 네와 외젠, 포니아토프스키(부상당한 상태였다)가 다부를 도와주기 위해 돌아갔다. 이때 프랑스군 무려 3천 명이 포로로 잡혔다는 사실을 보면 그랑다르메의 사기가 얼마나 땅에 떨어졌는지 알 수 있다.

11월 4일 뱌지마에서 프랑스군이 우왕좌왕하며 퇴각하는 와중에 첫 번째 폭설이 내렸다. 라봄의 회상에 따르면, "많은 사람이 굶주림보다 극한의 추위로 고생하다가 장비를 버렸다. 그들은 커다랗게 모닥불을 피우고 그 옆에 누웠다. 일어날 힘도 없는 이 불쌍한 자들은 길을 나서야 할 순간이 오자 행군을 계속하느니 차라리 적군에게 잡히는 편을 택했다."[79] 그렇지만 포로로 잡히는 것 역시 용기가 필요했다. 러시아 농부와 카자크 사람들이 프랑스군 포로를 어떻게 대하는지 소문이 돌았기 때문이다. 그들은 산 채로 피부를 벗기는 등 튀르크, 칼라브리아, 에스파냐 사람들이 과거에 저지른 짓에 맞먹는 만행을 저지른다고 했다(카자크 사람들은 포로 한 명당 2루블씩 받고 농부들에게 팔아넘기기도 했다). 옷을 벗겨 벌거벗은 채 눈 속에 버려지는 이들은 운이 좋은 편이었고 고문 행위가 흔하게 벌어졌다(그래서 후퇴 중에 자살자 비율이 높았다).[80] 러시아 정규군에게 성공적으로 집단 항복하는 것조차 사형 선고나 다름없었다. 프랑스군 포로 3천4백 명 중 살아남은 사람은 4백 명뿐이었고 8백 명 중 16명만 살아남은 경우도 있었다. 농부들이 붙잡은 프랑스 병사 50명을 산 채로 구덩이에 매장할 때 "어느 북치는 소년은 용감하게도 이 불쌍한 무리의 선두에 서서 무덤으로 뛰어들었다."[81] 가끔 인간적인 이야기도 있긴 했다. 라봄이 기록하길 한 여인이 공동묘지에서 출산한 직후 굶어 죽을 지경이었는데 우연히 한 프랑스 병사가 자신의 식량을 나눠 주었다고 한다. 그러나 전반적으로 히에로니무스 보스가 그림에 묘사한 죽은 자들의 나라를 떠올리게 하는 퇴각 행렬이었다.[82]

11월 5일 심한 눈발에 주요 지형지물이 보이지 않고 길이 얼어붙자 네가 후위 부대를 지휘했다. 얼음에 버틸 수 있는 말굽을 만들어야 한다고 생각한 이들은 폴란드인과 일부 근위대 연대뿐이었기에 수많은 말이 미끄러지고 넘어졌다. 11월 둘째 주에 "군대는 사기가 완전히 땅에 떨어지고 체계가 붕괴했다. 병사는 더 이상 장교에게 복종하지 않았고 장교는 장군에게 존경을 표하지 않았다. 분열한 연대는 가능한 한 최선을 다해 행군했다. 그들은 먹을 것을 찾아 평야로 흩어졌으며 발에 걸리는 모든 것을 불에 태우고 약탈했다. … 그들은 굶주림에 괴로워했고 말이 넘어지기만 하면 굶주린 늑대처럼 몰려가서 싸우며 한 조각이라도 차지하려 했다."[83] 발가락, 손가락, 코, 귀, 성기가 동상에 걸렸다.[84] 카스텔란은 이탈리아 왕립근위대를 이렇게 회고한다.

"병사들이 쓰러진다. 입술에서 피가 약간 흘러나오면 모든 것이 끝났다는 의미다. 죽음이 다가온다는 신호를 발견한 전우들은 그를 밀어 바닥에 쓰러뜨리고 숨이 다 하기도 전에 옷가지를 빼앗는다."[85]

11월 6일 나폴레옹은 도로고부시에서 캉바세레스의 편지를 받았다. 2주 전 파리에서 클로드 프랑수아 드 말레 장군이 쿠데타를 시도했다는 경악스러운 내용이었다. 말레는 나폴레옹이 모스크바의 성벽 아래에서 죽었다는 내용의 문서와 모로 장군을 임시 의장으로 임명한다는 원로원 결의를 위조했다.[86] 10월 23일 새벽 3시 그는 20명도 채 되지 않는 공모자와 함께 1천2백 명의 국가방위군을 장악했다. 경찰장관 사바리는 체포되어 라포르스 교도소로 끌려갔고 경찰총감 파스키에는 자신의 관할 구역에서 추적당했다.[87] 파리 총독 윌랭은 턱에 총을 맞고 총알이 턱에 박히는 바람에 '총알 먹은 자'라는 별명을 얻었다.[88] 센강 관할 총감이자 국무원 위원인 프랑수아 프로쇼는 아무런 저항 없이 말레의 주장을 받아들였다가 후에 해임된다.

이 상황에서 캉바세레스는 민첩하게도 생클루에서 마리 루이즈와 로마왕의 경호 병력을 두 배로 늘렸고 헌병대장 몽세 원수에게 인근 주에서 재빨리 병력을 소환해 사바리를 석방하고 파스키에가 복귀하도록 했다.[89] 라발레트가 회상하길, "오전 9시에 모든 것이 끝났다. 행복한 파리 시민은 아침에 일어나 이 특별한 사건을 듣고 어지간히 즐거운 농담을 나눴다."[90] 나폴레옹에게는 그중 어느 것도 전혀 재미있지 않았다. 그는 자신이 서거할 경우 캉바세레스 말고는 아무도 마리 루이즈나 자신의 아들을 프랑스의 적법한 통치자로 여기지 않았을 거라는 데 분노했다. 황제가 팽에게 외쳤다.

"나폴레옹 2세를, 아무도 그를 생각하지 않았다니!"[91]

말레는 과거 정치범이자 철저한 공화당원으로 10월 29일 간략한 군법회의에서 10여 명과 함께 총살당했다. 말레는 죽기 전 질문을 받고 이렇게 대답했다.

"누가 내 공범이냐고? 내가 성공했다면 당신들 모두가 내 공범이 되었을 터다!"[92]

나폴레옹은 그의 주장이 사실일까 봐 두려워했다. 말레의 반란을 본 나폴레옹은 자신이 얼마 전 창시한 왕조가 오로지 자신에게만 의존하고 있다는 사실을 깨달았다.

11월 7일 기온이 영하 30도로 곤두박질치고 눈보라가 계속 몰아치면서 퇴각 속도는 거의 기어갈 정도로 느려졌다. 며칠 새에 말 5천 마리가 죽었다. 사람들이 숨을 내쉬자 입김으로 고드름이 만들어지고 두 입술이 쩍 붙었으며 콧속까지 얼었다. 이집트 전쟁 당시 사막 안염이 횡행했듯 이번에는 설맹雪盲이 사람들을 괴롭혔다. 전우애는 무너졌고 루이 금화를 내놓아야 모닥불 가까이 앉을 수 있었다. 아무도 음식이나 물을 나누지 않았으며 말의 여물까지 먹어 치웠다. 바닥에 쓰러진 사람이 있어도 마차는 피하지 않고 그 위를 그대로 지나갔다.[93] 러시아 사단을 지휘한 프랑스 망명자 루이 드 랑게롱 장군의 증언에 따르면 "아직 살아서 덜덜 떨고 있는 말의 뒷다리 살에 이를 박아 넣은 채 죽은 사람도 있었다."[94] 11월 8일 외젠은 베르티에에게 경고했다.

"지난 사흘간 너무 시달린 나머지 병사들의 사기가 완전히 땅에 떨어졌으며 이제 그들은 더 이상 아무 노력도 하지 않을 것이다. 추위와 굶주림으로 많은 이가 죽었고 살아남은 자들도 자포자기하는 심정으로 차라리 적군에 잡히고 싶어 한다."[95]

인육을 먹었다는 분명한 기록도 몇 건 남아 있다. 쿠투조프의 영국 연락 담당관 로버트 윌슨 경에 따르면 모닥불 주변에서 프랑스인 무리를 붙잡았을 당시 "그중 다수가 불에 그을린 동료들의 시신에서 살을 발라내 먹고 있었다."[96]

독일 출신 장군 표트르 비트겐슈타인 휘하의 러시아군이 북쪽에서, 치차고프 제독 휘하의 러시아군이 남쪽에서 베레지나강을 향해 돌진하면서 프랑스군은 궤멸 위기에 처했다. 나폴레옹은 11월 9일 정오 스몰렌스크에 도착했다. 아직도 서쪽으로 260킬로미터나 떨어진 보리소프에는 베레지나강을 건너는 다리가 있었다. 프랑스군이 베레지나 다리로 향하는 것을 막기 위해 중간 지점인 크라스노이에 진을 친 쿠투조프는 전투태세에 돌입했다. 이틀 전 나폴레옹은 빅토르 원수에게 비첩스크 인근에서 지체하지 말고 당장 남쪽으로 이동하라는 암호 메시지를 긴급하게 보냈다.

> 이번 이동은 매우 중요하다. 며칠 후면 제군의 후방에 카자크가 몰아닥칠 것이다. 짐의 군대는 내일 스몰렌스크에 도착하겠지만 쉬지 않고 480킬로미터를 행군해서 무척 피로할 것이다. 공세를 취하라. 우리 군의 성패가 그에 달려 있다. 하루만 지체해도 재난이다. 말은 모두 얼어 죽었고 기병대는 걸어가고 있다. 행군하라. 황제의 명이며 꼭 필요한 일이다.[97]

빅토르는 침착하고 결연하게 시간에 맞춰 도착할 터였다.

나폴레옹 군대는 이제 그 수가 6만 명 이하로 줄었고(더 이상 통계를 기록하는 이도 없었다) 대포를 끌고 갈 말이 없어서 대포는 대부분 행군 중에 버려졌다. 보프강 주변 5킬로미터 반경에 온통 탄약 수레, 대포, 마차, 촛대, 청동 골동품, 그림, 도자기가 널려 있었다. 그 광경이 마치 "절반은 대포 공원이고 절반은 경매업자 창고" 같았다고 농담조로 말하는 이도 있었다. 어떤 병사의 회상에 따르면 울프하운드 사냥개들이 "광견병에 걸린 것처럼 으르렁거렸고, 길거리에 버려진 말의 시체를 놓고 병사들과 격렬하게 싸웠다. 까마귀들은 … 시신의 악취에 끌려 검은 구름을 그리며 머리 위로 다가왔다."[98]

스몰렌스크에 도착한 첫 날 식량을 거의 다 소진했다. 병력이 모두 도착하기까지 총 닷새가 걸렸기에 네의 후위대가 도착했을 즈음 남은 식량이 하나도 없었다. 라레는 자신의 외투에 부착한 온도계가 섭씨 영하 26도를 기록했고 극한의 추위로 아무리 가벼운 부상도 괴저를 일으켰다고 보고했다.[99] 11월 14일부터 18일까지 닷새 동안 나폴레옹은 크라스노이에서 필사적으로 전투를 벌였다. 외젠, 다부, 네의 군대는 병력도 자원도 심각할 정도로 고갈되었지만 쿠투조프 군대를 격파하고 베레지나강까지 가기 위해 사투를 벌였다. 프랑스군 병사 약 1만 3천 명이 죽었고 장군 7명을 포함해 2만 6천 명 이상이 사로잡혔다.[100] 스몰렌스크에서 대포 112대의 포문을 막아 버리고 크라스노이에서 대포 123대를 빼앗겼으니 이제 프랑스군에는 기병은 물론 포병까지 없어진 셈이었다.[101] 그런 상황에서도 나폴레옹은 침착함을 유지하며 보리소프로 가는 길을 가능한 한 오랫동안 열어 두기 위해 싸웠다. 쿠투조프의 러시아군은 프랑스군에 비해 수적으로 두 배 정도 우세했음에도 결정적 승리까지는 거두지 못했다. 만일 쿠투조프가 적시에 토르마소프를 활용했다면 승리를 거뒀을지도 모른다. 러시아군 역시 막심한 피해를 입었다. 타루티노에 있을 때 쿠투조프 군대는 10만 5천 명이었으나 크라스노이 전투가 끝날 무렵에는 6만 명으로 줄었다. 그래도 쿠투조프는 여전히 평행 표적 전략을 유지할 수 있었다.

나폴레옹은 네의 군대가 크라스노이에서 복귀하는 길에 전멸했다고 생각했다. 보세는 그 순간을 이렇게 회상한다.

"용맹한 원수들 중에서도 가장 용맹한 이가 끔찍한 상황에 처했음을 알게 된 나폴레옹은 도저히 형용할 수 없을 정도로 애통해했다. 그는 하루 종일 극도로 동요했다며 몇 번이고 토로했다."[102)]

11월 21일 네는 드디어 스몰렌스크와 보리소프의 중간 지대인 오르샤에서 프랑스군 주요 병력과 만났다. 6월 네와 함께 네만강을 건넌 병사 4만 명 중 8백 명만 살아남았고 네는 이렇게 선포했다.

"살아 돌아온 자의 배짱은 강철과도 같다."[103)]

네가 죽지 않았다는 소식에 나폴레옹은 말했다.

"내 충직한 전우의 몸값으로 튈르리궁 창고에 쌓아둔 4억 (프랑)이 넘는 돈도 기꺼이 내놓았을 것이다."[104)] •

11월 19일 나폴레옹이 오르샤에서 선언했다.

"제군 중 다수가 자신의 깃발을 버리고 홀로 이동했다. 이는 자신의 의무를 저버리고 군의 명예와 안전을 배반하는 행위다. 범법자는 체포해 즉결 처분할 것이다."

그러나 이번만큼은 나폴레옹의 말도 별 효력이 없었다. 같은 날 그는 자서전을 쓰기 위해 모아 둔 쪽지를 모조리 불태웠고 그 내용은 더 이상 알려진 바가 없다. 한때 '그랑다르메'라는 이름으로 명예를 날렸으나 지금은 무장한 오합지졸 신세가 된 프랑스군 행렬의 앞머리가 11월 21일 베레지나강에 도착했다. 베레지나강의 폭은 90미터였고 강둑 옆으로 습지가 길게 이어져 있었다. 강의 서쪽은 치차고프가 지휘하는 러시아군이 장악했으며 그들은 근처에 하나뿐인 보리소프 다리에 불을 질렀다. 강 동쪽 제방을 따라 행군해서 내려오는 비트겐슈타인은 프랑스군 오른쪽 측면을 위협하고 있었다. 후방에서는 쿠투조프가 쫓아오고 있었다. 도합 14만 4천 명의 러시아군이 프랑스군 실제 병력 4만 명(빅토르와 우디노 병력으로 증강한 후의 병력)과 수천 명의

• 물론 튈르리궁에 그렇게까지 많은 돈이 있지는 않았다.

낙오자, 종군 민간인을 에워싸며 진군하고 있었다. 랑주롱의 회상에 따르면 그가 이끈 러시아군 병사들은 "불운한 낙오자들을 '모스크바 방화범'이라 부르며 총부리로 머리를 박살냈다."105)

이제 모스크바 퇴각 중 가장 위험했던 순간이자 나폴레옹 서사시에서 아주 중요한 한 장면이 이어진다. 나폴레옹은 화물 무게를 줄이고자 에블레에게 다리를 짓는 공병들이 사용하는 가교 연장이 담긴 수레 여섯 대를 없애라고 명령했으나 다행히 지켜지지 않았다. 스투지안카(벨로루시아어로 '너무 너무 춥다'는 뜻이다)에서 베레지나강을 건너자는 우디노의 요청에 나폴레옹도 동의했다. 얼음장처럼 차가운 강은 수위마저 높아졌고 폭이 약 180센티미터에 달하는 '큼직한 부빙'이 둥둥 떠다니고 있었다. 에블레 휘하의 건설 기술자 4백 명(주로 네덜란드 출신)이 강을 따라 작업하며 보리소프에서 북쪽으로 12킬로미터 정도 떨어진 위치에 부교 두 개를 건설했다.106) 기병과 대포, 화물이 그중 한 다리를 이용하고 그로부터 상류로 165미터 위쪽에 건설한 다리는 보병이 건너기로 했다.

베레지나 전투가 벌어지자 우디노는 치차고프를 남쪽으로 유인했고 빅토르는 비트겐슈타인의 3만 병력을 북동쪽으로 몰아냈으며 네와 외젠, 다부는 부브르를 거쳐 스투지안카까지 진격했다.107) 11월 24일 부브르 인근 숲에서 독수리 국장國章이 전리품이 되는 것을 막으려고 태웠다는 일화로 상황이 얼마나 필사적이었는지 추측할 수 있다.108) 그날 나폴레옹은 마리 루이즈에게 편지를 보냈다.

"날씨가 몹시 춥소. 내 건강은 아주 좋소. 나 대신 어린 왕에게 입맞춤해 주고 당신의 신실한 남편을 절대 의심하지 말기를 바라오."109)

다음 날 오후 5시 네덜란드 공병들이 다리를 건설하기 시작했다. 이들은 마을의 목재를 모두 해체해서 만든 말뚝을 2미터 깊이의 강바닥에 박았다. 생시르가 회고록에서 정확히 묘사한 바에 따르면 기온이 영하 33도로 곤두박질칠 때 '베레지나의 기적적인 횡단'을 시작했다.110) 우디노의 당번병이던 프랑수아 필스가 회상하길 강 건너편의 치차고프 휘하 순찰대에게 작전을 숨겨야 해서 "다리를 만드는 이들에게 아무 말도 해서는 안 된다는 주의를 받았고, 무장한 모든 군인 역시 눈에 띄면 안 된다는 명령을 받았다. 모든 준비 작업과 가대 건축을 강의 제방을 이룬 낮은 언덕 뒤에 숨어서 진행했기에 적군 전망대에서는 인부들의 작업을 확인할 수 없었다."[111)]

11월 26일 목요일 새벽 3시 나폴레옹이 도착했을 때만 해도 '앙상한 비계飛階(건설 공사를 위해 임시로 설치한 가설물 — 역자)'만 도드라진 상태였다.[112)] 안감에 모피를 댄 외투를 입고 모피 장식이 달린 초록색 벨벳 모자를 눈까지 내려 쓴 나폴레옹은 그날 내내 강변에서 다리 건설 공병들에게 포도주를 나눠 주고, 15분마다 쉬게 하고, 불가에서 몸을 녹이라며 격려하고, 상류 쪽에서 또 다른 기만작전을 폈다. 팽의 회상에 따르면 병사들이 "황제에게 시선을 고정한 채 그가 여기서 우리를 내보내 주실 거다"라고 말했다고 한다.[113)] 오전 7시 직후 우디노가 도착하자 나폴레옹은 강 한쪽으로 그와 베르티에를 데려가 우디노에게 말했다.

"음, 자네가 이 길을 열어 주는 내 자물쇠공이 될 것이네."[114)]

적의 눈을 피해 뗏목으로 강을 건너간 최소 인원이 오전 8시부터 건너편 제방을 엄호하자, 가교 건설 공병은 강 아래쪽의 얼어붙은 물에 일정한 간격마다 가대架臺(높이 1~3미터) 스물세 개를 세울 준비를 마쳤다. 어느 목격자에 따르면 "그들은 어깨까지 차오르는 물속으로 용맹하게 들어갔다. 일부는 죽어서 급류 속으로 사라졌다."[115)]

오전 9시 30분 황제는 베르티에의 막사로 돌아간 뒤 앉지도 못하고 선 채로 커틀릿 요리를 먹어 치웠다. 급사장이 소금(오래되어 회색으로 변한 소금이 나사 모양 종이에 담겨 있었다)을 건네자 나폴레옹이 농담을 했다.

"자네는 장비를 잘 갖췄네. 자네에게 부족한 건 흰 소금뿐이로군."[116)]

이런 순간에 농담을 할 수 있다니, 과연 네의 표현처럼 강철과도 같은 배짱이었다. 그러나 나폴레옹 역시 전쟁 때문에 큰 타격을 입었다. 우디노의 부하인 스위스 장교 루이 베고스 대위는 나폴레옹이 "피곤하고 걱정이 많아" 보인다고 생각했고,

레 대위는 "황제의 걱정 어린 표정에 충격을 받았다"고 했다.[117)]

"장군, 시간이 오래 걸리는군. 너무 오래 걸려."

나폴레옹이 에블레를 질책했다.

"폐하, 제 부하들은 물이 목까지 차올랐고 얼음 때문에 일이 지체되고 있습니다. 그들의 몸을 녹여 줄 음식도 브랜디도 없습니다."

에블레의 대답에 황제는 땅바닥을 내려다보며 "그만하게"라고 대꾸했다.[118)] 잠시 후 황제는 그새 에블레의 말을 잊었는지 또다시 불평하기 시작했다.

오전 11시 직전 첫 번째 다리를 완성했고 나폴레옹은 조제프 알베르의 제6사단 제1연대 제1대대에게 다리를 건너라고 명령했다. 그들이 모두 안전하게 다리를 건너자 나폴레옹은 "내 별이 돌아온다!"라고 외쳤다.[119)] 또한 나폴레옹은 "제독(치차고프를 의미함)을 속였다!"며 좋아했고 실제로도 그랬다.[120)] 우디노 군단의 다른 병사들도 그날 오후 모두 다리를 건넜다. 난간이 없는 다리는 아슬아슬하게 물에 닿을 지경이었고 위태롭게 축 처진 상태였다. 가교 건설 공병들은 꽁꽁 얼어붙은 몸으로 계속 보수 작업에 나서야만 했다. 기병대가 건너는 다리는 금세 분뇨로 뒤덮였으며 통행을 가로막는 말의 사체와 잔해를 강으로 내던져야 했다. 병사들이 모두 건넌 후 낙오자와 종군 민간인이 뒤를 이었다.[121)] 그날 밤 하중을 이기지 못한 가대 세 개가 무너졌다. 네와 부하들은 두 번이나 더 보수 작업을 마친 후에야 강 건너편에 도착할 수 있었다.[122)]

야코프 발터의 일기에 따르면 부대원들이 강을 건너면서 나폴레옹을 욕하는 소리가 나폴레옹의 귀에까지 다 들렸다고 한다.

> 발터의 부대는 나폴레옹이 자신의 화물을 운반하는 말들의 마구를 풀어 주고 식사를 하는 장소에 도착했다. 그는 자신의 군대가 가장 비참한 모습으로 곁을 지나가는 모습을 지켜보았다. 그가 어떤 심정이었을지 추측하기는 힘들다. 겉보기에는 무표정했으

며 자기 병사들의 비참한 상태에 전혀 신경 쓰는 것 같지 않았다. … 또한 프랑스군과 동맹군이 모두 그의 탓이라며 욕을 해댔어도 그는 여전히 흔들리지 않고 묵묵히 듣고 있었다.[123]

'황제 폐하 만세!' 내지는 기껏해야 호의적인 놀림 정도에나 익숙했던 나폴레옹으로서는 새로운 경험이었으리라. 군대 병사들이 대부분 외국 출신이고 참전 동기도 제각각인 상황에서 그들의 중얼거림은 노골적인 항의 표시였다. 스위스, 베스트팔렌, 바덴, 헤센-다름슈타트 출신 병사들은 프랑스인을 위한 전쟁에서 싸워야 한다는 사실에 분개했다. 그렇지만 그들은 베레지나강에서 실력을 발휘했으며 강 양안의 전투에서 스위스와 베스트팔렌 출신 병사들이 레지옹 도뇌르를 가장 많이 획득했다(스위스 4개 연대가 총 34개를 받았다).[124]

11월 27일 정오 나폴레옹은 흔들거리는 가교를 건넜고 그날 밤은 자니우스키 인근 오두막에서 보냈다. 그는 빌뉴스에 있는 마레에게 다음 편지를 보냈다.

"베레지나강을 막 건넜네. 강 위로 떠내려가는 얼음 때문에 다리가 아주 위험했지. … 매서울 정도로 추운데다 병사들은 무척 지쳤어. 조금이라도 회복하기 위해 한순간도 지체하지 않고 빌뉴스로 가야겠네."[125]

에블레가 만든 다리는 불안정했지만 궁극적으로 엄청난 효과를 냈다. 이때 총 5만 명 이상의 병사와 재구성한 낙오자 무리가 베레지나강을 건넌 것으로 보인다. 11월 28일 비트겐슈타인의 병사들이 접근하기 시작하자 빅토르는 다리를 파괴했고 이에 전날 밤 강을 건너지 못한 낙오자 약 1만 5천 명, 종군 민간인과 시민 8천 명은 러시아의 손에 넘어갔다. 망명귀족 로슈슈아르 백작은 회상했다.

"다리에서 한 불쌍한 여인이 앉아 있는 것을 보았다. 두 다리가 다리 밖으로 삐져나와 얼어붙어 있었다. 그녀는 얼어 죽은 아이를 24시간째 품속에 꼭 껴안고 있었다. 그녀는 내게 아이를 살려 달라고 애원했지만 아이는 이미 죽어 있었다!"[126]

결국 어떤 카자크 사람이 그녀의 머리에 총을 발사해 "그 처참한 고통을 끝내 주었다." 강 동쪽 둑에는 사륜마차와 이륜마차, 사륜 쌍두마차 등이 내버려져 있었다. 나폴레옹이 모두 불태우라고 거듭 명령을 내렸음에도 남은 것들이었다. 랑주롱에 따르면 "모스크바 교회에서 가져온 성스러운 술잔, 성이반대제 교회의 금박 십자가, 부투를린 백작과 라주모프스키 백작의 판화 소장품, 은 접시, 심지어 도자기까지" 있었다고 한다.[127] 10년 후 이곳을 방문한 한 프로이센 장교에 따르면 "쓸쓸해 보이는 유물이 … 무더기로 쌓여 있었고 사람과 동물의 뼈, 해골, 주석 부속품, 어깨에 두르는 탄띠, 말굴레, 근위병의 곰 가죽 등이 뒤죽박죽 나뒹굴고 있었다."[128]

11월 29일 밀로라도비치 장군이 보리소프에 도착했고 30일에는 쿠투조프가 도착했다. 스투지안카에는 그곳에서 쿠투조프가 '나폴레옹군 패배를 완성했다'라고 새겨 놓은 기념석이 있지만 이는 사실이 아니다. 치차고프 총독은 자신이 승리를 거두지 못했다는 수치심을 끝내 만회하지 못했다. 나폴레옹은 전장에서 늘 그러했듯 우디노의 제안에 따라 자신의 계획을 유연하게 수정했다. 그는 잽싼 기동력과 적절한 속임수를 활용해 러시아군이 남쪽으로 가도록 유도했고 프랑스군 병력 전체는 이틀 만에 두 개의 임시 나무다리로 강을 건넜다. 기적적으로 살아남긴 했지만 너무 큰 대가를 치러야 했기에 '베레지나'는 프랑스어로 재난을 뜻하는 표현으로 굳어졌다. 29일 아침 나폴레옹은 강 서쪽 둑에서 마레에게 편지를 보냈다.

"식량, 식량, 식량. 식량을 주지 않으면 이 통제 불가능한 무리는 빌뉴스에서 어떤 참상이라도 저지를 것이다. 군대가 네만강 앞에 집결하지 못할 수도 있다. 빌뉴스에 외세의 앞잡이가 있어서는 안 된다. 현재 군대 상황이 그리 좋지 못하다."[129]

12월 3일 나폴레옹은 민스크에서 북서쪽으로 70킬로미터 떨어진 몰로데크노(현재의 말라제치나)에 도착했다. 이때 1812년 원정 제29차 공보는 나폴레옹이 평생 발표한 공보 중 가장 유명세를 탔다. 그는 대참사를 맞이한 이유가 "그토록 잔인한 계절"

때문이라 했고 예기치 않게 기온이 영하 27도까지 급강하해 "기병대와 포병대는 물론 짐을 싣는 말이 매일 죽어 나갔으며 그 수는 수백, 아니 수천에 달했다. … 우리가 보유한 포와 탄약, 식량 중 상당수를 버리고 파기해야만 했다. 6일 차에는 상태가 좋았던 군대가 14일 차에는 완전히 달라졌다. 기병이 거의 남지 않았으며 포병대나 수송 수단도 없었다." 나폴레옹은 러시아가 승리했음을 추호도 인정하지 않았다. "적군은 프랑스군을 압도한 그 무시무시한 재난의 징후를 보고 이를 이용하려 했다." 그는 카자크를 두고 "이 가소로운 기병대는 시끄럽기만 할 뿐 정예 보병을 뚫을 능력이 없다"고 폄하했으나, 빅토르 휘하 군단 소속 루이 파르투노 장군의 사단 전체가 보리소프 인근에서 붙잡혔음은 인정했다.

공보에 따르면 손해가 워낙 막심해 "아직 살아 있는 군마를 보유한 장교들을 소집해 정원 150명의 네 개 중대를 구성해야 했다. 장군은 대위 역할을, 대령은 소위 역할을 맡았다."[130] 12월 16일 파리에서 평상시보다 세 배 많은 분량의 공보를 발표하자 프랑스인은 어마어마한 충격을 받았다. 그들은 행간에 숨은 뜻을 간파하는 데 능숙했기 때문이다. 나폴레옹은 여전히 성공은 과장하고 실패는 축소하는 버릇을 버리지 못했다. 흉흉한 소문이 제국의 수도에 도착하기 전 그는 미리 패배를 변명하기 위해 자연을 탓했다. 그가 제시한 통계치는 전부 부정확했으나 애초에 정확한 수치는 그 후 오랜 시간이 지난 뒤에야 얻을 수 있었다.

프랑스인은 공보의 마지막 문장인 "황제는 그 어느 때보다 건강하다"를 읽고 극도로 분노했다. 이는 "황제의 자기중심성을 대단히 잔인하게 드러내는" 증거로 여겨지지만 실은 나폴레옹이 습관적으로 들먹이는 표현에 불과하다.[131] 모스크바로 가던 중 그는 마리 루이즈에게 보낸 여러 편지에서 서른 차례 이상 '나는 건강하다'라는 표현을 썼고 모스크바에서 퇴각할 때는 열두 차례나 사용했으니 거의 강박이나 다름없었다. 이듬해에도 그는 다섯 달 동안 해당 표현을 스물두 차례나 사용했다.[132] 말레가 일으킨 반란 때문에 황제의 건강이 상했다는 소문을 완전히 잠재울 필요도 있었다.

12월 5일 보세의 회상에 따르면 "춤추는 곰을 양성하는 동물 교육기관 소재지(곰을 춤추는 것처럼 움직이도록 훈련시켜 거리의 유흥거리로 삼는 풍습은 유럽과 아시아 지역에 오래전부터 널리 퍼져 있었다. 오늘날에도 일부 지역에 아직 남아 있다 — 역자)"인 스모르고니예의 작은 마을에서 나폴레옹은 외젠, 베르티에, 르페브르, 모르티에, 다부, 베시에르에게 말했다.

"가능한 한 빨리 파리로 돌아가 유럽을 압도함으로써 유럽인에게 전쟁과 평화 중 하나를 선택하게 해야 한다."[133]

그는 그날 밤 10시 콜랭쿠르와 뒤로크, 로보, 팽, 콩스탕을 동반해 출발하겠다고 말했다.

나폴레옹은 뮈라에게 군대 통솔권을 맡겼다. 뮈라는 기교가 뛰어난 원수로 예비군, 신병, 소속을 이전한 병사가 폴란드로 들어가는 중에 비스와 전선을 유지하고자 고군분투했다. 그러나 러시아군이 진군해 오자 뮈라는 더 이상 임무를 수행할 수 없었다. 한편 프로이센 장군 요한 요르크 폰 바르텐부르크가 돌연 중립을 선언했다. 12월 30일 카를 폰 클라우제비츠와 부분적 협상으로 러시아군과 합의를 본 타우라게 불가침 조약에 따른 선언이었다.[134] 뮈라는 폴란드 전선을 포기했고 곧이어 오데르강 전선마저 포기해야 했다. 그는 오스트리아 측과 비밀리에 회동한 후 자신의 왕위를 지키기 위해 갑자기 나폴리로 떠나 버렸다. 그랑다르메 통치권은 외젠에게로 넘어왔다. 르페브르와 모르티에, 빅토르는 프랑스로 돌아갔고 우디노와 생시르는 부상에서 회복 중이었으며 네는 피로와 신경쇠약으로 전투력을 상실한 상태였다. 따라서 그랑다르메의 운명은 외젠과 다부, 포니아토프스키 세 사람의 손에 달려 있었다. 셋은 군을 재구성하면서 전투력의 핵심을 새롭게 가다듬었다. 〈모니퇴르〉에는 뮈라가 아프다는 기사가 실렸으며 격노한 나폴레옹은 외젠에게 말했다.

"본보기로 그를 체포하는 것은 나한테 일도 아니다. … 그는 전장에서 용맹할지 몰라도 지성과 도덕성은 추호도 갖추지 못했다."[135]

나폴레옹은 고국으로 돌아가는 중에 콜랭쿠르에게 말했다.

“프랑스인은 여성처럼 대해야 해. 너무 오래 혼자 두면 안 되는 법이야.”[136)]

나폴레옹은 패전 소식이 빈과 베를린에 어떤 영향을 미칠지 잘 알고 있었다. 따라서 최대한 빨리 파리로 돌아가겠다는 그의 판단은 합리적이었다.[137)] 그랑다르메의 잔여 인원은 빌뉴스에서 하루나 이틀 행군하면 닿을 거리에 있었고 비교적 안전한 편이었다.[138)] 이집트 전쟁 당시와 마찬가지로 나폴레옹이 군을 내버려 두고 떠나온 것에 많은 비난이 쏟아졌다. 라봄은 병사들이 “세상에서 누구보다 비열하게 배신을 당했으므로 우리의 언어로 표현할 수 있는 가장 심한 욕을” 퍼부었다는 기록을 남겼다. 그렇지만 나폴레옹은 참패라는 재앙이 정치와 외교 영역에까지 영향을 미치기 전에 파리로 돌아가야 했다.[139)] 한편 원정 중 말을 17마리나 잃은 카스텔란은 병사들이 격노했다는 사실을 부인했다.

“그런 행태는 전혀 보지 못했다. 우리는 재앙을 겪었음에도 불구하고 여전히 그를 확고하게 믿고 있었다. 다만 우리는 그가 도중에 적에게 붙잡힐까 봐 우려했다.”

카스텔란에 따르면 군대는 나폴레옹의 의도를 잘 이해했으며, “그가 반드시 귀국해야 독일의 반란을 저지하고 원정군을 구해줄 병력을 재편성할 수 있다는 사실을 잘 인지하고 있었다.”[140)] 베레지나강을 건넌 이후 1813년 2월 중순까지 러시아군과는 아무런 충돌도 없었다. 나폴레옹은 오스트리아와 프로이센을 두고 다음과 같이 언급했다.

“그들이 전쟁을 벌일 작정이라면 두 번, 세 번 다시 생각할 수밖에 없을 것이다. 내가 파리에 있고 제국의 수장이며 향후 내가 동원할 수 있는 120만 군의 수반임을 그들은 알기 때문이다.”[141)]

제라르 드 레이네발이라는 가명을 사용한 나폴레옹은 콜랭쿠르의 수행원으로 변장한 뒤, 13일에 걸쳐 스모르고니에에서 파리까지 총 2천 킬로미터에 달하는 겨울길을 이동했다. 도중에 그는 빌뉴스와 바르샤바, 드레스덴, 마인츠(여기서 아들에게 줄 설

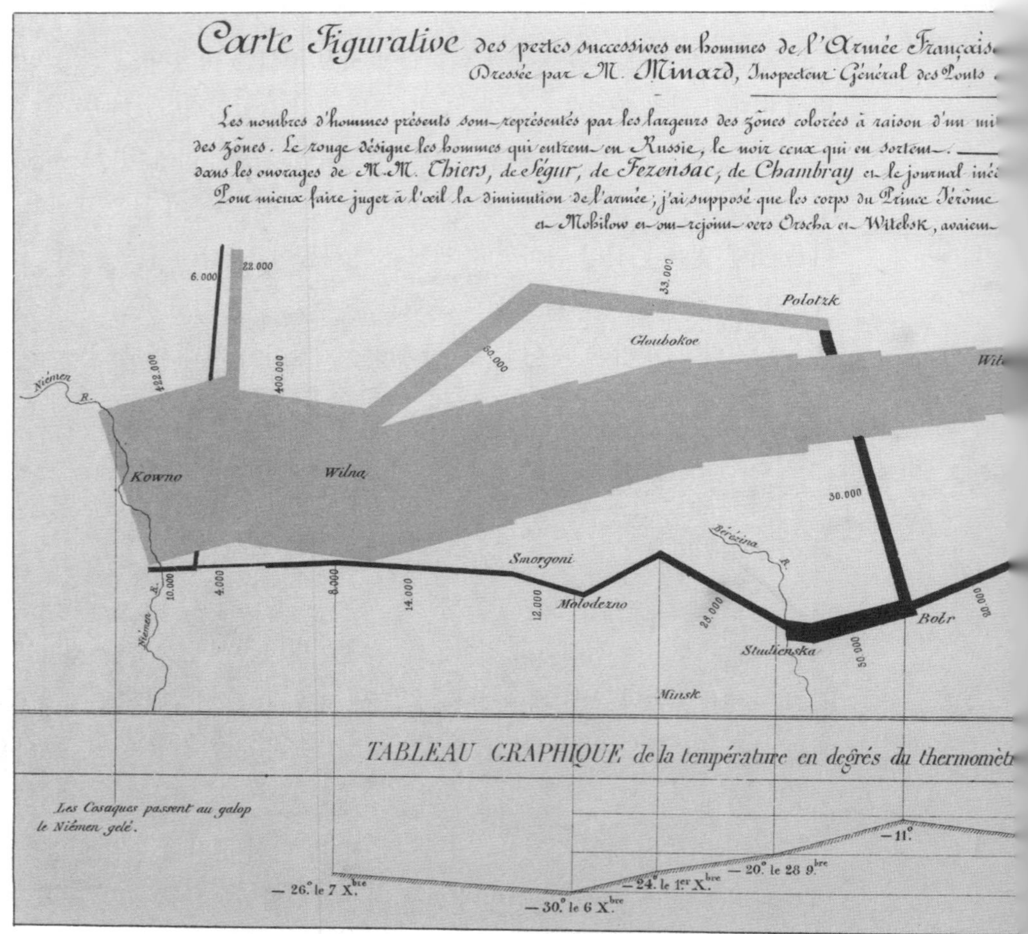

샤를 조제프 미나르(1830~1836년 도로 교각 감찰관을 맡은 바 있음)가 1869년 발표한 유명한 도표로 프랑스가 러시아 원정에서 얼마나 참패를 겪었는지 보여 준다. 옅은 색은 러시아로 진군하는 인원수를, 짙은 색은 후퇴해 돌아오는 인원수를 나타낸다. 미나르는 민스크와 모길료프로 급파한 제롬 공과 다부 원수 군대가 오르샤와 비텝스크 인근에서 재집결해 군대와 함께 계속 행군했다고 추정한다. 아래쪽 꺾은선 그래프는 퇴각 중 기온(화씨)을 표시하고 있다.

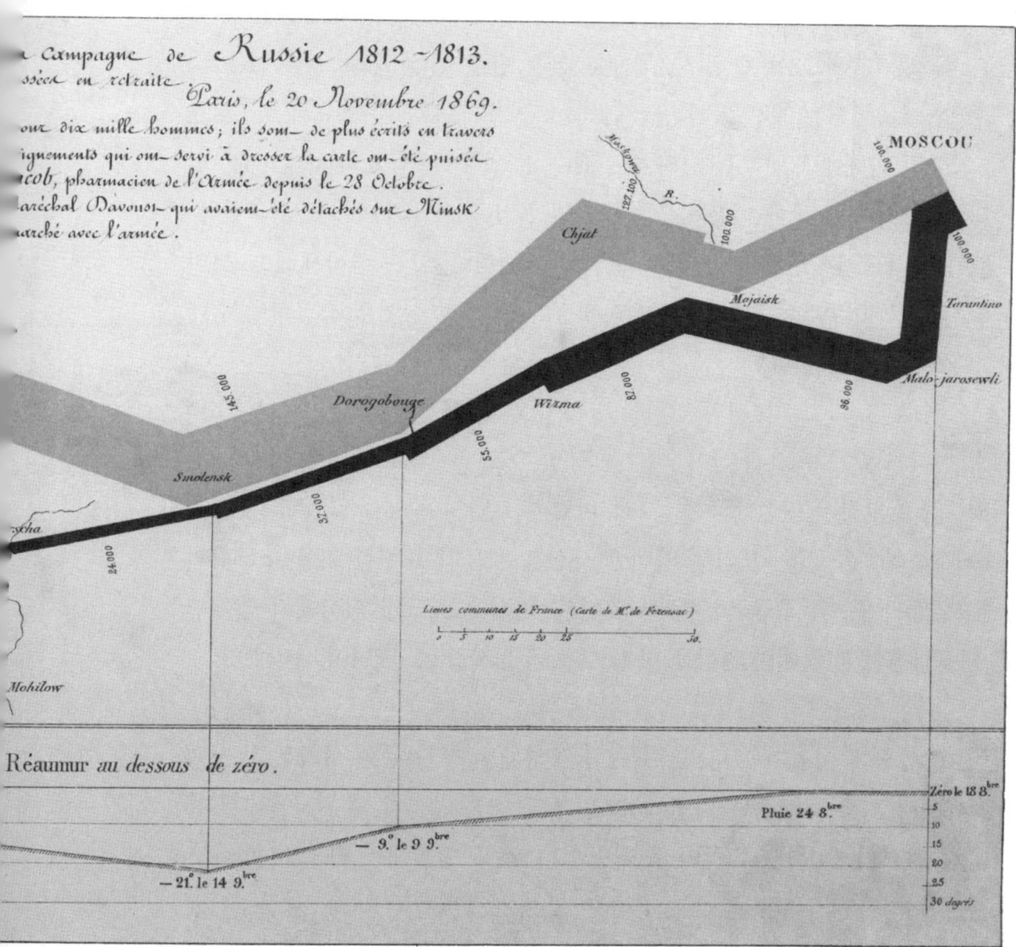
campagne de Russie 1812-1813.
ssées en retraite
Paris, le 20 Novembre 1869.
our dix mille hommes; ils sont de plus écrits en travers
ignements qui ont servi à dresser la carte ont été puisés
acob, pharmacien de l'Armée depuis le 28 Octobre.
aréchal Davoust qui avaient été détachés sur Minsk
archè avec l'armée.
MOSCOU
100.000
127.100
100.000
Chjat
Mojaisk
Tarantino
Malo-jarosewli
96.000
87.000
Wixma
Dorogobouge
145.000
55.000
Smolensk
37.000
24.000
Mohilow
Lieues communes de France (Carte de M. de Fezensac)
Réaumur au dessous de zéro.
Zéro le 18 8.bre
Pluie 24 8.bre
— 9.° le 9 9.bre
— 21.° le 14 9.bre
30 degrés

탕과자를 구입했다)를 거쳐 갔다. 바르샤바에서 그는 아베 드 프라트에게 전쟁에서 "숭고한 위치에 서 있는 이도 단 한 발짝만 내려가면 우스꽝스러워진다"라고 말했다.[142)]본국으로 돌아가는 길에 그는 콜랭쿠르에게도 같은 말을 했다(그가 남긴 유명한 말 중 하나가 되었다). 라이프치히에서는 작센 왕과 만났고(작센 왕은 썰매를 마차로 바꿔 주었다) 에르푸르트를 지나는 길에는 괴테에게 안부를 전하기도 했다. 12월 18일 금요일 자정 15분 전을 알리는 시계소리가 울릴 때 나폴레옹은 튈르리궁 앞에 도달해 마차에서 내렸다.

다음 날 아침 나폴레옹은 하루 일정을 온전히 이행했다. 그는 캉바세레스, 사바리, 클라르크, 데크레 앞에서 평화 협정 제안에 답변이 올까 싶어 모스크바에서 너무 오래 기다렸다고 인정했다.

"내가 큰 실수를 저지르긴 했지만 만회할 방법이 있지."[143)]

전투에 참전하지 않은 어떤 조신이 '매우 애통한 태도'로 "실로 대단한 상실을 경험했습니다!"라고 말하자 나폴레옹은 "그래, 바릴리 부인이 목숨을 잃었지"라고 대꾸했다.[144)] 나폴레옹은 신하가 너무 명백한 사실을 에둘러 표현한 것을 조롱하려고 유명한 오페라 가수의 죽음을 언급한 것이다. 사실 모스크바 퇴각에서 벌어진 잔혹상은 나폴레옹에게 막대한 영향을 미쳤으니, 궁내 시종 중 44명이 사망했다.

일단 안전한 상황에 이르자 그랑다르메는 꼼꼼하게 행정 업무를 처리했다. 전형적인 전쟁부 문서 기록 사례를 들자면 1806년부터 1813년까지 제88전선에서 복무한 1천8백 명을 기록한 150쪽짜리 명부가 있다. 해당 명부에는 각 병사의 이름과 군번, 생년월일, 출생지는 물론 부모의 이름·출생지·거주지(주와 캉통 단위 주소)를 기재했다. 그 밖에 병사의 신장, 얼굴 형태, 코와 입의 크기, 눈 색깔, 머리카락과 눈썹 색깔, 특이사항, 징집 혹은 자원 날짜, 군에 입대한 날짜, 전문 분야, 중대와 대대 번호, 승진 기록, 모든 작전, 부상, 훈장의 세부사항, 제대 혹은 사망 날짜 등을 깔끔하게 정리했다.[145)] 러시아에서 복무한 모든 여단의 경우 명부에 '적군에게 잡힌 것으로 추정', '전쟁포로', '부상', '사망', '병원에서 열병으로 사망', '병원에서 신경성 열병으로 사망', '낙오', '탈주', '휴가 증명', '사인 미상' 등이 계속 이어진다. 생존자 숫자는 극히 적고 그중 특히 희귀한 사례로 '재활 휴가'로 기록한 한 명이 있는데 아마도 오늘날의 외상 후 스트레스 장애를 일컫는 것으로 보인다.[146)]

나폴레옹은 약 52만 4천 명을 잃었으며 그중 10~12만 명이 포로로 잡혔다. 포로 중 다수가 몇 년 내로 사망했고 워털루 전투 이전까지 실질적으로 아무도 프랑스로 돌아오지 못했다. 프랑스인이 아닌 포로 2만여 명은 나폴레옹을 적대하는 신규 러시아군에 자원했다. 병력의 북쪽 측면을 맡은 마크도날 장군 휘하 병사 3만 2천 3백 명 중 부상당한 이는 거의 없으나, 절반 이상이 머지않아 프랑스군 반대편에 가담한 프로이센인이었다. 슈바르첸베르크 휘하의 오스트리아인 3만 4천 명도 더 이상 신뢰할 수 없었다. 베레지나강을 건넌 생존자 중 1만 5천 명이 빌뉴스로 퇴각하는 중에 사라졌다.* 12월 14일 네가 마지막으로 네만강을 다시 건넜을 때 휘하에는 보병 4백 명과 기병 6백 명, 대포 9대가 전부였다[147)](원수 중 사망자는 없었으나 부상자는 넷이었다. 이후 몇 주에 걸쳐 낙오자가 조금씩 귀국하긴 했지만 수많은 병사가 서쪽으로 향하다가 프로이센 마을 사람들에게 조용히 살해당했다. 이제 그랑다르메 중앙군은 2만 5천 명에 불과했고 그중 실질적으로 전투 능력을 갖춘 병사는 1만 명 정도였다).[148)] 마크도날 군대, 프랑스 파견군과 프랑스에서 보충한 증강병력 6만 명을 고려해도 그해 말 나폴레옹이 폴란드와 독일에서 지휘할 수 있는 군대는 처량할 만큼 수가 적었으며 특히 포병과 기병이 매우 부족했다.[149)] 많은 부대에서 평소 병력

* 1812년 원정에서 프랑스군 사상자와 포로로 잡힌 인원수를 대강 산출하려면 총 손실 인원 52만 4천 명에서 각 교전마다 발생한 사상자 수 총합을 빼면 된다. 7월 9일 첫 교전부터 11월 26일 마지막 교전까지 그랑다르메는 46회에 달하는 전투, 충돌, 접전, 포위, 매복을 치렀으며 그에 따른 사상자 수 총합은 18만 6천5백 명에 달한다. 정확한 수치가 없는 소소한 접전까지 포함하기 위해 사상자 수를 20만 명으로 반올림할 경우 프랑스군이 입은 총 손실 중 러시아군과의 주요 접전으로 인한 사상자 비율은 40퍼센트 이하라는 결론에 도달한다. 나머지 60퍼센트는 질병, 저체온증, 아사, 게릴라 작전, 자살, 그 이외 다양한 원인으로 인한 사상자에 해당한다. 모스크바에서 진군할 때와 퇴각할 때의 사망자 수에는 큰 차이가 없었다(Muir, *Tactics and Experience of Battle* p.9, Smith, *Data Books* pp.379-408).

의 5퍼센트만 남아 있었다. 다부의 병사 6만 6천 명은 2천2백 명으로 줄었고 우디노의 병사 4만 7,864명 중에서는 4,653명만 남았다. 황실근위대 5만 1천 명은 2천 명만 남았으며 알프스를 건넌 이탈리아인 2만 7,397명 중에서는 1천 명 이하만 돌아왔다(이탈리아 왕립근위대 350명 중 8명만 남고 모두 사망했다). 네덜란드 척탄병 근위대에서는 5백 명 중 36명만 생존했다.150) 베레지나강에서 군대를 구한 용감한 네덜란드 다리 건설 공병 4백 명 중에서는 50명만 다시 네덜란드 땅을 밟았다.

1812년 12월 말 러시아 황제 알렉산드르는 빌뉴스에서 리투아니아 소설가이자 귀족인 소피 데 티센하우스와 식사를 했다. 빌뉴스는 그달 초 뮈라 때문에 주민들이 대피했던 곳이다. 러시아 황제는 나폴레옹이 "옅은 회색 눈동자로 강렬하게 응시하면 견딜 수 없다"면서 이렇게 덧붙였다.

"그가 얼마나 대단한 미래를 스스로 망가트렸는지! 그토록 큰 영예를 얻고 유럽에 평화를 가져올 수 있었는데 그렇게 하지 않았소. 그의 마법은 이제 끝이오."151)

티센하우스는 황제가 마지막 문장을 여러 차례 되뇌었다고 기록했다.

회복

26

폐하가 불운을 어떻게 헤쳐 나가는지 목격하지 못했다면 후세 사람들은
폐하의 정신력이 얼마나 굳건한지 결코 알 수 없을 겁니다.

1813년 3월 몰레가 나폴레옹에게

–

그는 가족 문제에는 공감할 수 있어도 정치적 재난에는 냉담했다.

1813년 7월 메테르니히가 나폴레옹에 관해

생시르 원수는 "나폴레옹이 파리에 도착한 지 20일 만에 일궈 낸 성과를 보니 폴란드에서 갑자기 떠난 것은 현명한 판단이었음을 인정해야만 했다"[1]라고 회고했다. 나폴레옹은 조만간 러시아가 프로이센과 힘을 합치고 머잖아 그의 장인인 오스트리아 프란츠 황제마저 합세할 것이라고 생각했다. 그들은 우선 폴란드와 독일 땅에서 프랑스군을 몰아낸 뒤 나폴레옹을 전복하려 총력을 기울일 것으로 보였다. 나폴레옹은 폭풍우가 몰아치듯 자신의 행보를 넓혀 갔다. 그즈음 법무장관으로 임명된 몰레 백작에 따르면 나폴레옹은 러시아에서 겪은 재앙을 수습하려고 분투하며 "지금까지 보여 준 어떤 모습보다 더 열정적으로 업무"를 수행했다.[2] 전前 의붓아버지에게 인사하고자 튈르리궁으로 달려온 오르탕스가 기록하길, 나폴레옹은 어떤 생각에 사로잡혀 있었지만 결연한 의지를 보였다고 한다.

"그는 몹시 피곤하고 걱정도 많은 것 같았지만 침울해 보이지는 않았다. 그는 문이 닫혀 있어야 할 때 열려 있다거나 그 반대인 경우, 방에 불빛이 너무 환하다거나 너무 침침하다는 등 사소한 이유로 종종 화를 냈다. 그러나 곤경이나 불운이 닥치는 순간 그는 자기 마음을 완벽하게 통제했다."

오르탕스가 위로 삼아 "적군도 분명 손실이 엄청났죠?"라고 질문하자 나폴레옹은 이렇게 대답했다.

"물론이다. 하지만 그게 위안이 되지는 않는구나."[3)]

1812년 12월 중순 파리로 돌아와 이듬해 4월 전쟁을 재개하기까지 나폴레옹은 17주도 채 되지 않는 기간에 보병 8만 4천 명과 국가방위군 소속 포병 9천 명을 정규군으로 통합했다. 여기에다 1809~1812년 10만 명을 징병하고 1813~1814년 15만 명을 징병했으며 새로 결성한 여단 수십 개로 이뤄진 보병 연대 30개를 조직했다. 또한 군수 공장에 머스킷총 15만 정을 주문하고 보급창이나 수비대를 샅샅이 뒤져 잉여 인력을 찾아냈으며, 해병대 1만 6천 명을 해군에서 육군으로 옮기고 퇴역 해군 포병을 포병대로 편입했다. 제국 영토는 1만 2천 면으로 나눈 뒤 각 면당 사람 한 명과 말 한 마리씩을 징발했다. 황실근위대의 경우 재건을 목표로 에스파냐 전선 부대를 약탈하고 구할 수 있는 말은 모조리 구입하거나 징발했다. 나아가 동맹국에 군대 재건을 명령하고 엘베강과 라인강, 이탈리아 정찰 부대를 창설했다.[4)]

〈모니퇴르〉는 새로 징집한 신병을 '출중한 인물들'이라 평했지만 개중에는 겨우 열다섯 살짜리 소년도 있었다. 〈카루젤〉 논평에서 몰레는 "주변에 모여든 시민은 너무 어리고 체격도 빈약한 신병들의 모습에 깊은 연민을 느꼈다"고 말한다.[5)] 나폴레옹이 자리를 비운 상황에서 황후가 징집 명령을 승인했고 신병들은 아직 수염도 나지 않은 순수한 청소년이라 '마리 루이즈들'이라는 별명을 얻었다. 나이 많은 병사들은 새로 징집한 기병을 보고 '수망아지에 올라탄 영계'라고 부르기도 했다. 프랑스 신병은 훈련받을 시간이 없었기에 전투 중에도 제대로 통제할 수 없었다. 그렇게 훈련받지 못한 병사들을 데리고 다닌 탓에 향후 2년간 전선 공격이 부진했다고 볼 수도 있다.

나폴레옹 황제가 진정 독재자였다면 그가 치욕을 겪자마자 봉기가 일어났을지도 모른다. 특히 유럽에서 가장 오랫동안 그의 통치를 견뎌 낸 지역에서 봉기가 일어났겠지만 그런 사례는 찾아볼 수 없다. 프랑스가 점령한 적 없던 동부 프로이센과 슐레지엔은 1813년 봉기한 반면, 1806년 이후 점령당한 베를린이나 브란덴부르크 등 그 외의 프로이센 지역은 잠잠했다.[6] 네덜란드와 스위스, 이탈리아, 독일의 나머지 대부분 지역도 전혀 들고일어나지 않거나 적어도 정부가 나폴레옹은 적이라고 선언할 때까지 얌전히 있었다. 혹은 동맹군이 도착할 때까지 수동적 태도를 취하는 게 다였다. 프랑스 본국에서도 빵으로 인해 브르타뉴에서 폭동이 몇 차례 일어나고 방데와 미디에서 소소한 문제가 벌어진 경우를 제외하면 1813년과 1814년, 특히 1815년에 그 어떤 봉기도 일어나지 않았다. 프랑스인은 대부분 진심으로 전쟁에 신물을 내고 특히 추수기의 대규모 징집에 반대하는 지역적 움직임이 있긴 했으나, 최소한 프랑스인은 황제가 적군과 싸우러 자리를 비운 사이 쫓아낼 마음은 없었던 것으로 보인다. 나폴레옹을 공개 비방하는 자들은 체포했지만 18세기 프랑스식 관행에 따라 온건한 단속 정도로만 진행했다. 왕당파 샤를 드 리비에르는 "악의적으로, 지나치게 시대에 앞선 야망을 선언했다가" 라포르스 교도소에 투옥되었으나 그의 친구가 사바리와의 당구 게임에서 이긴 대가로 풀려났다.[7] 야심을 품은 일부 군 장교는 심지어 전쟁을 계속하길 바라기도 했다. 황실근위대의 블라즈 대위가 말하길, "우리가 신경 쓰는 문제가 하나 있다. 만약 나폴레옹이 그토록 영광스러운 위업을 그만둬야 한다면, 그가 평화를 결심하는 날이 온다면 안타깝게도 우리의 모든 야심은 끝장난다. 그는 늘 우리의 능력을 넘어서는 일을 요구하기 때문에 다행히 아직 그럴 리는 없어 보인다."[8]

크게 주목받지 않는 사실이지만 러시아 역시 1812년 전쟁으로 막대한 피해를 입었다. 전쟁으로 러시아 병사 약 15만 명이 죽고 30만 명이 부상당하거나 동상을 입었으며 시민들의 피해는 훨씬 더 막심했다. 10만 명으로 줄어든 러시아 야전군은 몹시 지쳤고 폴란드부터 모스크바까지 많은 지역이 황폐화했다. 러시아 재무성에서 세금 수억 루블을 징수하는 상황에서도 알렉산드르는 나폴레옹을 파멸시킬 일에 집중했다. 1813년 초 러시아 4개 사단이 비스와강을 건너 포메라니아를 침공하고 뤼베크와 슈트랄준트에서 프랑스군을 몰아내려 했으나 프랑스군은 단치히와 슈테틴, 그 외 프로이센 요새에 주둔군을 남겨 두었다. 이제 베르나도트가 좌우하는 스웨덴은 1812년 맺은 아보 협정에 따라 당시까지 중립을 유지하고 있었으나 1월 7일 프랑스에 선전포고를 했다. 베르나도트가 나폴레옹에게 말하길, 자신은 프랑스를 적대하는 것이 아니라 스웨덴을 위해 행동할 뿐이며 나폴레옹이 스웨덴의 포메라니아를 점령한 것이 불화의 원인이라고 탓했다. 그러면서 자신의 오랜 상사에게 여전히 전우애를 품고 있다고 의뭉스럽게 덧붙였다.[9] 프랑스인으로서 같은 프랑스인의 생명을 앗아가지 않겠다는 인지상정 외에 베르나도트는 언젠가 프랑스를 다스리는 왕이 되고 싶다는 야망(알렉산드르가 자극한 야망)을 이루기 위해 신중한 태도를 취해야 한다고 생각했을 것이다.

12월 20일 나폴레옹이 원로원에서 말했다.

"혹독한 겨울이 너무 빨리 찾아오는 바람에 내 군대가 막대한 손실을 보았소."[10]

그는 요르크 장군의 변절을 예로 들며 애국적 분노를 불러일으켰고, 15만 명을 새로 모병하겠다는 목표를 밝힌 뒤 주지사들에게 징병 지지운동 모임을 열라고 명령했다. 1월 9일 베르티에에게는 이렇게 말했다.

"여기에서 모든 것을 진행하고 있다."[11]

그래야만 하는 상황이었다. 1812년 크리스마스부터 1월 14일까지 러시아군은 북부 지방의 매서운 겨울 날씨를 뚫고 4백 킬로미터를 행군했고 쾨니히스베르크 등 프랑스군의 근거지를 탈환해야 함에도 불구하고 프로이센의 마리엔베르더(오늘날의 폴란드 크비진)에 도달했다.[12] 외젠은 베를린으로 철수할 수밖에 없었다.

나폴레옹은 러시아에서 얼마나 많이 후퇴했는지 놀라울 만큼 공개적으로 밝혔다. 팽에 따르면 "그는 불운과 관련된 얘기를 먼저 꺼냈으며 심지어 먼저 화제로 올리기도 했다."[13] 그러나 황제가 자신의 불운을 기꺼이 언급했어도 언제나 진실만 말한 것은 아니었다. 1월 18일 나폴레옹이 제롬에게 말했다.

"러시아군이 대포나 독수리 국장을 빼앗은 경우는 한 번도 없었다. 그들이 잡아간 포로는 척후병뿐이다. 내 근위대는 싸움에 나선 적이 없으며 작전 중 단 한 명도 잃지 않았다. 독수리 국장을 손에 넣었다는 러시아의 주장은 사실이 아니다."[14)]

근위대가 독수리 국장을 빼앗기지 않은 것은 사실 부브르 숲에서 독수리 국장을 전부 불태웠기 때문이며, 근위대가 크라스노이 전투에서 큰 피해를 본 사실은 나폴레옹도 익히 아는 바였다(나폴레옹이 덴마크의 프레데리크 6세에게도 단언했듯). 러시아군이 대포 하나 압수하지 못했다는 그의 주장을 말하자면, 러시아 황제 알렉산드르는 1812년 전투 중에 압수한 프랑스 대포 1,131대로 거대한 기둥을 세울 계획이었다. 비록 기둥을 세우지는 못했으나 오늘날에도 크렘린궁에서 러시아가 압수한 나폴레옹 휘하 프랑스군 대포 수십 대를 볼 수 있다.[15)]

1월 말 국내의 불만을 잠재우기 위한 노력의 일환으로 나폴레옹은 퐁텐블로에서 교황과 새로운 협약을 맺었다. 12월 29일 나폴레옹이 "국가와 교회 사이의 차이를 종식한다는 오랜 염원을 이룰 수 있으리라"고 말할 때만 해도 까마득해 보이던 목표를 겨우 한 달 만에 달성한 것이다. 의견 충돌이 있던 영역을 대부분 아우르는 광범위하고 포괄적인 협정이 이뤄졌다.[16)] 협약 도입부는 다음과 같다.

"교황 성하는 프랑스와 이탈리아 양국에서 교황직을 수행한다. 교황청 해외 대사는 외교관과 동일한 특권을 갖는다. … 교황령 중 양도하지 않은 지역에는 세금을 부과하지 않으며 양도한 지역에는 세수입을 최대 2백만 프랑까지 보상한다. … 교황 성하는 6개월 내로 황제의 대주교 관할구에 성직 서임을 수여한다."

이는 교황이 나폴레옹의 대주교 임명을 승인한다는 의미였다. 나폴레옹은 신임 주교 10명을 임명할 권리도 얻었다.[17)] 나폴레옹 측으로서는 괜찮은 성과였는데 교황은 곧 결정을 후회하고 철회하려 했다. 나폴레옹은 켈레르만 원수에게 이렇게 말했다.

"믿기 힘들겠지만 교황은 자신의 뜻으로 자유롭게 이 협약에 서명했으면서도 8일 후 내게 편지를 보내 … 모든 것을 무효로 해달라고 진지하게 청원했다. 나는 성하는 결코 잘못된 선택을 하지 않을 분이므로 착오가 있을 리 없으며 지나치게 빨리 불안해하신다고 말씀드렸다."[18]

2월 7일 나폴레옹은 튈르리궁에서 대규모 행진을 벌인 뒤 자신이 전쟁으로 국내의 자리를 비우는 동안 섭정을 진행할 수 있도록 국무원에서 회의를 열었다. 말레의 음모로 불안감을 느낀 그는 자신이 없는 틈에 반란이 일어나지 않도록 방책을 마련하고자 했다. 또한 자신이 사망할 경우 아들이 아직 어려도 후계자로 인정받기를 바랐다(군주제를 반대하던 청년의 모습은 이제 흔적도 없이 사라졌다). 캉바세레스가 수립한 원로원 의결 제19조항에 따르면 나폴레옹이 사망할 경우 권력은 마리 루이즈에게 귀속되며 로마왕이 성년이 될 때까지 섭정원의 조언을 받는다. 나폴레옹은 캉바세레스가 프랑스의 실질적인 통치자가 되기를 원했으며 마리 루이즈가 '정부에 황후의 이름이라는 권위를 부여해 주길' 바랐다.[19] 섭정을 확고히 하는 회의에는 캉바세레스와 레니에, 고댕, 마레, 몰레, 라세페드, 당젤리, 몽세, 네, 내무장관 몽탈리베 백작 그리고 또다시 사면을 받은 탈레랑이 참석했다. 몰레의 말을 빌리자면 나폴레옹은 "겉보기에 평온하고 자신이 일으킬 전쟁을 크게 확신했다. 그러나 전쟁의 우여곡절과 덧없는 운명을 논하는 그의 말을 듣고 있노라면 그의 무덤덤한 표정은 꾸며 낸 것임을 알 수 있었다."[20] 나폴레옹은 캉바세레스에게 "황후에게는 황후가 알면 좋은 내용만 보여 드리라"고 지시했고 "황후가 걱정으로 마음을 더럽힐 내용을 알려 주는 것은 무의미"하므로 일간 경찰 보고서 역시 올릴 필요가 없다고 일렀다.[21]

2월 13일 나폴레옹은 오스트리아가 최소 10만 명의 야전군을 동원한다는 대단히 불길한 소식을 들었다. 그 직후 메테르니히는 동맹국이라고 생각할 수 없는 태도로 유럽의 평화 합의를 '중재'하겠다고 나섰다. 그날 저녁식사를 마친 뒤 나폴레옹은 튈르리궁 당구장에서 몰레와 장시간 이야기를 나누며 여러 가지 사항의 견해를 분명하게 밝혔다. 그는 마리 루이즈를 존중했고 그녀의 선조인 오스트리아의 안(프랑스 왕 루이 13세의 왕비로 왕이 죽은 후 섭정으로 전권을 장악한 안 도트리슈를 뜻함 — 역자)을 떠올리게 하는 면이 있다고 언급했다. "그녀는 루이 16세의 죽음에 누가 찬성했는지는 물론 모든 사람의 혈통과 내력을 알고 있었지만" 구귀족층에 편견을 보이지도, 국왕 살해에 반대하지도 않았다. 자코뱅파에 관해서는 이렇게 말했다.

"그들은 특히 위험한 종자로 상당수가 파리에 있지만 내가 살아 있는 한 그 쓰레기들은 꼼짝 못할 것이다. 방데미에르 13일 쿠데타 당시 내가 어떻게 움직였는지 모두 알고 있으며 문제가 발생하면 내가 언제든 그들을 짓밟을 수 있다는 사실도 잘 알고 있기 때문이다."[22]

그는 국내와 국외에 포진한 적들이 "러시아에서의 재앙 이후 훨씬 더 대담해질 것"이라고 판단했다. "한 번 더 전쟁을 벌여 비열한 러시아군을 굴복시켜야 한다. 러시아군을 원래 국경선 너머로 밀어붙인 뒤 다시는 기어 나올 생각을 못하도록 혼쭐을 내줘야 한다."[23] 그는 프랑스 원수들을 얘기하며 불평했다.

"다른 원수들을 통솔할 기량을 갖춘 이가 한 명도 없다. 내게 복종하는 것 말고는 할 줄 아는 게 아무것도 없다."[24]

나폴레옹은 외젠이 '평범한 인물'에 불과하지만 기대를 걸고 있다고 몰레에게 말했다. 또한 뮈라가 모스크바에서 퇴각할 때 '낙심'하고 괴로워했다는 내용의 편지를 자녀들에게 보내며 "편지지에 거짓 눈물을 흘렸다"고 불만을 표하기도 했다. 반면 자신은 다음과 같이 행동했다고 했다.

> 나는 감정을 제멋대로 분출하는 것을 막기 위해 몇 년간 자기 통제력을 훈련해 왔다. 얼마 전만 해도 나는 세계 정복자로서 근대사상 최대 규모의 정예군을 통솔했다. 그러나 지금은 전부 사라지고 말았다! 내가 평정심을 잘 유지하고 흔들림 없이 굳건한 마음을 지니고 있다고 볼 수도 있다. … 그렇다고 내가 다른 이들보다 둔감하다고 생각

하지는 말라. 나는 꽤 인정이 있는 사람이지만 아주 어릴 때부터 마음속에서 울려 퍼지는 소리를 가라앉히는 데 집중해 왔고 그 결과 내 마음은 한없이 고요하다. 전투를 시작하기 직전 내가 미친 듯이 사랑하는 여인이 곧 숨을 거둔다는 소식을 들어도 나는 꿈쩍하지 않을 것이다. 그렇다고 내 애통한 심정이 사라지지는 않으며 … 전투가 모두 끝나고 시간이 허락한다면 내 여인을 위해 애도할 것이다. 이처럼 스스로를 통제하지 못했다면 내가 어찌 그 많은 일을 이룰 수 있었겠는가?[25)]

오늘날의 정서에서는 이토록 엄격하게 감정을 통제하는 것이 어색해 보일 수도 있지만 당시만 해도 고전적 덕목으로 여겨졌다. 물론 이것은 나폴레옹이 운명을 특별히 개척하는 데 큰 도움을 주었다.

나폴레옹이 스스로를 통제하는 모습은 2월 14일 입법부와 원로원 개회 연설 장면에서도 명백히 드러났다. 한 관람자의 회고에 따르면 나폴레옹이 대의원의 환호를 받으며 옥좌에 이르는 계단에 올라섰을 때 "황제보다 대의원들 표정이 훨씬 더 극심하게 불안해 보였다."[26)] 그의 표현에 따르면 러시아를 '버리고' 돌아온 이후 대의원들 앞에서 처음 제대로 연설하는 자리였다. 그는 "너무 빨리 찾아온 혹독한 겨울 때문에 내 군대가 참담한 재난을 겪었으며" 결국 패전했다고 말했다. 또한 자신과 교황 사이의 '어려운 문제'를 마무리했다고 선언하면서 보나파르트 왕가가 에스파냐를 영구 통치할 것이고, "바다를 봉쇄당했는데도 불구하고" 프랑스제국의 무역 흑자가 1억 2천6백만 프랑에 달한다고 주장했다[27)](사흘 후 몽탈리베는 황제의 주장을 뒷받침하는 통계 자료를 발표한다. 흔히 볼 수 있는 독재 정치 모습이다). 그는 "아미앵 조약 이후 불화가 시작되면서 나는 네 차례나 (영국에) 평화를 제안했다"며 이렇게 덧붙였다.

"우리 제국의 위엄과 명예에 해를 끼친다면 절대 평화 조약을 맺지 않겠다."[28)]

1813년 나폴레옹이 명령을 내린 이후 사람들은 '불신의 알비온perfidious Albion'이라는 관용적 표현을 더 널리 사용하기 시작했다(알비온은 영국을 의미하는데 약속을 지키지 않고 맹세를 어기며 자국의 이익만 추구하는 영국을 비난하는 뜻을 담고 있다 — 역자). 이는 십자군 전쟁 때 처음 등장한 표현으로 〈란의 죽음을 기리는 송가〉에도 등장한다.[29)]

1812년 전쟁은 프랑스 재정에 엄청난 재난을 초래했다. 1811년까지만 해도 프랑스 통화는 영국 통화에 비해 상대적 가치를 유지했고 살짝 우세한 수준이었다. 1810년 예산 흑자는 930만 프랑이고 채권 수익률은 6퍼센트로 충분히 감당할 만한 수준이었다. 그렇지만 악명 높은 제29차 공보 발표 이후 (나폴레옹의 미래에 보이는 불신을 반영해) 채권 수익률은 6퍼센트에서 10퍼센트로 치솟았고 1812년 예산 적자는 3,750만 프랑에 달했다. 적자를 메우기 위해 새로운 세금을 도입하고 국유재산을 새로 매각해야 했는데, 소유권이 어찌나 불안정한지 초기에 매각하려고 내놓은 것 중 일부만 낙찰되었다. 3억 7천만 프랑에 달하는 국유지를 공매했어도 수입이 5천만 프랑에 불과했던 것이다. 따라서 정부는 판매세를 11.5퍼센트, 토지세를 22.6퍼센트 인상했다.[30)] 한편 나폴레옹은 근검절약을 생활화하면서 궁정 집사에게 이런 지시를 했다.

"요리사도, 요리 종류와 접시도 모두 줄여라. 전장에서는 내 식사를 준비할 때도 수프와 끓인 요리, 구이, 채소만 내놓고 푸딩은 빼라."[31)]

장교들은 이제 포도주와 맥주 중에서 선택하지 못하고 그저 주어지는 대로 마셔야 했다. 내무장관이 지방의 지사가 재직 중에 사망할 경우 그의 월급 중 10퍼센트를 장례식 비용으로 지출하자고 제안하자 나폴레옹은 인상을 썼다.

"거부한다. 왜 돈을 더 허비할 일을 찾아야 하는가?"[32)]

카탈로니아 군대는 주둔지에 포도주와 브랜디, 귀리, 소금에 절인 고기가 충분했기에 더 이상 보급을 받을 수 없었다. 나폴레옹은 오데르 요새의 식량을 준비하려는 병참감의 계획을 두고 이렇게 기록했다.

"뒤마 장군이 거래한 모든 내역은 제정신이 아니다. 그는 돈이 진흙과 다를 바 없다고 믿는 모양이다."[33)]

러시아 전쟁을 시작하기까지 국내 건설 계획은 모조리 유보했는데 결국 다시는 재개하지 못했다. 1813년과 1814년에도 대규모 동원령과 과도한 군비 지출은 줄어들 기미가 보이지 않았고 재정 적자는 더욱 나빠졌다.

1813년 초 프리드리히 빌헬름 3세는 요르크 장군이 타우라게에서 러시아와 불가침 조약을 맺었으니 군법재판에 넘겨야 한다고 말했다. 하지만 빌헬름 3세의 목적은 그저 시간을 버는 데 있었다. 틸지트 조약 이후 프로이센은 근대화 혁명을 이뤘고 이는 더 이상 나폴레옹이 7년 전 예나에서 격퇴한 그 상대가 아니라는 의미였다. 당시의 뼈아픈 패배를 계기로 프로이센은 프랑스제국 행정부와 군대를 모방해 개혁을 단행했다. 폰 슈타인 남작과 폰 하르덴베르크 남작, 폰 그나이제나우 장군, 폰 샤른호르스트 장군은 '오래된 편견'을 파괴하고 프로이센의 '잠재된 힘'을 일깨우기 위한 '좋은 의미에서의 혁명'을 촉구했다. 프로이센의 재정과 행정 분야에서 대규모 개혁이 일어났고 국내 관세, 제한적인 독점과 관행, 소작농 지위 세습, 직업 선택, 거주 이전, 토지 소유 제한을 폐지했다. 이에 따라 자유노동 시장이 생기고 조세가 안정되는 한편 지방장관이 직접 관할지의 책임을 맡았고 유대인에게 부과하던 재산과 결혼, 여행 제약을 폐지했다.[34]

프로이센은 군의 고위 지도층을 숙청했으며(1806년 기준 부임 장군 183명 중 1812년까지 자리를 지킨 이는 겨우 8명뿐이었다) 귀족이 아닌 사람도 장교가 될 수 있게 했다. 또한 사관학교에 경쟁시험을 도입하고 태형을 철폐했으며 성인 남성을 예비군과 전시 국민군으로 동원했다. 1813년 무렵에는 전 인구의 10퍼센트 이상이 군복을 입었는데 이는 당시 어떤 강대국보다 높은 비율이었다. 2년간 거의 끊임없이 전투를 벌이는 와중에도 탈영에 따른 병력 손실은 프로이센군이 가장 적었다.[35] 프로이센은 장군 인력을 대폭 개선한 결과 향후 전투에서 폰 뷜로, 폰 블뤼허, 폰 타우엔친, 폰 보옌 장군 등 정예 대장들이 혁혁한 공을 세웠다.[36] 나폴레옹은 프로이센이 이전 전쟁에 비해 대단한 존재로 성장했다면서 "짐승들이 뭘 좀 배웠네"라고 거칠게 말하기도 했다.[37] 아우스터리츠 전투 이후 테셴 공작 카를은 군사 개혁을 도입하면서, 프리틀란트 전투 이후 러시아의 바르클라이 데 톨리는 일부 개혁을 도입하면서 나폴레옹을 따라 했다. 이제 프로이센도 나폴레옹에게 배운 바를 그대로 실천하고 있었으니, 나폴레옹 입장에서 이는 도무지 위안이 되지 않는 일이었다. 1812년까지 유럽의 모든 국가가 프랑스의 군단 체제를 모방해 도입했다는 사실은 프랑스의 자랑인 동시에 엄청난 위협이었다.

1813년 2월 28일 프리드리히 빌헬름은 알렉산드르와 칼리시 조약을 맺었다. 이로써 프로이센은 러시아 측에 나폴레옹과 대적할 병력 8만 명을 보내 주고, 러시아는 프로이센이 틸지트 이전 국경선을 회복하도록 지원하며 병력 15만 명을 보내 줄 것을 약속했다. 칼리시 조약을 체결하자마자 영국은 프로이센과 러시아가 모두 사용할 수 있도록 무기, 장비, 군복을 발트해 연안 항구로 수송하기 시작했다. 외젠은 마그데부르크와 토르가우, 비텐베르크에 주둔군을 남기고 베를린을 포기해야 했다. 러시아군은 슈테틴과 퀴스트린, 슈판다우, 글로가우, 토른, 단치히에서 프랑스군을 포위하기 위해 병력을 집중했기 때문에 남은 러시아 야전군은 보병 4만 6천 명과 카자크 기병 1만 명에 불과했다. 그러나 이제 프로이센군 6만 1천 명을 추가 투입할 예정이었다. 러시아와 프로이센 동맹군은 작센을 나폴레옹 세력으로부터 고립시키기 위해 드레스덴으로 나아가는 한편, 카자크 기병이 독일 북부 평야를 가로질러 진군하게 해 한자 동맹 도시들과 라인 동맹에서 반란을 선동할 계획이었다.

3월 3일 나폴레옹은 외젠에게 명령했다.

"프로이센에서 작은 모욕이라도 당하면 도시나 마을에 불을 질러라. 베를린도 상관없다."[38]

바로 그날 러시아군이 입성하는 바람에 다행히 프로이센의 수도를 불태우려는 시도는 하지 못했다. 그 소식을 듣자마자 나폴레옹은 외젠에게 격분했다.

"장군은 누구보다 더 군인다운 경력을 쌓았다. 노련한 장군이라면 퀴스트린으로 가는 길목에 진을 쳤을 것이다."[39)]

외젠의 참모장이 매일 보고를 올리지 않아 "영국 언론을 보고서야 사태를 파악한다"는 불만도 표출했다. 한편 나폴레옹은 제롬에게 더 크게 분노했다. 제롬이 마그데부르크 등의 요새에 식량을 보급하기 위해 베스트팔렌에 부과하는 높은 세율에 불만을 제기하자, 나폴레옹은 격노하며 특유의 신랄한 태도를 보였다.

"전시에는 당연히 인정받는 일이다. 이는 세계가 처음 만들어졌을 때부터 변함없는 만고불변의 진리다. … 에스파냐에 있는 병력 30만 명과 올해 모집한 모든 군대에 드는 비용 그리고 기병대 10만 명을 위한 장비 지급에 드는 비용이 어느 정도인지 알아야 한다. … 장군은 항상 논쟁을 벌이지만 … 모두 무의미한 논쟁일 뿐이다. … 장군의 시각이 그토록 그릇되었으니 머리는 대체 왜 달려 있는가? 고작 장군의 허영심을 채우기 위해 그대를 지키는 이를 성가시게 하는 이유가 무엇인가?"[40)]

3월 4일 마그데부르크를 방어할 병력을 보내기에 앞서 나폴레옹은 임무를 맡은 지휘관과 함께 익숙한 일람표를 점검했다.

"모든 병사가 군화를 신고 있고 배낭에 두 켤레를 더 갖고 있는지 확인하라. 월급이 밀리지 않았는지 확인하고 만약 밀렸다면 체납한 월급을 전부 지급하라. 모든 병사가 탄약 가방에 탄약통을 40개씩 구비하고 있는지 확인하라."[41)]

나폴레옹은 몽탈리베에게 편지를 보내 자신이 브레멘과 뮌스터, 오스나브뤼크, 함부르크에 갈 예정이며 새로 실천하는 근검절약 정신에 따라야 한다고 말했다. 그가 체류할 도시의 숙박과 경호에 "해당 국가가 일절 비용을 지출하게 해서는 안 된다"는 것이었다.[42)] 사실 이것은 적군에게 자신의 이동 경로를 숨기기 위한 책략이었다. 나폴레옹이 함부르크에 가지 않은 것은 천만다행이었다. 프로이센과 러시아 동맹군의 희망대로 3월 18일 카자크 기병대가 도착해 한자 반란을 촉발했기 때문이다. 메클렌부르크가 최초로 라인 동맹을 저버렸다. 3월 말 무렵 상황이 너무 나빠지자 나폴레옹은 엘베강 정찰부대장 로리스통에게 심정을 토로했다. 그에게 암호 통신법이 없고 "카자크 기병대가 내 편지를 채갈지도" 몰라서 외젠에게 마그데부르크와 슈판다우의 방어 계획에 관한 편지를 보낼 수 없다는 것이었다.43) 설상가상으로 스웨덴마저 영국이 1백만 파운드의 보조금을 지급할 경우 병력 3만 명을 제6차 동맹에 내보내겠다고 동의했다. 4월 초에는 피에르 뒤뤼트 장군의 소규모 주둔군이 드레스덴에서 철수해야 했다.

그 무렵 나폴레옹은 몰레에게 프랑스 국경선이 1791년 전쟁이 일어나기 전인 '과거 상태'로 돌아갈 수도 있다고 말했다.

> 내 모든 것은 내 영광에 기반하고 있다. 영광을 잃는다면 나 역시 존재할 수 없다. 내 모든 권한도 내 영광에 기반하고 있다. … 전쟁에 지친 국민은 평화를 열망한다. 내게 굴욕을 안겨줄 평화 조약을 맺는다면 국민은 '나'라는 사람에게 더 이상 기댈 수 없을 것이다. 그렇게 되면 내 권위가 무너지고 지배력을 잃게 되리라.44)

나폴레옹은 러시아에서 겪은 재앙을 폭풍우에 비유하며 비록 나무는 폭풍우 때문에 뿌리까지 흔들리지만 "폭풍우를 견뎌 낸 뿌리는 더욱 튼튼해진다"라고 말했다. 비유가 모호하다는 것은 차치하고 나폴레옹이 말하고자 한 바는 프랑스라는 국가 자체였다.

"프랑스는 나를 좋아한다기보다 두려워한다. 프랑스 국민은 내 사망 소식을 들으면 처음에는 안도할 것이다. 확신컨대 나를 두려워하지 않으면서 좋아하기만 하는 것보다 나를 두려워하는 편이 훨씬 낫다."45) (사랑받는 이와 두려움의 대상인 이를 비교하는 것은 나폴레옹이 익히 잘 아는 마키아벨리의 《군주론》을 그대로 반영한다.)

이어 나폴레옹은 러시아에 "보병이 없으므로" 자신이 승리할 것이며, "프로이센이 나를 배신한 것에 배상을 요구할 수 있으므로" 제국 국경선은 오데르강에 고정될 것이라고 말했다. 또한 "내 정치 이력 중 가장 잘한 일은 바로 결혼"이라면서 오스트리아가 선전포고를 할 리 없다고 말했다.[46] 최소한 마지막 세 가지 의견은 실제 상황을 고려했다기보다 몰레의 사기를 북돋우기 위한 것이었다.

프랑스는 나폴레옹의 회복 탄력성과 풍부한 지략 그리고 여전히 자신만만한 태도 덕분에 중심 병력 중 싸울 수 있는 이가 겨우 1만 명밖에 남지 않은 상황에서도 러시아에서 돌아왔고, 귀국 4개월 만에 15만 1천 명을 모병해 엘베 전투 등을 벌일 수 있었다.[47] 4월 15일 새벽 4시 생클루에서 출정한 나폴레옹은 덴마크 왕, 뷔르템베르크 왕, 바이에른 왕, 작센 왕, 바덴 대공, 뷔르츠부르크 대공과 동맹을 맺었다. 개중에는 울며 겨자 먹기로 동맹을 맺은 이도 있었다. 사흘 후 그는 마리 루이즈에게 "일주일에 한 번씩 부왕 프란츠에게 편지를 보내 군사적인 세세한 사항을 알려주고 내가 그의 인품을 존경한다고 전해 달라"고 일렀다.[48] 에스파냐에서는 웰링턴이 공세를 취했고 뮈라는 나폴리를 놓고 오스트리아와 협상을 벌였다. 베르나도트도 스웨덴군을 이끌고 나타날 예정이었으며 독일 서부에서는 반란 조짐이 보이고 있었다. 오스트리아는 신속하게 무장을 가다듬으며 잘해야 '중재' 정도만 해 주겠다는 입장이었다. 따라서 나폴레옹은 속전속결로 결정적인 승리를 거둬야 했다. 3월 그는 제롬에게 말했다.

"나는 마인츠까지 갈 예정이다. 러시아군이 진군한다면 그에 맞춰 계획을 세우겠지만 어쨌든 우리는 반드시 5월 전에 승리를 거둬야 한다."[49]

라이프치히 인근에 집결한 반프랑스 동맹군은 쿠투조프가 4월 질병으로 사망한 이후 비트겐슈타인이 지휘권을 넘겨 받았고 총 병력이 10만 명에 이르렀다. 그중 3만 명은 군마를 제대로 갖춘 기병이었으며 계속 대규모 증강이 이뤄지고 있었다. 반면 그 이전 해에 러시아에서 엄청나게 많은 군마를 잃은 그랑다르메는 빠르게 기병을 조직했어도 고작 8,540명에 불과했다.

4월 25일 나폴레옹은 에르푸르트에 도착해 군대 통솔권을 장악했다. 그는 장교

중에 경험이 일천한 자가 많다는 것을 확인하고 큰 충격을 받았다. 그는 제123, 제134 전선에서 대위들을 추려내 제37경기병 대대장으로 임명하고 전쟁장관 앙리 클라르크 장군에게 불만을 토로했다.

"전쟁에서 싸워 본 경험이 없는 대위들이라니 얼토당토않다. … 장군은 생시르(군사학교) 근처에도 가본 적 없는 대학을 갓 졸업한 젊은이들을 데리고 왔다. 장군이 아무것도 모르는 그들을 새 연대에 투입하고 있다니!"[50]

하지만 러시아에서 50만 명 이상을 잃고 난 상황이라 클라르크에게 남은 인원이라고는 그들뿐이었다.

나폴레옹은 도착한 지 사흘 만에 다시 12만 1천 명의 그랑다르메를 이끌고 엘베 강을 건너 작센으로 들어갔다. 나폴레옹은 독일 북부를 되찾고 단치히와 포위된 도시들을 구하며 퇴역병 5만 명을 풀어 준 뒤 비스와 전선까지 휘몰아쳐 가겠다는 목표를 세웠다. 사각 방진 대형을 채택한 그는 라이프치히에서 적군에 맞서기 위해 로리스통에게 선봉을 맡겼다. 좌측면은 마크도날과 레니에가, 우측면은 네와 앙리 베르트랑 장군이, 후방은 마르몽이 맡았다. 여기에 더해 좌측에 외젠이 추가 병력 5만 8천 명을 이끌고 있었다. 5월 포니아토프스키가 다시 참전했음에도 불구하고 나폴레옹은 다부를 함부르크 총독으로 임명했다. 그의 가장 유능한 원수를 제대로 기용하지 못한 위험천만한 결정이었다.

5월 1일 베시에르가 적군의 위치를 정찰하던 중 벽에서 튕겨 나온 포탄에 가슴을 정면으로 맞고 사망했다. 보세의 기록에 따르면, "그 뛰어난 사람의 죽음은 나폴레옹에게 큰 영향을 주었다." 베시에르는 1796년부터 나폴레옹이 벌인 모든 전투에 함께 참전했다. 나폴레옹은 그에게 이런 글을 보낸 적도 있었다.

"그대의 군사적 재능과 용맹함, 질서와 훈련을 사랑하는 태도를 나는 매우 높게 평가하오. 그대를 향한 내 신뢰는 그만큼 깊소."[51](그는 황후가 놀랄까 봐 캉바세레스에게 이스트리

공작, 베시에르가 사망할 당시 자신과 멀리 떨어져 있었다고 말씀드리라"고 지시했다.52))

그는 베시에르의 미망인에게 편지를 보냈다.

"부인과 자녀들의 상실감이 물론 크겠으나 내 상실감은 그보다 더 크다오. 이스트리 공작은 가장 아름다운 죽음을 맞이했고 고통 없이 갔소. 그는 흠결 없는 명성을 남기고 떠났으며 이것이야말로 자녀들에게 물려줄 수 있는 최고의 유산이오."[53]

그 미망인은 과연 누구의 상실감이 더 크겠냐고 나폴레옹에게 당당히 이의를 제기할 수도 있었겠지만, 그의 편지에는 진심이 가득했고 두둑한 위로금을 동봉했다.

이제 나폴레옹은 9만 6천 명에 달하는 군대와 대적해야 했다.[54] 5월 2일 일요일 로리스통의 진군을 지켜보던 나폴레옹은 오전 10시 뤼첸 마을 인근에서 비트겐슈타인이 네에게 기습공격을 감행했다는 소식을 접했다. 연속해서 들려오는 포격 소리에 집중하며 그는 군대의 방향을 돌릴 때까지 네에게 자리를 지키라고 지시했다. 이어 교과서적 군사 전략에 따라 베르트랑은 적군의 좌측을, 마크도날은 우측을 공격하게 하고 로리스통에게는 새로 예비 병력을 조직하라고 지시했다.[55] 나폴레옹이 말했다.

"우리에게는 기병대가 없지만, 괜찮다. 우리는 이집트 전쟁과 같은 결과를 얻을 것이다. 어디를 가든 프랑스 보병은 무엇이든 할 수 있다. 우리 젊은 신병들의 숨은 진가에 내 모든 것을 걸어도 전혀 두렵지 않다."[56]

여기서 말하는 징집한 신병 중 다수는 겨우 전투 며칠 전, 심지어 일부는 전투 바로 전날 에르푸르트에 도착해 머스킷총을 처음 손에 쥐었다.[57] 그럼에도 불구하고 '마리 루이즈들'은 뤼첸에서 실력을 발휘하며 활약했다.

오후 2시 30분 근위기병대의 선두에 서서 전장에 모습을 드러낸 나폴레옹은 말을 타고 카자 마을까지 이동했다. 그는 재빨리 작전 계획을 수립했다. 네가 중앙을 맡아 계속 버티는 동안 마크도날은 좌측을, 마르몽은 우측을 맡으며 보네는 바이센펠스-뤼첸의 길을 따라 적군의 후방으로 돌아가 친다는 계획이었다. 근위대 보병 1

만 4천1백 명은 예비 병력으로 보이지 않는 곳에 집결했다가 뤼첸과 카자 사이에 배치할 예정이었다. 네 휘하의 병사 중 일부 젊은 층이 뒤쪽으로 빠지며 심지어 총까지 버리는 모습을 목격한 나폴레옹은 근위기병대 대열로 정지선을 만든 뒤 일장연설로 병사들이 자기 자리로 돌아가도록 회유했다. 네는 그와 반대 의견을 내놓았는데 노병은 가능성을 따지며 위험을 회피하려 드는 반면 새로 징집한 신병은 전반적으로 더 잘 싸운다는 것이었다. 〈모니퇴르〉에 따르면 "우리의 젊은 병사들은 위험을 두려워하지 않는다. 그들은 이 위대한 작전에서 프랑스인의 절대적으로 고귀한 피를 보여 주었다."[58)]

전투 중심지는 그로스고르셴, 카자, 라흐나, 클라인고르셴이라는 마을 네 곳이었다. 동맹군의 모든 중요한 군사 결정을 내린 총사령관은 비트겐슈타인이었지만 프리드리히 빌헬름과 함께 알렉산드르도 친히 출정해 러시아 기마포병대를 파견했다. 각 마을의 주인이 여러 번 바뀌는 동안 리카르 연대는 끝까지 버티며 싸웠다. 네는 최전선에서 부상당했고 수암의 사단 중 수암을 제외한 수석장교 전원이 전사하거나 부상당했다. 비트겐슈타인은 예비 병력이 부족해지고 매 시간 프랑스군이 추가로 더 도착하는 것을 보면서도 카자 공격을 재개하기로 결정했다. 오후 6시경 나폴레옹은 최종 공격 순간이 빠르게 다가오고 있다고 판단했다. 드루오가 대포대Grand Battery를 지원하기 위해 근위포병대에서 대포 58대를 가져오자 이제 대포 198대로 적군의 중앙을 칠 수 있었다. 나폴레옹은 보로디노에서 결정적인 순간에 근위대를 제대로 투입하지 못한 잘못을 기억하고 이번에는 모르티에에게 청년근위대(4열 종대의 9천8백 명)를 지휘하라고 명령했다. 선임근위대 여섯 대대가 4개 방진으로 그 뒤를 보완했고 3,335명으로 구성한 근위기병대 2개 사단이 뒤를 이었다. 이들은 '황제 폐하 만세!'라는 함성과 함께 라흐나에서 그로스고르셴까지 전진했다. 이와 동시에 보네 사단이 슈타르지델에서 맹공을 펼치고 모랑의 군대는 서쪽에서 공격을 이어 갔다.

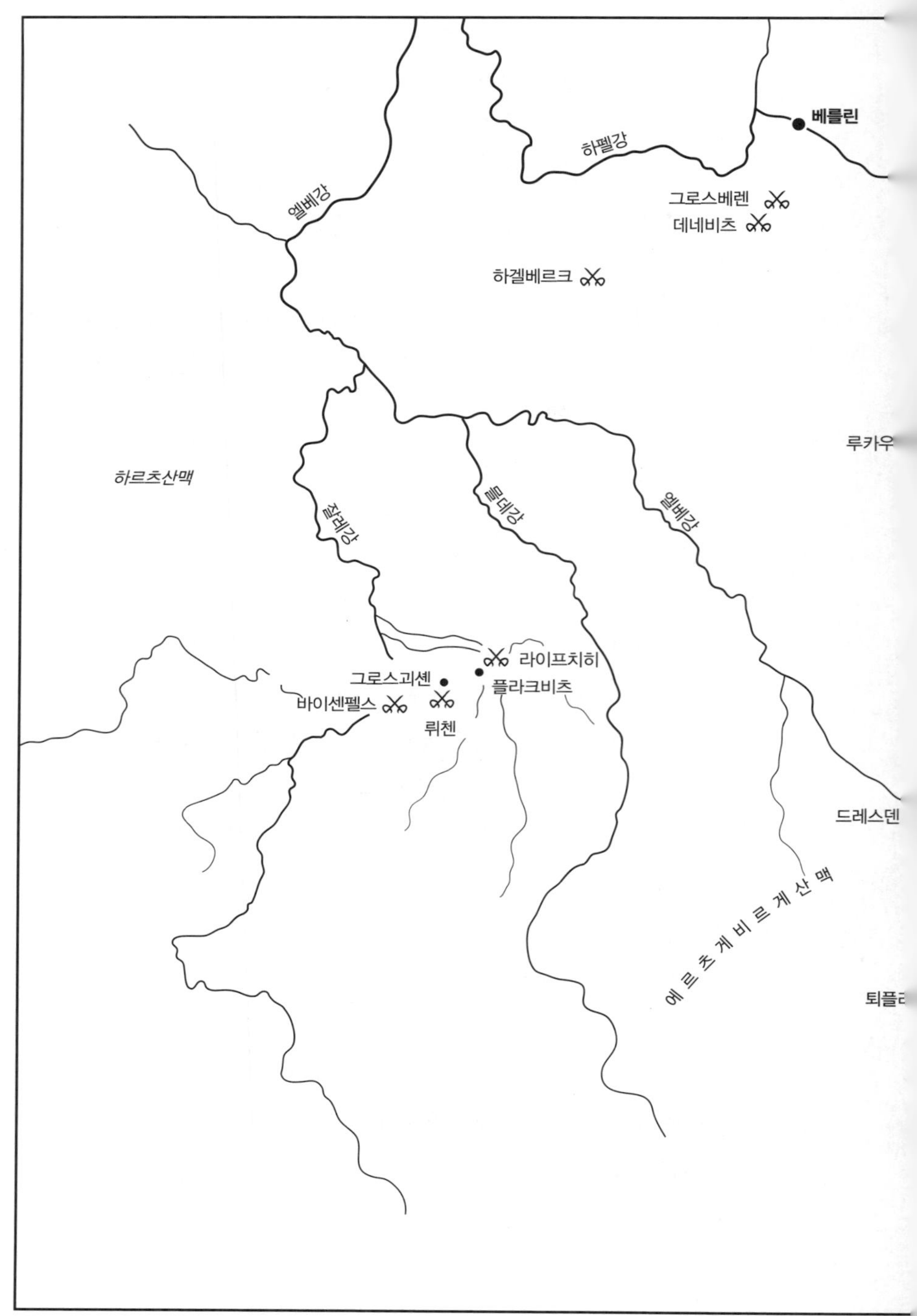

베를린
하펠강
엘베강
그로스베렌
데네비츠
하겔베르크
루카우
하르츠산맥
잘레강
물데강
엘베강
라이프치히
그로스괴셴
플라크비츠
바이센펠스
뤼첸
드레스덴
에르츠게비르게 산맥
퇴플리

1813년 전쟁 전역

N
W
E
S
오데르강
보브르강
카츠바흐
괴를리츠
바우첸
쾨니히슈타인
라인헨바흐
슐레지엔
엘베강
프라하
보헤미아
0
10
20
30
40
50 miles
0
20
40
60
80 km

동맹군은 예비 병력을 모두 동원했고 러시아 근위대가 그로스고르셴 후방에 집결해 후퇴하는 병사들을 독려했다. 밤이 되었어도 불타오르는 다섯 마을 때문에 사위가 환했으며 프랑스군이 공격을 재개하면서 동맹군을 뒤흔들었다. 결국 동맹군은 수적으로 우세한 기병대를 제대로 활용하지도 못한 채 질서정연하게 퇴각했다. 비록 나폴레옹은 승리를 거두긴 했으나 엄청난 대가를 치렀다. 이때 2천7백 명이 사망했고 1만 6천9백 명이 부상당했다. 러시아와 프로이센의 사상자 수도 비슷했을 것이다(그들은 사상자 수가 1만 1천 명이라고 주장했다). 프랑스군에 추격을 담당할 기병대가 없다는 사실은 1813년 전투 내내 발목을 잡는 중요한 문제였다. 그래도 그는 작센과 엘베강 서안을 되찾기 시작했다. 전투 후 나폴레옹은 콜랭쿠르에게 "내 독수리가 다시 승리한다"고 말했지만 불길한 말도 덧붙였다.

"그러나 내 별은 지고 있다."[59)]

그날 밤 11시 나폴레옹은 마리 루이즈에게 편지를 썼다.

"무척 피곤하오. 알렉산드르 황제와 프로이센 왕 휘하의 러시아-프로이센 군대를 상대로 완승을 거두었소. 우리 쪽 사상자는 1만 명이오. 내 병사들은 온몸으로 영광을 누렸고 그들이 보여 준 애국심은 정말 감동적이었소. 우리 아들에게 키스를 보내오. 내 건강은 아주 좋소."[60)]

그는 장인에게 편지를 보내며 마리 루이즈에 관해 말했다.

"그녀는 제게 대단한 기쁨을 주고 있습니다. 황후는 내 국무총리로 맡은 바 역할을 뛰어나게 수행하고 있습니다. 폐하께 이를 알려드리고 싶습니다. 딸을 사랑하는 마음이 깊어지리라 믿습니다."[61)]

그는 프란츠 1세가 적군 편에 설까 봐 우려하며 그의 부성애에 호소하고 있었다. 러시아와 프로이센까지는 어찌어찌 해결할 수 있었으나 만일 오스트리아까지 합류한다면 그가 승리할 가능성은 처참한 수준일 것이었다.

"병사들이여! 나는 제군에게 만족한다. 제군은 내 기대를 다 충족했다!"

나폴레옹은 전투 후 발표한 선포문에서 병사들을 치하하고 '반역의 음모'와 러시아의 농노제 관행을 언급하면서 알렉산드르를 비난했다.

"우리는 이 타타르인을 그들의 지독한 영토로 다시 몰아넣을 것이며 그들은 거기에서 다시는 떠나지 못할 것이다. 그들이 얼어붙은 황야에, 노예와 야만과 부패의 거주지에 머물게 하자. 그곳은 인간의 존엄성이 짐승과 맞먹을 정도로 짓밟히는 곳이다."[62]

동맹군은 두 개의 거대한 종대(하나는 주로 프로이센군, 또 하나는 주로 러시아군)를 이루며 엘베강 너머로 퇴각했다. 프랑스군이 적군을 추격하는 속도는 보병의 행군 속도로 제한을 받았다. 프로이센군은 당연히 북쪽으로 물러나 베를린을 방어하길 원했으나 러시아군은 동쪽으로 이동해 폴란드를 거친 뒤 병참선을 지키고 싶어 했다. 비트겐슈타인은 아직도 프랑스군의 측면을 공격할 기회를 엿보았고 나폴레옹이 베를린을 다시 점령하려 들 것이라는 합리적 추정에 따라 병력을 바우첸 인근에 집결했다. 바우첸은 오스트리아 국경에서 겨우 13킬로미터 정도 떨어진 곳으로 베를린과 드레스덴을 동시에 방어할 수 있었다.

5월 8일 나폴레옹은 드레스덴에 입성해 열흘간 머물렀다. 그는 청년근위대 1개 사단과 선임근위대 4개 대대를 받아들이고 작센 병력을 그랑다르메와 통합했다. 또한 오스트리아가 침략할 경우에 대비해 외젠을 이탈리아로 돌려보냈고 프랑스로 통하는 개별 병참선 셋도 확보했다. 그가 클라르크에게 말했다.

"내게는 오스트리아의 꿍꿍이를 반길 만한 이유가 있다. 오스트리아의 식량 보급 자체를 의심하지는 않는다. 그렇지만 나는 오스트리아에 의존할 필요가 없는 위치에 서고 싶다."[63]

현명한 정책이었다. 한편 그는 자신을 환대하는 드레스덴 도시 대표단에게 분개하며 동맹군에 점령당한 동안 동맹군 편을 들었다고 비난했다.

"여러분의 집에는 아직도 망가진 화환 잔해가 남아 있고 거리에는 처녀들이 군주들의 발 앞에 뿌린 꽃이 널려 있다. 그래도 나는 이 모든 것을 눈감아 주려 한다."[64)]

그런데 나폴레옹은 또다시 멍청한 판단을 내리고 말았다. 과거 정보 담당 총괄을 맡은 푸셰에게 편지를 보내 프로이센을 장악한 후 다스리도록 자리를 줄 테니 비밀리에 드레스덴으로 가능한 한 빨리 오라고 지시한 것이다.

"파리의 누구도 이 사실을 알아서는 안 된다. 자네는 전쟁에 참전하려는 것처럼 보여야 한다. .… 섭정 황후만 자네가 떠나는 것을 알고 있다. 자네에게 새로운 임무를 맡기면 자네가 다시금 충성심을 증명할 수 있을 테니 무척 기쁘다."[65)]

이듬해에 벌어지는 일련의 사건에서 잘 드러나지만 푸셰는 영국과 비밀리에 평화 협정 이야기를 나눴다가 갑자기 파면당한 이후 나폴레옹을 전혀 지지하지 않았다. 군사 정황상 푸셰가 프로이센을 인수하기란 도저히 불가능한 일이었다. 탈레랑의 경우와 마찬가지로 나폴레옹은 자신을 반대하는 이와 지지하는 이를 구별하는 능력을 상실해 버린 것 같다. 아니면 자신의 권력을 지나치게 믿은 나머지 개의치 않았을 수도 있다. 나폴레옹은 의지할 만한 충성스러운 조언자를 계속 잃고 있었다.

오스트리아가 무장하고 있으며 점점 호전적 자세를 보인다는 소식에 나폴레옹은 크게 우려했다. 그는 마리 루이즈에게 끊임없이 편지를 보내 그녀의 아버지에게 탄원해 달라고 부탁했다. 5월 14일 편지를 예로 들면 이러했다.

"사람들이 당신의 부친 프란츠를 오도하려 하고 있소. 메테르니히는 음모자에 불과하오."[66)]

사흘 후 프란츠 2세에게 직접 편지를 쓸 때는 '형제이자 친애하는 장인어른'이라고 칭했다.

"저보다 더 평화를 열망하는 사람은 없습니다. 전반적인 평화 협상을 시작하고 의회를 여는 데 동의합니다. 하지만 뜨거운 피가 흐르는 프랑스인으로서 제게 어떤 조건을 강요하려 시도한다면 굴복하느니 손에 칼을 쥐고 죽음을 택하겠습니다."[67)]

이와 동시에 콜랭쿠르에게 러시아 황제를 만나 평화를 요청하라고 말했다.

"내 의도는 그에게 황금 다리를 지어 주는 것이다. … 이에 근거해 협상을 직접 매듭지을 수 있도록 노력하라."

나폴레옹은 아직도 러시아 황제와의 우정을 되살릴 수 있다고 믿었다.

"우리가 서로 대화를 나누면 분명 합의점을 찾을 것이다."[68)]

그러나 콜랭쿠르가 동맹군 본부에 도착했을 때 러시아 황제는 프로이센 왕과 오스트리아 대사, 영국 대사가 동행하는 자리에서만 그를 만나려 했다.

5월 18일 오후 2시 드레스덴을 출발한 나폴레옹은 슈프레강 유역의 바우첸 마을에 요새를 세운 동맹군 본군을 공격했다. 다음 날 마리 루이즈에게 보낸 편지에는 이를 짐작할 만한 내용이 전혀 담겨 있지 않다.

"이 계절에는 몽모랑시 계곡이 매우 아름답소. 그렇지만 체리가 무르익는 6월 초가 가장 좋을 것 같소."[69)]

같은 날 그는 이탈리아에 있는 외젠에게 지시했다.

"당장 6개 연대를 조직하라. 우선 병사들이 겉옷과 바지, 군모를 착용토록 하라."

또 다른 편지에서는 외젠의 여섯 살짜리 딸, 로이히텐베르크의 조제핀이 갈리에라공국(나폴레옹이 외젠의 딸을 위해 특별히 마련해 준 이탈리아 에밀리아-로마냐 지역의 땅)의 수입을 받을 수 있는 방법을 자세히 설명했다.[70)]

병력 9만 7천 명을 보유한 동맹군은 바우첸을 내려다볼 수 있는 야트막한 언덕으로 후퇴했다. 이는 천연적으로 유리한 위치였으며 야전 축성을 보강해 더욱 굳건해졌다. 모든 보고가 입을 모아 동맹군이 그곳에서 버틸 것이라 예측했고 이는 나폴레옹이 바라던 바였다. 나폴레옹은 베르트랑, 마르몽, 마크도날 군단 휘하의 병사 6만 4천 명이 직접 적군과 대치하게 하고 우디노 군단과 황실근위대가 지원하도록 했는데 프랑스군 총 병력은 9만 명에 달했다. 동맹군은 마을과 언덕에 강력한 보루

11개를 세운 뒤 요새가 된 마을 3곳을 제2방어선으로 삼았다. 하지만 동맹군은 북쪽 측면을 무방비라 할 정도로 개방했고 나폴레옹은 바로 여기로 네와 로리스통 군단을 투입할 작정이었다. 전투가 끝날 때까지 나폴레옹이 투입한 총 병력은 16만 7천 명이었다. 장교들은 그들이 맞서 싸울 프로이센 연대 중 일부가 프리드리히 2세 시절 참전한 연대라고 말했다. 나폴레옹은 똑똑히 말했다.

"그건 사실이지만 프리드리히 2세는 죽었다."[71)]

1813년 5월 20일 목요일 우디노가 동맹군 좌측을 공격하면서 바우첸 전투가 시작되었다. 나폴레옹은 병력 5만 7천 명으로 증강한 네 휘하의 그랑다르메가 행군한 뒤 자리 잡기를 기다렸다가 동맹군의 취약한 우측면을 에르츠산맥(에르츠게비르게)으로 몰아붙일 작정이었다. 나폴레옹이 바라던 대로 러시아 황제가 동맹군의 예비 병력을 대부분 좌측으로 돌리는 실수를 저지르는 바람에 첫날에는 나폴레옹의 계획에 효과가 있었다. 다음 날 나폴레옹은 네와 로리스통이 전투에 참여하면 적을 완전히 꺾을 수 있으리라고 확신했다. 우디노가 또다시 동맹군 좌측에 공세를 퍼부었고 마크도날과 마르몽은 중앙에서 공격에 가담했다. 나폴레옹은 적시라 판단한 순간 황실근위대를 투입했다. 그런데 명령에 혼선이 생기면서 네는 1시간이나 가만히 있다가 뒤늦게 전장에 도착했다. 그새 위험을 감지한 동맹군은 안전지대로 몸을 뺐다. 전투가 얼마나 치열했는지는 사상자 수에서 드러난다. 프랑스군 사상자가 2만 1천 2백 명인 반면 동맹군은 강력한 방어막을 갖춘 덕분에 사상자 수가 절반에 불과했다. 이번에도 나폴레옹은 비록 전술상의 승리는 거뒀으나 기병대 부재로 의미 있는 성과는 얻지 못했다.

나폴레옹은 마리 루이즈에게 보낸 편지에서 이렇게 말했다.

"바우첸을 손에 넣었소. 러시아와 프로이센 군대를 분산시켰소. … 대단한 전투였소. 몸이 좀 좋지 않아 낮에 온몸이 두세 번 흠뻑 젖었소. 당신에게 키스를 보내며 우리 아들에게도 키스를 전해 주오. 나는 건강하오. 중요한 사람은 아무도 잃지 않왔소. 우리 측 사상자 수는 3천 명이오."[72)]

'몸이 좀 좋지 않아'라는 표현 바로 뒤에 '나는 건강하오'라고 쓴 걸 보면 이는 그저 습관적 표현에 불과했던 것 같다.

중요한 사람을 아무도 잃지 않았다는 편지를 쓰고 겨우 몇 시간 후 그의 가장 친한 친구 프리울 공작 제로 뒤로크가 전사했다. 뒤로크는 5월 22일 라이헨바흐(오늘날의 폴란드 지에르조니우프) 전투 중에 니더-마르커스도르프가 내려다보이는 언덕에서 대포알을 맞아 내장이 튀어나왔다. 〈모니퇴르〉에 따르면 나폴레옹과 뒤로크는 그 순간 이런 대화를 나눴다고 한다.

"뒤로크, 다음 생이 있네. 그곳에서 내가 오기를 기다리게."

"예, 폐하. 폐하께서 우리 조국의 모든 희망을 이루십시오."

마지막 대사는 이렇다.

"아, 폐하. 저를 버리고 가십시오. 제 모습은 보시기 괴로울 겁니다!"[73)]

1년 후 나폴레옹은 당시 상황을 솔직하게 털어놓았다.

"내 눈앞에서 그의 내장이 흘러나오자 그는 자신의 고통을 끝내 달라고 계속 소리쳤다. 나는 이렇게 대답했다. '친구여, 자네가 너무 가엾지만 고통스럽게 죽는 것 외에 다른 방도가 없네.'"[74)]

나폴레옹은 그의 심정을 잘 파악하고 그가 진심으로 화를 내는지 아니면 화가 난 척하는 것인지 구별할 수 있던 친구를 잃었다. 이는 그에게 개인적으로 커다란 아픔인 동시에 정치적으로도 큰 손실이었다. 더구나 1813년 봄 나폴레옹에게는 현명하면서도 사심이 담기지 않은 조언이 절실했다. 다음 날 그는 마리 루이즈에게 보낸 편지에서 말했다.

"어제는 프리울 공작의 죽음으로 하루 종일 매우 슬펐소. 그는 나와 20년 지기 친구였소. 그에게는 불평할 일이 전혀 없었고 항상 위로를 주는 친구였소. 그를 잃은 것은 무엇으로도 돌이킬 수 없소. 내게는 군에서 가장 큰 손실이오."[75)](그는 자신의 유언장에 뒤로크의 딸도 포함했다.)

몇 주 후 나폴레옹은 아들의 가정교사 몽테스키우 부인에게 편지를 보냈다.

"프리울 공작의 죽음이 무척이나 괴롭소. 지난 20년간 한결같이 나를 기쁘게 해준 그 친구가 처음 나를 괴롭히고 있소."[76]

나폴레옹이 전투에서 잃은 친구와 전우의 애절한 목록이 점점 길어지고 있었다. 아르콜레에서 뮈롱, 나일강에서 브뤼예, 아크레에서 카파렐리, 마렝고에서 드제, 아일라우에서 클로드 코르비노, 아스페른-에슬링에서 란, 바그람에서 라살, 뤼첸 전투 전날 베시에르 그리고 이제는 가장 친한 친구 뒤로크마저 라이헨바흐에서 전사했다. 이것이 끝은 아니었다.

뤼첸과 바우첸에서 승리를 거둔 나폴레옹은 작센과 슐레지엔 지배권을 거의 다 얻었으나 프랑스군의 손실 또한 막대했다. 결국 나폴레옹은 6월 4일 플레스비츠의 임시 휴전을 받아들였다. 이 휴전 협정은 7월 20일까지 효력이 있을 예정이었다. 나폴레옹이 클라르크에게 말했다.

"두 가지 사항 때문에 이 같은 결정을 내렸다. 기병력이 부족해 강력한 공격을 할 수 없고 오스트리아가 적대적인 태도를 보이고 있기 때문이다."[77]

나폴레옹에게 전쟁이란 항상 주도권을 쥐고 재빠르게 이동해 몰아치듯 공격을 퍼붓는 것이었기에 휴전에 동의한다는 것은 그의 본성에 반하는 행동이었다(부르봉 왕가의 비밀 정보 요원들이 그에게 붙인 암호명은 '급류'였다). 동맹군은 플레스비츠 휴전으로 얻은 시간을 나폴레옹보다 더 효율적으로 활용해 병력을 거의 두 배로 늘렸고 브란덴부르크와 슐레지엔 방어선을 강화했다. 이는 훗날 나폴레옹도 인정한 바다. 영국 역시 이 틈을 타 라이헨바흐 조약을 체결하고 러시아와 프로이센에 7백만 파운드라는 막대한 자금을 주었다. 사상 최대 전쟁 보조금이었다.[78] 고문관이자 궁의 대원수로 뒤로크의 뒤를 이은 콜랭쿠르는 휴전에 찬성했고 베르티에도 같은 생각이었다. 휴전이 잘못되었다고 여긴 이는 술트뿐이었다.

당시 나폴레옹은 반드시 병력, 특히 기병대를 훈련시키고 재편성하고 보강해야 했다. 또한 엘베강을 건널 수 있는 지점의 방비를 강화하고 탄약과 식량 비축량을 채울 필요가 있었다. 나폴레옹은 쌀 9백 톤 매입을 시도하며 다뤼에게 말했다.

"병사의 건강을 경제적인 계산 등 그 어떤 사항보다 우선해야 한다. 쌀은 설사와 이질을 예방하는 최선의 방법이다."[79)]

휴전 기간 동안 나폴레옹은 평상시와 마찬가지로 미친 듯이 빠른 속도로 일했고 6월 13일에는 오후 내내 안장에 앉아 있다가 일사병에 걸리기도 했다. 그에게는 오스트리아가 프랑스에 선전포고를 하지 않도록 설득할 시간도 필요했다. 휴전 기간에 메테르니히는 독일과 폴란드, 아드리아해에서 프랑스군이 철수하는 것을 논의하기 위해 동맹군 측에 슈타디온 백작을, 프랑스 측에 부브나 백작을 보냈다. 메테르니히는 프라하에서 국제회의를 열고 평화를 논의하자고 말했으나 나폴레옹은 오스트리아가 동맹군에 가입하려고 핑계를 대는 것은 아닌지 우려했다. 네덜란드와 에스파냐, 이탈리아에서의 프랑스 철군도 함께 논의할 의제였다.

나폴레옹은 전투 한 번 없이 일리리아를 오스트리아에 넘겨 줘야 한다면서 격분했다.

"할 수만 있다면 9월까지 기다렸다가 강공을 펼칠 것이다. 가능한 한 적군을 멀리 물리쳐 버리고 싶다. 오스트리아는 내 능력을 보고 … 자신이 얼마나 기만적이고 우스운 가식을 떨고 있는지 직시할 것이다."[80)]

그러면서도 팽에게 "만약 동맹군이 결연한 의지로 평화를 거부한다면 이번 휴전은 우리에게 매우 치명적일 수 있음"을 인정했다.[81)] 그가 항상 침울했던 것은 아니다. 마리 루이즈가 침상에서 일어나지 않고 캉바세레스(동성애자였음)의 방문을 받았다는 소식을 전해 듣자 그는 이렇게 일렀다.

"침상에서는 어떤 상황에서든 일절 방문을 받지 마시오. 그런 건 서른 살 이상인 사람에게만 허용되는 일이오."[82)]

나폴레옹 휘하의 일부 원수는 만일 휴전이 깨질 경우 라인강으로 후퇴하기를 바랐다. 나폴레옹은 그렇게 하면 덴마크와 폴란드, 작센, 베스트팔렌의 동맹국은 물론 오데르강·비스와강·엘베강 요새에 주둔한 병력마저 영원히 포기하는 셈이라고 지적했다.

"이런! 신중함은 어디로 사라졌는가? 내가 전투에서 열 번을 진다고 해도 제군이 지금 말하는 수준까지 추락하지는 않을 것이다!"

원수들이 드레스덴까지의 병참선이 너무 길다고 말하자 그가 대답했다.

"물론 제군의 작전 노선을 조금이라도 위태롭게 할 이유는 없다. 나도 잘 알고 있다. 그것이야말로 상식적인 규칙이자 기본 중의 기본이다. … 그러나 중차대한 문제 앞에서는 승리를 위해 희생할 줄 알아야 하며, 자신이 타고 있는 배에 불을 지르는 것조차 두려워하지 말아야 할 때가 있는 법이다! … 단지 위험을 무릅쓰지 않는 것만이 전쟁 기술이라면 영광은 열등한 이들이 차지할 것이다. 우리에게는 완전한 승리가 필요하다!"[83)]

나폴레옹은 드레스덴 지형을 유리하게 활용할 작정이었고 팽에게 이렇게 말했다.

> 나는 드레스덴을 모든 공격에 맞서는 중심축으로 삼고 싶다. 베를린에서 프라하에 이르기까지 적군은 나를 중심으로 전선을 확대하고 있다. 적군을 우회하다 보면 아무리 짧게 병참선을 잡아도 점점 길어질 수밖에 없다. 나는 조금만 행군하면 내 존재와 예비 병력이 필요한 곳은 어디든 충분히 갈 수 있다. 내가 없는 장소에서 내 부관들은 그 무엇도 운에 맡기지 말고 나를 기다릴 줄 알아야 한다. … 동맹군이 이 작전 범위를 오랜 기간 유지할 수 있겠는가? 거짓 움직임으로 내 적을 급습하고 싶다고 생각하는 것은 당연하지 않은가?[84)]

나폴레옹의 추론은 타당할지 몰라도 모든 것은 오직 그의 올바른 판단력과 내부 전선戰線 조정에 달려 있었다.

프랑스군 고위 지휘관들은 러시아군이 경기병을 엘베강, 심지어 라인강 너머로도 배치할 수 있다고 주장했고 나폴레옹은 다음과 같이 응수했다.

"난 이미 그렇게 예상했고 대비도 해 두었다. 마인츠와 베젤, 에르푸르트, 뷔르츠부르크의 강력한 주둔군과 별개로 오주로가 마인강에 정찰 군단을 집결하고 있다."

그러면서 그는 덧붙였다.

"한 번만 승리하면 동맹군에 평화 협정을 맺으라고 강요할 수 있다."[85)]

나폴레옹이 젊었을 때는 승리를 거두면 곧 협상으로 평화 협정을 이끌어 낼 수 있었다. 그는 아직도 이런 식으로 평화 협정을 맺을 수 있다고 크게 착각하고 있었다. 이제 나폴레옹의 적은 그에 뒤지지 않는 확고한 결의를 다지고 있었고 나폴레옹을 굴복시키려 벼르는 중이었다. 사바리가 파리 시민이 얼마나 평화를 바라는지 전해 주자 나폴레옹은 6월 13일 그에게 편지를 보냈다.

"자네가 평화의 필요성을 지겨울 정도로 계속 말하는데 나만큼 평화 협정을 맺고 싶어 하는 사람도 없다. 그렇지만 불명예스러운 평화 협정, 6개월 만에 뒤집어져 다시 전쟁을 치러야 하는 평화 협정이라면 차라리 맺지 않겠다. 이 편지에 답신을 보내지 말라. 이 문제는 자네와 상관 없는 일이니 끼어들지 말라."[86)]

6월 19일 탈마와 배우 15명이 드레스덴에 도착했다. 여기서 탈마는 10년 전 나폴레옹의 정부였던 마르게리트 바이머, 일명 마드무아젤 조르주를 일컫는다. 나폴레옹이 특별히 마드무아젤 조르주를 초대했다는 증거는 없으며 그저 연극이라는 오락거리를 반겼던 것 같다. 그의 시종 보세가 말하길, "나폴레옹의 취향은 몰라볼 정도로 변했다. 예전에 그는 언제나 비극을 선호했다."[87)] 이제 나폴레옹은 희극만 무대에 올리게 했으며 '양식과 인물 묘사'를 면밀히 관찰했다. 아마도 나폴레옹은 그때까지 꽤 많은 진짜 비극을 경험했을 것이다.

그다음 주 나폴레옹은 마리 루이즈에게 보낸 편지에서 이렇게 말했다.

"메테르니히가 오늘 오후 드레스덴에 도착했소. 그가 무슨 말을 하려는지, 프란츠 부황 폐하가 무엇을 원하는지 두고 볼 것이오. 그는 여전히 보헤미아에서 군세를 키우는 중이고 나는 이탈리아에서 내 병력을 강화하고 있소."[88)]

1813년 6월 26일 드레스덴 소재 마르콜리니궁의 중국의 방Chinese Room에서 장장 8시간 반에 걸친 회의(혹자는 9시간 반이라고 한다) 중 정확히 무슨 일이 일어났는지 확실히 알 수는 없다. 단 2명의 참석자였던 나폴레옹과 메테르니히가 각기 다른 이야기를 전하기 때문이다. 수십 년 후 출간한 메테르니히의 가장 신빙성 없는 회고록과 다른 근거(당일 메테르니히 본인이 프란츠 2세에게 보낸 짧은 공식 보고서, 이틀 후 메테르니히가 자신의 아내 엘레오노레에게 쓴 편지, 나폴레옹이 콜랭쿠르에게 전한 당시 보고서, 1824년 출간한 마레가 팽에게 보낸 보고서, 나폴레옹이 사망 6개월 전 몽톨롱 백작에게 한 이야기)를 비교해 보면 당시 상황을 객관적으로 이해할 수 있을 것 같다. 그것은 유럽의 운명을 결정지은 가장 중요한 만남이었다.[89)]

오전 11시 직후 회의에 임한 나폴레옹의 목표는 유럽 최고의 난공불락 정치인 메테르니히를 위협해 오스트리아의 중재 계획을 무산시키는 것이었다. 나폴레옹은 메테르니히가 다시 프랑스 진영으로 돌아오게끔 설득할 수 있으리라 믿었다. 한편 메테르니히는 독일과 네덜란드, 이탈리아, 벨기에 등 모든 미해결 상태의 영토 문제를 다루는 평화 협정을 협상하는 자리에 도달하겠다는 결의를 품고 있었다. 각자 입장이 극과 극이라 회의가 그토록 길어졌다고 생각할 수도 있다. 빈에서 메테르니히는 나폴레옹의 결혼을 중재한 외교관으로 친프랑스파로 여겨졌다. 메테르니히는 그랑다르메가 러시아에서 풍비박산이 되었을 때 (적어도 공개적으로는) 안타까움을 표했다. 후에 나폴레옹이 비난한 것처럼 메테르니히가 평화 협정의 정확한 조건에 모호한 태도를 취했을까? 아니면 오스트리아가 다시 무장을 갖추도록 고의로 시간을 끌기 위한 작전이었을까? 메테르니히는 나폴레옹에게 허용 범위 이상을 요구함으로써 비합리적인 모습을 보이려 했을까? 메테르니히는 진심으로 평화를 원했지만 유럽 전역에서 프랑스군이 대규모로 철수해야 평화를 보장할 수 있다고 생각했을까? 변덕스럽고 일관성이 없는 메테르니히의 성정을 감안하면 아마 이러한 여러 동기가 변화무쌍하게 결합하면서 영향을 미쳤을 것이다. 메테르니히는 지금이야말로 나폴레옹보다 자신의 손에 대륙의 운명이 걸려 있다고 확신했다. 실제로 그는 아내에게 자랑했다.

"몇 달 전 내가 단독으로 결정한 내용이 유럽 전체를 움직이는 중심축이 되고 있소. 모두들 내가 중요하지 않은 바보짓 또는 허무맹랑한 꿈을 꾸고 있다고 생각했었지만 말이오."[90]

당시 회의의 여러 가지 양상을 두고 모순적인 증언이 상당히 겹치고 있다. 나폴레옹은 자신이 모자를 바닥에 팽개친 적 있다고 인정한 바 있다. 반면 메테르니히가 아내에게 말한 바에 따르면, 나폴레옹은 모자를 "네 번이나 … 방 한구석으로 집어던지면서 악마처럼 욕을 했다."[91] 팽은 나폴레옹이 프라하 의회에 참석하겠다고 동의한 시기는 회의가 끝날 무렵이었다고 하는데, 메테르니히는 회의 나흘 후 드레스덴을 떠나려고 마차에 오르는 순간에야 나폴레옹이 동의를 표했다고 주장한다. 메테르니히는 자신이 나폴레옹에게 "폐하께서 졌습니다!"라고 경고했다고 말한다. 한편 나폴레옹은 영국의 돈이나 받는 앞잡이라며 그를 비난했다.[92] 마지막 말은 어리석은 표현이었다. 나폴레옹은 임종 자리에서 자신의 말이 끔찍한 실수였음을 인정하며 메테르니히를 '절대 화해할 수 없는 적'이라 일컬었다.[93] 아무튼 회의 당시 나폴레옹은 얼른 농담이었다고 말을 바꿨으며 두 사람 다 예의를 갖춰 회의를 마무리한 것으로 보인다. 그렇지만 메테르니히는 나폴레옹을 전쟁광이라고 확신했다(주장했다).

나폴레옹이 메테르니히에게 말했다.

"자네는 경험에서 배우는 게 없나 보오. 나는 프란츠 2세를 왕좌에서 세 번이나 교체했소. 그리고 그와 항상 평화로운 관계를 유지하겠다고 약속했소. 그의 딸과 결혼하기도 했지. 나는 그때 자네가 우둔한 짓을 저지른다고 생각했소. 이미 지난 일이지만 그렇게 말한 것을 후회한다오!"[94]

나폴레옹은 오스트리아군 병력과 전략 이야기로 화제를 돌렸으며 "자네 군대에서 북을 치는 사람"에 이르기까지 속속들이 꿰고 있다고 자랑했다. 두 사람은 그의 서재에 들어가 1시간 넘도록 각 연대에서 활약하는 나르본의 첩자들 일일 목록을 살펴보면서 그의 정보망이 얼마나 잘 작동하고 있는지 확인하기도 했다.

메테르니히가 프랑스군을 두고 '젊다'고 표현했을 때 나폴레옹은 이렇게 반박했다고 한다.

"자네는 군인이 아니니 군인의 마음가짐이 어떤지 모르오. 나는 야전을 겪으며 성장했고 나 같은 사람은 백만 명의 목숨에 크게 개의치 않소."[95]

메테르니히는 자신의 회고록에서 말했다.

"나폴레옹이 사용한 표현은 훨씬 더 험한데 감히 쓰지 못하겠다."

나폴레옹은 백만 명의 목숨에 개의치 않는다는 해당 문장 때문에 심한 비난을 받아왔다. 이는 나폴레옹이 자신의 병사들을 전혀 신경 쓰지 않았다는 명징한 증거로 여겨져 왔다. 그러나 반드시 그 맥락을 짚어 볼 필요가 있다. 그는 메테르니히를 압박해 만약 평화 협정 조건이 적절하지 않으면 언제든 다시 전쟁을 벌일 수 있다는 확신을 안겨 주기 위해 필사적으로 애쓰는 중이었다. 그의 말은 지금까지 알려진 무정한 냉소주의가 아니라 그저 허풍이었을 것이다. 애초에 그가 정말로 그런 말을 했다면 말이다.

메테르니히가 평화 협정에서 요구한 조건은 일리리아를 오스트리아로 반환하는 정도를 훨씬 넘어섰다. 그는 나폴레옹에게 다음 요구를 했던 것으로 보인다. 이탈리아 절반과 에스파냐 전부를 독립시킨다, 단치히 등 틸지트에서 빼앗은 프로이센의 영역을 대부분 반환한다, 교황은 로마로 복귀한다, 나폴레옹의 독일 연방 보호령을 폐지한다, 폴란드와 프로이센에서 프랑스군이 철수한다, 한자 동맹 도시에 속한 항구를 독립시킨다, 바르샤바대공국을 폐지한다. 이에 나폴레옹은 서재에 인접한 지도 방map room에 있는 수행원들에게까지 다 들릴 정도로 크게 고함을 쳤다. 일리리아를 포기하는 것은 상관없지만 다른 요구는 전부 들어줄 수 없다는 내용이었다.96)

나폴레옹은 궁정에서 프랑스의 국경선을 전쟁 이전으로 되돌리는 '불명예' 평화 협정에 조인하면 프랑스 국민이 자신을 쫓아낼 것이라고 거듭 말했다. 그런데 메테르니히의 요구 조건이 바로 그것이었다. 나폴레옹에게 올라가는 경찰 보고에 따르면 프랑스 국민은 영광la Gloire보다 평화를 훨씬 더 갈망하고 있었다. 그렇지만 나폴레옹은 자신의 통치 기둥을 이루는 4대 핵심 요소가 국가 재산권, 낮은 세금, 중앙집권적 권위, 마지막으로 국가의 영광이라는 사실을 잘 알고 있었다. 메테르니히가 진심으로 평화를 바랐을지도 모른다(아무리 잘 봐줘도 '메테르니히'와 '진심'은 절대 어울리지 않는 어색한 조합이긴 해도 말이다). 어쨌거나 메테르니히는 평화의 대가로 지나치게 과다한 요구를 하고 있었다.

다음 날 나폴레옹은 마리 루이즈에게 이렇게 말했다.

"메테르니히와 길고 지루한 대화를 나누었소. 며칠 내로 평화 협상이 이뤄지기를 바라오. 내가 비록 평화를 원하긴 하지만 반드시 명예를 지켜야만 하오."97)

그날 오스트리아는 비밀리에 프로이센, 러시아와 라이헨바흐에서 또 다른 조약을 체결했는데 이는 나폴레옹이 프라하에서 평화 협정 조건을 거부하면 프랑스와 전쟁을 하겠다고 약속하는 내용이었다. 해당 조약 결과 러시아(이제 절대 돌이킬 수 없는 확고한 적대 관계)와 프로이센은 프랑스에 더 많은 요구 조건을 내걸었다.

나폴레옹은 6월 30일 메테르니히를 다시 만났고 4시간에 걸쳐 회의를 했다. 그 결과 휴전은 8월 10일까지 연장되었고 나폴레옹은 7월 29일 시작할 프라하 의회에서 오스트리아가 중재를 맡는 것을 수락했다. 훗날 나폴레옹은 황후에게 말했다.

"메테르니히는 음모를 꾸미는 자이며 프란츠 부황 폐하를 좋지 않은 방향으로 유도하는 것처럼 보이오."98)

나폴레옹은 프란츠 2세가 사위를 상대로 전쟁을 벌이는 것은 '비인간적'이라고 매도했으나 나폴레옹 역시 1800년 에스파냐의 카를 4세에게 그의 사위인 포르투갈 왕과 전쟁할 것을 요구한 전적이 있으니 근거가 빈약했다.

6월 21일 에스파냐 북부에서 벌어진 비토리아 전투에서 웰링턴이 조제프와 참모총장 주르당 원수를 격파했다는 소식이 7월 2일 전해지자 프라하 의회에서 나폴레옹 입지는 크게 약화했다. 해당 전투에서 조제프는 병사 8천 명과 에스파냐 왕실 미술 소장품을 사실상 전부 잃었다(그 소장품은 현재 런던의 앱슬리 하우스에서 볼 수 있다. 황금 벌 장식이 박혀 있고 빨간 벨벳으로 만든 주르당 원수의 지휘봉은 윈저성의 워털루 갤러리 바깥쪽에 전시되어 있다). 터무니없게도 나폴레옹은 비토리아 전투 패배 원인을 "조제프가 너무 오래 잤기 때문"이라고 말했다.[99] 당시 그는 마리 루이즈에게 보내는 편지에서 조제프는 "군인이 아니라서 아무것도 모른다"고 적었는데, 그렇다면 도대체 왜 말버러 이후 가장 위대한 영국군에 대항하는 병력 4만 7천3백 명의 총지휘권을 형에게 맡겼는가 하는 의문이 든다.[100] 이 형제는 에스파냐 참패를 두고 서로 책임을 전가했으며 곧 둘 사이의 신뢰와 애정은 거의 다 무너졌다. 닷새 후 나폴레옹이 마리 루이즈에게 말하길, 만일 조제프가 우아즈에 위치한 아름다운 모르트퐁텐성(작은 섬과 오렌지나무 온실, 큰 새장, 두 개의 공원과 유럽 최고 수준으로 조경한 정원을 갖췄다)에 거처를 정한다면 "그는 신분을 숨겨야 할 것이며 황후도 모르는 척해야 하오. 그가 정부 일을 방해하거나 파리에서 음모를 꾸미는 것을 나는 절대 허락할 수 없소." 나폴레옹은 풍비박산이 난 조제프의 군대 지휘권을 술트에게 넘겼고 유능한 장군 오노레 레유, 베르트랑 클로젤, 장 바티스트 데를롱, 오노레 가장을 수석 보좌관으로 임명해 팜플로나와 산세바스티안을 지킬 수 있기를 희망했다.

프라하 의회가 실패할 경우에 대비하여 전략을 조정하기 위해 러시아와 프로이센, 스웨덴 참모진이 7월 12일 트라헨베르크에 집결했다. 이는 지도자들이 역사에서 교훈을 배우는 모습을 보여 준 대단히 희귀한 사례다. 이들은 나폴레옹이 주로 적군의 측면을 공격한 뒤 중앙을 집중 공략하는 전략을 택한다는 사실에 동의했고 오스트리아 장군 요제프 라데츠키가 제시한 전략을 받아들이기로 했다. 병력을 셋으로 나눠 작센으로 진군하되 나폴레옹과 직접 전투를 벌이지 않기 위해 나폴레옹 앞에서는 후퇴하고 그보다 병력이 열세인 나폴레옹 보좌관의 군대에만 집중하는 전략이었다. 동맹군 중 하나가 나폴레옹의 공격을 받을 때는 나머지 두 군대가 그의 측면이나 후방을 공격하기로 했다. 이 경우 나폴레옹은 방어에 집중하거나, 병참선을 개방하거나, 병력을 분할하거나 셋 중 하나를 선택해야 한다.[101] 트라헨베르크 전략은 나폴레옹의 군사적 천재성에 완벽하게 대비한 전략으로 어마어마한 효과를 발휘한다.

마침내 7월 29일 프라하 의회가 열렸고 콜랭쿠르와 나르본이 프랑스 대표를 맡았다. 나폴레옹은 팽에게 이렇게 말했다.

> 러시아는 더 좋은 조건에서 평화를 맺을 자격이 있다. 러시아는 국토의 여러 지역이 황폐화했고 수도를 잃었으며 2년간의 전쟁이라는 대가를 치렀다. 반면 오스트리아는 아무것도 받을 자격이 없다. 현 상황에서 나는 러시아에 영광을 안겨 줄 수도 있는 평화협정에 반대하지 않는다. 다만 오스트리아가 우리와 맺은 동맹을 저버리는 비열한 행위로 유럽의 평화에 따른 결실과 명예를 얻는 모습을 보자니 몹시 혐오감이 든다.[102]

나폴레옹은 프란츠 2세와 메테르니히가 저지른 계획적인 배신에 순순히 대가를 넘겨주고 싶어 하지 않았다. 8월 4일 첩자들에게 정보를 보고받은 나폴레옹은 원수들에게 경고했다.

"프라하 의회에서는 아무 일도 일어나지 않는다. 그들은 어떠한 결론에도 도달하지 못할 것이며 동맹군은 10일 휴전을 파기할 것이다."[103]

8월 7일 메테르니히는 바르샤바대공국을 재분할할 것, 휴전 이전에 다부가 점령한 함부르크를 해방할 것, 단치히와 뤼베크를 자유 도시로 만들 것, 엘베강을 따라 프로이센의 국경선을 재편성할 것, 트리에스테를 포함해 일리리아를 오스트리아에 양도할 것을 요구했다.[104] 오늘날의 정치인이라면 지난 7년간 쏟아부은 노력을 포기하고, 동맹국들을 휘청거리게 하고, 수십만 명의 목숨을 바친 희생마저 무위로 돌리는 요구 조건일지라도 대부분 여기에 동의했으리라. 하지만 카이사르와 알렉산드로스의 후계자인 프랑스 황제로서는 이토록 치욕스러운 평화 협정을 도저히 받아들일 수 없었다.

라이프치히

27

두려움과 불확실성이 제국의 몰락을 재촉한다.
불운한 전쟁의 위험과 손실보다 그것이 천 배는 더 치명적이다.

1804년 12월 나폴레옹이 〈모니퇴르〉에 발표한 성명

–

두 군대가 전투태세로 정렬한 채 한 군대는 다리를 건너 퇴각해야 하고
다른 군대는 터진 원의 둘레에 있을 때, 후자가 절대적으로 유리하다.

나폴레옹 군사 좌우명 제25번

1813년 8월 8일 나폴레옹은 드레스덴에서 다부에게 경고했다.

"적이 10일 휴전을 철회하고 16일이나 17일 교전을 재개하리라는 데 추호의 의심도 없다."

나폴레옹은 오스트리아가 병력 12만 명으로 자신에게 맞설 것이며 3만 명으로 바이에른과, 5만 명으로 이탈리아에서 외젠과 대결할 것이라고 예측했다.[1] 그러면서 그는 이런 결론을 내렸다.

"이로써 동맹군이 전력을 얼마나 증강하든 나는 결연히 그들에 맞설 수 있다."

이에 따라 그의 생일축하행사는 닷새 앞당겨 8월 10일 진행했다. 그가 프랑스를 통치하는 동안 마지막 공식 축하행사였다. 작센 기병대 에른스트 폰 오델레벤 대령은 회고록에서 병사 4만 명이 2시간에 걸쳐 관병식을 펼친 것, 대포 축포소리와 함께 드레스덴 대성당에 〈테데움〉이 울려 퍼진 것, 엘베 강변 보리수나무 아래서 나폴레옹 근위대와 작센 근위대가 연회를 연 것, 악단의 군가 연주, 모든 병사가 급여와 고기 배급량을 두 배로 지급받은 것, 작센 왕이 포도주 수천 병을 부대에 하사한 것을 회상했다. 나폴레옹을 말하자면, "그가 화려한 수행원들이 뒤따르는 가운데 전속력으로 말을 달려 병사들 앞을 지나갈 때 만세 환호성이 울렸다." '함께 술판을 벌인' 프랑스 포병과 작센 포병이 몇 주 안에 서로를 향해 발포할 거라고 예측한 사람은 거의 없었을 것이다. 오후 8시 나폴레옹은 생일 연회를 위해 작센 왕의 궁을 방문했고, 연회 뒤 두 나라 병사들은 서로를 응원하며 다리 양쪽 끝에서 불꽃놀이를 했다. 오델레벤은 다음과 같이 기억했다.

"쪽빛 하늘이 수많은 불꽃에 아름다운 효과를 더했다. 불꽃은 도시의 어두운 지붕들 위로 서로 교차하며 날아다녀 하늘을 폭넓게 밝혀 주었다. … 잠시 중단된 뒤 궁성 위 하늘에 나폴레옹을 뜻하는 글자가 나타났다."[2)]

무리가 해산했을 때 해변에서 어느 어부의 '애처로운 비명'이 들렸다. 그는 불꽃에 너무 가까이 다가갔다가 치명상을 입었는데 오델레벤은 이상한 생각이 들었다.

"이것이 이 잔치의 주인공이 겪을 무시무시한 생애를 보여 주는 조짐이었나?"

1813년 8월 중순 나폴레옹은 기병 4만 5천 명을 모아 4개 군단의 12개 사단으로 편성했다.[3)] 이는 휴전이 이뤄졌을 때보다 훨씬 더 많은 병력이었지만 적군에 맞서기에는 여전히 충분하지 않았다. 동맹군은 나폴레옹이 예측한 시간에서 24시간 안에, 즉 11일 정오 휴전 효력 소멸을 통고했고 17일 자정을 기해 교전을 재개할 것임을 알렸다.* 오스트리아는 12일 프랑스에 전쟁을 선포했다. 메테르니히가 오스트리아를 동맹에서 뺐다가 이어 중립을 취하게 한 뒤 다시 객관적이라 추정하는 중재의 입장에 올려놓고 마침내 휴전 종결 다음 날 제6차 대프랑스 동맹에 들여놓은 능란함은 '외교의 걸작'으로 평가받는다.[4)] 물론 나폴레옹은 표리부동을 보았을 뿐이다. 그는 뷔르템베르크 왕에게 말했다.

"프라하 회의는 결코 진지하게 열리지 않았다. 그것은 오스트리아가 태도를 밝히는 수단이었다."[5)]

* 그 위기의 순간에도 나폴레옹은 교전을 재개하기 전에 테아트르 프랑세의 배우들을 파리로 돌려보냈다(Bausset, *Private Memoirs* p.395). 그는 8월 12일 조르주 양에게 2만 프랑을 주었는데 그녀가 부른 노래에 보상한 것으로 보인다(Branda, *Le prix de la gloire* p.57).

나폴레옹은 네와 마르몽에게 보낸 편지에서 괴를리츠와 바우첸 사이에 자리를 잡고 오스트리아군과 러시아군이 어떻게 하는지 보겠다고 말했다. 그는 이제는 익숙해진 문구로 편지를 마쳤다.

"먼저 큰 전투가 벌어지지 않으면 이 싸움에서 어떤 이익도 얻지 못할 것이다."[6)]

전략적 상황은 심상치 않았지만 비참할 정도는 아니었다. 스스로 말했듯 나폴레옹은 삼면에서 대규모 적군에 포위되긴 했어도 작센 내부 방어선은 그에게 유리했다. 오스트리아와 러시아, 프로이센 병사들로 편성한 슈바르첸베르크의 23만 보헤미아군은 북부 보헤미아에서 올라오고 있었고, 블뤼허는 프로이센과 러시아 병사들로 편성한 8만 5천 슐레지엔군을 이끌고 오버슐레지엔에서 서쪽으로 진격하고 있었으며, 베르나도트는 프로이센과 러시아와 스웨덴 병사들로 편성한 11만 북부군을 지휘해 브란덴부르크에서 남쪽으로 이동했다. 전부 42만 5천 명에다 더 늘어나고 있었다. 이들에 맞서는 나폴레옹 병력은 35만 1천 명으로 함부르크와 오데르강 상류 사이에 포진했다.[7)] 나폴레옹에게는 독일과 폴란드 도시를 지키는 9만 3천 명과 프랑스 신병훈련소에서 교육을 받고 있는 5만 6천 명이 더 있었지만 이들은 쉽게 쓸 수 있는 자원이 아니었다. 나폴레옹은 이전에 자주 그러했듯 병력을 중앙에 집중하고 적군을 하나씩 따로 격파할 필요가 있었다. 그러나 이번에는 군대를 분할하는 중대한 실수를 저질렀다. '병력을 집중하라', '병력을 작은 단위로 나눠 낭비하지 말라'[8)]는 자신의 가장 중요한 군사 좌우명 두 가지를 어긴 셈이다.

나폴레옹은 25만 명으로 슈바르첸베르크와 대결하러 갔고 우디노에게는 6만 6천 명을 주어 베를린을 점령하라고 북쪽으로 보냈으며 장 바티스트 지라르 장군에게는 9천 명을 주어 우디노 서쪽 129킬로미터 지점에 있는 마그데부르크를 지키게 했다. 모스크바를 공격할 때처럼 나폴레옹은 지난 시절 자신에게 큰 도움을 준 전략, 다시 말해 오로지 적의 중앙군에 집중해 이를 궤멸하는 전략을 거부했다. 대신 그는 베를린을 점령해 프로이센을 응징하고 싶은 욕구처럼 부차적인 정치 목적에 더 마음을 집중했다. 다부가 우디노의 지휘를 받게 하거나 그 반대를 택하지도 않아 결과적으로 북부 전역에서는 지휘에 통일성이 전혀 없었다.

1806년처럼 우디노가 1813년 베를린 점령에 성공했어도 승리를 보장받기 어려웠을 것이다. 슈바르첸베르크가 프랑스 동맹군에 크게 패했더라도 여하튼 베르나도트는 베를린을 방어할 수 있었으리라. 나폴레옹은 작센이나 북부 보헤미아에서 전투가 결판날 것임을 알긴 했지만 우디노에게 준 최소한의 병력은 베르나도트를 물리쳐 엘베강을 지키고 후위를 방어하기에 충분하지 않았다.[9] 독립 지휘권을 받았을 때 최고로 능력을 발휘한 원수인 다부를 북서부 독일에서 존재하지 않는 위협에 맞서도록 남겨 둔 것도 충격적인 낭비였다.

8월 15일 마흔네 번째 생일에 나폴레옹은 드레스덴을 출발해 슐레지엔으로 향했다. 그는 그곳에서 브레슬라우(브로츠와프)를 점령한 블뤼허를 치려 했고 가는 도중 바우첸에서 뮈라가 합류했다. 뮈라는 예기치 않게 나폴레옹의 대의에 다시 지지를 보내면서 기병대 전체를 책임지는 이전의 지위로 보상받았다. 그날 나폴레옹은 우디노에게 마그데부르크의 지라르 사단 병력이 8천 내지 9천 명이라고 말했는데 이는 사실이었다. 다음 날 나폴레옹은 마크도날에게 그 숫자가 1만 2천 명이라고 분명히 말했다.[10]

나폴레옹은 마리 루이즈에게 쓴 편지에서 그녀의 아버지를 두고 이렇게 말했다. "야심과 끝 모를 탐욕 때문에 전쟁을 원한 이는 바로 그요."[11]

그때 이후로 나폴레옹은 황제 프란츠 1세를 8월 17일 편지에서 "메테르니히에게 속은 그대의 아버지는 내 적과 한편이 되었소"라고 쓸 때처럼 '그대의 아버지ton père'나 '파파 프랑수아Papa François'라고 지칭했다.[12] 프랑스의 섭정이자 좋은 아내였던 마리 루이즈는 아버지와 조국이 아니라 남편과 자신이 택한 나라에 충성했다.

동맹군은 합의한 대로 트라헨베르크 전략을 실행에 옮겨 나폴레옹 부대 앞에서 물러나는 동시에 그의 주요 부관들의 부대를 찾아내려 했다. 그렇게 블뤼허는 8월 16일 부브르(보버)강과 카차바(카츠바흐) 사이에서 네를 공격할 준비를 마쳤지만 나폴레옹이 주력 야전군의 대규모 부대를 이끌고 다가오자 물러났다. 우디노는 베를린으로 진격하다가 억수같이 쏟아지는 비에 포대가 거의 멈추면서 속도가 느려졌는데, 8월 21일에서 23일까지 그로스베렌에서 별개의 세 차례 교전으로 뷜로의 프로이센군과 스테딩크 백작이 이끄는 스웨덴군의 습격을 받고 패했다. 나폴레옹이라면 루카우를 선택했겠지만 우디노는 비텐베르크로 철수했다. 나폴레옹은 베르티에에게 말했다.

“레지오 공작보다 머리가 더 나쁘기는 정말 어렵다.”

그 뒤 그는 네를 보내 우디노의 지휘권을 넘겨받게 했다.13)

8월 20일 나폴레옹은 슈바르첸베르크의 프라하 진격을 막길 바라며 보헤미아에 있었다. 그날 나폴레옹은 마리 루이즈에게 이런 소식을 전했다.

“나는 나이페르크 장군을 몰아냈소. 러시아군과 프로이센군이 보헤미아로 진입했소.”14)(1년 후 오스트리아의 용감한 애꾸눈 장군 아담 폰 나이페르크는 무섭게 복수한다.)

보헤미아군이 드레스덴을 대대적으로 공격한다는 소식을 들은 나폴레옹은 22일 블뤼허를 감시하라고 마크도날을 남겨 둔 채 군대를 돌려 서둘러 그곳으로 돌아갔다. 그러면서 생시르에게 이렇게 썼다.

“만일 적군이 드레스덴을 향해 대규모 기동을 효과적으로 실행했다면 나는 이를 좋은 소식으로 본다. 그러면 며칠 안에 큰 전투를 벌일 테고 이로써 상황은 완전히 결판날 것이다.”15)

같은 날 나폴레옹은 대상서 몽테스키우 백작에게도 편지를 써서 파리의 생일축하 행사에 불만족을 드러냈다. 그는 다음과 같이 썼다.

“8월 15일 일을 잘못 관리해 황후가 상당한 시간 동안 형편없는 음악만 듣고 있었고 군중은 불꽃놀이를 보려고 2시간을 기다렸다.”16)

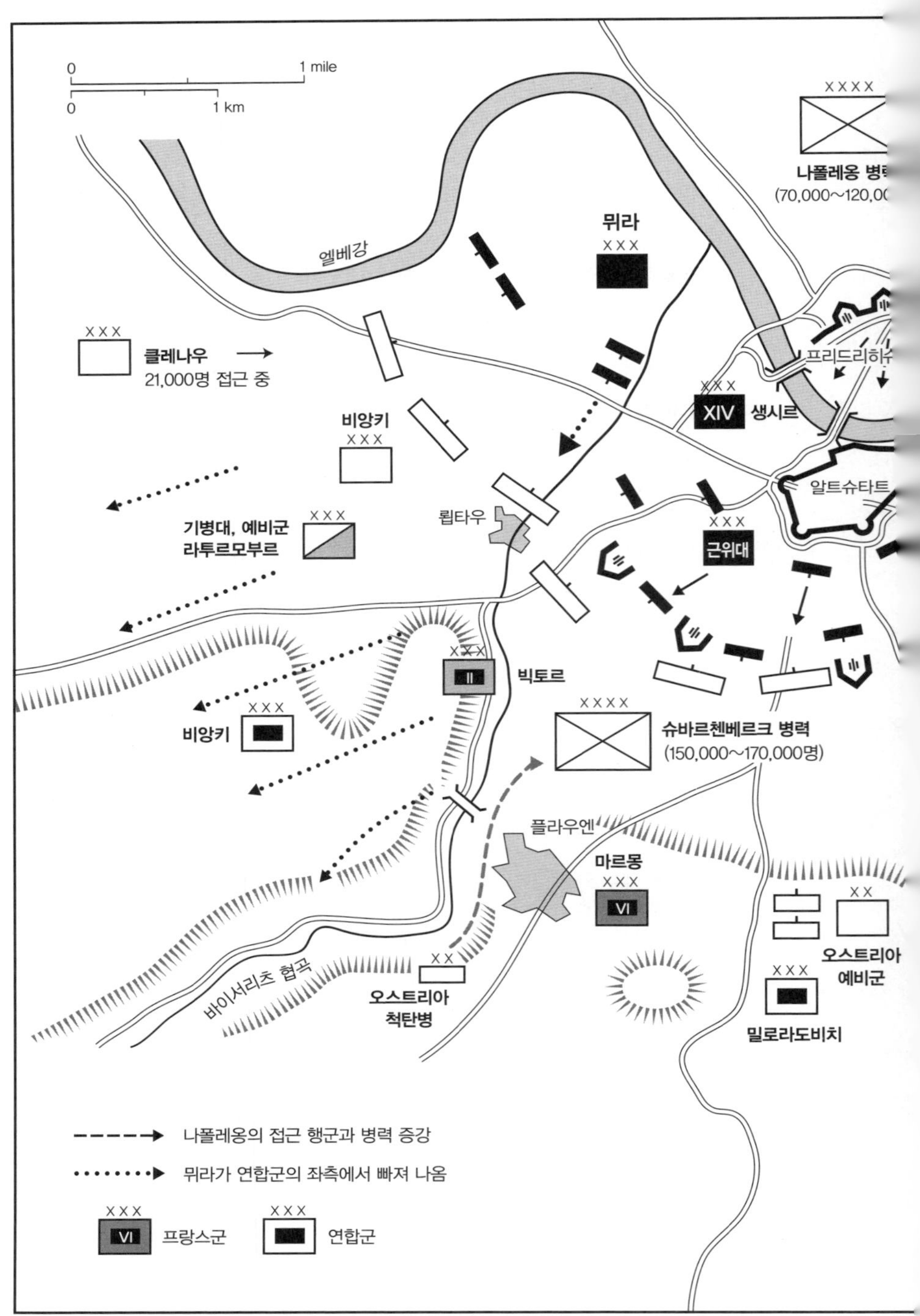

0
1 mile
0
1 km
XXXX
나폴레옹 병
(70,000~120,0
뮈라
XXX
엘베강
XXX
클레나우
21,000명 접근 중
프리드리히
XXX
XIV
생시르
비앙키
XXX
알트슈타트
XXX
기병대, 예비군
라투르모부르
뢰타우
XXX
근위대
XXX
II
빅토르
XXXX
슈바르첸베르크 병력
(150,000~170,000명)
XXX
비앙키
플라우엔
마르몽
XXX
VI
XX
오스트리아
예비군
XXX
밀로라도비치
바이서리츠 협곡
XX
오스트리아
척탄병
나폴레옹의 접근 행군과 병력 증강
뮈라가 연합군의 좌측에서 빠져 나옴
XXX
VI
프랑스군
XXX
연합군

드레스덴 전투

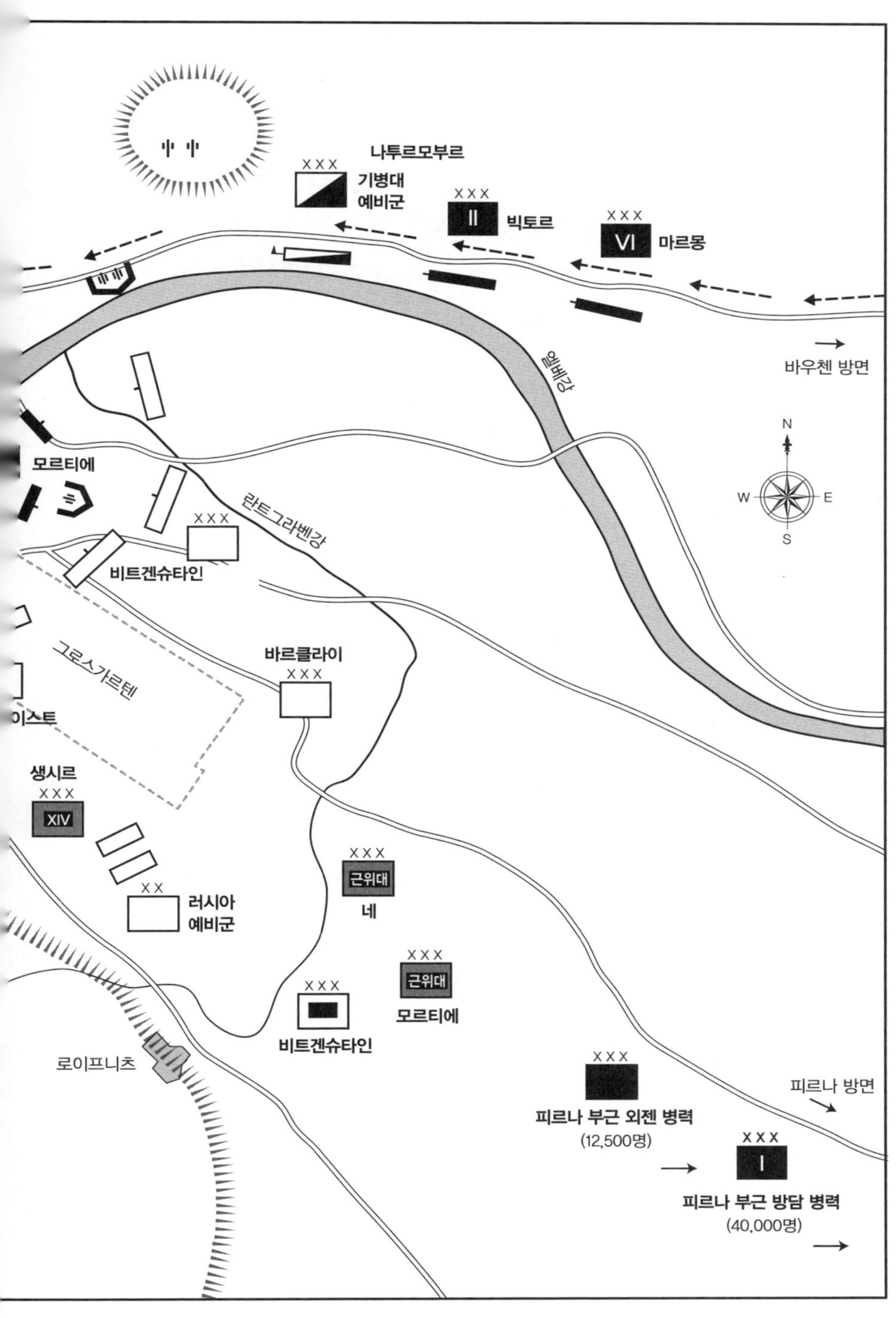

나투르모부르
XXX
기병대
예비군
XXX
II
빅토르
XXX
VI
마르몽
바우첸 방면
엘베강
N
W
E
S
모르티에
란트그라벤강
XXX
비트겐슈타인
그로스가르텐
바르클라이
XXX
이스트
생시르
XXX
XIV
XX
러시아
예비군
XXX
근위대
네
XXX
근위대
모르티에
XXX
비트겐슈타인
로이프니츠
XXX
피르나 부근 외젠 병력
(12,500명)
피르나 방면
XXX
I
피르나 부근 방담 병력
(40,000명)

*

드레스덴 전투는 1813년 8월 26일부터 27일까지 이어졌다. 나폴레옹 정보부는 동맹군의 막대한 병력이 그 도시에 집결하고 있다고 정확히 경고했다. 19일 바르클라이 데 톨리의 러시아군이 슈바르첸베르크에게 합세해 23만 7,770명이라는 방대한 규모의 병력을 이뤘다. 이들은 보병 17만 2천 명, 기병 4만 3천5백 명, 카자크 7천2백 명, 포병 1만 5천 명에 698문이라는 어마어마한 숫자의 대포를 동원했다. 이렇게 커진 보헤미아군은 8월 21일 다섯 개 대열로 작센에 진입했다. 2만 8천 명으로 이뤄진 비트겐슈타인의 대열은 드레스덴을 향해 전진했다. 그러나 나폴레옹이 엘베강 다리를 전부 장악했기에 프랑스군은 강 양쪽에서 전진할 수 있었다.

드레스덴에서는 엘베강 양편에 반원 형태로 안정성 있게 자리를 잡은 구도심 요새를 대략 보병 1만 9천 명에 기병 5천3백 명 규모인 생시르 군단의 3개 사단이 지켰다. 8개 대대 도시 수비대는 성벽에 배치했다. 나폴레옹은 26일 오전 10시 전속력으로 말을 달려 도착했고 생시르의 병력 배치를 승인했다. 그는 전투 전에 구토할 만큼 위통으로 고생했지만 빠른 속도로 여러 명령을 내렸다. 대포는 구도심 성벽 밖의 커다란 다섯 개 각면보와 신도심 내부의 여덟 개 각면보에 배치했다. 구도심 시가지와 출입문에는 방책을 설치했고 성벽에서 약 548미터 안쪽의 나무는 전부 베어 냈으며, 강 우안에는 대포 30문의 포대를 배치해 비트겐슈타인 부대의 측면을 타격하려 했다.[17] 이렇게 준비하는 자들에게는 다행스럽게도 폰 클레나우의 오스트리아군 진격이 늦어져 전면 공격은 그다음 날 이뤄진다.

차르 알렉산드르 1세와 장 모로 장군(미국에서 망명 생활을 하던 중 나폴레옹을 향한 대대적인 공격을 직접 보려고 돌아왔다), 앙리 드 조미니(네의 스위스인 참모장이었으나 휴전 기간 중 변절해 러시아로 넘어갔다) 모두 나폴레옹의 포진이 너무 강력해 공격하기 어렵다고 생각했지만 프로이센의 프리드리히 빌헬름 3세는 공격하지 않으면 군의 사기가 떨어질 것이라며 동맹군이 먼저 싸움을 걸어야 한다고 강력히 주장했다. 양측은 오전 9시 30분 이후 싸울 준비를 갖췄지만 아무 일도 없다가 오후 늦게 나폴레옹이 생시르에게 성벽 밖 가까운 곳의 공장을 빼앗으라고 명령했다. 동맹군 지휘관들은 이 짧은 전진을 전투 시작 신호로 오해했고 그렇게 전투는 우연히 시작되었다.

오후 4시 비트겐슈타인은 청년근위대가 러시아군 공격에 맞서면서 퍼부은 맹렬한 포격을 받으며 교전에 들어갔다. 5개 예거(정예 경보병) 연대와 1개 경기병 연대가 보병과 포대의 지원을 받아 성벽 밖에 기하학적 형태로 꾸민 바로크 양식 정원 그로스가르텐을 공격했다. 프랑스군은 완강하게 그로스가르텐을 방어했고 적의 측면을 타격하기 위해 프린츠 안톤 가르텐 쪽으로 포대를 끌어왔다. 그동안 러시아군의 2개 공격 대형이 엘베강 너머에서 쏘아댄 맹렬한 포격에 당했다. 그날이 끝날 즈음 양측은 그로스가르텐을 대략 절반씩 장악했다(오늘날 프라우엔 교회의 약 90미터 돔에 올라서면 전장이 훤히 내려다보인다). 네 원수는 청년근위대와 생시르 군단의 병력으로 제5번 각면보로 돌격했다. 이에 오스트리아군은 예비 병력을 끌어와야 했지만 그랬어도 헤센 대대가 포위되는 것을 막지 못했고 어쩔 수 없이 항복했다. 해가 지면서 첫날 전투가 끝났을 때 동맹군 사상자는 4천 명으로 프랑스군의 두 배였다.

밤에 빅토르 군단이 합류하면서 나폴레옹은 전력을 보강했다. 마르몽이 중앙으로 이동할 때 빅토르 군단은 프리드리히슈타트까지 갔고 선임근위대는 엘베강을 건너 중앙 예비대로 포진했다. 군단 체제를 효율적으로 활용해 병력 15만 5천 명을 모은 나폴레옹은 이튿날의 전투에 대비했다. 밤에 폭우가 쏟아져 8월 27일 아침에는 짙은 안개가 자욱했다. 안개가 걷히자 나폴레옹은 동맹군이 깊은 바이서리츠 협곡 양쪽으로 갈라져 있는 것을 포착했다. 협곡 때문에 중군에서 줄러이 이그나츠 백작의 좌익이 우익과 분리되었다.[18] 나폴레옹은 오전 7시에 기병대 거의 전부와 보병 2개 군단을 동원해 대대적인 공격에 나서기로 결정했다. 금실로 수놓은 외투를 어깨에 걸치고 머리 장식에 깃털을 꽂은 뮈라가 빅토르 군단의 36개 대대, 대포

68문과 함께 제1기병 군단의 68개 대대와 대포 30문으로 줄러이 군단을 공격할 준비를 했다.

오전 10시 마침내 클레나우가 보헤미아군에 합류했지만 오스트리아군은 심한 압박을 받았다. 빅토르 군단과 에티엔 드 보르데술 장군의 중기병대가 그들의 측면을 우회하는 데 성공했고, 오전 11시 총공격을 명령한 뮈라는 "황제 만세!"를 외치며 돌격했다. 룁타우 주변에는 오스트리아군 보병들이 웅거하고 있었다. 그들은 포대의 지원을 잘 받았고 거리에는 방책을 설치했으며 주택에는 머스킷총을 발사할 수 있도록 총안을 내놓았다. 그러나 오스트리아군 전초병들은 뒤로 밀려나면서 짙은 안개 사이로 전진하는 뮈라의 대규모 공격 대형을 보았다. 프랑스군은 맹렬한 포격을 받으면서도 마을과 마을 사이의 빈틈을 이용해 지나간 뒤 배후에서 그들을 공격했다. 오스트리아군은 반격했으나 혼란에 빠져 퇴각했다.

중앙에서는 오스트리아군과 프로이센군이 오전 4시부터 전투 재개를 예상해 준비하고 있었다. 마르몽의 임무는 프랑스군 좌우익이 적을 격파하는 동안 이들의 발을 묶어 두는 것이었다. 오전 8시 생시르가 슈트렐렌 고지의 프로이센군 제12여단을 공격해 로이프니츠로 밀어냈다. 그곳에서 러시아군 제5사단이 프로이센군에 합류했다. 이 치열한 전투는 주로 총검으로 싸운 백병전이었다. 프리즌frizzen(공이치기)이 보호 역할을 하긴 했지만 폭우에 머스킷총 화약 접시가 흠뻑 젖었기 때문이다.

오전 10시 나폴레옹은 슈트렐렌 고지에 포대를 대규모로 집결해 전장 중앙부를 지배했다. 생시르는 한숨 돌리며 부대를 재편하다가 오스트리아군 보병의 반격을 받았다. 그는 더 밀고 나가려 했지만 동맹군 포대의 위력에 물러서야 했다. 정오에 나폴레옹은 그의 측면에 있었는데 더 압박을 가하라 명령하는 동시에 청년근위대를 로이프니츠로 보내 슐레지엔 보병들에게서 마을을 빼앗게 했다. 오후 1시 나폴레옹은 동맹군 중군의 우측 반대편에 있었고 가공할 포격전이 이어지는 가운데 직접 몇몇 기마포대를 지휘해 오스트리아군 대포 여러 문을 파괴했다. 이 포격전에서 모로는 포탄에 맞아 두 다리가 짓이겨졌다. 오후 이른 시간 우측으로 이동을 시작한 프로이센 기병대는 생시르의 압박에 점차 균형이 깨졌다.

나폴레옹 좌측에서는 네가 오전 7시 30분 공격을 개시했다. 프로이센군이 이미 그로스가르텐에서 내쫓겼기에 네는 그 정원을 이용해 전진했다. 나폴레옹은 오전 11시에 도착했고 비록 프로이센과 러시아 기병대에 저지당하기도 했지만 맹렬했던 티라이외르(전초병) 공격을 격려했다. 바르클라이 데 톨리는 병력이 러시아군 기병 65개 대대와 프로이센군 기병 20개 대대에 달하면서도 이를 교전에 투입하지 않았다. 이따금 포격에 끊기기는 했으나 폭우가 내린 탓에 싸움은 총검과 사브르 검 전투였다. 슈바르첸베르크는 대대적인 반격을 계획했지만 그의 부대는 이미 전부 심한 전투에 휘말린 상태였고 이는 정확히 나폴레옹이 의도한 바였다.

오후 2시 나폴레옹은 다시 중앙으로 돌아가 라흐니츠 인근에서 12파운드 포 32문으로 동맹군 중앙을 타격하기 위한 포대를 편성하고 있었다. 오후 5시 30분 슈바르첸베르크는 방담이 피르나에서 엘베강을 건너 자신의 후방으로 진격하고 있다는 보고를 받았다. 이제 그는 전투를 완전히 포기하는 수밖에 달리 대안이 없었다(방담은 무모한 허풍쟁이로 나폴레옹은 그에 관해 모든 부대에 한 명은 필요하지만 2명이 있다면 한 명은 총으로 쏘아 죽여야 한다고 말했다[19]). 오후 6시 프랑스군은 그날 아침 동맹군이 차지하고 있던 위치에서 멈췄다. 양측 손실이 대략 1만 명에 달했지만 프랑스군은 우익에서 뭐라가 승리를 거둬 오스트리아군 1만 3천 명을 포로로 잡았고 도합 40문의 대포를 노획했다.[20] 슈바르첸베르크가 전사했다는 말을 들은 나폴레옹은 크게 소리쳤다.

"슈바르첸베르크가 저주를 없앴구나!"

나폴레옹은 슈바르첸베르크의 죽음이 1810년 결혼 축하연에서 발생한 화재의 그림자를 마침내 거둬 주기를 바랐다. 훗날 그는 이렇게 설명했다.

"나는 기뻤다. 그 가련한 인간의 죽음을 바라서가 아니다. 그로써 마음의 짐을 덜었기 때문이다."[21]

나중에야 그는 사망한 장군이 슈바르첸베르크가 아니라 모로였음을 알고 몹시 섭섭해했다. 9월 2일 모로는 부상으로 삶을 마감하기 직전 아내에게 편지를 썼다.

"그 악당 보나파르트는 언제나 운이 좋소. 글씨가 날리는 것을 용서하오. 진심으로 당신을 사랑하오."[22)]

죽어가면서 글씨가 엉망이라고 사과하는 변절한 장군의 모습은 멋지나 나폴레옹의 행운이 놀랍도록 이어지고 있다는 판단은 틀렸다.

나폴레옹은 마리 루이즈에게 보낸 편지에 다음과 같이 썼다.

"드레스덴에서 오스트리아와 러시아, 프로이센 세 나라 군주가 직접 보는 가운데 그들의 군대를 상대로 막 대승을 거두었소. 말을 달려 추격하고 있소."[23)]

다음 날 그는 이렇게 수정했다.

"파파 프랑수아는 판단력이 좋아 함께 오지 않았소."

이어 알렉산드르 1세와 프리드리히 빌헬름 3세가 "매우 잘 싸웠고 서둘러 퇴각했다"고 말했다. 오스트리아군에 더 무정했던 나폴레옹은 오스트리아 출신의 아내에게 이런 말을 했다.

"파파 프랑수아의 군대가 그토록 열악했던 적은 없소. 그들은 어디서나 초라하게 싸웠소. 나는 2만 5천 명을 포로로 잡았고 군기 30개와 수많은 대포를 노획했소."[24)]

사실을 말하자면 그 반대였다. 동맹군 군주와 장군 들은 전략적, 전술적으로 병력 배치에 실패했고 서로 협조가 부족했다. 이틀간의 전투가 패주로 이어지지 않은 것은 오로지 불굴의 의지로 싸운 용맹한 병사들 덕분이었다.

나폴레옹은 세찬 빗줄기 속에 전장을 누비느라 감기가 더 심해졌고 전투 후 구토와 설사에 시달렸다. 선임근위대의 어느 병사가 소리쳤다.

"돌아가서 쉬어야 합니다."

마침내 황제는 드레스덴으로 돌아가 온욕을 했다.[25)] 오후 7시 나폴레옹은 캉바세레스에게 말했다.

"너무 피곤하고 정신이 없어서 편지를 길게 쓸 수가 없다. (마레가) 대신 써줄 것이다. 여기 일은 매우 잘되고 있다."[26)]

나폴레옹은 오래도록 아플 여유가 없었다. 불과 한 주 전 그는 선임지휘관들에게 보낸 메모에 다음과 같이 썼다.

"내 생각을 말하자면 나 자신이 중앙에 있지 않은 계획은 무엇이든 받아들일 수 없다. 어떤 정규전에서든 나를 멀찍이 떼어 놓기로 계획하면 전부 적군 기병대가 숫자는 물론 장군에서도 우세를 차지해 나를 완전히 파멸시킬 것이다."[27)]

이는 자신의 원수들에게 아군에 비해 병력이 70퍼센트 더 많은 적군과 맞붙어 승리하는 데 필요한 강력한 일격을 기대할 수 없음을, 그가 보기에 그들 대부분에게는 독립적으로 지휘할 능력이 거의 없음을 공공연히 인정한 셈이다.

이 판단은 드레스덴 전투 첫날인 8월 26일 확실히 밝혀졌다. 프로이센령 슐레지엔의 카차바강에서 6만 7천 명에 이르는 마크도날 원수의 프랑스군과 라인연맹군이 블뤼허의 슐레지엔군에 괴멸당하고 말았다.[28)] 세인트헬레나섬에서 나폴레옹은 이런 견해를 재차 확인했다.

"마크도날이나 그와 비슷한 다른 자들은 내 명령에 따라 어디에 있어야 할지 알고 있을 때는 훌륭했다. 그러나 내게서 멀리 떨어져 있을 때는 달랐다."[29)]

바로 다음 날인 27일 지라르 장군 군단이 하겔베르크에서 최근에야 파이크 창을 버리고 머스킷총으로 무장한 프로이센 국방대와 카자크 부대에 사실상 전멸했다. 타격을 받아 병력을 많이 잃은 지라르 부대는 간신히 마그데부르크로 돌아왔다. 8월 29일에는 자크 퓌토가 지휘하는 제17사단 병사 3천 명이 범람한 부브르강에 갇혀 탄약을 다 소모하고 집단으로 항복해야 했다. 이들은 독수리 깃발 세 개를 빼앗겼는데 그중 하나는 전투가 끝난 뒤 강에서 발견했다.[30)]

슈바르첸베르크의 보헤미아 퇴각을 방해하고 싶었던 나폴레옹은 방담에게 병력

3만 7천 명을 이끌고 페터스발데(폴란드의 피오트라셰보)를 떠나 "보헤미아로 침투해 뷔르템베르크 대공을 저지하라"고 명령했다. 테셴(데친)과 아우시히(우스티나트라벰), 퇴플리츠(테플리체)로 이어지는 적의 병참선을 차단하는 것이 목적이었다. 그런데 바르클라이와 프로이센 장군 클라이스트, 러시아 콘스탄틴 대공의 병력을 합하면 방담의 병력보다 두 배 많았다. 방담의 병사들은 용감하게 싸웠고 적에게 심한 손실을 입혔지만, 30일 방담은 쿨름(오늘날 체코의 홀루메츠) 마을 인근에서 1만 명의 병사와 함께 항복할 수밖에 없었다. 방담이 용맹하게 오스트리아군 전위를 막고 있을 때 나폴레옹은 뮈라와 생시르, 마르몽을 퇴플리츠로 보내 오스트리아군 후위를 공격하게 했으나 방담을 구할 수는 없었다. 나폴레옹은 아파서 침실을 떠날 수 없었다. 29일 오후에도 그는 겨우 피르나까지만 갈 수 있었다.[31] 이튿날 장 바티스트 코르비노가 비참한 소식을 전하러 왔을 때 나폴레옹이 할 수 있는 말은 이것뿐이었다.

"전쟁이 다 그렇지. 아침에는 의기양양했다가 저녁에는 의기소침해지는 것. 승리와 패배는 종이 한 장 차이야."[32]

8월이 끝날 때 나폴레옹이 드레스덴에서 승리하며 얻은 이점은 그의 부관들 때문에 전부 사라졌다. 그렇지만 더 나쁜 소식이 그를 기다리고 있었다. 우디노가 베르나도트에게 패한 뒤 베를린을 다시 공격해 형세를 뒤바꾸라고 네를 보냈지만, 9월 6일 네와 우디노는 함께 브란덴부르크의 데네비츠 전투에서 폰 뷜로 장군에게 패했다. 뒤이어 바이에른이 중립을 선언했고, 그달 말 동맹국들이 라인 연방 해체를 선언한 뒤 독일의 다른 국가들은 자국 위치를 특별히 더 깊이 숙고했다.

나폴레옹은 9월을 대체로 드레스덴에서 보내며 이따금 급히 돌진해 지나치게 가까이 접근한 동맹국 군대와 교전했지만, 동맹군이 그와 단호하게 맞붙는 것을 피하고 그의 부하들과의 싸움에 집중하였기에 원정을 승리로 이끌 대대적인 타격을 가할 수 없었다. 그 기간은 나폴레옹에게 실망스러운 시간이었고 때로 그는 조급함과 언짢은 기분을 드러냈다. 사뮈엘 프랑수아 레리티에 드 셰젤이 지휘하는 제5기병 군단의 기병 2천 명이 드레스덴과 토르가우 사이에서 카자크 6백 명의 공격을 받았을 때, 나폴레옹은 베르티에에게 보낸 편지에서 셰젤의 병사들이 비록 "사브르 검도 권총도 없고 무기라고는 빗자루밖에 없었다"고 해도 더 공격적으로 싸웠어야 했다고 썼다.[33)]

이런 성격의 전투는 사기에 좋지 않았고 9월 27일 작센 대대 하나가 통째로 이탈해 베르나도트에게 넘어갔다. 바로 바그람 전투 때 그의 지휘를 받아 싸운 부대였다. 파리에서는 마리 루이즈가 28만 명 징집을 놓고 원로원에 의결을 요청했다. 그중 1815년 명부에 올랐으나 미리 징집한 자가 16만 명에 달했다. 1814년 명부의 징집병을 이미 소집했기 때문이다. 그런데 프랑스 여러 지역에서 추가 징집에 반대하는 움직임이 널리 퍼져갔다.

그 원정에서 사단장을 맡은 티에보 장군은 1813년 상황을 다음과 같이 정확히 요약했다.

> 이 거대한 싸움의 전장은 놀랍게 확대되었다. 그것은 이제 한두 시간이나 길어도 하루, 이틀에 실행 가능한 영리하고 은밀한 기습공격으로 우세를 취할 수 있는 싸움터가 아니었다. 나폴레옹은 … 마렝고나 예나에서 그랬듯 적군 측면을 우회하거나 바그람의 경우처럼 적군 좌우익 중 하나를 분쇄함으로써 그들을 격파할 수 없었다. 북쪽에는 16만 명의 베르나도트 부대, 동쪽에는 16만 명의 블뤼허 부대, 남쪽에는 19만 명의 슈바르첸베르크 부대가 가공할 전선을 펼치면서 나폴레옹과 거리를 두고 있었기 때문에 그가 단일 전투로 원정이나 전쟁의 결판을 내 명성을 쌓을 때 보여 주었듯 예측하지 못하게 신속히 움직일 여지가 없었다. 주둔군과의 거리가 그에게 좌절감을 안겨 주었다. 그때까지 나폴레옹은 한 번에 하나 이상의 적과 맞서 싸운 적이 없었다. 지금 그가 대적해야 할 적은 셋이었고 다른 두 적군에 측면을 노출하지 않고는 하나의 적을 공격할 수 없었다.[34)]

10월 초 동맹군은 프랑스군 병참선을 마음대로 넘나들었고 나폴레옹이 편지를 보내지도 받지도 못한 날이 여러 날이었다. 10월 6일 바이에른이 프랑스에 전쟁을 선포하면서 상황은 더욱 나빠졌다. 황제는 체념한 듯 팽에게 말했다.

"바이에른은 실제로 우리에게 대적하지 않을 것이다. 그들은 오스트리아가 완전한 승리를 거두고 프랑스가 재앙을 떠안으면 잃을 것이 너무 많다. 바이에른은 오스트리아는 천적이고 프랑스는 꼭 필요한 버팀목이라는 것을 잘 알고 있다."[35)]

이튿날 웰링턴이 비다소아강을 건너 에스파냐를 벗어났다. 20년 전 후드 제독이 툴롱에서 쫓겨난 뒤 외국 군대가 처음 프랑스 땅을 밟은 것이다. 블뤼허의 병력 6만 4천 명이 엘베강을 건너고 보헤미아군 20만 명 규모가 라이프치히로 진격하자 나폴레옹은 생시르를 드레스덴에 남겨 둔 채 12만 명을 이끌고 북쪽으로 향했다. 베를린을 내내 확실히 위협하면서 블뤼허를 다시 엘베강 너머로 몰아낸 뒤 돌아와 슈바르첸베르크와 맞붙으려 한 것이다.

10월 10일 슈바르첸베르크와 블뤼허, 베르나도트가 지휘하는 도합 32만 5천 명의 세 동맹군 부대는 라이프치히에 있는 상대적으로 훨씬 적은 나폴레옹 군대를 그곳에 가두려고 집결하고 있었다. 10월 13일 나폴레옹은 바이에른군이 오스트리아군에 합류해 라인강을 위협하고 있음을 알았다. 그날 오전 5시 나폴레옹은 네에게 이렇게 썼다.

"라이프치히에서 정녕 큰 전투가 벌어질 것이다."[36)]

나폴레옹은 숫자에서 크게 열세였지만(그가 끌어모을 수 있는 병력은 20만 명이 약간 넘었다) 이듬해 영국인 기자 프레더릭 쇼벌이 설명한 바에 따르면 '의심의 여지가 없는 독일 제1의 상업 도시이자 유럽 대륙의 거대한 거래소'인 그 도시를 지키기로 결심했다.[37)] 나폴레옹은 머리 부상이 대체로 병사 스스로 초래한 것이라고 의심했지만 머스킷총을 재장전하고 발사할 때 총이 무릎을 꿇고 있는 앞쪽 대열 동료들의 머리에 너무 가까워 생긴 부상이라는 군의관 라레의 설명을 듣고 병사들을 3열이 아닌 2열로 정렬하게 했다. 나폴레옹은 다음과 같이 말했다.

"이 새로운 배열의 한 가지 이점은 적군이 상대가 실제보다 3분의 1 더 많다고 믿게 하는 데 있다."[38)]

10월 14일 뒤벤에서 근위대가 도착했을 때 나폴레옹은 라이프치히 동쪽 교외 로이트니츠에 있는 베스터라는 사람의 집에서 밤을 보냈다. 여느 때처럼 숙소 담당 하사관maréchal de logis은 각 방의 문에 묵고 있는 장군의 이름을 분필로 써넣었는데 나폴레옹 방에는 즉시 불이 지펴졌다. "황제가 온기를 매우 좋아했기 때문이다."[39)] 황제는 베스터의 집사장에게 말을 걸었다.

> 나폴레옹: "그대의 주인은 무슨 일을 하는가?"
>
> 집사장: "사업가입니다, 폐하."
>
> 나폴레옹: "어떤 분야인가?"
>
> 집사장: "그는 은행가입니다."
>
> 나폴레옹: (미소를 지으며) "오! 그러면 자두 하나는 갖고 있겠군."
>
> 집사장: "죄송합니다만 폐하, 정말로 그렇지 않습니다."
>
> 나폴레옹: "그렇다면 아마도 두 개?"(자두는 거액을 뜻한다 — 역자)

두 사람은 어음 할인, 이자율, 집사의 임금, 현재의 (걱정스러운) 영업 상황, 주인 가족에 관해 얘기를 나누었다. 폰 오델레벤 대령은 다음과 같이 회상했다.

"대화 내내 황제는 기분이 매우 좋았다. 자주 웃었고 코담배를 많이 피웠다."[40)]

나폴레옹은 떠날 때 그곳에 즐겁게 머문 보답으로 2백 프랑을 지불했다. 어느 부관이 적은 바에 따르면 이는 "확실히 흔히 볼 수 없는 일이었다."

이튿날 남쪽에서는 슈바르첸베르크의 20만 대군이 하루 종일 정찰과 전초전으로 뮈라와 접전을 벌였고 블뤼허는 잘레강과 엘스터강을 따라 진격했다. 그날 나폴레옹은 크림색 암말을 타고 3개 대대에 독수리 깃발과 군기를 나눠 주었다. 상자에서 깃발을 꺼내 펼쳐 장교들에게 줄 때마다 북이 울렸다. 이 장면을 본 어떤 이의 회상에 따르면 나폴레옹은 "진지한 말투로 뚜렷하면서도 음악 용어 메차 보체mezza voce(중간 음성으로)로 표현할 수 있는 그리 크지 않은 목소리로" 말했다.

"제26경보병 연대 병사들이여, 나는 제군에게 독수리 깃발을 맡긴다. 이 깃발이 그대들의 집결 지점을 알릴 것이다. 그대들은 목숨 걸고 이것을 지키겠다고 맹세하겠는가? 결단코 프랑스가 모욕을 당하지 않게 하겠다고 맹세하라. 치욕을 떠안느니 차라리 죽겠다고 맹세하라. 맹세하라!"

그는 마지막 말을 두드러진 목소리로 크게 힘주어 내뱉음으로써 특별히 강조했다. 이 말을 신호로 모든 장교가 검을 뽑아 들었으며 모든 병사가 열정에 휩싸여 하나같이 동의한다는 뜻으로 여느 때처럼 환호와 함께 큰 목소리로 외쳤다.

"맹세합니다!"

이러한 출정식에는 보통 군악대 음악을 동반했으나 그때는 없었다.

"많은 군악병이 러시아의 눈 속에 파묻힌 뒤 군악병은 보기 힘들었다."[41]

그때까지 유럽사 최대 전투였던 라이프치히 '국민의 전투'에서 싸운 50만 명 중에는 프랑스인, 독일인(양편에 다 있었다), 러시아인, 스웨덴인, 이탈리아인, 폴란드인 그리고 오스트리아제국 내의 모든 민족이 있었다. 심지어 영국인 로켓 부대원도 참여했다.[42] 전투는 1813년 10월 16일, 18일, 19일 사흘에 걸쳐 이뤄졌다. 나폴레옹은 자신이 보유한 프랑스 야전군 거의 전부를 이끌었다. 이들은 20만 3천1백 명이었는데 기병은 2만 8천 명에 불과했고 대포는 738문뿐이었다. 참여하지 않은 병력은 드레스덴에 머문 생시르 군단(3만 명), 그단스크에서 포위된 라프 군단(3만 6천 명), 함부르크에 머문 다부 군단(4만 명), 병상에 누워 있는 약 9만 명이었다. 전투 마지막 날까지 동맹군이 끌어모은 전력은 전부 36만 2천 명에 대포 1,456문으로 프랑스 전력의 거의 두 배였다.[43] 매우 넓은 전장은 엘스터강과 플라이세강을 기준으로 둘로 나뉘었고 동쪽에는 탁 트인 평야와 포대에 포좌를 제공하고 병사들에게 숨을 곳을 준 구릉지가 있었다.*

라이프치히에서 부상당한 아돌프 드 고빌 대위는 이렇게 회상했다. 10월 16일 비가 내려 어둡고 음침한 새벽 "오전 5시 나폴레옹은 어느 들판으로 안락의자와 탁자를 가져오라고 했다. 그에게는 많은 지도가 있었다. 수많은 장교와 장군이 차례로 다가와 명령을 받았다."[44] 나폴레옹은 도시 남쪽에 있는 슈바르첸베르크의 부대 10만 명과 싸우는 데 13만 8천 명을 투입할 계산을 했고 블뤼허와 베르나도트, 베니히센이 각각 북서쪽·북쪽·동쪽에서 도착하기 전까지 자신에게 주어진 시간은 하루나 기껏해야 이틀뿐이라는 사실을 알고 있었다. 그 전에 슈바르첸베르크를 굴복시켜야 했다(베니히센의 선봉대인 카자크 부대는 전투 첫날 전장에 도착했고 본대는 17일 늦게 도착해 이튿날의 교전을 준비했다. 베르나도트 군대도 그때 도착했다).

전투는 16일 일찍 시작했고 프로이센군이 민족 간의 증오로 더욱 심해진 혹독한 시가전에서 폴란드인 포니아토프스키 부대로부터 마르크클레베르크 마을을 빼앗았다. 바하우는 비교적 방비가 허술해 프로이센 여단의 지원을 받은 러시아군이 빠르게 함락했지만 그 너머로 전진하려던 시도는 프랑스 포대에 가로막혔다. 정오에서 오후 1시 사이 그곳에 도착한 나폴레옹은 대포 177문으로 포대를 편성해 맹포격을 가하면서 대대적으로 반격에 나섰고, 러시아군은 엄폐물이 전혀 없는 라이프치히 평원으로 밀려나 포도탄에 무수히 쓰러졌다.

* 오늘날 81미터 높이의 푈커슐라흐트덴크말Völkerschlachtdenkmal(국민의 전투 기념비) 꼭대기에 오르면 잘 보인다.

오스트리아 장군 줄러이 이그나츠가 나폴레옹이 탈출해야 할 경우 이용할 수 있는 유일한 서쪽 탈출로를 위협했기에 앙리 베르트랑 장군 군단이 그 길을 보호하러 가면서 나폴레옹의 주된 공격이 크게 약해졌다. 줄러이는 그 길 근처의 린데나우를 점령하는 데 집중했고, 늦은 오후 오스트리아군이 엄청난 포격을 받으면서도 불타고 있는 그 마을로 돌진하면서 진짜 위기가 찾아왔다. 베르트랑은 후퇴한 뒤 오후 5시 부대를 재편해 반격에 나섰다. 여하튼 그는 그 도로를 깨끗이 치우는 데 성공했으나 줄러이는 베르트랑 군단의 발을 묶어 둠으로써 중요한 기여를 했다.

오전 10시 클레나우가 리베르트볼크비츠로 진격해 재빨리 교회와 마을 북단을 제외한 전부를 점령했다. 신속한 반격에 오스트리아군은 곧바로 다시 밀려났다. 제라르 장군은 이탈리아인이 다수인 사단을 이끌고 클라인푀스나를 공격하다가 부상을 당했고, 이어 모르티에가 청년근위대 사단을 이끌고 그곳을 확보하러 왔다. 오전 11시 다시 출발선으로 밀려난 동맹군은 지쳤고 예비 병력도 없었다. 동맹군 공격에 깜짝 놀란 나폴레옹은 어쩔 수 없이 원하는 시점보다 더 빨리 예비 병력을 투입해야 했다. 프리앙의 선임근위대가 모이스도르프의 양 농장을 점령했으며 우디노가 지휘하는 청년근위대 2개 사단과 예비 기병군단 대군은 바하우 맞은편에 집결했다.

전장에 안개가 걷히자 나폴레옹은 확실히 우세를 잡았다고 평가할 수 있었다. 동맹군 전선의 가장 약한 지점인 바하우에서 그들을 갈라 칠 기회를 포착한 나폴레옹은 정오에 마크도날 군단을 투입해 동맹군 우측을 돌아 포위하려 했다. 오후 2시 나폴레옹은 직접 제22경보병 연대를 독려해 그로스푀스나가 내려다보이는 일명 콜름베르크 언덕을 습격하게 했다. 나폴레옹은 맹포격에 팔짱을 낀 채 기슭에 가만히 서 있다고 그들을 힐난했다.[45] 제22경보병 연대는 그 언덕을 차지했으나 이들의 기동을 알아챈 차르 알렉산드르 1세와 프리드리히 빌헬름 3세, 슈바르첸베르크가 프로이센 예비 병력을 들여보내 저지했다(이 전쟁 초기 때처럼 두 군주는 단지 조언하고 사기를 북돋우는 역할만 했다. 군사적 결정은 직업 군인들이 내렸다).

평원에서는 뮈라가 바하우와 리베르트볼크비츠 사이로 대규모 기병대를 조밀한 대형으로 투입해 우디노와 포니아토프스키를 지원했다. 오후 2시 30분 보르데술의 기병들이 중앙에서 돌격을 이끌어 뷔르템베르크 대공의 보병 대형을 돌파했고 거대한 동맹군 포대의 포병들 속으로 들어갔다. 총 2천5백 명에 달하는 18개 기병중대가 러시아 근위기병 사단을 공격해 뒤엎고는 계속 동맹군 사령부로 진격했다. 그러나 프랑스군 보병들은 이 돌격을 뒤따르지 못했고 보르데술 부대는 늪지에서 속도가 느려지자 퇴각해야 했는데 그 와중에 큰 손실을 입었다. 아군의 오인 사격에 따른 피해도 있었다.

북쪽에서 마르몽이 내려오기를 기다리고 있던 나폴레옹은 오후 3시 가용한 병력을 전부 투입해 총공격에 나서기로 결정했다. 나폴레옹은 적군 중앙을 타격하고자 포대를 많이 전진시키고 기병대로 끝없이 돌격과 반격을 이어갔으며 보병에게 근사거리에서 일제사격을 명령했다. 그렇게 동맹군 전선을 거의 한계점까지 몰아갔지만 오스트리아가 새로운 부대를 투입하고(일부는 한시라도 더 빨리 싸움에 참여하기 위해 허리까지 빠지는 플라이세강을 건넜다) 러시아군과 프로이센군이 완강하게 저항하면서 프랑스군은 돌파에 성공하지 못했다.

뫼케른 방향에서 계속 포화 소리가 들려오자 나폴레옹은 블뤼허와 마르몽이 맞붙은 전장의 북쪽으로 말을 달렸다. 뫼케른의 좁은 거리에서 잔혹한 백병전이 벌어졌는데 마르몽이 마을 너머 언덕으로 오르려 하자 요르크가 기병대를 내보내 돌격하게 했고 보병으로 이를 지원했다. 마르몽의 병사들은 라이프치히 시내로 퇴각해야 했다. 네는 블뤼허와 베르나도트의 진격을 지연시키기는커녕 견고한 진지를 차례로 내주며 계속 도시 쪽으로 밀려나고 있었다.

동맹군이 삼면에서 접근하자 나폴레옹은 어느 한 지점에 결정적인 타격을 줄 만큼 강하게 공격을 전개할 수 없었다. 오후 5시 양쪽 군대는 첫날 전투를 끝낼 준비를 했다. 사상자 숫자가 어마어마했는데 대략 프랑스군 2만 5천 명, 동맹군 3만 명

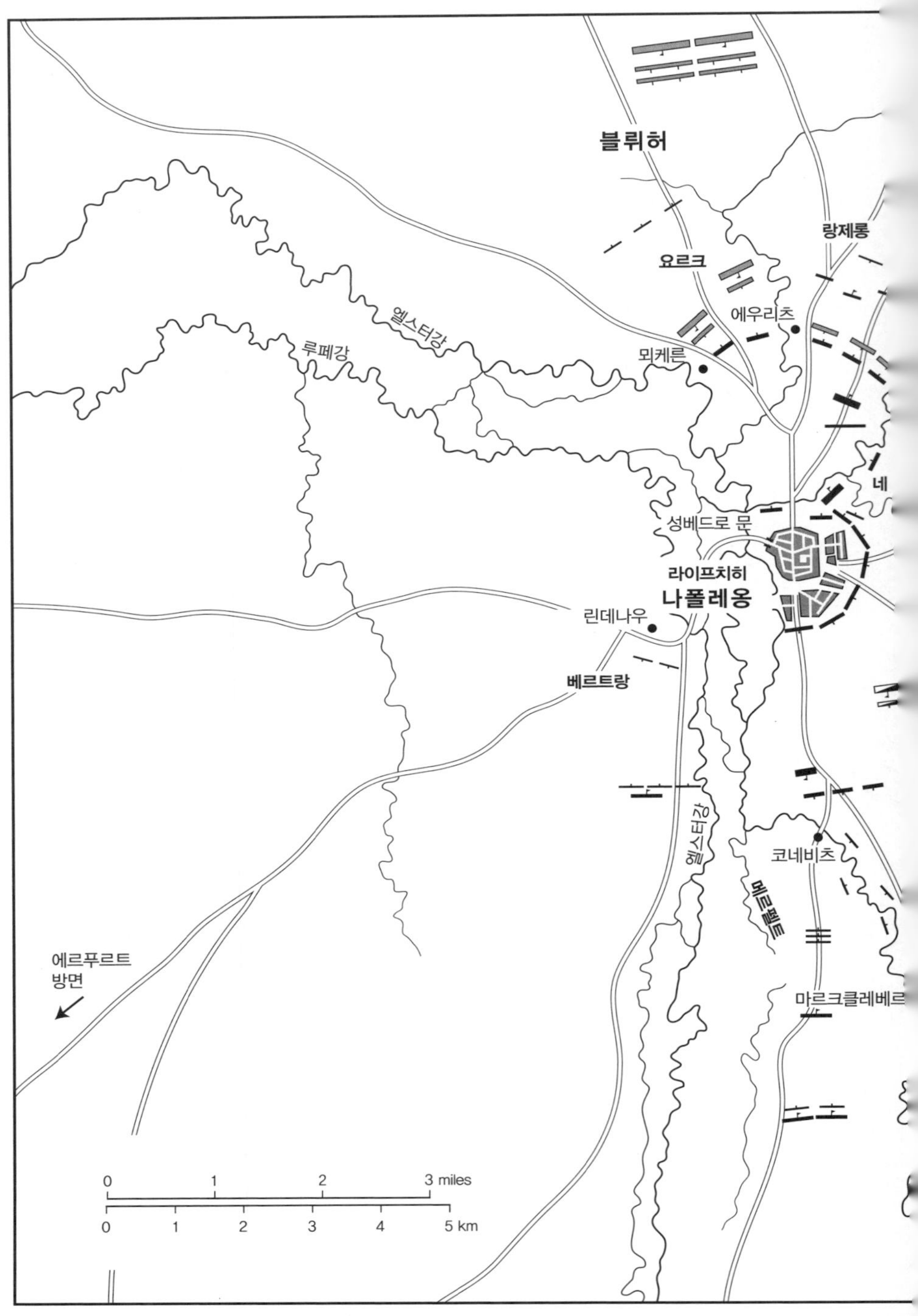
블뤼허
랑제롱
요르크
에우리츠
엘스터강
뫼케른
루페강
네
성베드로 문
라이프치히
나폴레옹
린데나우
베르트랑
엘스터강
코네비츠
메르펠트
에르푸르트
방면
마르크클레베르
0
1
2
3 miles
0
1
2
3
4
5 km

라이프치히 전투

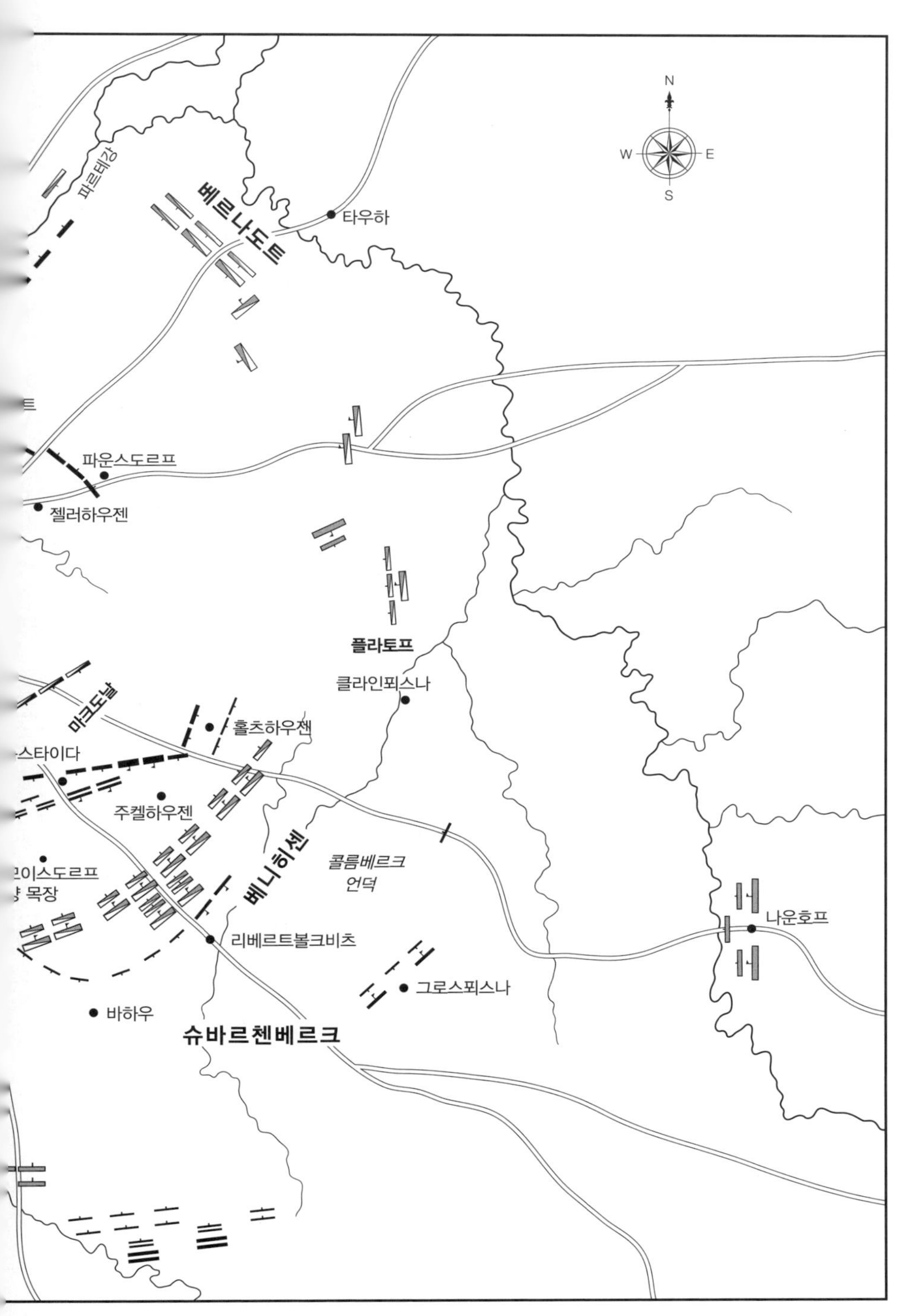

N
W
E
S
파르테강
베르나도트
타우하
파운스도르프
젤러하우젠
플라토프
클라인푀스나
마크도날
홀츠하우젠
스타이다
주켈하우젠
베니히센
콜름베르크
언덕
나운호프
리베르트볼크비츠
그로스푀스나
바하우
슈바르첸베르크

이었다.[46] 그날 밤 나폴레옹은 서쪽으로 난 길을 따라 가만히 빠져나와야 했다. 슈바르첸베르크가 대규모 증원군을 받기 전에 탈출한 것이다. 대신 그는 10월 17일 하루를 휴식과 회복에 쓰도록 허용하면서 휴전을 청했고(거부당했다) 그날 포로가 된 오스트리아의 선임장군 막시밀리안 폰 메르펠트를 노골적인 반러시아 메시지와 함께 황제 프란츠 1세에게 보냈다. 메시지 내용은 이러했다.

"비스와 강가에서 절반은 유목민인 민족의 범람을 막는 것이, 본질적으로는 정복하는 것이 오스트리아와 프랑스 심지어 프로이센에도 벅찬 일은 아닙니다. 그들의 거대한 제국은 이곳부터 중국까지 내내 이어져 있습니다. 내가 희생해 끝내야 합니다. 나는 알고 있습니다. 희생할 준비가 되어 있다는 것을."[47]

그가 팽에게 강화를 위해 기꺼이 감당하겠다고 한 희생에는 바르샤바대공국과 일리리아, 라인 연방을 즉각 포기하는 것도 있었다. 나폴레옹은 비록 영국까지 포함하는 포괄적인 협정의 일부일 수밖에 없긴 하지만 에스파냐와 홀란트, 한자 동맹 도시 독립도 기꺼이 고려할 수 있었다. 이탈리아의 경우 '왕국 통합과 독립성'을 원했다. 이는 독일에서 떠나 라인강 너머로 물러나겠다며 오스트리아에 제안한 것과 달리 모호했다.[48] 프란츠 1세는 3주 동안 제안에 답하지 않았고 그때 상황은 근본적으로 나폴레옹에게 불리하게 바뀌었다.[49]

훗날 웰링턴은 만약 나폴레옹이 라이프치히에서 좀 더 일찍 철수했다면 동맹군은 감히 라인강으로 다가갈 수 없었을 것이라고 말했다.[50] 그러나 휴전 없이 라이프치히에서 퇴각하는 것은 사실상 동쪽 요새 수비대의 수만 명을 포기한다는 뜻이었다. 나폴레옹은 이럴 경우 작센과 뷔르템베르크가 바이에른의 선례를 따라 자신을 저버릴 것이라고 걱정했다. 결국 그는 에르푸르트로 퇴각하는 대신 군수품 보급을 준비했고(프랑스 포대는 그 전투에서 포탄 22만 발을 발사했다) 전군을 도시 북동쪽과 남쪽에 반원 형태로 집결한 다음 탈출할 경우를 대비해 베르트랑과 모르티에를 내보내 빠져나갈 길을 확보하게 했다.[51] 17일 밤 나폴레옹은 심한 독감으로 녹초가 되었으나 끝까지 싸우기로 결심했다. 전투 개시 후 레니에 군단 병력 1만 4천 명을 추가했지만 슈바르첸베르크는 베르나도트 부대와 베니히센 부대가 도착하면서 병력을 10만 명 넘게 증원했다.[52)]

10월 18일 오전 8시경 말을 타고 린데나우로 향한 나폴레옹은 그날 하루를 대부분 선임근위대와 근위기병대가 예비 병력으로 머물던 톤베르크의 담배 공장에서 보냈다.* 그때쯤 태양이 빛을 발했고 군대는 교전 준비를 마쳤다. 슈바르첸베르크는 전투 재개를 위해 병력 29만 5천 명과 대포 1,360문으로 여섯 차례의 대규모 집중 공격을 계획했다. 그는 코네비츠와 마르크클레베르크, 프롭스타이다, 추켈하우젠, 홀츠하우젠, 린데나우, 타우하를 점령한 뒤 라이프치히의 프랑스군을 궤멸하길 기대했다.

아침 늦게 도착한 베니히센은 마크도날에게서 홀츠하우젠과 그 인접 마을들을 빼앗았다. 마크도날 왼편에는 작센 병사 5천4백 명과 뷔르템베르크 병사 7백 명을 포함한 레니에의 증원군이 있었지만, 새로 합류한 이 병력은 오전 9시 대포 38문을 끌고 동맹군 편으로 이탈했다. 이에 따라 나폴레옹 전선에 틈이 크게 벌어졌고 장 드프랑스 장군의 중기병 사단이 이를 메우려 했다.[53)] 작센 포대는 뒤로 돌아 견인 수레를 떼고 프랑스군 전선에 발포했다. 이들은 예나 전투 이후 프로이센에서 이탈한 뒤 여러 해 동안 나폴레옹을 위해 싸운 부대였는데, 그 냉정한 배반은 프랑스군 사기에 나쁜 영향을 주었다.

폰 뷜로는 곧 파운스도르프 마을을 점령했다. 나폴레옹은 선임근위대와 청년근위대 부대를 투입해 탈환하려 했으나 프로이센군 병력이 너무 많아 이 정예 부대도 밀려났다. 빅토르와 로리스통이 지키던 프롭스타이다는 그날 차르가 점령에 지대한 관심을 보였음에도 불구하고 빼앗지 못한 진정한 요새로 남았다. 프로이센군

* 그 공장은 잉골슈타트에 있는 바이에른 군사 박물관의 근사한 실물 모형에서 중심을 차지한다.

2개 여단이 세 차례나 시도했지만 성공하지 못했고 러시아군 제3보병 사단은 경보병의 엄호를 받으며 침울하게 물러나야 했다. 나폴레옹은 이러한 공격의 힘이 염려스러워 퀴리알의 선임근위대 사단을 내보내 지원했으나 쓸 일이 없어서 안도했다.

라이프치히 북쪽에서는 마르몽과 망명한 프랑스인 장군으로 러시아군을 위해 싸운 랑주롱이 쇠네펠트를 두고 격전을 벌였다. 마르몽은 자기 부대의 대포에 더해 수암 군단의 대포를 전부 끌어와 총 137문으로 랑주롱의 180문에 가까스로 맞섰다. 어마어마한 규모의 두 포대 사이에 있는 땅은 완전히 쑥대밭이 되었다. 계속된 포격전에서 프랑스 장군 6명이 죽거나 부상당했고 밤이 되자 마르몽은 라이프치히 밖의 참호로 물러났다. 랑주롱이 마르몽과 교전하는 동안 블뤼허는 라이프치히 근교로 밀고 들어갔다. 네가 2개 사단으로 반격해 젤러하우젠 마을을 차지하기 위한 싸움이 벌어졌다. 영국군이 엄청난 소음에다 아주 치명적인 콩그리브 로켓을 발사한 것이 바로 이 전투다. 이것은 특히 프랑스군 사기에 큰 영향을 주었다. 로켓이 알려진 지는 16년이 되었고 1807년 코펜하겐에서 효력을 입증했지만 나폴레옹은 로켓 능력을 갖추지 못했다.

오후 4시 30분경 나폴레옹은 직접 선임근위대와 근위기병대 일부를 이끌고 츠바이나운도르프에서 반격을 가했다. 그는 교전에 들어가기 직전까지 병사들과 함께 있었다. 하지만 동맹군의 저항에 진격은 멈췄고 러시아군과 프로이센군이 몰려오면서 프랑스군은 계속 후퇴했다. 프랑스군 척탄병 중대의 선임부사관 요한 뢰리히는 이렇게 회상했다.

"적군 산탄이 비 오듯 쏟아지는 그곳에서 황제를 보았다. 그의 얼굴은 창백했고 대리석처럼 침착했다. 아주 이따금 격노하는 표정이 얼굴에 스쳤을 뿐이다. 그는 모든 것을 잃었음을 알았다. 우리는 퇴각하기 위해서만 싸우고 있었다."[54)]

뢰리히는 선임근위대의 몇몇 척탄병에게 2크라운(6프랑, 사흘 치 급여)을 주고 감자 여덟 개를 얻은 날에 관해 썼다.

황제처럼 영리한 지휘관이 우리를 굶긴다는 것이 이해가 가지 않는다. 식량이 충분했다면 그 군대에서 보낸 시간은 상당히 달랐을지도 모른다. 그 생활을 경험하지 못한 사람은 황제가 몸소 그곳에 왔을 때 반쯤 굶주린 지친 병사들 사이에서 터져 나온 열광을 짐작도 못할 것이다. 사기가 곤두박질쳤어도 그가 나타나면 그 존재는 마치 전기 충격 같았다. 모두가 "황제 만세!"를 외치고 저돌적으로 포화 속으로 돌진했다.[55)]

그날 양쪽 군대는 혹독한 포격전과 백병전에서 대략 2만 5천 명을 잃었다.

10월 19일 아침 나폴레옹은 마침내 전군 퇴각을 결정했다. 그는 사흘 전 원수 지휘봉을 받은 포니아토프스키에게 말했다.

"대공, 그대가 남쪽 교외를 방어하시오."

그 폴란드인이 대답했다.

"폐하, 저는 병력이 너무 적습니다."

나폴레옹이 말했다.

"그러면 있는 병력으로 지키면 될 것 아니오!"

신설한 원수에 임명된 이는 이렇게 대답했다.

"아, 폐하. 버티겠습니다. 우리는 모두 폐하를 위해 죽을 각오가 되어 있습니다."[56)]

그날 늦게 포니아토프스키는 약속을 지켰다. 나폴레옹은 작센 왕을 방문한 뒤 오전 10시경 도시를 떠났다. 작센군 전장 지휘관은 많은 병사들과 달리 변절해서 동맹군으로 넘어가지 않았다. 폰 오델레벤 대령은 다음과 같이 회상했다.

"말에 오른 나폴레옹은 성베드로 문을 천천히 지나 라이프치히를 떠날 때 표정에서 침착함을 잃지 않았지만 땀에 흠뻑 젖어 있었다. 육체적 고됨과 정신적 동요가 겹치면서 초래한 상황이었을 것이다."[57)]

퇴각은 무질서했다.

"탄약 마차, 근위기병, 대포, 소와 양, 여인들, 척탄병, 사륜 역마차, 멀쩡한 병사, 부상병, 죽어가는 병사 들이 전부 한데 밀어닥쳐 허둥지둥 지나가느라 프랑스군은 방어는커녕 행군을 지속하는 것도 거의 불가능했다."[58]

오전 10시 30분 동맹군이 도시를 공격하면서 혼란은 더욱 심해졌다.

플라이세강, 루페강, 엘스터강에는 배다리를 가설하지 않았기 때문에 이들은 라이프치히 시내 플라이세강 위에 놓인 다리 하나로 모두 건너야 했다. 다리에 가려면 좁은 거리를 연이어 지나야 했다. 오전 11시 30분 전군이 강을 다 건너기 전에 하나뿐인 다리가 무너지면서 재앙이 찾아왔다. 2만 명이 넘는 병사가 헛되이 포로가 되었고 패배는 패주로 바뀌었다. 나폴레옹의 공보 제50호는 "맡은 임무의 성격을 제대로 이해하지 못한 무지한 하사"에게 임무를 떠맡겼다고 몽포르 대령의 이름을 거론하며 비난했다.[59] 폭발로 도시가 흔들릴 때 다리 위에는 여전히 많은 사람과 짐승이 있었다. 인체와 말의 몸통 쪼가리가 거리와 강물에 비처럼 쏟아졌다.[60] 몇몇 장교는 포로가 되지 않으려고 헤엄쳐 강을 건너기로 했다. 마크도날은 그렇게 강을 건넜다. 포니아토프스키는 타고 있는 말을 강물 속으로 몰아댔지만 말은 반대편 강둑을 오르다 쓰러져 그를 깔아뭉갰고 둘 다 강물에 휩쓸렸다.[61] 강에서 포니아토프스키의 시신을 건져 낸 어부는 다이아몬드가 박힌 견장과 반지, 코담뱃갑을 챙겼고 이를 그의 가족에게 돌려 주길 원한 폴란드 장교들에게 팔았다.[62] 금으로 가제트 에트랑제르Gazettes Étrangères라는 글씨를 새긴 가죽가방(나폴레옹이 외국 신문을 담아두는 데 사용한 붉은색 서류가방)도 그의 마차와 함께 노획물이 되었는데 이는 베르나도트가 보는 앞에서 열었다.*

나폴레옹은 라이프치히 전투 전야에 이런 말을 했다.

"패전과 승전 사이의 거리는 엄청나다. 그곳에 제국들이 서 있다."[63]

* 오늘날 스톡홀름의 왕궁 옆에 있는 훌륭한 병기 박물관에서 볼 수 있다.

사흘 동안 나폴레옹이 잃은 병력은 사망과 부상을 포함해 대략 4만 7천 명이었다. 약 3만 8천 명이 포로가 되었고 대포 325문, 마차 9백 대, 군기 28개(독수리 깃발 세 개 포함)를 빼앗겼다. 통계를 보면 그의 생애 최악의 패배임을 쉽게 확인할 수 있다.[64) 나폴레옹은 공보에서 병력 1만 2천 명과 마차 수백 대를 주로 다리가 무너진 탓에 잃었다고 인정했다. 그는 이렇게 썼다.

"그로 인해 군대가 혼란에 빠지면서 상황이 변했다. 프랑스군은 앞서 승리한 군대로서 에르푸르트에 도착했지만 이제는 패배한 군대가 되어 그곳에 간다."[65)]

전투를 시작할 때 그의 병력은 20만 명이 넘었으나 탈영과 이탈이 더 이어진 뒤 그가 잘레강 너머로 데려온 그랑다르메는 고작 8만 명뿐이었다. 바레스 대위는 다음과 같이 회상했다.

"무질서한 병사들 사이에 발진티푸스가 무섭게 퍼졌다. 우리가 라이프치히를 떠나면서 군대를 집어삼킬 수 있는 역병이란 역병은 모조리 가져왔다고 말해도 될 것이다."[66)]

나폴레옹은 라인강까지 전투 퇴각을 수행하며 21일 쾨젠(오늘날의 바트쾨젠)에서 오스트리아군을, 같은 날 프라이부르크(오늘날의 폴란드 시비에도지체)에서 프로이센군을, 27일 회르젤베르크에서 러시아군을 그리고 30일과 31일 이틀간의 전투에서는 하나우에서 바이에른군을 일소했다. 나폴레옹은 11월 2일 마인츠에서 다시 라인강을 건넜다. 이튿날 그는 아내에게 말했다.

"누가 마음을 소란케 해도 평정을 잃지 말고 즐겁게 웃으시오."[67)]

나폴레옹 군대는 엘베강과 오데르강, 비스와강 요새들에서 여전히 12만 명이 포위공격을 받고 있었다. 그단스크에는 라프(그의 실효 병력은 결국 1만 명으로 줄어든다), 토르가우에는 아드리앙 뒤 타이이 장군, 마그데부르크에는 장 르마루아 장군, 비텐베르크에는 장 라포이프 장군, 슈테틴에는 루이 그랑도 장군, 퀴스트린에는 루이 달브 장군, 글로가우에는 장 드 라플란 장군이 갇혀 있었다. 그 밖에 드레스덴과 에르푸르트,

마리엔부르크, 모들린, 자모시치, 베젤에도 병사들이 있었다. 다부가 함부르크와 엘베강 하류 지역을 장악하고 있었지만 1813년 말 이러한 동부 요새들은 대부분 굶주림 때문에 차례로 무너졌다. 1814년 출정 때까지도 소수의 요새가 버티고 있었으나 포위공격에 관여한 현지 의용대를 묶어 두는 것 말고는 전혀 도움을 주지 못했다. 그 많은 병력을 그토록 먼 동쪽 지역에 남겨 두었다는 사실은 나폴레옹의 꺾이지 않는 낙관론을 보여 주는 징표다. 1814년 이들은 대부분 전쟁포로가 되었다.

1813년 원정에서 베시에르와 포니아토프스키 원수를 비롯해 장군 33명이 목숨을 잃었고 뮈라가 변절했다. 뮈라는 10월 24일 에르푸르트에서 나폴레옹과 함께 있을 때 나폴리 왕위 유지를 보장받고 은밀히 동맹군에 합류하기로 했다. 나폴레옹은 결코 실망하지 않았다. 적어도 공개적으로는 그러지 않았다. 11월 9일 파리에 도착한 나폴레옹은 (팽의 말을 빌리자면) "남은 자원을 최대한 이용하려고 갖은 노력을 다 기울였다."[68] 그는 마레 대신 콜랭쿠르를 외무장관에 앉혔고(회유하려는 의도로 일이 없는 탈레랑에게 그 직을 두 번 제안한 뒤) 30만 명의 신병에다 나라에 징집 반대 정서가 널리 퍼졌는데도 긴급 동원령을 내려 12만 명을 모았다. 그리고 이전에 자신의 마관이던 콜랭쿠르의 매제 생테냥 남작이 프랑크푸르트에서 가져온 동맹군의 강화 제안에 진지하게 응했다.[69] 프랑크푸르트 강화 방침이라는 이름으로 부른 그 제안에 따르면 프랑스는 이른바 '자연 국경'이라는 리구리아 알프스와 피레네산맥, 라인강, 아르덴 숲으로, 즉 '부르봉 왕가 국경'으로 물러나야 했다(부르봉 왕가도 정복 전쟁에서 이 국경을 주기적으로 넘기는 했다). 나폴레옹은 벨기에는 다 포기하지 않아도 되었지만 이탈리아와 독일, 에스파냐, 홀란트를 포기해야 했다.[70] 그 시점, 그러니까 에스파냐에 소수의 수비대만 남아 있고 허세로는 라인강을 지킬 수 없던 그때 나폴레옹은 팽에게 이베리아 반도와 독일은 포기할 수 있지만 전시에 "오스트리아를 견제할 수 있는" 이탈리아와 "많은 자원이 있는" 홀란트를 내어 줄 생각은 없다고 말했다.[71]

11월 14일, 프랑크푸르트 제안이 도착한 그날 나폴레옹은 튈르리궁에서 원로원을 향해 연설을 했다. 그는 솔직하게 말했다.

"한 해 전에는 전 유럽이 우리와 함께 행진했지만 지금은 전 유럽이 우리에게 맞서고 있다. 세계 여론은 프랑스 아니면 영국이 이끌고 있다. … 후세는 중대한 상황이 발생했어도 그것이 프랑스나 내게 벅찬 일은 아니었다고 말할 것이다."[72)]

이튿날 나폴레옹은 콜랭쿠르에게 지시했다. 영국군이 바욘 인근의 마라크성에 도착하면 "그것과 함께 내게 속한 주택을 모조리 불태워 그들이 내 침상에서 자지 못하게 하라."[73)]

나폴레옹은 1억 8천만 프랑을 모으기 위해 담배에 매긴 간접세와 우편 요금을 두 배로 올리라 명령하고 소금세를 두 배 인상했지만, 몰리앵에게 그러한 조치는 "목마를 때 마지막까지 아껴 둔 디제스티프digestif(식후의 한 잔 술)"라고 털어놓았다. 국고가 3천만 프랑으로 줄어들면서 마침내 그 순간이 왔다.[74)] 나폴레옹은 육군경리부 주문을 충족하도록 연금과 급여를 전부 중지하라고 명령했다.

12월 1일 동맹군이 "프랑스제국에 왕정 시절 보유한 것보다 더 큰 영토를 보장"하겠다고 말하며 프랑크푸르트 제안을 공개한 뒤, 파스키에와 라발레트는 나폴레옹에게 정보부 조사에 따르면 국민은 이를 수용하길 원한다고 알렸다.[75)] 나폴레옹은 사바리에게 마치 멜로드라마 대사처럼 말했다.

"랑데부 순간이 찾아왔다. 그들은 사자가 죽었다고 생각하며 쳐다보고 있다. 그러나 사자는 늦춰진 복수를 시작할 것이다. 프랑스가 나를 버리면 나는 아무것도 할 수 없다. 그렇지만 그들은 이를 곧 잊을 것이다."[76)]

이튿날 콜랭쿠르는 메테르니히에게 서한을 보내 '전체적인 개요'에 동의한다고 알렸다.[77)] 12월 10일 웰링턴이 니브강을 건너고 술트가 아두르강으로 철수하면서 메테르니히는 동맹군이 콜랭쿠르의 제안에 관한 영국의 응답을 기다리고 있다고 답변했다. 나폴레옹 전쟁은 그때 그곳에서 종결할 수도 있었지만 영국은 프랑스가 영국 침공의 출발지로 삼을 수 있는 벨기에 해안을 일부라도, 특히 안트베르펀을 보유하는 강화에 반대했다. 캐슬레이가 메테르니히의 조건을 거부하면서 프랑크푸르트 방안을 토대로 한 강화 시도는 무산되었다. 캐슬레이가 1814년 1월 유럽에 도착해 차르에게 나폴레옹과는 어떤 방식으로든 강화를 체결하지 말라고 부추긴 뒤라 그 방안이 성공하기는 더욱 어려웠다.[78] 캐슬레이는 나폴레옹이 프랑스의 권좌에 앉아 있는 한 강화가 오래 지속되기는 불가능하다고 보았다.

12월 19일 나폴레옹은 입법원에 이렇게 말했다.

"이 원정 중에 프랑스 군대는 여러 차례 찬란한 승리로 이름을 떨쳤지만 그 승리는 전례 없는 변절로 빛을 잃었다. 모든 것이 우리에게 불리하게 바뀌었다. 프랑스인의 힘과 단합이 없으면 프랑스는 위험에 빠질 것이다."

그는 덴마크와 나폴리만 신의를 지켰다고 말했으나 내심 나폴리를 의심했다. 누이동생 토스카나 대공 엘리자는 여동생 카롤린과 그 남편 뮈라에게 머스킷총을 보내지 말라고 말했다. 그들은 이탈리아로 돌아와 오스트리아와 한 번 더 협상을 벌이고 있었다. 나폴레옹은 입법원에 말했다.

"그는 평화의 재정착에 반대하지 않을 것이다."

그리고 도전적인 태도로 끝맺었다.

"나는 번영의 유혹에 빠진 적이 없다. 어떤 역경이 닥쳐도 나는 무너지지 않을 것이다."[79]

나폴레옹의 원로원 연설도 똑같이 단호했다.

"전 국민이 무장한 것을 보면 외국인은 도망치거나 자신들이 제시한 안을 토대로 강화 조약에 서명할 것이다. 우리가 정복한 것을 되찾는 것은 문제가 아니다."[80]

원로원은 여전히 충성하긴 했지만 12월 30일 입법원은 223 대 51로 나폴레옹의 조치를 비판하는 긴 성명에 찬성했다. 이는 정치적 권리와 시민권 요구로 끝맺었는데 마지막 문장은 이러했다.

"끝 모를 야만적인 전쟁이 교육과 농업, 상업, 예술에서 주기적으로 청년들을 끌어내 집어삼킨다."[81]

프랑스인은 그가 러시아에서 당한 첫 패배는 용인했지만 곧이어 닥친 라이프치히의 두 번째 대재앙에는 다수가 등을 돌렸다. 나폴레옹은 권좌에 머물려면 조제프 레네가 이끈 그 성명서 작성자들을 추방하고 그 문서 발표를 금하는 수밖에 달리 대안이 없었다. 이튿날 그는 입법원을 정회했다.

병력이 8만 명도 되지 않는 상황에서 나폴레옹은 라인강에서 30만 명의 러시아군·프로이센군·오스트리아군과 대면했고 에스파냐와 영국, 포르투갈 군대 10만 명이 피레네산맥을 넘어 다가오고 있었다.[82] 나폴레옹은 사바리에게 말했다.

"국가의 생존이 위협받고 있는 지금은 내게 헌법과 인민의 권리를 말할 계제가 아니다. 적이 점점 더 가까이 다가오고 있는 마당에 철없는 놀이에 시간을 낭비하지 않을 것이다."[83]

동맹군이 라인강을 건너고 있었기에 정치적 논쟁보다 국민의 단합이 더 중요했다. 프랑스는 침공받기 직전에 놓였고 나폴레옹은 싸우기로 결심했다.

저항

28

군대가 인원수, 기병, 대포에서 열세에 있다면
전면 교전은 반드시 피해야 한다.
나폴레옹 군사 좌우명 제10번

–

폼페이우스가 지켜야 했던 곳은 로마였다.
그는 그곳에 군대를 집중해야 했다.
나폴레옹, 《카이사르의 전쟁》

앞서 프랑스가 침공당할 위험에 처했을 때, 즉 1709년, 1712년, 1792~1793년, 1799년에는 프랑스 대군과 17세기 공병 장군 세바스티앙 드 보방이 구축한 거대한 국경 요새가 나라를 지켰다.[1] 이번에는 달랐다. 동맹군은 그 규모만으로도 베르됭과 메스, 티옹빌, 메지에르 같은 프랑스의 막강한 북동쪽 요새를 측면으로 돌아 포위할 수 있었다. 더구나 동맹군은 이 포위공격에 국방대와 의용대, 독일의 작은 국가들 병사처럼 제2선 병력을 쓸 수 있었다. 1792~1793년 프랑스를 침공한 오스트리아군과 프로이센군은 고작 8만 명으로 무장한 프랑스인 22만 명에 대적했다. 1814년 1월 나폴레옹은 야전에서 22만 명도 되지 않는 병력으로 총 95만 7천 명의 동맹군에 맞섰다. 그 22만 명 중 술트 휘하의 6만 명과 쉬셰 휘하의 3만 7천 명은 남서부 프랑스에서 웰링턴의 영국-에스파냐-포르투갈 동맹군과 싸우고 있었고 외젠 휘하의 5만 명은 이탈리아를 지키고 있었다. 다가올 일련의 전투에서 나폴레옹 군대의 병력은 간신히 7만 명을 채웠고 포대와 기병대는 늘 위험스러울 정도로 약했다.[2]

많은 병사가 신병이었다. 군인이라는 걸 나타내 주는 것은 외투와 작업모가 전부였지만 이들은 깃발을 지켰다. 쿠르브부아의 신병훈련소에서 교육을 마친 청년 징집병 5만 명 가운데 1814년 전투 중에 탈영한 자는 1퍼센트에 불과했다.[3] 더러는 나폴레옹을 아이들을 전쟁의 납골당에 내던져 자신의 규칙을 지키려 한 괴물로 묘사하지만 사실 그는 그런 일을 원하지 않았다. 1813년 10월 25일 그는 클라르크에게 이렇게 썼다.

"내게 필요한 것은 아이들이 아니라 병사다. 젊음보다 더 용감한 것은 없다. … 프랑스를 지키려면 병사들이 필요하다."

1807년 나폴레옹은 켈레르만 원수에게 다음과 같이 말했다.

"열여덟 살 된 아이들은 먼 곳의 전쟁터에 보내기에 너무 어리다."[4]

나폴레옹은 거리의 악사들에게 이전에 금지한 공화국 찬가 〈라 마르세예즈〉 연주까지 허용하면서 1793년의 애국심을 되살리려 애썼지만, '조국이 위험에 처했다!'는 오래된 혁명 구호는 이제 사람들의 마음을 움직이는 효력을 잃었다.[5] 그렇지만 나폴레옹은 군대와 자신의 능력이면 충분히 승리할 수 있다는 희망을 품었다. 그는 말했다.

"6천 명에 내가 있으면 10만 명이 있는 것이나 마찬가지다."[6] •

만약 프랑스인이 나폴레옹의 기대대로 발분했다면 동맹군이 침공했을 때 프랑스에서 게릴라 운동이 일어났을 텐데 그런 일은 없었다. 나폴레옹은 훗날 옛일을 떠올렸다.

"여론은 눈에 보이지 않지만 억누를 수 없는 신비한 힘을 지녔다. 그보다 더 쉽게 변하고 모호하고 강력한 것은 없다. 여론은 비록 변덕스럽지만 그래도 흔히 생각하

• 웰링턴은 이런 계산에 전적으로 동의했다. 1814년 전장을 사이에 두고 나폴레옹과 마주한 적이 있느냐는 질문에 그는 이런 대답을 했다. "없다. 그런 적이 없어서 정말 기쁘다. 나는 언제라도 그가 도착해 지휘한다는 소식보다 차라리 프랑스군에 증원군 4만 명이 합류했다는 소식을 듣길 원했다."(Longford, *Years of the Sword* pp.248-9)

는 것보다 훨씬 더 진실하고 합리적이며 옳다."[7]

나폴레옹은 대혁명 시작부터 브뤼메르 쿠데타까지 10년이 흐른 뒤 부르봉 왕실을 15년간 권좌에서 내쫓음으로써 대혁명의 정치적, 사회적 진보를 공고히 했다. 그렇게 바스티유 교도소 습격 이후 한 세대가 지났고 프랑스는 새로 찾은 자유와 제도에 익숙해졌다. 하지만 이런 혜택은 여섯 번 연이은 정통 왕조파 동맹이 혁명 프랑스와 나폴레옹 프랑스에 선포한 일련의 전쟁으로 많은 사람이 피와 재물로 치러야 했던 대가 때문에 빛을 잃었다. 22년간 전쟁을 치른 프랑스인은 평화를 갈망했고 평화를 얻기 위해 부아 드 불로뉴 숲에서 카자크 병사들이 모닥불을 피우는 굴욕적인 상황을 기꺼이 묵인했다. 나폴레옹은 곧 도지사에게도 의지할 수 없음을 깨닫는다. 스트라스부르의 아드리앙 드 르제 마르네지아와 브장송의 드 브리 두 사람만 도청 소재지에 피신해 침공에 저항하라는 명령을 따랐다. 다른 이들은 '은퇴'했거나, 다시 말해 전초전 소식을 처음 접했을 때 내지로 도망쳤거나 보주의 지사 앵베르 드 플레니처럼 항복했다. 센앵페리외르의 루이 드 지라르댕 같은 자들은 왕실 문장인 백합 무늬 깃발을 내걸었다.[8] 나폴레옹이 엘바섬을 탈출해 돌아왔을 때 많은 지사가 자신의 보나파르티슴을 재발견했지만 워털루 전투 후 곧 왕정을 향한 충성심을 되찾는다.[9] 마른의 지사 클로드 드 제생은 1800년부터 1838년까지 아무 문제없이 불평하지 않고 여러 정권을 연이어 섬겼다.

나폴레옹은 1814년 무장 호소에 응답한 프랑스인이 매우 적다는 사실에 실망했다. 명부에 따라 여러 차례 소집령을 내렸어도 약 12만 명뿐이었다. 그런데 신병훈련소에 도착한 사람들에게 공급할 군복과 머스킷총도 없었다. 최근 징집은 그의 핵심 지지 기반인 부유한 농민을 제외했기 때문에 징집에 반대하는 격렬한 폭동이 발생했다. 제국 시절에는 1804년 3월부터 1813년 11월까지 발포한 열다섯 차례의 징집 포고령과 열여덟 차례의 원로원 의결, 한 차례의 국무원 의결로 총 243만 2,335명을 소집했다. 이 중 거의 절반을 1813년 소집했는데 신병의 연령 하한선과 신장 조건은 무시했다[10](청년근위대 신병은 앞서 키가 약 161센티미터여야 했으나 이제는 약 155센티미터만 되어도 가능했다). 1800년에서 1813년 사이 징병 기피 비율은 27퍼센트에서 10퍼센트로 하락했지만 1813년 말 30퍼센트 이상으로 올랐고 보클뤼즈와 북부의 여러 주에서는 대규모 징집 반대 폭동이 일어났다.[11] 아즈브루크 코뮌에서는 1천2백 명이 넘는 폭도가 현지 부주지사를 거의 죽일 뻔했고 4명이 사형 선고를 받았다. 1804년 나폴레옹은 자신이 언젠가는 징집과 간접세에 따른 불만 때문에 망하리라고 예견했다. 펠레는 그의 "예상은 그대로 현실화했다. '징집을 넘어-간접세를 넘어Plus de conscription-plus de droits réunis'라는 말은 1814년 복고왕정 깃발의 구호로 새겨졌다"[12]라고 기록했다. 세금은 술·담배·소금에서 금과 은, 우표, 놀이 카드까지 확대되었다. 프랑스인은 세금을 냈지만 이에 분개했다.[13]

러시아에서 재앙을 맞이한 이후 나폴레옹은 전투를 재개하기 전 넉 달 동안 군대를 재편하고 보급품을 공급했다. 이제 그에게 남은 기간은 6주뿐이었다. 자신을 아는 것은 그의 성격 중 매력적인 측면의 하나였다. 그 자각 능력으로 나폴레옹은 1814년 초 이렇게 말했다.

"나는 전쟁을 너무 많이 치렀다는 사실을 인정하는 게 두렵지 않다. 나는 프랑스가 세상을 확실히 지배하도록 만들기를 원한다."[14]

이제 그런 일은 일어날 것 같지 않았다. 그는 어떤 적이 오든 파리를 심각하게 위협한다면 내부 방어선을 이용해 강력히 타격함으로써 프랑크푸르트 방침의 강화 제안을 수용하게 하고 왕좌를 지킬 수 있기를 희망했다. 동시에 그는 실패할 경우를 냉정하게 생각했다. 나폴레옹은 궁정 신하들에게 물었다.

"내가 죽어야 한다면 사람들은 무엇이라고 말할 것인가?"

그리고 그들이 적절히 아첨하는 말을 찾아내기 전에 어깨를 한 번 으쓱하고 덧붙였다.

"아마 이렇게 말하겠지. '아이고!'"[15]

1814년 튈르리궁 알현실에서 나폴레옹의 신년 하례식에 참석한 어떤 이는 다음과 같이 회상했다.

"그의 태도는 침착하고 진지했지만 수심이 가득한 얼굴이 폭풍우가 다가오고 있음을 드러냈다."[16]

1813년 말 나폴레옹은 영국이 요구한 강화 조건을 고려해 보았으나 곧 단념했다. 1월 4일 나폴레옹은 콜랭쿠르에게 말했다.

"오스텐더와 안트베르펜이 없는 프랑스는,

> 유럽의 다른 국가들과 대등한 위치에 있을 수 없다. 영국과 다른 모든 강국은 프랑크푸르트에서 이 한계를 인지했다. 프랑스가 라인강과 알프스산맥 안에서 획득한 것을 오스트리아, 러시아, 프로이센이 폴란드와 핀란드에서 얻은 것과 영국이 아시아에서 얻은 것의 보상으로 여길 수는 없다. … 나는 프랑크푸르트 제안을 수용했지만 동맹국은 다른 생각을 하는 것이 거의 틀림없다."[17]

나폴레옹은 러시아가 발칸반도에서 얻은 것과 영국이 서인도제도에서 획득한 것을 목록에 덧붙일 수도 있었다. 그가 물러서지 않는 논거로 제시한 것은 '이탈리아는 멀쩡하다'는 것, '카자크 병사들의 약탈로 주민들이 무장해 전력이 두 배로 강해질 것'이라는 것 그리고 여러 차례 전투를 치를 만큼 충분히 많은 병력이 있다는 것이었다. 나폴레옹은 단호히 거부하며 다음과 같이 말했다.

"운명이 나를 저버릴지라도 나는 결심을 굳혔다. 나는 왕좌에 개의치 않는다. 다만 나는 치욕스러운 조건을 받아들여 국민이나 나 자신을 망신거리로 만드는 일은 하지 않을 것이다."

그는 바이에른과 바덴, 작센, 뷔르템베르크의 배반은 받아들일 수 있었다. 푸셰와 탈레랑 같은 장관들의 배반도, 심지어 뮈라와 누이동생 카롤린의 배반도 받아들일 수 있었다. 그렇지만 그때까지 그의 가장 큰 지지자였던 운명의 배반은 받아들일 수 없었다. 물론 나폴레옹은 자신의 파멸이 신의 섭리와 운명의 여신에 좌우되지 않는다는 것을 이성적으로 완벽히 이해했으나 그래도 그 개념은 그를 평생 지배했다.

1월 16일 나폴레옹은 '그대처럼 계몽적인 장관에게' 보낸다며 메테르니히에게 아첨의 편지를 써서 오스트리아에 휴전을 청했다.[18]

"그대는 내게 개인적으로 큰 신뢰를 보여 주었고 나도 그대의 솔직한 견해를, 그대가 늘 보여 준 고상한 감정을 크게 신뢰했소."

나폴레옹은 편지를 받았다는 사실을 비밀로 해 달라고 요청했지만 그렇게 되지는 않았다. 메테르니히는 다른 동맹국과 편지를 공유했다. 한편 1814년 봄 내내 나폴레옹의 전권대사들, 특히 콜랭쿠르는 강화 조약 체결 가능성을 두고 동맹국과 논의를 계속했다. 조약 조건은 군대의 부침에 따라 날마다 바뀌었다. 1월 21일에는 여론의 힘을 빌리고자 퐁텐블로에서 교황을 풀어 주어 바티칸으로 돌아가게 했다.

뮈라의 배반은 1월 11일 안코나와 로마냐 그리고 자신과 후계자의 왕위 보장을 대가로 오스트리아와 협약을 체결해 병력 3만 명으로 외젠을 공격하면서 밝혀졌다. 뮈라가 한 주 만에 로마를 점령하자 나폴레옹이 사바리에게 말했다.

"그는 아주 총명하지는 않다. 그러나 내가 가 버린 뒤에도 아니면 … 내가 이 모든 것을 극복했을 때 그곳에 머물 수 있길 바라려면 분명 무모하게 움직여야 했을 것이다."[19]

그는 옳았다. 2년이 채 지나지 않아 나폴리의 총살집행반은 뮈라를 총살했다. 누이동생과 매제의 처신에 보인 나폴레옹의 반응은 이러했다.

"나폴리 왕의 행태는 고약하다. 왕비의 처신을 칭찬하지 않는다. 그 모욕과 지독한 배은망덕에 나 자신과 프랑스를 위해 복수할 수 있게 오래 살았으면 좋겠다."[20]

반면 폴린은 병사들의 급여 지불에 보태라고 보석을 보냈다. 3월 24일 나폴레옹이 페르난도 7세의 귀국을 허용한 이후에도 계속 에스파냐 왕을 자처한 조제프는 파리에 머물며 섭정단을 이끌었다.

1월 23일 나폴레옹은 튈르리궁의 원수회관에서 열린 감동적인 의식에서 장교들에게 말했다.

"국민방위대Garde nationale의 용기에 황후와 로마왕의 안위를 맡긴다. 나는 확신을 갖고 떠나 적에게 맞서려 한다. 내가 가장 소중히 여기는 존재인 황후와 내 아들을 그대들에게 맡기고 간다."[21]

참석한 장교들은 외쳤다.

"황후 만세! 로마왕 만세!"

파스키에는 "많은 사람의 얼굴에서 눈물이 흘러내리는 것을 보았다."[22] 나폴레옹은 어린 아들의 선전 효과를 이해했고 그가 기도하는 모습을 다음 명문과 함께 판화로 제작하라고 명령했다.

"내 아버지와 프랑스를 구해 주시기를 신께 기도합니다."

나폴레옹은 아들을 무척 좋아했고 아이는 그에게 이상한 생각을 불러일으켰다. 한번은 아이가 넘어져 약간 다치면서 큰 소동이 일었는데, "황제는 시름에 잠겨 말했다. '나는 한 줄로 늘어선 20명이 포탄에 쓰러지는 것을 보았다.'"[23] 나폴레옹은 승리를 '확신'하는 모습을 보였지만 24일 밤 개인 문서를 전부 불태운 뒤 이튿날 아침 6시 파리를 떠나 전선으로 향했다. 그는 아내와 아들을 다시는 보지 못한다.

파리 동쪽에 있는 샹파뉴 지역은 센강과 마른강, 엔강이 가로지르고 있는데 강 유역은 동맹군이 수도로 진격하는 자연 통로가 되었다. 서유럽에 160년 만에 찾아온 가장 혹독한 겨울에 그곳에서 전투가 벌어진다. 어찌나 추위가 심한지 러시아 병사들조차 깜짝 놀랐다. 저체온증, 동상, 폐렴, 탈진, 굶주림이 만연했다. 발진티푸스는 마인츠 숙영지에서 크게 퍼진 뒤 다시 특별한 관심사로 떠올랐다. 나폴레옹은 당시 경찰국장 파스키에에게 말했다.

"내 군대! 내 군대! 그들은 정말 아직도 내게 군대가 있다고 생각할까? 내가 독일에서 데리고 돌아온 병사들이 온갖 재앙에 더해 마지막 불행으로 입증된 그 끔찍한 질병으로 사실상 모조리 죽었음을 그들이 알지 못할까? 군대! 지금부터 3주 후 3만 명에서 4만 명을 모을 수 있다면 다행일 것이다."[24)]

이 전쟁에서 열두 차례 치른 전투 중 아홉 번이 웨일스 크기의 절반인 '193킬로미터×64킬로미터' 정도의 땅에서 이뤄졌다. 그곳은 눈으로 덮인 평평한 땅으로 만약 그에게 기병이 있었다면 이상적인 싸움터였을 것이다. 나폴레옹에게 맞선 동맹군의 두 주력 부대는 블뤼허의 슐레지엔군과 슈바르첸베르크의 보헤미아군으로 대략 35만 명이었다. 동맹군은 전부 합해 거의 100만 명에 가까운 병력을 배치했다.•

1812년 나폴레옹은 군대가 매우 커서 대체로 독립 지휘한 원수들에게 의지했으나 이제 군대가 7만 명 규모로 축소되어 이탈리아에서처럼 직접 자신만의 방식으로 통제할 수 있었다. 베르티에와 7명의 다른 원수(네, 르페브르, 빅토르, 마르몽, 마크도날, 우디노, 모르티에)가 그와 함께했다. 나폴레옹은 이들을 10여 년 전 일반 장군이나 사단장일 때 부렸던 것처럼 쓸 수 있었고 이들은 각각 3천 명에서 5천 명의 병력을 지휘했다(다른 이들을 보면 베르나도트와 뮈라는 이제 그에게 대적했고 생시르는 포로가 되었으며 주르당과 오주로, 마세나는 군사지구를 통치했다. 술트와 쉬셰는 남쪽에 있었고 다부는 여전히 함부르크에서 버티고 있었다).

1월 26일 비트리르프랑수아에서 고작 병력 3만 6천 명과 대포 136문을 지휘한 나폴레옹은 베르티에에게 병사들에게 샴페인과 브랜디 30만 병을 나눠 주라고 명령하며 말했다.

"적이 마시는 것보다 우리가 마시는 것이 더 좋다."

• 프로이센군과 오스트리아군은 1814년 전쟁 중 각각 절반의 전투에 참여한 반면, 러시아군은 차르가 파리 점령을 강하게 고집해(코르시카 출신으로 나폴레옹의 오랜 적인 포초 디 보르고 백작이 이를 차르에게 조언했다) 몽테로 전투를 제외하면 큰 전투에 전부 참여했다.

블뤼허가 잘 전진하는 동안 슈바르첸베르크가 그에게서 약간 벗어나는 것을 본 나폴레옹은 29일 오후 브리엔에서 슐레지엔군을 공격했다.[25] 나폴레옹은 훗날 이렇게 말했다.

"브리엔이 어딘지 찾을 수 없었다. 모든 것이 변한 듯했고 거리도 더 짧아 보였다."[26]

그가 알아볼 수 있었던 유일한 장소는 나무뿐이었다. 그는 전에 그 아래 앉아 타소의《예루살렘 해방》을 읽었다. 전투 중 나폴레옹을 안내한 이는 현지 신부로 이전에 그를 가르친 교사였다. 그는 루스탕의 말을 타고 있었는데 그 말은 나중에 나폴레옹 바로 뒤에서 포탄에 맞아 죽었다.[27] 나폴레옹은 브리엔에서 성을 기습해 블뤼허와 참모진을 거의 사로잡을 뻔했고 러시아군의 격렬한 반격을 막아 내며 이를 지켰는데 이것이 나폴레옹의 승리에 이바지했다. 나폴레옹은 전쟁장관 클라르크에게 다음과 같이 전했다.

"우리는 해가 지기 1시간 전에야 전투를 시작해 밤새 싸웠다. 내 병사들이 경험이 많았다면 더 잘 싸웠겠지만 … 내가 보유한 병력을 생각하면 그 정도 성과도 운이 좋았다고 생각해야 한다."[28]

나폴레옹은 적에게 존경을 표하며 블뤼허를 두고 말했다.

"그는 패했을지언정 곧바로 여느 때처럼 싸울 준비를 갖췄음을 보여 주었다."[29]

나폴레옹이 메지에르의 사령부로 돌아오자마자 카자크 병사 한 무리가 가까이 다가왔다. 그중 한 사람은 나폴레옹을 창으로 찌를 수 있을 만큼 가까웠지만 구르고가 쏜 총에 맞아 죽었다. 팽이 회상했다.

"매우 어두웠고 야간 숙영을 하느라 혼란한 가운데 양측은 야영지 화롯불로만 서로를 알아볼 수 있었다."[30]

나폴레옹은 구르고에게 몬테노테와 로디, 리볼리에서 차고 있던 검을 상으로 주었다.

전투가 끝난 후 상황을 평가한 나폴레옹은 사상자가 3천 명이고 우디노가 다시 부상당했다는 사실을 알았다. 프로이센군은 브리엔에서 바르쉬르오브로 퇴각했는데, 두 도시 사이의 평원에서 슈바르첸베르크의 오스트리아군 분견대가 일부 합류했다. 주된 퇴각로인 레몽에서 오브강을 건너는 다리는 블뤼허의 트루아 진격을 막기 위해 싸움에 들어가면서 파괴했기에 나폴레옹은 전투를 피할 수 없었다. 나폴레옹은 하루 동안 너무 오래 머물렀다. 마르몽 군단이 합류해 병력은 4만 5천 명으로 늘었지만, 2월 1일 브리엔에서 4.8킬로미터쯤 떨어진 라로티에르에서 개활지를 넘어온 동맹군 8만 명의 공격을 받았다. 프랑스군은 어두워질 때까지 마을을 방어했으나 나폴레옹은 거의 5천 명을 잃었다. 비록 동맹군의 손실이 더 크긴 했어도 5천 명을 다시 충원하기는 어려웠다. 나폴레옹은 대포 73문을 빼앗겼고 어쩔 수 없이 퇴각해 브리엔성에서 밤을 보낸 뒤 간신히 재건한 레몽 다리를 건너 트루아로 퇴각하라고 명령했다. 이튿날 나폴레옹은 마리 루이즈에게 편지를 보내 파리 오페라 공연 〈로리플람L'Oriflamme〉을 보지 말라고 전했다.

"제국 영토가 적에게 유린당하고 있는 한 당신은 어떤 공연도 보러 가지 말아야 하오."[31]

라로티에르 전투 후 나폴레옹이 파리로 퇴각하고 있다고 믿은 동맹군은 다시 전력을 나눴다. 슈바르첸베르크는 오브강 유역과 센강 유역을 향해 정서 방향으로 전진했고, 블뤼허는 북쪽으로 48킬로미터 정도 떨어져 마른강 유역과 프티모랭강 유역으로 평행으로 움직였다. 동맹군은 실로 규모가 어마어마해 병참 측면에서 함께 진격하기 어려웠고 두 군대 간에 간극이 생겼는데 나폴레옹은 그 사이로 능란하게 움직였다. 웰링턴은 나폴레옹의 1814년 전투를 두고 이렇게 말했다. 이때 그가 언급한 것은 이후 이어진 네 차례 전투다. 그것은 "다른 어떤 전투보다 더 그의 천재성을 크게 돋보이게 했다. 그가 그 방식을 조금 더 오래 지속했다면 내 생각에 그는 파리를 구했을 것이다."[32]

나폴레옹은 버려진 브리엔에서 콜랭쿠르에게 편지를 썼다.

"적군은 어디서나 잔혹하게 행동했다. 주민은 전부 숲으로 도망쳤다. 마을에는 농민이 보이지 않는다. 적군은 모든 것을 먹어 치웠고 말과 소, 의복, 농민의 누더기까지 모조리 가져갔다. 그들은 남자든 여자든 모두를 구타했고 강간을 저질렀다."[33)]

러시아 원정에 참여했던 콜랭쿠르는 당연히 프랑스군을 포함해 침략군이 어떻게 행동하는지 완벽히 알고 있었다. 이 편지는 기록을 위해 쓴 것일까? 다음 문장이 의도를 이해할 단서를 준다.

"내가 두 눈으로 직접 본 광경을 그대도 본다면 진정 최대한 빨리 이 비참하고 끔찍한 고통에서 백성을 구해 내고 싶은 내 마음을 쉽게 이해할 것이다."[34)]

나폴레옹은 2월 5일 샤티옹쉬르센에서 시작한 강화 협상에서 공평한 조건을 제시받았다면 이를 받아들였을 것이다. 그는 콜랭쿠르에게 강화를 수용할 인도주의적 논거를 제시했다.*

샤티옹 회의는 3월 5일까지 이어졌다. 동맹군은 병력 숫자만으로도 우세를 잡았다는 사실을 알았기에 프랑스에 '자연 국경'으로 돌아가라는 프랑크푸르트 제안을 버렸고, 대신 영국 전권사절 애버딘 경의 주도로 프랑스가 벨기에를 조금도 포함하지 않는 1791년 국경으로 돌아가야 한다고 요구했다. 대관식에서 "공화국 영토의 통합성을 유지하겠다"고 맹세한 나폴레옹은 이를 지키려 했다. 그처럼 응징적인 조건으로라도 전쟁을 끝내자고 설득하는 베르티에와 마레에게 나폴레옹은 물었다.

"그대들은 어떻게 내가 이 조약에 서명해 내 숭고한 맹세를 저버리길 바라는가?"

전례 없는 불운이 닥쳐 나는 내가 직접 이뤄 낸 정복 성과를 포기한다고 약속해야 했

* 카자크 병사들을 제외하면 동맹군 군대는 1814년 프랑스에서 놀랍도록 규율을 잘 지켰다. 나폴레옹에게 헌정한 생디지에 박물관에 가면 동맹군 장교들이 농민과 상인에게 생산품을 징발하고 현금을 지불하겠다고 서명한 전표를 볼 수 있다.

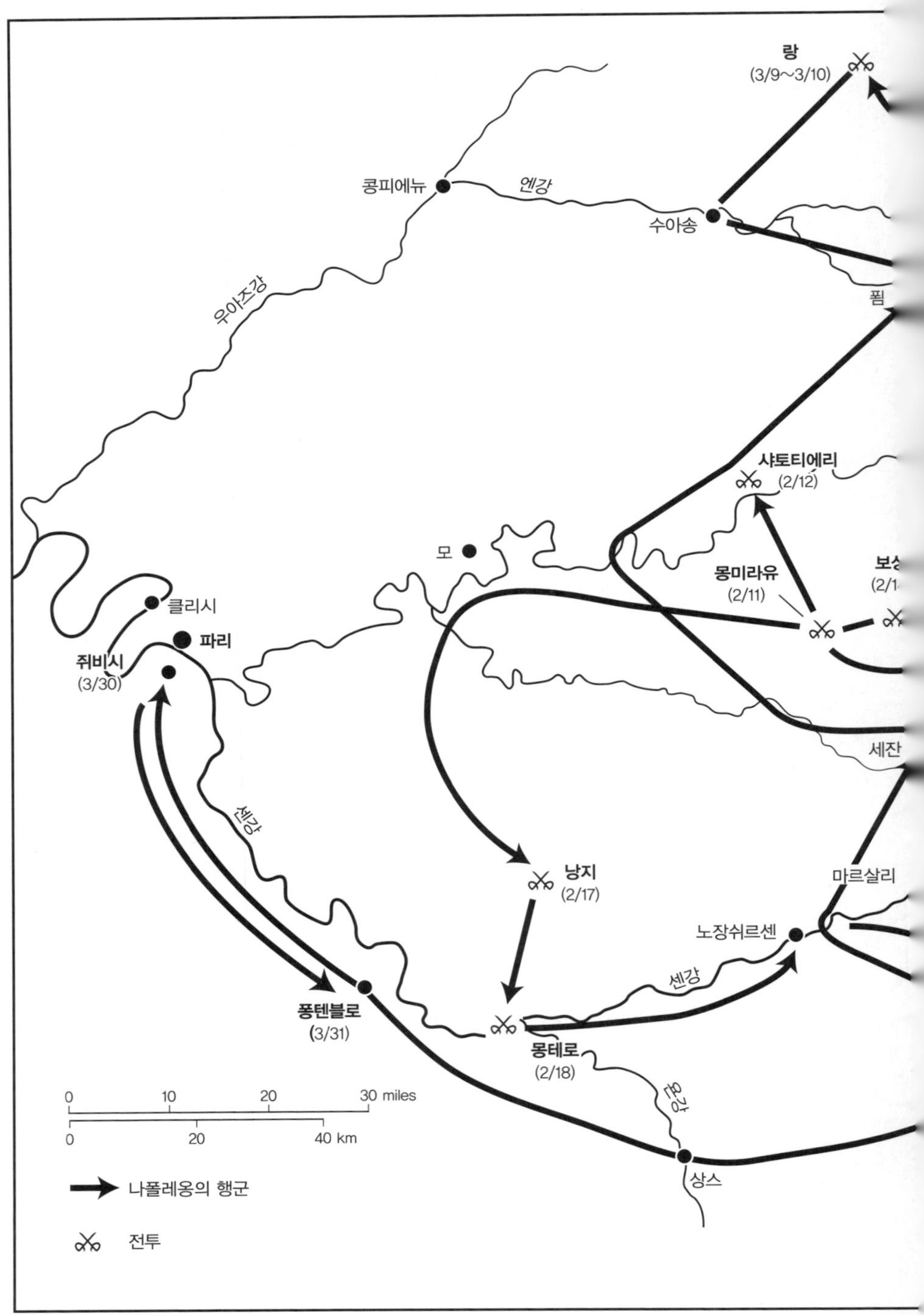

랑
(3/9~3/10)
콩피에뉴
엔강
수아송
우아즈강
퐁
샤토티에리
(2/12)
모
몽미라유
(2/11)
클리시
파리
쥐비시
(3/30)
세잔
센강
낭지
(2/17)
마르살리
노장쉬르센
센강
퐁텐블로
(3/31)
몽테로
(2/18)
욘강
0
10
20
30 miles
0
20
40 km
상스
나폴레옹의 행군
전투

1814년 전쟁 전역

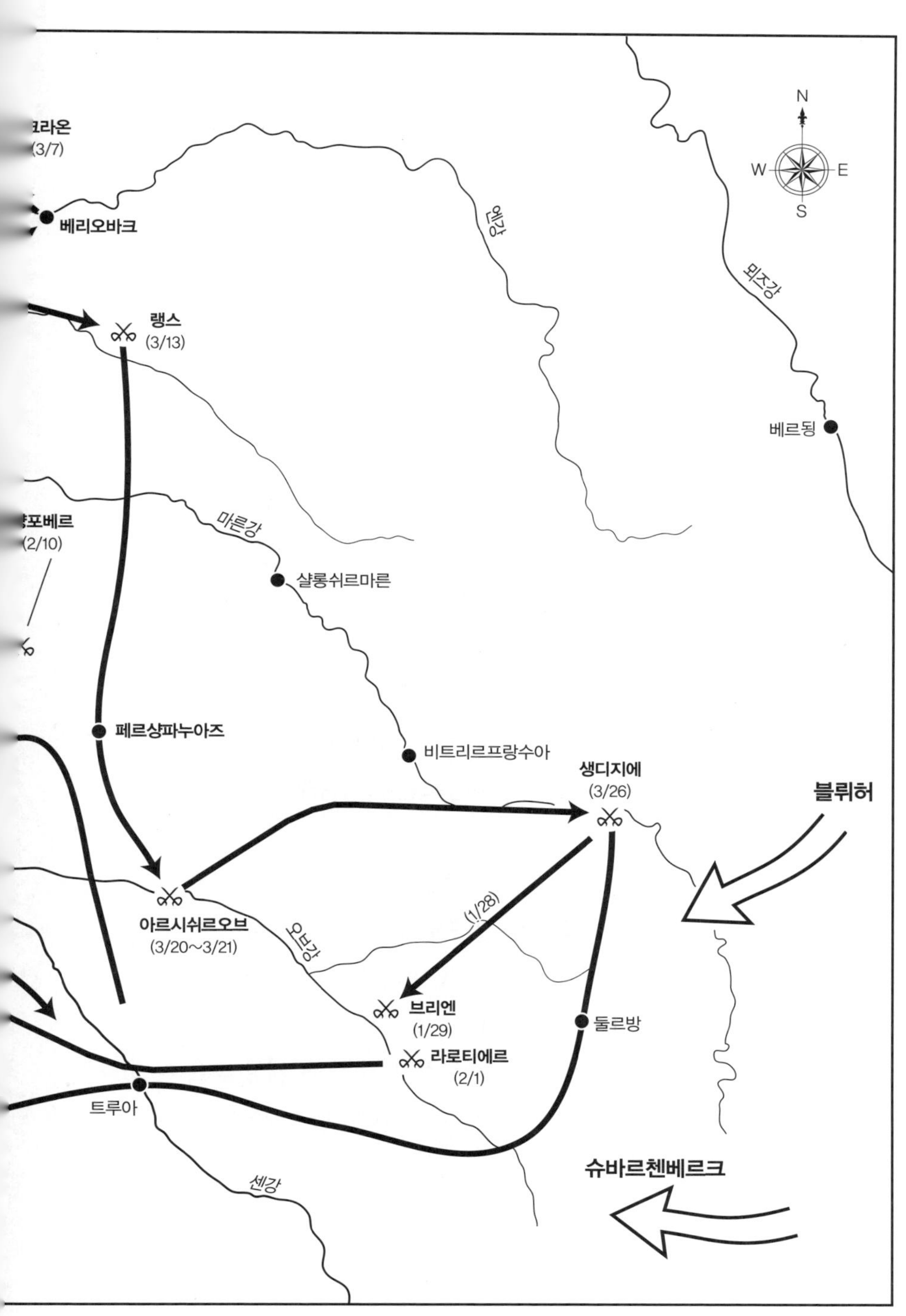

라온
(3/7)
베리오바크
엔강
뫼즈강
N
W
E
S
랭스
(3/13)
베르됭
포베르
(2/10)
마른강
샬롱쉬르마른
페르샹파누아즈
비트리르프랑수아
생디지에
(3/26)
블뤼허
아르시쉬르오브
(3/20~3/21)
오브강
(1/28)
브리엔
(1/29)
둘르방
라로티에르
(2/1)
트루아
슈바르첸베르크
센강

다. 그렇다고 내가 나서기 전에 이룬 정복까지도 부인해야 한다는 말인가! 내게 보인 그토록 강력한 신뢰를 저버려야 하는가? 이제껏 많은 피를 흘리고 여러 차례 승리를 거뒀는데 프랑스를 내가 처음 보았을 때보다 더 작은 상태로 남겨 둬야 하는가? 절대 그럴 수 없다! 그렇게 한다면 반역자이자 겁쟁이라는 낙인이 찍혀도 할 말이 없을 것이다.[35)]

훗날 나폴레옹은 벨기에를 포기할 수 없었다고 했는데 그 이유는 이러했다.

"프랑스인은 (내가) 정복자가 아니면 왕좌에 앉아 있는 걸 허용하지 않을 것이다."

프랑스는 "너무 작은 용적 안에 응축된 공기 같아서 우레처럼 폭발할 것" 같았다.[36)] 그래서 나폴레옹은 베르티에와 마레, 콜랭쿠르의 조언을 무시하고 동맹군의 분열과 프랑스인의 애국심에 기대(그런 증거가 없었음에도) 계속 싸웠다. 이제 병사들은 동포의 등골을 파먹으며 지냈고 나폴레옹은 한탄했다.

"병사들은 조국의 수호자는커녕 재앙이 되고 있다."[37)]

2월 6일 튈르리궁 안뜰에서 국고 금괴를 수레에 실어 은밀히 파리 밖으로 빼냈다. 드농은 루브르의 그림을 반출하겠다고 허락을 구했으나 나폴레옹은 사기를 이유로 허락하지 않았다. 나폴레옹은 마리 루이즈의 기운을 북돋우기 위해 그날 오전 4시 편지를 썼다.

"당신이 걱정한다는 소식을 들어 슬프오. 기운을 내고 즐겁게 지내시오. 내 건강은 더할 나위 없이 좋고, 내 일은 어느 것도 쉽지 않지만 그다지 나쁜 형세는 아니오. 지난주에는 많이 좋아졌소. 신의 도움으로 일이 성공적으로 끝나기를 바라오."[38)]

이튿날 나폴레옹은 조제프에게 "황후가 떠나는 일이 없기를 간절히 바라고 있소"라고 편지를 썼다. 그렇지 않으면 "대중의 당혹스러움과 실망스러움은 재앙 같은 비극적인 결과를 초래할지도 모르오."[39)] 같은 날 시간이 더 지난 뒤 나폴레옹은 조제프에게 이렇게 전했다.

"파리는 걱정하는 사람들이 믿는 것처럼 곤란에 처해 있지는 않소. 탈레랑을 비롯해 국민이 냉담함에 젖게 하려 한 자들의 사악한 재주 때문에 국민을 무장시킬 수 없었소. 그들이 우리를 어떤 처지로 내몰았는지 보시오!"[40]

마침내 나폴레옹은 탈레랑의 본질을 깨달았다. 그는 푸셰와 함께 파리에서 쿠데타를 준비하고 있었고 동맹국과 공공연히 항복 조건을 논의했다.* 나폴레옹은 국민이 침공에 직면해 냉담한 것이 전쟁 욕구 상실을 반영한다는 사실을 받아들일 생각이 없었다. 그는 사람들이 동맹군에게서 구해 달라고 기도하는 40시간의 '재난' 예배에 열중하는 것을 두고 캉바세레스에게 편지를 쓰며 물었다.

"파리 시민이 미쳤나?"

조제프에게는 이런 의견을 밝혔다.

"이 원숭이 장난을 계속하면 우리는 모두 죽음을 두려워하게 될 것이오. 사제와 의사 들이 죽음을 고통스러운 일로 만든다는 말이 오래전부터 있었소."[41]

나폴레옹을 축출하려는 계획을 꾸민 자들, 즉 탈레랑, 레네, 랑쥐네, 푸셰 등은 과거에 그에게 반대했거나 그를 배신했지만 나폴레옹은 그들을 처형하기는커녕 투옥하지도 않았다. 이 점에서 나폴레옹은 자신의 영웅 율리우스 카이사르를 닮았다. 카이사르를 암살한 자들은 그에게 관대한 처분을 받은 자들이었다. 카이사르는 그들을 자신에 앞서 술라가 이용했고 그보다 나중에 옥타비아누스가 이용하는 사법 살인에 처하지 않았다.

샤티옹의 정치적 상황이 암울해지자 나폴레옹은 파리 함락 가능성을 두고 조제프에게 편지를 쓰면서 자신의 죽음을 생각하기 시작했다. 2월 8일 그는 이렇게 말

* 1814년 탈레랑과 푸셰 같은 자들은 왕정복구 때 자신들의 지위가 안전할 것이기에 나폴레옹을 버릴 수 있었다. 부르봉 왕실이 더 일찍 돌아왔다면 그들 같은 국왕 시해자는 변절했어도 처형당했을 것이다.

했다.

“그런 일이 닥치면 나는 더는 존재하지 않을 것이오. 그러니 나를 위해 말하는 것이 아니오. 되풀이하지만 내가 살아 있는 동안 파리는 절대 점령당하지 않을 것이오.”[42)]

조제프는 그다지 도움이 안 되는 말로 답변했다.

“평화를 원한다면 어떤 대가를 치르더라도 강화해야 하오. 그럴 수 없다면 콘스탄티노폴리스의 마지막 황제처럼 의연하게 죽을 뿐이오.”[43)](1453년 콘스탄티노폴리스가 오스만제국에 함락되자 콘스탄티노스 11세는 그곳에서 전사했다.)

나폴레옹은 좀 더 실제적으로 대답했다.

“그건 중요한 문제가 아니오. 나는 블뤼허를 무찌를 방법을 생각하고 있는 중이오. 그는 몽미라유부터 도로를 따라 진격하고 있소. 나는 내일 그를 격파할 것이오.”[44)]

나폴레옹은 정말로 그렇게 했다. 이어 빠른 속도로 일련의 전투에서 거듭 승리를 거뒀다. 지리적으로나 시간상으로 승리와 승리가 매우 가까웠음에도 그것은 서로 별개의 전투였다.

나폴레옹은 빅토르를 노장쉬르센에, 우디노를 브레에 배치한 뒤 네와 모르티에를 데리고 세잔을 향해 북으로 진격했다. 도중에 마르몽이 합류했다. 슐레지엔군은 여전히 보헤미아군과 평행선을 이루며 이동했지만 속도는 훨씬 더 빨랐다. 슐레지엔군은 앞으로 너무 많이 나아간 나머지 측면뿐 아니라 거의 후방까지도 나폴레옹에게 드러났다. 나폴레옹이 동맹군의 두 군대 사이에서 준비를 갖추고 있었기 때문이다. 2월 10일 러시아군이 기병대 없이 고립되어 있음을 알아챈 나폴레옹은 무방비 상태인 그들의 측면을 타격했고, 샹포베르에서 지나치게 넓게 퍼진 블뤼허 군대의 중앙을 습격했다. 특히 그는 자카르 드미트리예비치 올수피에프 장군 군단의 최정예 부대를 괴멸했으며 1개 여단 전체를 포로로 잡았다. 이때 치른 희생은 사망과 부상, 행방불명을 포함해 6백 명뿐이었다. 나폴레옹은 그날 저녁 샹포베르의 여인숙에서 올수피에프와 함께 저녁을 먹었고, 마리 루이즈에게 편지를 보내며 올수피에프의 검도 같이 보냈다.

"레쟁발리드에서 축포를 쏘게 하고 모든 여흥 장소에 이 소식을 전하시오. … 나는 자정이면 몽미라유에 도달할 것으로 기대하고 있소."[45)]

장 바티스트 륄리의 〈아르미드Armide〉를 상연하고 있던 파리 오페라에서는 〈승리는 우리 편〉이 합창으로 울려 퍼졌다.

11일 폰 자켄 장군이 트라헨베르크 전략에서 이탈해 프티모랭강 유역이 내려다보이는 브리 고원 위의 마르셰에서 나폴레옹을 직접 공격했다.* 네가 마르셰를 방어하는 동안 모르티에와 프리앙이 레핀오부아에서 러시아군에 반격했고, 귀요의 기병대가 그들의 후방으로 돌아 러시아군과 프로이센군을 패주로 몰아넣었다. 이 전투는 적의 부차적 부대(요르크 장군이 지휘했다)를 성공적으로 저지하면서 적의 주력군(폰 자켄 장군이 지휘했다)을 격파하는 나폴레옹 전술의 전형적인 사례였다. 나폴레옹은 그날 밤 그레노의 농가에서 잠을 잤다. 팽의 회상에 따르면 그곳의 "시신들을 치운 뒤 사령부를 설치했다."[46)] 나폴레옹은 오후 8시 아내에게 쓴 편지에 파리에서 대포 60문으로 축포를 쏘라고 하며 이렇게 주장했다. "적의 포대 전체"를 공격해 "7천 명을 포로로 잡았고 대포 40문 이상을 노획했다. 이 패주한 군대에서 단 한 명도 탈출하지 못했다."[47)](실제로는 포로 1천 명에 대포 17문이었다.)

이튿날 자켄과 요르크의 병사 다수가 탈출했다는 사실이 밝혀졌다. 나폴레옹은 병력이 2 대 3으로 열세이면서도 샤토티에리에서 이들을 공격했다. 러시아군 1개 여단이 동맹군 전선의 오른쪽 끝에 고립되어 있음을 알아챈 나폴레옹은 얼마 되지 않는 기병에게 그들을 치라고 명령했다. 그들은 명령에 응해 공격했고 대포 14문을 추가로 노획했다.[48)] 그렇지만 마크도날이 샤토티에리의 다리를 점령하는 데 실패

• 몽미라유 전투는 오늘날 기념비가 있는 곳이 아니라 인접 마을인 마르셰와 그 주변에서 벌어졌다. 현지에서는 그 싸움을 마르셰-몽미라유 전투라고 부른다. 전장을 찾아가면 런던 국립 미술관이 소장한 오라스 베르네의 멋진 그림이 지형학적으로 매우 정확하다는 사실에 놀랄 것이다.

해 동맹군은 마른강 북쪽으로 탈출할 수 있었다. 나폴레옹은 성에서 황후에게 편지를 썼다.

"내 사랑 루이즈, 나는 하루 종일 말을 타고 있었소."

이와 함께 또 다른 선전거리를 전하며 이렇게 끝맺었다.

"내 건강은 매우 좋소."[49)]

이렇게 나폴레옹은 슐레지엔군에 승리를 거뒀지만 우디노 군단 2만 5천 명과 빅토르 군단 1만 4천 명은 센강 위의 다리 다섯 개를 지킬 수 없어서 15만 명에 달하는 슈바르첸베르크의 보헤미아군이 강을 건너는 것을 막지 못했다.[50)]

2월 14일 나폴레옹은 보샹에서 다시 블뤼허에게 승리를 거뒀다. 오전 3시 나폴레옹은 샤토티에리에 모르티에를 남겨 두고 마르몽을 지원하기 위해 돌아갔다. 마르몽은 블뤼허에 밀려 에토주에서 몽미라유로 밀려나고 있었다. 갑자기 근위기병대가 나타나 습격하자 블뤼허와 클라이스트는 장빌리에로 밀려났는데, 그곳에서 그루시가 그들의 측면을 공격했고 드루오는 대포 50문으로 그들을 맹폭했다. 이로써 슐레지엔군으로부터 마른강을 지켰다. 슐레지엔군은 공보에서 주장했듯 '궤멸'되지는 않았지만 타격을 받고 흩어졌다. 이제 나폴레옹은 서둘러 보헤미아군에 대적하러 갈 수 있었다. 보헤미아군은 센강에 놓인 다리에서 우디노와 빅토르를 밀어내고 프랑스 안으로 더 깊숙이 들어가 느무르와 퐁텐블로, 모레, 낭지를 점령했다.* 남쪽으로 더 내려간 곳에서는 프랑스의 여러 읍과 시가 동맹군의 작은 부대에도 항복했다. 이는 국민의 사기가 떨어졌음을 보여 주는 확실한 징후였다. 랑그르와 디종은 싸우지도 않고 무너졌고 에피날은 고작 50명의 카자크 병사에게 항복했다. 마콩은 50명의 경기병에게, 랭스는 중대 병력 절반에, 낭시는 블뤼허의 정찰병들에게

* 시모니 유제프 대령은 헝가리 경기병들을 이끌고 퐁텐블로궁에 진입해 나폴레옹 제위에 앉아 담배 한 대를 다 피웠다. 이는 1757년 대담무쌍하게 베를린을 습격해 프리드리히 대왕 왕좌에 앉아 담배를 피운 앞선 시대 헝가리 경기병 지휘관 하디크 언드라스 백작의 행태를 의식적으로 재연한 것이다.

항복했다. 쇼몽의 항복을 받아 낸 것은 단 한 명의 기병이었다.[51] 나폴레옹은 침공군에 맞서 전국에서 봉기가 일어나고 에스파냐와 러시아에 견줄 만한 게릴라 활동이 시작되길 기대했지만 이는 실현 가능성이 없었다.

2월 15일 오전 10시 나폴레옹은 몽미라유의 사령부를 떠나 파리에서 남동쪽으로 40킬로미터쯤 떨어진 기뉴에서 빅토르와 우디노 군단에 합류했다. 닷새 동안 샹포베르와 몽미라유, 샤토티에리, 보샹에서 네 차례 승리했다는 (정확한) 주장을 입증하기 위해 8천 명의 프로이센군과 러시아군 전쟁포로를 파리로 보내 대로를 따라 행진하게 하기 위해서만 잠시 멈추었다. 16일 저녁 나폴레옹은 수도로 이어지는 간선도로를 가로질러 군대를 배치했다. 그는 슈바르첸베르크 군대가 약 80킬로미터 넘는 거리에 산개해 있음을 알아채고 조금씩 격파할 수 있기를 바랐다. 나폴레옹은 콜랭쿠르에게 이렇게 썼다.

“적이 프랑크푸르트 제안을 토대로 한 임시 조약에 서명한다면 나는 기꺼이 교전을 중단하고 그들이 평온히 귀국하게 할 준비를 갖추고 있다.”[52]

그러나 애버딘 경이 여전히 나폴레옹의 안트베르펀 지배를 용인하지 않아 전투는 이어졌다.

2월 17일 나폴레옹은 비트겐슈타인의 러시아군 3개 사단이 진을 치고 있는 낭지로 진군했다. 그는 켈레르만에게 좌익을, 미쇼 장군에게 우익을 맡겨 공격했고 러시아군 방진을 깨뜨린 뒤 드루오의 대포로 짓이겼다. 이어 나폴레옹은 센강의 다리들을 확보하기 위해 낭지의 도로 교차점에서 병력을 나눴다. 빅토르는 남쪽으로 약 19킬로미터 떨어진 몽테로의 다리를 향해 전진했고 도중에 빌뇌브에서 바이에른군 사단을 공격했다. 그러나 오랫동안 행군하고 여러 날을 계속 전투를 벌인 빅토르는 우세를 이어가지 못했다. 나폴레옹은 빅토르 대신 에티엔 제라르 장군을 지휘관으로 임명했다. 그는 정당한 이유 없이 지휘관을 교체한 적이 거의 없었는데 이것은 그 흔치 않은 경우 중 하나였다. 또한 나폴레옹은 병사들이 보는 가운데 귀요 장군을 모욕했으며, 알렉상드르 디종 장군의 포대에 탄약이 떨어지자 그를 군법회의에 회부하라고 명령했다. 나폴레옹 옹호자인 팽 남작은 이렇게 썼다.

"나폴레옹은 어느 정도 엄격하게 처신했다. 이에 그는 스스로도 깜짝 놀랐지만 절박한 순간에는 반드시 필요하다고 생각했다."[53)]

군사 명령은 당연히 간결했다. 나폴레옹은 능력에 차이는 있었으나 용감하고 성실한 군인이던 선임지휘관들에게도 가끔 무례하게 굴었다. 그러나 그 순간에도 나폴레옹은 상황을 어느 정도 해학적으로 바라볼 수 있었다. 그는 외젠에게 다음과 같이 썼다.

"운명이 계속 우리에게 은혜를 베푼다면 우리는 이탈리아를 보존할 것이다. 그렇게 된다면 나폴리 왕은 필시 다시금 편을 바꾸리라."[54)]

2월 18일 구름 한 점 없이 맑은 날 오후 3시 근위대와 함께 센강과 욘강 합류 지점에 있는 몽테로에 도착한 나폴레옹은 그 지역 위쪽 쉬르빌 언덕에 포대를 배치해 다리 두 개로 건너가는 동맹군 보병들에게 최대 사거리로 산탄을 발사했고 뷔르템베르크군 공병들이 다리를 파괴하지 못하게 막았다(다리에서 올려다보면 언덕은 마치 무덤처럼 보이지만 나폴레옹이 대포를 설치한 꼭대기에서 보면 그곳이 그 인근을 내려다보는 우뚝 솟은 곳임을 즉시 알아볼 수 있다). 오스트리아군은 루이 위게샤토 장군의 공격을 받았다. 위게샤토 장군은 전사했지만 오스트리아군은 격퇴당해 밀려났다. 이어 나폴레옹은 파졸 장군이 이끄는 기병대를 투입해 돌격하게 했고 가파른 자갈투성이 도로를 따라 돌진한 이들은 두 다리를 건너 몽테로 안으로 밀고 들어갔다.* 나중에 나폴레옹은 파졸에게 다음과 같이 말했는데 파졸의 부관 위베르 비오도 들었다.

"그대와 함께해서 기쁘다. 내 장군들이 전부 그대처럼 내게 도움을 주었다면 적

* 나폴레옹이 그날 했다고 전하는 말은("내 전우들이여 결코 두려워 말라. 나를 죽일 포탄은 아직 발사되지 않았다.") 안타깝게도 훗날 〈주르날 제네랄 드 프랑스Journal Général de France〉에 글을 쓴 기자가 지어 낸 것으로 보이는 여러 가지 말 중 하나다.

은 프랑스에 들어오지 못했을 것이다. 가서 상처를 치료하라. 회복하면 그대에게 말 1천 필을 주어 나를 대신해 바이에른 왕에게 안부를 묻게 하겠다! … 그저께 아침 몽테로의 다리를 마음대로 처리하는 대가로 4백만 프랑을 요구받았다면 나는 주저 없이 그 돈을 지불했을 것이다."[55)]

나중에 비오는 파졸에게 농담을 했다. 그랬을 경우 황제는 별다른 고민 없이 1백만 프랑을 떼어 그에게 상으로 주었을지도 모른다고 말이다.

이튿날 나폴레옹은 콜랭쿠르 앞에서 오스트리아군이 모에 도달했다는 것을 부인했지만, 그들은 실제로 그곳에 도착했다. 폰 자켄의 대포소리는 이제 파리에서도 분명하게 들렸다. 그 러시아 장군은 나폴레옹이 다시 블뤼허를 공격하려 한다는 소식을 듣고는 물러났다.[56)] 그날 나폴레옹은 평소에 신임을 받은 치안장관 사바리에게 편지를 보내 화를 냈다. 파리의 신문들이 나폴레옹은 늘 병력에서 세 배 많은 적군을 무찔렀기에 위대한 군인이라고 찬양하는 시를 싣게 허락했다는 것이 그 이유였다. 나폴레옹은 이렇게 썼다.

"내가 늘 병력 30만 명을 보유하고 있다고 말하는데 그런 말을 하다니 당신은 파리에서 정신이 나간 것이 틀림없다."

나폴레옹이 몽테로에서 실제로 지휘한 병력은 고작 3만 명이었다.

"병력을 과장하는 것은 전쟁의 최우선 원칙 중 하나다. 그러나 나와 국민의 애국심을 향해 듣기 좋은 말을 하려 애쓰는 시인들이 이것을 어떻게 이해하겠는가?"[57)]

나폴레옹은 프랑스의 강화를 바라는 마음을 드러낸 글을 쓴 몽탈리베에게 반박했다.

"그대는(그리고 사바리는) 프랑스에 관해 내가 중국을 아는 것만큼도 모른다."[58)]

나폴레옹은 동맹군을 분열시키려는 필사적인 시도로 2월 21일 프란츠 1세에게 서한을 보내 프랑크푸르트 강화 방안을 '지체 없이' 다시 제안하기를 요청하며 말했다. 샤티옹의 조건은 "프랑스가 유럽 지도에서 사라지기를 바란 버크의 꿈을 실현하려는 것입니다. 프랑스인이라면 누구나 영국의 노예가 되는 조건을 받아들이느니 차라리 죽기를 바랄 것입니다." 이어 나폴레옹은 조지 3세의 프로테스탄트 아들이 벨기에의 왕좌에 앉는 끔찍한 상황을 언급했다.[59] 하지만 앞선 시도들처럼 이것도 무용지물이었다.

오주로는 론군Rhône Armée의 지휘를 맡았으나 더는 싸우고 싶어 하지 않았다. 그의 군대는 에스파냐에서 건너온 부대로 강화했어도 여전히 그 전쟁에서 중대한 기여를 하지 못했다. 이것이 유감이었던 나폴레옹은 리옹에 있는 그에게 서한을 보냈다.

"그대가 아직도 카스틸리오네의 오주로라면 지휘권을 행사하라. 그러나 60년의 삶의 무게가 그대를 짓누른다면 부대의 선임장군에게 지휘권을 넘겨라."[60]

이는 환멸을 느끼는 늙은 전사와 사이가 더 나빠지는 효과만 냈다. 오주로는 북으로 진군하지 못했고 리옹에서 철수해 발랑스로 돌아갔다. 네와 우디노는 21일 노장에서 나폴레옹과 대화하던 중 강화 문제를 꺼냈다. 대화는 심한 질책으로 이어지다 점심식사 초대로 끝났다. 2월 27일 웰링턴이 아두르강을 건너 오르테스에서 술트에게 대패를 안기자 전략 상황은 한층 더 절망적으로 바뀌었다.[61]

2월 24일부터 28일까지 뤼지니에서 플라오 백작이 휴전을 논의했는데, 나폴레옹은 이것이 프랑크푸르트 방안으로 회귀해 끝나기를 기대했다. 그러면서도 그는 전투를 계속해야 한다고 고집을 부렸다. 그는 그 이전 해에 플레스비츠 휴전 중에 그랬듯 팽에게 "나는 이 협상에 속박당할 뜻이 없다"고 말했다. 1814년 3월 1일 동맹군은 서로 쇼몽 조약에 서명해 나폴레옹과 단독으로 강화 조약을 체결하지 않겠다고 합의했다. 그리고 각각 병력 15만 명으로 기여해 나폴레옹을 내쫓고 프랑스가 더는 스위스와 이탈리아, 에스파냐, 네덜란드를 좌우하지 못하게 한다는 목적을 천명했다.

남편의 제국이 파국 직전에 몰리자 마리 루이즈는 위기의 엄중함에 전혀 어울리지 않는 경솔한 젊은 여인으로 드러났다. 그녀는 일기에 이렇게 적었다.

"황제에게 아무런 소식도 듣지 못했다. 그의 태도는 매우 무심하다. 그는 나를 잊고 있다."

궁 안의 시시껄렁한 이야기와 로마왕의 여자 가정교사와 함께한 일, 예법 문제 등 그녀의 편지에 담긴 사소한 것에 나폴레옹이 답한 것을 보면 마리 루이즈는 주변에서 벌어지는 경천동지할 일을 알지 못했거나 그것에 무관심했던 것 같다. 어쩌면 황후는 무너지는 제국, 남편과 아버지 사이의 전쟁을 못 본 체하기 위해 시녀인 몬테벨로 공작부인(란의 미망인)이 준 애완 앵무새의 재잘거리는 소리에 집중하고 있었는지도 모른다. 루이즈와 그녀의 시녀들은 아마포를 찢어 부상자를 치료할 붕대를 만들었지만 그녀의 진짜 관심사는 스케치, 손수건에 자수 놓기, 음악, 카드놀이, 꽃이었다. 심지어 마리 루이즈는 카롤린 뮈라에게 편지를 써도 되는지 묻기도 했다. 이에 나폴레옹은 이렇게 대답했다.

"내 답변은 이것이오. '아니오.' 나는 아무것도 아닌 그 여자를 왕비로 만들어 주었지만 그 여자는 온당치 않게 처신했소."[62)]

3월 2일 나폴레옹은 마리 루이즈에게 퐁텐블로·콩피에뉴·랑부예와 다른 곳의 궁에서 들것과 밀짚 매트리스, 홑이불, 담요 1천 개씩 만들어 군 병원에 기부하는 유익한 일을 준비하게 하려 했다. 나폴레옹은 자신이 "많이 노출된" 프로이센군을 추격하는 중이라고 덧붙였고 이튿날 '벌허Bulcher'(원문 그대로)가 부상당했다고 잘못 전했다.[63)]

3월 6일 빅토르(나폴레옹은 부당하게 강등당한 그에게 청년근위대 1개 사단을 주었다)는 파리 북동쪽으로 88킬로미터쯤 떨어진 크라온에서 세 개 협곡에 막혀 있는 그 지역 위쪽 고지를 러시아군이 대포 60문으로 좁은 통로를 지키고 있는데도 점령했다. 이튿날 그곳에서 벌어진 전투에서 나폴레옹은 적군의 양 측면을 공격하려 했으나 실패했고 블뤼허의 러시아군 선봉대를 격파하기 위해 잔혹한 정면 공격에 들어가야 했다. 드루오가 대포 88문을 과감히 이용하고 네가 우익으로 진출하면서 그 전쟁 중 가장 살벌한 충돌 끝에 마침내 나폴레옹은 전장을 차지했다. 전투는 위르트비즈 농가부터 세르니 마을까지 길이 약 3.2킬로미터의 고원인 슈맹데담을 따라 그 농가를 제거한 오전 11시부터 오후 2시 30분까지 이어졌다. 정면의 폭이 밭 하나 정도도 안 될 만큼 매우 좁아 양측에서 많은 사상자가 나왔다. 양귀비로 가득한 오늘날의 목가적인 초원을 보면 러시아군의 고통스러운 저항을 전혀 떠올릴 수 없다. 러시아군은 퇴각할 때는 시달리지 않았다. 프랑스군도 지쳤기 때문이다. 크라온 전투는 프랑스의 승리로 끝났지만 그 소식이 파리에 도착했을 때 전쟁이 계속 이어지리라는 추정에 증권거래소 지수는 폭락했다.[64]

이튿날에는 양쪽 군대 모두 휴식을 취하며 재정비했다. 9일과 10일 나폴레옹은 파리 북동쪽 137킬로미터 지점에 있는 엔주의 방어시설을 잘 갖춘 도청 소재지 랑에서 프로이센군 주력 부대를 공격했다(랑의 성벽에 서면 당시 프로이센과 러시아 장교들처럼 아래쪽에 펼쳐진 전장 전체를 조망할 수 있다). 아우스터리츠 전투 때와 정반대로 오전 11시경 뜨거운 햇볕에 평원의 안개가 사라져 블뤼허의 참모진은 나폴레옹 군대가 대포는 더 많지만 병력은 보병 2만 1천 명에다 기병 8천 명에 불과하다는 사실을 알 수 있었다. 반면 동맹군은 보병 7만 5천 명에 기병 2만 5천 명이었다. 하지만 그들은 나폴레옹의 전술 능력을 존중했기에 어떤 계략이 숨어 있을 거라 가정했고 더 많은 수의 병력으로 교전에 들어가긴 했어도 전력으로 반격하지 않았다.

병력 9천5백 명과 대포 53문을 보유한 마르몽이 고작 약 6.4킬로미터 떨어진 곳에 있었으나 그는 평원에서 싸우는 소리를 듣지 못해 황제를 지원하지 못했던 것 같다. 이후의 행동 때문에 마르몽은 랑에서 반역 행위로 비난을 받았지만 전장에 강력한 서풍이 불었기에 소음이 묻혔을 수 있다. 어쨌든 마르몽과 그의 참모진은 9일 저녁 초병을 적절히 배치하지 못한 책임은 면할 수 없었다. 프로이센군의 요르크 군단과 클라이스트 군단이 야간에 그의 숙영지를 성공리에 급습해 부대를 완전히 부숴 버렸던 것이다. 나폴레옹은 이튿날 공격을 재개하기로 결정했는데 이는 재앙이었다. 오후 3시까지도 그는 압도적으로 우세한 동맹군에 맞서고 있다는 사실을 알지 못했다. 사망과 부상을 합해 4천 명이 희생당했고 2천5백 명이 포로가 되었으며 대포 45문을 빼앗겼다.

3월 10일 날이 저물었을 때 나폴레옹 군대의 병력은 3만 8천 명에서(마르몽 부대를 포함한 수치다) 2만 4천 명 이하로 줄어들었다. 이때 나폴레옹은 놀라운 회복력을 보여 주었고 동맹군의 병참선을 차단하길 바라며 즉시 랭스를 공격하러 갔다. 그렇지만 같은 날 탈레랑의 편지가 차르 알렉산드르 1세의 사령부에 도착하면서 병참선 개념이 전체적으로 무의미해졌다. 탈레랑은 차르에게 파리에서 조제프가 포위공격에 따른 대비를 완전히 무시했다며 동맹군에 곧장 수도로 진격하라고 권고했다.

탈레랑의 최종 변절은 예상한 바였지만(그는 나폴레옹이 자신을 '비단 양말을 신은 똥'이라고 부른 이후로 늘 변절을 계획하고 있었다) 3월 11일 나폴레옹은 형 조제프가 자신의 아내를 유혹하려 하자 더 심한 배신을 보여 주고 있음을 이해했다. 마리 루이즈는 몬테벨로 공작부인에게 이런 말을 했다.

"조제프 왕이 내게 아주 지루한 얘기를 해요."[65)]

나폴레옹은 수아송에서 보낸 편지에서 분명 걱정하고 있었다. 그는 황후에게 이렇게 전했다.

"그대의 편지를 받았소."

> 왕과 너무 친밀하게 지내지 마시오. 그를 멀리 하시오. 그대의 사생활 공간에 절대 들어오게 해서는 안 되오. 캉바세레스에게 하듯 의례적으로만 대하시오. 접견실에서 그에게 당신의 행동과 생활 방식을 평하는 조언자 역할을 하게 놔두지 마시오. … 왕이 그대에게 조언하려 하면 그것이 그의 일이 아니고 내가 그리 멀지 않은 곳에 있으니 … 그를 냉정하게 대하시오. 왕을 대할 때 매우 조심스러워야 하오. 친밀하게 대하지

마시오. 그와 대화할 때는 할 수 있으면 언제라도 공작부인이 있는 가운데 창가에서 하시오.66)

조제프는《클리송과 외제니》에 나오는 베르빌의 역할을 하려 했나? 나폴레옹은 이튿날 황후에게 보낸 편지에서 그렇다고 의심했다.

> 왕에게 배신당하는 것이 내 운명일까? 사실이 그럴지라도 나는 놀라지 않을 것이며 내 의연함이 꺾이지도 않을 것이오. 유일하게 내 결연함을 흔들 수 있는 것은 당신이 내가 모르게 그와 통정하거나 내게 더는 이전의 당신이 아닌 다른 사람이 되는 것뿐이오. 왕을 신뢰하지 마시오. 그는 여자들에게 신망이 없기로 유명하고 에스파냐에 있을 때부터 늘 야심을 품고 있었소. … 거듭 말하건대 왕을 신뢰하지 말고 멀리하시오. … 이 모든 일에 심히 우울하오. 가족에게 위로를 받아야 하지만 그 인간들은 대체로 골칫거리일 뿐이오. 아마 당신에게는 예상치 못한 일이자 견딜 수 없는 일일 것이오.67)

나폴레옹은 조제프에게도 편지를 보냈다.

"내 왕좌가 탐나거든 가지시오. 그러나 하나만 부탁하오. 황후의 마음과 사랑만은 내게 남겨 주오. … 정녕 섭정 황후의 마음을 어지럽히려거든 내가 죽을 때까지 기다리시오."68) •

나폴레옹은 이 두 편지에서 과대망상을 보였나? 조제프는 정부인 몬테에르모소 후작부인과 생 장 당젤리 백작부인을 더는 찾지 않았고, 마리 루이즈는 과연 1년이 지나지 않아 적군 장군과 정사를 나눠 성적으로 나폴레옹을 배신한다.69) 마르몽은

• 1850년대에 나폴레옹의 편지를 모아 간행한 최초의 책에는 들어 있지 않은 이 편지는 국립 기록보관소에 있다.

이때쯤 조제프가 얼마나 오만했는지, 얼마나 현실감이 없었는지 기록으로 남겼다. 조제프는 나폴레옹이 1813년 에스파냐에서 그의 지휘권을 빼앗은 이유가 "그(나폴레옹)가 그(조제프)를 시기했기 때문"이라 믿었고 "군대가 없어도 내 동생이 없어도" 유럽 나머지 나라들의 승인을 받아 성공리에 에스파냐를 통치할 수 있었을 것이라고 주장했다.[70] 그 견해는 마르몽이 꾸며 낸 이야기가 아니라면 당연히 완전한 망상이었다.

3월 16일 나폴레옹은 조제프에게 구체적으로 명령을 내렸다.

"무슨 일이 있어도 황후와 로마왕이 적의 손에 들어가게 해서는 안 되오. … 내 아들 옆에 있어 주오. 나는 그가 센강에 빠져 죽는 것을 볼지언정 프랑스의 적들에게 붙잡히는 꼴은 도저히 볼 수 없다는 것을 잊지 마시오. 그리스인의 포로가 된 아스티아낙스 이야기는 내게 언제나 역사상 가장 슬픈 대목이었소."[71]

에우리피데스와 오비디우스에 따르면 트로이의 왕자 헥토르의 어린 아들 아스티아낙스는 성벽에서 내던져졌다(세네카는 그가 뛰어내렸다고 했다). 같은 날 나폴레옹은 마리 루이즈에게 극적인 면이 덜한 편지를 보냈다.

"내 아들에게 부드럽게 키스해 주오. 당신이 말한 아들의 모든 이야기는 내게 많이 자란 그의 모습을 볼 수 있다는 희망을 주오. 곧 세 살이 되겠지."[72]

나폴레옹은 3월 13일 급습으로 랭스를 차지한 뒤 20일과 21일 아르시쉬르오브에서 슈바르첸베르크가 지휘하는 오스트리아군과 러시아군에 맞서 싸웠다. 그의 생애에 네 번째이자 마지막 방어 전투였다. 나폴레옹 병력은 보병 2만 3천 명에 기병 7천 명뿐이었고 그는 동맹군 후위와 대결하고 있다고 생각했다. 그러나 거세게 흐르는 캐러멜색 강물 위에 놓인 다리 너머 전장에는 보헤미아군 7만 5천 명이 있었다. 1814년 전쟁에서 나폴레옹은 1천6백 킬로미터 넘게 내달렸고 65일 동안 48곳의 서로 다른 장소에서 잠을 잤다. 이렇게 많이 움직였는데도 라로티에르와 랑, 아르시쉬르오브에서 당한 세 번의 패배는 전부 한곳에 너무 오래 머문 것이 원인이었다. 21일 아르시쉬르오브에서도 그랬다. 훗날 나폴레옹은 곡사포 포탄에 타고 있던 말이 창자가 터졌는데도 자신은 다치지 않았던 그 전투를 이렇게 회상했다.

"나는 조국의 땅을 한 발자국도 빼앗기지 않으려고 싸우면서 영광스럽게 죽기를 갈망했다. 나는 의도적으로 몸을 드러냈다. 주위에서 포탄이 날아다녔다. 옷에 구멍이 났지만 포탄이 나를 상하게 하지는 못했다."[73)]

나중에 나폴레옹은 주기적으로 아르시쉬르오브를(보로디노, 워털루와 함께) 간절히 죽기를 원한 장소로 언급했다.

3월 21일 나폴레옹은 생디지에로 이동했다. 그곳에서 그는 다시 동맹군 병참선을 차단할 수 있기를 기대했다. 파리가 충분히 오래 버틸 수만 있다면 그는 동맹군 후위를 공격할 수 있을 것이었다. 과연 파리 시민들이 포위공격을 버텨 낼 수 있을까? 아니면 프랑스의 나머지 지역이 그랬듯 파리도 무너질 것인가? 같은 날 오주로는 오스트리아군에 리옹의 무혈입성을 허용했다. 그럼에도 불구하고 나폴레옹은 파리의 노동자들과 국민방위대가 거리에 방책을 치고 동맹군을 저지하길 바랐다. 24일 그는 콜랭쿠르에게 말했다.

"어떤 결과가 나오든 오직 검만이 현재의 갈등을 해결할 수 있다."[74)]

23일 동맹군은 나폴레옹의 편지를 지닌 밀사를 사로잡았다. 편지는 마리 루이즈에게 그가 "적군을 파리에서 최대한 멀리 밀어내 내가 있는 곳으로 더 가까이 다가오게 하려고" 마른강을 향해 나아가고 있다고 알렸다. 사바리의 편지도 빼앗겼다. 사바리는 나폴레옹에게 정권이 무너지고 있으며 공공연한 음모의 표적이 되고 있으니 파리로 돌아오라고 간청했다.[75)] 두 편지에 동맹군 최고사령부는 파리로 진격한다는 자신들의 계획이 효과적이라는 것을 확인했다. 나폴레옹은 바르쉬르오브로 경기병대를 보내고 브리엔을 향해서는 근위대를 보내 동맹군을 최대한 괴롭혔다.

또한 이튿날 생디지에 인근에서 일련의 전초전을 치러 많은 러시아 기병을 격퇴했으나 동맹군 주력은 방비가 아주 허술한 파리로 모여들고 있었다.[76] 나폴레옹은 훗날 수도에 강력한 방어시설이 없는 게 결점이었음을 완전히 인정했다. 개선문 위와 몽마르트의 승리의 신전 위에 장사거리 포대를 배치하려 했으나 둘 다 준비를 갖추지 못했다.[77]

3월 27일 마크도날은 나폴레옹에게 적군의 일일훈령 사본을 가져왔다. 25일 마르몽과 모르티에가 페르샹페누아즈 전투에서 패배했다는 내용이었다. 사실일 리 없다고 생각한 나폴레옹은 훈령 날짜가 3월 29일이므로 이는 틀림없이 동맹군의 선전이라고 주장했다. 나폴레옹이 현명한 조언을 칭찬하며 '그랑다르메의 현인'이라는 별명을 붙여 준 드루오는 인쇄공이 실수로 '6'을 뒤집어 넣었다고 지적했다. 나폴레옹은 감탄했다.

"옳다. 그렇다면 완전히 다르다."[78]

이제 나폴레옹은 어떤 희생을 치르더라도 파리로 가야 했다. 그날 저녁 나폴레옹은 생디지에를 떠나 트루아로 이어지는 길을 따라 진군하라는 명령을 내렸다. 좌익은 센강이 보호했고 우익은 블뤼허를 타격할 준비를 했다.

28일 밤 완전히 기가 죽은 조제프는 파리에서 긴 시간 회의를 열고 황후와 정부가 수도를 떠나 루아르 강변의 블루아로 가는 것이 나폴레옹의 뜻이라고 섭정위원회를 설득했다. 조제프는 한 달도 더 지나 두 번이나 다른 명령으로 무효가 되어 버린 편지를 증거로 내밀었다. 탈레랑(이미 나폴레옹 이후의 임시정부에서 일할 장관 명부를 작성하고 있었다), 국왕 시해자 캉바세레스(부르봉 왕실의 손아귀에 떨어지고 싶지 않은 인물), 클라르크(얼마 지나지 않아 루이 18세가 프랑스 귀족으로 삼는다) 그리고 "초조해하면서 떠나고 싶어 한" 황후가 그를 지지했다.[79]

사바리와 파스키에, 입법원 의장 마사 공작은 황후가 파리에 머물면 그녀와 그 아들을 위해 훨씬 더 좋은 조건을 얻어 낼 수 있다고 생각했고 오르탕스는 그녀에게 "파리를 떠나면 그 즉시 왕관을 잃을 것"이라고 경고했지만, 3월 29일 오전 9시 황실 호위대는 선임근위대 1천2백 명과 함께 수도를 떠나 랑부예로 향했고 4월 2일 블루아에 도달했다.[80] 캉바세레스는 커다란 마호가니 상자에 국새를 담아 블루아로 가져갔다. "그를 버리지 않은 몇몇 충실한 친구가 동행"했다.[81]

1814년 3월 30일 수요일 나폴레옹은 트루아에서 상스를 거쳐 병사들이 낼 수 있는 최대 속도로 파리로 이동하고 있었다. 이때 슈바르첸베르크가 지휘하는 프로이센군 3만 명과 뷔르템베르크군 6천5백 명, 오스트리아군 5천 명, 러시아군 1만 6천 명이 몽마르트와 기타 파리의 몇몇 교외 지역에서 마르몽과 모르티에가 이끄는 프랑스군 4만 1천 명과 교전했다. 조제프는 3월 29일 "무장해서 도시와 기념물, 재산, 우리의 아내와 아이들, 우리에게 소중한 모든 것을 지키자"고 성명서를 발표해 놓고 이튿날 전투가 시작되자 도시를 떠났다.[82] 마르몽과 모르티에는 결코 승산이 없는 싸움을 하고 있지 않았지만 상황이 돌이킬 수 없는 지경에 이르렀다고 판단해 파리를 파괴하겠다는 슈바르첸베르크의 위협에 굴복했다. 다음 날 아침 7시 이들은 도시를 넘겨줄 생각으로 회담을 시작했다.[83] 모르티에는 자신의 군단을 이끌고 남서쪽 방향으로 도시를 빠져나갔지만 마르몽은 이후 며칠 동안 군단 병력 1만 1천 명을 계속 주둔시켰다. 적군이 다가오자 레쟁발리드 사령관인 초로의 원수 세뤼리에는 노획한 군기 1,417개와 프리드리히 대왕의 검과 현장懸章을 포함해 트로피를 불태우고 숨기는 일을 지휘했다.

3월 30일 오후 10시가 넘어 황제는 파리에서 겨우 22.5킬로미터쯤 떨어진 쥐비지의 역사 르 쾨르 드 프랑스(프랑스의 심장)에 도달했다. 잠시 뒤 벨리아르 장군이 도착해 파리가 고작 하루 동안 우유부단한 전투를 벌인 뒤 항복했다고 알렸다. 나폴레옹은 베르티에를 불러온 뒤 벨리아르에게 질문을 퍼부었다.

"내가 더 일찍 왔더라면 전부 다 구할 수 있었을 것이다."[84]

지친 그는 두 손으로 머리를 감싼 채 15분 넘게 앉아 있었다.[85)] * 나폴레옹은 파리의 상황이 어떠하든 그곳으로 진격할 것을 고려했으나 장군들의 설득에 그러지 않기로 했다.[86)] 그는 1420~1436년 잉글랜드에 점령당한 이후 프랑스 군주로는 처음 수도를 잃은 자가 되었다. 나폴레옹은 콜랭쿠르를 파리로 보내 강화를 청하게 하고 퐁텐블로로 향해 31일 오전 6시에 도착했고 그곳 숲에서 군기와 독수리기를 소각했다(몇몇은 화를 피해 오늘날 파리의 군사 박물관에 남아 있다).[87)]

4월 1일 동맹군이 팔에 흰색 리본을 매고 샤코 모자에 초록색 잔가지를 꺾어 끼운 채 생드니 문을 지나 파리에 입성했을 때 대중은 이들을 환영했다. 승리한 군대가 으레 받는 환영이다. 라발레트는 "축제 때처럼 옷을 입고 기쁨에 겨워 거의 정신이 나간 채 손수건을 흔들며 '알렉산드르 황제 만세!'를 외치는 여인들"의 모습이 심히 역겨웠다.[88)] 차르 알렉산드르 1세 군대는 샹젤리제와 샹드마르스에서 숙영했다. 도시가 적군에 넘어가자마자 파리 시민이 이를 불태우려 했다는 증거는 없었다. 이는 러시아인이 겨우 열여덟 달 전에 한 일이다. 제국의 나머지 지역의 변덕스러움은 밀라노 대표단에게서 엿볼 수 있다. 그들은 자신들이 '나폴레옹 대제'라는 이름을 붙여 주려 한 사람이 모든 적에게 승리를 거둔 것을 축하하러 파리를 찾던 중이었다. 수도에 가까이 다가가면서 그곳이 포위되었다는 소식을 듣고도 이들은 계속 가기로 결정했다. 그런데 파리에 도착한 즉시 이들은 '폭군의 몰락'을 두고 동맹군에 축하를 보냈다.[89)]

1814년 3월 30일, 15년 전 나폴레옹의 브뤼메르 쿠데타를 지지했던 탈레랑은 이제 자신의 쿠데타에 착수해 파리에 임시정부를 세운 뒤 즉각 동맹국과 강화 협상을 시작했다.[90)] 차르 알렉산드르 1세는 부르봉 왕실 복귀와 베르나도트, 오를레앙

* 이는 그가 역경을 만나면 취하는 전형적인 자세지만 그가 주치의에게 말했듯 "생애 대부분 내내 이따금 자신을 괴롭힌" 두통 때문이었을 수도 있다(BL Lowe Papers 20156 fol.28).

가문, 심지어 로마왕의 섭정 통치까지 여러 대안을 고려했지만 그와 동맹국의 다른 지도자들은 탈레랑의 설득에 루이 18세를 받아들이기로 했다. 또 한 명의 국왕 시해자인 푸셰는 임시정부에 들어갔고 4월 2일 원로원은 황제를 폐위한 뒤 '루이 자비에 드 부르봉'에게 왕위를 취하라고 권하는 원로원 의결을 통과시켰다. 또한 임시정부는 나폴레옹을 향한 모든 프랑스 병사의 충성 맹세를 면하게 해 주었다. 병사들 사이에 이 소식이 퍼졌을 때, 고위 장교들은 이를 진지하게 받아들였지만 사병들은 대부분 경멸했다[91](물론 충성 맹세의 진중함을 지나치게 칭찬할 필요는 없다. 나폴레옹은 루이 16세와 공화국에 충성을 맹세했다).

나폴레옹은 퐁텐블로에서 줄어드는 선택지를 놓고 저울질을 했다. 그가 선호한 것은 여전히 파리로 진격하는 것이었지만 마레와 사바리, 콜랭쿠르, 베르티에, 마크도날, 르페브르, 우디노, 네, 몽세는 하나같이 반대했다. 네가 황제에게 대담하고 무례하게 말했다는 이야기가 나중에 나오기는 했지만 그런 일은 없었다.[92] 이들 중 몇몇은 블루아에서 황후와 합류했다. 원수들은 1812년 나폴레옹이 러시아에서 크게 패한 뒤 그의 퇴위를 강요하지 않았고 1813년 라이프치히 전투 후에도 그러지 않았지만, 1814년에는 군대가 숫자에서 크게 열세일망정 연이어 승리를 거두고 있을 때 진실로 퇴위에 찬성했다. 이는 역설적이다. 원수들은 나폴레옹이 프랑스에 최선인 것만 하겠다고 거듭 밝혔음을 그에게 상기시켰다.[93] 나폴레옹은 그들이 자신에게 받은 성과 재산을 지키고 누리기 위해 퇴위를 원한다고 의심했고 그 감정을 쓰라리게 토로했다.

1814년 나폴레옹은 그들 중 몇몇에게, 그러니까 마크도날과 우디노 특히 빅토르에게 불가능한 일을 하라고 요청하고 그들의 성취가 놀라운 것이었을 때도 그들을 호되게 비난했으나 그들 행동의 진정한 동기는 이기적인 것이 아니었다. 프랑스 안에서 싸우고 있었음에도 자신들의 전략적 위치에서 어떻게 전쟁을 승리로 이끌어야 할지 누구도 알 수 없었기 때문이었다. 나폴레옹 퇴위가 전쟁을 끝낼 유일한 방법이었기에 원수들이 정중하게나마 이를 요구한 것은 합리적이었다. 나폴레옹은 파리로 진격한다는 생각에 선임근위대와 4월 3일 '황제 만세!'를 외친 다른 부대들을 점검했지만, 원수들은 더는 숫자가 늘지 않을 것임을 알고 있었다. 적어도 그 전쟁에서는 늘지 않았다.[94] 마크도날은 회고록에서 수도가 모스크바 꼴이 되는 것은 보고 싶지 않았다고 썼다.[95] 네와 마크도날은 섭정 통치의 파멸을 막기 위해 나폴레옹이 즉각 퇴위하기를 바랐고, 나폴레옹은 두 사람과 콜랭쿠르를 파리로 보내 이 방안이 여전히 가능한지 알아보게 했다. 그런데 4월 4일 마르몽이 군단을 이끌고 곧장 동맹군 주둔지로 가서 무기와 탄약을 전부 내놓으며 항복했다. 이에 차르는 나폴레옹의 무조건 퇴위를 요구했다.[96] 알렉산드르 1세는 거대한 군대를 이끌고 유럽을 가로질러 왔고 이보다 더 큰 힘은 없었다.

나폴레옹은 남은 생애 동안 마르몽이 배신한 상황을 거듭 곱씹었다. 그는 마르몽을 "열여섯 살 때부터 자신이 기른 놈"이라고 말했다. 약간은 과장이지만 그렇다고 봐도 무방하다.[97] 마르몽은 나폴레옹이 "악마처럼 거만하고" 또한 "끝없이 우유부단한 것은 물론 무지와 무관심, 게으름, 오락가락하는 신뢰, 무엇인지 모를 것"에 빠졌다고 말했다.[98] 나폴레옹은 확실히 거만했으나 결코 게으르지 않았으며 만일 그의 신뢰가 변덕스러웠다면 라구사Ragusa 공작 마르몽이 최대 수혜자였다. 나폴레옹은 이렇게 말했다.

"은혜를 모르는 비열한 놈. 그 인간이 나보다 더 불행할 것이다."

사람들은 '라귀자르ragusard'라는 단어를 반역자를 뜻하는 말로 차용했고 근위대 내부에서 마르몽의 오래된 동료 집단은 '유다 패거리'라는 별명을 얻었다. 30년 후 그가 늙은이가 되어 베네치아에서 망명생활을 할 때도 아이들은 그를 따라다니며 손가락질하면서 외치곤 했다.

"저기 나폴레옹을 배신한 인간이 지나간다!"[99]

엘바

29

내 일을 1815년에 마친다.
그 이후의 모든 일은 평범한 역사에 속하기 때문이다.

메테르니히, 《회고록》

–

진정 영웅적인 행위는 삶의 불행을 초월하는 데 있다.
어떤 형태든 불행은 싸움에 도전하게 할 수 있다.

1815년 노섬벌랜드함 선상에서 나폴레옹이

네와 마크도날, 르페브르, 우디노가 내전을 감당할 배포가 없다는 것이 분명해지고 동맹군이 4월 5일 나폴레옹에게 평생 이탈리아 근해의 지중해 섬 엘바를 통치할 권한을 주겠다고 콜랭쿠르에게 알리자 황제는 퐁텐블로에서 임시 퇴위 문서에 서명해 콜랭쿠르에게 협상 수단으로 쓰게 했다.[1] 나폴레옹은 원수들에게 말했다.

"평안을 원하는가? 그렇다면 갖게 되리라."[2]

퇴위는 그 자신에게만 해당할 뿐 후계자들과는 무관했다. 나폴레옹은 조약(엘바를 포함해 나폴레옹과 그 가족의 금전적 안정과 인신의 안전을 보장하는 조약)을 체결한 후에야 이를 재가하려 했으므로 콜랭쿠르가 이를 비밀로 하길 원했다. 그렇지만 그 소식은 빠르게 퍼져갔고 장교와 조신 들이 임시정부와 화해하기 위해 떠나면서 궁정은 텅 비었다. 국무원 위원 조제프 펠레 드 라 로제르는 그 탈출을 이렇게 설명했다.

"그들은 폐하가 이미 무덤 속에 들어갔다고 생각했을 것이다."[3]

4월 7일 〈모니퇴르〉에는 주르당과 오주로, 메종, 라그랑주, 낭수티, 우디노, 켈레르만, 르페브르, 월랭, 미요, 세귀르, 라투르 모부르 등이 루이 18세에게 바친 충성 선언을 실을 공간이 충분하지 않았다.[4] 심지어 베르티에는 루이 18세의 근위대 군단장에 임명되었다.[5] 루스탕은 그 시기에 관해 다음과 같이 기록했다.

"폐하는 매우 슬퍼했고 거의 말을 하지 않았다."[6]

루이 18세는 라트비아의 옐가바성에 머물다가(1800년 그곳에서 나폴레옹에게 서신을 보내 왕좌를 돌려 달라고 요구했다) 1807년 잉글랜드 버킹엄셔에 있는 하트웰 하우스로 갔다. 그곳에서 그는 나폴레옹이 퇴위했다는 소식을 듣자마자 다시 왕위를 주장하고자 프랑스로 돌아갈 준비를 하고 있었다.

나폴레옹은 장교단과 참모본부를 잃었지만 그가 원했다면 아직도 내전을 촉발할 수 있었을 것이다. 4월 7일 그가 퇴위한다는 소문이 퍼지자 4만 명 규모의 병사가 야밤에 막사를 떠나 퐁텐블로에 집결했는데 이들은 무장한 채 횃불을 들고 행진하며 '황제 만세!', '반역자를 처단하자!', '파리로!'를 외쳤다.[7] 오를레앙과 브리에르, 리옹, 두에, 티옹빌, 란다우의 막사에서도 비슷한 상황이 발생했고 클레르몽페랑 등지에서는 부르봉 왕실의 흰색 깃발을 공개리에 불태웠다. 오주로 군단은 거의 폭동을 일으키기 직전이었으며 안트베르펀과 메스, 마인츠의 수비대에서는 나폴레옹에게 충성하는 병사들이 봉기를 시도했다. 릴에서는 병사들이 사흘 동안 대놓고 폭동을 일으켜 4월 14일까지도 장교들에게 총을 쏘아댔다.[8] 샤를 드골은 이렇게 말한다.

"그가 가장 심하게 고생시킨 자들, 즉 병사들이 그에게 가장 충성했다."[9]

이러한 충성 맹세에 감명을 받은 영국 외무장관 캐슬레이 경은 전쟁장관 배서스트 경에게 "나폴레옹이 여전히 그에게 상당한 정도로 충성하는 병사들에게 둘러싸여 퐁텐블로에 남아 있는 것의 위험성"을 경고했다. 이 경고에 마침내 동맹군은 1814년 4월 11일 닷새간의 협상 끝에 퐁텐블로 조약에 서명했다.[10]

이튿날 콜랭쿠르와 마크도날이 파리에서 조약을 갖고 그곳에 도착했다. 비준에는 나폴레옹의 서명만 남아 있는 상황이었다. 나폴레옹은 두 사람을 저녁식사에 초대했다. 네는 부르봉 왕실과의 화해를 위해 수도에 머물렀기에 그 자리에 없었다.[11] 조약에 따르면 나폴레옹은 황제 칭호를 쓰고 죽을 때까지 엘바섬을 소유할 수 있었다. 조제핀의 터무니없이 후한 생활비는 연간 1백만 프랑으로 삭감해야 했지만 가족 전체에 넉넉한 자금을 제공했다. 나폴레옹 자신은 연간 250만 프랑을 받기로 했고 마리 루이즈는 이탈리아의 파르마공국과 피아첸차공국, 구아스탈라공국을 받았다.[12] 4월 13일 나폴레옹은 마리 루이즈에게 편지를 보내 이렇게 말했다.

"내가 더 늙고 그대는 여전히 젊어서 어쩔 수 없이 그대가 내 섬 엘바에 싫증이 나고 내가 그대를 지루하게 하면 … 그대는 최소한 하나의 저택과 아름다운 나라를 받을 것이오."

그리고 다음과 같이 덧붙였다.

"내 건강은 좋소. 담력도 줄지 않았소. 그대가 내 불운을 감수하고 이를 함께 나눠도 행복할 수 있다고 생각한다면 더욱 그럴 것이오."[13]

나폴레옹은 합스부르크 가문과 보나파르트 가문의 결혼이 가능했던 이유가 자신이 프랑스 황제였기 때문이라는 것을 아직 제대로 이해하지 못했다. 이제 그는 그저 엘바섬 황제였으므로 그 결합의 이유는 사라졌다. 나폴레옹은 그 섬에 관한 책을 한 권 들고 보세에게 말했다.

"그곳 공기는 깨끗하고 주민들은 훌륭하네. 사는 것이 그렇게 나쁘지는 않겠어. 마리 루이즈가 많이 불행하지 않기를 바라."[14]

4월 12일 피에르 캉브론 장군과 기병 분견대가 마리 루이즈와 로마왕을 약 87킬로미터 떨어진 퐁텐블로로 데려오라는 나폴레옹의 명령에 따라 오를레앙에 도착했다. 하지만 겨우 2시간 전 메테르니히가 보낸 오스트리아 대표단이 그녀와 수행원들을 데리고 이미 랑부예성으로 떠난 뒤였다. 마리 루이즈는 그곳에서 아버지를 만날 것이라는 말을 들었다. 처음에 그녀는 나폴레옹의 허락이 있어야만 떠날 수 있다고 고집을 부렸으나 설득에 아주 쉽게 마음을 바꿨고, 나폴레옹에게는 편지를 남겨 자신의 의사에 반해 끌려간다고 알렸다. 머지않아 마리 루이즈는 나폴레옹과 다시 합친다는 계획을 완전히 포기한 뒤 빈으로 가버렸다. 그녀는 불행하게 살고 싶은 마음이 전혀 없었다.

콜랭쿠르, 마크도날과 저녁을 같이한 다음 12일에서 13일로 넘어가는 밤 나폴레옹은 마리 루이즈에게 보내는 편지에서 낙관적인 생각을 한껏 펼쳤음에도 자살을 시도했다.[15] 그는 독약을 여럿 섞어 마셨다. '크기와 모양이 마늘 구근'만 했는데 말로야로슬라베츠에서 카자크 병사들에게 거의 사로잡힐 뻔했을 때부터 목에 두른 작은 비단 주머니 속에 넣고 다닌 것이었다.[16] 그는 루스탕과 시종 튀렌 백작 앙리가 그의 권총들을 없앤 뒤로는 다른 자살 방법은 시도하지 않았다.[17] 훗날 나폴레옹이 설명한 바에 따르면 이러했다.

"내 삶은 이제 더는 조국에 속하지 않는다."

> 지난 며칠 동안의 사건으로 나는 다시 내 삶의 주인이 되었다. 나는 깊이 생각했다. '내가 도대체 무엇 때문에 그 많은 고초를 감내해야 하는가? 내 죽음이 내 아들의 머리 위에 왕관을 씌워 주지 못하리라는 것을 누가 알겠는가?' 프랑스는 구원받았다. 나는 이제 머뭇거리지 않았다. 침대에서 벌떡 일어나 약간의 물에 독약을 섞고 일종의 안도감으로 들이켰다. 그러나 시간이 그 효력을 앗아갔다. 끔찍한 고통에 입에서 신음소리가 터져 나왔다. 그들이 소리를 들었고 의료진이 도착했다.[18]

옆방에서 자다가 나폴레옹의 신음소리를 들은 부관 위베르가 주치의 이방을 불러왔고 그는 구토를 유도했다. 아마 난로에서 재를 가져와 삼키게 했을 것이다.[19]

마레와 콜랭쿠르도 밤중에 불려 왔다. 나폴레옹이 죽지 않으리라는 것은 분명해졌고 이튿날 아침 그는 퇴위실로 알려진 붉은색과 황금색으로 치장한 전실의 다리 하나짜리 소박한 탁자에서 '더 주저하지 않고' 퇴위한다는 문서에 서명했다. 내용은 이러했다.

"동맹국들이 황제 나폴레옹이 유럽의 평화 재정착을 가로막는 유일한 장애물이라고 선언했기에, 황제 나폴레옹은 자신의 맹세에 충실하게 임하여 자신과 후계자들을 위해 프랑스와 이탈리아 왕위를 포기하며 프랑스의 이익을 위해 기꺼이 개인적 희생을 치를 것임을 심지어 목숨까지도 희생할 것임을 선언하는 바이다."[20]

4월 13일 오전 9시 마크도날이 비준한 조약을 받아 가려고 황제의 거처에 들렀을 때, 콜랭쿠르와 마레는 여전히 그곳에 있었다. 마크도날이 보니 나폴레옹은 "화롯불 앞에 앉아 있었다. 그는 간소한 돋을무늬의 (가벼운 면 소재) 실내복을 입었는데 다리는 맨살을 드러냈고 슬리퍼를 신었으며 두 손으로 머리를 받친 채 두 팔꿈치를 무릎에 기댔다. … 안색은 누렇게 변했다."[21] 나폴레옹은 "밤새 많이 아팠다"고 말했다. 그는 충성스러운 마크도날에게 애절하게 말을 건넸다.

"나는 그대를 잘 몰랐다. 그대에게 편견이 있었다. 내게 그토록 많은 것과 큰 호의를 받은 많은 사람이 나를 저버리고 포기했다. 그대는 내게 빚진 것이 전혀 없는데도 여전히 내게 충성하는구나!"[22]

나폴레옹은 그에게 무라드 베이의 검을 주었고 두 사람은 포옹했다. 마크도날은 비준한 조약을 들고 파리로 갔고 이후 두 사람은 서로를 다시는 보지 못한다.

자살 시도 후 루스탕은 퐁텐블로를 떠났다. 나중에 그는 나폴레옹이 자살에 성공하면 자신이 부르봉 왕실이나 동맹군 암살자로 오해받을까 두려웠다고 말했다.[23]

4월 15일 베르트랑과 드루오, 피에르 캉브론 세 장군이 소규모 근위대 병력 6백 명과 함께 엘바까지 나폴레옹과 동행하기로 했다. 동맹국들은 조약의 특별 조항에 따라 엘바섬을 '바버리 국가들', 즉 북아프리카 국가들로부터 지켜 주겠다고 약속했다(지중해의 그 지역에서는 바버리 해안의 해적들이 왕성하게 활동했다). 이튿날 동맹국 감독관 4명이 그와 동행하고자 퐁텐블로에 도착했다. 실제로 섬에 살게 된 사람은 영국 감독관 닐 캠벨 대령과 오스트리아 감독관 프란츠 폰 콜러 장군뿐이다. 나폴레옹은 페르샹페누아즈에서 부상을 당한 캠벨과 사이가 좋았다. 그가 "앙글리스키 폴코브니크(영국 대령)!"라고 크게 외쳤는데도 그를 프랑스군 장교로 오인한 러시아 병사가 창으로 등을 찔렀고 다른 병사는 검으로 머리를 그었다. 캠벨은 캐슬레이에게 "프랑스 정부 수장이던 자를 엘바섬까지 수행하라"는 명령을 받고 기뻐했다(이 표현은 나폴레옹의 정확한 지위를 보여 주므로 불확실하다는 것을 드러낸다).[24]

나폴레옹은 퐁텐블로에서 파리의 신문들을 읽었다. 팽의 회상에 따르면 그 신문들에 실린 욕설은 "그에게 별다른 인상을 주지 못했고 증오가 불합리한 수준에 이르자 그는 유감스럽다는 듯 미소를 지었을 뿐이다."[25] 나폴레옹은 플라오에게 2월에 샤티옹에서 강화 조건에 동의하지 않기를 잘했다고 말했다.

"내가 조국의 온전함을 지키겠다고 맹세한 날부터 소유했던 마을을 단 하나라도 프랑스에서 빼앗는 조약에 서명했다면 나는 지금보다 훨씬 더 슬펐을 것이다."[26]

'프랑스의 영광'을 티끌만큼도 포기하지 않기로 한 것은 그의 권좌 복귀에서 핵심 요소가 된다. 어쨌거나 당시 나폴레옹은 하인 콩스탕에게 이렇게 말했다.

"자, 마차를 준비해. 양배추를 심으러 가자."[27]

그러나 신의가 없는 콩스탕은 그럴 생각이 없었다. 그는 12년간 나폴레옹을 모셨지만 4월 19일 밤 현금 5천 프랑을 들고 도망쳤다(사바리는 나폴레옹을 위해 7만 프랑을 숨기라는 명령을 받았는데 이는 프랑스 은행 총재의 연봉보다 훨씬 많은 액수였다[28]).

17일 나폴레옹을 만난 캠벨은 프랑스어를 잘했고 일기에 이렇게 적었다.

> 내 앞에 활기차 보이는 키 작은 남자가 있다. 그는 우리에 갇힌 야생동물처럼 거처를 끝에서 끝까지 빠르게 오갔다. 그는 금색 견장을 부착한 오래된 초록색 군복과 푸른색 긴 바지를 입었고 붉은색 장화를 신었다. 면도는 하지 않았고 머리도 빗지 않았으며 코담배 가루가 떨어져 윗입술과 가슴에 잔뜩 묻어 있었다. 그는 내가 있는 것을 알아채자마자 재빨리 나를 향해 돌아섰고 정중한 미소로 인사했다. 예법으로 침착함을 가장해 근심과 마음의 동요를 감추려 애쓰는 것이 빤히 보였다.[29]

나폴레옹은 속사포 같은 질문 공세로 그의 부상과 군 경력, 러시아와 영국 훈장에 관해 그리고 캠벨이 스코틀랜드인이라는 사실을 알고는 시인 오시안에 관해 물었다. 이후 캠벨은 이런 질문 공세에 익숙해진다. 이어 두 사람은 반도 전쟁의 여러 포위공격을 놓고 토론했다. 나폴레옹은 영국 장군들의 지휘를 칭찬했다. 그는 4월 10일 웰링턴과 술트가 대결한 싸움으로 양쪽에서 각각 3천 명 넘는 사상자가 발생한 비극적이고 무익한 툴루즈 전투를 두고 '마음 졸이며' 질문했다. 그는 웰링턴을 "크게 칭찬한" 뒤 '그의 나이와 습관 등'을 묻고는 말했다.

"그는 정력적인 인간이다. 전쟁을 성공적으로 수행하려면 그 같은 자질을 갖춰야 한다."30)

나폴레옹은 캠벨에게 다음과 같이 말했다.

"그대의 나라는 가장 위대한 나라요. 나는 다른 누구보다 그대의 나라를 존경하오. 솔직히 말해 이전에 나는 그대들의 가장 큰 적이었지만 이제는 아니오. 나도 그대들처럼 조국 프랑스를 일으켜 세우려 했으나 내 계획은 성공하지 못했소. 운명이지."(이 아첨은 부분적으로 그에게 배정한 프랑스의 코르벳함 '드리아드Dryade함'이 아니라 영국 군함을 타고 엘바로 가고픈 마음에서 나왔다. 한편으로는 해적 때문이었고 다른 한편으로는 그가 왕당파 함장과 수병들의 손에 암살당할 것을 두려워했기 때문이었을 수도 있다.) 31)

나폴레옹은 이런 말로 따뜻한 분위기에서 면담을 마쳤다.

"좋소, 나는 그대의 처분에 맡겨졌소. 나는 그대의 신민이오. 그대를 전적으로 신뢰하오."32)

왜 많은 영국인이 나폴레옹을 놀랍도록 공감을 불러일으키는 사람으로 보았는지 그 이유를 알기는 쉽다. 조약을 놓고 협상을 진행하는 동안 나폴레옹은 콜랭쿠르에게 엘바섬 사회는 런던의 '거리 하나'에도 비할 바가 아니라며 영국으로 망명해야 할지 물었다.33)

4월 18일 새로운 전쟁장관, 즉 1808년 에스파냐의 바일렌에서 자신의 군단을 적에게 넘긴 뒤퐁 장군이 나폴레옹이 엘바섬에 도착하기 전에 "프랑스에 속한 물품은 모조리 치우라"고 명령했다는 사실이 알려지자 황제는 그 섬이 공격에 취약하다는 이유로 퐁텐블로를 떠나길 거부했다.[34] 그렇지만 이튿날 그는 짐을 보냈고(48만 9천 프랑의 금고 자금은 보내지 않았다. 이 돈은 그가 직접 가져갔다.) 책과 원고, 검, 권총, 훈장, 동전은 궁에 남은 지지자들에게 주었다. 나폴레옹은 차르가 랑부예로 마리 루이즈를 방문했다는 소식을 듣고 화를 냈다. 이해할 만했다. 그는 정복자들이 슬픔에 젖은 아내 앞에 나타나는 것은 '그리스인 같은 처사'라며 불평했다(나폴레옹은 필시 다리우스 왕의 가족을 접대한 알렉산드로스 대왕을 떠올렸을 것이다). 또한 나폴레옹은 차르가 조제핀을 찾은 일에도 악담을 퍼부었다.

"흥! 그는 먼저 네와 아침을 같이했고 그다음 말메종으로 그녀를 찾아갔다. 무엇을 얻으려 했나?"[35]

4월 중순 베르티에의 부관이던 샤를 트리스탕 드 몽톨롱 장군이 루아르강 상류로 도주하는 계획을 갖고 궁을 방문했을 때(다소 늦었다), 나폴레옹은 "이전에는 조신들로 가득해 너무 좁았던 그 넓은 회랑에 바사노 공작(마레)과 부관 빅토르 드 뷔시 대령밖에 없음을 알았다. 궁정 전체가, 그의 모든 수행자가 … 불운한 주인을 저버렸고 서둘러 파리로 떠났다."[36] 이는 완전한 진실은 아니다. 끝까지 그를 돌본 사람들이 있었는데 열거하자면 이렇다. 베르트랑 장군과 구르고 장군, 장 마르탱 프티 장군(선임근위대 지휘관), 궁정 신하 튀렌과 메그리니, 개인비서 팽, 통역관 프랑수아 르 로르뉴 디데빌, 부관 알베르 풀레 드 플랭그, 슈발리에 주안, 드 라플라스 남작과 루이 아탈랭 그리고 2명의 폴란드인으로 코사코프스키 장군과 보우소비치 대령이 있었다. 콜랭쿠르와 플라오는 부재중이었지만 여전히 그에게 충성했다.[37] 몽톨롱은 나폴레옹 옆에 바짝 붙어 시중을 들었고 결코 그 일을 그만두지 않았다. 정치적 역경 속에서는 충성과 감사를 보기가 드물지만 나폴레옹에게는 여전히, 심지어 보답할 것이 전혀 없을 때도 이를 이끌어 내는 능력이 있었다. 훗날 그는 이렇게 회상했다.

"퐁텐블로를 떠나 엘바섬으로 향할 때 나는 프랑스로 돌아오리라고 전혀 기대하지 않았다."

최후까지 남은 충성스러운 수행자들이 예상한 것은 부르봉 왕실의 적의가 전부였다.[38] 하지만 앙심을 품고 있던 존재가 부르봉 왕실만은 아니었다. 이탈리아에서 나폴레옹의 재무장관이던 주세페 프리나 백작은 밀라노 원로원에서 폭도에게 끌려나와 4시간 동안 폭행을 당했다. 이후 폭도는 그 시신의 입 속에 세금 고지서를 쑤셔 넣었다.

1814년 4월 20일 나폴레옹이 엘바섬을 향해 퐁텐블로를 떠날 때, 나폴레옹 서사시의 가장 웅장한 장면 중 하나를 연출했다. 당시 궁정의 거대한 안뜰 슈발 블랑Cheval Blanc(지금은 작별 마당Cour des Adieux으로 알려져 있다)이 근사한 배경을 제공했다. 커다란 이중 계단은 앞무대 역할을 했고 줄지어 늘어선 근위대는 비통한 마음으로 바라보는 관중이 되었다(아직 파리에서 뒤퐁이 악의적 명령을 철회했다는 확언을 가지고 급사가 도착하지 않았기에, 감독관들은 나폴레옹이 실제로 떠날지 확신하지 못했고 오전 9시 궁정대원수 베르트랑 장군이 그가 분명 떠날 것이라고 확인해 주자 안도했다). 나폴레옹은 먼저 궁의 2층에 있는 접견실에서 동맹국 감독관들을 개별적으로 만났는데, 콜러에게 반시간 동안 자신을 아내와 아들에게서 강제로 떼어놓은 처사에 분노를 표출했다. 대화가 이어지던 중 "실제로 그의 볼에 눈물이 흘러내렸다."[39] 또한 나폴레옹은 콜러에게 영국 정부가 자신을 영국에서 살게 해 줄 것이라고 생각하는지 물어 그 오스트리아인이 답변하게 했다.

"그렇습니다. 폐하는 그 나라에서 전쟁을 벌인 적이 없으니 화해는 그만큼 더 쉬울 것입니다."[40]

나중에 콜러가 프라하 회의가 평화를 불러올 '매우 유리한 기회'를 제공했다고 하자 나폴레옹이 말했다.

"어쩌면 내 계획이 잘못되었는지도 모른다. 나는 전쟁으로 해를 끼쳤다. 모든 것이 꿈만 같다."[41]

나폴레옹은 병사들 그리고 아직 남아 있는 소수의 궁정 신하와 악수한 뒤 웅대한 계단을 '서둘러 내려와' 2열로 선 근위병들에게 자신을 중심으로 원을 그려 서라고 명령한 다음 연설을 했다. 목소리는 단호했지만 프로이센 감독관 프리드리히 폰 트루흐세스 발트부르크 백작의 회상에 따르면 이따금 감정에 울컥했다.[42] 캠벨과 다른 여러 사람이 기록한 그의 연설은 다소 길게 되풀이할 만하다. 왜냐하면 그 연설은 그의 생애에서 큰 위기였던 그 순간의 표현법을 대표하고 그가 나중에 이 시기 서사를 구성하려 했을 때 사용하는 논지의 줄기를 보여 주기 때문이다.

> 근위대 장교, 하사관, 병사 들이여. 그대들에게 작별을 고하노라! 20년 동안 나는 그대들이 늘 용맹하고 충성스럽게 영광의 길을 걷는 것을 지켜보았다. 유럽 전체가 단합해 우리에게 맞섰다. 적은 세 번이나 선수를 잡아 먼저 파리로 입성했다. 나는 그들을 몰아내려고 전진하고 있었다. 그들은 그곳에 사흘 동안 머물지는 못했을 것이다. 그런 상황에서도 그 동일한 장소에서 그대들이 보여 준 고귀한 정신에 감사한다. 그러나 군대의 일부는 이런 의지를 공유하지 못하고 나를 저버렸으며 적군 진영으로 넘어갔다. … 아직 군대의 4분의 3은 충성심을 버리지 않았고 국민은 대부분 애쓰며 지지를 보내고 있으니 루아르강이나 내 요새들로 돌아가 여러 해 동안 전쟁을 계속할 수 있을 것이다. 그렇지만 외국과 전쟁하고 내전이 발발하면 아름다운 국토가 찢기고 만다. 이 모든 희생과 참화를 감내하면 단합한 유럽을 이길 수 있는가? 일부 파벌이, 지배에 성공한 파리의 유력자들이 그들을 지원하고 있지 않은가? 이러한 상황에서 나는 오로지 국익과 프랑스의 평안만 고려했다. 나는 모든 권리를 포기했으며 내 인신도 희생할 준비를 갖추고 있다. 내 일생의 목적은 프랑스의 행복과 영광이었기 때문이다. 병사들이여, 언제나 의무와 명예의 길에서 본분을 지키라. 새로운 군주를 성심으로 섬기라. 차후 가장 즐거운 일은 그대들이 한 모든 것이 위대했음을 후세에 알리는 것이리라. … 그대들은 전부 내 자식이다. 그대들을 전부 안을 수 없으니 그대들의 장군을 포옹하는

것으로 대신하겠다.[43]

나폴레옹은 프티 장군의 양쪽 볼에 입을 맞춘 다음 이렇게 알렸다.

"그토록 많은 영광스러운 나날 동안 우리의 길잡이가 되어 준 이 독수리 깃발을 껴안겠다."

그는 깃발 하나를 30초 동안 세 차례 끌어안은 뒤 왼손을 들어 올리고 말했다.

"안녕! 나를 기억해 다오! 안녕, 내 자식들이여!"

마침내 나폴레옹은 마차에 올라탔고 근위대 악단이 나팔과 북으로 찬가 〈황제를 위하여Pour l'Empereur〉를 연주하는 가운데 마차는 전속력으로 달렸다. 말할 필요도 없이 장교와 병사 들은 비통하게 눈물을 훔쳤다. 심지어 현장에 있던 몇몇 외국인 장교도 눈물을 흘렸다. 울지 않은 이들도 슬픔을 감추지 못했고 다른 모든 사람은 "황제 만세!"를 외쳤다.

밤이 되자 기병대가 이끄는 호위대 마차 열네 대는 약 112킬로미터 떨어진 브리아르에 도착했고, 나폴레옹은 그곳 역사에서 잠을 잤다. 그는 아내에게 편지를 썼다.

"안녕, 사랑하는 루이즈. 나를 사랑해 주오. 그대의 가장 친한 동무와 그대의 아들을 생각해 주오."[44]

이후 엿새 동안 나폴레옹은 느베르와 로안, 리옹, 동제르, 생카나, 뤼크에서 묵은 뒤 4월 27일 오전 10시 남부 해안의 프레쥐스에 도착했다. 전통적으로 왕당파를 지지한 남부지방을 지나는 약 800킬로미터 여정에는 위험이 없지 않았다. 나폴레옹은 이따금 다른 이들이 알아보지 못하도록 콜러의 군복과 러시아군 외투를 걸쳤고 심지어 모자에 부르봉 왕실의 흰색 꽃 모양 기장을 꽂기도 했다. 오랑주에서는 커다란 돌멩이 여러 개가 창문을 깨고 마차 안으로 날아들었고, 아비뇽에서는 마차에 그려진 나폴레옹의 독수리 깃발 문양이 훼손되었으며, 어느 하인은 '국왕 만세!'를 외치지 않으면 죽이겠다는 협박을 받았다(한 해 뒤 그곳에서 암살자들이 브륀 원수를 저격했고 그의 시신을 론강에 내던졌다). 4월 23일 나폴레옹은 발랑스 인근에서 오주로를 만났다. 1796년 이탈리아 원정에서 나폴레옹의 초기 사단장 중 한 명이던 그 늙은 원수는 레지옹 도뇌르의 붉은 리본만 남긴 채 나폴레옹 훈장을 모조리 떼어 낸 차림이었다. 이제 그는 "나폴레옹의 야심과 개인의 허영 때문에 많은 피를 흘린 것을 매도"하며 그가 전투 중에 죽었어야 했다고 퉁명스럽게 말했다.45)

캠벨은 함장 토머스 어셔(나중에 제독이 된다)가 프레쥐스에서 프리깃함 '언돈티드HMS Undaunted함'에 나폴레옹을 태우도록 준비해 놓았다. 나폴레옹이 그곳에 도착했을 때 폴린이 그를 찾아와 유배에 동행하겠다고 했다. 폴린은 남편들에게는 신의가 없었지만 몰락한 오라버니에게는 큰 충성심을 보여 주었다. 나폴레옹은 28일 아침 프랑스를 떠나고 싶었지만 조류를 놓쳤고 점심에 상한 바닷가재를 먹고 토하는 바람에 오후 8시가 되어서야 출발했다. 승선했을 때 나폴레옹은 군주에게 합당한 21발의 예포를 끈질기게 요구했고 일몰 후에는 예포를 발사하지 않는 것이 영국 해군의 관례였는데도 이를 관철했다46)(퐁텐블로 조약은 그가 현재의 통치 군주이며 그에 따른 예우를 받을 자격이 있음을 확인해 주었다). 나폴레옹이 15년 전 이집트에서 귀환할 때 도착한 바로 그 부두에서 출발하는 과정은 옛일을 날카롭게 일깨웠다.47) 어셔 함장은 군중에게서 나폴레옹을 보호할 필요가 있을 경우를 대비해 칼집을 잠그지 않은 채로 있었지만, 나폴레옹은 떠날 때 기분이 좋았고 어셔는 이것이 "지극히 흥미로웠다."48) 캠벨은 이렇게 적었다. 여정 내내 "나폴레옹은 우리 모두를 … 최고로 정중하게 대했으며 … 그를 수행한 장교들은 그가 그토록 편안해 보인 적이 없었다고 말했다."49) 나폴레옹은 캠벨에게 자신은 영국이 부르봉 왕실에 무역 조약을 강요할 것으로 믿는다고, 그러면 부르봉 왕실은 "여섯 달 안에 밀려날 것"이라고 말했다.50) 그는 어셔에게 자신의 청년기 일화를 얘기하며 아작시오에 상륙하자고 했지만 콜러는 함장에게 그 요청을 들어주지 말라고 간청했다. 아마도 나폴레옹이 그곳 산악지대로 탈출할 경우 벌어질 혼란을 두려워했을 것이다.51)

5월 3일 오후 8시 언돈티드함은 엘바섬의 주 항구인 포르토페라이오에 닻을 내렸고 나폴레옹은 이튿날 오후 2시 하선했다. 나폴레옹의 발이 뭍에 닿자 부주지사와 성직자, 관료 들이 섬의 의전용 열쇠 꾸러미를 들고 나타나 환영했다. 가장 중요한 것은 주민들이 "황제 만세!", "나폴레옹 만세!"를 외친 것이다.[52] 그들은 나폴레옹이 도안한 깃발(흰색 바탕에 벌이 점점이 박힌 붉은색 띠가 대각선으로 이어져 있다)을 요새의 포대 위에 내걸었고, 나폴레옹은 놀라운 기억력으로 아일라우에서 자신에게 레지옹 도뇌르 훈장을 받은 중사를 군중 속에서 알아보았다. 그 중사는 즉시 눈물을 떨구었다.[53] 나폴레옹은 교회로 가서 테데움 미사를 드린 다음 시청으로 이동해 섬의 유지들과 모임을 열었다. 그는 며칠 동안 시청에 머물다가 포르토페라이오가 내려다보이는 안락한 대저택 팔라치나 데이 물리니Palazzina dei Mulini에 자리를 잡았고 여름 거처로 산 마르티노 저택Villa di San Martino도 차지했다. 산 마르티노 저택의 테라스에 서면 도시의 멋진 전경이 펼쳐진다.* 섬에 상륙한 다음 날 나폴레옹은 포르토페라이오 요새들을 시찰했고 그다음 날에는 철광산을 둘러보았다. 나폴레옹은 조만간 극심한 현금 부족에 시달릴 것이었기에 광산의 생산성을 높일 필요가 있었다.

나폴레옹의 재원은 그가 필요하다고 생각하는 수준에 미치지 못했다. 그가 프랑스에서 가져온 것이 50만 프랑이고 여기에 그의 회계관 페뤼스가 추가로 250만 프랑을 전했으며, 마리 루이즈가 91만 1천 프랑을 보냈다. 전부 합해 4백만 프랑에 조금 못 미쳤다.[54] 퐁텐블로 조약에 따라 그는 이론상 연간 250만 프랑의 수입이 있어야 했으나 사실 부르봉 왕실은 그에게 단 한 푼도 주지 않았다. 엘바섬에서 거둔 수입은 1814년 총 65만 1,995프랑, 1815년 96만 7,751프랑에 달했지만 나폴레옹의 일반적인 비용과 군사비와 살림 비용은 1814년 180만 프랑을 넘겼고 1815년

* 산 마르티노 저택은 나폴레옹을 그린 풍자만화 원본들을 멋지게 전시하고 있어서 찾아볼 만하다. 그림은 1851년 먼 친척이 터무니없이 크게 증축한 건물에 보관되어 있다.

에는 거의 150만 프랑에 가까웠다. 하인이 5명에 불과해 분명 어느 정도 절약할 수 있었지만 그에게는 스물여덟 달을 버틸 돈밖에 없었다. 설상가상으로 부르봉 왕실은 12월 보나파르트 가문의 물품과 재산을 몰수하려 했다.55)

1803년 엘바섬을 프랑스에 양도했을 때 나폴레옹은 그곳의 "온순하고 근면한 주민과 두 개의 멋진 항구, 매장량이 풍부한 광산"에 관해 썼지만, 이제 섬의 군주가 된 그는 80제곱킬로미터에 달하는 그 땅을 '작은 왕국royaume d'opérette'이라 불렀다.56) 다른 군주였다면 매혹적이고 기후가 온화하며 쾌적한 그 섬에서, 특히 앞서 2년간 호된 시기를 보낸 뒤였으므로 긴장을 풀고 휴식을 취했겠지만 나폴레옹은 성격 탓에 그러지 못했다. 그는 섬 생활의 모든 측면에 정력적으로 투신했고 동시에 늘 캠벨 몰래 빠져나갈 기회를 엿보았다. 프랑스의 정치 상황이 유리하게 바뀌면 프랑스로 돌아가려 한 것이다. 엘바섬에 머문 열 달 가까운 기간 동안 나폴레옹은 그 새로운 왕국의 방어 시설을 재조직했으며 주민 1만 1천4백 명 중 극빈층에게 자금을 지원했다. 또한 포지오 외곽 길가에 분수 음수대를 설치했고(오늘날에도 여전히 시원하고 깨끗한 식수를 뿜어내고 있다), 많은 책을 읽었고(포르토페라이오 코뮌에 1천1백 권의 장서를 남겼다), 애완동물 원숭이 제나르와 같이 놀았고, 이탈리아 아리아를 흥얼거리며 오솔길을 따라 해안선을 산책했고, 뽕나무를 키워 가로수 길을 만들었고(이로써 마침내 묘목pépinière의 저주에서 벗어났을 것이다), 관세와 소비세를 개혁했고, 병영 막사를 개선했고, 병원을 세웠고, 포도밭을 만들었고, 포르토페라이오의 여러 곳을 처음 포장했고, 관개시설을 설치해 농토에 물을 댔다. 또한 나폴레옹은 정기적인 쓰레기 수거를 시작했고, 아이들이 하루에 5시간 이상 자는 것을 금하는 법을 제정했고, 상고 법원을 세웠고, 도로를 넓히고 다리를 세우기 위해 감독관직을 설치했다. 엘바섬은 이전에 그가 지배한 영토에 비하면 소인국임에 분명했지만 그는 엘바섬을 유럽에서 최고로 잘 운영하는 '작은 왕국'으로 만들고 싶어 했다.57) 그는 아주 세세한 부분까지 주의를 기울였는데 그렇게 몰두하는 태도는 조금도 약해지지 않았다. 심지어 사냥개들에게 먹이

고 싶은 빵의 종류까지 신경 썼다.[58]

나폴레옹은 뚱뚱해졌지만 이를 극복하고 이 모든 일을 해냈다. 캠벨은 5월 20일 나폴레옹이 어떤 바위 위에 올라가지 못하는 것을 보고 이렇게 썼다.

"비록 그는 지칠 줄 모르는 인간이긴 하지만 비만 때문에 많이 걷지 못한다. 그는 울퉁불퉁한 도로에서는 다른 사람의 팔에 의지해야 한다."[59]

다른 사람이었다면 이런 상황에서 더 이상 움직이려 하지 않았을 테지만 나폴레옹은 그러지 않았다. 캠벨은 다음과 같이 썼다.

"나는 삶의 어떤 상황에서든 그렇게 신체 활동을 많이 하고 집요하게 버티는 인간을 본 적이 없다. 그는 끝없이 움직이는 것이, 자신과 동행하는 자들이 지쳐 쓰러지는 꼴을 보는 것이 매우 즐거운 듯하다. … 어제 그는 오전 5시부터 오후 3시까지 뜨거운 태양 아래에서 걸은 다음 프리깃함과 수송선을 찾았고 … 이어 3시간 동안 말을 달린 뒤 내게 말했다. '자기 자신을 녹초가 되게 하라!'"[60]

1814년 5월 29일 일요일 정오 조제핀이 말메종에서 폐렴으로 사망했다. 그녀는 쉰 살이었고 닷새 전 그곳에서 무도회가 끝난 뒤 차르 알렉산드르 1세와 함께 차가운 밤공기 속에서 산보를 했다. 훗날 나폴레옹은 말했다.

"그녀는 나와 함께 엘바섬으로 왔을 수도 있는 아내였다."

나폴레옹은 이틀을 애도 기간으로 선포했다(1800년 조지 워싱턴이 죽었다는 소식이 전해졌을 때는 10시간이었다). 그에게 그 소식을 전한 베르트랑 부인은 나중에 다음과 같이 말했다.

"그의 얼굴은 변하지 않았다. 다만 이렇게 소리쳤을 뿐이다. '이제 그녀는 행복하겠네.'"[61]

그 이전 해에 나폴레옹이 조제핀에게 보낸 마지막 편지는 이렇게 끝난다.

"안녕, 내 사랑. 건강하다고 말해 주오. 당신이 노르만 농부의 착한 아내처럼 뚱뚱해지고 있다는 소식을 들었소. 나폴레옹."[62]

역사상 가장 대단했다는 로맨스의 하나는 이렇게 허물없는 사이에서나 볼 수 있는 익살스러운 말로 끝을 맺었다. 조제핀은 그 어마어마한 수입이 모자랄 정도로 많은 돈을 써 댔지만, 황후 자리에서 밀려난 뒤로는 새로운 지위에 익숙해졌다. 미신에 사로잡힌 나폴레옹은 자신의 운에 변화가 온 것과 조제핀과의 이혼이 시기상 겹쳤다는 사실에 주목하며 조제핀이 자신에게 행운을 가져온 이였는지 아닌지 궁금해했다. 11월 나폴레옹은 자신을 찾아온 영국 하원의원 두 사람에게 그녀가 빚을 남기고 죽었을 수도 있다며 놀랍다는 뜻을 내보였다.

"더구나 나는 해마다 그녀의 양재사에게 셈을 치르곤 했다."[63)]

8월 초 로마에서 나폴레옹의 어머니가 와서 아들의 추방 생활을 함께했다. 캠벨에 따르면 그녀는 "매우 유쾌했고 동요가 없었다. 그 늙은 여인은 기품이 있었고 보통 체구에 용모가 아름답고 안색이 좋았다."[64)] 그녀는 일요일 저녁마다 나폴레옹과 함께 밥을 먹고 카드놀이를 했다. 그녀가 "아들, 속임수를 썼군" 하고 불평하면 나폴레옹은 이렇게 대꾸했다.

"어머니는 부자잖아요!"[65)]

석 달 뒤 형제자매 중 유일하게 폴린이 그를 방문했다. 나폴레옹은 마리 루이즈와 로마왕을 위해 두 거처에 따로 방 몇 개를 준비해 장식했다. 이는 낙관적인 생각의 발로였거나 단지 보여 주기 위한 냉소적인 행위였을 수 있고, 아니면 둘 다였을 수도 있다. 보기에 딱했다. 8월 10일 마리 루이즈는 그에게 편지를 보내 곧 함께하겠다고 약속했지만 아버지의 바람을 존중해 빈으로 돌아가야 했다고 전했다.[66)] 8월 28일 나폴레옹은 몬테 지오베의 외딴 곳에 있는 작은 교회 라 마돈나 디 마르치아노La Madonna di Marciano에서 루이즈에게 편지를 썼다. 나폴레옹이 그녀에게 보낸 편지로 남아 있는 318통 중 마지막인 이 편지는 그의 전형적인 특징인 통계상의 정확성을 보여 준다.

"나는 지금 해발 약 1,150미터의 작은 교회에 있소. 사방으로 지중해가 내려다보이고 주변은 밤나무가 숲을 이루고 있소. 어머니가 287미터쯤 아래 마을에 머물고 있소. 여기가 가장 쾌적한 지점이오. … 그대가 보고 싶소, 내 아들도."

나폴레옹은 이렇게 끝맺었다.

"안녕, 내 사랑 루이즈. 모든 것이 당신 것이오. 그대의 나프Nap."[67)]

하지만 그때쯤 마리 루이즈는 자신을 빈으로 데려다줄 기사를 찾아냈다. 그는 오스트리아의 씩씩한 애꾸눈 장군 아담 폰 나이페르크 백작으로 1813년 전쟁 때 보헤미아에서 나폴레옹에게 패한 자였다. 나이페르크는 "능숙하고 정력적이며 철저한 남자이자 능란한 조신이고 훌륭한 음악가"라는 평을 받았다.[68)] 젊었을 때 그는 기혼 여성을 데리고 도망친 적이 있고 마리 루이즈에게 관심을 쏟을 때 이미 결혼한 상태였다. 그런데 9월이면 두 사람은 연인이 된다.[69)]

작은 교회 라 마돈나 디 마르치아노(오늘날 4.8킬로미터 정도 산길을 오르면 닿을 수 있다)는 섬의 여러 만과 후미진 곳이 내려다보이는 전망 좋고 낭만적인 한적한 곳에 있다. 그곳에서는 코르시카섬과 이탈리아 본토의 윤곽을 식별할 수 있다. 9월 1일 마리아 발레프스카가 네 살 된 나폴레옹의 사생아 알렉상드르와 함께 도착했다. 두 사람은 그곳에서 나폴레옹과 함께 며칠을 보냈다. 마리아 발레프스카는 1812년 남편과 이혼했고 그때는 나폴레옹이 마리 루이즈와 결혼하기 전 관계를 끊으며 그녀에게 준 나폴리의 영지를 잃은 상태였다. 그래도 마리아 발레프스카는 비록 잠시 동안이지만 충절에 이끌려 나폴레옹에게 왔다. 드루오 장군이 나폴레옹에게 그의 비밀 이야기가 섬에 떠돌고 있다고 경고했을 때(현지의 어느 시장은 산에 올라 누구나 황후라고 생각한 여인에게 정식으로 예를 표했다) 마리아 발레프스카는 섬을 떠나야 했다.[70)]

나폴레옹은 섬을 찾아온 영국의 휘그당 귀족, 정치인과 연이어 면담했다. 그중 11월 중순의 첫 번째 면담에서 그는 휘그당 하원의원 조지 베너블스 버넌, 그의 동료 존 파자컬리와 4시간을 함께했다. 12월 초 나폴레옹은 에브링턴 자작을 두 차례 만나 총 6시간 반 동안 대화했고, 크리스마스 전야에는 훗날 총리가 되는 존 러셀 경과 만났다. 존 맥나마라와 장관 글렌버비 경의 아들인 프레더릭 더글러스 두 영국인은 1월 중순 나폴레옹을 만났다. 이들은 전부 좋은 가문 출신의 똑똑하고 세속적인 자들로 나폴레옹의 이해력과 주제가 무엇이든 기꺼이 토론하고자 하는 그 자세에 감탄했다. 그 주제를 열거하자면 이렇다. 이집트 원정과 러시아 원정, 영국 상원 찬사와 프랑스에 유사한 귀족제도를 도입하고 싶은 마음, 부인을 여럿 두어 식민지를 확보하려는 계획, 차르 알렉산드르 1세의 이중성, 웰링턴 공작의 '대단한 능력', 빈 회의, 오스트리아 카를 대공의 평범함, 이탈리아인('게으르고 유약하다'), 앙기앵 공작과 피슈그뤼의 죽음(나폴레옹은 둘 다 자기 잘못이 아니라고 했다), 야파에서의 학살(이 경우는 자신의 잘못을 인정했다), 프리드리히 빌헬름 3세(나폴레옹은 그를 '하사'라고 불렀다), 원수들의 상대적인 장점, 영국인의 자부심과 프랑스인의 허영의 차이, 이집트에서 할례를 피한 일 등이 그것이다.[71]

나폴레옹은 이러한 만남 중에 언젠가 이렇게 말했다.

"당신들의 영국인 병사는 용감한 자들이오. 그들은 다른 병사보다 더 큰 가치가 있소."[72]

영국인들은 그가 "아주 활기차게 좋은 유머 감각을 보이고 정중한 태도로 말했다"고 전하며 그의 이력을 옹호했다. 한번은 자신은 모스크바를 불태우지 않았지만 영국은 그해 8월 워싱턴에 불을 질렀다고 지적했다.[73] 나폴레옹은 결국엔 런던으로 이주할 수 있으리라는 기대를 품고 좋은 인상을 주려 했을지도 모른다. 그의 지성과 솔직함에 방문객들은 경계를 늦추었고 나폴레옹은 가끔 이런 말을 했다.

"나로 말하자면 더는 걱정하지 않는다. 내 시절은 지나갔다."

또한 나폴레옹은 주기적으로 이러한 표현을 썼다.

"나는 죽었다."[74]

그렇지만 그는 부르봉 왕실의 인기나 남부 프랑스에서 영국군과 프랑스군의 여러 부대가 어디에 있는지를 두고 많은 질문을 했다. 캠벨에게는 이들 주제에 관해 좀 더 분명하게 질문했고, 이 감독관은 1814년 10월 캐슬레이에게 서한을 보내 나폴레옹이 귀환을 계획하고 있을 수도 있다고 경고했다.[75] 그래도 외진 곳을 홀로 지키는 프리깃함 '파트리지HMS Partridge함'을 제외하면 영국 해군은 감시를 강화하지 않았고, 나폴레옹에게 엘바 해군의 기함으로 대포 16문을 장착한 범선 '랭콩스탕L'Inconstant함'도 허용했다.

1814년 9월 15일 강국들은 메테르니히와 탈레랑의 부추김에 빈 회의를 소집했다. 이들은 회의에서 폴란드·작센·라인 연방의 미래와 나폴리 왕 뮈라의 미래에 관해 중요한 의견 차이를 전부 해소하길 바랐다. 거의 25년에 걸쳐 유럽을 휩쓴 전쟁과 혁명이 끝났으니 지도를 다시 그려야 했다. 영구적 평화를 이루려면 강국들은 저마다 자국의 바람을 타국의 바람과 조정해 전체 협정에 도달해야만 했다.[76] 나폴레옹 몰락으로 강국 간에 오랫동안 미결로 남은 몇몇 영토 분쟁에 다시 불이 붙었다. 그러나 빈 회의의 공식 회기가 1815년 6월까지 끝나지 않긴 했어도 2월 말 나폴레옹이 엘바섬을 떠나기로 결심했을 때쯤이면 모든 중요한 문제에 대체로 합의가 이뤄졌다. 이는 나폴레옹에게 불운한 일이었다.

나폴레옹이 정확히 언제 왕좌를 되찾기로 결심했는지는 모르지만, 그는 1814년 5월 루이 18세가 (동맹군의 호위를 받아) 파리로 돌아온 뒤부터 부르봉 왕실이 저지른 일견 끝없는 실수를 면밀히 주시했다. 나폴레옹은 점차 부르봉 왕실이 곧 이른바 '리비아 바람'(허리케인 속도로 닥치는 맹렬한 사막 열풍으로 리비아의 사하라사막에서 시작된다고 알려졌다)을 겪으리라고 믿었다.[77] 국왕은 도착하는 즉시 시민권을 폭넓게 보장하는 헌장에 서명했지만, 그의 정부는 은밀히 구체제를 복원하려 한다는 두려움을 누그러뜨리지 못했다. 실제로 그런 일은 결코 없었다. 공식적으로 루이 18세 치세는 마치 그가 1795년 조카 루이 17세 사망 이후 내내 프랑스를 통치했다는 듯, 국민공회·총재정부·통령정부·제국까지 그 뒤의 모든 체제는 단지 불법적인 막간이라는 듯 19년간 이어진 것으로 기록했다. 부르봉 왕실은 프랑스 국경이 1791년 국경으로 돌아가야 한다는 데 동의했다. 이로써 프랑스의 주는 109개에서 87개로 줄어들었다.[78] 구체제 시절의 간접세가 늘어나고 곡식 가격이 상승했으며 가톨릭교회가 혁명 전 권력과 위세를 일부 되찾으면서 공화주의자는 물론 자유주의자도 분노했다.[79] 렌에서는 '순교한' 올빼미 당원들을 추모하는 공식 의례를 거행했고, 마들렌 공동묘지에서 루이 16세와 마리 앙투아네트의 유해를 파내 생드니 대수도원에 화려하게 안치했다. 베르사유에서 건축 사업을 재개하고 국왕이 탁자 앞에 앉을 때 의자를 밀어주는 것이 유일한 업무인 '수석 의자밀이premier pousse-fauteuil'를 임명했지만, 그의 연금은 물론 심지어 부상당한 퇴역 군인의 연금까지도 삭감했다.[80] 나폴레옹이 루브르에 수집해 놓은 그림은 점령국에 되돌려 주었다.

나폴레옹이 예견했듯 혁명 전 영국과 체결한 1786년 무역협정이 다시 발효되면서 몇몇 영국 상품의 관세를 인하하고 일부는 폐지해 프랑스 제조업자들은 다시 침체에 빠져들었다.[81] 영국 정부는 웰링턴을 프랑스 대사로 임명했고 그는 문제를 조금도 개선하지 않았다.* 나폴레옹은 에브링턴에게 이렇게 말했다.

"웰링턴 경 임명은 군대에 분명 짜증스러운 일일 것이다. 국왕이 나라의 정서에 반해 마치 자신의 사사로운 감정을 드러내려는 듯 그를 크게 배려한 것도 마찬가지일 테고."[82]

나폴레옹은 부르봉 왕실이 해야 했다고 생각한 것을 다음과 같이 설명했다.

"그는 자신을 루이 18세로 선언하는 대신 새로운 왕조 창시자로 선포했어야 했다. 그리고 이전의 불만을 결코 다루지 말았어야 했다. 만일 그랬다면 아마 나는 결코 엘바를 떠날 생각을 하지 못했을 것이다."[83]

부르봉 왕실의 정책 중에서도 가장 자멸적인 것은 군대 정책이다. 프랑스 병사들

* 1818년 보나파르트파 퇴역 군인 마리 앙드레 캉티용이 마차를 타고 거처로 들어가던 웰링턴을 암살하려 했다. 발사한 총탄을 발견하지 못해 그는 공범과 함께 풀려났다.

이 20년 넘게 유럽 곳곳을 헤집으며 승리를 거둘 때 들고 다닌 삼색기는 흰색과 백합꽃 문양으로 대체했고 레지옹 도뇌르는 옛 국왕 훈장에 밀려 등급이 낮아졌다(근위병들은 그중 하나에 즉시 '벌레'라는 별칭을 붙여 주었다).[84] 군대 고위직은 프랑스에 맞서 싸운 망명귀족들에게 돌아갔고, 나폴레옹 근위대 대신 새로운 왕실근위대가 들어섰으며, 나폴레옹이 1806년 설치한 이래 여러 차례 자랑스러운 무공훈장을 받은 중견근위대는 완전히 폐지했다.[85] 혐오 대상이던 뒤퐁의 입김에 많은 장교가 물러났고 3만 명 이상이 급여가 절반으로 줄었다. 반면 징병 기피자들을 공격적으로 추적하는 일은 계속했다.[86]* 훗날 나폴레옹은 이렇게 회상했다.

"시청에서 열린 연회에 귀족의 아내들만 참석했을 뿐 군대 장교 부인들은 전혀 없었다는 사실을 신문에서 보고 처음 희망이 생겼다."[87]

많은 군인이 명령을 무시한 채 1814년 8월 15일 나폴레옹의 생일을 대놓고 축하했다. 그들은 예포를 발사하고 '황제 만세!'를 외쳤으며 초병들은 레지옹 도뇌르 훈장을 부착한 장교들에게만 받들어총으로 예를 표했다.

물론 나폴레옹이 모든 것을 내걸고 왕좌를 탈환하겠다고 결정하게 만든 것이 부르봉 왕실의 실수만은 아니었다. 황제 프란츠 1세가 나폴레옹이 아내, 아들과 같이 지내도록 허락하지 않은 것이 또 다른 요인이었고, 그의 비용이 소득의 두 배 반에 이른 사실도 하나의 이유였다. 여기에다 순전히 따분했기 때문이기도 했다. 나폴레옹은 캠벨에게 "흥미로운 일도 없고 곁에 학자도 없고 색다른 일도 없는 동네에서 세상과 단절되어 집 안의 작은 방에 갇혀" 있다고 불평했다.[88]** 신문 기사와 빈 회

* 절반으로 줄어든 급여로 생활해야 하는 상황의 효과를 측정하려면 허레이쇼 넬슨이 1788~1793년 어쩔 수 없이 프랑스와 전쟁을 해야 했을 때 느낀 노골적인 전쟁 재개 욕구를 생각해 보라(Knight, *The Pursuit of Victory* pp.118-30).

** 1815년 1월 노르웨이 신사 쿤조브Kundtzow가 나타났을 때처럼 색다른 일을 대면하면 그는 학자인 양 아는 체했다. 나폴레옹이 물었다. "노르웨이의 인구는 얼마인가?" 쿤조브가 대답했다. "2백만 명입니다, 폐하." 나폴레옹은 그의 잘못을 지적했다. "180만 명이지."(North, *Napoleon on Elba* p.171)

의에서 새어 나온 소문으로 동맹군이 그를 엘바에서 강제로 내쫓으려 한다는 것을 알게 된 것도 하나의 동기였다. 상트페테르부르크 주재 프랑스 대사 조제프 드 메스트르는 오스트레일리아의 유형지 보터니만Botany Bay을 가능한 행선지로 제안해 심기를 건드렸다. 대서양 한가운데에 있는 지극히 외진 곳의 영국령 섬 세인트헬레나도 거론했다.[89]

1815년 1월 13일 나폴레옹은 존 맥나마라와 함께 2시간을 보내면서 프랑스가 '요동'치고 있다는 얘기를 듣고 기뻐했다.[90] 나폴레옹은 모스크바에 너무 오래 머물렀음을 인정했고 "영국을 정복하려 한 것은 실수였다"고 말했다. 그는 단호하게 국제 문제에서 자신의 역할은 끝났다고 했다. 맥나마라가 "역사상 위대한 인물은 알렉산드로스와 카이사르, 나폴레옹 세 사람"이라고 말하자 나폴레옹은 꼼짝하지 않고 아무 말 없이 그를 응시했다. 맥나마라는 "황제의 눈가가 축축해지는 것을 보았다고 생각했다." 이는 그가 어린 학생이었을 때부터 내내 사람들에게 듣고 싶어 한 말이었다. 마침내 나폴레옹이 대답했다.

"모스크바 전투에서 내가 총탄에 맞아 죽었다면 당신 말이 옳겠지만, 지난 몇 차례 패배 때문에 초기의 모든 영광은 무색해질 것이오."[91]

그는 웰링턴은 '용감한 인물'이지만 대사직은 맡지 않았어야 했다고 덧붙였다. 나폴레옹은 그 대화를 하면서 자주 웃었다. 이를테면 섭정 왕자(조지 4세)가 지겨운 아내 카롤리네 폰 브라운슈바이크와 이혼하는 데 선례가 되어 준 그와 조제핀의 이혼을 반겼다는 말을 할 때가 그런 경우였다. 맥나마라는 나폴레옹에게 암살이 두려운지 물었다. 나폴레옹이 말했다.

"영국인 손에 죽는 것은 두렵지 않소. 그들은 암살자가 아니니."

하지만 그는 인근의 코르시카인은 정말 조심해야 한다고 인정했다.[92] 그가 떠나자 맥나마라는 베르트랑에게 황제는 "분명 재치 넘치는 사람이고 절대 화를 내지 않는다"고 말했다. 이에 베르트랑은 미소를 지으며 대답했다.

“내가 당신보다는 약간 더 그를 잘 알지요.”[93]

2월에 접어들었을 때 캠벨은 나폴레옹이 비용 때문에 “도로 개량과 시골집 수리 마무리를 중단”하고 포르토페라이오 읍사무소를 매각하려 한 것을 알았다.[94] 캠벨은 재차 캐슬레이에게 경고했다.

“만일 퇴위 때 그에게 약속한 금액 지급을 보류한다면, 그가 자금 부족으로 압박을 받는다면, 내 생각에 그는 어떤 형태로든 필사적으로 조치를 취할 것입니다.”[95]

훗날 차르 알렉산드르 1세는 나폴레옹에게 돌아가야 할 돈을 지급하지 않았다며 탈레랑을 심하게 다그쳤다.

“우리가 그에게 약속을 지키지 못하는데 어떻게 그가 자신의 약속을 지키길 기대할 수 있는가?”[96]

1815년 2월 나폴레옹의 비서였던 플뢰리 드 샤불롱이 프랑스가 그의 귀환을 바란다는 마레의 전갈을 들고 방문했다. 나폴레옹은 군대 분위기가 어떠한지 물었다. 플뢰리는 병사들이 ‘국왕 만세!’를 외치라는 강요에 종종 속삭이는 목소리로 ‘로마의de Rome’을 덧붙인다고 말했다. 나폴레옹이 물었다.

“그렇다면 그들은 아직도 나를 사랑한다는 말인가?”

“그렇습니다, 폐하. 감히 말하건대 그 어느 때보다 더 많이 사랑합니다.”

이는 나폴레옹이 프랑스의 여러 전거와 프랑스 내 그의 첩보망으로부터 전해 듣고 있던 얘기에 부합했다. 그의 첩보망에는 그르노블 출신의 군의관 조제프 에메리 같은 자들도 있었다. 에메리는 다가올 그의 여정을 계획하는 데 도움을 주었고 나폴레옹은 유언장에서 그에게 10만 프랑을 남겼다. 플뢰리는 군대가 동맹군 승리의 책임을 물어 마르몽을 비난한다고 말했다. 이에 나폴레옹은 즉각 주장했다.

“그들이 옳다. 라구사 공작의 비열한 배신이 아니었다면 동맹군은 패했을 것이다. 나는 동맹군의 배후와 그 모든 자원을 지배했다. 단 한 명도 벗어나지 못했을 것이다. 그들은 공보 제29호를 받았으리라.”[97]

2월 16일 캠벨은 '파트리지함'을 타고 엘바를 떠나 "건강을 돌보기 위해 유럽 대륙으로 짧은 여정에" 올랐다. 그는 피렌체의 귀 전문의와 정부인 미니아치 백작부인을, 아니면 두 사람을 다 찾아가야 했다.[98] 이에 기회를 잡은 나폴레옹은 이튿날 랭콩스탕함에 장비를 다시 설치하고 짧은 항해에 필요한 물품을 싣는 한편 영국 해군 선박과 동일한 색을 칠하라고 명령했다.[99] 캠벨이 피렌체에 도착하자마자 캐슬레이 밑에 있던 영국 외무부 차관 에드워드 쿡이 그에게 말했다.

"엘바섬으로 돌아가면 보나파르트에게 그가 유럽에서 아주 잊혔다고, 이제 아무도 그를 생각하지 않는다고 말해도 좋소."[100]

거의 동시에 나폴레옹의 어머니가 아들에게 말했다.

"그래, 가야 한다. 그렇게 하는 것이 네 운명이다. 너는 이 황량한 섬에서 죽을 사람이 아니다."[101]

형제자매 중에서 늘 마음씨가 가장 너그러웠던 폴린은 그에게 매우 값비싼 목걸이를 주었다. 그것을 팔면 다가올 모험 비용을 대는 데 도움을 줄 것이었다. 나폴레옹의 하인 마르샹이 곧 나폴레옹과 다시 만날 것이라며 폴린을 위로하자, 그녀는 마치 선견지명이 있는 듯 다시는 그를 보지 못할 것이라며 그의 말을 바로잡았다.[102] 한 해 뒤 나폴레옹은 드루오가 엘바섬을 떠나지 말라고 그를 설득하려 했다는 것이 사실이냐는 질문을 받았을 때 그렇지 않다고 답했다. 어쨌거나 그는 퉁명스럽게 반박했다.

"나는 조언에 휘둘리지 않는다."[103]

나폴레옹은 떠나기 전날 밤 황제 카를 5세의 전기를 읽고 있었는데 이를 탁자 위에 펼쳐 놓은 채 그냥 갔다. 초로의 가정부는 '잘게 찢겨' 사방에 떨어진 '문서' 쪼가리들과 함께 이를 건드리지 않고 그대로 두었다. 얼마 지나지 않아 영국인 방문객들이 물어보자 그녀는 "애정이 드러나는 꾸밈없는 표현으로 그의 한결같이 뛰어난 해학을 있는 그대로 전했다."[104]

1815년 2월 26일 일요일 밤 나폴레옹은 랭콩스탕함에 올라 엘바섬을 떠났다. 대포 16문을 장착한 3백 톤급 군함이 닻을 올리자 승선한 선임근위대 척탄병 607명은 프랑스를 향해 가고 있다는 말을 듣고는 이렇게 외쳤다.

"파리 아니면 죽음을!"

나폴레옹은 3명의 장군 베르트랑·드루오·캉브론과 광산 감독관 퐁스, 의사 슈발리에 푸로, 약사 가트를 데리고 갔다. 이들은 작은 배 8척으로 유럽의 큰 나라를 침공하려 했다. 주함 다음으로 큰 배 3척은 각각 80톤과 40톤, 25톤짜리였다. 병력은 폴란드 창기병 118명(말이 없었다), 코르시카 대대 3백 명 미만, 근위기병 50명, 민간인(나폴레옹의 하인들 포함) 약 80명으로 전부 1,142명에 경포 2문이 있었다.[105] 적당한 바람을 타고 프랑스에 도착한 이들은 도중에 프리깃함 2척을 거의 잃을 뻔했다. 나폴레옹은 갑판에서 장교, 병사, 선원 들과 잡담을 나누며 많은 시간을 보냈는데 창기병 지휘관 얀 예주마노프스키 대령은 이런 기록을 남겼다.

> 더러는 누워 있고 더러는 서 있거나 주위에서 어슬렁거리며 그에게 친숙하게 끝없이 질문을 해댔다. 그는 분노하거나 짜증스런 기색을 조금도 내비치지 않고 기탄없이 대답했다. 그들은 전혀 경솔하지 않았고 살아 있는 여러 인물, 즉 왕과 원수, 장관에 관한 그의 평가를 요청했다. 또한 그의 군사 활동, 심지어 그의 국내 정책 중 유명한 사건들도 토론했다.[106]

이때 그는 "현재 하고 있는 일, 그 일의 어려움, 자신의 방법, 희망"을 두고 거리낌없이 얘기했다.

랭콩스탕함은 3월 1일 수요일 남부 프랑스 해안의 골프쥐앙으로 갔고 오후 5시 나폴레옹 군대를 내려놓았다. 나폴레옹은 해안에 닿기 직전 병사들에게 열변을 토했다.

"나는 이 계획을 놓고 오랫동안 매우 신중하게 심사숙고했다. 우리가 성공하면 얻을 영광과 이익에 관해서는 상세히 설명할 필요를 느끼지 않는다. 만일 실패하면, 젊었을 때부터 온갖 형태로 죽음에 대면한 군인들에게 좋지 않은 운명이 닥칠 것이다. 우리는 그것을 알고 있고 경멸한다. 패배가 불러오는 최악의 결과를 수없이 많이 대면했기 때문이다."107)

이듬해 그는 그 상륙에 관해 추억에 잠겼다.

"아주 잠깐 사이에 엄청나게 많은 사람이 주변으로 몰려들었다. 그들은 우리의 출현에 깜짝 놀랐고 우리의 적은 병력에 아연실색했다. 그들 중 어느 시장은 우리의 숫자가 적은 것을 보고도 내게 말했다. '우리는 이제 막 조용히 행복에 젖기 시작했습니다. 당신이 다시금 우리 모두에게 활력을 불어넣겠지요.'"108)

사람들이 그에게 그런 식으로 말한다는 것은 나폴레옹이 결코 폭군으로 여겨지지 않는다는 것을 보여 주는 징후였다.

나폴레옹은 프로방스와 론강 하류 유역이 열렬한 왕당파 지역이고 당분간 다른 무엇보다 부르봉 왕실 군대를 피해야 한다는 것을 알았기에 그르노블의 병기고까지 산길로 가기로 결정했다. 그가 앙티브로 보낸 라무레 대위 휘하의 병사 20명이 현지 수비대에 체포되어 구금되었을 때 그의 본능적 판단이 옳았음이 밝혀졌다. 나폴레옹은 그들이 툴롱을 공격하게 하지 않았고 자신의 도착 소식보다 더 빨리 이동할 필요가 있음을 의식했다. 적어도 그 전에 병력을 증강해야 했다. 그는 나중에 비서 구르고 장군에게 말했다.

"내가 서둘러 그르노블로 간 이유가 바로 거기에 있다. 그곳에 병사들이 있고 머스킷총과 대포도 있었다. 그곳이 중심지였다."109)

그가 가진 것이라고는 속도(창기병들을 위해 곧 말을 구입했다)와 선전 재능이 전부였다. 나폴레옹은 뭍에 발을 내딛자마자 프랑스 인민과 군대에 하나씩 두 개의 성명서를 발표했다. 그리고 선상에서 글을 쓸 줄 아는 병사들을 모조리 동원해 이를 필사했다.

군대를 겨냥한 성명서는 1814년 패배 책임을 전적으로 마르몽과 오주로의 배신에 돌렸다.

"우리 군대의 두 사람이 우리의 명예와 조국, 군주, 은인을 배신했다."110)

인민에게 보내는 성명서에서 나폴레옹은 다음과 같이 말했다. 파리 함락 이후 "내 가슴은 찢어졌지만 내 정신은 여전히 결연했다. … 나는 바다 한가운데에 있는 작은 섬에 유폐되었다."111) 또한 그는 이렇게 주장했다. 부르봉 왕실이 아직까지 봉건제를 되살리는 데 착수하지 않았음에도 자신이 행동에 나선 것은 오로지 루이 18세가 25년 동안 '인민의 적'이던 자들과 함께 봉건적 권리와 통치를 다시 들여오려는 시도를 했기 때문이라는 것이었다. 그는 말을 이었다. "프랑스 인민이여, 추방 생활 중에 나는 그대들의 불평과 소망을 들었다. 그대들은 스스로 선택한 정부만이 합법적이라고 주장했다. 그대들은 오랫동안 잠을 자고 있다고 나를 비난했으며, 국가의 이익을 돌보지 않고 쉬고 있다고 나를 책망했다." 그래서 "온갖 위험을 무릅쓰고 나는 그대들의 권리이기도 한 내 권리를 되찾고자 그대들에게 왔다."112) 물론 이는 굉장한 과장이었지만 나폴레옹은 영광과 완전한 급여를 되찾고 싶어 한 병사들, 봉건적 부과조 부활을 두려워한 부유한 농민들, 1789년 이전의 재산을 반환받으려는 귀국한 망명귀족과 성직자로부터 보호받기를 원한 수백만 명의 국유재산 매입자들, 영국산 공산품의 대량 유입으로 타격을 받은 노동자들, 왕당파에게 일자리를 빼앗긴 제국 시절 공무원들에게 호소하는 법을 알고 있었다.113) 부르봉 왕실은 1년도 채 지나지 않아 너무 크게 실패했기에 나폴레옹은 1812년과 1813년 패배를 겪은 이후에도 국내에서 상당히 폭넓게 연합을 구축할 수 있었다.

본토에 상륙한 날 나폴레옹은 오늘날 크루아제트에서 그리 멀지 않은 칸의 모래 언덕에서 야영했다. 오늘날의 노트르담 성당인 오래된 예배당의 반대편이었다. 이튿날 오전 2시 말없는 창기병들과 대포 2문을 보유한 캉브론의 선봉대가 나폴레옹에 합류했다. 나폴레옹은 프로방스 지방의 중심 도시인 엑스로 가는 대신 르카네를 통과하는 길을 따라 그라스까지 약 24킬로미터를 올라갔다. 그라스 시장은 시를 넘겨주었다(도시 내에 제대로 작동하는 머스킷총이라고는 고작 다섯 정뿐이었다). 나폴레옹은 정오까지 휴식을 취한 다음 마차와 대포를 버린 채 노새에 보급품을 싣고 산길을 선택해 북으로 향했다. 고도가 높은 지대에는 눈이 쌓이고 얼음이 얼어 있어서 노새들이 미끄러지고 넘어졌으며, 곳에 따라 도로가 심히 좁아져 1열 종대로 지나가야 했다. 나폴레옹은 척탄병들 사이에 끼어 걸었는데 그들은 애정을 담아 '노트르 프티 통뒤Notre petit tondu(우리의 작은 짧은 머리)'나 '장 드 레페Jean de l'Epée(검의 장)' 같은 별명으로 나폴레옹을 놀려댔다.[114)]

1934년 프랑스 정부는 관광을 장려하기 위해 '나폴레옹 길Route Napoléon'을 개설했고, 그 길을 따라 인상적인 독수리 석상들을 설치했다. 그중 일부는 지금도 남아 있다. 나폴레옹이 지나쳐 간 모든 도시와 마을에는 그 사실을 자랑스럽게 알리는 표지판이 있으며, 전설적인 북행 여정으로 남은 그 길에서 그가 잠을 잔 여러 장소를 볼 수 있다. 나폴레옹은 알프마리팀주에서 출발해 바스알프(알프드오트프로방스)와 오트잘프를 거쳐 3월 7일 밤 이제르 강가의 그르노블에 도착했다. 단 엿새 만에 306킬로미터 정도를 주파한 셈이다. 나폴레옹은 걷거나 말을 타고 높은 고원과 평지를 지났고 초목 없는 바위 지대와 푸른 초원을 건넜다. 또한 스위스식 마을들을 지나쳤으며 아찔한 낭떠러지에 바짝 붙어 구불구불 하강하는 좁은 도로를 따라 고도 1천8백 미터의 눈 덮인 산악지대를 넘었다. 오늘날 나폴레옹 길은 세계 최고의 자전거 도로이자 오토바이 도로로 여겨진다.

생발리에를 지난 뒤 나폴레옹은 마을 몇 개를 지나갔다. 에스크라뇰에서 다시 쉬어갔고 세라농에서 그는 구르동 후작의 시골 저택인 브론델성에서 묵었으며 르로지뒤팽에서는 고깃국을 먹었다. 나폴레옹은 3월 3일 정오 카스텔란(카슬란)에 도착해 군청에서(오늘날 마르셀 소베르 광장에 있다) 점심을 먹었다. 캉브론은 그곳 수장에게 5천 명

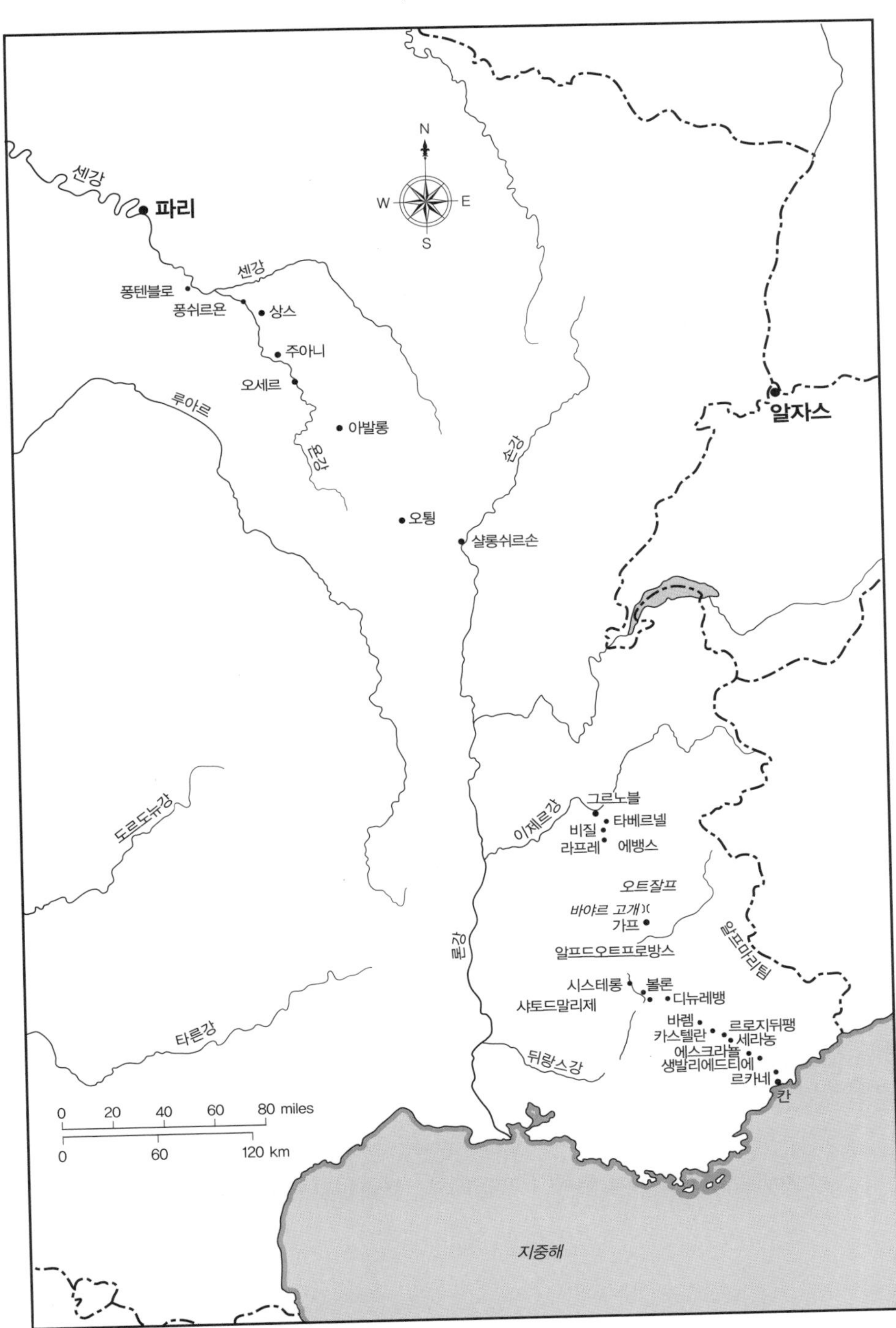

나폴레옹의 귀환 경로, 1815년

분의 고기와 빵, 포도주를 요구했다. 아직 1천 명이 채 되지 않는 그의 작은 부대가 며칠 동안 먹을 식량이었다(캠벨은 캉브론을 "목숨이 아까운 줄 모르는 무지한 악당"이라고 생각했다. 그렇기에 그는 그러한 모험에 최적인 자였다 **115)**). 나폴레옹은 그날 밤을 바렘의 농가에서 보냈는데 그는 그곳 중심 도로가에 있는 판사 타르탕송의 집에서 잤다. 이튿날 나폴레옹은 디뉴레뱅에 도착했고 프티팔레 호텔에서 휴식했다. 그곳에서 그랑다르메의 몇몇 고참병이 합류했다. 디뉴레뱅 주민은 부르봉 왕실을 지지하는 바스알프주의 지휘관 니콜라 로베르도 장군에게 그곳을 싸움터로 만들지 말라고 간청했고, 충성하는 병사들이 부족한 것을 알아챈 그는 요청에 따랐다. 바로 그때 나폴레옹이 밀고 들어왔고 그는 오늘날의 시청인 샤토 드 말리제Château de Malijai에서 밤을 보냈다.*

이튿날인 3월 5일 일요일 나폴레옹은 볼론 마을에서 멈췄는데, 현지에 전해 내려오는 이야기에 따르면 그는 앙리 4세 시대에 만든 분수 음수대에서 물을 마셨다. 그는 시스테롱의 매우 위압적인 성에서 처음 진정한 시험을 대면했다. 그 거대한 성채의 대포들은 뒤랑스강에 놓인 유일한 다리를 쉽게 파괴할 수 있었을 테지만 그런 일은 없었고 나폴레옹은 브라도르Bras d'Or 호텔에서 그곳 유지들과 함께 점심을 든 다음 곧바로 길을 떠났다. 성채의 종탑 꼭대기에 서면 뒤랑스강이 상류와 하류로 64킬로미터 정도 보인다. 나폴레옹이 달리 강을 건널 수 있는 곳은 없었다. 어쩌다 보니 그렇게 된 것인지 아니면 절약하느라 그런 것인지, 그것도 아니면 지휘관이 다리를 파괴하지 않을 핑계를 원했기 때문인지 몰라도 성에는 화약이 없었다. 그때 이후로 캉브론이 늘 나폴레옹에 앞서 도착해 도시의 수장들을 구워삶고, 그들과 협의하고, 그들에게 뇌물을 먹이고, 필요하면 위협한 덕분에 단 하나의 교량도 파괴되지 않았다.

훗날 나폴레옹은 이렇게 회상했다. 그가 가프에 도착했을 때 "농부 몇 사람이 호

* 그곳 입구 표지판에는 이렇게 적혀 있다. '나폴레옹이 머문 곳입니다. 머물다 가지 않을래요?'

주머니에서 내 초상이 찍힌 5프랑짜리 주화를 꺼내 외쳤다. '그 사람이다!'"[116)] • 나폴레옹은 가프에서 오트잘프와 바스알프 주민에게 전하는 성명서를 발표했다.

"내 귀환으로 그대들의 모든 근심이 사라질 것이다. 모든 재산을 확실하게 보호하리라."

다른 편지들에서 나폴레옹은 특별히 부르봉 왕실 치하에서 일어날 수 있는(그러나 아직 일어나지는 않은) 일에 따른 두려움을 이용했다. 그는 "모든 봉건적인 권리 부활을 원하고 여러 계급 간의 평등을 파괴하길 원하며 국유재산 매각을 취소하기를 원하는" 자들에게 맞서겠다고 말했다.[117)] 나폴레옹은 3월 6일 오후 2시 가프를 떠났다. 그곳부터 지면은 1,143미터의 바야르 고개에 이를 때까지 가파르게 솟구친다. 그날 밤 나폴레옹은 코르Corps의 중심 도로에 있는 기병대 막사에서 잤다.

그 여정의 가장 극적인 순간은 다음 날 라프레 남쪽으로 수백 야드 떨어진 곳에서 쉽게 찾아왔다. 그곳에서 나폴레옹은 숲이 우거진 두 언덕 사이의 좁은 땅에서 제5전열보병 연대 소속의 대대와 마주쳤다. 오늘날 '라 프레리 드 라 랑콩트르La Prairie de la Rencontre(조우의 들판)'라고 부르는 곳이다. 보나파르트파의 전설에 따르면 나폴레옹은 훨씬 적은 숫자의 근위대 병사들이 호위하는 가운데 머스킷총 사거리 안에 서서 자신의 상징과도 같은 회색 외투를 내던지고 가슴을 가리키며 황제를 쏘겠느냐 물었다고 한다. 그의 카리스마가 지닌 힘을 증언하듯 병사들은 머스킷총을 내려놓고 그에게로 몰려들었다.[118)] 나폴레옹은 그 대대의 태도가 보나파르트파에 우호적이라는 것을 장교 2명에게 미리 들었지만, 왕당파 장교가 단 한 발만 쏘았더라도 다른 결과가 나올 수 있었다. 당시 현장에 없었던 사바리는 영웅적 성격이 약간 덜한 해석을 내놓았다. 그에 따르면 나폴레옹의 대화 방식과 질문하는 습관이 그를

• 이상적인 길잡이는 아니었다. 그 특별한 동전은 곱슬머리가 빽빽하고 턱선 윤곽이 명확하며 월계관을 쓴 훨씬 젊은 시절의 나폴레옹 우측면을 보여 주고 있기 때문이다.

곤경에서 구했다.

> 황제가 다가갔다. 그 대대는 깊은 침묵에 빠졌다. 지휘관 장교는 부대에 머스킷총을 조준하라고 명령했다. 부대는 그의 명령에 따랐다. 만일 그가 발포를 명령했다면 무슨 일이 일어났을지 모른다. 황제는 그들에게 시간을 주지 않았다. 그는 여느 때처럼 병사들에게 말을 걸고 질문했다. "자, 제5전열보병 연대는 안녕하신가?" 병사들이 대답했다. "아주 좋습니다, 폐하." 황제가 말했다. "그대들을 보려고 돌아왔네. 나를 죽이고 싶은 사람이 있는가?" 병사들이 소리쳤다. "오, 없습니다!" 그러자 황제는 늘 했던 대로 그들을 사열했고 그로써 제5전열보병 연대를 접수했다. 대대장은 괴로워 보였다.119)

나폴레옹이 직접 그 얘기를 전할 때, 그는 자신이 그 부대를 향해 유쾌하게 오래된 전우의 태도를 취했다고 말했다.

"나는 앞으로 나아가 어느 병사에게 손을 내밀며 말했다. '어이, 옛 친구. 황제에게 무엇을 쏠 참이었나?' 그는 '여기를 보세요'라고 말하며 머스킷총을 장전하지 않았음을 내게 보여 주었다."120)

또한 나폴레옹은 고참병들이 자신과 함께 있었기에 성공했다고 했다.

"그 일을 해낸 것은 근위대의 곰 가죽 모자였다. 그들이 내 영광스러운 시절을 떠올리게 했다."121)

나폴레옹은 긴장이 감도는 그 순간 연설조로 얘기했든 대화하듯 말했든 대단한 담력을 보여 주었다. 라프레는 하나의 분수령이기도 했다. 농민이나 국민방위대 병사가 아니라 정규군이 처음 그의 편으로 넘어왔기 때문이다.

나폴레옹은 비질에서 군중의 환호를 받았고(샤를 드 라베두아예르가 제7전열보병 연대를 이끌고 그에게로 넘어왔다) 이어 타베르넬의 메르 비지에 카페에서 휴식을 취하며 기력을 되찾은 다음 에뱅스에서 당시로는 잘 만든 대야에 발을 씻었고 3월 7일 오후 11시 그르노블에 당도했다. 주민들은 도시의 출입구를 부수고 그 조각들을 자신의 충성심을 보여 주는 기념물로 나폴레옹에게 선사했다. 훗날 나폴레옹이 말했다.

"칸에서 그르노블까지 진군할 때 나는 모험가였다. 그르노블에서 나는 한 번 더 군주가 되었다."122)

나폴레옹은 지사 관저에 머물라는 제안을 거부하고 대신 몽토르주가에 있는 호텔 레 트루아 도팽Les Trois Dauphins의 2호실에 머물러 그다운 홍보 재능을 과시했다. 그 호텔은 이탈리아와 이집트 원정 때 그와 함께한 용사의 아들이 운영하는 곳으로 1791년 나폴레옹이 발랑스에 배치되었을 때 묵은 곳이었다(1837년 스탕달은 경의를 표하고자 같은 방에 묵었다). 불편함은 리옹에서 보상받았다. 나폴레옹은 리옹에서 대주교 관저(오늘날 시립도서관이다)에 묵었고, 국왕의 동생 아르투아 백작(훗날의 샤를 10세)이 그날 아침 어쩔 수 없이 서둘러 떠나며 비워 둔 거처를 차지했다. 나폴레옹은 이제 꽤 커진 부대를 점검하면서 충분히 잘 기동하지 못한다며 어느 대대를 책망했다. 나중에 그는 이렇게 말했다. 이는 "커다란 효과를 냈다. 권좌 복귀를 확신한다는 걸 보여 주었기 때문이다."123) 나폴레옹이 그 결정적인 순간에 애원하는 태도를 취했다면 그의 병사들은 즉시 그것을 알아챘으리라. 그들은 나폴레옹이 패배하고 퇴위했는데도 여전히 그를 기꺼이 따르려 했다.

3월 5일 샤프 원격통신 시스템으로 나폴레옹이 돌아왔다는 소식이 파리에 전해졌지만 정부는 7일까지 이를 비밀로 했다.124) 새로운 전쟁장관 술트가 네와 마크도날, 생시르에게 그 문제를 다룰 것을 위임하자 네가 루이 18세에게 말했다.

"약속하건대 보나파르트를 붙잡아 철창에 가둬 폐하께 데려오겠습니다."125)

술트가 군대에 내려 보낸 명령서에는 반역자들만 나폴레옹에게 합세할 것이라고 적혀 있었다.

"그는 이제 모험가일 뿐이다. 이 마지막 발악으로 그가 어떤 자인지 드러났다."126)

어쨌거나 네와 술트 단 2명의 원수만 워털루 전장에서 나폴레옹과 나란히 서서 싸우게 된다. 3월 13일 나폴레옹이 리옹을 떠난 날, 여전히 빈에서 회의 중이던 동맹국들은 빈 선언을 발표했다.

> (나폴레옹은) 혼란과 무질서라는 계획을 갖고 다시 프랑스에 나타나 스스로 법의 보호를 내던졌으며 그와는 평화도 휴전도 있을 수 없음을 온 세상에 명백하게 드러냈다. 따라서 강국들은 나폴레옹 보나파르트가 스스로 시민과 사회 관계 영역에서 벗어났고 세상의 적이자 세상을 어지럽히는 자로서 자신을 공공의 복수에 내맡겼다는 걸 분명히 밝히는 바이다.[127]

나폴레옹은 계속 북진하며 이튿날 밤을 샬롱쉬르손에서 보냈고 15일에는 오툉에서, 16일에는 아발롱에서, 17일에는 오세르의 지사 관저에서 묵었다. 대규모 군중이 그를 열렬히 환영했으며 도중에 더 많은 병사가 합류했다. 나폴레옹은 변장한 장교 2명을 롱스르소니에에서 3천 명을 지휘하는 네 원수에게 보내 이런 말을 전했다. 만일 그가 편을 바꾼다면 "나는 모스크바 전투가 끝난 직후 그랬듯 그대를 받아들일 것이다."[128] 네는 파리를 떠날 때 나폴레옹에 맞서 싸울 의사가 확고했지만, 병사들에게 발포는 설득할 수 있어도 내전을 촉발할 마음은 없었다. 훗날 그는 자신의 결정을 두고 이렇게 말했다.

"나는 폭풍우 속에서 정신이 없었다."[129]

3월 14일 네는 르쿠르브 장군, 부르몽 장군(둘 다 상당히 주저했다)과 함께 소수의 왕당파 장교를 제외한 부대 전체를 이끌고 나폴레옹 편으로 넘어갔다. 네는 병사들에게 말했다.

"황제 나폴레옹만이 우리의 아름다운 강토를 통치할 자격이 있다."[130]

나중에 그는 병사들 사이에 보나파르트파의 정서가 널리 퍼져 있었고 "내 두 손으로 바닷물을 막을 수" 없었다고 말했다.[131]

나폴레옹은 18일 아침 오세르에서 네를 만났지만, 네가 그에게 "프랑스 인민의 복지에 마음을 쓰고 야심 때문에 자초한 해악을 교정하려 노력할" 필요가 있다고 경고하는 문서를 들고 왔기에 재결합은 차갑고 사무적이었다.[132] 나폴레옹은 그를 '모스크바 전투가 끝난 직후'처럼 대하지 않았고 대신 부대의 사기와 남동부 지역 분위기, 디종으로 진격한 경험을 물었다. 네는 짧게 대답했고 이어 파리로 진격하라는 명령을 받았다.

19일 나폴레옹은 주아니에서 점심을 먹고 오후 5시경 상스에 도착했으며 퐁쉬르욘에서 잤다. 이어 3월 20일 월요일 오전 1시 퐁텐블로를 향해 출발해 그곳을 떠난 지 열한 달 만에 슈발 블랑 안뜰에 도착했다. 오전 1시 30분 통풍에 시달리던 루이 18세는 튈르리궁에서 사람들에게 들려(그의 몸무게를 생각하면 결코 쉬운 일이 아니었다) 마차에 올라 파리에서 도피했다. 루이 18세는 먼저 릴로 갔다가 그곳 수비대가 적대적인 것처럼 보이자 국경을 넘었고 벨기에 헨트에서 사태 추이를 관망했다. 나폴레옹은 기념일을 존중하는 습관이 있었기에 20일(로마왕의 네 번째 생일이었다) 파리에 입성하길 원했고 당연하게도 그날 저녁 9시 사실상 프랑스 황제로서 다시 튈르리궁에 들어갔다.

튈르리궁 안마당은 병사들과 그의 귀환을 두 눈으로 직접 보려는 민간인으로 가득 찼다. 그다음에 일어난 일을 두고 여러 가지 설명이 있지만 나폴레옹이 도착하면서 자아낸 소동과 전반적인 지지 분위기에는 모두들 동의한다. 이탈리아와 칼라브리아, 카탈루냐에서 싸웠던 레옹 미셸 루티에 대령이 튈르리궁 시계탑 근처를 전우들과 함께 걸으며 이야기를 나누고 있을 때,

> 갑자기 아주 소박한 마차들이 호위도 없이 강가의 작은 쪽문에 모습을 드러냈고 황제가 납셨다는 소리가 들렸다. … 마차들이 들어오자 우리는 모두 달려가 에워쌌으며 나폴레옹이 내리는 것을 보았다. 그때 우리는 모두 황홀경에 빠졌다. 우리는 어지럽게

달려들어 그를 둘러쌌는데 그를 거의 질식시킬 뻔했다. … 세계사에 유례없는 그 순간을 떠올리면 아직도 심장이 기쁨에 겨워 요동친다. 나처럼 이 마법 같은 도착을 목격한 자는 행운아다. 그것은 프랑스 땅에서 18일 동안 피 한 방울 흘리지 않고 960킬로미터가 넘는 길을 주파한 결과물이었다.[133)]

그날 이른 시간까지도 나폴레옹에 맞서 남부 프랑스를 지키는 임무를 맡았던 티에보 장군조차 다음과 같이 느꼈다.

"그 즉시 억누를 수 없는 감정 분출이 있었다. … 천장이 내려앉는 느낌이었다. … 나는 한 번 더 프랑스인이 된 것 같았고, 내가 그에게 바쳐진 경의에 나도 참여하고 있음을 그 무리에게 보여 주면서 드러낸 도취와 환호는 비할 것이 없었다."[134)]

라발레트는 이렇게 회상했다. 나폴레옹은 "천천히, 두 눈을 절반쯤 감고 맹인처럼 팔을 앞으로 뻗은 채 미소로만 기쁨을 표현하며" 튈르리궁 계단을 걸어 올라갔다.[135)] 환호하는 지지자들이 몰려드는 바람에 그가 방으로 들어간 뒤 가까스로 문을 닫았다. 그날 밤 몰리앵이 도착해 축하하자 나폴레옹은 그를 껴안고 말했다.

"됐소, 이 정도면 충분하오. 인사치레 시간은 끝났소. 저들은 내가 떠날 때처럼 나를 쉽게 받아들이고 있소."[136)]

골프쥐앙에서 출발한 여정의 드라마가 끝난 뒤 파리에서는 금세 정권이 교체되었다. 그 첫날 밤 궁의 알현실에 깔린 양탄자를 뒤덮은 백합 문양을 제거하라는 통지가 내려왔다. 그 밑에는 나폴레옹의 꿀벌들이 아직도 남아 있었다. 그 자리에 있던 어떤 사람이 에스파냐 왕비였던 쥘리와 홀란트의 왕비였던 오르탕스 그리고 돌아온 그들의 시녀들을 기억했다.

"즉시 모든 여인이 일을 시작했고 불과 1시간도 지나기 전에 양탄자가 다시 제국의 양탄자로 바뀌어 모인 사람들이 크게 기뻐했다."[137)]

워털루

30

운명이 나를 버리고 있음을 알았다. 이제 내게는 최종적인 승리의 느낌이 없었다. 때가 다가온 순간 위험을 감수할 준비를 갖추고 있지 않으면 결국 아무것도 하지 못한 채 끝나게 마련이다.

나폴레옹이 워털루 전투에 관해

–

총사령관이라면 하루에도 여러 번 물어야 한다.
적이 정면에 나타난다면, 우측이나 좌측에 나타난다면 어떻게 할 것인가?

나폴레옹 군사 좌우명 제8번

1815년 3월 21일 목요일 오전 3시 침상에 들었을 때 나폴레옹은 정부 재구성을 대체로 끝마쳤다. 빈 선언으로 동맹국들이 그의 권력 탈환을 허용하지 않을 것이 분명해졌기에 나폴레옹은 침공에 대비해야 했다. 그는 부르봉 왕실의 통치를 경험한 프랑스 대중이 1814년과 달리 자신을 적극 지지하리라고 기대했다. 어느 정도는 그 기대가 들어맞았다. 이후 몇 주에 걸쳐 훈련소가 감당할 수 있는 수준을 넘어설 만큼 신병이 몰려들었다. 이제 프랑스인이 누구에게 진정한 충성심을 보여야 할지 결정해야 할 가슴 졸이는 순간이 왔다. 보나파르트 가족으로 말하자면 조제프는 23일 나폴레옹에게 애정 어린 환대를 받았다(나폴레옹은 더 이상 그가 마리 루이즈에게 수를 쓰고 있다고 의심하지 않았다). 로마에서 스스로 유배생활을 하던 뤼시앵도 돌아와 '빠르게 접견을 허락받았으며' 나폴레옹은 모든 것을 용서했다. 제롬은 제6사단 지휘권을 받았고 페슈 추기경은 프랑스로 돌아왔으며 오르탕스는 튈르리궁 관리자가 되었다. 루이와 외젠은 거리를 유지했는데 외젠의 경우 장인인 바이에른 왕의 간곡한 권유 때문이었다. 마리 루이즈는 오스트리아에 머물며 나폴레옹이 패배하기를 뜨겁게 원했다(마리 루이즈는 1월 1일 그에게 마지막으로 편지를 보냈다).[1] 얼빠진 이 젊은 여인은 4월 6일 친구에게 보낸 편지에서 나이페르크 장군을 마지막으로 보고 며칠이 지났는지 정확

히 얘기했고(18일), 곧이어 나폴레옹에게 마지막으로 보낸 구두 메시지에서 헤어질 것을 요구했다.[2]

캉바세레스 같은 고참 정치인은 나폴레옹의 귀환 소식에 놀라움을 감추지 못했는데, 이는 그것이 부르봉 왕실의 의심과 달리 대대적인 음모의 결과가 아니라 한 인간의 의지력과 기회 포착 능력의 결과였음을 확인해 주었다.[3] 캉바세레스는 마지못해 법무부를 맡으며 불평했다.

"나는 그저 쉬고 싶을 뿐이다."[4]

강경한 공화주의자로 내무부를 맡은 카르노처럼 몇몇 사람은 프랑스인의 시민권을 존중하는 입헌군주로서 행동하겠다는 나폴레옹의 말을 정말로 믿었기에 합류했다.* 라발레트 같은 다른 장관들은 철저한 보나파르트파였다. 데크레는 다시 해군장관으로 돌아왔고 몰리앵은 국고장관Ministre du Trésor, 콜랭쿠르는 외무장관, 다뤼는 육군경리부로 복귀했다. 마레는 정무장관Ministre Secrétaire d'État이 되었으며 불레 드 라 뫼르트와 레뇨 드 생 장 당젤리는 국무원 요직에, 몰레는 오랫동안 맡았던 도로교량총감에 복귀했다.[5] 사바리는 근위기병대 제1감독관이 되었고 심지어 푸셰도 치안장관으로 복귀했다. 이는 나폴레옹이 그들을 깊이 불신했음에도 불구하고 그들이 얼마나 절실히 필요했는지 보여 준다. 전체적으로 보면 나폴레옹은 군사적 상황만 어느 정도 정리하면 효율적인 행정부를 꾸리기에 충분한 재능과 경험을 갖춘 자들을 쉽게 끌어모았다. 나폴레옹은 부르봉 왕실로부터 사단 지휘권을 받은 라프를 보고 장난스럽게 명치에 주먹을 날리며(아마 약간 아팠을 것이다) 말했다.

"이 망나니 같으니라고. 날 죽이고 싶었나?"

그 뒤 그를 라인군armée du Rhin 사령관에 임명했다. 라프는 사후에 출간한 자서전

* 나폴레옹은 앞서 자신의 모든 내무장관에게 그러했듯 카르노가 자신의 기대에 부응하도록 다그쳤다. 그는 5월 중순 병력 배치를 보여 주는 표에 관해 이렇게 썼다. '인쇄한 보고서를 보면 피레네오리앙탈주가 빠져 있다.'(CN 28 no.28198)

에서 이렇게 썼다.

"그는 가혹한 체하려 했지만 헛수고였다. 언제나 다정함이 이겼다."[6)]

다시 써달라고 간청하는 편지를 보낸 사람 중 거부당한 이는 많지 않은데 루스탕은 그중 하나였다. 나폴레옹이 마르샹에게 말했다.

"그 자는 겁쟁이야. 불속에 처넣고 다시는 내게 그 놈에 관해 묻지 마."[7)]

그 이전 해의 그날 밤 퐁텐블로에서 도망친 자를 경호 책임자로 원하지 않는 것은 이해할 만했다. 그의 자리는 루이 에티엔 생드니가 차지했다. 그는 베르사유에서 태어난 프랑스인이지만 나폴레옹은 1811년부터 그를 맘루크처럼 입히고 '알리'라고 불렀다.

3월 21일 나폴레옹이 권좌에 복귀하자마자 한 번 더 편집 방침을 바꾼 〈모니퇴르〉는 4쪽에 걸쳐 스물여섯 번이나 그의 이름을 'NAPOLEON'이라고 대문자로 집어넣으며 그의 성공적인 귀환 소식을 전했다.[8)] 나폴레옹은 그날 겨우 3시간을 잔 뒤 오전 6시에 일어났고, 오후 1시 튈르리궁 마당에서 거대한 열병식을 거행했다. 지휘관 알렉상드르 쿠드뢰는 자기 아들에게 나폴레옹의 도착을 이렇게 설명했다.

> 황제는 말을 타고 모든 연대를 사열했고 열렬한 환영을 받았다. 그가 등장하자 지난 정부 때 얼마 동안 살인자, 맘루크, 산적으로 취급받은 용감한 병사들이 열광했다. 부대가 무장한 채 서 있던 4시간 동안 그를 원으로 에워싼 장교와 하사관 들에게 오직 그만이 할 수 있는 아름다우면서도 힘이 넘치는 표현으로 말을 건넨 단 몇 분을 제외하면 환호성이 끊이지 않았다. 그의 말을 들으면 우리는 언제나 모든 불행을 잊었고 모든 위험에 당당하게 맞섰다! ('황제 만세!', '나폴레옹 만세!'라는 외침을) 수천 번 되풀이했다. 틀림없이 파리 전역에 울려 퍼졌을 것이다. 행복감에 도취된 우리는 모두 지위 고하를 따지지 않고 서로 얼싸안았다. 5만 명이 넘는 파리 시민이 그토록 멋진 광경을 목격하고는 그 숭고하고 너그러운 시위에 진심으로 박수를 보냈다.[9)]

나폴레옹의 업무 법칙은 바뀌지 않았다. 튈르리궁으로 돌아오고 나서 워털루 전투까지 그는 9백 통이 넘는 편지를 썼다. 대개는 다가올 대결에 대비해 프랑스를 다시 전쟁을 치를 기반 위에 올려놓으려는 노력과 관련된 것이었다. 23일 나폴레옹은 베르트랑에게 엘바에서 특별한 코르시카 말 한 마리와 노란색 마차, 두고 온 속옷을 포함해 여러 가지를 파리로 가져오라고 명령했다.[10] 이틀 뒤 나폴레옹은 이미 시종장 아나톨 드 몽테스키우 페장사크 백작에게 그해 연극 예산에 관해 편지를 쓰고 있었다.[11]

다부는 1813년 전쟁과 1814년 전쟁에서 치욕스럽게도 중용되지 않았고 프랑스의 적에 돌진하지 못한 채 함부르크에 발이 묶여 있었지만, 튈르리궁에서 즉시 업무 보고를 한 원수는 르페브르를 제외하면 다부가 유일했다. 나폴레옹이 퇴위한 뒤 루이 18세에게 충성을 맹세하지 않은 원수는 얼마 되지 않았는데 다부가 그중 한 명이었다. 그런데 나폴레옹은 다부를 전쟁장관이자 파리총독, 수도의 국민방위대 사령관으로 임명하는 중대한 실수를 저질렀다. 벨기에 전장에서 가장 출중한 원수의 도움을 받을 수 없었기 때문이다. 어떤 이들은 둘 사이에 개인적 유대감이 부족해서 나폴레옹이 그런 결정을 내렸을지 모른다고 본다. 또 어떤 이들은 나폴레옹이 파리가 포위공격을 받을 경우 그곳에 다부가 필요하다고 생각했기 때문이라고 추정한다. 하지만 야전 전투가 신속하게 결정적인 승리로 이어지지 않는다면 누가 파리를 책임지고 있는가는 중요하지 않았을 것이다.[12] 실제로 나폴레옹은 이 점을 완벽하게 이해했다. 그는 5월 12일 다부에게 말했다.

"우리가 두려워해야 할 가장 큰 불운은 북쪽에서 너무 약해 조기에 패배하는 일이다."[13]

아쉽게도 워털루 전투 당일 다부는 평시의 군 급여 체계에 관한 행정 문서에 서명하고 있었다.[14] 몇 년 뒤 나폴레옹은 다부 대신 클로젤 장군이나 라마르크 장군을 전쟁부에 들이지 않은 것을 후회했다.[15] 당시 나폴레옹은 다부에게 편지 세례를 퍼부었다. 예를 들면 5월 29일자 편지에서 콩피에뉴에 배치한 5개 포대를 독수리의 눈으로 점검한 뒤 이렇게 썼다.

"살펴보니 명령과 달리 포탄 상자 여러 개에 작은 윤활유 병이 없거나 대체 부품이 전혀 없다."[16]

현역 복무 명부에 오른 원수 19명 중(그루시는 4월 15일 원수 지휘봉을 받았다) 오직 10명만, 즉 다부와 술트, 브륀, 모르티에, 네, 그루시, 생시르, 마세나, 르페브르, 쉬셰만 나폴레옹을 지지한다고 선언했다(앞서 자신이 가장 먼저 배반한 자를 다시 지지하기로 한 뮈라의 기이하고 자멸적인 결정을 셈에 넣는다면 11명이다). 그러나 마세나는 4월 10일에야 마르세유에서 '우리가 선택한 군주, 위대한 나폴레옹'을 지지하는 선언을 했을 뿐 아무것도 한 일이 없다.[17] 생시르도 자신의 영지에 머물렀으며 르페브르와 몽세, 모르티에도 건강이 너무 나빠 도움을 주지 못했다(모르티에는 극심한 좌골신경통만 아니었다면 근위대를 지휘했을 것이다).[18] 나폴레옹은 베르티에가 합류할 것으로 추정했고 자신의 복수란 그가 루이 18세의 근위대 제복을 입고 튈르리궁으로 오지 않을 수 없게 만드는 것뿐이라고 농담을 했다. 그런데 베르티에는 프랑스를 떠나 바이에른의 밤베르크로 갔고 그곳에서 6월 15일 창문 밖으로 떨어져 죽었다. 자살인지, 살인인지, 사고였는지(가족력에 간질이 있었다)는 여전히 알 수 없지만 자살일 가능성이 가장 크다.[19] 나폴레옹의 참모장이 거의 20년간 이어진 각별한 협력 끝에 그런 길을 선택한 데는 내적 갈등과 절망이 있었으리라고 짐작할 뿐이다. 이후 몇 주 동안 베르티에의 부재는 커다란 타격이었다.

아우스터리츠에서는 원수 14명, 예나에서는 15명, 폴란드 전역에서는 17명, 러시아 원정에서는 13명, 라이프치히 전투에서는 14명, 1814년 전쟁에서는 11명이 싸웠지만 워털루 전투에는 겨우 3명만 참여했다. 그루시와 네, 술트였다. 가용 자원이 적은 상태에서 나폴레옹은 그중 전투 경험이 많은 지휘관을 뽑아 웰링턴을 공격할 북군Armée du Nord의 좌익을 맡겨야 했다. 나폴레옹은 네를 불렀으나 그는 뒤늦게

6월 11일에야 군대에 합류했고 전쟁에 지친 그는 내내 지독히도 성과가 나빴다. 세인트헬레나에서 나폴레옹은 네가 "1만 명 지휘관으로는 괜찮았지만 그 이상의 병력을 맡으면 힘겨워했다"며 그를 평했다.[20] 좌익은 그 대신 술트가 맡았어야 했다. 나폴레옹은 술트를 참모장에 앉혔는데 그 역시 직분을 상당히 잘못 수행했다. 쉬셰나 술트의 부관인 프랑수아 드 몽티옹 장군을 참모장에 임명했어야 했지만, 나폴레옹은 쉬셰를 알프스군armée des Alpes으로 보냈고 몽티옹을 싫어했기에 그에게는 중요하지 않은 역할을 맡겼다. 그렇게 그는 두 사람을 허비했다.

다른 원수를 말하자면 마르몽과 오주로는 1814년 나폴레옹을 배반했고 빅토르는 여전히 부르봉 왕실에 충성했다. 그때까지 정치적으로 신뢰할 수 없던 주르당은 프랑스의 귀족이자 브장송 총독, 제6사단 사단장이 되었고 마크도날과 우디노는 수동적으로 중립을 지켰다. 우디노는 자신의 병사들이 나폴레옹을 지지한다고 선언한 뒤 바르르뒤크의 집으로 돌아갔는데 한자리 주겠다는 황제의 제안에 이렇게 답했다고 한다.

"폐하, 저는 누구도 섬길 생각이 없습니다. 폐하 역시 섬기지 않을 것입니다."[21]

리옹과 튈르리궁에서 발표한 일련의 성명서에서 나폴레옹은 인기가 없던 부르봉 왕실의 여러 개혁을 신속히 무효화했다. 나폴레옹은 법정과 훈령, 훈장의 변화를 무효화했고 삼색기와 제국 근위대를 복구했으며 부르봉 왕실 소유 재산을 몰수했다. 또한 레지옹 도뇌르의 변화를 취소했고 부르봉 왕실이 군인들의 심리는 조금도 고려하지 않은 채 왕당파적 이름으로 대체한 옛 숫자 명칭을 각 연대에 되돌려 주었다. 그뿐 아니라 그는 입법부를 해산했고 6월 파리의 샹드마르스 광장에서 제국 선거인단을 소집해 자신이 계획한 새로운 헌법을 승인하고 황제와 로마왕의 '대관식에 참석'하게 했다.[22] 나폴레옹은 약속했다.

"파리가 점령당한 이후 개개인이 한 일이나 쓴 글, 말한 것 전부를 나는 영원히 모른 척할 것이다."[23]

나폴레옹은 그 약속을 지켰다. 국민 통합을 되살리려면 그것이 유일하게 합당한 기반이었다. 그렇지만 그것이 방데 지방의 또 다른 반란을 막지는 못했다. 나폴레옹은 이 반란을 진압하고자 라마르크 장군이 지휘하는 루아르군Armée de la Loire 2만 5천 명을 배치해야 했다. 여기에는 워털루에서 말할 수 없이 소중하게 썼을 새로 모집한 청년근위대 부대도 포함되었다. 마르세유(마르세유에서는 4월 중순 무렵에야 삼색기를 내걸었다)와 낭트, 앙제르, 소뮈르, 기타 여러 곳에도 부대를 보내야 했다. 앞선 여러 종군에서는 1814년을 제외하면 필요치 않던 일이다.[24]

나폴레옹은 권좌에 복귀하자마자 증오의 대상이던 간접세를 폐지하겠다는 약속을 이행했지만 이 때문에 다가올 전쟁 비용을 모으기가 어려워졌다.[25] 재무장관직에 복귀한 고댕은 4월 3일 다가올 전쟁에서 군대에 식량을 공급하는 데 추가로 1억 프랑이 들 것이라는 말을 들었다. 나폴레옹이 그에게 말했다.

"장관들이 실제로 필요한 것보다 훨씬 많은 자금을 요구했음을 감안하면 다른 모든 예산은 삭감해도 된다고 생각하오."[26](긴축 정책을 취했는데도 그는 '음악가와 가수 등'에 책정한 황실 예산에서 20만 프랑을 찾아냈다.[27])

고댕은 황실 비용을 크게 줄였고 파리 시 출납관에게서 금과 은으로 3백만 프랑을 빼냈다. 또한 프랑스 은행에서 126만 프랑을 빌렸으며 38만 프랑의 가치가 있는 미디 운하Canal du Midi 주식을 매각했다. 여기에 더해 1816년 채권과 기타 정부 재산 매각, 소금 광산이나 기타 산업 세금으로 총 1,743만 4,352프랑을 모았다.[28] 프랑스는 분명 길게 늘어진 일련의 여러 전투를 수행할 여력은 없었으므로 신속하게 승리를 거둬야 했을 것이다.

나폴레옹은 프랑스를 관대하게 통치하고 싶다는 자신의 주장을 실현하기 위해 온건한 인사로 방데 지방에 은거하고 있던 뱅자맹 콩스탕에게 내부 망명을 그만두고 돌아와 새로운 헌법 초안을 마련하라고 요청했다. 그것은 제국헌법부가법Acte

Additionnel aux Constitutions de l'Empire으로 불린다. 이 헌법은 영국식 모델에 따라 황제와 권력을 공유할 양원제 입법부, 2단계 선거제, 배심 재판, 표현의 자유, 나아가 장관 탄핵까지 규정했다. 콩스탕은 이전에 출간한 소책자에서 나폴레옹을 칭기즈 칸, 아틸라와 비슷하다고 조롱했는데 당시에 쓴 일기에서는 그를 '경청하는 사람'이라고 묘사했다.29) 훗날 나폴레옹은 모두가 부르봉 왕실 복위를 더 어렵게 만들기 위해 새로운 헌법에서 "최근 혁신을 모조리 실행하기"를 원했다고 설명했다.30) 나폴레옹은 모든 검열을 폐지하고(프랑스 신문에서 적군 장군들의 성명서도 읽을 수 있었다) 노예무역도 완전히 폐지했으며 스탈 부인과 미국혁명 영웅인 라파예트 후작을 새로운 동맹에 초대했다(두 사람 다 나폴레옹을 불신해 거부했다).* 여기에다 영국인을 억류하거나 괴롭히지 말라는 명령도 내렸다. 또한 그는 국무원에 자신은 제국적 사고방식을 모조리 철저하게 포기했고 이제부터 프랑스의 "안녕과 공고화가 내 모든 사고의 목적이 될 것"이라고 전했다.31) 4월 4일 나폴레옹은 유럽 군주들에게 서한을 보냈다.

"세상에 대규모 군사 활동이라는 구경거리를 선사했으니 이제부터는 평화를 위한 경쟁만, 여러 민족의 안녕을 위한 신성한 싸움만 하는 것이 더 유쾌할 것이다."32)

지금까지 역사가들은 이런 조치와 성명을 비웃는 경향이 있었다. 하지만 1815년 프랑스 상황은 주민 대부분이 평화를 원할 정도로 기운이 빠져 있었기에 나폴레옹이 권력을 계속 유지했다면 당연히 통령정부 시절 자신이 관리한 국민 통합의 평화로운 정부로 돌아갔을 확률이 높다. 안됐지만 나폴레옹의 오랜 적들은 그가 제국의 야심을 포기할 거라고 믿지 않았고 분명코 모험을 할 생각이 없었다. 나아가 그들은 나폴레옹이 6년 안에 죽을 것이라고 짐작하지도 못했다. 대신 영국의 어느 의원이 말했듯(결코 불합리하지 않다) 평화는 "그런 사람과는 언제나 틀림없이 불확실하며 …

* 1797년 나폴레옹은 라파예트가 오스트리아에 구금돼 5년을 보낸 뒤 그의 석방을 얻어 냈지만 감사할 시간은 이미 오래전에 지나갔다.

그가 통치하는 동안에는 견고한 군사력이, 그러니까 전쟁 그 자체보다 더 견디기 힘든 호전적인 준비태세가 필요할 것"으로 보였다.[33] 3월 25일 여전히 빈에서 회의 중이던 동맹국들은 나폴레옹에 맞서 제7차 대프랑스 동맹을 결성했다.

권좌에 복귀한 나폴레옹은 그 짧은 기간을 이용해 바스티유의 코끼리 분수, 생제르맹의 새로운 시장, 케도르세와 루브르의 외무부 등 파리에서 여러 건의 공공사업을 재개했다.[34] 탈마는 부르봉 왕실이 폐쇄한 연극학교로 돌아와 다시 연기를 가르쳤다. 루브르 관장 드농과 화가 다비드, 건축가 퐁텐, 의사 코르비자르는 예술과 의학의 원래 일자리로 복귀했다. 카를 베르네가 그린 마렝고 전투 그림은 루브르에 다시 진열했고 나폴레옹 전쟁에서 노획한 깃발 몇몇이 원로원과 입법원에 내걸렸다.[35] 3월 31일 나폴레옹은 레지옹 도뇌르 훈장을 받은 사망자의 고아가 된 딸들을 찾았다. 부르봉 왕실은 그 아이들이 다니는 생드니의 학교 예산을 삭감했다. 같은 날 나폴레옹은 프랑스 대학교(제국 대학교) 지위를 다시 이전으로 되돌려 놓았고 라세페드 백작을 총장으로 재차 임명했다. 또한 프랑스 학사원은 나폴레옹을 다시 회원으로 임명했다. 그해 3월 나폴레옹의 귀환을 축하하고자 튈르리궁에서 연 음악회에서 마드무아젤 마르스Mademoiselle Mars(3월의 아가씨)로 알려진 서른여섯 살의 유명한 여배우 안 이폴리트 부테 살브타와 이탈리아 원정 때부터 나폴레옹의 연인이던 마드무아젤 조르주는 나폴레옹이 봄에 재등장한 것을 표현한 새로운 보나파르트 기장(제비꽃 새싹 문양)을 부착했다.

그러나 이러한 홍보 활동으로도 대다수 프랑스인에게 재앙이 다가오고 있다는 확신이 점점 강해지는 것은 막을 수 없었다. 4월, 이제까지 면제받은 기혼 남성까지 징집을 확대했다. 그달 당시 파리에 살고 있던 스물여덟 살의 급진적 작가로 훗날 영국 정부의 장관이 되는 존 캠 홉하우스는 이렇게 썼다.

"나폴레옹은 현역 병사와 몇몇 주의 주민을 제외하면 어디서나 인기가 많지 않다. 그들의 경우에도 그의 인기는 아마 상대적이었을 것이다."

홉하우스는 광적인 보나파르트파 인사였지만 그래도 생제르맹의 귀족이 나폴레옹을 증오했다고, 소상점주는 평화를 원했다고, 연대는 열정적으로 '황제 만세!'를 외쳤으나 주민에게 반향은 없었다고 인정해야 했다. 주민 사이에서는 "불평도 환호도 없었다." 황제가 말을 타고 도시를 지나갈 때 "낮게 중얼거리고 속삭이는 소리만 몇 차례 들렸을 뿐이다."[36] 4월 중순 마리 루이즈와 로마왕(선전가들이 붙여준 이름으로는 '장미와 장미 봉오리')이 빈에서 돌아오지 않을 것이 명확해지면서 파리 시민은 전쟁을 피할 수 없음을 확신했다.[37]

4월 16일 홉하우스는 튈르리궁에서 국민방위대 24개 대대를 사열하는 나폴레옹을 보았다. 국민방위대는 이제 스무 살에서 예순 살 사이의 건강한 남성을 전부 받아들였다. 부대가 2시간 동안 행진하며 지나갈 때 홉하우스는 겨우 9미터 정도 떨어진 곳에 서 있었기에 자신의 영웅을 자세히 볼 기회를 누렸다. 그가 보기에 나폴레옹은 초상화와 전혀 닮지 않았다.

> 그의 얼굴은 마치 죽은 사람처럼 창백했다. 턱은 앞으로 내밀었지만 들던 것만큼 심하게 나오지는 않았다. 입술은 얇았고 약간 비틀렸다. … 머리카락은 암갈색으로 관자놀이에 얇게 흩어졌다. 정수리는 대머리였다. … 상체는 비대하지 않았지만 복부는 상당히 튀어나왔다. 조끼 아래로 속옷이 드러날 정도였다. 그는 대개 두 손을 앞쪽에서 붙잡고 있거나 포개고 있었고 … 코를 만지작거렸으며 서너 차례 코담배를 피웠고 시계를 보았다. 그는 가슴에 통증이 있는 것 같았고 한숨을 쉬거나 침을 삼켰다. 말을 거의 하지 않았지만 말할 때는 어느 정도 유쾌하게 미소를 지었다. 그는 … 따분한 의식을 진행하는 동안 내내 조용했으나 조급함을 내비쳤다.[38]

다른 이들이 두려워 감히 나서지 못하는 가운데 몇몇 병사가 대열에서 걸어 나와 호위병에게 청원을 전달하자(프랑스혁명군 전통의 잔재) 나폴레옹은 손짓으로 청원을 받아

놓으라고만 했다. 하나는 공병 제복을 입고 가짜 수염을 붙인 여섯 살짜리 아이가 전한 것인데, 호위병은 이를 전투 도끼 위에 올려 황제에게 가져왔다. 나폴레옹은 "(그것을) 받아 기쁜 듯이 읽었다."[39)]

1815년 4월 22일 콩스탕은 부가법을 공표했고 이어 이를 국민투표에 부쳤다. 찬성 155만 2,942표 대 반대 5,740표로 앞선 국민투표의 경우와 마찬가지로 처리하는 데 필요한 수치였다(예를 들면 실수로 찬성과 반대에 다 기표한 자의 표는 찬성으로 집계했다. 총 투표율은 겨우 22퍼센트였다.[40)] 센앵페리외르주에서는 고작 찬성 1만 1,011표와 반대 34표뿐이었다. 비교하자면 1804년 국민투표에서는 6만 2,218명이 투표했다[41)]). 나폴레옹에게 날마다 보고한 라발레트는 이렇게 기록했다.

"그의 생애에서 이때보다 더 평온하게 즐거워하는 것을 본 적이 없다."

라발레트는 그 원인이 부가법 승인에 있다고 보았다. 그로써 자유주의자, 온건한 공화주의자, 자코뱅당과 이른바 '혁명적 보나파르티슴'을 지탱한 보나파르트파 사이의 정치적 구분이 흐려졌기 때문이다.[42)]

1815년 4월 말 전체적으로 자발적이던 연방파fédéré 의용군 운동이 수십만 명으로 성장했다. 이들의 목적은 바스티유 함락 당시 프랑스인이 느꼈으리라고 생각하는 국민 단합의 느낌을 되살리는 데 있었다.[43)] 연방파는 한 주에 두 차례 회의를 열었고 무력으로 부르봉 왕실에 맞서겠다는 서명과 구두 맹세를 요구했다. 나라의 대부분 지역에서 그들은 왕당파를 침묵하게 만들었다(적어도 워털루 전투까지는 그랬다. 이후 그들은 잔인하게 진압당했다).[44)] 혁명적 보나파르티슴은 보나파르트파에 맹렬하게 반대한 지역, 즉 플랑드르와 아르투아, 방데, 미디에서만 성과가 없었을 뿐 다른 곳에서는 여러 사회계급에 두루 퍼졌다. 렌에서는 중간계급이 현지 연방파 조직을 지배했고 디종의 연방파 조직은 노동자로 이뤄졌으며 루앙에서는 연방파 조직과 국민방위대를 구분하지 않았다. 연방파는 전쟁에 아무런 영향을 미치지 않았지만 이는 나폴레옹이 시골에서 폭넓게 지지를 받았음을, 그가 워털루 전투 후에도 원하기만 했다면 게릴라전을 촉발할 수도 있었음을 보여 주는 징표였다.

5월 15일 동맹국들은 프랑스에 전쟁을 공식 선포했다. 이틀 후 몰레는 엘리제궁에서 나폴레옹을 보았는데(나폴레옹은 그 한적한 정원 때문에 그곳으로 갔다) 그는 "우울하고 기가 죽었지만 그래도 평온했다." 두 사람은 나라의 분할 가능성을 두고 얘기했다.[45] 그렇지만 나폴레옹은 겉으로는 여느 때처럼 냉정함을 유지했다. 그달 늦게 튈르리궁에서 5개 전열보병 대대와 청년근위대 4개 대대를 사열할 때 나폴레옹은 척탄병들의 코를 잡아당겼고 어느 대령을 장난스럽게 철썩 때렸다. "그 장교는 맞아서 붉게 물든 볼을 보여 주며 미소를 띤 채 가버렸다."[46]

부가법은 6월 1일 샹드메Champ de Mai라는 대규모 옥외 행사에서 비준했다(혼란스럽게도 행사를 군사학교 밖의 샹드마르스 광장에서 거행했다). 티에보는 이렇게 회상했다.

"총검 6만 개 위에서 번쩍인 햇빛에 그 광대한 공간이 활기를 띠는 것 같았다."[47]

느슨하게나마 카롤루스 대제의 전통을 기반으로 한 종교적, 정치적, 군사적 성격을 뒤섞은 이 기묘한 의식 중에 나폴레옹은 대관식 때 걸친 망토와 다르지 않은 자줏빛 의상을 입고 좌정한 프랑스인 1만 5천 명과 빽빽하게 들어선 10만 명이 넘는 군중에게 연설했다.

"황제이자 통령, 군인으로서 나는 모든 것을 인민에게 빚졌다. 성공했을 때나 역경에 처했을 때, 전장에 있을 때, 계획할 때, 황제에 올랐을 때, 추방당했을 때 프랑스는 언제나 내 생각과 행동의 유일한 목적이었다. 아테네 왕처럼 나는 프랑스의 타고난 온전함과 명예, 권리를 지키겠다는 약속을 실현하는 것을 보려는 바람에서 인민을 위해 나 자신을 희생했다."[48] •

그는 계속해서 자신은 프랑스가 부당한 대접을 받는 데 대중이 분개했기에 어쩔

• 기원전 1068년 델포이의 신탁이 아테네 왕이 무사해야 도리스인의 침공이 성공하리라고 예언한 뒤, 그들에게 자신을 죽이라고 도발한 아테네 왕 코드로스를 거론한 듯하다.

수 없이 다시 권좌에 복귀했다고, 동맹국들이 프랑스와 조약을 체결했기에 장구한 평화를 기대했지만 이제 그들이 홀란트에서 군대를 양성하고 알자스로렌을 분할해 전쟁을 준비함으로써 조약을 위반하고 있다고 설명했다. 나폴레옹은 다음과 같이 연설을 끝맺었다.

"나 자신의 영광과 명예와 행복은 프랑스의 영광, 명예, 행복과 분리할 수 없다."

당연히 연설 뒤 길게 환호가 이어졌고 이어 군대와 부처의 대표자, 국민방위대가 대대적인 행진으로 그 앞을 지나갔다.[49] 제복을 입은 조신과 국무원 위원, 고위 법관, 외교단과 장교단이 참석했으며 여인들은 다이아몬드로 장식하고 참석했다. 대포 100문을 예포로 쏘고 드럼롤이 울리는 가운데 거대한 원형 경기장에 각 부의 이름을 장식한 독수리 깃발들이 휘날렸다. 황금빛 마차에 승고한 맹세와 〈테데움〉 성가, 붉은색 외투를 입은 창기병, 대주교가 주재한 제단, 화려한 옷을 입은 의전관 등 모든 것이 대단한 장관이었다.[50] 미사 중에 나폴레옹은 작은 쌍안경으로 집회를 둘러보았다. 홉하우스는 이렇게 인정할 수밖에 없었다. 황제는 "옥좌에 털썩 주저앉아 망토로 몸을 감쌌고 땅딸막해 매우 보기 흉했다."

그 이전 달에 시행한 선거에서 다수의 입헌주의자와 자유주의자, 정체를 숨긴 왕당파 인사, 과격한 공화주의자를 선출했으나 새로 선출한 상하 양원은 이틀 후 별다른 어려움 없이 황제에게 충성을 맹세했다. 하원은 즉시 의원들이 모자 속에 숨긴 메모를 읽으며 연설해도 되는지를 두고 까다로운 논쟁에 빠져들었다. 비록 오랫동안 나폴레옹의 적이던 원로원 의원 랑쥐네 백작이 의장으로 선출되고 라파예트가 하원의원이 되었지만 입법부가 곧바로 나폴레옹에게 많은 걱정을 끼칠 것 같지는 않았다. 이튿날 저녁 콩코르드 광장에서 나폴레옹이 엘바에서 배를 타고 도착하는 장면을 묘사한 거대한 불꽃놀이가 펼쳐졌다. 어느 구경꾼은 이렇게 기록했다.

"군중이 '황제 만세, 불꽃놀이여 영원하라!'라고 외쳤고 입헌군주제 지배가 시작되었다."[51]

물론 그것은 영국과 같은 입헌군주제는 아니었다. 스스로 총리가 된 나폴레옹이 모든 장관을 임명했기 때문이다. 그렇다고 1814년 이전의 아무런 제한 없는 전제정치도 아니었다. 그 체제가 자유주의적으로 발전할 가능성은 있는 듯했다.

나폴레옹은 자신의 성공과 실패는 결국 오로지 전쟁으로만 결정될 것임을 알았다. 6월 7일 나폴레옹은 베르트랑에게 자신의 망원경과 제복, 말, 마차를 준비하라고 명령했다.

"이 명령 이후 2시간 안에 떠날 수 있도록."

그리고 다음과 같이 덧붙였다.

"자주 야영을 할 테니 철제 침상과 천막을 챙기는 것이 중요하다."[52]

같은 날 나폴레옹은 드루오에게 말했다.

"오늘 아침 출발한 두 대대 병사들의 장화가 겨우 한 켤레뿐인 것을 보고 마음이 아팠다."[53]

이틀 후인 1815년 6월 9일 동맹국들은 빈 조약에 서명했다. 제1조에서 이들은 나폴레옹을 권좌에서 끌어내린다는 의사를 재확인했고 제3조에서 이 목표를 달성하기까지 싸움을 멈추지 말자고 합의했다.[54]

앞서 3월 27일 나폴레옹이 다부에게 말했다. 가장 가까운 곳의 동맹군은 플랑드르에 있고 자신은 슈바르첸베르크가 프랑스로 돌아오기를 기다릴 생각이 없으므로, "북군이 주력 부대가 될 것이다."[55] 6월 12일 월요일 오전 4시 나폴레옹은 엘리제궁을 떠나 아벤에서 북군과 합류했고 이튿날 그곳에서 네와 함께 저녁을 먹었다. 15일 정오 나폴레옹은 벨기에의 샤를루아에서 플뢰뤼스 인근에 있던 블뤼허 장군 휘하의 프로이센군과 교전할 준비를 했다. 나폴레옹은 블뤼허를 먼저 무찌른 다음 웰링턴 장군이 지휘하는 영국-네덜란드-벨기에-독일 동맹군을 공격하려 했다. 동맹군 병력은 36퍼센트가 영국군이었고 49퍼센트는 독일어가 모어인 자들이었다.

나폴레옹이 훗날 말했지만 "그는 대체로 … 벨기에에 있는 영국군에 승리를 거두는 것만으로도 … 영국 행정부에 변화를 초래할 테고 자신은 즉각 전면적인 강화를 체결할 기회를 얻을 것이라는 생각에 기댔다."[56] 또한 1814년까지 프랑스제국의 일부였던 브뤼셀을 점령했다면 사기 진작에 도움을 받았을 것이다. 전투는 위험을 감수하는 일이었지만 오스트리아와 러시아 대군이 다시 파리를 타격하도록 준비하는 것을 기다리는 것만큼 위험한 일은 아니었다. 비록 오스트리아군은 여러 주 동안, 러시아군은 여러 달 동안 전투 현장에 나타나지 않았지만 프랑스 병사 28만 명은 유럽 전역에서 동맹군 약 80만 명과 맞섰다. 6월 14일 나폴레옹은 아벤에서 군대를 향해 말했다.

"만약 저들이 프랑스 땅에 발을 들이면 그곳이 그들의 무덤이 될 것이다. … 용기를 간직한 모든 프랑스인이 승리하거나 사멸할 때가 왔다!"[57]

전투 첫 국면에 나폴레옹은 그 이전 해에 보여 준 전략 능력을 최고조로 끌어올렸다. 프랑스군은 처음에 동맹군보다 더 넓게 폭 280킬로미터 정도에 깊이 약 160킬로미터의 땅에 흩어져 있었지만, 나폴레옹은 이를 이용해 서쪽으로 공격하는 척하면서 고전적인 방진 방식으로 중앙에 전력을 집중하려 했다. 6월 6일에서 15일 사이 북군 12만 5천 명 규모가 마르시엔과 샤를루아, 샤틀레에서 강을 건넜다. 동맹군은 주목할 만하게 대응하지 않았다. 4월 5일 빈에서 서둘러 도착한 웰링턴은 폭 100킬로미터 정도의 전선을 따라 부대를 길게 배치할 수밖에 없었다. 브뤼셀과 안트베르펀, 헨트로 이어지는 길을 동시에 지켜야 했기 때문이다. 6월 15일 저녁 웰링턴은 좌절하며 이 정도까지 인정했다.

"맙소사, 나폴레옹에게 속았군."[58]

나폴레옹은 속도와 전술 능력 덕분에 한 번 더 적군 부대들 사이의 요충지를 타격할 수 있었다. 거의 20년간 해 온 일이다. 군대 절반이 신병으로 이뤄졌기에 그의 기동은 더욱 놀라웠다. 에스파냐와 러시아, 오스트리아의 전쟁포로 수용소에서 고

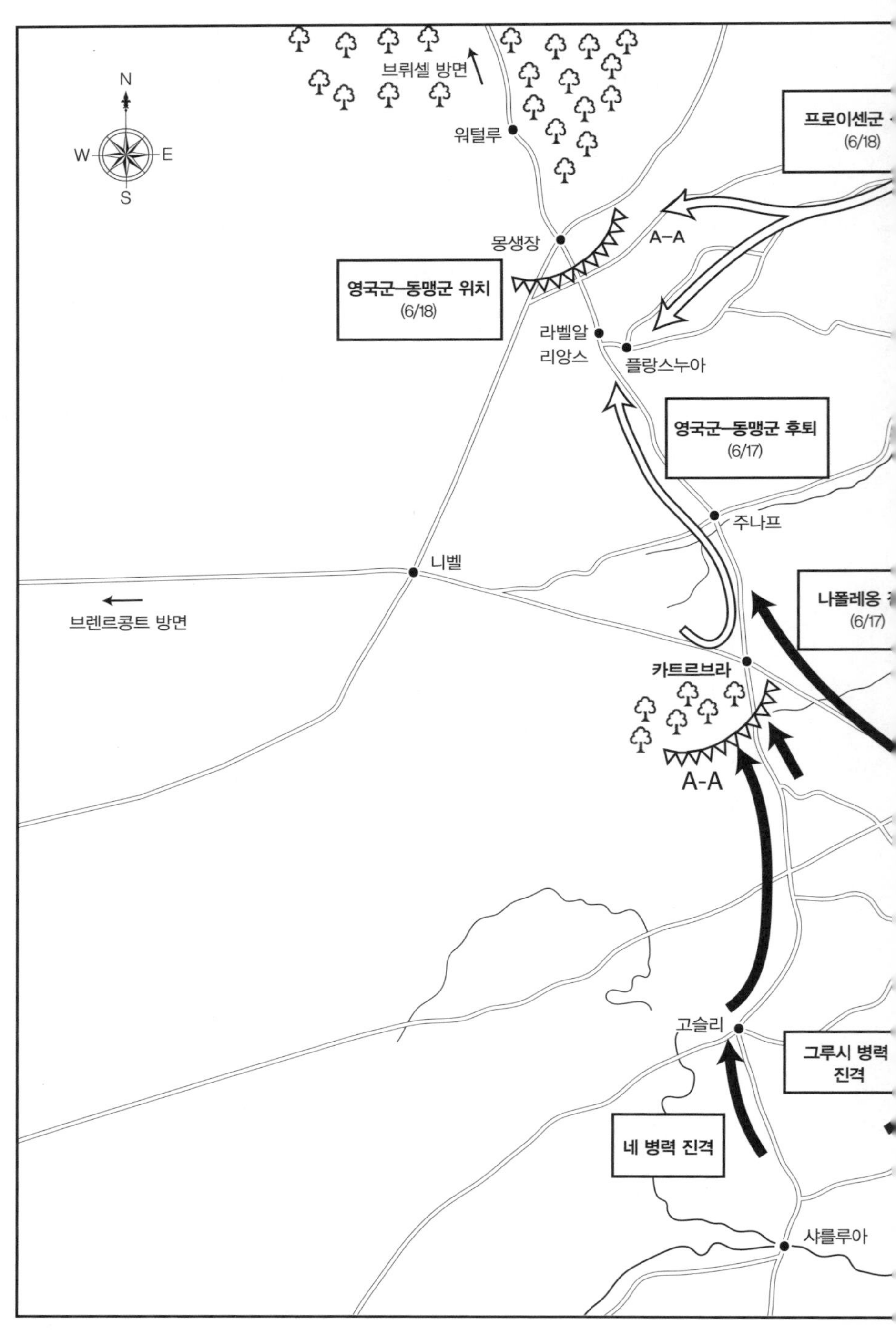
N
W
E
S
브뤼셀 방면
워털루
프로이센군
(6/18)
몽생장
A-A
영국군-동맹군 위치
(6/18)
라벨알
리앙스
플랑스누아
영국군-동맹군 후퇴
(6/17)
주나프
니벨
브렌르콩트 방면
나폴레옹
(6/17)
카트르브라
A-A
고슬리
그루시 병력
진격
네 병력 진격
샤를루아

워털루 전역

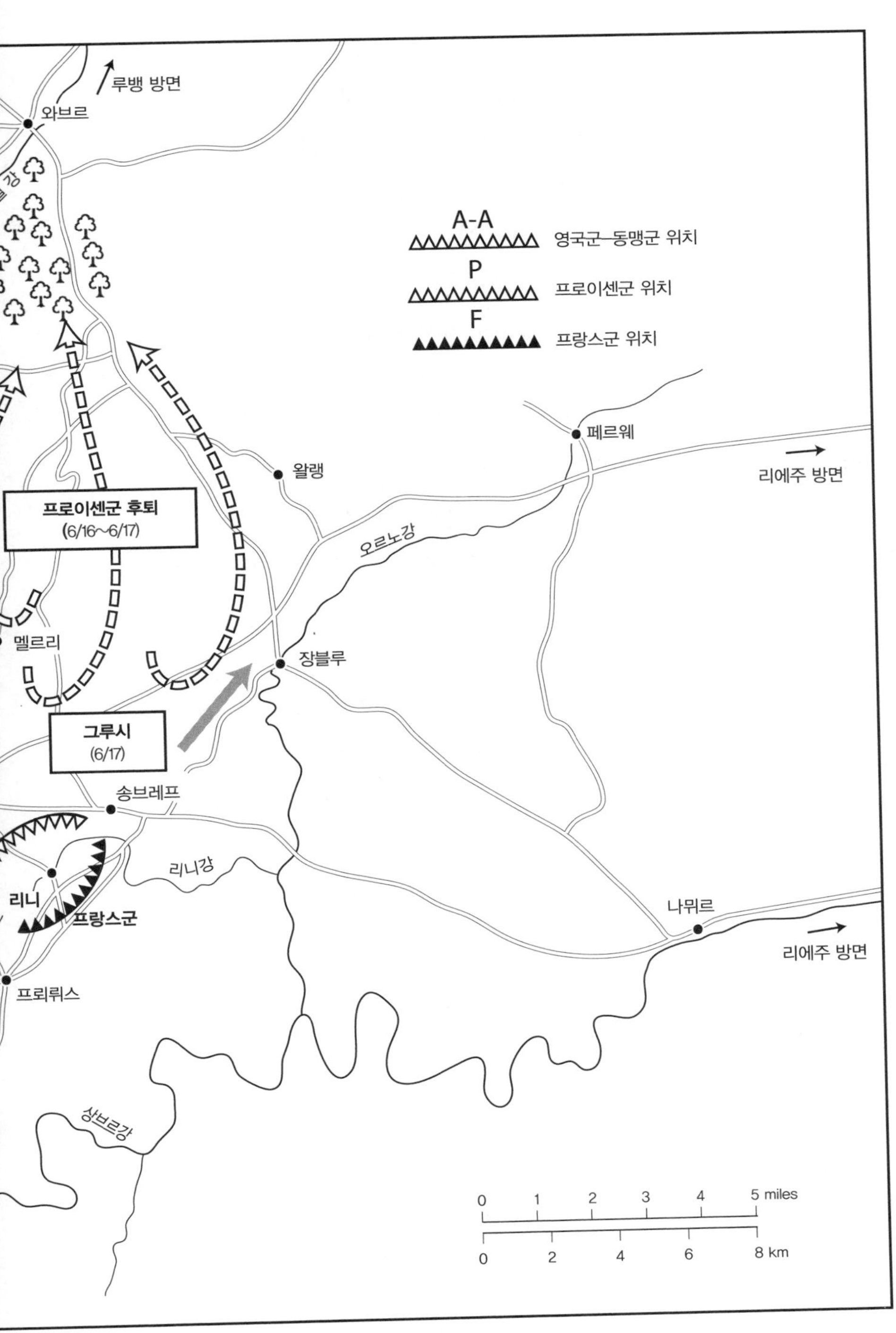
루뱅 방면
와브르
딜 강
A-A
영국군-동맹군 위치
P
프로이센군 위치
F
프랑스군 위치
페르웨
리에주 방면
왈랭
프로이센군 후퇴
(6/16~6/17)
오르노강
멜르리
장블루
그루시
(6/17)
송브레프
리니강
리니
프랑스군
나뮈르
리에주 방면
프뢰뤼스
상브르강
0 1 2 3 4 5 miles
0 2 4 6 8 km

참병들이 석방되긴 했지만 초기의 열정적인 쇄도가 끝난 뒤 군대에 합류한 자는 고작 자원병 1만 5천 명뿐이라 징집으로 균형을 맞췄다. 부대의 사기는 위태로웠다. 특히 과거에 올빼미당 지도자였던 부르몽 장군과 그의 참모진이 15일 아침 동맹군으로 이탈한 뒤 더욱 불안정해졌다.[59] 일부 병사는 도대체 왜 술트와 네, 켈레르만, 부르몽처럼 부르봉 왕실에 충성을 맹세한 장군들의 복귀를 허용했는지 물었다. 이들이 이렇게 묻는 것은 당연했다. 사기가 낮으니 규율이 엉망이었다. 근위대는 벨기에에서 마음대로 약탈하며 돌아다녔고 이를 막으라고 파견한 근위기병들을 조롱했다.[60] 장비도 부족했다. 제14경보병 연대는 샤코 모자가 없었고 제11흉갑기병 연대는 흉갑이 없었다(6월 3일 나폴레옹은 다부에게 "흉갑은 전쟁에 필요하지 않다"고 말했다). 프로이센군은 나폴레옹이 3월 13일 리옹에서 재조직한 프랑스 근위대의 몇몇 대대가 무시무시한 곰 가죽 모자가 아니라 가지각색의 작업모와 이각모를 뒤집어써서 마치 의용대처럼 보였다고 보고했다. 부르봉 왕실이 해체한 중견근위대는 그 이전 달에야 다시 소집했다.

6월 16일 나폴레옹은 군대를 셋으로 나눴다. 네가 3개 군단으로 좌익을 맡아 카트르브라 교차로를 장악해 적군의 두 군대가 합류하지 못하게 막기로 했고(브뤼셀에서 샤를루아까지 북남으로 이어지는 간선도로, 나뮈르와 니벨을 동서로 이어 블뤼허와 웰링턴을 연결하는 주된 측선이 카트르브라에서 교차한다), 그루시는 자신의 군단으로 우익을 맡았으며, 나폴레옹은 근위대와 다른 1개 군단을 중앙에 포진했다.[61] 그날 늦게 네가 카트르브라에서 오라녀 공, 웰링턴과 연이어 교전했을 때 나폴레옹과 그루시는 리니에서 블뤼허를 공격했다. 나폴레옹이 제라르에게 말했다.

"그대는 저 교회 뾰족탑으로 가서 할 수 있는 만큼 프로이센군을 몰아붙여야 한다. 내가 지원하겠다. 그루시에게는 명령을 전했다."[62]

임무를 구체적으로 적시한 이 명령은 대충 내려진 것처럼 보이지만 제라르처럼 경험 많은 장군은 자신이 무엇을 해야 할지 알았다. 동시에 나폴레옹은 데를롱 장군이 지휘하는 군단에 리니에서 프로이센군의 노출된 우측을 공격하라고 명령했다. 데를롱 군단은 카트르브라로 오던 중 술트의 명령에 따라 네의 부대에서 일찌감치 떨어져 나왔다.

데를롱이 예정대로 도착했다면 나폴레옹이 리니에서 거둔 눈부신 승리는 적군의 파멸적 패주로 이어졌겠지만, 데를롱은 막 교전에 들어갈 즈음 네에게 카트르브라에 그가 필요하다는 긴급한 연락을 받고 그 전장으로 되돌아갔다.[63] 데를롱이 카트르브라에 도달하기 전 술트는 다시 리니로 돌아가라고 명령했다. 그래서 그는 그곳 전투에 기여하지도 못한 채 지친 군단을 이끌고 리니로 갔지만 그곳 전투에 참여하기에도 너무 늦었다. 네와 술트, 데를롱 사이에 이런 혼선이 발생하는 바람에 나폴레옹은 리니에서 결정적 승리를 얻을 기회를 빼앗겼다. 리니 전투에서 블뤼허 군대 사상자는 1만 7천 명이었고 나폴레옹 군대 사상자는 1만 1천 명이었으며 프로이센군은 해질녘 전장에서 밀려났다.[64] 반면 네는 4천 명 이상의 병력을 잃고 카트르브라 점령에 실패했다.

1796년 나폴레옹은 피에몬테 사절에게 말했다.

“나도 전투에서 패배할 때가 있다. 그러나 자만심에서든 나태함에서든 내가 시간을 잃는 것은 누구도 보지 못할 것이다.”[65]

프로이센군이 병참선을 따라 동쪽 리에주로 퇴각하는 것처럼 보이는 상황에서 나폴레옹은 6월 17일 토요일 동이 트자마자 웰링턴 군대를 공격할 수도 있었다. 하지만 나폴레옹은 오전 8시에야 일어나 이후 5시간을 허비했다. 그는 파리에서 온 보고서를 읽었고, 리니의 전장을 둘러보았고, 부상자 치료에 관해 지시를 내렸고, 포로가 된 프로이센군 장교들과 그들 나라의 외교정책을 이야기했고, 장군들과 다양한 정치 주제를 놓고 “늘 그랬듯 편안하게” 이야기했다.[66] 정오가 되어서야 나폴레옹은 그루시에게 병력 3만 3천 명과 대포 96문의 대규모 군대를 보내 프로이센군을 추격하게 했다. 그 결과 그의 군대는 나폴레옹이 웰링턴과 큰 전투를 벌이리라고 예상한 날의 하루 전에 한곳에 집결하는 대신 나뉘었다.[67] 나폴레옹은 다음과 같이 말했다.

"이제 그루시는 프로이센군을 추격하라. 그들이 몸으로 차가운 강철 맛을 보게 하라. 그렇지만 내가 좌측에 있을 테니 반드시 연락을 유지하라."[68]

그런데 나폴레옹은 그루시를 내보내면서 자신의 군사 좌우명 하나를 무시했다. "전투 전날 병력을 떼어 내 파견해서는 안 된다. 적군 퇴각으로든 공세를 재개할 대규모 증원군 도착으로든 밤중에 사정이 바뀌어 앞선 병력 배치가 재난을 초래할 수도 있기 때문이다."[69]

나폴레옹은 리니를 찾아 프로이센군의 전투 서열과 적군의 어느 부대가 가장 심한 타격을 입었는지 알아냈겠지만 이런 정보는 결코 프로이센군 탈출과 맞바꿀 만한 것이 아니었다. 나폴레옹이 그루시를 16일이나 17일 아주 이른 시간에 보냈다면 그들은 탈출할 수 없었을지도 모른다. 술트의 명령에 따라 나뮈르 쪽으로 정찰을 나간 파졸은 대포 몇 문을 노획하고 포로 몇 명을 잡았는데, 이에 나폴레옹의 생각은 프로이센군이 대부분 병참선을 따라 지리멸렬하게 퇴각하고 있다는 쪽으로 더 기울었다.[70] 나폴레옹이 그날 이후 연이어 내놓은 여러 견해를 보면 그는 프로이센군이 리니에서 심하게 깨져 더는 전투에서 의미 있는 역할을 할 수 없으리라고 판단했던 것 같다. 따라서 북쪽으로 더 정찰을 내보내는 일은 없었다.

프로이센군은 그루시보다 15시간 앞서 움직였고 그루시는 그들이 어느 방향으로 갔는지 몰랐다. 블뤼허는 전투 중에 뇌진탕에 빠졌고 그의 참모장 아우구스트 폰 그나이제나우는 웰링턴 군대에서 멀어지지 않으려고 동쪽이 아니라 북쪽으로 퇴각하라고 명령했다. 직관에 반하는 이 조치는 나중에 웰링턴에게 19세기의 가장 중요한 결정이라는 평가를 받는다. 나폴레옹은 이후 5년 동안 마음속으로 그 전투를 몇 차례 곱씹으며 패배 요인을 여럿 꼽았는데 프로이센군을 막는 임무를 더 정력적인 방담이나 쉬셰에게 맡겨야 했다고, 아니면 파졸에게 사단 하나만 주어 맡겨야 했다고 인정했다. 나폴레옹은 후회하듯 이런 결론을 내렸다. 그리고 "나머지 병력은 전부 내가 데려가야 했다."[71)]

6월 17일 시간이 지난 뒤에야 나폴레옹은 여유로운 속도로 카트르브라를 향해 출발했고 오후 1시에 도착해 네와 합류했다. 그때쯤 웰링턴은 리니에서 무슨 일이 있었는지 알게 되었고 폭우가 쏟아지는 가운데 신중하게 북쪽으로 퇴각했다. 몽생장 능선에 진을 칠 시간은 충분했다. 몽생장 능선은 그가 사령부를 설치한 워털루 마을에서 남쪽으로 몇 마일 떨어진 곳에 있었다. 웰링턴은 미리 이 지역을 정찰했기에 그곳이 전장으로서 갖춘 많은 방어 이점을 벌써 포착했다. 폭은 약 4.8킬로미터에 불과했고 '보이지 않는' 땅이 많았으며 능선 전방에 우구몽과 라에생트라고 부르는 커다란 돌집 농가가 두 채 있었다. 나폴레옹의 좌우명에는 이런 것이 있다.

"적군이 원하는 것을 해 주지 말라는 것은 널리 알려진 전쟁 좌우명이다. 이유는 단 하나다. 적이 그것을 원하기 때문이다. 따라서 적이 미리 조사하고 정찰한 싸움터는 피해야 한다."[72)]

보로디노에서 근위대를 투입하지 않은 것, 모스크바와 라이프치히에서 너무 멀리 떨어져 있었던 것, 라이프치히와 워털루에서 군대를 나눈 것, 마지막으로 적이 선택한 땅에서 결정적인 전투를 벌인 것은 모두 나폴레옹이 자신의 군사 좌우명을 지키지 않아 초래한 결과였다.

6월 17일 나폴레옹은 시간을 내 리니에서 두드러진 활약을 보여 준 대대를 찾아 격려했고 그러지 못한 대대는 질책했다. 나폴레옹은 근위대에서 복무한 제22전열보병 연대의 오도아르 대령을 알아보고는 관병식에 나온 병사가 몇 명인지(1,830명), 전날 희생자가 몇 명이었는지(220명), 프로이센군이 버려두고 간 머스킷총을 어떻게 했는지 물었다.[73)] 오도아르가 그것들을 망가뜨렸다고 하자 나폴레옹은 국민방위대에 필요하다며 한 정에 3프랑을 쳐줄 테니 모아오라고 했다. 그 밖에 17일 아침의 특징이라면 전혀 익숙하지 않은 무력감이었다.

전투가 끝나고 몇십 년이 지났을 때, 제롬과 라레는 나폴레옹의 무기력이 리니 전투 후 치질로 고생한 뒤끝이라고 주장했다.[74] 1807년 5월 나폴레옹은 제롬에게 보낸 편지에 다음과 같이 썼다.

"동생아, 듣자니 치질로 고생한다며. 치핵을 없애는 간단한 방법은 거머리를 서너 마리 붙여 놓는 것이다. 나도 10년 전 이 치료법을 쓴 뒤 다시는 아프지 않았다."[75]

실제로는 고통을 당했다는 얘기가 아닌가? 워털루 전투 중 거의 말에 올라타지 않은 이유(오후 3시 대포대를 찾았을 때, 오후 6시 전선을 시찰할 때 두 번뿐이었다)가, 짧은 시간 동안 전선 배후로 137미터 가량 떨어진 로솜의 농가로 두 번 물러갔던 이유가, 여기에 있을지도 모른다.[76] 나폴레옹은 아침에 르카이유에서 자신을 안장 위에 너무 거칠게 밀어 올렸다고 시동 귀댕에게 욕설을 퍼붓고는 나중에 사과했다.

"누군가를 도와 말에 올라타게 할 때는 최대한 조심스럽게 해야 한다."[77]

워털루에서 술트의 참모부에 있던 오귀스트 페티에 장군은 이렇게 회상했다.

> 그의 올챙이배는 마흔다섯 살 남자치고는 지나치게 튀어나왔다. 그리고 이 전투 중에 그가 지난 시절보다 말에 올라탄 시간이 훨씬 적었다는 사실은 주목할 만했다. 나폴레옹이 지도를 보기 위해서든 메시지를 전달하고 보고를 받기 위해서든 말에서 내렸을 때, 참모진은 그의 앞에 소나무로 만든 작은 탁자와 같은 목재의 조야한 의자를 내놓았다. 나폴레옹은 한 번 의자에 앉으면 오랜 시간 일어나지 않았다.[78]

역사가들은 방광염도 진단했지만 나폴레옹의 하인 마르샹은 그의 주인이 이 시기에 방광염을 앓았다는 것을 부인했으며 또한 기면발작도 설득력 있는 증거는 없다. 나폴레옹의 가까운 부관 플라오는 다음과 같이 회상했다.

"황제는 병사들의 지도자로서 생애 중 그 순간보다 더 큰 에너지와 권위, 능력을 보여 준 적이 없다."[79)]

1815년 나폴레옹은 마흔여섯 살을 거의 채웠고 과체중이었으며 20대 중반의 거친 에너지는 사라졌다. 6월 18일 나폴레옹이 지난 엿새 동안 제대로 밤잠을 잔 것은 하루뿐이었다. 나폴레옹의 무기력에 관한 플라오의 설명은 단순했다.

"격전을 벌였고 전날 심한 행군을 한 우리 군대가 다시 새벽에 출발하기를 기대할 수는 없었다."[80)]

앞선 해에는 그런 요인도 나폴레옹이 닷새 동안 네 차례 전투를 벌이는 것을 막지 못했다.

나폴레옹이 6월 18일에 내린 여러 결정이 판단 착오와 정보 잘못이 아니라 그의 몸 상태 때문이라는 신빙성 있는 증거는 사실상 없다. 이듬해 나폴레옹은 자신을 억류한 자들 중 한 사람에게 말했다.

"전쟁에서 승리는 언제나 실수를 가장 적게 저지르는 자에게 간다."[81)]

워털루 전투에서는 웰링턴이 바로 그 사람이었다. 웰링턴은 나폴레옹의 전술과 이력을 연구했고 부대를 정밀하게 배치했으며 전장 구석구석을 빼놓지 않고 누볐다. 반면 나폴레옹과 술트, 네가 수행한 전투는 나폴레옹 전쟁 중 지휘가 최악인 전투였다. 나폴레옹이 워털루 전투 이전에 맞서 싸운 최고의 군인이 카를 대공이었고 그는 웰링턴 정도의 전술 대가에는 대비하지 못했다. 더구나 웰링턴은 단 한 번도 패하지 않은 관록의 인물이었다.

17일 나폴레옹은 카트르브라에서 데를롱을 만나 말했다.

"장군, 그대는 프랑스의 대의에 일격을 가했소."

데를롱 자신은 이렇게 기억했다.

"프랑스는 패했다. 장군, 기병대 선두에 서서 최대한 강력하게 영국군 후위를 압박하라."[82)]

그날 저녁 나폴레옹은 데를롱이 회고록에서 주장했듯 기병 돌격에 참여하지 않았지만, 폭우에 전진이 더뎌진 영국군 기병대 후위와 몽생장 능선을 향해 북으로 돌진한 프랑스군 선봉대 사이의 전투를 가까이서 보았던 것 같다.[83] 나폴레옹은 영국군 제7경기병 연대의 부상당한 대위 엘핀스톤을 위해 멈춰 서서 주머니 술병을 꺼내 그에게 포도주를 마시게 했고 군의에게 돌보게 했다.[84] 나폴레옹은 영국 정부는 몹시 싫어했지만 개별 영국인에게는 더할 나위 없이 친절했다.

오후 7시경 나폴레옹은 데를롱의 강력한 설득에 따라 영국군-동맹군의 후위 공격 명령을 철회하며 말했다.

"병사들에게 수프를 만들어 먹이고 무기를 잘 정돈하게 하라. 한낮이 되면 무슨 일이 생길지 두고 보자."[85]

그날 밤 나폴레옹은 전초를 둘러보며 병사들에게 잘 쉬라고 말했다.

"영국군이 내일도 이곳에 머문다면 내 먹잇감이 될 것이다."[86]

나폴레옹은 그날 밤 르카이유 농가를 사령부로 선택하고 1층에 야전 침대를 놓고 잠을 잤으며, 술트는 위층에서 밀짚을 깔고 잤다(나폴레옹은 보고를 받아야 한다는 것을 알았기에 후방으로 약 4.8킬로미터 떨어진 주나프로 가기를 원치 않았다). 코르비노와 라베두아예르, 플라오, 그 밖에 다른 부관들은 비가 내리는 가운데 말을 타고 여러 군단을 오가며 어느 진지에서 어떻게 전개했는지 기록했다.

나폴레옹의 프랑스인 경호원 '맘루크 알리'는 나폴레옹이 방을 준비할 때까지 밀짚 단 위에 누워 있었다고 회상했다.

"그는 자리를 잡고 … 장화를 벗기게 했다. 장화가 하루 종일 젖어 있어서 우리는 벗기는 데 애를 먹었다. 그는 옷을 벗고 침상에 들었지만 거의 잠들지 못했다. 누구는 보고하러, 누구는 명령을 받으러 오는 등 1분이 멀다 하고 사람들이 들락거려 방해를 받았다."[87]

그는 몸이 마르기는 했다. 제1척탄보병 연대의 이폴리트 드 모뒤 중사는 이렇게 회상했다.

"수많은 병사가 신발을 잃어버리고 맨발로 숙영지에 도착했다."88)

나폴레옹이 신발에 집착한 것이 그때보다 더 정당했던 적은 없었다.

훗날 나폴레옹은 라스 카즈에게 그날 밤 1시 웰링턴 군대가 아직도 그곳에 있는지 확인하러 베르트랑과 함께 정찰을 나갔다고 말했다. (비록 확증은 없지만) 확인했을지도 모른다. 나폴레옹은 밤 2시 잠에서 깨 그루시에게 온 전갈을 받았다. 4시간 전에 작성한 전갈에서 그루시는 와브르 인근에서 프로이센군과 부딪쳤다고 보고했다. 그루시는 그들이 프로이센군 주력 부대일 것이라고 생각했지만 실제로 그들은 브뤼허 부대의 후위였을 뿐이다. 나폴레옹은 그때쯤이면 웰링턴이 그날 오전 늦게 몽생장을 지키리라는 것을 알았음에도 다시 10시간 동안 응답하지 않았다. 그루시를 즉각 전장으로 데려와 웰링턴의 좌측을 공격하게 하지 않은 것은 엄청난 실수였다.

이듬해 나폴레옹은 구르고 장군에게 말했다.

"아! 6월 17일의 비가 워털루의 패배와 생각보다 더 많은 관련이 있었나 보다. 그토록 지쳐 있지 않았다면 밤새 말에 올라타 지켜보았을 텐데. 아주 하찮아 보이는 사건들이 간혹 중대한 결과를 낳기도 한다."89)

나폴레옹은 에크뮐 전투의 경우 전장을 철저하게 정찰한 것이 승리로 이어졌다고 확신했다. 그런데 그때 내린 폭우의 진정한 의미는 포대 사령관 드루오 장군이 이튿날 전투를 시작하기 전에 땅이 마르기를 기다려야 한다고 제안한 데 있었다. 그래야 대포를 더 쉽게 적절한 장소에 배치할 수 있고 포탄을 발사하면 더 멀리 튈 것이었기 때문이다. 드루오는 이 조언을 일생 동안 후회한다. 그루시를 피한 블뤼허가 바로 그날 오후면 적어도 프로이센군 3개 군단을 이끌고 전장에 도착한다는, 즉 같은 날 아침 웰링턴에게 한 약속을 다시 실행한다는 사실을 그도 황제도 몰랐던 탓이다. 웰링턴은 그 일이 일어나리라는 것을 이해한 후에야 그곳에서 싸우기로 결정했다.

나폴레옹이 6월 18일 일요일 11시 이후가 아니라 일출 시각인 새벽 3시 48분 공격을 시작했다면, 그는 뷜로 군단이 자신의 우측을 공격하기 전 웰링턴의 전열을 깨뜨릴 시간을 7시간 이상 얻었을 것이다.[90] * 나폴레옹은 네에게 "전투가 있을 것이니 정확히 9시에 모두 준비를 마치도록" 병사들을 잘 먹이고 군장을 잘 점검하라고 명령했지만 전투 시작까지는 추가로 2시간이 더 지나야 했다.[91] 그때 나폴레옹은 르카이유의 침실 옆에 있는 식당에서 고위 장교들과 아침식사를 겸한 회의를 열었다. 술트와 레유, 푸아처럼 에스파냐에서 웰링턴과 싸웠던 여러 장군이 영국군 보병부대를 손쉽게 돌파할 수 있다고 생각하지 말아야 한다고 하자 나폴레옹이 대답했다.

"그대들은 웰링턴에게 패했기 때문에 그를 훌륭한 장군으로 여긴다. 나는 말하겠다. 그는 형편없는 장군이고 영국군은 좋은 군대가 아니다. 그들은 점심거리밖에 안 된다!"

명백히 확신이 없던 술트는 이렇게 말할 수밖에 없었다.

"그렇기를 바랍니다!"[92]

일견 오만해 보이는 이 발언은 그가 웰링턴과 영국인에 관해 종종 밝힌 실제 견해와 완전히 모순적이다. 그저 격전을 불과 몇 시간 앞두고 있던 때 부관들을 격려할 필요가 있었기에 나온 말로 보아야 한다.

조찬 회의에서 제롬은 나폴레옹에게 웰링턴이 6월 16일 저녁을 먹은 주나프의 여인숙 '에스파냐의 왕'에서 일하는 웨이터가 어느 부관이 몽생장 바로 뒤편에 있는 수아뉴 숲 앞에서 프로이센군이 자신들과 합류할 것이라고 말하는 것을 들었다고 전했다. 나폴레옹은 이 (지극히 정확한) 정보에 이렇게 대답했다.

* 나폴레옹은 제1통령이 된 직후 기구 운용 부대aérostatier를 해체하기로 결정했는데 이는 재앙으로 드러났다. 워털루에서 그 부대를 이용했다면 프로이센군이 오고 있다는 사실을 3시간 더 일찍 알았을 것이기 때문이다(ed. Chandler, *Military Maxims* pp.19-20).

"프로이센군과 영국군은 플뢰뤼스(즉, 리니) 전투 같은 싸움이 끝난 지 이틀 만에, 더욱이 상당 규모의 부대에 추격당하고 있음을 감안하면 다시 합류할 수 없을 것이다."

그리고 다음과 같이 덧붙였다.

"다가올 전투는 프랑스를 구하고 온 세계 연보에서 높이 기려질 것이다. 나는 대포를 발사하고 기병대를 돌격시켜 적군이 그 위치를 드러낼 수밖에 없도록 만든 뒤 영국군이 어느 곳에 있다는 확신이 들면 선임근위대를 이끌고 곧장 그곳으로 돌진할 계획이다."[93]

나폴레옹이 지나치게 말이 많은 부관과의 대화에서 웨이터의 전언을 토대로 전체 전략을 변경하지 않았다고 해서 그를 탓할 수는 없겠으나, 그가 채택하려 한 전술 설명은 정교함이 전적으로 부족했음을 드러낸다. 웰링턴은 프랑스군 좌익이 측면을 넓게 우회해 기동할 것이라고 예상했지만(실제로 할러Halle에 병력 1만 7천5백 명을 배치해 대비했다) 나폴레옹의 계획은 그가 아일라우나 보로디노, 랑에서 쓴 전술보다 더 상상력이 뛰어나지 않은 것으로 드러났다.

전령인 자르댕 에네의 회상에 따르면 나폴레옹은 "2분의 1리그(약 2.4킬로미터) 앞 영국군의 기동을 식별할 수 있는 언덕에 앉을 자리를 마련하고자" 오전 9시 30분 르카이유를 떠났다. "그곳에서 말에서 내려 쌍안경으로 적군 전열의 모든 움직임을 놓치지 않으려 애썼다."[94] 나폴레옹은 라벨알리앙스 여인숙 인근의 작은 언덕을 선택해 탁자 위에 지도를 펼쳤다. 말은 안장을 채워 놓은 채 가까이에 두었다.[95] 푸아는 다음과 같이 회상했다.

"망원경으로 그가 회색 외투를 입고 아래위로 걸어 다니고 지도가 펼쳐진 작은 탁자 위로 자주 몸을 숙이는 것을 보았다."[96]

밤에 내리던 비는 그쳤고 구름이 끼었지만 건조한 날이었다. 술트는 일찍 공격하자고 제안했지만 나폴레옹은 "기다려야 한다"고, 대포대가 더 쉽게 진흙땅을 뚫고 오려면 확실히 그래야 한다고 대답했다. 튀렌 대령과 몽티옹은 나폴레옹이 전투를 시작하기 2시간 전부터 피로를 드러냈다고 회상했다. 황제는 "오랫동안 탁자 앞에 앉아 있었고 … 그들은 그의 머리가 졸음을 이기지 못해 무거운 눈꺼풀 앞에 펼쳐진 지도 위로 빈번히 기우는 것을 보았다."[97)]

나폴레옹은 정오와 오후 1시에 다시 그루시에게 서한을 보내 즉시 자신에게 합류하라고 명령했지만 이미 늦었다[98)](그가 보낸 전갈 중 하나는 오후 6시에야 그루시에게 전달되었다). 훗날 나폴레옹은 그루시에게 더 일찍 돌아오라고 명령했다고 주장했으나 그런 명령은 없었고 그루시도 이를 거세게 부인했다.[99)] 뱅센의 육군부 기록보관소에 있는 두둑한 문서 파일은 어쨌거나 그루시가 오전 늦게 대포대가 포격을 시작했을 때 와브르 방면으로 계속 전진해 프로이센군 후위와 교전해야 했는지 아니면 나폴레옹의 직접 명령이 없었어도 포격 소리가 나는 쪽으로 전진했어야 했는지를 두고 그루시와 제라르 사이에 논쟁이 있었음을 증언한다.[100)]

반도 전쟁에서 웰링턴은 1808년 비메이루 전투와 1809년 탈라베라 전투, 1810년 부사쿠 전투를 포함해 여러 차례 방어 전투를 치렀고 진지를 지킬 수 있다고 확신했다. 강인하고 근엄한 잉글랜드계 아일랜드인 귀족이자 엄격하고 완고한 토리당원인 웰링턴은 나폴레옹을 '전장에서는 당대 최고의 인물'이라고 칭찬했지만 그 밖에 다른 점에서는 그를 정치적으로 갑자기 출세한 자로 경멸했다. 워털루 전투 후 웰링턴은 말했다.

"그의 정책은 단순한 괴롭힘에 불과하며 군사 문제를 제외하면 그는 조너선 와일드 같은 사람일 뿐이다."(조너선 와일드는 1725년 타이번에서 교수형에 처해진 악명 높은 범죄자다.)[101)]

웰링턴이 고른 땅을 보면 우측은 우구몽으로, 좌측은 숲으로 보호를 받았고 중앙은 요새 같은 라에생트 배후로 몇백 미터 떨어진 곳의 움푹 내려간 측선 도로에 자리를 잡았다. 이에 나폴레옹이 전술적으로 선택할 수 있는 방안은 크게 제한을 받왔다.* 그러나 배후에 수아뉴 숲이 있었기에 웰링턴이 그 땅을 선택한 것은 엄청난 모험이었다. 만약 나폴레옹이 도로에서 그를 밀어냈다면 질서 있는 퇴각은 불가능했을 것이다.

오전 11시경 제롬 사단이, 뒤이어 푸아 사단이 양동 작전으로 우구몽을 공격하도록 레유 군단의 대포가 불을 뿜으면서 워털루 전투가 시작되었다. 농가 공격은 실패했고 시간이 지나면서 프랑스군 병사들을 점점 더 많이 빨아들였다. 이유가 무엇인지 명확하지 않지만 그들은 기마포대로 농가 정문을 타격하려 하지 않았다. 웰링턴은 낮 동안 그곳을 보강했고 우구몽은 라에생트와 마찬가지로 프랑스군 진격을 방해하고 빨아들인 귀중한 방파제 역할을 했다. 제롬은 용맹하게 싸웠는데 그의 사단이 2개 대대로 줄어들었을 때 나폴레옹이 그를 불러 말했다.

"동생아, 네 진면목을 너무 늦게 알아본 것이 후회스럽다."[102]

훗날 제롬은 이 말이 "그의 가슴속에 억눌린 많은 고통"을 가라앉히며 위안을 주었다고 회상했다.

오후 1시 나폴레옹 대포대의 83문에 달하는 대포가 초기에 퍼부은 포격은 웰링턴 전열에 큰 피해를 가해야 했으나 그러지 못했다. 웰링턴이 병사들에게 능선 마루 뒤에 바짝 엎드리라고 명령했기 때문이다. 오후 1시 30분 나폴레옹은 보병들을 내보내 공격을 본격 개시했다. 데를롱 군단이 가슴 높이까지 자란 호밀 진흙 밭을 거쳐 왼편으로 라에생트를 지나 웰링턴의 중앙 좌측으로 돌진했다. 아우스터리츠에서 오스트리아-러시아 군대에 했듯 웰링턴 전열의 양 측면을 강타해 포위하려 한 것이다. 그곳은 웰링턴 진지의 가장 약한 지점으로 올바른 공격 지점이었지만 실행에 잘못이 많았다.

* 웰링턴 전열의 윤곽선은 오늘날 식별하기가 거의 불가능하다. 전투가 끝난 후 그 위에 인위적으로 약 42미터 높이의 사자 언덕Lion Mound을 세웠기 때문이다.

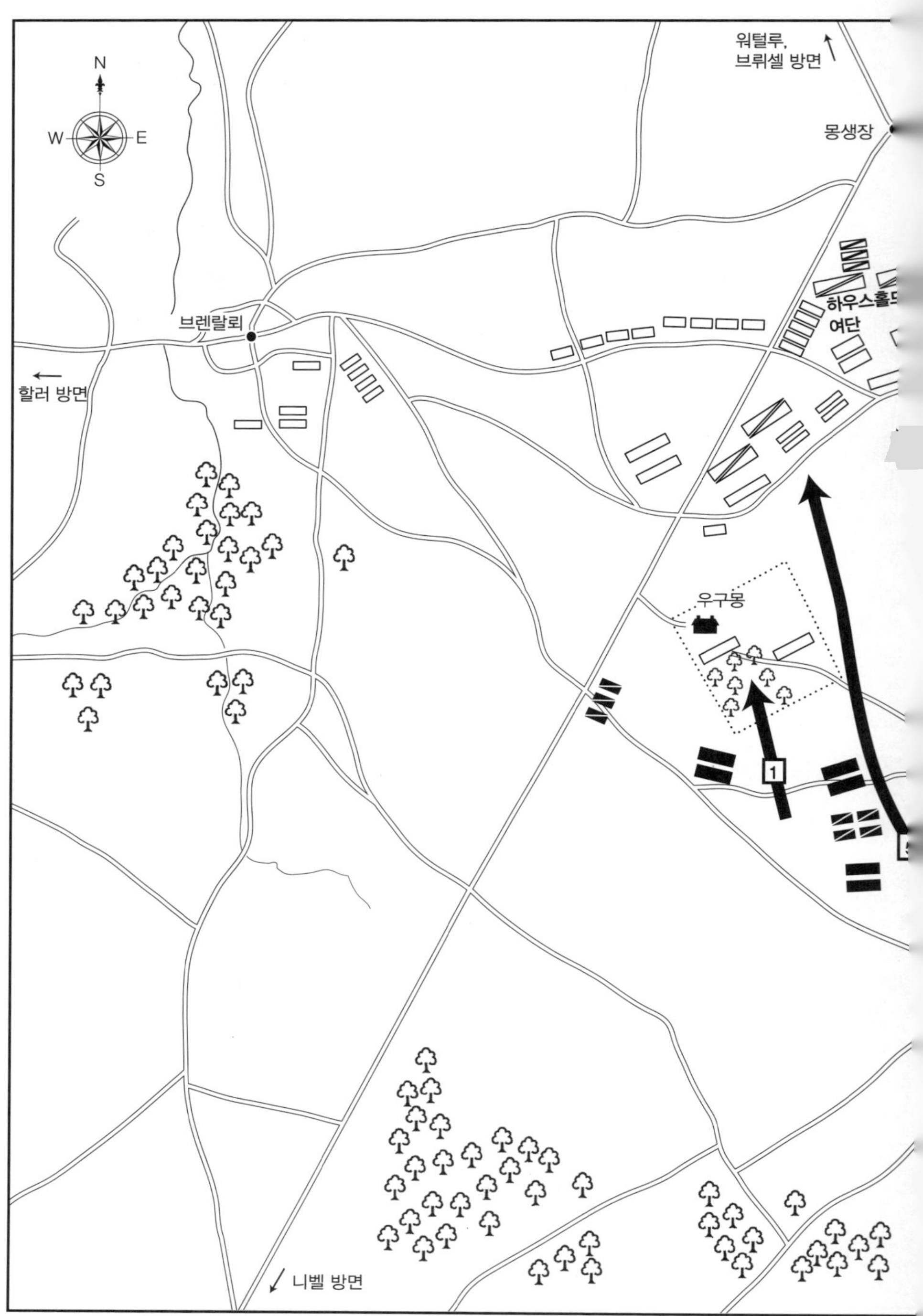

워털루 전투, 1815년 6월 18일

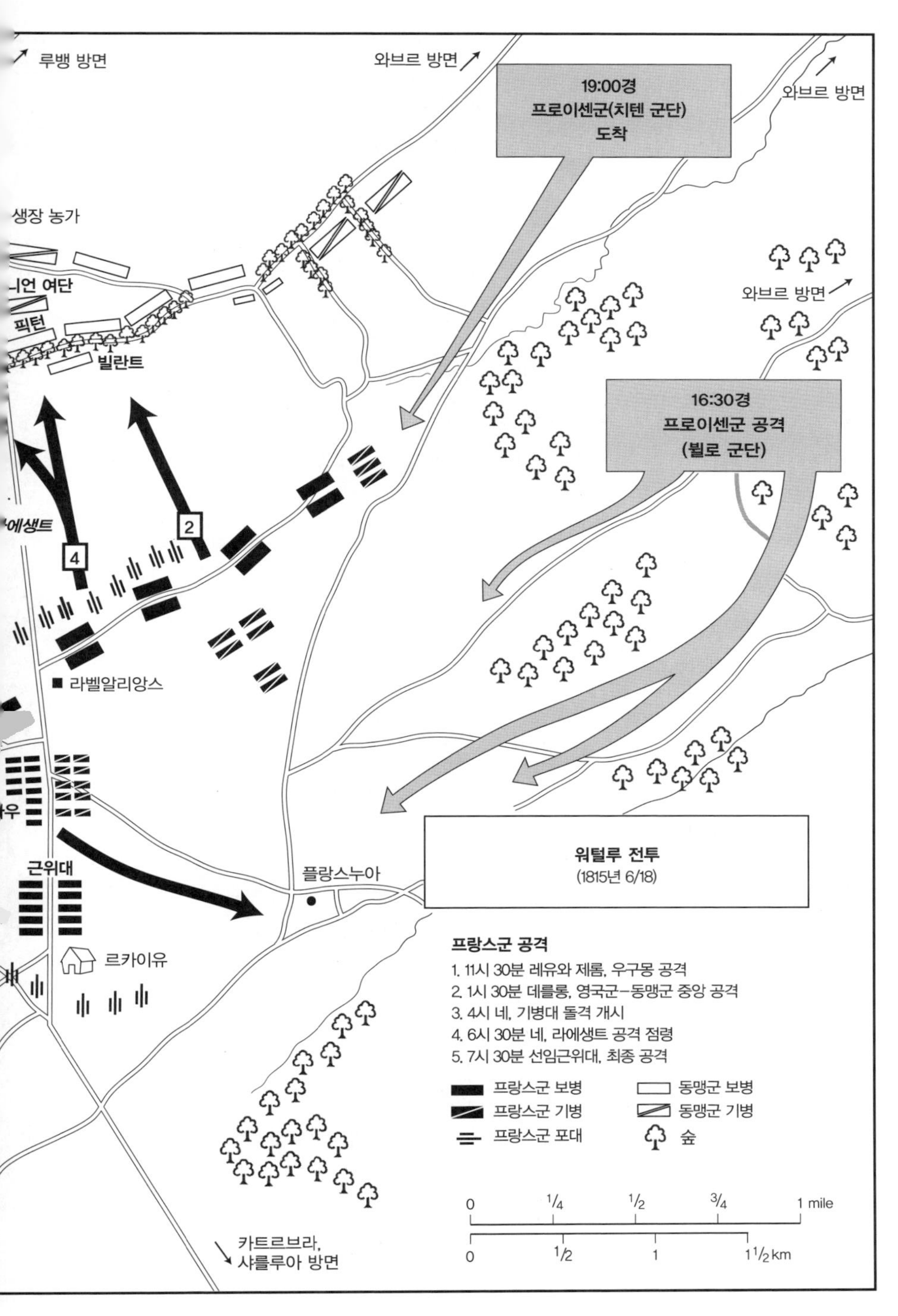

루뱅 방면
와브르 방면
19:00경
프로이센군(치텐 군단)
도착
와브르 방면
생장 농가
픽턴
빌란트
와브르 방면
16:30경
프로이센군 공격
(뷜로 군단)
2
4
라벨알리앙스
근위대
플랑스누아
르카이유
워털루 전투
(1815년 6/18)
프랑스군 공격
1. 11시 30분 레유와 제롬, 우구몽 공격
2. 1시 30분 데를롱, 영국군-동맹군 중앙 공격
3. 4시 네, 기병대 돌격 개시
4. 6시 30분 네, 라에생트 공격 점령
5. 7시 30분 선임근위대, 최종 공격
프랑스군 보병
프랑스군 기병
프랑스군 포대
동맹군 보병
동맹군 기병
숲
0
1/4
1/2
3/4
1 mile
0
1/2
1
1 1/2 km
카트르브라,
샤를루아 방면

데를롱은 공격을 개시할 때 단 하나의 대대도 예외 없이 군단 전체를 1열에 250명씩 여러 횡대로 전개했다. 아마도 적과 접전을 벌일 때 화력을 강화하려는 의도였으리라. 그렇지만 이는 횡대로 전개하기 전까지는 종대로 기동한다는 프랑스군의 기존 모델에 어긋나는 것이었다. 드 마르코네 장군 사단의 대위였던 피에르 뒤틸트는 이렇게 회상했다. 그것은 "우리에게 호된 대가를 치르게 할 기이한 대형이었다. 기병 공격에 맞서 방진을 형성해 방어할 수 없었기 때문이다. 또한 적군 포대는 우리 대형을 스무 열까지 깊이 갈아엎을 수 있었다."[103] 이 대형이 누구의 머리에서 나온 것인지 아무도 몰랐지만, 군단으로 적군 전열의 발을 묶는 지극히 중요한 공격에 나설 때 그런 대형을 취하는 전술 결정을 내린 것이 데를롱이니 최종 책임은 그가 져야 했다.* 나폴레옹의 좌우명에는 이런 것도 있다.

"보병과 기병, 포대는 서로 함께하지 않으면 아무것도 아니다."

이 경우 데를롱의 보병 공격은 다른 병과의 적절한 보호를 받지 못했고, 웰링턴의 전열을 그 자리에 묶어 두는 데 실패하고 격퇴되었다.[104] 오히려 영국군 기병대의 유니언 여단과 하우스홀드 여단이 데를롱 군단으로 돌격했고, 데를롱 군단은 독수리 깃발 12개 중 두 개를 빼앗긴 채 프랑스군 전선으로 도피했다. 오후 3시 데를롱의 퇴각에 이어 대포대가 영국군 기병대를 몰아내자 나폴레옹은 근위포대 사령관 장 자크 데보 드 생모리스와 함께 전장을 더 자세히 관찰했다. 황제가 말을 타고 곁에 있는 가운데 데보는 포탄에 맞아 몸이 두 동강으로 잘렸다.[105]

오후 1시 30분경 프로이센군의 3개 군단 중 첫 번째가 나폴레옹 우측에 나타났

* 네와 데를롱 그리고 사단장 중 한 사람인 피에르 비네 드 마르코네는 전부 에스파냐에서 싸운 경험이 있다. 그래서 영국군이 간혹 횡대형을 취하려는 부대의 양 측면에 화력을 집중해 횡대 전개를 성공적으로 방해했음을 알고 있었다. 그런 결정을 내린 이유가 여기에 있을지도 모른다. 하지만 병사들을 긴 횡대로 전개한 결과 지휘 체계가 빠르게 무너졌다. 병사들이 장교와 하사관과 너무 멀리 떨어져 있었기 때문이다(존 리와의 대담, 2013년 6월 21일).

다. 나폴레옹은 와브르와 플랑스누아 사이에서 프랑스군 추격병 대대에 붙잡힌 프로이센군 경기병에게 그런 일이 있을 수 있다는 경고를 받았고, 거의 반시간에 걸쳐 병사들을 우측으로 이동시켰다. 그는 시야에 들어오는 검은 외투의 군인들을 전투를 승리로 이끌기 위해 온 그루시 군단이라고 군대에 전하라고 명령했다. 시간이 지나면서 이것이 거짓이라는 게 점차 드러났고 더불어 사기가 떨어졌다. 오후 동안 나폴레옹은 프로이센군에 맞서기 위해 계속해서 병력을 우익으로 돌려야 했고, 오후 4시경 뷜로의 프로이센군 3만 명이 프리세몽과 플랑스누아 사이에 진을 치고 있던 무통의 보병과 기병 7천 명을 공격했다.[106] 오전에는 나폴레옹의 전력이 병력 7만 2천 명에 대포 236문으로 웰링턴의 병력 6만 8천 명에 대포 136문보다 우세했지만 동맹군이 연합해 병력 10만 명 이상, 대포 2백 문 이상의 전력을 확보하자 프랑스군은 크게 불리해졌다.

오후 4시경 네가 전부 1만 명에 달하는 기병으로 웰링턴의 중군 우측을 겨냥해 일련의 대대적인 돌격을 감행했다. 아일라우에서 뮈라가 보여 준 기병 돌격 이래 가장 큰 규모였다. 그런데 명령을 내린 이가 누구였는지, 명령한 자가 있긴 했는지 아직도 분명하지 않다. 나폴레옹도 네도 나중에 이를 부인했기 때문이다.[107] 나폴레옹은 목전에 벌어지는 상황을 두고 플라오에게 말했다.

"거의 다 이긴 싸움을 네가 위험에 빠뜨리고 있다. 그렇지만 당장 그를 지원해야 한다. 그래야 우리에게 승산이 있기 때문이다."[108]

나폴레옹은 그 돌격을 "너무 빨리 시작했고 때가 적절하지 않다"고 생각했으나 플라오에게 "가용한 모든 기병대에 네가 협곡 너머 적군에 투입한 부대를 지원하라고 명령하라"고 말했다[109](오늘날 그 도로가 얼마나 깊이 꺼졌는지는 고든 기념비Gordon Monument에서 볼 수 있다. 그러나 결코 협곡은 아니다). 훗날 플라오는 체념한 듯 말했다.

"전쟁에서는 때로 방침을 계속 유지해야 교정할 수 있는 실수가 있다."[110]

나폴레옹에게는 불운하게도 이것은 그런 실수가 아니었다.

웰링턴의 보병들은 이제 기병대 공격을 받아 내고자 가운데가 빈 방진 13개로 대형을 갖췄다(실제 형태는 직사각형이었다). 말은 당연히 곧추선 총검 벽으로 돌격하려 하지 않았기에 기병대는 이 방진을 거의 돌파할 수 없었지만 네는 카트르브라에서 영국군 제42보병 연대와 제69보병 연대 방진을 깨부쉈다. 프랑스군 기병대는 1807년 호프에서 러시아군 방진을, 1813년 드레스덴에서 오스트리아군 방진을 돌파했다. 방진은 특히 대포와 횡대로 포진한 보병에 취약했지만 이때 기병 공격은 둘 중 어느 것에서도 지원받지 못했기에 나폴레옹이나 네가 신중히 결정해 명령한 것이 아니라 우연히 시작되었다는 의심을 굳혔다. 13개 방진 중 하나도 깨지지 않았고 나폴레옹은 세인트헬레나에서 이렇게 인정했다.

"그날 승리를 안겨 준 것은 영국군의 훌륭한 규율이었다."

나폴레옹은 명령도 없이 돌격했다고 중기병대를 지휘한 귀요 장군에게 책임을 돌렸다. 귀요는 두 번째 돌격에 참여했기에 이는 근거 없는 비난이었다.[111]

워털루 전투에서 불가사의한 일은 셋으로 나뉜 프랑스 군대의 경험 많은 훌륭한 장군들이 왜 이전의 그 많은 전투에서 성공적으로 보여 준 상호 협조에 거듭 실패했느냐는 점이다.* 이는 특히 나폴레옹이 가장 애호한 병과인 포대에 해당하는 얘기다. 그 전투 내내 포대는 여러 중요한 단계에서 보병에 근접 지원을 제공하지 못했다. 기병들은 대부분 지쳤고 말은 나가떨어졌으며 오후 4시 15분 이후 프로이센군이 속속 도착했기에 나폴레옹은 최대한 잘 철수하는 편이 현명했을 것이다.[112] 그렇지만 철수는 없었다. 오후 6시 넘어 어느 시점에 네가 전장 중앙에서 라에생트

* 워털루 전투 워게임 시뮬레이션에서는 대개 프랑스가 승리한다. 나폴레옹을 택한 자는 일찍 공격하고 우구몽이 1개 사단의 최대 병력으로 지키며, 레유 군단의 나머지 병력으로 데를롱의 역사적인 공격을 지원하게 한다. 데를롱 군단은 종대 대형을 쓰고 무통 군단의 2개 사단이 이들과 동행하며 예비 기병군단이 근접 지원에 나선다. 네의 기병대 돌격은 보병과 대포의 지원을 받는다. 이에 웰링턴의 방진은 프로이센군이 도착하기 훨씬 전에 박살난다.

와 샌드핏Sandpit으로 알려진 인근 채굴장을 점령했고, 약 275미터 사거리로 기마포대를 끌어왔다. 덕분에 머스킷총과 대포로 웰링턴 부대의 중앙에 맹공을 퍼부었다. 방진으로 포진한 제27이니스킬링보병 연대의 90퍼센트가 사상자일 정도였다. 이때가 그 전투의 결정적 순간이었다. 프랑스군이 병력에서 압도적으로 우세한 프로이센군에 짓밟히기 전에 적군을 돌파할 수 있는 유일한 기회였다. 그러나 네가 부관 옥타브 르바쇠르를 나폴레옹에게 보내 유리한 상황을 살릴 수 있게 병력을 더 달라고 간청했을 때, 기병대는 지쳤고 사령부도 프로이센군 대포의 사거리 안에 들어갔기에 황제는 요청을 거절했다. 나폴레옹은 르바쇠르에게 빈정대듯 말했다.

"병력? 나더러 어디서 병사를 데려오라는 말인가? 만들기라도 하란 말인가?"113)

사실을 말하자면 그때 나폴레옹은 근위대의 14개 대대를 아직 투입하지 않았다. 반시간 뒤 나폴레옹이 마음을 바꿨을 때쯤 웰링턴은 중앙에 벌어진 위험한 간극을 브라운슈바이크 부대와 하노버 부대, 네덜란드-벨기에 사단으로 이미 메웠다.

나폴레옹이 중견근위대를 종대형 방진으로 편성해 브뤼셀로 이어지는 간선도로를 따라 내보낸 것은 말을 타고 전선을 돌아본 뒤인 오후 7시쯤이었다. 워털루 전투 후반 국면에서 근위대가 공격했을 때 참여한 병력은 전체의 3분의 1뿐이었다. 나머지는 프로이센군으로부터 플랑스누아를 지키거나 퇴각을 엄호하는 데 쓰였다. 나폴레옹은 네에게 근위대 공격을 지원하라고 명령했으나 근위대를 투입했을 때 우구몽 숲에서 보병 사단 하나 오지 않았고 니벨 도로에서도 기병 여단 하나 오지 않았다.114) 그래서 근위대는 측면을 보호해 줄 기병 연대 하나 없이 레유 군단의 소수 보병들 지원만 받으며 이제 더 강력히 보강한 웰링턴 전열을 향해 비탈을 올라갔다. 근위포대가 가용한 대포는 총 96문이었는데 이 공격에 참여한 대포는 고작 12문이었다.

이 공격이 실패할 수밖에 없었음은 군악병 150명이 선두에 서서 승리의 행진곡을 연주하며 전진했는데도 근위대에 독수리 깃발이 하나도 없었다는 사실로 판단할 수 있다.[115] 나폴레옹은 라에생트 남서쪽의 사각지대, 그러니까 능선으로 이어지는 긴 비탈의 발치에 자리를 잡았고 근위대가 '황제 만세!'를 외치며 그 앞으로 지나갔다.[116] 이들이 출발할 때 병력은 8개 대대로 전부 합해 4천 명에 미치지 못했고 기마포대의 대포 몇 문이 이들을 보호했다. 그런데 가는 도중 3개 대대를 예비 병력으로 떼어 놓았다. 단단해진 땅은 웰링턴의 대포에 더 유리했으며 르바쇠르가 회상했듯 곧 "총탄과 포도탄에 도로는 사망자와 부상자로 뒤덮였다." 웰링턴이 동원한 화력(머스킷총과 포도탄)만 집중해도 근위대의 기세는 꺾였다. 사기가 떨어진 근위대는 퇴각했다. 1799년 통령근위대를 결성한 이래 어떤 전장에서도 '근위대 후퇴!'라는 외침은 들을 수 없었다. 이는 전선 도처에서 프랑스군이 전체적으로 무너졌다는 신호였다. 며칠 후 네는 귀족원Chambre des Pairs(상원)에서 워털루 전투에 관해 발언할 때 그런 외침을 듣지 못했다고 했으나, 어둠이 내리기 전 병사들이 머스킷총을 내던지고 탈출하려 했을 때인 오후 8시경 "재주껏 살아남아라!" 하는 외침이 들렸다. 무슨 일이 벌어지고 있는지 분명해졌을 때, 나폴레옹은 누구인지 알려지지 않은 장군의 팔을 붙잡고 말했다.

"장군, 상황은 끝났네. 우리가 졌어. 빠져나가세."[117]

샤를루아-브뤼셀 도로의 양쪽 측면에 있던 선임근위대의 2개 방진이 군대의 혼란스러운 퇴각을 엄호했다. 프티 장군이 라벨알리앙스 남쪽으로 약 274미터 떨어진 지점에서 제1척탄보병 연대 제1대대의 방진을 지휘했는데 나폴레옹은 그 안으로 피했다.* 프티는 다음과 같이 기억했다.

"보병, 기병, 포병이 너나 할 것 없이 전부 사방으로 도피하고 있었다."

방진이 계속 퇴각하자 황제는 프티에게 척탄합grenadière으로 알려진 마음을 흔드는 드럼롤을 울려 "탈주병들의 쇄도에 휩쓸린" 호위병들을 모으라고 명령했다.

* 오늘날 빅토르 위고 기념비가 있는 곳의 남쪽, 플랑스누아로 꺾어지기 직전 도로의 같은 편에 있다.

"적군이 우리 발꿈치까지 따라왔고 방진이 뚫릴지도 모른다는 걱정이 앞섰기에 우리는 추격당하고 있는 자들을 향해 발포할 수밖에 없었다. … 이제 거의 어둑어둑해졌다."[118)]

로솜 너머 어디쯤에서 나폴레옹과 플라오, 코르비노, 나폴레옹의 전령 자르댕 에네, 장교 몇 명, 기마추격병 연대의 의무중대가 방진에서 떨어져 간선도로를 따라 말을 달렸다. 나폴레옹은 르카이유에서 마차로 갈아탔지만 주나프의 도로는 도주하는 병사들로 완전히 막혔다. 나폴레옹은 마차를 버리고 말에 올라타 카트르브라와 샤를루아를 거쳐 도피했다.* 플라오의 회상에 따르면 그들이 샤를루아로 내달릴 때 너무 붐벼서 속도가 걸어서 가는 것보다 그리 빠르지 않았다. 플라오는 나폴레옹에 관해 다음과 같이 썼다.

"상황 때문에 불편함이 최대치에 이르렀어도 신상에 위해가 있을까 염려해 자그마한 흔적도 남기지 않았다. 하지만 그는 피로했고 앞서 며칠 동안 몸을 혹사했기에 여러 차례 졸음을 참지 못하고 쓰러졌다. 내가 그곳에 있어서 붙잡았으니 망정이지 그렇지 않았다면 말에서 떨어졌을 것이다."[119)]

에네는 이렇게 기록했다. 새벽 5시 샤를루아 너머에 당도했을 때 황제는 "오른편의 작은 풀밭에서 몇몇 병사가 피워 놓은 작은 모닥불을 보았다. 그는 그 곁에 멈춰 서서 불을 쬐고 코르비노 장군에게 말했다. '장군, 우리가 큰일을 해냈소.'" 그 지경에 이르렀어도 나폴레옹은 비록 얼굴은 암울했을지언정 농담을 할 수 있었다. 에네의 기억에 따르면 나폴레옹은 "이때 극도로 창백했고 수척했으며 많이 변했다. 그는 포도주 한 잔을 마시고 빵을 약간 먹었다. 어느 마관의 주머니에 있던 것이다. 그리고 얼마 후 말에서 내려 말이 전속력으로 잘 달렸는지 물었다."[120)]

* 프로이센군 소령 폰 켈러가 그 마차를 노획해 안에서 나폴레옹의 모자와 검, 권총 두 정, 초록색 벨벳 모자, 철제 침상과 메리노 매트리스, 다이아몬드가 박힌 왕관, 황제 망토, 다이아몬드가 든 상자 여러 개, 커다란 은시계를 발견했다. 마차와 그 안에서 발견한 여러 물건은 런던의 피카딜리 거리에서 전시했다.

워털루 전투는 나폴레옹 전쟁 중에서 하루 동안의 전투로는 보로디노 전투 이후 가장 희생이 큰 전투였다. 프랑스 병사 2만 5천~3만 1천 명이 전사하거나 부상을 당했고 엄청나게 많은 병사가 포로가 되었다.[121] 웰링턴은 1만 7천2백 명을, 블뤼허는 7천 명을 잃었다. 1815년에 복무한 나폴레옹의 선임장군 64명 중 그해에 26명이 죽거나 부상을 당했다. 훗날 나폴레옹은 워털루 전투에 관해 이렇게 말했다.

"이해할 수 없는 날."

나폴레옹은 인정했다.

"나는 그 전투를 완벽하게 이해하지 못했다."

나폴레옹은 패전 책임을 '이상한 운명의 여신들의 조합'에 돌렸다.[122] 그러나 진정 이해할 수 없는 것은 나폴레옹과 그의 선임장군들이 저지른 많은 실수였다. 전투 전날의 무기력, 그루시에 관한 전략적 실수, 공격부대들 간의 협조 실패, 라에생트 함락 이후 마지막 호기를 잡지 못한 것, 리니 전투 뒤 보여 준 행태가 대표적이다. 이 모든 것은 거의 20년 전 이탈리아 원정에서 그의 적 오스트리아군이 보여 준 답답한 면모를 떠올리게 한다. 웰링턴과 블뤼허는 워털루 전투에서 승리를 거둘 만했다. 그리고 나폴레옹이 패배하는 것도 아주 당연했다.

세인트헬레나

31

영혼이 육신을 지치게 하오.

나폴레옹이 마리 루이즈에게

–

그는 페르시아의 평원 한가운데에서 살며 늘 조국을 그리워했다.

나폴레옹이 평한 테미스토클레스

워털루 전투 다음 날 나폴레옹은 조제프에게 편지를 보냈다.

"다 잃어버린 것은 아니오.

> 군대를 다시 모으면 15만 명은 될 것으로 생각하오. 연방파와 국민방위대(전투에 적합한 자들)가 10만 명은 제공할 테고 여러 연대 신병훈련소에서 추가로 5만 명은 나올 것이오. 그렇게 보면 적에 맞설 병력이 30만 명은 될 것이오. 견인마를 이용해 대포를 끌어오고, 징집으로 10만 명을 충원하고, 왕당파와 복무에 부적합한 국민방위대 의용병들의 머스킷총으로 이들을 무장시키고, 국민총동원령을 내려 … 적군을 짓이기겠소. 그러나 백성이 나를 도와야만 하오. 귀가 먹먹해지도록 충고를 쏟아내서는 안 되오. … 오스트리아군은 전진이 더디고 프로이센군은 농민이 무서워 감히 깊숙이 들어오지 못할 것이오. 아직 상황을 만회할 시간이 있소."[1]

나폴레옹은 그루시(자신의 군단을 온전히 보존한 채 전장을 빠져나왔다) · 라프 · 브륀 · 쉬셰 · 르쿠르브 휘하 병력을 전부 모으면, 국경의 큰 요새들을 구출할 때까지 버티면, 길게 늘어진 동맹군의 병참선을 공격하면 시간을 벌 수 있다고 믿었다.[2] 어쨌거나 나폴레옹이 워털루 전투 같은 패주를 겪고 난 뒤 이만큼 생각했다는 것은 그의 비범한 결의와 지칠 줄 모르는 에너지를 보여 주는 증거다. 술트는 일반명령을 작성해 지휘관들이 낙오한 병사들을 모아 아직 온전한 부대가 주둔하고 있는 랑과 라페르, 마를, 생캉탱, 베텔, 베르비에, 수아송, 랭스에 집결하게 했다.[3] 한편 제롬과 모랑은 필리프빌과 아벤에 군대의 일부를 모아 재편성했다.

나폴레옹은 계속 싸우려면 의사당Palais Bourbon에서 상하 양원의 지지를 받아야 한다는 것을 알았기에 말을 타고 서둘러 파리로 향했고, 심지어 역마차까지 이용해 패전 소식을 앞지르려 했다. 도중에 로크루아에서 어느 여인숙 주인은 황제와 수행원들에게 제공한 저녁 값 3백 프랑을 징발증서 대신 현금으로 지급하라고 고집을 부렸다. 나폴레옹의 권위가 쇠락하고 있다는 확실한 증거였다.[4] 나폴레옹은 6월 21일 수요일 아침 7시 엘리제궁에 도착해 가족과 장관들을 소집했고 여러 날 만에 처음 목욕을 했다. 나폴레옹은 이집트 전투와 모스크바 전투가 끝난 후에도 곧장 파리로 갔지만 이번 그의 귀환에는 절망의 냄새가 났다. 존 캠 홉하우스까지도 자신의 영웅에게 '무엇으로도 변명할 수 없는 화급함'을 감지했다. 나폴레옹의 신속한 귀환은 그의 적들을 담대하게 만들었을 뿐이다. 그들이 샹드메에서 나폴레옹에게 엄숙하게 충성을 맹세한 지 3주도 채 지나지 않은 때였다.[5]

6월 18일 파리에서는 리니의 승리를 선포하는 101발의 대포를 발사했다. 리니에서 웰링턴과 블뤼허에 승리를 거뒀다는 말은 있는데 이후 공보가 나오지 않아 파리 시민은 조금씩 불안감을 느꼈다. 나폴레옹은 돌아오자마자, 어느 지지자의 말을 빌리면 "전장의 먼지를 뒤집어쓴 채" 의사당으로 가서 입법부의 애국심에 호소할까 생각했다.[6] 성급히 호출한 캉바세레스와 카르노, 마레는 그 생각을 지지했고 궁정 뜰에 그의 마차를 준비했지만 장관 중 다수는 의원들의 과민한 분위기를 감안할 때 너무 위험하다고 생각했다.* 황제는 의사당으로 가는 대신 자신이 "국가를 구원할 조치에 관해 장관들과 협의하고자" 파리로 돌아왔다고 상하 양원에 전언을 보냈다.[7] 나중에 그는 직접 의사당에 가지 않은 것을 후회했다.

"그들에게 감동을 주어 이끌었을 것이다. 내 웅변이면 그들을 열광에 빠뜨렸으리라. 랑쥐네와 라파예트, 그 밖에 10명은 더 목을 잘랐을지도 모른다. 나는 이렇게 말할 수밖에 없다. 용기가 없었다고."[8]

나폴레옹은 지지를 받지 못했고 라파예트가 재빨리 권력의 공백을 채웠다. 그는 상하 양원에서 각각 5명씩 지명해 장관 직무를 수행하게 했다. 사실상의 의회 쿠데타였다.[9] 레뇨 드 생 장 당젤리와 뤼시앵이 이 길을 가지 말라고 의회를 설득하려 했지만 라파예트는 달변으로 설득력 있게 나폴레옹을 탄핵했다. 뤼시앵이 반역이라고 비난하자 라파예트가 말했다.

"우리는 그대의 형을 아프리카의 모래밭까지, 러시아의 황무지까지 따라갔다. 도처에 널린 프랑스인의 유골이 우리의 충성을 증명한다."[10]

그날 상심한 병사들이 무기도 없이 수도에 도착했다. 그들은 "가는 곳마다 전부 빼앗겼다고 전했다."[11]

나폴레옹이 6월 21일에 쓴 공보에 따르면 워털루 전투에서 승리를 거두기 직전 '악의를 품은 자들malveillants'이 "재주껏 살아남아라!" 하고 외쳤고 그래서 "순식간에 군대 전체가 혼란에 빠졌다." 그는 다음과 같이 끝맺었다.

"프랑스군에는 영광스러웠지만 너무 치명적이었던 몽생장 전투의 결말이 그러했다."[12]

납득한 사람은 거의 없었지만 '치명적funeste'이라는 낱말을 세 번이나 썼기에 파리 시민은 파멸을 의심하지 않았고, 이는 나폴레옹의 권좌 복귀 기회에도 치명적이었다. 나폴레옹이 그날 밤 다시 독약을 먹고 자살하려 했다는 것은 있을 법한 일이

• 그 회의에 푸셰가 참석하지 않은 것은 불길한 징조였다. 그는 절대 패자 편에 서지 않는 인물로 알려졌기 때문이다. 조제프는 그를 체포해 뱅센에 구금해야 한다고 조언했으나 그런 일은 없었다. 훗날 나폴레옹은 그를 총으로 쏘아 죽여야 했다고 생각했다(ed. Latimer, *Talks* p.195).

다. 1818년 황제의 약제사 카데 드 가시쿠르는 티에보에게 자신이 6월 21일 엘리제궁의 호출을 받았다고 말했다. 나폴레옹은 그 이전 해에 그랬듯 독약을 삼킨 뒤 마음을 바꿨고 겁먹은 가시쿠르가 간신히 구토하게 한 뒤 물약을 먹였다고 한다.[13] 확증은 없지만 가시쿠르는 당연히 진실을 말했을 것이다.

이튿날 정오 장관 중에서 충성심이 가장 강했던 라발레트와 사바리, 콜랭쿠르까지 어쩔 수 없는 상황이 왔다고 하자 나폴레옹은 "전장에서 부대를 편성할 때 보여준 특유의 신속한 결단으로" 문서를 받아쓰게 하며 두 번째로 퇴위했다.[14] 퇴위 문서는 이렇게 시작했다.

"프랑스인들이여!

> 국가의 자주성을 지키고자 이 전쟁을 시작할 때 나는 전 국민의 노력과 의지, 모든 국가 기관의 지지를 모아 그것에 의지했다. 내게는 성공을 기대할 이유가 있었고 나를 적대한 강국들의 그 모든 선언에 용감하게 맞섰다. 상황이 바뀐 듯하다. 나를 희생해 프랑스의 적들이 품은 증오에 맡긴다. … 내 정치적 삶은 끝났다. 내 아들이 프랑스의 황제 나폴레옹 2세임을 선포한다. 현재의 장관들이 임시로 통치위원회를 구성할 것이다. 내 아들에게 통치권을 물려주려 하니 상하 양원은 지체 없이 법률로 섭정단을 조직하길 바란다. 국민의 안위를 위해, 독립국으로 남기 위해 모두가 단합해야 한다."[15]

나폴레옹은 여전히 입법부가 자신을 불러 프랑스군을 이끌고 동맹군의 침공에 맞서게 하길 바랐지만, 새로 들어설 임시정부가 그의 봉사를 요구하지 않는다면 미국에서 일개 시민으로 살 생각이었다. 그는 라발레트에게 그런 속내를 밝혔다.[16] 미국이 3년간의 전쟁 끝에 최근 영국과 강화 조약을 체결했으므로 나폴레옹이 미국에 갈 수 있다면 그곳에서 은퇴 생활을 하도록 미국 정부가 허용하리라고 생각하는 것은 전적으로 타당하다. 라발레트는 이렇게 쓰고 있다. 퇴위한 뒤 "그는 하루 종일 평온을 유지하며 군대가 취할 위치나 적과 협상할 때 취할 태도에 관해 조언했다."[17]

6월 24일 푸셰가 의장을 맡아 구성한 임시정부는 마크도날을 프랑스군 총사령관에 임명했다. 라파예트에게는 국민방위대 책임을 맡기고 우디노를 부사령관으로 삼았으며 카르노는 내무장관직을 계속 수행하게 했다. 탈레랑은 네 번째로 외무장관이 되었다.[18] 〈주르날 드 랑피르Journal de l'Empire〉에 '나폴레옹 보나파르트'가 말메종으로 갔다는 기사가 실렸을 때, 호칭 변화는 사람들에게 큰 충격을 안겨 주었다. 보나파르트파의 가장 중요한 신문조차 그에게 황제 호칭을 붙이지 않았다면 그는 정녕 몰락한 것이 틀림없었기 때문이다. 몇몇 극단적 충성파 인사는 여전히 버티고 있었다. 라인군 대령 폴 알렉시 드 메닐 남작은 워털루 전투 후에도 셀츠 숲에서 제37전열보병 연대를 이끌고 8일 동안 싸웠고 지베와 샤르몽, 롱위, 메지에르, 샤를르빌, 몽메디 같은 곳은 팔구월까지도 항복하지 않았다.

나폴레옹은 마지막으로 파리를 떠난 직후 흥분해 있는 유약한 비방 드농에게 작별을 고했다. 나폴레옹은 두 손을 드농의 어깨에 얹고 말했다.

"사랑하는 친구여, 감상에 젖지 말자. 이 같은 위기에는 냉정하게sans froid 행동해야 해."[19]

드농은 나폴레옹을 제외하면 누구보다 더 보나파르티슴의 문화 수준을 끌어올리는 데 크게 기여한 인물이었다. 그는 이집트와 이집트 원정을 묘사하고 청동 기념 메달을 디자인했으며 미술에서 제국 양식을 장려한 루브르의 관리자였다. 드농은 나폴레옹의 몰락을 안타까워한 민간인 저명인사 중 한 사람이었다.

그가 자신감이 부족한 사람이었다면 탈출로를 알아봤을 수도 있다. 나폴레옹은 6월 25일 오르탕스와 베르트랑, 마레와 함께 말메종으로 떠날 때부터 7월 15일 영국에 항복할 때까지 그에게 전혀 어울리지 않는 행태를 보였다. 그는 동요했다.

동맹군과 부르봉 왕실이 두 번째 복고를 위해 파리로 다가오고 프로이센군이 기병대를 내보내 폭넓게 정찰하면서 나폴레옹의 선택지는 좁아졌다. 말메종에서 나폴레옹은 임시정부에 미국행을 위한 여권을 신청했고 로슈포르에서 미국으로 건너가기 위해 프리깃함 두 척을 요구했다.[20] 어리석은 짓이었다. 대포 74문을 장착한 '벨레로폰함'으로 항구를 봉쇄하고 있던 영국 해군은 푸셰 정부뿐 아니라 누구든 나폴레옹에게 발급한 여권을 존중하지 않았을 것이기 때문이다.[21] 6월 26일 나폴레옹은 말메종에서 마리아 발레프스카를 맞이했고 두 사람은 그곳에서 작별했다.

29일 나폴레옹은 푸셰의 밀사 데크레와 불레 드 라 뫼르트에게 정부가 그가 쓰도록 두 척의 프리깃함 '살르함'과 '메뒤즈함'을 내주었고 프로이센군이 가까이 오고 있으니 말메종을 떠나야 한다는 말을 들었다. 나폴레옹은 오후 5시 30분 베르트랑, 사바리와 함께 출발했다. 조제핀이 죽은 방을 찾고 어머니와 오르탕스에게 마지막 작별 인사를 하느라 잠시 멈추었을 뿐이다(나폴레옹의 수석 주방장 페르디낭은 동행하지 않기로 결정했다. 나폴레옹을 따라 엘바로 갔을 때 그가 약속한 급여를 주지 않았기 때문이다). 훗날 나폴레옹은 깊은 생각에 젖어 말했다.

"내가 만약 미국으로 갔다면 우리는 그곳에 국가를 세웠을지도 모른다."[22]

나폴레옹은 되세브르주의 니오르에 있던 7월 2일에도 여전히 어떻게 해야 할지 결정하지 못했다. 그와 동행한 자들은 오를레앙에서 군대와 합류할지 아니면 육지에서 약 13킬로미터 떨어진 곳에 정박 중인 미국 상선을 타고 밀항을 시도할지를 두고 의견이 갈렸다.[23]

나폴레옹은 이도저도 아닌 해안가 도청 소재지 로슈포르로 가서 살르함과 메뒤즈함, 포 21문을 장착한 코르벳함 한 척, 브리그 범선 한 척으로 어떻게 벨레로폰함을 벗어날 수 있을지 궁리하며 열이틀을 보냈다. 메뒤즈함 함장 필리베르가 어떤 공격에도 관여하지 않겠다고 하자 장티 중위와 도레 소위 이 2명의 청년 해군장교가 작은 돛배에 나폴레옹을 태워 대서양을 건너겠다고 자원했다. 이 위법 행위 때문에 두 사람은 1830년 부르봉 왕실이 몰락할 때까지 프랑스 해군장교 명부에서 이름이 삭제되었다.[24)]

7월 5일 조제프가 로슈포르에 도착해 마음 씀씀이 좋게도 동생과 신분을 바꾸자고 제안했다. 두 사람의 외모가 비슷했기 때문이다.[25)] 나폴레옹은 기회를 잡지 못하고 다시금 주저했다. 사흘 뒤 부르봉 왕실이 권좌에 공식 복귀했을 때 나폴레옹은 프리깃함 두 척의 통제권을 상실했다. 그때쯤 헨리 호섬 제독이 나폴레옹을 감시하고자 레사블르에서 지롱드 삼각주까지 영국 해군 선박들을 주둔해 놓았다. 나폴레옹은 덴마크 배를 타고 야반도주하는 것 같은 다른 위험한 여러 방안을 거부했다. 9일까지 나폴레옹은 일르덱스섬에서 군대를 점검했고 현지 주민에게 성원을 받았지만 벨레로폰함이 인근에 정박한 가운데 살르함 선상에서 잠을 잤다.

7월 10일 나폴레옹은 사바리와 시종 드 라스 카즈 후작을 벨레로폰함에 보내 서른여덟 살의 함장 프레더릭 메이틀랜드와 항복 조건을 협상하게 했다. 나폴레옹은 부르봉 왕실(7월 12일 로슈포르에 부르봉 왕실 깃발이 내걸렸다)과 프로이센군에 체포되는 것을 피해야 했다. 둘 다 그를 처형하려 했을 것이기 때문이다. 나중에 나폴레옹은 말했다.

"오스트리아 황제가 자신에게 대적해 어떤 방식으로 참전했는지 알고 난 뒤에는 그에게서 어떠한 호의도 기대하지 않았다."[26)]

7월 14일 협상을 재개했는데 이번에는 라스 카즈와 워털루 전투에서 기마추격병 연대 지휘관으로 참전한 샤를 랄르망 장군이 협상을 맡았다. 메이틀랜드는 나폴레옹이 영국에서 좋은 대접을 받을 것이라고 말했다. 날씨도 그의 생각보다 더 좋다고 했다.[27)] 나폴레옹은 이를 전쟁포로가 아니라 영국의 손님으로서 보호받을 것이라는 의미로 이해했으나, 정식 협정을 체결할 권한이 전혀 없는 해군장교가 되는 대로 내뱉은 말을 믿는 것은 어리석은 해석이었다. 과연 메이틀랜드는 영국 영해로 안전하게 데려가는 것 말고는 어떠한 약속도 할 권한이 없음을 분명히 했다.[28)] 나폴레옹은 그 순간에도 조제프의 조언을 들어 육로를 거쳐 남쪽으로 더 내려간 지점의 다른 항구로 갈 수 있었지만(지롱드 삼각주에도 여전히 대안이 있을 수 있었다), 그는 13일 형에게 작별을 고했다. 이제 나폴레옹은 코르시카와 이집트, 엘바에서 했던 것처럼 해상으로 탈출하는 모험 대신 존엄과 어느 정도의 안전을 택했다.

14일 자정 즈음 나폴레옹은 섭정왕자에게 보낼 편지를 썼다. 편지는 이렇게 시작한다.

"폐하, 나는 조국을 분열한 파당들과 유럽 강국들의 적의에 노출되어 정치 이력이 끝났소. 마치 테미스토클레스처럼 나도 영국민의 따뜻함에 기대게 되었소. 내 적들 중 가장 강력하고 가장 일관성 있으며 가장 너그러운 폐하께 영국 법의 보호를 요청하오."[29]

이번에는 나폴레옹의 고전 교육이 그를 저버렸다. 아테네의 위대한 장군 테미스토클레스는 실상 그리스의 동포들을 배반하고 페르시아에 붙었기 때문이다. 나폴레옹이 제안한 것은 결코 그와 같지 않았지만 그는 영국의 일관성만큼은 옳게 판단했다. 1815년 한 해에만 영국은 프로이센 210만 파운드, 러시아 200만 파운드, 오스트리아 160만 파운드처럼 큰 액수부터 시칠리아 3만 3,333파운드까지 30개에 이르는 유럽 국가에 보조금을 지급했다.[30] 프랑스에 맞서 싸운 기간이 오스트리아는 108개월, 프로이센은 58개월, 러시아는 55개월이었지만 영국은 1793년부터 1815년까지 총 242개월 동안 프랑스와 전쟁을 벌였다. 영국 해군은 20년간 프랑스를 봉쇄했고 트라팔가르에서 프랑스 함대를 바다에 수장했다. 영국 육군 병사들은 이베리아반도에서 1808년부터 1814년까지 6년이나 싸웠다. 웰링턴은 그 기간 동안 단 하루도 휴가를 쓰지 않았다. 또한 영국군은 1801년 이집트, 1806년 칼라브리아(마이다 전투에서 승리했다), 1807년 코펜하겐, 1809년 발헤런(큰 피해를 입었다), 1814년 홀란트의 베르헌오프좀(역시 패배했다)에 원정군을 파견했다. 틸지트 조약 이후 다른 유럽 국가들이 거의 전부(포르투갈과 시칠리아만 빼고) 나폴레옹과 타협했을 때도 그의 패권에 맞선 영국의 저항의 불꽃은 꺼지지 않았다.

나폴레옹은 조언자들을 회의에 소집해 말했다.

"나는 섭정왕자를 잘 모르지만 그에 관해 들은 얘기를 종합하면 그의 고결한 품성에 의지해야 할 것 같다."[31)]

이 점에서도 그의 정보는 불완전했다. 섭정왕자는 영국 군주라면 누구에게나 볼 수 있는 매우 비열한 성격을 지녔기 때문이다. 1830년 그가 사망했을 때 〈더 타임스The Times〉는 이런 입장을 밝혔다.

"작금에 사망한 왕보다 더 동포로부터 애도를 덜 받은 자는 결코 없었다. 어떤 눈이 그를 위해 눈물을 흘렸나? 어떤 가슴이 돈도 받지 않고 슬픔으로 울먹였는가? … 그에게 친구가, 지위를 막론하고 헌신적인 친구가 한 명이라도 있었는가. 맹세코 우리는 그 사람의 이름을 들어 본 적이 없다."[32)]

섭정왕자의 관대함은 그의 재단사와 장식업자, 정부에 한정되었다. 나폴레옹에게는 그가 원하는 것이 하나도 없었고 그래서 황제의 탄원은 응답을 받지 못했다. 나폴레옹은 뤼시앵이 우스터셔에서 받은 것 같은 신사다운 대접의 구금이나 엘바에서 만난 휘그 귀족들의 시골 영지에 구금되는 것을 기대했을 것이다.

1815년 7월 15일 오전 8시 나폴레옹은 벨레로폰함에 올라 메이틀랜드 함장에게 항복했다. 나폴레옹은 임시정부와의 연락장교인 베케르 장군이 자신과 동행하지 않는 것을 점잖게 허용했다. 나중에 나폴레옹을 영국에 넘겼다는 비난을 피할 수 있게 한 것이다.[33)] 나폴레옹의 하인 마르샹은 이렇게 회상했다. "모두의 얼굴에 수심이 가득했고 영국의 작은 보트가 나폴레옹을 태우기 위해 도착했을 때" 장교와 수병 들이 똑같이 "가슴이 찢어질 듯 울부짖는 소리가 들렸다." 그들은 나폴레옹이 벨레로폰함에 오를 때까지 온 바다가 울리도록 외쳤다.

"황제 만세!"[34)]

어떤 이들은 낙담해 모자를 내던지고는 짓밟았다. 나폴레옹이 벨레로폰함에 오르자 군함 수병들은 차려 자세를 취하고 활대 끝에 도열했지만 나폴레옹은 경례를 받지 못했다. 영국 해군 규정에 따르면 경례를 하기엔 시간이 너무 일렀기 때문이다. 나폴레옹은 모자를 벗으며 메이틀랜드에게 첫마디를 건넸다.

"영국 법의 보호를 청하고자 그대의 군함에 올랐소."[35)]

프랑스혁명 전쟁과 나폴레옹 전쟁이 마침내 끝났다.

메이틀랜드는 나폴레옹에게 함장 선실을 내주었고 그가 다시 갑판에 모습을 드러내자 그에게 배를 구석구석 안내했다. 나폴레옹이 메이틀랜드에게 탈출 기회가 있었다고 생각하는지 묻자 그 영국 함장은 벨레로폰함처럼 대포 74문을 장착한 군함은 능히 프리깃함 3척을 상대할 수 있고 탈출 가망성은 '심히 부정적'이었다고 장담했다.[36)] 두 사람이 배를 둘러볼 때 나폴레옹은 어느 수습 사관의 머리를 가볍게 치고 그의 귀를 부드럽게 잡아당겼으며 갑판장 매닝에게는 임무가 무엇인지 물었다. 다른 수습 사관 조지 홈에 따르면 그는 "매우 자유로워 보였으며 마치 자신의 황실 요트를 타고 유람 여행을 하는 것처럼 더할 나위 없이 편안해 보였다."[37)] 나폴레옹은 배에 타고 있는 모든 사람의 마음을 빠르게 사로잡았다. 어느 장교는 다음과 같이 썼다.

"그의 치아는 매우 가지런하고 상아처럼 희었으며 그의 입은 인간의 얼굴에서 본 적 없는 매력을 지녔다."

메이틀랜드도 인정할 수밖에 없었다.

> 영국군 장교가 조국에 그토록 많은 참화를 안겨 준 자를 편들 가능성이 있다는 사실이 놀랍게 다가올지도 모르겠다. 그렇지만 나처럼 거의 한 달 동안 같은 탁자에 앉아 있으면 동정심을 느끼지 않을 사람이 없을 정도로 그에게는 사람을 기쁘게 하는 능력이 있다. 그처럼 많은 매력을 지닌 사람, 그토록 높은 지위에 올랐던 사람이 지금 내가 보듯 그러한 처지로 영락할 수밖에 없었다는 사실이 참으로 애석하다.[38)]

영국으로 가는 여정 중에 나폴레옹은 '침울함을 보이지 않았고' 국가수반에 어울리게 품위 있는 대접을 받았다. 나폴레옹은 메이틀랜드와 항복 직후 승선한 호섬 제독에게 자신의 이동 서고와 약 76센티미터의 야전 침대를 보여 주었고, 거의 이해할 수 없는 엉망인 영어로 많은 질문을 쏟아냈으며, 찰스 제임스 폭스가 살아 있다면 "결코 이런 일은 없었을 것"이라고 말했다.[39] 두 번째 밤 저녁식사 때 나폴레옹은 메이틀랜드의 머리를 가볍게 두드리며 말했다.

"당신들 영국인이 아니었다면 나는 동방의 황제가 되었을 터다. 그러나 배를 띄울 물이 있는 곳이면 어디든 우리 앞에 분명 그대들이 있었을 것이다."[40]

영국인에게 포로를 어떻게 다룰 것인가는 어려운 문제였다. 나폴레옹이 엘바에서 돌아온 후 100일 동안 양측에서 거의 10만 명이 사망하거나 부상을 당했으며 이런 일을 되풀이할 수는 없었다.[41] 7월 20일에야 리버풀 경은 빈에 있던 외무장관 캐슬레이 경에게 서한을 보내 내각이 문제를 어떻게 바라보고 있는지 얘기했다.

> 우리는 모두 그를 이 나라에 억류하는 것은 해답이 아니라는 데 단호히 의견 일치를 보았소. 각별히 당혹스러운 이 문제에 관해 아주 좋은 법률적 견해를 제시할 수 있을 것이오. … 그는 곧바로 호기심 대상이 될 테고 몇 달 안에 동정 대상이 될 가능성이 크오. 그가 이곳, 아니 유럽 어디에라도 머무는 상황은 프랑스에서 어느 정도 소동이 이어지는 데 일조할 것이오. … 그런 자를 가둬놓을 최적의 장소로 보이는 곳은 세인트헬레나요. … 위치가 현저히 좋소. 선박이 정박할 수 있는 … 유일한 장소고 우리에겐 중립국 선박을 철저히 막아 낼 힘이 있소. … 그렇게 멀리 떨어진 곳에서는 어떠한 음모도 불가능할 것이고 유럽 세계에서 아주 멀기 때문에 나폴레옹은 곧 잊힐 것이오.[42]

나폴레옹은 때로 과도하게 낙관적인 발언을 했지만 이는 그의 적들도 마찬가지였다.

7월 23일 나폴레옹은 마지막으로 프랑스를 보았다. 그는 별다른 말을 하지 않고 "해안을 여러 번 침울하게 바라보았다."[43] 이튿날 벨레로폰함이 영국 남해안의 토베이에 닻을 내리자마자 나폴레옹은 구경꾼들에게 물리칠 수 없는 '호기심 대상'으로 떠올랐다. 그를 한 번 보고자 멀리 글래스고에서 내려온 자들도 있었다. 벨레로폰함은 구경꾼들을 막기 위해 보트를 내려 배를 에워싸야 했다. 나폴레옹은 대중을 즐겁게 해 주려고 갑판에 나왔고 통로와 고물 창문으로 모습을 내비쳤으며, 토베이가 포르토페라이오를 생각나게 한다고 말했다. 메이틀랜드는 이렇게 적었다. 나폴레옹은 "옷을 잘 입은 여인을 볼 때마다 모자를 벗고 고개를 숙여 인사했다."[44]

27일 플리머스에서 나폴레옹은 훨씬 더 큰 유명세를 치렀다. 사흘 뒤 메이틀랜드의 추산에 따르면 평균 8명이 승선한 유람선이 1천 척이나 벨레로폰함 주위로 몰려들었다. 나폴레옹은 "최근 23년간 기력이 매우 쇠했기에 왕왕 소파에서 잠들었다." 그를 본 지 겨우 열이틀밖에 안 된 사람의 평치고는 이상했다.[45] 그러나 이 유쾌한 감금은 7월 31일 오전 10시 30분에 끝났다. 키스 제독과 육군부 차관 헨리 번버리가 벨레로폰함에 올라 나폴레옹에게(그들은 '보나파르트 장군'이라 불렀다) 세인트헬레나로 가게 되었다는 예정된 운명을 전했다. 나폴레옹은 영국 신문을 읽어서 미리 알고 있었다. 그들은 나폴레옹에게 장교 3명과 가사를 도울 사람 12명을 데려갈 수 있다고 말했다. 그렇지만 사바리나 랄르망 장군은 동행할 수 없었다. 두 사람은 각각 앙기앵 공작 살해와 부르봉 왕실 반역 혐의로 몰타에 구금될 예정이었다.

나폴레옹은 키스에게 답해 세인트헬레나로 가느니 차라리 "그의 피로 벨레로폰함의 뱃전을 적시겠다"고, 그 결정은 "영국의 향후 역사에 어두운 그림자를 드리울 것"이라고 선언했다.[46] 또한 나폴레옹은 기후 때문에 자신은 석 달 안에 죽을 것이라고 덧붙였다. 키스와 번버리가 떠난 뒤 나폴레옹은 메이틀랜드에게 말했다.

"티무르의 철장보다 더 나쁘다. 부르봉 왕실에 넘기는 편이 더 낫겠다. 그들은 여러 가지로 나를 모욕했고 특히 나를 장군으로 칭한 것은 참을 수 없다. 차라리 대주교라 부르지 그랬나."[47]

참모진 중에 성미가 더 급한 몇몇은 세인트헬레나에서 죽는 것은 '매우 비참하다'고, "차라리 싸우다 죽거나 화약고에 불을 붙이는 것이 더 낫다"고 동의했다. 그날 밤 몽톨롱 장군은 영국 태생으로 쉽게 흥분하는 베르트랑의 아내 패니가 낙담해 물에 뛰어들려는 것을 막았다. 그는 현창으로 바다에 뛰어들려는 것을 붙잡았다.[48]

나폴레옹은 섭정왕자에게 이렇게 적어 급히 편지를 보냈다.

"나는 포로가 아니다. 나는 영국의 손님이다."

하지만 8월 7일 정오 무렵 그는 조지 콕번 소장이 지휘하는 대포 80문을 장착한 '노섬벌랜드함'으로 옮겨 타고 약 7천 킬로미터에 이르는 세인트헬레나로의 여정에 올랐다.[49] 나폴레옹과 기꺼이 함께하려 한 26명의 수행원이 지구 반대편까지 그와 동행했다. 여동생 폴린과 메느발처럼 여러 명이 동행을 요청했지만 영국이 거부했다. 동행자는 다음과 같다. 앙리 베르트랑 장군과 명백히 가기 싫어 한 그의 아내와 그들의 세 아이, 몽톨롱과 그의 어여쁜 아내 알빈과 세 살 된 아들 트리스탕, 에마뉘엘 드 라스 카즈 후작(비서로서 능력이 출중했고 비록 내색하지는 않았지만 영어를 잘했다)과 그의 열세 살 된 아들, 가스파르 구르고 장군, 하인 마르샹과 노베라스, 하인이자 경호원인 '맘루크 알리', 마부인 아실 아르샹보와 조제프 아르샹보 형제, 장틸리니라는 하인, 급사장 프란체스코 치프리아니, 집사이자 제빵사인 피에롱, 요리사 르파주, 코르시카인 수위이자 이발사 산티니, 노리개도 만들었던 등불 담당 루소가 그들이었다. 그리고 몽톨롱과 베르트랑의 하인 4명도 있었다.[50] 나폴레옹의 의사 루이 맹고가 함께 가기를 거부하자 벨레로폰함의 군의관인 아일랜드인 배리 오미라가 그를 대신했다. 나폴레옹을 제외한 모두가 검을 빼앗겼다. 또한 콕번은 이들에게서 나폴레옹 금화 4천 개를 압수한 뒤 카드놀이에 쓸 용돈 정도만 주었다[51](수행원 중 8명은 허리춤에 전대를 감추는 데 성공했다. 전부 합해 25만 프랑에 달했는데 세인트헬레나에서 5천 파운드의 가치가 있었다[52]).

노섬벌랜드함에서 보낸 첫날 밤 영국군 장교들은 황제였던 자와 뱅테욍 카드놀이를 해서 나폴레옹 금화 일고여덟 개를 땄다. 어느 장교의 회상에 따르면 그는 "누구하고나 아주 친절하게 대화했다. 저녁식사 때는 실컷 먹었고 거의 모든 요리에 칭찬을 아끼지 않았으며 자신의 운명을 완벽하게 받아들인 것 같았다."[53] 나폴레옹은 10주간의 항해 동안 뱃멀미로 '가련한' 처지에 빠진 경우가 아니면 매력을 발산했다. 딱히 이익을 줄 것도 아닌데 인도에 주둔한 영국군 상태와 성향을 물었고 워털루에서 정말로 그루시의 도착을 예상했다고 단언했다. 또한 차르 알렉산드르 1세는 "유럽의 어느 군주보다 더 활동적이고 영리한 사람이지만 대단히 불성실하다"는 견해를 밝혔으며, 에스파냐와 포르투갈이 1815년 자신에게 맞서지 않겠다고 은밀히 약속했다고 주장했다. 함정의 군목에게는 영국 국교회에 관해, 8월 23일 지나쳐 간 마데이라섬의 영국 총영사에게는 그 섬의 생산물과 해발 고도, 인구에 관해 질문했다. 나폴레옹은 채널제도를 점령하려던 계획을 이야기했고 베르나도트가 스웨덴에서 오래 가지 못할 것이라고 예측했다. '그가 알았던 장군 중 최고'는 드제라고 말했으며 생토뱅이라는 여배우와의 염문설을 부인하면서 이런 말을 했다.

"가장 예쁜 여인은 구애하기 가장 어려운 여인이다."[54]

항해 중 나폴레옹은 대체로 오전 10시에서 11시 사이에 일어나 침실에서 고기와 포도주로 아침을 먹었고, 내내 그곳에 머물다가 오후 3시 옷을 차려입고 갑판에서 짧게 산보했으며, 오후 5시 저녁을 먹을 때까지 몽톨롱과 장기를 두었다(몽톨롱은 대체로 재주 좋게 일부러 져주었다). 콕번은 이렇게 기록했다. 나폴레옹은 "많이 먹고 많이 마시지만 말은 거의 하지 않는다. 그는 소스를 많이 뿌린 고기를 종류를 가리지 않고 좋아하며 채소에는 손도 대지 않는다."[55] 저녁식사를 마치면 갑판에서 콕번과 함께 90분간 걸었으며 오후 8시부터 10시까지 카드놀이를 하고는 잠자리에 들었다. 나폴레옹은 영어를 배웠고, 뜨거운 열기에 불평을 해댔고, 비가 오는 중에도 갑판에서 걸었고, 살이 쪘고, 구르고와 함께 제곱근과 세제곱근을 구하는 수학 문제를 풀었다. 8월 15일 나폴레옹은 이전 해의 생일을 말하고는(아, 얼마나 달랐나!) 밤 11시 30분까지 침상에 들지 않았다.[56] 같은 날 마리 루이즈는 프란츠 1세에게 보낸 편지에서 남편에 관해 이렇게 썼다.

> 그가 정중하고 관대한 대접을 받기를 바랍니다. 사랑하는 아버지, 청컨대 확실히 그렇게 되도록 해 주세요. … 그의 운명에 마음을 쓰는 것은 이번이 마지막입니다. 저는 그의 조용한 무관심ruhige Indifferenz에 은혜를 입었어요. 그렇게 그는 저를 불행하게 만드는 대신 편안히 보내게 해 주었어요.[57]

나폴레옹이 테네리페섬 정상을 보길 원했기에 콕번은 친절하게도 카나리아제도의 라고메라섬과 팔마섬 사이로 항로를 변경했다. 9월 23일 적도를 건널 때 퇴위한 황제는 바다의 신에게 바치는 제물 삼아 뱃전 너머로 나폴레옹 금화 1백 개를 던지라고 명령했다. 베르트랑은 너무 많다고 생각했고 콕번은 다섯 개면 포세이돈이 기뻐할 것이라고 생각했다.[58] 그다음 주 나폴레옹은 워털루 전투에 관해 이렇게 얘기했다.

"아! 다시 해볼 수만 있다면!"

이후 5년 동안 그는 이 말을 자주 한다.

10월 14일 토요일 마침내 목적지가 눈앞에 모습을 드러냈다. 면적 약 220제곱킬로미터에 둘레가 약 45킬로미터에 불과한 화산섬 세인트헬레나는 앙골라에서 약 1,850킬로미터, 브라질에서 약 3,200킬로미터 이상, 가장 가까운 육지인 어센션섬에서 약 1,130킬로미터 떨어져 있다. 세인트헬레나는 "세상 어느 곳에서도 그 어느 곳보다 더 멀리 떨어져" 있는 곳으로 묘사한다.[59] 17세기 중엽부터 1834년까지 영국제국의 눈에 잘 띄지도 않는, 매우 외진 곳의 한 점 같은 이 땅은 인도로 오가는 여정 중에 들러 물을 공급받는 곳으로 쓰였다. 1815년 그곳 주민은 유럽인 3,395명, 흑인 노예 218명, 중국인 489명, 말레이인 116명이었다.[60] 영국 정부는 섬을 관리한 동인도회사와 협약을 맺고 나폴레옹을 그곳에 억류하는 비용을 지불하기로 합의했다.

바닷길로 세인트헬레나의 유일한 도회지인 제임스타운에 도착하면 굉장히 위압적인 광경이 펼쳐진다. 그 작은 항구의 양편으로 약 180미터에 달하는 검은 절벽이 다가가기 무서울 정도로 가파르게 솟구쳐 있다. 10월 15일 나폴레옹은 마르샹의 어깨에 기대 아우스터리츠에서 썼던 망원경으로 섬을 보았다. 그는 말했다.

"마음이 가는 장소는 아니야. 이집트에 머물렀다면 더 좋았을 것을."[61]

영국 해군의 프리깃함 2척이 늘 섬을 순찰하고 어느 방향에서든 섬에 접근하는 선박은 서로 통신하는 수많은 신호 초소의 탐지를 피할 수 없었기에 나폴레옹은 그곳에서 생을 마감할 것임을 분명 알았을 것이다.

10월 17일 나폴레옹은 그 지역의 항풍인 동남풍이 거세게 불 때 하선해 임시로 롱우드로 인도를 받았다. 데드우드고원에 그를 위해 마련한 집이었다.[62] 롱우드는 부총독의 관저였지만 그는 그곳에 연중 석 달만 머물렀다. 고도가 해발 약 450미터라서 온화한 열대지역 섬의 다른 곳과 달리 미기후를 보였기 때문이다(지금도 그렇다). 세인트헬레나에 살았던 영국 관리들은 섬의 기후가 "세상에서 가장 온화하고 가장 상쾌하다"고 말했고 이는 타당했다. 1805년 인도에서 귀국하던 중에 그 섬을 방문한 웰링턴은 "명백히 내가 살았던 그 어느 곳보다 더 쾌적한 기후"에 관해 썼다.[63] 그러나 이들 방문객은 대개 제임스타운이나 그 부근에 머물렀다. 반면 롱우드는 연중 3백 일 이상을 구름 속에 있다.[64] 습도는 일반적으로 78퍼센트지만 100퍼센트에 이를 때가 잦았다. 모든 것이, 심지어 벽지까지 약간이나마 늘 축축했다. 바람을 이기지 못해 굽은 나무들은 전부 이끼로 뒤덮였다. 나폴레옹은 카드가 서로 들러붙는 것을 막기 위해 화덕에 말려야 했다.

또한 롱우드에서는 흰개미와 쥐, 각다귀, 모기, 바퀴벌레가 창궐했다. 각다귀와 모기, 바퀴벌레는 오늘날에도 (프랑스 주재 명예 영사 미셸 당쿠안 마르티노가 그곳을 복원해 보존하려고 공을 많이 들였음에도) 여전히 볼 수 있다. 9월에서 2월까지 여름 내내 높은 습도로 끈적끈적했기에 나폴레옹과 수행원들은 늘 기관지염과 콧물감기, 후두염으로 고생했다. 그러나 약 4.8킬로미터도 채 떨어지지 않은 총독의 저택을 제외하면 그곳이 황제였던 자와 그의 신하, 하인 들이 거처로 쓰기에 충분히 크고 외진 유일한 장소였고 고원 위에 돌출해 있어서 인근의 데드우드 막사에서 지키기에 더 쉬웠다. 롱우드의 깃발 통신소에서 총독에게 나폴레옹이 무엇을 하고 있는지 알렸는데, '보나파르트 장군의 모든 일이 다 좋다'부터 '보나파르트 장군이 보이지 않는다'까지 여섯 가지 가능성을 알리는 신호가 있었다.[65)]

7주간 롱우드를 재정비하고 확장하는 동안 나폴레옹은 제임스타운에 더 가까운 예쁜 방갈로 '더 브라이어스'에서 동인도회사 감독관 윌리엄 밸컴의 가족과 함께 지냈다. 그곳에서 나폴레옹은 방 하나와 정원의 정자를 썼다.[66)] 이때가 세인트헬레나에서 그에게 가장 행복한 시기였다. 특히 밸컴의 생존한 네 아이 중 둘째인 열네 살의 활발한 소녀 베치와 즐겁고 아름다운 우정을 나누었다. 베치는 문법에는 어긋났지만 이해할 수 있을 정도로 프랑스어를 말했고 나폴레옹은 마치 삼촌처럼 너그럽게 응석을 받아 주었다. 베치는 원래 그녀의 말을 빌리자면, 나폴레옹을 "이마 한가운데에 커다란 눈이 이글거리고 입에서 툭 튀어나온 기다란 이로 작은 소녀를 갈기갈기 찢어 게걸스럽게 먹어치우는 거대한 괴물이나 거인"으로 보게끔 가르침을 받았지만 금세 그를 숭배하게 되었다.[67)] 베치는 나중에 이렇게 썼다.

"그의 미소와 눈에 드러난 감정은 캔버스에 옮길 수 없었다. 그런 것이 나폴레옹의 주된 매력이었다. 그의 머리는 암갈색이고 어린아이의 머리카락처럼 곱고 부드러웠다. 너무 부드러워서 사람을 힘없게 보이도록 했기에 성인 남성에게는 어울리지 않을 정도였다."[68)]

이 우정은 나폴레옹이 유럽의 수도에 관해 베치를 시험하면서 시작되었다. 나폴레옹이 러시아의 수도가 어디냐고 묻자 베치는 "지금은 상트페테르부르크, 이전에는 모스크바"라고 대답했다. 이에 "그는 갑자기 돌아서서 사람을 꿰뚫어보듯 내 얼굴을 응시하며 엄숙하게 다그쳤다. '누가 불태웠지?'" 베치는 어안이 벙벙해 입을 다물었고 마침내 나폴레옹이 웃으며 말했다. "그래, 그렇지. 너는 모스크바를 불태운 이가 나라는 것을 아주 잘 알고 있지!" 그 10대 소녀는 잘못을 교정했다.

"저는 러시아인이 프랑스군을 몰아내려고 불태웠다고 생각해요."69)

나폴레옹은 웃음을 터뜨렸고 그렇게 '마드무아젤 베치', '작은 원숭이lettle monkee', '어린 계집애bambina', '정신 산만한 어린애'와의 우정이 싹텄다. 두 사람은 함께 노래를 불렀고 〈앙리 4세 만세〉 곡조를 엉망으로 흥얼거리며 방을 돌아다니곤 했다. 베치는 다음과 같이 회상했다.

"나폴레옹처럼 어린애 같이 자유분방하게 행동하는 사람을 만난 적이 없다. 그는 온갖 종류의 도락과 장난에 어린아이처럼 즐겁게 빠져드는 것 같았다. 내가 가끔 그의 인내심을 견디기 어려울 정도로 시험했지만 그가 화를 내거나 자신의 지위 혹은 나이에 의지하는 것을 본 일이 없다."70)

나폴레옹은 밸컴 가족과 함께 장기, 당구, 휘스트 카드놀이(베치와 설탕절임 자두 내기를 했다), 푸스인더코너(어린이 놀이), 까막잡기, 권총 사격을 연습하고 섬 사회에 떠도는 얘기를 전하며 시간을 보냈다. 또한 나폴레옹은 온욕을 하고, 롱우드를 향해 흘러가는 구름을 보고, 일몰 후 '수많은 귀뚜라미 울음소리를 듣고', 얼마 되지 않는 빙빙 도는 섬의 도로를 따라 아일랜드 2륜 마차를 타고 무서운 속도로 내달리며 많은 시간을 보냈다. 책임에서 해방된 그는 경박한 짓을 아주 많이 했다. 마치 두 번째 유년시절을 보내는 것 같았다. 베치의 남동생 알렉산더가 그를 영어 별명인 '보니Boney'라고 불렀을 때 나폴레옹은 그것이 무엇을 암시하는지, 특히 라스 카즈가 그것을 글자 그대로 해석한 뒤에는 더욱 이해하지 못했다. 그는 당시 아주 명확한 의미를 지적했다.

"나는 결코 말라깽이가 아니다."[71]

나폴레옹은 베치에게 마리 루이즈가 "호감을 주는 여자이자 매우 좋은 아내"라고, 설득력은 떨어졌지만 "그녀는 가능했다면 그를 따라 세인트헬레나로 왔을 것"이라고 말했다. 그는 폴린과 마드무아젤 조르주의 미모 그리고 알빈 드 몽톨롱의 미모도 칭찬했다. 베치는 알빈 드 몽톨롱이 "크고 우아한 체격으로 명성이 자자했다"고 말했다. 알빈은 세인트헬레나로 오던 중에 임신했는데 아이의 세례명이 나폴레옹 마리 엘렌이었지만 나폴레옹의 아이 같지는 않다. 하지만 다소 늦은 막바지에 알빈은 나폴레옹의 마지막 정부가 되었다.[72] 베르트랑 부인과 구르고 등은 사실이 그렇다고(알빈의 침실과 나폴레옹의 침실은 식료품 저장고를 사이에 두고 있었다) 생각했으며, 베르트랑 부인은 나폴레옹의 구애를 거부했으면서도 질투했다.[73] 알빈은 나폴레옹을 잘 이해했던 것 같다. 훗날 그녀는 이렇게 썼다.

"그의 불길은 연료 부족 탓에 자신과 주변 사람들을 소진하게 만들었다."

1818년 1월 26일 알빈은 딸 조제핀 나폴레옹을 낳았는데 이 아이는 나폴레옹의 세 번째이자 마지막 사생아였을 것이다. 아이는 알빈이 유럽으로 돌아온 뒤 1819년 9월 30일 브뤼셀의 오텔 벨뷔Hôtel Belle-Vue에서 사망했다(알빈은 어느 주장처럼 '건강상의 이유'로, 아니면 세인트헬레나를 벗어나 워털루 전투의 용사이자 이제는 그 섬 총독의 부관이던 배질 잭슨 소령과의 연애를 원해서 벨기에로 갔을 것으로 보인다. 배질 잭슨은 그녀가 떠나고 한 주 뒤 세인트헬레나를 떠나 브뤼셀로 향했다[74]).

현대의 몇몇 작가는 삼각관계(잭슨을 포함하면 사각관계) 때문에 몽톨롱이 나폴레옹을 증오했다고 추정하지만 반드시 그렇지는 않다. 프랑스 귀족 사회에서 그런 관계는 특별하지 않았고 나폴레옹이 이미 마레의 아내, 국무원 위원 뒤샤텔의 아내, 샵탈의 정부, 폴린의 낭독자와 동침했듯 나폴레옹 시대의 법정은 초야권droit de seigneur을 확실하게 인정했다. 복종심 강한 몽톨롱은 알빈이 유럽으로 돌아간 뒤 힘들게 세인트헬레나에 머물렀을 테지만 나폴레옹을 몹시 싫어했으면서도 생애 내내 주된 보나파르트파 인사로 남았다(1840년 나폴레옹의 조카가 일으킨 쿠데타 시도에 참여한 죄로 7년간 옥살이를 했다).

1815년 12월 10일 나폴레옹은 무거운 마음으로 롱우드로 이사했다. 인근 허츠게이트Hutt's Gate의 오두막에 살던 베르트랑이 나폴레옹에게 '새로운 궁전'을 준비했다고 말하자 그가 대답했다.

"내 궁전이 아니라 내 무덤이지."[75]

롱우드의 거처에는 당구장(동인도회사에 초록색 페인트가 많아서 벽을 충격적일 정도로 화려한 초록색으로 칠했다), 응접실, 식당, 도서관, 직원 숙소, 몽톨롱 가족의 침실이 있었다. 영국 정부는 나폴레옹이 '근무하지 않는 장군' 지위만 유지해야 한다고 주장했다. 부르봉 왕실의 심기를 건드리지 않으려면 나폴레옹은 어떤 상황에서도 황제로 불려서는 안 되었다(하지만 조지 3세는 중세의 권리 주장을 계속 이어 재위 첫 42년 동안 자신의 공식 직함에 '프랑스 왕'을 포함했다).[76] 그래서 영국인은 나폴레옹을 '나리Sir'나 '각하Your Excellency', '보나파르트 장군'이라 불렀다. 롱우드에 '보나파르트 장군' 앞으로 무도회 초대장이 왔을 때 나폴레옹은 다음과 같이 빈정거렸다.

"초대장을 수신인에게 보내라. 내가 그 이름을 마지막으로 들은 것은 피라미드와 타보르산에 있을 때였다."[77]

육군장관 배서스트 경의 명령에 따라 국가 안보를 이유로 나폴레옹이 신문을 읽는 것을 허용하지 않았지만 그럼에도 그는 바깥소식을 전해 들었다.[78] 조제프가 성공리에 체포를 피해 뉴저지의 보든타운에 살고 있다는 소식을 들은 나폴레옹은 "한동안 깊이 생각에 잠겼다"(분명 신분을 위장해 맞바꾸자는 제의를 받아들였다면 결과가 어떠했을지 생각했을 것이다). "이어 만족감을 드러냈다."[79] 나폴레옹은 1815년 8월 19일 부르봉 왕실이 잔인하게 처형한 라베두아예르 장군을 애도했지만 네 원수가 총살당했다는 소식에는 망신스러운 반응을 보였다. 그는 구르고에게 말했다.

"네는 응분의 대가를 받았군. 전장에서 이루 헤아릴 수 없을 만큼 소중한 자였기에 가엾기는 하지만, 그는 성미가 너무 급하고 어리석어서 싸울 때를 제외하면 무엇에도 성공할 수 없는 자였어."[80]

훗날 나폴레옹은 네가 1814년 4월 퐁텐블로에서 자신을 배신한 것을 얘기했고 이로써 그의 분노를 이해받았다.[81]

나폴리의 부르봉 왕실은 칼라브리아에서 뮈라를 처형했는데 이때도 나폴레옹은 처음에는 유사한 반응을 보였지만("뮈라는 합당한 처우를 받았을 뿐이다.") 좀 더 심사숙고한 뒤 다음과 같이 말했다.

"전부 내 잘못이다. 그를 원수에 머물게 해야 했다. 베르크 대공으로 삼지 말아야 했다. 나폴리 왕으로 세우는 것은 더더욱 아니었다. 그는 정신이 나갔다. 야심이 너무 컸다."[82]

그는 이렇게 덧붙였다. 누구나 그 위선자를 생각해 보면 알 수 있듯 "나는 차근차근 명성을 쌓았지만 뮈라는 단번에 모든 것의 지배자가 되기를 원했다." 나폴레옹은 라발레트가 파리의 콩시에르제리 교도소에서 탈출해 세상을 놀라게 했다는 소식을 듣고 크게 감동했다. 그는 그곳에서 반역죄로 처형을 기다리던 중이었는데 그의 아내가 남편에게 자신의 옷을 입혀 탈출시키고 그 대신 교도소에 남았다(나폴레옹은 그때까지 그녀를 '작은 바보a little fool'라고 생각했다).[83](부르봉 왕실은 통례대로 그녀를 미칠 때까지 투옥했다.) 나폴레옹은 1816년 마리아 발레프스카가 보나파르트파의 도르나노 공작과 결혼했다는 소식을 듣고 "기쁘다"고 말했다. 나폴레옹은 언젠가 그녀에게 한 달에 1만 프랑을 준 것을 거론하며 말했다.

"그녀는 부자다. 틀림없이 상당한 액수를 저축했을 테니 말이다."[84]

마리아 발레프스카는 그 돈을 오랫동안 쓰며 즐길 수 없었다. 이듬해 도르나노 공작이 추방 생활을 하던 리에주에서 신부전으로 사망했기 때문이다. 나폴레옹은 세인트헬레나에서 여성들과의 '밀회' 경험을 얘기하며 구르고에게 기꺼이 정부들의 이름을 알려 주었다. 나폴레옹은 정부가 예닐곱 명뿐이라고 했지만 실제로는 최소한 그 세 배는 되었다.[85]

1816년 4월 14일까지 나폴레옹의 감금 생활은 편안하지도, 결코 유쾌하지도 않았지만(그토록 큰 위인이 그 작은 섬에 갇혀 있으니 유쾌할 리 없었다) 비교적 참을 만했다. 그런데 그날 새로운 총독 허드슨 로가 세인트헬레나에 도착해 친절한 마크 윌크스 대령에게 업무를 넘겨받았다. 첫 만남에서 나폴레옹은 로에게 금시계를 주었지만(오늘날 런던 국립 군사 박물관에서 볼 수 있다) 두 사람의 관계는 빠르게 나빠졌다. 이미 자신의 운명에 분노하고 있던 나폴레옹에게 꼼꼼하고 융통성 없고 규정에 집착하는 새로운 간수는 그 자리에 걸맞지 않은 최악의 인물이었다. 훗날 몽톨롱은 이렇게 인정했다.

"하늘에서 천사가 세인트헬레나 총독으로 내려와도 우리를 기쁘게 할 수 없었을 것이다."

로의 군 경력을 보건대 사실상 충돌은 피할 수 없었다.[86] 영국 도서관이 소장한 미출간 자서전 초고에서 로는 1794년 2월 초 넬슨이 코르시카의 산피렌초만에 있는 국민공회 요새를 야간에 공격할 때 자신이 어떻게 중대를 지휘했는지 설명한다.

> 그때 부대 전체가 돌진했고 나와 함께 전진한 분견대가 해변에 진입했다. 해변은 방어를 위해 동원한 프랑스 수비대 병사들의 시신으로 완전히 막힌 상태였다. 그들은 전부 라페르 연대였다. … 해변에 시신들이 쌓여 있어서 우리는 죽은 자와 죽어가는 자 위로 길을 내야 했다.[87]

나폴레옹이 그보다 몇 달 전에 그 연대를 떠난 뒤 로는 사지가 잘리고 죽은 그의 동료들을 짓밟았다. 로는 프랑스에 반대한 코르시카인 망명자 부대 로열 코르시칸 레인저스와 함께 싸웠는데 결국 나폴레옹이 반역자들이라고 경멸한 그 부대를 지휘하게 되었다.

또한 로는 바스티아와 칼비에서도 싸웠고 아작시오에 주둔했을 때는 보나파르트 저택Casa Bonaparte에 묵었다. 이후 포르투갈과 미노르카에서 복무했고 이집트에서는 코르시칸 레인저스를 지휘했다. 이집트에서 그는 1801년 패배한 프랑스군을 카이로에서 로제타로 호송해 배에 태움으로써 프랑스군 항복에 관여했는데, 이는 통령 나폴레옹에게 굴욕적인 순간이었다. 카프리에서 2년간 인쇄기를 담당한 로는 나폴리와 여타 이탈리아 도시에 은밀히 벽보를 붙여 반도 전쟁에서 동맹군이 거둔 승리를 낱낱이 알렸다. 나폴레옹은 이를 군인의 품격에 어울리지 않는 일로 경멸했을 것이다.[88] 그 밖에도 로는 차르 알렉산드르 1세를 알았고 그를 크게 존경했으며 라이프치히 전투에도 참전했다. 그 전투 후에는 역시 존경하던 블뤼허의 참모진에 배속되었다. 로는 라로티에르와 랑에서 나폴레옹이 패할 때 그곳에 있었으며 마르몽이 항복한 뒤 파리에 입성했다. 심지어 로는 1815년 초 워털루의 능선을 요새화해야 한다고 제안했다(7월 툴롱에서 브륀을 내쫓은 군대를 지휘했기에 전투에 참전하지는 않았다).[89] 결국 휴가 기간이 전부 합해 열두 달도 되지 않는 34년간의 복무 기간 동안 로는 나폴레옹의 최악의 굴욕과 패배를 여러 차례 목격했고 그의 가장 이른 승리를 뒤엎었다. 두 사람 사이에는 어떠한 공감도 있을 수 없었고 로는 나폴레옹의 성격에서 조금도 매력을 느끼지 못했다. 나폴레옹은 두 사람 간의 마지막 면담에서 그를 조롱했다.

"당신은 코르시카인 이탈자들 말고는 누구도 지휘한 적이 없다. 당신은 장군이 아니다. 한낱 서기에 지나지 않는다."[90]

나폴레옹 지지자들은 로를 무지하고 잔인하며 가학적일 뿐 아니라(틀린 얘기다) 요령부득이고 거만하며 속이 좁은 사람으로(맞는 얘기다) 취급했다. 워털루에서 싸운 제5대 올버말 백작이 남긴 기록에 따르면 코르시칸 레인저스의 여러 장교가 로를 "태도가 거칠고 성질이 급하며 오만한 사람"으로 생각했다.[91] 웰링턴은 '아주 나쁜 선택'이라며 한층 더 모진 평가를 내렸다.

"그는 교육과 판단력이 부족한 사람으로 어리석었다. 그는 세상을 전혀 몰랐고, 그런 사람이 으레 그렇듯 의심과 질투가 많았다."[92]

나폴레옹이 다른 영국인(폭스, 콘월리스, 야머스, 캠벨, 맥나마라, 에브링턴, 러셀, 파자컬리, 베너블스 버넌, 더

글러스, 어셔, 메이틀랜드, 오미라, 콕번, 특히 밸컴 가족, 그 밖에 세인트헬레나를 찾은 여러 방문객)과 얼마나 잘 지냈는지 생각해 보면 영국은 그렇게 공감이 부족하고 규율에 엄격한 자를 보냄으로써 기회를 낭비했다. 나폴레옹은 이미 콕번에게 셰르부르 항구에 부설한 기뢰에 관해 유용한 해군 비밀을 털어놓았으니 그에게서 지난 16년간 유럽의 여러 궁정에 숨겨진 수많은 정치 비밀을 끄집어낼 수 있었을 것이다.

나폴레옹의 거처와 로의 거처는 겨우 약 4.8킬로미터밖에 떨어져 있지 않았지만 나폴레옹은 넉 달 동안 여섯 번 넘게 로와의 만남을 거부했다. 이후 두 사람은 5년 뒤 나폴레옹이 사망할 때까지 서로 심히 쩨쩨하게 싸웠다. 로는 롱우드에서 태운 땔감의 양에 불평했고 베치가 나폴레옹의 말을 탔을 때 윌리엄 밸컴을 책망했다. 또한 나폴레옹의 피아노를 돌려주지 않았으며 나폴레옹이 역사책과 로마왕 흉상, 황제를 뜻하는 'N' 자를 새긴 상아로 된 장기 말을 받지 못하게 했다(나폴레옹은 아들과 어떤 형태로도 접촉할 수 없었다. 그의 아들은 프랑스어를 배우는 것을 금지당했고 1818년 라이히슈타트 공작이라는 오스트리아 작위를 받았다). 또한 로는 1818년 크리스마스 이후 태어난 모든 아이들의 경우 노예제를 폐지했으면서도 나폴레옹이 초로에 접어든 밸컴의 말레이인 정원사 겸 노예인 토비의 자유를 매입하는 것을 허용하지 않았다.[93] 심지어 로는 염소도 삼킬 수 있는 머리 맥스웰 함장의 보아뱀을 보고 싶다는 나폴레옹의 요청도 거부했고, 세인트헬레나의 선임 목사가 나폴레옹에게 코담배갑을 받는 것도 막았다. 공직자에게 뇌물을 주려는 시도로 보았던 것이다.[94]

로의 행위 중 최고로 부조리했던 것은 1820년 5월 배서스트 경에게 몽톨롱이 섬에 주재한 프랑스인 판무관 드 몽셰뉘 후작에게 롱우드에서 채소를 재배하는 데 성공했다고 말하고 그에게 채마 밭에서 수확한 초록색 콩과 흰색 콩을 주었다고 보고한 일이다. 로는 초록색은 보나파르트파의 색이고 흰색은 부르봉 왕실의 색이므로 이것이 깊은 정치적 의미를 지닌다고 보았다. 로는 배서스트에게 이렇게 보고했다.

"제가 보기에 후작이 둘 중 하나를 받지 않았거나 흰색 콩만 요구하는 데 그쳤다면 더 적절한 처신이었을 것입니다."

로가 육군장관에게 콩의 색깔 문제를 언급한 것이 그때가 전부는 아니었다(짐작컨대 장관은 아주 난처했을 것이다).[95] 영어를 배우고 싶었던 나폴레옹은 어린이용 동화책을 한 부 받아 갖고 있었는데, 그 이야기 중 하나에서 병든 사자가 다른 동물들의 모욕을 의연하게 버티다가 결국 당나귀에게 얼굴을 걷어차였다. 사자는 이런 말을 남기고 죽었다.

"이것만 아니면 무엇이든 참을 수 있었을 것이다."

나폴레옹은 베치에게 이렇게 말했다.

"그것은 나와 총독이야."[96]

하지만 괴롭힘과 편집증이 늘 일방통행은 아니었다. 담을 세우고 도랑을 만든 나폴레옹은 로의 감시에서 벗어나 식물을 재배했다. 나폴레옹은 로와 면담할 때면 의자를 치워 그가 마치 국가수반과 면담하는 것처럼 내내 서 있게 했다. 또한 나폴레옹은 당구장 덧문에 구멍을 뚫어(실제로 세인트헬레나에는 그가 직접 주머니칼로 구멍을 냈다는 얘기가 전해진다) 정원 보초막을 몰래 감시할 수 있었다. 비록 그것이 집이 아니라 집 반대편을 향하고 있긴 했지만 말이다.[97] 로를 '시칠리아인 똘마니'라고 부른 나폴레옹은 집 주변의 보초들이 자신을 죽이라는 명령을 받았다며 그는 '영국 과두지배자들'(즉, 영국 정부)이 보낸 암살자라고, 언젠가 자신은 '사고처럼' 총검에 찔려 살해될 것이라고 일상적으로 주장했다.[98] 한번은 영국 혐오증이 발작처럼 솟구친 나폴레옹이 이렇게 말했다.

"붉은색은 참을 수 없어. 그것은 영국 색깔이야."[99]

다툼의 주된 이유 중 하나는 총독이 나폴레옹의 억류 비용을 연간 2만 파운드에서 1만 2천 파운드(40만 프랑에서 24만 프랑으로)로 삭감하려 한 것이었다. 비용을 둘러싼 다툼은 롱우드에 공급한 버터 값과 품질에까지 영향을 미쳤다. 로는 나폴레옹에게 왜 제빵사와 등불 담당자가 필요한지 이해하기 어려웠다. 베르트랑이 삭감에 항의했지만 사실 살림은 그리 쪼들리지 않았다.[100] 예를 들어 1816년 마지막 석 달 동안 롱우드에 들어간 포도주는 3천7백 병이었다(그중 830병이 클라레, 즉 보르도산 적포도주였다).[101] *

로는 알 수 없었겠지만 나폴레옹은 세인트헬레나에서 탈출한다는 생각을 전혀 하지 않았다. 다른 점에서는 그의 삶이 모험으로 가득했고 로슈포르 이전까지 해상 탈출 이력(코르시카, 이집트, 엘바)이 훌륭했음을 감안하면 이는 놀랍다. 초기에 나폴레옹은 탈출하는 척한 적이 있다. 갑자기 절벽을 올라타 전령장교인 제53연대 대위 토머스 포플턴의 시야에서 벗어난 것이다. 콕번은 놀라지 않았고 포플턴에게 곧 롱우드에서 그를 다시 볼 것이라고 말했다. 과연 그러했다.[102] 나폴레옹의 수행원들은 탈출에 관해 많이 논의했고 라타피 대령과 몰타에 두 달간 억류되었다가 탈출한 랄르망 장군이 꾸민 것을 포함해 여러 계획이 있었다[103](라타피는 브라질 해안에서 약 354킬로미터 떨어진 포르투갈의 페르난두지노로냐섬 교도소를 탈취하려 했다. 그곳의 2천 명에 달하는 죄수를 부추겨 반란을 일으킨 뒤 세인트헬레나로 와서 나폴레옹을 구하려 한 것이다. 나폴레옹 자신은 그 모든 생각을 "허드슨 로 경의 고민에 타당성을 더해줄 뿐인 허황된 이야기"라고 비난했다[104] **). 구르고는 자신들이 종종 나폴레옹이 어떻게 "세탁물 바구니나 맥주 통, 설탕 상자 속에 숨어 탈출할 수 있을지" 궁리했다고 자랑했지만, 황제는 탈출하기 위해 변장하거나 아주 조금이라도 신체적 노력을 기울이는 것은 너무 위엄이 떨어지는 짓이므로 명백히 하지 않으려 했다고 덧붙였다.[105] 더구나 편집증이 있던 로는 롱우드 주변에 낮에는 125명, 밤에는 72명이나 보초를 세웠다.

* 나폴레옹은 파리에 있는 자신의 거래은행 직원 라피트에게 정기적으로 송금을 받았고, 유배 생활 중에 자신의 돈을 도합 181만 8,245프랑 썼다. 그중 100만 프랑 이상이 어디로 갔는지 행방이 모호하다(Branda, *Le prix de la gloire* p.81). 나폴레옹의 어머니는 연간 6만 프랑을 보조했지만 페슈와 조제프, 뤼시앵, 제롬은 원래 10만 프랑을 보내겠다고 약속했는데도 조금도 기여하지 않았다(Martineau, *Napoleon's St Helena* p.62). 외젠은 1821년 직원들이 유럽으로 돌아왔을 때 65만 768프랑을 변상했다.

** 로는 1816년 기사 작위를 받았다.

나폴레옹이 세인트헬레나에서 보낸 시간은 5년 반이 넘으며 제1통령으로 지낸 시간보다 길다. 그런데 다음 세기에 흰개미 떼 때문에 무너진 뒤 재건한 롱우드를 제외하면 나폴레옹이 그곳에 남긴 기념물은 단 하나 회고록뿐이다. 1802년 나폴레옹은 "미래 세대의 평가에 관해 말하자면 후회도 걱정도 없이 죽겠다"고 말했지만, 그가 세인트헬레나에서 보여 준 주된 활동은 대놓고 그 평가에 영향을 미치려는 시도였다.[106] 나폴레옹이 매우 성공적이었다는 사실은 그가 말했던 이야기의 특별한 성격과 그의 문학 재능에 다 들어 있다. 나폴레옹은 베르트랑에게 이렇게 말했다.

"역사가는 연설가처럼 설득해야 한다. 납득시켜야만 한다."[107]

1816년 6월 나폴레옹은 라스 카즈(부자에게 동시에)와 구르고, 몽톨롱 그리고 이따금 오미라에게 때론 하루 12시간까지 이야기를 구술했다. 이는 그가 사망하고 2년이 지난 뒤 라스 카즈가 《세인트헬레나 회고록》이라는 네 권짜리 책으로 발표했을 때 국제적으로 19세기 최고의 인기 도서가 된다.[108] 구술을 끝마치자마자 나폴레옹은 율리우스 카이사르에 관한 238쪽의 책을 구술했다. 이는 알다시피 자전적 의미가 가득하다.

나폴레옹은 당구공을 문진 삼아 당구대 위에 여러 지도를 펼쳐 놓았고 공보를 참조해 60차례 전투에서 벌어진 사건들을 기억하려 했다. 어느 방문객이 각 교전에서 어떤 부대들과 싸웠는지 어떻게 상세히 기억할 수 있느냐고 묻자 그가 대답했다.

"부인, 이것은 이전에 사랑했던 연인을 기억하는 일이랍니다."[109]

그러나 그런 과제를 실행한 다른 정치인처럼 나폴레옹도 결코 정확한 사실을 떠올리지는 못했다. 나폴레옹은 말했다.

"이 얼마나 소설 같은 삶이란 말인가!"

그는 인생을 되새기며 분명코 사실만큼이나 허구에도 많은 빚을 졌다.[110] 나폴레옹은 업적을 과장했고 패배는 가볍게 처리했으며 결코 자신의 정책인 적이 없던 범유럽주의를 채택한 척했다(심지어 라스 카즈는 제20장에서 언급한 위조문서를 끼워 넣기까지 했다). 놀랍지 않게도 나폴레옹은 회고록이 자신을 비방하는 자들을 당혹스럽게 만들기를 원했다.[111] 그는 이런 말을 했다.

"내 생애에서 분명코 많은 결함을 발견할 것이다. 그렇지만 아르콜레와 리볼리, 피라미드, 마렝고, 아우스터리츠, 예나, 프리틀란트 전투는 흔들리지 않는 위업이다. 이 점에서 질시는 무력하다."[112]

또한 나폴레옹은 아마도 자신을 더욱 높이려는 목적에서 과거의 위인(율리우스 카이사르만 빼고)을 깎아 내릴 필요가 있다고 느꼈다. 그에 따르면 구스타브 2세 아돌프는 유능한 기동을 거의 보여 주지 못했다. 프리드리히 대왕은 "포술을 이해하지 못했다." "앙리 4세는 위대한 일을 전혀 하지 못했다. … 성왕 루이는 바보였다." 심지어 알렉산드로스 대왕까지도 "위대한 장군에 걸맞은 훌륭한 기동을 전혀 수행하지 못했다."[113] 나폴레옹이 죽고 《세인트헬레나 회고록》을 출간하기 전 구르고가 나폴레옹의 회고담 일부를 발표했을 때, 그루시 원수는 워털루 전투에서 자신과 네의 움직임이 심하게 왜곡되고 부정확하다고 생각해 《나폴레옹의 작품으로 추정하는 역사적 회고록의 신빙성에 관한 의심》이라는 소책자를 써서 그 회고담의 출처가 나폴레옹일 리 없다고 주장했다.[114] 하지만 그 얘기는 나폴레옹이 한 것이다.

롱우드에서 나폴레옹의 일과를 보면 적어도 1820년 병들어 쓰러질 때까지는 아침 6시에 일어나 차나 커피를 마시고 씻고 면도하고 오드콜로뉴로 전신 마사지를 했다(나폴레옹은 하인들에게 말했다. "당나귀를 문지른다고 생각하고 더 세게 밀어.").[115] 오전 10시 점심을 먹은 뒤에는 회고록을 구술했고 이어 1시간에서 3시간까지 목욕을 했다(때로는 욕조 안에서 음식을 먹었다). 저녁 이른 시간에는 응접실 난로 옆에서 모자를 벗어 팔 아래 낀 채 서서 방문객을 맞았고, 이후 걸어서 베르트랑 부부에게 갔다가 돌아와 구술한 내용을 적은 초고를 교정한 뒤 저녁을 먹었다.[116] 그때 고위 수행원들을 붙잡고 위인과 사건에 관한 일을 되새겨 그들을 즐겁게 해 주었지만 저녁식사를 마친 뒤에는 코르네유와 볼테르, 오시안, 호메로스, 때로는 성서를 큰 소리로 읽어 주어 따분하게 만들었고 밤 11시에 잠자리에 들었다.117) 나폴레옹이 볼테르의 비극《자이르Zaïre》를 한 번 더 읽자고 했다면, 그의 작은 어전회의 중 적어도 두 차례는 그가 갖고 있던 사본을 '없애기' 위해 꾸며졌을 것이다.118)

1816년 6월 중순 선임장교 펄트니 맬컴 제독이 콕번을 대신해 세인트헬레나에 도착했다. 나폴레옹은 맬컴 부부와의 교제를 즐겼다. 맬컴 부인은 우연히 나폴레옹이 워털루 전투 전날 도움을 준 엘핀스톤 대위의 누이였다. 그녀는 나폴레옹과 여러 차례 길게 대화를 나눴는데 대화가 끝나자마자 이를 상세히 적어 두었다.119) 맬컴이 보기에 나폴레옹은 "그림을 보고 상상했던 것보다 더 컸고 그다지 뚱뚱하지 않았으며 … 태도는 솔직하고 유쾌했다." 두 사람은 해군원수 세인트 빈센트 백작의 통풍, 피트의 소득세("거의 모든 사람이 불평을 해 댔다는 것은 그들이 모두 세금을 납부했음을 보여 준다."), 노예제라는 '망신거리', 트라팔가르에서 넬슨이 쓴 전술, 워털루에서 웰링턴이 얼마나 많은 싸움에서 위험했는지, 부르봉 왕실의 운명 등을 토론했다. 앙기앵 공작과 야파에서의 학살을 놓고 벌인 토론이 보여 주듯 토론 주제에 제한은 없었다.120) 두 사람은 처음 만남에서 스코틀랜드의 귀족, 웰링턴과 넬슨이 호칭을 선택한 과정, 셰리든의 희극〈경쟁자들The Rivals〉, 존 밀턴의 공화주의, 셰익스피어 이후 영어가 얼마나 변했는지, 드라이든과 애디슨이 영어를 근대화했는가를 놓고 이야기했다. 나폴레옹은 바이런에 관해 질문했고 이탈리아의 시와 산문을 비교했으며 이어 자리에 앉아 맬컴 부인과 장기를 두었다. 맬컴 부부는 나폴레옹이 많이 웃었다고 적었다. 그는 냉장고 개척자인 발명가 레슬리 교수가 섬으로 가져온 새로운 제빙기를 보고 멍청하게도 그 온도계를 망가뜨렸다. 나폴레옹은 자신의 서투름을 적당히 평했다.

"나답군."121)

나폴레옹은 지루함을 달래려고 타고 있던 배가 식량을 보충하느라 세인트헬레나에 정박했을 때 자신을 찾은 수많은 사람의 방문을 받아 주었다. 1817년 6월 7일 나폴레옹은 티베트를 탐험한 토머스 매닝 박사를 만났다. 그는 중국으로 가던 중이었다. 나폴레옹은 라사Lhasa의 달라이 라마가 어느 정도 수입을 올리는지 알고 싶어 했고 "중국인과 그들의 언어, 관습 등에 관해 마구 질문을 쏟아 냈다." 그 밖에 세인트헬레나에서의 삶은 이따금 롱우드에 쥐가 들끓어 활기를 띠었을 뿐 단조로웠다. 언젠가 나폴레옹은 베치에게 "모자를 쓰려고 하는 순간 그 안에서 커다란 쥐가 튀어나와 깜짝 놀랐다"고 말했다.122) 나폴레옹은 익히 알려진 런던 거리 행상인들이 외치는 소리를 흉내 내며 홀로 즐기곤 했다.

1816년 10월 말부터(죽을 때까지 꼬박 4년 반의 기간이다) 나폴레옹은 심각하게 건강 악화 증후를 보이기 시작했다. 이는 한편으로 로와의 관계가 나빠진 다음부터 말을 많이 타지 않고 마치 속세를 떠난 사람처럼 지냈기 때문이기도 하지만 채소와 과일을 거의 먹지 않은 탓도 있다. 여기에다 그는 처방한 약을 먹지 않고 온욕을 하는 시간만 점점 더 길어졌다(나폴레옹에게 처방한 약에는 타르타르 구토제, 감홍, 나무껍질 달인 물이 있었는데 이를 복용하지 않았다고 크게 해롭지는 않았을 것이다). 또한 나폴레옹은 섬에서 갇혀 지내는 운명에 점점 더 침울해져 괴로워했다. 그는 그 섬을 때에 따라 '이 저주받은', '소름끼치는', '지긋지긋한', '비참한' 바위섬이라고 불렀다.123)

배리 오미라는 환자의 건강 상태를 로에게 정기적으로 보고했다. 매주, 때로는 날마다 작성한 이 상세한 요약문으로 그의 증상을 추적해 볼 수 있다. 1817년 10월 오미라는 나폴레옹의 간염을 진단했는데, 로는 이 때문에 영국 정부가 나폴레옹을 본질적으로 건강에 나쁜 곳에 보냈다는 비난을 받을 수 있다고 생각했기에 두 사람 사이가 틀어졌다. 그래서 오미라가 총독에게 보내는 보고서는 로가 임명한 알렉산더 백스터라는 의사(나폴레옹은 그를 보기를 거부했다)가 받아써야 했다. 이 우스꽝스러운 상황은 1818년 로가 섬에서 오미라를 내쫓을 때까지 계속되었다(그때쯤 구르고도 뤼시앵 보나파르트와 연락하려 했다는 이유로 로가 쫓아냈다).

1816년 10월 20일 오미라는 나폴레옹(로는 오미라가 보고서에서 그를 '보나파르트 장군'이라 불렀다고 주장했다)이 "잇몸 해면질이 … 살짝만 닿아도 피가 난다고, 안색이 평소보다 더 창백하다고" 불평한다는 보고를 했다.[124] 이후 나폴레옹은 "호흡이 곤란"했고(10월 21일) "하지가 붓고 차가웠다."(11월 10일) 또한 "여러 해 동안 고통을 안겨 준 신경성 두통과 … 가벼운 설사의 발작적인 공격"(1817년 3월 5일), "빰의 작은 종창과 잇몸 발진"(3월 28일), "지극히 고통스러운 … 빰의 종기"(6월 30일), "극심한 콧물감기"(7월 3일), "발목 주변 부종(부어오름) 현상 … 야간 수면 부족, 한 번에 적은 양의 소변을 배출하는 일이 잦음"(9월 27일), "우측 늑골 하부"의 무지근한 통증, "오른쪽 어깨에 그와 비슷한 감각", 분당 60회에서 68회로 맥박 상승, 과민성 대장, 빰과 옆구리의 통증(10월 9일)으로 고생했다. 이에 따라 오미라는 이렇게 추측했다.

"이 상태를 지속하거나 증상이 심해지면 그가 만성간염을 앓고 있다고 믿을 만한 이유가 충분하다."(10월 1일)

1817년 가을 오미라는 나폴레옹의 이를 하나 뽑았다. 나폴레옹이 일생 동안 받은 유일한 수술이었다. 10월 9일 나폴레옹은 "오른쪽 옆구리에 이전보다 더 뒤쪽으로 둔통"이 있었고 "두 다리의 붓기는 다소 가라앉았으며" "오른쪽 옆구리 통증은 여전히 똑같았다. 지난밤 그는 심계 항진 증상과 … 견갑골 아래에 상당히 심한 통증을 보였으며 오른쪽 옆구리의 찌릿한 통증이 호흡에 어느 정도 영향을 미쳤다. … 어제 베란다 계단에 상당히 오랜 시간 앉아 있어서 통증이 온 듯하다."(10월 11일) "오른쪽 옆구리의 둔통과 수면 부족"(10월 13일).[125] 나폴레옹은 아직 죽어 가고 있지는 않았지만 확실히 건강이 나빴다.

1817년 말 나폴레옹은 간 문제와 복통으로 그리고 필시 B형 간염으로 고생했을 뿐 아니라 우울증도 앓았다. 그가 베르트랑에게 말했다.

"밤에 떠오르는 생각이 즐겁지 않다."[126]

그래도 1814년 퐁텐블로에서 한 차례 시도했고 이듬해 엘리제궁에서 한 번 더 시도했을 가능성이 있지만, 나폴레옹은 심각하게 자살을 고려하진 않은 것 같다. 그가 세인트헬레나에서 그런 생각을 했을 수도 있다고 알려 주는 유일한 징후는 그가 사망하고 반백년이 지난 뒤 알빈 드 몽톨롱의 연인 배질 잭슨의 회고록에서 간접적으로 전해졌다. 배질 잭슨의 주장에 따르면 세인트헬레나에서 구르고가 "이상한 말을 … 했다. 나폴레옹이 자신에게 자살을 암시했다고 에둘러 말하는 것에서 그치지 않았다. 이때 숯의 연기로 죽는 얘기가 오갔다."[127](숯을 태우면 일산화탄소가 배출된다.) 1818년 나폴레옹이 회고록에서 이런 글을 쓴 것은 사실이다. 그는 가족 누구도 다시는 보지 않으려 했고 기억력과 성욕이 감퇴한다고 불평했다. 그는 확실히 아팠으며 간혹 통증에 시달렸다. 그에게는 자살할 만한 용기가 충분히 있었고 종교적 신념이 부족했기에 이렇게 말할 수 있었다. "내게는 망상과도 같은 지옥의 공포가 없다."[128] "죽음은 그저 꿈꾸지 않고 자는 것일 뿐이다." "내 신체로 말하자면 당근이나 순무가 될 것이다. 나는 죽음이 두렵지 않다. 군대에서 내게 말을 건네며 죽어 간 사람을 무수히 보았다."[129]

나폴레옹은 1786년에 쓴 수필 〈자살에 관하여〉에서 다음과 같이 물었다.

"인간에게는 자살할 권리가 있는가? 그렇다. 그의 죽음이 타인에게 해를 끼치지 않고 삶이 그에게 나쁘다면."[130]

나폴레옹은 세네카와 플리니우스, 마르티알리스, 타키투스, 루카누스 모두 자살했음을 알고 있었다.[131] 그런데 1802년 고뱅이라는 척탄병이 사랑 때문에 자살하고 한 달 안에 그런 사고가 두 번이나 일어나자 나폴레옹은 그 문제에 관한 일일훈령에서 엄중하게 말했다.

"병사는 연정의 고통과 우울함을 극복할 줄 알아야 한다. 정신적 고통을 견고하게 버틸 때도 포도탄이 빗발치는 가운데 굳건히 자리를 지킬 때만큼 많은 용기가 필요하다. 분한 마음에 자신을 포기하거나 자살하는 것은 정복당하기 전에 전장을 포기하는 것이나 마찬가지다."[132]

당대인들은 마르쿠스 포르키우스 카토의 자살을 찬양했지만 나폴레옹은 자신이 쓴 율리우스 카이사르의 전기에서 이렇게 물었다.

"그의 죽음은 누구에게 유익했나? 카이사르다. 그것은 누구에게 기쁨을 주었나? 카이사르다. 그것은 무엇에 치명적이었나? 로마와 그의 당파다. … 그는 모멸감에 절망해 자살했다. 그의 죽음은 한 위대한 영혼의 유약함이자 스토아 철학자의 실수이고 그 삶의 오점이다."[133)]

나폴레옹이 세인트헬레나에서 자살하지 않은 것은 적들에게 큰 기쁨을 안겨 주기 싫었기 때문일 수도 있다. 그는 직접 말했다.

"죽는 것보다 감내하는 것이 더 많은 용기를 필요로 한다."[134)]

1817년 6월 나폴레옹은 맬컴 부부에게 이런 말을 했다.

> 나는 프랑스제국의 제관과 이탈리아의 철 왕관을 썼소. 이제 영국은 내게 그 둘보다 더 크고 더 영광스러운 (것을) 주었소. 이 세상의 구세주가 썼던 관이기 때문이오. 가시관. 고난과 내게 가한 온갖 모욕은 내 영광을 더할 뿐이오. 영국의 박해에 나는 내 명성의 가장 찬란한 부분을 빚졌소.[135)]

이 말은 전형적인 과장에다 유달리 신랄하며 여러 점에서 사실의 오류지만, 한때 유럽 대부분을 지배한 자를 세인트헬레나에 살게 하는 것은 정말 가혹한 처벌이었다(물론 부르봉 왕실과 프로이센이 원한 처형에 비하면 훨씬 낫다). 그해 여름 가벼운 지진이 일어났을 때 나폴레옹은 어느 부관에게 말했다.

"우리를 집어삼켰어야 했다. 섬과 모든 것을. 다른 이들과 함께 죽으면 매우 기분이 좋을 것이다."[136)]

나폴레옹은 향후 정치 상황 전개로 자신이 석방될지 모른다는 희망을 놓지 않았다. 그러면서 언급한 것이 '프랑스에서 일어날 반란', 홀랜드 경의 총리 취임, 루이 18세의 죽음, 섭정왕자의 무남독녀인 샬럿 공주의 영국 여왕 즉위였다. 샬럿 공주를 거론할 때는 이렇게 말했다.

"그녀가 나를 유럽으로 돌아가게 해 줄 것이다."

실제로는 이 중 무엇도 그를 구원할 가능성이 조금도 없었다. 특히 샬럿이 사망하고 섭정왕자의 매정한 남동생, 즉 훗날의 윌리엄 4세가 그녀를 대신해 후계자가 된 1817년 11월 이후로는 가망성이 전혀 없었다.[137)]

1818년 밸컴 가족이 섬을 떠났고 오미라는 내쫓겼으며 나폴레옹과 함께 옛일을 회상하곤 했던 코르시카인 치프리아니는 죽었다. 베치는 떠나기 전 나폴레옹이 한 차례 발병한 후 건강이 상당히 악화됐음을 알아챘다. 그녀는 다음과 같이 썼다.

"그 때문에 외모가 크게 나빠지고 변해서 바라보기가 안쓰러웠다."

> 그의 얼굴은 말 그대로 누런 밀랍 색깔이었고 뺨은 얼굴 양쪽으로 자루처럼 축 처졌다. 발목은 너무 부어올라 살이 신발 옆으로 삐져나왔다. 그는 너무 허약해 한 손은 가까이 있는 탁자를 짚고 다른 손은 시중을 드는 자의 어깨를 붙잡지 않고는 서 있을 수 없었다.[138)]

밸컴 가족이 마지막으로 작별을 고할 때 나폴레옹이 말했다.

"당신들은 곧 나를 이 비참한 작은 바위섬에서 죽도록 내버려 두고 배를 타고 영국으로 가겠지. 저 무서운 산들을 보게나. 나를 가둔 교도소의 벽일세."

선물의 힘을 늘 의식하고 있던 나폴레옹은 울고 있던 베치에게 손수건을 주었고, 베치가 그의 머리카락 한 타래를 요청하자 그는 베치와 그 가족에게 주려고 마르샹에게 네 가닥을 자르게 했다.[139)]

역사가들이 그 시기 나폴레옹이 앓았다고 추정하는 질병은 다음과 같다. 임질, 담석증, 간질, 편두통, 위궤양, 말라리아, 브루셀라병, 아메바성 간염, 이질, 괴혈병, 통풍, 뇌하수체 기능항진증, 주혈흡충병, 복부 팽만, 소화불량, 신장 문제, 생식샘 저하증, 심부전, 방광염, 조울증, 그 밖에 클라인펠터 증후군을 비롯해 프뢸리히 증후군과 졸링어-엘리슨 증후군 등 여러 증후군이 그것이다.[140] 이 모든 질환은 거의 전부 무시해도 괜찮다. 다만 세인트헬레나에서 생활하기 이전에 그는 치질, 완전히 치료했지만 어렸을 적의 가벼운 결핵, 결석을 동반한 방광염, 옴, 두통으로 고생했다. 1947년 처음 출간한《나폴레옹의 하루Itinéraire de Napoléon au jour le jour》는 지극히 상세한 책으로 나폴레옹이 성인이 된 이후 어디에서 무엇을 했는지 하루도 빼놓지 않고 기록했다. 이 책을 보면 나폴레옹이 아파서 일하지 않은 날이 놀랍도록 적다는 사실이 분명해진다. 과연 그는 1815년 1월까지도 이렇게 자랑했다.

"나는 평생 아픈 적이 없다."[141]

나폴레옹은 원정에서 독감에 걸렸고 바그람과 보로디노, 라이프치히 전투 셋째 날 그리고 아마도 워털루에서 건강이 좋지 않았을지 모르지만 이 중 어느 전투에서도 의사결정에 영향을 주었다고 볼 정도까지 나쁘지는 않았다.

사정이 바뀐 것은 1818년이다. 그때부터 나폴레옹은 만성적인 하지부종, 빈번해진 두통, 심한 메스꺼움, 식욕저하, '발한 과다', 심계항진, 오른쪽 옆구리 통증, 심한 변비, (놀랍지 않게도) 기력 저하로 고생했다.[142] 그를 죽게 만든 위암은 2년 넘게 제대로 진단받지 못했지만 1818년 초에서 중반에 완전히 자리를 잡았다. 1818년 초 나폴레옹은 한 달 동안 집 밖으로 한 걸음도 내딛지 못했다. 제66보병 연대 부군의관으로 데드우드 막사에서 근무한 월터 헨리는 다음과 같이 썼다.

"처음부터 나폴레옹은 자신의 질병이 어떤 종류인지 아는 것처럼 보였다. 그는 (그것을) 위 질환이라고 언급했다. 그의 아버지도 서른다섯 살에 그 때문에 죽었고, (폴린) 보르게세 공작부인에게도 그 질병의 징후가 있었다."[143]

폴린 보나파르트와 카롤린 보나파르트 둘 다 각각 마흔네 살과 쉰일곱 살에 암으로 사망했고, 나폴레옹의 사생아 샤를 레옹도 여든한 살의 늙은 나이지만 위암으로 사망했다[144](나폴레옹이 그 나이까지 살았다면 영국은 1848년 그의 조카가 대통령으로 선출되었을 때 그를 석방했을 것이다).

1809년 나폴레옹은 코르비자르에게 해부학 교육을 받고 싶다고 말했다. 그래서 말메종으로 인체 기관들을 가져와 점심을 먹기 전 서재에서 해체했다. 조제핀은 그가 "평소보다 더 창백하고 음식을 먹지 못했다"는 것을 알아챘고 코르비자르를 설득해 점심 후에는 계속하지 못하도록 말리게 했다. 이후 나폴레옹은 그런 조치를 취해 준 것에 조제핀에게 감사했다.[145] 그가 전장에서 창자가 드러난 시신을 무수히 많이 보았음을 생각하면 이는 이상하리만큼 까다로운 태도였다. 어쨌거나 나폴레옹은 그 짧은 수업으로 인체 작동 원리를 이해하는 데 도움을 받았고, 1818년 그는 자신의 질병이 생명을 위협한다는 것을 확실히 알았다.

그의 머리카락에서 비소 성분이 높게 나왔다는 소문에 따라 그 시기 나폴레옹이 몽톨롱이나 다른 이들로 인해 비소에 중독되었다는 가공의 음모론이 다양하게 등장했다. 하지만 당대 다른 많은 사람(조제핀과 로마왕 같은 사람)의 머리카락 표본에서도 비슷하게 높은 수준의 비소가 검출되었고, 그의 머리카락은 세인트헬레나에 오기 전부터 여러 시점에 높은 비소 함량을 보여 주었다. 10.38PPM의 비소 함량은 예를 들면 조지 3세의 머리카락에서 검출된 17PPM보다 낮다.[146] 어머니와 페슈 추기경이 지정한 실력 없는 프란체스코 앙토마르시보다 더 나은 의사가 있었다면 나폴레옹에게 분명 이로웠을 것이다. 앙토마르시는 1819년 9월 업무를 넘겨받았지만(나폴레옹은 로가 지정한 의사는 만나기를 거부했다) 일단 위암이 확실하게 자리 잡은 뒤로는 최종 결말을 바꿀 방법이 없었다.[147] 나폴레옹이 사망하고 이튿날 영국인 의사 7명과 앙토마르시가 당구장에서 시신을 열어 검시했다. 시신은 송판 몇 개로 만든 가대로 떠받치고 그 위에 올려놓았다. 공식 검시 보고서에 따르면 이러했다.

> 위벽 거의 전체가 암 덩어리였거나 암에 가까운 경성 섬유질이었다. 특히 유문 근처에

서 병변이 두드러졌다. 식도 끝 근처 분문 말단의 작은 공간이 유일하게 건강한 상태로 보인 부분이었다. 위는 커피 찌꺼기와 비슷한 액체로 거의 가득 차 있었다. 간 좌엽의 볼록한 표면은 횡격막과 유착되어 있었다.[148]

증상과 과정을 보면 이것은 양성 위궤양이 악성으로 바뀐 게 아니라(이런 일은 대개 제산제가 나오기 이전 시대에 있었다) 처음부터 암이던 것이 거의 위 전체로 퍼졌을 가능성이 크다. 검시 결과를 보면 암은 위와 맞닿은 림프절과 조직으로 전이되었지만 간으로는 전이되지 않았다. 흉강 유착은 이전에 사망과 무관한 감염증(어릴 적의 결핵이나 앞서 언젠가 걸렸을지 모를 세균 폐렴)이 있었음을 암시한다. 늑막강과 심막강의 피로 얼룩진 액체는 위 천공에 따른 패혈성 쇼크 결과였을 수 있다. 커피 찌꺼기 같은 것은 위산과 소화효소 작용으로 혈액이 암갈색으로 변한 것이었다.[149]

앙토마르시를 제외한 모든 의사가 암을 진단했다. 베르트랑과 몽톨롱의 압박을 받은 앙토마르시는 나폴레옹이 위염과 간염을 앓았다고 말했고, 그래서 나폴레옹의 억류 장소로 건강에 나쁜 롱우드를 선택했다며 '영국 과두지배자들'을 비난할 수 있었다.[150] 검시 보고서 셋째 쪽에 보이는 "그리고 간은 아마 평소보다 약간 더 컸을 것이다"라는 말은 로가 삭제했고 발표한 보고서에는 나오지 않았다. 나폴레옹이 사망 원인인 암뿐 아니라 간염도 앓고 있었음을 암시했기 때문이다.[151] 이는 음모론이 사라지지 않는 이유지만 본질적으로 타당하지 않다. 검시에 참여한 의사 중 한 사람인 월터 헨리는 위에 관해 이렇게 썼다.

이 기관은 광범위하게 파괴된 상태였다. 사실상 마치 벌집처럼 도처에 궤양이 있었다. 이 질병의 주된 병소는 정확히 나폴레옹이 (마지막으로 발병했을 때 여러 차례) 가리킨 부위, 즉 유문부로 장이 시작되는 아래쪽 끝이었다. 나는 이 부위에서 궤양이 위벽을 뚫어 생긴 구멍 속으로 손가락을 집어넣었는데 인접 기관인 간과 가벼운 유착이 있어서 막

혔다.[152]

그는 다음과 같이 덧붙였다.

"나폴레옹이 그런 상태의 기관으로 얼마 동안이라도 생존할 수 있었다니 놀랍다. 성한 데라고는 조금도 없었기 때문이다."[153]

나폴레옹의 쉰 번째 생일은 향수를 자극하는 슬픈 일이었다. 나폴레옹은 말했다.

"내 가슴은 시퍼렇게 멍든다. 나는 사랑에 빠진 적이 없다. 아마 조제핀과의 관계만 약간 예외였을 것이다. 그녀를 처음 알았을 때 나는 스물일곱 살이었다. 마리 루이즈에게는 진정 호감이 있었다."[154]

1821년 1월 황제가 운동을 하게 하려고 당구장에 시소를 세웠지만 그다지 소용이 없었다.[155] 2월 나폴레옹은 앙토마르시가 처방한 약 일부를 창문 밖으로 내버렸고 거의 매일 구토했다.[156] 그달 늦게 나폴레옹은 "마른기침, 구토, 참을 수 없을 정도의 장내 열, 막연한 흥분, 걱정, 타는 듯한 갈증"으로 괴로워했다.[157] 나폴레옹이 건강 악화의 마지막 국면에서 보여 준 모습은 주변 사람들에게 쓰라린 고통을 주었다. 안색이 쇠기름 같아 유령에 비유되기도 했다.

1821년 3월 17일 나폴레옹은 페슈 추기경이 보낸 부오나비타 신부를 만나 어머니와 가족에게 해야 할 말에 관해 지시를 내렸다. 부오나비타 신부는 "질병으로 엉망이 된 그의 용모에 당황하는 동시에 그의 평온함과 운명을 감수하는 태도에 깊이 감동했다." 나폴레옹은 몽톨롱과 함께 마차에 타려 했지만 그럴 수 없었고 "돌아가 오한으로 몸을 떨었다." 롱우드에는 각다귀들이 떼로 몰려들었는데 모기장도 이를 막지 못했다.[158] 3월 말 나폴레옹은 앙토마르시에게 물었다.

"죽음은 하늘이 내게 보낸 구원이라고 생각지 않는가? 나는 죽음이 두렵지 않다. 그렇지만 죽음을 재촉하는 그 어떤 일도 하지 않을 것이고 그동안 살기 위해 지푸라기라도 잡으려는 시도도 하지 않을 것이다."[159)]

로는 완고하게도 나폴레옹이 단지 우울증에 걸렸을 뿐이라고만 생각했다. 영국인 의사 토머스 아넛이 그렇게 믿도록 했다. 아넛은 로에게 앙토마르시가 열에 관해 거짓말을 하고 있다고 말했으며 4월 6일에도 이렇게 말했다.

"보나파르트 장군은 심각한 병에 걸리지 않았다. 아마 정신적 문제가 가장 클 것이다."[160)]

아넛은 턱수염이 덥수룩하게 난 나폴레옹이 '무섭게' 보인다고 인정했다(그는 이틀 뒤 면도를 했다). 다른 이들은 로에게 나폴레옹의 안색이 "핏기가 없어 매우 창백하다"고, 그의 침실이 "특히 보나파르트 장군이 침을 뱉은 침구"가 더럽다고 보고했다.

"나폴레옹은 감기에 걸려 침을 많이 뱉었는데 베갯잇을 피하려고 고개를 돌리는 일이 없고 그냥 앞에 뱉는다."[161)]

나폴레옹은 생애 마지막 6주 동안 몸무게가 10~15킬로그램 줄었다. 사망할 당시 심장 주변에 여전히 두께 1인치가 넘는 지방이 쌓여 있었지만 그럼에도 그의 푹 꺼진 뺨은 앙토마르시가 만든 데스마스크에서 확연히 드러난다.

1821년 4월 15일 나폴레옹은 유언장을 작성했다. 유언장은 이렇게 시작한다.

"나는 로마가톨릭 신앙 안에서 죽는다. 그 품 안에서 태어난 지 50년이 넘었다. 내 유골을 센 강변에 뿌려 내가 끔찍이도 사랑했던 프랑스 국민 속에 잠들게 해 주기를 바란다."[162)]

나폴레옹은 실제로는 소유하지 않은 수백만 프랑을 포함해 재산과 소유물을 가족과 하인, 이전의 장군 들에게 나눠 주었다. 유산 10만 프랑은 웰링턴을 암살하려 한 캉티용에게 돌아갔다. 나폴레옹은 "웰링턴에게 나를 세인트헬레나의 바위섬으로 보내 죽게 할 권리가 있는 것만큼이나 그에게 그 과두정치 지배자를 죽일 권리가 있다"고 말했다.[163)] 로를 향한 비난도 똑같이 그답지 않았다.

"나는 영국 과두지배자들과 그들이 고용한 암살자에게 살해되어 천명을 다하지 못하고 죽는다."[164)]

나폴레옹은 1814년과 1815년의 프랑스 침공이 "마르몽과 오주로, 탈레랑, 라파예트의 반역 때문"이라 말했고 얼마나 진심이었는지 의심스럽지만 다음과 같이 덧붙였다.

"나는 그들을 용서한다. 내가 그들을 용서했듯 후세대 프랑스인도 그들을 용서하기를."

유언장에는 "내가 포츠담에서 가져온 프리드리히 2세의 자명종" 같이 그의 소유물이 아닌 것도 많이 포함되었다. 또한 그의 리넨 벽장에 들어 있던 물품들도 있었다. 열거하자면 "부목 한 벌, 흰색 캐시미어 속바지와 속셔츠 네 벌, 스카프 여섯 개, 플란넬 조끼 여섯 개, 긴 속바지 네 벌 … 코담배가 가득한 작은 상자 하나. … 슬리퍼 한 켤레, 거들 여섯 개" 등이었다.[165)] "치과의사 진료실에 두고 온 화장실용 황금 틀니 상자"는 로마왕에게 돌아가게 했다. 다른 사람들의 결혼에 개입하는 취미를 버리지 못한 나폴레옹은 베시에르의 아들에게 뒤로크의 딸과 결혼하라고 명령했다. 마르샹에게는 선임근위대 장교나 사병의 미망인, 누이, 딸과 결혼하라고 명령했다. 그는 앙기앵 공작과 관련해 잘못을 뉘우치지 않고 이렇게 말했다.

"프랑스 국민의 안전과 이익, 명예에 필요했다. … 그와 비슷한 상황이 오면 똑같이 할 것이다."[166)]

나폴레옹은 황금 구두 죔쇠 한 벌을 조제프에게, "작은 황금 대님 한 벌"은 뤼시앵에게, 황금 옷깃 죔쇠는 제롬에게 주었다.[167)] 머리띠는 마리 루이즈와 어머니, 형제자매, 조카 들에게 주었고 "상대적으로 더 나은 것은 내 아들에게" 돌아갔다. 유언장에서 로마왕을 제외하면 하인들이 가족보다 훨씬 더 좋은 것을 받았다. 물론 그는 말로는 이랬다.

"나는 사랑하는 아내 마리 루이즈에게 늘 크게 만족했다. 마지막까지도 나는 그녀를 사랑하는 마음을 간직했다."

나폴레옹이 그녀와 나이페르크의 간통을 알았다면 그렇게 말하지 않았을 것이다. 마리 루이즈는 일생 동안 나이페르크와의 사이에 두 아이를 낳았고 나폴레옹이 죽은 뒤 그와 결혼했다.* 나폴레옹은 다음과 같이 썼다.

"늘 염려를 아끼지 않은 좋은 어머니이자 매우 훌륭한 어머니에게 그리고 추기경(페슈)과 내 형제 조제프, 뤼시앵, 제롬, 폴린, 카롤린, 쥘리(조제프의 아내), 오르탕스, 카타리나(제롬의 아내), 외젠에게 감사한다."[168)]

카롤린을 포함한 것은 그녀의 배신을 감안하면 각별히 관대한 처사였다. 엘리자는 그 이전 해 8월 이탈리아에서 사망했다. 루이는 명부에 없지만 "그가 1820년 발표한 거짓 주장과 날조한 증거로 가득한 비방 글"을 용서받았다(루이는 홀란트 통치와 관련된 역사 문서들을 개략해 출간했는데, 그가 네덜란드인을 지키려고 어떻게 나폴레옹에게 맞섰는지 보여 준 이것은 세간의 이목을 끌었다).

4월 26일 나폴레옹은 피를 토했고 이튿날에는 짙은 커피 색깔의 분비액을 쏟아냈다. 그는 천으로 덮어놓은 야전침대를 공기가 더 잘 통하는 응접실로 갖다 달라고 요청했고, 베르트랑은 그가 침을 뱉을 힘도 없어서 조끼가 침으로 불그스레하게 얼룩진 것을 알아챘다.[169)] 마르샹은 그가 오른쪽 옆구리 통증이 "면도날로 긋는 것 같다"고 불평하면서도 "위엄과 평온함, 친절"을 보여 주었다고 회상했다.[170)]

유언장에 추가한 보족서의 여덟 개 조항은 4월 29일 이전에 작성했다. 일부는 27일 작성한 것으로 보인다. 29일과 30일 그는 같은 문장을 계속 반복했다. 말할 기력이 없어지기 전 마지막으로 한 말은 거의 알아들을 수 없는 중얼거림이었지만("프랑스 … 군대 … 군대의 수장"이나 "프랑스 … 군대의 수장 … 조제핀"이었을 것이다), 흥미로운 것은 그가 마지막으

* 나폴레옹이 사망한 후 마리 루이즈는 이렇게 썼다. "나는 그에게 어떤 종류든 강한 감정을 느낀 적이 없지만 그가 내 아들의 아버지라는 사실을 잊을 수 없다. 대다수 사람이 믿는 것과 달리 그는 결코 나를 나쁘게 대하지 않았고 언제나 나를 깊이 존중했다. 이는 정략결혼에서 기대할 수 있는 유일한 것이었다. … 나는 그가 오랫동안 행복하게 살기를 기원할 수 있었다. 내게서 멀리 떨어져 있기만 하다면."(Palmer, *Napoleon and Marie Louise* p.213)

로 명료하게 한 말이다.[171] 마르샹에게 구술한 카이사르에 관한 책 초고에서 시종 겸 유언집행자는 5월 2일 저녁 8시에서 9시 사이 나폴레옹이 이런 말을 했음을 알았다.

"아작시오의 토지를, 살린 주변의 집 두 채와 그 정원, 아작시오 지역에서 연간 5만 프랑의 임대료를 받을 수 있는 내 모든 재산을 내 아들에게 물려 준다."[172]

마르샹은 이를 그 책의 서문에 연필로 적었고 이어 황제의 문장을 돋을새김으로 장식한 작은 붉은색 가죽 상자 안감에 조심스럽게 꿰매 붙였다. 상자는 그의 후손들이 나폴레옹 시대를 전공한 학자 앙리 라슈크에게 주었고 그 가족이 지금도 그것을 소유하고 있다. 유럽의 지배자이자 근대에 가장 예사롭지 않은 삶을 영위한 나폴레옹은 그렇게 죽음의 자리에서 30년 전 뽕나무를 두고 협상하려 했을 때의 모습으로, 가족의 재산권을 지키고 싶어 한 코르시카 하급 귀족의 지주로 돌아갔다.

5월 3일 나폴레옹은 앙주폴 비냘리 신부에게 은밀히 병자성사를 받았다. 생전에 명목상 가톨릭교도로서 한 명의 교황과 맞서 싸우고 또 한 명의 교황을 감금한 나폴레옹은 죽음에 이르러 다시 교회의 품에 안겼다. 죽기 직전 나폴레옹은 베르트랑에게 나중에 눈을 감겨 달라고 부탁했다. "왜냐하면 그들은 당연히 눈을 뜨고 있기 때문이다." 나폴레옹은 예순 번의 전투 경험에서 틀림없이 이를 알았을 테고 이 때문에 늘 괴로웠을지도 모른다.[173] 4일 나폴레옹은 긴 시간 동안 딸꾹질로 힘들었고 저녁에는 정신착란에 빠져 아들의 이름을 물었다. 이튿날인 1821년 5월 5일 토요일, 아침에 폭풍우가 몰아친 뒤 황제였던 쉰한 살의 남자는 긴 간격을 두고 세 차례 한숨을 쉬고는 섬의 일몰 대포소리가 울린 직후인 오후 5시 49분 사망했다.[174] 샤토브리앙의 말을 빌리자면 "인간의 육신에 깃든 가장 강력한 생명의 호흡"이 멈췄다.

나폴레옹은 롱우드에서 약 1.6킬로미터 떨어진 곳의 버드나무가 자라는 아름다운 토베츠 스프링에 정식 군장軍葬으로 묻혔다. 나폴레옹이 이따금 찾았던 곳이다.

그는 기마추격병 연대의 대령 군복을 입었다. 관은 영국군 제66연대와 제20연대 척탄병들이 염소 떼가 다니던 길을 따라 묘지로 운구했다. 이를 지켜보던 어떤 이는 "황제를 묻을 때 그 위를 덮은 연대 깃발에 야릇하게도 조롱하듯 황금색으로 '탈라베라', '알부에라', '비토리아', '피레네'라고 새겨진 것은 아이러니"라고 썼다.[175] 대포 15문과 머스킷총으로 세 차례 예포를 발사해 "산과 계곡에 아름다운 메아리가 이어졌다."[176] 그러나 무덤에는 아무런 표시가 없었다. 황제였던 이가 죽었는데도 로는 그의 비석에 황제임을 알리는 '나폴레옹'이라는 글귀를 새기는 것을 허용하지 않았다. 반면 베르트랑과 몽톨롱은 로가 제시한 '나폴레옹 보나파르트'라는 문구를 받아들이지 않았다. 황제의 의미가 들어가지 않았기 때문이다. 그래서 비석은 공백으로 남았다[177](오늘날 롱우드의 마당에 여전히 아무런 명문도 없이 서 있다). 나폴레옹의 유해는 1840년 베르트랑과 구르고가 무덤에서 파내 파리로 이장했으며 즉위식과 아우스터리츠 전투 기념일인 12월 2일 성대한 장례식을 치렀다. 비록 그날은 몹시 추웠지만 장례 행렬에 약 1백만 명의 프랑스인이 줄지어 늘어섰다. 레쟁발리드에 매장할 때 그의 원수 4명, 즉 술트와 몽세, 우디노, 그루시가 참석했다. 여전히 생존했지만 그에게 적대적으로 변한 베르나도트와 마르몽, 빅토르는 참석하지 않았다.

나폴레옹 사후 루이 마르샹은 롱우드의 서고에 있는 책 370권의 목록을 작성했다. 이는 황제의 폭넓은 독서 취향과 관심을 보여 주는 증거다. 몇 권을 열거하자면 이러하다.《노생어 애비Nothanger Abbey》,《실락원Paradise Lost》, 존슨 박사의《영어사전A Dictionary of the English Language》,《하일랜즈 여행Tour of the Highlands》, 다양한 군대 목록,《로빈슨 크루소》, 이집트 역사, 조지 3세의 전기, 볼테르의《칼 12세의 역사Histoire de Charles XII》(나폴레옹은 러시아의 기후를 혹평한 이 책을 모스크바에서 읽었다), 샤토브리앙의《1814년 헌장에 따른 군주제De la Monarchie selon la charte》, 스무 권이 넘는 종교 관련 책, 희극 소설《래크렌트 성Castle Rackrent》, 바이런 저작 여러 권, 셰익스피어 작품들, 기번의《로마제국 쇠망사》, '애교'에 관한 책 한 권, 디브리츠Debrett's 출판사의 《새로운 귀족사회The New Peerage》, 《스펙테이터Spectator》 여덟 권, 자코뱅당을 맹렬히 공격한 에드먼드 버크의 《프랑스혁명 성찰》, 애덤 스미스의 《국부론》(나폴레옹이 그 가르침을 따랐다면 엄청난 수고를 덜었을 것이다), 넬슨 제독의 전기가 그것이다.[178)]

고대사 책도 잘 갖춰져 있었고 나폴레옹이 40년 전 처음 읽은 책인 코르넬리우스 네포스의 《위대한 지도자들의 생애》 최신판도 목록에 있었다. 나폴레옹은 세인트헬레나로 갔을 때 자신에 관해 한 장을 할애하지 않고는 현대판 《위대한 지도자들의 생애》를 쓰는 것은 불가능할 것이라고 확신했다. 나폴레옹이 브리엔의 학생 시절에 품은 야망, 흔들림 없이 지킨 야망은 이뤄졌다. 나폴레옹은 통치술을 바꿨고 제국을 건설했으며 여러 후세대에게 법률을 전했고 고대인과 하나가 되었다.

위인 나폴레옹

결론

율리우스 카이사르 이래 유럽에서 태어난 가장 위대한 행동의 인간.

윈스턴 처칠의 나폴레옹 평가

–

그는 위대한 천재인 동시에 아주 대담한 인간이었다.

나폴레옹의 율리우스 카이사르 평가

–

사악한 영혼: '… 전쟁은 멋진 역사 이야기를 줄줄 내놓지만
평화에서는 읽을 것이 없다. 그래서 나는 보나파르트를 지지한다.
후세에 즐거움을 안겨 줄 것이기 때문이다.'

토머스 하디, 《패왕The Dynasts》

무엇이 통치자에게 '위인the Great'이라는 별명을 붙여 주는가? 알렉산드로스 대왕, 앨프레드 대왕, 카롤루스 대제, 표트르 대제, 프리드리히 대왕, 예카테리나 대제는 모두 그 시대 역사에 결정적 영향을 끼친 크나큰 인물이었다. 그러나 똑같이 큰 영향력을 행사했거나 현저했고 때로는 실로 더 나은 인간이었지만(적어도 현대 기준으로 보면) 그런 호칭으로 불리지 못하는 이들도 어렵지 않게 떠올릴 수 있다. 신성로마제국 황제 프리드리히 바르바로사, 잉글랜드 왕 헨리 2세와 엘리자베스 1세, 에스파냐의 페르난도와 이사벨, 신성로마제국 황제 카를 5세(카롤루스 대제 시대부터 나폴레옹 시대 사이 그 누구보다 더 많은 유럽 땅을 지배했다), '태양왕' 루이 14세 등이 그들이다.* 이 책의 주인공은 어째서 '위인'의 별명을 얻기에 합당한가?

나폴레옹 보나파르트는 현대 프랑스의 건설자로 한 시대에 그 이름이 붙었다. 사실상 그는 무일푼의 정치 망명자로 그 나라에 발을 내딛은 지 겨우 6년 만에 군사 쿠데타로 권력을 장악했고, 이후 생애 내내 그를 규정한 것은 다른 무엇보다 군대

* 엘리자베스 젱킨스는 엘리자베스 1세의 훌륭한 전기를 썼는데 그녀를 '엘리자베스 대왕Elizabeth the Great'이라 불렀다.

장교라는 사실이었다. 그가 코르시카인이라는 특성과 하급 귀족이라는 출신, 계몽사상에 몰두한 것, 고대 세계에서 영감을 받은 것에 관한 글은 많이 존재한다. 그렇지만 이보다 그가 브리엔과 군사학교에서 군사 교육을 받으며 지낸 시기가 그에게 훨씬 더 큰 영향을 끼쳤고 그의 신념과 가정은 대부분 군대 정신에서 기인했다. 군대는 그에게 이기적인 법률가와 정치인을 향한 경멸뿐 아니라 사고력 응용과 훈공에 입각한 계급제도, 법과 질서, 열심히 일하기, 강인한 정신력, 담력의 중요성 등에 관해 강한 믿음을 심어 주었다. 나폴레옹은 형식적으로는 귀족이었지만 대혁명을 겪으며 법 앞의 평등과 합리적인 정부, 능력주의, 진취적인 민족주의라는 초기 원리를 열정적으로 수용했다. 그 모든 사상이 프랑스 군대에 무엇이 잘 어울릴지에 관한 그의 가정과 잘 맞았기 때문이다. 반면 그에게 결과의 평등과 사회 혼란, 의회주의, 언론의 자유(그는 언론의 자유를 선동을 조장하는 면허증으로 보았다)는 전부 군사 윤리와 충돌했다. 나폴레옹은 잠시 자코뱅당 이념에 휩쓸렸을 때도 결코 평등주의를 신봉하지 않았다. 나폴레옹이 출세해 자신이 혁명에 이롭다는 것을 증명하고 이어 권력을 장악해 지배권을 유지한 것은 어디까지나 군사 정신에 젖은 프랑스군 장교로서 한 일이었다.

장군이라면(나폴레옹은 스물네 살에 장군이 되었다) 누구나 결국 참전한 전투 결과로 평가를 받아야 한다. 나폴레옹의 정복은 패배와 치욕스러운 감금으로 끝나긴 했으나 그는 짧고도 압축적인 예순 번의 전투와 포위공격에서 단 일곱 번, 즉 아크레와 아스페른-에슬링, 라이프치히, 라로티에르, 랑, 아르시, 워털루에서 패했다. 나폴레옹의 전투 감각과 전장에서 보여 준 의사결정 능력은 특별했다. 나는 그가 싸운 60곳의 전장 중 53곳을 직접 걸으며 그의 본능적인 지형 감각과 거리를 판단하고 싸울 곳을 정하는 예리한 능력, 타이밍 판단력에 아주 크게 놀랐다. 언젠가 나폴레옹은 이렇게 썼다.

"전투 중에는 아주 사소한 기동이 결정적으로 우위를 안겨 줄 때가 많다. 물 한 방울 때문에 물이 넘쳐흐르기 시작하는 것이다."[1)]

분명 나폴레옹은 군사 지도자로서의 자기 능력을 추호도 의심하지 않았다. 세인트헬레나에서 상수시궁을 찾았을 때 왜 프리드리히 대왕의 검을 가져오지 않았느냐는 질문에 나폴레옹은 다음과 같이 대답했다.

"내게도 검이 있으니까."(사실을 말하자면 나폴레옹은 프리드리히 대왕의 검을 레쟁발리드로 가져갔다.)

7년 전쟁에서 특히 프리드리히 대왕의 검 앞에 프랑스가 패한 이후 프랑스의 군사 전략가와 이론가는 보병·기병·포병의 세 병과를 어떻게 개선해야 할지, 세 병과가 어떻게 협력하면 더 나은 성과를 거둘지를 놓고 중요한 의견을 많이 개진했다. 나폴레옹은 기베르와 그리보발, 부르세, 드 삭스 원수 등의 저작을 깊이 연구했고 그들의 견해를 전장에서 실제로 이용했다. 그는 방진, 중앙 집중 배치 전략, 혼합 대형, 후방 기동, 군단 체제 같은 개념을 창안하지 않았지만 이를 완성했다. 그 덕에 나폴레옹은 온갖 성격의 전투를 수행할 수 있었고 거의 모든 상황을 자신에게 유리하게 만들었다. 1796~1797년 이탈리아 원정에서 그는 적의 발을 한곳에 묶어 놓는 한편 그 어느 한 측면이나 두 측면을 다 우회했는데 몬테노테에서는 우측을, 로베레토에서는 좌측을, 몬도비에서는 양쪽을 동시에 공격했다. 나폴레옹은 로디와 아르콜레 전투에서처럼 병사들을 독려해 좁은 교량을 건너 공격하게 하고, 마렝고 전투에 앞서 그러했듯 정보 보고서로 상황을 직관적으로 꿰뚫어 보고, 밀레시모와 프리몰라노의 경우처럼 퇴각하는 적을 추격하는 데 뛰어난 능력을 보여 주었다. 그는 로나토와 리볼리에서는 적이 아군의 배후를 공격하지 못하게 막고 성공적으로 반격했다. 카스틸리오네에서 나폴레옹은 두 부대로 적군을 가둔 뒤 배후에서 그들을 공격했다. 한 전쟁에 나타날 수 있을 것으로 생각하는 여러 가지 다른 유형의 전술 상황에서 탁월한 성과를 거두려면 거장이 필요하다. 나폴레옹은 거의 20년 동안 그런 성취를 거듭 되풀이했다. 나폴레옹이 장군으로서 최고 수완을 보여 준 몇몇 전투는 1814년 샹파뉴 전역에서 벌어졌다. 그는 닷새 동안 네 차례의 별개 전투를 승리로 이끌었다.

국민총동원령에 따라 편성한 프랑스혁명군은 이전 기준으로 볼 때 대규모 군대였을 뿐 아니라 애국적 열정이 가득한 군대이기도 했다. 나폴레옹은 스스로 황제에 오른 뒤 병사들을 발분케 하는 데 필수적인 단체정신을 이끌어 내려면 공화주의 덕목을 넘어서는 무엇이 필요하리라는 점을 이해했다. 그래서 그는 성명서와 정신을 고취하는 장황한 연설, 일일훈령, 특히 레지옹 도뇌르 도입으로 군인의 명예라는 관념에 호소해 이른바 군인다운 용맹함의 '신성한 불'을 밝히려 했다.[2] 나폴레옹은 구체제 군대와 프랑스혁명군의 요소들을 통합해 새로운 군사 문화를 창조했다. 명예와 애국심, 나폴레옹을 향한 강렬한 개인적 헌신으로 움직인 그 문화는 그의 군대를 이집트의 사막과 유럽의 큰 강으로 그리고 결국 재앙을 떠안았지만 러시아의 얼어붙은 황무지로 이끌었다.

마렝고 전투와 아우스터리츠 전투 사이의 평온했던 5년 동안 나폴레옹은 이후 여러 전쟁에서 뛰어난 효과를 낸 기동 방식을 군대에 가르쳤다. 그는 불로뉴에 영국군Armée d'Angleterre이 주둔하고 있어도 영국 해군 때문에 영국을 침공할 기회를 전혀 잡지 못했으나, 3년간의 꾸준한 훈련 끝에 숙영지를 떠나 동쪽으로 진군했을 때 군대의 훈련 상태는 완벽했다. 전투에 필요한 것을 미리 징발해 병참 마차와 함께 장중하게 움직인 18세기 군대와 달리, 프랑스혁명군이나 이후의 나폴레옹 군대는 이동 중에 현지에서 (엄격한 통제 아래) 흩어져 필요한 물자를 보급했다. 따라서 (나폴레옹의 추진력 강한 지휘관에게 명령을 받으면) 적과 완전히 다른 속도로 이동할 수 있었다. 여기에다 나폴레옹은 현대전(그의 전쟁) 승리는 야전에서 적군의 중심을 번개처럼 신속히 타격함으로써 얻는다고 인식했기에 도시를 포위해서 공격하느라 지체하지 않았다. 지형과 수학 이해력이 뛰어난 나폴레옹은 툴롱과 예나, 바그람, 몬테로 등 여러 곳에서 포대를 이용해 최대 효과를 냈다. 그는 패배 직전에 몰린 듯할 때도 냉정함과 분석력을 잃지 않았고 때로는 리볼리와 바그람에서 그랬듯 농담을 했다. 다른 지휘관들에게는 잠재적 재앙처럼 보였을 것도 나폴레옹은 기회로 삼았다. 예를 들어 아우스터리츠 전투와 프리틀란트 전투처럼(보로디노에서는 아니었다) 매우 길게 늘어진 병참선 끝에서 싸워야 했을 때, 전략적 요충지가 드러난 것은 오히려 그에게 전장에서 더 대담하게 나아갈 유인으로 작용했다. 나폴레옹의 지휘에서 중요한 다른 측면은 주도권을 놓치지 않는 능력이었다. 예순 번의 전투 중 오직 다섯 번만, 즉 피라미드 전투와 마렝고 전투, 아스페른-에슬링 전투, 라이프치히 전투, 라로티에르 전투에서만 나폴레옹은 수세에 몰렸다. 나머지 전투에서는 전부 공세적으로 싸웠다.

다른 무엇보다 나폴레옹의 두드러진 면모는 빨랐다는 점이다. 그것은 그의 성격이었다. 앞서 보았듯 그는 1807년 7월 나흘 만에 드레스덴에서 생클루까지 이동했으며 1808년 9월에는 닷새 만에 파리에서 에르푸르트까지, 1809년 1월에는 엿새 만에 바야돌리드에서 파리까지 이동했다. 유럽 전역과 전장에서 그의 군대도 마찬가지로 빨랐다. 영국군Armée d'Angleterre은 1805년 8월 29일 불로뉴에서 천막을 걷고 10월 5일 도나우 강가의 울름에서 마크 폰 라이베리히를 포위하기 시작했다. 술트 군단은 20일간의 행군으로 약 643킬로미터를 주파하고 다부 군단은 단 하루도 온종일 쉬는 일 없이 약 595킬로미터를 주파했는데, 두 군단 모두 도중에 탈영으로든 질병으로든 단 한 명도 잃지 않았다. 1809년 4월 나폴레옹은 마세나에게 보내는 편지에 이렇게 썼다.

"신속, 신속, 신속, 속도!"

나폴레옹의 지휘에서 그보다 더 두드러진 특징은 없었다. 1812년 러시아에서처럼 규모가 너무 큰 군대를 이끌어 모든 상황을 홀로 다 감독할 수 없을 때만 군대는 느려졌고 앞서 그에게 승리를 안겨 준 폭넓은 포위 기동이 불가능했다. 또한 나폴레옹은 적이 자신에게 얼마나 많이 배웠는지 인식하지 못했다. 오스트리아의 카를 대공과 러시아의 바르클라이 데 톨리, 프로이센의 폰 샤른호르스트가 도입한 근본적인 군제 개혁은 나폴레옹과 그의 전쟁 수행 방식에 표한 경의였다. 동시에 이는 위험이었고 나폴레옹이 이를 인지했을 때는 너무 늦었다. 1812년이면 유럽의 모든 군대가 나폴레옹의 군단 체제를 채택했고 앞서 나폴레옹 군대를 유리하게 해 준 혁신은 모방을 넘어 때로는 더 개선이 이뤄졌다.

다른 중요한 영역에서 나폴레옹은 거의 완전한 빈손이었다. 그 영역은 바로 바다다. 나폴레옹은 항구에서 태어났으면서도 해군의 기동을 전혀 이해하지 못했고, 트라팔가르에서 대패를 당한 뒤에도 여전히 침공 함대를 구축해 언젠가 영국을 욕보일 수 있을 거라고 믿었다. 그래서 완전히 실패할 수밖에 없는 그 사업에 많은 자금과 병력, 물자를 투입했다. 나폴레옹은 육상에서는 진정한 군사적 천재였다. 웰링턴 공이 당대 가장 위대한 지휘관이 누구냐는 질문에 이렇게 답한 것은 전혀 놀랍지 않다.

"이 시대, 지난 과거, 모든 시대를 통틀어 단연코 나폴레옹이다."[3)]

설령 나폴레옹이 위대한 정복자가 아니었다 해도 현대사의 거인임을 부정할 수는 없다. 그가 민간 부문에서 거둔 업적이 군사적 성취 못지않고 더 오래 영향력을 행사했기 때문이다. 공포 정치는 1794년 7월 끝났지만 자코뱅당은 여전히 강력했다. 그렇지만 1795년 10월 나폴레옹이 파리의 거리에서 포도탄을 쏘아 그들과 여타 방데미에르 반란자들을 쓰러뜨린 순간부터 그들은 정치세력으로서 빛을 잃었다. 공포 정치, 총재정부의 퇴폐와 혼란이 끝난 뒤 대다수 프랑스인은 보수적인 공화국을 원했다. 그리고 단지 군대를 크게 확대한 것 같은 사회, 군사적·정치적으로 총사령관이 인도하는 사회를 이상적으로 생각한 남자에게서 그런 공화국을 얻었다. 제1통령은 국무원 초기의 어느 회의에서 다음과 같이 말했다.

"혁명과의 로맨스는 끝났다. 이제 우리는 혁명의 역사를 시작해야 한다."[4)]

여러 점에서 나폴레옹은 통치에 합리주의를 도입하고 신민의 삶을 개선한 18세기 유럽의 가장 위대하면서도 계몽된 마지막 권위주의자였다. 괴테는 이렇게 말했다. 나폴레옹은 "언제나 이성의 가르침에 따랐다. … 그는 항상 계몽된 상태에 있었다."[5] 나폴레옹은 말에 올라탄 계몽 운동가였다.

1804년 나폴레옹은 스스로를 '프랑스공화국 황제'로 선포했다. 명백히 모순인 어법이다. 그러나 이는 실제로 그의 통치가 지닌 성격을 제대로 포착하고 있다. 나폴레옹은 의식적으로 프랑스혁명의 가장 훌륭한 측면(법 앞의 평등, 합리적인 정부, 능력주의)을 기반으로 삼고 이를 보호한 반면 한 주 10일의 지지할 수 없는 혁명력과 어리석은 최고 존재 숭배, 공화국 말기의 특징이던 부패와 연고정치는 내버렸다. 그가 권좌에 있던 16년 동안 현대 민주정치를 지탱하고 그것이 작동하게 한 여러 가지 최고 관념(능력주의, 법 앞의 평등, 재산권, 종교적 관용, 세속 교육, 건전한 재정, 효율적인 행정 등)이 대혁명의 혼란 속에서 구출돼 보호를 받았고 법전에 들어가 공고해졌다. 당대 유럽의 다른 곳 정권도 대부분 그러했듯 나폴레옹 정권도 언론 검열과 비밀경찰을 이용해 비교적 효율적인 감시 체제를 구축했다. 나폴레옹이 일견 프랑스 국민의 정치 견해를 듣기 위해 시행한 것처럼 보이는 국민투표는 대개 조작되었다. 하지만 비록 과장했을지언정 그들이 보여 준 승인의 의사표시는 실제였다. 나폴레옹은 결코 전체주의적 독재자가 아니었으며 국민의 삶을 낱낱이 통제하는 데 관심이 없었다. 그는 이례적으로 강력한 권력을 행사했으나 사악하지 않았고 앙심을 품어 보복하지도 않았다. 코르시카 방식대로 피의 복수라는 관습에 얽매이지도 않았다. 만약 그랬다면 푸셰와 뮈라, 탈레랑 같이 계속 그를 배신한 자들은 결코 용서받지 못했을 것이다. 나폴레옹이 정치적 이유로 처형한 사람은 한 손에 꼽을 수 있을 정도다. 앙기앵 공작, 팔름, 호퍼가 있고 어쩌면 피슈그뤼도 해당하고 루베르튀르도 유력하다. 그렇다고 야파에서 튀르크인 포로들을 학살한 것이나 생도맹그의 재복속을 시도한 일에서 책임을 면할 수는 없다. 두 경우 모두 잔혹함에서 확실히 인종차별적 요소가 있었다(물론 그는 생도맹그 원정에 참여하지 않았다). 나폴레옹은 실제로 프랑스령 서인도제도에 노예제를 재도입했다가 1815년 프랑스 식민지 전역에서 결국 노예제를 폐지했다.

1815년 말 프랑스는 나폴레옹 이전 시대 국경으로 밀려났지만, 그때쯤이면 나폴레옹의 국가 개조가 대체로 자리를 잘 잡아 부르봉 왕실이 권좌에 복귀했을 때도 되돌릴 수 없었다. 그 결과 나폴레옹이 민간 사회에 도입한 개혁 조치는 수십 년, 심지어 수백 년 동안 그대로 이어졌다. 나폴레옹 법전은 오늘날 유럽 법률의 대체적 근간이며 사람이 살고 있는 다섯 개 대륙 전체에서 40개 나라가 그 법전의 다양한 요소를 채택했다. 나폴레옹이 건설한 다리는 센강 위를 지나고 있고 그가 건설한 저수지와 운하, 하수도는 지금도 사용하고 있다. 프랑스 외무부는 그가 센강을 따라 돌로 쌓은 4킬로미터 길이의 선창 일부 꼭대기에 있고, 회계감사원Cour des comptes은 그가 세운 지 200년 넘게 공공지출 계정을 검사하고 있다. 리세는 여전히 훌륭한 교육을 제공하고 있으며 국무원은 지금도 수요일마다 회의를 열어 프랑스의 법안을 심사한다. 나폴레옹이 프랑스 사회 안정을 위해 내던졌다고 자랑한 '화강암 덩어리들'은 오늘날까지도 자리를 지키고 있다. 나폴레옹의 어머니는 아들이 큰 업적을 이뤘다는 칭찬에 이렇게 답했다. "그것이 계속되기를!"[6] 과연 그랬다.

1792년 프랑스는 대혁명의 가치관과 이상을 유럽의 나머지 지역으로 수출하려는 단호한 결의로 성전을 수행하는 나라가 되었다. 유럽의 군주들은 이를 전혀 받아들일 생각이 없었고 침입에 저항하고자 전부 일곱 차례였던 대프랑스 동맹의 첫 번째 동맹을 결성했다. 나폴레옹은 바로 이 전쟁에 대응해 자신의 군사적 능력으로 승리를 쟁취했다. 나폴레옹의 침공 위협과 경제적으로 목을 조여 항복을 받아 내겠다는 뒤이은 위협에 그 정부들은 140년 전 정치혁명을 겪은 덕분에 대혁명이 프랑스에 안겨 준 혜택의 여러 가지를 이미 누려온 영국과 함께 연이어 그를 무너뜨리겠다는 결의를 다졌다. 놀랄 일도 아니다. 오스트리아와 프로이센, 러시아의 통치 왕조는 역시 놀랍지 않게 프랑스가 제시한 조건에 따른 강화를 거부했다. 그래서 나폴레옹이 타국에 전쟁을 선포한 것보다 다른 나라가 나폴레옹에게 더 자주 전쟁을 선포했다. 1800년에는 오스트리아가, 1803년에는 영국이 전쟁을 선포했다. 1805년에는 오스트리아가 나폴레옹의 동맹국인 바이에른을 침공했고 1806년에는 프로이센이, 1809년에는 오스트리아가 전쟁을 선포했다. 1807~1808년 포르투갈, 에스파냐 공격과 1812년 러시아 공격은 나폴레옹이 대륙봉쇄 체제를 강행하려고 시작했지만(앞서 보았듯 차르는 1812년 나폴레옹을 공격하려는 계획을 세우긴 했다) 1813년·1814년·1815년 전쟁은 전부 다른 나라가 나폴레옹에게 선포한 것이었다. 나폴레옹은 이 모든 싸움이 터지기 전에 강화를 제안했다. 1803년 아미앵의 실패와 1812년 사이에 실제로 나폴레옹은 영국에 최소한 네 차례 단독 강화를 제안했다. 프랑스혁명 전쟁과 나폴레옹 전쟁으로 전부 합해 대략 3백만 명의 군인과 1백만 명의 민간인이 사망했는데, 그중 140만 명이 프랑스인이었다(제국 시절에만 91만 6천 명이 사망했으며 이 중 적어도 9만 명이 전사했다).[7] * 당연히 이 죽음의 책임은 대부분 나폴레옹에게 돌아가야 한다. 그는 이렇게 말했다.

"인류를 생각한다면, 인간만 생각한다면, 우리는 전쟁을 포기해야 한다. 어떻게 전쟁을 아름답게 치를 수 있겠는가."

그렇다고 나폴레옹을 그 시대의 유일한 전쟁광이라고 비난할 수는 없다. 심지어 가장 주된 전쟁광이라는 비난도 가당치 않다. 프랑스와 영국은 1688년 명예혁명부터 1815년 워털루 전투에 이르는 시기 중 거의 절반 동안 전쟁을 했고 나폴레옹은 프랑스혁명 전쟁이 발발했을 때 일개 소위였을 뿐이다.

헨리 키신저는 나폴레옹 시대 이후의 유럽에 관해 다음과 같이 썼다.

"국제질서를 세우는 데는 두 가지 방법이 있다. 결의나 절제력 혹은 정복이나 정통성이다."[8]

- * 유럽 국가 군대에서는 대체로 전투보다 질병이 더 큰 사망원인이었다. 1793년에서 1815년 사이 영국 해군에서는 6,663명이 전사했고 1만 3,621명이 배의 난파와 화재로 사망하거나 익사했는데 질병에 굴복해 죽은 이는 놀랍게도 7만 2,102명이었다. 대개는 서인도제도에서 질병에 걸려 죽었다.

나폴레옹에게는 결의와 정복 방법만 있었고 그는 이를 추구했다. 나폴레옹은 자신이 '제국을 건설한 종족'에 속한다고 자랑했지만 제3부에서 거듭 확인했듯 체제 정통성은 유럽에서 프랑스 세력을 유지하는 데 달려 있음을, 즉 그의 말을 빌리자면 자신과 프랑스의 명예에 달려 있음을 더할 나위 없이 잘 알았다. 1810년과 1812년 나폴레옹의 권력은 대단했으나 그는 정복이 그의 통치에 정당성을 부여할 정도로 충분하지 않다는 사실을 알고 있었다. 몇몇 저명한 역사가는 나폴레옹제국이 본질적으로 식민주의적 성격을 띠었기에 살아남을 수 없었다는, 유럽의 어느 한 국민이 다른 국민을 오래도록 지배할 수는 없었다는 결론을 내렸다. 그러나 튀르크인은 그리스를 365년 동안 지배했고 에스파냐는 네덜란드를 158년 동안 지배했으며 오스트리아는 북부 이탈리아와 네덜란드를 80년 동안 지배했다. 나폴레옹은 이렇게 말했다.

"화학자들은 특정 가루를 이용해 대리석을 만들 수 있다. 하지만 그것이 단단하게 굳으려면 반드시 일정 시간이 필요하다."9)

나폴레옹이 군사적으로 몇 가지 결정적인 실수를 하지 않았다면 나폴레옹제국의 유럽은 충분히 안정을 찾았을 것이다. 네만강과 영국해협이 제국의 양쪽 경계가 되고, 오스트리아는 마지못해 동맹국이 되고, 프로이센은 짓밟혀 속국이 되고, 나폴레옹의 사회 개혁은 프랑스 밖에서도 안착했으리라. 그렇지만 1810년 이후 구체제 유럽 군주들은 그를 제거하기 위해 온갖 자원을 다 동원했다(메테르니히가 사악하게 인도했고 탈레랑이 은밀히 조장했으며 캐슬레이가 자금을 댔다).* 나폴레옹이 몰락한 뒤 정통 왕조 정권들은 훨씬 더 반동 통치 체제를 다시 강요했고 이는 결국 대혁명에서 탄생한 민족주의에

* 물론 나폴레옹 제국주의를 향한 이들의 비난은 완전한 위선이었다. 영국은 세계 도처, 특히 아시아로 세력을 뻗치고 있었고 예카테리나 대제와 프리드리히 대왕, 요제프 2세 모두 유럽에서 영토를 확장하려 했음을 우리는 잘 알고 있다. 그 후계자들은 제국주의 자체에 반대하지 않았다. 단지 패자가 되지 않으려 했을 뿐이다.

무너졌다. 19세기 유럽을 계몽된 프랑스가 지배했다면 그것이 실제로 나타난 유럽보다, 프로이센이 독일을 지배하고 이어 나폴레옹을 능가해 한참 더 가혹하게 대륙을 억압한 그런 유럽보다, 더 나빴을 것이라고 누가 말할 수 있는가?

마지막으로 그 사람에게는 그만의 매력이 있었다. 이 책의 토대인 나폴레옹재단이 공개한 3만 3천 통의 편지는 나폴레옹의 변화무쌍한 정신을 보여 주는 놀라운 증거다. 나폴레옹이 천문학자와 화학자, 수학자, 생물학자와 나눈 서신을 보면 그가 그들의 연구를 존경했고 그것에 관여할 능력이 있었음을 알 수 있다. 이는 정치인에게서 상당히 보기 드문 일이다. 1809년 3월 황제는 로드레르에게 말했다.

"나는 늘 일한다. 나는 깊이 생각한다. 내가 무엇에든 대답할 준비를 갖추고 있고 무슨 일에든 대처할 준비를 갖춘 것처럼 보인다면, 그것은 내가 행동에 들어가기 전에 오랫동안 깊이 생각하고 무슨 일이 일어날지 내다보기 때문이다. 수호신이 있어서 다른 사람들이 예기치 못한 상황에서 무슨 말을 해야 할지, 어떻게 해야 할지 내게 순간적으로 은밀히 알려 주는 것이 아니다. 그것은 심사숙고의 결과물이다."[10]

지적 능력 측면에서, 그 능력을 끊임없이 통치에 응용했다는 점에서, 역사상 그에 비할 만한 다른 통치자는 아마 없을 것이다.

나폴레옹은 놀라울 정도로 다른 위대한 지도자들보다 훨씬 더 삶을 잘 구획했다. 그는 마음속에서 다양한 일이 일어나도 마음의 한 부분만 온전히 닫을 수 있었다. 그는 이것을 찬장의 서랍을 열고 닫는 것에 비유했다.[11] 보로디노 전투 전야에, 부관들이 원수에게 보내는 명령과 장군이 올리는 보고서를 들고 오갈 때, 나폴레옹은 레지옹 도뇌르를 받은 사망자의 고아가 된 딸들을 위한 학교를 설립하는 문제에 관해 의견을 말했고 모스크바 점령 직후에는 코메디 프랑세즈 극장의 새로운 관리 규정을 정했다. 제국에 관한 일이라면 아무리 자질구레한 것이라도 끊임없이 탐색하는 에너지 넘치는 그에게 하찮지 않았다. 어느 주의 지사는 오페라에 젊은 정부를 데려가지 말라는 지시를 받았고 어느 시골의 이름 모를 사제는 황제의 생일에 탐탁지 않은 설교를 했다고 질책을 받았다. 어느 하사는 술을 너무 많이 마신다고 훈계를 받았으며 어느 연대는 깃발에 금실로 '무적incomparable'이라는 자수를 넣어도 좋다는 허락을 받았다. 나폴레옹의 편지와 논평은 큰 매력을, 이따금 거리낌 없는 자화자찬을, 그리고 거의 모든 상황에서 심지어 파멸을 마주하고도 농담을 하는 훌륭한 유머 감각을 보여 준다. 나폴레옹의 지칠 줄 모르는 에너지와 그의 매력적인 성격은 그를 잘 알았던 사람들이 차고 넘치게 증언한다. 그는 때로 불같이 화를 낼 정도로 평정심을 잃기도 했지만 대개는 이유가 있었다. 그의 결함으로는 결코 일상적이지 않고 가끔씩 드러난 무자비함과 나이가 들면서 점차 나타난 자기도취증, 인간 본성을 향한 냉소적인 태도를 들 수 있다. 물론 나폴레옹은 야심이 컸지만 이를 그의 비범한 에너지와 관리 능력, 사람과 자료를 사진을 찍어놓은 듯 기억하는 능력, 통제된 예리한 정신, 프랑스의 미래 가능성이나 유럽 정리에 관한 명백한 사고와 연관 지어 생각하면 야심이 큰 게 전혀 이상하지 않다. 나폴레옹이 홀란트 왕에서 폐위한 그의 동생 루이조차 결국 이렇게 말했다.

"나폴레옹이 극복해야 했던 어려움, 그가 싸워야 했던 내·외부의 수많은 적, 사방에서 그를 잡으려고 쳐 놓은 온갖 종류의 덫, 끝없는 정신 긴장, 부단한 활동, 그가 맞서야 했던 엄청난 피로를 곰곰이 생각해 보자. 그러면 비난은 곧 칭찬에 묻힐 것이다."[12]

나폴레옹을 겨냥한 가장 흔한 비난은 그가 1812년 러시아 침공을 결정하면서 일종의 '나폴레옹 콤플렉스'에 빠졌다는 점이다. 다시 말해 병사나 신민이 어떤 희생을 치르든 세계를 지배하겠다는 욕망에 사로잡혀 오만했다는 얘기다. 사실 나폴레옹에게는 러시아 영토를 빼앗겠다는 욕구가 없었다. 다만 차르를 압박해 5년 전 틸지트에서 경제 봉쇄에 참여하겠다고 한 약속을 다시 지키게 하려 했을 뿐이다. 승리를 확신한 것도 사후에 얼마나 오만해 보일지는 몰라도 실제로 그 정도까지는 아니었다. 나폴레옹은 그 이전에 러시아군을 두 차례나 크게 물리쳤다. 그는 국경 너머 먼 곳에서 최대 한 달 이상 싸울 생각이 전혀 없었다. 서유럽에서 러시아군보다 두 배 이상 큰 규모의 군대를 지휘해 본 그는 차르가 강화를 청하리라 믿었고, 러시아가 모스크바를 직접 불태울 정도로 완전한 초토화 작전을 쓰며 방어하리라고는 전혀 예상하지 못했다. 나폴레옹은 원정 시작 후 중군이 발진티푸스로 고생하자 비첼스크와 스몰렌스크 같은 곳에서 멈출 것을 고려했다. 모스크바에 당도한 뒤에는 러시아의 겨울 추위를 잘 알았고 더 이상 견딜 수 없는 지경에 내몰리기 전까지 스몰렌스크의 병영으로 돌아갈 시간이 충분히 남아 있었다. 그렇지만 그가 내린 수많은 군사적 결정 중 1812년 10월 25일 밤의 결정이 그를 파멸로 내몰았다.

나폴레옹은 천벌을 피할 수 없는 괴물이나 고대 그리스 희곡의 현대판 모범이 아니었고 그에게 덧씌워진 수많은 역사적 해석의 어느 것에도 들어맞지 않았다. 오히려 나폴레옹의 생애와 이력은 그 자체로 거대한 비인격적 힘에 따라 사건들을 설명하고 인간 개개인이 수행한 역할을 낮춰 보는 역사의 결정론적 분석에 보이는 반박이다. 어디까지나 인간의 역할을 높게 평가해야 한다. 벨레로폰함에 승선한 수습 사관 조지 홈이 회고록에 적었듯 그 이유는 다음과 같다.

“그는 우리처럼 작은 인간이 그토록 짧은 기간 동안 무엇을 성취할 수 있는지 보여 주었다.”13)

나폴레옹은 위인인가? 그렇다. 의심의 여지가 없다.

발문

1815년 6월 나폴레옹이 워털루에서 패하고 그해 말 빈 회의가 끝난 뒤, 강국들은 자유주의 헌법과 민족자결을 원하는 유럽인의 바람에 맞서 연합했다. 차르 알렉산드르 1세는 유럽에서 가장 강력한 군주가 되었고 1825년 사망할 때까지 점점 더 기이한 전제 방식으로 통치하며 나폴리와 그리스, 독일의 여러 자유주의 봉기를 진압했다. 오스트리아의 프란츠 1세는 메테르니히에게 더욱 의지했다. 오스트리아의 옛 영토를 돌려받은 프란츠 1세는 반동적인 신성동맹을 창설했지만 신성로마제국은 부활하지 못했다. 그는 1835년 예순일곱 살의 나이로 사망했다. 프로이센의 프리드리히 빌헬름 3세도 철저한 반동이 되었고 프로이센에 헌법을 주겠다는 1813년 약속을 무시했으며 1840년 사망했다. 메테르니히는 유럽의 외교 주역으로 남아 빈 회의에서 확립한 세력 균형 체제를 유지하다 1848년 혁명에서 세탁부 옷을 입고 빈을 탈출해야 했다. 그는 1859년 죽었다. 교황 피우스 7세도 계몽운동에 적대적으로 변해 빈 조약으로 돌려받은 교황령에 권위주의를 재차 도입했다. 피우스 7세는 1823년 죽었다. 에스파냐의 페르난도 7세는 1820년 자유주의 헌법을 수용해야 했고 에스파냐 인민들에게 쫓겨났다가 1823년 프랑스의 도움으로 권좌에 복귀했다. 이후 페르난도 7세는 복수심에 프랑스를 따돌렸고 1833년 그가 죽었을 때 애도하는 이는 없었다.

나폴레옹이 법률과 정치를 개혁한 결과 부르봉 왕실은 1815년 두 번째로 복위했을 때 옛 방식을 다시 가져올 수 없었다. 루이 18세는 치세 내내 민주적 양보 조치를 철회하려 한 반동적인 동생 아르투아 백작과 영국 모델을 따라 프랑스를 입헌군주제로 만들려 한 자유주의적 입헌주의자 사이에서 중도를 찾으려 했다. 루이 18세는 1824년 사망했고 아르투아 백작이 샤를 10세로 즉위했다. 샤를 10세는 1930년 7월 혁명으로 쫓겨났고 그의 일가친척으로 좀 더 온건한 루이 필리프가 왕이 되었다. 샤를 10세는 이탈리아에서 망명생활을 하던 중 1836년 사망했다. 낡은 생각을 버리지 못한 왕당파의 희망은 샤를 10세와 함께 사라졌다.

워털루 전투 후 나폴레옹 가족은 대부분 로마에서 교황의 보호를 받으며 지냈다. 어머니는 그곳에서 배다른 형제 페슈 추기경과 함께 은거했다. 여든다섯 살이 된 그녀는 눈이 먼 채 안락의자에 움츠리고 앉아 말동무로 고용한 로사 멜리니에게 회고록을 구술했다. 그녀는 이렇게 말했다.

"모두 나를 세상에서 제일 행복한 어머니라 불렀지만 내 삶은 슬픔과 고통의 연속이었다."

그녀는 1836년 2월 사망했다. 페슈는 3년 뒤 그곳에서 대단한 미술 소장품에 둘러싸여 죽었다. 그는 소장품을 대부분 아작시오와 리옹에 기증했다. 루이는 로마에서 원하던 문학 일을 계속했다. 그는 1840년 신분을 숨기고 홀란트를 방문했는데 과거 신민들이 그를 알아보고 환호했다. 루이는 1846년 리보르노에서 사망했다. 오랫동안 별거했던 그의 아내 오르탕스는 1817년 스위스의 아레넨베르크성을 매입해 살다가 1837년 10월 쉰네 살의 나이로 사망했다. 플라오 장군과의 사이에서 난 그녀의 사생아 아들은 훗날 나폴레옹 3세 덕분에 모르니 공작이 되었다. 로이히텐베르크 공작 외젠 드 보아르네는 뮌헨에서 아내, 일곱 자녀와 함께 조용히 살았다. 자녀 중 한 명은 브라질 황후가 되었고 외젠은 1824년 2월 사망했다. 그의 다른 딸 조제핀은 1823년 스웨덴 왕위 계승자인 베르나도트의 아들 오스카르 왕자와 결혼했다. 두 사람의 아들 막시밀리안은 차르 니콜라이 1세의 딸과 결혼했다.

뤼시앵은 워털루 전투 후 체포되었으나 풀려나 교황령에 은거했고 두 번의 결혼으로 11명의 자녀를 남기고 1840년 6월 그곳에서 사망했다. 조제프는 16년 동안 쉬르빌리에 백작이라는 직함으로 뉴저지의 보든타운에 머물렀으며 1820년 현명하게도 멕시코 왕위 제안을 거부했다. 조제프는 잠시 동안 영국의 서리에서 살았다. 그는 동생의 평판을 훌륭하게 변호했고 1844년 7월 피렌체에서 사망했다. 제롬은 1816년 망명해 트리에스테에 정착했고 몽포르 백작이라는 이름을 썼지만 늘 자신이 군주라고 생각했다. 제롬은 1847년 프랑스로 돌아와 1850년 레쟁발리드 관장이 되었고 원로원 의장을 역임했으며 1860년 죽었다. 카롤린 뮈라는 남편이 처형당한 뒤 재혼했고 피렌체에서 살다가 1839년 5월 스스로 붙인 직함인 리포나(나폴리의 철자를 뒤바꿔 만든 말) 백작부인이라는 이름으로 사망했다. 폴린은 오라버니의 사망 소식을 들었을 때 세인트헬레나로 떠나려던 참이었다고 주장했다. 카밀로 보르게세는 폴린이 피렌체의 자기 집으로 돌아올 수 있게 했다. 폴린은 피렌체에 와서 석 달을 지낸 뒤 1825년 6월 사망했다(카밀로 보르게세는 보나파르트파 음모에 관여하다가 1832년 사망했다).

홀란트 왕 루이의 세 아들 중 막내인 샤를 루이 나폴레옹은 1831년 이탈리아혁명에 참여했고 1836년 스트라스부르에서 프랑스 침공을 시도했다. 1837년 미국을 방문한 그는 1840년 다시 프랑스를 침공하려다 붙잡혀 투옥되었으나 1845년 탈출했다. 1848년 그는 990만 표를 얻어 대통령에 당선되었고 1851년 쿠데타를 일으킴으로써 1852년 황제 나폴레옹 3세로 즉위했다. 그는 1870~1871년 프랑스-프로이센 전쟁 후 쫓겨나 유배 생활을 하다가 1873년 사망했다. 1769년 아작시오에서 시작된 제국의 서사는 104년 뒤 켄트의 치즐허스트에서 그렇게 막이 내렸다. 나폴레옹 3세는 목숨이 다할 때까지 삼촌이 자신의 외할머니 조제핀에게 준 결혼반지를 끼고 있었다.

마리 루이즈는 나폴레옹이 죽고 넉 달 뒤 나이페르크와 귀천상혼의 결혼 계약을 체결했다. 두 사람은 1829년 나이페르크가 죽기 전 먼저 사생아 둘을 낳은 후 적자 하나를 더 낳았다. 이후 마리 루이즈는 봉벨 백작과 결혼했고 1814년 이후 파르마와 피아첸차, 구아스탈라를 통치하다가 1847년 12월 사망했다.

나폴레옹의 자녀들은 서로 다른 운명을 겪었다. 로마왕이자 라이히슈타트 공작인 나폴레옹 2세는 마르몽이 돌보았다. 마르몽은 그에게 아버지에 관해 편견을 갖게 하려 했으나 성공하지 못했다. 나폴레옹 2세는 오스트리아군에 입대했지만 1832년 7월 22일 쇤브룬에서 결핵으로 사망했다. 겨우 스물한 살이었다. 1940년 아돌프 히틀러가 오스트리아와 프랑스 비시정권 간의 친선을 도모하고자 그의 데스마스크를 레쟁발리드로 보냈다. 알렉상드르 발레프스키 백작은 어머니 마리아 발레프스카가 사망했을 때 고작 일곱 살에 불과했으나 프랑스군 장교였던 삼촌에게 좋은 교육을 받았다. 그는 외인군단에 들어가 북아프리카에서 싸웠고 훗날 런던 주재 대사가 되었으며 친척인 나폴레옹 3세의 런던 방문과 빅토리아 여왕의 프랑스 방문을 주선했다. 알렉상드르 발레프스키는 입법원Corps Législatif(하원) 의장이 되었고 1868년 쉰여덟 살의 나이에 스트라스부르에서 심장마비로 사망했다. 엘레오노르 드뉘엘 드 라플레뉴가 낳은 나폴레옹의 사생아 레옹 백작 샤를 드뉘엘은 성장한 뒤 친부를 빼닮아 거리를 다닐 때면 지나가는 사람들이 뚫어지게 쳐다보았다. 그는 1832년 2월 웰링턴의 전령과 결투를 벌였는데 오르탕스에게 받은 단추를 지니고 다닌 덕에 살았다고 생각했다. 술에 취해 시비를 일삼는 부랑자가 된 샤를 드뉘엘은 나폴레옹 3세가 빚을 갚아 주고 연금도 주었지만 가난에 시달리다 1881년 4월 퐁투아즈에서 위암으로 사망했다. 그의 어머니는 1812년 전쟁에서 과부가 되었다. 그녀는 1814년 샤를 에밀 오귀스트 루이 드 뤽스부르 백작과 결혼해 35년 뒤 그가 사망할 때까지 함께 살았다. 그녀는 1868년 죽었다.

나폴레옹의 원수들을 보면, 모르티에는 1835년 열병식을 하던 중 불만을 품고 루이 필리프 왕을 암살하려던 어느 이탈리아인이 터뜨린 폭탄에 11명의 다른 사람과 함께 죽임을 당했다. 루이 필리프는 모르티에의 장례식에서 눈물을 흘렸다. 달마치아 공작 '니콜라' 술트는 독일로 추방당했다가 1819년 소환되어 부르봉 왕실 정부에서 장관과 총리로 일했고, 루이 필리프 정부에서는 개혁적인 전쟁장관으로 일했다. 술트는 1838년 빅토리아 여왕 즉위식에 프랑스 대표로 참석했는데 그때 웰링턴이 그에게 경의를 표하며 식사를 대접했다. 술트는 1851년 사망했다. 베르나도트는 1818년 스웨덴 왕이 되어 1844년 죽을 때까지 통치했다. 그의 후손들이 지금도 스웨덴 왕좌에 앉아 있다. 주르당 원수는 네에게 유죄 판결을 내린 군법회의에 앉기를 거부했는데도 1819년 백작이 되고 귀족원(상원) 의원이 되었다. 그는 1830년 혁명을 지지했으며 3년 뒤 사망했다. 라구사 공작 마르몽은 잠시 로마왕의 후견인으로 지냈고 1852년 사망했다. 나폴레옹의 원수 중 마지막이었다. 사후 그의 회고록을 출간했을 때, 어느 평자는 그를 "응수할 수 없는 자들을 하나씩 쓰러뜨리려고 자신의 묘비 뒤에 숨은 저격병"에 비유했다.

나폴레옹 밑에서 장관으로 일한 사람들을 보면, 장 자크 레지 드 캉바세레스는 두 번째 왕정복고에 브뤼셀로 탈출했고 1818년 귀국을 허용받고 돌아와 1824년 죽을 때까지 편안하게 은퇴 생활을 누렸다. 루이 마티외 몰레는 복고 왕정에서 도로교량총감과 해군장관을 역임했고 이후 루이 필리프 정부에서 외무장관을, 1836년부터 1839년까지 총리를 지냈다. 그는 1855년 사망했다. 아르망 드 콜랭쿠르의 이름은 루이 18세의 배척자 명단에 올라 있었는데 차르 알렉산드르 1세의 설득으로 명단에서 뺐다. 그는 1827년 죽었다. 바사노 공작 위그 마레는 루이 필리프 덕에 귀족이 되었고 1834년 11월 여드레 동안 프랑스 총리를 맡았다. 그는 1839년 파리에서 사망했다. 르네 사바리는 여덟 권의 회고록을 써서 1828년 출간했고, 1831년 알제리에서 잠시 프랑스군 총사령관으로 일하며 대단한 잔인함을 드러냈다. 그는 1833년 죽었다.

세인트헬레나에 있던 사람들은 나폴레옹이 죽은 뒤 빠르게 흩어졌다. 앙리 베르트랑은 파리로 돌아갔고 샹트렌가에 있는 나폴레옹과 조제핀의 오래된 집에서 살았다. 그는 1844년 1월 사망했다. 몽톨롱 백작은 1840년부터 1846년까지 6년 동안 암Ham의 교도소에서 나폴레옹 3세와 함께 지냈다. 그의 삼촌과 함께한 기간과 같았다. 그는 1853년 8월 파리에서 사망했다. 알빈 드 몽톨롱은 오래전부터 남편과 별거했고 브뤼셀에서 배질 잭슨과 불륜을 이어 갔으며, 1848년 8월 손자들이 그녀를 위해 열어 준 무도회에서 사망했다. 에마뉘엘 드 라스 카즈는 1823년 네 권짜리 《세인트헬레나 회고록》을 발표했고 평생 동안 거듭 수정판을 냈다. 그는 1831년 국회의원에 선출되었으며 1842년 사망했다. 루이 마르샹은 오세르에서 편안하게 지내며 회고록을 썼다. 1822년 베치 밸컴은 찰스 아벨과 결혼했다가 곧 버림받았다. 베치는 하나뿐인 아이와 함께 오스트레일리아의 시드니로 이사했지만 이후 런던으로 돌아와 음악을 가르쳤다. 베치가 회고록을 출간했을 때 나폴레옹 3세가 그녀에게 알제의 땅을 주었으나 그녀는 런던에 머물기로 했고 1871년 그곳에서 사망했다. 프란체스코 앙토마르시는 1825년 《나폴레옹의 마지막 순간Mémoires du docteur F. Antommarchi, ou Les derniers momens de Napoléon》을 출간했다. 1833년에는 나폴레옹의 데스마스크 모사품을 판매하려다 저작권 소송을 당했다. 프랜시스 버튼 박사에게 저작권이 있다고 보는 것이 온당했기 때문이다. 앙토마르시는 자신의 묘비에 이러한 문장을 새겨 넣었다.

'황제와 빈민을 위해 일한 이탈리아 의사.'

허드슨 로는 나폴레옹이 죽은 뒤 세인트헬레나를 떠났고 1825년에서 1830년까지 실론(오늘날의 스리랑카)에서 영국군을 지휘했으나 총독으로 임명되진 못했다. 그는 1844년 1월 일흔네 살의 나이로 죽었다. 비냘리 신부는 1836년 6월 코르시카의 집에서 살해당했다.

나폴레옹을 따랐던 다른 이들 중 샤를 르페브르 데누에트 장군은 1815년 부상을 입었고 미국으로 이민을 갔다. 그는 1822년 프랑스로 돌아가던 중 배가 난파해 익사했다. 장 라프는 오랭주의 국회의원과 루이 18세의 왕실출납관을 역임했고 1821년 10월 죽었다. 자크 루이 다비드는 1815년 이후 브뤼셀에 정착해 고전적인 주제로 그림을 그리다가 1825년 사망했다. 앙투안 장 그로의 역사화歷史畵와 신고전주의 그림은 찾는 사람이 점점 줄어들었다. 그는 1835년 사망했다. 루스탕은 맘루크 의상을 입고 런던의 쇼에 나서는 처지가 되었고, 1845년 12월 예순다섯 살의 나이로 사망했다. 클로드 메느발은 1827년 회고록을 출간했고 1840년 나폴레옹 유해의 파리 봉환식에 참석했으며 1850년 파리에서 사망했다. 옥타브 세귀르는 1812년 러시아에서 부상을 입고 포로가 되었지만 살아남아 전쟁이 끝난 뒤 프랑스로 귀환했다. 그러나 아내의 부정을 알아채고는 1818년 센강에 몸을 던졌다.

나폴레옹에 반대하고 그를 비방한 자들도 다수가 끝이 좋지 않았다. 루이 드 부리엔은 1829년 나폴레옹을 모욕하는 사악한 회고록을 발표했고 1834년 2월 캉의 정신병자 수용소에서 죽었다. 아브랑테스 공작부인 로르는 가난에 시달리다 1838년 쉰네 살의 나이로 초라한 하숙집에서 생을 마감했다. 캐슬레이 경은 1822년 8월 12일 주머니칼로 목을 그어 자살했다. 급진적 시인들은 그의 죽음을 환영했으나 영국은 매우 위대한 외무장관 하나를 잃었다.

그 밖에 나폴레옹을 적대한 자들 중 르네 드 샤토브리앙은 부르봉 왕실 정부에서 여러 장관과 대사를 지냈으나 1848년 죽을 때까지 루이 필리프에 반대했다. 루이 필리프는 그를 '부르주아 왕'이라고 불렀다. 사후 출간한 그의 《저승의 회고록Mémoires d'Outre-Tombe》은 나폴레옹을 폭군이라며 심하게 비난했고, 특히 그에게 앙기앵 공작을 처형한 책임이 있다고 주장했다. 뱅자맹 콩스탕은 1830년 부르봉 왕실이 무너진 뒤 국무원 위원에 임명되었으나 그해에 죽었다. 폴 바라스는 1829년 1월 29일 오후 11시에 죽었다. 그날 죽기 전 그는 대자代子인 폴 그랑을 침상으로 불러 회고록을 맡겼다. 캉바세레스가 죽은 뒤 부르봉 왕실이 어떻게 그의 기록을 압수했는지 보았기 때문이다. 이튿날 아침 당국이 그의 기록을 빼앗으러 왔지만 너무 늦었다. 개인적, 법률적인 여러 가지 이유로 회고록은 1880년대에야 출간했는데 역사적 가치가 거의 없는 짜증스러운 것으로 드러났다. 이폴리트 샤를은 1837년 임종 자리에서 조제핀에게 받은 편지를 태워 없애라고 요청했다. 그때 다섯 통만 남고 전부 사라졌다. 카를 폰 슈바르첸베르크는 많은 서훈과 훈장을 받았지만 1817년 뇌졸중이 발병했다. 3년 뒤 그는 라이프치히 전투 7주년 기념식을 위해 전장을 방문했고 그곳에서 두 번째 뇌졸중 발작이 일어나 10월 15일 사망했다. 시드니 스미스는 1840년 페르 라셰즈 묘지에 묻혔고 영국 국기 유니언 잭으로 관을 덮었다. 3명이 송사를 읽었는데 전부 프랑스인이었다. 비록 레지옹 도뇌르 훈장을 받았어도 아크레에서 나폴레옹의 승리를 방해한 자에게 전통 의장대를 붙여 주기는 불가능했다.

베네벤토 대공 샤를 모리스 드 탈레랑은 나폴레옹의 죽음을 '대사건'이라고 했다는 이유로 어느 부관을 꾸짖으며 그것은 단순한 '뉴스거리'일 뿐이라고 말했다. 그는 자신을 받아주기만 하면 정권을 가리지 않고 섬겼다. 부르봉 왕실 정부에서는 외무장관과 시종장을 지냈고, 1830년 혁명 이후에는 루이 필리프를 위해 런던 대사를 맡았다. 그는 1838년 죽었다. 국왕이 임종을 지켰고 파리 추기경이 병자성사를 집전했다.

웰링턴 공작은 나폴레옹의 사망 소식을 듣고 친구인 아버스넛 부인에게 말했다.

"이제 나는 생존 장군 중에서 내가 가장 성공한 자라고 말할 수 있겠다."

웰링턴은 나폴레옹의 정부 중 두 사람, 즉 주세피나 그라시니, 마드무아젤 조르주와 동침했고 1828~1830년 2년간 평범한 총리로 지냈으며 1852년 사망했을 때 국장이 치러졌다. 당연히 받을 만한 대접이었다. 1840년 나폴레옹의 유해를 파리에 호화스럽게 이장했다는 소식을 들은 그가 말했다.

"언젠가 프랑스인은 분명 이를 영국에 승리한 일로 만들 것이다."

그렇지만 그는 개인적으로 "조금도 개의치 않았다."

지도 목록

삽화 목록

본문 중 삽화

- Jacques-Louis David, sketches of Napoleon, 1797. Musee d'Art et d'Histoire, Palais Massena, Nice. Photograph: Giraudon / Bridgeman Images
- Baron Dominique Vivant-Denon, title page of 'The Description of Egypt', 1809. Photograph: akg-images / Pietro Baguzzi
- Charles-Joseph Minard, Graph to illustrate the successive losses in men of the French army in the Russian Campaign of 1812-13, pub. 1869. Photograph: © Bibliotheque Nationale, Paris
- Sevres Manufactory after Antoine Denis Chaudet, Bust of Emperor Napoleon I, 1806. Bibliotheque Marmottan, Boulogne-Billancourt, Paris. Photograph: Giraudon / Bridgeman Images

컬러 도판

1. Andrea Appiani the Elder, *Napoleon I Bonaparte*, 1796. Pinacoteca Ambrosiana, Milan. Photograph: De Agostini Picture Library / © Veneranda BibliotecaAmbrosiana-Milano / BridgemanImages
2. Leonard-Alexis Dalige de Fontenay, *The Casa Bonaparte in Ajaccio*, 1849. Photograph: © RMN-Grand Palais (musee des chateaux de Malmaison et de Bois-Preau) / Jean Schormans
3. Caricature of Paoli and Bonaparte, from the atlas of a student named Vagoudy, c. 1785. Photograph: Archives Nationales, Paris
4. Louis-Francois Lejeune, *The Battle of Lodi,* c. 1804. Photograph: © RMN-Grand Palais

(Chateau de Versailles) / Daniel Arnaudet / Gerard Blot

5. Baron Antoine-Jean Gros, *Napoleon on the Bridge at Arcole*, 1796. Photograph: © RMN-Grand Palais (Chateau de Versailles) / Gerard Blot
6. Louis-Francois Lejeune, *The Battle of the Pyramids*, 1806. Photograph: © RMN-Grand Palais (Chateau de Versailles) / Gerard Blot
7. Baron Antoine-Jean Gros, *Napoleon visiting the wounded at Jaffa*, 1804 (detail). Photograph: © RMN-Grand Palais (musee du Louvre) / Thierry Le Mage
8. I. Helman and J. Duplessi-Bertaux after Charles Monnet, *The Coup d'etat of 18 Brumaire 1799*, published 1800. Photograph © Bibliotheque Nationale de France, Paris
9. Francois-Xavier Fabre, portrait of Lucien Bonaparte. Photograph: The Art Archive / Napoleonic Museum Rome / Gianni Dagli Orti
10. Jean-Baptiste Wicar, portrait of Joseph Bonaparte, 1808. Photograph: © RMN-Grand Palais (Chateau de Fontainebleau) / Gerard Blot
11. Baron Francois Gerard, portrait of Marie-Laetitia Ramolino (detail), 1803. Photograph © RMN-Grand Palais (musee des chateaux de Malmaison et de Bois-Preau) / Daniel Arnaudet / Jean Schormans
12. Salomon-Guillaume Counis, portrait of Marie-Anne Elisa Bonaparte, 1813. Photograph © RMN-Grand Palais (musee duLouvre) / Gerard Blot
13. Charles Howard Hodges, portrait of Louis Bonaparte (detail), 1809. Photograph: © Rijksmuseum, Amsterdam
14. Baron Francois Gerard, portrait of Hortense de Beauharnais. Private collection. Photograph: Bridgeman Images
15. Robert Lefevre, portrait of Pauline Bonaparte, 1806. Photograph: © RMN-Grand Palais (Chateau de Versailles) / Droits reserves
16. Baron Francois Gerard, portrait of Caroline Murat, 1800s. Musee des Beaux-Arts, Palais Fesch, Ajaccio. Photograph © RMNGrand Palais / Gerard Blot
17. Francois Kinson, portrait of Jerome Bonaparte and his wife Catarina of Wurttemberg. Photograph: © RMN-Grand Palais (Chateau de Versailles) / Franck Raux
18. Baron Antoine-Jean Gros, portrait of the Empress Josephine, c. 1809. Photograph: © RMN-Grand Palais (musee des chateaux de Malmaison et de Bois-Preau) / Daniel Arnaudet / Gerard Blot

19. Andrea Appiani the Elder, portrait of Eugene de Beauharnais, 1810. Photograph: © RMN-Grand Palais (musee des chateaux de Malmaison et de Bois-Preau) / Daniel Arnaudet / Jean Schormans
20. *Necessaire* of the Empress Josephine, made by Felix Remond. Photograph: © RMN-Grand Palais (musee des chateaux de Malmaison et de Bois-Preau) / Gerard Blot
21. Baron Antoine-Jean Gros, *Napoleon as First Consul*. Photograph: © RMN-Grand Palais / Gerard Blot
22. French School, *Allegory of the Concordat*, 1802. Bibliotheque Nationale, Paris. Photograph: Bridgeman Images
23. Louis Charon after Poisson, *Costume of a Member of the Institut de France, c.* 1802-10. Private collection. Photograph: Archives Charmet / Bridgeman Images
24. Jean-Baptiste Greuze, portrait of Jean-Jacques de Cambaceres. Photograph: © RMN-Grand Palais / Agence Bulloz
25. Andrea Appiani the Elder, *Louis-Charles-Antoine Desaix reading the order of General Bonaparte to two Egyptians*. Photograph: © RMN-Grand Palais (Chateau de Versailles) / Gerard Blot
26. Baron Francois Gerard, portrait of Jean Lannes. Private collection. Photograph: Giraudon / Bridgeman Images
27. Henri-Francois Riesener (after), portrait of Jean-Baptiste Bessieres, 1805. Photograph © Paris-Musee de l'Armee, Dist. RMN-Grand Palais / image musee de l'Armee
28. Anne-Louis Girodet De Roussy-Trioson, portrait of Geraud Christophe Michel Duroc. Musee Bonnat, Bayonne. Photograph © RMN-Grand Palais / Rene-Gabriel Ojeda
29. French School, caricature of William Pitt the Younger and King George III observing the French squadron, 1803. Musee de la Ville de Paris, Musee Carnavalet, Paris. Photograph: Giraudon / Bridgeman Images
30. Copy by Mudie of a Napoleonic medal celebrating the planned invasion of Britain, 1804. Photograph © Ashmolean Museum, University of Oxford
31. Jean-Baptiste Debret, *The First Distribution of the Cross of the Legion d'Honneur, 14 July 1804*, 1812. Photograph © RMNGrand Palais (Chateau de Versailles) / Droits reserves
32. Jacques-Louis David, study of Napoleon crowning himself Emperor, c. 1804-7. Photograph: © RMN-Grand Palais (musee du Louvre) / Thierry Le Mage

33. Baron Francois Gerard, *The Battle of Austerlitz, 2 December 1805*, 1808. Photograph: © RMN-Grand Palais (Chateau de Versailles) / Droits reserves
34. Pierre-Michel Alix after Baron Antoine-Jean Gros, portrait of Marshal Louis-Alexandre Berthier, 1798. Photograph © Paris-Musee de l'Armee, Dist. RMN-Grand Palais / Pascal Segrette
35. Flavie Renault after Baron Antoine-Jean Gros, portrait of Marshal Andre Massena, 1834. Photograph: © Paris-Musee de l'Armee, Dist. RMN-Grand Palais / image musee de l'Armee
36. Baron Francois Gerard, portrait of Marshal Michel Ney, c. 1805. Photograph: © Christie's Images
37. Louis Henri de Rudder, portrait of Marshal Jean-de-Dieu Soult (detail). Photograph: © RMN-Grand Palais (Chateau de Versailles) / Franck Raux
38. Tito Marzocchi de Belluchi, portrait of Marshal Louis-Nicolas Davout (detail), 1852. Photograph: © RMN-Grand Palais (Chateau de Versailles) / Gerard Blot
39. Raymond-Quinsac Monvoison, portrait of Nicolas-Charles Oudinot as he appeared in 1792. Photograph: © RMN-Grand Palais (Chateau de Versailles) / Daniel Arnaudet / Jean Schormans
40. Robert Lefevre, portrait of Marshal Charles-Pierre-Francois Augereau (detail). Photograph: © RMN-Grand Palais (Chateau de Versailles) / Droits reserves
41. Baron Antoine-Jean Gros, portrait of Joachim Murat (detail). Photograph: © RMN-Grand Palais (musee du Louvre) / Jean-Gilles Berizzi
42. Edme Bovinet after Jacques-Francois Swebach, *The Battle of Jena, 14 October 1806*. Photograph: JoJan
43. George Dawe, portrait of Field Marshal Prince Gebhard Leberecht von Blucher, c. 1816. The Wellington Museum, Apsley House, London. Photograph: Bridgeman Images
44. W. Herbig, portrait of King Frederick William III of Prussia (detail). The Wellington Museum, Apsley House, London. Photograph: Bridgeman Images
45. Jacques-Louis David, *Napoleon I in Imperial Costume*, 1805. Palais des Beaux-Arts, Lille. Photograph: © RMN-Grand Palais / Philipp Bernard
46. Jean-Antoine-Simeon Fort, *The Battle of Eylau, 8 February 1807*. Photograph: © RMN-Grand Palais (Chateau de Versailles) / Droits reserves

47. Thomas Naudet, *The Battle of Friedland, 1807*, c. 1807–12. Photograph: Anne S. K. Brown Military Collection, Brown University Library, Providence, RI
48. Adolphe Roehn, *The Meeting of Napoleon I and Tsar Alexander I at Tilsit, 25 June 1807*. Photograph: © RMN-Grand Palais (Chateau de Versailles) / Franck Raux
49. Baron Francois Gerard, portrait of Tsar Alexander I, c. 1814. Musee Cantonal des Beaux-Arts, Lausanne. Photograph: akgimages / Andre Held
50. Baron Francois Gerard, portrait of Desiree Clary. Photograph: Alexis Daflos. The Royal Court, Sweden
51. Jean-Baptiste Isabey, portrait of Pauline Foures. Photograph: © RMN-Grand Palais (musee du Louvre) / Droits reserves
52. Ferdinando Quaglia, portrait of Giuseppina Grassini. Photograph: De Agostini Picture Library / A. Dagli Orti / Bridgeman Images
53. Pierre-Auguste Vafflard, portrait of Marguerite Weimer (Mademoiselle Georges), 1805. Photograph © Collections Comedie-Francaise / P. Lorette
54. Jean-Baptiste Isabey, portrait of Countess Maria Walewska. Collection of the Patrimoine Comte Colonna-Walewski. Photograph Fine Art Images / Heritage Images / Scala, Florence
55. Mayer & Pierson, Photograph of Comte Alexander Colonna-Walewski. Photograph: © Musee d'Orsay, Dist. RMN-Grand Palais / Patrice Schmidt
56. Pierre-Paul Prud'hon (attr.), *Portrait of a Lady said to be Eleonore Denuelle de la Plaigne with her son*, 1814. Private collection. Photograph © Christie's Images / Bridgeman Images
57. Jean-Baptiste Isabey, portrait of Anne Hippolyte Boutet Salvetat (Mademoiselle Mars), 1819. Photograph: © By kind permission of the Trustees of the Wallace Collection, London.
58. Albine de Montholon. Photograph: Roger-Viollet / Topfoto
59. Sevres Manufactory, spindle vase owned by Madame Mere, depicting Napoleon crossing the Alps at the Great St Bernard pass, 1811. Photograph: © RMN-Grand Palais (musee du Louvre) / Droits reserves
60. Francois-Honore-Georges Jacob-Desmalter, Bernard Poyet and Agustin-Francois-Andre Picot, the imperial throne of Napoleon for sittings of the Legislative Body, 1805. Photograph: © Les Arts Decoratifs, Paris / Jean Tholance. Tous droits reserves

61. Henri Auguste, the Emperor's Nef, 1804. Photograph: © RMNGrand Palais (Chateau de Fontainebleau) / Jean-Pierre Lagiewski
62. French School, *The Construction of the Vendome Column, c.* 1803-10. Musee National du Chateau de Malmaison, Rueil-Malmaison. Photograph: Giraudon / Bridgeman Images
63. Henri Courvoisier-Voisin, *The Palais de la Bourse, c.* 1826. Musee de la Ville de Paris, Musee Carnavalet, Paris. Photograph: Giraudon / Bridgeman Images
64. Claude Francois de Meneval. Photograph: Mary Evans Picture Library / Epic
65. Lemercier, portrait of Baron Agathon-Jean-Francois Fain. Bibliotheque Nationale de France, Paris. Photograph: Roger-Viollet / Topfoto
66. Francisco Jose de Goya y Lucientes, *A heroic feat! With dead men!*, illustration from The Disasters of War, pub. 1863. Photograph: Index / Bridgeman Images
67. Adolphe Roehn, *Bivouac of Napoleon on the battlefield at Wagram during the night of 5-6 July 1809* (detail). Photograph: © RMN-Grand Palais (Chateau de Versailles) / Gerard Blot
68. Baron Antoine-Jean Gros, *The Meeting of Napoleon and Francis II after the Battle of Austerlitz, 4 December 1805* (detail). Photograph: © RMN-Grand Palais (Chateau de Versailles) / Daniel Arnaudet
69. Sir Thomas Lawrence, portrait of Prince Clemens Metternich (detail), 1815. Royal Collection Trust © Her Majesty Queen Elizabeth II, 2014. Photograph: Bridgeman Images
70. Sir Thomas Lawrence, portrait of Carl Philip, Prince Schwarzenberg, 1819. The Royal Collection © 2014 Her Majesty Queen Elizabeth II. Photograph: Bridgeman Images
71. Baron Francois Gerard, portrait of the Empress Marie Louise, 1810. Photograph: © RMN-Grand Palais (musee du Louvre) / Herve Lewandowski
72. Baron Francois Gerard, portrait of the King of Rome. Photograph: © RMN-Grand Palais (Chateau de Fontainebleau) / Daniel Arnaudet / Jean Schormans
73. Josef Lanzedelli the Elder, portrait of Adam Albert von Neipperg (detail), c. 1810. Photograph: © Stadtverwaltung, Schwaigern
74. Antoine Charles Horace Vernet after Etienne-Alexandre Bardin, *Uniforms of a line infantryman and second flagbearer*, illustration from the Bardin Regulations. Photograph: © Paris-Musee de l'Armee, Dist. RMN-Grand Palais / Pascal Segrette

75. Christian Johann Oldendorp, *View of the Kremlin during the Burning of Moscow, September 1812*. Photograph: De Agostini Picture Library / M. Seemuller / Bridgeman Images
76. Faber du Faur, *On the Road, Not Far From Pneva, 8 November 1812*, illustration from Blatter aus meinem Portefeuille, im Laufe des Fel, c. 1830s. Photograph: Anne S. K. Brown Military Collection, Brown University Library, Providence, RI
77. V. Adam (after), *The Berezina Passage*. Brown University Library, Providence, RI. Photograph: Bridgeman Images
78. Pierre-Paul Prud'hon, portrait of Charles Maurice de Talleyrand Perigord (detail), 1817. Purchase, Mrs Charles Wrightsman Gift, in memory of Jacqueline Bouvier Kennedy Onassis, 1994. Accession Number: 1994.190. © The Metropolitan Museum of Art, New York
79. French School, portrait of Joseph Fouche. Photograph © RMNGrand Palais (Chateau de Versailles) / Gerard Blot
80. Studio of Baron Francois Gerard, portrait of Charles-Jean Bernadotte, 1811. Photograph © RMN-Grand Palais (Chateau de Versailles) / Gerard Blot
81. Jean-Baptiste Paulin Guerin, portrait of Marshal Auguste de Marmont, 1834. Photograph: © RMN-Grand Palais (Chateau de Versailles) / Gerard Blot
82. Anon., *Napoleon bidding adieux to his army, in the court of the castle of Fontainebleau, 20 April 1814*. Bibliotheque Nationale, Paris. Photograph: Roger-Viollet / Topfoto
83. George Cruikshank, *The Flight of Bonaparte from the field of Waterloo Accompanied by his Guide*, 1816. Private collection. Photograph: The Stapleton Collection / Bridgeman Images
84. Count Louis-Joseph-Narcisse Marchand, *View of Longwood* (detail), 1820. Photograph: © RMN-Grand Palais (musee des chateaux de Malmaison et de Bois-Preau) / Gerard Blot
85. Anon., portrait of Napoleon during his last weeks in St Helena. © Bodleian Library, Oxford (Curzon Atlantic a1 folio 19)
86. Charles Joseph Hullmandel after Captain Frederick Marryat, Napoleon Bonaparte laid out after Death, 1821. Photograph: Wellcome Library, London

참고문헌

책

나폴레옹 관련 참고도서 목록은 악명 높을 정도로 방대하다. 그가 사망한 이후 지금까지 지나온 날의 수보다 그의 이름이 들어 있는 책을 더 많이 출간했을 정도다. 이 책에서 참고한 도서의 총 목록은 www.andrew-roberts.net에서 확인할 수 있다. 지면상 이 참고문헌 목록에는 직접 인용한 책만 수록한다. 특정 출판 장소를 명시하지 않은 책은 모두 런던이나 파리에서 출판했다.

2004년부터 나폴레옹재단에서 발간하는 *Correspondance Générale*은 나폴레옹이 서명한 편지 3만 3천 통을 전부 게재할 예정이다. 이 작업은 가치 있을 뿐 아니라 기념비적 출판 사업이며 나폴레옹 학문의 획기적인 사건이다. 이 책에서 *Correspondance Générale*은 CG로 표시하며 그 뒤의 숫자는 제 몇 권을 의미한다.

I ed. Lentz, Thierry, *Les Apprentissages 1784-1797* 2004

II ed. Lentz, Thierry, *La Campagne d'Egypte et l'Avenement 1798-1799* 2005

III ed. Lentz, Thierry, *Pacifications 1800-1802* 2006

IV ed. Houdecek, François, *Ruptures et fondation 1803-1804* 2006

V eds. Kerautret, Michel and Madec, Gabriel, *Boulogne, Trafalgar, Austerlitz 1805* 2008

VI ed. Kerautret, Michel, *Vers le Grand Empire 1806* 2009

VII eds. Kerautret, Michel and Madec, Gabriel, *Tilsit, l'Apogee de l'Empire 1807* 2010

VIII ed. Madec, Gabriel, *Expansions meridonales et resistances 1808-Janvier 1809* 2011

IX ed. Gueniffey, Patrice, *Wagram Fevrier 1809-Février 1810* 2013

XII ed. Lentz, Thierry, *La Campagne de Russie* 1812 2012

1858년 Henri Plon이 편집해 총 32권으로 출간한 나폴레옹의 편지 모음집 *Correspondance de Napoléon 1er*는 CN으로 표기한다.

Adams, Henry, *History of the United States during the Administrations of Jefferson and Madison* 1967

Adams, Michael, *Napoleon and Russia* 2006

Adkin, Mark, *The Waterloo Companion* 2001

Adlerfeld, Gustavus, *The Military History of King Charles VII of Sweden* 3 vols. 1740

ed. Ainé, Desgranges, *Histoire de l'expedition des francais en Égypte* 1839

Albermarle, Earl of, *Fifty Years of My Life* 2 vols. 1876

Albion, Robert Greenhalgh, *Forests and Sea Power* 1927

Aldington, Richard, *Wellington* 1946

Alexander, Robert S., *Bonapartism and Revolutionary Tradition in France* 1991 Napoleon 2001

Alison, Sir Archibald, *The History of Europe from the Commencement of the French Revolution to the Restoration of the Bourbons* vol.1 1843

Allison, Charles W., Ney (Charlotte, NC) 1946. eds. Ambrose, Douglas and Martin, Robert W. T., *The Many Faces of Alexander Hamilton* (New York) 2006

Anonymous, *Copies of Original Letters from the Army of General Bonaparte in Egypt, Intercepted by the Fleet under the Command of Admiral Lord Nelson* 3 vols. 1798, 1799 and 1800

The Concordat Between His Holiness Pope Pius VII and Bonaparte Chief Consul to the French Republic (Dublin) 1802

A Short View of the Causes Which Led to and Justified the War with France 1803

The Atrocities of the Corsican Daemon, or, a Glance at Buonaparte 1803

Description des cérémonies et des fêtes qui ont eu lieu pour le couronnement de leurs majestés 1807

An Exact and Impartial Account of the Most Important Events Which have Occurred in Aranjuez, Madrid and Bayonne 1808

Relation de la bataille de Mont St Jean par un Temoin Occulaire 1815

Napoleon's *Appeal to the British Nation on His Treatment at St Helena* 1817

A Review of Warden's Letters from St Helena Containing Remarks on Bonaparte's Massacres at Jaffa and El Arish (Boston) 1817

The Battle of Waterloo (New York) 1819

Memoirs of the Public and Private Life of Napoleon Bonaparte 1827

Life of Napoleon Bonaparte (Philadelphia) 1845
Antommarchi, Francesco, *The Last Days of Napoleon* 2 vols. 1826 ed. Appleton, D., *The Confidential Correspondence of Napoleon Bonaparte With His Brother Joseph* 2 vols. 1855
Arnault, A. V., *Memoirs of the Public and Private Life of Napoleon Bonaparte* 2 vols. (Boston) 1833
ed. Arnold, Eric, *A Documentary Survey of Napoleonic France* (Maryland) 1994
Arnold, James, *Crisis on the Danube* 1990
Arnold, James R. and Reinertsen, Ralph R., *Crisis in the Snows* 2007
Ashby, Ralph, *Napoleon against Great Odds* 2010
Ashton, John, *English Caricature and Satire on Napoleon I 2* vols. 1884
Assier, Alexandre, *Napoleon I à l'Ecole Royale Militaire de Brienne* 1874
Atteridge, A. H., *Marshal Ney* 2005
Aubry, Octave, *St Helena* 1936
Aulard, François, *Histoire politique de la Revolution française* 1901
Austin, Paul Britten, *1812* 2000
Authority, *Preliminary Articles of Peace between His Britannick Majesty and the French Republick* 1801
Babbage, Charles, *Reflections on the Decline of Science in England* 1830
Balcombe, Betsy, *To Befriend an Emperor* 2005
Baldet, M., *La vie quotidienne dans les armées de Napoleon* 1964 ed. Baldick, Robert, The *Memoirs of Chateaubriand* 1961
Barbé-Marbois, François, *History of Louisiana* 1829
Baring-Gould, S., *The Life of Napoleon Bonaparte* 1897
Barnett, Correlli, *Bonaparte* 1978
Barral, Georges, *Histoire des sciences sous Napoleon Bonaparte* 1889
ed. Barrès, Maurice, *Memoirs of a French Napoleonic Officer: Jean-Baptiste Barrès* 1988
Bausset-Roquefort, Baron Louis François de, *Private Memoirs of the Court of Napoleon* (Philadelphia) 1828
Bell, David A., *The First Total War* 2007
ed. Bell, Nancy, *Memoirs of Baron Lejeune* 2 vols. 1897
Benbassa, *Esther, The Jews of France* (Princeton) 1999

Bergeron, Louis, *France Under Napoleon* (Princeton) 1981
Berlier, Théophile, *Précis de la vie politique de Théophile Berlier* 1838
Bertaud, Jean-Paul, *Bonaparte prend le pouvoir* 1987
La France de Napoleon 1987
Le duc d'Enghien 2001
Quand les enfants parlaient de gloire 2006
Berthier, Louis-Alexandre, *The French Expedition into Syria* 1799
Relation des campagnes du Général Bonaparte en Égypte et en Syrie 1801
Bertrand, Henri-Gratien, *Cahiers de Sainte-Hélène* 3 vols. 1951
Napoleon at St Helena 1952
ed. Bertrand, Pierre, *Lettres de Talleyrand a Napoleon* 1889
Beslay, Charles, *Mes souvenirs* 1873
ed. Bierman, Irene A., *Napoleon in Egypt* 2003
Bigonnet, M., *Coup d'état du dix-huit Brumaire* 1819
ed. Bingham, D. A., *A Selection from the Letters and Despatches of the First Napoleon* 3 vols. 1884
Blackburn, Julia, *The Emperor's Last Island* 1991
Blaufarb, Rafe, *The French Army 1750-1820* 2002
Blaze, Captain Elzéar, *Life in Napoleon's Army* 1995
Blond, Georges, *La Grande Armée* 2005
Bluche, Frédéric, *Le plébiscite des cent jours* (Geneva) 1974
eds. Bogle, James and Uffindell, Andrew, *A Waterloo Hero* 2013
Boigne, Countess de, *Les mémoires de la Comtesse de Boigne* 1999
Boissonnade, Euloge, 18 *Brumaire An VII* 1999
Bonaparte, Caroline, *Memoirs* (New York) 1910
Bonaparte, *Jérôme, Mémoires et correspondance du Roi Jérome et de la Reine Catherine* vol. VII 1866
Bonaparte, Joseph, *Mémoires et correspondance politique et militaire du Roi Josep*h 10 vols. 1855
Bonaparte, Louis, *A Reply to Sir Walter Scott's History of Napoleon* (Philadelphia) 1829
Bonaparte, Lucien, *Memoirs of Lucien Bonaparte, Prince of Canin*o 2009
Bonaparte, Napoleon, *The Confidential Correspondence of Napoleon Bonaparte with his*

Brother Joseph 2 vols. 1855
Supplement à la correspondance de Napoléon Ier 1887
Boswell, James, *An Account of Corsica* 1769
Boudon, Jacques-Olivier, *Le roi Jérôme* 2008
Les habits neuf de Napoleon 2009
ed. Boudon, Jacques-Olivier, *Napoleon et les lycées* 2004
Boulay de la Meurthe, Count F. J., *Boulay de la Meurthe* 1868
Bourgogne, Adrien, *Memoirs of Sergeant Bourgogne* 1929
Bourgoing, Chevalier, *Quelques notices sur les premières années du Buonaparte* 1797
Bourne, George, *The History of Napoleon Bonaparte* (Baltimore) 1806
Bourrienne, Louis-Antoine Fauvelet de, *Memoirs of Napoleon Bonaparte* 1836
Bowden, Scott, *Napoleon's Grande Armée of 1813* 1990
Bowle, John, *Napoleon* 1973
Boycott-Brown, Martin, *The Road to Rivoli* 2001
Branda, Pierre, *Le prix de la gloire* 2007
Napoleon et ses hommes 2012
Branda, Pierre and Lentz, Thierry, *Napoléon, l'esclavage et les colonies* 2006
Bredin, Jean-Denis, *Code civil des Français bicentenaire de 1804 à 2004* 2004
eds. Brenner, Michael, Caron, Vicki and Kaufmann, Uri R., *Jewish Emancipation Reconsidered* 2003
Brett-James, Antony, *Europe Against Napoleon* 1970
ed. Brett-James, Antony, *The Hundred Days* 1964
Eyewitness Accounts of Napoleon's Defeat in Russia (New York) 1966
Brice, Raoul, *The Riddle of Napoleon* 1937
ed. Brindle, Rosemary, *Captain Joseph-Marie Moiret* 2001
Guns in the Desert 2002
With Napoleon's Guns 2005
Campaigning for Napoleon: Maurice de Tascher 1806-1813 2006
Broers, Michael, *Europe under Napoleon 1799-1815* 1996
Napoleonic Imperialism and the Savoyard Monarchy 1997
The Politics of Religion in Italy 2002
The Napoleonic Empire in Italy 1796-1814 2005

Napoleon's Other War 2010
ed. Broglie, Duc de, *Memoirs of the Prince de Talleyrand* 1891
Brookner, Anita, *Jacques-Louis David* 1980
Brown, Howard G., *War, Revolution and the Bureaucratic State* 1995
Ending the French Revolution 2006
Brown, Peter Hume, *Life of Goethe* 2 vols. 1920
Browning, Oscar, *Napoleon, the First Phase* 1895
ed. Browning, Oscar, *England and Napoleon in 1803, the Despatches of Lord Whitworth* 1887
Bruce, Evangeline, *Napoleon and Josephine* 1995
Brunyee, Paul F., *Napoleon's Britons and the St Helena Decision* 2009
Bruyere-Ostells, Walter, *Leipzig* 2013
Buckland, C. S. B., *Metternich and the British Government from 1809 to 1813* 1932
ed. Bulos, A., *Bourrienne et ses erreurs voluntaires et involuntaires* 2 vols. 1830
Burdon, William, *The Life and Character of Bonaparte* 1804
Burrows, Simon, *French Exile Journalism and European Politics 1792-1814* 2000
ed. Butler, A. J., *The Memoirs of Baron Thiébault*, 1896
Butterfield, Herbert, *The Peace Tactics of Napoleon 1806-1808* 1929
ed. Caisse, A. du, *Mémoires et correspondance politique et militaire du Prince Eugène* 10 vols. 1858-60
ed. Calmettes, Fernand, *Mémoires du Général Thiébault* vol. V 1895
Campbell, Neil, *Napoleon at Fontainebleau and Elba* 1869
Carnot, Lazare, *Reply of L. N. M. Carnot* 1799
Mémoires *historiques et militaires sur Carnot* 1824
Carpenter, Kirsty, Refugees of the French Revolution: *Émigrés in London 1789-1802* 1999
eds. Carpenter, Kirsty and Mansel, Philip, *The French Émigrés in Europe and the Struggle Against the Revolution* 1789-1814 1999
Cartwright, Frederick and Biddiss, Michael, *Disease and History* 1972
ed. Castellane, Boniface de, *Journal du Maréchal de Castellane* vol.1 1896
Castelot, André, *La Campagne de Russie* 1991
ed. Castle, Alison, *Stanley Kubrick's Napoleon* 2009
Cate, Curtis, *The War of the Two Emperors* (New York) 1985

ed. Cerf, Leon, *Letters of Napoleon to Josephine* 1931
Chadwick, Owen, *The Popes and the European Revolution* 1981
Champagny, J.-B. Nompère de, *Souvenirs* 1846
Champfleury Jules, *Histoire de la caricature* 4 vols. 1885
Chandler, David, *Campaigns of Napoleo*n 1965
Napoleon 1973
Dictionary of the Napoleonic Wars (New York) 1993
On the Napoleonic Wars 1994
Jena 1806 2005
ed. Chandler, David, *The Military Maxims of Napoleon* 1987
Napoleon's Marshals 1987
Chaptal, *Jean-Antoine, Mes souvenirs de Napoléon* 1893
Chardigny, Louis, Les *maréchaux de Napoleon* 1977
L'Homme Napoléon 1986
ed. Charles, David W., *Victor Marie du Pont* 1961
Charvet, P. E., *A Literary History of France vol*. IV 1967
Chateaubriand, F. A. de, *Of Buonaparte and the Bourbons* 1814
ed. Chatel de Brancion, Laurence, *Cambacérès: mémoires inédits* 2 vols. 1999
Chevallier, Bernard, *Empire Style* 2008
eds. Chevallier, Bernard, Dancoisne-Martineau, Michel and Lentz, Thierry, *Sainte-Hélène, Île de Mémoire* 2005
Chlapowski, Dezydery, *Memoirs of a Polish Lancer* 2002
Chrisawn, Margaret, *The Emperor's Friend* 2001
Christophe, Robert, *Napoleon on Elba*, 1964
Chuquet, Arthur, *La jeunesse de Napoleon* 3 vols. 1897-99
ed. Cisterne, Raoul de, *Journal de marche du Grenadier Pils* 1895
Clark, Christopher, *Iron Kingdom* 2006
Clary-et-Aldringen, Prince Charles de, *Trois mois à Paris lors du marriage de l'Empereur Napoleon I et de L'Archduchesse Marie-Louise* 1914
Cobb, Richard, *The Police and the People* 1970
Cobban, Alfred, *A History of Modern France vol*. II 1961
Cockburn, Sir George, *Buonaparte's Voyage to Saint Helena* (Boston) 1833

Coignet, Jean-Roch, *Captain Coignet* 2007

Cole, Hubert, *Fouché* 1971

The Betrayers 1972

Cole, Juan, *Napoleon's Egypt* (New York) 2007

Collins, Irene, *The Government and the Newspaper Press in France 1814-1881* 1959

Napoleon and His Parliaments 1979

Connelly, Owen, *Napoleon's Satellite Kingdoms* (New York) 1965

Blundering to Glory 1993

Constant, Louis, *Memoirs of Constant* 4 vols. 1896

Coston, F. G. de, *Biographie des premières années de Napoleon Bonaparte* 1840

ed. Cottin, Paul, *Souvenirs de Roustam* 1911

Coxe, Peter, *The Exposé* 1809

Croker, John Wilson, *An Answer to O'Meara's Napoleon in Exile* 1823

Cronin, Vincent, *Napoleon* 1971

Crook, Malcolm, *Toulon in War and Revolution* 1991

Napoleon Comes to Power 1998

ed. Crook, Malcolm, *Revolutionary France* 1788–1880 2002

Crowdy, T. E., *Incomparable: Napoleon's 9th Light Infantry Regimen*t 2012

Currie, Laurence, *The Bâton in the Knapsack* 1934

D'Abrantes, Duchess, *Memoirs of Napoleon, his Court and his Family* 2 vols. 1857

At the Court of Napoleon 1991

Daly, Gavin, *Inside Napoleonic France* 2001

Darnton, Robert, *The Devil in the Holy Water* 2010

Davies, Huw, *Wellington's Wars* 2011

Davies, Norman, *Vanished Kingdoms* 2011

ed. Davis, J., *Original Journals of the Eighteen Campaign of Napoleon Bonaparte* 2 vols. 1817

Davis, J. A., *Conflict and Control* 1988

Decaux, Alain, *Napoleon's Mother* 1962

DeConde, Alexander, *This Affair of Louisiana* 1976

Denon, Vivant, *Travels in Upper and Lower Egypt* 3 vols. 1803

D'Erlon, Le Maréchal Drouet, Comte, *Vie militaire* 1844

Derogy, Jacques and Carmel, Hesi, *Bonaparte en Terre sainte* 1992
Desbrière, Édouard, *Projets et tentatives de débarquement aux îles Britanniques* 5 vols. 1900-1902
Desgenettes, René-Nicolas, *Histoire médicales de l'Armée d'Orient* 1802
Dubois, Laurent, *A Colony of Citizens* (Chapel Hill, NC) 2004
Dubroca, Louis Jean, *Life of Bonaparte, First Consul of France* 1802
Duffy, Christopher, *Austerlitz* 1977
ed. Dufourcq, *Albert, Mémoires du Général Baron Desvernois* 1898
Dumas, Lt-Gen. Comte Mathieu, *Memoirs of his own Time* 2 vols. 1839
ed. Duruy, George, *Memoirs of Barras* 4 vols. (New York) 1895
Dwyer, Philip, *Talleyrand* 2002
Napoleon: The Path to Power 2008
ed. Dwyer, Philip, *Napoleon and Europe* 2003
eds. Dwyer, Philip and Forrest, Alan, *Napoleon and His Empire* 2007
eds. Dwyer, Philip and McPhee, Peter, *The French Revolution and Napoleon* 2002
Ebrington, Lord, *Memorandum of Two Conversations between the Emperor Napoleon and Viscount Ebrington* 1823
Ellis, Geoffrey, *Napoleon's Continental Blockade* 1981
Napoleon 1997
The Napoleonic Empire 2003
Elting, John, *Swords around a Throne* 1986
Emsley, Clive, *The Longman Companion to Napoleonic Europe* 1993
Gendarmes and the State in Nineteenth-Century Europe 1999
Napoleon: Conquest, Reform and Reorganisation 2003
Englund, Steven, *Napoleon* 2004
ed. Ernouf, Baron, *Souvenirs d'un officier polonais* 1877
Esdaile, Charles, *The Wars of Napoleon* 1995
The Peninsular War 2002
Fighting Napoleon (New Haven, CT) 2004
Espitalier, Albert, *Vers Brumaire* 1914
Etruria, Maria Louisa, Queen of, *Memoirs of the Queen of Etruria* 1823
Evstafiev, Alexis, *The Resources of Russia, in the Event of a War with France* 1812

Eyck, F. G., *Loyal Rebels* (Maryland) 1986

Faber, Theodor von, *Sketches of the Internal State of France* 1811

Fain, Agathon-Jean-François, Baron, *Manuscrit de mil huit cent treize* 2 vols. 1824

Manuscrit de mil huit cent douze 2 vols. 1827

Memoirs of the Invasion of France by the Allied Armies in 1814 1834

Mémoires 2001

Fantin des Odoards, Louis-Florimond, *Journal de General Fantin des Odoards* 1800-1830 1895

Field, Andrew, *Waterloo* 2012

Fisher, H. A. L., *Studies in Napoleonic Statesmanship* 1903

Bonapartism 1961

ed. Fleischmann, General, *Memoirs of the Count Miot de Melito* 1881

Fleischmann, Théo, *Histoire de la ferme du Caillou* 1954

Napoleon en bivouac 1957

En *écoutant parler les grognards de Napoleon* 1962

Napoléon et la musique 1965

ed. Fleischmann, Théo, *L'Epopée Impériale* 1964

Fleury de Chaboulon, Baron, *Memoirs of the Private Life, Return and Reign of Napoleon in 1815* 2 vols. 1820

Florange, Charles and Wunsch, A., *L'Entrevue de Napoleon et de Goethe* 1932

Foladare, Joseph, *Boswell's Paoli* 1979

ed. Fontana, Biancamaria, *Benjamin Constant: Political Writings* 1988

Fontanes, Louis, Marquis de, *Parallèle entre César, Cromwell, Monck et Bonaparte* 1800

Foord, Edward, *Napoleon's Russian Campaign* 1914

Forrest, Alan, *Conscripts and Deserters* 1989

Napoleon's Men 2002

Napoleon 2011

eds. Forrest, Alan and Jones, Peter, *Reshaping France* 1991

eds. Forrest, Alan, Hagemann, Karen and Rendall, Jane, *Soldiers, Citizens and Civilians: Experiences and Perceptions of the Revolutionary and Napoleonic Wars 1790-1820* 2009

eds. Forrest, Alan and Wilson, Peter H., *The Bee and the Eagle* 2008

Forsyth, William, *History of the Captivity of Napoleon at St Helena* 3 vols. 1853
ed. Foster, Vere, *The Two Duchesses* 1898
Fox, Robert, *The Culture of Science in France 1700-1900* 1992
Foy, General, *Discours du General Foy vol.* I 1826
*History of the War in the Peninsula under Napoleo*n 2 vols. 1829
France, *Constitution de la République Francaise* 1800
Fraser, Edward, *The War Drama of the Eagles* 1912
Fraser, Flora, *Venus of Empire* 2009
Fraser, Ronald, *Napoleon's Cursed War* (New York) 2008
ed. Frayling, Christopher, *Napoleon Wrote Fiction* 1972
Freedman, Lawrence, *Strategy* 2013
French Government, *Code civil des français* 1805
Friedman, Dr Reuben, *The Emperor's Itch* (New York) 1940
Fuller, J. F. C., *The Decisive Battles of the Western World* 1970
Gachot, J. Édouard, *Siège de Gênes* 1908
Gaffarel, Paul, *Bonaparte et les républiques italiennes* 1895
Gallaher, John G., *The Iron Marshal* 2000
Gallais, M., *Histoire du Dix-Huit Brumaire* 4 vols. 1814–17
ed. Gallatin, Count, *The Diary of James Gallatin* 1914
Gardner, Dorsey, *Quatre Bras, Ligny and Waterloo* 1882
ed. Garnier, Jacques, *Dictionnaire Perrin des guerres et des batailles de l'histoire de France* 2004
eds. Garnier, Jacques and Tulard, Jean, *Nouvelle bibliographie critique des mémoires sur l'époque napoléonienne* 1991
ed. Gaskill, Howard, *The Reception of Ossian in Europe* 2006
Gates, David, *The Napoleonic Wars 1803-181*5 1997
ed. Gaudin, Martin, *Mémoires, souvenirs, opinions et écrits du Duc de Gaëte* 1826 Germain, Pierre, *Drouët d'Erlon* 1985
Geyl, Pieter, *Napoleon: For and Against* 1949
Gibbs, Montgomery B., *The Military Career of Napoleon the Great* (Chicago) 1895
ed. Gielgud, *Adam, Memoirs of Prince Adam Czartoryski* 2 vols. 1888
Gildea, Robert, *Children of the Revolution: The French 1799-1914* 2008

Gill, John H., *With Eagles to Glory* 1992
Thunder on the Danube 3 vols. 2008–2010
Gillevoison, C. A. G. Duchesne de, *Le Maréchal Moncey* 1902
Gilmour, David, *The Pursuit of Italy* 2011
Girod de l'Ain, Général, *Dix ans de mes souvenirs militaires* 2000
ed. Girod de l'Ain, Maurice, *Vie militaire du Genéral Foy* 1900
Giubelli, Antonio, *Napoleon on the Island of Elba* 2008
Godechot, Jacques, *Les institiitions de la France sous la Revolution et l'Empire* 1985
Gonneville, Aymar-Olivier de, *Recollections of Colonel de Gonneville* 2 vols. 2009
Goodspeed, D. J., *Bayonets at St-Cloud* 1965
Gourgaud, General Baron Gaspard, *The Campaign of 1815* 1818
Napoleon and the Grand Army in Russia 1825
Journal de Sainte-Hélène 2 vols. 1944–47
ed. Gourgaud, General Gaspard, *Memoirs of the History of France During the Reign of Napoleon dictated by the Emperor at St Helena* 2 vols. 1823
Grainger, John D., *The Amiens Truce* 2004
ed. Gray, Daniel Savage, *In the Words of Napoleon* (Troy, AL) 1977
Gray, Denis, *Spencer Perceval* 1963
Grimsted, Patricia Kennedy, *The Foreign Ministers of Alexander I* (Oakland, CA) 1969
Grouchy, Count de, *Doubts of the Authenticity of the Historical Memoirs Attributed to Napoleon* (Philadelphia) 1820
Grouchy, Marquis de, *Mémoires de Maréchal de Grouchy* 5 vols. 1873
Gueniffey, Patrice, *Le Dix-Huit Brumaire* 2008
Guérard, Albert Léon, *Reflections on the Napoleonic Legend* 1924
Haig, Diana, *Walks Through Napoleon and Josephine's Paris* 2003
Hales, E. E. Y., *Napoleon and the Pope* 1961
Hamelin, Antoine, *Douze ans de ma vie* 1926
ed. Handel, Michael, *Leaders and Intelligence* 1989
ed. Hanoteau, Jean, *The Memoirs of Queen Hortense* 2 vols. (New York) 1927
With Napoleon in Russia 2 vols. 1935
Harris, Robin, *Talleyrand* 2007
Hastier, Louis, Le *grand amour de Josephine* 1955

Hayman, Peter, *Soult: Napoleon's Maligned Marshal* 1990
ed. Haythornthwaite, Philip, *The Napoleonic Source Book* 1990
Napoleon: The Final Verdict 1996
Napoleonic Cavalry 2001
Napoleonic Infantry 2001
Hazareesingh, Sudhir, *The Saint-Napoleon* (Cambridge, MA) 2004
Headley, J. T., *The Imperial Guard of Napoleon* 1851
Healey, F. G., *The Literary Culture of Napoleon* 1959
eds. Hennet, Léon and Martin, le Commandant, *Lettres interceptées par les Russes* 1913
Henry, Walter, *Trifles from My Portfolio* 2 vols. (Quebec) 1839
Herold, C., *The Mind of Napoleon* (New York) 1955
Bonaparte in Egypt 1962
The Age of Napoleon 1963
Hibbert, Christopher, *Napoleon: His Wives and Women* (New York) 2002
ed. Hicks, Peter, *Clisson and Eugénie* 2009
Lieutenant Woodberry 2013
Higonnet, Patrice, *Paris* 2002
Hobhouse, John Cam (Baron Broughton), *The Substance of Some Letters Written by an Englishman Resident at Paris* 2 vols. 1816
Recollections of a Long Life 6 vols. 1909
Holland, Lord, *Foreign Reminiscences* 1850
Hollins, David, *Hungarian Hussar 1756-1815* 2003
Holtman, Robert B., *Napoleonic Propaganda* (Louisiana) 1950
The Napoleonic Revolution (Philadelphia) 1967
Home, George, *Memoirs of an Aristocrat, and Reminiscences of the Emperor Napoleon* 1837
eds. Horn, Colonel Bernd and Walker, Robert W., *Le Precis de leadership militaire* (Ontario) 2008
Horne, Alistair, *Napoleon, Master of Europe 1805-1807* 1979
How Far from Austerlitz? 1996
The Age of Napoleon 2004
Horward, Donald D., *Napoleon and Iberia* 1994
Houssaye, Henry, *Napoleon and the Campaign of 1814* 1914

Le dernier jour de Napoléon à la Malmaison 1914
1815 3 vols. 1917
The Return of Napoleon 1934
ed. Howard, J. E., *Letters and Documents of Napoleon* vol. I 1961
Howard, Martin, *Napoleon's Doctors* 2006
Hozier, Captain H. M., *The Invasions of England vol.* II 1876
Hughes, Michael, *Forging Napoleon's Grande Armée* 2012
Israel, Jonathan I., *The Dutch Republic* 1995
ed. Iung, Theodore, *Lucien Bonaparte et ses mémoires* 3 vols. 1882
Jackson, Basil, *Notes and Reminiscences of a Staff Officer* 1903
James, C. L. R., *The Black Jacobins* 1938
Jarrett, Mark, *The Congress of Vienna and its Legacy* 2013
Jefferson, Thomas, *Memoirs, Correspondence and Private Papers* 4 vols. 1829
Jenkins, E. H., *A History of the French Navy* 1973
ed. Jennings, Louis J., *The Croker Papers*, 3 vols. 1885
ed. Jimack, Peter, *A History of the Two Indies* 2006
Johnson, David, *Napoleon's Cavalry and its Leaders* (New York) 1978
Johnson, Paul, *Napoleon* 2003
ed. Johnston, R. M., *The Corsican* (New York) 1930
In the Words of Napoleon 2002
eds. Jomard, E. F., et al., *Description de l'Égypte* 21 vols. 1809–23
Jomini, General Baron A. H. de, *The Political and Military History of the Campaign of Waterloo* 1853
Summary of the Art of War 1854
Life of Napoleon 4 vols. (New York) 1864
ed. Jones, Proctor Patterson, *Napoleon* 1992
Napoleon, How He Did It 1998
In Napoleon's Shadow (San Francisco) 1998
ed. Jonge, Alex de, *Napoleon's Last Will and Testament* 1977
Jonquière, Clément de la, *L'Expédition d'Égypte 1798-1801* 4 vols. 1908
Jordan, David P., *Napoleon and the Revolution* 2012
Jourdan, Annie, *Napoléon* 1998

Jourquin, Jacques, *Dictionnaire des maréchaux du Premier Empire* 1999
ed. Jourquin, Jacques, *Journal de Capitaine François* 2 vols. 1984
eds. Kafker, Frank and Laux, James, *Napoleon and His Times* (Florida) 1989
eds. Kagan, Frederick W and Higham, Robin, *The Military History of Tsarist Russia* 2002
Karlen, Arno, *Napoleon's Glands* 1984
Kauffmann, Jean-Paul, *The Black Room at Longwood* 1997
Kemble, James, *Napoleon Immortal* 1959
ed. Kemble, James, *St Helena During Napoleon's Exile* 1969
Kerckhove, J. L. R. de, *Histoire des maladies observées à la Grande Armée en 1812* 1836
ed. Kerry, the Earl of, *The First Napoleon* 1925
Kiley, Kevin, *Artillery of the Napoleonic Wars* 2004
Once There Were Titans: Napoleon's Generals and Their Battles 2007
Kircheisen, Friedrich, *Napoleon* 1931
Kissinger, Henry, *A World Restored* 1957
Knapton, Ernest John, *Empress Josephine* (Cambridge, MA) 1963
Knight, Roger, *The Pursuit of Victory* 2006
Britain Against Napoleon 2013
Koebner, Richard, *Empire* 1961
Kolli, Baron de, *Memoirs of the Baron de Kolli* 1823
Labaume, Eugène, *The Crime of 1812 and its Retribution* (New York) 1912
La Bédoyère, Charles de, *Memoirs of the Public and Private Life of Napoleon Bonaparte* 2 vols. 1835
Lachouque, Henry and Brown, Anne S. K., *The Anatomy of Glory* 1978
Lacour-Gayet, G., *Talleyrand 1754-1838* 1933
ed. Lacour-Gayet, Robert, *Mémoires du Comte Beugnot* 1959
The Memoirs of Chancellor Pasquier 1967
Lancesseur, Pierre de, *L'Enigme de Waterloo* 2012
Langeron, L. A.-A., Comte de, *Mémoires de Langeron* 1902
Lanzac de Laborie, Léon de, *Paris sous Napoleon* vol. II 1905
ed. Lanzac de Laborie, Léon de, *Memorial de J. de Norvins* 3 vols. 1896
eds. Larichev, E. and Ostarkova, I., *Paris-St Petersburg 1800-1830* (Moscow) 2003
Las Cases, Comte Emmanuel de, *Memoirs of Emanuel Augustus Dieudonné Count de Las*

Casas 1818
Le Mémorial de Sainte-Hélène 4 vols. 1823
Mémorial de Saint-Hélène: Journal of the Private Life and Conversations of the Emperor Napoleon at St Helena 4 vols. 1823
The Life, Exile, and Conversations of the Emperor Napoleon 4 vols. 1835
Laskey, Captain J. C., *A Description of the Series of Medals Struck at the National Medal Mint by Order of Napoleon Bonaparte* 1818
ed. Latimer, Elizabeth, *Talks of Napoleon at St-Helena* 1903
Lavalette, Count Marie, *The Memoirs of Count Lavalette* (Philadelphia) 1832
eds. Laven, David and Riall, Lucy, *Napoleon's Legacy* 2000
ed. Lecestre, Léon, *Lettres inédites de Napoleon Ier* 2 vols. 1897
Lefebvre, Georges, *Napoleon* 1799–1807 2 vols. 1935
The Directory 1964
Leggiere, Michael, *Napoleon and Berlin* 2002
Lentz, Thierry, *Roederer* 1989
Le 18-Brumaire 1997
Dictionnaire des ministres de Napoleon 1999
Le Grand Consultat 1799–1804 1999
Savary 2001
Napoleon et la conquête de l'Europe 1804–1810 2002
L'Effondrement du système napoléonien 1810–1814 2004
La France et l'Europe de Napoléon 1804–1814 2007
La conspiration du General Malet 2012
Napoleon diplomate 2012
ed. Lentz, Thierry, *Le Sacre de Napoleon* 2003
1810: *Le tournant de l'Empire* 2010
Lentz, Thierry and Imhoff, Denis, *La Moselle et Napoleon* 1986
Lentz, Thierry and Macé, Jacques, *La mort de Napoleon* 2009
eds. Lentz, Thierry et al., *Quand Napoléon inventait la France* 2008
Levasseur, Octave, Souvenirs *militaires* 1914
Levy, Arthur, Napoléon *intime* 1893
Lewis, Gwynne, *France 1715-1804* 2004

eds. Lewis, Gwynne and Lucas, Colin, *Beyond the Terror* 1983
ed. Lewis, Theresa, *Extracts from the Journals and Correspondence of Miss Berry vols.* II and III 1866
Lieven, Dominic, *Russia against Napoleon* 2009
Linck, Tony, *Napoleon's Generals: The Waterloo Campaign* 1993
Lipscombe, Nick, *The Peninsular War Atlas* 2010
ed. Lloyd, Charles, *The Keith Papers* 3 vols. 1955
Lockhart, J. G., *The History of Napoleon Buonaparte* 2 vols. 1831
ed. Londonderry, 2nd Marquess of, *Memoirs and Correspondence of Viscount Castlereagh* 12 vols. 1848–53
Longford, Elizabeth, *Wellington: Years of the Sword* 1971
Wellington: Pillar of State 1972
Lullin de Châteauvieux, Jacob Frédéric, *Manuscript Transmitted from St Helena by an Unknown Channel* 1817
ed. Luvaas, Jay, *Napoleon on the Art of War* 1999
Lyons, Martyn, *France Under the Directory* 1975
Napoleon Bonaparte and the Legacy of the French Revolution 1994
Macbride, Mackenzie, *With Napoleon at Waterloo* (Philadelphia) 1911
MacCulloch, Diarmaid, *A History of Christianity* 2009
Macirone, Francis, *Interesting Facts Relating to the Fall and Death of Joachim Murat* 1817
McLynn, Frank, *Napoleon* 1997
McPhee, Peter, *A Social History of France* 2004
Madelin, Louis, *The Consulate and the Empire* 1934
ed. Madelin, Louis, *Lettres inédites de Napoleon Ier à Marie-Louise* 1935
Maitland, Sir Frederick Lewis, *The Surrender of Napoleon* 1904
ed. Malmesbury, 3rd Earl of, *Diaries and Correspondence of James Harris, 1st Earl of Malmesbury* vol. IV 1844
A Series of Letters of the First Earl of Malmesbury vol. II 1870
Mansel, Philip, *Louis XVIII* 1981
The Eagle in Splendour 1987
The Court of France 1789-1830 1988
Prince of Europe 2003

Marbot, Baron de, *Mémoires du General Baron de Marbot* 3 vols. 1891
ed. Marchand, Louis, *Précis des Guerres de César, par Napoleon* 1836
ed. Maricourt, Baron André, *Mémoires du Général Noguès* 1922
Markham, David, *Napoleon's Road to Glory* 2003
ed. Markham, David, *Imperial Glory* 2003
Markham, Felix, *Napoleon and the Awakening of Europe* 1954
Napoleon 1963
Marshall-Cornwall, James, *Marshal Massena* 1965
Martin, Andy, *Napoleon the Novelist* 2001
Martin, Brian, *Napoleonic Friendship* 2011
Martineau, Gilbert, *Napoleon's St Helena* 1968
Napoleon Surrenders 1971
Masséna, André, *Mémoires* 1848
Masson, Frédéric, *Napoleon at Home* 2 vols. 1894
Napoléon et les femmes 1894
Napoléon dans sa jeunesse 1907
Napoleon and his Coronation 1911
The Private Diaries of the Empress Marie-Louise 1922
Napoleon at St Helena 1949
eds. Masson, Frédéric and Biagi, Guido, *Napoleon inconnu* 2 vols. 1
Maude, F. N., *The Jena Campaign* 2007
The Leipzig Campaign 2007
Mauduit, Hippolyte de, *Les derniers jours de la Grande Armée* 2 vols. 1847–48
Melvin, Frank Edgar, *Napoleon's Navigation System* (New York) 1919
Memes, John, *Memoirs of the Empress Josephine* (New York) 1832
Méneval, Baron Claude-François, *Napoleon et Marie-Louise* 3 vols. 1843–45
ed. Méneval, Baron Napoleon, *Memoirs to Serve for the History of Napoleon I from 1802 to 1815* 3 vols. 1894
Menzl, Wolfgang, *Germany from the Earliest Period* vol. IV 1898
Merridale, Catherine, *Red Fortress* 2013
ed. Metternich, Prince Richard, *Memoirs of Prince Metternich 1773–1815* vols. I and II 1880
Mikaberidze, Alexander, *The Battle of Borodino* 2007

The Battle of the Berezina 2010
ed. Millet, Stanislaw, *Le Chasseur Pierre Millet* 1903
Mollien, Comte, *Mémoires d'un ministre du trésor public* 3 vols. 1898
Montefiore, Simon Sebag, *Jerusalem* 2011
Montesquiou, Anatole de, *Souvenirs sur la Revolution, l'Empire, la Restauration et le Règne de Louis-Philippe* 1961
Montesquiou-Fezensac, Raymond de, *The Russian Campaign* 1812 1970
Montholon, Albine de, *Journal secret d'Albine de Montholon* 2002
Montholon, General Count Charles-Tristan de, *History of the Captivity of Napoleon at St Helena* 3 vols. 1846
Moorehead, Caroline, *Dancing to the Precipice* 2009
Moreau, Jean, *Bonaparte and Moreau* (Philadelphia) 1806
ed. Moreh, Schmuel, *Napoleon in Egypt* 1993
Mossiker, Frances, *Napoleon and Josephine* 1964
Mowat, Robert, *The Diplomacy of Napoleon* 1924
Mudford, William, *An Historical Account of the Battle of Waterloo* 1817
Muir, Rory, *Britain and the Defeat of Napoleon* 1996
Tactics and the Experience of Battle in the Age of Napoleon 1998
Nafziger, George, *Napoleon's Invasion of Russia* (Novato, CA) 1988
Napoleon at Dresden 1994
Imperial Bayonets 1996
Napoleon at Leipzig 1997
Nafziger, George, Wesolowski, Mariusz T. and Devoe, Tom, *The Poles and Saxons during the Napoleonic Wars* (Chicago) 1991
Namier, Sir Lewis, *Vanished Supremacies* 1970
Nasica, Abbé T., *Mémoires sur l'enfance et la jeunesse de Napoleon* 1852
Nepos, Cornelius, *Vies des Grands Capitaines* 1818
ed. Nesbitt, Nick, *Toussaint L'Ouverture* 2008
Nester, Wiliam R., *Napoleon and the Art of Diplomacy* 2011
Nicolson, Nigel, *Napoleon* 1985
ed. Noailles, Marquis de, *The Life and Memoirs of Count Molé* vol. I 1923
ed. North, Jonathan, *With Napoleon in Russia* 2001

Napoleon on Elba 2004

With Napoleon's Guard in Russia 2013

Odeleben, Baron Ernst von, *A Circumstantial Narrative of the Campaign in Saxony in 1813* 1820

Olivier, Daria, *The Burning of Moscow* 1966

eds. Olsen, John and van Creveld, Martin, *The Evolution of Operational Art from Napoleon to the Present* 2011

O'Meara, Barry, *Napoleon in Exile, or, a Voice from St Helena* 2 vols. 1820

Orieux, Jean, *Talleyrand* (New York) 1974

ed. Orwicz, Michael R., *Art Criticism and its Institutions in Nineteenth-Century France* 1994

Ott, Thomas, *The Haitian Revolution 1789-1804* (Knoxville, TN) 1973

Palmer, Alan, *Alexander I* 1974

An Encyclopaedia of Napoleon's Europe 1984

Bernadotte 1990

Napoleon and Marie Louise 2001

Napoleon in Russia 2003

ed. Palmstierna, C.-F., *My Dearest Louise* 1955

Paoli, François, *La Jeunesse de Napoleon* 2005

Paret, Peter, *The Cognitive Challenge of War* 2009

Paris, William Francklyn, *Napoleon's Legion* 1927

ed. Park, Julian, *Napoleon in Captivity* 1827

Pawly, Ronald, *Napoleon's Red Lancers* 2003

Pelet de la Lozère, Baron Joseph, *Napoleon in Council* 1837

Pellapra, Emilie de, *A Daughter of Napoleon* (New York) 1922

Peltier, John, *The Trial of John Peltier, Esq, for a Libel Against Napoleon Buonaparté* 1803

Percy, Pierre-François, *Journal des campagnes du Baron Percy* 1986

Pétiet, Général Baron Auguste, *Souvenirs militaires de l'histoire contemporaine* 1844

Petit, Joseph, *Marengo* 1801

Peyrusse, Guillame, *Memorial et archives de M. le Baron Peyrusse* (Carcassonne) 1869

Pigeard, Alain, *L'Armée de Napoléon 1800-1815* 2000

La conscription au temps de Napoléon 2003

Napoléon amoureux 2007

ed. Plenel, Edwy, *Joseph Fouché, ministre de la police* 1993
Plumptre, Anne, *A Narrative of a Three Years' Residence in France 1802-1805* 3 vols. 1810
Pocock, Tom, *The Terror Before Trafalgar* 2002
Stopping Napoleon 2004
Pontécoulant, Philippe-Gustave, *Napoleon a Waterloo* 2004
ed. Pope, Stephen, *The Cassell Dictionary of the Napoleonic Wars* 1999
Popkin, Jeremy, *The Right-Wing Press in France 1792–1800* (Chapel Hill, NC) 1980
Poultier, François, *A Sketch of the History of the War in Europe* (New York) 1798
Pradt, Abbé de, *Histoire de l'ambassade dans le Grand Duché de Varsovie* 1815
Prat, Louis-Antoine and Tonkovich, Jennifer, *David, Delacroix and Revolutionary France* 2011
Price, Munro, *The Perilous Crown* 2007
Prinzing, Friedrich, *Epidemics Resulting from Wars* 1916
ed. Quentin, Roger, *Andre Peyrusse* 2010
ed. Raeff, Marc, *The Diary of a Napoleonic Foot Soldier* 1991
Ragsdale, Hugh, *Detente in the Napoleonic Era* 1980
Raguse, Duc de, *Mémoires du Maréchal Marmont* 9 vols. 1857
Ramon, G., *Histoire de la Banque de France* 1929
Rapp, General Count, *Memoirs of General Count Rapp* 1823
Reiset, Le Vicomte de, *Souvenirs du Lieutenant Général Vicomte de Reiset* 1814-1836 vol. III 1899
ed. Rémusat, Paul de, *Memoirs of Madame de Rémusat* 3 vols. 1880
A Selection of the Letters of Madame de Rémusat 1881
ed. René, François, *Original Journals of the Eighteen Campaigns of Napoleon Bonaparte* 2 vols. 1817
Reynier, General Jean, *Mémoires du Comte Reynier* 1827
Ribbe, Claude, *Le crime de Napoléon* 2005
Richardson, Hubert N. B., *A Dictionary of Napoleon and His Times* 1920
Richardson, Nicholas, *The French Prefectoral Corps 1814-1830* 1966
Richardson, Robert, *The Apocalypse of Napoleon* 2009
Riehn, Richard, *Napoleon's Russian Campaign* (New York) 1991
Ripaud, Citizen, *Report of the Commission of Arts* 1800

Robb, Graham, *Parisians* 2010
Roberts, Andrew, *Waterloo* 2011
Rodger, A. B., *The War of the Second Coalition 1798-1801* 1964
Rodger, N. A. M., *Command of the Ocean* 2006
Roederer, Pierre-Louis, *Autour de Bonaparte* 1909
Bonaparte me disait 1942
ed. Roncière, Charles de la, *The Letters of Napoleon to Marie-Louise* 1935
Ropes, John, *The Campaign of Waterloo* (New York) 1892
Rose, John Holland, *The Life of Napoleon* 2 vols. 1903
The Personality of Napoleon 1912
ed. Rose, J. H., *Napoleon's Last Voyages* 1906
Rosebery, Lord, *Napoleon: The Last Phase* 1900
Rosen, Lew, *Napoleon's Opera-Glass* 1897
Ross, Michael, *The Reluctant King* 1976
Rostopchine, Fyodor, *L'Incendie de Moscou* 2000
Rothenberg, Gunther E., *The Art of Warfare in the Age of Napoleon* 1977
The Napoleonic Wars 1999
The Emperor's Last Victory 2005
Rouart, Jean-Marie, *Napoleon ou la destinée* 2012
ed. Rousset, Camille, *Recollections of Marshal Macdonald* 2 vols. 1892
ed. Routier, Colonel Léon, *Récits d'un soldat de la République et de l'Empire* 2004
Rovigo, Duc de, *Mémoires du duc de Rovigo* 8 vols. 1828
ed. Rowe, Michael, *Collaboration and Resistance in Napoleonic Europe* 2003
Rudé, George, *Revolutionary Europe* 1964
ed. Sadler, Thomas, *Diary, Reminiscences and Correspondence of Henry Crabb Robinson* 3 vols. 1869
ed. Sage, Robert, *The Private Diaries of Stendhal* (New York) 1954
Saint-Amand, Imbert de, *Marie Louise and the Decadence of the Empire* (New York) 1902
Marie Louise, the Island of Elba, and the Hundred Days (New York) 1902
eds. St-Cere, Jacques and Schlitter, H., *Napoleon à Sainte-Hélène* n.d.
Saint-Chamans, Gén. Comte Alfred de, *Mémoires du Général Comte de Saint-Chamans* 1896

Saint-Cyr, Laurent Gouvion, *Mémoires pour servir a l'histoire militaire* 4 vols. 1831
Saint-Denis, Louis Étienne (Known as Ali), *Napoleon from the Tuileries to St Helena* 1922
Souvenirs du Mameluck Ali 1926
Saint-Hilaire, Émile de, *Napoleon au Conseil-d'État* 1843
eds. Saint-Pierre, Louis and Saint-Pierre, Antoinette, *Mémoires du Maréchal Soult* 1955
ed. Sanderson, Edgar, *Bourrienne's Memoirs of Napoleon Bonaparte* 1900
Sarrazin, General, Confession of *General Buonaparté to the Abbé Maury* 1811
History of the War in Spain and Portugal 1815
Sauzet, Armand, *Desaix, le sultan juste* 1954
Savary, Anne-Jean-Marie, *Memoirs Relative to the Duke D'Enghien* 1823
Savatier, René, *L'Art de faire les lois* 1927
Schlabrendorf, Graf Gustav von, *Bonaparte and the French People* 1804
Napoleon and the French People Under his Empire 1806
ed. Schlumberger, Gustave, *Lettres du commandant Coudreux* 1908
Schneid, Frederick C., *Soldiers of Napoleon's Kingdom of Italy* 1995
Napoleon's Italian Campaigns 1805-1815 2002
Napoleon's Conquest of Europe (New Haven, CT) 2005
Schom, Alan, *Napoleon Bonaparte* 1997
Schroeder, Paul, *The Transformation of European Politics 1763-1848* 1994
Schur, Nathan, *Napoleon in the Holy Land* 1999
ed. Schwartz, Bernard, *The Code Napoleon and the Common-Law World* (New York) 1956
Schwarzfuchs, Simon, *Napoleon, the Jews and the Sanhedrin* (Philadelphia) 1979
Sciout, Ludovic, *Le Directoire vol*. 4 1895
Ségur, General Count Philippe de, *Memoirs of an Aide-de-Camp of Napoleon 1800-1812* 2005
Ségur, Paul de, *Napoleon et la Grande Armée en 1812* 1824
Shepherd, Rev. William, *Paris in 1802 and 1814* 1814
Sherwig, John M., *Guineas and Gunpowder* (Cambridge, MA) 1969
Shmuelevitz, Aryeh, *Napoleon and the French in Egypt and the Holy Land* (Istanbul) 2010
Shoberl, Frederic, *Narrative of the Most Remarkable Events which Occurred in and near Leipzig* 1814
Simms, Brendan, *The Impact of Napoleon* 1997

The Struggle for Mastery in Germany 1779-1850 1998
Europe: The Struggle for Supremacy 2013
Simonetta, Marcello and Arikha, Noga, *Napoleon and the Rebel* 2011
Six, Georges, *Dictionnaire biographique des généraux et amiraux français de la Révolution et de l'Empire 1792-1814* 2 vols. 1934
Sked, Alan, *Radetzky* 2011
Smith, Digby, *The Greenhill Napoleonic Wars Data Book* 1998
Napoleon's Regiments 2000
1813 Leipzig 2001
The Decline and Fall of Napoleon's Empire 2005
'Charge!' 2007
Smith, Sir William Sidney, *The French Expedition into Syria* 1799
Solé, Robert, *La conquête de l'Égypte* 2006
Soltyk, Roman, *Napoléon en 1812* 1838
ed. Soult, fils, *Mémoires du Maréchal-Genéral Soult* 3 vols. 1854
Sparrow, Elizabeth, *Secret Service* 1999
Shadow of the Guillotine 2013
Staël, Madame Germaine de, *An Appeal to the Nations of Europe against the Continental System* 1813
Dix années d'exil 2 vols. 2000
Stanhope, 5th Earl, *Notes of Conversations with the Duke of Wellington 1831-1851* 1888
Starke, Mariana, *Letters from Italy Between the Years 1792 and 1798* 2 vols. 1800
Stendhal (Henri Beyle), *The Red and the Black* 2004
The Charterhouse of Parma 2006
ed. Stiegler, Gaston, *Récits de guerre et de foyer* 1894
eds. Stoker, Donald, Schneid, Frederick and Blanton, Harold, *Conscription in the Napoleonic Era* 2009
Stourton, James and Montefiore, Charles Sebag, *The British as Art Collectors* 2012
Strathearn, Paul, *Napoleon in Egypt* 2007
ed. Stryjenski, Casimir, *Mémoires de la Comtesse Potocka* 1897
Stuart, Andrea, *Rose of Martinique* 2003
Suchet, Marshal Louis Gabriel, *Memoirs of the War in Spain* 2 vols. 1829

Summerville, Christopher, *Napoleon's Polish Gamble* 2005
ed. Summerville, Christopher, *Napoleon's Expedition to Russia* 2003
ed. Summerville, C. J., *The Exploits of Baron de Marbot* 2000
Sutherland, Christine, *Marie Walewska* 1979
Swanson, William C., *Napoleon's Dual Courtship* (privately published) 1923
ed. Tarbell, Ida M., *Napoleon's Addresses* (Boston) 1897
Thiard, A. M. T., *Souvenirs diplomatiques et militaires* 1900
Thibaudeau, Antoine, *Bonaparte and the Consulate* 1908
Mémoires sur la Consultat 1799 à 1804 1913
Thiers, Louis Adolphe, *History of the Consulate and the Empire of France under Napoleon* vol. XII 1893
Thiry, Jean, *La machine infernale* 1952
Thody, Philip, *French Caesarism from Napoleon to Charles de Gaulle* 1989
Thornton, Michael, *Napoleon after Waterloo* (Stanford, CA) 1968
Thrasher, Peter, *Pasquale Paoli* 1970
Thuillier, Guy, *Regards sur la haute administration de France* 1979
Tissot, P. F., *Souvenirs historiques sur la vie et la mort de F. Talma* 1826
Histoires de Napoleon 2 vols. 1833
Tolstoy, Leo, *War and Peace* 1869
Tomiche, Nada, *Napoleon écrivain* 1952
Tone, John L., *The Fatal Knot* 1994
Tone, Theodore Wolfe, *The Life of Theodore Wolfe Tone* 1828
ed. Tortel, Christian, *Avec Bonaparte en Égypte et en Syrie* 1976
eds. Tortel, Christian and Carlier, Patricia, *Bonaparte de Toulon au Caire* 1996
Tranié, Jean, *Napoléon et son entourage* 2001
Tranié, Jean and Camigniani, J.-C., *Napoleon Bonaparte, la premiere campagne d'Italie 1796-97* 1990
Troyat, Henri, *Alexander of Russia* 1982
Tulard, Jean, *L'Anti-Napoleon* 1965
Napoléon et la noblesse d'Empire 1979
Le grand empire 1982
Napoleon: The Myth of the Saviour 1984

Napoleon: une journée particulière 1994
Murat 1999
Les vingt jours 1-20 March 1815 2001
Napoléon: les grands moments d'un destin 2006
Dictionnaire amoureux de Napoleon 2012
ed. Tulard, Jean, *Proclamations, orders du jour, bulletins de la Grande Armée* 1964
Bibliographie critique des mémoires sur le Consultat et l'Empire 1971
Cambacérès, lettres inédites à Napoléon 2 vols. 1973
Dictionnaire Napoleon 1989
La Berline de Napoleon 2012
eds. Tulard, Jean and Garros, Louis, *Itinéraire de Napoléon au jour de jour* 1992
Turnbull, Patrick, *Napoleon's Second Empress* 1971
Uffindell, Andrew, *The Eagle's Last Triumph* 1994
Napoleon's Immortals 2007
Napoleon's Chicken Marengo 2011
Underwood, Thomas Richard, *A Narrative of Memorable Events in Paris in the year 1814* 1828
Unger, Harlow, *Layfayette* 2002
Unwin, Brian, *Terrible Exile* 2010
Vandal, Albert, *Napoleon et Alexandre I* 3 vols. 1893 *L'Avènement de Bonaparte* 2 vols. 1907
Van-Ess, Willem Lodewyk, *The Life of Napoleon Buonaparte* 4 vols. (Philadelphia) 1809
Vaughan, C. R., *Narrative of the Siege of Zaragoza* 1809
Vernon, B. J., *Early Recollections of Jamaica to Which are Added Trifles from St Helena* 1848
Villefosse, Louis de and Bouissounouse, *Janine, The Scourge of the Eagle* 1972
Villemain, Abel-François, *Souvenirs contemporains d'histoire et de littérature* 2 vols. 1854
Villepin, Dominique de, *Les cent jours* 2001
Volney, Constantin de, *Voyage en Égypte et en Syrie* 1787
Vossler, Lieutenant H. A., *With Napoleon in Russia 1812* 1998
Wairy, Constant, *Mémoires de Constant* 1831
ed. Walter, Gérard, *Le Comte de Las Cases* 2 vols. 1956
Warden, William, *Letters Written on Board HMS Northumberland and at St Helena* 1817

Waresquiel, Emmanuel de, *Talleyrand* 2011
Watson, Stephen, *The Reign of George III* 1960
Weider, Ben and Forshufvud, Sten, *Assassination at St Helena Revisited* (New York) 1995
Weider, Ben and Hapgood, David, *The Murder of Napoleon* 1982
Weigley, Russell, F., *The Age of Battles* (Bloomington, IN) 1991
ed. Weit, Gaston, *Nicolas Turc, chronique d'Égypte 1798-1804* (Cairo) 1950
Weller, Jac, *Wellington in India* 1972
ed. Wellington, 2nd Duke of, *Despatches, Correspondence and Memoranda of Field Marshal Arthur, Duke of Wellington, K.G.* 15 vols. 1858–72
Welschinger, Henri, *La censure sous le premier empire* 1882 *Le duc d'Enghien* 1888
Wesling, Molly, Napoleon in Russian Cultural Mythology (New York) 2001
Wheeler, H. B. F. and Broadley, A. B., *Napoleon and the Invasion of England* 2 vols. 1907
Whitcomb, Edward A., *Napoleon's Diplomatic Service* (Durham, NC) 1979
Williams, Helen Maria, *A Narrative of the Events Which Have Taken Place in France* 1815
Williams, John R., *The Life of Goethe* 1998
Williams, Kate, *Josephine* 2013
ed. Wilson, Sir Arnold, *A Diary of St Helena, the Journal of Lady Malcolm* 1929
Wilson, Peter H., *War, Society and State in Württemberg 1677-1793* 1995
Wilson, Sir Robert, *History of the British Expedition to Egypt* 1802
Brief Remarks on the Character and Composition of the Russian Army in the Years 1806 and 1807 1810
Campaigns in Poland in the Years 1806 and 1807 1810
Narrative of Events during the Invasion of Russia by Napoleon Bonaparte 1860
Wilson-Smith, Timothy, *Napoleon and His Artists* 1996
Napoleon: Man of War, Man of Peace 2002
Winograd, Lee, *Strategical Considerations Concerning the Battle of Acre during Napoleon's Holy Land Campaign* (Tel Aviv) 1973
Wolff, Sir Henry Drummond, *The Island Empire* 1855
Woloch, Isser, *Jacobin Legacy* (Princeton, NJ) 1970
The French Veteran from the Revolution to the Restoration 1979
The New Regime: Transformations of the French Civic Order 1789-1820s 1994
Napoleon and His Collaborators 2001

ed. Woloch, Isser, *Revolution and the Meanings of Freedom in the Nineteenth Century* (Stanford, CA) 1996

Woolf, Otto, *Ouvrard: Speculator of Genius* 1962

Woolf, Stuart, *Napoleon's Integration of Europe* 1991

Wright, Constance, *Daughter to Napoleon* (New York) 1961

ed. Wright, O. W., *History of Charles XII by M. de Voltaire* 1887

Yevstafiev, Aleksey Grigoryevich, *The Resources of Russia in the Event of a War with France* 1813

ed. Yonge, Charlotte M., A *Man of Other Days* 2 vols. 1877

Memoirs of Marshal Bugeaud vol. I 1884

Zamoyski, Adam, *Holy Madness* 1999

1812: *Napoleon's Fatal March on Moscow* 2005

Zarzeczny, Matthew, *Meteors that Enlighten the Earth* 2013

Ziegler, Philip, *The Sixth Great Power* 1988

Zweig, Stefan, *Joseph Fouché* 1930

기사, 에세이, 미출간 논문

Abel, Jonathan, 'Jacques-Antoine-Hippolyte, Comte de Guibert's Military Reforms' *Napoleonic Scholarship* vol. 1 no.3 May 2010

Abramova, Inna, 'Les médailles relatives à la guerre de 1812 et à Napoléon du Musée de Vitebsk' *Études Napoléoniennes* nos.31-34 1994

Alexander, Don W., 'French Replacement Methods during the Peninsular War' *Military Affairs* vol.44 issue 4 December 1980

Alger, J. G., 'Napoleon in Egypt' *Westminster Review* vol.150 no.4 1898

'British Visitors to Paris 1802-1803' *English Historical Review* vol.14 October 1899

Allégret, Marc, 'Autour de la rédaction du Code Civil' *Revue du Souvenir Napoléonien* no.495 April-June 2013

Anonymous, 'Bonaparte's Campaign in Russia' *Edinburgh Review* no.24 February 1815

'Mémoires pour servir à l'histoire des expéditions en Égypte et en Syrie par J. Miot' *Quarterly Review* no.25 April 1815

'Letters from France' *Edinburgh Review* no.51 February 1816
'Descente en Angleterre' *Notes and Queries* 21 July 1855
'Marshal Marmont's *Memoirs' Edinburgh Review* no.106 July 1857
'The Napoleon Correspondence' *Edinburgh Review* no.258 Oct 1867
'More about Napoleon' *Quarterly Review* vol.139 July 1875
'The Unpublished Letters of Napoleon' *Quarterly Review* vol.187 1898
'The French Expedition to Egypt in 1798' *Edinburgh Review* no.208 July 1908
Arboit, Gérard, '1812: Le reseignement Russe face a Napoléon' *Revue de l'Institute Napoleon* no.204 2012
Arnold, James R., 'A Reappraisal of Column versus Line in the Peninsular War' April 2004 *Napoleon Series website*
Beaucour, Fernand, 'Les besoins en voitures pour le chauffage de l'arméeau Camp de Boulogne en Janvier 1804' *Études Napoléoniennes* nos.31–34 1994
Beerbuehl, Margrit Schulte, 'Crossing the Channel: Nathan Mayer Rothschild and his Trade with the Continent during the Early Years of the Blockades 1803–1808' The *Rothschild Archive Review of the Year* 2007/8
Bertaud, Jean-Paul, 'Napoleon's Officers' *Past and Present* no.111 1986
Biagi, Guido, 'A Coincidence in Napoleon's Life' *Century Magazine* November 1894
Billings, Mark, 'Napoleon: A Dealer of Hope' *Napoleonic Scholarship* vol.1 no.3 May 2010
Blaufarb, Rafe, 'The Ancien Régime Origins of Napoleonic Social Reconstruction' *French History* vol.14 no.4 2000
Boisson, Daniel, 'Maréchaux et généraux français tués et blessés en 1812' *Les Amis du Patrimonie Napoléonien* no.35 July 2012
Brack, General de, 'Waterloo' *La Revue de France* vol.4 July 1932
Branda, Pierre, 'Did the War Pay for the War? An Assessment of Napoleon's Attempts to Make his Campaigns Self-Financing' *Napoleonic Scholarship* vol.1 no.4 November 2011
Brier, Bob and Wood, Mary Mendenhall, 'Napoleon in Egypt: The Battle of Chobrakit' *Napoleonic Scholarship* vol.1 no.2 December 1998
Broers, Michael, 'The Napoleonic Police and Their Legacy' *History Today May* 1999
'Cultural Imperialism in a European Context?' *Past and Present* no.170 2001
'Napoleon, Charlemagne and Lotharingia: Acculturation and the Boundaries of Napoleonic Europe' *Historical Journal* vol.44 2001

Brown, Howard G., 'From Organic Society to Security State: The War on Brigandage in France 1797–1802' *Journal of Modern History* vol.69 1997

Bryant, Mark, 'Graphic Warriors: War Cartoonists 1792–1945' *The London Library Magazine* Winter 2011

Burrows, Simon, 'Culture and Misperception: The Law and the Press in the Outbreak of War in 1803' *International History Review* vol.18 1996

Byrd, Melanie, 'The Napoleonic Institute of Egypt' *Napoleonic Scholarship* vol.1 no.2 December 1998

Chandler, David, 'Napoleon and Death' *Napoleonic Scholarship* vol.1 no.1 April 1997

Chaplin, Dr T. H. Arnold, 'Napoleon's Funeral: A Lost Record' *Times Literary Supplement* 30 September 1915

Choffat, Thierry, 'La Bérézina: victoire française' *Centre d'Études et de Recherches sur le Bonapartisme* no.48 Spring 2013

Cook, John, 'Bernadotte 1806: Is There a Case for the Defence?' *Napoleon Series website*

Crook, Malcolm, 'Time for a Hero? Reappraising Napoleon on the Bicentenary of his Rise to Power' *History* vol.87 issue 288 October 2002

Crouzet, François, 'The Second Hundred Years War' *French History* vol.10 1997

Dague, Everett, 'Henri Clarke, Minister of War, and the Malet Conspiracy' *Napoleonic Scholarship* vol.1 no.2 December 1998

Davies, Huw J., 'Diplomats as Spymasters: A Case Study of the Peninsular War 1809–1813' *Journal of Military History* vol.76 no.1 January 2012

Davies, Peter, 'Who Killed Napoleon Bonaparte?' *The Waterloo Journal* vol.32 no.3 Winter 2010

Desclaux, Dr, 'A propos de la "Gale" de Napoléon' *Journal des Patriciens* April 1932

'Détenu', 'The Journal of a Detenu: An Eye-witness of the Events in Paris' *London don Magazine* September 1825

Dhombres, Nicole, 'Napoléon et les scientifiques Part I: 1779–1798' *La Revue du Souvenir Napoleonien* no.350 1985

Dufraisse, Roger, 'Napoleon et l'Empereur' *Études Napoléoniennes* nos.31–34 1994

Dunne, John, 'Napoleon's Mayoral Problem' *Modern & Contemporary French History* vol. 8 2000

Dupâquier, J., 'Problèmes démographiques de la France Napoléonienne' *Revue d'Histoire*

Moderne et Contemporaine vol.17 1970

Dusoulier, Louis, 'En vendant La Louisiane' *Les Annales de l'Empire: les Compagnons de l'Empire* no.4 2003

Dutcher, George Matthew, 'Napoleon and the Napoleonic Period' *The Journal of Modern History* vol.4 no.3 September 1932

Dwyer, Philip G., 'From Corsican Nationalist to French Revolutionary: Problems of Identity in the Writings of the Young Napoleon 1785–1793' *French History* vol.16 2002

'Napoleon Bonaparte as Hero and Saviour' *French History* vol.18 2004'

"It Still Makes Me Shudder": Memories of Massacres and Atrocities During the Revolutionary and Napoleonic Wars' *War in History* vol.16 no.4 2009

Dziewanowski, Lieutenant M. K., 'Napoleon: Legend and Propaganda' *Military Affairs* vol. 9 issue 1 January 1945

Ebrington, Lord, 'A Conversation with Napoleon at Elba' *Macmillan's Magazine* December 1894

Eidahl, Kyle, 'Marshal Nicolas Charles Oudinot' *Napoleonic Scholarship* vol.1 no.1 April 1997

Ela, Alfred, 'Napoleon's Wounds' *The Boston Medical and Surgical Journal* vol.174 nos.22 and 24 June 1916

Epstein, James, 'Politics of Colonial Sensation: The Trial of Thomas Picton and the Cause of Louisa Calderon' *American Historical Review* June 2007

Esdaile, Charles, 'Spanish Guerrillas: Heroes or Villains?' *History Today* no.38 April 1988

'Recent Writing on Napoleon and His Wars' *The Journal of Military History* vol.73 issue 1 January 2009

Feinberg, Herb, 'North to Palestine: Napoleon Marches Against the Turks' *Napoleonic Scholarship* vol.1 no.2 December 1998

Field, Andrew, 'The Famous Words: The Capture of Cambronne at Waterloo' *Waterloo Journal* vol.35 no.1 Spring 2013

Fitzsimmons, Michael P., 'The Debate on Guilds under Napoleon' *Proceedings of the Western Society for French History* vol.36 2008

Foch, Marshal, 'La battaille de Laon' *Revue de France* May 1921

Forrest, Alan, 'Propaganda and the Legitimation of Power in Napoleonic France' *French History* vol.18 2004

Friedman, Elias, 'On the Affair of the Murder of the French Soldiers in the Carmelite Monastery during Napoleon's Campaign' *Ariel Journal on the Land of Israel* no.37 March 1985 (in Hebrew)

Gallaher, John, 'Political Considerations and Strategy: The Dresden Phase of the Leipzig Campaign' *Military Affairs* vol.49 issue 2 April 1985

'Davout and Napoleon' *Napoleonic Scholarship* vol.1 no.1 April 1997

Gates, David, 'The Wars of 1812: A French Perspective' *Mars & Clio* no.34 Summer 2012

George, Christopher T., 'The Eroica Riddle: Did Napoleon Remain Beethoven's "Hero"?' *Napoleonic Scholarship* vol.1 no.2 December 1998

Gichon, Mordechai, 'Jaffa, 1799' *Napoleonic Scholarship* vol.1 no.2 December 1998

'East Meets West: The Clash Between French and Oriental Society during Napoleon's Campaign in Egypt' *Napoleonic Scholarship* vol.1 no.3 May 2010

Gill, Conrad, 'The Relations Between England and France in 1802' *English Historical Review* vol.24 1909

Glover, Richard, 'The French Fleet 1807-1814' *Journal of Modern History* vol.39 no.3 September 1967

Grab, Alexander, 'Army, State and Society: Conscription and Desertion in Napoleonic Italy 1802-1814' *Journal of Modern History* vol.47 1995

'State Power, Brigandage and Rural Resistance in Napoleonic Italy' *European History Quarterly* vol.25 1995

'The Geopolitical Transformation of the Italian Peninsula Under Napoleon' *Napoleonic Scholarship* vol.1 no.3 May 2010

Griffin, Miriam, 'Philosophy, Cato and Roman Suicide' *Greece & Rome* vol.33 no.1 April 1986

Groutso, Igor, 'Le sort des aigles napoléoniennes pendant le campagne de 1812' *Études Napoléoniennes* nos.31-34 1994

Hartley, Janet, 'Napoleon in Russia: Saviour or Anti-Christ?' *History Today* vol.41 no.1 1991

Harvey, A. D., 'European Attitudes to Britain during the French Revolutionary and Napoleonic Era' *History* vol.63 1978

Hayman, Neil M., 'France Against Prussia: The Jena Campaign of 1806' *Military Affairs* vol.30 issue 4 Winter 1966

Hazareesingh, Sudhir, 'Memory and Political Imagination: The Legend of Napoleon Revisited' French History vol.18 2004

'God of War' *Times Literary Supplement* 3 February 2012

Hicks, Peter, 'The Napoleonic "Police" or "Security" State in Context' *Napoleonica La Revue* nos.2-10 2009

'Late 18th Century and very early 19th Century British writings on Napoleon: Myth and History' *Fondation Napoléon* website

Hochel, Marian, 'Dominique-Vivant Denon: Napoleon's Chief Arts Adviser' *Napoleonic Scholarship* vol.1 no.4 November 2011

Hollins, Dave, 'The Hidden Hand: Espionage and Napoleon' Osprey *Military Journal* vol. 2 no.2 25 March 2000

Holmes-Wilson, Captain C., 'Nelson and Napoleon: A Criticism of Sea Power' *Minutes of Proceedings of the Royal Artillery Institution* vol.30 1903-4

Horward, Donald D., 'Masséna and Napoleon: Abandonment in Portugal' *Military Affairs* vol.37 issue 3 October 1973

'Napoleon in Review: A Bibliographical Essay' *Military Affairs* vol.43 issue 3 October 1979

Innocenti, Claudio, 'Souls Not Wanting: The Marshalate's Betrayal of Napoleon' *Napoleonic Scholarship* vol.1 no.3 May 2010

Jourdan, Annie, 'Napoleon and History' *French History* vol.10 1996

'The Grand Paris of Napoleon: From a Dream of Magnificence to a Dream of Utility' *Napoleonic Scholarship* vol.1 no.4 November 2011

Keene, Edward, 'The Treaty-making Revolution of the Nineteenth Century' *International History Review* vol.34 no.3 September 2012

Lamy, Gautier, 'La cavalerie française de 1813' *La Revue Napoleon* no.9 June 2013

Lewin, Peter K., Hancock, Ronald G.V. and Voynovich, Paul, 'Napoleon Bonaparte: No Evidence of Arsenic Poisoning' *Nature* vol.299 14 October 1982

Lochet, Jean, 'The Destruction of the Grande Armée and its Cavalry in Russia 1812' www.magweb.com

Lugli, Alessandro et al., 'Napoleon Bonaparte's Gastric Cancer: A Clinicopathologic Approach to Staging, Pathogenesis, and Etiology' *Nature Clinical Practice Gastroenterology and Hepatology* vol.4 no.1 2007

Maamar, Sayah, 'Propos critiques sur l'Université Impériale vers 1810' *Études Napoléoniennes* nos.31–34 1994

McErlean, J. M. P., 'Governor Raffles' Fifteen Minutes with Napoleon' *The Waterloo Journal* vol.27 no.1 Spring 2005

Markham, Felix, 'The Emperor at Work' *History Today* September 1963

Markham, J. David, 'Napoleon's Last Hours in France' *Napoleonic Scholarship* vol.1 no.3 May 2010

'Was Napoleon an Anti-Semite? Napoleon, the Jews and Religious Freedom' Speech to the Symposium on the Bicentenary of the Sanhedrin, Tel Aviv, Israel 31 May 2007

Mikaberidze, Alexander, '"The Russian Eagles over the Seine": Russian Occupation of Paris in 1814' *Napoleonic Scholarship* vol.1 no.4 November 2011

Murphy, Orville T., 'Napoleon's International Politics: How Much Did He Owe to the Past?' *Journal of Military History* vol.54 April 1990

Nester, William, 'Napoleon, Family Values and the Fate of Europe' *Napoleonic Scholarship* vol.1 no.4 November 2011

Norris, A. H. and Bremner, R. W., 'The Lines of Torres Vedras' *The British Historical Society of Portugal* 1986

O'Brien, David, 'Antonio Canova's Napoleon as Mars the Peacemaker and the Limits of Imperial Portraiture' *French History* vol.18 no.4 2004

Ocampo, Emilio, 'Rescuing Napoleon from St Helena' *Napoleonic Scholarship* vol.1 no.4 November 2011

Packwood, Allen, 'A Tale of Two Statesmen: Churchill and Napoleon' *Finest Hour* no.157 Winter 2012–13

Parker, Harold T., 'Why Did Napoleon Invade Russia?' *Journal of Military History* vol.54 April 1990

Paz, Ignacio, '1808, the Point of Implosion for the Napoleonic Empire' *Napoleonic Series* website

Pierron, Lt.-Col., 'Les methodes de guerre actuelles' (Paris 1878) *Royal United Services Institute Journal* vol.23 no.99 1879

Pratt, Fletcher, 'Vignettes of Napoleon in Italy 1796' *Journal of American Military History* vol.2 issue 2 Summer 1938

Price, Munro, 'Napoleon and Metternich in 1813' *French History* vol.26 no.4 December

2012
Promyslov, Nikolay, 'The Grande Armée's Retreat as Seen from the Intercepted Soldiers' Correspondence' *Napoleonic Scholarship* vol.1 no.4 November 2011
Reid, Loren, 'The Last Speech of William Pitt' *Quarterly Journal of Speech* vol.49 issue 2 1963
Riaud, Xavier, 'Napoleon and His Teeth' *Napoleonic Scholarship* vol.1 no.3 May 2010
Rose, J. Holland, 'A Document Relating to the Continental System' *English Historical Review* no.69 1903
Ross, Steven, 'Napoleon and Manouver Warfare' 28th Harmon Memorial Lecture in Military History, United States Air Force Academy, Colorado 1985
Rossetti, Marie-Joseph, 'Journal du Général Rossetti' *La Revue de France* vol.5 March 1933
Rowe, Michael, 'Between Empire and Home Town: Napoleonic Rule on the Rhine 1799-1814' *The Historical Journal* vol.42 1999
Sainsbury, J., 'Thirty Facsimiles of the Different Signatures of the Emperor Napoleon and a Sketch of the Events Connecting Them' 1836
Schmidt, H. D., 'The Idea and Slogan of "Perfidious Albion" ' *Journal of the History of Ideas* no.14 1953
Schmitt, Hans, '1812: Stein, Alexander I and the Crusade against Napoleon' *Journal of Modern History* vol.31 March 1959
Schneid, Frederick C., 'The Dynamics of Defeat: French Army Leadership, December 1812-March 1813' *Journal of Military History* vol.63 issue 1 January 1999
Schroeder, Paul W., 'Napoleon's Foreign Policy: A Criminal Enterprise' *Journal of Military History* vol.54 April 1990
Sibalis, Michael, 'Conspiracy on St Helena? (Mis)remembering Napoleon's Exile' *French History and Civilization* vol.4 2011
Siegfried, Susan L., 'The Politicisation of Art Criticism in the Post-Revolutionary Press' in ed. Orwicz, Michael R., *Art Criticism and Its Institutions in Nineteenth Century France* 1994
Smith, G. C. Moore, 'General Petit's Account of the Waterloo Campaign' *English Historical Review* vol.18 no.70 1903
Sparrow, Elizabeth, 'The Alien Office 1792-1806' *Historical Journal* vol.33 no.2 1990
Stark, Nicholas, 'Society: Friend or Enemy of the Blacks' *Napoleonic Scholarship* vol.1 no.4

November 2011
Uffindell, Andrew, 'Napoleon Fights for Paris' *Military Illustrated* no.251 April 2009
Vaskin, Alexander, 'Three Mistakes of Napoleon' *Nezavisimaya Gazeta* 30 August 2012
Weider, Ben, 'The Assassination of Napoleon' *Napoleonic Scholarship* vol.1 no.1 April 1997
'Napoleon and the Jews' *Napoleonic Scholarship* vol.1 no.2 December 1998
Weigall, Arthur, 'Napoleon's "Great Adventure"' *Blackwood's Magazine* no.191 April 1912
Whitcomb, E. A., 'Napoleon's Prefects' *American Historical Review* no.79 1974
Woloch, Isaac, 'Napoleonic Conscription: State Power and Civil Society' *Past and Present* no.111 1986
Wood, William J., 'Forgotten Sword' *Military Affairs* October 1970
Woolf, Stuart, 'French Civilisation and Ethnicity in the Napoleonic Empire' *Past and Present* no.124 1989
'The Construction of a European World-View in the Revolutionary-Napoleonic Period' *Past and Present* no.137 1992
Yale Center, 'Nelson and Anti-Napoleon Verse' Yale University pamphlet [n.d.]
Yarrow, Dr H., 'The Death of Napoleon on St Helena' *Journal of the Association of the Friends of Waterloo Committee* December 1982

나폴레옹 관련 웹사이트

Fondation Napoléon www.napoleon.org
Musée de l'Armée www.invalides.org
Napoleonic Alliance www.napoleonic-alliance.com
Napoleonic Guide www.napoleonguide.com
Napoleon Internet Guide www.napoleonbonaparte.nl
Napoleonic Literature www.napoleonic-literature.com
Napoleonic Series www.napoleonseries.org
La Souvenir Napoléonien http://www.souvenirnapoleonien.org
War Times Journal www.wtj.com

기록보관소

Prince Peter Bagration, Russian State Military Historical Archive, Moscow
Antoine-Alexandre Barbier, Bibliothèque National de France, Paris
Hortense de Beauharnais, Archives Nationales, Paris
Marshal Alexandre Berthier, Bibliothèque National de France, Paris, and Service Historique de la Défense, Vincennes
General Henri Bertrand, Bibliothèque National de France, Paris
Sir Charles Blagden, Beinecke Library, Yale
Caroline Bonaparte, Archives Nationales, Paris
Elisa Bonaparte, Archives Nationales, Paris
Jérome Bonaparte, Archives Nationales, Paris
Joseph Bonaparte, Archives Nationales, Paris, and Service Historique de la Défense, Vincennes
Josephine Bonaparte, Archives Nationales, Paris
Letizia Bonaparte (Madame Mère), Archives Nationales, Paris
Louis Bonaparte, Archives Nationales, Paris
Lucien Bonaparte, Archives Nationales, Paris
Emperor Napoleon I, Archives Nationales, Paris
Pauline Bonaparte, Archives Nationales, Paris
Theodore D. Buhl, Sterling Memorial Library, Yale
Cabinet du Ministre de l'Intérieur, Archives Nationales, Paris
Jean-Jacques Cambacérès, Archives Nationales, Paris
Vicomte de Charrier-Moissard, Bibliothèque National de France, Paris
Thomas Cholmondeley (Lord Delamore), Beinecke Library, Yale
Conseil d'Administration de la Justice, Archives Nationales, Paris
Conseils d'Administration de la Légion d'Honneur, Archives Nationales, Paris
Conseils d'Administration de la Maison de l'Empereur, Archives Nationales, Paris, and Bibliothèque National de France, Paris
Conseil d'Administration des Relations Extérieurs, Archives Nationales, Paris
Conseil d'État, Archives Nationales, Paris
Lord Curzon, Bodleian Library, Oxford
Comte Pierre-Antoine Daru, Service Historique de la Défense, Vincennes

Louis-Nicolas Davout, Service Historique de la Défense, Vincennes
Sir William Fellowes, Beinecke Library, Yale
French Foreign Ministry, Centre des Archives Diplomatiques, La Courneuve Sir William Gell, Beinecke Library, Yale
Sir John Harper, Beinecke Library, Yale
Keith Hearl, Rhodes House Library, Oxford
General Lazare Hoche, Archives Nationales, Paris
Marshal François-Christophe Kellermann, Archives Nationales, Paris
General Jean-Baptiste Kléber, Archives Nationales, Paris
Stanley Kubrick, London College of Communication, London
La Grande Armée, Service Historiques de la Défense, Vincennes
Jean Lannes, Service Historiques de la Défense, Vincennes
General Bernard Lauriston, Archives Nationales, Paris
Sir Hudson Lowe, British Library, London
Susan Marie Mackenzie, Beinecke Library, Yale
Hugues Maret, Service Historique de la Défense, Vincennes
Marshal Joachim Murat, Service Historique de la Défense, Vincennes
Comte Louis de Narbonne, Archives Nationales, Paris
François de Neufchâteau, Archives Nationales, Paris
Frederick Sheldon Parker, Sterling Memorial Library, Yale
Louis-Marie de la Revellière-Lépeaux, Beinecke Library, Yale
Count Pierre-Louis Roederer, Archives Nationales, Paris
Fyodr Rostopchin, Russian State Military Historical Archive, Moscow
Marshal Gouvion Saint-Cyr, Archives Nationales, Paris
General Barthélemy Schérer, Archives Nationales, Paris
Marshal Nicolas Soult, Archives Nationales, Paris
Adolphe Thiers, Bibliothèque Thiers, Paris
Sir Thomas Tyrwhitt, Beinecke Library, Yale
Marshal Claude Victor-Perrin, Archives Nationales, Paris
Jane Waldie Watts, Beinecke Library, Yale
War Ministry, Service Historique de la Défense, Vincennes
Sir Nathaniel Wraxall, Beinecke Library, Yale

미주

1장 코르시카

'나폴레옹이 프랑수아 쥐스 마리 레이누아르의 연극 〈성당기사단〉에 관해' 출전: Bausset, *Private Memoirs* p.41. '나폴레옹이 콜랭쿠르 공작에게' 출전: Dwyer, *Napoleon* p.45

1) ed. Latimer, *Talks* p.37
2) Chuquet, *Jeunesse* I p.42, Browning, *Napoleon* p.22, Davies, *Vanished Kingdoms* p.500
3) ed. Metternich, *Memoirs* I p.277
4) Parker, 'Why did Napoleon' p.142
5) Buhl MSS 110 Box 1 fol.2 p.4
6) ed. Wilson, *Diary* p.46
7) Dwyer, *Napoleon* p.24, Englund, *Napoleon* p.8
8) Bonaparte, Joseph, *Mémoires et correspondance* X p.25
9) Carrington, *Napoleon and his Parents* pp.29-31, Englund, *Napoleon*, p.10
10) Chuquet, *Jeunesse* I p.44
11) Decaux, *Napoleon's Mother* p.xii
12) Englund, *Napoleon* p.10
13) Englund, *Napoleon* p.10
14) ed. Latimer, *Talks* p.33
15) Markham, 'The Emperor at Work' p.59
16) ed. Latimer, *Talks* p.33
17) Sudhir Hazareesingh in *TLS* 12/2/2005 p.11
18) Burdon, *The Life* p.6
19) Williams, A *Narrative* p.168
20) ed. Jones, *Intimate Account* p.425
21) Chaptal, *Souvenirs* pp.173-4

22) ed. Frayling, *Napoleon Wrote Fiction* p.x, Healey, *Literary Culture* p.20 n.37
23) Bonaparte, Joseph, *Mémoires et correspondance* X p.26
24) Zarzeczny, *Meteors*, p.45
25) Ross, 'Napoleon and Manouver Warfare' p.1
26) Gillian Tindall in *TLS* 24/9/1999 p.34, Sudhir Hazareesingh in *TLS* 20/2/2004 p.9
27) Buhl MSS 110 Box 2 fol.7 p.11
28) Forrest, *Napoleon* p.25
29) Markham, *Napoleon* p.3, Rose, *Napoleon* p.5, Dwyer, *Napoleon*, p.25, Englund, *Napoleon* p.15, Dwyer, 'From Corsican Nationalist' p.136
30) Bourgoing, *Quelques notices* p.1
31) Rapp, *Memoirs* p.55
32) Coston, *Biographie* p.20
33) Assier, *Napoleon* I p.44
34) Kiley, *Artillery* p.29
35) ed. Haythornthwaite, *Final Verdict* p.240
36) Biagi, 'A Coincidence' pp.19, 154-5
37) Dwyer, *Napoleon*, p.28
38) Nasica, *Mémoires* p.12
39) ed. Sanderson, *Bourrienne's Memoirs* p.5
40) Rose, *Napoleon* I p.11
41) Healey, *Literary Culture of Napoleon* p.21
42) Hicks, 'The Napoleonic "Police" ', Englund, *Napoleon* p.31
43) ed. Gaskill, *The Reception of Ossian* p.xxvii
44) Levy, *Napoleon intime* p.14, McLynn, *Napoleon* p.21
45) Barral, *Histoire des Sciences* p.7
46) Levy, *Napoléon intime* p.8
47) ed. Sanderson, *Bourrienne's Memoirs* p.4
48) Hicks, 'Late 18th Century' *passim*
49) Baring-Gould, *Napoleon* p.17, Rose, *Napoleon* I p.12
50) ed. Sanderson, *Bourrienne's Memoirs* p.4
51) CG1 no.1 p.43, June 24, 1784
52) Robb, *Parisians* p.13
53) Forrest, *Napoleon* p.34

54) AN AII. 1891 p.51
55) *TLS* 30/12/1939 p.754
56) ed. Méneval, *Memoirs* I p.107
57) Bonaparte, Joseph, *Mémoires et correspondance* X p.29
58) CG1 no.5 p.47, March 28, 1745
59) Levy, *Napoléon intime* p.17
60) Bonaparte, *A Reply* p.14
61) Englund, *Napoleon* p.24
62) Boswell, *Account of Corsica* p.77
63) CG1 no.21 p.65, August 29, 1788
64) NYPL MSS Coll 4854, Englund, *Napoleon* p.25
65) Smith, *Napoleon's Regiments* p.294
66) Chaptal, *Souvenirs* p.184
67) Holland, *Foreign Reminiscences* pp.211-12
68) Healey, *Literary Culture of Napoleon* Appendix A
69) ed. Castle, *Stanley Kubrick's Napoleon* p.164
70) Levy, *Napoleon intime* p.23
71) Rose, Napoleon I p.19
72) Dwyer, 'From Corsican Nationalist' p.134
73) Bodleian MS Curzon e1. p.16
74) Plumptre, *A Narrative* p.260
75) Browning, *Napoleon* p.283, ed. Hicks, *Clisson and Eugénie* pp.42, 63
76) Browning, *Napoleon* pp.283-4
77) Forrest, *Napoleon* p.24
78) Rose, *Napoleon* I p.20, Englund, *Napoleon* p.31
79) ed. Frayling, *Napoleon Wrote Fiction* p.31
80) Browning, *Napoleon* pp.285-8, ed. Hicks, *Clisson and Eugénie* pp.42-3
81) Browning, *Napoleon* pp.285-8
82) ed. Frayling, *Napoleon Wrote* Fiction p.25
83) ed. Frayling, *Napoleon Wrote* Fiction pp.36-7
84) Ibid.
85) CG1 no.11 p.54, April 21, 1787.
86) Dwyer, *Napoleon* p.47

87) Kiley, *Artillery of the Napoleonic Wars* p.26
88) Kiley, *Artillery of the Napoleonic Wars* p.29
89) ed. Johnston, *The Corsican* p.143
90) eds. Masson and Biagi, *Napoléon inconnu* II p.53
91) Englund, *Napoleon* p.31
92) ed. Frayling, *Napoleon Wrote Fiction* p.61
93) ed. Hicks, *Clisson and Eugénie* pp.44-5
94) Chaptal, *Souvenirs* p.308
95) CG1 no.31 p.78, July 22, 1789.
96) CG1 no.29 p.76, June 12, 1789.

2장 혁명

'메테르니히가 나폴레옹에 관해' 출전: ed. Metternich, *Memoirs* I p.281. '나폴레옹이 뷔르템베르크의 선제후 프리드리히에게' 출전: ed. North, *Napoleon on Elba* pp.153-4

1) CG1 no.31 p.78, July 22, 1789.
2) Pelet, *Napoleon in Council* p.21
3) Simonetta and Arikha, *Napoleon and the Rebel* p.10, Collins, *Napoleon and His Parliaments* p.7
4) Rose, *Napoleon* I pp.28-9, Forrest, *Napoleon* p.45
5) Thrasher, *Paoli* p.197
6) Masson and Biagi, *Napoleon inconnu* II pp.79-83, Dwyer, 'From Corsican Nationalist' pp.141-2
7) ed. Frayling, *Napoleon Wrote Fiction* p.71
8) ed. Frayling, *Napoleon Wrote Fiction* p.73
9) CG1 no.39 p.86, June 24, 1790.
10) ed. Bingham, *Selection* I p.11
11) ed. Bingham, *Selection* I p.21. 팸플릿 자체는 전해지지 않는다.
12) Bonaparte, Joseph, *Mémoires et correspondence* I p.44
13) Pierpont Morgan Library MA 6942
14) Dwyer, 'From Corsican Nationalist' p.147

15) Masson and Biagi, *Napoleon inconnu* II p.128

16) Rose, *Napoleon* I p.32

17) Dwyer, 'From Corsican Nationalist' p.148

18) ed. Bingham, *Selection* I p.22

19) Rose, *Napoleon* I p.33

20) Dwyer, 'From Corsican Nationalist' p.139

21) ed. Hicks, *Clisson and Eugénie* p.45

22) ed. Frayling, *Napoleon Wrote Fiction* p.ix

23) ed. Latimer, *Talks* p.42

24) ed. Bingham, *Selection* I p.24

25) CG1 no.67 p.115, July 25, 1792.

26) ed. Bingham, *Selection* I p.24

27) Richardson, *Dictionary* p.469

28) ed. Bingham, *Selection* I p.28

29) ed. Bingham, Selection I p.27

30) ed. Sanderson, *Bourrienne's Memoirs* p.8

31) CG1 no.65 p.113, June 22, 1792.

32) Robb, *Parisians* p.435

33) Orieux, *Talleyrand* p.224

34) ed. Latimer, *Talks* pp.46-7

35) ed. Latimer, *Talks* p.47

36) ed. Bingham, *Selection* II p.29, Thibaudeau, *Mémoires* p.59

37) ed. Latimer, *Talks* p.38

38) ed. Latimer, *Talks* p.38

39) Chaptal, *Souvenirs* pp.185-6

40) ed. Wilson, *Diary* pp.137-8

41) CG1 no.75 p.121, January 12, 1793.

42) Pellew, *Life of Lord Sidmouth* I p.72

43) Sherwig, *Guineas and Gunpowder* p.345

44) Thrasher, *Paoli* p.255

45) CG1 no.77 p.122, March 2, 1793.

46) Musée National de la Maison Bonaparte

47) Dwyer, 'From Corsican Nationalist' p.148, ed. Latimer, *Talks* p.38

48) Dwyer, 'From Corsican Nationalist' p.149
49) Paoli, *La Jeunesse de Napoleon* p.9
50) Foladare, *Boswell's Paoli* p.225
51) Bodleian MS Curzon e.1. p.23
52) ed. Frayling, *Napoleon Wrote Fiction* p.128, Masson and Biagi, *Napoléon inconnu* II pp.477–97
53) Pelet, *Napoleon in Council* p.22
54) Bodleian MS Curzon e1. p.16, ed. Wilson, *Diary* p.87
55) ed. Bingham, *Selection* I p.32
56) ed. Latimer, *Talks* p.43, ed. North, *Napoleon on Elba* pp.53–4
57) CG1 no.111 p.142, November 14, 1793.
58) CG1 no.95 p.132, October 1793.
59) CG1 no.96 p.133, October 16, 1793.
60) CG1 no.102 p.137, October 2, 1793.
61) Rose, *Napoleon* I p.49
62) Rose, *Napoleon* I p.52
63) Friedman, *The Emperor's Itch* p.33
64) ed. Latimer, *Talks* p.43
65) Friedman, *The Emperor's Itch* pp.22–3
66) Las Cases, *Journal* I pt 2 p.67, O'Meara, *Napoleon at St Helena* I pp.198–9, 229
67) CN32 p.82
68) Williams, *A Narrative* p.180
69) ed. Bingham, *Selection* I p.35
70) Crook, *Toulon in War and Revolution* p.145
71) Bonaparte, *A Reply* p.10
72) ed. North, *Napoleon on Elba* p.152
73) Emsley, *Napoleon* p.9

3장 갈망

'세인트헬레나에서 나폴레옹이 주치의 배리 오미라에게' 출전: *Napoleon in Exile* I p.203. '나폴레옹이 시종 루이 드 보세 로크포르 남작에게' 출전: Bausset, *Private Memoirs* p.259

1) ed. Bingham, *Selection* I p.36, Fraser, *Napoleon's Cursed War* p.23
2) CG1 nos.163, 172, 191 p.171, April 4, 1794, p.174, May 7, 1794, p.182, June 10, 1794.
3) ed. Bingham, *Selection* I p.36
4) Lavalette, *Memoirs* p.9
5) CG1 no.232 p.196, August 7, 1794.
6) Bonaparte, *A Reply* p.18
7) eds. Tulard and Garros, *Itinéraire* p.60
8) CG1 no.139 p.159, January 4, 1794.
9) CG1 no.235 p.197 August 12 or 19, 1794.
10) ed. Bingham, *Selection* I p.41
11) CG1 no.244 p.201, September 10, 1794.
12) CG1 no.283 p.218, February 4, 1795.
13) CG1 no.285 p.219, February 12, 1795.
14) CG1 no.290 p.221, April 11, 1795.
15) *Mars & Clio Autumn* 2010 p.21
16) ed. Bingham, *Selection* I p.44
17) Branda, *Napoleon et ses hommes* p.9
18) Bonaparte, *A Reply* p.19
19) CG1 no.322 p.248, August 10, 1795.
20) Horne, *Age of Napoleon* p.16
21) ed. Méneval, *Memoirs* I p.104n
22) Englund, *Napoleon* p.76
23) D'Abrantès, *At the Court* p.34
24) Las Cases, *Le Mémorial* I p.401
25) CG1 no.297 p.224, May 9, 1795.
26) CG1 no.298 p.224, May 22, 1795.
27) CG1 no.301 p.227 June 4, 1795.
28) CG1 no.303 pp.228-9, June 14, 1795.
29) CG1 no.321 p.247, August 10, 1795.
30) CG1 no.309 p.233, July 6, 1795.
31) CG1 no.310 p.235, July 12, 1795.
32) Bertrand, *Cahiers* II p.218, Las Cases, *Le Mémorial* I p.284
33) CG1 no.309 p.233, July 6, 1795.

34) ed. Bingham, *Selection* I p.55

35) CG1 no.327 p.252, August 20, 1795.

36) Brown, *War, Revolution* p.128

37) ed. Handel, *Leaders and Intelligence* p.42

38) CG1 no.345 p.268, between September 15 and October 5, 1795.

39) ed. Hicks, *Clisson and Eugénie* p.13

40) ed. Hicks, *Clisson and Eugénie* p.15

41) ed. Hicks, *Clisson and Eugénie* pp.2–21

42) ed. Hicks, *Clisson and Eugénie* pp.2–21

43) ed. Hicks, *Clisson and Eugénie* p.67

44) CG1 no.334 p.258, September 1, 1795.

45) Dumas, *Memoirs* II p.40

46) Healey, *Literary Culture* p.79

47) Bonaparte, *A Reply* p.20

48) Lavalette, *Memoirs* p.12

49) ed. Lecestre, *Lettres Inédites* II p.133

50) CN2 no.485 p.15

51) Arnault, *Memoirs* I p.35, Lavalette, *Memoirs* pp.12–13

52) Sarrazin, *Confession* p.13

53) *Annual Register* 1795 no.37 p.106

54) Gibbs, *Military Career* p.42

55) D'Abrantès, *At the Court* p.37

56) Christies Rare Books catalogue 27/11/2012 p.14

57) Memes, *Memoirs* p.13

58) Horne, *Age of Napoleon* p.45

59) D'Abrantès, *At the Court* p.237

60) Haig, *Napoleon and Josephine's Paris* p.50

61) Haig, *Napoleon and Josephine's Paris* p.49

62) Philip Mansel in *TLS* 16/1/2004 p.23

63) Stuart, *Rose of Martinique* p.277

64) Stuart, *Rose of Martinique* p.206

65) ed. Méneval, *Memoirs* I p.123, Bruce, *Napoleon and Josephine* p.74

66) ed. Duruy, *Memoirs of Barras* II p.72

67) ed. Metternich, *Memoirs* I p.281
68) Thody, *French Caesarism* p.35
69) Chuquet, *Jeunesse* I p.65, Rose, *Napoleon* I p.3
70) ed. Hanoteau, *Memoirs of Queen Hortense* I p.326 n.3
71) ed. Latimer, *Talks* p.138
72) Bruce, *Napoleon and Josephine* p.162
73) ed. Duruy, *Memoirs of Barras* II p.79
74) Pratt, 'Vignettes' p.59
75) Chuquet, *Jeunesse* I p.41, Davies, *Vanished Kingdoms* p.501
76) Dubroca, *Life of Bonaparte* p.94, Poultier, *History of the War* p.260

4장 이탈리아

'스탕달, 《파르마의 수도원》' 출전: Stendhal, *The Charterhouse of Parma* (1839). '나폴레옹이 샵탈에게' 출전: Chaptal, *Souvenirs* p.296

1) Pratt, 'Vignettes' p.60
2) Boycott-Brown, *Road to Rivoli* p.412
3) Chaptal, *Souvenirs* p.204, ed. Haythornthwaite, *Final Verdict* pp.290-92
4) Baldet, *La vie quotidienne* p.33
5) Starke, *Letters from Italy* I p.60
6) ed. Chandler, *Military Maxims* pp.135, 205
7) Holland, *Foreign Reminiscences* pp.217-19
8) CG1 no.426 p.304, March 28, 1796.
9) ed. Hanoteau, *Napoleon in Russia* p.367
10) CG1 no.471 p.328, April 8, 1796.
11) ed. Haythornthwaite, *Final Verdict* pp.290-92
12) ed. Bingham, *Selection* I p.67
13) ed. Luvaas, *Art of War* p.10
14) Gray, *Words of Napoleon* p.xii
15) *TLS* 12/5/1927 p.325, Hazareesingh in *TLS* 3/2/2012 p.4
16) AN 192AP/2, SHD GR6.YD/1

17) CG4 no.8847 p.694, April 28, 1804.

18) CG1 no.463 p.324, April 6, 1796.

19) ed. Chandler, *Military Maxims* p.146

20) ed. Cerf, *Letters to Josephine* p.32

21) ed. Cerf, *Letters to Josephine* p.34, CG1 nos.464, 467 p.325, April 6, 1796, p.326, April 7, 1796.

22) CG7 no.14120 p.111, January 19, 1807.

23) ed. Cerf, *Letters to Josephine* p.73, Stuart, *Rose of Martinique* p.206, CG3 no.5277 p.230, May 11, 1800, GC1 no.1068 p.672, November 21, 1796.

24) ed. Cerf, *Letters to Josephine* pp.25–6, Pierpont Morgan Library MA 6936 and *passim*

25) CG1 no.463 p.324

26) ed. Bingham, *Selection* I p.70

27) ed. Bingham, *Selection* I p.74

28) eds. Dwyer and McPhee, *French Revolution and Napoleon* pp.128–9, ed. Bingham, *Selection* I p.74

29) ed. Bingham, *Selection* I p.72

30) ed. Bingham, *Selection* I pp.71–2

31) Foy, *History* I p.43

32) ed. Chandler, *Military Maxims* p.111

33) Blaze, *Life in Napoleon's Army* pp.42–3

34) Blaze, *Life in Napoleon's Army* p.145

35) Rose, *Napoleon* I p.88

36) ed. Yonge, *Man of Other Days* II p.112ff

37) ed. Yonge, *Man of Other Days* II p.122

38) ed. Yonge, *Man of Other Days* II pp.126–7

39) CG1 no.545 p.370, April 20, 1796.

40) Woolf, *Napoleon's Integration* p.252

41) ed. Bingham, *Selection* I p.76

42) CG1 no.557 p.377, May 1, 1796.

43) *Edinburgh Review* no.XLVI September 1814 p.470

44) Plumptre, *A Narrative* III p.352

45) ed. Bingham, *Selection* III p.55

46) CG1 no.573 p.384, May 6, 1796.

47) CG1 no.582 p.389, May 9, 1796.
48) CG1 nos.609-11, pp.406-7, May 18, 1796.
49) Higgonet, *Paris* p.136
50) ed. Chandler, *Military Maxims* p.203
51) Tulard, *Napoléon: les grands moments* p.97
52) Cockburn, *Buonaparte's Voyage* p.114, Branda, *Napoléon et ses hommes* p.10
53) CG1 no.589 p.393 and CG1 no.588 p.392, May 11, 1796
54) ed. Cerf, *Letters to Josephine* pp.37-40
55) CG1 no.595 pp.396-7, May 13, 1796
56) Bruce, *Napoleon and Josephine* p.174
57) Dwyer, Napoleon p.243
58) CG1 no.596 p.397, May 14, 1796.
59) CG1 no.597 p.398, May 14, 1796.
60) CG1 no.599 p.399, May 14, 1796.
61) ed. Tarbell, *Napoleon's Addresses* pp.34-5
62) ed. Duruy, *Memoirs of Barras* II p.153
63) Gaffarel, *Bonaparte et les republiques italiennes* p.5
64) CG1 no.1880, p.1107, August 6, 1797.
65) ed. Bingham, *Selection* I pp.82, 85
66) Broers, *Napoleonic Empire* in Italy p.31
67) Woolf, *Napoleon's Integration* p.9
68) Woloch, *Jacobin Legacy* p.70
69) CG1 no.627 p.415, May 24, 1796.
70) ed. Tarbell, *Napoleon's Addresses* pp.36-7
71) ed. Tarbell, Napoleon's Addresses pp.37-8
72) CG1 no.639 p.421, June 1, 1796.
73) CG1 no.629 p.416, May 25, 1796.
74) CG1 no.629 p.416, May 25, 1796, Chrisawn, *Emperor's Friend* p.22
75) ed. Haythornthwaite *Final Verdict* pp.240-41
76) Pigeard, *L'Armée* p.182
77) CG1 no.639, p.421, June 1, 1796.
78) CG6 no.11392 pp.86-7, February 4, 1806.
79) CN6 no.478 p.73

80) CG1 no.625, p.414, May 25, 1796.

81) ed. Cerf, *Letters to Josephine* p.43

82) CG1 no.642, p.424, June 1, 1796.

83) ed. Fleischmann, *Memoirs* p.51

84) Branda, *Napoleon et ses hommes* p.11

85) ed. Bingham, *Selection* I p.95

86) ed. Cerf, *Letters to Josephine* pp.47-9

87) CG1 no.672 p.441, June 11, 1796.

88) CG1 no.677 p.443, June 11, 1796, ed. Cerf, *Letters to Josephine* pp.46-7

89) *TLS* 24/11/2006 p.14

90) CG1 no.693 p.451, June 15, 1796.

91) *Quarterly Review* 1833 pp.179-84

92) ed. Haythornthwaite, *Final Verdict* p.224

93) Summerville, *Ségur* p.119

5장 승리

'1813년 4월 나폴레옹이 조제프에게' 출전: CN25 no.19895 p.218. '1797년 10월 나폴레옹이 탈레랑에게' 출전: CG8 no.19233 p.1209

1) Chadwick, *Popes* p.450

2) Rose, *Napoleon* I p.103

3) CG1 no.845 p.542, August 11, 1796.

4) CG1 no.710 p.462, June 21, 1796.

5) CG1 no.711 p.464, June 21, 1796.

6) ed. Bingham, *Selection* I p.96

7) ed. Fleischmann, *Memoirs* p.55

8) ed. Fleischmann, *Memoirs* p.56

9) ed. Fleischmann, *Memoirs* pp.60-61

10) Starke, *Letters from Italy* I pp.74-5

11) Knapton, *Empress Josephine* pp.133-4, Stuart, *Rose of Martinique* p.199

12) Pierpont Morgan Library MA 6938

13) ed. Cerf, *Letters to Josephine* p.59

14) ed. Cerf, *Letters to Josephine* p.60

15) Hamelin, *Douze Ans* pp.14–15

16) Bibliothèque Thiers, Fonds Masson No.223/I/81

17) CG1 no.776 pp.500–501, July 12, 1796, AN 400AP/6/ p.4

18) AN 400AP/6/ p.4

19) eds. Olsen and van Creveld, *Evolution of Operational Art* p.32

20) ed. Chandler, *Military Maxims* p.211

21) ed. Handel, *Leaders and Intelligence* p.40

22) CG1 no.833 p.533, August 2, 1796.

23) Chlapowski, *Polish Lancer* p.60

24) CG1 no.820 p.526, July 29, 1796.

25) ed. Bingham, *Selection* I p.107

26) CG1 no.832 p.532, August 2, 1796.

27) CG1 no.826 p.529, July 30, 1796.

28) CG1 no.822 p.527, July 30, 1796.

29) CG1 no.828 p.530, July 31, 1796.

30) ed. Latimer, *Talks* p.261

31) Marbot, *Mémoires* II ch.16

32) ed. Bingham, *Selection* I p.106

33) Wood, 'Forgotten Sword' p.79

34) CG1 no.837 p.538, August 7, 1796.

35) CG1 no.838 p.538, August 8, 1796.

36) CG1 no.840 p.540, August 9, 1796.

37) CG1 nos.839–40 p.539, August 9, 1796.

38) Smith, *Data Book* p.122

39) CG1 no.961 p.612, October 2, 1796.

40) CG1 no.962 p.614, October 2, 1796.

41) CG1 nos.961 and 980 p.612, October 2, 1796, p.620, October 8, 1796.

42) CG1 no.993 p.628, October 12, 1796.

43) CG1 no.992 p.628, October 12, 1796.

44) CG1 no.996 p.631, October 16, 1796.

45) Broers, *Politics of Religion* p.x

46) CG1 no.1007 p.639, October 21, 1796.

47) CG1 no.1008 p.639, October 24, 1796.

48) Paris, *Napoleon's Legion* p.15

49) CG1 no.1059 p.664, November 13, 1796.

50) ed. Bingham, *Selection* I p.123

51) CG1 no.1060 p.666, November 19, 1796.

52) CG1 no.1086 p.681, November 29, 1796.

53) Rose, *Napoleon* I pp.130–31, ed. Fleischmann, *Memoirs* p.93

54) ed. Bingham, *Selection* I p.120

55) CG1 no.1084 p.680, November 27, 1796.

56) CG1 no.1085 p.681, November 28, 1796.

57) Lavalette, *Memoirs* p.19

58) CG1 no.1093 p.685, December 5, 1796.

59) CG1 no.1112 p.696, December 8, 1796.

60) CG1 no.1127 p.704, December 10, 1796.

61) CG1 no.1209 p.746, December 28, 1796.

62) CG1 no.1274 p.778, January 6, 1797.

63) CG1 no.1279 p.782, January 7, 1797.

64) CG1 no.1286 p.784, January 7, 1797.

65) Rose, *Napoleon* I p.136

66) Smith, *Data Book* p.131, ed. Bingham, *Selection* I p.131

67) René, *Original Journals* p.121

68) CG1 no.1315 p.802, January 22, 1797.

69) ed. Fleischmann, *Memoirs* p.91

70) ed. Bingham, *Selection* I p.135

71) CG1 no.1395 p.849, February 19, 1797.

72) Forrest, *Napoleon* p.87

73) Forrest, *Napoleon* p.86

74) Dziewanowski, 'Napoleon' p.91, 89 Carnavalet Portraits Box 229, Bibliothèque Thiers 34/7001–7274

75) Theodore D. Buhl MSS 110 Box 1/fol.1/pp.18, 23, 26

76) Laskey, *A Description* p.1

77) ed. Bingham, *Selection* I p.142

78) Knight, *Britain Against Napoleon* p.522
79) eds. Nafziger et al., *Imperial Bayonets* p.165, CG1 no.1640 p.880
80) CG1 no.1469 p.885, March 22, 1797.
81) CG1 no.1476 p.889, March 25, 1797.
82) eds. Horn and Walker, *Le Précis de leadership militaire*, p.485, Englund, *Napoleon* p.105
83) CG7 no.14773 p.396, March 20, 1807.
84) Bausset, *Private Memoirs* p.67
85) Bourne, *History of Napoleon* p.376
86) CG3 no.5087 p.138
87) Cottin, *Souvenirs de Roustam* p.154
88) D'Abrantès, *At the Court* p.117
89) ed. Summerville, *Ségur* p.38
90) CN32 p.68
91) ed. Haythornthwaite, *Final Verdict* p.222
92) ed. Tarbell, *Napoleon's Addresses* p.x
93) Houssaye, *The Return of Napoleon* p.7
94) Chaptal, *Souvenirs* p.337

6장 평화

'1808년 11월 나폴레옹이 조제프에게' 출전: ed. Bingham, *Selection* I p.96. '1802년 4월 나폴레옹이 국무원에' 출전: Johnston, *The Corsican* p.160

1) CG1 no.1495, p.901, April 8, 1797.
2) CG1 no.1514 p.914, April 16, 1797.
3) CG1 no.1514 p.914, April 16, 1797, Dubroca, *Life of Bonaparte* p.90
4) CG1 no.1514 p.916, April 16, 1797.
5) CG1 no.1497 p.905, April 9, 1797.
6) CG1 no.1521 p.923, April 30, 1797.
7) ed. Sanderson, *Bourrienne's Memoirs* p.55
8) CG1 no.1516 p.917, April 19, 1797.
9) ed. Sanderson, *Bourrienne's Memoirs* p.54

10) CG1 no.1587 p.962, May 27, 1797.

11) ed. Bingham, *Selection* I p.156

12) ed. Sanderson, *Bourrienne's Memoirs* p.54

13) CG1 no.1587 p.962, May 27, 1797.

14) ed. Sanderson, *Bourrienne's Memoirs* p.64

15) ed. Fleischmann, *Memoirs* p.94

16) ed. Fleischmann, *Memoirs* pp.94–5, Markham, *Napoleon* p.63, McLynn, *Napoleon* p.153, Schom, *Napoleon* p.65, ed. Bingham, *Selection* I p.160, eds. Dwyer and Forrest, *Napoleon and His Empire* p.1

17) Horne, *Age of Napoleon* p.19

18) ed. Bingham, *Selection* I p.168

19) CG1 no.1785 p.1058, July 15, 1797.

20) Schneid, *Soldiers* p.3

21) CG1 no.1785 p.1058, July 15, 1797.

22) TLS 8/8/1971 p.1208, ed. Latimer, Talks p.97

23) ed. Latimer, *Talks* p.98

24) Rose, *Napoleon* I p.165

25) CG1 no.1822 p.1081, July 26. 1797.

26) Rose, *Napoleon* I p.161

27) ed. Bingham, *Selection* I p.171

28) CG1 no.1962 p.1140, September 3, 1797.

29) ed. Fleischmann, *Memoirs* p.109, Brown, 'From Organic Society' p.661, ed. Sanderson, *Bourrienne's Memoirs* p. 59, Lavalette, *Memoirs* p.28

30) ed. Sanderson, *Bourrienne's Memoirs* p.59

31) Hicks, 'Late 18th Century' passim

32) Carnot, *Reply of Carnot* p.30

33) Lavalette, *Memoirs* p.29

34) CG1 no.2009 p.1166, September 12, 1797.

35) CG1 no.2098 p.1216, September 26, 1797.

36) Dubroca, *Life of Bonaparte* p.91

37) Rose, *Napoleon* I p.169

38) ed. Méneval, *Memoirs* I p.106

39) CG1 no.2149, p.1244, October 7, 1797.

40) ed. Bingham, *Selection* I p.189
41) ed. Sanderson, *Bourrienne's Memoirs* p.60
42) CG1 no.2170 p.1256, October 18, 1797.
43) Dubroca, *Life of Bonaparte* p.90
44) CG1 no.2163 p.1253, October 17, 1797.
45) CG1 no.2170 p.1257, October 18, 1797.
46) Jenkins, *French Navy* p.226, CG1 no.2191 p.1267, November 5, 1797.
47) ed. Bingham, *Selection* I p.192
48) CG1 no.2220 pp.1283-9, November 11, 1797.
49) ed. Sanderson, *Bourrienne's Memoirs* p.63
50) ed. Sanderson, *Bourrienne's Memoirs* p.64
51) Simms, *Europe* p.156
52) CG1 no.1587, p.963, May 27, 1797.
53) CG1 no.2274 p.1313, November 30, 1797.
54) Lavalette, *Memoirs* p.35
55) ed. Bingham, *Selection* I p.194
56) Espitalier, *Vers Brumaire* pp.45-6
57) ed. Hanoteau, *Memoirs of Queen Hortense* I p.32
58) Knapton, *Empress Josephine* p.153
59) ed. North, *Napoleon on Elba* pp.153-4, ed. Bingham, *Selection* I p.195
60) Rovigo, *Mémoires* I p.25
61) ed. Bingham, *Selection* I p.200
62) Espitalier, *Vers Brumaire* pp.45-7
63) Williams, *A Narrative* p.5
64) D'Abrantès, *At the Court* p.46, Rovigo, *Mémoires* I p.24
65) ed. Sanderson, *Bourrienne's Memoirs* pp.65-6
66) ed. Bingham, *Selection* I p.195, Rose, *Napoleon* I p.173, Lockhart, *Napoleon Buonaparte* I p.105
67) ed. Sanderson, *Bourrienne's Memoirs* p.63
68) CG1 no.12280 p.1316, November 26, 1797.
69) Lockhart, *Napoleon Buonaparte* I pp.105-6
70) Healey, *Literary Culture* p.88, Williams, *The Life of Goethe* p.39
71) ed. Hanoteau, *Memoires of Queen Hortense* I p.33

72) Rovigo, *Mémoires* I p.26
73) Tone, *Wolfe Tone* p.266
74) ed. Sanderson, *Bourrienne's Memoirs* p.68
75) CG2 no.2315 p.38, February 23, 1798.
76) Holland, *Foreign Reminiscences* p.245
77) ed. Sanderson, *Bourrienne's Memoirs* p.68
78) Knapton, *Empress Josephine* pp.150–53
79) Knapton, *Empress Josephine* p.151
80) Hastier, *Le Grand Amour* p.152
81) Hastier, *Le Grand Amour* pp.152–4
82) Hastier, *Le Grand Amour* p.160

7장 이집트

'1798년 익명의 이슬람교 역사학자' 출전: ed. Chandler, *Military Maxims* p.24. '세인트헬레나에서 나폴레옹이 구르고 장군에게' 출전: ed. Latimer, *Talks* p.66

1) Murphy, 'Napoleon's International Politics' p.165, Volney, *Voyage* p.235
2) CG1 no.1908 p.1118, August 16, 1797.
3) eds. Bertaud et al., *Napoleon* p.312
4) CG2 no.2390 p.80, April 13, 1798.
5) Abulafia, *The Great Sea* p.516
6) Rose, *Napoleon* I p.185, ed. Handel, *Leaders and Intelligence* p.41, ed. Hicks, *Clisson and Eugénie* p.56
7) ed. Latimer, *Talks* p.69
8) ed. Moreh, *Napoleon in Egypt* p.12
9) CN15 no.12924 p.537
10) CN4 no.2570 p.128
11) Plumptre, *A Narrative* p.321
12) Strathearn, *Napoleon in Egypt* p.39
13) CG2 no.2415 p.94, April 19, 1798.
14) eds. Tortel and Carlier, *Bonaparte de Toulon* p.28

15) CG2 no.2391 p.81, April 13, 1798.
16) Knight, *Pursuit of Victory* p.284
17) ed. Frayling, *Napoleon Wrote Fiction* pp.xv–xvi
18) Lavalette, *Memoirs* p.37
19) CG2 no.2519 p.142, June 13, 1798, Rose, *Napoleon* I p.184, ed. Bingham, *Selection* I p.210, ed. North, *Napoleon on Elba* p.76
20) CG2 no.2547, p.155, June 17, 1798.
21) Anon., *Copies of Original Letters* I pp.239–40
22) ed. Bingham, *Selection* I pp.212–13
23) Anon., *Copies of Original Letters* I p.132
24) ed. Bingham, *Selection* I p.210, Rose, *Napoleon* I p.188, Anon., *Copies of Original Letters* I pp.244–6, ed. Moreh, *Napoleon in Egypt* p.3
25) CG2 no.4174 p.820, January 28, 1799.
26) Strathearn, *Napoleon in Egypt* p.46, Rose *Napoleon* I p.190
27) Arnault, *Memoirs* I p.86
28) Bodleian MS Curzon e1. p.15
29) Anon., *Copies of Original Letters* I p.134
30) Anon., *Copies of Original Letters* I p.133
31) Jonquière, *L'Expédition* II ch.5
32) CG2 no.2625 p.193, July 24, 1798.
33) ed. Moreh, *Napoleon in Egypt* p.8
34) Holland, *Foreign Reminiscences* p.248
35) Bourrienne, *Memoirs* I p.66, Stuart, *Rose of Martinique* p.234
36) ed. Howard, *Letters and Documents* I pp.258–9
37) BL Add. MSS 23003
38) CG2 no.2635, p.199, July 25, 1798.
39) CG3 no.5277 p.230, May 11, 1800.
40) Anon., *Copies of Original Letters* II p.111
41) Anon., *Copies of Original Letters* I p.121
42) Gichon, 'East Meets West' p.106 n.12
43) ed. Dufourcq, *Mémoires* pp.121–2
44) Chaptal, *Souvenirs* p.270
45) Duffy, *Austerlitz* p.137

46) Anon., *Copies of Original Letters* I p.133

47) ed. Brindle, *Guns in the Desert* pp.15–16, Anon., *Copies of Original Letters* I p.78

48) ed. Bierman, *Napoleon in Egypt* p.85

49) ed. Latimer, *Talks* p.209

50) Solé, *Conquête de l'Égypte*, pp.108–9

51) Balcombe, *To Befriend* p.74

52) Bertrand, *Cahiers* I p.21

53) CN29 p.570

54) ed. Kerry, *The First Napoleon* p.99

55) Ebrington, *Memorandum* p.18

56) ed. Kerry, *First Napoleon* p.89

57) Forrest, *Napoleon* p.112

58) Forrest, *Napoleon* p.108

59) ed. Bingham, *Selection* I pp.221–5

60) ed. Bingham, *Selection* I pp.221–5

61) ed. Bingham, *Selection* I pp.221–5

62) ed. Moreh, *Napoleon in Egypt* p.14

63) ed. Bierman, *Napoleon in Egypt* p.85

64) ed. Ainé, *Histoire de l'expédition* pp.13–14

65) ed. Bingham, *Selection* I pp.221–5

66) CG2 no.2625 p.193, July 24, 1798.

67) ed. Latimer, *Talks* p.64

68) CG2 no.3890 p.706, December 9, 1798, CG2 no.2676 p.216, July 30, 1798.

69) CG2 no.2870 p.299, August 19, 1798.

70) CG2 no.2870 p.299, August 19, 1798.

71) CG2 no.2857 p.289, August 18, 1798, Smith *Data Book* p.140

72) CG2 no.2870 p.299, August 19, 1798.

73) Anon., *Copies of Original Letters* I p.xvi, Alison, *History of Europe* I p.580

74) Lavalette, *Memoirs* p.43, CG2 no.2832 p.277

75) Cole, *Napoleon's Egypt* p.123

76) Cole, *Napoleon's Egypt* p.126

77) Byrd, 'Napoleonic Institute' p.4

78) Sudhir Hazareesingh in *TLS* 16/7/2006 p.27

79) Montefiore, *Jerusalem* p.315, CG2 no.4280 p.874
80) CG2 no.3112 p.399, September 8, 1798.
81) CG2 no.3424 p.523, October 11, 1798, CG2 no.3148 p.414, September 12, 1798.
82) CG2 no.3554 p.574, October 27, 1798.
83) CG2 no.3557 p.576, October 27, 1798.
84) ed. Sanderson, *Bourrienne's Memoirs* p.80
85) Prat and Tonkovich, *David, Delacroix* p.44
86) CG2 no.3529, p.564, October 23, 1798.
87) ed. Sanderson, *Bourrienne's Memoirs* p.81
88) Lavalette, *Memoirs* p.50, CG2 no.3557 p.576, October 27, 1798.
89) CG2 no.3656, p.613, November 11, 1798.
90) ed. Bingham, *Selection* I p.238
91) Strathearn, *Napoleon in Egypt* pp.260-64
92) eds. Tulard and Garros, *Itinéraire* p.123, Strathearn, *Napoleon in Egypt* pp.260-64
93) Strathearn, *Napoleon in Egypt* p.427
94) CG2 no.3740 p.647, November 18, 1798.
95) ed. Bingham, *Selection* I p.239
96) Derogy and Carmel, *Bonaparte en Terre Sainte* p.99
97) ed. Brindle, *Guns in the Desert* p.35
98) ed. Brindle, *Guns in the Desert* p.37

8장 아크레

'나폴레옹 군사 좌우명 제1번' 출전: ed. Chandler, *Military Maxims* p.83. '나폴레옹, 《카이사르의 전쟁》' 출전: CN32 p.44

1) CG2 no.4235 p.849, February 10, 1799.
2) CG2 no.4235 p.850, February 10, 1799.
3) CG2 no.4167 p.817, January 25, 1799.
4) Derogy and Carmel, *Bonaparte en Terre Sainte*, pp.102-4
5) CG2 no.4235 p.850, February 10, 1799.
6) Shmuelevitz, *Napoleon and the French in Egypt* p.19

7) CG2 no.4265 p.867, February 27, 1799.

8) ed. Noailles, *Count Molé* p.140

9) ed. Sanderson, *Bourrienne's Memoirs* p.81

10) ed. Brindle, *Guns in the Desert* p.54

11) CG2 no.4265 p.867, February 27, 1799.

12) ed. Brindle, *Guns in the Desert* p.60

13) ed. Brindle, *Guns in the Desert* p.64

14) ed. Brindle, *Guns in the Desert* p.66

15) Montefiore, *Jerusalem* p.316, ed. Brindle, *Guns in the Desert* p.67, ed. Weit, *Nicolas Turc* p.53

16) ed. Jourquin, *Journal* I p.280

17) CG2 no.4271 p.870, March 9, 1797.

18) Berthier, *Relation des campagnes* p.56

19) ed. Quentin, *André Peyrusse* p.55, Jonquière, *L'Expédition* IV p.271

20) Coxe, *The Exposé* p.61

21) ed. Millet, *Le Chasseur Pierre Millet* p.262

22) For the numbers debate, see CG2 no.4271 p.870 n.3, Jonquière, *L'Expédition* IV pp.270–71, Herold, Bonaparte *in Egypt* p.306, eds. Tortel and Carlier, *Bonaparte de Toulon* p.158, Rose, *Napoleon* I p.201, Anon., 'The French Expedition' p.197, ed. Brindle, *Guns in the Desert* p.68, Plumptre, *A Narrative* p.276, Lavalette, *Memoirs* p.52, Berthier, *Relation des campagnes* p.56, ed. Millet, *Le Chasseur Pierre Millet* Appendix XV p.262, Strathearn, *Napoleon in Egypt* p.328

23) Ebrington, *Memorandum* pp.18–19

24) Hobhouse, *Recollections* I p.181

25) Jonquière, *L'Expédition* IV p.273, Rose, *Napoleon* I p.201

26) Chandler, *Campaigns of Napoleon* p.236, Plumptre, *A Narrative* p.286n

27) ed. Bingham, *Selection* I p.250

28) CG2 no.4277, pp.872–3, March 9, 1799.

29) ed. Brindle, *Guns in the Desert* p.xix

30) ed. Jourquin, *Journal* I p.281

31) ed. Bulos, *Bourrienne et ses erreurs* I p.44

32) Cockburn, *Buonaparte's Voyage* p.78

33) Cockburn, *Buonaparte's Voyage* p.78

34) CG2 no.4294 p.881, March 13, 1799.
35) ed. Brindle, *Guns in the Desert* p.77
36) Lavalette, *Memoirs* p.59
37) CG2 no.4346 p.911, May 10, 1799.
38) Lavalette, *Memoirs* p.58
39) Lavalette, *Memoirs* pp.60-61
40) Lockhart, *History of Napoleon* I p.150
41) Sparrow, *Secret Service* p.191
42) ed. Wilson, *Diary* p.88
43) ed. Brindle, *Guns in the Desert* p.90, Coxe, *The Expose passim*
44) CG2 no.4346 p.910, May 10, 1799.
45) ed. Davis, *Original Journals* I pp.215-16
46) ed. Latimer, *Talks* p.246
47) CG2 no.4362 p.920, May 27, 1799.
48) ed. Latimer, *Talks* pp.69-70
49) Smith, *The French Expedition* p.x
50) ed. Brindle, *Guns in the Desert* p.93
51) Strathearn, *Napoleon in Egypt* p.6
52) ed. Iung, *Lucien Bonaparte* II ch.14
53) Friedman, 'On the Affair' pp.65-77
54) Rose, *Napoleon* I p.211
55) ed. Brindle, *Guns in the Desert* p.99
56) For the Jaffa plague debate see Lavalette, *Memoirs* p.63, Desgenettes, *Histoire médicales* pp.104-5, ed. Brindle, *Guns in the Desert* pp.99-106, ed. Bulos, *Bourrienne et ses erreurs* I pp.34-5, Cockburn, *Buonaparte's Voyage* pp.83-5, Montefiore, *Jerusalem* p.317, Balcombe, *To Befriend* p.174, Ebrington, *Memorandum* p.18, Hobhouse, *Recollections* I p.181, ed. Lewis, *Extracts from the Journals* II p.235, Wilson, *History* pp.91-2
57) Balcombe, *To Befriend* pp.175-6
58) Balcombe, *To Befriend* p.176
59) ed. Lewis, *Extracts from the Journals* II p.235
60) ed. Bingham, *Selection* I p.256
61) ed. Brindle, *Guns in the Desert* p.102
62) CG2 no.4404 p.940, June 19, 1799.

63) ed. Bingham, *Selection* I p.256
64) ed. Brindle, *Guns in the Desert* p.104
65) ed. Brindle, *Guns in the Desert* p.105
66) ed. Bingham, *Selection* I p.254, Smith, *Data Book* p.156, Smith, *The French Expedition* p.9
67) CG2 no.4479 p.972, June 28, 1799.
68) Lavalette, *Memoirs* p.65
69) CG2 no.4633 p.1032, July 21, 1799.
70) CG2 no.4638 p.1035, July 21, 1799.
71) ed. Brindle, *Guns in the Desert* p.113
72) Lavalette, *Memoirs* p.66
73) ed. Brindle, *Guns in the Desert* p.114
74) Smith, *Data Book* p.161, CG2 no.4666 p.1048
75) CG2 no.4758 pp.1086-8, August 22, 1799.
76) Sauzet, *Desaix* p.131
77) Strathearn, *Napoleon in Egypt* pp.413-14
78) ed. North, *Napoleon on Elba* p.30
79) ed. Cottin, *Souvenirs de Roustam* p.75
80) CG2 no.4757 p.1085, August 22, 1799.
81) CG2 no.4758 p.1086, August 22, 1799, ed. Brindle, *Guns in the Desert* pp.120 n.26
82) Davis, *Original Journals* I p.263
83) Denon, *Travels in Egypt* III p.119
84) Lavalette, *Memoirs* p.68
85) CG3 p.1216
86) Lavalette, *Memoirs* p.69
87) Simonetta and Arikha, *Napoleon and the Rebel* p.50
88) CN7 no.15677 p.809, Horne, *Age of Napoleon* p.26
89) CG2 no.4479 p.972 n.2, June 28, 1799.
90) Ripaud, *Report passim*
91) Byrd, 'Napoleonic Institute of Egypt' p.4

9장 브뤼메르

'세인트헬레나섬에서, 나폴레옹' 출전: ed. Wilson, *Diary* p.87. '세인트헬레나섬에서, 나폴레옹' 출전: Las Cases *Memoirs* I p.529

1) Lavalette, *Memoirs* p.71, ed. Cottin, *Souvenirs de Roustam* p.83
2) ed. Summerville, *Exploits of Baron de Marbot* p.7
3) ed. Summerville, *Exploits of Baron de Marbot* p.8
4) eds. Tulard and Garros, *Itinéraire* p.133
5) Bruce, *Napoleon and Josephine* p.274, Mossiker, *Napoleon and Josephine* pp.195–200, Stuart, *Rose of Martinique* pp.248–51
6) Lavalette, *Memoirs* p.71
7) ed. Butler, *Baron Thiébault* II p.14, CN30 p.305
8) ed. Butler, *Baron Thiébault* II p.13
9) Adams, *History of the United States* I ch. 14, Dwyer, *Talleyrand* pp.73–4
10) ed. Malmesbury, *Diaries* IV p.257, eds. Tulard and Garros, *Itinéraire* p.133
11) D'Abrantès, *At the Court* p.50
12) Simonetta and Arikha, *Napoleon and the Rebel* p.48
13) CG2 no.4764 p.1090, October 31, 1799.
14) Bingham, *Selection* I p.270
15) ed. Arnold, *Documentary Survey* p.14, *Lefebvre, The Directory* p.213
16) Gildea, *Children of the Revolution* p.27
17) Lavalette, *Memoirs* p.71
18) Roederer, *Autour de Bonaparte* p.3
19) Lyons, *France Under the Directory* pp.230–31, Carpenter, *Refugees* p.188, Crook, *Toulon in War* p.188, Woolf, *Napoleon's Integration* p.254, Vandal, *L'Avènement de Bonaparte* I pp.8ff
20) Bertaud, *Bonaparte prend le pouvoir* pp.188ff
21) Bingham, *Selection* I p.271
22) Rose, *Napoleon* I p.218
23) ed. Butler, *Baron Thiébault* II p.17
24) Roederer, *Autour de Bonaparte* p.4
25) Simonetta and Arikha, *Napoleon and the Rebel* p.53

26) Rose, *Napoleon* I p.223

27) Lefebvre, *The Directory* p.214

28) CN30, p.311

29) ed. Latimer, *Talks* p.73

30) CN30 p.311

31) Sparrow, *Shadow* p.131

32) Cole, *Fouché* p.121, Forrest, *Napoleon* p.147

33) ed. Plenel, *Joseph Fouché* p.ix

34) Zweig, *Fouché* p.146

35) ed. Latimer, *Talks* p.95n

36) ed. Duruy, *Memoirs of Barras* IV p.40

37) ed. Butler, *Baron Thiébault* II p.18, CN30 p.307

38) CN30 p.306

39) D'Abrantès, *At the Court* p.146

40) Chaptal, *Souvenirs* p.259

41) CG7 no.15126 p.562, April 6, 1807.

42) eds. Tulard and Garros, *Itinéraire* p.135

43) Rovigo, *Mémoires* I p.234

44) eds. Tulard and Garros, *Itinéraire* p.136

45) Lavalette, *Memoirs* p.74, Goodspeed, *Bayonets* p.107, Forrest, *Napoleon* p.123

46) Lavalette, *Memoirs* p.75, CN30 p.306, Gildea, *Children of the Revolution* p.27, Lyons, *France Under the Directory* p.231, Crook, *Napoleon Comes to Power* p.1

47) ed. Arnold, *Documentary Survey* p.15

48) CN30, p.315

49) McLynn, *Napoleon* p.216

50) Gueniffey, *Le Dix-Huit Brumaire* p.15

51) Gueniffey, *Le Dix-Huit Brumaire* p.16

52) Lavalette, *Memoirs* p.75

53) Crook, *Napoleon Comes to Power* p.2

54) ed. Broglie, *Memoirs* p.xviii n.1, Harris *Talleyrand* p.113

55) CN30 p.380

56) CN30 p.381

57) Crook, *Napoleon Comes to Power* p.2

58) Bigonnet, *Coup d'état* p.23
59) Aulard, *Histoire politique* p.699
60) Gildea, *Children of the Revolution* p.27
61) Sciout, *Le Directoire* IV pp.652–3
62) Lavalette, *Memoirs* p.77
63) Lavalette, *Memoirs* p.77
64) Berlier, *Précis de la Vie* pp.68–9
65) Gildea, *Children of the Revolution* p.27, Rose, *Napoleon* I p.225, Lyons, *France Under the Directory* p.232
66) Rose, *Napoleon* I p.224, Roederer, *Oeuvres* III p.302
67) Boissonnade, 18 *Brumaire* p.93
68) Rose, *Napoleon* I p.225
69) Lavalette, *Memoirs* p.71
70) ed. Arnold, *Documentary Survey* p.17
71) ed. Haythornthwaite *Final Verdict* p.287
72) Lavalette, *Memoirs* p.76
73) Rovigo, *Mémoires* I p.234
74) CN30 p.319
75) Schlabrendorf, *Bonaparte* pp.13–16
76) CG1 no.232 p.196, August 7, 1794
77) Simonetta and Arikha, *Napoleon and the Rebel* p.5
78) Rovigo, *Mémoires* I p.239
79) Rose, *Napoleon* I p.225
80) Aulard, *Histoire politique* p.699
81) Lavalette, *Memoirs* p.77
82) CG2 no.4790 p.1103 n.2, December 7, 1799.
83) ed. Butler, *Baron Thiébault* II p.21
84) ed. Arnold, *Documentary Survey* pp.17–18
85) Crook, *Napoleon Comes to Power* p.3, Rose, *Napoleon* I p.226, Lyons, *France Under the Directory* p.232
86) Lentz, *18-Brumaire* p.328
87) Gallais, *Histoire* I p.90
88) Lentz, *18-Brumaire* p.327

89) Bingham, *A Selection* I p.270
90) Lyons, *France Under the Directory* p.233
91) Holland, *Foreign Reminiscences* p.243

10장 제1집정

'탈레랑이 나폴레옹의 집정에 관해' 출전: Bergeron, *France Under Napoleon* p.106. '1804년 9월 나폴레옹이 푸셰에게' 출전: CG4 no.9195 p.386

1) eds. Tulard and Garros, *Itinéraire* p.141, Forrest, *Napoleon* p.124
2) CN30 p.306
3) ed. Gaudin, *Mémoires* p.45
4) ed. Gaudin, *Mémoires* p.45
5) CN6 pp.6-8
6) Collins, *Napoleon and His Parliaments* p.10
7) Rudé, *Revolutionary Europe* p.226
8) Rose, *Napoleon* I pp.231-2
9) Boulay, *Boulay* p.116, Rudé, *Revolutionary Europe* p.227
10) Rose, Napoleon I p.232
11) Brown, *Ending the Revolution* p.301, Carpenter, *Refugees* p.188, Lyons, *France Under the Directory* pp.233-4
12) CG2 nos.4766 and 4767 pp.1091-2, November 15, 1799.
13) Bourrienne, *Memoirs* I p.315
14) Thody, *French Caesarism* p.36
15) Roederer, *Bonaparte me disait* p.60
16) CG3 pp.1237-47, eds. Laven and Riall, *Napoleon's Legacy* p.2
17) CN32 p.84
18) ed. Arnold, *Documentary Survey* pp.34-5, Forrest, *Napoleon* p.170
19) France, *Constitution de la République Française* p.16
20) Rose, Napoleon I p.229
21) Gildea, *Children of the Revolution* p.28
22) Ellis, *Napoleon* p.2

23) Rose, *Napoleon* I p.231
24) ed. Arnold, *Documentary Survey* pp.24–33
25) Broers, *Europe under Napoleon* p.51
26) CG2 no.4817 p.1115, December 25, 1799.
27) Rodger, War *of the Second Coalition* p.275
28) CG2 no.4772 pp.1094–5, November 24, 1799.
29) Ségur, *Memoirs* p.152
30) Emsley, *Napoleon* p.117
31) Broers, *Napoleonic Empire in Italy* pp.23ff
32) Mollien, *Mémoires* I p.314
33) Hicks, 'Late 18th Century' *passim*
34) Bertaud, *La France* p.38, Horne, *Age of Napoleon* p.20, Markham, *Napoleon* p.80
35) Cobban, *Modern France* II p.13, ed. Arnold, *Documentary Survey* p.23
36) ed. Rowe, *Collaboration and Resistance* p.21, Forrest, *Napoleon* p.132, Jordan, *Napoleon and the Revolution* p.5, Gildea, *Children of the Revolution* p.28
37) eds. Kafker and Laux, *Napoleon and His Times* p.59
38) eds. Kafker and Laux, *Napoleon and His Times* p.61
39) eds. Kafker and Laux, *Napoleon and His Times* p.63
40) Lyons, *France Under the Directory* p.234
41) CN10 no.8922 p.674, Emsley, *Gendarmes and the State* p.60
42) Emsley, *Gendarmes and the State* pp.54–7, Brown, 'From Organic Society' p.693
43) ed. Dwyer, *Napoleon and Europe* p.6, Forrest, *Napoleon* pp.133, 150
44) Brown, *Ending the Revolution* p.303
45) CG7 no.14006 p.60, January 11, 1807.
46) Tomiche, *Napoleon Écrivain* pp.208–12, Forrest, 'Propaganda and the Legitimation of Power' p.428
47) Carpenter, *Refugees* p.xxiii
48) eds. Carpenter and Mansel, *The French Émigrés in Europe* p.193, Lewis, *France* p.234
49) McPhee, *Social History of France* p.86
50) Brown, *Ending the Revolution* pp.264–5
51) CG2 no.4825 p.1121, December 29, 1799.
52) Holtman, *Napoleonic Propaganda* p.44, Forrest, *Napoleon* p.133
53) ed. Arnold, *Documentary Survey* pp.37–8

54) ed. Orwicz, *Art Criticism* p.23 n.4
55) Montholon, *Captivity* II p.88
56) Bertaud, *Napoleon* p.78
57) ed. Orwicz, *Art Criticism* p.9
58) Popkin, *The Right-Wing Press in France* pp.170–71
59) ed. Noailles, *Count Mole* p.190
60) Holtman, *Napoleonic Revolution* p.165
61) Rosen, *Napoleon's Opera-Glass* p.74
62) CG12 no.31894 p.1181, October 11, 1812.
63) Forrest, *Napoleon* p.137, Whitcomb 'Napoleon's Prefects' p.1101
64) Godechot, *Les Instititions* p.590
65) ed. Walter, *Las Cases* p.xv, eds. Laven and Riall, *Napoleon's Legacy* p.4
66) eds. Dwyer and Forrest, *Napoleon and His Empire* p.4, Hicks, 'The Napoleonic "Police"' p.3
67) Woloch, *The New Regime* p.430
68) ed. Charles, *Victor Marie du Pont* p.37
69) Ramon, *Banque de France* p.19, Lefebvre, *Napoleon* p.77
70) Bruce, *Napoleon and Josephine* p.310
71) Carnavalet Portraits 229 Bonaparte, I[er] Consul
72) ed. Lewis, *Journals and Correspondence of Miss Berry* II pp.163–5
73) Holland, *Foreign Reminiscences* pp.213–14
74) D'Abrantes, *At the Court* p.74
75) D'Abrantes, *At the Court* p.252
76) Carnavalet Portraits 229
77) Baldet, *La vie quotidienne* p.34
78) CG3 no.5639 p.386, September 7, 1800.
79) Roederer, *Autour de Bonaparte* p.22
80) ed. Latimer, *Talks* p.83
81) CG3 no.5110 p.148, March 16, 1800.

11장 마렝고

'1800년 5월 18일 나폴레옹이 제2, 제3 집정에게' 출전: CG3 no.5330 p.254, May 18, 1800. '나

폴레옹, 《카이사르의 전쟁》 출전: Rose, *Napoleon* I p.187

1) CG3 no.4903 pp.55-6, January 25, 1800.
2) Dumas, *Memoirs* II p.107
3) eds. Tulard and Garros, *Itinéraire* p.153
4) ed. Summerville, Exploits of the Baron de Marbot p.39
5) CG3 no.5198 p.189, April 25, 1800.
6) CG3 no.5310 p.245, May 15, 1800.
7) CG3 no.5375 p.275, May 27, 1800.
8) CG3 no.5350 p.262, May 19, 1800.
9) Uffindell, *Napoleon's Chicken Marengo* p.28
10) CG3 no.5341 p.258, May 19, 1800
11) Uffindell, *Napoleon's Chicken Marengo* p.19
12) CG3 no.5343 p.259, May 19, 1800.
13) Uffindell, *Napoleon's Chicken Marengo* p.31
14) ed. North, *Napoleon on Elba* p.62
15) Uffindell, *Napoleon's Chicken Marengo* p.31
16) CG3 no.5366 p.272, May 24, 1800.
17) CG3 no.5398 p.283, June 4, 1800.
18) Pierpont Morgan Library MA 6939
19) Smith, *Data Book* p.185
20) ed. Latimer, *Talks* p.81
21) Gachot, *Siège de Gênes passim*
22) Masson, *Napoleon et les femmes* p.84
23) CG3 no.5432 p.300, June 9, 1800.
24) ed. Bingham, *Selection* I pp.307-8
25) CG2 no.4633 p.1032, July 21, 1799.
26) CG3 no.5434 p.301, June 10, 1799, Smith, *Data Book* p.186
27) CG3 no.5295 p.238, May 14, 1800.
28) Petit, *Marengo* p.45
29) Petit, *Marengo* p.45
30) Wood, 'Forgotten Sword' p.79
31) Smith, *Data Book* pp.186-7

32) Petit, *Marengo* p.46

33) Petit, *Marengo* p.27

34) Rouart, *Napoléon ou la destinée* pp.127-8

35) Petit, *Marengo* p.26

36) Petit, *Marengo* p.26

37) Petit, *Marengo* p.26

38) ed. Summerville, *Exploits of Baron de Marbot* p.50

39) Rose, *Napoleon* I p.258, ed. Chandler, *Military Maxims* p.156

40) Crowdy, *Incomparable* pp.94-7

41) eds. Bertaud et al., *Napoleon* p.184

42) Smith, *Data Book* p.187

43) D'Abrantès, *At the Court* p.74

44) CG3 nos.5553 and 5743 p.351, July 22, 1800, p.435, November 4, 1800.

45) Smith, *Data Book* p.187

46) Innocenti, 'Souls Not Wanting' p.78

47) Hobhouse, *Recollections* I p.181 n.1

48) Rovigo, *Mémoires* VIII pp.96-7

49) CG3 no.5435 p.301, June 15, 1800.

50) Crowdy, *Incomparable* pp.94-7, Petit, *Marengo* p.47

51) Johnson, *Napoleon's Cavalry* p.28

52) Rose, *Napoleon* I p.259

53) Dumas, *Memoirs* II p.102

54) Simms, *Europe* p.159

55) CG3 no.5461 p.313, June 21, 1800.

56) Hibbert, *Napoleon* p.120

12장 입법자

'나폴레옹이 샵탈에게' 출전: Chaptal, *Souvenirs* pp.236-7. '세인트헬레나섬에서 나폴레옹' 출전: Montholon, *Recit* I p.401

1) Chaptal, *Souvenirs* pp.236-7

2) CG1 no.980 pp.620-21, October 8, 1796.
3) Cobban, *Modern France* II p.30
4) ed. Crook, *Revolutionary France* p.124
5) ed. Hanoteau, *Napoleon in Russia* p.392
6) Woloch, *New Regime* p.431
7) Pigeard, *L'Armée* p.182
8) ed. Latimer, *Talks* p.272
9) Antommarchi, *Last Days* II p.118, ed. Latimer, *Talks* p.270
10) Chaptal, *Souvenirs* pp.236-7
11) Bertrand, *Cahiers* I p.84, ed. Walter, *Las Cases* p.x, ed. Latimer, *Talks* pp.273, 276
12) ed. Latimer, *Talks* p.273
13) ed. Latimer, *Talks* p.280
14) ed. Latimer, *Talks* p.280
15) Bertrand, *Cahiers* I p.120
16) Rudé, *Revolutionary Europe* p.237, Roederer, *Autour de Bonaparte* p.18
17) Roederer, A*utour de Bonaparte* p.16
18) Gibbon, *Decline and Fall Bk* I ch. 2
19) Bertrand, *Cahiers* I p.182
20) O'Meara, *Napoleon in Exile* II p.139
21) Rose, *Personality of Napoleon* p.125
22) CN21 no.17478 p.566
23) Roederer, *Bonaparte me disait* p.87
24) CG3 no.6359 p.72
25) Anonymous, *The Concordat* p.2
26) Cobban, *Modern France* II p.31
27) Rose, *Napoleon* I p.281
28) Rose, *Personality of Napoleon* p.130
29) Tulard, *Napoleon* p.142, Ségur, *Memoirs* p.78, CG3 no.6882 p.966, May 2, 1802.
30) Mansel, *Louis* XVIII p.235, Pelet, *Napoleon in Council* p.235
31) ed. Bingham, *Selection* II p.4
32) Daly, *Inside Napoleonic France* p.250
33) ed. Baldick, *Memoirs of Chateaubriand* p.207
34) Rudé, *Revolutionary Europe* p.232

35) Bausset, *Private Memoirs* p.405
36) ed. Bredin, *Code Civil* p.4, ed. Schwartz, *Code Napoleon* p.106
37) ed. Schwartz, *Code Napoleon* p.109 n.44
38) ed. Schwartz, *Code Napoleon* p.105
39) ed. Schwartz, *Code Napoleon* p.49, eds. Laven and Riall, *Napoleon's Legacy* p.3
40) ed. Schwartz, *Code Napoleon* p.104
41) Rudé, *Revolutionary Europe* p.233
42) Holtman, *Napoleonic Revolution* p.98
43) ed. Crook, *Revolutionary France* p.102
44) ed. Crook, *Revolutionary France* p.102
45) Horne, *Age of Napoleon* p.32
46) Gourgaud, *Journal* I pp.390-91, Thody, *French Caesarism* p.39
47) Rudé, *Revolutionary Europe* p.236
48) Emsley, *Napoleon* p.117
49) McPhee, *Social History of France* p.83
50) eds. Dwyer and McPhee, *The French Revolution and Napoleon* p.166
51) eds. Kafker and Laux, *Napoleon and His Times* p.220
52) Rowe, 'Between Empire and Home Town' p.643
53) ed. Crook, *Revolutionary France* p.124
54) ed. Latimer, *Talks* p.86
55) ed. Crook, *Revolutionary France* p.164
56) ed. Crook, *Revolutionary France* p.165
57) ed. Boudon, *Napoléon et les lycées* p.382
58) ed. Lentz et al., *Quand Napoleon* p.411, Rose, *Personality of Napoleon* p.141, Cobban, *Modern France* II p.34
59) ed. Lentz et al., *Quand Napoleon* p.410
60) ed. Boudon, *Napoléon et les lycées* p.381
61) ed. Noailles, *Count Molé* p.63
62) ed. Arnold, *Documentary Survey* p.260
63) ed. Noailles, *Count Molé* p.72
64) ed. Bourdon, *Napoleon au conseil d'état* p.18
65) Rudé, *Revolutionary Europe* p.231
66) Rose, *Personality of Napoleon* p.136

67) AN 29Ap/75 p.141

68) Chaptal, *Souvenirs* p.328

69) Rose, *Personality of Napoleon* p.136

70) Pelet, *Napoleon in Council* p.14

71) Chaptal, *Souvenirs* p.56

72) Lanzac, *Paris sous Napoleon* II p.92

73) ed. Noailles, *Count Mole* p.79

74) Pelet, *Napoleon in Council* pp.7-8

75) Chaptal, *Souvenirs* p.333

76) Rose, *Personality of Napoleon* p.136

77) CN32 p.84

13장 음모

'탈레랑이 나폴레옹에 관해' 출전: Bell, *First Total War* p.234. '1900년 1월 나폴레옹이 주르당에게' 출전: CG3 no.591, p.513

1) CG3 no.5476 p.319, June 29, 1800.

2) CG3 no.5462 p.314, June 22, 1800.

3) Moorehead, *Dancing* p.287

4) CG3 no.5896 p.505, January 9, 1801.

5) Nester, *Art of Diplomacy* p.121

6) ed. Bingham, *Selection* I p.334

7) Sparrow, *Secret Service* pp.221-2

8) Rapp, *Memoirs* p.21

9) Thiry, *La machine infernale* p.167, *Moniteur* 29/12/1800.

10) Rose, *Napoleon* I p.304, Rapp, *Memoirs* p.21

11) Sparrow, *Secret Service* p.219

12) Rose, *Napoleon* I p.303

13) ed. Bingham, *Selection* I p.325

14) Sparrow, *Secret Service* p.217

15) Sparrow, *Secret Service* pp.219-21

16) Sparrow, *Secret Service* p.222
17) Rose, *Napoleon* I p.304, Roederer, *Bonaparte me disait* pp.65–70
18) Thibaudeau, *Bonaparte and the Consulate* p.75
19) ed. Bingham, *Selection* I p.331
20) Thibaudeau, *Bonaparte and the Consulate* p.75
21) Bonaparte, *Confidential Correspondence* II p.23
22) CG4 no.9450 p.978, December 17, 1804.
23) Brown, *Ending the Revolution* p.326, eds. Dwyer and Forrest, *Napoleon and His Empire* p.83
24) Rose, *Personality of Napoleon* p.124
25) Balcombe, *To Befriend* p.177
26) Rovigo, *Mémoires* I p.364
27) Davies, *Vanished Kingdoms* p.510
28) D'Abrantès, *At the Court* p.211
29) Brown, *Ending the Revolution* p.347
30) ed. Bingham, *Selection* I p.341
31) ed. Charles, *Victor Marie du Pont* pp.27–8
32) ed. Charles, *Victor Marie du Pont* p.28
33) Horne, *Age of Napoleon* p.55
34) Rose, *Napoleon* I pp.263, 310
35) ed. Wilson, *A Diary* p.37
36) ed. Bingham, *Selection* I p.350
37) ed. Haythornthwaite, *Final Verdict* p.294
38) CG3 no.6233 p.664, April 24, 1801.
39) *The Times* 3/10/1801.
40) Ragsdale, *Détente* p.105
41) ed. Malmesbury, *Series of Letters* II p.11
42) Authority, *Preliminary Articles passim*
43) Rose, *Napoleon* I p.315
44) ed. Sadler, *Diary* I p.105
45) Barnett, *Bonaparte* p.78
46) Branda, *Napoleon et ses hommes* p.147
47) ed. Fleischmann, *Mémoires* p.490, Mowat, *Diplomacy of Napoleon* p.103

48) eds. Dwyer and Forrest, *Napoleon and His Empire* p.2
49) Philip Mansel in *TLS* 23/11/2001 p.18
50) ed. Bingham, *Selection* I p.373
51) Stark, 'Society: Friend or Enemy' p.120, James, *The Black Jacobins* p.8, ed. Bingham, *Selection* I p.373, Zamoyski, *Holy Madness* p.124, ed. Nesbitt, *Toussaint L'Ouverture* p.xiii
52) Dubois, *Colony of Citizens* pp.121, 214
53) Branda and Lentz, *Napoléon, l'esclavage* p.49, CG3 no.6647 p.853, November 18, 1801.
54) CG2 no.4486 p.975, June 25, 1799, Ott, *Haitian Revolution* p.139
55) ed. Bingham, *Selection* I p.375
56) Ott, *Haitian Revolution* p.147
57) Ott, *Haitian Revolution* p.147
58) Ott, *Haitian Revolution* p.146
59) James, *Black Jacobins* p.269, Boudon, *Les habits neuf* p.36, Dumas, *Memoirs* I p.64, Branda and Lentz, *Napoléon, l'esclavage* p.112, Stark, 'Society: Friend or Enemy' p.120
60) Herold, *The Mind of Napoleon* p.5
61) CG3 no.6627 p.841, October 31, 1801.
62) Tulard, *Dictionnaire amoureux* p.204
63) *Edinburgh Review* No.XIII pp.244-6
64) Ott, *Haitian Revolution* pp.178-9, Dubois, *Colony of Citizens* p.403, ed. Bingham, *Selection* II p.5
65) Ott, *Haitian Revolution* p.159
66) Tulard, *Dictionnaire amoureux* p.205
67) CG3 no.7317 p.1168, November 27, 1802.
68) D'Abrantès, *At the Court* p.224
69) eds. Ambrose and Martin, *Many Faces* pp.241-2, Rose, *Napoleon* I p.363
70) ed. Nesbitt, *Toussaint L'Ouverture* pp.vii-xxv
71) ed. Latimer, *Talks* p.112
72) ed. Hanoteau, *With Napoleon in Russia* p.305

14장 아미앵

'1800년 나폴레옹이 로드레에게' 출전: Roederer, *Bonaparte me disait* p.81. '1805년 나폴레옹

이 외젠에게' 출전: CG5 no.10224 p.386, June 7, 1805.

1) ed. Latimer, *Talks* p.258
2) Lentz, *Le Grand Consultat* pp.264-8, Fraser, *Venus of Empire* p.103
3) CG3 no.5942 p.528, January 19, 1801.
4) ed. Tulard, *Cambacérès: lettres inédites* II pp.19-20
5) Connelly, *Napoleon's Satellite Kingdoms* p.2
6) ed. Chatel de Brancion, *Cambacérès* I p.7
7) Rose, *Napoleon* I pp.319-20
8) Villefosse and Bouissounouse, *Scourge of the Eagle passim*
9) *TLS* 4/8/1972 p.912
10) CG3 no.6827 p.939, March 22, 1802.
11) Buhl MSS 110 Box 1 fol.2 p.19
12) Grainger, *Amiens Truce* p.211
13) Jenkins, *French Navy* p.241
14) Burrows, *French Exile Journalism* p.121
15) CG3 no.6632 p.845, November 2, 1801.
16) ed. Foster, *The Two Duchesses* p.173
17) ed. Lewis, *Extracts* II p.186, Alger, 'British Visitors' p.254
18) Horne, *Age of Napoleon* p.22
19) Alger, 'British Visitors' pp.740-41
20) BL Add. MS 51799 ff.54-5
21) ed. North, *Napoleon on Elba* p.49, Lockhart, *Napoleon* I pp.264-5
22) Rose, *Napoleon* I p.321
23) Daly, *Inside Napoleonic France* p.251, ed. Arnold, *Documentary Survey* p.136
24) ed. Rowe, *Collaboration and Resistance* pp.22-5, eds. Kafker and Laux, *Napoleon and His Times* p.65
25) Holland, *Foreign Reminiscences* p.194
26) CG3 no.6948 p.998, June 19, 1802.
27) CG3 no.6366 p.729, June 16, 1801.
28) CG3 no.6892 p.970, May 15, 1802.
29) CG3 no.6983 p.1014, July 3, 1802.
30) Rose, *Napoleon* I p.389

31) eds. Lewis and Lucas, *Beyond the Terror* p.238

32) Rose, *Napoleon* I pp.324-5

33) CG3 no.7142 pp.1089-90, September 5, 1802.

34) Grab, 'The Geopolitical Transformation' pp.21-22

35) CG3 no.7174 pp.1105-6, September 23, 1802.

36) Bertrand, *Cahiers* I p.93

37) Rose, *Napoleon* I p.392

38) *TLS* 3/2/2012 p.4

39) Atteridge, *Marshal Ney* pp.71-2

40) Horne, *Age of Napoleon* p.21

41) Cobban, *Modern France* II pp.49-52

42) Chaptal, *Souvenirs* p.132

43) Cobban, *Modern France* II p.49

44) Cobban, *Modern France* II p.51

45) Burrows, *French Exile Journalism* p.109

46) Pelet, *Napoleon in Council* p.308, CG3 no.6749 pp.899-900, February 2, 1802.

47) Pelet, *Napoleon in Council* p.308

48) Burrows, *French Exile Journalism* pp.110-11

49) PRO FO 27/66 28 August 1802.

50) Darnton, *The Devil in the Holy Water* pp.43-5

51) CG3 no.5490 p.326, July 4, 1800, Englund, *Napoleon* pp.258-9

52) Bryant, 'Graphic Warriors' p.17

53) Champfleury, *Histoire de la caricature* IV pp.247-397, Buhl MSS 110 Box 1 fol.3 frontispiece

54) Ashton, *English Caricature passim*

55) Plumptre, *Narrative*, p.245

56) Yale Center, 'Nelson and Anti-Napoleon Verse' *passim*

57) *Moniteur* of 8/8/1802, 9/10/1802, 6/11/1802, 1/1/1803, 9/1/1803, 28/2/1803, 3/3/1803.

58) Burrows, *French Exile Journalism* p.117

59) CG3 no.6294 p.988, June 1, 1802, CG4 no.7503 p.62, March 3, 1805.

60) eds. Carpenter and Mansel, *French Emigres* p.56, Ashton, *English Caricature* I p.174, Welschinger, *La censure* p.86, Peltier, *Trial of John Peltier* p.xviii

61) Welschinger, *La censure* p.143

62) CG4 no.7425 p.30, January 15, 1803.

63) CG3, no.7173 pp.1104–5, September 22, 1802.

64) CG3 no.7386 p.1199, December 28, 1802.

65) Grainger, *Amiens Truce* p.210

66) Pelet, *Napoleon in Council* p.35

67) Thibaudeau, *Bonaparte and the Consulate* p.119

68) Cobban, *Modern France* II p.41

69) Aubry, *St Helena* p.214

70) ed. Bingham, *Selection* II p.5

71) ed. Bingham, *Selection* II p.6

72) Wilson, *War, Society and State* p.25

73) Mowat, *Diplomacy of Napoleon* pp.108–9

74) CG4 no.7515 p.68, March 11, 1803.

75) ed. Browning, *England and Napoleon* p.116

76) Madelin, *Consulate and the Empire* p.182

77) Rovigo, *Mémoires* II p.457

78) ed. Browning, *England and Napoleon* p.116

79) Alison, *History of Europe* V p.109

80) ed. Browning, *England and Napoleon* p.ix

81) CG4 no.7521 p.74, March 13, 1803.

82) CG4 no.7516 p.69, March 11, 1803.

83) CG4 no.7573 p.100, April 14, 1803.

84) CG4 no.7629 p.127, May 10, 1803.

85) ed. Bingham, *Selection* II pp.11–12

86) Brooks's Club Betting Book

87) Hozier, *Invasions of England* p.312

88) ed. Malmesbury, *Diaries* IV p.253

89) ed. Malmesbury, *Diaries* IV p.258

90) CG4 nos.7778, 7793 p.193, July 3, 1803, p.200, July 7, 1803.

91) ed. Arnold, *Documentary Survey* p.175

92) CG4 no.7683 p.151, May 29, 1803.

93) Simms, *Europe* p.159

94) Barbé-Marbois, *History of Louisiana* pp.270–75

95) Rose, *Napoleon* I p.372

96) DeConde, *This Affair of Louisiana* p.162
97) DeConde, *This Affair of Louisiana* p.166
98) *TLS* 20/2/2004 p.10
99) Ziegler, *Sixth Great Power* p.71, Mowat, *Diplomacy of Napoleon* p.142 n.1
100) DeConde, *This Affair of Louisiana* p.173

15장 대관식

'나폴레옹이 앙기앵 공작에 관해' 출전: eds. Forrest and Wilson, *The Bee and the Eagle* p.117.
'1804년 나폴레옹이 국무원에' 출전: ed. Haythornthwaite, *Final Verdict* p.240

1) CG4 no.7813 p.209, July 11, 1803.
2) CG4 no.8217 p.426, November 5, 1803.
3) Hughes, *Forging Napoleon's Grande Armée* p.10
4) Wheeler and Broadley, *Napoleon and the Invasion* I p.x
5) Peter Mandler in TLS 7/7/2006 p.9, Pelet *Napoleon in Council* p.39, Anon, 'Descente en Angleterre' pp.43-4
6) Pelet, *Napoleon in Council* p.87, Ségur, *Memoirs* pp.101-3
7) Hozier, *Invasions of England* p.313
8) Ségur, *Memoirs* p.124
9) SHD GR2.C/571
10) Pelet *Napoleon in Council* p.39, ed. Bingham, *Selection* II p.32
11) ed. Bingham, *Selection* II p.81, Knight, *Britain Against Napoleon* p.251
12) Desbrière, *Projets et tentatives* IV p.3, Jenkins, *French Navy* p.245
13) Jenkins, *French Navy* p.240
14) CG4 no.9025 p.779, July 27, 1804.
15) Ségur, *Memoirs* p.128
16) CG4 no.7847 p.223, July 22, 1803.
17) CG4 nos.8285, 7988 p.452, November 17, 1803, p.317, September 1, 1803.
18) CG4 no.7914 p.258, August 8, 1803.
19) ed. Bingham, *Selection* II pp.32-3
20) CG4 no.8096 p.369, October 1, 1803.

21) CG4 no.8251, p.439, November 11, 1803.
22) CG4 no.8457 p.557, January 3, 1804.
23) CG4 no.8313 p.463, November 23, 1803.
24) CG4 no.8347 p.478, November 29, 1803.
25) CG3 no.7259 p.1145, November 2, 1802.
26) CG4 no.8253 p.440, November 12, 1803.
27) CG4 no.8273 p.448, November 16, 1803.
28) CG4 no.8614 p.583, January 24, 1804.
29) CG4 no.8593 p.575, January 13, 1804.
30) ed. North, *Napoleon on Elba* p.69
31) ed. North, *Napoleon on Elba* p.70
32) Knight, *Britain Against Napoleon* pp.251–61
33) ed. Lloyd, *Keith Papers* III p.31, Pocock, *Terror Before Trafalgar* p.106
34) Rovigo, *Mémoires* II p.25
35) Ségur, *Memoirs* p.100
36) Pocock, *Terror Before Trafalgar* pp.110–11
37) Sparrow, *Shadow of the Guillotine* p.164
38) NYPL Napoleon I folder 1
39) ed. Butler, *Baron Thiébault* II p.106
40) Pocock, *Terror Before Trafalgar* p.131
41) CG4 no.8717 p.628, 8 March, 1804.
42) Pocock, *Terror Before Trafalgar* pp.132–3, Ségur, *Memoirs* p.99
43) Ségur, *Memoirs* p.100
44) Pelet, *Napoleon in Council* p.87, Ségur, *Memoirs* pp.101–3
45) CG4 no.8679 p.614, February 19, 1804.
46) CG4 no.8681 p.615, February 20, 1804.
47) Pocock, *Terror Before Trafalgar* pp.133–4
48) Ségur, *Memoirs* p.104
49) Ségur, *Memoirs* p.105
50) Bourrienne, *Memoirs* p.289
51) CG4 no.8718 p.629, March 9, 1804.
52) ed. Latimer, *Talks* p.110, ed. North, *Napoleon on Elba* p.146, ed. Chatel de Brancion, *Cambacérès: Mémoires* I pp.710–11

53) Rovigo, *Mémoires* II pp.52–3
54) Ségur, *Memoirs* p.106
55) Rémusat, *Memoirs* I pp.126–31, Ségur, *Memoirs* p.117
56) Welschinger, *Le duc d'Enghien* pp.219–39
57) Pocock, *Terror Before Trafalgar* p.135
58) Bertaud, *Le duc d'Enghien* p.320
59) eds. Forrest and Wilson, *The Bee and the Eagle* p.117
60) CG4 no.8751 p.649, March 20, 1804.
61) Las Cases, *Le Mémorial* II pp.622, Balcombe, *To Befriend* pp.177–8, Ségur, *Memoirs* pp.118–19, 122
62) Ebrington, *Memorandum* p.16, Cockburn, *Buonaparte's Voyage* p.122
63) Cole, *The Betrayers* p.43
64) CG4 no.8749 p.648, March 20, 1804.
65) Ségur, *Memoirs* p.112
66) Ségur, *Memoirs* p.112
67) Ségur, *Memoirs* p.121
68) Horne, *Age of Napoleon* p.30
69) Pelet, *Napoleon in Council* p.45
70) CG4 no.8870 p.704, May 13, 1804.
71) Pelet, *Napoleon in Council* pp.46–7
72) Pelet, *Napoleon in Council* p.49
73) Ségur, *Memoirs* p.122
74) ed. Bingham, *Selection* II p.54
75) Ségur, *Memoirs* p.122
76) Sparrow, *Secret Service* p.293
77) ed. Bingham, *Selection* II p.55
78) Cockburn, *Buonaparte's Voyage* p.32
79) CG4 no.9100 p.817, August 14, 1804.
80) CG5 no.10845 p.716, September 19, 1805.
81) Pelet, *Napoleon in Council* p.58
82) Ségur, *Memoirs* p.124
83) Pelet, *Napoleon in Council* pp.59–60
84) Pelet, *Napoleon in Council* p.55, eds. Dwyer and Forrest, *Napoleon and His Empire* p.14

n.7

85) Pelet, *Napoleon in Council* p.66

86) Pelet, *Napoleon in Council* p.71

87) Tissot, *Souvenirs historiques* pp.34–5

88) CG4 no.8804 p.672, April 14, 1804.

89) Lentz, *Napoléon et la conquête* p.50

90) CG4 no.8938 p.738, June 14, 1804.

91) eds. Tulard and Garros, *Itinéraire* p.211

92) CG4 no.9039 p.785, July 30, 1804.

93) CG5 no.10037 p.300, May 13, 1805.

94) CG5 no.9877 p.224, April 22, 1805.

95) Fraser, *Venus of Empire* pp.102–3

96) CG4 no.8789 p.666, April 6, 1804.

97) Fraser, *Venus of Empire* p.119

98) ed. Latimer, *Talks* p.236

99) ed. Butler, Baron *Thiébault* II p.114

100) Gallaher, 'Davout and Napoleon' p.3

101) Currie, *The Bâton* p.11, ed. Chandler, *Napoleon's Marshals* p.xxxix

102) Jourquin, *Dictionnaire des Marechaux* pp.54–5

103) ed. Chandler, *Napoleon's Marshals* p.442

104) Jourquin, *Dictionnaire des Marechaux* p.116

105) Jourquin, *Dictionnaire des Marechaux* p.116

106) Rose, *Napoleon* I p.24

107) Moreau, *Bonaparte and Moreau* p.25

108) Pelet, *Napoleon in Council* p.87

109) ed. Bingham, *Selection* II p.53

110) Ségur, *Memoirs* p.100

111) Pocock, *Terror Before Trafalgar* p.143

112) ed. Bingham, *Selection* II p.80

113) ed. Lentz, *Le Sacre de Napoleon* p.105

114) Fraser, *The War Drama* p.3

115) Fraser, *The War Drama* p.9

116) MacCulloch, *History of Christianity* p.811

117) Cobban, *Modern France* II p.16

118) eds. Dwyer and Forrest, *Napoleon and His Empire* p.14 n.11

119) eds. Kafker and Laux, *Napoleon and His Times* p.65

120) Gonneville, *Recollections* I p.59

121) Paris, *Napoleon's Legion* p.13

122) Hughes, *Forging Napoleon's Grande Armée* p.3

123) Dumas, *Memoirs* II p.131

124) Paris, *Napoleon's Legion* pp.17–18, Thibaudeau, *Mémoires* ch. 26

125) Rose, *Personality of Napoleon* p.134

126) D'Abrantès, *At the Court* p.248

127) CG4 no.9015 p.775, July 21, 1804.

128) CG4 no.9223 p.874, September 15, 1804.

129) CG4 no.9310 p.917, October 6, 1804.

130) CG4 nos.9318–34 pp.920–27, October 7, 1804.

131) CG4, no.8473 p.529, December 19, 1803.

132) CG4 no.8924 p.729, May 30, 1804.

133) ed. Tulard, *Cambacérès: lettres inédites* I p.190

134) ed. Bingham, *Selection* II p.48

135) Rose, *Personality of Napoleon* p.130

136) ed. Bingham, *Selection* III pp.5–6

137) Roederer, *Bonaparte me disait* p.112

138) Nester, 'Napoleon, Family Values' p.106

139) Roederer, *Bonaparte me disait* p.108

140) Roederer, *Bonaparte me disait* p.113

141) Roederer, *Bonaparte me disait* p.114

142) Roederer, *Bonaparte me disait* p.114

143) CG4 nos.9007, 9009 pp.772–3, 17 July, 1804, p.773, 18 July 1804.

144) CG5 no.10342 p.452, June 24, 1805.

145) ed. Castle, *Stanley Kubrick's Napoleon* p.197

146) CG5 no.9973 p.266, May 4, 1805.

147) Masson, *Napoleon and his Coronation* p.225

148) Masson, *Napoleon and his Coronation* p.220

149) Thiard, *Souvenirs* p.5

150) Bausset, *Private Memoirs* p.27
151) Masson, *Napoleon and his Coronation* p.230
152) Knapton, *Empress Josephine* p.151
153) Parker, 'Why Did Napoleon' p.136
154) Masson, *Napoleon and his Coronation* p.310
155) D'Abrantès, *At the Court* p.263
156) Knapton, *Empress Josephine* p.228
157) Brookner, *Jacques-Louis David* p.153
158) Anon., *Description des cérémonies* p.5
159) Prat and Tonkovich, *David, Delacroix* p.28, Brookner, *Jacques-Louis David* p.153
160) Knapton, *Empress Josephine* p.229
161) Bausset, *Private Memoirs* p.31
162) Masson, *Napoleon and his Coronation* p.230
163) ed. Yonge, *Marshal Bugeaud* p.22
164) Sudhir Hazareesingh in *TLS* 12/2/2005 p.11

16장 아우스터리츠

'나폴레옹이 문다 전투의 카이사르에 관해' 출전: from CN32 p.82. '1805년 8월 나폴레옹이 데크레에게' 출전: CG5 no.10618 p.594

1) ed. Haythornthwaite, *Final Verdict* pp.215-16
2) ed. Butler, *Baron Thiébault* II p.120
3) ed. Markham, *Imperial Glory* p.139
4) Hughes, *Forging Napoleon's Grande Armée* p.20
5) CG4 no.8731 pp.637-8, March 12, 1804
6) Sherwig, *Guineas and Gunpowder* pp.345, 368
7) CG5 nos.9485, 10200 p.22, 2 January, 1805, p.375, 3 June, 1805.
8) ed. Bingham, *Selection* II p.103
9) CG5 no.9536 p.50, January 30, 1805.
10) CG5 no.9566 p.63, February 16, 1805.
11) CG5 no.10009 p.287, May 9, 1805.

12) CG5 no.10163 p.358, May 30, 1805.
13) Balcombe, *To Befriend* pp.184-5
14) Bausset, *Private Memoirs* p.429
15) CG5 no.9700 pp.136-7, March 17, 1805.
16) D'Abrantès, *At the Court* p.289
17) Hibbert, *Napoleon* p.296
18) CG5 no.10137 p.348, May 27, 1805.
19) Bausset, *Private Memoirs* p.34
20) Schneid, *Soldiers* p.7
21) CG5 no.10224 p.386, June 7, 1805.
22) Connelly, *Satellite Kingdoms* p.2
23) CG5 no.10303 p.433, June 19, 1805.
24) ed. Hinard, *Dictionnaire-Napoleon* p.200
25) CG5 no.10427 pp.495-6, July 20 1805.
26) CG5 no.10474 p.520, July 28, 1805.
27) ed. North, *Napoleon on Elba* p.155
28) CG5 no.10412 pp.489-90, July 16, 1805.
29) CG5 no.10493 p.530, August 3, 1805.
30) Bausset, *Private Memoirs* p.45
31) Ségur, *Memoirs* p.146
32) CG5 no.10554 p.561, August 13, 1805.
33) CG5 no.10561 pp.565-7, August 13, 1805.
34) Ibid.
35) CG5 no.10562 p.568, August 13, 1805.
36) Ségur, *Memoirs* p.146
37) Ségur, *Memoirs* p.147
38) Muir, *Tactics and the Experience of Battle* p.146
39) eds. Olsen and van Creveld, *Evolution of Operational Art* pp.22-3
40) Abel, 'Jacques-Antoine-Hippolyte' p.37, Summerville, *Napoleon's Polish Gamble* p.28
41) ed. Latimer, *Talks* p.60
42) CG5 no.10661 p.620, August 25, 1805.
43) Ségur, *Memoirs* p.154, Schneid, *Napoleon's Conquest of Europe* p.93
44) Ségur, *Memoirs* p.148

45) CG5 no.10629 pp.598-600, August 22, 1805.
46) ed. Bingham, *Selection* II, p.147
47) CG5 no.10516, pp.541-2, August 6, 1805.
48) CG5 no.10729 p.659, September 1, 1805.
49) CG5 no.10786 p.685, September 12, 1805.
50) CG5 no.10756 p.673, September 7, 1805.
51) eds. Kagan and Higham, *Military History of Tsarist Russia* p.110
52) CG5 no.10775 p.680, September 10, 1805.
53) CG5 no.10887 p.742, September 28, 1805.
54) Pelet, *Napoleon in Council* pp.282-3
55) Ségur, *Memoirs* p.153
56) Ségur, *Memoirs* p.154
57) CG5 no.10917 pp.757-8, October 2, 1805.
58) Balcombe, *To Befriend* p.75
59) CG5 no.10561 pp.565-7, August 13, 1805.
60) CG5 no.10960 p.778, October 4, 1805.
61) Ségur, *Memoirs* p.161
62) ed. Markham, *Imperial Glory* p.11
63) ed. Davis, *Original Journals* II p.6
64) ed. Davis, *Original Journals* II p.19
65) CG5 no.10998 p.797, October 12, 1805.
66) Ségur, *Memoirs* p.172
67) Ségur, *Memoirs* p.173
68) ed. Davis, *Original Journals* II p.10
69) Ségur, *Memoirs* p.175
70) Rapp, *Memoirs* p.34
71) CG5 no.11018 p.808, October 19, 1805.
72) ed. Davis, *Original Journals* II p.10
73) Rapp, *Memoirs* p.37, Smith, *Data Book* p.205
74) Rapp, *Memoirs* p.38
75) CG5 no.11018 p.808, October 19, 1805.
76) ed. Markham, *Imperial Glory* p.20
77) Ségur, *Memoirs* p.188, ed. Bingham, *Selection* II p.159

78) Rovigo, *Memoires* II p.153

79) Rapp, *Memoirs* p.38

80) ed. Markham, *Imperial Glory* p.20

81) ed. Dwyer, *Napoleon and Europe* p.113

82) ed. Latimer, *Talks* p.236

83) Rodger, *Second Coalition* p.227

84) CG5 no.11067 p.830, November 2, 1805.

85) Ségur, *Memoirs* p.196

86) ed. Davis, *Original Journals* II p.29

87) ed. Davis, *Original Journals* II p.29

88) Rapp, *Memoirs* pp.59-62

89) Ségur, *Memoirs* p.202

90) Ségur, *Memoirs* p.205

91) CG5 no.11101 p.850, November 15, 1805.

92) Billings, 'Napoleon' p.79, ed. Jennings, *Croker Papers* I pp.340-41

93) Ségur, *Memoirs* p.207

94) Ségur, *Memoirs* p.208

95) Ségur, *Memoirs* p.208

96) ed. Butler, *Baron Thiébault* II p.154

97) ed. Butler, *Baron Thiébault* II p.154

98) Ségur, *Memoirs* p.208

99) ed. Butler, *Baron Thiébault* II p.149

100) CG5 no.11148 p.875, December 5, 1805.

101) Rovigo, *Mémoires* II p.196, Ségur, *Memoirs* p.210

102) Rovigo, *Mémoires* II p.198

103) CG5 no.11138 p.869, November 30, 1805.

104) Muir, *Tactics and the Experience of Battle* p.155

105) ed. Yonge, *Memoirs of Bugeaud* I p.38

106) Pelet, *Napoleon in Council* p.15 & n

107) ed. Summerville, *Exploits of Baron de Marbot* p.54

108) ed. Bell, *Baron Lejeune* I pp.27-8

109) ed. Butler, *Baron Thiébault* II p.151

110) ed. Butler, *Baron Thiébault* II p.152

111) ed. Butler, *Baron Thiébault* II p.153
112) Ibid.
113) Ibid.
114) Haythornthwaite, *Napoleonic Cavalry* p.119
115) ed. Summerville, *Exploits of Baron de Marbot* p.56
116) ed. Summerville, *Exploits of Baron de Marbot* p.57
117) Thiard, *Souvenirs* p.231
118) ed. Summerville, *Exploits of Baron de Marbot*, p.58, ed. Garnier, *Dictionnaire* p.104
119) ed. Summerville, *Exploits of Baron de Marbot* p.58
120) ed. Haythornthwaite, *Final Verdict* p.222
121) Bourne, *History of Napoleon* p.360
122) Smith, *Data Book* p.217
123) Dumas, *Memoirs* II p.149
124) CG5 no.11144 p.873, December 3, 1805.

17장 예나

'나폴레옹이 했다는 말' 출전: Gray, *In the Words* p.188. '1806년 8월 나폴레옹이 조제프에게 보낸 편지' 출전: CG6 no.12758 p.734, August 20, 1806.

1) ed. Summerville, *Exploits of Baron de Marbot* p.60
2) ed. Summerville, *Exploits of Baron de Marbot* p.62
3) CG5 no.11146 p.873, December 4, 1805.
4) ed. Fleischmann, *L'Épopée Impériale* p.69
5) ed. Summerville, *Exploits of Baron de Marbot* p.64
6) ed. Wilson, *Diary* p.42
7) CG5 no.11149 p.876, December 5, 1805.
8) ed. Bertrand, *Lettres de Talleyrand* pp.209-12
9) ed. Butler, *Baron Thiébault* II p.183
10) Horne, *Age of Napoleon* p.57
11) Pelet, *Napoleon in Council* pp. 283-4

12) Clark, *Iron Kingdom* p.302
13) CG5 no.11186 p.892, December 15, 1805.
14) CG5 no.11223 p.910, December 25, 1805.
15) ed. Arnold, *Documentary Survey* p.209
16) Dwyer, *Talleyrand* p.100
17) ed. Arnold, *Documentary Survey* p.213
18) Bausset, Private Memoirs p.54
19) Connelly, *Satellite Kingdoms* p.9
20) Connelly, *Satellite Kingdoms* p.10
21) CG6 no.12235 p.491, June 6, 1806.
22) CG5 no.11241 p.920, December 31, 1805.
23) CG6 no.12823 p.768, August 31, 1806.
24) CG7 no.14927 p.471, March 27, 1807.
25) Schneid, *Conquest of Europe* p.143
26) Schneid, *Conquest of Europe* p.143
27) Branda, 'Did the War' p.132
28) Branda, 'Did the War' p.132
29) Branda, 'Did the War' pp.135-7
30) Pelet, *Napoleon in Council* p.275
31) Branda, 'Did the War' p.135
32) Gates, 'The Wars of 1812' p.45
33) ed. Noailles, *Count Molé* p.64
34) CG6 no.11335 p.63, January 27, 1806.
35) CG5 no.11161 p.880, December 12, 1805.
36) CG6 no.12223 p.484, June 5, 1806.
37) CG6 no.12785 p.752, August 23, 1806.
38) Israel, *The Dutch Republic* pp.1127-9
39) Israel, *The Dutch Republic* p.1130
40) Connelly, *Satellite Kingdoms* p.13
41) CG6 no.13871 pp.1284-5, December 15, 1806.
42) Chaptal, *Souvenirs* p.339
43) ed. Latimer, *Talks* p.144
44) CG6 no.11815 p.289, April 1, 1806.

45) CG6 no.11833 p.297, April 8, 1806.
46) AN AF/IV/1231
47) Branda, *Le prix de la gloire* p.57, ed. Castle, *Stanley Kubrick's Napoleon* p.195
48) CAD P11778/16-18
49) CAD P11778
50) ed. Bingham, Selection II p.255
51) CG6 no.12748 p.729, August 18, 1806.
52) Pelet, *Napoleon in Council* p.258
53) Pelet, *Napoleon in Council* p.272
54) Pelet, *Napoleon in Council* p.272
55) Pelet, *Napoleon in Council* p.273
56) Pelet, *Napoleon in Council* p.205
57) CG6 no.11655 p.213, March 12, 1806.
58) Pelet, *Napoleon in Council* p.263
59) CG6 no.11898 pp.325-6, April 14, 1806.
60) CG6 no.12023 p.388, April 30, 1806.
61) CG6 no.12206 p.475, May 31, 1806.
62) ed. Arnold, *Documentary Survey* p.226
63) Markham, 'Was Napoleon an Anti-Semite?' passim, eds. Kafker and Laux, *Napoleon and His Times* p.296
64) *Moniteur* May 22, 1799.
65) eds. Brenner et al., *Jewish Emancipation Reconsidered* p.80
66) Pelet, *Napoleon in Council* p.251
67) Benbassa, *The Jews of France* p.88
68) Weider, 'Napoleon and the Jews' p.3
69) Weider, 'Napoleon and the Jews' p.2
70) Schwarzfuchs, *Napoleon, the Jews* pp.125-30
71) Lentz, *La France et l'Europe* pp.254-8, eds. Brenner et al., *Jewish Emancipation Reconsidered* p.196
72) eds. Kafker and Laux, *Napoleon and His Times* p.299
73) Mauduit, *Les derniers jours* II p.39
74) ed. Latimer, *Talks* p.277
75) Hazareesingh, *The Saint-Napoleon* pp.3-4

76) Koebner, *Empire* p.282
77) Clark, *Iron Kingdom* p.303
78) Simms, *The Impact of Napoleon* p.291
79) Simms, *The Impact of Napoleon* p.292
80) Simms, *The Impact of Napoleon* p.295
81) CG6 no.12643 pp.684-5, August 2, 1806.
82) CG6 no.12642 p.684, August 2, 1806.
83) ed. Metternich, *Memoirs* I p.270
84) ed. Metternich, *Memoirs* I p.271
85) CG6 no.12646 p.686, August 5, 1806.
86) Clark, *Iron Kingdom* p.301
87) ed. Summerville, *Exploits of Baron de Marbot* p.67
88) ed. Handel, *Leaders and Intelligence* p.42
89) CG6 no.12897 p.816, September 10, 1806.
90) Lentz, *Napoléon et la conquête* p.327
91) Maude, *Jena Campaign* pp.118-19
92) Maude, *Jena Campaign* p.121 n.1
93) Rapp, *Memoirs* p.73
94) Napoleonic Historical Society Newsletter(Berthier Supplement) May 2014 p.13
95) Rapp, *Memoirs* p.74
96) CG6 no.13259 p.999, October 12, 1806.
97) Clark, *Iron Kingdom* p.305
98) Hayman, 'France Against Prussia' p.188
99) Hayman, 'France Against Prussia' p.194
100) Clark, *Iron Kingdom* p.306
101) Hayman, 'France Against Prussia' p.188
102) Paret, *Cognitive Challenge of War* p.21
103) Paret, *Cognitive Challenge of War* p.21
104) Gallaher, *Iron Marshal*, p.26
105) ed. Cottin, *Souvenirs de Roustam* p.135
106) Jomini, *Summary* p.73
107) Smith, *Data Book* pp.225-6
108) Cook, 'Bernadotte 1806'(unpaged)

109) Rapp, *Memoirs* p.86
110) ed. Latimer, *Talks* pp.123–4
111) CG6 no.13312 p.1023, October 23, 1806, Palmer, *Bernadotte* p.135, Cook, 'Bernadotte 1806'(unpaged)
112) CG6 no.13267 pp.1003–4, October 15, 1806.

18장 봉쇄

'근위대 대위 엘제아르 블라즈' 출전: Blaze, *Life in Napoleon's Army* p.183. '나폴레옹 군사 좌우명 제58번' 출전: ed. Chandler, *Napoleon's Military Maxims* p.204

1) ed. Latimer, *Talks* p.125
2) Butterfield, *Peace Tactics of Napoleon* p.7
3) CG6 no.12684 p.701, August 8, 1806.
4) Bausset, *Private Memoirs* p.64
5) ed. Summerville, *Exploits of Baron de Marbot* p.76
6) ed. Bingham, *Selection* II p.263
7) CG6 no.13318 p.1028, October 23, 1806.
8) CG6 no.13915 p.1303, December 31, 1806.
9) Rovigo, *Mémoires* II pp.287–8
10) Rapp, *Memoirs* p.94
11) Clark, *Iron Kingdom* p.307, ed. Markham, *Imperial Glory* p.97, ed. Bingham, *Selection* II p.267
12) Rapp, *Memoirs* pp.107–8
13) Rovigo, *Mémoires* II p.317
14) CG6 no.13355 p.1037, October 25, 1806.
15) ed. Markham, *Imperial Glory* p.97
16) ed. Markham, *Imperial Glory* p.97
17) CG6 no.13482 p.1106, November 6, 1806.
18) ed. Markham, *Imperial Glory* p.101
19) Coignet, *Captain Coignet* p.133
20) ed. Sage, *Private Diaries of Stendhal* p.253

21) Branda, *Le prix de la gloire* p.57

22) Clark, *Iron Kingdom* p.308

23) CG6 no.13426 p.1076, November 3, 1806.

24) CG6 no.13413 p.1070, November 2, 1806.

25) Summerville, *Napoleon's Polish Gamble* p.10

26) ed. North, *Napoleon on Elba* p.49

27) ed. Arnold, *Documentary Survey* p.230, Melvin, *Napoleon's Navigation System* p.5 n.6

28) Rudé, *Revolutionary Europe* p.250

29) CG6 no.13743 p.1222, December 3, 1806.

30) CN28 11010, 11064, 11093, 11217 and 11271

31) Melvin, *Napoleon's Navigation System* p.14

32) Mollien, *Mémoires* II p.444

33) *Edinburgh Review* No.23 April, 1808 p.228

34) TLS 15/2/1923 p.99, ed. Bingham, *Selectio*n II p.329 n.1

35) TLS 15/2/1923 p.99

36) Melvin, *Napoleon's Navigation System* p.11 n.13

37) Rapp, *Memoirs* pp.158–61

38) CG7 no.16785 p.1310, November 13, 1807.

39) eds. Dwyer and Forrest, *Napoleon and His Empire* p.7

40) Knight, *Britain Against Napoleon* pp.402–4, ed. Bingham, *Selection* III p.113

41) Knight, *Britain Against Napoleon* p.403

42) Gates, 'The Wars of 1812' p.46, Knight, *Britain Against Napoleon* p.404

43) Lentz, *Napoléon et la conquête* p.265

44) Fain, *Manuscrit de* 1812 I p.7

45) CG8 no.17215 p.165, February 18, 1808.

46) ed. Bingham, *Selection* III p.45.

47) Gray, *Spencer Perceval* pp.45–6

48) *Conservative History Journal* II, Issue 1, Autumn 2012 p.40

49) Summerville, *Napoleon's Polish Gamble* p.36

50) ed. Latimer, *Talks* p.124

51) Summerville, *Napoleon's Polish Gamble* p.38

52) CG6 no.13719 p.1213, December 2, 1806.

53) Ibid.

54) Rapp, *Memoirs* p.119
55) Rapp, *Memoirs* p.120
56) Rovigo, *Mémoires* III p.23
57) Ibid.
58) CG6 no.13739 p.1220, December 3, 1806.
59) Summerville, *Napoleon's Polish Gamble* p.47
60) Rapp, *Memoirs* p.128
61) Esdaile, 'Recent Writing on Napoleon' p.211
62) Summerville, *Napoleon's Polish Gamble* p.136
63) Summerville, *Napoleon's Polish Gamble* p.57
64) Summerville, *Napoleon's Polish Gamble* pp.56-7
65) Percy, *Journal des Campagnes* p.137
66) Summerville, *Napoleon's Polish Gamble* p.21
67) Howard, *Napoleon's Doctors* p.69
68) Howard, *Napoleon's Doctors* pp.68-71
69) ed. Cottin, *Souvenirs de Roustam* p.161
70) Cate, *War of the Two Emperors* p.170
71) Howard, *Napoleon's Doctors* pp.70-71
72) Howard, *Napoleon's Doctors* p.251
73) Muir, *Tactics and the Experience of Battle* p.9
74) Sutherland, *Marie Walewska* p.61
75) ed. Stryjenski, *Mémoires* p.125
76) CG7 no.13938 p.27, January 3, 1807.
77) CG7 no.13988 p.52, January 8, 1807.
78) Rapp, *Memoirs* p.129
79) CG7 no.14001 p.58, January 10, 1807.
80) Arnold and Reinertsen, *Crisis in the Snows* p.1295
81) CG7 no.14211 p.152, January 29, 1807.
82) CG7 nos.14134, 14139, p.116, between January 17 and 24, 1807, p.119, January 21 or 22, 1807.
83) Branda, *Le prix de la gloire* p.57
84) CG7 no.16323 p.1100, September 7, 1807.
85) Summerville, *Napoleon's Polish Gamble* p.63

86) CG7 no.14270 p.174, February 5, 1807.
87) Blond, *La Grande Armée* p.121
88) Smith, *Data Book* p.241
89) Blaze, *Life in Napoleon's Army* p.10
90) ed. Summerville, *Exploits of Baron de Marbot* p.84
91) ed. Fleischmann, *L'Épopée Impériale* p.123
92) Summerville, *Napoleon's Polish Gamble* p.79
93) Muir, *Tactics and the Experience of Battle* p.147
94) Summerville, Napoleon's Polish Gamble p.87
95) Uffindell, *Napoleon's Immortals* p.245
96) ed. Cottin, *Souvenirs de Roustam* p.138
97) Smith, *Data Book*, p.242
98) CG7 no.14280 pp.177-8, February 9, 1807.
99) ed. Bingham, *Selection* II p.294

19장 틸지트

'나폴레옹이 아일라우 전투에 관해' 출전: Bingham, *Selection* II p.292. '1807년 3월 나폴레옹이 조제핀에게' 출전: CG7 no.14930 p.472, March 27, 1807.

1) CG7 no.14277 pp.176-7, February 9, 1807.
2) Saint-Chamans, *Mémoires* p.59
3) ed. Markham, Imperial Glory p.144
4) CG7 no.14312 p.191, February 14, 1807.
5) CG7 no.15240 p.608, April 13, 1807.
6) SHD GR2/C66
7) SHD GR2/C66
8) SHD GR2/C66
9) CG7 no.14448 pp.249-50, March 1, 1807.
10) CG7 no.15743 p.837, May 27, 1807.
11) CG7 no.15224, pp.600-601, April 12, 1807.
12) CG7 no.15947 p.926, July 4, 1807.

13) Summerville, *Napoleon's Polish Gamble* p.118

14) Gonneville, *Recollections* I p.50

15) Kiley, *Once There Were Titans* p.200

16) Summerville, *Napoleon's Polish Gamble* p.133

17) Summerville, *Napoleon's Polish Gamble* p.134

18) Summerville, Napoleon's Polish Gamble p.134

19) Wilson, Campaigns in Poland p.157

20) CG7 no.15874 p.898, June 19, 1807.

21) Smith, *Data Book* pp.250-51

22) Woloch, *The French Veteran* p.199

23) de la Bédoyère, *Memoirs of Napoleon* II p.481

24) Clark, *Iron Kingdom* p.308

25) ed. Markham, *Imperial Glory* p.174

26) CG12 no.31068 p.787, July 1, 1812.

27) Ibid.

28) CG7 no.15868 p.895, June 16, 1807.

29) Clark, *Iron Kingdom* p.308

30) Summerville, *Napoleon's Polish Gamble* p.141

31) Clark, *Iron Kingdom* p.314

32) Hobhouse, *Recollections* I p.185

33) ed. Wilson, *A Diary* p.84

34) Ebrington, *Memorandum* p.11

35) Fox, *The Culture of Science* p.305

36) eds. Larichev and Ostarkova, *Paris-St Petersburg* p.18

37) Wesling, *Napoleon* p.3

38) ed. Latimer, *Talks* p.124

39) ed. Arnold, *Documentary Survey* pp.239-45, Clark, *Iron Kingdom* p.313

40) Butterfield, *Peace Tactics passim*

41) ed. Latimer, *Talks* pp.62-3

42) Clark, *Iron Kingdom* p.317

43) Cockburn, *Buonaparte's Voyage* p.91

44) ed. Cottin, *Souvenirs de Roustam* p.151

45) ed. Latimer, *Talks* p.125

46) ed. Latimer, *Talks* p.125, Cockburn, *Buonaparte's Voyage* p.87
47) Connelly, *Satellite Kingdoms* p.15
48) CG7 no.16812 p.1321, November 15, 1807.
49) CG7 no.15499 p.730, May 2, 1807.
50) CG7 no.15528 p.743, May 4, 1807.
51) CG7 no.15982 p.939, July 7, 1807.
52) CG7 no.15972 p.936, July 6, 1807.
53) ed. Cottin, *Souvenirs de Roustam* p.157
54) Chaptal, *Souvenirs* p.327
55) CG7 no.16072 p.987, July 29, 1807.

20장 이베리아반도

'1820년 웰링턴 공작이 캐슬레이 경에게' 출전: ed. Wellington, 2nd Duke of, *Despatches, Correspondence and Memoranda* I p.117. '반도 전쟁에 관한 나폴레옹의 평가' 출전: Tone, *Fatal Knot* p.3.

1) Montesquiou, *Souvenirs* p.113
2) Blaufarb, 'The Ancien Régime Origins' p.408
3) CN32 p.84
4) Bergeron, *France Under Napoleon* p.106
5) D'Abrantès, *At the Court* p.344
6) Simms, *Europe* p.165, Tulard, *Napoléon et la noblesse* p.97
7) Ellis, *The Napoleonic Empire* p.77
8) Ellis, *The Napoleonic Empire* p.114
9) Tulard, *Napoléon et la noblesse* p.93
10) Ellis, *The Napoleonic Empire* p.114
11) ed. Chatel de Brancion, *Cambacérès* II p.141
12) Rovigo, *Mémoires* III p.236
13) CG7 no.14909 p.457, March 26, 1807.
14) SHD GR2/C66
15) Tulard, *Napoleon: The Myth of the Saviour* p.185

16) Branda, *Le prix de la gloire* p.57

17) CG7 no.16560, p.1208

18) Stuart, *Rose of Martinique* p.284

19) ed. Méneval, *Memoirs* I pp.125-6

20) ed. Park, *Napoleon in Captivity* p.238 n.3, Bruce, *Napoleon and Josephine* p.305

21) Branda, *Napoléon et ses hommes* p.208

22) Branda, *Napoléon et ses hommes* p.29

23) Mansel, *Eagle in Splendour* p.67

24) Sudhir Hazareesingh in TLS 3/2/2012 p.4

25) Chaptal, *Souvenirs* p.338

26) Woolf, *Napoleon's Integration* p.vii

27) Blaze, *Life in Napoleon's Army* p.174

28) ed. Bingham, *Selection* III p.118

29) Bausset, *Private Memoirs* p.15

30) Markham, 'The Emperor at Work' p.584

31) ed. Butler, *Baron Thiébault* II p.17

32) Branda, *Napoléon et ses hommes* p.140, ed. Butler, *Baron Thiébault* II p.17, D'Abrantès, *At the Court* p.156

33) Balcombe, *To Befriend* p.51

34) Roederer, *Bonaparte me disait* pp.85-6

35) ed. Noailles, *Count Molé* p.189

36) ed. Jones, *Napoleon: How He Did It* p.184

37) ed. Méneval, *Memoirs* I p.122

38) ed. Latimer, *Talks* p.261

39) Méneval, *Memoirs* I p.135

40) ed. Latimer, *Talks* p.92

41) Chaptal, *Souvenirs* p.354

42) ed. Méneval, *Memoirs* I p.107

43) ed. Noailles, *Count Molé* p.101

44) Bausset, *Private Memoirs* p.301, Chaptal, *Souvenirs* p.348

45) Chaptal, *Souvenirs* p.348

46) Branda, *Napoléon et ses hommes* p.271

47) ed. Méneval, *Memoirs* I pp.125-6

48) ed. Méneval, *Memoirs* I pp.121–2

49) ed. Méneval, *Memoirs* I p.123

50) CG3 no.5751 p.438, November 8, 1800.

51) Esdaile, *Peninsular War* p.5

52) ed. Bingham, *Selection* I p.349

53) CG7 no.16336 p.1106, September 8, 1807.

54) Bausset, *Private Memoirs* p.78

55) Esdaile, *Peninsular War* p.7

56) Lipscombe, *Peninsular War Atlas* p.23

57) CG7 no.16554 p.1204, October 17, 1807.

58) ed. Woloch, *Revolution and Meanings of Freedom* p.68

59) ed. Bingham, *Selection* II p.352

60) ed. Bingham, *Selection* II p.349

61) Broers, *Europe under Napoleon* p.156

62) ed. Bingham, *Selection* II p.349

63) CG8 no.17350 pp.236–7, March 9, 1808.

64) ed. Woloch, *Revolution and Meanings of Freedom* p.70

65) Rovigo, *Mémoires* III p.251

66) ed. Woloch, *Revolution and Meanings of Freedom* p.71

67) ed. North, *Napoleon on Elba* p.50

68) ed. North, *Napoleon on Elba* p.50

69) Bausset, *Private Memoirs* p.118

70) Bausset, *Private Memoirs* p.125

71) ed. Woloch, *Revolution and Meanings of Freedom* p.73, Rovigo, *Mémoires* III p.255

72) CG8 no.17699 p.423, April 25, 1808.

73) ed. Woloch, *Revolution and Meanings of Freedom* p.73

74) Gates, 'The Wars of 1812' p.50

75) Gates, 'The Wars of 1812' p.51

76) Sarrazin, *The War in Spain* p.33

77) Esdaile, 'Recent Writing on Napoleon' p.211, ed. *Tulard, Bibliographie critique* p.175, Anon., 'The Unpublished Letters of Napoleon' p.358

78) CG8 no.17759 pp.451–4, May 2, 1808.

79) Lipscombe, *The Peninsular War Atlas* p.23

80) Blaze, *Life in Napoleon's Army* p.57
81) Rovigo, *Mémoires* III p.352, Bausset, *Private Memoirs* p.180
82) CG8 no.17829 p.489, May 10, 1808.
83) ed. Latimer, *Talks* p.130
84) ed. Summerville, *Exploits of Baron de Marbot* p.283
85) CG8 no.17699 p.423, April 25, 1808.
86) CG8 no.17826 p.487, May 9, 1808.
87) CG8 no.18480 p.831, July 4, 1808.
88) Tulard, *Le grand empire* p.146
89) Rovigo, *Mémoires* III p.358
90) ed. Woloch, *Revolution and Meanings of Freedom* pp.75–6
91) eds. Kafker and Laux, *Napoleon and His Times* p.220 n.9
92) Bausset, *Private Memoirs* pp.188–9
93) Vaughan, *Siege of Zaragoza* p.5, Bell, *First Total War* p.281
94) Vaughan, *Siege of Zaragoza* p.22
95) CG8 no.18401 p.797, June 25, 1808, CG9 no.18659 p.930, July 25, 1808.
96) Lipscombe, *Peninsular War Atlas* p.52
97) ed. Latimer, *Talks* p.257
98) Dumas, *Memoirs* II p.186, CG8 no.18835 p.1036, September 6, 1808.
99) CG8 no.18685, p.945, August 3, 1808.
100) CG8 no.18797 p.1007, August 30, 1808.
101) CG8 no.18619 p.909, July 19, 1808.
102) CG8 no.18707 p.957, August 16, 1808.
103) Aldington, *Wellington* p.48
104) CG8 no.18951 pp.1090–91, September 18, 1808.
105) CG8 no.18869 p.1055, September 9, 1808.
106) Rovigo, *Mémoires* III p.450
107) CG8 no.18685 p.945, August 3, 1808.
108) Grimsted, *Foreign Ministers* p.166
109) Grimsted, *Foreign Ministers* p.166
110) ed. Lentz, 1810 p.300
111) Bausset, *Private Memoirs* p.212
112) Chevallier, *Empire Style* p.64

113) Bausset, *Private Memoirs* p.213
114) ed. North, *Napoleon on Elba* p.145, Rapp, *Memoirs* p.133
115) Dwyer, *Talleyrand* pp.99, 116, ed. Bingham, *Selection* II p.413
116) ed. Bingham, *Selection* II pp.413–14
117) Bausset, *Private Memoirs* p.212
118) eds. Larichev and Ostarkova, *Paris-St Petersburg* p.18
119) eds. Larichev and Ostarkova, *Paris-St Petersburg* p.18
120) *TLS* 12/5/1927 p.325, Florange and Wunsch, *L'Entrevue* pp.12ff, Brown, *Life of Goethe* II p.547 n.1
121) Florange and Wunsch, *L'Entrevue* pp.12ff
122) Brown, *Life of Goethe* II pp.546–7
123) Brown, *Life of Goethe* II p.547
124) CG8 no.19042 p.1126, October 9, 1808.
125) Brown, *Life of Goethe* II p.547
126) Williams, *Life of Goethe* p.39
127) Brown, *Life of Goethe* II p.546, Florange and Wunsch, *L'Entrevue* pp.12ff
128) Bausset, *Private Memoirs* p.223
129) Bausset, *Private Memoirs* p.217
130) CG8 no.19050 p.1130, between October 11 and 13, 1808.
131) CG8 no.19053 p.1131, October 12, 1808.
132) CG8 no.19056 p.1133, October 13, 1808.
133) CG8 nos.19184, 19270, p.1186, November 4, 1808, p.1225, November 14, 1808.
134) CG8 no.19327 pp.1248–9, November 19, 1808.
135) ed. Dwyer, *Napoleon and Europe* p.18
136) Esdaile, 'Recent Writing on Napoleon' pp.217–18
137) Tone, *Fatal Knot* p.4
138) Tone, *Fatal Knot* p.182
139) Sherwig, *Guineas and Gunpowder* pp.367–8
140) Blaze, *Life in Napoleon's Army* pp.58–9, Bell, *First Total War* p.290, Gonneville, *Recollections* I p.61
141) CG8 no.19197 p.1192, November 5, 1808.
142) Dumas, *Memoirs* II p.180
143) Chlapowski, *Polish Lancer* p.45

144) Bausset, *Private Memoirs* p.233
145) Bausset, *Private Memoirs* p.235
146) Bausset, *Private Memoirs* p.232
147) *The Nation*, 16/7/1896 p.45
148) Bausset, *Private Memoirs* p.239
149) Gonneville, *Recollections* p.65
150) CG8 no.19650 pp. 1388–9, December 31, 1808.
151) ed. Jennings, *Croker Papers* I p.355
152) CG8 no.19675 p.1402, January 2, 1809.
153) Bonaparte, *Napoleon, Confidential Correspondence* II p.4n
154) Chlapowski, *Polish Lancer* p.72
155) Bausset, *Private Memoirs* p.242
156) Bausset, *Private Memoirs* p.242
157) CG8 no.19855 p.1497, January 15, 1809.
158) Cobban, *Modern France* II p.56, Tone, *Fatal Knot* p.4
159) Alexander, 'French Replacement Methods' p.192
160) Alexander, 'French Replacement Methods' p.192
161) Lipscombe, *Peninsular War Atlas* p.23, Alexander, 'French Replacement Methods' p.193, *Fraser, Napoleon's Cursed War passim*
162) Lentz, *Savary* p.188

21장 바그람

'나폴레옹 군사 좌우명 제54번' 출전: ed. Chandler, *Military Maxims* p.199. '1819년 4월 나폴레옹이 베르트랑 장군에게' 출전: Bertrand, *Cahiers* II p.344.

1) CG8 no.19856 p.1498, January 15, 1809.
2) CG7 no.15264 p.617, April 14, 1807.
3) ed. Haythornthwaite, *Final Verdict* p.244
4) ed. Butler, *Baron Thiébault* II p.241, ed. Latimer, *Talks* p.131, ed. Lacour-Gayet, *Chancellor Pasquier* p.78 n.22
5) Dumas, *Memoirs* II p.187

6) ed. Bingham. *Selection*, III p.130

7) ed. Lacour-Gayet, *Chancellor Pasquier* pp.76-80, Dwyer, *Talleyrand* p.120, *Mollien, Mémoires* II pp.334ff, ed. Latimer, *Talks* p.89

8) Dwyer, *Talleyrand* p.120, ed. Lacour-Gayet, *Chancellor Pasquier* p.80

9) Arnold, *Crisis on the Danube* pp.25-6

10) Rovigo, *Mémoires* IV p.46

11) Rovigo, *Mémoires* IV p.47

12) ed. Lentz, 1810 p.301, Adams, *Napoleon and Russia* p.288

13) ed. Bingham, *Selection* II p.448

14) ed. Latimer, *Talks* p.132

15) Chlapowski, *Polish Lancer* p.56

16) CG9 no.20869 p.510, April 18, 1809 ed. Bell, *Baron Lejeune* I p.218

17) Arnold, *Crisis on the Danube* p.106

18) ed. Haythornthwaite, *Final Verdict* p.233

19) Smith, *Data Book* p.291

20) ed. Haythornthwaite, *Final Verdict* p.233

21) ed. Latimer, *Talks* p.143

22) Chaptal, *Souvenirs* p.252

23) ed. Fleischmann, *L'Épopée Impériale* p.204

24) ed. Summerville, *Exploits of Marbot* p.126, Muir, *Tactics and the Experience of Battle* p.152, Chlapowski, *Polish Lancer* p.60

25) ed. Haythornthwaite, *Final Verdict* p.223

26) CG9 no.20975 p.569, May 6, 1809.

27) ed. Summerville, *Exploits of Marbot* p.137

28) Blaze, *Life in Napoleon's Army* pp.181-2

29) ed. Haythornthwaite, *Final Verdict* pp.220-21

30) Chlapowski, *Polish Lancer* p.64

31) Chlapowski, *Polish Lancer* p.64

32) ed. Markham, *Imperial Glory* p.199

33) Rothenberg, *Art of Warfare* p.130

34) Smith, *Data Book* p.310

35) Smith, *Data Book* p.310

36) ed. Markham, *Imperial Glory* p.205

37) Musée de la Préfecture de Police, Paris
38) Blond, *La Grande Armée* p.242, ed. Summerville, *Exploits of Marbot* p.167, Dumas, *Memoirs* II p.196, Rovigo, *Mémoires* IV p.125
39) Martin, *Napoleonic Friendship* p.40
40) Martin, *Napoleonic Friendship* p.43
41) CG9 no.21105 p.634, May 31, 1809.
42) Rovigo, *Mémoires* IV p.145
43) Markham, 'The Emperor at Work' p.588
44) Rapp, *Memoirs* p.140
45) Caulaincourt, *Mémoires* I p.368
46) Arnold, *Crisis on the Danube* p.122
47) Esdaile, 'Recent Writing' p.21, Gill, *Thunder on the Danube* III p.223
48) Dumas, *Memoirs* II p.102, Arnold, *Napoleon Conquers Austria* p.128
49) ed. Summerville, *Exploits of Marbot* p.172
50) Arnold, *Napoleon Conquers Austria* pp.135–6
51) Rothenberg, *Emperor's Last Victory* p.181, ed. Summerville, *Exploits of Marbot* pp.172–3
52) Arnold, *Napoleon Conquers Austria* p.155
53) ed. Haythornthwaite, *Final Verdict* p.223
54) Arnold, *Napoleon Conquers Austria* p.147
55) Gill, *Thunder on the Danube* III p.239
56) Dumas, *Memoirs* II p.206
57) Lachouque and Brown, *Anatomy of Glory* p.163
58) Rothenberg, *Emperor's Last Victory* p.193
59) Blond, *La Grande Armée* p.254
60) Blaze, *Life in Napoleon's Army* p.131
61) Rovigo, *Mémoires* IV p.187
62) Eidahl, 'Oudinot' p.11
63) CG9 no.21467 p.833, July 7, 1809.
64) CG9 no.21739 p.975, August, 1809.
65) Pelet, *Napoleon in Council* p.96

22장 정점

'1808년 7월 나폴레옹이 차르 알렉산드르 1세에게' 출전: CG8 no.18500 p.840-41, July 8, 1808. '세인트헬레나섬에서 나폴레옹이' 출전: ed. Latimer, *Talks* p.151

1) Simms, *Europe* p.166
2) Woolf, *Napoleon's Integration* p.10
3) Fisher, *Bonapartism* p.84
4) Fisher, *Bonapartism* p.84
5) Parker, 'Why Did Napoleon Invade Russia?' pp.142-3
6) ed. Dwyer, *Napoleon and Europe* p.19
7) ed. Dwyer, *Napoleon and Europe* pp.16-17
8) ed. Dwyer, *Napoleon and Europe* pp.8-9, Broers, *Europe under Napoleon* pp.88, 126-7, Hales, *Napoleon and the Pope* p.105, Davis, *Conflict and Control* p.23
9) eds. Dwyer and Forrest, *Napoleon and His Empire* p.9, Jordan, *Napoleon and the Revolution* p.1, ed. Dwyer, *Napoleon and Europe* p.17
10) eds. Laven and Riall, *Napoleon's Legacy* p.1
11) Davis, *Conflict and Control* p.23
12) Woolf, 'The Construction of a European WorldView' p.95
13) eds. Dwyer and Forrest, *Napoleon and His Empire* p.204
14) ed. Dwyer, *Napoleon and Europe* p.11
15) CG7 no.16057 p.979, July 22, 1807.
16) Hales, *Napoleon and the Pope* p.120
17) CG9 no.22074 p.1179, September 14, 1809.
18) Hales, *Napoleon and the Pope* pp.114-19
19) CG9 no.21717 p.959, August 6, 1809.
20) CG9 no.21865 p.1052, August 21, 1809.
21) CG9 no.21971 p.1116, September 4, 1809.
22) CG9 no.21865 p.1052, August 21, 1809.
23) The Nation, 16/7/1896 p.46, Hazareesingh, *The Saint-Napoleon* p.4
24) CG9 nos.21801-21807 pp.1009-12, August 15 and 16, 1809.
25) Lanfrey, *History of Napoleon the First* IV p.218
26) ed. Kerry, *The First Napoleon* p.7

27) ed. Kerry, *The First Napoleon* p.7

28) Rovigo, *Mémoires* IV p.217

29) ed. *Lentz*, 1810 p.304

30) ed. Arnold, *Documentary Survey* pp.290–94

31) ed. Caisse, *Mémoires et correspondance* VI pp.557–79

32) Eyck, *Loyal Rebels* p.191

33) Eyck, *Loyal Rebels* p.194, ed. Caisse, *Mémoires et correspondance* VI p.277

34) Adams, *Napoleon and Russia* p.240

35) Tulard, *Napoléon: une journée* pp.140, 172

36) CG7 no.15867 p.894, June 16, 1807.

37) Wright, *Daughter to Napoleon* p.213

38) CG7 no.15619 p.782, May 14, 1807.

39) Rapp, *Memoirs* p.142

40) Rapp, *Memoirs* p.145, Rovigo, *Mémoires* IV p.221

41) ed. Latimer, *Talks* p.84

42) Hibbert, *Napoleon: His Wives and Women* pp.183, 296

43) ed. Hanoteau, *Memoirs of Queen Hortense* I p.289

44) Bausset, *Private Memoirs* p.253

45) Blaufarb, 'The Ancien Régime Origins' p.409

46) ed. Latimer, *Talks* p.138

47) Rapp, *Memoirs* p.152

48) Bausset, *Private Memoirs* p.241

49) ed. Latimer, *Talks* p.138 and n.1

50) Cobban, *Modern France* II p.57

51) BNF NAF 4020 pp.9–10

52) Lavalette, *Memoirs* p.99

53) ed. Cerf, *Letters* p.17

54) Swanson, *Napoleon's Dual Courtship* pp.6–7

55) Mowat, *The Diplomacy of Napoleon* p.252

56) ed. Bingham, *Selection* III p.2, Mowat, *The Diplomacy of Napoleon* p.252

57) ed. Bingham, *Selection* III p.2

58) ed. Lentz, *1810* p.305

59) Schroeder, 'Napoleon's Foreign Policy' p.154

60) Lentz, *L'Effondrement* p.210

61) ed. Lentz, *1810* p.304

62) CG9 no.22761 p.1554, December 31, 1809.

63) ed. Lentz, *1810* p.310

64) ed. Lentz, *1810* p.311

65) ed. Bingham, *Selection* III p.3, ed. Latimer, *Talks* p.139

66) ed. Roncière, *Letters to Marie-Louise* p.6

67) ed. Latimer, *Talks* p.135

68) Lavalette, *Memoirs* p.99

69) ed. Roncière, *Letters to Marie-Louise* pp.19-20

70) ed. Bingham, *Selection* III p.24

71) ed. Roncière, *Letters to Marie-Louise* p.33

72) Chevallier, *Empire Style* p.60

73) Bausset, *Private Memoirs* p.279

74) Palmer, *Napoleon and Marie Louise* p.99

75) ed. Metternich, *Memoirs* I p.279

76) ed. Latimer, *Talks* pp. 136-7

77) ed. Latimer, *Talks* p.137

78) Clary-et-Aldringen, *Trois mois à Paris* pp.70-71

79) Woloch, *French Veteran* p.314

80) Branda, *Le prix de la gloire*, p.52, Philip Mansel in *TLS* 16/1/2004, p.23

81) NYPL Napoleon I folder 3

82) Palmer, *Alexander* I p.189

83) ed. Lacour-Gayet, *Chancellor Pasquier* p.108

84) CG5 no.10517 p.543, August 6, 1805.

85) Jordan, *Napoleon and the Revolution* p.ix

86) Masson, *Napoleon and his Coronation* p.313

87) Gildea, *Children of the Revolution* p.183

88) Stourton and Montefiore, *The British as Art Collectors* p.153

89) O'Brien, 'Antonio Canova's Napoleon' pp.354-5

90) O'Brien, 'Antonio Canova's Napoleon' p.358

91) Chevallier, *Empire Styl*e p.8

92) Wilson-Smith, *Napoleon and His Artists* p.xxix

93) Chevallier, *Empire Style passim*, Wilson–Smith, *Napoleon and His Artists passim*
94) CG8 no.18931 p.1083, September 15, 1808.
95) Horward, 'Masséna and Napoleon' p.84
96) Horward, *Napoleon and Iberia* p.29
97) Chaptal, *Souvenirs* p.304
98) Johnson, *Napoleon's Cavalry* p.94
99) ed. Bingham, *Selection* II p.472
100) Blaze, *Life in Napoleon's Army* p.141
101) ed. Bingham, *Selection* III p.42
102) Woolf, *Ouvrard* p.115
103) ed. Bingham, *Selection* III p.42
104) Pelet, *Napoleon in Council* p.96, Brice, *Riddle of Napoleon* p.139
105) Woolf, *Ouvrard* pp.116–18
106) Knight, *Britain Against Napoleon* p.404n
107) Mollien, *Mémoires* II p.444
108) CN23 no.18636, p.359
109) Melvin, *Napoleon's Navigation System* pp.238–9
110) Palmer, *Alexander* I p.195
111) Schmitt, '1812' pp.326–7
112) ed. Roncière, *Letters to Marie-Louise* p.63
113) Rovigo, *Mémoires* IV p.346
114) CN21 no.16762 pp.12–29
115) ed. Bingham, *Selection* III p.50

23장 러시아

'1811년 초 러시아 황제 알렉산드르가 콜랭쿠르에게' 출전: Promyslov, 'The Grande Armée's Retreat' p.131 n.34. '세인트헬레나에서 나폴레옹이' 출전: ed. Latimer, *Talks* p.210

1) Faber, *Sketches* pp.187–8
2) Faber, *Sketches* p.191
3) ed. Bingham, *Selection* III p.69

4) CN21 nos.17179 and 17187 pp.297–302

5) Clark, *Iron Kingdom* p.353, Méneval, *Napoléon et Marie Louise* I p.342, Palmer, *Alexander* I p.199n

6) Cate, *Two Emperors* p.xiii

7) Lentz, *L'Effondrement* p.202

8) Riehn, *Napoleon's Russian Campaign* p.33

9) Riehn, *Napoleon's Russian Campaign* pp.34–5

10) Clark, *Iron Kingdom* p.317

11) ed. Lentz, 1810 p.306

12) ed. Chatel de Brancion, *Cambacérès* II p.387

13) Thiers, *History of France* XII p.477

14) ed. Summerville, *Napoleon's Expedition to Russia p.6, Bausset, Private Memoirs* p.290

15) Rudé, *Revolutionary Europe* p.251, Knight, *Britain Against Napoleon* ch.13

16) Cobban, *Modern France* II p.52

17) Schroeder, 'Napoleon's Foreign Policy' p.156

18) Gates, 'The Wars of 1812' p.48

19) Fain, *Manuscrit de* 1812 I pp.3–4

20) Fain, *Manuscrit de* 1812 I p.9

21) Knight, *Britain Against Napoleon* p.412

22) Knight, *Britain Against Napoleon* pp.410–12

23) ed. Gielgud, *Prince Adam Czartoryski* II p.214

24) ed. Gielgud, *Prince Adam Czartoryski* II p.216

25) ed. Gielgud, *Prince Adam Czartoryski* II p.221

26) Lieven, *Russia against Napoleon passim*

27) eds. Kagan and Higham, *Military History of Tsarist Russia* pp.115–16, Palmer, *Alexander* I p.201

28) Méneval, *Napoleon et Marie Louise* I pp.341–2

29) Palmer, *Alexander* I p.199

30) Nafziger, *Napoleon's Invasion of Russia* p.85

31) ed. Bingham, *Selection* III p.84

32) Mowat, *The Diplomacy of Napoleon* p.253

33) Palmer, *Alexander* I p.202

34) ed. Bingham, *Selection* III p.89

35) ed. Lentz, 1810 pp.307–8, ed. Chatel de Brancion, *Cambacérès* II p.391

36) ed. Lentz, 1810 p.309

37) Bausset, *Private Memoirs* p.290

38) Lavalette, *Memoirs* p.102

39) Rovigo, *Mémoires* V p.147

40) ed. Latimer, *Talks* pp.152–3

41) Lavalette, *Memoirs* p.102

42) Musée de la Préfecture de Police

43) ed. Cerf, *Letters to Josephine* p.231

44) D'Abrantès, *At the Court* p.360

45) ed. Latimer, *Talks* p.153

46) ed. Bingham, *Selection* III p.98

47) Esdaile, 'Recent Writing' p.219, Lipscombe, *Peninsular War Atlas* p.25

48) Alexander, 'French Replacement Methods' p.196

49) ed. Bingham, *Selection* III p.135

50) Parker, 'Why Did Napoleon Invade Russia?' p.132

51) Whitcomb, Napoleon's *Diplomatic Service* pp.152–8

52) Palmer, *Alexander* I p.203

53) Palmer, *Alexander* I p.203

54) ed. Bingham, *Selection* III p.110

55) ed. Lacour-Gayet, *Chancellor Pasquier* p.112

56) ed. Lacour-Gayet, *Chancellor Pasquier* p.114

57) CN23, no.18568 p.302

58) Bergeron, *France Under Napoleon* pp.102–3

59) Palmer, *Alexander* I pp.204–5

60) Palmer, *Alexander* I p.205

61) AN AF IV 1656

62) McLynn, *Napoleon* p.499

63) SHD GR 4.C/73

64) Cate, *Two Emperors* p.70

65) Palmer, *Alexander* I p.207

66) Palmer, *Alexander* I p.207, Arboit, '1812: Le Renseignement Russe' p.86, ed. Lentz, 1810 p.310, Fain, *Manuscrit* de 1812 I p.27, Bausset, *Private Memoirs* p.289

67) ed. Chatel de Brancion, *Cambacérès* II p.391

68) Buckland, *Metternich* p.219

69) Palmer, *Alexander* I p.208, Mowat, *Diplomacy of Napoleon* p.254

70) Fain, *Manuscrit* de 1812 I pp.81-2

71) AN AF IV 1654

72) CN23 no.18420, p.160

73) CN23 no.18523 p.253

74) Fain, *Manuscrit de* 1812 I pp.16-19

75) Fain, *Manuscrit de* 1812 I pp.49-50

76) Pradt, *Histoire de l'Ambassade* p.122

77) CG12 no.30343 p.429, March 30, 1812.

78) Fain, *Manuscrit de* 1812 I p.32

79) Fain, *Manuscrit de* 1812 I p.310

80) Fain, *Manuscrit de* 1812 I p.311

81) CN12 no.30225 p.374

82) Dague, 'Henri Clarke' pp.2-3

83) Simms, *Europe* p.170, Fain, *Manuscrit de* 1812 I pp.57-8

84) CN23 no.18652 p.371

85) CG12 no.30492 p.517, April 25, 1812.

86) ed. Lacour-Gayet, *Chancellor Pasquier* p.119

87) ed. Lacour-Gayet, *Chancellor Pasquier* p.118

88) ed. Metternich, *Memoirs* I p.122

89) ed. Roncière, *Letters to Marie-Louise* p.49

90) Cate, *Two Emperors* p.127

91) ed. Ernouf, *Souvenirs* pp.232-3

92) CG12 nos.30799-30827 pp.666-77, June 4, 1812.

93) Rapp, *Memoirs* pp.168-9

94) Fain, *Manuscrit de* 1812 I pp.88-9

95) Forrest, *Napoleon* p.199, Evstafiev, *Resources of Russia* p.6

96) CN23 no.18855 p.528

97) *TLS* 10/4/1959 p.206, ed. Roncière, *Letters to Marie-Louise* p.68, Soltyk, *Napoléon en* 1812 pp.8-10

98) ed. Summerville, *Napoleon's Expedition to Russia* p.15

99) ed. Summerville, *Napoleon's Expedition to Russia* p.15

100) Ashby, *Napoleon against Great Odds* p.1, Weigley, *Age of Battles* p.443, ed. Bingham, *Selection* III p.136, Gill, *With Eagles to Glory* p.9

101) Schroeder, 'Napoleon's Foreign Policy' p.153

102) Gill, *With Eagles to Glory* p.9

103) ed. Raeff, *Foot Soldier* p.xxiii

104) ed. Summerville, *Napoleon's Expedition to Russia* p.12

105) Lochet, 'Destruction of the Grande Armée' *passim*, Rothenberg, *Art of Warfare* p.128

106) Lochet, 'Destruction of the Grande Armée' *passim*

107) Lochet, 'Destruction of the Grande Armée' *passim*, Nafziger, *Napoleon's Invasion of Russia* p.86

108) ed. Summerville, *Napoleon's Expedition to Russia* p.12

109) Merridale, *Red Fortress* p.211

24장 함정

'샹파니의 회고록' 출전: Champagny, *Souvenirs* p.142. '1962년 5월 영국 상원에서 영국 원수 몽고메리 자작' 출전: *Hansard* Fifth Series House of Lords vol. ccxli col. 227

1) ed. Summerville, *Napoleon's Expedition to Russia* p.17

2) ed. Roncière, *Letters to Marie-Louise* p.67

3) CG12 no.31046 p.775, June 25, 1812.

4) CG12 no.31066 p.786, June 30, 1812.

5) Soltyk, *Napoleon en* 1812 pp.35-8

6) Davies, *Vanished Kingdoms* p.293

7) Zamoyski, 1812 pp.161-3

8) CN24, no.18962 p.61

9) Coignet, *Captain Coignet* p.201

10) ed. Brett-James, *Eyewitness Accounts* p.53

11) AN 400AP/81/ pp.22-5

12) Fain, *Manuscrit de* 1812 I p.188

13) Dumas, *Memoirs* II p.232

14) AN 400AP/81/ p.30
15) CG12 no.31077 p.793, July 1, 1812.
16) ed. Roncière, *Letters to Marie-Louise* p.75
17) CG12 no.31068 p.787, July 1, 1812.
18) CG12 no.31068 pp.787-90, July 1, 1812.
19) Chaptal, *Souvenirs* p.302
20) Lieven, *Russia against Napoleon* p.219
21) ed. Castellane, *Journal* I p.113
22) ed. Summerville, *Napoleon's Expedition to Russia* p.25
23) ed. Summerville, *Napoleon's Expedition to Russia* p.26
24) Cartwright and Biddiss, *Disease and History* p.91
25) ed. Hanoteau, *With Napoleon in Russia* pp.66-7
26) CG12 no.51150 p.829, July 8, 1812.
27) ed. Brett-James, *Eyewitness Accounts* p.47
28) Cartwright and Biddiss, *Disease and History* pp.83ff
29) Cartwright and Biddiss, *Disease and History* p.91
30) CG12 no.31201 p.858, July 12, 1812.
31) Rose, *Napoleon's Campaign in Russia* pp.101-2
32) Rose, *Napoleon's Campaign in Russia* p.182
33) Cobb, *Police and the People* p.111 n.1
34) Prinzing, *Epidemics Resulting from Wars* p.106
35) Kerckhove, *Histoire des maladies* p.405
36) Kerckhove, *Histoire des maladies* pp.406-7
37) Gourgaud, *Napoleon and the Grand Army* p.12
38) ed. Castellane, *Journal* I p.113
39) CG12 no.31184 p.847, July 10, 1812.
40) ed. Brett-James, *Eyewitness Accounts* p.51
41) ed. Brett-James, *Eyewitness Accounts* p.53
42) Austin, 1812 p.160
43) Saint-Denis, *Napoleon from the Tuileries* p.66
44) Rossetti, 'Journal' pp.217-19
45) CG12 no.31261 p.889, July 19, 1812.
46) Rossetti, 'Journal' pp.217-19

47) ed. Hanoteau, *With Napoleon in Russia* p.634

48) ed. Markham, *Imperial Glory* p.262, Smith, *Data Book* p.382

49) CG12 no.31335 p.926, July 26, 1812.

50) CG12 nos.31291, 31337 p.904, July 22, 1812, p.927, July 26, 1812.

51) ed. Summerville, *Napoleon's Expedition to Russia* p.34

52) ed. Summerville, *Napoleon's Expedition to Russia* p.35

53) Labaume, *The Crime of* 1812 p.80

54) ed. Summerville, *Napoleon's Expedition to Russia* p.36

55) CG12 no.31396 p.952, August 2, 1812.

56) ed. Summerville, *Napoleon's Expedition to Russia* p.38

57) Nicolson, *Napoleon*: 1812 p.99

58) ed. Roncière, *Letters to Marie-Louise* p.86

59) ed. Summerville, *Napoleon's Expedition to Russia* p.40

60) CG12 no.31435 p.971, August 7, 1812.

61) ed. Summerville, *Napoleon's Expedition to Russia* p.44

62) ed. Summerville, *Napoleon's Expedition to Russia* p.45

63) ed. Summerville, *Napoleon's Expedition to Russia* pp.41-4

64) Fain, *Manuscrit de* 1812 I pp.321-4

65) ed. Castellane, *Journal* I p.112

66) ed. Summerville, *Napoleon's Expedition to Russia* p.50, ed. Haythornthwaite, *Final Verdict* p.223

67) ed. Summerville, *Napoleon's Expedition to Russia* p.284 n.5

68) ed. Summerville, *Napoleon's Expedition to Russia* p.67

69) ed. Latimer, *Talks* p.159

70) Rossetti, 'Journal' pp.232-3

71) Rapp, *Memoirs* p.193

72) ed. Summerville, *Napoleon's Expedition to Russia* pp.61-2

73) ed. Summerville, *Napoleon's Expedition to Russia* p.61

74) Lochet, 'The Destruction of the Grande Armée' *passim*

75) ed. Summerville, *Napoleon's Expedition to Russia* p.68

76) ed. Summerville, *Napoleon's Expedition to Russia* p.265

77) CG12 no.31608 pp.1046-7, August 26, 1812.

78) ed. Kerry, *The First Napoleon* p.20

79) Girod de l'Ain, *Dix ans* pp.252-4

80) CG12 no.31610 p.1047, August 26, 1812.

81) Wesling, *Napoleon* p.154

82) CG12 no.31659 p.1071, September 2, 1812.

83) CG12 no.31666 p.1075, September 3, 1812.

84) CG12 no.31671 pp.1076-7, September 3, 1812.

85) Cartwright and Biddiss, *Disease and History* p.94

86) Fain, *Manuscrit de* 1812 II p.8

87) Castelot, *La Campagne* p.143.

88) Bausset, *Private Memoirs* p.315, Weigley, *Age of Battles* p.449, Cartwright and Biddiss, *Disease and History* p.94, Forrest, *Napoleon* p.308

89) ed. Summerville, *Napoleon's Expedition to Russia* p.82, *TLS* 10/4/1959 p.206, Brett-James, *Eyewitness Accounts* p.131

90) ed. Bell, *Baron Lejeune* II pp.216-18

91) Rapp, *Memoirs* p.201, ed. Bell, *Baron Lejeune* II pp.205-6, Fain, *Manuscrit de* 1812 II p.11

92) CN24 no.19182 p.207

93) Rapp, *Memoirs* p.202

94) Rapp, *Memoirs* p.203

95) Fain, *Manuscrit de* 1812 II p.19

96) ed. Summerville, *Napoleon's Expedition to Russia* p.75

97) ed. Summerville, *Napoleon's Expedition to Russia* p.82

98) Fain, *Manuscrit de* 1812 II p.41

99) ed. Summerville, *Napoleon's Expedition to Russia* p.73

100) Headley, *Imperial Guard* p.127

101) Headley, *Imperial Guard* p.127

102) Bausset, *Private Memoirs* p.320

103) Rapp, *Memoirs* p.208

104) ed. Summerville, *Napoleon's Expedition to Russia* pp.82, 84

105) ed. Summerville, *Napoleon's Expedition to Russia* p.73

106) Smith, *Data Book* pp.389-90

107) CG12 no.31678 p.1080, September 8, 1812.

108) Bausset, *Private Memoirs* p.319

109) ed. Latimer, *Talks* p.158

110) Dumas, *Memoirs* II p.440
111) Fain, *Manuscrit de* 1812 II p.45
112) Pawly, *Red Lancers* pp.37–8
113) ed. North, *With Napoleon's Guard* p.61
114) ed. Summerville, *Napoleon's Expedition to Russia* p.70

25장 후퇴

'나폴레옹의 말로 알려져 있음' 출전: ed. Chandler, *Napoleon's Military Maxims*. '나폴레옹 군사 좌우명 제6번' 출전: ed. Chandler, *Napoleon's Military Maxims*

1) Bausset, *Private Memoirs* p.319
2) ed. Summerville, *Napoleon's Expedition to Russia* p.86
3) CG12 no.31708 p.1091, September 10, 1812.
4) Palmer, *Napoleon in Russia* p.132
5) ed. Brett-James, *Eyewitness Accounts* p.144, Merridale, *Red Fortress* p.211
6) Vaskin, 'Three Mistakes of Napoleon' p.1, Soltyk, *Napoléon en* 1812 pp.26–70
7) ed. Summerville, *Napoleon's Expedition to Russia* p.90
8) ed. Brett-James, *Eyewitness Accounts* p.172
9) ed. Summerville, *Napoleon's Expedition to Russia* p.90, Olivier, *Burning of Moscow* p.43
10) Merridale, *Red Fortress* p.212
11) ed. Summerville, *Napoleon's Expedition to Russia* p.90
12) Merridale, *Red Fortress* p.211
13) Olivier, *Burning of Moscow* p.189, Rostopchine, *L'Incendie de Moscou* p.103
14) Rapp, *Memoirs* p.210, ed. Kerry, *The First Napoleon* p.24, Merridale, *Red Fortress* p.216
15) Cockburn, *Buonaparte's Voyage* p.18
16) Merridale, *Red Fortress* p.216
17) ed. Summerville, *Napoleon's Expedition to Russia* p.96
18) ed. Summerville, *Napoleon's Expedition to Russia* p.94
19) ed. Summerville, *Napoleon's Expedition to Russia* p.97
20) Merridale, *Red Fortress* p.211
21) ed. Fleischmann, *L'Epopee Impériale* p.266

22) Peyrusse, *Mémorial et Archives* p.97
23) Merridale, *Red Fortress* p.211
24) Ebrington, *Memorandum* p.12
25) Ebrington, *Memorandum* p.12
26) Merridale, *Red Fortress* p.211
27) SHD GR C2/167
28) Fain, *Manuscrit de* 1812 II pp.93-94
29) Fain, *Manuscrit de* 1812 II p.95
30) Fain, *Manuscrit de* 1812 II p.96
31) Fain, *Manuscrit de* 1812 II p.97
32) ed. Summerville, *Napoleon's Expedition to Russia* p.100
33) ed. Latimer, *Talks* p.158
34) eds. Kagan and Higham, *Military History of Tsarist Russia* p.118
35) Fain, *Manuscrit de* 1812 II p.99
36) CG12 no.31731 p.1101, September 18, 1812.
37) CG12 no.31736 p.1103, September 20, 1812.
38) ed. Bingham, *Selection* III p.176
39) ed. North, *With Napoleon's Guard* p.37
40) SHD GR C2/524, Austin, 1812 pp.156-7
41) ed. Castellane, *Journal* I p.161
42) Bausset, *Private Memoirs* pp.330-31
43) Rapp, *Memoirs* p.210
44) Merridale, *Red Fortress* p.215
45) Lieven, *Russia against Napoleon* pp.89, 134-5
46) CG12 no.31411 p.959, August 5, 1812.
47) ed. Bingham, *Selection* III p.199
48) ed. Summerville, *Napoleon's Expedition to Russia* p.109
49) CG12 no.31862 pp.1160-61, October 6, 1812.
50) CG12 no.31863 p.1161, October 6, 1812.
51) Fain, *Manuscrit de* 1812 II p.55
52) Fain, *Manuscrit de* 1812 II pp.151-2
53) Fain *Manuscrit de* 1812 II p.152
54) Bausset, *Private Memoirs* p.336

55) ed. Roncière, *Letters to Marie-Louise* p.115
56) Adlerfeld, *King Charles* XII III p.96n
57) Fain, *Manuscrit de* 1812 II p.152
58) Labaume, *Crime of* 1812 p.168
59) Smith, *Data Book* p.395, ed. Summerville, *Napoleon's Expedition to Russia* p.123, Rothenberg, *Art of Warfare* p.130
60) ed. Castellane, *Journal* I p.171
61) CG12 nos.31938, 31941 pp.1201–3, October 18, 1812.
62) Merridale, *Red Fortress* p.215
63) CG12 no.31958 p.1211, October 21, 1812.
64) Austin, 1812 p.184
65) Labaume, *Crime of* 1812 p.183
66) ed. Summerville, *Napoleon's Expedition to Russia* pp.132–5, Bausset, *Private Memoirs* p.33, Fain, *Manuscrit de* 1812 II p.250
67) ed. Hanoteau, *With Napoleon in Russia* p.298
68) Fain, *Manuscrit de* 1812 II p.253
69) CG12 no.32019 p.1240, November 6, 1812.
70) ed. Summerville, *Napoleon's Expedition to Russia* pp.136–8
71) ed. Summerville, *Napoleon's Expedition to Russia* pp.136–8
72) ed. Summerville, Napoleon's Expedition to Russia p.138
73) CG12 no.31971 p.1219, October 26, 1812.
74) ed. Latimer, *Talks* p.159
75) Labaume, *Crime of* 1812 p.185
76) Labaume, *Crime of* 1812 p.186
77) Labaume, *Crime of* 1812 p.189
78) Labaume, *Crime of* 1812 p.193
79) Labaume, *Crime of* 1812 p.195
80) Labaume, *Crime of* 1812 p.218
81) Wilson, *Narrative of Events* pp.225–60
82) Labaume, *Crime of* 1812 p.163
83) Labaume, *Crime of* 1812 p.206
84) Bell, *First Total War* p.261
85) *The Nation*, 16/7/1896 p.45

86) ed. Tulard, *Cambacérès: lettres inédites* p.14

87) Emsley, *Gendarmes and the State* p.62, Rovigo, *Mémoires* VI pp.4, 53, Lavalette, *Memoirs* pp.105–9, Lentz, *La conspiration du Général Malet* p.271n, Cobban, *Modern France* II p.60, ed. Lacour-Gayet, *Chancellor Pasquier* pp.120–21, eds. Dwyer and McPhee, *The French Revolution and Napoleon* p.188

88) Dague, 'Henri Clarke' p.10 n.25

89) ed. Noailles, *Count Molé* p.129

90) Lavalette, *Memoirs* p.109

91) Fain, *Manuscrit de* 1812 II p.285

92) Guérard, *Reflections* p.91

93) ed. Brett-James, *Eyewitness Accounts* pp.233–9

94) Langeron, *Mémoires de Langeron* p.93

95) Wilson, *Narrative of Events* pp.255–60

96) eds. Hennet and Martin, *Lettres interceptées* p.319

97) CG12 no.32026 p.1242

98) Labaume, *Crime of* 1812 p.224

99) Rose, *Napoleon's Campaign in Russia* p.105

100) Smith, *Data Book* p.404

101) ed. Bingham, *Selection* III p.184

102) Bausset, *Private Memoirs* p.349

103) ed. Brett-James, *Eyewitness Accounts* p.207

104) Bausset, *Private Memoirs* p.350

105) Langeron, *Mémoires de Langeron* p.89

106) ed. Cisterne, *Journal de marche* pp.140–45

107) Mikaberidze, *The Battle of the Berezina passim*

108) Rossetti, 'Journal du Général Rossetti' p.33

109) CG12 no.32071 p.1270, November 24, 1812.

110) Saint-Cyr, *Mémoires* III pp.230–31

111) ed. Cisterne, *Journal de marche* pp.140–45

112) Rossetti, 'Journal du Général Rossetti' p.37

113) Fain, *Manuscrit de* 1812 II p.329

114) ed. Cisterne, *Journal de marche* pp.140–45

115) ed. Cisterne, *Journal de marche* pp.140–45

116) ed. Cisterne, *Journal de marche* pp.140-45
117) ed. Brett-James, *Eyewitness Accounts* p.256
118) ed. Brett-James, *Eyewitness Accounts* pp.256-7
119) Rossetti, 'Journal du Général Rossetti' p.39
120) Rossetti, 'Journal du Général Rossetti' p.38
121) ed. Brett-James, *Eyewitness Accounts* p.258
122) ed. Brett-James, *Eyewitness Accounts* p.246
123) ed. Raeff, *Napoleonic Foot Soldier* p.81
124) Kiley, *Once There Were Titans* p.196
125) CG12 no.32079 p.1276, November 27, 1812.
126) ed. Brett-James, *Eyewitness Accounts* p.260
127) Langeron, *Mémoires de Langeron* p.218
128) ed. Brett-James, *Eyewitness Accounts* p.262
129) CG12 no.32084 p.1278, November 29, 1812.
130) ed. Markham, *Imperial Glory* pp.310-13
131) Clark, *Iron Kingdom* p.356
132) Namier, *Vanished Supremacies* pp.1-3
133) ed. Noailles, *Count Molé* p.164
134) Clark, *Iron Kingdom* pp.358-90
135) CN24 no.19490, p.430
136) ed. Hanoteau, *With Napoleon in Russia* I p.203
137) Cartwright and Biddiss, *Disease and History* p.98
138) Schneid, 'The Dynamics of Defeat' pp.7-8
139) Labaume, *Crime of* 1812 p.205
140) *The Nation* 16/7/1896 p.46
141) Rapp, *Memoirs* p.250
142) ed. Bingham, *Selection* III p.195
143) Fain, *Manuscrit de* 1813 I p.8
144) Rapp, *Memoirs* p.24
145) SHD GR21.YC/679
146) SHD GR21.YC/36
147) Kiley, *Once There Were Titans* p.293 n.3
148) ed. Raeff, *Napoleonic Foot Soldier* p.xxvi

149) Schneid, 'The Dynamics of Defeat' p.12

150) Eidahl, 'Marshal Oudinot' p.14, Labaume, *Crime of* 1812 p.233

151) ed. Brett-James, *Eyewitness Accounts* p.282

26장 회복

'1813년 3월 몰레가 나폴레옹에게' 출전: ed. Noailles, *Count Mole* p.193. '1813년 7월 메테르니히가 나폴레옹에 관해' 출전: ed. Metternich, *Memoirs* I p.283

1) Saint-Cyr, *Mémoires* IV p.2

2) ed. Noailles, *Count Molé* p.138

3) ed. Hanoteau, *Memoirs of Queen Hortense* II p.51

4) Bowden, *Napoleon's Grande Armée* pp.27-8, CN25 no.19689 p.51

5) ed. Noailles, *Count Molé* p.147, Lamy, 'La cavalerie française' p.40

6) Schroeder, 'Napoleon's Foreign Policy' p.152

7) ed. Butler, Baron *Thiébault* II p.373

8) Blaze, Life in *Napoleon's Army* p.3

9) ed. Chandler, *Napoleon's Marshals* pp.30-32

10) CN24 no.19388 p.341

11) ed. Bingham, *Selection* III p.209

12) Evstafiev, *Memorable Predictions* p.71

13) Fain, *Manuscrit de* 1813 I p.8

14) CN24 no.19462 p.402

15) CN24 no.19424 p.368

16) CN24 no.19402 p.354

17) Fain, *Manuscrit de* 1813 I pp.193-5

18) Bausset, *Private Memoirs* p.373

19) ed. Noailles, *Count Molé* p.168

20) ed. Noailles, *Count Molé* p.156

21) CN25 no.19910 p.232

22) ed. Noailles, *Count Molé* p.161

23) ed. Noailles, *Count Molé* p.161

24) ed. Noailles, *Count Molé* p.162
25) ed. Noailles, *Count Molé* p.163
26) ed. Noailles, *Count Molé* p.172
27) Fain, *Manuscrit de* 1813 I pp.77, 219-23
28) CN24 no.19581 p.520
29) Schmidt, 'Idea and Slogan' pp.610-13
30) McPhee, *Social History* p.87, Woloch, *New Regime* pp.152-3
31) CN24 no.19608 p.539
32) CN24 no.19457 p.397
33) CN24 no.19625 p.556
34) Simms, *Struggle for Mastery* pp.75-82
35) Simms, *Europe* p.173
36) Leggiere, *Napoleon and Berlin passim*
37) CN27 no.21231 pp.150 – 51
38) CN25 no.19664 p.30
39) CN25 no.19688 pp.46-51
40) CN25 no.19706 pp.70-72
41) CN25 no.19659 p.25
42) CN25 no.19632 p.5
43) CN25 no.19640 p.9
44) ed. Noailles, *Count Molé* p.193
45) ed. Noailles, *Count Molé* p.194
46) ed. Noailles, *Count Molé* p.195
47) Ashby, *Napoleon against Great Odds* p.15
48) ed. Roncière, *Letters to Marie-Louise* p.140
49) CN25 no.19647 p.15
50) CN25 no.19914 pp.235-6
51) Johnson, *Napoleon's Cavalry* p.22
52) CN25 no.19941 p.253
53) CN25 no.19977 p.276
54) Bausset, *Private Memoirs* p.375
55) Wood, 'Forgotten Sword' p.81
56) Fain, *Manuscrit de* 1813 I p.349

57) Brett-James, *Europe Against Napoleon* p.23
58) CN25 no.19951 pp.258-62
59) Brett-James, *Europe Against Napoleon* p.24
60) ed. Roncière, *Letters to Marie-Louise* p.149
61) CN25 no.19963 pp.268-9
62) ed. Markham, *Imperial Glory* pp.33-7
63) CN25 no.19899 pp.222-3
64) ed. Roncière, *Letters to Marie-Louise* p.152, Fain, *Manuscrit de* 1813 I pp.374-7
65) CN25 no.19994 p.285
66) ed. Roncière, *Letters to Marie-Louise* p.154
67) ed. Bingham, *Selection* III p.240
68) CN25 no.20017 pp.299-300
69) ed. Roncière, *Letters to Marie-Louise* p.157
70) CN25 no.20029 and 20030 pp.307-8
71) Rovigo, *Mémoires* VI p.102
72) ed. Roncière, *Letters to Marie-Louise* p.158
73) CN25 no.20042 pp.321-2
74) Ebrington, *Memorandum* pp.18-19
75) ed. Roncière, *Letters to Marie-Louise* p.160
76) CN25 no.20096 p.368
77) CN25 no.20070 pp.346-7
78) Clark, *Iron Kingdom* p.365
79) CN25 no.20140 pp.393-7
80) CN25 no.20070 p.347
81) Fain, *Manuscrit de* 1813 I p.449
82) ed. Bingham, *Selection* III p.250
83) Fain, *Manuscrit de* 1813 II pp.26-31
84) Fain, *Manuscrit de* 1813 II pp.26-31
85) Fain, *Manuscrit de* 1813 II pp.26-31
86) CN25 no.20119 p.382
87) Bausset, *Private Memoirs* p.383
88) ed. Roncière, *Letters to Marie-Louise* p.169
89) Price, 'Napoleon and Metternich in 1813' pp.482-503

90) Price, 'Napoleon and Metternich in 1813' p.503, CN25 no.20175 pp.423-6, Fain, *Manuscrit* de 1813 II pp.36-42, Ashby, *Napoleon against Great Odds* p.15, ed. Metternich, *Memoirs* I p.413 n.67 and II pp.538-40
91) Price, 'Napoleon and Metternich in 1813' p.501
92) CN25 no.20175 pp.423-6
93) Price, 'Napoleon and Metternich in 1813' pp.494, 503
94) ed. Metternich, *Memoirs* I pp.185-8
95) ed. Metternich, *Memoirs* I p.190
96) CN25 no.20175 pp.423-6
97) ed. Roncière, *Letters to Marie-Louise* p.169
98) ed. Roncière, *Letters to Marie-Louise* p.171
99) ed. Latimer, *Talks* p.143
100) ed. Roncière, *Letters to Marie-Louise* pp.171-2
101) Sked, *Radetsky* p.41
102) Fain, *Manuscrit de* 1813 II pp.79-80
103) CN26 no.20327 pp.2-3
104) Fain, *Manuscrit de* 1813 II p.93

27장 라이프치히

'1804년 12월 나폴레옹이 〈모니퇴르〉에 발표한 성명' 출전: CN10 no.8237 p.116. '나폴레옹 군사 좌우명 제25번' 출전: ed. Chandler, *Military Maxims* p.145

1) ed. Walter, *Las Cases* p.xv
2) Odeleben, *Circumstantial Narrative* II p.189
3) Lamy, 'La cavalerie française' pp.42-3
4) Menzl, *Germany* IV p.1585
5) CN26 no.20375 pp.48-9
6) CN26 no.20360 pp.34-6
7) Chandler, *Campaigns of Napoleon* pp.900-902
8) Gallaher, 'Political Considerations and Strategy' p.68 n.2
9) Gallaher, 'Political Considerations and Strategy' p.68

10) CN26 nos.20381 and 20390 pp.71–2, 80–82
11) ed. Roncière, *Letters to Marie-Louise* p.184
12) ed. Roncière, *Letters to Marie-Louise* p.186
13) Eidahl, 'Marshal Oudinot' p.15
14) ed. Roncière, *Letters to Marie-Louise* p.186
15) CN26 no.20445 pp.118–19
16) ed. Bingham, *Selection* III p.262
17) Karlen, *Napoleon's Glands* p.11
18) ed. Chandler, *Military Maxims* p.165
19) *TLS* 12/5/1927 p.325
20) Smith, *Data Book* pp.443–5
21) ed. Latimer, *Talks* p.254 and n.1
22) ed. Bingham, *Selection* III p.266
23) ed. Roncière, *Letters to Marie-Louise* p.190
24) ed. Roncière, *Letters to Marie-Louise* pp.190–91
25) ed. Roncière, *Letters to Marie-Louise* p.191
26) CN26 no.20482 p.147
27) ed. Bingham, *Selection* III p.267
28) Clark, *Iron Kingdom* p.367, Nafziger, *Napoleon at Leipzig* p.70
29) Chandler, *On the Napoleonic Wars* p.112
30) Smith, *Data Book* pp.446–7
31) eds. Tulard and Garros, *Itinéraire* p.423, Fain, *Manuscrit de 1813* II p.312
32) eds. Tulard and Garros, *Itineraire* p.423, Fain, *Manuscrit de 1813* II p.312
33) CN26 no.20546 p.190
34) ed. Butler, *Baron Thiébault* II p.381
35) Fain, *Manuscrit de 1813* II pp.351–2
36) ed. Bingham, *Selection* III p.277
37) Shoberl, *Narrative* p.vii
38) CN26 no.20791–3 pp.349–52
39) Odeleben, *Circumstantial Narrative* II p.312
40) Odeleben, *Circumstantial Narrative* II pp.315–16
41) Odeleben, *Circumstantial Narrative* I p.187, CN26 no.20809 pp.361–2
42) Clark, *Iron Kingdom* p.367

43) Smith, *Data Book* pp.461–70, Lamy, 'La cavalerie française' p.43

44) ed. Fleischmann, *L'Épopée Imperiale* p.323

45) Nafziger, *Napoleon at Leipzig* p.113

46) ed. Pope, *Cassell Dictionary* p.299

47) Fain, *Manuscrit de 1813* II pp.410–11

48) Fain, *Manuscrit de 1813* II p.412

49) eds. Tulard and Garros, *Itinéraire* p.426

50) Brett-James, *Europe Against Napoleon* p.164

51) Bruyere-Ostells, *Leipzig* p.177

52) Nafziger, *Napoleon at Leipzig* p.189

53) eds. Nafziger et al., *Poles and Saxons* pp.244–5

54) Smith, *1813 Leipzig* p.188

55) Smith, *1813 Leipzig* p.189

56) Fain, *Manuscrit de 1813* II p.432

57) Odeleben, *Circumstantial Narrative* II p.42n

58) Odeleben, *Circumstantial Narrative* II p.43

59) ed. Davis, *Original Journals* p.400, CN26 no.20830 p.378

60) Clark, *Iron Kingdom* p.371

61) ed. Brindle, *With Napoleon's Guns* p.187n

62) Odeleben, *Circumstantial Narrative* II p.45n

63) ed. Haythornthwaite, *Final Verdict* p.300

64) Ashby, *Napoleon against Great Odds* p.17

65) CN26 no.20830 pp.374–9

66) ed. Roncière, *Letters to Marie-Louise* p.200

67) ed. Barrès, *Memoirs* p.193

68) Fain, *Memoirs of the Invasion* p.1

69) ed. Lacour-Gayet, *Chancellor Pasquier* p.139

70) Koebner, *Empire* p.284, Fain, *Memoirs of the Invasion* p.6

71) Fain, *Memoirs of the Invasion* p.8

72) CN26 no.20886 p.424

73) CN26 no.20895 p.429

74) CN26 no.20902 pp.434–5

75) ed. Lacour-Gayet, *Chancellor Pasquier* p.139 n.10

76) Rovigo, *Mémoires* VI p.239
77) Fain, *Memoirs of the Invasion* p.11
78) Watson, *Reign of George* III p.560
79) ed. Bingham, *Selection* III p.286, Fain, Memoirs of the Invasion p.12
80) ed. Bingham, *Selection* III p.286
81) Cobban, *Modern France* II p.62
82) Ashby, *Napoleon against Great Odds* p.1
83) Rovigo, *Mémoires* VI p.262

28장 저항

'나폴레옹 군사 좌우명 제10번' 출전: ed. Chandler, *Military Maxims* p.114. '나폴레옹,《카이사르의 전쟁》' 출전: CN32 p.47

1) Crouzet, 'The Second Hundred Years War' p.441
2) Ashby, *Napoleon against Great Odds* p.183
3) Elting, *Swords* p.329
4) CG7 no.15830 p.875, June 4, 1807.
5) Ashby, *Napoleon against Great Odds* p.4
6) Dziewanowski, 'Napoleon' p.91
7) Las Cases, *Memorial* I p.232
8) Richardson, *French Prefectoral Corps* pp.44-6, Cobban, *Modern France* II p.25
9) Daly, *Inside Napoleonic France* p.255
10) Pigeard, *La Conscription* pp.269-70
11) Price, 'Napoleon and Metternich' p.500
12) Pelet, *Napoleon in Council* p.261
13) Pelet, *Napoleon in Council* p.267
14) Markham, *Awakening of Europe* p.174
15) Guérard, *Reflections* p.94
16) D'Abrantès, *At the Court* p.21
17) ed. Bingham, *Selection* III p.293
18) ed. Bingham, *Selection* III p.298

19) Rovigo, *Mémoires* VI p.289
20) ed. Bingham, *Selection* III p.313
21) Fain, *Memoirs of the Invasion* p.48
22) ed. Lacour-Gayet, *Chancellor Pasquier* p.145, Rovigo, *Mémoires* VI p.301
23) Boigne, *Mémoires* pp.280-81
24) ed. Lacour-Gayet, *Chancellor Pasquier* p.138
25) ed. Bingham, *Selection* III p.301
26) ed. Latimer, *Talks* p.39
27) Fain, *Memoirs of the Invasion* pp.77-80
28) ed. Bingham, *Selection* III p.301
29) ed. North, *Napoleon on Elba*, p.63
30) Fain, *Memoirs of the Invasion* p.79, ed. Fleischmann, *L'Épopée Impériale* pp.346-7
31) ed. Roncière, *Letters to Marie-Louise* p.206
32) Stanhope, *Notes of Conversations* p.6
33) ed. Bingham, *Selection* III p.302
34) ed. Bingham, *Selection* III p.302
35) Fain, *Memoirs of the Invasion* p.94
36) ed. Gallatin, *Diary of James Gallatin* p.53
37) ed. Bingham, *Selection* III p.320
38) ed. Roncière, *Letters to Marie-Louise* p.207
39) ed. Roncière, *Letters to Marie-Louise* p.209
40) ed. Roncière, *Letters to Marie-Louise* p.209
41) ed. Bingham, *Selection* III p.302
42) ed. Bingham, *Selection* III p.306
43) ed. Roncière, *Letters to Marie-Louise* p.212
44) ed. Roncière, *Letters to Marie-Louise* p.213, Fain, *Memoirs of the Invasion* p.97
45) ed. Roncière, *Letters to Marie-Louise* p.214
46) Fain, *Memoirs of the Invasion* p.102
47) ed. Roncière, *Letters to Marie-Louise* p.215
48) Smith, *Data Book* p.496
49) ed. Roncière, *Letters to Marie-Louise* pp.216-17
50) Innocenti, 'Souls Not Wanting' p.56
51) Cobban, *Modern France* II p.62, ed. Roncière, *Letters to Marie-Louise* p.204

52) ed. Bingham, *Selection* III p.315
53) Fain, *Memoirs of the Invasion* p.116
54) ed. Bingham, *Selection* III p.317
55) ed. Fleischmann, *L'Épopée Impériale* p.358
56) ed. Bingham, *Selection* III p.317
57) ed. Bingham, *Selection* III p.316
58) ed. Bingham, *Selection* III p.325
59) ed. Bingham, *Selection* III pp.322-3
60) ed. Bingham, *Selection* III p.321
61) Lentz, *L'Effondrement* p.570
62) ed. Roncière, *Letters to Marie-Louise* p.233
63) ed. Roncière, *Letters to Marie-Louise* p.234
64) Foch, 'La Battaille de Laon' p.11
65) ed. Roncière, *Letters to Marie-Louise* pp.236-7
66) ed. Roncière, *Letters to Marie-Louise* p.237
67) ed. Roncière, *Letters to Marie-Louise* p.238
68) AN 440 AP 12
69) Ross, *Reluctant King* p.228
70) Marmont, *Memoirs* p.69
71) ed. Roncière, *Letters to Marie-Louise* p.241
72) ed. Roncière, *Letters to Marie-Louise* p.241
73) Bausset, *Private Memoirs* p.425, ed. North, *Napoleon on Elba* p.27, McLynn, *Napoleon* p.584, Anon., 'More about Napoleon' p.228
74) ed. Roncière, *Letters to Marie-Louise* p.245, ed. North, *Napoleon on Elba* p.64
75) Chardigny, L'Homme Napoléon pp.154-5
76) Ashby, *Napoleon against Great Odds* p.272
77) ed. Latimer, *Talks* pp.87-8
78) ed. Roncière, *Letters to Marie-Louise* p.245
79) ed. LacourGayet, *Chancellor Pasquier* p.146, Bausset, *Private Memoirs* pp.398-402
80) ed. Roncière, *Letters to Marie-Louise* p.249
81) Bausset, *Private Memoirs* p.405
82) ed. Roncière, *Letters to Marie-Louise* p.249
83) Lavalette, *Memoirs* p.121, Mikaberidze, 'Russian Eagles over the Seine' pp.155-6

84) eds. Tulard and Garros, *Itinéraire* p.444
85) Lavalette, *Memoirs* p.122
86) ed. Gallatin, *Diary of James Gallatin* p.53, Hobhouse, *Substance of Some Letters* p.226
87) INV AA 1751-1758., 1761.
88) Lavalette, *Memoirs* p.123, Mikaberidze, 'Russian Eagles over the Seine' p.158
89) Bourrienne, *Memoirs* IV p.230
90) Waresquiel, *Talleyrand* p.125
91) Lentz, *L'Effondrement* p.568
92) Lentz, *L'Effondrement* p.569
93) Innocenti, 'Souls Not Wanting' p.51
94) Houssaye, *Campaign of 1814* p.502
95) ed. Rousset, *Recollections of Marshal Macdonald* II pp.246-7
96) Lentz, *L'Effondrement* p.572
97) Hobhouse, *Recollections* I p.183, ed. North, *Napoleon on Elba* p.65
98) Cronin, *Napoleon* p.554, Raguse, *Mémoires* VI p.274
99) Houssaye, *Campaign of 1814* p.499

29장 엘바

'메테르니히,《회고록》' 출전: Metternich, *Memoirs* III pp.338-9. '1815년 노섬벌랜드함 선상에서 나폴레옹이' 출전: Warden, *Letters Written on Board HMS Northumberland* p.58

1) Lentz, *L'Effondrement* p.570, ed. Cisterne, *Journal de marche* p.250, ed. Park, *Napoleon in Captivity* p.36
2) Houssaye, *The Campaign of 1814* p.507, Lentz, *L'Effondrement* p.573, Fain, *Memoirs of the Invasion* p.212
3) Houssaye, *The Campaign of 1814* p.507
4) Houssaye, *The Campaign of 1814* p.508
5) SHD GR6.YD/1
6) ed. Cottin, *Souvenirs de Roustam* p.191
7) Houssaye, *The Campaign of 1814* p.508
8) Houssaye, *Campaign of 1814* p.511

9) Kauffmann, *Black Room at Longwood*, p.xvii

10) ed. North, *Napoleon on Elba* p.32 n.31

11) ed. Rousset, *Recollections of Marshal Macdonald* II p.197

12) ed. North, *Napoleon on Elba* p.17

13) ed. Roncière, *Letters to Marie-Louise* p.258

14) Bausset, *Private Memoirs* p.423

15) Fain, *Memoirs of the Invasion* p.258; Philip Dwyer는 4월 7일로 본다. in eds. Dwyer and McPhee, *The French Revolution and Napoleon* p.191; Wairy는 4월 11일이라고 말한다. in ed. Jones, *Napoleon: An Intimate Account* p.420

16) Saint-Denis, *Napoleon from the Tuileries to St Helena* p.66

17) ed. Cottin, *Souvenirs de Roustam* pp.196-7, ed. Roncière, *Letters to Marie-Louise* p.262

18) Montholon, *History of the Captivity* III p.135, Fain, *Memoirs of the Invasion* p.259

19) ed. Roncière, *Letters to Marie-Louise* p.263

20) Lentz, *L'Effondrement* p.574, Fain, *Memoirs of the Invasion* p.259

21) ed. Rousset, *Recollections of Marshal Macdonald* II p.199

22) ed. Rousset, *Recollections of Marshal Macdonald* II p.199

23) ed. Cottin, *Souvenirs de Roustam* p.198

24) ed. North, *Napoleon on Elba* p.14

25) Fain, *Memoirs of the Invasion* p.264

26) Kerry, *First Napoleon* pp.71-2

27) ed. Jones, N*apoleon: An Intimate Account* p.420

28) ed. North, *Napoleon on Elba* p.30

29) ed. North, *Napoleon on Elba* p.18

30) ed. North, *Napoleon on Elba* p.19

31) ed. North, *Napoleon on Elba* pp.37-8, 46

32) ed. North, *Napoleon on Elba* p.20

33) ed. North, *Napoleon on Elba* p.27

34) ed. North, *Napoleon on Elba* p.25

35) ed. North, *Napoleon on Elba* p.27

36) Montholon, *History of the Captivity* I p.1

37) Wolff, *Island Empire* pp.158-9

38) ed. Latimer, *Talks* p.167

39) ed. North, *Napoleon on Elba* pp.31-2

40) ed. North, *Napoleon on Elba* p.32

41) ed. North, *Napoleon on Elba* p.33

42) Wolff, *Island Empire* p.159, Fain, *Memoirs of the Invasion* p.267

43) ed. North, *Napoleon on Elba* pp.34–5, Wolff, *Island Empire* pp.159–60, Rovigo, *Mémoires* VII pp.212–13, AN 400AP/5

44) ed. Roncière, Letters to *Marie-Louise* p.269

45) ed. North, *Napoleon on Elba* p.39

46) ed. North, *Napoleon on Elba* p.47

47) BNF NAF 20071 p.2

48) ed. Rose, *Napoleon's Last Voyages* p.32

49) ed. North, *Napoleon on Elba* p.47

50) ed. Rose, *Napoleon's Last Voyages* p.36

51) ed. Rose, *Napoleon's Last Voyages* p.46

52) ed. Rose, *Napoleon's Last Voyages* p.51

53) ed. Rose, *Napoleon's Last Voyages* p.52

54) Branda, *Le prix de la gloire* p.62

55) Branda, *Le prix de la gloire* p.64, ed. Rose, *Napoleon's Last Voyages* p.52

56) ed. Bingham, *Selection* II p.4, ed. North, *Napoleon on Elba* p.31

57) ed. Rose, *Napoleon's Last Voyages* p.52, ed. North, *Napoleon on Elba* p.62, Wolff, *Island Empire* pp.8–9, Houssaye, *The Return of Napoleon* p.4

58) ed. Tarbell, *Napoleon's Addresses* p.xvii

59) ed. North, *Napoleon on Elba* p.74

60) ed. North, *Napoleon on Elba* p.81

61) ed. Latimer, *Talks* p.138 n.2 and p.56

62) ed. Cerf, *Letters to Josephine* p.234

63) ed. Kerry, *First Napoleon* p.99

64) ed. North, *Napoleon on Elba* p.105

65) Christophe, *Napoleon on Elba* p.138

66) ed. Roncière, *Letters to Marie-Louise* p.277

67) ed. Roncière, *Letters to Marie-Louise* p.277, ed. Palmstierna, *Dearest Louise* pp.222–3

68) Saint-Amand, *Marie-Louise and the Decadence of Empire* p.2

69) ed. Palmstierna, *Dearest Louise* p.223

70) Pocock, *Stopping Napoleon* pp.211–12, Sutherland, *Marie Walewska* pp.218ff

71) Kissinger, *A World Restored passim*
72) ed. Kerry, *First Napoleon* p.82, Ebrington, *Memorandum* p.27
73) ed. Kerry, *First Napoleon* p.95
74) ed. Kerry, *First Napoleon* p.105
75) ed. Kerry, *First Napoleon* p.95, ed. Gallatin, *Diary of James Gallatin* p.54
76) ed. North, *Napoleon on Elba* p.140
77) ed. Kerry, *First Napoleon* p.95
78) ed. Rowe, *Collaboration and Resistance* p.22
79) Forrest, *Napoleon* p.280. 몇몇 사제는 국유재산 매입자들의 성사를 거부하기까지 했다. Alexander, *Bonapartism and Revolutionary Tradition* p.3
80) Hobhouse, *Substance of Some Letters* pp.28-42, CN28 no.21714 p.30
81) Daly, *Inside Napoleonic France* p.256, McPhee, *Social History* p.88
82) Ebrington, 'Conversation' passim
83) Bodleian MS Curzon e.1. p.18
84) Fleischmann, *En Écoutant Parler* p.31
85) Alexander, *Bonapartism and Revolutionary Tradition* p.4
86) Cobban, *Modern France* II p.65
87) ed. Latimer, *Talks* p.167
88) ed. North, *Napoleon on Elba* pp.14, 159
89) ed. North, *Napoleon on Elba* pp.140 n.75, 165, Holland, *Foreign Reminiscences* p.196
90) Hobhouse, *Recollections* I pp.178-83
91) Hobhouse, *Recollections* I p.183
92) Hobhouse, *Recollections* I p.187
93) Hobhouse, *Recollections* I p.188
94) ed. North, *Napoleon on Elba* p.166
95) ed. North, *Napoleon on Elba* p.177
96) ed. North, *Napoleon on Elba* p.177 n.86
97) Fleury de Chaboulon, *Memoirs* I pp.55-6
98) ed. North, *Napoleon on Elba* p.172, Pocock, *Stopping Napoleon* p.216
99) Kircheisen, *Napoleon* p.685
100) ed. North, *Napoleon on Elba* p.172
101) ed. Hanoteau, *Queen Hortense* II p.213
102) Fraser, *Venus of Empire* p.216

103) ed. Latimer, *Talks* p.225

104) Hobhouse, *Substance of Some Letters* p.66 n.2

105) ed. North, *Napoleon on Elba* pp.188–9, Mudford, *An Historical Account* p.56

106) Hobhouse, *Substance of Some Letters* p.55

107) Hobhouse, *Substance of Some Letters* p.55

108) ed. Latimer, *Talks* p.172

109) ed. Latimer, *Talks* p.178

110) CN28 no.21682 p.3

111) CN28 no.21681 p.1

112) eds. Dwyer and McPhee, *The French Revolution and Napoleon* pp.195–6

113) Jarrett, *Congress of Vienna* p.158

114) Hobhouse, *Substance of Some Letters* p.57

115) ed. North, *Napoleon on Elba* p.179

116) ed. Latimer, *Talks* p.17

117) CN28 no.21684–6 pp.6–7

118) Cockburn, *Buonaparte's Voyage* pp.41–2, Hobhouse, *Substance of Some Letters* p.58

119) Rovigo, *Mémoires* VII pp.351–2

120) ed. Latimer, *Talks* p.55

121) ed. Latimer, *Talks* p.183

122) ed. Latimer, *Talks* p.175

123) ed. Wilson, *Diary of St Helena* p.90

124) Houssaye, *The Return of Napoleon* p.66, Reiset, *Souvenirs* III p.75

125) Waresquiel, *Les cent jours* p.241

126) Houssaye, *The Return of Napoleon* p.67, BNF Micr D71/86, *Le Moniteur* 9/3/1815

127) Thornton, *Napoleon after Waterloo* p.54

128) Atteridge, *Marshal Ney* p.170

129) Atteridge, *Marshal Ney* p.170

130) Houssaye, *Return of Napoleon* p.110

131) Houssaye, *Return of Napoleon* p.108

132) Atteridge, *Marshal Ney* p.172

133) ed. Fleischmann, *L'Épopée Impériale* pp.390–91, ed. Routier, *Récits d'un soldat* pp.175–6

134) ed. Butler, *Baron Thiébault* II pp.418–19

135) Lavalette, *Memoirs* p.154

136) Villemain, *Souvenirs* II p.48
137) Lavalette, *Memoirs* p.150

30장 워털루

'나폴레옹이 워털루 전투에 관해' 출전: Field, *Waterloo* p.22. '나폴레옹 군사 좌우명 제8번' 출전: ed. Chandler, *Military Maxims* p.109

1) Rapp, *Memoirs* p.13
2) ed. Roncière, *Letters to Marie-Louise* p.281
3) AN 286 AP3 dossier 32
4) ed. Noailles, *Count Molé* p.213
5) BNF Micr D.71/86 Le *Moniteur* 21/3/1815
6) Rapp, *Memoirs* p.4
7) ed. Cottin, *Souvenirs de Roustam*, p.xxxv
8) BNF Micr D.71/86
9) ed. Schlumberger, *Lettres* p.245
10) CN28 no.21696 p.20
11) CN28 no.21711 p.29
12) Gallaher, 'Davout and Napoleon' p.7
13) CN28 no.21896 p.177
14) SHD GR16/C21 and SHD GR 15.C/39
15) ed. Latimer, *Talks* p.187
16) CN28 no.21987 p.241
17) Marshall-Cornwall, *Marshal Masséna* p.259
18) Jourquin, *Dictionnaire des Marechaux* pp.70-71
19) SHD GR6.YD/1, ed. Butler, *Baron Thiébault* II p.420, Macirone, *Interesting Facts* pp.146-8
20) Chandler, *On the Napoleonic Wars* p.112
21) ed. Stiegler, *Récits de guerre* p.307
22) Hobhouse, *Substance of Some Letters* pp.116-17
23) Hobhouse, *Substance of Some Letters* p.118

24) CN28 nos.21813, 21948 pp.102, 214
25) Mudford, *An Historical Account* p.193
26) CN28 no.21761 p.66
27) CN28 no.21876 p.162
28) Branda, *Le prix de la gloire* p.73
29) Charvet, *Literary History* p.57
30) Cockburn, *Buonaparte's Voyage* p.72
31) Beslay, *Souvenirs* p.50, Hobhouse, *Substance of Some Letters* pp.88, 122–4, McPhee, *Social History* p.88, CN28 nos.21743 and 21753 pp.51, 60
32) CN28 no.21769 p.76
33) Hobhouse, *Substance of Some Letters* p.160
34) Hobhouse, *Substance of Some Letters* p.126
35) CN28 no.21713 p.29
36) Hobhouse, *Substance of Some Letters* p.87
37) ed. Palmstierna, *Dearest Louise* p.226
38) Hobhouse, *Substance of Some Letters* p.18
39) Hobhouse, *Substance of Some Letters* p.18
40) Bluche, *Le plébiscite* p.36 n.109, ed. Fontana, *Benjamin Constant* pp.11–13, eds. Dwyer and McPhee, *The French Revolution and Napoleon* p.199
41) Daly, *Inside Napoleonic France* p.257, ed. Rowe, *Collaboration and Resistance* p.29
42) Lavalette, *Memoirs* p.150
43) Emsley, *Napoleon* p.116, Daly, *Inside Napoleonic France* p.258
44) Alexander, *Bonapartism and Revolutionary Tradition* p.284
45) ed. Noailles, *Count Molé* p.225
46) Hobhouse, *Substance of Some Letters* p.189
47) ed. Butler, *Baron Thiébault* II p.420
48) BNF Micr D.71/86, CN28 no.21997 p.246
49) Le *Moniteur* 2/6/1815
50) Hobhouse, *Substance of Some Letters* pp.190–94, Williams, *A Narrative* p.160
51) Williams, A Narrative p.166
52) CN28 no.22030 p.265
53) CN28 no.22030 p.265
54) Thornton, *Napoleon after Waterloo* p.56

55) CN28 no.21733 p.44
56) Cockburn, *Buonaparte's Voyage* pp.45-6
57) CN28 no.22052 p.281
58) Davies, *Wellington's Wars* p.226
59) CN28 no.21999 p.249
60) Houssaye, *1815* III p.48
61) Chandler, *Campaigns of Napoleon* p.1040
62) Muir, *Tactics and the Experience of Battle* p.147
63) Hayman, *Soult* p.227
64) Field, *Waterloo* p.29
65) Rose, *Napoleon* I p.88
66) Gardner, *Quatre Bras* p.127
67) Macbride, *With Napoleon at Waterloo* p.182
68) ed. Kerry, *First Napoleon* p.117
69) Field, *Waterloo* p.31
70) ed. Latimer, *Talks* p.189
71) ed. Chandler, *Military Maxims* p.150
72) ed. Chandler, *Military Maxims* p.128
73) Fantin des Odoards, *Journal* p.431
74) Albermarle, *Fifty Years* II p.21, *Quarterly Review* July 1875 p.225, Forrest, *Napoleon* p.308
75) CG7 no.15797 p.862
76) Adkin, *Waterloo Companion* p.79
77) Albermarle, *Fifty Years* II p.23
78) Pétiet, *Souvenirs Militaires* pp.195-6
79) ed. Kerry, *First Napoleon* p.125
80) ed. Kerry, *First Napoleon* p.120
81) Forsyth, *History of the Captivity* I p.140
82) Germain, *Drouët d'Erlon* pp.175-6, Field, *Waterloo* p.32, D'Erlon, *Vie militaire* p.96
83) D'Erlon, *Vie militaire*, pp.96-7
84) Balcombe, *To Befriend* p.117
85) D'Erlon, *Vie militaire* pp.96-7, ed. Maricourt, *Général Noguès* p.270
86) Field, *Waterloo* p.33, Macbride, *With Napoleon at Waterloo* p.183
87) Saint-Denis, *Napoleon from the Tuileries to St Helena* p.113

88) Mauduit, *Les derniers jours* II p.231
89) ed. Latimer, *Talks* p.143
90) Gardner, *Quatre Bras* p.37 n.18
91) SHD GR15/C5/18 June 1815.
92) Hayman, *Soult* p.228, Houssaye *1815* III pp.244ff
93) ed. Girod de l'Ain, *Vie militaire* pp.278-9
94) Macbride, With Napoleon at Waterloo p.183
95) Gardner, *Quatre Bras* p.222
96) Adkin, *Waterloo Companion* p.79
97) Gardner, *Quatre Bras* p.236 n.148, Albermarle, *Fifty Years* p.21, *Quarterly Review* July 1875 p.225
98) SHD GR15/C5/18 June 1815, Houssaye, 1815 III pp.191-2, Hayman, *Soult* p.230
99) Field, *Waterloo* p.43
100) SHD GR15/C5/18 June 1815.
101) ed. Jennings, *Croker Papers* I p.340
102) Bonaparte, Jérôme, *Mémoires et Correspondance* VII p.95, Boudon, *Le roi Jérôme* p.442
103) ed. Lévi, *Mémoires du Capitaine Duthilt* pp.391ff
104) ed. Chandler, *Military Maxims* p.187
105) Linck, *Napoleon's Generals* p.62
106) Davies, *Wellington's Wars* p.239
107) Roberts, *Waterloo* pp.126-8
108) ed. Kerry, *First Napoleon* p.126
109) ed. Kerry, *First Napoleon* pp.126, 129
110) ed. Kerry, *First Napoleon* p.129
111) ed. Latimer, *Talks* p.189
112) D'Erlon, *Vie militaire* pp.96-8
113) ed. Brett-James, *Hundred Days* p.139
114) Ropes, *Campaign of Waterloo* p.337
115) Levasseur, *Souvenirs Militaires* pp.303-4
116) Fuller, *Decisive Battles* p.204
117) Williams, *A Narrative* p.184
118) Smith, 'General Petit's Account'
119) ed. Kerry, *First Napoleon* p.131

120) Macbride, *With Napoleon at Waterloo* pp.184-5
121) Smith, *Data Book*, p.539
122) ed. Latimer, *Talks* p.187, Lancesseur, *L'Enigme de Waterloo* p.146

31장 세인트헬레나

'나폴레옹이 마리 루이즈에게' 출전: ed. Roncière, *Letters to Marie-Louise* p.60. '나폴레옹이 평한 테미스토클레스, 출전: ed. Frayling, *Napoleon Wrote Fiction* p.37

1) ed. Lecestre, *Lettres inédites* II pp.357-8
2) ed. Haythornthwaite, *Final Verdict* p.191
3) SHD GR17.C/193
4) ed. Latimer, *Talks* p.2
5) Hobhouse, *Substance of Some Letters* p.240
6) Montholon, *History of the Captivity* I p.4
7) CN28 no.22062 p.299
8) Villepin, *Les cent jours* p.450
9) Williams, *A Narrative* pp.189-91
10) Hobhouse, *Substance of Some Letters* p.244, Unger, *Lafayette* p.345
11) Cockburn, *Buonaparte's Voyage* p.25
12) CN28 no.22061 p.293, *Le Moniteur* 21/6/1815, BNF Micr D.71/86
13) ed. Calmettes, *Général Thiébault* V pp.373-4
14) Montholon, *History of the Captivity* I p.7
15) CN28 no.22063 p.299, BNF Micr D.71/86, *Le Moniteur* 23/6/1815
16) ed. Latimer, *Talks* p.3, Lavalette, *Memoirs* p.172
17) Lavalette, *Memoirs* p.171
18) BNF Micr D.71/86, *Le Moniteur* 24/6/1815
19) ed. Jennings, *Croker Papers* I p.62
20) Rovigo, *Mémoires* VIII pp.175-6
21) ed. Jennings, *Croker Papers* I p.328
22) ed. Latimer, *Talks* p.264
23) ed. Jennings, *Croker Papers* I p.68

24) ed. Latimer, *Talks* p.12 n.2

25) Markham, 'Napoleon's Last Hours' p.39

26) Cockburn, *Buonaparte's Voyage* p.48

27) Markham, 'Napoleon's Last Hours' p.42

28) Maitland, *Surrender of Napoleon* pp.175-6, Bodleian MS Curzon d.2 *passim*

29) CN28 no.22066 p.301

30) Sherwig, *Guineas and Gunpowder* pp.345, 368

31) Rovigo, *Mémoires* IV p.161

32) *The Times* 15 July 1830.

33) Smith, *Data Book* pp.535-60

34) Markham, 'Napoleon's Last Hours' p.47

35) ed. Jones, *In Napoleon's Shadow* pp.285-6

36) Markham, 'Napoleon's Last Hours' p.48, Home, Memoirs of an Aristocrat p.212

37) Maitland, *Surrender of Napoleon* p.77

38) Home, *Memoirs of an Aristocrat* p.227

39) Markham, 'The Emperor at Work' p.587

40) Maitland, *Surrender of Napoleon* p.85

41) Maitland, *Surrender of Napoleon* p.98

42) ed. Londonderry, *Memoirs and Correspondence* X p.415

43) Maitland, *Surrender of Napoleon* p.107

44) Maitland, *Surrender of Napoleon* p.118

45) Maitland, *Surrender of Napoleon* p.137

46) ed. Latimer, *Talks* p.25, Maitland, *Surrender of Napoleon* p.130

47) Maitland, *Surrender of Napoleon* p.141

48) Maitland, *Surrender of Napoleon* p.154

49) Maitland, *Surrender of Napoleon* p.173

50) Cockburn, *Buonaparte's Voyage* pp.15-16, ed. Kemble, *St Helena* pp.7-8, Balcombe, *To Befriend* pp.12, 80, Martineau, *Napoleon's St Helena* p.40

51) Maitland, *Surrender of Napoleon* p.189, Cockburn, *Buonaparte's Voyage* p.15

52) Martineau, *Napoleon's St Helena* p.51

53) Cockburn, *Buonaparte's Voyage* pp.17-18

54) Cockburn, *Buonaparte's Voyage passim*, Latimer, *Talks* pp.29-31

55) Cockburn, *Buonaparte's Voyage* p.60

56) ed. Latimer, *Talks* p.29, Cockburn, *Buonaparte's Voyage* p.40
57) Palmer, *Napoleon and Marie Louise* p.201
58) ed. Latimer, *Talks* p.31
59) Martineau, *Napoleon's St Helena* p.1, ed. Latimer, *Talks* p.33
60) Blackburn, The Emperor's Last Island p.5
61) Tulard, *Dictionnaire amoureux* p.505
62) Martineau, *Napoleon's St Helena* p.11
63) ed. Wilson, *Diary of St Helena* p.13
64) 롱우드에서 미셸 당쿠안 마르티노와 한 면담 4/5/2013
65) Martineau, *Napoleon's St Helena* p.37
66) Tyrwhitt MSS Osborn fc112 no.22
67) Balcombe, *To Befriend* pp.34, 135
68) Balcombe, *To Befriend* pp.42–3
69) Balcombe, *To Befriend* pp.43–4
70) Balcombe, *To Befriend* p.55
71) Balcombe, *To Befriend* p.56
72) Balcombe, *To Befriend* pp.83–5, 166
73) Bodleian MS Curzon e1. p.12, ed. Kemble, *St Helena* p.2, Giles, *Napoleon Bonaparte* p.111
74) Montholon, *Journal secret* p.8
75) Vernon, *Early Recollections* p.168
76) Rosebery, *Last Phase* p.62
77) Martineau, *Napoleon's St Helena* p.22
78) Brunyee, *Napoleon's Britons* p.81
79) ed. Latimer, *Talks* p.142
80) ed. Latimer, *Talks* p.191
81) ed. Park, *Napoleon in Captivity* p.36
82) ed. Latimer, *Talks* p.221
83) ed. Latimer, *Talks* p.145
84) ed. Latimer, *Talks* p.259
85) ed. Latimer, *Talks* p.245
86) Forsyth, *History of the Captivity* I p.137
87) BL Add. MS 56088 fols.89–90
88) BL Add. MS 56088 fols.97ff

89) BL Add. MS 56088 fol.101
90) Martineau, *Napoleon's St Helena* pp.55–6
91) Albermarle, *Fifty Years* II p.103
92) Rosebery, *Last Phase* p.68
93) Martineau, *Napoleon's St Helena* p.17, BL Add. MS 80775 fol.143, 20202 fol.42, Balcombe, *To Befriend* p.115
94) BL Lowe Papers 20202 fol.20
95) Unwin, *Terrible Exile* pp.184–5, Forsyth, *History of the Captivity* III pp.224–5
96) Balcombe, *To Befriend* p.188
97) ed. Haythornthwaite, *Final Verdict* p.199
98) ed. Walter, *Las Cases* p.viii
99) ed. Latimer, *Talks* pp.240–42
100) Branda, *Le prix de la gloire* p.77
101) Forrest, *Napoleon* p.304
102) Balcombe, *To Befriend* pp.67–9
103) ed. Park, *Napoleon in Captivity* pp.149, 153–5
104) ed. Park, *Napoleon in Captivity* p.161
105) ed. Park, *Napoleon in Captivity* pp.166–7
106) ed. Arnold, *Documentary Survey* p.138
107) Bertrand, *Cahiers* II p.344
108) Tulard, *Napoleon: The Myth of the Saviour* p.346, ed. Woloch, *Revolution and the Meanings of Freedom* p.36
109) ed. Haythornthwaite, *Final Verdict* p.286
110) Rouart, *Napoléon ou la destinée* p.9
111) ed. Latimer, *Talks* p.208
112) ed. Haythornthwaite, *Final Verdict* p.301
113) ed. Latimer, *Talks* pp.207, 210, 218
114) Grouchy, *Doubts of the Authenticity* pp.3–4
115) Martineau, *Napoleon's St Helena* p.39
116) ed. Haythornthwaite, *Final Verdict* p.197
117) Martineau, *Napoleon's St Helena* p.49
118) Healey, *Literary Culture* p.82
119) ed. Wilson, *Diary of St Helena* p.7

120) ed. Wilson, *Diary of St Helena* pp.29, 31–2, Bodleian MS Curzon e.1. p.17, O'Meara, *Napoleon in Exile* I pp.284–6

121) ed. Wilson, Diary of St Helena p.50

122) Balcombe, *To Befriend* p.163

123) Balcombe, *To Befriend* p.182, ed. Wilson, *Diary of St Helena* p.103

124) BL Lowe Papers 20156 fol.2

125) BL Lowe Papers 20156 *passim*

126) Bertrand, *Cahiers* I p.118, AN 390/AP/32

127) Jackson, *Notes and Reminiscences* p.153

128) Forrest, *Napoleon* p.309, ed. Latimer, *Talks* pp.258–60

129) ed. Latimer, *Talks* p.276, Constant, *Memoirs of Constant* I p.162

130) CN31 p.579, Browning, *Napoleon* pp.283–4

131) Griffin, 'Philosophy, Cato and Roman Suicide' p.1

132) ed. Bingham, *Selection* I p.392

133) CN32 p.70

134) ed. Latimer, *Talks* p.245

135) ed. Wilson, *Diary of St Helena* p.152

136) ed. Latimer, *Talks* p.265

137) ed. Latimer, *Talks* pp.201–3

138) Balcombe, *To Befriend* p.154

139) Balcombe, *To Befriend* p.182

140) Richardson, *The Apocalypse of Napoleon* p.223, Weider and Hapgood, *Murder of Napoleon* pp.175–6, ed. Jones, *Napoleon: An Intimate Account* p.425, Forrest, *Napoleon* p.310

141) Hobhouse, *Recollections* I p.185

142) BL Lowe Papers 20156 fols.30ff

143) Henry, *Trifles from My Portfolio* II p.5

144) Bruce, *Napoleon and Josephine* p.500, Fraser, *Venus of Empire*, p.250, Hibbert, *Napoleon: His Wives and Women* p.331

145) ed. Noailles, *Count Molé* p.124

146) Richardson, *The Apocalypse of Napoleon* p.229

147) Bodleian MS Curzon e1. pp.2–3

148) Bodleian MS Curzon c.2. pp.1–2

149) Guy O'Keeffe 박사와 Michael Crumplin 박사에게 감사한다.
150) Richardson, *Napoleon's Death* p.166, Henry, *Trifles from My Portfolio* II p.10
151) NYPL Napoleon I folder 3
152) Henry, *Trifles from My Portfolio* II p.10
153) Henry, *Trifles from My Portfolio* II p.10
154) ed. Latimer, *Talks* p.139
155) eds. Chevallier et al., *Sainte-Hélène* p.70
156) Henry, *Trifles from My Portfolio* II p.5, Masson, *Napoleon at St Helena* p.246
157) Masson, *Napoleon at St Helena* p.247
158) Masson, *Napoleon at St Helena* p.248
159) Masson, *Napoleon at St Helena* p.248
160) BL Lowe Papers 20157 fol.3 Arnott
161) BL Lowe Papers 20157 fol.3
162) AN 400AP/5
163) ed. Jonge, *Napoleon's Last Will* p.78
164) ed. Jonge, *Napoleon's Last Will* p.36
165) ed. Jonge, *Napoleon's Last Will* p.46
166) ed. Jonge, *Napoleon's Last Will* p.36
167) ed. Jonge, *Napoleon's Last Will* p.46
168) ed. Jonge, *Napoleon's Last Will* p.36
169) Richardson, *Napoleon's Death* p.163
170) ed. Marchand, *Précis des Guerres de César* p.3
171) ed. Marchand, *Précis des Guerres de César* p.15, Richardson, *Napoleon's Death* pp.163-4, Antommarchi, *Last Days of Napoleon* II p.152
172) ed. Marchand, *Précis des Guerres de César* p.14
173) Albermarle, Fifty Years II p.105
174) Henry, *Trifles from My Portfolio* II p.7, Richardson, *Napoleon's Death* p.164, Antommarchi, *Last Days of Napoleon* II p.105
175) Henry, *Trifles from My Portfolio* II p.11
176) Henry, *Trifles from My Portfolio* II p.11
177) Balcombe, *To Befriend* p.116
178) BNF NAF 25548

'윈스턴 처칠의 나폴레옹 평가' 출전: *A History of the English-Speaking Peoples* III, ix, ch.3. '나폴레옹의 율리우스 카이사르 평가' 출전: CN32 p.63

1) CN32 p.82
2) Hughes, *Forging Napoleon's Grande Armée passim*
3) Longford, *Pillar of State* p.413
4) Rose, *Napoleon* I p.266
5) Horne, *Age of Napoleon* p.52
6) Sudhir Hazareesingh, *TLS, February* 12, 2005.
7) Gates, *Napoleonic Wars* p.272
8) Kissinger, *A World Restored* p.172
9) Kerry, *The First Napoleon* p.93
10) Lt-Col Pierron, 'Les Methodes de Guerre Actuelles' (Paris 1878), *RUSI Journal* vol.23, no.99 1879.
11) *Quarterly Review* 1833 pp.179-84
12) Bonaparte, *Reply to Sir Walter Scott* p.39
13) Home, *Memoirs of an Aristocrat* p.223

찾아보기

ㄷ

ㄹ

ㅁ

ㅂ

ㅅ

ㅇ

ㅈ

ㅊ

ㅋ

ㅌ

ㅍ

ㅎ

나폴레옹

1판 1쇄 인쇄 2022. 1. 3. | 1판 1쇄 발행 2022. 1. 21. | 지은이 앤드루 로버츠 | 옮긴이 한은경·조행복 | 발행인 고세규 | 발행처 김영사 | 등록 1979년 5월 17일(제406-2003-036호) | 주소 경기도 파주시 문발로 197(문발동) 우편번호 10881 | 값은 뒤표지에 있습니다. ISBN 978-89-349-4912-1 03900

번역

한은경

서울대학교 영어영문학과를 졸업하고 같은 대학원에서 박사학위를 받았다. 현재 서울대학교 언어교육원 전임강사이다. 옮긴 책으로는 《나폴레옹의 시대》, 《민족과 제국》, 《르네상스》, 《르네상스 시대의 쇼핑》, 《메디치가 이야기》, 《에레혼》, 《아틀란티스로 가는 길》, 《오두막》, 《피츠제럴드 단편선 2》, 《사랑의 역사》, 《기호의 제국》 등이 있다.

조행복

서울대학교 대학원 서양사학과에서 박사과정을 수료했다. 옮긴 책으로 《독재자들》과 《백두산으로 가는 길》, 《20세기를 생각한다》, 《나폴레옹》, 《폭정》, 《블랙 어스》, 《전쟁의 재발견》, 《전후 유럽 1945~2005》, 《토인비의 전쟁과 문명》, 《대격변》, 《전쟁의 미래》, 《베르됭 전투》 등이 있다.